인생사전계약

인생사전계약 : 내 영혼이 기획한 여정
1판 1쇄 발행 _ 2023년 8월 30일
지은이 _ 게리 골드슈나이더
옮긴이 _ 강진기 류금 박주우 백지현 엄재록 이태영
펴낸곳 _ 빛 syn.kr
발행인 _ 백지현
기획 및 본문 편집 _ 박주우(宙宇)
표지 사진 _ 엄재록
주문 및 문의 전화 _ 0505-875-8080
주소 _ 충청남도 천안시 동남구 안서동 탑골길9 401호
가격 _ 36,000원
ISBN _ 978-89-98246-23-5(03180)

THE SECRET LANGUAGE OF BIRTHDAYS
Copyright © 1994 by Gary Goldschneider and Joost Elffers
All rights reserved.
Korean translation copyright © 2023 by Light Publishing Company
Korean translation rights arranged with Joost Elffers Books LLC
through EYA Co.,Ltd
이 책의 한국어판 저작권은 EYA Co.,Ltd를 통해
Joost Elffers Books LLC 와 독점 계약한
'빛'이 소유합니다.
저작권법에 의하여 한국 내에서 보호를 받는 저작물이므로
무단전재와 무단복제를 금합니다.

내 영혼이 기획한 여정
인생사전계약

게리 골드슈나이더 지음

강진기 류금 박주우 백지현 엄재록 이태영 옮김

빛

역자 서문

자신이 처한 곳이 어디든, 자신이 가려고 하는 곳이 어디든 간에 이를테면 부자가 되려고 주식에 투자하거나 부동산에 투기하든, 천국에 가려고 교회에 헌금하든, 좋은 대학에 가거나 공무원이 되려고 공부하든 간에 누구든 결과가 보장된 미래를 욕망하고, 미래의 좋은 결과를 위해 전망이 좋은 곳에 투자하는 것을 넘어서 심지어 투기까지 합니다. 대다수 사람이 욕망하는 그 목적지에 효과적으로 도달하려면, 먼저 '자신이 있는 곳'을 파악해야 한다"는 원인~결과의 메커니즘을 검토해보아야 합니다.

이것은 마치 네비게이션에 목적지를 입력하려면, 네비게이션이 GPS의 신호를 수신하여 먼저 '자신의 현재 위치'를 파악해야 하는 것과 같습니다. 즉 네비게이션이 [자동으로 작동되므로 대다수 간과하는] '현재 몸의 위치'를 잡아내지 못하면, 목적지를 입력해도 소용없는 것처럼, 우리도 '현재 마음의 입지'를 파악하지 못[하고서 알고 있다고 착각]하면, 목적지로 간다고 시도해도 소용없을 것입니다.

게다가 우리가 몸의 길을 잃어버렸을 때, '전체 지도'에서 현재 자신의 '위치'를 파악해야만 자신의 목적지로 갈 수 있듯이, 마음의 길인 인생길을 잃어버렸을 때도 '전체 그림' 속에서 현재 자신의 '입지'를 파악해야만 자신의 목적지로 갈 수 있습니다. 하지만 알다시피 우리는 '몸의 위치'는 알기 쉽지만, '마음의 입지'는 알기 어렵습니다.

이를테면 부모는 '자녀인 甲이 SKY에 가도록 하겠다'고 계획하고 자녀는 '나는 배우가 되겠다'고 마음먹을 수 있듯이, 영혼은 이번 생에서 "주인공 乙로 하여금 '신뢰'를 터득하게 하겠다"고 하고 乙은 '나는 부자가 되겠다'고 마음먹을 수 있습니다. 전자의 계획을 '부모의 교육 이념'이라고 하고, 후자의 기획을 '영혼의 이념(Idee, 이데아)'이라고 합니다.

부모와 자녀 甲 혹은 영혼과 주인공 乙의 '이념'이 일치하면 좋겠지만, 살펴보면 대다수 주도적이지 못한 자녀의 마음이 아니라 부모의 계획에 따라 '위치'가 정해지고, 비록 주도적이라고 해도 주인공의 마음이 아니라 사실상 영혼의 기획에 따라 '입지'가 정해지기 마련입니다.

이처럼 부모의 이념에 따라 자녀 甲은 대치동 학원가에 있는 자신의 몸을 알아차릴 것이지만, 주인공 乙은 영혼의 이념에 따라 [겉으로는 정의를 내세우나 실상은] 부조리한 사회단체에 있으면서 자신을 신뢰하기 어려운 상황에 부닥쳐있는 자기 자신을 알아차릴 것입니다.

그러므로 이런 마음의 입지를 알아내려면, 전체를 포괄하는 '영혼의 이념'을 알아야 하고, 그 전체 그림 중에 지금 자신이 실제 어디에 그리고 어떤 맥락에 있는지를 파악해야 합니다. 그다음 [실제 자신의 입지를 파악하면 기존 목적이 잘못된 것이고, 적합한 새로운 목적지를 알아보게 되는] 자신의 목적지를 향해 갈 수 있게 됩니다.

자신의 '현재 마음의 입지'라는 성격 유형을 파악하는 방편인 MBTI는 '자신의 모습이라고 기대하는 자신'과 '타고난 천성적인 실재하는 자신'이 달라서 자기 자신을 제대로 알아볼 수 없습니다. 이를테면 바뀔 수 없는 자신의 타고난 천성이 '내향형'임에도 불구하고, 되고 싶은 [실상 부러워하는] '외향형'을 자신의 성격이라고 여기는 경우가 대다수입니다. 이를테면 지천명이라는 50세가 넘어서야 자신이 실상 '지성인'임을 자각할 때까지 '감성인'이라고 확신했던 예술가의 경우도 있습니다.

이런 점을 칸트는 『순수이성비판』에서 '기대하는

자신'을 '의식하는 자아'라고 했고, '실재하는 자신'을 '인식하는 자기'라고 하면서, 앞에서 언급된 예술가가 자신을 감성인이라고 그르게 의식하는 메커니즘을 '자기의식'(Selbstbewußtsein)이라고 하고, 자신을 지성인이라고 바르게 인식하는 메커니즘을 '자기인식'(Selbsterkenntnis)이라고 했는데, 바로 자신에 관해 "나는 '자신이 감성인이다'라고 생각한다(Ich denke)"며 엉터리로 규정한다는 점에서 순수이성의 '오류추리'(Paralogismus)라고 했습니다.

이처럼 자신의 천성인 진정한 자기 정체성을 알아보게 되면, 자신을 감성인으로 꾸며내지 않게 될 뿐만 아니라 지성인으로 태어난 이유도 또한 깨닫게 됩니다. 칸트의 지적처럼 자기를 오인하는 것에서 벗어나려면, 소위 변증론(Dialektik)을 통해서 영혼이 실체(Substanz)에 의해 마치 [칸트의 표현대로] 분리적이지만 연속적인 양자(Quantum)처럼 단일한 속성(das Einfache)을 지닌 완벽한 현상 속에 통일성(Einheit)을 갖고 드문드문 제시된다는 점을 알아보아야 하는데, 이런 통찰은 어려운 도전인 것으로 보입니다.

앞의 예술가는 지성인(실체)이라는 싸인이 지성인-1의 역인 엄마, 지성인-2의 역인 오빠, 지성인-3의 역인 절친 동료, 지성인-4의 역인 남편을 통해 지속했을 뿐만 아니라 다양한 계기가 싸인으로 제시되었음에도 숨겨진 진실을 외면했던 경우입니다.

그런데 이런 힘든 과정을 겪지 않고도 자신의 선험적인 정체성을 알아내는 방법이 있는데, 이것을 칸트는 이데아로 알려진 이념(Idee, Idea) 또 [어려운 상황에서 알게 되는 숨겨진] 이상(Ideal)이라고 했고, 그리고 이 정체성을 파악하는 데 도움도 되나 혼선도 또한 주는 [실상 비과학적인] 사주명리학, 점성(占星) 또 대다수 인문과학이 대표적으로 있습니다.

그럼에도 순수이성의 이율배반(Antinomie)에서 칸트는 우리가 각자의 이념을 알아봄으로써 아무리 '자유, 영혼, 신이 있다'고 하는 정립(Thesis)의 상태가 될지라도, '자유, 영혼, 신이 없다'고 하는 반정립(Antithesis) 상태에 있는 상대방을 틀렸다고 하지 말아야 하고, 그 반대도 마찬가지라는 것입니다. 실상 비록 반정립의 [(현존의 의미, 즉 실존을 알아보지 못하므로) 세계가 시간상 시작을 갖고 있지 않다'는] 주장이 그 자체로는 모순도 없고 필연성의 조건도 발견되는 궤변일지도 모르지만, 그 주장에 대해 '세계가 시간상 시작을 갖고 있다'며 반론하면, 그 반론 자체도 모순이 있게 되기 때문입니다.

이것은 마치 태양계의 관점인 '태양을 중심으로 지구가 돈다'는 지동설이 더 광범위한 사실을 포괄한다고 해도, '지구를 중심으로 태양이 돈다'는 천동설을 믿는다고 해도 지상계의 관점을 인정해주는 것과 같습니다. 즉, '지구가 돈다'는 진실을 안다고 해서 '태양이 뜬다'는 식의 오감에 따라 사는 구성원을 틀렸다며 우월적인 태도를 갖지 말[고 오히려 앞선 구성원으로 의무감을 갖고 정보를 제공하]라는 것입니다. ['신이 없다'고 믿는 사람은 실제로 그에 합당한 체험을 함으로써 그 믿음을 증명하게 됩니다.]

즉, 참이란 견해(Fürwahrhalten)에 관련해 [불확실한 견해인] 의견(Meinen)이나 [자신이 옳다고 여기는 견해를 타인에게 강요하기 쉬운] 앎(Wissen)이 아니라 [오직 자신의 견해만을 제시하는] 믿음(Glauben)의 '희망하는' 태도를 선택하라는 것입니다. 이는 [모두에게 옳다는] 진리가 아니라 각자의 '진실'을 제시하는 [비-폭력처럼] 비-강요를 하자는 뜻입니다.

아무리 '우주의 중심이 지구이다'며 지상의 관점을 주장할지라도, 외계를 관측하고 파악하는 데는 코페르니쿠스의 진일보한 관점이 도움되듯이, 아무리 '내세도 운명도 없다', 즉 '미리 계약된 삶의 목적이 없다'고 하더라도 사실상 고통 속의 인생을 파악하는 데는 '삶에는 미리 계약된 청사진, 즉 이념이 현존한다'는 칸트의 진일보한 관점이 도움됩니다. 이 영혼의 이념을 알게 되면, 자신의 입지를 미리 유추해 [선험적으로] 내다볼 수 있는 것을 칸트는 [현상 너머의 진실을 알아내려는 '형이상학'(metaphysics)과 달리] 초월(Transzendental)철학이라고 했습니다.

그런데 어려운 초월철학을 통해 '순수' '선험' '종합' '직관' '질료' '형식' '지성개념' '원인개념' 등을 파악해야만 접근할 수 있는 각자의 '이념'을 제시해 주는 자료가 있는데, 바로 『인생사전계약』입니다. 인생의 서사(敍事) 구조인 이념이나 이상이라는 청사진이 제시된 이 책의 자료는 작가인 '게리 골드 슈나이더'가 40여년 동안 생년월일에 바탕을 둔 분류체계 및 실제 추적-조사하는 심리학의 기법을 통해 20,000명 이상의 인생사를 분석-종합한 연구입니다. 지금까지 실제 확인해보면, [사주를 바꾼다(?)며] 생일이 조작된 경우가 있을지라도, 이 자료가 틀린 경우는 '반 사람'도 없었습니다.

사실상 해석학인[관점에 따라 판단이 바뀌는] 명리학과 점성의 원리적인 방식이 아니라 실상적인 조사를 기반으로 축적된 『인생사전계약』의 자료는 '우리가 자신의 생일인 사주팔자(四柱八字)에 의해 운명이 정해지는 것이 아니라, 각자의 운명이 [합의를 통해] 먼저 정해지고 난 다음 그 운명에 적합한 사주를 선택해서 이 세상에 온다'는 점을 말해줍니다. [대체로 4년에 한 번 오는 윤달의 2월 29일은 1년을 단순히 365일로 나눈 원리를 의미하지 않기 때문입니다.] 이런 메커니즘을 제대로 파악하려면, 이념을 기반으로 해서 [객관적이 아니라 각자에게 맞춤식의] '주관적인 보편성'이 시공간을 통해 제공된다고 칸트가 어떤 의미에서 말했는지를 알아야 합니다.

그럴 때야 칸트가 "아름다운 것의 학문은 없고 오직 비판만 있을 뿐이며, 미적 학문은 없고 오직 미적 예술만 있을 뿐이다."(판단력비판, B177)고 언급한 뜻을 알게 됩니다. 아름다움이라는 것이 개별적인 진실이므로, 미적 학문이라는 학이 될 수 없다는 것입니다. 한마디로, '미적 예술을 위한 미학(美學)'과 '미를 알아보고 취하는 취미(取美, Geschmacks)'는 다르다는 것입니다. [대표적으로 헤겔이나 진중권님처럼 학문으로서 미학이 가능하다고 주장한다면, 그들은 미를 제대로 알아보지 못한 사람일 수밖에 없습니다.]

이처럼 '사주가 아니라 운명 자체가 우선시된다'는 점을 예시한 자료가 바로 플라톤의 〈국가〉 중 마지막 장인 '에르의 전설'입니다. 〈에르의 전설〉에 따르면, 누구든지 죽을 때 그 영혼은 분리되어 저승으로 향하고, 그곳에서 이승의 활동에 대해 심판을 받은 다음 다시 살아갈 삶을 스스로 선택하여 환생한다고 합니다. 누구든지 이 세상에 올 때, 인생의 '청사진'인 이념(Idea, 이데아), 즉 각자가 마스터할 인생공부인 운명을 미리 기획하고, 그 공부에 적합한 환경을 [만들어주는 생년월일을] 선택해서 오며, 육체가 죽으면 영혼은 그 이념에 따라 제대로 살았는지를 심판받는다고 합니다.

....

핌필리아 종족의 에르라는 남자는 전사한 지 열흘이 지났음에도 시체가 썩지 않은 상태로 수습되었고, 12일간의 장례를 치른 후 화장하려던 장작더미 위에서 되살아난 에르는 자신이 저승에서 본 것을 이야기했습니다.

죽어서 육체를 떠난 영혼은 신비한 초원에 도착하여 이승에서 행한 내용에 따른 악행과 선행에 대한 심판을 받은 다음 처벌과 보상에 따라 땅 쪽(지옥)으로 가거나 하늘 쪽(천국)으로 가도록 명령받게 됩니다. 한편 명에 따라 하늘 쪽(천국)이나 땅 쪽(지옥)에 가서 귀결을 치르고 난 후 그 초원에 도착한 영혼들은 7일간 각자 영혼으로서 자신이 놓은 원인에 대해 열 배로 겪은 미담과 고생담을 나눈 후[칸트의 '영혼 불멸'도 '인간이 영원히 살게 된다'는 것보다 '자신이 놓은 원인에 대한 귀결은 언젠가 결국 받게 된다'는 뜻임] 5일간 이동해서 운명의 여신인 아낭케에게 도착하고, 라케시스 신관 앞에서 각자가 뽑은 제비의 순번에 따라, 수호신이 고르는 것이 아니라 신에게 책임이 없음을 강조하면서 [동물의 삶도 포함된] 삶의 표본 중에서 각자가 앞으로 태어나 살아갈 삶의 표본을 '스스로' 고르게 됩니다.

그때 대변자는 '앞 순번에 해당하는 자는 경솔히 선택하는 것을 조심하고, 뒷 순번에 해당하는 자에게는 낙담하지 말라'고 합니다. 인생의 표본을 고를 시, 고난을 통해 단련되지 않은 하늘 쪽 출신은 대체로 대변자의 당부를 무시하면서 후회하는 외관적인 선택을 하고는 자신을 원망하지 않고 운수를 원망하지만, 고통을 겪었던 땅 쪽 출신은 대부분 섣불리 선택하지 않고, 또 일부는 다양한 이유로 동물의 삶을 선택하게 됩니다. [이처럼 뒤바뀌는 선택을 소위 '첫째가 꼴찌가 되고 꼴찌가 첫째가 된다'고 합니다.]

선택을 마친 영혼들에게 라케시스는 수호령을 각자가 고른 삶의 수호자와 집행자로 붙여주고, 수호령은 자신이 맡은 영혼을 클로토에게 인도하여 그 운명을 확인받은 후, 아트로포스에게 데리고 가서 운명의 실을 되돌릴 수 없게 만듭니다. 그다음 영혼들은 '망각(레테)의 평야'에서 하룻밤을 보내면서, 마실 양이 정해졌으나 자의로 선택할 수 있는 '무념의 강물'을 모두가 마신 다음 모든 일을 잊어버리고 잠이 들며, 밤에 모두 자기의 출생을 향해 유성처럼 날아가게 됩니다.

이때 에르도 다시 몸속으로 돌아오게 되었습니다.

....

이처럼 우주의 실상은 생일이 아니라 운명 자체가 우선시되므로, 자신이 태어난 년월일시라는 사주를 통해 미래의 운명을 알아보려고 아무리 노력할지라도, 자신이 점성이나 사주를 통해 미래를 인지하는 순간, 마치 양자역학에서 관찰(정확히는 주인공의 존재 상태)에 따라 그 대상이 영향을 받듯이 운명도 또한 변경되기 마련입니다. 그래서 명리학이나 점성에서 과거를 해석해내는 것은 문제가 없지만, 당사자가 그 예언의 내용을 의식해서 이용하려 하는 한, 미래에 대한 예언은 그대로 이뤄지기 어려울 뿐만 아니라 틀리게 되는 것은 당연합니다. 그런 예견 자체가 특정 자각을 제공하는 우주의 취지를 방해함으로써 [영혼으로서] '계약을 통한 상호 합의'라는 우주 운영 시스템에 영향을 주기 때문입니다.

그리고 누구든 운명이 유리한 날을, 즉 소위 좋은 사주(四柱)를 선택하려고 할 수 있는데, 운명과 숙명의 메커니즘을 제대로 알고 보면, 완전히 유리한 날도 완전히 불리한 날도 없고, 절대적으로 불리한 인생도 유리한 인생도 없습니다. 이를테면 창조인생공부를 하는 똘똘한 사람은 삶에서 계속 실패[하는 데 성공]해야 하고, 또 진실인생공부를 하는 실력자는 확실히 상대적인 경쟁력이 있을지라도 상대적으로 실력이 없는 사람보다 많은 사람을 이끄는 자리에 가기 어려울 뿐만 아니라 욕망을 채우는 타인들에 비교해 그 실력을 자신을 위해 쓰면 오히려 불행해진다는 점입니다.

더 유리하거나 더 불리한 날이 없는데도 불구하고, 자신만의 특별한 숙명을 아니면 운명을 연기하기로 계약하고 심지어 실제 해내기까지 하는 경우가 있는데, 사업적인 태도(Businesslike Attitude)의 날을 선택해야 했던 김건희님이 있고, 매머드 프로젝트(Mammoth Projects)의 날을 선택해야 했던 윤석열님이 있으며, 인기(Popularity)의 날을 선택해야 했던 이재명님이 있습니다.

'내가 무속인보다 더 잘 본다'고 했고, 남편의 검사직을 그만두게 할지를 리딩에 의존했던 김건희님은 주위 사람들에게 진실된 면모를 보일지라도 실상은 생각-말-행동이 일치된 삶이 숙제인 정직인생공부를 하고 있고, 또 실제의 삶에서 결정하는 내용을 살펴보면 무엇보다도 영혼으로서 미리 계약된 '사업적인 태도'를 우선시했고, 대통령의 부인이 된 지금도 그 태도를 우선시하고 있습니다.

사실상 무속인이 멘토가 된 윤석열님은 사법시험을 9수까지 해서라도 3정승급으로 출세시키도록 부추겼다는 예언 탓에 [같은 12월 18일에 태어난 수운(水雲)에게 소용이 없을 학문까지 가르쳐주면서 자상했던 수운의 부친과는 달리, 대학생이 되어서도 고무호스로 얻어맞을 정도로 엄중했던] 아빠에게 사실상 사육되었으므로, [수운께서 동방을 위한 동학이라는 하늘의 원대한 프로젝트를 실행하게 되었듯이 윤석열님도] 기득권력이 배경으로 삼는 [원래 은밀하게 작동해야 하는] 법조권력의 실상을 까발림으로써 결국 그 권력의 [물론 제왕적인 국가도 또한] 종말을 가져오게 하는 하늘의 '매머드 프로젝트'를 실행하고 있을 뿐입니다.

극복되지 않는 역사가 반복되듯이, 윤석열님은 자신이 탄생한 날의 이상인 '매머드 프로젝트'에 걸맞게 고종, 이승만님, 박정희님, 전두환님, 이명박님, 박근혜님을 두루 대통합하는 정치를 선보일 뿐만 아니라, 과거 사교계와 패션을 주름잡던 외제니를 부인으로 둔 나폴레옹 3세 시절의 망하던 프랑스, 나라를 망국으로 몰고가기 시작한 무녀 진령군이 전횡한 구한말 대한제국, 간신 라스푸틴 때문에 망조가 들었던 1910년대 러시아, 나치가 등장하여 조직적으로 파시스트화하던 1930년대 독일의 상황을 사실상 재현함으로써 '매머드 프로젝트'를 실연해보이며, 북진통일을 외치던 이승만처럼 선제공격을 외치면서 소위 6·25 같은 전쟁을 또다시 이 땅에서 벌이려 하고 있습니다.

본문 내용에 따르면, 이들은 안정되고 애틋한 가정 환경을 제공하면서, 단순히 물러서서 이들의 뜻대로 하도록 내버려둘 수 있는 부모를 욕구하지만, 사실상 지옥 같은 속성(Hellraiser)을 지닌 아빠 덕에 경제적인 자유는 누렸으나 실제의 '자유'를 제대로 누려보지 못했고, 심지어 음주조차도 가로막는 고단수 부인 탓에 의식해서든 무의식에서든 '자유'를 강조하게 됩니다. 그래서 아빠뿐만 아니라 이런 자신의 처지를 방조했다고 여기는 이 세상에 복수하는 중인 윤석열님은 부인이나 스승에 좌우되는 단순무식한 확신범인 것처럼 보이지만, 실상 거대한 설계와 세부사항 모두에 강한 '딜러'(Dealer)입니다.

'나중에 호강할 것이라며 점바치(점쟁이)가 정해주었다'는 생일이 음력 1963년 10월 23일이라고 했으나 실제는 [우연히 일진(日辰)이 같은 을유(乙酉)일인] 1963년 12월 23일[양력 1964년 2월 6일]에 태어난 이재명님은 공직자로서 탁월한 실력을 갖고 있지만, 오직 '인기를 [유지하기] 위해서' 억울한 '형님'인 [과거 멘토라고 한] 박원순 대신 결국 '조영래'를 멘토라고 언급하는 것을 보면, 태어난 날(Popularity)이 일러주는 '인기영합주의'에서 아직 벗어나지 못한 것으로 보입니다. [이재명님은 윤석열님의 포퓰리스트 정치가 존립하도록 해주는 적대적인 공존의 대상입니다.] 해바라기처럼 인기를 좇는 이재명님은 자신에게 치이는 사람이 없도록 하면서, 제대로 된 포퓰리스트가 되는 길을 가지 않는다면, 이 책의 내용에 따르면 그 인기영합에 대한 희생의 댓가가 우리 모두에게 요구될 것이고, 심지어 국가조차도 희생시키는 결과를 낳게 될지도 모릅니다.

만일 경험성, 객관성, 재현성이 과학의 방법이라고 한다면, 실제 경험을 추적 조사한 이 『인생사전계약』

의 자료야말로 각자가 자신의 경험에 대조해보면 확인되고, 타인들도 주인공의 주관적인 서사(敍事)를 듣게 되면 고개를 끄덕일 것이며, 생일이 같으면 누구라도 예외 없이 같은 이념에 의한 삶을 겪어가게 되므로, 과학적입니다. 특히 앞의 예술가의 경우 만일 지성인-4인 남편을 통해서도 자신이 지성인임을 알아보지 못하면, 예비된 지성인-5가 절대적으로 또 필연적으로 제시되는데, 이처럼 '경험하지 않고' 또 '경험에 앞서' 예견되는 것을 소위 '선험적'(a priori, 수학의 속성)이라고 합니다.

이처럼 1724년 태어난 칸트는 객관적인 인식이 결여된 기존의 형이상학을 뜯어고쳐서 과학처럼 '초월철학'을 통해 누구에게나 수용되는 확실한 학(學)의 길에 올려놓으려 했고, 마찬가지로 1824년 태어난 수운(水雲)도 제대로 기능하지 못하는 유불선을 넘어서 서학(西學)처럼 '동학'(東學_특히 '不然其然')을 통해 '다시개벽'이라는 완전히 새로운 도덕학(學)의 길을 세우고자 했습니다. 또 1939년 태어난 게리 골드슈나이더는 심리학, 점성, 역사, 수비학, 타로를 기반으로 해서 칸트의 초월철학처럼 '성격심리학'(personology)을 통해 인사(人事)를 통찰하도록 했습니다.

이 책의 내용을 통해, 우리는 사실상 세계를 망하게 하는 역할을 하는 바이든, 과포장되는 홍보의 덕을 보면서 최불암처럼 하는 일이 장수하기 쉬운 시진핑, 자신을 신격화하면서 파멸하게 되는 김정은, 자신의 집단에 충직한 기시다 등 국가라는 집단이 리더의 이념에 좌우되는 숨겨진 사실을 확인할 수 있습니다. 또 '조국' 교수의 가족이 검찰 개혁의 실험대상으로 동원된 이유 등 가정과 단체의 숨겨진 진실을 확인할 수 있습니다.

2023년 8년 30일 박주우

번역어

이 책의 내용은 아직 완벽하게 번역한 것은 아닙니다. 지속해서 수정해갈 계획입니다. 번역내용 수정할 부분을 syn.kr에 제안해주시길 바랍니다.

'make'는 '만들다(만들어내다, 만들어가다)'로 번역합니다. '권력[힘]을 향한 의지'(der Wille zur Macht)로 번역되는 니체의 표현 중 'Macht'처럼 상황을 자기 의지대로 창조해내려는, 즉 '지어내는' '짓는' 메커니즘을 말합니다. 이를테면 빵을 먹고 싶은 사람이 누군가 돌연 빵을 사서 가져오는 상황이 어찌해서든 벌어지게 '만들어내는' 메커니즘이 바로 'make'입니다. 니체의 (사실상 남을 배후조종해서 상황을 지어내는 권력라는 의미인) 'Macht'는 칸트가 말하는 근원력[Grund Kräfte_상황이 자연스럽게 펼쳐지게 하는 힘]을 제대로 이해하지 못해 만들어낸 것입니다.

'갖고 있다'의 'have'는 칸트가 말하는 가능성(Möglichkeit)을, 즉 현존(Dasein)의 가능성과 [그것을 사용할 기회라는] 필연성(Notwendigkeit)을 말합니다. 이를테면 'have the courage'는 '용기를 내다'가 아니라 '용기를 갖고 있다'는 뜻입니다. 즉, '용기를 낸다'는 것이 아니라 용기를 내야 할 상황이 주어질 때 그 용기를 결국 발휘하게 될 '용기를 갖고 있다'는 뜻입니다.

'현존한다'로 번역된 'There is'는 칸트가 말하는 'Da sein', 즉 현존재로 번역되기도 하는 'Dasein'입니다. 이를테면 'It is my book.'처럼 책의 주인공이 밝혀진 상태가 '실존한다'(exist)는 의미이고, 'There is a book'처럼 책의 주인공이 밝혀지지 않은 상태가 바로 '현존한다'(dasein)의 의미입니다. 따라서 본문 중 '현존'이라는 표현은 대상이 오감으로 인식되지만,

그 대상이 있는 실체적인 이유가 아직 밝혀지지 않은 상태(이 상태를 수운은 '불연[不然]'이라고 하고, 칸트는 '순수하다[rein]'고 함)라고 보면 됩니다.

'일반(in general)'에 관련해, 일반적인 '판단력'이 대개 사물을 논리나 기준 등에 따라 판정할 수 있는 능력인데 반해, [칸트가 말하는] '판단력 일반(Urteilskraft überhaupt)'은 '특수한 것을 공통적인 것 아래에 함유되어 있는 것으로 생각하는 능력'이라고 합니다. 이를테면 '일반적인 학교'는 외포적인 학교 중 특수한 학교가 아닌 본보기가 되는 학교이고, '학교 일반'이란 것은 똑같은 내용을 가르치는 학교의 내포적인 속성을 말합니다. 이를테면 일반적인 학교가 싫다는 것은 특수학교나 대안학교가 좋다는 의미이고, 일률적으로 가르치는 학교 시스템 자체를 싫어할 시 학교 자체가, 즉 학교 일반이 싫다고 표현합니다.

'preoccupation'은 기존의 번역어인 [대상에 대한] '선입견'이 아니라 화두처럼 특정 상황에서 [의식적이든 무의식적이든] 먼저 떠올리는 생각, 즉 '선-생각'을 지칭합니다. 이를테면 술에 중독된 상태에서는 대다수 아침에 일어나자마자 맨 먼저 '오늘 어떻게 해야 술을 마실 수 있지!', 아니면 '오늘은 어떻게 술을 마실 거리를 만들어내지!'라고 떠올립니다. 이런 상태를 '선-생각'이라고 합니다.

'interest'는 '이익과 손해의 선택'을 지칭하는 '이해관계'와 그 '이해관계를 제시하다'로 번역했고, '흥미로운'으로 번역된 'interesting'은 그 이해관계의 대상에 관심을 두기로 정한 후 호기심을 통해 결국 뜻을 이뤄가는 흐뭇한 상태를 말하며, 'interested'는 이해관계에서 선택한 것을 대상으로 '관심을 둔다'는 것을 말합니다. 이것은 붓다가 말하는 소위 식주(識住, viññāṇassaṭhitiyā), 즉 식(識)이 머무는 대상을 자신의 것으로 만들어내기 위해 집착하는 것을 말합니다. 같은 맥락에서 'Interesting'도 '흥미로운'뿐만 아니라 '호기심을 자극하는' 혹은 '이해관계를 제시하는'으로 번역합니다.

'development'는 일회성의 '개발'이 아니라 '단계적으로 발전시킨다'는 의미로 계발(階發)이라고 합니다. '수용력'이라고 번역한 'capacity'는 긍정적이든 부정적이든 간에 역량을 한 단계 끌어올리기 위한 기회에 마음을 여는 능력을 말합니다.

'loved one'은 대개 사랑하는 사람(loving one)이라고 하는데, 원래의 의도는 '나를 사랑해주는 당신' = '당신의 사랑을 받는 내가 인정하는 당신'을 의미합니다. 이것은 사실상 조건적인 사랑을, 즉 '네가 나를 사랑하면 내가 너를 사랑하겠다'는 의미입니다. 일명 '소울메이트'로 알려지기도 한 'mate'는 선악 호오를 넘어서 자신의 삶에 개입하는 남녀노소 누구든 상대방이 되는 '타자'를 지칭합니다. 불교식으로 '인연(因緣)자'인데, '동무'라고 했습니다.

'art'는 기능적인 기술(skill)과 구별해서, 예술 작품이 장기적으로 공들여서 만들어(craft)야 하는 것이어야 하듯이 '예술'이라고 번역했습니다. 사랑도 단기적인 기법이 아닌 상당한 단련을 요구한다는 점에서 'The art of Loving'은 '사랑의 기술'이 아니라 '사랑의 예술'이 적절합니다.

'real'과 'really'는 생각이나 말로만이 아니라 실제되어 있는 실상(實相)의 상태라는 의미로 '실상의', '실상적인'으로 번역했습니다. 이를테면 엄마가 '자녀 교육 지원'을 내심 남들에게 자랑하거나 자신의 미래를 위한 보험을 들기 위한 수단으로 여기고 있다면, 이런 행태가 바로 이 분의 '실상적인(really)' 모습, 즉 자식을 사육하는 데 실상화된(realistic) 나쁜 엄마인 셈입니다.

차례

열두 달(Month) ... 15p
- 01 양자리; 활동가(The Dynamo)의 달 ... 16p
- 02 황소자리; 양육자(The Nurturer)의 달 ... 18p
- 03 쌍둥이자리; 다각화자(The Diversifier)의 달 ... 20p
- 04 게자리; 순치자(The Domesticator)의 달 ... 22p
- 05 사자자리; 지휘자(The Commander)의 달 ... 24p
- 06 처녀자리; 조정자(The Regulator)의 달 ... 26p
- 07 천칭자리; 인력자(The Magnet)의 달 ... 28p
- 08 전갈자리; 집행자(The Enforcer)의 달 ... 30p
- 09 궁수자리; 항해자(The Voyager)의 달 ... 32p
- 10 염소자리; 후원자(The Supporter)의 달 ... 34p
- 11 물병자리; 예지자(The Visionary)의 달 ... 36p
- 12 물고기자리; 초월자(The Transcender)의 달 ... 38p

48 주간(WEEK) ... 41p

366일(DAY) ... 139p

01 갱신(Renewal) 주간 ... 42p
3월 19일; 296p   3월 20일; 298p
3월 21일; 300p   3월 22일; 302p
3월 23일; 304p   3월 24일; 306p

02 아이(Child) 주간 ... 44p
3월 25일; 308p   3월 26일; 310p
3월 27일; 312p   3월 28일; 314p
3월 29일; 316p   3월 30일; 318p
3월 31일; 320p   4월 1일; 322p
4월 2일; 324p

03 스타(Star) 주간 ... 46p
4월 3일; 326p   4월 4일; 328p
4월 5일; 330p   4월 6일; 332p
4월 7일; 334p   4월 8일; 336p
4월 9일; 338p   4월 10일; 340p

04 개척자(Pioneer) 주간 ... 48p
4월 11일; 342p   4월 12일; 344p
4월 13일; 346p   4월 14일; 348p
4월 15일; 350p   4월 16일; 352p
4월 17일; 354p   4월 18일; 356p

05 권력(Power) 주간 ... 50p
4월 19일; 358p   4월 20일; 360p
4월 21일; 362p   4월 22일; 364p
4월 23일; 366p   4월 24일; 368p

06 구현(Manifestation) 주간 ... 52p
4월 25일; 370p   4월 26일; 372p
4월 27일; 374p   4월 28일; 376p
4월 29일; 378p   4월 30일; 380p
5월 1일; 382p   5월 2일; 384p

07 교사(Teacher) 주간 ... 54p
5월 3일; 386p   5월 4일; 388p
5월 5일; 390p   5월 6일; 392p
5월 7일; 394p   5월 8일; 396p
5월 9일; 398p   5월 10일; 400p

08 천성(Natural) 주간 ... 56p
5월 11일; 402p   5월 12일; 404p
5월 13일; 406p   5월 14일; 408p
5월 15일; 410p   5월 16일; 412p
5월 17일; 414p   5월 18일; 416p

09 에너지(Energy) 주간 ... 58p
5월 19일; 418p   5월 20일; 420p
5월 21일; 422p   5월 22일; 424p
5월 23일; 426p   5월 24일; 428p

10 자유(Freedom) 주간 ... 60p
5월 25일; 430p   5월 26일; 432p
5월 27일; 434p   5월 28일; 436p
5월 29일; 438p   5월 30일; 440p
5월 31일; 442p   6월 1일; 444p
6월 2일; 446p

11 새로운 언어(New Language) 주간 ... 62p
6월 3일; 448p   6월 4일; 450p
6월 5일; 452p   6월 6일; 454p
6월 7일; 456p   6월 8일; 458p
6월 9일; 460p   6월 10일; 462p

12 탐구자(Seeker) 주간 ... 64p
6월 11일; 464p   6월 12일; 466p
6월 13일 468p   6월 14일; 470p
6월 15일; 472p   6월 16일; 474p
6월 17일; 476p   6월 18일; 478p

13 마법(Magic) 주간 ... 66p
6월 19일; 480p   6월 20일; 482p
6월 21일; 484p   6월 22일; 486p
6월 23일; 488p   6월 24일; 490p

14 공감(Empath) 주간 ... 68p
6월 25일; 492p   6월 26일; 494p
6월 27일; 496p   6월 28일; 498p

6월 29일; 500p	6월 30일; 502p	
7월 1일; 504p	7월 2일; 506p	

15 비관습(Unconventional) 주간   70p
- 7월 3일; 508p   7월 4일; 510p
- 7월 5일; 512p   7월 6일; 514p
- 7월 7일; 516p   7월 8일; 518p
- 7월 9일; 520p   7월 10일; 522p

16 설득자(Persuader) 주간   72p
- 7월 11일; 524p   7월 12일; 526p
- 7월 13일; 528p   7월 14일; 530p
- 7월 15일; 532p   7월 16일; 534p
- 7월 17일; 536p   7월 18일; 538p

17 오락가락(Oscillation) 주간   74p
- 7월 19일; 540p   7월 20일; 542p
- 7월 21일; 544p   7월 22일; 546p
- 7월 23일; 548p   7월 24일; 550p
- 7월 25일; 552p

18 권위(Authority) 주간   76p
- 7월 26일; 554p   7월 27일; 556p
- 7월 28일; 558p   7월 29일; 560p
- 7월 30일; 562p   7월 31일; 564p
- 8월 1일; 566p   8월 2일; 568p

19 균형잡힌 강인함(Balanced Strength) 주간   78p
- 8월 3일; 570p   8월 4일; 572p
- 8월 5일; 574p   8월 6일; 576p
- 8월 7일; 578p   8월 8일; 580p
- 8월 9일; 582p   8월 10일; 584p

20 리더십(Leadership) 주간   80p
- 8월 11일; 586p   8월 12일; 588p
- 8월 13일; 590p   8월 14일; 592p
- 8월 15일; 594p   8월 16일; 596p
- 8월 17일; 598p   8월 18일; 600p

21 폭로(Exposure) 주간   82p
- 8월 19일; 602p   8월 20일; 604p
- 8월 21일; 606p   8월 22일; 608p
- 8월 23일; 610p   8월 24일; 612p
- 8월 25일; 614p

22 시스템 구축자(System Builders) 주간   84p
- 8월 26일; 616p   8월 27일; 618p
- 8월 28일; 620p   8월 29일; 622p
- 8월 30일; 624p   8월 31일; 626p
- 9월 1일; 628p   9월 2일; 630p

23 수수께끼(The Enigma) 주간   86p
- 9월 3일; 632p   9월 4일; 634p
- 9월 5일; 636p   9월 6일; 638p
- 9월 7일; 640p   9월 8일; 642p
- 9월 9일; 644p   9월 10일; 646p

24 원칙주의자(Literalist) 주간   88p
- 9월 11일; 648p   9월 12일; 650p
- 9월 13일; 652p   9월 14일; 654p
- 9월 15일; 656p   9월 16일; 658p
- 9월 17일; 660p   9월 18일; 662p

25 아름다움(Beauty) 주간   90p
- 9월 19일; 664p   9월 20일; 666p
- 9월 21일; 668p   9월 22일; 670p
- 9월 23일; 672p   9월 24일; 674p

26 완벽주의자(Perfectionist) 주간   92p
- 9월 25일; 676p   9월 26일; 678p
- 9월 27일; 680p   9월 28일; 682p
- 9월 29일; 684p   9월 30일; 686p
- 10월 1일; 688p   10월 2일; 690p

27 사회(Society) 주간   94p
- 10월 3일; 692p   10월 4일; 694p
- 10월 5일; 696p   10월 6일; 698p
- 10월 7일; 700p   10월 8일; 702p
- 10월 9일; 704p   10월 10일; 706p

28 무대(Theater) 주간   96p
- 10월 11일; 708p   10월 12일; 710p
- 10월 13일; 712p   10월 14일; 714p
- 10월 15일; 716p   10월 16일; 718p
- 10월 17일; 720p   10월 18일; 722p

29 드라마와 비평(Drama & Criticism) 주간   98p
- 10월 19일; 724p   10월 20일; 726p
- 10월 21일; 728p   10월 22일; 730p
- 10월 23일; 732p   10월 24일; 734p
- 10월 25일; 736p

30 격렬함(Intensity) 주간   100p
- 10월 26일; 738p   10월 27일; 740p
- 10월 28일; 742p   10월 29일; 744p
- 10월 30일; 746p   10월 31일; 748p
- 11월 1일; 750p   11월 2일; 752p

31 깊이(Depth) 주간   102p
- 11월 3일; 754p   11월 4일; 756p
- 11월 5일; 758p   11월 6일; 760p
- 11월 7일; 762p   11월 8일; 764p
- 11월 9일; 766p   11월 10일; 768p

11월 11일; 770p

32 매혹(Charm) 주간   104p
11월 12일; 772p   11월 13일; 774p
11월 14일; 776p   11월 15일; 778p
11월 16일; 780p   11월 17일; 782p
11월 18일; 784p

33 혁명(Revolution) 주간   106p
11월 19일; 786p   11월 20일; 788p
11월 21일; 790p   11월 22일; 792p
11월 23일; 794p   11월 24일; 796p

34 독립(Independence) 주간   108p
11월 25일; 798p   11월 26일; 800p
11월 27일; 802p   11월 28일; 804p
11월 29일; 806p   11월 30일; 808p
12월 1일; 810p   12월 2일; 812p

35 창시자(Originator) 주간   110p
12월 3일; 814p   12월 4일; 816p
12월 5일; 818p   12월 6일; 820p
12월 7일; 822p   12월 8일; 824p
12월 9일; 826p   12월 10일; 828p

36 거인(Titan) 주간   112p
12월 11일; 830p   12월 12일; 832p
12월 13일; 834p   12월 14일; 836p
12월 15일; 838p   12월 16일; 840p
12월 17일; 842p   12월 18일; 844p

37 예언(Prophecy) 주간   114p
12월 19일; 846p   12월 20일; 848p
12월 21일; 850p   12월 22일; 852p
12월 23일; 854p   12월 24일; 856p
12월 25일; 858p

38 통치자(Ruler) 주간   116p
12월 26일; 860p   12월 27일; 862p
12월 28일; 864p   12월 29일; 866p
12월 30일; 868p   12월 31일; 870p
1월 1일; 140p   1월 2일; 142p

39 결단(Determination) 주간   118p
1월 3일; 144p   1월 4일; 146p
1월 5일; 148p   1월 6일; 150p
1월 7일; 152p   1월 8일; 154p
1월 9일; 156p

40 지배(Dominance) 주간   120p
1월 10일; 158p   1월 11일; 160p
1월 12일; 162p   1월 13일; 164p
1월 14일; 166p   1월 15일; 168p
1월 16일; 170p

41 신비와 상상(Mystery & Imagination) 주간   122p
1월 17일; 172p   1월 18일; 174p
1월 19일; 176p   1월 20일; 178p
1월 21일; 180p   1월 22일; 182p

42 천재(Genius) 주간   124p
1월 23일; 184p   1월 24일; 186p
1월 25일; 188p   1월 26일; 190p
1월 27일; 192p   1월 28일; 194p
1월 29일; 196p   1월 30일; 198p

43 젊음과 여유로움(Youth & Ease) 주간   126p
1월 31일; 200p   2월 1일; 202p
2월 2일; 204p   2월 3일; 206p
2월 4일; 208p   2월 5일; 210p
2월 6일; 212p   2월 7일; 214p

44 받아들임(Acceptance) 주간   128p
2월 8일; 216p   2월 9일; 218p
2월 10일; 220p   2월 11일; 222p
2월 12일; 224p   2월 13일; 226p
2월 14일; 228p   2월 15일; 230p

45 민감성(Sensitivity) 주간   130p
2월 16일; 232p   2월 17일; 234p
2월 18일; 236p   2월 19일; 238p
2월 20일; 240p   2월 21일; 242p
2월 22일; 244p

46 영(Spirit) 주간   132p
2월 23일; 246p   2월 24일; 248p
2월 25일; 250p   2월 26일; 252p
2월 27일; 254p   2월 28일; 256p
2월 29일; 258p   3월 1일; 260p
3월 2일; 262p

47 단독자(Loner) 주간   134p
3월 3일; 264p   3월 4일; 266p
3월 5일; 268p   3월 6일; 270p
3월 7일; 272p   3월 8일; 274p
3월 9일; 276p   3월 10일; 278p

48 댄서와 몽상가(Dancers and Dreamers) 주간   136p
3월 11일; 280p   3월 12일; 282p
3월 13일; 284p   3월 14일; 286p
3월 15일; 288p   3월 16일; 290p
3월 17일; 292p   3월 18일; 294p

열두 달(Month)

01 양자리; 활동가(The Dynamo)의 달   16

02 황소자리; 양육자(The Nurturer)의 달   18

03 쌍둥이자리; 다각화자(The Diversifier)의 달   20

04 게자리; 순치자(The Domesticator)의 달   22

05 사자자리; 지휘자(The Commander)의 달   24

06 처녀자리; 조정자(The Regulator)의 달   26

07 천칭자리; 인력자(The Magnet)의 달   28

08 전갈자리; 집행자(The Enforcer)의 달   30

09 궁수자리; 항해자(The Voyager)의 달   32

10 염소자리; 후원자(The Supporter)의 달   34

11 물병자리; 예지자(The Visionary)의 달   36

12 물고기자리; 초월자(The Transcender)의 달   38

01 양자리; 활동가

3월 21일 ~ 4월 20일

The Dynamo

▶ 요소: 불(火)

불은 연소적인 요소입니다. 그런 이유로 불은 관련된 많은 연관성과 의미를 갖고 있습니다. 기술적으로 말하면, 불은 열과 빛이 방출되는, 진행 중인 화학 반응을 가리킵니다. 이런 산화 반응이나 발열 반응은 엄청난 양의 에너지를 방출할 수 있습니다. 태양은 그런 불같은 동력, 즉 방사하는 동력의 주요 원천이고, 인류는 태양을 숭배해온 방식처럼, 불도 신에게서 받은 생명을 지속할 수 있게 해주는 선물로 간주해왔습니다. 하지만 핵분열과 핵융합을 통해 원자의 힘을 여는 능력은 자연의 힘을 활용하는 것의 엄청나게 유익하고 해로운 잠재력을 극명하게 내보여줍니다.

▶ 사고방식: 직감

화(火) 싸인 사람들은 일차적으로 직감 태세를 통해 세상을 파악합니다. 예감, 도박 그리고 '지도에 의해 비행하는 것보다 육감에 의해 비행하는 것'은, 이런 흥분되고 때로는 불안정한 성격을 모두 특징짓습니다. 이들은 활동할 때를 들으려고, 즉 자신이 아는 책에서 그때에 관해 읽으려고 욕구하지 않습니다. 종종 이들은 자기 자신이 육감에 관해 의심하지 않는 한, 좀처럼 틀린 것으로 판명되지 않는 그 육감에 의해 인도됩니다. 그래서 이들은 상황을 너무 많이 생각할 때보다 자신의 첫 번째 충동을 따를 때 자주 더 잘합니다. 걱정은 이들의 긍정적인 전망에 특히 파괴적일 수 있고, 이들의 비범하게 높은 자기-신임을 서서히 잠식할 수 있습니다.

▶ 좌우명: '나는 존재합니다.'

▶ 자질: 활동적인

숫양, 사자, 궁수라는 불(火) 싸인의 상징은 천성적으로 역동적이고, 어쩔 수 없는 움직임을 내포합니다. 하지만 각각의 상징은 자체의 자질, 통치자 등에 따라 이 지향의 다른 측면에 중점을 둡니다.

활동적인 불(火) 싸인인 양자리는 가장 순수하고, 기본적인 형식으로 불을 대변합니다. 화성에 통치되는 양자리는 의지적이고 충동적이면서, 활동, 흥분, 성취, 리더십의 세계에 이해관계를 취합니다. 양자리 사람은 천성이 어린애 같고 주목받는 중심이 되는 것을 즐깁니다. 이들 중 조급해하는 사람은 지금 일을 끝내는 것을 좋아하고, 이들 중 끈덕진 사람은 거절 당하는 것을 좋아하지 않습니다. 불같이 강한 의지를 갖고 있는 숫양은 상황에 응하고 싶다고 느끼는 때와 방법으로 상황에 응하는데, 그 숫양의 신체적인 천성은 성급하고 격정적입니다.

▶ 심리구조

활동가의 달은 성격심리학에서 모든 것의 시작을 대변하는 첫번째이자 가장 요소적인 달입니다. 이달에 태어난 이들은 천성적으로 원초적이고, 이들을 설명하려는 구분, 분석 또는 시도에 저항합니다. 이들은 자신의 가장 순수한 형식의 에고와 의지를 대변합니다.

활달하고 강압적인 이들은 불같고, 엄청나며, 역동적입니다. 이들은 객관적인 비교를 통해 자신을 이해하기보다는 자신을 위해 실존하기를 바랍니다. 이들 중 긍정적인 사람은 가장 순수한 구현을 위해 애쓰는데, 이들은 단순히 구현합니다. 그런 이유로 이들은 자신이 아닌 어떤 것으로 오해받거나 오인된 것을 달갑게 받아들이지 않습니다.

이들은 확산되고, 물같으며, 별세계의 에너지를 고착되고, 흙같으며, 실용적인 에너지로 변성시킵니다.

이들의 성격은 인간 유기체에 비유될 수 있고, 그 유기체는 생존하기 위해 양육되어야 하지만, 그 유기체가 자신의 주위환경을 이해하도록 돕는 연쇄적인 계발 단계를 일찍 겪어갑니다. 새로워지는 이 진화체는 이 계발 단계 과정에서 언어, 인식, 사회화 및 기타 생존 기술을 습득하면서 자신의 환경에도 또한 충격을 주기 시작합니다. 어린아이들처럼 이들은 자발적이고 솔직하며 개방적인 경향이 있지만, 자기-중심적이고 의욕적인 경향도 또한 있습니다.

여전히 순결한 이들은 경외감과 경이감으로 세상을 파악합니다.

스타가 되어 빛나려는 부추김이 이들 속에 강하지만, 똑같이 탐험하려는 충동도 강합니다. 일반적으로 말하자면, 이들은 자신이 제안하려고 갖고 있는 것의 가치를 알고 있으므로, 자신의 에고를 북돋우기 위한 인정을 탐구하는 것이 아니라, 오히려 타인들이 이들에게 주목해보기를 요구합니다. 자기 의심이 이들에게 독이지만, 이들의 높은 자기-신임이 서서히 잠식되면, 이들이 내면성찰의 가치를 배우지 않는 한, 이들은 몰락할 위험이 있습니다.

적합하게 계발하기 위해서 이들은 아이들이 하듯이 자신의 신체적인 한계를 탐험하려고 욕구합니다. 이들은 묵상보다 활동을 선호하는 경향이 있는데, 이들에게 국면에 대처하는 가장 좋은 방식은 국면에 대해 길게 되새기지 않고 기민하게 상황에 관한 어떤 것을 하는 것입니다. 이들은 활동하려는 자신의 시도가 좌절되거나 지연될 때 극심하게 고통을 겪을 수 있습니다. 이러한 이유로, 이들은 객관성을 얻고 거리를 갖고 문제를 연구하기 위해 주기적으로 삶에서 물러나는 법을 체득해야 할지도 모릅니다.

이들은 자주 이끌려는 강한 욕망을 표출합니다. 이들 중 첫째가 되기 위해 이끌려는 욕구를 구현하지만, 이끄는 데 필요한 경영 기술이나 리더십 기술이 부족한 사람은 좌절되는 자기 자신을 알아차리게 될 것이고, 심지어 자기-연민에까지 빠지기 쉬울 것입니다. 최상의 상태에서 이들은 진정으로 독창적이고 이상주의적인 개척자가 될 수 있지만, 최악의 상태에서는 오직 새로운 것만 탐구하는, 느낌을 부정하는 에고주의자가 될 수 있습니다.

▶ 통치자: 화성

화성은 생물학적인 남성성을 상징하는 것으로 대변됩니다. 전통적으로, 마르스 신의 영역은 밤하늘에 있는 붉은 빛을 띤 행성의 모습에 의해 강조되는 자질인 전쟁이었습니다. 원래 화성은 양자리와 전갈자리를 통치했지만, 20세기에 전갈자리의 통치권은 명왕성에 넘어갔습니다. 숨어들어서 일반적으로 막을 수 없는 화성 에너지는 이들 중 남녀 모두에게 전통적으로 공격적이고, 모험적이며, 성공에 고도로 동기가 부여됩니다.

02 황소자리; 양육자

4월 21일 ~ 5월 21일

The Nurturer

▶ 요소: 흙(土,地)

흙은 고체적인 요소입니다. 그런 이유로 흙은 관련된 많은 연관성과 의미를 갖고 있습니다. 물론 Earth(지구)는 인류가 살고 있는 행성인, 태양계에서 세 번째 행성입니다. 이 측면에서 Earth(대자연)는 '어머니 지구'라는 용어처럼 자연계도 또한 담고 있습니다. 더 구체적으로 Earth(육지)는 바다 대기와 구별되는 땅덩어리 세계입니다. Earth(이승)의 또 다른 의미는 천국과 지옥 같은 다른 가상 세계에 반대되는 우리의 일상 세계, 즉 영적인 활동 영역과 대비되는 세속적인 활동 영역입니다. 영국 영어의 'Earth'는 미국인이 전위가 0인 위치로 전기를 전도하는 데 사용되는 전기 시스템 속의 전선인 '접지(Ground)'라고 부르는 것입니다. 성장시키는 소중한 물질인 표토도 또한 때때로 Earth(토양)라고 지칭됩니다. 마지막으로 'Earth'는 전체로서 인류를 의미할 수 있고, 그러므로 가장 자연스럽거나 세상 물정에 밝으며, 아니면 심지어는 (일부 사람에 대해) 불완전한, 사람의 측면은 '세속적(earthy)'이라고 지칭됩니다.

▶ 사고방식: 감각

흙(土) 싸인을 갖고 있는 사람은 일차적으로 감각 태세를 통해 세상을 파악합니다. 이들의 지향은 매우 확연히 경험적이므로, 이들은 자신의 시각, 청각, 미각, 후각, 촉각을 통해 상황의 질을 판단하는 경향이 있습니다. 가시적인 실상은 꿈과 공상보다 이들에게 더 큰 의미를 갖고 있습니다. 이들은 '보는 것이 실제이다'고 믿는 실용주의자와 작업자입니다.

▶ 좌우명: '나는 갖고 있습니다'
▶ 자질: 고착되는

염소, 황소, 처녀라는 흙(土) 싸인의 상징은 확연히 물리적인 차원을 지향하고, 성욕 혹은 부족한 성욕을 표상합니다. 각각의 상징은 자체의 자질, 통치자 등에 따라 이 지향의 다른 측면에 중점을 둡니다.

고착되는 흙(土) 싸인인 황소자리는 인간 천성의 움직이지 않는 요소를 대변합니다. 황소자리는 전형적으로 완고하고 설득되기가 힘들고, 많은 이슈에 대해 마음을 바꾸기를 거부하지만, 황소자리 사람은 조화도 또한 소망하므로 완전히 다루기 어려운 것은 아닙니다. 이들은 [농업과 결혼의 여신인] 데메테르나 가이아, 대지, 대자연으로 상징되는 생산적이고 양육적인 특징도 또한 표출합니다. 심미적인 아름다움에 대한 대단한 사랑을 입증하는 이들은 황소자리의 통치자인 금성의 더 세속적인 측면에 중점을 둡니다. 이들 중 다수의 가치는 '깊은 인간성'이라고 불릴 수 있습니다.

▶ 심리구조

양육자의 달은 성격심리학에서 성장과 발전을 대변하는 두 번째 달입니다. 이달은 첫 번째 흙의 달이고, 그런 이유로 뿌리를 내리고 있는 완전히 육화된 영을 보여줍니다. 양육자의 달에 태어난 이들은 에고의 양육하는 측면을, 즉 보살피고, 관리하며, 유지하는 측면을 대변하고, 이는 어린 시절부터 청소년기까지 한 사람의 꾸준한 성장을 상징합니다.

이들은 조화를 탐구하고 자신의 주위환경이 아름답도록 만들어내는 것에 관련됩니다. 이들은 물질세계에 깊이 관여합니다. 그러므로 소유물을 갖고 있는 것과 안전을 확립하는 것은 이들의 실존에 생명적입니다. 이들이 고착되면서도 세속적이기에, 대개 완고하고 대립적인 것으로 묘사되지만, 조화에 대한 이해관계에서 이들은 놀라울 정도로 유연할 수 있습니다.

이들은 불같고, 직접적이며, 단출한 에너지를 더 공기같고, 확장적이며, 가변적인 에너지로 변성시킵니다.

이들의 성격은 자신과 맞닿은 환경을 더 많이 통제하는 아이, 즉 무엇이 자신에게 속하고 무엇이 속하지 않는지를 배우는 아이에 비유될 수 있습니다. 소유에는 이중의 책임이 따르는데, 소유물을 활용하도록 투입하는 법과 소유물을 조심해서 다루는 법을 체득하는 것입니다.

여기서 아이는 물건이 주의깊게 다루어지면 더 오래 지속하고 더 잘 작동한다는 점을 체득하므로, 유지관리가 중요한 테마로 표면화됩니다. 공유하고 거래하는 수용력도 또한 계발됩니다.

어린 시절의 처음 7년 동안 부모가 후원의 주된 원천이었던 반면, 둘째 단계는 혼자 힘으로 상황에 응하는 법을 체득하고 자율성을 향해 나아가는 것을 강조합니다. 이렇게 하면서 '누군가가 항상 주목받는 중심인 것은 아니다'는 때때로 아픈 깨달음이 옵니다. 의미 있는 역할이 자신의 형제자매 및 학교 친구와 갖는 관계에서 확립되어야만 하고, 협력이라는 것이 계발되어야만 하는 중요한 기술로 등장합니다.

마치 계발하는 중인 아이가 섹스부터, 음식, 스포츠까지 모든 신체적인 문제에 대단한 이해관계를 보여주듯이, 이들도 그런 이해관계를 보여줍니다. 비록 프로젝트를 설정하고 형태를 부여하는 것이 이들의 강점 중 하나이지만, 이들은 활동가의 달에 태어난 사람들처럼 항상적인 활동을 갈망하지는 않고, 실로 안식과 편안함을 대단히 즐깁니다.

이들은 또한 예리한 관찰자로서, 즉 타인들의 활동에 관련된 곳에서 통찰적인 소중한 조언자로서 기능할 수 있습니다. 이들은 대체로 숙고하고 전략을 조심스럽게 구상하며 자신의 계획을 이행할 바른 순간을 기다리는 수용력을 계발합니다. 하지만 이들은 꾸물거릴 위험이 있고, 활동을 위한 충동을 잃어버릴 위험이 있습니다.

이들은 팀의 일원이 되는 것을 좋아하지만, 자율성이라는 커다란 척도를 유지해야만 하는데, 이들의 지배적인 부추김과 개별성은 대개 이들이 추종자의 역할에 오래 머무르는 것이 어렵게 만듭니다. 완고하다는 이들에 대한 평판에 걸맞게 이들과 함께 작업하는 사람들은 "내 방식이 아니면 절대 안 돼"라는 이들의 최종 결론을 주기적으로 맞닥뜨릴지도 모릅니다.

이들은 이기심으로 비난받을지도 모르는데, 당연하게도 이들은 자신만의 이해관계를 먼저 보호할 것입니다. 그러나 그 귀결로 이들은 자신의 주위 사람들에 대한 최선의 이해관계도 또한 가슴속에 갖고 있습니다. 이들은 자신이 사랑하는 사람들을 위해 삽니다.

▶ 통치자: 금성

금성은 생물학적인 여성성을 상징하는 것을 그림문자로 갖습니다. 이들 중 남녀 모두에게 금성은 심미적이든 더 이상주의적인 천성이든 간에 아름다움에 대한 사랑을 대변합니다. 6이라는 숫자를 갖고 있는 사람뿐만 아니라 황소자리와 천칭자리에서 태어난 이들도 모두 이런 따뜻하고 풍부한 금성 에너지에 휩싸입니다. 물론 비너스 여신은 전통적으로 사랑에 결부되어 있고, 그녀의 아들 큐피트는 활을 구부려 저항할 수 없는 화살을 날려보내 심지어 가장 굳어버린 심장조차도 뚫었습니다.

03 쌍둥이자리; 다각화자

5월 22일 ~ 6월 21일

The Diversifier

▶ 요소: 공기(風)

공기는 무형의 기체적인 요소입니다. 그런 이유로 공기는 관련된 많은 연관성과 의미를 갖고 있습니다. 공기는 78%의 질소 및 21%의 산소, 소량의 이산화탄소, 수증기, 불활성 가스의 화학적인 구성과 함께, 우리가 숨 쉬는 물질이라는 면에서 매우 구체적인 외연을 갖고 있습니다. 공기는 지구를 둘러싼 대기라는 더 넓고 덜 구체적인 의미도 또한 갖고 있습니다. 공기는 숨만 아니라, (자연의 호흡인) 바람도 또한 가리킬 수 있습니다. 사람이 불만을 '토로(air)'할 때, 공개적으로 자신의 목소리를 크게 내므로, 공기는 표현적이고 드러내는 내포도 또한 갖고 있습니다. 공기는 곡조나 멜로디, 춤, 작곡일 수 있고, 이것은 이 단어에 또 다른 생동적이고 다채로운 면을 빌려줍니다. 우리는 무엇이 '기운이 감도는(in the air)' 혹은 '아직 미정인(up in the air)'이라고 말할 때, 그것이 외부에 있거나 여기저기 있음, 즉 고정되지 않거나 확실하지 않음을 의미하고, 두 경우 모두 불확실성과 예견 양쪽을 불러옵니다. '무아지경에 이른(walk on air)' 사람은 행복하다고 말할지도 모릅니다. 비록 확신의 분위기를 갖고 있는 것이 찬사일지도 모르지만, '거드름(airs)' 피우는 것은 '허풍(hot air)'으로 가득찬 것일 뿐만 아니라 확실히 부정적입니다. 'airy'라는 단어는 사실 고결하거나 '가볍고 경쾌하며', 괴상한 분위기의 사람도 묘사하고, (공중누각을 짓는 것처럼) 고도로 투기적인 분위기의 사람도 묘사할 수 있습니다.

▶ 사고방식: 생각

공기(風) 싸인의 사람은 일차적으로 생각 태세를 통해 세상을 파악합니다. 발상과 개념은 이들에게 유형물보다 더 실상적일 수 있습니다. 그러므로 이상을 따르는 것은 자연스럽게 이들에게 다가옵니다. 전망과 지향이 이들에게 매우 중요하기 때문에, 이들은 물질적인 장벽에 걸려 넘어질지도 모르지만, 이들 자신이 만든 논리적인 함정에도 또한 빠집니다. 이들은 감각의 세계에 미세하게 맞춰져 있고, 따라서 오직 최소한으로 방해하는 소리, 냄새, 맛만으로도 쉽게 짜증을 내거나 화가 날 수 있습니다.

▶ 좌우명: '나는 소통합니다.'
▶ 자질: 변통적인

쌍둥이, 천칭, 물병이라는 공기(風) 싸인의 상징은 이를테면 흙(土) 싸인의 상징보다 더 개념 지향적이고 덜 문자적입니다. 이 상징 중 어느 것도 공기 자체와 큰 관련을 갖고 있지 않지만, 쾌활이나 지성을 제안하는 부차적인 의미와 더 관련이 있습니다.

변통적인 공기(風) 싸인인 쌍둥이자리는 세부사항과 사실의 연구뿐만 아니라 (공기가 라디오/TV 신호처럼 음성 및 다른 전송 형식을 위한 매체이므로) 소통에도 또한 얽매입니다. 쌍둥이자리의 통치자인 수성[헤르메스]은 하늘을 가로지르는 비행 경로를 갖고 있는 날개 달린 메신저입니다. 쌍둥이는 이중성의 원리를 상징하고, 쌍둥이자리 사람을 위한 '더 나은 반쪽'일 수 있는 동반자를 찾아내려는 욕구를 암시합니다. 이들은 좀처럼 본질적으로 완전하다고 느끼지 못하지만, 생각, 논리 및 언어적인 표현에 기반을 두고 공통의 이해심이라는 유대감을 확립하려고 탐구합니다. 이들은 모든 점성학적인 별자리에서 가장 가변적인 사람으로 여겨집니다.

▶ 심리구조

다각화자의 달은 성격심리학에서 생각의 빠름과 손쉽게 이루는 소통을 대변하는 세 번째 달입니다. 이 달은 정신적인 것을 지향하고, 따라서 등장하는 다른 관점에 접속을 확립하기 위해 다가가는 생동적인 지성에 비교될 수 있습니다. 다름을 찾아가는 것처럼, 이달은 성년기를 향해 진화하는 청소년에 의해 행사되는 확장된 마음의 힘을 상징합니다.

이들은 생각과 언어적인 표현 사이의 밀접한 연관성에 관련됩니다. 이들은 또한 넓은 시야나 더 큰 그림보다는 세부사항에 관련이 있습니다. 경험과 환경 양쪽의 생동성, 다층성, 변화는 이들에게 모두 생명적입니다. 이들은 동반자에 대한 분명한 욕구를 갖고 있고, 적응을 위한 수용력 및 심지어 갑작스러운 방향 전환까지 하는 수용력을 갖고 있습니다.

이들은 고착되고, 흙같으며, 실용적인 에너지를 보호적이고, 공감적이며, 민감한 에너지로 변성시킵니다.

이들의 성격은 청년에 도달하기 위해 애쓰는 청소년에 비유될 수 있습니다. 이 시기는 사회적으로 통합하려는 욕망뿐만 아니라 부모 및/또는 사회적인 권위에서 벗어나려는 욕망으로 대표됩니다. 사실 거침없이 말하지만, 이들 자신은 반항적인 사람이 아니고, 단지 자신만의 개별성을 즐기고 무엇보다도 개인적인 자유를 중시합니다. 청소년처럼, 이들은 흥분과 변화에 끌립니다. 쉽게 지루해하는 이들은 집에 머물면서 안전감과 단순한 즐거움을 즐기는 것보다 흥분을 탐색하여 외출하는 것을 대체로 선호합니다.

약간의 곤란을 겪으려고 물색하면서 한 명 이상의 친구와 함께 여기저기 여행하는 것만큼 이들에게 큰 만족감을 주는 것은 거의 없습니다. 이들에게 곤란은 모험, 대담함, 혁신을 의미하고, 어쩌면 상황을 조금 더 활기차게 하기 위해 약간의 세부 사항을 윤색하면서 자신의 업적을 상술하는 재미를 의미합니다.

대개 이들은 연료로 사용할 신경질적인 에너지를 갖고 있고, 우쭐대는 의식인 감정적인 고양을 자신에게 주는 그런 활동에 끌리는데, 만약 누구라도 사실상 날 수 있다면, 그 사람은 바로 이들일 것입니다. 자전거와 스케이트부터 자동차와 오토바이까지 많은 형식의 여행이 이들에게 호소합니다. 그러나 쉽게 지치는 이들은 장기간의 요구에 직면하면, 오히려 포기하거나 방향을 바꾸는 것도 또한 선호할지도 모릅니다.

이들은 집단의 일원이 되는 것을 좋아합니다. 이들은 발상의 흐름과 언어적인 솜씨로 어떤 사회적인 국면도 활기차게 하는 경향이 있습니다. 하지만 이들은 그룹 멤버십의 책임을 쉽사리 받아들이지 않을지도 모릅니다. 이들은 자주 변덕스럽고 심지어 피상적이라는 비난을 받지만, 이들의 관점에서 마음을 바꾸는 것은 죄가 아닙니다. 비집착의 중요성은 이들이 대개 가슴에 새기는 어떤 것입니다.

▶ 통치자: 수성

수성은 태양에 가장 가까운 작고 빠른 행성입니다. 그리스 로마 신화에 나오는 신들의 날개 달린 메신저의 이름을 딴 수성[헤르메스]은 (숫자 5뿐만 아니라) 쌍둥이자리와 처녀자리를 통치하고, 생각과 소통의 빠름을 상징합니다. 수성의 영향력을 받은 이들은 자신이 관여하는 노력에 활기와 충동을 가져오는 경향이 있습니다. 세부사항에 대한 주목, 게임과 퍼즐에 대한 사랑 및 빨리 회복하는 능력은 모두 수성에 결부되어 있습니다.

04 게자리; 순치자

6월 22일 ~ 7월 22일

The Domesticator

▶ 요소: 물(水)

물은 유동적이거나 액체적인 요소입니다. 그런 이유로 물은 관련된 많은 연관성과 의미를 갖고 있습니다. 물의 가장 특별한 의미는 물론 여기 지구상의 거의 모든 생명체에게 필수적인 H2O 화학식을 갖고 있는 화합물입니다. 물은 지구의 대다수를 덮고 있는 것처럼, 인간을 포함한 대다수의 생명체 중 가장 큰 비율을 차지합니다. 용매로서 물의 사용은 소금 용액의 이온을 가져오는 데 필수적입니다. 비록 물이 액체나 기체, 고체 상태로 나타나는 데 유능한 유일한 요소이지만, 물은 불처럼 한 국면에서 다른 국면까지 매우 일관됩니다. 실로 커다란 수역은 고도로 안정되어서 땅처럼 온도가 빠르게 변화되지 않습니다. 물은 또한 비 혹은 (해수든 담수든 간에) 수역들을 가리킬지도 모릅니다. 인체를 참조하면, 물은 우리가 마시는 것을 가리킬 수 있지만, 소변이나 눈물 같은 배설물과 분비물도 또한 가리킬 수 있습니다.

▶ 사고방식: 느낌

물(水) 싸인의 사람은 일차적으로 느낌 태세를 통해 세상을 파악합니다. 감정적인 고려는 이들의 일상생활에서 자주 최우선순위를 차지합니다. 이들 중 다수는 공감적이거나 동감적이어서, 이들은 타인들이 보답하지 않을 때 상처를 받습니다. 비판과 거부에 대한 이들의 민감성은 매우 높습니다. 그 귀결로 이들은 대개 어떤 말이 나오기 전에 언제 누군가가 이들을 찬성하거나 반대하는지를 알 수 있습니다.

▶ 좌우명: '나는 느낍니다.'

▶ 자질: 활동적인

게(갑각류), 전갈(거미류), 물고기(수생 척추동물)라는 물(水) 싸인의 상징은 대다수 사람이 일상생활에서 맞닥뜨리지 못하는 숨겨진 영역 혹은 지하 영역, 물속 영역에서 발굴되어야만 합니다. 하지만 각각의 상징은 자체의 자질, 통치자 등에 따라 이 지향의 다른 측면에 중점을 둡니다.

활동적인 물(水) 싸인인 게자리는 가장 순수하고 가장 기본적인 형식의 의미에서 물 싸인의 천성을 대변합니다. 느낌에 관련되는 게자리의 사람은 자기 자신과 타인들에게 보호적입니다. 게처럼 자신만의 집에서 프라이버시를 탐구하는 이들은 침입에 극도로 민감합니다. 게다가 이들은 극도로 공격적인 활동을 하는 데 유능하고, 순식간에 공격 태세로 전환할 수 있습니다. 게자리의 통치자인 달은 조수를 통솔할 뿐만 아니라 인간의 감정에도 또한 심오한 영향력을 갖고 있습니다. 달과 게는 모두 무의식의 삶을 상징합니다.

▶ 심리구조

순치자의 달은 성격심리학에서 깊은 느낌, 보호, 가정을 대변하는 네 번째 달입니다. 이달은 상징적으로 인간 존재가 전형적으로 성숙해지는 시기, 즉 본거지에 정착해 삶을 이해하는 수단으로서 내면성찰의 사용법을 습득하는 시기에 관련이 있습니다. 구체적으로, 이 달[의 메커니즘]은 청년기에 갖는 감정적인 경험에 대한 진화 및 정제와 비교될 수 있습니다. 처음으로 자신만의 자녀를 갖는 것은 강한 보호 본능을 끌어냅니다.

이달은 고도로 개인적인 감정에 결부되어 있고, 잠재의식의 삶에도 또한 결부되어 있습니다. 꿈은 이들의 세계에 절대 필요합니다. 만약 바다가 확산된 느낌의 우주를 대변한다고 말해진다면, 이달은 단일 존재 속에서 이들이 정제한 감정의 결정체를 상징할 수 있습니다. 이들은 자신의 극도로 민감한 내부를 시야에서 숨깁니다.

이들은 공기같고 언어적이며 가변적인 에너지를 고착되고 확고부동하며 직선적인 에너지로 변성시킵니다.

이들의 성격은 처음으로 자신만의 집, 경력 그리고 어쩌면 가족을 확립하려고 탐구하는 청년의 성격에 비유될 수 있습니다. 비록 이들은 보호적이고 기다리는 방법을 알지만, 이들이 수동적인 사람이라고 가정하는 것은 실수입니다. 이들은 자신이 원하는 바를 얻는 것에 대해 꽤 공격적일 수 있지만, 자신의 욕구, 민감성, 다양한 기분을 타인들이 이해하기를 기대하는 요구를 만들어내는 것에 대해 피하기를 자주 선호합니다.

다른 사람과 갖는 공감에 의한 강한 유대감은 이성이나 논리보다 이들에게 훨씬 더 중요합니다. 청년들처럼, 깊은 감정적인 우정은 이들에게 가장 중요한 것에 속하고, 신뢰하고 공유하기 위해 그 중요성과 함께 상응하는 욕구에 속합니다. 실로 이들은 상호간의 이해라는 개인적인 유대감을 공유하지 않는 사람들과 함께 작업하기가 힘겨움을 알아차립니다.

이들은 무엇이 타인들과 다르게 자신을 설정해주는지를 잘 알아채는 자주 비범한 사람입니다. 비언어적인 표현에 대한 이들의 재능은 부엌과 침실에 특히 중점을 둔 자신 집의 배치에 반영됩니다. 이들에게 매우 필요한 비정상적일 정도의 심리적인 지원을 제공하기 위한 식사, 수면, 성적인 표현 및 '애정이나 동감의 공유' 같은 활동은, 사적이고 정기적이며 만족스러워야 합니다. 이 활동들이 없으면, 이들은 신경질과 짜증이 늘어나게 됩니다.

친구와 단둘이 보내는 조용한 저녁은 이들에게 황홀한 경험이 될 수 있습니다. 하지만 이들 중 다수는 대중에게 주기적으로 드러나야만 하는 자신의 인격에 대한 낯선 측면을 갖고 있습니다. 일반적으로 말해서, 진가를 알아보는 것은 표현하고 방출하는 것만큼 이들에게 중요하지 않습니다. 물론 이들은 자신의 특별한 경쟁력인 마법이 가장 잘 작용하는 사적인 분야에 대해 특히 설득적입니다.

▶ 통치자: 달

달은 지구의 바다 깊은 곳을 휘젓고, 조수뿐만 아니라 인간의 감정도 또한 조정합니다. 천성적으로 반사적인 달은 꿈, 무의식적인 느낌 및 강력한 감정의 세계를 상징합니다. 지구의 주요 위성에 의한 전통적인 여성성 지향은 반사적이고 공감적인 인간성의 경향을 강조합니다. 숫자 2와 게자리에 통치되는 이들은 달의 영향력을 강하게 받고, 따라서 그룹 프로젝트에서 타인들과 잘 작업하는, 다감한 유형이 되는 경향이 있습니다.

05 사자자리; 지휘자

7월 23일 ~ 8월 23일

The Commander

▶ 요소: 불(火)

불은 연소적인 요소입니다. 그런 이유로 불은 관련된 많은 연관성과 의미를 갖고 있습니다. 기술적으로 말하면, 불은 열과 빛이 방출되는, 진행 중인 화학 반응을 가리킵니다. 이런 산화 반응이나 발열 반응은 엄청난 양의 에너지를 방출할 수 있습니다. 태양은 그런 불같은 동력, 즉 방사하는 동력의 주요 원천이고, 인류는 태양을 숭배해온 방식처럼, 불도 신에게서 받은 생명을 지속할 수 있게 해주는 선물로 간주해왔습니다. 하지만 핵분열과 핵융합을 통해 원자의 힘을 여는 능력은 자연의 힘을 활용하는 것의 엄청나게 유익하고 해로운 잠재력을 극명하게 내보여줍니다.

▶ 사고방식: 직감

화(火) 싸인 사람들은 일차적으로 직감 태세를 통해 세상을 파악합니다. 예감, 도박 그리고 '지도에 의해 비행하는 것보다 육감에 의해 비행하는 것'은, 이런 흥분되고 때로는 불안정한 성격을 모두 특징짓습니다. 이들은 활동할 때를 들으려고, 즉 자신이 아는 책에서 그때에 관해 읽으려고 욕구하지 않습니다. 종종 이들은 자기 자신이 육감에 관해 의심하지 않는 한, 좀처럼 틀린 것으로 판명되지 않는 그 육감에 의해 인도됩니다. 그래서 이들은 상황을 너무 많이 생각할 때보다 자신의 첫 번째 충동을 따를 때 자주 더 잘합니다. 걱정은 이들의 긍정적인 전망에 특히 파괴적일 수 있고, 이들의 비범하게 높은 자기-신임을 서서히 잠식할 수 있습니다.

▶ 좌우명: '나는 창조합니다.'

▶ 자질: 고착되는

숫양, 사자, 궁수라는 불(火) 싸인의 상징은 천성적으로 역동적이고, 어쩔 수 없는 움직임을 내포합니다. 하지만 각각의 상징은 자체의 자질, 통치자 등에 따라 이 지향의 다른 측면에 중점을 둡니다.

고착되는 불(火) 싸인인 사자자리는 자신의 통치자인 태양의 꾸준한 광채를 대변합니다. 양자리가 통제에서 벗어난 불이라면, 사자자리는 통제되는 불입니다. 사자자리는 따뜻함과 창의성을 말합니다. 사자자리 사람은 비열함이나 쪼잔함을 경멸하는데, 이들의 사자적인 천성의 본보기가 되는 것은 바로 고귀한 풍모인 거대한 몸짓입니다. 한결같은 믿음성, 용기, 꿋꿋함이 이들을 특징짓습니다.

▶ 심리구조

지휘자의 달은 성격심리학에서 자신의 주위 세계를 밝혀주는 사람의 빛나는 창조적인 세력을 대변하는 다섯 번째 달이고, 여기서 강력한 에너지가 완전히 통제됩니다. 지휘자의 달에 태어난 이들은 세상에 자신의 발자취를 만들어내기 위한 에고의 욕구를 상징합니다. 야심, 힘, 자기-신임이 이들의 검증 표식이고, 이들은 자주 자신의 동료들에 의해 잘 존중받습니다.

이들은 강력한 활동과 유도된 활동을 통해 완전히 깨닫게 된 표현을 대변합니다. 이끄는 것을 좋아하는 이들은, 타인들이 적절한 경의를 갖고 따르기를 기대합니다. 하지만 나눔과 온정은 이들에게도 또한 중요합니다. 이들의 화창한 천성은 즐거움, 만족, 조화를 요구합니다. 반면에 이들은 불의, 억압, 어둠의 세력들과 전투하도록 요청받을 때는 언제나 전투를 주저하지 않습니다.

이들은 보호적이고 공감적이며 민감한 에너지를 서비스 지향적이고 차별적이며 분석적인 에너지로 변성시킵니다.

이들의 성격은 성숙한 어른이 자신 성격의 온 세력을 가져와서 세상에 적용하는 것에 비유될 수 있습니다. 이들은 거대한 몸짓을 통해 타인들로 하여금 자신의 존재감을 느끼도록 만들어내는 것을 사랑합니다. 이들은 비열함과 쪼잔함을 싫어하고, 자신의 주목을 받을 가치가 없다고 여겨지는 무엇이든 못 본 체하는 것을 선호합니다. 대범한 이들은 대체로 많이 주거나 전혀 주지 않습니다. 때때로 타인들에게서 선물을 받는 것은 이들에게 어려울 수 있습니다.

이들은 자신만의 조건에 따라 운영하는 경향이 있을 뿐만 아니라 대체로 받아들일 수 없는 제안을 거절하는 강인함과 자신의 결정을 고수하는 데 필요한 확고함을 표출합니다. 명예에 대한 자신의 규정에 걸맞게 이들은 대체로 내기에 지거나 투자에 실패할 때 대가를 치르고, 타인들도 똑같이 대가를 치르기를 기대합니다. 이들에게 주어진 단어는 바로 법률입니다.

이들은 자신의 물리적인 외관뿐만 아니라 자신이 하는 것도 또한 찬양받기를 사랑합니다. 타인들에 의해 받들어지는 위치에 놓여지는 것은, 이들을 조금도 고민하게 하지 않습니다. 자주 천성적으로 리더인 이들은 가족이든, 사회든, 정치든 간에 자신이 대변하는 집단의 가장 좋은 특성의 본보기가 되기를 즐길 것입니다. 하지만 이들 중 대다수는 고도로 자신하는 이미지, 즉 안전한 이미지를 전달하기를 바라면서, 허세 없이 임무를 달성하기를 선호합니다.

이들의 집은 이들의 성입니다. 이들은 자신이 사는 곳을 틀림없이 자랑으로 여기고, 자신의 주거 배치로 행복할 때, 타인들을 환대하는 것 그 이상의 무엇도 즐기지 않습니다. 이들의 충실함은 전설적인데, 이들이 필요하다면 목숨이 붙어있는 한, 가족, 친구, 동무를 보호할 것입니다. 하지만 낡은 배치에 대한 고착된 태도와 집착은 이들이 성장해갈 길을 가로막을 수도 또한 있습니다.

▶ 통치자: 태양

태양은 우리 태양계에 생명을 주는 자입니다. 따라서 태양은 엄청난 창조적인 세력과 생성의 힘을 대변합니다. 남성성을 지향하는 태양은 독특한 개인적인 표현을 향해 애쓰는 인간 에고의 외적인 추진력을 대변합니다. 사자자리와 숫자 1을 통치하는 태양은 태양계 내에서 중심 위치의 세력을 전달합니다. 태양의 영향을 받는 사람(남성과 여성 모두)은 솔직하고, 요구가 많은 경향이 있으며, 몹시 욕구되는 에너지를 타인들에게 전달할 능력이 있는 경향이 있습니다.

06 처녀자리; 조정자

8월 24일 ~ 9월 22일

The Regulator

▶ 요소: 흙(土,地)

흙은 고체적인 요소입니다. 그런 이유로 흙은 관련된 많은 연관성과 의미를 갖고 있습니다. 물론 Earth(지구)는 인류가 살고 있는 행성인, 태양계에서 세 번째 행성입니다. 이 측면에서 Earth(대자연)는 '어머니 지구'라는 용어처럼 자연계도 또한 담고 있습니다. 더 구체적으로 Earth(육지)는 바다 대기와 구별되는 땅덩어리 세계입니다. Earth(이승)의 또 다른 의미는 천국과 지옥 같은 다른 가상 세계에 반대되는 우리의 일상 세계, 즉 영적인 활동 영역과 대비되는 세속적인 활동 영역입니다. 영국 영어의 'Earth'는 미국인이 전위가 0인 위치로 전기를 전도하는 데 사용되는 전기 시스템 속의 전선인 '접지(Ground)'라고 부르는 것입니다. 성장시키는 소중한 물질인 표토도 또한 때때로 Earth(토양)라고 지칭됩니다. 마지막으로 'Earth'는 전체로서 인류를 의미할 수 있고, 그러므로 가장 자연스럽거나 세상 물정에 밝으며, 아니면 심지어는 (일부 사람에 대해) 불완전한, 사람의 측면은 '세속적(earthy)'이라고 지칭됩니다.

▶ 사고방식: 감각

흙(土) 싸인을 갖고 있는 사람은 일차적으로 감각 태세를 통해 세상을 파악합니다. 이들의 지향은 매우 확연히 경험적이므로, 이들은 자신의 시각, 청각, 미각, 후각, 촉각을 통해 상황의 질을 판단하는 경향이 있습니다. 가시적인 실상은 꿈과 공상보다 이들에게 더 큰 의미를 갖고 있습니다. 이들은 '보는 것이 실제이다'고 믿는 실용주의자와 작업자입니다.

▶ 좌우명: '나는 봉사합니다.'
▶ 자질: 변통적인

염소, 황소, 처녀라는 흙(土) 싸인의 상징은 확연히 물리적인 차원을 지향하고, 성욕 혹은 부족한 성욕을 표상합니다. 각각의 상징은 자체의 자질, 통치자 등에 따라 이 지향의 다른 측면에 중점을 둡니다.

변통적인 흙(土) 싸인인 처녀자리는 어쩌면 다른 흙(土) 싸인보다 덜 명시적으로 물리적이고, 더 유연하며, 처녀자리의 통치자인 신속한 수성의 영향력을 통해서 정신을 지향합니다. 처녀자리는 빠르고 분석적인 자질이고, 그 자질은 다른 흙 싸인의 특징과 어긋나는 것으로 보입니다. 하지만 처녀자리 사람은 고도로 믿음직하고, 서비스 지향적이며, 안정됩니다. 깊은 심미적인 욕망은 더 비밀적이고 선택적인 방법으로 드러날 수 있습니다. 극단적으로 실용적인 이들은 결과로 사건을 판단합니다.

▶ 심리구조

조정자의 달은 성격심리학에서 매우 분석적이고 조심하며 질서 있는 사람들을 연출하는 여섯 번째 달입니다. 이들은 실존의 관심사에 대한 체계적인 접근을 위한 '모든 생명의 욕구'를 대변합니다. 상징적으로 이들은 확산된 에너지를 땅으로 갖고 내려와 접지시키는 것으로 착상될 수 있습니다.

인간적인 측면에서, 접지시키는 것은 삶에 구조를 제공하기 위한, 그리고 잘 정돈된 봉사를 통해 세상에 암시를 주는 이바지를 만들어내기 위한 성인 에고의 노력에 비유될 수 있습니다. 강한 도덕적인 경향은 이들에게 진지한 이미지를 빌려주는 경향이 있고, 실로 오직 특정한 형식의 유머만이 이들에게 호소합니다. 잘못에 대해 분별력이 있는 이들은 인간 경험의 대다수 형식이 관련되는 것에 고도로 선택적입니다.

이들은 고착되고 확고부동하며 직선적인 에너지를 우아하고 사회적이며 외교적인 에너지로 변성시킵니다.

이들의 성격은 세상에서 꾸준히 자신의 길을 만들어가지만, (특히 40대 초반의 중년의 위기 동안) 필연적으로 중요한 문제를 만나고 해결하는 성숙한 어른에 비교될 수 있습니다. 비밀적인 이들은 자신이 은폐하는 것뿐만 아니라 드러내는 것에 관해 각별하고, 언제 또 어떻게 은폐하고 드러낼지에 관련해서도 또한 매우 각별합니다. 이들의 내면세계는 은폐만큼 꿈 같은 세계가 아니라 폭로만큼 분석, 해결, 평가에 얽매이는 세계입니다. 미래는 또한 목표를 향해 계획하고 작업하는 경향이 있는 이들에게 일차적인 초점입니다. 예를 들어, 자유 시간을 얻기 위해 작업 기간을 정돈하고, 여행 자금을 절약하며, 세심하게 숙고한 배치를 만들어내고, 깔끔하게 짐을 꾸리며, 공간을 경제적으로 활용하는 것은 모두 휴가에 대한 이들의 접근법을 검증해주는 표식입니다.

이것은 이들이 자발성과 즉흥성도 또한 즐기지 않는다는 점을 시사하도록 의도하는 것은 아니지만, 기저에 놓인 구조는 대개 그 즐거움에 필수적입니다. 속도와 독립의 특성은 대개 타인들을 위한 봉사에 이들의 재능을 고용하는 경향을 선호할 시 이들에게서 진정됩니다. 이들은 자신을 뛰어난 가족 구성원과 협업자로 만들어내고, (때로는 잘못할 수 있지만) 집단의 노력에 대단히 이바지할 능력이 있습니다.

이들은 상황을 원칙대로 받아들이는 경향이 있어서, 만약 무언가를 약속했다면 이들은 타인들이 이행할 것으로 기대할 것입니다. 이들이 재담과 재치를 좋아하지만, 이 원칙주의 탓에 이들의 유머 감각이 때로는 위축될 수 있습니다. 이들은 자신의 욕구가 말로 진술할 필요 없이 충족될 것을 기대하면서 무언의 요구를 자주 만들어냅니다. 전통적으로, 이들은 소박하고 심지어 정숙한 체하는 것으로 묘사되지만, 이들 중 다수는 더 관습적인 도덕적 입장을 버리고, 자제심이 없이 자신의 느낌과 욕망을 표현할 수 있습니다. 그럼에도 이들이 자신에게 부여하는 (하지만 이들이 사랑하는 사람들에게는 좀처럼 부여하지 않는) 이런 자유는 통제를 벗어나는 것이 좀처럼 허용되지 않습니다.

▶ 통치자: 수성

수성은 태양에 가장 가까운 작고 빠른 행성입니다. 그리스 로마 신화에 나오는 신들의 날개 달린 메신저의 이름을 딴 수성[헤르메스]은 (숫자 5뿐만 아니라) 쌍둥이자리와 처녀자리를 통치하고, 생각과 소통의 빠름을 상징합니다. 수성의 영향력을 받은 이들은 자신이 관여하는 노력에 활기와 충동을 가져오는 경향이 있습니다. 세부사항에 대한 주목, 게임과 퍼즐에 대한 사랑 및 빨리 회복하는 능력은 모두 수성에 결부되어 있습니다.

07 천칭자리; 인력자

9월 23일 ~ 10월 22일

The Magnet

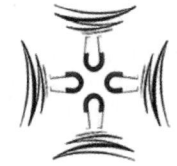

▶ 요소: 공기(風)

공기는 무형의 기체적인 요소입니다. 그런 이유로 공기는 관련된 많은 연관성과 의미를 갖고 있습니다. 공기는 78%의 질소 및 21%의 산소, 소량의 이산화탄소, 수증기, 불활성 가스의 화학적인 구성과 함께, 우리가 숨 쉬는 물질이라는 면에서 매우 구체적인 외연을 갖고 있습니다. 공기는 지구를 둘러싼 대기라는 더 넓고 덜 구체적인 의미도 또한 갖고 있습니다. 공기는 숨만 아니라, (자연의 호흡인) 바람도 또한 가리킬 수 있습니다. 사람이 불만을 '토로(air)'할 때, 공개적으로 자신의 목소리를 크게 내므로, 공기는 표현적이고 드러내는 내포도 또한 갖고 있습니다. 공기는 곡조나 멜로디, 춤, 작곡일 수 있고, 이것은 이 단어에 또 다른 생동적이고 다채로운 면을 빌려줍니다. 우리는 무엇이 '기운이 감도는(in the air)' 혹은 '아직 미정인(up in the air)'이라고 말할 때, 그것이 외부에 있거나 여기저기 있음, 즉 고정되지 않거나 확실하지 않음을 의미하고, 두 경우 모두 불확실성과 예견 양쪽을 불러옵니다. '무아지경에 이른(walk on air)' 사람은 행복하다고 말할지도 모릅니다. 비록 확신의 분위기를 갖고 있는 것이 찬사일지 모르지만, '거드름(airs)' 피우는 것은 '허풍(hot air)'으로 가득찬 것일 뿐만 아니라 확실히 부정적입니다. 'airy'라는 단어는 사실 고결하거나 '가볍고 경쾌하며', 괴상한 분위기의 사람도 묘사하고, (공중누각을 짓는 것처럼) 고도로 투기적인 분위기의 사람도 묘사할 수 있습니다.

▶ 사고방식: 생각

공기(風) 싸인의 사람은 일차적으로 생각 태세를 통해 세상을 파악합니다. 발상과 개념은 이들에게 유형물보다 더 실상적일 수 있습니다. 그러므로 이상을 따르는 것은 이들에게 자연스럽게 다가옵니다. 전망과 지향이 이들에게 매우 중요하기 때문에, 이들은 물질적인 장벽에 걸려 넘어질지도 모르지만, 이들 자신이 만든 논리적인 함정에도 또한 빠집니다. 이들은 감각의 세계에 미세하게 맞춰져 있고, 따라서 오직 최소한으로 방해하는 소리, 냄새, 맛만으로도 쉽게 짜증을 내거나 화가 날 수 있습니다.

▶ 좌우명: '나는 끌어들입니다.'
▶ 자질: 활동적인

쌍둥이, 천칭, 물병이라는 공기(風) 싸인의 상징은 이를테면 흙(土) 싸인의 상징보다 더 개념 지향적이고 덜 문자적입니다. 이 상징 중 어느 것도 공기 자체와 큰 관련을 갖고 있지 않지만, 쾌활이나 지성을 제안하는 부차적인 의미와 더 관련이 있습니다.

활동적인 공기(風) 싸인 천칭자리는 가장 순수하고 가장 기본적인 형식으로 공기를 대변합니다. 발상과 사회를 지향하는 천칭자리는 사람들, 인간관계, 사회 규범의 세계에 적극적인 이해관계를 취합니다. 금성이 통치하는 고도로 미적이고 심미적인 천칭자리 사람은 모든 형태와 형식의 아름다움을 사랑합니다. 조화는 이들에게 매우 중요하므로, 이들은 관점의 균형을 잡고, 상대적이 되며, 공정하게 판별하는 것을 탐구합니다. 이들은 관계, 특히 결혼 및 다른 동반자 관계에 관련됩니다.

▶ 심리구조

인력자의 달은 성격심리학에서 일곱 번째 달입니다. 어쩌면 모든 달 중에서 가장 사회적으로 관여하는 사람인, 이 시기에 태어난 사람은 세상에서 자신의 위치를 차지하려는 성숙한 인간 존재의 욕구를 상징합니다. 게다가 이들은 사람들이 세상이라는 무대에서 하는 역할에 대해 완전히 자각하고 있는 것으로 전제합니다.

이들은 자신이 외부를 지향할 시 매력적인 힘을 위한 욕구에 중점을 둡니다. 선해 보이는 것이 때때로 타인에게서 환영받는 것으로 귀결되면서 실로 이들에게 매우 성공적일 수 있지만, 이들은 자신의 허영심 탓에 비판받고 혹은 심지어 거절까지도 또한 당할 수 있습니다. 이들은 모두를 위한 공정한 대우를 믿지만, 때때로 지나치게 비판적일 수 있습니다. 이들의 심미성, 매혹, 우아함, 좋은 유머는 타인들을 이들에게 끌어당길 시 자석 같은 효과를 발휘합니다.

이들은 서비스 지향적이고 분별력 있으며 분석적인 에너지를, 고착되고 강하며 통제하는 에너지로 변성시킵니다.

이들의 성격은 성숙한 성인이 자신의 중년기를 통과하면서 인생의 후반부를 위한 생활양식을 형성해내려고 노력하는 것에 비교될 수 있습니다. 필연적으로, 이 노력은 이들이 타인들에 관련되는 방식을 재고함으로써 사회적인 역할을 재규정하는 것을 수반합니다. 끌어들이는 사람인 이들은 조화를 위한 욕구뿐만 아니라 자신의 성격에 미를 사랑하는 측면과 사회적인 측면도 또한 갖고 있습니다. 역설적으로, 이들은 문제가 거의 없이 순조롭게 진행되는 상황을 사랑한다는 사실에도 불구하고, 자신의 논쟁적인 태도와 행동을 통해 지대한 논쟁을 일으킬 수도 있습니다. 비록 관대할지라도, 이들은 때때로 타인들의 바람에 눈을 감고서 자신만의 길을 (쾌활하게 아니면 비참하게) 진행할 수 있습니다.

이들은 문제의 양면을 보려는, 즉 실로 문제의 온갖 측면을 검토하려는 이들의 욕구 때문에, 미루는 데 유능합니다. 이들은 거의 모든 것에 관해 성급하게 마음을 꾸며내는 것을 완고하게 거부합니다. 이들은 숨 쉴 적절한 공간을 요구하고, 일정이 빡빡하거나 압박을 받으면 신경질적이 되는 경향이 있습니다. 하지만 이들은 특히 자신이 온갖 사람의 가장 좋은 이해관계를 위해 활동하고 있다고 느낀다면, 타인들에게 압력을 가하는 데 꽤 유능합니다.

이들의 매력적인 힘과 개인적인 끌어당김 덕에, 이들은 동료와 협업자로서 자주 고도로 귀중하게 여겨집니다. 하지만 이들은 자신의 강한 견해를 타인들에게 강요하는 것을 주의해야만 합니다. 특히 이들은 우울증에 대처하기 어려우므로, 지속해서 가볍고 재미있게 보낼 수 있을 때 최고 상태에 있게 됩니다. 이들은 매력적이 되는 것이 극도로 중요하지만, 물리적인 겉모습에 사로잡히게 되는 것을 주의해야만 합니다. 만약 이들은 이 사로잡힘이 도가 지나치면, 자신의 존엄성을 위태롭게 할지도 모릅니다.

이들에게 또 다른 높은 우선순위는 공정성이지만, 평등을 위해 이들이 원정할 시 이들은 중도를 탐구하면서, 지나치게 수용적인 행동이나 지나치게 판단적인 행동이라는 두 가지 함정을 피해야만 합니다.

▶ 통치자: 금성

금성은 생물학적인 여성성을 상징하는 것을 그림문자로 갖습니다. 이들 중 남녀 모두에게 금성은 심미적이든 더 이상주의적인 천성이든 간에 아름다움에 대한 사랑을 대변합니다. 6이라는 숫자를 갖고 있는 사람뿐만 아니라 황소자리와 천칭자리에서 태어난 이들도 모두 이런 따뜻하고 풍부한 금성 에너지에 휩싸입니다. 물론 비너스 여신은 전통적으로 사랑에 결부되어 있고, 그녀의 아들 큐피트는 활을 구부려 저항할 수 없는 화살을 날려보내 심지어 가장 굳어버린 심장조차도 뚫었습니다.

08 전갈자리; 집행자

10월 23일 ~ 11월 21일

The Enforcer

▶ 요소: 물(水)

물은 유동적이거나 액체적인 요소입니다. 그런 이유로 물은 관련된 많은 연관성과 의미를 갖고 있습니다. 물의 가장 특별한 의미는 물론 여기 지구상의 거의 모든 생명체에게 필수적인 H2O 화학식을 갖고 있는 화합물입니다. 물은 지구의 대다수를 덮고 있는 것처럼, 인간을 포함한 대다수의 생명체 중 가장 큰 비율을 차지합니다. 용매로서 물의 사용은 소금 용액의 이온을 가져오는 데 필수적입니다. 비록 물이 액체나 기체, 고체 상태로 나타나는 데 유능한 유일한 요소이지만, 물은 불처럼 한 국면에서 다른 국면까지 매우 일관됩니다. 실로 커다란 수역은 고도로 안정되어서 땅처럼 온도가 빠르게 변화되지 않습니다. 물은 또한 비 혹은 (해수든 담수든 간에) 수역들을 가리킬지도 모릅니다. 인체를 참조하면, 물은 우리가 마시는 것을 가리킬 수 있지만, 소변이나 눈물 같은 배설물과 분비물도 또한 가리킬 수 있습니다.

▶ 사고방식: 느낌

물(水) 싸인의 사람은 일차적으로 느낌 태세를 통해 세상을 파악합니다. 감정적인 고려는 이들의 일상생활에서 자주 최우선순위를 차지합니다. 이들 중 다수는 공감적이거나 동감적이어서, 이들은 타인들이 보답하지 않을 때 상처를 받습니다. 비판과 거부에 대한 이들의 민감성은 매우 높습니다. 그 귀결로 이들은 대개 어떤 말이 나오기 전에 언제 누군가가 이들을 찬성하거나 반대하는지를 알 수 있습니다.

▶ 좌우명: '나는 통제합니다.'

▶ 자질: 고착되는

게(갑각류), 전갈(거미류), 물고기(수생 척추동물)라는 물(水) 싸인의 상징은 대다수 사람이 일상생활에서 맞닥뜨리지 못하는 숨겨진 영역 혹은 지하 영역, 물속 영역에서 발굴되어야만 합니다. 하지만 각각의 상징은 자체의 자질, 통치자 등에 따라 이 지향의 다른 측면에 중점을 둡니다.

고착되는 물(水) 싸인인 전갈자리는 물의 힘과 이 힘을 효과적으로 이용하는 데 필요한 통제력을 내보여줍니다. 목적적인 전갈자리 사람은 바라던 것을 얻는 방법을 알고 있습니다. 비록 전갈자리는 사회적인 별자리이지만, 고도로 개인적인 측면도 또한 갖고 있습니다. 전갈자리를 통치하는 행성인 명왕성은 깊은 성적인 표현 및 화산 같은 에너지를 부여합니다. 이들의 고착되는 천성은 전갈자리의 소유적인 천성에 의해 또 자신이 획득했던 것을 포기하기를 완고하게 거부하는 것에 의해 잘 설명됩니다. 비밀적인 이들은 방해받으면 무자비하게 공격할 것이지만, 도발이 없이도 또한 공격할지도 모릅니다.

▶ 심리구조

집행자의 달은 성격심리학에서 여덟 번째 달입니다. 이달에 태어난 비중있고 격렬한 이들은, 특정한 공격적인 특징을 활동가의 달에 태어난 사람과 공유하지만, 자신이 지향하는 것에 [그들보다] 더 고착되어 있습니다. 이들은 중년기의 힘 및 그 힘에 상응해서 주위의 삶을 유도하고 통제하는 능력을 상징적으로 내보여줍니다.

비록 이들은 자주 방어적일지라도, 멀리 내다보는 천성 그리고 높은 곳으로 상승하는 수용력 및 깊은 곳으로 뛰어드는 수용력 모두를 갖고 있습니다.

이들은 바란다면 자신이 인간적인 교제를 꺼리는 수용력을 또 목적적인 방식으로 심각한 문제들에 대처할 수 있는 수용력을 갖고 있습니다. 이들은 변태와 탈바꿈이라는 신비에 대한 통찰력뿐만 아니라 화산 같은 성적인 에너지도 또한 갖고 있는 경향이 있습니다.

이들은 우아하고 사교적이며 외교적인 에너지를 철학적이고 가변적이며 불같은 에너지로 변성시킵니다.

이들의 성격은 중년기의 시작 및 사회적인 역할 내에서 최대의 권력을 성취하기 위한 개별적인 시도에 비유될 수 있습니다. 이것은 가족과 작업장에서 지배적인 세력이 되는 것, 아니면 자신의 창조적인 성취의 정점에 도달하는 것을 수반할지도 모릅니다. 이들은 역동성과 지향성이 포함된 강력하고, 성적이며, 어둡고, 숙명적이며, 깊은 측면에 중점을 두지만, 어쩌면 투쟁성도 또한 중점을 둡니다. 이들의 따끔한 침을 느꼈던 진지한 사람들은 이들이 쉽게 무시되지 않는다는 점을 자주 알고 있습니다. 하지만 이들은 보통 대립을 탐구하지 않고, 자기 방어에 사용하기 위한 무기를 지속해서 비축합니다.

이들 중 다수는 표리부동하고, 공정하지 않으며, 지나치게 성적인 것으로 부당하게 딱지가 붙었습니다. 사실 이들은 무의식의 세계와 친밀한 관계를 맺고 있습니다. 게다가 죽음과 부활의 테마는 이들의 삶에서 역동적인 역할을 하는데, 이들 중 다수는 고되고 때로는 고뇌하는 탈바꿈과 변태의 과정을 자신의 성격에서 겪어가는 것으로 보입니다.

일반적으로 말해서, 이들은 삶이라는 높은 진지함 및 비극적인 본성에 대한 본능적인 이해심을 휴대합니다. 그러므로 이들은 '지나친 낙천주의 철학', '만병통치약', '지나친 낙관주의', '피상적인 태도나 반짝임'에 대해 매우 의심합니다. 반면에, 이들은 대개 뛰어난 유머 감각을 갖고 있고, 삶의 아이러니에 대한 성숙한 이해심을 보여줍니다. 대다수 사람보다 이들은 자기-파괴적인 행동을 향한 경향인 중독을 주의해야만 하고, 지나치게 통제적인 행동을 향한 경향인 '일반적으로 사람에 대해서든 발상에 대해서든 간에 모든 종류의 집착을 내어놓지 못하는 무능'을 주의해야만 합니다.

▶ 통치자: 명왕성

명왕성(Pluto)은 퍼시벌 로웰(Percival Lowell)에 의해 예견되었고, 명왕성의 기호(♇)는 그것의 처음 두 글자도 또 로웰의 머리글자도 대변합니다. 지하세계의 암흑신인 명왕성은 전갈자리에서 태어난 이들에게 화산 에너지를 빌려줍니다. 명왕성의 영역은 전통적으로 돈, 권력, 성욕의 영역입니다. 명왕성은 우리의 삶을 통솔하고, 어떤 쉬운 거래도 체결될 수 없는 불굴의 세력과 사건들을 대변합니다. 긍정적인 탈바꿈을 성취하기 위해 그런 힘을 활용하는 것은 개인의 계발에 필수적입니다.

09 궁수자리; 항해자

11월 22일 ~ 12월 21일

The Voyager

▶ 요소: 불(火)

불은 연소적인 요소입니다. 그런 이유로 불은 관련된 많은 연관성과 의미를 갖고 있습니다. 기술적으로 말하면, 불은 열과 빛이 방출되는, 진행 중인 화학 반응을 가리킵니다. 이런 산화 반응이나 발열 반응은 엄청난 양의 에너지를 방출할 수 있습니다. 태양은 그런 불같은 동력, 즉 방사하는 동력의 주요 원천이고, 인류는 태양을 숭배해온 방식처럼, 불도 신에게서 받은 생명을 지속할 수 있게 해주는 선물로 간주해왔습니다. 하지만 핵분열과 핵융합을 통해 원자의 힘을 여는 능력은 자연의 힘을 활용하는 것의 엄청나게 유익하고 해로운 잠재력을 극명하게 내보여줍니다.

▶ 사고방식: 직감

화(火) 싸인 사람들은 일차적으로 직감 태세를 통해 세상을 파악합니다. 예감, 도박 그리고 '지도에 의해 비행하는 것보다 육감에 의해 비행하는 것'은, 이런 흥분되고 때로는 불안정한 성격을 모두 특징짓습니다. 이들은 활동할 때를 들으려고, 즉 자신이 아는 책에서 그때에 관해 읽으려고 욕구하지 않습니다. 종종 이들은 자기 자신이 육감에 관해 의심하지 않는 한, 좀처럼 틀린 것으로 판명되지 않는 그 육감에 의해 인도됩니다. 그래서 이들은 상황을 너무 많이 생각할 때보다 자신의 첫 번째 충동을 따를 때 자주 더 잘합니다. 걱정은 이들의 긍정적인 전망에 특히 파괴적일 수 있고, 이들의 비범하게 높은 자기-신임을 서서히 잠식할 수 있습니다.

▶ 좌우명: '나는 철학합니다.'

▶ 자질: 변통적인

숫양, 사자, 궁수라는 불(火) 싸인의 상징은 천성적으로 역동적이고, 어쩔 수 없는 움직임을 내포합니다. 하지만 각각의 상징은 자체의 자질, 통치자 등에 따라 이 지향의 다른 측면에 중점을 둡니다.

변통적인 불(火) 싸인인 궁수자리는 사냥감을 향해 화살을 당기는 것으로 자주 묘사되지만, 실로 궁수는 가장 높은 철학적인 목표를 향해 화살대를 당기는 속도를 조정합니다. 사냥꾼의 상징에도 불구하고 동물에 대한 신사숙녀적인 사랑이 이 별자리를 특징짓습니다. 실로 궁수자리 자체는 반은 인간, 반은 말인 켄타우로스입니다. 궁수자리 사람은 변화하는 데 유능할 수 있지만, 불규칙하게 행동하는 데도 또한 유능합니다. 고도로 이상주의적인 이들은 무엇보다도 명예를 중시합니다. 이들의 전망은 윤리를 지향하고, 그러므로 이 불같은 별자리의 에너지는 확장적이고 고결한 노력이라는 봉사에 투입되어야만 합니다.

▶ 심리구조

항해자의 달은 성격심리학에서 아홉 번째 달입니다. 이달에 태어난 불같은 사람은 인간 영의 성장하는 철학적인 전망을, 즉 인간 영의 확장성, 낙관주의, 그리고 '세부사항이라는 수렁에 빠지는 것에 대한 거부(즉, 큰 그림을 보기 위한 수용력)'를 상징합니다.

이들 속의 철학자는 자신의 화살을 문제의 핵심으로 곧장 날아가게 할지도 모릅니다. 이들은 인간 조건을 고귀하게 하려고 탐구할 것인데, 이들의 화살은 우리 모두를 또한 별까지 운반해줄 수 있습니다. 이들은 (너무 멀리 가거나 너무 재빨리 가면서) 과도함이라는 면에서 오류를 범할지도 모르지만, 쪼잔함이나 저급한 활동에 굴복하지 않도록 우리를 부추깁니다. 이들은 이들 자신과 타인들로 하여금 상황의 가장 좋은 면을 보도록 격려합니다.

이들은 고착되고 강력하며 통제하는 에너지를 포부가 크고 흙같으며 실용적인 에너지로 변성시킵니다.

이들의 성격은 가족과 경력에 대한 책임의 세계에서 벗어나 개인적인 또는 보편적인 관심사에 자기 자신을 바치기 시작한 완전히 힘있게 된 사람에 비유될 수 있습니다. 그 헌신을 지향하는 것은 전체 그림을 보려는 이들의 확장성, 낙관주의, 소망에 의해 강조됩니다.

게다가, 의도와 믿음에 대한 정직은 이들이 타인들뿐만 아니라 이들 자신에게도 적용하는 강한 윤리적인 원칙입니다. 그러나 비록 이들이 대체로 긍정적인 인생관을 갖고 있을지라도, 자신의 이상주의적인 의견 탓에 이들은 너무 자주 언쟁에 휘말립니다. 이들의 전기적인 에너지는 엄청나지만, 중대한 자기-동기 및 자기-신임이 줄어들 때는 예외 없이 약해집니다.

이들은 세상에 관해 더 많이 알기를 항상적으로 탐구하는 영원한 학생입니다. 놀랍지 않게도 이들은 특히 자연과 동물에 관심을 두는데, 동물은 인간이 모방하는 편이 온당할 것이라고 이들이 느끼는 이상을 대변하게 될 수 있습니다. 이들 중 다수는 더 높은 진실에 동의하여 심지어 많은 사회의 가치들을 결국 거절하기까지 합니다. 이들은 자신들의 믿음을 공유하지 않는 타인들을 지나치게 비난하지 않도록 조심해야만 합니다.

이들은 이동과 여행으로 전설적인 명성을 갖고 있지만, 자신의 적소를 찾아내면, 한 장소에 머무르는 것에 두드러지게 만족할 수 있습니다. 이들은 자신의 집이라는 테두리 내에서 새롭고 도전적인 프로젝트를 계발하는 것뿐만 아니라, 생각의 영역을 탐험하는 것에도 또한 편안함을 느낍니다. 좀처럼 지루해하지 않는 이들은 자기 자신을 표현할 수 있는 새로운 방식을 항상적으로 발굴해냅니다.

▶ 통치자: 목성

목성은 우리 태양계에서 가장 커다란 행성입니다. 태양의 궤도를 도는 데 12년이 걸리기 때문에, 목성은 각각의 점성학적인 별자리에서 약 1년을 보냅니다. 이 어마어마한 행성의 아주 유쾌하고, 확장적이며, 낙관적이고, 행운의 자질은 이 궁수자리 사람과 숫자 3에 통치되는 사람에 속하는 것으로 여겨집니다. 목성(주피터)은 신들의 왕이었습니다. 따라서 철학적이고 역동적인 전망은 이 행성의 효과를 채색합니다. 목성인은 대체로 문제 해결에 대한 가장 긍정적이고 건설적인 접근법을 찾으려고 탐구합니다.

10 염소자리; 후원자

12월 22 ~ 1월 20일

The Supporter

▶ 요소: 흙(土,地)

흙은 고체적인 요소입니다. 그런 이유로 흙은 관련된 많은 연관성과 의미를 갖고 있습니다. 물론 Earth(지구)는 인류가 살고 있는 행성인, 태양계에서 세 번째 행성입니다. 이 측면에서 Earth(대자연)는 '어머니 지구'라는 용어처럼 자연계도 또한 담고 있습니다. 더 구체적으로 Earth(육지)는 바다 대기와 구별되는 땅 덩어리 세계입니다. Earth(이승)의 또 다른 의미는 천국과 지옥 같은 다른 가상 세계에 반대되는 우리의 일상 세계, 즉 영적인 활동 영역과 대비되는 세속적인 활동 영역입니다. 영국 영어의 'Earth'는 미국인이 전위가 0인 위치로 전기를 전도하는 데 사용되는 전기 시스템 속의 전선인 '접지(Ground)'라고 부르는 것입니다. 성장시키는 소중한 물질인 표토도 또한 때때로 Earth(토양)라고 지칭됩니다. 마지막으로 'Earth'는 전체로서 인류를 의미할 수 있고, 그러므로 가장 자연스럽거나 세상 물정에 밝으며, 아니면 심지어는 (일부 사람에 대해) 불완전한, 사람의 측면은 '세속적(earthy)'이라고 지칭됩니다.

▶ 사고방식: 감각

흙(土) 싸인을 갖고 있는 사람은 일차적으로 감각 태세를 통해 세상을 파악합니다. 이들의 지향은 매우 확연히 경험적이므로, 이들은 자신의 시각, 청각, 미각, 후각, 촉각을 통해 상황의 질을 판단하는 경향이 있습니다. 가시적인 실상은 꿈과 공상보다 이들에게 더 큰 의미를 갖고 있습니다. 이들은 '보는 것이 실제이다'고 믿는 실용주의자와 작업자입니다.

▶ 좌우명: '나는 마스터합니다.'
▶ 자질: 활동적인

염소, 황소, 처녀라는 흙(土) 싸인의 상징은 확연히 물리적인 차원을 지향하고, 성욕 혹은 부족한 성욕을 표상합니다. 각각의 상징은 자체의 자질, 통치자 등에 따라 이 지향의 다른 측면에 중점을 둡니다.

활동적인 흙(土) 싸인인 염소자리는 가장 순수하고 가장 기본적인 형식 속에서 흙[기운]을 대변합니다. 몸과 물질을 지향하는 염소자리는 물체, 돈, 섹스 및 '권력의 견고한 상징'의 세계에 적극적인 이해관계를 취합니다. 하지만 어쩌면 전형적인 것이 전혀 없다고 말할 정도로, 염소자리 사람에게는 많은 측면이 현존할지도 모릅니다. 이들은 미적이지만 또한 물질주의적이고, 고도로 야심적이지만 또한 영적이며, 기법적이고 실용적이지만 또한 이론적입니다.

▶ 심리구조

후원자의 달은 성격심리학에서 열 번째 달이지만, (예지적이고 초월적인 달이 붙어가는) 더 보편적인 달이라고 불릴 수 있는 달 중 첫 번째 달입니다. 이달에 태어난 사람은 성숙에 대한 진지한 전망을 갖고 있지만, 개별적인 영이 우주와 어떻게 관련되어 있는지에 대한 자각도 또한 갖고 있습니다. 경제성, 에너지 낭비에 대한 거부, 상황에 대한 주의 깊은 접근은 모두 이들의 책임감 있는 태도에 대한 전형입니다.

성공하려는 야심, 추진력, 애씀은 모두 포부가 큰 이들에 의해 상징됩니다. 다행히도 정상에 오르고, 그곳에 머무는 능력 또한 이들의 특징입니다. 이들은 숙명적인 삶의 본성을 의식하지만, 자유 의지와 단정 짓기에 대한 중요성을 절대 잊지 않습니다.

이들은 철학적이고 가변적이며 불같은 에너지를 공기같고 거리를 두며 기이한 에너지로 변성시킬 능력이 있습니다.

이들의 성격은 안전과 구조적인 지원을 위한 성숙한 존재에 대한 욕구와 비유될 수 있지만, 또한 생각과 발상에 대한 연단화나 결정화의 전조일지도 모릅니다. 이들은 진지함을 그려내고, 책임의 느낌을 유지하며, 확장하려는 욕망보다는 제한하려는 소망을 보여줍니다. 이들이 보수적으로 향하는 경향이 있지만, 이것이 이들로 하여금 항상 높은 곳을 탐구하지 못하게 하는 것은 아니고, 이들은 자주 참아내는 끈덕진 태도로 그 높은 고개를 넘어갑니다. 이들은 자신의 목적을 성취하는 데 얼마가 걸리는지도 또한 특히 유념하지 않습니다. 천천히 또 조심스럽게 자신의 재료들을 작업하고 재작업하는 것을 믿는 이들은, 좀처럼 포기하지 않습니다.

이들은 폭넓고 각양각색의 성격 유형을 체화하므로, 캐릭터로 특징화하기가 모든 성격심리학의 달 중에 가장 어렵습니다. 하지만 이들은 이를테면 우리가 바라보는 뒤이은 물병자리의 예지적인 사람의 기쁜 개방성과는 매우 다른, 일종의 수용성을 이들에게 부여해주는 숙명론의 의식을 모두 공유하는 것으로 보입니다. 이들은 시련과 어려움, 심지어 고통조차도 삶의 패키지 일부로 인정합니다. 아마도 이들은 상황이 너무 손쉽게 보이거나 너무 잘 진행되는 것으로 보일 때 가장 의심합니다. 게다가 이들은 일반적으로 삶에서 자신이 연기할 역할을 받아들일 것이지만, 변화에 필요한 유연성도 또한 부족할 수 있습니다.

이들은 권력과 그 권력의 작동 방법에 대한 본능적인 지식을 갖고 있습니다. 이들 중 다수는 독재적인 행동을 향한 경향에 주의해야만 합니다. 하지만 그 외 사람은 사람들에게 '할 것'을 말해주는 것이 아니라 '하는 방법'을 말해주는 데 전문이고, 자신의 진술을 뒷받침하기 위한 인상적인 지식의 깊이를 자주 내보여줄 수 있습니다. 대체로 자신이 말한 것에 대해 알고 있다는 인상을 주는 이들은, 만약 자신이 실수를 만들었거나 잘못된 방향으로 향했다면, (때로는 수년 동안 영속하면서) 자신이 잘못했던 것을 적어도 인정할 때까지, 자신의 반대자에 의해 끈덕진 타격을 입을지도 모릅니다.

▶ 통치자: 토성

토성은 목성의 확장된 천성과 반대로 수축을 대변합니다. 전통적으로 토성은 어둡고 차가운 것, 즉 실로 치명적인 세력으로 대변됩니다. 하지만 토성의 더 깊은 기저에 놓인 의미는 구조, 질서 및 '자신의 활동에 대해 책임지는 것'을 말해줍니다. 염소자리와 '숫자 8에 통치되는 사람'은 법과 강한 개인적인 가치를 믿는 토성적인 사람으로 보일지도 모릅니다. 통치하려는 토성의 힘은 대단하고, 자신의 권위를 발휘하려는 토성의 욕구는 강합니다.

11 물병자리; 예지자

1월 21일 ~ 2월 19일

The Visionary

▶ 요소: 공기(風)

공기는 무형의 기체적인 요소입니다. 그런 이유로 공기는 관련된 많은 연관성과 의미를 갖고 있습니다. 공기는 78%의 질소 및 21%의 산소, 소량의 이산화탄소, 수증기, 불활성 가스의 화학적인 구성과 함께, 우리가 숨 쉬는 물질이라는 면에서 매우 구체적인 외연을 갖고 있습니다. 공기는 지구를 둘러싼 대기라는 더 넓고 덜 구체적인 의미도 또한 갖고 있습니다. 공기는 숨만 아니라, (자연의 호흡인) 바람도 또한 가리킬 수 있습니다. 사람이 불만을 '토로(air)'할 때, 공개적으로 자신의 목소리를 크게 내므로, 공기는 표현적이고 드러내는 내포도 또한 갖고 있습니다. 공기는 곡조나 멜로디, 춤, 작곡일 수 있고, 이것은 이 단어에 또 다른 생동적이고 다채로운 면을 빌려줍니다. 우리는 무엇이 '기운이 감도는(in the air)' 혹은 '아직 미정인(up in the air)'이라고 말할 때, 그것이 외부에 있거나 여기저기 있음, 즉 고정되지 않거나 확실하지 않음을 의미하고, 두 경우 모두 불확실성과 예견 양쪽을 불러옵니다. '무아지경에 이른(walk on air)' 사람은 행복하다고 말할지도 모릅니다. 비록 확신의 분위기를 갖고 있는 것이 찬사일지도 모르지만, '거드름(airs)' 피우는 것은 '허풍(hot air)'으로 가득찬 것일 뿐만 아니라 확실히 부정적입니다. 'airy'라는 단어는 사실 고결하거나 '가볍고 경쾌하며', 괴상한 분위기의 사람도 묘사하고, (공중누각을 짓는 것처럼) 고도로 투기적인 분위기의 사람도 묘사할 수 있습니다.

▶ 사고방식: 생각

공기(風) 싸인의 사람은 일차적으로 생각 태세를 통해 세상을 파악합니다. 발상과 개념은 이들에게 유형물보다 더 실상적일 수 있습니다. 그러므로 이상을 따르는 것은 이들에게 자연스럽게 다가옵니다. 전망과 지향이 이들에게 매우 중요하기 때문에, 이들은 물질적인 장벽에 걸려 넘어질지도 모르지만, 이들 자신이 만든 논리적인 함정에도 또한 빠집니다. 이들은 감각의 세계에 미세하게 맞춰져 있고, 따라서 오직 최소한으로 방해하는 소리, 냄새, 맛만으로도 쉽게 짜증을 내거나 화가 날 수 있습니다.

▶ 좌우명: '나는 보편화합니다.'

▶ 자질: 고착되는

쌍둥이, 천칭, 물병이라는 공기(風) 싸인의 상징은 이를테면 흙(土) 싸인의 상징보다 더 개념 지향적이고 덜 문자적입니다. 이 상징 중 어느 것도 공기 자체와 큰 관련을 갖고 있지 않지만, 쾌활이나 지성을 제안하는 부차적인 의미와 더 관련이 있습니다.

고착되는 공기(風) 싸인인 물병자리는 때때로 '파괴자'라고 불리는 강력한 행성 천왕성에 통치됩니다. 천왕성은 가장 강한 상대들을 무너뜨리는 데 유능하고, 같은 태도로 물병자리도 이해심을 막는 장벽을 허물려고 탐구합니다. 눈부시게 빠른 물병자리는 때때로 불규칙할 수 있지만, 자유롭고 여유로운 태도의 삶도 또한 중시합니다. 물병자리 사람은 자신이 과학적이고 보편적인 진리에 두는 객관성과 가치를 소망할 시, 새로운 시대와 모든 인류의 진보를 고대합니다.

▶ 심리구조

예지자의 달은 성격심리학에서 보편적인 것을 지향하는 열한 번째 달입니다. 이달에 태어난 사람들은 우리로 하여금 물리적인 상태에서 벗어나게 하고 모든 상황에서 무한한 것을 바라보게 허용해주는, 진보된 사고를 상징합니다. 모든 관점에 대한 수용도 또한 대변하는 이들은, 생각과 활동에 내재된 보편적인 지혜를 보여줍니다. 이들은 우리가 모두 참여할지도 모르는 명료한 진리와 영원한 지혜를 가져다줍니다.

과학과 초감각적인 힘의 가치를 체화하는 이들은 포부가 크고 흙같으며 실용적인 에너지를 확산되고 물같으며 별세계의 에너지로 변성시킵니다.

이들의 성격은 아이 같은 다소 공상적인 (하지만 현명한) 태도뿐만 아니라 세속적인 삶에서 증가하는 거리두기에 의해 특징지워질 수 있습니다. 이들의 고도로 수용하는 것에 대한 지향은 물질적인 제약이나 한정을 초월합니다. 하지만 이들은 자신의 성격에 예측할 수 없고 기이하며 불규칙한 자질을 갖고 있습니다. 이들은 모든 종류의 색다른 행동으로 자주 평판을 얻고 있습니다. 이들을 간파하려고 노력하는 것은 불가능한 임무로 판명될지도 모릅니다. 일관성을 요구하는 반복적인 직무에 이들을 묶어둠으로써 이들의 행동을 조정하려고 노력하는 것도 또한 대체로 작동하지 않습니다. 이들은 자신의 상상력을 발휘하도록 가능한 한 많은 재량이 주어져야 하고, 가능한 한 적은 한정 아래 놓여야 합니다.

기쁨은 이들의 성격에 필수적입니다. 이들은 기본적으로 마음을 연 태도로 삶에 접근하므로, 자주 거절에 난처하게 되고 당황하게 됩니다. 이들은 타인들보다 훨씬 더 수용적일 수 있고, 그 귀결로 타인들이 이들을 받아들일 것도 또한 가정할 수 있는데, 이 가정이 자주 실제로는 그렇게 되지 않습니다. 게다가 이들은 상황이 손쉽게 진행되는 것을 좋아합니다. 행복과 이해심에 대한 바람은 이들이 하는 온갖 것에 스며들지만, 만약 갈등이나 스트레스받는 요구에 직면하게 된다면 이들은 발끈하여 번개 같은 속도로 공격에 나서거나, 단순히 사라지는 것을 선택할 수 있습니다.

이들은 과학적이고 보편적인 진리를 높게 평가하면서, 높은 이상을 장려하는 사람입니다. 이들은 객관성을 유지하기 위해 애쓰고, 때때로 이런 이유로 감정 부족 혹은 냉정함으로 비난받습니다. 이들은 국면을 판정해서 신속히 반응하면서 수박 겉핥기식으로 살아갈 수 있기 때문에, 일부 사람들은 이들의 접근 방식이 너무 피상적임을 알아차립니다. 역설적으로 이들은 자신만의 성격에서 덜 현저한 모습으로 나타나는 것으로 보이는, 타인들의 심오하고 더 어두운 측면에 자주 저항할 수 없이 끌려듭니다.

▶ 통치자: 천왕성

천왕성은 물병자리와 숫자 4의 통치자입니다. 이 행성은 프랑스 혁명 즈음에 발견되었고, 그래서 강하게 개인주의적이고 때때로 반항적인 에너지를 상징합니다. 이 행성의 움직임은 불규칙하고, 일직선적인 방식으로 상황에 응하지 않으며, 자발적이고 충동적인 에너지를 내려놓지 않는 자질이 이들의 특징입니다. 이 책에서 천왕성의 84년 태양 궤도는 물병자리 시대에 인간의 이상적인 수명으로 간주됩니다.

12 물고기자리; 초월자

2월 20일 ~ 3월 20일

The Transcender

▶ 요소: 물(水)

물은 유동적이거나 액체적인 요소입니다. 그런 이유로 물은 관련된 많은 연관성과 의미를 갖고 있습니다. 물의 가장 특별한 의미는 물론 여기 지구상의 거의 모든 생명체에게 필수적인 H2O 화학식을 갖고 있는 화합물입니다. 물은 지구의 대다수를 덮고 있는 것처럼, 인간을 포함한 대다수의 생명체 중 가장 큰 비율을 차지합니다. 용매로서 물의 사용은 소금 용액의 이온을 가져오는 데 필수적입니다. 비록 물이 액체나 기체, 고체 상태로 나타나는 데 유능한 유일한 요소이지만, 물은 불처럼 한 국면에서 다른 국면까지 매우 일관됩니다. 실로 커다란 수역은 고도로 안정되어서 땅처럼 온도가 빠르게 변화되지 않습니다. 물은 또한 비 혹은 (해수든 담수든 간에) 수역들을 가리킬지도 모릅니다. 인체를 참조하면, 물은 우리가 마시는 것을 가리킬 수 있지만, 소변이나 눈물 같은 배설물과 분비물도 또한 가리킬 수 있습니다.

▶ 사고방식: 느낌

물(水) 싸인의 사람은 일차적으로 느낌 태세를 통해 세상을 파악합니다. 감정적인 고려는 이들의 일상생활에서 자주 최우선순위를 차지합니다. 이들 중 다수는 공감적이거나 동감적이어서, 이들은 타인들이 보답하지 않을 때 상처를 받습니다. 비판과 거부에 대한 이들의 민감성은 매우 높습니다. 그 귀결로 이들은 대개 어떤 말이 나오기 전에 언제 누군가가 이들을 찬성하거나 반대하는지를 알 수 있습니다.

▶ 좌우명: '나는 믿습니다.'

▶ 자질: 변통적인

게(갑각류), 전갈(거미류), 물고기(수생 척추동물)라는 물(水) 싸인의 상징은 대다수 사람이 일상생활에서 맞닥뜨리지 못하는 숨겨진 영역 혹은 지하 영역, 물속 영역에서 발굴되어야만 합니다. 하지만 각각의 상징은 자체의 자질, 통치자 등에 따라 이 지향의 다른 측면에 중점을 둡니다.

변통적인 물(水) 싸인인 물고기자리는 때때로 지나치게 유연하고 수용적입니다. 이 물고기자리의 내적이고 자주 심오한 태도가 오해되지 않듯이, 물고기자리 사람의 매혹도 또한 틀림없습니다. 믿음과 영성은 물고기자리의 감정적인 감수성에서 강한 모습으로 나타납니다. 실로 이들의 감정은 물고기로 상징되듯이 깊이 흐릅니다. 해왕성에 통치되는 이들은 우주라는 바다의 광대함 속에 모든 물질이 용해되는 것을 대변합니다.

▶ 심리구조

초월자의 달은 성격심리학에서 가장 고도로 진화한 달로 보일 수 있는 마지막 달입니다. 이달에 태어난 사람은 인간 영혼과 우주의 융합, 새롭게 시작할지도 모르는 다음번 생애 전에 필요한 단계 그리고 우주의 가장 높은 힘에 대한 깊은 믿음을 상징합니다.

사회에서 자유롭게 헤엄치는 이들은 동지애의 가장 높은 교훈을 대변하지만, 만사만물의 생명과 본성을 깊이 들여다볼 수 있는 능력도 또한 대변합니다. 이들은 자기 자신을 삶의 깊은 곳에 침잠시켜서 숨겨진 궁극의 신비에 참여할 수 있습니다. 이들은 우리에게 세속적인 형식을 놓아버리는 것을 두려워하지 않는 법을 가르치고, 죽음은 단지 새로운 삶의 시작일 뿐이라고 가르칩니다.

이들은 공기같고, 거리를 두며, 기이한 에너지를 불같고, 직접적이며, 단출한 에너지로 변성시킵니다.

이들의 성격은 세속적인 집착을 놓아버리고 우주와 융합하는 영성을 상징합니다. 이들에게는 꿈같은 자질, 영적인 자질, 깊은 감정적인 자질이 현존합니다. 이들은 자신의 실용성 때문에 알려진 것은 아니지만, 사실 추상적인 발상과 체계를 이해하고 표현하는 것에 능란할 수 있습니다. 따라서 이들은 몽상가로 분류될 수 있지만, 이들이 인류에게 자신의 비전이라는 선물을 만들어낼 때 그 선물은 실로 훌륭한 제안입니다. 일반적으로 말하면, 이들은 물질적인 소유물을 공유하는 것에 관해 여유롭고, 대다수 사람보다 우정 및 긴밀한 협력관계를 더 즐깁니다. 하지만 이들은 많은 시간을 혼자가 되려고도 또한 욕구하면서 세상에서 자신을 고립시키는 현실도피자나 단독자가 될 위험이 있습니다.

극도의 민감성은 이들로 하여금 여유로운 사회생활을 영위하는 것이 어려워지도록 만들어낼 수 있습니다. 고통이 자주 슬픔의 싸인으로 특징지어지지만, 이들은 잘 견뎌냅니다. 하지만 이들은 우울증에 취약할 수 있고 때때로 자기 연민에 시달릴 수 있습니다. 중독이 포함된 현실도피는 특히 위험합니다. 이들의 깊고 복잡한 감정적인 삶은, 삶에서 심오한 것에 접속하기를 갈망하는 사람들에게 고도로 매력적이 되도록 이들로 하여금 만들어줍니다.

이들은 어쩌면 자신의 '인상에 좌우되는 능력' 덕에 뛰어난 기억력이라는 복을 자주 받습니다. 게다가, 이들은 헌신적인 경향 및 자신을 진정한 신봉자로 만들어내는 경향이 있는데, 이는 종교적인 의미에 적용될 뿐만 아니라 다른 믿음 체계와 원칙에 관련해서도 또한 적용됩니다. 이들은 매우 관대할 수 있고, 타인들의 어려움에 고도로 공감하고 민감한데, 이들은 자신이 불운해질지 몰라도 자비심을 갖고 반응하는 경향이 있습니다. 하지만 이들은 타인들이 이들에게 가당찮게 강요하거나 이들의 묵인을 이용하지 않도록 주의해야만 합니다.

▶ 통치자: 해왕성

넵튠[포세이돈]은 고전 신화에서 바다의 왕이었고, 그의 삼지창은 이 물같은 행성의 기호로 상징됩니다. 해왕성의 사람은 심오하고, 꿈같으며, 확산되고, 명확히 규정되기 어려울 수 있습니다. 환상이 풍부한 물고기자리의 마음과 숫자 7에 통치되는 사람은 자주 고도로 상상적인 목표에 끌립니다. 해왕성의 에너지는 예외 없이 저항할 수 없는 자석 같은 영향력을 발휘하여, 더 경직되고 절대적인 천성이라는 장벽을 해체할 능력이 있습니다.

48 주간(WEEK)

01 갱신(Renewal) 주간   4
02 아이(Child) 주간   44
03 스타(Star) 주간   46
04 개척자(Pioneer) 주간   48
05 권력(Power) 주간   50
06 구현(Manifestation) 주간   52
07 교사(Teacher) 주간   54
08 천성(Natural) 주간   56
09 에너지(Energy) 주간   58
10 자유(Freedom) 주간   60
11 새로운 언어(New Language) 주간   62
12 탐구자(Seeker) 주간   64
13 마법(Magic) 주간   66
14 공감(Empath) 주간   68
15 비관습(Unconventional) 주간   70
16 설득자(Persuader) 주간   72
17 오락가락(Oscillation) 주간   74
18 권위(Authority) 주간   76
19 균형잡힌 강인함(Balanced Strength) 주간   78
20 리더십(Leadership) 주간   80
21 폭로(Exposure) 주간   82
22 시스템 구축자(System Builders) 주간   84
23 수수께끼(The Enigma) 주간   86
24 원칙주의자(Literalist) 주간   88
25 아름다움(Beauty) 주간   90
26 완벽주의자(Perfectionist) 주간   92
27 사회(Society) 주간   94
28 무대(Theater) 주간   96
29 드라마와 비평(Drama & Criticism) 주간   98
30 격렬함(Intensity) 주간   100
31 깊이(Depth) 주간   102
32 매혹(Charm) 주간   104
33 혁명(Revolution) 주간   106
34 독립(Independence) 주간   108
35 창시자(Originator) 주간   110
36 거인(Titan) 주간   112
37 예언(Prophecy) 주간   114
38 통치자(Ruler) 주간   116
39 결단(Determination) 주간   118
40 지배(Dominance) 주간   120
41 신비와 상상(Mystery & Imagination) 주간   122
42 천재(Genius) 주간   124
43 젊음과 여유로움(Youth & Ease) 주간   126
44 받아들임(Acceptance) 주간   128
45 민감성(Sensitivity) 주간   130
46 영(Spirit) 주간   132
47 단독자(Loner) 주간   134
48 댄서와 몽상가(Dancers and Dreamers) 주간   136

01 갱신 주간

3월 19일 ~ 3월 24일

Renewal

▶ 주간 특성

강점; 직설적인, 직감적인, 격정적인
약점; 오해받는, 조급해하는, 비실상화된

▶ 심리구조

'갱신 주간'에 태어난 이들은 삶에 대한 자신의 접근법이 유별나게 직접적이고, 이들이 거침없이 말하는 것은 이들을 번갈아 찬양받게도 오해받게도 만들어갈 수 있습니다.

이들은 기본적인, 즉 요소적인[질박한] 사람입니다. 이들에 관해 헷갈리게 하는 것은 비록 이들 자신은 상황을 단순하고 해맑은 방식으로 바라본다고 생각하지만, 이들을 잘 아는 사람들은 자주 이들을 세상이라는 비정한 실상을 제대로 다룰 능력이 없는 비실상화된 몽상가로 묘사한다는 점입니다. 이들은 민감하고, 감정적으로 복잡하며, 심지어 곤란하기까지 한 내면 삶을 자주 위장하는 역동적인 직접성을 외적으로 제시합니다. 따라서 이들은 몽상가일 뿐만 아니라 행동가이고, 사실상 단지 이야기의 일부만을 말해주는 '보이는 것이 전부다'라는 간단명료한 태도를 갖고 있습니다.

이들에 관한 오해는 풍부합니다. 이를테면 이들은 가능한 가장 순수한 동기에서 어쩌면 시간이나 돈에 대한 관대한 제안을 만들어낼지도 모르지만, 받는 쪽의 사람들이 원망의 느낌이 들 때, 고결한 척 활동한다거나 아니면 거들먹거리며 행동한다고 이들은 순식간에 비난받고 있습니다. 그러는 동안 이들은 당황하게 되고 상처받는 느낌이 듭니다. 그런 시나리오는 이들의 삶에서 드물지 않습니다. 사실 이들이 더 단순하고 직접적으로 행동할수록, 타인들은 더욱더 이들의 의도를 잘못 읽게 됩니다.

이런 직접성은 필연적으로 반감을 자극합니다. 하지만 이들을 직접 반대할 정도로 현명하지 못한 사람은 그 반대를 빠르게 후회할 것입니다. 게다가 개념을 파악해서 이들의 직감적인 예감을 이행할 시 자주 이들의 빠름 때문에, 이들은 더 느리게 움직이는 사람의 저항을 맞닥뜨리게 될지도 모릅니다. 그런 반응은 이들에게 거의 영향을 갖고 있지 않으면서, 단지 이들의 조급함을 자극할 뿐입니다. 따라서 특히 집단 노력에서 이들은 자신의 성급함을 억제하는 법, 자주 타인들의 도움되는 소견에 귀를 기울이는 법, 이들의 속도를 늦추고 집단 리듬에 맞추는 상태가 되는 법을 체득해야만 합니다. 결국, 이들은 말하거나 활동하기 전에 대안을 조심스럽게 따져보는 법을 체득해야만 합니다. 일단 이들이 이것을 달성하면, 이들의 논리는 두드러지게 설득적이고, 이들의 철저함은 강제적일 수 있습니다.

비록 사람들에 대한 이들의 효과가 이들만의 행동에 관한 어떤 것이 잘못되었다는 점을 이들에게 가르쳐야 할지라도, 이들은 대체로 변화를 거부합니다. 이들이 자신의 관점에서는 순수한 의도에서 활동하고 있으므로, 자신이 하는 것에서 실상적으로 어떤 잘못도 알아볼 수 없습니다. 결국 이들은 쉼 없이 선두에 서든, 다만 상대방이 동의할 때까지 자기 소신을 고수하든 간에 자주 자신의 길을 정말 갑니다.

실패에 대처하기가 특히 어려울 수 있습니다. 명백한 실패는 실상 이들의 사전에 없으므로, 피할 수 없는 패배에 직면될 때 이들은 자주 난처하게 되고 당황하게 됩니다. 그러나 이런 측면에서 이들의 방어 메커니즘이 굉장하고, 이들은 단순히 패배를 알아보는 것을 거부함으로써 패배를 자주 모면합니다. 이들이 대개 실패를 승리로 착각할 만큼 비실상적인 것은 아니지만, 이들은 자주 실패를 오직 일시적으로 미뤄진 승리로 가는 도중에 생긴 단지 부분적인 퇴보로 간주합니다.

하지만 타인들은 이들을 성공적으로 상대하는 방법을 체득할 수 있습니다. 주된 규칙 중 하나는 이들의 동기를 너무 깊이 파고들거나 이들 자신을 설명하라고 이들을 부추기지 않는 것입니다. 또 하나는 이들의 인격을 분석하려고 노력하지 않는 것이고, 아니면 심지어 이들을 자기-분석 쪽으로도 밀어붙이지 않는 것입니다. 하지만 이들 자신에 관해 더 객관적이 되도록 점잖게 이들을 격려하는 데 계율보다 본보기를 활용하는 사람은 성공을 거둘 수 있습니다. 이것은 이들이 자신만의 실수에서 배울 수 없다는 말이 아니라, 단순히 이들이 가끔 실수에서 배우도록 격려받아야만 한다는 말입니다.

이들과 잘 지내는 훨씬 더 단순한 다른 노선은, 바로 적어도 당분간은 이들이 말하는 바를 하는 것입니다. 여러분이 나중에 더 나은 발상을 제시할 수 있다면, 이들은 귀 기울일 준비가 될 것이지만, 열의의 첫 분출에서 비록 귀 기울인 적이 있다고 해도 좀처럼 귀 기울이지 않을 것입니다. 충동, 예감 및 첫 활동이 이들에게 얼마나 중요한지 알아보는 것이 중요합니다. 조언 및 대안적인 소견으로 이들의 직감을 무디게 하거나 무효로 하는 것은, 이들을 쉽게 영원히 멀어지게 할 수 있습니다. 하지만 누구도 이들의 기를 꺾거나 전진을 오랫동안 약화하는 데 좀처럼 성공하지 못할 것입니다.

비록 이들의 충실함이 글자의 뜻보다 더 감정적일지도 모르지만, 관계에서 이들은 충실한 동반자가 될 수 있습니다. 다시 말해 이들은 자신의 연애 상대에게 지대한 주목을 주면서 깊고 격정적으로 사랑할 수 있지만, 동시에 이들은 항상 일부일처제인 것은 아닌데, 이들의 직감적이고 불같은 면은 갑자기 나타나는 일부 흥미진진한 새로운 가망에 항상 취약합니다. 이들의 동반자는 대체로 더 안정되고 오랫동안 고통을 견뎌내는 역할을 연기할 것으로 예상되는 사람입니다. 이들이 자신의 동무에게 일부일처제를 요구한다는 것은 아닌데, 양쪽 모두에게 더 열린 관계가 자신만의 무분별함에 관해 느꼈을지도 모르는 어떠한 죄책감을 완화시키므로, 사실상 많은 경우 이들에게 더 적합합니다.

이들이 더 젊었을 때 자신의 연장자에게 충직감과 책임감을 느꼈던 것보다 자신의 자식에게서 더 많이 느끼면서, 이들은 대체로 자녀로서 기능했던 것보다 부모로서 더 잘 기능합니다. 가족이란 것이 이 고도로 독립적인 영혼에게는 놀라울 정도로 강한 의미를 보유할 수 있지만, 친족뿐만 아니라 친구와 협력자를 포함하는 더 넓은 의미에서의 가족입니다.

▶ 조언

참을성을 체득하는 것이 당신의 가장 중요한 임무다.
타인들과 나란히 작업하는 것을 통해 사교적인 기술을 계발하라.
말하거나 활동하기 전에 대안을 따져보고, 귀결을 고려함으로써 당신의 성급한 면을 억제하도록 노력하라.
당신 자신을 더 잘 알게 되라.

02 아이 주간

3월 25일 ~ 4월 2일
Child

▶ 주간 특성
강점; 숨김없는, 자발적인, 역동적인
약점; 순진한, 위법하기 쉬운, 과하게 이상적인

▶ 심리구조

'아이 주간'에 태어난 이들은 아이의 솔직하고 열린 처신을 보여줍니다. 이 때문에 이들은 때때로 순진하거나 피상적인 인생관을 갖고 있다는 비난을 받습니다. 그러나 이들이 투사하는 소위 순진함은 이들이 항상적으로 재발견하고 있는 자신의 주위 세상에 반응하는 데 자신이 경험하는 경외심과 경이라는 단지 하나의 구현일 뿐입니다. 이 경이를 표현하고 자신의 관찰을 타인들과 공유하려는 격렬한 욕구도 또한 특징입니다. 아이 같은 이들은 자발성과 생동성을 스스로 과시할 뿐만 아니라 타인들에게서 이런 자질의 진가도 또한 알아봅니다. 사실 이들 중 다수는 직접적인 표현에 대한 자신의 욕구가 실상 얼마나 깊은지를 이해하지 못할 수도 있습니다.

어린 시절 이들은 자신만의 조건에 충실하지만, 특히 그들만의 꿈과 바램을 이들에게 투사하는 부모의 기대를 충족시키는 것에 관해선 특히 의무적이지 않습니다. 비록 '아이 주간'에 태어났을지라도 이들은 마치 부모를 전혀 욕구하지 않았던 것처럼 자주 독립적인 인상을 주지만, 이것은 자잘하게 구현될 수 있는 미묘한 감정적인 의존과 욕구를 은폐합니다. 자녀로서 이들은 부모를 향한 느낌을 대단한 쇼로 좀처럼 만들어내지 않으면서, 대신 심사숙고하는 일상적인 행동의 형식으로 그런 감정을 표현하기를 선호할 것입니다. 이런 자녀의 부모는, 특히 청소년인 이들을 어린애로 취급하는 실수를 만들어내지 않는 법을 빨리 체득합니다. 타인들이 이들을 성숙하고 책임감이 있다고 간주하는 것이 이들에게 생명처럼 중요하기 때문에, 이들은 더 나이 들 때 자신의 아이 같은 처신이 상기되는 것도 또한 싫어합니다.

이들 중 덜 외향적인 사람은 심사숙고하고 진지한 사람이라는 인상을 주고, 심지어 친화적이고 수다스러운 사람조차도 고도로 사적인 개인 생활을 영위하는 경향이 있습니다. 이들은 빈번한 간격으로 후퇴해야만 하는 조용한 세계를 갖고 있고, 그 세계는 침범할 수 없습니다. 반복되는 비판이나 오해를 통해, 심지어 이들을 사랑하고 보호해주는 부모의 비판이나 오해를 통해서까지 둘러싸이고 심지어 고립까지 된 실존은 어린시절 이들에게 자주 강요되었습니다. 이것의 위험은 청소년과 성숙한 어른이 되어도 이들은 자신이 벗어나도록 작업하기가 어려울지도 모르는 음울함이나 우울증의 시기로 빠져버릴 수 있다는 점입니다. 게다가 이들은 자신의 감정적인 어려움을 혼자 힘으로 감당하기를 선호하므로, 심리적인 도움을 탐구하는 것이 더딥니다.

비록 이들이 작업에서 떠날 때 오랜 시간을 혼자 보내는 경향이 있지만, 이들의 경력은 필연적으로 그룹이나 팀 노력을 포함합니다. 이들은 강한 조직적인 에너지를 갖고 있고, 타인들은 자연적으로 이들에게 의존하게 됩니다. 좀처럼 독재적이지 않은 이들은 심지어 그룹의 지도자로 선출되는 것조차도 피하고, 대신에 상황의 한가운데에서 중요한 역할을 차지하는 것을 선호합니다.

대개 고착된 이들의 도덕성은 이들로 하여금 자신이 공정하지 않은 것으로 바라보는 방식으로 활동하도록 허용하지 않을 것입니다. 이들의 강한 믿음과 이상주의 모두를 반영하는 이런 완강함은 때로는 문제를 유발할 수 있는데, 사실 자신이 행하고 있는 것에 대한 윤리적인 믿음이 충분히 강하다면, 이들은 심지어 이들 사회의 시선에서 위법일지도 모를 활동조차 저지를 정도로, 상황의 확립된 질서에 주저하지 않고 거스를 것입니다.

이들의 행동은 대개 생동적인 반응 및 고도로 조정된 반응의 섞임입니다. 이들은 국면에 의존하면서, 자발적인 것과 심사숙고적인 것 사이를 빠르게 넘뛰는 데 유능합니다. 이들에게 관여하는 사람은 이들의 기분에 민감해야만 하고, 그렇지 않으면 이들이 곡해받았거나 오해받았다고 대개 느끼는 것의 결과로 발끈하는 이들을 볼 위험이 있습니다. 비록 이들 중 일부는 분노로 폭발할 수 있지만, 이들의 더 특징적인 반응은 발길을 돌려서 빨리 방을 떠나는 것입니다. 하지만 이들과 가까운 사람들이 증언하듯이 대화가 개인적인 것으로 전환되지 않는 한, 이들은 주어진 국면 문제에 대한 심각한 토의에 대개 기꺼이 응합니다.

이들은 자신의 동무와 친구에게서 많은 이해심을 요구합니다. 활달한 이들과 친밀하게 관계하는 데 가장 적합한 사람은, 이들에게 한정을 두려고 시도하지 않으면서 기꺼이 이들로 하여금 자유롭게 활동하고 자기 자신이 되도록 합니다. 어쩌면 이들에게 가장 적합한 사람은 세상 물정에 밝고, 좋은 유머 감각, 전체적인 시야로 상황을 바라보는 능력 그리고 자신만의 삶을 갖고 있습니다. 우정이 관련되는 한, 이들은 어느 정도까지는, 대개 자신이 이용당하고 있다고 느끼기 시작할 때에 도달하는 시점까지는 믿음직합니다. 또 한편 이들의 욕구에 민감한 사람들은 그 지점까지 이들을 밀어붙이는 것을 피함으로써 관계의 장기 지속을 보호할 것입니다. 이들과 갖는 어떤 종류의 관계에서도 물러서야 할 때를 아는 것이 필수적입니다. 대립은 오직 용의주도하고 민감함으로 시도되어야 합니다.

대체로 말하자면, 자녀를 포함하는 안정된 가족생활이 청장년으로서 이들에게 최선의 가망이 아닐지도 모르는데, 이들은 나이가 더 들고 방탕하게 생활해온 후, 이런 안정된 삶에 더 적합하게 됩니다. 이들의 사랑 관계는 줄잡아 말해도 유별난 경향이 있는데, 동반자를 선택하는 데 극도로 비실상적이 될 수 있고, 때로는 관계가 동화 같은 특성으로 채워질지도 모릅니다. 이들은 배우자나 연인, 약혼자와 형식적인 관계를 유지하기보다 금욕을 훨씬 선호하면서, 인정받는 연애 상대와 사귀라는 사회적인 압력에 좀처럼 반응하지 않습니다.

이들에게 혼외 관계는 전혀 드물지 않고, 이들은 그런 활동을 위반으로 바라보지 않을지도 모릅니다. 그런 관계는 모험에 대한 이들의 욕구 및 호기심을 예고해주고, 동시에 이들이 사회의 전통적인 구속에 얽매이기를 거부한다고 알려줍니다. 이들과 갖는 비관습적인 관계는 수년 동안 쉽게 계속될 수 있습니다. 아주 묘하게도 이들의 가장 고귀하고 도덕적이며 충직한 정서가 표현될지도 모르는 곳은 정확하게 이런 영역입니다.

▶ 조언

당신의 조용한 면을 키우지만, 당신의 공격적인 부추김을 등한시하거나 안으로 틀어막히게 되지 마라.
당신이 좌절되는 느낌이 들 때마다 문제를 이해하려고 노력하고, 그다음에 주도권을 잡으려고 노력하라.
애정과 후원에 대한 당신의 욕구를 인정하라.
당신이 도움을 욕구할 때 주저하지 말고 도움을 요청하라.

03 스타 주간

4월 3일 ~ 4월 10일
Star

▶ 주간 특성
강점; 성공 지향적인, 용감한, 활달한
약점; 냉담한, 짜증내는, 과도한

▶ 심리구조

'스타 주간'에 태어난 이들은 상황의 중심에 있으려고 욕구합니다. 이들은 심지어 군중 한가운데에서조차도 자주 외로운 느낌이 들고, 그 귀결로 자기 자신으로 하여금 혼자 되기를 좀처럼 허용하지 않습니다. 이들은 자신을 중심으로 돌고 있는 위성, 즉 찬양자나 후원자, 협업자를 갖고 있어야만 합니다. 이들이 자기-중심적인 것으로 보일지도 모르지만, 이들 중 다수는 심지어 자신의 중심적인 위치가 위태롭지 않거나 위협받지 않는다고 고집할 때조차도 프로젝트나 대의, 운동, 종교에 완전히 자신을 바쳐버림으로써 자신의 에고를 놀라울 정도로 놓아버릴 능력이 있습니다. 이들은 자신만의 자만심에 휩쓸릴 수 있고, 이것은 자신의 주위 사람들에게 불쾌할 수 있습니다. 하지만 불운하게도 이들이 자신만의 발상, 프로젝트 및 극단적인 경우 심지어 자기 자신에게까지 사랑에 빠지는 것은 이들에게 언제나 제시되는 함정입니다.

이들은 고도로 목표 지향적인 사람입니다. 불운하게 자신이 있으려고 욕구하는 곳에 도달하기 위해 이들은 비도덕적으로 이따금 활동할지도 모르고, 타인들의 느낌을 등한시할지도 모릅니다. 이것은 이들이 대체로 타인의 감정에 공감하는 것, 아니면 심지어 그 감정을 자각하는 것조차 높은 순위에 놓지 않으므로, 아마도 이들에게 특히 아프지 않습니다. 더욱이 이들의 외부적인 애씀은 '중앙 무대에 올라야 하는 것'에서, 즉 '자신만의 내면존재'에서 스포트라이트를 앗아갈 수 있습니다. 내면성찰의 부족은, 즉 단순히 자기 자신을 잘 알지 못하는 것은 이들의 영적인 성장을 방해할 수 있습니다. 반면에 내면의 최고 상태가 가장 오를 만한 가치가 있음을 깨닫도록 도전받는 이들은 실로 운이 좋은 사람입니다. 그곳에 오르는 것은 당연히 이들의 인생에서 가장 중요한 경험일지도 모릅니다.

경쟁적이고 승리하려는 일종의 영(靈)에 관한 한 이들과 견줄 사람이 거의 없습니다. 이런 몰아대는 에너지의 좋은 면은 자주 이들의 예지적이고 용감한 이상을 이행하는 능력이고, 불리한 면은 더 느리게 움직이는 마음과 신체에 대한 조급함, 즉 파괴적인 분노로 쉽게 폭발할 수 있는 성급함입니다. 실제로 극단적인 행동 및 기본적으로 멈출 때를 모르는 과도해지는 경향은 되풀이해서 이들을 곤경에 처하게 할 수 있습니다. 이들은 특히 자신의 포화가 통제에서 벗어나는 것을 단속해야만 하고, 이들을 도발하는 사람들도 그래야만 합니다. 하지만 자신의 느낌에 대한 노골적인 은폐나 억압이 분명히 해답은 아닌데, 이는 예외 없이 좌절감과 우울증으로 귀결되고, 그래서 그것이 새로운 주기를 시작하게 할 수 있기 때문입니다. 한편 여전히 균형을 잡고 느긋한 이들은, 또 자신의 에너지를 자유롭게 흐르도록 지켜내는 이들은 분명 찬양받을만한 사람입니다.

자신의 풍부한 에너지를 힘겨운 작업으로 전환하는 것은 자주 이들이 탐구하는 해결책입니다. 그 귀결로 이들과 관계하는 한 가지 실상적인 방식은 아주 기꺼이 이들과 함께하는 것, 즉 이들과 협력해서 작업하고 이들의 좌절감과 기쁨을 공유하는 것입니다. 이들과 보조를 맞추어갈 수 있는 사람들은, 비록 요구되는 엄청난 에너지가 우정의 보통 한도를 넘어설지라도 자주 이들을 위한 성공적인 동반자와 동무로 그들을 만들어갑니다.

자주 절대 필요한 위치에 자기 자신을 놓는 이들은 타인들이 이들을 욕구한다는 느낌에 고도로 의존합니다. 이들이 가슴속에서는 가족이나 사회의 책임이라는 방해물이 없이 자유로이 활동하고, 움직이며, 결정하는 것보다 더 좋아하는 것이 없으므로, 그런 곳에 자신을 놓는 것은 아이러니합니다. 이들 중 다수는 삶에서 자신의 팬들에 의해 거절당하거나 무시당해서 자기 자신을 반성하게 되는 때가 옵니다. 이처럼 아픈 경험이 마침내 이들로 하여금 욕구되는 자신의 욕구를 직면해서 극복하도록 만들어낼 때, 이들은 자신의 본질적인 자기를 발견하는 쪽으로 밀어붙여질지도 모릅니다. 이들이 창조적인 활동이나 취미를 옮겨다니거나, 연습하며, 탐험하고 아니면 다른 방식으로 혼자서 나아갈지도 모르는 때인 인생 후반부에, 어쩌면 심지어 60~70대에조차도 자신의 진정한 독립적인 면을 보여주는 것이 전혀 가능성이 없지 않습니다.

이들이 관계에서 감정적인 충족을 찾아내는 것이 가능합니까? 이들에게 관여하게 되는 사람들에 관해 이들은 무엇을 기대할 수 있습니까? 그들은 무엇을 기대할 수 있습니까? 그들은 쉬는 날이 많지 않을 것을 확실히 기대할 수 있고, 이들에게 관여하는 것은 정규직의 직무일 수 있습니다. 하지만 이들과 가장 성공적으로 관계하는 사람들은 자주 첫째로 친구나 조언자의 역할에 놓여지고, 둘째로 동무나 연인의 역할에 놓여집니다. 이들의 사랑 관계는 자주 별똥별처럼 빨리 타버립니다. 정복하고 지배하려는 이들의 이기적인 몰아댐은 불운하게도 격정적인 관계에서 나타나고, 관여하게 되는 데 빠른 이들은 그만큼 빨리 관여하지 않게 될 수도 있습니다.

직접적인 감정적인 수준에서 이들에게 접촉하려고 탐구하는 사람은 퇴짜 맞는 자기 자신을 알아차릴지도 모릅니다. 이들은 깊은 수준에서 마음을 열지 못하는 실상적인 문제를 갖고 있습니다. 이들은 좀처럼 타인을 자신의 내면세계에 들이지 않고, 실로 때로는 이들이 심지어 자기 자신에게조차도 자신의 감정적인 삶에 대한 접근을 부인하는 것으로 보입니다. 냉담하거나 거리를 두는 이들의 분위기를 고려하면, 감정적인 유형은 자주 이들에게 거절당한다고 느낍니다.

그럼에도 '스타 주간'에 태어난 이들은 자기 자신을 더 잘 이해하도록 도울 수 있는 동감적이고 이해심 있는 동무나 가까운 친구에 대한 욕구를 정말 갖고 있습니다. 이들에게 가장 좋은 사람은 대단한 참을성과 의지력을 발휘할 뿐만 아니라 이들의 느낌을 표현하고 의논하도록 이들을 격려도 하면서 꿋꿋이 버텨내는 사람입니다. 마지막으로 이들의 냉담에도 불구하고 질투는 드물지 않은데, 누군가의 애정의 대상으로 대체되는[꿩 대신 닭이 되는] 것은 이들이 자신에 대해 마음에 갖고 있는 상황이 전혀 아닙니다.

▶ 조언

당신의 에너지로 사람들을 압도하지 않도록 저항하라.

책임감 있게 활동하라.

너무 주목을 욕구하지 않도록 노력하고, 타인을 잘못 인도하는 것을 주의하라.

당신의 내면 가치를 확인해주고, 숨겨진 재능을 계발하라.

04 개척자 주간

4월 11일 ~ 4월 18일

Pioneer

▶ 주간 특성

강점; 보호해주는, 관대한, 두려움 없는

약점; 비실상화된, 양보하지 않는, 자기를 희생하는

▶ 심리구조

'개척자 주간'에 태어난 이들은 천성적으로 꽤 사회적입니다. 이들은 특히 자신의 동료 인간들이 생활하고 작업하는 조건을 개선하는 것에 관련하여 그들과 역동적이고 정기적으로 상호작용해야만 합니다. 이들은 자주 자신만의 영광보다 자신의 추종자들을 위해 선을 행하는 것에 더 관련되는 진정한 지도자입니다. 개척자인 이들은 대담하게 자신의 비전을 따르는 자주 이상적인 유형입니다. 말할 필요도 없이 이들은 다른 지배적인 인물, 특히 자신의 권위에 도전하는 사람과 오랫동안 나란히 실존할 수 없습니다. 그런 고군분투는 이들이 모두의 선을 위해 활동하고 있다고 자신이 믿으므로, 자신을 혼란스럽게 하거나 당황하게 할지도 모릅니다.

이들은 때때로 거들어주려는 자신만의 욕망에 희생됩니다. 이들은 자주 '선을 행하기'를 바라고, 자신의 자원에 지나치게 관대할 수 있기 때문에, 베푸는 이들은 쉽게 이용당할 수 있습니다. 며칠간 방문하도록 초대된 손님은 결국 몇 주, 몇 달 혹은 몇 년간 머무르게 됩니다. 좋은 대의를 위한 작은 대출이나 기부는 빈도가 증가해서 당연시되면서, 중대한 재정 후원으로 전환될지도 모릅니다. 날마다 병자를 방문하거나 자원봉사 작업을 하기 위해 주어진 몇 분이 몇 시간으로 길어질 수 있습니다. 그런 후한 행위는 이들이 구성원인 가족에게 참을 수 없는 중압감을 줄 수 있습니다.

이들은 자신의 가족이나 사회 집단이 대개 분담할 것으로 기대되는 희생의 행로도 또한 선택할지도 모릅니다. 말하자면, 만약 이들의 이념이 특정 유형의 건강 식단을 요청하거나, 아니면 음식의 중요성에 대해 완전히 급격한 축소를 요청한다면, 그렇게 될 것입니다. 이들 중 성인은 이들이 항상적으로 희생을 요구하는 자신의 자녀에게서 혹은 자신의 지배 아래에 있는 다른 젊은이들에게서 반항적인 태도를 빚어낼 수 있습니다.

인습타파주의자이자 전통주의자인 이들은 때때로 하나의 활동에서 다른 활동으로, 즉 삶의 한 시기에서 다른 시기로 이동할 때 역할을 바꿉니다. 이들이 규칙을 깨뜨릴 능력이 있는 것은 바로 자신이 그 규칙을 너무 잘 알고 있기 때문입니다. 이들이 갖고 있는 높은 수준의 창조성은 특히 과거에 사용된 방도를 개선하는 유용한 산물의 발견이나 계발, 판매에서 그 창조성 자체를 자주 표현할지도 모릅니다.

이들은 작업하기 위해 세상에 나가 있으면서, 혼자 살아가는 것을 잘하지 못합니다. 이들은 단순한 일대일 부부 관계에도 또한 자기 자신을 쉽게 내어주지 못합니다. 이들은 자신이 예외 없이 자신의 역동적인 이상주의를 주입하려고 탐구하는 자녀, 가족 및 '공동체나 사회 집단'으로 자기 자신을 매일 둘러싸려고 욕구합니다.

이들은 단지 자신의 발상 그 이상의 것에 관해 격정적인데, 성적인 에너지가 이 그룹에서 고조되고, 이들의 동무와 연인은 이들을 충족시키거나 이들의 욕구에 맞춰서 사는 것에 바쁘게 지낼지도 모르고, 그들은 자신의 만족이 집에서 거부된다면 주저하지 않고 다른 곳에서 그 만족을 찾아낼 것입니다. 이들은 때때로 자녀를 갖는 것을 자신만의 추종자를 창조하는 방식으로 보고, 부모로서 이런 견해는 동의하고 이해심이 있으며 유능한 동무를 요구합니다. 그런 동반자는 필연적으로 불평 없이 엄청난 책임을 짊어지도록 요청받을 것입니다.

관계에서 이들의 주요 문제는 개인적인 고려사항보다 추상적인 것을 우선시하면서 자신의 발상을 타인에게 강요하는 습관입니다. 이들의 자녀는 이 점에 관련하여 특별한 문제를 보유할 수 있는데, 이들은 때때로 자녀의 느낌을 간과함으로써 아니면 인정하기를 거부함으로써 그 느낌을 해칩니다. 그런 태도는 이들의 동무에게도 또한 적용될 수 있는데, 그들은 자신의 동반자인 이들이 세상에 도전하면서 떠나있는 동안 등한시당하는 느낌으로 집에 남겨질지도 모릅니다. 이들 중 남성이 자신의 발상을 자신의 생활공간에 적용하기로 선택한다면, 이들의 아내나 연인은 완전히 선택권을 박탈당해서 길을 잃어버렸다는 느낌이 들게 될지도 모릅니다.

이들의 친구와 가족을 향한 이들의 보호는 질식시키거나 손 쓸 수 없게 되지 않는 한, 대체로 가치가 있습니다. 비록 이들이 외교에 대한 예술적인 경지에 능숙해지는 것이 대개 그런 철저한 대립을 미연에 방지할지라도, 공격보다 방어에 능한 이들은 오직 몇 마디 말만으로 아니면 심지어 신속한 물리적인 반격으로도 비합리적인 반대자를 효과적으로 무력화시키는 방법을 알고 있습니다. 실로 이들은 폭풍 구름이 몇키로 떨어져서 모이는 것을 알아보고, 그것이 도착하기 전에 미리 잘 준비할 것입니다.

이들의 친우들에 대한 또 다른 문제는 비록 그들이 대개 귀 기울일 준비가 되어 있고, 상황을 조정하기 위해 그들의 에너지를 후하게 쓰지만, 이들은 진정한 동감을 표현할 능력이 없거나 공감할 능력이 없을지도 모른다는 점입니다. 그들의 격렬하게 긍정적인 태도 때문에 그들은 잔소리나 불평할 시간을 거의 갖고 있지 않습니다. 하지만 그런 '부정적' 표현은 울분을 발산하므로 관계에 고도로 유용할 수 있고, 만일 거부된다면 좌절감의 구축으로 귀결될 수 있습니다. 불평에 대한 이들의 동감이 부족할 시, 이들은 어느 날 자신의 동반자를 우울증이나 분노의 화산 폭발로 이르게 할지도 모르고, 심지어 결국 관계의 해체로 끝나버릴지도 모르는 문제를 단지 미루고 있을지도 모릅니다.

반면에, 이들에게 관여하는 것의 이득은 대단할 수 있습니다. 가르칠 많은 것을 갖고 있는 이들은 본보기로서 가르치므로, 매번 솔직하게 말하는 이들은 자신의 정직성에 관해 거의 의심을 남기지 않습니다. 이들은 고도로 찬양할 만한 양심과 공헌의 고귀함 및 깊이도 또한 전달합니다. 마지막으로 이들은 근엄한 도덕주의자가 아니라 야외요리, 여름휴가, 나들이 및 모든 종류의 파티 같은 활동을 한껏 즐기는 참으로 재미를 사랑하는 사람입니다.

▶ 조언

사람들이 실상적으로 하고 있는 말에 맞춰라.
당신의 시간과 에너지를 독점하기를 바라는 사람에 주의하라.
이상과 발상은 헌신할만한 가치가 있을 수 있지만, 또한 파괴적일 수도 있다.
당신이 제안하기 전에 상대방이 도움받거나 이끌려지기를 원하는지를 확인하라.
상황의 실제 상태에 접촉을 지속해서 노력하라.
당신만의 열의에 의해 휩쓸리는 것에 주의하라.

05 권력 주간

4월 19일 ~ 4월 24일

Power

▶ 주간 특성

강점; 견실한, 강력한, 후한
약점; 무뚝뚝한, 돈이 목적인, 나태한

▶ 심리구조

'권력 주간'에 태어난 이들의 부인되지 않는 대표적인 특징은 자신만의 개인적인 권력이 함께하는 선-생각입니다. 이들은 자신의 생득권을 삶이 제안하려고 갖고 있는 가장 최상의 것으로 봅니다. 하지만 이들은 대체로 타인에게서 적대감을 자극하지 않고 자신의 목표를 추구하는 방법을 알고 있습니다. 강력하게 설득적인 이들은 자신에게 동의하지 않는 것보다 동의하는 것이 더 편하고 유리해지도록 만들어냅니다. 자신의 목적을 성취하는 데 시간이 오래 걸리든 짧게 걸리든 간에 이들이 그곳에 이르는 한, 이들에게 거의 문제가 되지 않습니다. 무엇보다도 이들은 굉장한 타이밍 감각, 즉 활동할 바른 때와 활동하지 않을 바른 때를 아는 카이로스 감각을 갖고 있습니다.

첫 만남에서 이들은 자주 타인에게 조용하고 자기-보증적인 사람, 즉 지켜보고 기다리는 방법을 아는 사람이라는 인상을 줍니다. 이들은 누군가에게 무언가를 입증하는 데 자신의 시간을 낭비하지 않으면서, 자신하여 뒤로 한 발짝 물러나 중요한 때를 위해 자신의 에너지를 아껴두기를 선호합니다. 이런 측면에서 이들은 자신을 만만찮은 적과 유능한 협업자로 만들어냅니다. 작업에 대한 이들의 접근법은 고도로 전문적이고, 이들에게 관여하는 사람은 이들의 경력이 이들에게는 적어도 이들의 관계만큼 항상 중요하리라는 점을 이해해야만 합니다.

이들에게 관여하는 사람은 이들의 강력한 존재감과 장래성에서 엄청난 이득을 얻을 수 있습니다. 이들은 돈의 가치를 알고, 돈을 얻는 방법도 또한 알고 있습니다. 하지만 이들의 목표는 대개 재정적인 안전이기보다 이들이 자신의 작업에서 끌어내 자신으로 하여금 자유롭게 쓰도록 해주는 꾸준한 현금흐름입니다. 다른 누군가에게 재정적으로 의존하는 것은 이들이 보기에 부채인데, 이들은 자신의 개인적인 자유를 포기하려는 욕망을 거의 갖고 있지 않으므로, 오히려 자기 자신을 후원하는 편이 좋을 것입니다. 동무, 가족, 친구에게서 재정 및 기타 후원을 받아들이는 법을 체득하는 것이 이들에게는 어려울지도 모르지만, 사랑이 그러하듯이 그 체득은 이들로 하여금 결국 자신의 개인적인 계발에 한 걸음 전진을 가져오게 할 것입니다.

이들의 입밖에 내지 않은 비밀은, 이들이 남몰래 가장 갈망하는 바는 세상의 일상적인 전투를 포기하고, 공상에, 즉 쾌감에, 어쩌면 타인에게, 어쩌면 순전히 게으름에 단순히 복종하는 것입니다. 이것은 대개 이들이 오랫동안 달성하기가 불가능하지만, 이들이 일상생활에 대해 심하게 몰아대는 접근법에서 항상 편안하게 해주는 생각, 즉 이들로 하여금 수많은 모진 날을 겪어내도록 해주는 발상입니다. 확실히 이들은 (이를테면 잠이나 여가, 마사지, 명상, 휴가를 통해서) 주기적으로 자기 자신을 비워내서 재충전하도록 허용할 수 있을 때 가장 잘합니다.

관계에서 아무리 자신의 신분이 높든 낮든 간에 이들은 자신이 타인들과 상호작용할 시 자신의 존재감이 느껴지도록 만들어냅니다. 큰 사람인 이들은 빛나는 성공뿐만 아니라 엄청난 실수를 하는 데도 또한 유능하고, 자신이 자리하는 입지에 관해 의심의 여지를 거의 남기지 않습니다. 이들은 선택되는 것보다 선택하는 경향이 있습니다. 일단 이들이 누군가에게 시선을 고정했다면, 그 사안은 끝난 것입니다. 이것이 이들의 판단이 완벽하다고 말하는 것은 아닌데, 이들이 잘 선택했다면 빨리 신용을 얻을 것이지만, 중대한 실수를 인정하지 못하는 이들의 무능은 이들로 하여금 매우 오랫동안 고통을 견뎌내도록 만들어내는 경향이 있습니다. 이들은 자신이 충실하기 때문만 아니라 더 중요하게도 그만두는 것이 실패에 대한 인정이 될 것이고, 실패는 이들이 감당하기가 정말 매우 힘겹기 때문에 꿋꿋이 버텨냅니다.

이들은 극도로 후하지만, 이들의 조건에서 후합니다. 오직 자기 마음에 들 때만 베푸는 이들은 변덕스러움이나 악의 때문이 아니라, 자신의 선물이 인정받지 못했다거나 그들이 받을 자격이 없었다고 느끼기 때문에, 자신의 선물뿐만 아니라 애정도 회수하는 데 똑같이 유능합니다. 드물지 않게 이들이 베푸는 정도는 덜 강건한 영혼들에게 불안감을 자극하면서, 그 자체로 협박적일 수 있습니다. 이런 과도한 도움은 받는 사람과 주는 사람 모두에게서 의존을 창조할 수 있고, 이 의존은 나중에 깨뜨리기 어렵거나 불가능할지도 모릅니다.

이들이 터득해야만 할 중요한 공부는 자신의 권력을 일정 정도 포기하고, 그 권력을 어느 정도로 공유하고, 협력하며, 받아들이는 것으로 대체하는 식입니다. 그렇게 함으로써 인간적인 의미에서 이들이 더 강력해진다는 점은 바로 세월과 함께 성장할 깨달음입니다. 이런 측면에서 따뜻하고 베푸는 동무나 친구 및 어떤 종류의 가족적인 생활을 통해 빚어지는 상호의 애정이야말로 이들의 계발에 필수적입니다.

첫째 공부에 관련된 둘째 공부는 가장 대단한 권력이 사랑의 힘일지도 모른다는 점입니다. 사랑은 성적이거나 애정적이든, 낭만적이든, 정신적이든, 종교적이든 간에 이들을 부드럽게 하는 부인되지 않는 효과를 갖고 있습니다. 비록 이들은 연인을 취하고 버리는 것이 자신을 기쁘게 할 때 그렇게 하게 될지도 모르지만, 특별한 한 사람을 통한 꾸준한 사랑이라는 식단에 최선을 다합니다. 이런 사랑이 이들의 [책무인] 역할 위에서 조건 없이 베푸는 것을 포함할 때, 이들은 자신의 정점에 도달해서 가장 밝게 빛나게 되고, 이런 베풂이 어쩌면 이들이 참된 이타심에 다가갈 수 있는 가장 가까운 것입니다.

▶ 조언

타인들을 압도하지 않도록 노력하라.
뒤로 물러서서 상황이 의도하는 대로 그 상황이 벌어지도록 허용하는 법을 터득하라.
비록 그 직무를 [손수] 하고 싶어 손이 근질거릴지도 모르지만, 만일 타인들이 실수를 만들어낼지라도 그들의 방식대로 해볼 기회를 그들에게 줘라.
당신의 주위 사람들의 느낌에 여전히 민감하려고 노력하라.

06 구현 주간

4월 25일 ~ 5월 2일

Manifestation

▶ 주간 특성
강점; 생산적인, 물리적인, 끈기 있는
약점; 완고한, 독선적인, 과장하는

▶ 심리구조

'구현 주간'에 태어난 이들은 냉철한 실용주의자이고, 한 해의 가장 지배적인 사람 중 하나입니다. 어떤 발상이나 계획에 붙잡히면, 이들은 그것이 이행될 때까지 그것을 내버려두지 않을 것입니다. 이 발상은 거의 벌써 입증되었던 것이거나, 아니면 대단한 가능성을 보여주는 것인데, 이들은 자신이 세운 기획의 성공을 대다수 처음부터 확신합니다.

구현하는 것, 즉 구상에 형태를 부여하는 것은 사업이나 기타 조직뿐만 아니라 집이나 가족도 또한 꾸려가는 것을 포함할지도 모릅니다. 특히 계층적인 부류라는 구조에 대한 느낌이 이들에게 천성적으로 다가옵니다. 기법을 지향하는 이들은 상황이 어떻게 그리고 왜 작동하는지 알아내기를 사랑해서, 주저하지 않고 그것을 분해하고 다시 조립합니다. 실용적인 분석에 대한 이런 애호는 기계적인 모델뿐만 아니라 예술적·재정적인 모델에도 적용합니다.

비록 이들의 리더십 능력은 부인되지 않지만, 이들을 몰아대는 것은 바로 타인들을 이끄는 쾌감보다 그룹의 노력을 통해 이들의 발상을 개인적으로 이행하는 것이라는 비전입니다. 이들은 타인들과 권력을 다투는 것이나 정복할 새로운 세상을 탐구하는 것보다 앉아서 보금자리를 통치하기를 선호합니다. 이들이 이들의 계획을 수정함으로써 명백한 이익을 얻으리라는 점을 당신이 내보여줄 수 없는 한, 이달에 태어난 사람 중 가장 완고한 사람인 이들은 변화를 위한 욕구를 당신이 확신시키기가 불가능합니다.

보스로서도 협업자로서도 이들은 동료의 욕구에 대한 자신의 외교와 이해심을 통해 고도로 성공적일 수 있습니다. 작업에서 이들의 역할은 가정에서 하는 보호자와 양육자의 역할을 자주 비춰줍니다. 이들 중 보스인 사람은 서로 잘 지내고 팀으로 작업하려는 직원들의 욕구를 강조합니다. 이들은 내적인 싸움에, 즉 자신이 무시되거나 경시되고 진가를 인정받지 못하는 국면에 항상 심리적으로 준비된 것은 아닙니다. 이들은 말썽꾼을 제거하는 데 꽤 유능하지만, 또한 물러나거나 아니면 심지어 우울한 슬럼프에까지 빠져버릴지도 모릅니다. 외부의 부정적인 상황을 내면에 적용하지 못하듯이, 이들은 개별적인 관계에서 자신의 관대함이 인정받지 못할 때 당황하게 되고 혼란하게 됩니다. 이것은 이들의 발상을 이행하는 자신의 능력에 불리하게 작용합니다. 이들이 상황을 인신공격으로 받아들이지 않는 법, 특히 사람들이 이들에게 동의하지 않을 때 실망이나 배신감을 느끼지 않는 법을 체득하는 것은 이들의 효율성을 증가시킬 것입니다.

이들은 격렬하게 신체적인 사람이어서, 섹스 음식 편안함 및 '스포츠와 모든 종류의 레크리에이션'은 이들의 정신적인 및 물리적인 웰빙에 중요합니다. 이들에게 친해지는 한 가지 길은 어쩌면 조깅이나 수영, 스쿼시, 테니스 같은 매일의 요법을 이들과 공유하는 것입니다. 이런 종류의 활동은 이들로 하여금 자신의 가슴을 열고 비밀을 공유하도록 허용하면서, 상호 신뢰의 유대관계를 구축하는 데 도움될 것입니다. 이들은 대개 신체적인 노력의 영역에서 멈출 때를 알지만, 좌식의 쾌감을 지나치게 탐닉하는 것은 이들에게 해롭고 위험할 수 있습니다. 자주 음식에 열렬하게 관심을 두는 이들은 과체중, 알코올, 높은 콜레스테롤 및 신체장애에 관련된 중대한 문제를 보유할 수 있습니다.

　이들은 자신의 자기-이미지를 실상에 더 상응하도록 조정함으로써 많은 문제를 피할 수 있습니다. 자신이라고 생각하는 (강인하고 간단명료하며 안정된) 모습과 자신의 (민감하고 감정적이며 과장하는 경향인) 실상 모습은 매우 자주 어긋납니다. 이들을 알아서 이들의 시원함 및 자주 거친 외관에 속아 넘어가지 않는 사람들은, 이들이 감정적으로 얼마나 취약한지 그리고 자신을 보호하려고 본능적으로 얼마나 탐구하는지 잘 알고 있습니다. 사업적인 및 사회적인 문제에서, 이들은 특히 이들을 허풍쟁이로 인식할지도 모르는 타인의 이익을 위해 큰 연극을 꾸며낼 때, 쉽게 균형을 잃게 되어버릴 수 있습니다. 동료 직원들과 관계할 시 이슈를 고수하고, 자기 자신이 되며, 개인적인 관여를 피하는 것은 필수적입니다. 무엇보다도 이들은 자신이 얼마나 후하고 통이 큰지를 보여주려고 노력하는 것을 피해야 하고, 자신의 활동이 자기 자신을 대변하게 하는 법을 체득해야 합니다. 잘난 체하고 모든 것을 안다는 태도는 단지 나중에 부메랑 효과를 낼 수 있는 원망만을 불러일으킬 뿐입니다.

　이들과 관계할 때 정면대립을 피해야 합니다. 특히 이들이 여러분의 부모나 동무일 때, 훨씬 더 슬기로운 방도는 애정과 화합을 위한 이들의 욕구에 호소하는 것입니다. 특히 느낌이 좋은 순간에 감정적인 배후조종이나 호소는, 인정사정없는 논쟁보다 더 효과가 있을 가능성이 있습니다. 이들이 작업에서 온종일 막대한 짐을 지고 쇼를 진행하기를 좋아하므로, 이들은 평화로운 가정환경이라는 구원이 어떤 대가를 치르더라도 보호할 가치가 있다고 느낄지도 모릅니다.

　물론 이런 평화에는 평화의 불리한 면도 보유할 수 있는데, 이들은 자신의 생활 국면에 너무 행복해서 국면의 경고 싸인을 무시할 수 있습니다. 미루기 쉬운 이들은 삐걱거리는 문이든, 바람이 새는 창문이든, 가족 구성원의 욕구이든 간에 주목이 요구되는 문제를 자주 경시합니다. 평화와 조용함에 대한 이들의 욕망 그리고 변화에 대한 저항은 이들과 함께 사는 사람들에게 억압적이고 심지어 그들을 질식까지 시키게 될 수 있습니다.

　일반적으로 이들은 자신이 얻은 것을 보존하며 계속 붙들고 있는 경향이 있습니다. 하지만 삶의 어느 시점에서 이들은 관계를 결속시키거나 수습하려고 노력하는 대신 그 관계에서 떠나버리는 법을 체득해야 할지도 모르는데, 만약 그 관계가 깨진다면 더 나은 중대한 것이 등장할지도 모릅니다. 만약 이들이 이것을 체득하는 데 실패한다면, 놓아주지 못하는 이들의 무능 탓에 동반자와 자신 모두를 미로에서 헤매게 할지도 모릅니다. 문제가 더 나아질지도, 아니면 사라질지도 모른다는 이들의 확신은 아픈 이슈가 오직 다루기 더 힘겨워지도록 만들어낼 뿐입니다. 그런 회피는 양쪽 모두에게 덫에 걸렸다고 느끼도록 이끌지도 모르는데, 상황을 해결할 능력이 없으면 떠날 능력도 없게 됩니다.

▶ 조언
너무 많은 책임을 떠맡는 것을 주의하라.
주기적으로 당신 자신을 바꾸는 것에 의식적으로 공들이라.
신중함이나 좋은 분별력이라는 명목으로 미루는 것을 주의하라.
다른 단련과 다른 관점에 당신 자신을 노출함으로써 당신의 지평을 넓혀가라.

07 교사 주간

5월 3일 ~ 5월 10일

Teacher

▶ 주간 특성

강점; 진취적인, 공정한, 자석 같은
약점; 요구가 많은, 비판적인, 완강한

▶ 심리구조

'교사 주간'에 태어난 이들은 주로 발상과 기법의 계발에 관여합니다. 자신의 천직이나 부업이 무엇이든 간에 이들은 공유할 메시지를 갖고 있습니다. 자신의 발상과 관찰을 구술하고, 토론을 유발하며, 본보기로 지도하는 것은 모두 이들의 마음에 드는 활동입니다. 이들은 정보를 전해주기 위한, 더 중요하게도 타인들이 이해할 수 있는 방식으로 그 정보를 제시하기 위한 소명을 갖고 있다고 할 수 있습니다.

이들이 교사-학생 유형의 상호작용에 대한 강한 욕구를 갖고 있다는 점은 놀랍지 않습니다. 이들은 교사와 학생이 동전의 양면이고, 이 동전이 바로 이들이 자신의 미래에 투자하기를 바라는 것임을 직감적으로 감지합니다. 이들은 대체로 학교에서 충분히 잘 하지만 일대일 학습, 즉 댄스, 음악, 스포츠, 시각예술 같은 작은 그룹 국면에서 학생이나 교사로서 가장 잘 해나갑니다. 이들에게 좋은 학생이 되는 것이 좋은 교사가 되는 것을 향한 첫 단계입니다. 독학으로 체득하는 것의 가치도 또한 알고 있는 이들은 학생들을 도제식으로 가르치는 대신 그들이 스스로 체득하도록 격려할 것입니다.

운동가이고 선동가인 이들은 경솔하거나 피상적인 화제를 좀처럼 다루지 않으므로, 타인들에게 영향을 끼치는 데 유능합니다. 이것의 열쇠 일부는 이들이 발상, 즉 관념의 영역에서 자신 삶의 많은 부분을 살아간다는 사실에 놓여 있습니다. 뛰어나게 부흥시키는 사람인 이들은 지배하려는 과도한 욕구 없이 사업과 가족 모두를 설정해줄 수 있거나, 아니면 자신이 함께 살고 함께 작업하는 사람들에게 완강한 구조를 강요할 수 있습니다. 하지만 이들은 넘지 말아야 할 선을 정말 자주 확립합니다.

이들은 자신의 주위 사람들의 생활 조건, 특히 이들에게 이질적인 사회 집단에 매우 관심을 둡니다. 타인들이 어떻게 그리고 어디서 살고, 작업하며, 놀고, 먹으며, 예배하고, 투표하며, 운동하는가야말로 약자의 편을 들고 모든 형식의 불공정과 차별을 예리하게 느끼는 경향도 또한 있는 이들에 대한 엄청난 홀림을 갖고 있습니다. 놀랄 것도 없이 다른 인종 간의 또는 문화 간의 관계는 흔합니다. 비슷하게 이들 중 연장자는 젊은이들에게, 그리고 젊은이는 자신보다 훨씬 더 나이 든 연장자들에게 끌릴지도 모릅니다.

이들의 도덕적인 입장은 대개 강하고 심지어 양보조차도 없습니다. 이들은 옳고 그름에 관한 확고한 발상을 갖고 있고, 그 발상을 주저하지 않고 표현합니다. 비록 여러분이 아마도 이들을 엄격한 사람이라고 부르지는 않겠지만, 이들은 특히 젊을 때 정숙한 체하는 것을 과시하거나 심지어 금욕적인 성향까지 과시할지도 모릅니다. 그리고 이런 초기 경향은 비록 자라면서 없어질지라도, 이들을 자유사상가로 알고 있는 사람들에게는 매우 놀랍게도, 이들이 어른이 되어 스트레스받을 때 그 경향이 표면화될지도 모릅니다.

이들의 윤리적인 지향이 가장 분명한 영역은 공정성에 대한 이들의 고집입니다. 누군가는 사실 이들이 모든 형식에서 불공정, 편견, 차별에 사로잡혀 있다고 말할지도 모릅니다. 인종[인간]차별의 어떤 형식에 대해서도 이들의 반응은 가혹하고 비타협적이며 즉각적입니다. 사실상 분노는 이들 삶의 거의 어떤 영역에서든 갑자기 분출할지도 모르고, 이들은 자신의 성질나는 느낌을 억누르지 않고 건전한 방식으로 그 느낌을 감당하는 방법을 체득해야만 합니다.

스포츠든, 댄스든, 음악이든, 건강단련 훈련이든 간에 신체적인 활동이 이들에게 천성적으로 다가오지만, 이들은 세속적인, 즉 심미적인 유형이라는 인상을 전달하지 않습니다. 이들은 대체로 강한 첫인상을 창조하고 자신의 환경에 과중한 충격을 만들어내지만, 이것은 이들의 신체적인 자질보다는 오히려 이들의 정신적인 자질 때문일지도 모릅니다. 심지어 작거나 평균 몸의 유형인 사람조차도 첫 만남에서 자신의 실제 크기보다 훨씬 더 대단한 이미지를 자주 투사합니다.

비록 뛰어난 상사, 부모, 교사일지라도, 이들은 동무나 연인, 친구로서 매일매일 관여하기가 항상 가장 쉬운 사람인 것은 아닙니다. 요구가 많고 비판적인 이들은 더 부드럽거나 더 민감한 습성의 사람들을 자주 멀어지게 하거나 모욕하면서, 자신의 싫음이 날카롭고 신랄하게 알려지도록 만들어냅니다. '사람들이 단호하고 강인하다'는, 즉 '사람들이 진실을 똑바로 적확하게 받아들일 능력이 있다'는 이들의 고집을 누구나 좋아하는 것은 아닙니다. 이들 자신이 더 나이가 들면서 더 행복해지고 더 편안해질 때, 이들의 비판적인 특징 중 많은 것은 부드러워지거나 혹은 심지어 사라지기까지 할 것입니다.

아름다움에 대한 사랑 및 대단한 매혹과 개인적인 끌어당김이 있는 이들은 자주 한 무리의 찬양자를 갖고 있습니다. 하지만 이들은 지대한 주목에 실상 마음이 편안하지 않고, 자신만이 만들어낸 사회 동아리에 감금된 자기 자신을 알아차리는 것을 좋아하는 것은 아닙니다. 그럴 때 이들은 더 고립된 실존으로 물러나는 것 빼고 선택권을 거의 갖고 있지 않습니다. 그러므로 이들 중 더 성공적인 사람은 자신만의 매력적인 힘을 통제하는 법 및 문제를 덜 창조하는 법을 자기 자신을 위해 체득합니다.

개인적인 관계에서 이들과 가장 잘 관계하는 사람은 소동을 벌이거나 응석을 부리는 것보다 혼자 남겨지려는 이들의 욕구를 이해하는 사람입니다. 이들은 자신의 동무가 감사나 애정을 표출하는 것보다 그들이 관계에 대한 이들의 지분을 옹호해주는 것으로 단순히 관계를 위한 열의를 보여주는 것을 선호합니다. 이들은 친밀한 국면에서는 극도로 격정적일 수 있지만, 매일의 루틴에서는 특정 거리를 고집합니다. 이들은 감상성보다 낭만을 더 선호하지만, 사랑과 섹스에 대해 실상적이고 솔직한 접근법을 훨씬 더 좋아합니다. 이들은 심지어 친우일지라도 주목과 애정을 위한 타인들의 요청에 대체로 잘 반응하지 않는데, 간청이나 구걸처럼 보이는 어떤 것도 대개 이들로 하여금 완전히 싫증이 나게 합니다. 이들은 자신의 동반자가 무엇보다도 강하고 당당해지는 것을 좋아합니다.

▶ 조언

더 다정해지기를 탐구하고, 더 놀이하기를 탐구하라.
집요거나 독단적인 혹은 완강한 태도를 주의하라.
타인들도 또한 가르칠 재능을 갖고 있음을, 최고의 교사는 자주 영원한 학생임을 기억해내라.
당신의 실수를 시인함으로써 좋은 본보기를 보이라.
당신의 발상을 주기적으로 재작업하고 개정하라.

08 천성 주간

5월 11일 ~ 5월 18일

Natural

▶ 주간 특성
강점; 재미를 사랑하는, 모험적인, 상상적인
약점; 강박적인, 반항적인, 좌절감을 품는

▶ 심리구조

'천성 주간'에 태어난 이들은 자신이 바라는 만큼 곧바로 또 천성적으로 자기 자신을 표현하기 위해 자유롭게 남겨지기를 욕구하는 고도로 민감한 사람입니다. 이들은 자신의 기본적인 습관을 타인들이 교정하거나 개혁하고, 변화시키려고 노력할 때 잘 반응하지 않습니다. 자발적이고 재미를 사랑하며 익살스러운 이들은 자기 자신이기를 고집하고, 실로 다른 선택권을 갖고 있지 않은 것으로 보입니다. 하지만 사회는 이들에게 순응하라고 압박할 수 있고, 그 귀결로 이들은 자라면서 심각한 좌절감과 장애를 맞닥뜨릴지도 모릅니다. 신경질과 신경증적인 행동이 결과로서 드물지 않게 생기고, 더 극단적인 경우 우울증 및 심각하게 억압된 느낌이 생깁니다.

이들 중 어른 다수처럼 아이들도 대체로 재미를 사랑하고, 상상적이며, 공상적인 생각과 다채로운 행동으로 가득합니다. 이들은 자연계가 대변하는 자유라는 부분 때문에 평생에 걸쳐 그 자연계에 끌려듭니다. 어린 시절 이들의 '외고집적' 행위에 대한 동감이 부족한 이들의 부모나 형제자매, 가족 구성원, 교사가 그 행동을 바로잡으려고 시도할 때, 문제가 발생할지도 모릅니다. 이들은 자주 강한 비판에 저항할 강인함이 부족하고, 자신과 가까운 사람들의 이해심이 부족한 탓에 깊이 상처받을 수 있습니다.

하지만 장기적으로 더 강해지고, 적대적이고 비판적인 환경에 대처하는 데 더 유능해지는 이들은, 자신에 대한 어떤 저항에서도 또한 득을 볼지도 모릅니다. 집을 떠나 독립해서 나가는 것은 이들의 삶에서 일찍 다가오고, 이들 중 심지어 유순하고 만족하는 것으로 보이는 사람조차도 자신의 독립을 발휘할 수 있는 때를 자주 남몰래 갈망합니다. 자라면서 이들은 이들의 진가를 알아보는 친구를 찾아내는 데 성공하고, 어린 시절의 적들에 대한 앙심이나 복수심을 좀처럼 성년기로 가져가지 않을 것입니다. 하지만 이들은 어린 시절의 전투에서 입은 일부 마음의 상처를 당연히 간직할지도 모르는데, 그 상처는 억압받으면 갑작스러우면서 난처하게 하는 우울증이나 감정적인 분출로 이어질 수 있습니다.

이들이 저자세를 지속하는 것은 힘겹습니다. 활동과 흥분을 갈망하고, 자신의 주위 사람에 대한 자신의 강한 의견을 자주 자신의 마음속에 간직할 능력이 없는 이들은 쉽게 궁지에 몰릴 수 있습니다. 이들은 감정적으로 매우 급변하고 쉽게 지루해할 수 있는데, 이런 자질은 예외 없이 친구와 연인의 많은 변화로 이어지고, 또 대체로 이들의 전체 무대의 많은 변화로 이어집니다. 삶의 괴팍하고 유별난 측면에 대한 끝없는 홀림은 더 꾸준하고 더 안정된 국면 및 사람들에게서 이들을 떼어놓겠다고 항상 위협할 것입니다. 반면에, 이들의 불안정성은 이들로 하여금 사람, 장소, 직종에 뿌리내리는 영향력을 갈망하도록 만들어낼 수 있고, 이들은 놓아주는 것이 목적 없음 및 방향 부족으로 귀결될 수 있음을 알아보고, 각양각색의 시간주기로 끈질기게 매달릴지도 모릅니다.

천성적인 충동성 및 (자주 이들만의 정착되지 못한 두려움의 결과로) 안정을 위한 욕구 사이의 이런 이중성은, 이들의 모든 관계가 성숙해지는 데 핵심 요인일 수 있습니다. 비록 이들의 인격에 불안감이 풍부할지라도, 이 불안감은 이들이 삶에서 성공하고, 직무에서 승진하며, 사회적인 장벽을 돌파해가기 위한 추진력의 강력한 연료 역할을 할 수 있습니다. 이런 의미에서 역설적으로 이들의 역동성 자체는 안정시키는 세력이 되고, 또 이들의 야심은 이들이 고수할 수 있는 바위도 되며, 길을 지시해주는 나침반도 될 수 있습니다. 따라서 이들 중 즐거워하는 생활, 스트레스 받지 않는 생활, 여유로운 생활에 만족해온, 또 그런 생활에 더 적합했을지도 모르는 다수는, 빈번히 재정적인 독립이 포함된 목표인 안전을 향한 자신만의 원정에 의해 위쪽을 향해 내몰립니다. 이들은 무엇보다도 자신만의 도전을 창조하는 사람입니다.

비록 사람들이 모험, 섹스, 마약 및 '야생적인 행동의 모든 형식'이 (이들 삶의 어느 시점에 강력한 당기기를 불가피하게 행사하듯이) 이들에게 이 당기기를 행사하리라고 상상하지만, 이들은 예외 없이 평생 사로잡히고 중독되기 쉬운 것은 아닙니다. 이들은 자신의 좋은 분별력보다 이런 행동 영역의 기본적인 천성에 대한 이해심에 의해 후원받고, 이런 이해심 종류의 동류의식이나 익숙함은 이들로 하여금 암초에 좌초하지 않고도 위태로운 해협을 항해하게 해줍니다.

관계 속에서 권위에 대한 반항심은 평생에 걸쳐 이들에게 끊임없이 출몰할 수 있습니다. 게다가 이들과 관계하게 된 사람들, 특히 이들의 동무와 연인은 이들을 그들이 견뎌낼 수 없는 억압적인 세력이라고 상징화하게 되는 위험이 있습니다. 따라서 [그들은] 이들의 심혼 속에서 벌어지는 전투에 대한 이해심이 있되, 동시에 축구공이나 감정적인 샌드백이 되기를 거부하는 것이 필수적입니다.

이들이 타인들로 하여금 이들을 진지하게 받아들이기를 원할 때 어려움이 특히 표면화될지도 모르고, 이들의 공상적인 발상과 예견되지 않는 행동의 조합이 [이들을] 신뢰할 마음을 불어넣는 데 항상 이바지하는 것은 아니어서, 이들은 자신의 발상이 받아들여지기 전에 오랫동안 힘겹게 전투해야 할지도 모릅니다. 그럼에도 재정적인 성공을 향한 이들의 추진력처럼, 이와 같은 이슈를 두고 싸우는 것은 이들에게 방향과 안전을 줄 수 있습니다.

이들 중 성공적인 사람은 자신의 공상에 형식을 줄 능력이 있는, 즉 그 공상을 산물이나 서비스, 예술 활동에 체화시킬 능력이 있습니다. 그렇게 체화시킨 이들은, 동료가 해방을 남몰래 갈망하는 더 단조로운 세상에 이들이 산다고 느낄지도 모르는 동료의 상상력에 깊은 반향을 일으킬 수 있습니다. 반향을 일으키는 방식으로 이들은 그런 사람들을 친구와 연인으로 자신에게 끌어당길지도 모릅니다.

▶ 조언

당신의 성격을 더 깊이 파헤쳐서 깊은 곳을 탐험하라.
만약 당신이 타인들로 하여금 당신에 대해 똑같이 진지하기를 바란다면, 문제를 조금 더 진지하게 받아들이도록 노력하라.
반면에 삶에 대한 당신의 천성적이고 본능적인 접근법을 절대 포기하지 마라.
당신의 개인적인 기준을 조금 더 높게 설정하고, 당신 자신에게 더 많은 것을 기대하라.

09 에너지 주간

5월 19일 ~ 5월 24일

Energy

▶ 주간 특성

강점; 다재다능한, 활동적인, 총명한
약점; 수다스러운, 집요한, 성급한

▶ 심리구조

이들은 풍부한 에너지, 즉 '자신의 주위 세계에 대한 예리한 이해관계' 및 '무수한 친구와 연인을 끌어당기는 경향이 있는 매혹'을 갖고 있습니다. 하지만 이들에게 관여하는 사람은 이들을 잃어버리는 것에 대한 항상적인 두려움 속에 있습니다. 이들 중 일부에게 이것은 도전적이자 호소적입니다. 하지만 그 외 사람은 신뢰할 가치가 없다는 평판 탓에 관심이 떨어지게 될지도 모르고, 그런 선입견은 특히 사업과 고용 영역에서 이들을 해칠지도 모릅니다.

이들의 총명함은 부인되지 않는 일련의 업적으로 성공이 뒷받침되지 않는 한, 주어진 부문에서 성공을 보장할 정도로 충분하지 않습니다. 불운하게도 이들은 항상 자신의 욕망과 충동에 상응하는 인내력을 구현하지 못합니다. 더 느리고 더 목적적인 사람들은 틀림없이 꿋꿋이 버텨내지만, 이들은 토끼가 태연자약하고 의도적인 거북이에게 추월당했듯이, 인생의 경주에서 뒤쳐진 자기 자신을 알아차릴지도 모릅니다. 이 력서를 작성하는 것은 실상 깊이가 부족한 오지랖을, 즉 직무마다 짧게 한 근무 및 미심쩍은 업적을 드러낼지도 모르므로, 이들에게 아픈 과정일 수 있습니다. 구조의 창조 및 한계의 가치에 관해 체득하는 것은 이들의 성장에 필수적입니다.

관계에서 이들은 자주 너무 강하게 등장합니다. 실로 이들의 친구들은 이들이 매일 매 순간 주목받는 중심이려고 욕구하는 이유를 이따금 궁금해합니다. 홀리게 하는 자기 자신을 알아차리는 이들은 자신 주위의 모든 것에 대한 그런 홀림을 공유하고 싶은 것으로 보입니다. 만약 이들이 자신의 최신 생각을 혼자 간직하고, 자기 자신을 타인들에게 더 수용적이고 동감적으로 만들어내면서, 자신의 관계에 대한 질을 개선하고자 한다면, 이들이 자기 자신에 대한 특정한 무관심을 키우는 것이 필요할지도 모릅니다. 만약 친구나 연인, 배우자는 그들이 오직 이들을 지켜보거나 이들에게 귀 기울이기 위해서만 거기에 있고, 그들 자신에 대한 진가를 실상 인정받지 못하거나 그들 자신을 위해 욕구되지 않는다고 느끼게 된다면, 그 관계를 위한 날들은 당연히 시한부일지도 모릅니다.

이들의 상대방이 주택 관리, 재정 및 일반적인 유지관리라는 평범한 임무를 처리하는 동안, 동무나 동반자로서 이들은 가장 최신의 흥미진진한 전망을 쫓는데 고개를 돌리면서 당연히 자신의 시간을 보낼지도 모릅니다. 이 경향은 자신의 동반자를 단조롭고 재미없는 것으로 그러면서 흥미롭지 않은 비교를 만들어내도록 이들을 이끌 때, 더 악화할지도 모릅니다. 마찰 그리고 결국에는 결별이 결과로 생길 수 있습니다. 지속적으로 성공적인 관계에 참여하려면, 이들은 자신의 일부 '총명함'을 필요한 매일의 임무에 희생하면서, 그 덕에 창조적이고 양질의 시간을 위한 동반자만의 욕구를 존중할 뿐만 아니라 관계에도 또한 이들의 이해관계와 공헌을 단언해야만 합니다. 하지만 공정하게 말하면, 이들의 동무나 동반자가 이들을 사실 그대로 받아들일 수 있다면, 이들은 애정있고 충실한 것으로 판명될 수 있습니다.

이들은 흙같은 심미적인 특성과 공기같은 정신적인 특징을 조합하므로, 신체적인 문제에 과도하게 관심을 둘 수도 있고, 상황을 [점검하여] 확인하는 것에 관해 집요할 수도 있습니다. 다시 말해 이들은 '타인의 신체상태에 관한 호기심' 및 '이들만의 몸에 관한 걱정', '기계나 장비가 대체로 적합하게 작동하고 있는지 아닌지에 관한 홀림'으로 특징지어질지도 모릅니다. 이들에게 가장 좋은 동반자는 자주 자신만의 개별성을 유지할 정도로 강해서 방해받거나 침해당하지 말아야 하는 경계를 확립하는 동시에 소통하려는 이들의 욕구를 충족시켜줄 능력이 있는 것으로 판명되는 사람입니다. 하지만 이들의 이해관계를 공유하는 것은 절대 이들을 존중하고 이들의 진가를 알아주는 것만큼 중요하지 않습니다.

이들은 자신의 자녀에게 변화무쌍한 이해관계를 제시하면서 자신을 뛰어난 부모로 만들어갈 수 있습니다. 하지만 이들은 자신만의 욕구가 가족을 꾸리는 데 필수인 일종의 안정감과 공감을 방해하는지 아닌지를 실상화에 의해 자문해야 합니다. '자신만의 욕구와 욕망에 대한 주기적인 평가' 및 '자신 활동의 취급범위에 대한 강한 한계 두기'는, 이들이 사실 개인적인 관계의 모든 영역에서 성공하는 데 필수적입니다.

더 길거나 더 깊은 관계에 헌신하기 전에, 이들은 자신의 우선순위를 일관되게 하려고 욕구하고, 필요한 희생을 자신이 치를 준비가 되어 있는지에 대한 질문을 깊이 숙고하려고 욕구합니다. 내면성찰, 계획잡기, 영혼탐색은 이들에게 쉽게 다가오지 않지만, 장기적으로는 관련된 모든 사람을 위해 많은 아픔과 고난을 덜어줄 것입니다.

▶ 조언
당신의 활동에 대한 진행속도를 세심하게 감시하라.
사람들 및 발상을 떼어낼 시 더 일관되고 덜 우발적이 되게 탐구하라.
너무 강하게 등장하지 마라.
당신의 정신적인 [동력인] 모터를 가끔 꺼버리라.

당신의 두려움과 불안감에 직면하라.

10 자유 주간

5월 25일 ~ 6월 2일

Freedom

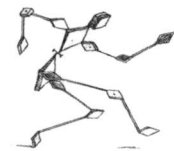

▶ 주간 특성

강점; 재치있는, 카리스마적인, 기법적으로 타고난
약점; 압제적인, 배후조종하는, 불평하는

▶ 심리구조

'자유 주간'에 태어난 이들은 한정되기를 싫어해서 어떤 대가를 치르더라도 자신의 독립을 유지하려고 작정합니다. 대체로 이들은 개인적인 면에서 억압과 착취를 싫어하고, 이론과 실제 모두에서 그것들을 반대합니다. 이들은 대개 싸움에서 퇴각하지 않을 것입니다. 천성적으로 대결적인 이들이 상황에 응하기 위한 옳은 길과 그른 길이 현존하고, 오직 옳은 길만이 한결같이 긍정적인 결과를 낳으리라고 믿기 때문에, 이들은 자신이 옳다고 믿는 바를 옹호하고, 어떤 형식도 도덕적이든 실용적이든 간에 잘못된 것을 주저하지 않고 공격할 것입니다. 이들의 가장 강한 무기 중 하나는 이들이 주저하지 않고 만만찮은 말의 무기고에서 꺼내든 비웃음 혹은 조롱입니다. 그럼에도 이들은 상대방에게 다시 기회를 기꺼이 주려고 합니다. 회복력이 있는 이들은 소중한 관계를 쉽게 끝내지 않을 것이고, 그 대신 원망을 놓아버리면서 꿋꿋이 버텨냅니다.

밝고 쾌활하며 기민하지만, 또한 조금 거칠어지기도 한 이들은 타인들의 더 느린 반응에 조급하게 되는 '빠른 속도의 선수'입니다. 자주 기법적으로 타고난 이들은 타인들이 특정한 임무를 실연하는 데 덜 숙련되면 짜증을 낼 수 있습니다. 이런 문턱이 낮은 짜증을 고려하면, 이들은 비꼬기나 빈정거림으로 마구 닦아세우면서, 쉽게 스트레스를 받지도 모릅니다.

이들의 공격성은 자주 이들이 무자격 혹은 어리석음으로 보는 무언가에 대한 반응이지만, 그 공격성이 이들로 하여금 함께 살거나 함께 작업하기가 쉽도록 만들어주는 것은 아닙니다.

이들은 최고로 빠른 충동과 풍부한 상상력을 갖고 있고, 때로는 과하게 그렇습니다. 이들은 어쩌면 (청구서 납부 같은) 주목이 필요한 긴급한 문제들을 희생시키면서, 항상적으로 새로운 계획과 책략을 꿈꾸고 있습니다. 이들은 평생 십여 명의 인간존재가 매달리게 할 정도의 미완성 프로젝트를 남겨 둔 채 떠날지도 모릅니다. 이들은 자주 자신의 계획을 섬세한 방식으로 이행하기 위한 참을성이 부족합니다. 게다가 이들은 선의로 약속을 만들어내지만, 나중에 새롭고 긴급한 요구 탓에 약속을 어길지도 모릅니다. 그런 활동은 이들만의 신용을 서서히 잠식해버립니다.

가족생활이 이들의 변동적인 에너지에 뿌리내리는 영향을 보유할 수 있듯이, 영리한 동무와 친구도 세심한 주목과 유지관리를 요구하는 흥미로운 활동, 직무, 사업에 이들을 자주 소개함으로써, 이들의 빠른 재치와 재능을 건설적인 용도로 투입할 것입니다. 이들 중 비교적 뿌리내리지 못한 사람은 많은 책임이 포함된 구조화된 위치에서 작업하도록 처해질 때 자주 꽃피울 것입니다. 만약 자신의 작업이 이들에게 혁신할 기회를 준다면, 이들은 수년 동안 같은 위치에서 꽤 행복하게 계속할지도 모릅니다.

가족이든 친구든 연인이든 간에 관계에서 이들에게 관여하는 사람은 이들의 마음 상태에 관해 많은 추측하기를 하려고 욕구하지 않을 것입니다. 이들은 감정적으로 급변할 뿐만 아니라, 자신이 갖고 있을지도 모르는 어떤 불만도 말로 표현하는 것에 관해 전혀 부끄러워하지 않습니다. 대다수의 경우 이들이 단지 자신의 가슴에 맺힌 불만족을 털어놓으려는 주기적인 욕구를 갖고 있기는 하지만, 사실 극단적인 경우 이들은 항상적인 불평자일 수 있습니다. 이들과 가까운 사람은 대개 이들로 하여금 계속 말하게 하면서, 어려움의 핵심을 골라내고 나머지는 한 귀로 듣고 한 귀로 흘려버립니다. 그런 사람의 감정적인 반응은 빨리 전면적인 싸움으로 치달을 수 있습니다. 아무리 오래 걸리더라도 이들의 말을 참을성 있게 끝까지 들어주는 것이 더 좋습니다. 이들이 같은 말을 반복하는 습관을 갖고 있으므로, 이들은 타인들이 이들의 말에 귀 기울이지 않는다고 공정하게 비난할 수 없습니다.

이들의 감정적인 급변성과 가변성에 비해 이들은 놀랍게도 충직한 동반자입니다. 그럼에도 이들은 루틴에 빨리 정말 싫증을 내고, 때때로 지루함을 피하려고 가장 친밀한 관계의 구조를 변화시키는 것이 필요함을 알아차릴지도 모릅니다. 이들과 가장 잘 관계할 능력이 있는 사람은 촉발, 다층성 및 '무대의 정기적인 변화'에 대한 이들의 욕구를 받아들일 능력이 있을 것입니다.

보호하려고 하는 이들은 타인들을 곤란에서 구제하는 것에 활용하도록 자신의 엄청난 에너지를 투입하는 데 유능합니다. 불운하게도 이들은 결국 때때로 상황이 옳은 것으로 밝혀지도록 만들어내려는 무지몽매한 노력 속에서, 구제받는 사람으로 하여금 이들만의 경쟁력인 압제를 겪도록 합니다. 이들의 첫 충동은 자주 기민하고 합리적인 활동을 통해 어려움을 덜어주는 것이지만, 이들이 진행하는 태도는 문제를 해결하기보다 왜 그런지 문제를 더 많이 창조할지도 모릅니다. 이를테면 이들은 가족 구성원의 객관적인 욕구를 알아보고, 그 욕구를 충족시키려고 탐구할지도 모르지만, 그들의 느낌을 참작하지 않음으로써 실패할지도 모릅니다. 이들은 보상을 통제수단으로 사용하고, 처벌수단으로 그 보상을 철회하면서 조건부로 줄지도 모릅니다.

이들은 절대 감정적인 배후조종의 선을 넘지 않습니다. 사실 이들은 자신의 뜻대로 하고 싶을 때 좀처럼 주저하지 않고 상당한 매혹을 활성화합니다. 이들은 고도로 유혹적이고, 이들의 상당한 성적인 매력에 저항할 수 있는 사람이 거의 없습니다. 하지만 이들이 추파를 던지며 도발하는 꾀어내기는, 때를 맞추는 믿음직한 동감적인 자세가 뒷받침되지 않으면 통하지 않을지도 모릅니다. 이들의 동무와 연인이 증언하듯이, 이들은 번개 같은 속도로 불안정하게 될 수 있는데, 이들이 자신의 신경과민을 지속해서 통제할 때, 가장 좋은 상태에 있게 됩니다. 이들은 자신의 의식을 변경시킬 혹은 자신으로 하여금 현실감이 덜해지도록 할 모든 약물류와 각성제, 특히 술을 그 통제에 따라 피해야 합니다.

▶ 조언

당신이 시작한 것을 끝내기 위해 작업하라.
타인과 완전히 상호작용하도록 참을성을 계발하라.
조화를 위해 때로는 당신의 이상이 희생되어야 할지도 모른다.
여러 가지[형태]로 가장한 현실도피를 피하라.
지속해서 바쁘고 행복하지만, 당신 내면의 감정적인 삶을 돌보는 것을 등한시하지 마라.

11 새로운 언어 주간

6월 3일 ~ 6월 10일

New Language

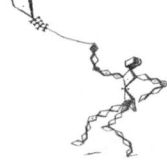

▶ 주간 특성

강점; 이야기하기 좋아하는, 경쟁력 있는, 혁신적인
약점; 오해받는, 괴상한, 조직적이지 못한

▶ 심리구조

'새로운 언어 주간'에 태어난 이들은 자신의 생각과 느낌을 말로 전달하려는 강한 욕망을 보여줍니다. 이들은 또한 타인들이 심지어 이들의 관점에 동의하지 않더라도 이들의 메시지를 이해했고, 그 관점을 알아볼 수 있는지 확신하려고 욕구합니다. 하지만 이들의 표현 수단은 자신만의 독특한 언어가 계발될 정도로 고도로 개인적입니다. 이것은 이들이 빈번히 오해받으므로 모든 종류의 문제, 긴장, 좌절로 이어질지도 모릅니다. 더욱이 자신의 요지를 건네주려고 노력할 때, 이들 중 일부는 승리를 거두기 위해 질보다 양에 의존하면서 말의 공세를 사용하거나, 느닷없이 논거의 색다른 노선을 시도합니다. 이들이 전달하려는 격렬한 욕망 속에서 이들의 진의는 혼란 속에 길을 잃어버릴지도 모릅니다.

흥겹게 하고 재치있는 이들은 어떻게 현혹할지 또 어떻게 청중의 주목을 붙들지를 알고 있습니다. 하지만 헌신적인 관계가 요청하는 이런 태도가 처음에는 피상적인 것으로 보이고, 그다음에는 짜증나게 하는 것으로 보이면서, 장기간의 관점에서 빛을 잃어버릴지도 모릅니다. 이들의 언어적이고 정신적인 고집의 수준도 또한 자주 너무 높아서 타인들은 지쳐버리거나 그 공세에 압도당할지도 모릅니다. 이해심에 대한 이들의 집요한 욕구를 감지하는 사람들은 사실 그들이 이해하지 못했을 때도 편의상 이해한 척할지도 모르는데, 이런 이해력의 부족은 나중에 최고조에 등장해서 이들에게 비난과 질책을 가져올지도 모릅니다.

발화된 말은 절대 이들의 유일한 소통 태세가 아닙니다. 이들의 몸짓 언어는 이들의 잘 계발된 정신적인 특징에 강력하게 추가될 수 있습니다. 이들은 특히 젊을 때만 아니라 평생에 걸쳐 영속하는 신체적인 운동과 표현에 대한 대단한 욕구를 갖고 있습니다. 그런 활동이 이들의 빠른 재치에 제공해주는 균형이 없다면 이들은 수면과 식욕을 빼앗길지도 모릅니다. 게다가 건전하게 적확한 애정은 손쉬운 비언어적인 소통 형식을 제공하면서, 이들로 하여금 환영받고 사랑받는 느낌이 들도록 만들어주고, 나누려는 이들의 욕구를 보강해줍니다.

이들의 경쟁적인 부추김은 쉽게 손에서 벗어날 수 있습니다. 경쟁은 이들로 하여금 예리하게 유지해주지만, 논박적으로도 또한 만들어낼지도 모르고, 이들의 날카로운 재치는 깊은 상처를 남길 수 있습니다. 비판하려는 자신의 충동을 약화시킬 방식을 이들이 찾아내지 못하면, 이들은 심지어 자신의 가장 친한 친구조차도 멀어지게 할지도 모릅니다. 이들은 자기 자신에게도 똑같이 혹독합니다. 자신에게 혹독해질 때, 그 혹독함은 자주 빈약한 자기-이미지의 귀결이고, 어쩌면 무책임이나 괴상함, 무자격에 대해 부모가 비난한 결과입니다. 만약 이 문제가 교정될 수 있다면, 이들의 반응은 누그러질 것입니다. 작동되는 것 대부분은 어리석거나 부적절한 것처럼 보이는 두려움, 즉 오해받는 두려움입니다. 낡은 대본을 거절하고 자신에게 더 여유로운 것, 즉 더 행복해지고 자기를 더 수용하며 자신만의 어두운 면과 화해하게 되는 법을 체득하면서, 이들은 더 생산적이고 충족감 있는 개인적인 인간관계에 도달할 수 있습니다.

자신의 동무를 선택할 시 자주 자신의 욕망에 휩쓸리는 이들은, 자신이 함께 살기로 선택했던 사람이 이들이 말하려고 갖고 있는 것에 관해 거의 마음쓰지 않고, 그것에 귀 기울이는 데 시간을 바치는 것에 관해 전혀 이해관계를 갖고 있지 않음을 다만 나중에야 발견할 뿐입니다. 이들은 자신이 불운하게도 결국 거절로 해석하게 될지도 모르는 침묵과 프라이버시의 욕구를 갖춘 조용하고 쌓아두는 사람들에게도 또한 끌려들 수 있습니다. 하지만 다른 유창한 전달자는 강한 유형, 즉 침묵의 유형만큼 이들에게 좀처럼 매력적이 아닙니다. 이들은 상반된 사람을 끌어들일 뿐만 아니라 삶의 어두운 면에도 남몰래 홀리게 됩니다. 겉보기에 외향성이고 행복한 이들은 때때로 자신의 미소와 명랑을 강요합니다. 거절의 두려움에 의해 자신의 그림자 성격을 억누르도록 내몰리는 이들은 연인이나 친구의 형식으로 그런 어두운 면을 빈번히 소환합니다.

동반자 선택에 대한 더 실상적인 접근법은 명백히 이들을 지원합니다. 급진적인 다른 배경 출신의 동반자를 선택하도록 유혹받는 이들은 같은 도시나 이웃, 즉 같은 인종적인 배경의 사람들이나 경제적인 계층의 사람들에 자주 더 성공적으로 관계합니다. 공유된 연관성과 관용어는 자주 방해하는 말투를 제거해주고, 이들이 훨씬 쉽게 소통하도록 만들어줍니다. 때에 이르면 공통성이라는 그런 유대관계는 이들이 어두운 면을 끌어들이는 격정보다 이들의 관계에 영속하는 가치의 더 많은 것을 제공해줄 수 있습니다.

이들은 다층성에 대한 강한 욕구를 갖고 있습니다. 이들이 특히 어떤 프로젝트가 정상 궤도에 오르게 하기 위한 조직적인 재능이 부족할 때, 이들에게 관여하는 사람은 자주 새로운 지평과 무대의 변화를 제공해달라고 요청받습니다. 이들은 소동이나 흥분이 거의 없이 직무를 끝마칠 수 있는 실용적인 유형을 잘 당해냅니다. 이들이 혁신적인 발상을 제공하면서 이들의 동반자가 그 발상을 뿌리내리고 정제하며 이행하기 위한 능력을 제공함으로써 실용적인 유형과 조합하는 것은 장기간에 걸쳐 융합됩니다. 본거지를 구축하는 것, 가족을 일으켜 세우는 것, 심지어 비즈니스나 취미에서 동반자로 작업하는 것은 모두 그런 관계로 가능한 결과입니다.

이들의 욕구가 충족되지 않으면, 이들은 거의 항상 더 이해심이 있는 누군가를 발굴해낼 것입니다. 만약 그 사람이 그들의 일차적인 연인이나 동반자, 동무를 향해 객관성과 공정성을 유지할 능력이 있다면, 그들의 동감은 그 일차적인 관계에 유익한 것으로 심지어 생명까지 구하는 것으로 판명될지도 모릅니다. 하지만 불운하게도 그 [끼어든] 제삼자는 항상 그리 양심적인 것은 아니어서, 그 귀결로 결별이 자주 발생합니다. 동감적인 것처럼 보이지만 사실상 이기적이고 파괴적인 목적을 추구하는 유형을 끌어들이는 것을 이들은 조심해야만 합니다.

▶ 조언

허겁지겁 시작하지 않도록 노력하라.
당신이 말하는 바를 명료하게 하되, [동의를 구하는 데 집착하지 말고] 외교적이 되기도 하라.
당신이 만들어내는 인상이나 타인이 당신에 대해 갖고 있는 발상을 경시하지 마라.
침묵에는 대단한 가치가 현존한다.
시간을 들여 깊은 우정을 쌓으라.

12 탐구자 주간

6월 11일 ~ 6월 18일

Seeker

▶ 주간 특성

강점; 탐험적인, 모험을 무릅쓰는, 돈에 현명한
약점; 감정이 급변하는, 환멸을 느끼는, 조급해하는

▶ 심리구조

'탐구자 주간'에 태어난 이들의 일차적인 추진력은 사회와 천성이 부과한 한계를 넘어서는 것입니다. 이것은 성공을 향한 추진력의 형식, 즉 신체적인 한계를 극복하는 형식을 취할지도 모릅니다. 이들은 [꽂혀서] 움직이고 있을 때보다, 즉 삶이 제안하려고 갖고 있는 가장 흥미로운 것을 짚어보고 시험하며 맛보고 탐험할 때보다 더 행복한 것은 없습니다. 기회 잡는 것을 무서워하지 않는 이들은 모험과 위험에 끌립니다. 어떤 면으로 봐도 모험가인 이들은 들뜨는 유형입니다. 이들의 스타일은 여전히 매이지 않는 것이고, 따라서 가능한 한에서 자유롭게 전진합니다. 이들의 주위에 있으면 삶은 전혀 단조롭지 않습니다. 이들은 도전을 탐험하며 찾아내려고 반드시 먼 땅으로 여행해야 하는 것은 아닙니다. 이들에게는 삶의 모든 것이 모험입니다. 따라서 이들은 자신의 다음 움직임에 관해 지속해서 타인들을 궁금하게 합니다.

이들은 교사도 리더도 아닙니다. 가르치는 데 필요한 참을성과 이해심이 부족한 이들은 이끄는 데 필요한 자질, 즉 끈질긴 결단, 야심 및 타인을 통제하려는 욕망도 또한 부족할지도 모릅니다. 이들을 이해하는 사람은 혼자서 진행하려는 이들의 욕구를 빨리 깨달을 것이고, 사업의 경영진이나 가족 속에서 책임지는 위치에 이들을 묶어두려고 노력하지 않을 것입니다. 이들은 특히 자신이 무자격이나 등한시를 맞닥뜨릴 때, 지휘를 떠맡는 데 유능하지만, 표류하고 꿈꾸는 것에 대한 만족감을 입증하면서 수용하는 방종적인 면도 또한 보여줄지도 모릅니다. 이런 자기-만족은 이들의 경력에서 자신의 진보를 강력하게 제지하는 것으로 판명될 수 있습니다.

흐릿한 자기-이미지를 자주 갖고 있는 이들은 '자신이 실상 누구인지'를 알아보는 데 어려움을 갖고 있습니다. 이것은 어린 시절에 성별이 다른 부모나 가족 구성원에 대한 우상화와 함께 자주 그 어려움의 시작을 갖고 있을지도 모릅니다. 그런 사람에 의한 거절, 오해, 남용은 이들에게 인생 후반부로 옮겨갈 깊은 상처를 주면서, 트라우마가 될 수 있습니다. 환멸 일반은 이들에게 문제가 될 수 있는데, 이들은 자주 나중에 우아함이 실추되는 것을 대비하여 인격이나 활동을 설정하면서, 노력이나 관계의 초기에 극도로 낙관적인 경향이 있습니다.

이들은 매혹을 통해 타인들을 기쁘게 하려는 부인되지 않는 경향을 갖고 있고, 이들 중 다수는 진실을 사실 그대로 말하는 것으로 거절당하기보다 오히려 그 진실을 과장할 것입니다. 자신의 주위 사람들의 욕구에 관해 통찰력이 있는 이들은 미묘한 태도로 강력하게 통제하고 설득할 수 있습니다. 이들은 어떻게 사람들과 함께 자신의 길을 가는지 또 동무와 친구의 가슴을 어떻게 사로잡는지를 알고 있습니다. 극단적인 단계에서 이들은 탕탕 큰소리칠 수 있고, 사기꾼이나 아첨꾼 혹은 심지어 거짓말쟁이로 의심받을지도 모릅니다.

이들 중 다수는 놀랍게도 돈을 잘 다룹니다. 이들이 재정적인 실용성이나 선견지명의 모습을 항상 보여주는 것은 아닐지도 모르지만, 가족이나 사업을 상당히 잘 관리할 수 있습니다. 이들은 자신이 절실히 욕구하는 재정적인 안정을 자신에게 보장해줄 수 있는 실용적인 동반자나 다른 누군가에 혹하는 데도 또한 유능합니다. 비록 이들이 자신을 위해 돈을 축적하려는 필사적인 욕구를 좀처럼 갖고 있지 않을지라도, 돈은 이들에게 자유를 상징할 수 있습니다.

이들은 강한 신체적인 면을 갖고 있지만, 삶의 더 세속적인 쾌감을 초월하려고 탐구하면서 그 면을 등한시하기로 자주 선택합니다. 따라서 이들은 이기적이고 뻔뻔하게 방종하는 데 유능한 사람이 갖고 있는 뿌리내리는 자질이 부족합니다. 단어의 가장 기본적인 의미에서 [차안의 세계를 넘어서라는 뜻인] 형이상학적인 이들은 삶의 가시적인 실상을 마스터한 모습을 단지 '더 높은 도달을 향한 첫 단계로'만 바라볼지도 모릅니다. 이들은 때때로 도가 지나쳐서, 성취하지 못한 채 끝없는 애쓰기에 휘말리는 것을 경계해야만 합니다.

사랑과 애정은 이들에게 중요하지만 대개 최우선 순위가 되는 것은 아닙니다. 감정적으로 이들에게 관여하는 사람은 이들이 때로는 따뜻하고 베풀지만, 다른 분위기에서는 꽤 냉정하고 거리를 둠을 알아차릴 수 있습니다. 실로 변덕을 부리는 것으로 때때로 비난받는 이들은 정당한 이유가 다소 있습니다. 하지만 이것은 대개 상처주려는 계산된 욕망의 결과이기보다 감정적인 민감성의 결과입니다.

관계의 변화를 위한 격렬한 욕구 때문에 이들은 한 동반자에서 다른 동반자로 옮겨가는 자신의 인생 시기를 소비해버릴지도 모릅니다. 이들 중 심지어 잘 뿌리내린 일차적인 관계를 확립할 수 있는 사람조차도 경력이나 취미, 다른 개인에 의해 항상적으로 그 관계를 떠나도록 유혹받습니다. 하지만 이들은 이들의 동반자가 이들의 충성에 대한 요구를 거의 만들어내지 않아서 숨 돌릴 여지를 이들에게 주는 한, 충실할 수 있습니다. 엄격한 의무와 공식적인 루틴에 이들을 붙들어두려는 시도는 대개 실패하게 될 운명입니다. 반면에 이들은 엄중한 통치와 규칙이 필요하다고 간주할 때, 그것을 자기 자신에게 강요하는 데 꽤 유능합니다.

이들의 유혹적인 자질은 자신으로 하여금 곤란에 처하게 하는 경향이 있습니다. 동반자에 대한 이들의 선택은 두드러지게 좋은 분별력을 자주 보여주지만, 성가시거나 파괴적인 것으로 판명될 수 있는 친구나 연인에게 자신을 묶을지도 모릅니다. 그런 선택을 후회하는 이들은 여전히 감정적으로 너저분한 국면을 풀어내기가 힘겨움을 알아차릴지도 모릅니다. 이것은 부분적으로 '타인을 거절하거나 의식적으로 상처주기를 선천적으로 꺼리는 것', 즉 '인연을 끊는 결정을 만들어내는 것에 무력하고 주저하는 느낌' 때문일지도 모릅니다. 하지만 관계가 끝나야만 할 때, 관계를 끝내도록 하기 위해 타인들로 하여금 결국 거절하게 하거나 허용하게 하는 사람, 즉 배후조종하는 사람은 종종 이들입니다. 비록 이들은 관계가 가능한 한 유쾌하게 끝나기를 선호하겠지만, 끝맺음에 대한 통제는 이들에게 중요한 것으로 보입니다.

▶ 조언

때때로 바로 당신 앞에 있는 것이 모험적이거나 이국적인 어떤 것만큼이나 흥미로운 것이다.

상황의 코스에 영향을 미치는 것은 당신이 의무로 해야 하는 것이 아닐지도 모른다.

부정성을 표현하는 것이 요청될 때, 당신 자신으로 하여금 그것을 표현하도록 허용하라.

당신 자신에게도 또한 쉽게 보상을 주라.

13 마법 주간

6월 19일 ~ 6월 24일

Magic

▶ 주간 특성

강점; 다정한, 유혹적인, 객관적인
약점; 고립된, 이기적인, 요구가 많은

▶ 심리구조

'마법 주간'에 태어난 이들은 빠르게 마술이라는 마력의 범주에 들어갑니다. 낭만적이고 영감을 주는 이들은 자주 가족, 종교, 철학, 예술 혹은 '정치적이나 사회적인 대의' 등 더 높은 목적을 위해 봉사하는 데 자신의 재능과 에너지를 발휘합니다. 이들은 헌신적인 활동에 자기 자신을 전심으로 투신할 수 있기 때문에, 자주 순한 것처럼 보이고 심지어 자기를 비하하는 것처럼 보입니다. 이들 중 다수에게 익명성은 이들이 추구하는 어떤 경력에서든 목표입니다. 하지만 이들 중 더 공격적인 사람도 또한 현존하는데, 성숙하면서 단정적이 되는 그런 이들은 '자기가 누구인지'를 세상이 알게 하는 데 문제를 거의 갖고 있지 않습니다.

쉽게 유혹받는 이들은 의식적이든 무의식적이든 간에 타인에게도 또한 마술을 걸 수 있는데, 이런 유혹적인 이들은 상냥하고 순결한 매혹을 갖고 있을지도 모릅니다. 이들은 강요받는 것을 단속해야만 하지만, 대개 좋은 방어 본능을 갖고 있어서, 이들 중 감정적인 분야에서 심지어 순한 사람조차도 과도해지지 말아야 하는 지침을 신사숙녀적으로 정할 것입니다. 이들 중 더 공격적인 사람은 자신이 바라던 바를 얻기 위해, 심지어 타인들이 그 과정에서 상처를 입을 때조차도 양심의 가책 없이 사용할지도 모르는 자신의 설득력을 자주 알아챕니다.

비록 매혹과 끌어당김에 마음이 팔릴지라도, 이들은 두드러지게 냉정한 고객일 수 있습니다. 이들은 유용한 객관성을 갖고 있고, 이들의 추리력은 자신의 깊은 감정에 대한 효과적인 돋보임을 만들어냅니다. 이들은 사실 논리와 느낌의 흥미로운 혼합입니다. 이들은 타인의 감정에 호소를 만들어낼 때, 초연하고 심사숙고하는 방식으로 호소를 만들어냅니다. 쉽게 성질내지 않는 이들은 자신의 도우려는 동감, 관심사, 기꺼움을 통해 [이들을] 신임할 마음을 불어넣습니다. 자신이 사랑하는 사람의 가슴에 들어가는 방식을 갖고 있는 이들은, 심지어 분리가 필요하다고 판명될 때조차도 그곳에서 차지한 자신의 위치를 포기하는 것에 대한 꺼림을 갖고 있습니다.

이들은 자신의 내면세계에 쉽게 접근을 허용하지 않을 사적인 사람이 되는 경향이 있습니다. 이들은 빈번히 자신이 집에서 작업할 능력이 있을 때 가장 잘하고, 자주 자신의 집을 일종의 은신처나 안식처로 설정합니다. 자신의 생활공간을 공유하도록 허용되는 것은 대단한 신뢰와 존중을 암시합니다. 이런 고도로 개인적인 세계를 방문하라는 초대는, 겉치레나 사교성에 대한 욕구의 싸인보다는 더 자주 진정한 선물, 즉 공유하고 싶은 소망의 반영으로 느껴집니다.

이들은 자신의 주위 사회에서 자기 자신을 격리시키고, 비생산적인 꿈의 세계에 사는 것을 주의해야만 합니다. 그런 거리두기는 이들의 개인적이고 영적인 계발을 저지할 것이고, 인생이 끝날 무렵 이들은 이것을 실패의 싸인으로 볼지도 모릅니다. 실상에 접촉하며 지내는 것이 이들에게 특별히 중요하므로, 자신이 세상에 필수적인 연결고리가 되기보다, 더 외향성의 친구와 연인을 찾아낼지도 모릅니다. 이들은 세상이 자신을 중심으로 돌아간다고 생각하고, 말하지 않아도 끝없이 주목을 요구하는 것처럼 타인들에게 보이는 일종의 수동적인 이기심도 또한 주의해야 합니다.

민감한 사람인 이들의 특별한 욕구와 원함은 친구와 친우에게 과중한 요구를 부과할 수 있고, 동시에 그들은 이들만의 감정적이고 신체적인 필요조건을 부인하는 이들 자신을 알아차릴지도 모릅니다.

이들에게는 어떤 영역도 사랑보다 더 중요하지 않습니다. 이들은 사랑을 자신이 살아가는 일차적인 이유로, 즉 자신으로 하여금 많은 어려운 시기를 겪어내게 해줄지도 모르는 것으로 바라봅니다. 한쪽의 '사랑'과 다른 쪽의 '부나 권력' 중 하나를 선택하도록 강요받는 이들은 대개 사랑을 선택합니다. 이들 중 다수는 멀리서 사랑할 능력이 꽤 있으므로, 플라톤적인 사랑은 이들에게 특별한 의미를 갖고 있습니다. 그 외 사람은 연애 대상이라는 소유물을 '필요하고 복된 목적지'로 바라보지만, 그 소유물을 추구할 시에도 또한 참아냅니다. 조용한 끈덕짐과 자신의 역량에 대한 믿음은 이들에게 성공을 보장할 수 있습니다.

이들은 사랑을 위한 엄청난 수용력을 갖고 있지만, 사랑을 보류하는 데도 똑같이 유능합니다. 이들은 사랑에 아무리 깊이 빠질지라도 자신의 감정을 마스터한 사람이고, 그 귀결로 관여하기에는 매우 위험한 사람일 수 있습니다. 비록 이들이 자기 가슴속을 완전히 줄 수 있더라도, 이들이 당신과 시간을 보내고 있다는 사실이 이들이 자기 가슴속을 완전히 주었다는 어떤 보장도 아니기 때문에, 당신은 이들에게 세심하게 귀 기울여야만 합니다. 이들은 친분 및 우정부터 완전히 꽃핀 격정까지 폭넓은 개인적인 상호작용을 하는 데 유능합니다. 각 관계는 신체적인 교제 영역에서 무엇이 허용되고 무엇이 허용되지 않는지를 포함하면서, 그 관계만의 구조를 갖고 있을 것입니다. 그런 법칙에 대한 민감성은 분명히 그 관계의 미래를 위한 전제조건입니다.

이들은 양육하는 부모일 수 있지만, 이들 중 다수는 자녀를 갖는다는 평생의 서약을 만들어내기 전에는 망설일 것입니다. 이것은 자녀로서 이들은 가까운 가족이라는 따뜻함을 즐기는 경향이 있기 때문일지도 모르고, 부부생활의 불화나 이혼의 조건에 몹시 고통을 겪을 수 있습니다. 이들은 적어도 부모 중 한 명을 우상화하고, 일단 성장하면 부모와 잘 지내려고 욕구하는 경향을 갖고 있습니다. 그래서 일단 이들이 (대체로 이들의 서약에 중요한 전제조건인) 사랑 속에 있기로 참으로 정하면, 자신을 충실하고 헌신적인 동무로 만들어갈 수 있다는 점은 놀랍지 않습니다. 하지만 절대 이들의 낭만적인 욕구를 당연시하지 마십시오. 촛불 켠 저녁 식사, 황홀하게 선정된 적합한 곳에서 갖는 휴가 그리고 특별한 때를 위한 자발적인 선물은 모두 불꽃을 밝게 유지하기 위한 필수품입니다.

▶ 조언

당신의 마법적인 힘을 주의 깊게 발휘하라.

당신은 자기 자신에게 조금 더 강인하려고 욕구할지도 모른다.

지속해서 목표를 주시하고, 표류하는 어떤 경향에도 저항하라.

너무 쉽게 황홀한 경험에 당신 자신을 잃어버리지 마라. 잃어버리게 되면 당신 자신을 다시 찾는 데 곤란함을 갖고 있을지도 모른다.

당신의 느낌을 억누르거나 파괴적인 감정이 당신을 통제하도록 허용하는 것을 주의하라.

14 공감 주간

6월 25일 ~ 7월 2일

Empath

▶ 주간 특성

강점; 재정적으로 기민한, 민감한, 기법적으로 능숙한
약점; 공격적인, 두려워하는, 궁핍한

▶ 심리구조

'공감 주간'에 태어난 이들은 파악되기가 힘듭니다. 감정적으로 복잡한 이들은 심리적인 꾸며냄을 통해 날카롭게 대립하는 자질들을 조합합니다. 이들은 자신의 기분에 따라 순간순간마다 완전히 다른 인상을 줄지도 모릅니다. 이들은 한 사람에게 외향적인 인상을 다른 이에게는 내성적인 인상을 각인시키고, 한 사람에게 긍정적이고 확장적인 인상을 다른 이에게는 부정적이고 우울한 인상을 각인시키며, 그럼에도 또한 사람에게 원만한 인상을 또 다른 이에게는 까다로운 인상을 각인시킬지도 모릅니다. 오직 하루하루 이들을 감수해주는 사람만이 이들의 깊이와 다양성의 진가를 완전히 알아볼 능력이 있습니다.

이들의 감정적인 색조판의 다층성에 대한 이유 중 일부는 이들의 민감성입니다. 공감적인 이들은 타인들의 느낌을 자신만의 것으로 착각할 정도로, 그 느낌을 빨리 포착할지도 모릅니다. 이들은 타인들의 대본을 그대로 따라하는데, 이로 인해 삶이라는 매일의 드라마에서 실상 자신의 것이 아닌 역할을 연기하는 자기 자신을 알아차릴지도 모릅니다. 자신의 자기-자각을 계발하고, 자신의 개인적인 상호작용의 정확한 견해를 획득하며, 자신의 감정을 장악하는 것이 이들에게 필수적일 것입니다.

이들은 어린 시절 타인들의 느낌에 너무 휘둘리기 때문에, 대체로 보호받기를 간절히 바랍니다. 심지어 보호가 부여될 때조차도 이들은 자신을 보살펴주고 양육해줄 사람을 발굴하는 데 평생을 보낼지도 모릅니다. 그러나 그 대신 이들이 자신의 가족에 의해, 나중에는 세상에 의해 모질고 동정심이 없는 대우에 노출되면, 이들은 사실상 뚫지 못하는 껍질로 자기 자신을 둘러싸는 데 유능합니다. 사랑은 이들의 외부 방어를 녹여버리고 자신으로 하여금 자신의 진짜 감정을 표현하게 허용하면서, 이런 이들이 다시 느낄 능력을 줍니다. 하지만 이들의 상처가 진정되기 전에 그리고 이들이 다시 신뢰할 능력이 있기 전에, 지대하게 억눌린 원망과 좌절감은 말로 표현되어야 할지도 모릅니다.

하지만 사람들은 이런 이들이 세속적인 실상에서 동떨어진 흐리멍덩한 등장 배역이라는 발상을 갖지 말아야 합니다. 사실 이들은 자신의 것을 얻어내는 데 매우 영리합니다. 이들은 대체로 돈에 높은 우선 사항을 부여하고, 재정적으로 자주 기민합니다. 투자 감각이 뛰어날 수 있는 이들은 빈번히 주식 및 다른 보유 자산에서 성과를 만들어냅니다. 기법적인 기술의 영역에서도 또한 이들은 자신이 직접 만든 물질이 무엇이든 간에 좋은 이해력을 보여주고, 자신의 계획을 이행할 좋은 능력을 보여줍니다.

공격성은 이들의 삶에서 애매모호한 역할을 할 수 있는데, 천성적으로 공격적인 이들은 특히 이런 본능을 성적인 또는 언어적인, 체육적인 분야에서 긍정적인 표현으로 승화시키는 데 어려움을 보유할 수 있습니다. 이들은 화를 분출하는 것부터 억압하는 것까지 너무 자주 널뛰는데, 이것은 자주 이들을 침울로 이끌고, 극단적인 경우 이들의 분노는 자기-파괴적일 수 있습니다. 이들의 공격성을 쉽게 표현하게 해주는 전문 분야를 찾아내는 것은, 이들에게 중요한 삶의 임무이며 이들이 자주 간과하는 임무입니다.

이들은 자신의 문제와 맞서 씨름하려고 시도할 시

자기 자신과 전투하면서, 몇 달 혹은 심지어 몇 년간까지 세상에서 물러나는 데 유능합니다. 그러한 이들이 마주하는 도전은, 느낌의 바다에서 어찌지 못하고 표류하면서 겨우 자신의 머리를 물 위에 내놓고 지속할 능력이 있는 사람에서, 삶의 격류 속일지라도 자신해서 헤엄칠 수 있는 사람으로 옮겨가는 것입니다.

가장 성공적인 사람은 자신의 공상을 건설적인 방식으로 작업하는 데 놓을 수 있고, 자신의 독특한 세계관을 타인들과 공유할 수 있는 사람입니다. 물론 첫째로 이들은 내면의 두려움을 정복해야 하고, 자기가 부과하거나 부모가 부과한 행동에 관한 고정 관념에서 자기 자신을 해방해야만 합니다. 그다음으로 이들은 완강함 및 실상적인 또는 상상에 의한 [자신이 부과한] 불리한 조건을 극복해야 할지도 모릅니다. 이들은 순전한 배짱과 결단력을 통해 이런 불리한 조건과 다른 장애물을 극복해서, 자신의 예리한 심리적인 인식을 자신의 주위 사람들에 대한 봉사 작업에 놓는 데 자주 유능합니다. 이들은 어쩌면 생활 공간에 연결될지도 모르는 본거지에서 운영하는 자영업을 할 때 자주 직종적으로 잘합니다. 만일 이들이 자녀를 갖고 있기로 선택한다면, 이들의 인격에서 보살피고 양육하는 측면은 이들이 부모로서 갖출 능력에 좋은 징조가 됩니다.

이들과 함께 사는 사람은 이들이 자신의 느낌을 틀어막거나 자기가 부과한 자신의 고립 상태로 들어갈 때, 수수방관하며 지켜보기가 어려울지도 모릅니다. 그 고립이 자기-학대처럼 보일지도 모르므로, 이들과 함께 곤경으로 들어가는 것은 거의 불가능하고 사실 대개 권할 만하지 않습니다. 더 유익한 입장은 대개 이들이 다시 모습을 나타내서 인간적인 상호작용을 탐구할 때까지 물러서 참을성 있게 기다리는 것입니다. 참을성은 이들과 성공적으로 관계하기를 소망하는 사람들에게 의무적인 덕목입니다.

한편, 이들은 관계에서 제안할 지대한 것, 즉 동감, 기법적인 능숙함, 재정적인 기민함 및 좋은 경영 감각을 갖고 있습니다. 집에서 시간을 보내려는 이들의 욕구 때문에 이들은 상황이 질서있게 잘 작동하도록 지속할 것으로, 그리고 편안함과 안전을 제공할 것으로 기대될 수 있습니다.

이들은 극도로 설득적인, 즉 때로는 너무 많이 설득적일 수 있습니다. 설득하려는 이들의 욕구는 이들로 하여금 누군가를 잘못된 방향으로 가도록 했던 죄책감을 짊어지지 못하게 하면서, 자신의 조언에 대한 타당성을 앞질러갈 수 있습니다. 그런 이들은 주어진 주제에 대해 준비하는 것을 자랑으로 여기고, 자신의 조사가 철저할 때 그 조사는 긍정적인 결과를 낳을 것입니다. 하지만 좋은 친구는 이들이 설복적인 사람처럼 확신과 권위의 분위기를 갖고 혼란스러운 판단과 조언을 제안할 정도로, 감정적인 중압감이 이들의 생각을 흐리게 하면서 이들로 하여금 궤도에서 쉽게 벗어나게 할 수 있다는 점을 알고 있습니다.

▶ 조언

너무 당신 자신을 중무장하지 말되, 반면에 여전히 분별적이 되라.

타인으로 하여금 위험을 무릅쓸 자유를 허용하라.

비록 당신의 판매술이 뛰어날지도 모르지만, 그것이 항상 진가를 인정받는 것은 아니다.

단지 당신의 두려움에 도전하기만 하지 말고, 자기 해방과 활동을 통해 두려움을 극복하라.

15 비관습 주간

7월 3일 ~ 7월 10일

Unconventional

▶ 주간 특성

정로: 공상력이 풍부한, 재미있는, 심리적으로 예리한
오로: 자기-파괴적인, 강박적인, 난처하게 하는

▶ 심리구조

'비관습 주간'에 태어난 이들은 꽤 정상인 것처럼 보일 수 있고, 작업 세계에서는 평범한 위치를 차지할지도 모르지만, 유별나고 기묘한 것에 저항할 수 없게 끌립니다. 동료와 협력자는 이들의 비밀 세계에 대한 접근권이 부여된 적이 거의 없는데, 오직 이들의 친우들만이 자주 수년간 가깝게 교제한 후에야, 이상하고 기이한 모든 것에 대한 이들의 홀림이 이들만의 내면 자기를 얼마나 면밀히 비춰주는지를 깨닫게 됩니다.

'왜 넌 정상적으로 상황에 응할 수 없는 거야?'는 이들의 머릿속에서 너무 자주 울려퍼지는 질문입니다. 어린 시절부터 내면화된 부모의 태도를 자주 반영하는 이런 질문은, 자신이 정상임을 세상에 증명하려고 노력하거나 아니면 자신의 외로운 내면세계에서 도피하려고 필사적으로 시도하므로, 이들은 자신으로 하여금 수년간 사무직이나 다른 평범한 임무에 지속하게할지도 모릅니다. 평범한 직무가 이들에게는 안전한 은신처인 피난처일 수 있습니다. 회사나 사업에서 맡은 익명의 위치에 자신의 성격을 묻어버림으로써 이들은 정밀검증을 피하고, 발각되는 것의 두려움을 완화시킬지도 모릅니다.

하지만 이들의 자유시간에 이들은 자신의 엉뚱하고 괴팍한 면에 조금 더 자유를 허용할 수 있습니다. 유별난 친구와 갖는 상호작용은 이들에게 자신의 더 야생적인 면을 공유해서 자신의 무의식적인 공상 일부를 실연해볼 기회를 허용합니다. 이들은 멀리 떨어진 곳에서 휴가를 보내거나 그곳에 사는 꿈을 꿀지도 아니면 심지어 실제로 한동안 그렇게 하기까지 할지도 모릅니다. 자신의 개인적인 만족감을 위해 이와 같은 활동을 추구하는 것 외에도, 이들은 상상적인 발상을 갖고 있기 때문에, 때때로 자신의 본업 바깥에서 재정적인 번영을 성취합니다. 이 영역에서 이루는 성공은 대개 더 사업적이고 실용적인 취향의 친구나 동반자의 원조를 포함하는데, 이들은 자신만의 생생한 생각을 이행하는 데 좀처럼 능숙하지 않고, 자신의 공상세계에 대한 상업적인 가능성을 알아보는 것을 타인들이 떠맡습니다. 하지만 일단 그 가능성이 백일하에 드러나면, 그것은 공동체 전반에 반향을 일으킬 수 있습니다. 따라서 이들은 자신의 일상적인 작업에서 멀리 떨어진 데서 예기치 않은 재정적인 성공을 성취하는 데 유능합니다.

이들은 자신의 여가에 수집가, 독서가 혹은 영화 관람자인 자기 자신을 알아차릴지도 모르지만, 오직 생생한 공상으로 가득한 주제만이 오랫동안 이들의 주목을 붙들어둘 것입니다. 특히 이들 중 인간 경험의 어두운 면에 끌려드는 사람은 범죄와 다채로운 불법 활동에 자주 홀리게 됩니다. 이들은 자주 극단적인 유형의 친구를 만들어내고, 그런 사람에게 너무 관심을 두어서 결국 그 사람과 동거하거나 결혼하게 되는 데 유능합니다.

사로잡힘이 이들의 삶을 지배하게 될지도 모릅니다. 특히 거의 반응이 없는 연애 상대에게 집착하게 되었을 때 이들은 자신의 욕망을 통제하기가 힘겹습니다. 사실 절망적인 사랑은 이들의 삶에서 중심적인 걸림돌이 될 수 있고, 그런 이들은 결국 자기-파괴적인 경향을 구현할 수 있습니다. 따라서 이들은 집착하지 않는 공부를 터득하는 것이 중요한데, 이는 대개 자신만의 집요한 욕구를 효과적으로 다루는 것을 의미합니다. 이런 종류의 내면 작업은 이들의 심리적인 건강에 필수적입니다.

불행하게도 이들이 단지 자신만의 내면세계에 갇혀버리게 되는 것도 또한 일어날 수 있습니다. 거절, 비판 혹은 공공연한 조롱에 대한 뿌리 깊은 두려움은 자주 이들로 하여금 개인적인 비전을 드러내는 것을 두려워하도록 만들어냅니다. 실상은 이들 중 더 내향성의 사람은 사방이 벽으로 된 자신의 집에 틀어박히게 될지도 모르고, 거기서 좀처럼 또는 절대 위험을 무릅쓰고 밖으로 나가지 않을지도 모른다는 점입니다. 심지어 이들 중 정규직에 종사하는 사람조차도 자신의 작업을 떠날 때는 숨는 것에 전문이고, 이들 중 다수는 단순히 방해받지 않기를 바랄 뿐입니다.

이들은 자신의 삶을 프라이버시도 또한 중시하는 타인과 가장 잘 공유합니다. 이들의 집은 이들의 수집 본능 혹은 유별난 동무나 동반자를 통해 자주 획득되는 찬란하면서 흉측하기도 한 물건들로 가득한 박물관이 될 수 있습니다. 그러나 이들의 취향 자체가 고도로 개인적이고, 절대 사회적으로 지향하지 않으므로, 이들의 실내장식은 불쑥 찾아온 방문객에게 꽤 충격적일 수 있습니다. 이들은 씀씀이에 낭비벽이 심한 경향이 있고, 자신의 생활공간이 생생하고 현란해지도록 만들어내기 위해서 엄청난 노력을 할 것입니다.

더 보수적인 사람은, 특히 적어도 그들 삶의 일부를 이들과 동거하는 것 외에 다른 선택권을 거의 갖고 있지 않은 이들의 부모와 자녀는, 모든 경우 혹은 심지어 대다수 경우조차도 이들로 하여금 사회적으로 용인될 수 있는 태도로 활동하게 하는 데 어려움을 갖고 있을지도 모릅니다. 비교적 중앙 무대에 오르는 이들을 위한 시간이 올 때마다 가족 구성원들은 자주 단순히 숨을 죽이고 있는 그들 자신을 알아차리는데, 이들의 입에서 무슨 말이 나올지 혹은 어떤 움직임이 그들의 웃음보를 터뜨려줄지 말해주는 어떤 조짐도 실상적으로 현존하지 않습니다. 반면에 이들이 단순히 물러나서 참여하기를 절대 거부한다면, 관련자들은 그 움직임이 똑같이 당황스러움을 알아차릴지도 모릅니다.

이들 중 다수는 혼자 남겨지는 것 그 이상을 요청하지 않는 사실상 온화한 사람입니다. 그러나 이들은 민감하고 심사숙고하며 보살피는 이들을 알아차릴 이들의 가까운 친구에게 지대하게 재미있을 수 있습니다. 꽤 정상적인 사람들의 남다름에 대한 이들의 민감성은, 특별히 사별한 시기 혹은 부모나 부부생활의 어려운 시기에 이들의 소중한 심리적인 통찰과 후원은, 이들로 하여금 타인의 삶에서 중시되는 위치를 자주 얻게 할 수 있습니다. 자신의 상상력을 포착함으로써 이들은 자신의 사회 동아리에서 혹은 심지어 상업계에서 조차도 존중을 성취할 수 있습니다. 하지만 이들은 자신의 생각을 공유할 청중을 찾아내는 데 실패한다면, 대단한 고통을 겪을지도 모릅니다.

▶ 조언

세상으로 나오기 위한 실상적인 노력을 만들어내라.
당신의 자세를 조금 강인해지도록 만들어내서 너무 민감하지 않도록 노력하라.
당신의 재정적인 감각을 계발해서 유지와 지속성을 위한 당신의 재능을 키우라.
당신에게 마음쓰는 사람과 지속해서 교제하라.
당신의 활동적인 공상과 상상력을 생산적으로 활용하라.

16 설득자 주간

7월 11일 ~ 7월 18일

Persuader

▶ 주간 특성

정로: 진취적인, 설득력 있는, 관찰력이 예리한

오로: 과도한, 배후조종하는, 불안한

▶ 심리구조

'설득자 주간'에 태어난 이들은 자신의 가치를 타인들에게 확신시켜서 그들로 하여금 이들에게 응찰하도록 하는 방법을 알고 있습니다. 자신의 환경에 대한 강력한 배후조종자인 이들은 자주 대단한 추진력과 결단력을 구현합니다. 심지어 이들 중 가장 수줍어하고 내성적인 사람조차도 사적인 야심을 마음에 품고, 더 공격적인 사람은 자신의 직종에서 최고직에 오르려는 자신의 욕망을 은폐하려는 노력을 거의 만들어내지 않습니다. 하지만 이런 캐릭터의 기저에 놓인 역동성은, 이들에게 성공이 불확실성에 대한 가장 좋은 해독제라는 점입니다. 하지만 이들은 좀처럼 맹목적인 야심에 희생되지 않고, 물질주의나 에고적인 행태에 빠져들기보다 자기 자신에게 투자하기를 선호합니다.

이들은 어떻게 기다리고, 지켜보며, 귀 기울이는가! 자신의 주위에서 일어나는 것에 대한 관찰력이 예리한 이들은 시대의 싸인을 읽어내서 활동할 때를 아는 것을 잘합니다. 타인을 확신시키는 이들의 설득 능력은 관찰이라는 견고한 기반에 의해 그리고 사실과 결과를 자신의 손안에 두는 것에 의해 뒷받침됩니다. 그래서 이런 이들은 삶의 물리적인 실상을 다루는 것이 편안합니다. 사실 이들은 타인들을 자신의 말보다 존재감만으로도 더 설득합니다. 강한 인격을 갖고 있는 이들은 조용하게 효과적으로 압력을 가하는 것에 관해 부끄러워하지 않습니다.

격정적인 사람인 이들은 인간 감정의 깊은 곳이 이상한 사람이 전혀 아닙니다. 불안감이야말로 이들이 갖고 있는 자신의 야심 배후에 있는 [동력인] 모터로 여겨질 수 있는 것처럼, 어떤 것을 위한 이들의 격정도 연료로 여겨질 수 있습니다. 그리고 대개 이들의 믿음[을 주는 것]은 어떤 것이고, 그것에 관해 자신이 격정적입니다. 같은 마음의 타인에게 접촉하는 것을 확립함으로써 이들은 자신의 발상에 견고한 후원을 줄 능력이 있습니다. 자신이 조직이나 그룹의 최고선을 위해 작업하고 있다고 확신할 때 이들은 방해받기가 어렵고, 대개 관련된 모두에게 암시를 주는 이득을 얻게 할 수 있습니다.

작업할 때든 집에 있든 간에 이들은 대개 무대 뒤에서, 아니면 팀 구성원으로서 강력한 세력을 행사합니다. 이들은 자신을 뛰어난 관리자와 비평가로 만들어가고, 타인의 약점과 부조리에 대한 육감(六感)을 갖고 있으며, 대개 심지어 가장 극단적인 어려움조차도 개선할 방향이나 지침을 제공할 수 있습니다.

세력을 행사하는 이들의 개인적인 역량 중 일부는 자신만의 욕구를 통제하는 자신의 능력에서 나옵니다. 이를테면 관계할 시 이들은 미심쩍거나 불안정한 협력 관계에 들어가는 것보다 더 일찍 혼자 있을 것입니다. 일상생활의 책임에 전념하는 자신의 능력에 대한 한계를 알아볼 정도로 자기 자신을 잘 알고 있는 이들은, 관계를 시작할 때 처음부터 상대방에게 정직할 것이고, 좀처럼 자신의 모습이 아닌 무언가인 척하지 않을 것입니다. 어쨌든 혼자 살아가는 것은 이들에게 실상 문제가 아닙니다. 이들은 대체로 사치품을 거의 요구하지 않고, 특히 재정적으로 타인들의 간섭 없이 자신의 삶을 효율적으로 [교통] 정리할 수 있습니다. 이들은 사교적인 또 낭만적인 상호작용을 위한 욕망을 자신의 경력 활동으로 승화시키고, 동료, 친구, 가족과 공통된 경험을 잘 공유할 능력이 있습니다.

하지만 동전의 양면처럼 이들은 때때로 과도하게 탐닉하는 엄청난 성향도 있습니다. 비록 이들이 아마 자신의 욕구를 잘 다룰지라도, 이들의 욕망과 원함은 쉽게 손에서 벗어나게 될 수 있습니다. 이들은 언제 멈출지, 언제 물러설지, 언제 놓아줄지 항상 아는 것은 아닙니다. 강박적인 집요한 행동은 직접적인 쾌감을 제공하는 '자기를 만족시키는 활동'에 관련되든, '오직 좌절감만 낳는 신경증적 활동'에 관련되든 간에 이들 사이에서 드물지 않습니다. 이런 이유로 영적인 훈련의 일부 형식은 이들의 계발을 위해 자주 필수적입니다.

이들의 가장 성공적인 관계는, 이들의 직접성이 타인들에게 너무 위협적인 것으로 판명될지도 모르는 개인적인 혹은 낭만적인 설정 환경에 있기보다, 자주 동료들과 함께하는 데 있습니다. 또한 이들은 사생활에서 자신 에너지의 직접적인 표현이 부메랑이 되어 개인적인 어려움을 유발할지도 모르기 때문에, 역시 공교롭게도 자신의 작업에서 자신의 격렬함을 가장 잘 감당할 수 있습니다.

친구와 가족 구성원으로서 이들은 베풀고 나누며 다정할 수 있습니다. 하지만 통제하려는 이들의 몰아댐도 역시 여기서 확실합니다. 이들은 주저하지 않고 충고하고 판단합니다. 다행히도 이들의 본능이 자주 바르지만, 관리의 역할을 떠맡음으로써 이들은 자주 타인들에게 그들만의 미래를 인도할 기회를 부인합니다. 극단적인 경우 이들은 둔감해서 질식시킬 수 있고, 이들의 배후조종은 친구와 친우에게 막대한 피해를 줄 수 있습니다.

배우자나 연인으로서 이들은 자주 중앙 무대 빼고는 어떤 곳도 차지하기가 어려움을 알아차립니다. 이들은 활동이 자신을 중심으로 전개되어야만 할 뿐만 아니라, 무슨 일이 일어나든지 형태화하고 형식화하는 데 적극적으로 관계해야만 합니다. 지배적인 이들과 이들의 권위에 의문을 갖는 사람들 사이에 갈등은 자주 일어납니다. 그런 순간에 이들의 가장 공격적인 캐릭터가 등장할 가능성이 있습니다. 하지만 대개 이기적이 아니라 그룹의 선을 위해 의도된 것으로 이들이 여기는 자신의 작업과 계획을 추진해가기 위해 홀로 남겨진 이들은 만족하고, 평화롭고 심지어 처신할 시 조용하기까지 합니다.

비록 그런 이들이 오래가고 생산적이며 만족스러운 사랑 관계를 추구하는 것이 가능하거나 혹은 심지어 바람직할지라도, 이들이 그런 사랑 문제에서 성공할 가능성은 이들이 자신 격정의 열기에 의해 손상되도록 너무 자주 허용하는 '좋은 선택과 건전한 판단'에 의해 원조받습니다. 결혼이나 영구적인 생활 국면에서 이들은 구조와 감정적인 안정을 빌려주는 견실하고 실용적인 동반자를 욕구합니다.

▶ 조언

사람들에게 무엇이 옳은지를 당신이 안다고 너무 확신하지 마라.

당신만의 집을 정리해 두기 위해 지속해서 작업하라.

타인들로 하여금 그들 자신을 자유롭게 표현하도록 허용하라.

어쩌면 아무도 당신의 좋은 의도를 의심하지 않을 것이므로, 그 의도를 정당화하는 것은 불필요할지도 모른다.

깊은 수준에서 당신의 능력에 대해 자신하라.

17 오락가락 주간

7월 19일 ~ 7월 25일

Oscillation

▶ 주간 특성

강점; 도덕적으로 용감한, 흥미진진한, 굴하지 않는
약점; 조울증의, 중독적인, 감정적으로 막힌

▶ 심리구조

'오락가락 주간'에 태어난 이들은 불같은 공격적인 특징뿐만 아니라 물같고 수용적인 영향도 또한 보여줍니다. 이것이 남성은 강한 여성적인 감수성을 갖고 있고, 여성은 강조된 남성적인 면을 지닐 가능성이 높음을 의미합니다. 이런 식으로 한 사람의 속에 통합된 대조적인 특징은 고도로 균형 잡힌 건강한 성격으로 귀결될 수 있습니다. 하지만 그 양면성이 기분의 심한 널뛰기를 연출하면서 우월해지려고 경쟁할 때, 이들은 대단한 심령적인 스트레스를 일으킬 수 있습니다.

이들에게 있는 정서의 극적인 변화는 타인들로 하여금이 이들에게 접근하는 방법을 알기가 힘도록 만들어낼 수 있습니다. 이들을 이해하는 사람은 자주 이들의 기분이 분명해질 때까지 이들과 함께 조용히 앉아서 서서히 대화에 친숙해지도록 합니다. 이들이 감정적인 배후조종에 저항하기 때문에, 이들을 한 심리 상태에서 다른 심리 상태로 밀어붙이는 것은 대체로 어렵거나 불가능합니다. 자신의 동업자 및 친구와 거래할 시 이들은 습성이 균일한 사람, 또 매일매일의 관계에서 평화롭고 항상적인 환경을 장려할 수 있는 사람과 가장 잘합니다. 한결같은 직무, 한결같은 관계 및 믿음직한 동무는 이들의 대조적인 기분을 안정시키는 데 중요합니다.

이들은 혁신적인 프로젝트와 활동의 최첨단에 있는 것을 사랑합니다. 비록 이들이 반드시 지도자에 적격한 것은 아닐지라도, 자신 앞에 놓인 임무에 대한 이들의 효율성과 전념은 찬양할만 합니다. 이들은 권한을 위임하고, 팀과 작업하는 방법도 또한 알고 있습니다. 이들은 대개 방관자로서 앉아 있기보다 전투의 한가운데 있는 것을 선호하는데, 진정한 협력자이자 동반자로서 이들과 함께 작업할 수 있는 사람은, 이런 식으로 이들의 가슴속과 마음속에 깊이 침투하면서, 자주 그런 경험들을 이들과 공유할 능력이 있습니다. 고도로 유능해서 작업에 대한 그들의 몫을 할 수 있을 뿐만 아니라 개인적인 수준에서 이들을 이해할 수 있는 사람과 함께 작업하는 것이 이들에게는 필수적입니다.

이들은 위험을 감수하고 위험한 국면 속에 자신을 놓을 수 있는 역동적인 면을 갖고 있습니다. 이들은 대체로 흥분을 갈망하는데, 사업에서든, 로맨스에서든, 자유시간에서든 간에 대담하게 도전에 맞서려로 욕구합니다. 비난을 받는 가운데 이들의 침착함, 도덕적인 용기 및 의사 결정 잠재력은 대개 위기와 비상시에 이들에게 크게 도움되지만, 도전을 향한 이들의 추진력은 주기적으로 통제에서 벗어납니다. 작업에서 이런 몰아댐은 과대망상증, 즉 세상을 떠맡겠다는 욕망으로 드러날 수 있습니다. 자신의 여가 시간에 일차적으로 임사체험을 위한 무의식적인 몰아댐에 내몰리는 이들은, 행글라이딩, 강 래프팅, 등산 같은 활동들을 발굴해낼지도 모릅니다. 이들은 이런 극단적인 충동을 자주 과도한 양의 액션영화나 모험소설, 비디오 게임을 통해서만 오직 만족될 수 있는 과잉 활동적인 판타지의 삶속으로도 또한 승화시킬지도 모릅니다.

하지만 이들은 때때로 감정적으로 막혀버리는 경향도 또한 있습니다. 이 상태에서 이들은 느끼지 못하는 무능을, 즉 자기 자신의 민감하고 공감하는 부분이 없어졌음을 묘사할지도 모릅니다. 유난히 우울증으로 구현되는 이런 경험은 특히 청소년기와 성년기 초반에 혼란스럽고 무서운 것으로 판명될 수 있습니다. 명백히 이들은 심리적인 안정을 지속해서 유지하려면 아슬아슬한 줄타기를 해야만 합니다. 한편으로는 주위 환경에서 안전을 욕구하는 이들이 관계에서 믿음성을 욕구하지만, 다른 한편으로 쉽게 지루해지는 이들은 미쳐버릴 정도로 자주 감당하지 못하는 흥분, 변화, 불안정성을 동경합니다. 어쩌면 자신의 야생성이 탈주하리라는 두려움 탓에 이들은 좌절감과 경직성을 연출하는 자기 자신에게 한정을 강요할지도 모르지만, 너무 적은 자기 단련은 과도하거나 중독적인 행동 및 경고받는 기분의 널뛰기로 귀결될지도 모릅니다. 가장 성공적인 사람은 안전과 불확실성 사이의 균형을 찾아냅니다. 모든 상황에 대한 중도(中道)를 탐구하는 것이 이들에게 최선의 해결책일지도 모릅니다. 전문 상담도 또한 도움되는 것으로 판명될지도 모릅니다.

우정에서 이들은 대개 남자 친구든 여자 친구든 간에 자신의 에너지를 똑같이 분배합니다. 그리고 자신의 사랑 관계에서 이들은 동반자 유형에 대한 폭넓은 범위의 다층성에 대한 욕망을 표현할 수 있습니다. 이것은 이들이 문란하다는 것이 아니라 각양각색의 폭넓은 감정적, 성적인 표현을 갖고 있다는 것입니다. 이들 중 다수는 한두 명의 동무에게 두드러지게 충실할 수 있지만, 그 관계가 성공적이고자 한다면 그 동반자는 이들을 특이한 사람으로 받아들이고 마음을 열며 이해심이 있을 뿐만 아니라 이들의 이해관계를 붙들어 둘 능력이 있어야만 합니다. 그 외 사람은 까다롭고 요구가 많은 상대와 갖는, 스트레스받거나 '여유는 조금 있지만 실패한' 관계를 꿋꿋이 버텨내는 동안에, 다른 곳에서 쾌락과 흥분을 탐구할지도 모릅니다. 이들에게 최선의 해결책은 결국 심리적으로 지각력도 있고 안심도 시켜서, 시험받는 기간 동안 이들로 하여금 이들의 어려움을 겪어내게 하는 데 도움될지도 모르는 친한 친구나 이해심 있는 동무입니다.

▶ 조언

[감정의] 기복을 안정시키라. 안정에 대한 보람은 대단하다.

당신의 자기-단련을 키우되 절대 자발성을 잃어버리지 마라.

당신의 신망을 북돋아주는 침착함이라는 중심을 구축하고, 당신 존재의 가슴[핵심]에 머무르라.

과거의 문제와 미래의 기대에서 벗어나 그 순간에 사는 것에 더 집중하라.

긴 안목으로 보고, 당신 자신의 속도를 조절하라.

18 권위 주간

7월 26일 ~ 8월 2일
Authority

▶ 주간 특성
강점; 진실을 사랑하는, 충직한, 격정적인
약점; 좌절감을 품는, 요구가 많은, 에고적인

▶ 심리구조

'권위 주간'에 태어난 이들은 일차적으로 자신만의 개인적인 활동, 성장, 계발에 투신하는, 심하게 몰아대는 격렬한 사람입니다. 자기 자신을 주장해서 진지하게 받아들여지는 것이야말로 이들에게 호소하는 것입니다. 이들의 에너지 대부분은 밖으로가 아니라 안으로, 즉 이들만의 강점과 능력을 계발하는 쪽으로도 또한 전환됩니다. 하지만 이들은 자기 자신을 모든 것이자 궁극적인 것으로 전혀 바라보지 않는데, 자기 자신이 모든 것이고 궁극적인 것입니다. 이들은 자신이 숭배하고 봉사하는 더 높은 궁극적인 권위를, 즉 대개 이들의 주요한 노력이 예술에 놓여 있든, 사업에 놓여 있든, 스포츠에 놓여 있든, 철학에 놓여 있든 간에 그 노력을 통한 실습에서 체화된 추상적인 진실과 원칙을 믿습니다. 비록 이들이 자신의 영웅을 갖고 있을지라도, 가장 높은 가치를 부여해주는 대상은 대개 사람이기보다 이런 원칙입니다.

이들 중 고도로 경쟁적인 다수는 정상에 오르는 것에 맞물릴 수 있습니다. 그 외 사람들은 자신만의 개인적인 최고치를 개선하는 데 더 관심을 두면서, 실상 세속적인 성공을 위해 정상에 오를 만큼 돌보지 않습니다. 이들은 특별히 자신이 존중하지 않는 보스를 위해 작업하기가 어려울지도 모릅니다. 하지만 지배하려는 자신의 수용력이 지도하려는 자신의 수용력보다 자주 더 대단하므로, 이들은 자신만의 회사나 사업을 운영할 때도 또한 문제를 맞닥뜨리게 됩니다. 이들은 찬양자나 학생, 제자로서 자신에게 끌려들었던 사람들과 함께 가장 여유롭게 작업할지도 모르는데, 그러면 그 관계는 처음부터 명료합니다. 또 다른 해결책은 어쩌면 프리랜서로서 혼자서 작업하는 것일 수 있습니다. 이들이 공통의 대의, 즉 대개 더 높은 대의를 위해 모두 함께 작업하고 있다는 점이 명료할 때, 이들은 협업자 및 협력자와 함께 최고의 팀 협동자가 될 수 있습니다.

고도로 신체적인 사람인 이들은 흥미진진하고 대립적인 경험에 자석처럼 끌려듭니다. 스포츠 경기장에서든, 자연의 야생세계에서든, 기업금융의 정글에서든, 침실의 친밀함에서든 간에 이들은 반복해서 자기 자신을 증명하려고 욕구합니다. 이들 성격의 이런 영역이 너무 격렬해서, 친우와 적수는 똑같이 다소 무시당한다고 느낄지도 모르는데, 이들이 애쓰는 것 대부분이 본질적으로 비인격적이고, 기본적으로 극복하려는 자신의 의지에 대한 표현이기 때문입니다. 심지어 더 평범한 매일의 활동에서조차도 동무와 연인은 주기적으로 이들에게 거리감을 느낍니다.

이들에게 관여하는 것은 좀처럼 쉬운 임무가 아닙니다. 자기 자신에 대한 이들의 기준은 극도로 높고, 이들은 타인들도 또한 비슷한 격렬함과 헌신을 보여주기를 너무 자주 원합니다. 하지만 결국 이들은 대개 타인들보다 자기 자신에게서 더 많은 것을 정말 기대하고, 동료와 친우들의 한계에 대한 이해심을 정말 보여줍니다. 실상적인 이들은 협업자와 동무에 대해 불균형적인 높은 기대를 갖고 있는 것은 아닐 것이지만, 단지 그들이 할 수 있는 최선만을 기대할 것입니다. 이처럼 최선을 다하는 것은 본질적으로 그들이 견뎌내기에 충분히 과중한 짐일 수 있습니다.

이들은 자신을 충직하고 충실한 친구로 만들어낼 수 있습니다. 오직 그런 친우에게서만 이들은 특히 개인적인 성격의 조언을 대개 받아들일 수 있습니다. 이들은 대개 동료나 전문 상담사, 낯선 이의 도움을 받아들이지 않을 것입니다. 하지만 어쩌면 일생에 한 때, 이들은 자신이 거의 신 같은 지위라고, 즉 자주 일종의 교사나 영적인 스승이라고 여기는 인물의 수중에 자기 자신을 맡길지도 모릅니다. 쉽게 주어지지 않는 그런 신뢰가 무너지면 엄청난 환멸이 확실히 뒤따를 것입니다.

이들 중 대다수는 특히 친절, 참을성, 이해심 영역에서 동료 인간 존재에 대한 대우에 공들이는 편이 온당할 것입니다. 이런 모진 고객에게 관여하는 사람들은 이 세 가지 특성을 풍부하게 보여줄 준비가 스스로 되어야만 합니다. 자신의 높은 기대가 충족되지 않을 때, 이들은 유별나게 좌절하게 되고 쓰리게 될 수 있습니다. 게다가 이들은 부정성, 잔소리 및 항상적인 비판에 잘 반응하지 못합니다. 그래서 가장 성공적으로 이들과 함께 살아가고 작업하는 사람은, 개방적이고 결단적이며 낙관적인 태도를 갖춘 사람입니다.

가정생활이 이들 중 일부에게는 잘 풀리고, 그 외 사람에게는 대단한 실수입니다. 하지만 이들은 좀처럼 가정생활을 정말 깊게 욕구하지 않습니다. 이들이 부모가 되기로 선택한다면, 줄 것을 많이 갖고 있을 것인데, 이들은 가르칠 것을 많이 갖고 있고, 보호적이며, [자신을] 신임할 마음을 불어넣습니다. 그러나 이들의 자녀와 동무는 집에서 떨어져 이들만의 공간과 시간을 가지려는 이들의 욕구에 대한 진가를 빨리 알아보게 되어야만 합니다. 이들의 온전한 주목을 끌려고 노력하는 것은 좌절시키는 경험일 수 있습니다. 보살핌과 주목에 대한 이들의 발상은 이해심과 동감에 대한 한결같은 표출보다 격렬한 맞닥뜨림으로 너무 자주 제한될지도 모릅니다.

연인으로서 이들은 대개 심미적이기보다 격정적입니다. 이들은 특정한 거리두기를, 즉 다른 곳에 대한 선-생각도 또한 과시할지도 모릅니다. 예견되고 루틴적인 주위 여건은 자주 이들의 성적인 만족을 둔닥지게 합니다. 이들의 가장 즐거운 섹스 경험은 동무나 동반자가 아니라 우발적인 우연한 맞닥뜨림, 즉 더 오랫동안 지켜본 남모르는 사건에서 종종 옵니다. 격정적인 이들의 성공적인 배우자는 다층성, 기술, 상상력의 조합을 통해 낭만적인 불꽃을 지속해서 살아있게 하는 방법을 알고 있습니다.

이들은 느긋해지고 재미있게 보내는 법 혹은 소진되는 위험을 무릅쓰는 법을 체득해야만 합니다. 이들의 작업과 이들의 격렬한 선-생각에서 벗어나도록 이들을 유혹할 수 있는 사람은 이들의 삶에서 중요한 역할을 연기할 것입니다. 이 역할을 연기할 수 있는 격의 없는 친구는, 이들이 제안하려고 갖고 있는 가장 좋은 것을 자주 경험합니다.

▶ 조언

사람을 긍정적인 것과 부정적인 것 모두에서 있는 그대로 받아들이는 법을 체득하라.

당신 자신을 위장하려고 노력하는 것은 아마도 쓸모가 없겠지만, 더 외교적이고 민감해지려고 정말 노력하라.

비록 당신은 타인을 위한 결정을 만들어내는 데 능숙하지만, 당신 자신을 위한 몇몇 중대한 결정을 만들어내는 것을 간과했을지도 모른다.

조금 더 원만한 것이 당신을 모자란 사람으로 만들어내지 않는다.

19 균형잡힌 강인함 주간

8월 3일 ~ 8월 10일

Balanced Strength

▶ 주간 특성

강점; 헌신적인, 신뢰할 만한, 물리적인
약점; 마조히즘적인, 우울한, 죄의식의

▶ 심리구조

'균형잡힌 강인함 주간'에 태어난 이들은 견실하고 강인하며, 도전에서 퇴각하지 않고, 사실 그 도전을 통해 번창하며, 문제와 어려움에 직면할 때 자주 가장 좋은 상태에 있게 됩니다. 이들은 비록 위험 요소를 안고 있는 경험 쪽에 끌려들지라도, 대개 불가능한 것을 시도할 정도로 무모하지는 않습니다. 실상주의자인 이들은 자신의 한계를 잘 알아채고, 필요하다면 그 한계까지 뻗어나갈지도 모르지만, 그 한계를 뛰어넘으려고 좀처럼 시도하지 않을 것입니다. 고착된 태도가 이들을 특징지으므로, 이들로 하여금 자신의 마음을 바꾸게 하려면 지대한 참을성과 끈덕짐이 필요할 것입니다. 이들은 위조와 허튼소리를 밝혀내는 자신의 능력을 자랑으로 여기고, 지금 여기에 강하게 뿌리내리지 못한 형이상학적인 발상에 특히 비판적입니다.

이런 이들은 대체로 엄청난 집중력을 발휘하지만, 자신의 대상에 대한 자신의 고착 탓에 이들은 자신의 주위환경에 대한 접촉을 유지하는 데 필요한 지엽적인 비전을 잃어버릴지도 모릅니다. 관련된 문제에서 논리적인 추리에 대한 이들의 신뢰는 당연히 이들에게 가장 적합할지도 모르는 것을, 즉 '강한 예감을 위한 이들의 수용력' 및 '이들의 직감력'을 손상시킬지도 모릅니다. 이런 특성들은 이들로 하여금 실상에 동떨어지도록 이끌지도 모르고, 동시에 위험한 조합인 '자신의 옳음'을 여전히 확신하도록 이끌지도 모릅니다.

인내력과 끈기를 타고난 이들은 될 때까지 꿋꿋이 버팁니다. 이 캐릭터 특성의 상승적인 면은 이들의 격렬한 충직과 헌신이고, 하강적인 면은 마조히즘적인 특색, 이를테면 로맨스나 결혼, 사업을 함께 붙잡으려고 노력하는 동안 고통을 겪는 경향입니다. 이들은 과도한 불평 없이 수년간 불행하거나 스트레스받는 관계를 계속하면서, 관계가 작동하도록 만들어내는 방식을 참을성 있게 탐구할 수 있습니다. 비록 이들은 때때로 그만두는 것이 더 나을지라도, 대개 쉬운 탈출구를 택하기를 거부할 것이고, 공헌의 수준이 부족한 사람들에 대한 존중을 거의 갖고 있지 않을지도 모릅니다. 어쩌면 숙명의 타격 탓에, 즉 동반자가 지속하기를 꺼리는 탓에 불만족스러운 것으로 판명된 오래된 관계가 마침내 정말 붕괴될 때, 이들은 우울증 속에 빠져드는 경향을 갖고 있습니다. 너무 자주 이들은 자기 자신을 비난합니다. 이들은 또다시 잘 기능할 능력이 있기까지 오랜 기간의 슬픔이 필요할지도 모릅니다.

이들은 확실히 자신에게 가장 나쁜 적이 될 수 있습니다. 이들은 자신의 엄청난 에너지가 융합될 때 권력과 자기-신임을 발산하지만, 이와 같은 에너지는 또한 통제에서 벗어나 이들을 산산히 찢어버리려고 위협할 수 있습니다. 그럴 때 이들은 애처로운 광경을 만들어내게 됩니다. 술이나 마약류 중독 및 불법을 넘나들거나 노골적인 범죄활동은 모두 이 에너지가 미친 듯이 날뛴다는 증거일 수 있습니다. 균형을 지속하는 것은 이들이 도달해야 할 이상이기보다 건강한 생존을 위한 절대적인 조건입니다. 이들의 자녀와 친구는 안심하게 해주던 이런 정상적인 존재감이 붕괴되면 심각하게 충격받을 수 있습니다. 따라서 약한자의 보호자와 약자의 친구가 되려는 이들의 욕망은 역효과를 낼 수 있습니다.

이들은 자신만이 만들어낸 고도로 구조화된 국면에서, 즉 자신이 지휘하는 위치에 있는 국면에서 잘합니다. 하지만 이들은 주기적으로 사적인 장소로, 때로는 엄격하게 고립된 장소로 물러나려는 극심한 욕구를 느낍니다. 여기서 문제는 그 욕구에 동반해서 상처와 경시를 마음에 품고, 극단적인 경우 편집증을 구현하는 경향입니다. 수용하는 태도를 계발해서 독단적이고 불관용적인 생각을 줄이려고 작업하는 것은 이들의 정신건강에 필수적입니다.

대다수의 경우 이들은 유별나게 충실한 사람입니다. 이들은 자신을 억압받는 자의 옹호자, 약한자의 보호자로 봅니다. 이들은 배제와 생색내기를 경멸하고, 이런 이유로 대체로 특권층보다는 평범한 사람의 편을 듭니다. 이것은 이들이 사회 계층들의 다층성을 잘 섞는 능력을 갖추고 있지 않다는 것이 아니라, 오히려 이들은 불성실이나 가식을 싫어합니다.

자신의 강인함 덕에 이들은 많은 실망을 버텨낼 능력이 있습니다. 이들은 대개 폭풍우를 무사히 헤쳐나가며 기다리는 방법을 아는 것을, 즉 '긴 호흡을 갖는 것'을 통해서 이겨냅니다. 이들은 독립적인 것을 좋아하지만, 그럼에도 자신이 최소의 소동으로 최대의 역량을 발휘하는 잘 정의된 삶을 구축하는 경향이 있습니다.

협업자든 직원이든 가족이든 동무든 친구든 간에 이들에게 관여하는 사람은, 마음의 부정적인 틀 속에 있을 때 이들이 밀어붙여지거나 촉구되어야만 하는 것이 아니라, 오히려 혼자 힘으로 상황을 해결하도록 홀로 남겨져야만 함을 압니다. 이들은 때때로 둔감함으로도 또한 비난받습니다. 이것은 이들 중 다수가 심리적으로 기민하기 때문에, 자신의 역할에 대한 이해심이 부족한 결과라기보다 더 자주 자신이 선-생각된 것의 결과인데, 하지만 이들은 비록 타인의 감정적인 상태를 이해할 수 있지만, 그 감정에 동감하려는 어떤 욕구도 느끼지 못할 수도 있습니다. 자신의 주위 사람들에게 특별히 공감적이지 않는 이들은 냉정하게 거리를 두는 데 유능합니다. 이들 중 다수는 감정적인 문제가 관여하게 되기에는 단순히 너무 너저분할 뿐임을, 즉 때로는 불쾌한 어린 시절의 경험에서 유래하는 반응일 뿐임을 알아차립니다. 이들의 부모나 자녀, 연인이 더 느낌의 형에 속할 때 갈등이 발생할 수 있습니다.

직선적이고 꾸밈이 없는 이들 자신은 잘난 체하는 사람들을 싫어합니다. 불성실이나 거짓말, 부정직보다 더 자주 통제할 수 없는 이들의 기질을 흥분시키는 것은 없습니다. 이들의 분노와 격해짐은 이들의 강인함이 의존하는 심리적인 균형을 약화시킬 수 있습니다. 격렬한 이들과 가장 가까운 사람들은 그들의 동반자를 지속해서 행복하게 하기 위해 '관능적인 설득' 및 '재미를 사랑하는 전망'을 사용하는 방법을 압니다.

▶ 조언
당신의 기질을 지켜보라.
격해짐은 당신으로 하여금 균형을 벗어 던지게 해서 당신의 반대자를 원조할 수 있다.
타협과 외교는 경멸할 약점이 아니라 키워질 덕목이다.
여전히 사랑에 마음을 열고 연약해지라.
당신 자신에게 너무 혹독해지거나 너무 요구하지 마라.
당신이 타인에게 거는 기대치를 조금 줄이라.

20 리더십 주간

8월 11일 ~ 8월 18일

Leadership

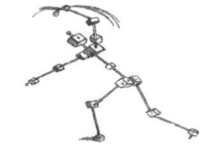

▶ 주간 특성
강점; 지휘하는, 영웅적인, 창조적인
약점; 독재적인, 이기적인, 둔감한

▶ 심리구조

'리더십 주간'에 태어난 이들은 자주 자신의 가족과 사회단체나 작업그룹에서 지휘하는 역할을 맡습니다. 이들은 지도하기 위한 고도로 계발된 본능을 갖고 있으나 반드시 지배하거나 통치하는 것은 아닌데, 단순히 지도하는 활동이 역동적인 이들에게 자연스럽게 다가올 뿐입니다. 이들은 효과적인 착수 계획을 체계화하고, 그 계획을 끝까지 잘해내는 데도 또한 유능한 좋은 기획가입니다. 효과적인 팀을 구축하는 것이 이들의 계속적인 성공에 필수적이고, 권위를 위임하는 법을 체득하는 것이 소진이나 몰락으로 귀결될 수 있는 비실상화된 짐을 이들이 혼자서 짊어지는 것을 막아주는 열쇠입니다.

이들 중 남녀 모두는 자기 자신이 영웅이라는 견해를 갖고 있습니다. 공격적인 이들은 자신이 무엇을 원하는지, 어떻게 그것을 얻을지를 알고 있습니다. 특히 이들은 사실 타인이 느끼고 있는 것에 둔감하지 않으나 자신이 알고 있는 것을 무시하고, 자신만의 욕망을 따르기로 선택할지도 모르므로, 타인들의 바람에 대한 숙고가 부족한 이들은 적대감을 자극하고, 자신을 곤란에 처하게 할지도 모릅니다. 자신의 삶에서 타인들의 감정을 이따금 함부로 다룸으로써 이들은 원망, 두려움, 분노를 자극합니다. 그러나 이들은 자신의 지인과 친구가 자주 이들의 캐릭터 중 더 이기적인 요소들을 간과할 정도로, 엄청나게 [이들에게] 충직하고, [이들을] 존중하며, 사랑할 마음도 또한 타인들에게 불어넣을지도 모릅니다.

이들은 자신만의 능력에 대해 압도적인 신념을 갖고 있습니다. 극단적인 경우 이들은 자기 자신을 오류가 없는 사람으로 바라보고, 신 같은 처신을 투사하려고 탐구합니다. 명백한 문제들이 이런 에고적인 입지에서, 즉 이들이 걸려 넘어질 때 자신의 자녀, 동료, 협업자에게서 빚어질 수 있는 신념의 상실이 되는 그 능력 중 적지 않은 것에서 비롯될지도 모릅니다. 불가피하게 뒤따르는 은총의 상실은 깊은 환멸로 귀결될지도 모르는데, 이것은 그 관계를 영구적으로 망가뜨릴 수 있지만, 이들의 성격에 대한 더 실상적인 관점으로도 또한 이어질 수 있습니다.

경력적인 면에서 이들은 병든 사업이나 사회, 가족 그룹 속에 새로운 생명을 불어넣는 데 전문입니다. 이들의 엄청난 에너지와 일심은 단지 상황을 정상 궤도로 돌려놓기 위해 욕구된 것뿐일지도 모릅니다. 이들은 자신의 노력이 결실을 맺는 것을 보아야만 합니다. 자신이 하는 '구조의 재구성' 및 '그 이행의 꽃피움'을 지켜보는 것은 이들에게 엄청난 만족을 주고, 반대로 자신의 애씀에 대한 실패를 바라보는 것은 대개 참을 수 없습니다. 이들은 감정적인 수준에서 쉽게 접근되지 않기 때문에, 그런 노력을 할 시 이들과 어깨를 나란히 하려고 애쓰는 것은 이들과 가까워지는 데 효과적인 수단일지도 모릅니다. 이런 작업을 하는 관계는 때때로 평생 지속되는, 상호 느낌의 깊은 유대관계를 창조할지도 모릅니다.

만약 이들이 자신의 자기-이미지를 뿌리내리고, 자기 자신을 타인들과 매일 더 가깝게 교제하게 하고자 한다면, 이들이 꽤 시시한 임무를 공유하는 것이 중요할지도 모릅니다. 특히 이들이 매일같이 집에서 평범한 일상의 책임을 짊어진다면 가족 구성원에게서 더 대단한 존중을 받게 될 것입니다. 이런 인간성 수준으로 자기 자신을 더 '낮추지 않는' 거부나 '낮추지 못하는' 무능은 긴장, 좌절, 논쟁으로 귀결될지도 모릅니다. 이들 중 더 균형 잡힌 사람은 거의 소동을 벌이지 않고 빠르고 효율적으로 자신의 허드렛일을 해냄으로써 그런 불필요한 어려움을 피하고, 따라서 이들이 무엇을 더 중요한 노력으로 보는지에 대한 자신의 규정을 해방할 것입니다.

이들의 창조성은 자주 고조됩니다. 비록 이들이 개인적인 거래에서 이기적이 되고 편협해지는 데 유능할지라도, 이들의 상상력, 철학적인 관점 및 폭넓은 표현은 이들의 경력에서 자주 매우 높은 수준의 예술적인, 재정적인, 사회적인 창조물로 귀결됩니다. 사실 이들의 친구, 지인, 협업자 중 다수는 이들 자체에 실상적으로 반하기보다는 이들을 둘러싸고 있는 아우라와 이들이 연출한 작업에 끌려듭니다.

타인의 강한 인격은 필연적으로 이들에게 충돌하고, 상대방이 기꺼이 타협하거나 퇴각하지 않는 한, 이들과 상대의 관계는 폭풍우치는 사건이 될 가능성이 있습니다. 그러나 이들의 동반자와 동무의 더 영리하고 기만적인 면은 이 흉포한 사자를 달래는 방법을 정확히 알고 있습니다. 이들은 자신의 카리스마를 알아채지 못하고, 그 귀결로 그 기만적인 매우 특별한 사람의 항상적인 사랑과 칭찬을 중시하게 됩니다. 사실 이들은 자신이 사랑하는 사람에게 사실상 전혀 공격적이지 않을지도 모릅니다. 명예롭고 존중받는 한, 이들은 심지어 결함있는 사람에게조차 관대하고 친절할 것인데, 호의적인 가족 구성원의 행동에서 어떤 오류도 보기를 자주 거부할 것이고, 그런 특성은 이들이 꽤 비실상화되도록 만들어낼 수 있습니다. 철저한 응석받이 동무나 자녀를 갖는 것은 이들의 대표적인 특징입니다. 사랑에 관련해 이들은 갑작스럽고 폭발적이며 폭력적이고 격정적인 감정 표출에 지배받습니다. 이들의 느낌은 단지 예기치 않게 화산처럼 터져나오기 위해 오랫동안 표면 아래에서 들끓는 데 유능합니다.

이들에게 연애사로 관여하는 사람은 이들의 불타는 격렬함의 진가와 거의 전면적인 관여의 진가를 인정할지도 모르지만, 동시에 이들의 자주 위압적이고 대결적이며 용납하지 않는 태도에 어려움을 갖고 있을지도 모릅니다. 개인적인 관계에서 특히 오랫동안 고통을 견뎌내지 않는 이들은 비록 어느 정도까지는 충실하지만, 상처받거나 미래에 대한 희망이 거의 보이지 않으면 주저하지 않고 상황을 중단해버릴 것입니다. 이들이 관계에서 이중 잣대를 적용한다고 느끼게 되는 이들의 동반자는 화가 나고 혐오감을 느껴서 거칠게 이들과 절교해버릴지도 모르는데, 이것은 이들이 상황이 잘 되어가고 있다고 상상하므로 더 알아채지 못한 이들을 놀라게 할 수 있습니다. 실로 그런 이들은 상대방의 관점에서 상황을 보는 데 이해관계를 거의 보여주지 않을지도 모릅니다.

▶ 조언

당신의 요구가 많고 명령하는 면을 누그러뜨리도록 노력하라.

거울을 당신 자신 쪽으로도 또한 들고서 당신의 동기를 조심스럽게 검토하라.

당신 속의 대결자가 더 평화로워지도록 지속해서 전투하라.

당신 자신으로부터 좀 거리를 가지라.

약점을 인정하는 것도 또한 강인함의 싸인일 수 있다.

21 폭로 주간

8월 19일 ~ 8월 25일
Exposure

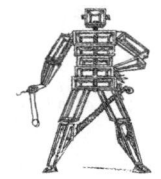

▶ 주간 특성
강점; 자제하는, 관찰력이 예리한, 현란한
약점; 나르시스적인, 남모르는, 나누지 않는

▶ 심리구조

'폭로 주간'에 태어난 이들은 내향성사람과 외향성 사람의 흥미로운 혼합입니다. 이들은 흙같은 실용적인 자질과 불같은 더 직감적인 특성을 조합하면서, 속에 자신의 빛을 지속시키는 영감을 받은 사람임을 조용히 연출합니다. 이들 중 일부는 더 현란한 경향을 은폐하면서, 말없이 거의 막연한 첫인상을 주고, 그 외 사람은 과시주의자라는 인상을 건네주지만, 사실상 민감하고 사적인 유형입니다. 이들이 수년간 특정 개인적인 자질이나 자기 자신에 관한 사실을 숨길지도 모르지만, 자신이 무엇을 하고 있는지 완전히 자각해서 어느 날 세상에 자기 자신을 드러낼 때, 이들 내면의 눈부심은 심지어 이들 중 가장 내향성의 사람에게서조차도 주기적으로 터져나올 것입니다. 이들 중 다수는 자기 은폐가 헛수고임을 깨닫게, 즉 이들이 숨기려고 할수록 세상이 이들에 대한 더 많은 눈치를 채는 것으로 보임을 깨닫게 될 것입니다. 자신의 실상 모습을 숨기는 대신 타인들로 하여금 그 모습을 보게 하면서 더 투명해지려고 작정함으로써, 이들은 심지어 내향성 행동과 외향성 행동 사이의 널뛰기 일부조차도 안정시킬 것입니다.

특별하지 않은 주위환경에서, 즉 사회적인 사다리의 바닥에서 태어난 이들은 세상에서 출세하려고 고군분투할 시 뒤늦은 출발자일 수 있습니다. 일단 이들이 시작한 때, 이들은 오직 엄청난 끈기와 의지력을 통해서만 자신의 추동력을 유지할 수 있습니다. 실로 이들 중 다수는 자신의 최악의 두려움인 지루함과 평범함의 삶에 굴복할 수 있습니다. 이들 자신에 대한 이들의 믿음은 자주 이들에 대한 세상의 믿음에 반비례하는데, 다시 말해 이들이 자기-신임을 얻고 있는 바로 그때, 타인들은 이들에 대한 눈치를 덜 채게 됩니다.

타인들이 주목을 욕구하는 방식과 똑같이 주목을 욕구하는 것은 아닌 이들에게 박수갈채는 중대하지 않지만, 이들은 아무리 조용하거나 자족적일지라도 자신만의 가치에 대한 불타오르는 의식을 갖고 있습니다. 이들이 사회적으로 혹은 직종적으로 자신이 향하는 곳에 도달할 때까지 자기 자신에 관한 진실을 드러내지 않거나 실상의 내면 느낌을 보여주지 않는 것이 바로 이들의 특징입니다. 사실 누설하여 보여주려는 이런 욕망은 목표를 향한 이들의 추진력에 동력을 전해주는 연료일 수 있습니다. 정상에 정말 도달했고, 평생의 비밀을 갖고 다녔던 이들은 파악되기 쉽지만, 대개 이들만의 진술과 행동을 통해서 파악됩니다. 이 경향은 나르시시즘과 마조히즘, 즉 자기-방종과 자기-처벌의 낯선 혼합으로 보일 수 있습니다.

이들은 자주 걸출한 관찰자이고, 캐릭터의 감식자입니다. 이들은 자기 자신에 대한 주목을 끌지 않고 고요히 지켜보는 법을 알고 있습니다. 게다가 이들은 자주 생각이나 단어로 자신의 인상을 기록해서 오랫동안 재고한 후 나중에 그 인상을 표현하는 데 능숙합니다. 협력자와 협업자는 자주 이들의 기억, 판단, 객관성에 의존하게 될 것입니다. 감정적인 안정을 성취할 능력이 있을 때, 이들은 믿음직하고 신뢰할만한 친구가 될 수 있습니다.

자신의 뜻대로 하기 위한 무기나 계략으로 숨김과 드러냄을 번갈아 사용하는 이들은, 그런 게임의 유치함과 비생산성을 깨닫게 되어야만 합니다. 그런 문제에 대한 해결책은 이들을 정확히 사실 그대로 받아들일 수 있는 단 한 사람 혹은 극소수 사람을 이들이 만날 때 자주 오는데, 이들은 수용, 사랑, 신뢰를 통해 숨바꼭질에 대한 욕구를 제거할 수 있습니다. 감정적인 미성숙은 이들이 성장하기라는 도전을 완전히 받아들일 때까지 이들을 괴롭힐지도 모릅니다.

신비와 탐정 작업을 좋아하는 사람은 이들을 좋아할 것이고, 이들을 이해하려고 수고를 아끼지 않는 사람은 풍부한 보상을 받을 것입니다. 비록 이들이 칭찬이나 명성, 아첨을 깊게 욕구하지는 않지만, 정말 절실히 이해심을 바라면서 외칩니다. 깊은 수준에서 이들에 대한 눈치를 챌 정도로 민감한 사람들만이 이런 소리 없는 외침을 듣습니다.

신뢰는 명백히 이들에게 큰 이슈인데, 이들의 친구는 이들의 비밀을 유지할 정도로 신뢰할만 해야만 하고, 이들의 연인은 충실한 것으로 신뢰받아야만 합니다. 이들은 자신의 격정과 애정을 누군가에게 쉽게 붙여두지 않습니다. 만약 친구나 연인에게 배신당하면 이들은 감정적인 붕괴라는 고통을 겪을지도 모릅니다.

특징적으로 이들은 신비한 이들의 방어막에 최초로 침투하는 사람과 오래 영속하는 관계를 형성합니다. 심지어 이들이 자기 자신을 더 많이 보여준 후조차도 이들을 계속 좋아하면서, 완전히 드러나는 이들을 받아들일 수 있는 사람은, 이들의 가장 친한 평생의 친구와 동반자가 될 것입니다. 이들은 자신을 최고의 부모나 최고의 자녀로 만들어가지 않을지도 모릅니다. 이들의 사적인 천성은 세대 간 공유하기가 어려워지도록 혹은 불가능해지도록 만들어낼 수 있습니다. 하지만 이들이 주기적으로 이들의 가슴을 열어서 이들의 비밀세계를 공유하는 대상인 가족 구성원, 즉 사촌이나 형제자매가 당연히 현존할지도 모릅니다. 이런 지기는 뒤늦게 생길 가능성이 있는 동무에 대한 소중한 역할 모델인데, 실로 이들은 자신의 형제자매 역할을 하는 사람 중에서 자신의 인생 동반자를 자주 발탁할지도 모릅니다. 비록 대개 가족생활을 위해 자기 자신을 희생하기에는 너무 자기중심적이고 비밀적이며 매이지 않은 이들은, 자신에게 놓인 요구가 과도하지 않은 한, 일상생활의 국면에서 자신의 의무를 다해낼 것으로 기대될 수 있습니다.

▶ 조언

당신이 당신 자신을 숨기면서 당신을 알아보지 못한다고 세상을 탓하지 마라.

더 투명해져서 사람들로 하여금 당신이 실상적으로 어떤 사람인지 알아보게 하라.

심지어 당신 자신에게조차도 비밀을 지키는 것을 주의하라.

당신의 기쁨과 슬픔 모두를 나누도록 타인이 들어오게 하라.

22 시스템 구축자 주간

8월 26일 ~ 9월 2일

System Builders

▶ 주간 특성

강점; 구조화된, 믿음직한, 서비스 지향적인
약점; 경직된, 감정적으로 못 알아채는, 자멸적인

▶ 심리구조

'시스템 구축자 주간'에 태어난 이들의 삶에서 중요한 테마, 즉 이들이 스트레스받을 시 불가피하게 되돌아가 의지하는 일종의 보험증서가 바로 구조입니다. 그 구조는 세상을 향한 이들의 태도 중 많은 것의 기저에 놓입니다. 정신적인 고집과 집중이 자주 이들의 가장 대단한 강점이고, 그 귀결로 이들은 감정적인 압력이 자신으로 하여금 명확하게 생각할 능력이 없는 상태가 되게 하거나 자신의 일을 잘 관리할 수 없는 상태가 되게 할 때 가장 고통을 겪습니다. 이들은 특히 혼돈 탓에 성질이 나고, 그래서 효과적인 매일의 루틴 혹은 실용적인 집, 효율적인 작업 공간을 구축하는 것이 이들의 정신 건강에 필수적입니다. 하지만 완강함이나 경직성도 또한 그런 구조화의 가능한 결과이고, 경계되어야만 합니다.

이들의 경력은 자주 서비스를 포함합니다. 비슷하게 가족 내 역할에서도 이들은 자주 도움이 필요한 사람을 보살피거나 아니면 일상생활에서 믿음성이라는 방어벽을 제공합니다. 하지만 이들 모두가 그런 역할에 잘 발탁되는 것은 아니고, 타인을 돕는 경향과 재능에도 불구하고 이들은 자신의 등에 지워진 과중한 책임을 원망하는 자기 자신을 알아차릴 수 있습니다. 비록 이들이 협력하면서 일상생활의 부담을 공유하는 방식을 아는 사람과 함께 살아가고 작업하는 편이 온당한 것으로 보일지라도, 이들이 팀 협동자이기를 원한다고 가정될 수 없습니다. 혼자서 많은 시간을 보내려고 욕구하는 이들은, 자신만의 방식대로 사회나 가족 그룹의 웰빙에 대한 이바지를 만들어낼 때 가장 잘 합니다.

이들은 대개 단독의 리더십 역할에 적합하지 않지만, 자신을 뛰어난 동반자와 협업자로 만들어갈 수 있습니다. 이들은 가만히 앉아서 지켜보기를 좋아해서 활동하기 전에 세심하게 관찰하는 것을 선호하는데, 이런 객관성의 자질과 그 자질에서 비롯된 판별은 이들로 하여금 회사나 가족에게 극도로 소중해지도록 만들어갈 능력이 있습니다. 이들이 자신의 주위에서 알아보는 것을 보고서로 작성하고, 말로 결론을 진술하며, 다른 미디어에 기록으로 남기는 것은 자주 이들의 가장 잘 계발된 능력 중 일부입니다.

이들 중 여성은 수줍어하고 얌전한 호소력을 보유할 수 있고, 남성은 자주 강건하고 침묵하는 유형으로 여겨집니다. 이들은 공격적으로 활동하는 것보다 전형적으로 타인들에 의해 발견되는 것을 선호합니다. 이런 행동은 강력하게 몸에 깊이 배어있는데, 이것에 의해 이들은 거절을 피하고 선택이라는 자신의 역량을 보강해주기 때문입니다. 만약 이들이 권한을 부여받았다고 느끼려면 사실 이들에게 선택권은 중대합니다. 하지만 이들은 연인과 친구에 관련해, 즉 자신의 결정이 때때로 재앙적인 개인적인 문제에 관련해 불운한 선택을 만들어내는 데 유능합니다. 세상에 관한 이들의 객관성은 이에 상응하는 '자신만의 감정에 관한 실상주의' 및 '자신만의 감정에 대한 자각'을 포함하지 않습니다. 그 귀결로 이들이 실망에 부딪혔을 때 이들은 격심한 신경질적인 불안정과 우울증으로 고통받을 수 있습니다. 부적당함의 느낌이나 실패의 느낌은 표면화되기 쉽고, 이들이 감당하기에는 너무 버거운 것으로 판명될 수 있습니다.

이들은 자신의 정신적인 태도가 고착되어 있는 경

향이 있고, 이는 더 자발적이거나 유연하며 자유롭게 흘러가는 생활방식을 선호하는 사람들의 적대감을 특히 자극할 가능성이 있습니다. 가족의 지배적인 인물이나 부모로서 이들은 과도하게 많은 규칙을 만들어내서 그것을 너무 부지런히 강요하기 쉬울지도 모릅니다. 반면에 '사람들은 각자만의 지시에 따라 자유롭게 선택하고 활동해야만 한다'는 점을 이들이 믿는다면, 강요하는 식과 똑같은 열정으로 그런 믿음을 이행할지도 모릅니다. 이들은 사전에 상황에 대해 세심히 계획을 세우는 것에 의존하려는 욕구없이 상황이 다가오는 대로 그 상황을 단지 받아들이는 더 태평한 유형과 함께하는 개인적인 관여나 작업관계에서 이득을 얻을지도 모릅니다.

긴장을 푸는 법을 체득하는 것이 이들에게 필수적이므로, 이들의 가장 좋은 관계는 자주 이들이 단지 놔줄 수 있고 좋은 시간을 보낼 수 있는 사람들과 함께하는 관계입니다. 재미를 사랑하는 유형과 갖는 이런 관계는, 이들이 구조와 믿음성을 제공하고 상대방은 진지하지 않은 태도, 즉 이들에게 없을지도 모르는 느긋한 태도를 제공함으로써 상호 유리한 것으로 판명될 수 있습니다. 애석하게도 사랑 관계에서 이들은 자신의 감정 상태가 불안정하면 자신이 줄 것을 거의 갖고 있지 않다고 느낄 수 있기 때문에, 그리 믿음직한 것으로 판명되지 않을지도 모릅니다. 물러나기를 탐구하면서 이들은 상대방의 느낌에 대처할 능력이 없게 됩니다.

이들은 자신의 봉사-지향적인 자세와 실용적인 능력이 궁핍한 유형을, 즉 이들의 에너지를 빼내고 베풀려는 이들의 수용력을 고갈시키는 의존적인 유형을 끌어들일 때 문제를 맞닥뜨릴 수 있습니다. 비록 문제를 공유하고 해결하려는 욕구가 초기에는 긍정적인 공통의 유대관계를 제공할지도 모르지만, 불안하고 궁핍한 사람과의 관계는 결국 그에 상응하는 부정성을 끌어낼 수 있기 때문에, 그런 의존성을 조장하는 것이 이들에게는 자기-파괴적인 행동의 미묘한 형식일지도 모릅니다.

타인들을 통해 살아가는 것이 이들에게 유혹일지도 모르므로 이들은 자기 자신을 옹호해서 자기를 덜 희생하게 되는 법을 체득해야만 합니다. 타인이 부모든, 고객이든, 친구든, 연인이든 간에 그들의 욕구와 바램에 덜 의존하는 진정한 독립적인 생활방식을 구축하는 것은, 이들이 직면한 가장 대단한 도전일지도 모릅니다. 따라서 고도로 독립적인 사람들, 특히 인간 상호작용의 한계를 설정하는 방법을 내보여줄 수 있는 사람들과 갖는 긴밀한 관계는, 장기적으로 이들에게 가장 생산적이고 보람되게 해주는 것으로 판명될지도 모릅니다. 비록 그런 독립적인 인격은 초기에는 이들에게 이기적이거나 에고적인 것으로 보일지라도, 역할 모델로서 특별히 유익합니다. 만약 이들이 자신만의 표현적이고 창조적이며 재정적으로 생산적인 면을 계발하려고 욕구하는 공간을 얻고자 한다면, 타인들의 항상적인 요구에서 자기 자신을 자유롭게 해야 할지도 모릅니다.

▶ 조언

당신의 자세를 좀 부드럽게 해서, 상황이 다가오는 대로 받아들이고, 상황이 의도하는 대로 상황을 놓아주라.

당신의 작업생활과 가정생활을 분리하려고 지속해서 노력하라.

잠시 자리를 비우고 타인들에게도 또한 믿음성을 요구하라.

추종자와 기생충 같은 인간들로부터 당신 자신을 보호하라.

이따금 더 이기적이 되고, 부끄러워하지 말고 당신 자신을 위한 이득을 요구하라.

23 수수께끼 주간

9월 3일 ~ 9월 10일

The Enigma

▶ 주간 특성

강점; 세련된, 실용적인, 심사숙고하는
약점; 방어적인, 과하게 엄밀한, 거리를 두는

▶ 심리구조

'수수께끼 주간'에 태어난 이들은 심지어 자신에게 가장 가까운 사람들조차도 파악하기가 까다로운 것으로 자주 판명되는, 헷갈리게 하는 사람입니다. 이들의 얼굴은 이들이 실상으로 무엇을 생각하고 있는지 쉽게 드러내지 않고, 감정을 보여주는 것이 실로 이들에게 어려울 수 있습니다. 이들의 매력적이거나 인상적인 외관 뒤에는 예상치 않게 방어적인 인간이 도사리고 있을지도 모릅니다. 스핑크스처럼 이들은 자신이 하는 것과 자기 자신에 관해 태연히 기만적인 방어막을 구성하고, 신비한 분위기를 키우는 것을 마다하지 않습니다. 이들은 자신을 분석하려는 시도에 엄정히 저항하고, 자주 개인 생활이나 가정 생활을 논의하는 것에 전혀 관심을 두지 않음을 명료해지도록 만들어 냅니다. 그 이유는 드물게 불안감 때문이지만, 취약성을 보여주는 것이야말로 이들에게는 문제일 수 있고, 타인들이 실상적으로 가까워지지 못하도록 할 수 있습니다.

자신만의 개별성에 대한 이들의 믿음이 너무 강해서, 이들 중 일부는 용인된 사회 규범 위에 자기 자신을 둘 것입니다. 그런 사람들은 접근이 어려운 것처럼 보여서 고립되고 외로워질 수 있습니다. 이들은 대단한 내면의 강인함이라는 복을 받습니다. 이들 중 다수는 타인들에게 [이들을] 신임할 마음을 불어넣고, 자주 거들거나 부담을 떠맡도록 요청받을지도 모릅니다. 하지만 이들은 높은 기대가 자신에게 놓일 때 대응하기가 어려움을 알아차릴 수 있습니다. 그런 순간 이들의 천성적인 경향은 자신의 사적이고 자주 비밀적인 세계로 물러나는 것입니다.

소통은 특히 이들의 경력에서 자신만의 생각을 명확히 하는 수단으로 최우선 사항일 수 있습니다. 그러나 이들은 더 많은 개인적인 경험을 공유하기가 힘겨움을 알아차릴지도 모릅니다. 이것은 언어 능력이 부족한 것보다, 자신 내면의 고군분투를 자신의 마음 속에 간직하고, 시련을 혼자서 겪어내려는 욕구 때문입니다. 이들 중 다수는 친절하고 심사숙고하며 고려하는 사람이고, 자신의 어려움 탓에 자신의 주위 사람들을 고민하게 하려는 어떤 욕구도 만나지 못합니다. 도움을 요청하는 것이 실상적인 문제일지도 모르는데, 이들은 혼자서 상황을 해결할 숙명인 것으로 보입니다. 이들 중 다수는 바른 일을 하는 것에 대한 진정한 신봉자입니다. 고도로 윤리적인 이들이 볼 시, 인간 존재는 개별적인 노력을 통해 도덕적인 위상을 획득합니다.

엉뚱한 면을 갖고 있는 이들은 다양한 형식의 유머를 사랑합니다. 이들은 때때로 어리석고 순진하게 보일 수 있지만, 대개 자신의 결점을 알아보고 자기 자신을 비웃을 능력이 있습니다. 도가 넘친 이런 태도는 낮은 자기-이미지로 귀결될 수 있지만, 대다수의 경우 자기 자신에 관해 농담하는 이들의 능력은 약점이 아니라 강인함의 싸인입니다. 이들은 일상적인 문제에 실용적일지라도 자신의 해학적인 감각을 보완해주는 풍부한 공상적인 삶을 영위합니다. 심지어 이들 중 가장 시큰둥하고 진지한 사람조차도 비꼬는 유머감각을, 즉 어쩌면 때로는 약간 쓰리게 하거나 빈정대는 유머감각을 갖고 있지만, 그럼에도 익살맞습니다.

이들은 지적인 문제뿐만 아니라 사람에 대해서도 자신의 좋은 취향을 자랑으로 여기는 차별적인 유형입니다. 이들은 극도로 높은 기준을 갖고 있고, 그 기준은 지나치게 까다로워서 이들로 하여금 타인을 친구로 거절하도록 또는 타인에 의해 거절당하도록 이끌 수 있습니다. 그 귀결로 이들의 사회 동아리는 작아지는 경향이 있습니다. 비판적이지만 또한 정직한 이들은 자신이 타인에게 무자비한 기준을 적용하듯이 똑같은 기준을 자기 자신에게도 예외 없이 적용합니다. 그런 태도는 확실히 이들로 하여금 느긋해지도록 만들어주지 않고, 이들은 자주 극심한 신체적인 증상으로 이끄는 엄청난 스트레스를 받을 수 있습니다. 타인들보다 이들에게 더 많이 있는 내부장기의 질환은 자주 심령적인 불안의 결과입니다.

신임이라는 가면과 가끔하는 이들의 허세 뒤에는 우리가 모두 사랑을 욕구하는 만큼 사랑을 욕구하는 사람이 있습니다. 이들이 마음을 열 수 있는 (대개 연인보다 친구인) 특별한 사람을 찾아내는 것은, 자주 자기-표현의 가장 깊은 원천을 열어보이는 것을 향한 첫 단계입니다. 하지만 이들의 방어를 무너뜨리는 것이 도전적일지도 모르고, 이들이 그 노력의 진가를 인정해줄지도 모르며, 평생의 우정과 심지어 결혼까지 자주 그런 공격적인 행동에서 비롯될 수 있습니다. 이들은 실상적으로 탐탁지 않은 어떤 공격도 물리칠 자신의 능력을 꽤 자신하기 때문에, 타인이 자신에게 추파를 던지는 것에 실상적으로 마음쓰지 않습니다. 이들은 자신의 심사숙고하고 때로는 틀어박히는 인격을 잘 돋보이게 해주는, 적극적이고 외향적인 유형에 관여하는 것도 또한 자주 즐깁니다.

이들의 성적인 표현은 깊은 느낌을 포함하지 말아야 합니다. 이들은 자기 자신과 자신의 연인 사이에 보이지 않는 장벽을 서둘러 쌓는 기이한 방식을 갖고 있고, 간파되지 않고 성적인 활동에 거리를 둘 수 있습니다. 이들은 친밀한 관계 속에 있는 비범함을 위한 취향을 자주 갖고 있습니다. 이들은 이 취향에 관해 침묵의 메시지를 자신의 연인에게 보낼지도 모르는데, 그 연인이 그 메시지에 유의하면 대단한 만족을 가져다주지만, 충분히 오랫동안 무시하면 관계의 종말을 초래할 수 있습니다. 변덕부리기, 즉 빨리 옮겨가는 갑작스럽고 불가해한 격정의 변덕에 굴복하는 것도 또한 이들의 전형적인 특성입니다.

이들 중 다수는 타인과 함께 살려는 실상적인 욕구가 전혀 없지만, 자신에게 충분한 시간과 공간을 갖고 있는 한에서 만약 가족생활이 유혹적인 것으로 판명된다면, 이들은 잘 어울리는 데 유능합니다. 부모로서 과하게 엄밀한 이들의 경향은 지속해서 통제되어야 할지도 모르고, 동무로서 타인들의 기벽을 받아들이는 데 제한적인 이들의 능력은 확실히 시험대에 오를 것입니다. 집과 작업에서 타인들과 갖는 매일의 상호작용을 통해서 이들은 자신만의 인간성을 깊어지게 할 것입니다. 상호문제를 해결하려고 타인과 함께 애쓰도록 강요받는 것은, 이들에게 용서, 수용, 동감에 관해 가르쳐줄 것입니다.

▶ 조언

당신의 높은 기준을 위태롭게 하지 않고도 유연성과 수용성을 유지하도록 노력하라.
사랑 관계에서 당신의 가슴을 열라.
당신의 비난하고 용납하지 않는 면을 알아채라.
신사숙녀적임, 친절, 외교는 계발할 가치가 있는 특성이다.
당신 자신을 법 위에나 사회 바깥에 두는 것을 주의하라.
당신의 연약함을 보여주는 것을 두려워하지 마라.

24 원칙주의자 주간

9월 11일 ~ 9월 18일
Literalist

▶ 주간 특성
강점; 침착한, 양육하는, 유능한
약점; 자극적인, 심판적인, 무자비한

▶ 심리구조
　'원칙주의자 주간'에 태어난 이들은 의지적이고, 자신이 바라던 바를 얻을 때까지 대체로 끈덕집니다. 하지만 이들이 어떤 갑작스러운 활동도 취하는 것을 거부하는 데 오랜 기간이 경과할지도 모릅니다. 자신의 목표가 이들에게는 너무나 가시적이고 실상적이므로, 이들은 일종의 미루기를 통해 최종 결말에 대한 자신의 신임을 표현할지도 모릅니다. 이들은 강한 정신적인 지향이 자신의 주위에서 펼쳐지는 사건에 결정적인 영향을 자주 끼칠 수 있음을 알고 있습니다.
　이들은 불합리성에 의해 자신으로 하여금 쉽게 헷갈리게 하고 심지어 화나게까지 만들어낼 수 있는 자신의 배역에 실용적인 중점을 갖고 있습니다. 그러나 이들은 대개 자신의 짜증이나 혐오감을 즉각적으로 표현하지 못하도록 자신의 느낌을 잘 통제하므로, 자신의 진짜 감정을 표면에 가져오려면 특별히 짜증나게 하거나 혼란스럽게 하는 촉발이 필요합니다. 심지어 이들 중 더 쉽게 자극받는 사람조차도 대개 나이가 들면서 원숙해집니다. 이들은 감정을 깊게 느끼지만, 연인과 동무를 오직 가장 개인적으로 맞닥뜨릴 때만 흥분할지도 모릅니다. 대다수의 경우 이들은 자신이 과시의 싸인 및 자기-통제의 부족으로 바라보는 감정 표출, 특히 공공연한 감정 표출을 좋아하지 않습니다.
　이들은 위조와 가식도 또한 싫어합니다. 진정한 원칙주의자인 이들은 사람들이 그들 자신에게 진실해지는 것이 아무리 어려울지라도 그들의 실상 모습대로 행동하고, 그들 자신에게 진실해지기를 좋아합니다. 반면에 곤란이나 불쾌함을 좋아하지 않는 이들은, 거의 모든 인간적인 국면에서 일말의 예의, 배려, 고마움이 요구된다고 느낍니다. 그래서 이들은 때때로 '진실에 대한 자신의 사랑' 및 '조화에 대한 자신의 욕구' 사이에서 분열됩니다.
　이들은 선풍적인 것에 대한 분명한 감식안을 갖고 있습니다. 때때로 고도로 극적인 이들은 진실을 들춰내서, 세상에 드러내기 위해 탐구합니다. 그런 이들은 사회의 도덕관에 맞서는 데 두려움 없이 용감할 수 있어서, 어쩌면 자유로운 언론, 자유로운 생활방식, 자유로운 사랑이라는 이상을 장려하는데, 혁명적인 열정은 이 집단에서 자주 고조됩니다. 하지만 이들은 자신이 도덕적인 개혁 운동을 할 시 순전한 반항이라는 유혹에 굴복하지 말아야 합니다. 침착하지 않으면, 이들의 격정은 대략 사람보다 대의명분이나 이상을 중심으로 더 자주 불이 붙습니다.
　기민한 판별 본능이 이들의 최고 강점에 속하지만, 이들은 이 영역에서 자신의 예리함으로 하여금 손에서 벗어나지 않도록 조심해야만 합니다. 직종적으로 이들이 매일같이 자신의 동료들을 판단하도록 요청받는 임원직에 배치될지도 모르고, 그렇게 판단하면서 이들은 타인들에게 거절과 실망의 느낌을 쉽게 빚어낼 수 있으므로, 그들의 느낌에 민감해지도록 노력해야만 합니다. 그들의 원망은 파괴적이 되고 약화시키게 될 수 있는 부정적인 에너지의 극단을 구축할지도 모릅니다. 기예를 마스터하는 것보다 더 그들의 찬양을 불러일으키는 성취는 거의 없습니다. 따라서 역할 모델은 이들에게 극도로 중요하고, 이들 자신만의 성공을 위한 직접적인 영감과 촉발로 판명될지도 모릅니다. 이들은 특히 자신의 동반자가 높은 등급의 작업을 연출하는 데 유능할 때, 자신을 모든 종류의 창조적이고 사업적이며 실용적인 노력에서 뛰어난 동반자로 만들어갈 수 있습니다. 자신의 작업이나 애정 생활의 질이 충분히 높아지면, 이들은 경력과 개인적인 관계 양쪽에서 많은 것을 참아낼 수 있습니다.

관계에서 이들은 자기 자신을 위해 단연코 최선을 기대하면서, 고도로 요구가 많습니다. 이들의 연인과 동무는 이들의 에너지를 감당하려면 강인해져야 할 것입니다. 하지만 이들은 특히 역경의 시기에 자주 다정하고 보살피는 사람입니다. 이들은 양육하고 보호하는 본능을 강하게 갖고 있고, 그 본능은 이들이 사랑받는 사람이 고통받거나 공격받고 있을 때 강하게 등장합니다. 극도로 유능한 이들은 자신의 참아냄과 투신을 통해 곤란하거나 문제 있는 관계라도 수년간 지속해서 살아있게 할 수 있습니다. 사실 장애물에 직면해서 극복하는 것이 이들 삶의 모든 측면에서 이들의 전공이 될 수 있습니다. 이들의 [우월한] 서열을 위한 욕구 및 충족을 위한 애씀은 특히 도전적인 임무나 프로젝트가 마침내 완료될 때에야 대개 특별한 만족을 찾아냅니다. 자신의 노력에 대한 결실이 이들에게 정기적으로 부인될 때, 이해관계를 잃어버리거나 떠나버릴 가능성이 있는 이런 실용적인 인격에게는 '결과'가 중요합니다. 이들은 자신이 받을 자격이 있는 것에 관한 윤리적인 느낌을 갖고 있고, 불공정한 대우를 받으면 몹시 고통을 겪을지도 모릅니다.

이들은 이기적이고 배후조종적인 몰아댐에 굴복하지 않도록 조심해야만 합니다. 이들의 친구, 협업자, 고용주는 이들이 더는 자신에게 적합하지 않은 개인적인 및 작업적인 관계를 단절하는 데 무자비한 이들을 때때로 알아차릴지도 모릅니다. 이것은 이들의 마음에서 대개 실상적이고 공정한 것으로 정당화되지만, 상대방의 관점을 알아보는 것에는 무지함도 또한 예시할 수 있습니다. 더 성공적인 사람은 나쁜 뒷맛을 남기는 것 없이 더 우아하게 관계를 끝맺는 법을 체득할 것입니다.

이들의 가장 긍정적인 인간적 특성은 자주 가족생활에 등장합니다. 이들은 자신을 뛰어난 부모 및 사랑스럽고 의무를 다하는 자녀로 만들어갈 수 있습니다. 이들이 독립적이고 인습타파적임에도, 이들은 대개 가족 문제에 꽤 관습적이고, 특히 휴일 저녁 식사와 나들이를 즐깁니다. 사실상 이들은 권위가 정직하고 보살피며 정당한 한, 그 권위에 대단한 존중을 갖고 있습니다. 자녀와 부모를 대우하는 데 편애나 차별, 불공정의 모든 형식은 이들에게 고도로 못마땅합니다.

▶ 조언

타인의 느낌에 더 동감적이도록 노력하라.

누구나 당신만큼 의지가 강하고 유도되는 것은 아니다.

당신의 머릿속에 틀어막히게[계산하게] 되지 마라. 음식, 수면, 심미적인 활동에 대한 사랑을 키우는 것이, 당신의 에너지를 뿌리내리게 하는 데 필수적이다.

아마도 당신에게 봉사할 사람 뒤에 숨거나 그 사람에게 너무 중하게 의존하지 마라.

25 아름다움 주간

9월 19일 ~ 9월 24일

Beauty

▶ 주간 특성

강점; 미적인, 심미적인, 조화로운
약점; 고상한 체하는, 중독적인, 불안정한

▶ 심리구조

'아름다움 주간'에 태어난 이들은 이상의 추구에 강력하게 얽매입니다. 예술품에서든 자연에서든 사람에게서든 간에 물리적이고 심미적인 아름다움에 끌릴 때, '색상, 형태, 형식, 질감의 유혹' 및 '호기심을 자극하는 음악이나 목소리'는 이들의 모든 감정적인 버튼을 눌러서 이들에게 창조적인 영감을 가져다줍니다. 이들은 외부의 촉발에 극도로 민감하고, 유별난 맛과 냄새에 강하게 반응하며, 방해하는 광경과 소리에 쉽게 불쾌해집니다. 그래서 이들은 자신의 생활 국면 및 자신의 작업 양쪽을 위한 고도로 미적인 환경을 창조해야만 합니다.

이들은 자신이 최신임을 자랑으로 여기고, 패션, 디자인, 예술, 기술의 최신 동향을 알아챕니다. 타인들은 이런 영역에 대한 이들의 이해관계를 단순히 유행을 따른다고 바라볼지도 모르지만, 이들의 정보와 취향이 이들이 소속된 조직에 극도로 소중할 수 있음을 부인하는 어떤 것도 현존하지 않습니다. 자주 이들은 뛰어난 경영자의 기술, 마케팅의 기술, 관리의 기술도 또한 갖고 있는데, 그 기술에서는 자신의 분야에서 현재 계발되는 자신의 육감이 자신에게 크게 도움됩니다.

물리적인 세상의 외적인 겉모습에 대한 이들의 이해관계 탓에 이들은 피상적이고 화려하게 보일지도 모릅니다. 이들은 외부적인 것에 대한 자신의 사랑이 질병, 사고, 고통, 죽음이라는 더 불쾌하되 불가피한 삶의 측면에 대한 부적격한 준비임을 어느 시점에 대개 발견하기 때문에, 삶에서 빠르든 늦든 영적인 문제를 다루어야 할 것입니다. 고전적으로 이들은 이 영역 중 준비되지 않은 하나를 맞닥뜨릴 것이고, 당황되고 부적격한 느낌이 들 것입니다. 결과적으로 이들은 실존의 표면 아래를 조금 더 깊이 파헤치도록 내몰릴 것입니다.

이들은 친구로 삼기에 재미있습니다. 상상적이고 자유분방한 이들은 어떤 모임이든 생명을 빌려줍니다. 하지만 이들은 이들의 친구와 동무가 대처해야 하는 감정적으로 어두운 면도 또한 갖고 있습니다. 이들이 인생의 우여곡절을 정면으로 맞닥뜨려서 극복하기보다 마약과 술에 의탁하는 경향을 갖고 있기 때문에, 재정적으로 스트레스받거나 감정적으로 혼란한 시기에 중독적인 경향이 표면화될지도 모릅니다. 특히 이들의 심미적인 천성이 가장 자기-파괴적일 수 있는 곳이 바로 여기입니다. 이들은 실상에서 도망치려고 시도할 시, 자신의 성욕에 대한 건강한 표현이 신경증적인 몰아댐 및 소유적인 몰아댐으로도 또한 전환되지 않도록 주의해야만 합니다.

이들 중 가장 성공적인 사람은, 아무리 보잘것없더라도 대중 친화력을 잃지 않고, 혹은 자신의 기원을 잊어버리지 않습니다. 하지만 이들은 자신의 동료 인간존재의 더 기본적인 측면에서 점점 더 동떨어지게 되는 상아탑 국면에 자기 자신을 고립시키는 성향을 갖고 있습니다. 이런 성향은 대중의 취향에 지속해서 뒤쳐지지 않게 하는 이들의 능력과 어긋나게 작동할 수 있고, 이들의 유익함을 서서히 잠식할 수 있습니다. 극단적인 경우 이들은, 오직 자신의 주목을 받을 가치가 있다고 느끼는 사람들만, 즉 자신이 사회적으로 증진할 수 있는 영향력을 갖춘 사람들만 사귀면서, 고상한 체하는 엘리트주의자가 될지도 모릅니다.

가을의 도래를 알리는 추분은 추수를 상징하는 '아름다움 주간'에 발생합니다. 어쩌면 존 키츠의 시 "가을로"는 '안개와 원숙한 결실의 계절, 성숙시키는 태양의 절친한 친구'라는 첫 구절을 통해서 이 시기의 분위기와 이미지를 표현해주는, 즉 실로 '원숙한' 이들의 에너지를 가장 잘 표현해줍니다. 이들은 가능할 때마다 일반적인 논쟁, 대립, 불쾌감을 피해버릴 것입니다.

이들의 연인, 협업자, 가족 구성원은 이들이 자신의 직접적인 주위환경에서 짜증나게 하거나 거슬리는 요소에 얼마나 민감한지를 알고 있습니다. 마찬가지로 대개 이들은 자신이 친밀하게 관여하기로 선택한 사람들이 매우 번듯하기를 요구합니다. 이런 경향에 대한 한 가지 예외는 이들이 마침 극도로 매력적일 때 발생하고, 이 경우 이들의 동반자는 가장 유별난 신체적인 유형에 속할 수 있습니다. 사실상 이들은 타인들의 신체적인 기형을 향해 이중적인 태도를 갖고 있으므로, 그 기형이 불쾌도 하고 홀리게도 함을 알아차리게 됩니다.

이들은 동무나 친구로서 안정되고 강력한 인물에게 자주 연관성을 만들어낼지도 모릅니다. 실로 이들은 자신의 개인 생활 속까지는 아니더라도 어쩌면 협업자나 동반자와 작업하는 속에서는 평생 그런 믿음직한 인물에게 어떤 종류의 긴밀한 협력관계를 유지하려고 욕구할지도 모릅니다. 하지만 이런 관계는 부모나 가족 구성원의 심리적인 투사에 의해 빈번히 영향을 받습니다.

비록 이들이 주기적으로 자신의 접촉감을 탐닉하려고 욕구할지라도, 이들 자신은 동떨어지거나 남이 만질 수 없는 것처럼 보일지도 모르며, 오직 특별한 때에만 신체적인 접속을 허용할지도 모릅니다. 이들 중 다수는 아름다움을 '접근하거나 소유하는 특성이 아니라 멀리서 흠모받거나 숭배받는 특성'으로 보므로, 멀리서 그 아름다움을 찬양하는 것에 만족합니다. 이들에게 관념적인 관계는 자주 특별한 호소력을 소유하고 있습니다.

▶ 조언

겉모습에 지나치게 관련되지 마라.
싫증내게 되거나 유행을 따르게 되거나 강박적이 되지 않도록 하고, 당신의 아름다움에 대한 탐색을 지속해서 살아있게 하라.
영적인 목표를 등한시하는 것과 과도한 물질만능주의의 먹이로 전락하는 것을 주의하라.
당신의 신경계를 지속해서 통제하라.

26 완벽주의자 주간

9월 25일 ~ 10월 02일
Perfectionist

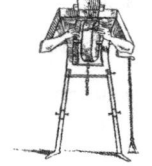

▶ 주간 특성
강점; 매력적인, 엄밀한, 시원한
약점; 우유부단한, 가혹한, 억압된

▶ 심리구조

'완벽주의자 주간'에 태어난 이들은 자주 고도로 매력적인 인격이지만, 지나치게 사회적인 인격인 것은 아닙니다. 이것은 비록 이들이 세상의 주목을 끌려는 대단한 욕구를 갖고 있을지라도, 혼자 시간을 보내려는 더 대단한 욕구를 갖고 있으므로, 이들에게 문제를 창조할 수 있습니다. 이들 중 다수는 공적인 삶에 실상적으로 전혀 적합하지 않고, 일부는 개인적이고 사적인 익명의 기획에 더 시간을 보내기 위해 사회 지향적인 경력을 포기할지도 모릅니다. 실로 이들이 취미나 짬을 내는 다른 노력에 자신의 실상적인 이해관계와 에너지를 쏟으면서, 꽤 평범한 직무를 작업하는 것은 전혀 드물지 않습니다.

이들은 자신 삶의 온갖 영역에 '무엇이 오류인지를 파악해서 그 오류를 고치려고 노력하기 위한 욕망'을 주입할지도 모르는 부인되지 않는 완벽주의 경향을 갖고 있습니다. '상황을 바로 잡는다'는 이 테마는 이들의 지식과 기법적인 노하우를 반영하고, 이들이 자신의 주위 사람들에게 무엇이 최선인지 알고 있다는 이들의 확신도 또한 반영합니다.

완벽을 위한 자신의 몰아댐 탓에 이들은 자주 가혹하게 높은 자신의 기준을 자기 자신과 자신의 주위 사람들에게 똑같이 적용하기 쉽습니다. 이들의 완벽주의의 핵심에는 "넌 아직 충분하지 않다"고 항상적으로 말해주는 어린 시절의 목소리가 당연히 놓여 있을지도 모릅니다. 이들의 비판적인 태도는 확실히 손을 쓰지 못하게 작용될 수 있고, 이것은 이들로 하여금 함께 사는 것이 극도로 까다롭도록 만들어낼 수 있습니다. 이들은 작업장부터 부엌과 침실에 이르기까지 일상생활의 영역에 자신이 엄밀히 적용한 점검목록을 갖고, 상대방 쪽의 실패나 등한시의 여지를 거의 남기지 않을지도 모릅니다.

만일 완벽에 대한 이들의 갈망이 때때로 이들로 하여금 강박적이고 집요해지도록 몰아댈지라도 놀라지 마십시오. 자신의 소재를 마스터하려는 시도에서 이들은 지나치게 경직된 루틴을 채택할지도 모릅니다. 매일같이 이들에게 관여하는 사람은 이들의 요령에 대한 진가를 알아보겠지만, 상황을 내버려두지 못하는 이들의 무능에 분개하게 될지도 모릅니다. "망가지지 않으면 고치려 하지 말라"는 이들 모두가 빠르든 늦든 터득해야 할 공부입니다.

불안감은 이들로 하여금 기대 이상의 성취자가 되도록 몰아댑니다. 이들은 자신의 계획을 실행하고, 자신의 활동이 성공적인 결말을 가져오게 하는 것에 극도로 철저합니다. 그래서 이들이 자주 고도로 성공적인 사람으로 보이지만, 이들의 주위 사람은 이들의 내면 삶이 사실상 얼마나 불안정한지를 항상 알아보는 것은 아닙니다. 자신에 대한 규칙을 지키도록 정할 시 이들의 완강함 및 자신의 이상을 굽히는 것에 대한 이들의 거부는, 이들을 성공으로 아니면 똑같이 절망으로 몰아댈지도 모르는 엄청난 압박감 아래 이들을 놓습니다.

격렬한 인격을 갖고 있는 이들은 대단한 성취에 유능합니다. 하지만 우유부단에 의해 분열된 이들은 심지어 어떤 코스를 따라야 할지 마음을 꾸며내려고 노력하는 데도 세월을 허비할 수 있습니다. 때때로 이들은 어쩌면 취미나 관계 같은 비생산적인 노력에 너무 많은 시간과 수고를 쏟아부어서 더 긍정적인 노력을 위한 시간과 에너지를 자기 자신에게 거의 남기지 않을지도 모릅니다. 문제에 의해 고도로 도전받는 이들은 포기하는 것이나 실패하는 것이 어려움을 혹은 심지어 자신이 자신의 시간을 낭비해왔음을 시인하는 것조차도 어려움을 알아차릴지도 모릅니다.

이들은 대개 감정적으로 꽤 복합적입니다. 이들은 내면 감정의 소용돌이를 가려주는 시원한 인상을 자주 줍니다. 이들은 안으로 틀어막히게 되는 성향뿐만 아니라 자신을 도우려는 타인들의 시도에 저항하는 성향도 또한 갖고 있습니다. 자신의 느낌을 마스터하는 것은 대개 이들에게 높은 우선순위인데, 이들의 의식적인 자기-통제가 '시간이 지나면서' 바로잡기가 어려운 상태인 무의식적인 억압이 될지도 모른다는 점이 그 위험이기 때문입니다. 홀리게 하고 도전하는 이들의 감정적인 핵심에 침투하는 도전은, 이들의 친우들을 평생 지속해서 바쁘게 할지도 모릅니다.

하지만 자신의 느낌을 깊은 수준에서 공유하거나 토의하지 못하는 이들의 무능은 결국 어떤 관계든 쇠약하게 하는 것으로 판명될지도 모릅니다. 이들에게 개인적으로 관여하는 사람은 행복, 기쁨, 사랑뿐만 아니라 분노, 질투, 혐오, 심지어 증오조차도 긍정적이든 부정적이든 간에 이들이 자신의 감정을 터뜨리는 것을 심지어 고집할 정도까지, 시작부터 느낌이 밖으로 공개되도록 유지하기 위해 가장 좋은 것을 할 것입니다. 일단 양쪽 편의 느낌이 알려지도록 만들어지고 분위기가 개선되었다면, 각자에게 생명 같은 관심사라는 이슈는 회피되는 것보다 합리적으로 토의될 수 있습니다.

지나친 이해관계와 무관심 사이의 널뛰기도 또한 이들 관계의 안정성에 역효과를 갖고 있을지도 모릅니다. 이들의 연인과 동무는 이들의 성적인 격렬함을 즐길지도 모르지만, 결국 사적인 공간을 확립하기 위해 조금 물러나려고 욕구할지도 모릅니다. 반면에 이들은 특히 자신의 동반자가 조금 좌절하게 내버려두면서 자신만의 작업에 몰두할 때, 그 격렬함을 즐기는 만큼 자신이 함께 사는 사람을 무시하는 데도 유능합니다.

이들은 다양한 형식으로 속내를 표현하나 주로 아이러니와 빈정거림으로 속내를 표현할 수 있는 비꼬는 유머감각 및 자주 신랄한 재치를 갖고 있습니다. 하지만 이들의 유머는 대체로 상처를 주려는 의도가 아니고, 아니면 심지어 타인들로 하여금 웃게까지 만들어내려는 의도이며, 그들로 하여금 생각하도록 만들어내려는 의도입니다. 이들은 자신과 가까운 사람들을 깊이 해칠지도 모르는 통렬한 비판을 만들어낼 수 있지만, 아마도 자신의 말이 갖는 감정적인 효과를 완전히 깨닫는 것은 아닙니다. 이들이 자신을 보살펴주는 사람들과 조화롭게 살아가고 싶다면, 이들은 자신의 불만을 표현할 시 더 수완적이고 신사숙녀적이 되어야만 합니다.

▶ 조언
자기-신임을 키우라.
당신의 짖는 소리는 [정말] 물어버릴 수 있으므로, 타인에 대한 당신의 비판이 너무 공격적이 되지 않도록 주의하라.
당신 입장에 일관성을 유지하라.
미루기 위한 충동과는 싸우지만, 동시에 비록 상대가 당신의 기대치에 미치지 못하더라도 진행되고 있는 상황을 간섭하는 것에 저항하라.
실수는 단지 게임의 일부일 뿐이다.

27 사회 주간

10월 3일 ~ 10월 10일
Society

▶ 주간의 특성
강점; 최신의, 공정한, 통찰적인
약점; 안일한, 가혹한, 자기를 속이는

▶ 심리구조

'사회 주간'에 태어난 이들에 관한 역설은 비록 자신의 사회적인 기술이 고도로 계발되어 있을지라도 이들은 실상 천성적으로 단독자일지도 모른다는 점입니다. 시사 문제, 패션 및 '생활방식이 관련되는 문제'에 대한 이들의 지식이 인상적이어서, 가족과 친구는 가능한 한 가장 세련된 방식으로 직무를 완수하기 위해 재료나 방도의 선택에 관련해 이들의 의견을 구합니다. 항상적으로 요구받고, 자기 자신을 위한 시간을 찾아내는 데 자주 어려움을 갖고 있는 이들은, 어느 시점에서는 자신이 주려고 준비된 시간과 에너지를 제한하는 방법을 체득해야만 합니다.

대체로 사람으로서 크게 환영받는 이들은 믿을만한 벗이나 상담가로도 또한 인기가 고도로 높습니다. 이들은 자신을 처음 만나는 사람들에게 [이들을] 신뢰할 마음을 불어넣습니다. 이들의 비위협적인 접근법은 타인들로 하여금 두려워할 것이 아무것도 없다고, 즉 그들이 가슴을 열고 속마음을 털어놓을 수 있다고 빨리 느끼도록 만들어냅니다. 실로 이들은 자신에게 비밀을 털어놓는 사람을 향해 좀처럼 상처를 주거나 악의적으로 행동하지 않습니다. 이들을 발굴해내는 사람들은 이들과 함께하면 안전하다고 느낍니다.

비록 이들은 대다수 국면에 공정하고 정당하며 동의적이지만, 또한 극도로 날카롭고 비판적일 수도 있습니다. 이들의 통찰이 너무 자주 정확하기 때문에, 이들의 가시 돋친 말은 따끔거릴 수 있습니다. 이들에게 귀 기울이는 협력자와 고용인은 아마도 중요한 것을 배울 수 있지만, 이들의 공격에 의한 격노는 습격받은 상대에게 너무 많은 부정적인 감정을 자주 자극해서 명료한 경청을 허용하지 않습니다. 오직 나중에만 이들이 비판한 진실이 스며들기 시작할 것입니다.

자녀로서 이들은 자신의 부모에게 요구가 많을 수 있고, 부모로서 이들은 자신의 자녀에게 엄격할 수 있습니다. 젊을 때 이들은 권위적인 사람에게 극도로 반항적이거나 적어도 말썽꾸러기가 될지도 모릅니다. 이들은 공정 의식에 의해 인도되지만, 어리석고 해로우며 불필요한 규제와 법에 대한 극도의 반감에도 또한 인도됩니다. 이런 젊은이는 사회적인 태도나 부모의 태도로 초래되는 손해나 낭비를 너무 자주 알아보고, 이에 관해 많은 것을 해내지 못하는 무력감을 느낄지도 모릅니다. 성장함에 따라 이들은 개혁운동가나 개혁가가 될지도 모르지만, 요청받았을 때 자신의 견해와 판단을 오직 제안하는 것 빼고 지켜보고 귀 기울이는 조용한 관찰자로 그만큼 쉽게 전환할 수 있습니다.

감정적인 불안정은 이들이 직면하는 가장 큰 단일한 문제일지도 모릅니다. 이 감정적인 불안정은 이들로 하여금 실상적으로 없이 지낼 수 있을 질투심, 짜증, 소유욕 및 모든 종류의 부정적인 감정들이 생기기 쉽도록 만들어내면서, 이들의 관계를 서서히 잠식할 수 있습니다. 신체적인 문제와 심지어 평생의 장애라는 결과까지 초래할 수 있습니다. 영적인 또는 종교적인, 형이하학적인 훈련의 일부 형식에 관여하는 것은, 이들이 안정된 상태를 지속시키고자 한다면 이들이 요구하는 안정성과 뿌리내리기를 제공하는 데 자주 필수적입니다.

'이들이 원한다고 생각하는 것'과 '이들이 진정으로 욕구하는 것' 사이에 뚜렷한 불일치가 너무 자주 현존합니다. 이들은 자신만의 욕망을 진지하게 취하지 않음으로써 그 욕망을 무디게 할지도 모릅니다. 따라서 '나는 무언가를 욕구하지 않는다'는 자신만의 고집을 통해 이들은 자신의 의지에 대한 계발을 방해할 수 있습니다. 이들이 이 결과로 일어나는 어떤 혼란이든 불행이든 절망이든 간에 기회로 활용할 수 있다면, 그것은 이들에게 잘 봉사할지도 모릅니다. 우울증을 통해 이들은 깊은 수준에서 자기 자신에게 접촉할 수 있고, 외부적인 것에서 벗어나 자신의 가장 깊은 욕구가 실상 무엇인지 파악할 것입니다.

상상적인 이들에게 언제나 제시되는 위험은 이들이 모든 것이 가능한 공상 세계에서 너무 많이 살게 되리라는 점입니다. 무사안일과 나르시시즘적인 즐거움 탓에 이들은 행동을 취하는 데 실패할 수 있습니다. 이런 공격성의 부족은 이들의 직종적인 삶에 영향을 줄지도 모릅니다. 세속적인 야심은 이들을 자극해서 더 단정적이 되어 자신이 실상 원하는 것을 세상에 요구하게 할 수 있으므로, 이들에게는 매우 건전할 수 있습니다. 여기서 문제는 이들이 자신의 진정한 바람이 무엇인지를 항상 확신하는 것은 아니고, 자신이 갖고 있는 것에 너무 자주 만족해서 실상적인 활동 코스를 도표로 그려내는 데 우유부단하다는 점입니다.

이들은 특히 이들의 밝고 재미를 사랑하는 태도로도 친구에게 고도로 중시됩니다. 이들은 자주 화술에 능하고, 심지어 이들 중 가장 수줍어하는 사람조차도 파티나 만찬, 나들이 같은 작은 길벗 그룹이 포함된 활동에서 꽃피웁니다. 이런 주위환경을 고도로 책임지는 이들은, 이바지를 만들어내는 것에 의존될지도 모릅니다. 하지만 이들은 타인에 관해 알아채고 실상적이지만, 자기 자신에 관해선 같거나 더 대단한 수준으로 비실상적일 수 있습니다. 자신만의 눈을 속이는 것은 이들의 불운한 특성일지도 모릅니다. 이런 자기-기만은 '처참한 동반자 선택'으로, '직종적인 큰 실수'로도 또한 이어질 수 있습니다. 간단히 말해 이들은 자기 자신에 대한 명료한 시각이 없이는 설복적인 개인적 선택을 만들어낼 수 없고, 항상적으로 자기 자신을 곤란에 빠뜨립니다. 다행히도 이들은 고도로 회복이 빠릅니다. 그럼에도 이들은 부상이나 패배에서 빨리 회복하는 자신의 능력을 당연시하거나, 그 능력에 가당찮게 의존하지 말아야만 합니다.

'사회 주간'에 태어난 이들은 자신의 개인적인 인간관계에서 험난한 기간에, 타인보다 자기 자신에게 더 해를 끼치는 경향이 있습니다. 이것은 자기를 학대하는 경향의 싸인이 아니라 자기를 우대하는 경향의 싸인이고, 연인이나 친구의 욕구와 원함보다 자신만의 욕구와 원함을 우선시하는 습관의 싸인입니다. 분노와 공격성을 표현할 시 이들의 어려움은, 상황이 잘못될 때 자기 자신을 탓하도록 자신을 이끕니다. 그 귀결로 이들은 자신이 기어 나오기가 극도로 어려울지도 모르는 고독이라는 우물 속으로 뛰어들면서, 조용한 우울증으로 가라앉을지도 모릅니다.

▶ 조언

당신 가슴의 진짜 욕망[소망]을 찾아내려고 노력하라.

당신이 일단 그 욕망을 찾았다면, 당신이 실상적으로 보살피고 있음을 보여줘야 함을 기억해내라.

항상 무엇이든 내주지 말고, 당신 자신에게 가장 가치 있는 것은 계속 보유하라.

당신으로 하여금 자신의 주목적에서 옆길로 새게 할 수 있는, 당신의 흥미로우나 흩뜨리는 주제에 대한 탐험을 제한하는 법을 체득하라.

일부 힘겨운 선택을 만들어내되, 당신의 꿈과 비전을 보존하라.

28 무대 주간

10월 11일 ~ 10월 18일
Theater

▶ 주간 특성

강점; 세상사에 밝은, 강력하게 추진하는, 지식적인
약점; 유의하지 않는, 책임을 전가하는, 지나치게 자신하는

▶ 심리구조

'무대 주간'에 태어난 이들은 셰익스피어가 썼듯이 '온 세상이 연극무대'라고 한다면, 그 무대 위의 가장 훌륭한 연기자 중 일부입니다. 일상사에서 자신만의 인생 드라마를 실연해보이는 것이 이들의 전공입니다. 자신의 업종적인 삶에 요구되는 이미지의 가치를 알고 있는 이들은 세상에 어떻게 자기 자신을 제시할지 공들이는 데 많은 시간을 할애합니다. 이들의 거리두기, 심지어 냉정함조차도 때로는 자신의 주위 사람들을 짜증나게 하거나 격앙시킬지도 모르지만, 그 활동은 오도하는 셈이고, 만일 이들이 정서가 부족한 것으로 보인다면, 이것은 대개 이들이 자기 자신에게 겪어가게 하던, 연구되고 혹독한 훈련의 결과입니다. 이들은 사실상 매우 감정적인 사람입니다.

고집불통인 이들은 자신에게 옳든 그르든 간에 수년간 같은 코스를 고수할지도 모릅니다. 어떤 대가를 치르더라도 앞서가려는 이들의 몰아댐은 이들로 하여금 침묵과 안식을 불신하도록 만들어내고, 이들은 생각하는 것보다 행하는 것을 선호합니다. 이들이 노력을 분석하고 계획하는 것, 아니면 사전에 노력에 관한 자신의 직감에 맞추는 것 없이 전심으로 또 때로는 너무 이르게 노력에 몰두할지도 모르므로, 그 귀결로 이들의 실수는 큰 실수가 될 수 있습니다. 모든 유형의 우발사고는 당연히 이런 유의하지 않는 태도에서 비롯될지도 모릅니다.

리더십 자질이 자주 고도로 계발되는 이들은 전형적으로 사회 집단이나 사업의 선두에 있는 자기 자신을 알아차립니다. 하지만 또다시 가족을 이끌거나 경영진의 역할을 떠맡을 시 이들은 협업자나 직원, 친척에게 끼치는 자신의 활동에 의한 효과를 헤아리는 것을 등한시하면서, 특정 교만이나 무오류의 의식을 갖고 활동할지도 모릅니다. 게다가 만약 이들은 마침내 실패에 직면하도록 강요받는다면, 지금까지 불가능하다고 여겨왔던 어떤 것에 직면하고 있을지도 모르고, 그 충격은 이들에게 너무 버거운 것으로 판명될 수 있습니다. 이들 중 자신의 동료 인간에 대한 존중으로 진정한 겸손을 키울 수 있는 사람은 결국 훨씬 더 행복해질 것입니다.

만약 이들이 대단한 실망에 직면했다면, 냉소적이 될지도 모릅니다. 세상사에 시들해진 그런 이들이 사랑과 애정을 통해 활기를 되찾을 수 있지만, 이 사랑과 애정은 이들이 대개 나누기가 가장 어려움을 알아차리는 바로 그 자질입니다. 신뢰되는 친구나 가족 구성원에게 이들의 가슴을 여는 것은 이들의 심리적인 웰빙에 필수적입니다. 어쩌면 심리적인 도움이 명백한 해결책이지만, 이들 중 대다수는 그 도움에 저항합니다. 이들이 곤란할 시, 이들의 사랑을 받는 사람들은 자주 그들이 또 그들만이 그들의 동반자로 하여금 견디도록 해주고 있음을 알면서, 실로 과중한 짐을 떠맡아야만 합니다.

세상사에 밝은 것이 어쩌면 이들의 가장 대단한 강점인데, 이들의 노하우인 지식과 경험은 자신이 선택한 분야의 도전을 즐기려고 욕구하는 신임을 이들에게 줍니다. 거의 예외 없이 어떤 종류의 전공자나 전문가인 이들은 자신의 업종 분야를 지배하는 데 꽤 유능합니다. 정보에 정통하려는 욕구를 갖고 있는 이들은 만일 어떤 영역에 무지하면, 특징상 이것을 배우려는 도전의 기회로 만들어냅니다. 비록 고집불통이지만 이들은 어떤 발상이 아무리 과격할지라도 공정 의식 때문이 아니라 자신의 지식에 뭔가 이바지할 가능성 때문에 그 발상을 고려해볼 것입니다. 이들에게는 지식이 힘[권력]입니다.

이들의 연인이나 동무가 이들에게 등한시 당했다고 느낄 때, 이들의 개인 관계에 어려움이 일어납니다. 진실로 이들은 타인들에게 관심이, 즉 그들의 느낌에 몹시 관심을 두지 않고, 비록 그들이 오해받을 때 극도로 고통을 겪더라도 이들은 타인들을 이해하기 위해 애써 힘든 길을 거의 가지 않습니다. 자신에게 과중한 감정적인 기대가 놓일 때 불편해지는 이들은 물러나거나 아니면 달아납니다. 이들이 자신을 진지하고 책임지며 윤리적이라고 바라보지만, 이들은 '타인들이 사실상 누구인지'보다 그들의 발상이나 가치 및 이것들이 대변하는 것에 관해 더 즉각적으로 관계할지도 모릅니다.

이들이 대개 중앙 무대에 서므로 이들의 친구나 동무는 조연의 역할을 연기해야 할지도 모릅니다. 하지만 궁핍한 면도 또한 갖고 있는 이들은 자신이 기댈 수 있는 강한 인격, 심지어는 지배적인 인격과 관계할 시 자주 가장 잘합니다. 반면에 누군가가 이들에게 부분적으로 또는 완전히 의존하게 될 때, 이들은 불편해서 들뜨게 되면서, 도피를 갈망할 수 있습니다. 이들은 억지로 책임을 떠맡고 다해내도록 강요받기보다, 관대하게 또 자진해서 책임을 떠맡고 다해낼 능력이 있다고 느껴야만 합니다.

남성적인 면과 여성적인 면이 이들에게서 강하게 합쳐집니다. 이들은 자신의 감정 표현을 폭넓게 허락하는 영역인 침실에서 극도로 격렬할 수 있습니다. 하지만 일단 방출되면, 이런 격정은 당연히 분노와 성질냄으로 번질지도 모르고, 이들은 그것을 맞비난과 비난으로 가득찬 논쟁의 형식으로 자신의 동반자에게 터트립니다. 이들은 자신의 일상생활에 싸움을 가져오는 쪽으로 경도되지 않으므로, 이들의 분노는 폭력적이지만 대다수의 경우 다행히도 오래가지 않습니다.

아마도 이들에게 감정적으로 일어날 수 있는 가장 좋은 일은, 심하게 몰아대는 이 개인주의자들이 욕구하는 애정, 후원, 감사를 제공해줄 수 있는 가족 그룹의 적극적인 구성원'인' 것이고 혹은 구성원이 '되는' 것입니다. 문제는 이들 중 다수가 가족이 배우자든 자식이든 부모든 간에 그들에게 '특별한' 관심을 두지 않는다는 점입니다. 대신에 이들은 자신이 신뢰하고 존중하는 오랜 친구 그룹과 함께 살거나 작업하고 놀이하는 것을 탐구할지도 모릅니다. 비록 그럴지라도 이들의 일벌레 경향은 이들이 함께 살기로 선택한 그룹이나 사람들과 지대한 시간을 보내는 것을 방해할 것이고, 사실 혼자 살려는 이들의 진짜 선호를 반영할지도 모릅니다.

▶ 조언

당신이 지속할 수 없는 약속을 만들어내는 것을 주의하라.

당신의 활동에 의한 가능한 뒤탈을 조심스럽게 숙고하라.

때로는 하나의 역할을 연기하는 것이 필요하지만, 그 과정에서 당신 자신을 속이지 마라.

타인의 느낌을 더 배려하라.

감정적인 문제에 마침맞은 시간과 참을성을 바쳐라.

29 드라마와 비평 주간

10월 19일 ~ 10월 25일
Drama & Criticism

▶ 주간 특성
강점; 심미적인, 카리스마적인, 예술적인
약점; 혹평하는, 중독적인, 경직된

▶ 심리구조
　'드라마와 비평 주간'에 태어난 큰 인격인 이들은 누군가가 감당하기에는 너무 버거운 것으로 판명될지도 모릅니다. 이들의 영향력은 자신의 아주 가까운 동아리를 지배할 뿐만 아니라 그 동아리를 훨씬 넘어설 수 있고, 그 영향력은 확실히 개인적인데, 왜냐하면 이들은 카리스마적인 사람이지만, 자신의 발상이 잘 숙고되고 고도로 계발되는 이들은 또한 자주 지성적인 사람이기 때문입니다. 이들은 대개 거의 모든 주제에 관해 할 말을 갖고 있습니다. 강단에서 설파하는 것에 대한 이들의 애호는 직종적이든 비공식적이든 간에 이들로 하여금 교사가 되는 데 알맞도록 만들어주고, 이들의 학생들은 대개 이들에게 지침을 구하려고 중하게 의존하게 됩니다.

　이들은 정신적인 특징과 감정적인 특징을 융합하는데, 이것이 항상 쉬운 임무인 것은 아닙니다. 이들 성격의 이런 두 측면은 '이끄는 머리'와 '부인하는 가슴', 아니면 '이끄는 가슴'과 '부인하는 머리'로 자주 전쟁 중입니다. 자신의 지성적인 천성과 감정적인 천성이 충돌할 때, 이들은 자기 자신과 실상적인 혼란에 빠져버릴 수 있습니다. 궁리해보는 기간은 공격성의 분출 탓에 중단되고, 자기-보증적인 결단과 통제는 미루기 및 안식에 대한 사랑 탓에 서서히 잠식될지도 모릅니다. 삶에 대한 긴장 및 실망은 이들이 고립 상태로 후퇴할 정도로 때때로 이들에게 너무 버거운 것으로 판명됩니다. 따라서 이들은 신체적인 운동, 신체단련 훈련, 건전한 식이요법, '세상과의 건강한 교제를 장려하는 모든 활동' 및 '세상에서 자기 자신을 고립시키려는 자신의 경향을 줄여주고 혹은 자신에게 유익한 것으로 판명될 관계와 활동'에서 이득을 얻습니다.

　이들의 정신적인 지향은 이들의 지각력과 날카로운 통찰력에 나타납니다. 여기서 두 가지 위험은 '개인적인 무오류성 의식' 및 '혹평하는 경향'인데, 반대하거나 깎아내리는 이들의 태도는 이들과 가까운 사람의 신임을 미묘한 방식으로 서서히 잠식하면서 그들을 해칠 수 있습니다. 이들의 친우들은 단지 그들 자신을 보호할 뿐만 아니라 해방시키기 위해서 그런 부정적인 기대와 예측에 맞서 저항해야 할지도 모릅니다. 이들은 '뒤로 물러서는 법을 체득할 가능성'에 관해서, 그리고 '자신의 의견을 자신의 마음속에 간직할 뿐만 아니라 많은 경우 자신을 완전히 놓아버릴 가능성'에 관해서 진지하게 생각해야 합니다.

　이들은 대다수 영역에서 확연히 현대적인 접근법을 갖고 있지만, 전통에 대한 부인되지 않는 의식도 또한 비호합니다. 이것은 이들이 부모와 자녀에게 헌신할 시 특히 명료한데, 그들의 삶에서 이들은 큰 역할을, 때로는 너무 큰 역할을 합니다. 이들이 자신 부모의 가치관을 너무 쉽게 받아들이는 것이 아니라, 오히려 그 반대로 이들의 집착이 더 감정적입니다. 폭풍우 같은 반항적인 사춘기 이후 인생 후반부에 이들은 부모와 극도로 가까운 관계로 자주 돌아갑니다.

　이들 중 다수가 일상생활의 많은 영역에 책임지는 것으로 보이는 만큼, 틀림없이 야생적이고 예견되지 않는 면을 갖고 있습니다. 극적이고 충동적인 이들은 자신의 가치를 주장하고 혹은 자기 자신을 표현하기 위해 사회의 도덕률에 서슴없이 정면으로 대항할 것이고, 그 주장이나 표현을 설복적으로도 또 현란하게도 해낼 수 있습니다. 심지어 이들 중 가장 순한 사람조차도 과시적인 면을 갖고 있고, 자신에 대한 눈치를 채는 타인을 원하고 욕구합니다. 이들의 사생활은 이들에게 관계했던 사람들의 상처받은 가슴으로 뒤덮인 행로를 도표로 그려내면서, 많은 연애사를 포함할지도 모릅니다. 카리스마, 충동성, 정신력이라는 이들의 특정 경쟁력은 이들로 하여금 만만찮은 사람으로 만들어내고, 때로는 심지어 관여하기에는 위험한 사람으로까지 만들어냅니다.

심미성과 격정은 이들의 삶에서 중요한 테마입니다. 하지만 타인들에게 관계할 시 이들은 성욕과 관능성을 꽤 다르게 다루고, 관계를 둘 중 하나에 당당하게 기반을 두며, 좀처럼 양쪽 모두에 기반을 두지 않으면서, 이 두 영역 사이의 분할을 과시할지도 모릅니다. 이들은 자신을 둘러싸고 있는 아름답고 세련된 대상에 대한 사랑에서, 즉 예술, 음악, 문학에 대한 진가를 알아봄에서 자신의 심미성을 표현합니다.

이들에게 낭만적으로 관여하는 사람은 그런 관계에 중독되는 경향을 주의해야만 합니다. 통상의 범위를 넘어서고 아니면 심지어 건전한 범위조차도 넘어서는 가당찮게 깊은 집착은, 쇠약하게 하는 의존성 및 아픈 이별과 해체로 귀결되고, 심지어 마약의 금단 현상을 닮은 증상으로까지 귀결될지도 모릅니다. 이런 성격 중 가장 성공적인 유형은 쌍방이 자신만의 공간을 갖고 있고, 자기 정체성을 유지하도록 관계를 구조화할 능력이 있는데, 덜 성공적인 유형은 아픈 일련의 실패한 관계를 경험할 숙명이 될지도 모릅니다. 하지만 이들 중 누군가와 결혼할 시 깊은 사랑과 우정의 조합이 가능하고, 일어날지도 모르는 어떤 어려움도 그런 유대는 거의 극복할 것입니다.

이들은 자신의 자녀와 함께하든, 다른 가족 구성원이나 친구의 자녀와 함께하든 간에 책임감 있게 인도하는 어른의 역할을 진지하게 떠맡지만, 객관성을 잃어버리고 결국 감정적으로 너무 관여하게 되어버릴 수 있습니다. 이들은 자녀, 학생 및 여타 젊은이를 존중하는 법을 체득하고, 자신의 느낌과 욕망이 또 어쩌면 자신의 비실상적인 기대가 얼마나 해로운 것으로 판명될 수 있는지를 [선험적으로] 깨닫는 법을 체득해야만 합니다.

▶ 조언
느긋해지고 재미있게 보내도록 노력하라.
덜 까다로워지는 법을 체득하라.
당신의 특이한 경험에서 당신 자신을 단절시키지 말되 침착함과 균형을 유지하라.
삶과 전투해서 현실도피주의 또는 자기-연민이라는 몸부림에 계속 저항하라.
과거는 뒤로하고, 미래를 끌어안으라.
냉소주의와 빈정거림은 당신에게 독이다.

30 격렬함 주간

10월 26일 ~ 11월 2일

Intensity

▶ 주간 특성
강점; 진실한, 구별하는, 일심(一心)적인
약점; 상처를 주는, 엄정한, 자기 파괴적인

▶ 심리구조

'격렬함 주간'에 태어난 이들은 세부사항에 주목하는데, 또 자신의 집중력을 당면한 임무에 적용하는 데 필적할 자를 거의 갖고 있지 않은, 요구가 많은 인격입니다. 이들은 아마 심판적이라고 할 정도로 극도로 분별해냅니다. 특히 공정성과 윤리 문제에서 이들은 사람들을 활동보다 동기로 더 판별하고, 자신이 도덕의 한도를 넘어선 것으로 바라보는 사람에게 엄정한 판결을 내릴 가능성이 있습니다. 하지만 이들은 자기 자신에게도 똑같이 엄격할 수 있고, 외고집적인 생각과 행동에 대한 죄책감에 고도로 시달리기 쉽습니다. 따라서 이들의 양심은 항상 강력하게 작업하고 있습니다. 직무를 마무리하는 것이 이들에게 중요하지만, 직무가 행해지는 방식이 최우선입니다. 심지어 이들 중 가장 순한 사람조차도 이들에게 실연해보이는 자의 솜씨 그 이상의 것을 갖고 있습니다. 이들의 대가(大家)적인 에너지는 자주 이들이 가족과 친구에게서 승인과 애정을 갈망하는 궁핍한 면의 외적인 구현입니다.

이들은 대다수 사람보다 충전된 성격, 즉 한쪽 면은 화창하고 한쪽 면은 어두운 양극화된 성격을 갖고 있습니다. 이들의 화창한 면은 가장 굳어진 가슴을 녹일 수 있는 밝은 광채와 유혹적인 매혹을 이들에게 주고, 또 파괴적인 어두운 면은 통제에서 벗어날 때 이들의 주위 사람들뿐만 아니라 이들 자신에게도 또한 심각한 피해를 입힐 수 있습니다. 이들이 쓰린 결말까지 자주 버티도록, 이들로 하여금 대립에서 뒤로 퇴각할 가능성이 없도록 만들어내는 것은 바로 이 격렬함입니다. 이들이 곤란해질 때, 이들의 신임 부족은 표면화되어, 이를테면 이들이 어떤 것도 바로잡을 수 없다는 확신, 아니면 이들이 마음쓰는 사람이 이들을 싫어한다는 확신으로 구현될지도 모릅니다. 이들 자신이 사실 느끼고 있고 투사하고 있는 (분노나 질투, 거절의 느낌 같은) 부정적인 감정을 타인들이 갖고 있다고 비난하는 것은, 이들이 자신의 아픔을 완화시키기 위해 너무 자주 사용하는 메커니즘입니다.

이들은 자신이 무엇을 하는지를 알아채는 것을, 또 자신의 활동에 대한 책임을 받아들이는 것을 자랑으로 여깁니다. 그 귀결로 타인들이 이들에게 반하는 활동을 범할 때, 이들은 그 활동이 고의로 혹은 의도적으로 행해졌다고 가장 자주 가정합니다. 타인이 순결하게 활동했거나 미리 계획하지 않고 활동했다고 믿기를 거부하는 것은, 갈등을 촉발시킬 수 있습니다. 게다가, 말하자면 이들은 대개 지각, 즉 건망증에 의해 약속을 완전히 놓쳐버리는 것에 대한 변명을 받아들이기를 거부합니다. 이들은 너무 자주 기억에 의한 과실이라는 주장을 의도된 해침을 위한 구실로 봅니다. 이들은 타인들이 그들의 활동에 대해 만들어낸 모든 사과도 또한 똑같이 받아들이지 않는데, 불순한 동기보다 잘못된 움직임을 더 기꺼이 용서합니다.

이들이 용서하기가 어려울지도 모르지만, 경시, 생색내기 및 '자신의 지성에 대한 모욕으로 바라보는 어떤 것'을 잊어버리는 것은 거의 불가능합니다. 비판에 관한 한 이들이 신경이 예민해서, 이들과 가까운 사람들은 논쟁을 피하고자 살금살금 걸어야 할 것입니다. 이런 갈등은 결국 관계에 파괴적인 영향력을 보유할 수 있고, 결별로 이어질지도 모르지만, 이들은 상황을 개선하고 정직을 장려하며 일반적으로 동반자로 하여금 관계 개선에 공들이게 하는 긍정적인 효과도 또한 거둘 수 있습니다. 이들은 여전히 닫혀있는 특정 도덕 영역을 제외하고 가장 자주 대결보다 토의를 선호하지만, 논쟁을 위한 논쟁에 주의해야만 합니다. 하지만 말로든 아니면 물리적으로든 직접 공격받는다면 이들은 끝까지 싸울 것입니다.

그럼에도 심판이라는 이들의 주된 공세는 그 자체로 파괴적이지 않고, 완전히 반대입니다. 이들은 자신이 누군가의 운명을 개선하도록 도우려고 그들에게 충분히 마음쓰지 않는 한, 심지어 그들 때문에 고민조차도 하고 있지 않아도 된다고 느끼는 경향이 있습니다. 비판의 긍정적인 가치를 믿는 이들은 나쁜 국면이 저절로 개선되리라는 점을 의심합니다. 하지만 이런 판단이 결국 아무리 지각적인 것으로 판명될지도 모르지만, 연인과 친구는 자주 이들의 날카로운 아픈 분석에 점차 지쳐버릴지도 모릅니다. 불운하게도, '비난, 비난, 죄책감, 수치심'이라는 주문은 어느 한쪽이 들었다고 기억해내는 유일한 메시지일지도 모릅니다.

이들은 양보다 질을 훨씬 중시하므로, 지나치게 다재다능한 사람, 즉 자신이 작업한 모든 다른 부분의 장점에 대한 정교한 주장이 동등해지도록 만들어내는 사람을 의심합니다. 이들은 여러 상황에 받아들여질 정도로 잘 응하는 것보다 한 가지 상황에 실상적으로 잘 응하는 것이 더 낫다고 생각합니다. 이들의 친구는 거의 없고, 부모와의 교제는 조심스럽게 계획되고 통제되며, 협업자나 동업자에 대한 이들의 관계는 고도로 선택적일지도 모릅니다. 이런 구별력이 있고, 자주 지식적인 이들에 의해 친구나 동무로 선발된 사람은 자주 명예롭다고 느낍니다. 매력적이고 흥미로우며 일심(一心)적인 이들의 온전한 주목을 받는 것은, 특히 북돋움이 욕구되는 에고를 매우 만족시킬 수 있습니다.

연인은 이들과 갖는 친밀한 관계 중 최고를 증언할 것이고, 친구는 이들이 빚어내는 따뜻함과 좋은 느낌을 압니다. 특이 사항은 이들의 유머 감각이고, 이들은 자신의 주위 사람들이 지속해서 포복절도하게 할 수 있습니다. 말씨, 몸짓, 움직임을 똑같이 잘 모방하는 이들은 자주 뛰어난 흉내쟁이입니다. 이들은 한 순간 진지하게 흉내내고, 그다음에는 조소하는 웃음을 터뜨리면서도 또한 끔찍하게 놀려대는 사람입니다. 일단 이들이 당신의 허점이나 웃음거리를 찾아냈다면, 심지어 당신의 즐거움이 끝날 때조차도 간지럼 태우기를 포기하지 않을 것입니다.

▶ 조언

당신이 타인에게서 기대하는 항상성을 똑같이 제공하되, 실수에 관한 한 당신 자신에게도 또한 덜 혹독하게 대하라.
가능한 한, 용서도 하고 망각도 하도록 노력하라.
과도한 짐을 뒤로하라, 과거의 상처는 너무 과중해서 누구도 심지어 당신조차도 견뎌낼 수 없을 것이다.

31 깊이 주간

11월 3일 ~ 11월 11일

Depth

▶ 주간 특성
강점; 진지한, 확고부동한, 섹시한
약점; 우울한, 걱정하는, 현실 도피적인

▶ 심리구조

모든 형식의 심오함은 '깊이 주간'에 태어난 이들에게 저항할 수 없는 끌어들임입니다. 피상성을 피하는 이들은 작업과 가정 모두에서 삶에 대해 신중하고 진지한 견해를 취합니다. 이것은 이들이 재미있게 보내기를 싫어하는 것이 아니라 정반대입니다. 하지만 취미, 기분 전환 및 가벼운 활동을 추구할 시 이들은 자신 삶의 더 목적적인 부분에서 추구하는 것과 똑같이 온몸으로 격렬함과 집중력을 보여줍니다.

이들은 자신의 경력과 여가 활동에서 고도로 경쟁적이지만, 이런 충동이 자신의 사생활에 들어오게 거의 허용하지 않습니다. 질투와 부러움이 물론 이들이 갖고 있는 격정적인 핵심에 가깝지만, 이들은 대체로 그런 감정을 이해하고 통제하여 제멋대로 뻗어가지 못하도록 막을 능력이 있습니다. 하지만 극단적인 경우 이런 느낌은 이들의 성격에 강력하게 등장해서, 그 성격을 완전히 삼키겠다고 위협할지도 모릅니다.

그런 이들의 위치가 확고하게 고착된 한 영역은 재정 쪽입니다. 일상생활에서 돈의 힘을 잘 알아채고 있는 이들은, 고의로 자기 자신에게 경제적인 불이익을 좀처럼 받게 하지 않을 것입니다. 이들은 심지어 재정적인 문제에 관해서까지 가당찮게 걱정할지도 모르고, 설령 인색하지는 않을지라도 자신이 갖고 있는 것을 계속 보유하는 경향이 있습니다. 너무 서슴없이 지출하거나 재정적으로 철저히 무책임한 동무와 동업자에게 이들은 매우 성질이 날 수 있습니다. 하지만 이들도 역시 도가 지나쳐서 자기 자신을 위해 뻔뻔스럽게 돈을 써버릴 수 있으므로, 이들은 이중잣대를 적용하는 것을 주의해야만 합니다. 자신만의 불안의 느낌을 완화시키기 위해, 이들은 돈을 잘 버는 사람이고자 욕구합니다.

이들은 고통을 겪는 것이 무엇인지 자기 자신이 알고 있으므로, 타인들의 고통에 공감할 수 있습니다. 이들은 대체로 아픈 국면을 발굴해내지 않지만, 고초와 고군분투가 없는 삶은 거의 의미를 갖고 있지 않음을 압니다. 말하자면 이들은 부모나 친구, 자녀, 동무의 죽음을 깊게, 너무 깊게 느껴서 그 죽음은 사실 이들에게 압도적이거나 치명적인 효과를 보유할 수 있고, 실로 이들은 그 죽음에서 절대 회복하기 어려울지도 모릅니다. 이들이 죽음이라는 주제를 되새기지 않을지도 모르고, 대개 그것을 자신의 마음속에서 지우려고 노력할지도 모르지만, 더 깊은 수준에서 이들은 그 주제에 자주 사로잡히게 됩니다. 장시간 깊이 자려고 욕구하지만 자신의 꿈을 기억해내는 데 실패하는 것은, 무의식을 표현하는 데 많은 시간을 욕구하고, 사로잡힘의 활동에 대한 내용을 일상의 자각에서 자주 차단시키는 그런 인격의 특징일 수 있습니다.

이들로 하여금 감정적으로 마음을 열게 해서, 이들을 고민하게 하고 있을지도 모르는 어떤 것에 관해 말하게 하는 것은 어려울 수 있습니다. 심지어 신뢰받는 인생 동반자나 소중한 친구조차도 이들의 내면 느낌에 가까워지려면 먼저 모든 종류의 난관을 통과해야만 합니다. 이들이 마침내 말할 준비가 된 것에 귀를 기울이는 것은 참을성과 이해심이 있고, 권리 주장이 없는 사랑을 요구합니다. 그런 사람과 형성된 깊은 유대감은 명백히 가볍게 여겨질 수 없는데, 온갖 사람이 그런 깊고 과중한 헌신을 위해 준비된 것은 아닙니다.

이들은 도피라는 형식에 홀리게 됩니다. 안전한 피난처를 향한 물리적인 후퇴나 심령적인 후퇴는 그리고 정신적인 [동력인] 모터를 뜻대로 전환하는 능력은, 이들로 하여금 자신이 직면하고 싶지 않았던 일상생활의 측면을 다루도록 해줍니다. 이들에게 TV, 영화, 음악, 책은 건전한 습관이지만, 약물, 술, 섹스, 폭력에 대한 중독도 역시 항상 실상적인 가능성입니다. 그런 활동이 타인들을 관여시킬 때, 이들은 반드시 상황의 개시자인 것은 아니므로, 자주 자신의 그림자 측면을 억누르게 됩니다. 하지만 그 대신 이들은 자신에게 직접적인 환경에서 소유적이거나 폭력적인 행동을 자극해서, 자신의 동무와 연인으로 하여금 이들만의 억눌러진 부정성을 연기해내도록 강요할지도 모릅니다. 이 부정성은 결국 이들이 만든 희생양이 되어버리는 그들 자신에게 겨냥될지도 모릅니다.

천성적으로 되받아치는 사람인 이들은 자기 자신과 사랑받는 사람을 보호하는 데 맹렬할 수 있기 때문에, 희생양을 위한 최고의 선택이 아닙니다. 이들의 분노를 경험했던 사람은 거의 그 분노를 다시 자극하려고 탐구하지 않을 것입니다. 사실, 비록 좀처럼 목격되지 않을지라도, 이따금 쉽게 잊히지 않는 화산처럼 폭발하는 감정에 지배되는 것이야말로 이들의 전형입니다.

이들은 대체로 자신을 확고부동한 친구 및 충실한 연인과 동무로 만들어냅니다. 이것은 단지 일부 도덕성의 문제일 뿐인데, 지나치게 유연해지는 것과 가변적인 것이 이들에게 실상적으로 불가능하므로, 한 동반자에서 다른 동반자로 돌아서는 것, 혹은 자신의 작업에서 새로운 방도와 기법을 채택하는 것은 대체로 이들에게 선택사항이 아닙니다. 주위 여건이나 숙명에 의해 그런 전환을 만들어내도록 강요당하는 것은 이들의 가장 나쁜 면을 불러올 수 있습니다.

연인과 친구 모두가 이들의 더 부드러운 면에 대해 증언할 수 있습니다. 비록 이들의 존재감이 자주 만만찮을지라도, 이들은 유별나게 친절하고 베풀며 심지어 꽤 감상적일 수도 있습니다. 이들은 대체로 자신의 보호적이고, 양육적인 본능을 일깨우는 동물과 어린이에게 친절하며, 자신을 뛰어난 부모로 만들어갈 수 있습니다.

이들은 또한 비밀적이고 통제적일 수도 있습니다. 이들의 성적인 욕구와 요구도 또한 자주 고조되지만, 이들은 똑같이 친밀한 교제를 원하지 않은 채 오랫동안 잘 유지할 있습니다. 대체로 말해서 매우 신체적인 이들은 식탁과 침대의 쾌감을 즐깁니다. 자신의 동반자에게 여전히 민감한 이들이 절제하는 데 유능한 한, 그런 몰아댐과 식욕은 이들의 관계에 긍정적인 효과를 보유할 수 있습니다. 실로 이들은 오직 참된 애정과 사랑을 나누는 법을 체득함으로써만 고착된 습관적인 행동에 대한 강한 끌어들임을 자주 극복할 능력이 있게 됩니다.

▶ 조언

햇빛이 안으로 비치게 하고, 당신 속의 빛이 밖으로 빛나게 하라.
상황을 너무 진지하게 받아들이지 마라.
기분을 고르게 하는 데 공들이고, 당신이 당신 자신과 타인에게 얼마나 많은 행복을 가져다줄 수 있는지 알라.
당신만의 유일한 통찰력을 생산적으로 활용하라.
세상이라는 환상을 더 많이 비웃는 법을 체득하고, 자기 자신도 역시 더 많이 비웃는 법을 체득하라.

32 매혹 주간

11월 12일 ~ 11월 18일
Charm

▶ 주간 특성
강점; 침착한, 매혹적인, 지략이 뛰어난
약점; 방어적인, 안일한, 통제하는

▶ 심리구조
 '매혹 주간'에 태어나 무엇보다도 실상주의자인 이들은 좀처럼 자기 자신의 도를 넘지 않습니다. 이들이 자신만의 장래성뿐만 아니라 타인들의 장래성에 대한 실상적인 견해도 또한 갖고 있으므로, 이들의 판단력은 대체로 신뢰할만하고 그 평가는 날카롭습니다. 이들은 관리하는 자리에서 잘하는데, 즉 이들의 판별적이고 조직적이며 실용적인 능력이 전면에 나설 수 있는 역할인, 사회 집단이나 작업하는 팀의 리더로서 잘합니다.

 이들이 내부적으로 지대한 것을 함께 갖고 있기 때문에, 이들 중 다수는 안일해질, 아니면 어쩌면 자기충족에 빠져버릴 위험이 있습니다. 이것은 특히 이들의 경력에서 명료할지도 모르고, 그 경력에서 이들이 달성할 수 있는 지점에 도달한 다음 더 높이 올라가려는 노력을 만들어내지 않을지도 모릅니다. 이들에게 가깝고 소중한 사람들이 때맞춰서 이들에게 기회를 잡도록 권하지 않으면, 이들은 정체되어 결국 잃어버린 기회를 후회하게 될지도 모릅니다. 이들 중 삶에서 가장 성공적인 것으로 판명된 사람은 자주 자신의 경력이든 혹은 개인적이고 영적인 노력이든 간에 감히 가장 불가능한 꿈을 실현하는 쪽으로 애써온 사람입니다.

 이들의 격정은 이들의 통제만큼 강합니다. 따라서 이들은 심지어 자신을 파괴하겠다고 위협까지 할 수 있는 맹렬한 내부적인 전쟁에 지배될지도 모릅니다. 이들이 세상에 제시하는 매혹적이거나 불가해한 겉치레는 자주 엄청난 내면의 갈등을 숨깁니다. 그런 격정의 대상이자 그런 갈등의 원인인 사람들은 아마 그들 자신이 얼마나 많은 감정을 자극하고 있는지를 절대 깨닫지 못할 것이고, 그러므로 그 감정에 대해 책임을 떠맡으리라고 거의 기대될 수 없습니다. 이들 중 타인에 대한 자신의 느낌 중 작은 부분을 보여주거나 혹은 적어도 논의할 능력이 있는 사람은 자신의 개인적인 관계에서 성공을 실현하는 것에 더 가까워질 것입니다.

 이들은 자신이 직무나 개성을 아무리 많이 욕망할지라도 불리한 위치에 자기 자신을 놓는 데 익숙하지 않습니다. 이들은 자신에게 중요한 자신의 존엄을 좀처럼 위태롭게 하지 않을 것입니다. 만약 끌어들임이 너무 압도적이어서 이들의 좋은 분별력을 정말 방해하는, 삶의 이런 지점 중 하나에 도달한다면, 이들은 엄청난 내면의 고군분투 후에만 굴복할 것입니다. 마약이든 약물이든 사람이든 행동 패턴이든 간에 모든 종류의 중독은 단지 이들이 벗어나기 어렵지만, 일단 마스터된다면 그런 강박충동은 좀처럼 재발하지 않습니다.

 이들은 과보호적이거나 통제하는 태도를 통해 타인들을 지배하지 않도록 조심해야만 합니다. 그런 영향력은 이들이 좀처럼 표면적으로 질식시키거나 독재적인 것으로 보이지 않으므로 꽤 미묘할지도 모르는데, 공정하고 이해심이 있는 이들은 가정뿐만 아니라 작업에서도 또한 충직을 유발합니다. 이들은 자신이 스스로 하고 싶지 않은 어떤 것을 누구에게든 하라고 절대 청하지 않을 것이므로, 사람들은 이들에게 기꺼이 응찰하여 따르는 경향이 있습니다. 하지만 이들은 접근하기 어렵거나 험상궂은 외관을 자주 보냅니다. 이들에게 가장 잘 관련되는 사람들은 대개 그런 자세

덕에 떠나지 않고, 아니면 다만 그런 점을 전혀 알아보지 못할 뿐입니다. 그들이 이들의 방어에 침투해서 이들의 가슴을 얻을 수 있는 사람입니다.

이들을 벗으로 만들어내고 싶은 사람은 무임승차를 물색하는 모든 이에 대한 이들의 혐오를 마음에 간직해야만 합니다. 이들은 자주 비범한 어떤 것을 제안하는 자급자족하는 사람에게 끌립니다. 반면에 이들 중 더 유혹적인 사람은 때때로 타인의 유혹적인 기술에 꽤 취약합니다. 특히 이들 중 더 모호하거나 부도덕한 행로를 따르기로 선택한 사람은 뛰어나게 속이는 역량을 갖고 있는 사람들에게 속아 넘어갈 위험이 있습니다.

이들이 특히 나이가 점차 들면서 외로움에서 피하고자 한다면, 여전히 마음을 열어서 심지어 연약해지려고까지 애쓰는 것이 이들에게 최고 희망입니다. 너무 많은 것을 함께 갖고 있는 것으로 보일 시, 이들은 자주 타인들의 동감을 끌어내는 데 실패하지만, 이들의 깊은 욕구는 타인들만큼 대단합니다. 자신의 약점과 결함을 시인하는 능력 그리고 자신의 실패를 자인하거나 자신의 손실을 공개적으로 슬퍼하는 용기는, 이들이 깊고 영속하는 사랑 관계를 형성하는 데 중요할 것입니다. 일단 이들이 참으로 자신만의 통제하는 태도를 마스터해서, 그리고 어쩌면 결국 내어놓기 시작했을 때만, 인생의 동반자가 유능한 이들에게 가시화할지도 모릅니다.

이들은 자신의 낭만적인 삶에 관해 좀처럼 자기 자신을 속이지 않습니다. 아무리 사랑에 빠진 것으로 보이더라도 이들은 비생산적인 것 혹은 손실을 주는 것으로 판명되었던 관계에 매달리는 것이 좀처럼 발견되지 않는데, 즉 대개 지략이 뛰어나고 태연자약한 이들은 바다에 항상 더 많은 물고기가 현존한다는 점을 알고 있습니다. 하지만 충실하고 진심인 이들은 관계에 최고의 기회를 주겠지만, 그 이상은 아닙니다. 이들의 섹스 동반자와 동무는 이들의 주목을 당연시하지 않는 법을, 또 모든 경고 싸인에 유의하는 법을 머지않아 체득하고, 그렇지 않으면 자유롭게 주어졌던 것도 또한 보류되거나 완전히 철회될 수 있음을 알아차리게 됩니다.

혼자서 살기로 선택했거나 혹은 가족 그룹의 후원이 부족한 이들에게는 친밀한 우정이 중요합니다. 이들은 특정 시점에 형제나 부모, 자녀, 동무, 연인을 대신할지도 모를 좋은 벗들을 중심으로 완벽한 세계를 구축할 수 있습니다. 이들은 자주 자기 자신과는 매우 다른 사람들과 시간을 보내면서, 각각의 구성원이 다른 구성원의 부족한 점을 서로 제공하는 우정 쪽으로 자신과 구성원을 만들어갑니다. 벗들의 동아리를 구축해감으로써 이들은 자신의 결함을 모두 혹은 거의 보충하는 데 성공할지도 모릅니다.

▶ 조언

지속해서 당신 자신에 대한 비판적인 눈을 가지라.
가장 높은 도전에 응하고, 이따금 의미 있는 위험을 무릅쓰라.
삶에서 무엇이 중요한지, 즉 무엇이 인내하게 하고 영속하는 가치를 갖는지 마음쓰라.
항상 높은 뜻을 품고, 실패를 두려워하지 마라.

33 혁명 주간

11월 19일 ~ 11월 24일

Revolution

▶ 주간 특성
강점; 열광적인, 충직한, 대담한
약점; 독재적인, 조롱하는, 야생적인

▶ 심리구조

'혁명 주간'에 태어난 이들은 대개 어릴 적부터 자신이 색다르다는 점을 알아챕니다. 양면성이 유별나게 혼합된 이들은 '물같은 민감성' 및 '자유를 사랑하는 불같은 천성'을 조합합니다. 그래서 이들은 가족에서 부모나 형제자매와의 관계에서 외로운 위치를 차지할지도 모르고, 성공하기 위한 이들의 남다른 능력과 강한 추진력에 대한 이들의 평가는 자주 어린 시절로 거슬러 올라갑니다. 미래를 위한 계획을 만들어내고, 고상한 새 책략을 꿈꾸며, 그중에 상당 부분을 결실로 이끄는 것은 모두 이들이 갖고 있는 상상력과 결단력의 특징입니다. 목표 및 결과를 지향하는 이들은 친구나 인생 동반자를 골라낼 시 자주 똑같은 완고함을 보여주고, 그들을 꾸준한 열의로 뒤쫓을지도 모릅니다.

모든 혁명가가 눈을 부릅뜨고 폭탄을 던지는 이상주의자인 것은 아닌데, 인권을 위한 많은 투사의 영혼 속에 남모르는 독재자가 도사리고 있고, 그 독재자는 일단 권력을 잡으면 뒤따른 혁명에 의해 스스로 무너지게 될지도 모릅니다. 이들을 사로잡는 항거는 자주 방치, 악취미, 비효과성, 어리석음 및 '구식의 낡은 태도'에 맞선 싸움입니다. 참으로 이들은 낡은 신화를 타파하는 데 유능하지만, 자신이 유용한 것으로 보는 신화를 되살리고 보존하는 데도 똑같이 유능합니다. 따라서 이들은 또한 가슴속에서 남모르는 전통주의자일 수도 있습니다. 이들 중 중도적인 정책과 중산층 윤리에 대한 멸시로 특징지어지는 대다수는, 중간의 어떤 것이 되기보다 매우 부자이거나 매우 가난하게 되고, 귀족이거나 노동계급이 되며, 영웅이거나 여걸이 되고 싶을 것입니다. 극단에 대한 이런 갈망은 이들 중 다수로 하여금 과도한 것에, 즉 때로는 이들 삶의 한 가지 이상의 영역에 탐닉하도록 이끕니다.

이들의 웃음은 정신건강의 직접적인 지표입니다. 만약 당신이 이들과 대화하는 처음 몇 분 안에 웃음을 듣지 못한다면, 당신은 무언가가 잘못되었음을 제법 확신할 수 있습니다. 이들은 자신을 자신의 적들에 대한 웃음거리로 만들어내기 위해서도, 또 심지어 때때로 자신의 가장 소중한 친구에게까지 옆구리를 찔러주기 위해서도 날카로운 빈정댐과 조롱을 이용할 수 있습니다. [타인들이] 이들 자신을 얕보며 말하거나 조롱하며 놀리는 것을 이들은 자신에게 굴욕감을 주려는 시도로 보면서 달갑게 받아들이지 않기 때문에, 이런 측면에서 이들은 일부 이중 잣대를 적용합니다. 이들은 누군가에게서 굴욕감을 받는 것을 두 번 다시 감수하지 않을 것입니다.

도덕적인 의문은 이들에게 중요합니다. 이들은 정직하려고 애쓰나 정직해지는 것을 항상 관리하는 것은 아닌데, 자신이 진실하다고 믿으나 자주 자신만의 기준에 부합할 수 없습니다. 자신과 가까운 사람에게 완전히 마음을 열고 정직해지기가 힘겨움을 알아차리면서, 이들은 단지 진실의 일부만을 말할지도 모르고, 결국 이들이 나중에 발각된다면 난처해지고 후회하게 될 뿐입니다. 하지만 이들의 '부인되지 않는 매혹'과 '선의에서 나오고 충실하며 충직한 태도'는 대개 이들을 사랑하는 사람들로 하여금 이들을 용서하도록 이끕니다.

심지어 이들에게 가장 가혹한 비평가조차도 이들이 배짱을 갖고 있음을 시인합니다. 접근하기 어려운 사람에게 하기 힘든 말을 하는 것을 특기로 만들어내는 이들은 타협하지 않고 권위적인 인물을 상대하는 데 두려움이 없는 것으로 보일 뿐만 아니라, 그런 입지의 역량을 내보여주기도 합니다. 하지만 사실 이들은 타협에 뛰어나서 언제 양보하고 언제 맞서 싸워야 하는지 알고 있습니다. 고도로 계발된 이들의 본능적인 면은 이들이 자신만의 힘을 완전히 신뢰할 정도로 믿을 때 이들에게 원조를 보내줄 것입니다. 직감적인 타입인 이들은 자신의 합리적인 능력에 너무 많이 의존하려고 시도할 때, 뒤죽박죽되거나 혼란스러워집니다.

이들은 경시든 아니면 진정한 우정의 활동이든 좀처럼 잊어버리지 않습니다. 이들이 돈의 힘을 충분히 알아채지만, 어떤 기회가 자신이 존중하지 않는 누군가와 작업하는 것을 의미한다면, 차라리 그 기회를 심지어 수익성 있는 기회조차도 추구하지 않을 것입니다. 반면에 남자 친구에게든 여자 친구에게든 고도로 의존하는 이들은 대개 동반자나 팀의 구성원으로서 감정적으로 가깝게 느끼는 사람들과 함께 사업할 시 두드러지게 성공적일지도 모릅니다. 이들은 그런 협력자를 실상 가족으로 봅니다.

이들은 로맨틱한 관계에서 가장 안정되지 않습니다. 젊을 때 이들의 야생성과 모험심은 이들을 한 동반자에서 다른 동반자로 이끌 수 있고, 물론 그동안 단일한 깊은 관계에 대한 어떤 헌신으로 이끌 수도 있습니다. 이들 중 일부는 인생 후반부에 영구적인 동무가 필요함을 알아차릴지도 모르지만, 이 새로운 설정은 이들이 한때 알았던 자유를 갈망하면서, 이들로 하여금 안달나게 할지도 모릅니다. 그 외 사람은 더 일찍 결혼하지만, 양쪽 배우자가 서로 어느 정도 독립적으로 자신만의 삶을 영위하는 '현대식' 결혼을 발굴해냅니다. 자신의 동반자에게서 떨어져서 많은 시간을 보내는 것은, 질투와 맞비난을 최소한으로 하면서 이들이 욕구하는 자유를 이들에게 보장해줍니다.

이들의 연인과 동무는, 격정적일 뿐만 아니라 어느 정도까지는 경쟁적이며 대결적이기도 한 이들의 고도로 성적인 천성을 증언할 것인데, 작업과 놀이 모두에서 대립적인 이들은 침실 입구에 이 자질을 놓아두지 않습니다. 이들은 상냥하고 다정한 면도 또한 정말 갖고 있지만, 자신의 성적인 접촉에서 오는 신체적인 욕망과 황홀감은 대개 부드러움과 민감함을 그늘지게 가려버립니다[퇴화시킵니다].

▶ 조언

당신 삶의 비전을 따르되, 타인들이 있는 곳에서 동떨어지지 마라.

당신의 의도를 정직하게, 당신의 동기를 순수하게 지속시켜라.

물러서서 당신 자신의 삶을 관찰하는 객관성을 계발하라.

더 용납하고 덜 소유하도록 노력하라.

34 독립 주간

11월 25일 ~ 12월 2일

Independence

▶ 주간 특성

강점; 고결한, 직감적인, 책임지는
약점; 과하게 경쟁적인, 충동적인, 기질적인

▶ 심리구조

'독립 주간'에 태어난 이들은 통제되기 힘겹습니다. 여러모로 가장 독립적인 이들은 자신의 충동과 직감에 따라 자유롭게 활동하는 느낌이 들어야만 합니다. 개인 관계에서 이들에게 권력을 행사하려고 노력하는 사람들은 우여곡절을 겪게 됩니다. 그 사람들이 자신의 배우자나 생활 동반자를 존중할 때, 이들은 자신의 느낌을 공유하고 허드렛일을 분담하면서 협력하게 될 것입니다. 그럼에도 이들이 자신의 존중이 얻어지지 못했거나 그 존중이 상실되었다고 느낄 때, 항상적인 갈등과 싸움이 일어날 것입니다. 명예와 신뢰는 이들의 우선순위 목록 중 앞에 있는데, 이것들이 없으면 삶은 의미를 갖고 있지 않게 되며, 정글의 법칙으로 되돌아간다고 이들은 느낍니다.

공정성에 관해 강한 감정을 갖고 있는 이들은 자기 자신뿐만 아니라 타인에게도 역시 공정성을 기대합니다. 이들의 양육하는 면은 이들이 동물, 어린아이, 사회의 불운한 구성원에 관계할 시 특히 확실하고, 이들은 의존적이거나 무력한 사람을 대놓고 학대하는 것을 단순히 용인하지 않을 것입니다. 이들은 자주 자신만의 안전을 생각하지 않고 무방비의 사람을 보호하기 위해 충동적으로 활동합니다.

이들은 자기-보증과 자기-신임의 분위기를 투사하려고 노력하지만, 이 겉치레 뒤에는 자주 민감하고 심지어 불안해하기까지 하는 사람이 도사리고 있습니다. 이 현상은 이들이 부정적인 비판에 의해 아니면 자신의 캐릭터에 대한 일부 도전에 의해 스트레스 아래 놓일 때 빠르게 확실해집니다. 그런 국면에서 이들은 쉽게 또 즉각적으로 발끈해서, 자신의 분노로 주위 사람들을 삼켜버릴 수 있습니다. 먹구름이 몰려오는 것을 알아볼 정도로 기민한 사람들은 이들의 감정적인 벼락을 폭발시키지 않도록 노력할 것입니다.

이들은 막대한 의지력을 갖고 있습니다. 이들의 충직은 원칙이나 감정 문제일 뿐만 아니라 완고함의 문제이기도 한데, 이들이 자기주장을 고수하는 것은 캐릭터의 특성입니다. 사실 이들은 단순히 다른 가능성을 허용하지 않는 덕에, 매우 자주 자신이 바라던 바를 얻습니다. 이들에게 깊이 관여하는 사람은 이들이 이기는 것이 필수적이라고 느끼므로, 이들의 고도로 경쟁적인 천성을 알아볼 가능성이 있습니다. 복종하고 패배를 우아하게 받아들이는 법을 체득하는 것은 대개 역동적인 이들에게 불가능합니다. 이들 중 이 교훈을 정말 터득한 소수 사람은 자신의 가장 대단한 도전을 맞이하는 데 성공했고, 그 덕에 높은 수준의 성숙함을 얻을지도 모릅니다.

때때로 이들은 비합리적일 수 있지만, 대개 토의에 마음을 엽니다. 사실상 빠르고 재치 있는 이들은 말로 하는 재담과 토론을 철저히 즐깁니다. 이 상황은 만약 이들의 화를 돋우는 주제에 도달한다면, 즉 이들이 쉽게 논박적이고 논쟁적이 될 수 있을 때, 문제가 될 수 있습니다. 친구는 어떤 주제를 피할지, 어떻게 장난기를 통해서 험한 지점을 부드럽게 넘기는지를 알아보지만, 이들을 처음으로 만나는 사람은 이들의 솔직담백함에 그리고 가끔 있는 이들의 터무니없는 관찰과 제안에 때때로 충격을 받습니다.

이들 중 다수는 받는 것보다 주려는 데 더 대단한 욕구를 갖고 있습니다. 이들이 자기 자신을 궁핍한 사람으로 바라보기보다 오히려 보살피는 사람으로 보려는 욕구를 갖고 있기 때문에, 이들의 관대함은 자기-가치와 자기-우대의 느낌이 직접적으로 관련됩니다. 이들 중 자신의 요구를 진술하는 것에 관해 전혀 부끄러워하지 않고, 타인에게 대접받는 것에 반대하지 않을 사람도 또한 현존합니다. 하지만 양쪽 캐릭터 유형 모두 자신의 가족에서 절대 필요한 위치를 자주 차지할 것이지만, 자신만의 방식으로 실체적인 책임을 짊어지는 것은 이들에게 극도로 중요합니다.

이들은 대체로 친구든, 동무든, 협업자든, 가족구성원이든 간에 자신의 가장 깊은 생각을 공유할 정도로 가깝다고 느끼는 오직 한두 명의 사람만 갖고 있습니다. '이들'과 '이들의 부모나 자녀' 사이의 유대관계는 극도로 깊고, 참된 우정으로 여겨질지도 모릅니다. 그런 영혼의 동무는 이들을 어쩌면 이들의 자유를 제외하고 다른 무엇보다 성실함과 캐릭터를 중시하는 고도로 윤리적인 사람으로 알고 있습니다.

만약 이들이 가족 구성원이나 가까운 친구에게 배신감을 느낀다면, 이들은 평가, 판단 혹은 거절이라는 말로 표현할 수 없는 번뇌를 겪어나갈 수 있습니다. 이런 고군분투에서 이들이 문제가 있다고 여기는 당사자의 의도를 판별하는 것은 대개 대단히 중요합니다.

이들과 시간을 보내고 싶은 사람들은 대개 지속할 능력을 갖고 있어야 하고, 이들의 친구와 연인은 스포츠에서든 여행에서든 작업에서든 취미에서든 간에 이들이 설정한 빠른 진행속도를 공유해야만 합니다. 하지만 이들에게 특별한 사람도 또한 집 혹은 사업장에 가까이 들러붙은 사람일지도 모릅니다. 이들은 안정을 위한 극심한 욕구를 갖고 있는데, 되돌아가려는 그곳에 항상 있는 어떤 사람은 이들의 삶에서 닻으로 판명될지도 모릅니다. 비록 이들 중 대다수가 혼자 사는 데 유능할 것이고, 사실 혼자 사는 것에 잘 맞지만, 이들은 대체로 한 사람의 배우자나 생활 동반자가 되기로 확고하게 결정을 만들어낼 것이고, 그다음 비록 이들이 성장하여 그런 역할에 대한 욕구가 없어질지라도, 그 역할을 계속할 것입니다.

이들은 자신이 특히 섹스의 경기장에서 감정적으로 표현할 시 열렬하고 제약이 없습니다. 이들은 이런 유형이 참여하는 온몸의 맞닥뜨림을 생생하게 기억해낼 이들의 동반자에게 완전히 분명해지는 자신의 에너지로 격렬함을 만들어냅니다. 이들은 자신의 성적인 바람직함이나 성적인 기량을 자랑으로 여기면서, 자신의 동반자를 충족시키는 자신의 능력 속에서 조용히 신임[받는 것]을 자주 과시합니다. 이들은 자신의 느낌을 극도로 내어놓지만, 그 대가로 지대한 것을 요구합니다.

▶ 조언

당신의 감정을 안정된 상태로 지속시키도록 애쓰라.
지나치게 고결하거나 고압적인 태도를 당신 자신에게 허용하는 것에 주의하라.
당신의 기대에 대해 지속해서 통제하고 더 용납하도록 노력하라.
타협하거나 이따금 지는 것에는 잘못된 어떤 것도 현존하지 않는다.
당신의 과장하는 경향을 지켜보라.

35 창시자 주간

12월 3일 ~ 12월 10일
Originator

▶ 주간 특성
강점; 비범한, 열렬한, 재능있는
약점; 남다른, 무책임한, 거절당하는

▶ 심리구조

'창시자 주간'에 태어난 이들은 색다르고, 그 점을 보여주는 것을 두려워하지 않습니다. 더 기이한 사람에 속하는 이들 중 심지어 겉보기에 가장 정상적인 사람조차도 일단 당신이 이들을 더 잘 알게 되면, 좀 남다른 사람으로 보이게 될지도 모릅니다. 이들은 자신만의 방식 외에 어떤 식으로도 무엇이든 하기를 좀처럼 고려하지 않습니다. 이것은 만약 색다른 것에 이들이 만족했다면, 다른 문제일 것이지만, 이들은 자신을 타인들이 어떻게든 이해하기를 대개 기대합니다. 그 귀결로 이들은 거절을 흔히 맞닥뜨리는데, 좌절하게 되거나 쓰리게 되지 않고서 그 거절을 감당하는 법을 체득해야만 합니다. 이들은 대개 수용과 감정적인 후원을 받기 위해 한두 명의 가까운 친구나 가족에게 의존하게 됩니다.

이들은 저항이 가장 적은 행로를 택함으로써 가장 적은 반대를 일으키리라는 점을 깨달으려고 욕구합니다. 유별난 업무나 협업자는 이들로 하여금 이들의 별스러움에 더 적합한 방식으로 작업하도록 허용해줄 것입니다. 이들 중 성공 지향적인 다수는 어떤 대가를 치르더라도 출세하고 정상에 오르도록 밀어붙일 것인데, 이는 수용되려는 이들의 엄청난 욕구의 결과일지도 모릅니다. 정말 이상하게도, 예견되지 않는 이들이 마치 우연한 것처럼 갑자기 성공을 성취하는 것은, 자주 이들이 오직 성공에 관해 잊어버릴 때만입니다.

이들 중 상황을 알아보고 그 상황에 응하는 자신만의 엉뚱한 방식에서 이득을 얻을 수 있는 사람이 가장 성공적입니다. 진짜 이들 중 일부는 좌절감과 자기연민에 빠져버릴 수 있고, 친구들이 이들의 기이함이나 이상함에 관한 농담으로 이들을 놀리는 것을 알아차릴지도 모르지만, 비록 어쩌면 자신이 어떻게 그 방식을 얻었는지 설명할 능력이 없을지라도, 이들은 대다수의 경우 '자신이 누구인지'를 자랑으로 여깁니다. 그럼에도 현실도피의 경향을 갖고 있는 이들은 자주 일상생활의 문제와 긴급상황에 후퇴하도록 내몰리고 아니면 심지어 달아나기까지 하도록 내몰린다고 느낍니다. 의심스러운 활동이나 마약 상태에 이들이 몰두할 위험은 높고, 이들의 신체적인 및 정신적인 건강에 언제나 제시되는 위협입니다.

이들은 손재주가 좋고, 마음이 빠르며, 자신이 추구하는 주요한 것에 기법적으로 능숙한 만큼 자주 영리합니다. 어떤 기이함이든 간에 '청하기만 하면' 성공은 이들의 것일 수 있습니다. 하지만 이들의 재능은 이들을 과신으로 이끌지도 모르고, 자신의 재능과 능력을 과대평가함으로써 이들은 미끄러져 추락할 수 있습니다. 이들은 이런 공부를 터득하는 데 느릴 수 있습니다. 사실 자기 자신과 자신의 주위 세계에 관해 더 실상화되는 것은, 한 번에 너무 많은 활동과 이따금 잘못된 활동을 자주 떠맡는 이들에게 대체로 고군분투입니다. 팀원으로서 갖는 좋은 작업 관계는, 아니면 어쩌면 실용적인 동업자에 대한 신뢰성은 이들의 에너지가 흩어지는 것을 막아주면서, 뿌리내리고 유도하는 역할을 할지도 모릅니다.

이들은 표현적이고 과시적인 사람이라는 자신의 역할을 자랑합니다. 어쩌면 '자신이 실상 누구인지'(眞我)를 사람들에게 보여주려는 내면의 몰아댐에 의해, 이들은 공격성이 영토적이든 지성적이든 성적이든 감정적이든 간에 그것을 때때로 마구 날뛰게 할 수 있습니다. 어쩌면 이들의 가장 대단한 욕구는 일부 밖으로 유도된 에너지를 안으로 돌려서 자신의 영적인 면을 계발하는 것입니다. 이들은 특히 귀를 기울임으로써 타인을 더 잘 이해하기 위해, 또 친구와 지인의 동아리를 확장하기 위해 탐구함으로써 이득도 또한 얻을 것입니다. 인간애의 추구나 공동체 프로젝트에 참여하는 것은 이들이 동료 인간존재와 갖는 인간관계를 정상화하는 데 도움될 것입니다.

이들은 자신의 독특함에 대한 진가를 알아볼 사람을 발굴함으로써, 또 그렇지 않을 사람들에게 깊은 인상을 주려고 노력하지 않거나 받아들여지려고 노력하지 않음으로써 일반적으로 자기 자신과 타인들에게서 지대한 고뇌를 면하게 할 것입니다. 이것은 배우자와 동업자 모두에 적용됩니다. 이들은 사랑을 위해 자신의 모든 것을 바치고, 그 과정에서 때때로 상처받기 쉽습니다. 젊을 때 이들은 낭만적인 관계에서 평균 이상의 실망을 경험할지도 모르는데, 공통의 시나리오는 이들의 열의를 돌려주지 않는 누군가를 우상화하는 것을 수반합니다. 이들로 하여금 자신의 느낌과 선택에 대해 더 실상화되도록 만들어내려면, 몇 번의 다른 구애에 대한 여러 거절의 통지가 이들에게 필요할지도 모릅니다. 자신을 사랑해주고 이해해주는 누군가를 이들이 정말 만날 때, 이들의 첫 반응은 어쩌면 못 믿어서 이 사람을 밀어내는 것일지도 모릅니다.

하지만 일단 신뢰의 유대관계가 형성되면, 특히 그 과정이 길고 어려웠다면, 이들은 감정적으로 고착되고 매달리게 될지도 모릅니다. 느껴지는 사랑의 깊이에 따라 상대방은 신경질적이 되고, 두려움에 뒤로 물러설 수 있습니다. 그래서 이들은 연인이나 친구에게 너무 과중한 무게를 지우는 것을 단속하고, 특히 그들이 '이해하는 유일한 사람'이라는 점을, 즉 거의 틀림없이 그 관계에 역효과를 낳게 되는 부담을 그들에게 확신시키려고 노력하는 것을 단속해야 합니다.

이들은 만족을 갈구하는 격렬한 신체적인 면을 갖고 있습니다. 이들은 자신의 경험에 자기 자신을 완전히 맡기는 경향이 있기 때문에, 자신을 열렬한 연인 및 환영받는 동무와 친구로 만들어냅니다. 자신의 개성 아니면 자신의 성격이 자주 극도로 매력적인 이들은 정말 가슴을 앓게 하는 사람일 수 있습니다. 하지만 똑같이 무책임하거나 파괴적으로 활동하려는 이들의 강한 성향은, 심지어 가장 참아내는 연인조차도 결국 이들과 헤어지도록 이끌지도 모릅니다.

▶ 조언

좀 더 꺼내놓고, 이따금 타인들이 하는 것을 하려고 노력하라.

아무도 당신을 이해할 수 없다고 믿음으로써 당신 자신을 궁지에 몰아넣지 마라.

타인들을 당신의 사적인 세계로 들이려는 노력을 만들어내라.

삶에 흥미를 잃어버리는 것에 저항하고, 지속해서 상황을 신선하게 하고, 당신의 서약을 새롭게 하라.

36 거인 주간

12월 11일 ~ 12월 18일
Titan

▶ 주간 특성

강점; 대범한, 자기-보증적인, 포부가 큰
약점; 자기를 알아채지 못하는, 남몰래 불안한, 소동
  을 벌이는

▶ 심리구조

'거인 주간'에 태어난 이들은 거대한 규모로 생각합니다. 이들의 마음은 가족 회동을 계획하든, 사업 전략을 구상해내든 간에 대개 큰 프로젝트에 맞물립니다. 모든 형식에서 쪼잔함을 싫어하는 이들은 먼저 전체 그림을 보고, 대체로 세부사항에 연연하는 것을 회피합니다. 대범한 이들은 뻔뻔스럽게 주지만, 그 대가로 무언가를 기대할 정도로 실상적입니다.

이들은 별을 따려고 손을 뻗지만, 지속해서 땅에 견고히 발을 딛고 있습니다. 이들의 야심과 열망은 지금 여기에 확고히 뿌리박고 있습니다. 체격이 작든 크든 간에 이들은 신체적으로 눈길을 끌고, 어떤 모임에서도 자신의 존재감이 느껴지도록 만들어냅니다. 이들이 투사하는 페르소나는 커서 한꺼번에 모두 받아들여지기가 힘겹습니다. 이들이 다각도로 검토되기가 어렵다는 이런 느낌은 이들이 쉽게 방해받을 수 없다는, 즉 공허한 책략이나 잘못된 추론에 속을 수 없다는 의미로도 또한 확장될 수 있습니다. 이런 강력한 이들에게 개인적으로 관여하는 사람은 종속적인 역할을 연기하는 것을 필연적으로 감안해야 할 것입니다.

일단 이들이 자신의 마음을 꾸며냈다면, 이들은 번개 같은 속도로 움직이기 때문에, 이들과 이들의 목표 사이에 끼어드는 것은 위험할 수 있습니다. 이들의 친구와 가족은 주어진 분위기가, 즉 조용함이나 활동이 무엇을 예고하는지를 머지않아 배웁니다. 이들의 감정적인 일기예보가 하루의 마지막에 어떤 프로젝트의 결말을 당연히 결단할지도 모르기 때문에, 이들과 가장 잘 지내는 사람들은 하루를 시작할 시 그 일기예보를 읽으려고 노력합니다. 이들의 더 방해하는 측면은 집단의 화합과 효과적인 활동이라는 대의를 위해서 간과되거나 무시되어야 할지도 모릅니다.

생활 관계와 작업 관계를 긴장시킬지도 모르는 이들의 성격에는 시무룩하고 방해하는 요소가 현존합니다. 그런 이들은 우울하면, 마음을 바꾸기가 어렵습니다. 이들은 자주 외부적인 압력을 내면화하고, 그 귀결로 신체적이고 정신적인 (급성보다 오히려) 만성적인 증상을 과시할지도 모릅니다. 이들에게 가까운 사람들은 이들을 격려하도록, 즉 이들로 하여금 자신의 삶에 더 긍정적인 시각을 갖도록 노력해야 할 것이지만, 이들이 사실상 이런 어두운 분위기가 '상황을 되새기려고 세상에서 물러나는 본질적인 방식'임을 알아차리기 때문에 자주 결국 소용없을 것입니다. 극도로 심사숙고하는 이들은 마침내 해결책을 제시하기 전에 몇 주 혹은 몇 개월 동안 문제를 거듭해서 되새기거나 계획할 수 있습니다. 이런 활동에서 이들은 혼자 남겨지는 것이 가장 좋습니다.

이들의 감정은 매우 깊은 곳에서 나오므로, 이들이 느낌을 분출하는 것은 아마 화산이나 다름없을 수 있습니다. 따라서 이들은 자신에게 동감해주는 사람들, 그리고 자신의 마음에 두고 있는 것이 무엇이든 토의함으로써 주기적으로 자신의 속마음을 털어놓을 수 있는 사람들과 함께 시간을 보내는 것이 극도로 중요합니다. 압력솥이나 들끓는 분화구, 삐걱대는 지각판 구조처럼 이들이 '큰 폭발'에 의해 산산이 부서지는 것을 피하려고 한다면, 이들은 에너지를 조금씩 적확하게 풀어내려고 욕구해야 합니다. 불평하는 것은 사실상 이들에게 건전해서, 이들을 이해하는 사람들은 훨씬 더 나쁜 대안보다 이들이 가끔 소동을 벌이고 투덜대는 것을 환영합니다.

이들은 개인 생활뿐만 아니라 자신의 경력에서도 마법적이고 황홀한 경험에 끌려듭니다. 기본적으로 이들을 끌어들이는 것은 결국 불가능한 도전이고, 이들은 깜짝 놀랄 동료의 눈앞에서 사소한 기적도 중대한 기적도 잘 뽑아내기를 사랑합니다. 하지만 이들의 요새화된 성곽에 의해 두려워할 것이 거의 현존하지 않는 것으로 보여서 어떤 실상적인 경쟁도 가능하지 않으므로, 이들은 경쟁적이라고 불릴 수 없습니다. 그런 전망은 에고 중심적으로 보일지도 모르지만, 이들에게 자기-신임과 자기-보증이라는 일부 발상을 줍니다.

그렇다 하더라도 이들의 성격 중 거대한 방벽 뒤 후미진 통로 어딘가에는 불안감이 도사리고 있습니다. 이것은 이들의 가장 대단한 적입니다. 작은 목소리가 '네가 보이는 만큼 정말로 바위처럼 견고해?'라고 때때로 여전히 속삭입니다. 물론 그 대답은 '아니다'이지만, 어쨌든 러시모어산의 큰바위 얼굴 같은 겉치레에 균열이 나타날 때까지 세상은 대개 속아 넘어갑니다. 물론 누구나 어떤 종류의 불안감을 갖고 있어서, 이들도 역시 불안감을 갖고 있는 것이 놀랄 일은 아니지만, 중요한 것은 그 불안을 알아보거나 불안에 대처하지 못하는 이들의 무능입니다. 이런 자기-자각의 결여는 이들이 마음의 평화를 위해 치르는 비싼 대가일지도 모릅니다.

이들에게 가장 성공적인 연인과 동무는 먼저 이들이 경계 태세를 내려놓도록 이들을 안심시킨 후, 자주 이들 주위에 마법적인 주문을 엮어낼 수 있는 사람입니다. 이들은 사실상 자신의 묵직한 업무량이나 짓누르는 개인적인 책임을 가볍게 해줄 수 있는 매우 특별한 사람에 의해 마술에 걸리는 것을 즐거워합니다. 이들의 동무는 이들의 보호적이고 유능한 방식에서 이득을 얻지만, 감금된다고도 또한 느껴질 수 있고, 그들만의 재능과 능력의 완전한 표현이 부인된다는 느낌에 짜증이 날지도 모릅니다.

이들은 천성적으로 너무 집중적이고 일심(一心)적이어서, 어떤 경우 동일함에 있는 자신의 욕망과 자신의 욕구를 구별하는 데 대개 어려움이 거의 현존하지 않습니다. 이들에게 감정적으로 관여하는 사람은 이들이 요구하는 것을 알고 있고, 대개 '따를지 아니면 저항할지'라는 단 하나의 결정에 직면합니다. 그 그림 속에 협상이나 타협은 없습니다. 그럼에도 동화 속의 거인처럼, 이들은 속아 넘어가 자주 나중에도 자신이 속은 것을 파악하지 못할 수 있습니다.

▶ 조언

인생의 작은 것, 즉 삶의 단순한 즐거움을 즐기는 법을 체득하라.

타인들에게 더 이해심이 있으려고 노력하라.

당신의 윤리적인 기준을 당신 자신에게 적용하고, 당신의 에너지를 개인적인 성장에 더 집중하라.

필요할 때 섞여드는 방식을 찾아내고, [타인의] 심기를 불편하게 하는 것을 하지 않도록 하라.

37 예언 주간

12월 19일 ~ 12월 25일
Prophecy

▶ 주간 특성
강점; 심령적인, 불가해한, 격렬한
약점; 좌절감을 품는, 비사교적인, 억압하는

▶ 심리구조

'예언 주간'에 태어난 이들은 정반대 세력에, 즉 한쪽의 팽창 흥겨움 낙관주의에, 반대 쪽의 수축 진지함 실상주의에 영향을 받습니다. 일종의 밀고 당기는 효과는 이들의 유별난 인격 속에서 작업하고 있는데, 이를테면 이들은 재미있게 보내고 싶지만, 그렇게 하기에는 너무 진지할지도 모릅니다. 반대로 다른 경우에 이들은 당면한 직무를 본격적으로 시작하려고 나서지만, 새로운 지평에 유혹될지도 모릅니다. 이들 중 더 성공적인 사람은 이런 양쪽의 영향력을 자신의 인격에 통합할 능력이 있습니다.

이들의 불같고 흙같은 천성은 각각 고도로 계발된 직감과 감각의 재능을 말해주지만, 반드시 강한 정신적인 지향을 지적해주거나 아니면 강한 감정적인 지향을 지적해주는 것은 아닙니다. 그 귀결로 이들이 자신의 예감 및 오감을, 특히 시각과 청각을 신뢰할 때, 이들은 가장 좋은 상태에 있게 됩니다. 이들의 생각과 느낌에 대한 표명과 표현은 더 문제거리가 될지도 모릅니다. 결국, 초감각 능력을 계발하는 것이나 아니면 심지어 육감 하나만 계발하는 것조차도 자주 이들이 세상에 제안할 수 있는 가장 독특하고 주목할만한 자질입니다.

침묵의 예술을 마스터한 이들은 자신의 요지를 전해주기 위한 말에 대한 어떤 욕구도 갖고 있지 않습니다. 이들이 말해야 하는 것을 글로 쓰거나 전화로 표현하는 것은 이들에게 자주 힘겹고, 그 귀결로 이들은 자신의 메시지를 몸소 전달해야 한다고 느낄지도 모릅니다. 행복하든, 유혹적이든, 위협적이든, 처벌적이든 간에 이들은 자신이 어떻게 느끼는지에 관한 어떤 의심의 여지도 거의 남기지 않으면서, 자신의 기분이 매우 명료하게 알려지도록 만들어냅니다.

이들이 자신의 권능을 자신하지만, 동시에 타인들에게 [진정] 친절하고 이해심이 있을 때, 가장 좋은 상태에 있게 됩니다. 이들은 자신이 대개 세속적인 실패나 개인적인 거절이라는 결과 탓에 자기 연민을 느낄 때, 최악의 상태에 있게 됩니다. 일부 경우 이들이 아무것도 할 수 없다고 확신되는 어떤 것에 관한 상처의 느낌이나 좌절의 느낌이, 이들로 하여금 긍정적인 활동을 취하는 것에 대한 책임을 덜어주면서, 심리적으로 만족시켜 줍니다. 다른 경우 억압된 느낌이 분출되고 트라우마를 일으킬 때, 투쟁적인 태도가 빚어질지도 모릅니다. 하지만 긍정적으로 사용된다면 그런 에너지는 창조적이고 주목할 만한 결과를 성취할 수 있습니다.

이들은 비록 자신이 타인들에게 환영받는 일이 자주 일어날지라도, 카산드라처럼 타인들에게 환영받기를 기대하지 않습니다. 타인들의 승인에서 독립하는 것은, 타인들에게 없는 권능과 자유를 이들에게 줍니다. 동전의 양면처럼 이들은 오직 자신이 만나는 소수의 사람만을 좋아할지도 모르고, 따라서 비사교적인 사람으로 보일지도 모릅니다. 일반적으로 말해서 이들의 가까운 친구가 되는 데는 여러분이 이들을 좋아한다는 사실 외에 단 하나의 필요조건이, 즉 여러분이 '이들이 실상 무엇인지'를 유보 없이 수용해야만 한다는 조건이 현존합니다. 이들은 타인들이 자신에게 아첨하고 있거나 단순히 예의를 차리고 있는 때를 간파하기 위해 자신의 안테나를 세우고 있고, 결국 그 의도는 성공하지 못합니다. 그 귀결로 오직 소수의 사람만이 이들 중 대다수 사람과 간신히 가까워집니다. 이 모든 것에는 위험이, 즉 아이처럼 "아무도 나를 좋아하지 않아"라는 다소 과장된 말을 되풀이하고 이 좌우명을 자기충족 예언으로 설정할 위험이 이들 중 일부에게 현존합니다. 이들은 자신의 신체적인 겉모습을 등한시함으로써 아니면 청소년처럼 반응하지 않음으로써 이 예언이 실현되도록 만들어낼 수 있습니다. 이들이 10대일 때 이들 중 다수는 꽤 내향성인 것처럼 보이고, 더 외향성의 사람은 인정과 승인에 대한 욕구가 있거나, 아니면 삐딱하게 거절에 대한 더 대단한 욕구를 갖고 있을지도 모릅니다. 가장 자주 너무 터무니없게 표현되는 것은 바로 말보다 활동입니다.

이들은 가장 자주 같은 성별의 부모와 벌이는 갈등 탓에 거친 어린 시절을 갖고 있을지도 모릅니다. 이들은 주의를 기울이는 관대한 부모로 자신을 만들어갈 수 있지만, 이들 중 일부는 동일시를 통해서 자신만의 부모가 했던 것에 정확하게 똑같은 실수를 만들어낼 위험이 있습니다. 하지만 형제자매나 다른 가족 구성원들과 갖는 강한 유대관계는 자주 성인기로 이어지고, 이런 형제애적인 유대감의 성공은 이들로 하여금 매우 편안하게 자기 자신보다 어린 사람들과 동등하게 관계하도록 만들어줄지도 모릅니다.

이들의 심오하고 격정적인 천성과 고도로 성적인 지향은 타인들을 자석처럼 이들에게 묶어버릴 수 있습니다. 이들을 확신하는 친구나 연인은, 혼자 있으려는 이들의 욕구를 이해해서 이들과 사적인 혹은 은거하는 삶을 공유함으로써 자주 대단한 만족감을 얻습니다. 반면에 더 외향적인 유형의 동반자는 자주 바깥세상에 연결고리를 제공하고, 따라서 이들을 이들의 껍질 밖으로 데려갑니다. 이들이 사회적으로 꽃피우는 것을 지켜볼 시 얻는 기쁨은 상당할지도 모릅니다. 단 하나의 경고는 [희극] 피그말리온처럼 '멋진 숙녀(또는 신사)'가 자신을 떠받드는 자리에서 내려와 작별 인사를 할 때, 이런 노력을 해가는 동반자는 결국 거절당할지도 모를 가능성이 항상 현존한다는 점입니다.

▶ 조언

당신의 격렬함을 진정시키는 법을 체득하라.
당신 자신을 더 잘 이해함으로써 당신은 자신의 기분에 덜 휘둘릴 것이다.
사회적인 관계를 개선하는 데 공들이고, 계속해서 타인들에게 친구가 되라.
당신 자신의 마음을 닫아버리게 하는 어떤 경향도 주의하라.
당신의 따뜻하고 사랑스러운 면을 완전히 자유롭게 하고 당신의 가슴을 지속해서 열어두라.

38 통치자 주간

12월 26일 ~ 1월 2일

Ruler

▶ 주간 특징

강점; 유능한, 부지런한, 관심사가 많은
약점; 독단적인, 틀어막힌, 압제적인

▶ 심리구조

'통치자 주간'에 태어나 고도로 믿음직한 이들은 불평 없이 일상생활의 책임 중 많은 것을 떠맡을 능력이 있습니다. 반드시 리더인 것은 아니지만, 이들은 타인들이 상황을 운영하고 있는 방식을 자신이 차마 지켜볼 수 없기 때문에, 자주 기본적으로 통치자의 위치를 떠맡게, 즉 그 위치를 접수하게 됩니다. 가족이나 사업, 부서, 사회조직을 통치하는 것은 이들의 특기이고, 이들은 책임을 위임해서 모든 관련자의 상호이익을 위해 상황이 원활하게 운영되도록 조치하는 데 뛰어납니다.

어떤 경영직에서도 이들을 끌어내기가 극도로 어렵습니다. 말하자면 건강 악화 때문에 자신의 권위를 포기하거나, 아니면 잘못했다는 혐의, 성격충돌, 혹은 더 젊은 인재를 위한 물갈이 탓에 물러나라고 강요받을 때, 실로 이들은 이를 제법 힘겨워합니다. 체면 손상, 지위 및 권력의 상실을 다루기가 대체로 이들이 직면한 가장 어려운 도전입니다.

자신이 말할 때 이들은 타인이 귀 기울이기를 기대합니다. 이들은 자주 권위주의적인 유형이고, 극단적인 경우 자기 자신에 대한 그리고 자신의 발상에 대한 자신의 높은 의견은 자신만의 무오류성이라는 믿음에 근접할지도 모릅니다. 비록 이들의 배우자가 수용적이거나 복종하는 사람이더라도, 이들의 엄격함과 독단을 그리 쉽사리 인내하지 못할 자녀 및 여타 가족 구성원과 이들 사이에 문제를 갖고 있을지도 모릅니다. 이들이 단순히 자신에게 동의하지 않는 자녀나 친척들에 대해 철칙을 정하고, 최후통첩을 내리며, 협박을 가하고, 대체로 일상생활이 어려워지도록 만들어 냄으로써, 실로 갈등과 반항심은 가족 내에서 손쓸 수 없이 날뛸지도 모릅니다. 이들은 죄책감과 수치심으로 강력한 무기를 만들어낼 수 있습니다.

물론 이들 중 다수는 전혀 폭군이 아니고, '구조에 대한 자신의 고집' 및 '개인적인 책임을 수용하는 것'을 통해 가족들에게 고도로 긍정적인 영향력을 발휘합니다. 그렇다고 해도 모든 동무가 이들의 규칙을 기꺼이 받아들이는 것은 아니고, 가장 좋은 해결책은 자주 동반자가 각각 자신만의 영역을 갖고 있는 것입니다. 이들의 실리적인 면은 이들로 하여금 이런 분업의 가치를 알아보도록 해줍니다. 게다가 이들 중 일부의 가족에서 도드라지게 특색을 이루는 반복적인 권력 투쟁은, 동반자가 각각 상대방의 작업에 관한 소견을 만들어낼 때 계발되는 발상이 촉발하는 교환에 의해 다른 투쟁으로 대체됩니다. 하지만 이들이 용인할 토론의 양에는 대개 한계가 현존하고, 이들은 평소 자신의 기본 원칙에 대한 비판에는 대개 승복하지 않을 것입니다.

결국, 이들은 공통감보다 이념과 윤리에 훨씬 더 집착합니다. 따라서 이들은 이따금 자신의 주위 사람들에게서 동떨어질지도 모릅니다. 심지어 오래된 우정조차도 만일 이들이 자신의 도덕성이 어겨졌다고 느끼거나 혹은 재정적인 무책임이나 노골적인 부당함에 직면하면, 하루아침에 붕괴될 수 있습니다. 이들은 또한 자신의 사랑 관계에도 비슷하게 신뢰와 정직이라는 혹독한 기준을 적용합니다.

이들이 돈의 힘을 알고, 돈이 굴러가도록 투자하는 방법을 알기 때문에, 돈은 대체로 이들에게 매우 중요합니다. 기민한 계산기인 이들은 이익을 내는 본능을 보유할 수 있습니다. 이들은 당신이 실패한 회사의 결함을 분석하기 위해, 즉 파산에서 다시 흑자로 되돌리기 위해 주위에 두고 싶은 사람입니다. 재조직하는 사람인 이들은 사회든 사업이든 간에 어떤 집단의 효율성을 개선하는 데 특별한 천재성을 갖고 있습니다. 하지만 이들의 정직 및 공정 의식은 이들이 자신의 직종에서 정상에 도달하지 못하게 이들을 가로막음으로써 이들만의 야심을 약화시킬지도 모릅니다. 이들이 야심적이 아니었다면, 이것은 문제가 되지 않았을지도 모릅니다. 하지만 야심적인 이들은 그 귀결로 자주 곤경에 처하게 됩니다. 이들 중 다수는 자기자신을 위한 편안한 경력이라는 적소를 찾아내고, 그곳에 머무릅니다. 따라서 이들은 자신의 재능이 무엇인지 아는 자신의 가족과 친구의 좌절감에도 너무 자주 차선에 안주합니다.

수용은 이들에게 쉽게 오지 않습니다. 이것은 이들이 편협하거나 편견이 있다는 것이 아니라 정반대로 두려움 없이 불의에 맞서려는 이들의 의지가 찬양받을만하다는 것입니다. 전체적으로 전통에 매우 건전한 존중심을 갖고 있는 이들은 그 전통을 파괴해버리기보다 주어진 시스템을 개선하는 쪽을 더 지향합니다. 이들은 오랫동안 검증된 해결책을 좀처럼 거절하지 않을 것입니다. 하지만 이들은 사회나 자신의 업종 분야의 모든 최신 계발에도 또한 뒤쳐지지 않습니다.

이런 모든 점에도 불구하고, 이들은 자신에게 가까운 사람들의 개별성에 마음을 여는 데 힘겨운 시기를 갖고 있을지도 모릅니다. 엄정한 임무 감독관인 이들은 자신의 동무와 자녀가 '일이 되는 데 오직 한가지 방식만이 현존한다는 점'을 이해하기를 기대할지도 모릅니다. 너무 자주 그 방식은 단순히 이들의 방식일 뿐입니다. 하지만 공정하게 말하자면 이들의 관점은 거의 자의적이지 않고, 가장 자주 고된 작업의 가치 및 성취의 탁월함을 반영합니다. 일벌레의 경향을 갖고 있는 이들은 적어도 자신만큼 열심히 작업하기를 타인들에게 기대합니다. 빈둥거리기, 비겁함, 낮은 도덕성, 게으름은 이들이 가장 강조하여 비난할 4가지 약점입니다.

'통치자 주간'에 태어난 이들에게 감정 표현은 쉽게 오지 않는데, 깊은 느낌의 피조물인 이들은 자주 억압된 감정이라는 고치 속에 완전히 둘러싸일 수 있습니다. 사랑 관계는 그런 느낌을 해방시키는 직접적인 수단이므로, 이들의 동무와 연인은 이들의 정신적이고 신체적인 건강을 위해 절대 필요할지도 모릅니다. 그들은 대개 극도로 충실한 사람이므로, 이들은 자신의 일차적인 관계에서 벗어나라고 유혹받을지도 모르지만, 대체로 유지하기로 선택합니다. 비록 지나치게 감상적이 아닐지라도 이들은 꽤 다정할 수 있고, 자주 더 격정적인 몰아댐을 '소중한 사람들을 위한 우정이라는 느낌'으로 승화시킵니다. 이들의 협력자는 이들을 보살피고 관심이 많고 신뢰할 만한 사람으로 알고 있습니다.

▶ 조언

타인들로 하여금 더 자주 선두를 맡도록 하라.
당신이 현명할지도 모르지만, 어리석은 사람이 현명한 사람에게서 배우는 것보다, 현명한 사람이 어리석은 사람에게서 배우는 것이 더 많다는 점을 기억해내라.
당신이 실수를 만들어낼 때, 그 실수를 인정하려고 노력하는 것에 열심히 작업하라.
낡은 신조나 시대에 뒤떨어진 발상을 고수하는 것에 어떤 특정한 장점도 현존하지 않는다.

39 결단 주간

1월 3일 ~ 1월 9일

Determination

▶ 주간 특성

강점; 회복이 빠른, 지략이 뛰어난, 사색적인
약점; 순진한, 무장(장갑)한, 일벌레인

▶ 심리구조

'결단 주간'에 태어난 이들은 자주 자신의 업종에서 정상에 도달하는 데 필요한 추진력과 야심을 갖고 있습니다. 이들이 성공하든 아니든 노력하지 않는다고 누구도 이들을 비난할 수 없습니다. 이들은 가장 높은 험한 바위산을 발굴하는 산양처럼 애쓰는 사람입니다. 이들은 일단 활동의 코스에 착수하면, 자신의 계획을 단념하게 되는 것이 극도로 어렵습니다. 자신의 재능이 아무리 대단하거나 소박하더라도 이들은 자신의 능력을 최대로 만들어내고, 자신의 재능을 안전지대의 바깥 가장자리까지 뻗어나갑니다.

대체로 냉철하고 세상 물정에 밝은 사상가로 묘사되는 이들은 자주 사색적인, 심지어 형이상학적인 혹은 종교적인, 영적인 주제와 실천에까지 관심을 둡니다. 그리고 이런 영역에 대한 이들의 발상은 전혀 보수적인 것도 아니고, 사실 이들은 다소 급진적일지도 모릅니다. 어떤 발상도 이들이 적어도 숙고하는 데 너무 이상하거나 과격하지 않고, 이들은 자신의 마음으로 하여금 우주론과 인간실존에 대한 광범위한 질문을 아우르게 하는 부인되지 않는 성향을 갖고 있습니다. 하지만 이들은 헛되거나 정당한 토대가 없는 추론을 할 시간을 거의 갖고 있지 않기 때문에, 이런 철학적인 취향은 대개 사실과 관찰에 기반을 둡니다.

이들은 자주 거칠고 공격적인 것처럼 보이지만, 이들 중 대다수는 그 이면이 고도로 민감하고 어쩌면 초-민감합니다. 이들은 비판에 자주 부인하면서 강하게 반응합니다. 하지만 비록 타인의 반대를 예리하게 알아챌지라도, 이들은 대개 자신이 바르다고 가슴에서 믿는다면 자신의 행로를 계속 따라갈 강인함을 갖고 있습니다. 물론 이들은 권력에 관해 중요한 것을 알고, 권력을 휘두르는 방법을 알기 때문에, 자신이 모면을 정당화할 수 있든지 없든지 간에, 자신이 할 수 있는 한 [처벌을] 교묘히 모면하는 부도덕한 사람도 또한 이들 중 현존합니다. 이들은 경미하게 불공정하거나 비양심적인 방도를 사용하는 것에 취약할지도 모릅니다. 심지어 자신의 에너지를 대의나 조직에 봉사하는 것에 두는 더 이상적인 사람조차도, 결국 의심스러운 판정[을 할만한 상황이라는] 요청을 만들어낼지도 모릅니다. 고전적으로 이들은 자주 목적이 수단을 정당화한다고 믿습니다.

이들은 대개 거의 모든 형식의 약점을 경멸하고, 주저하지 않고 자신의 주위에 있는 사람들의 결점을 자신의 유리함으로 활용할 것입니다. 그런 사람은 개인적인 실패를 결국 창피로만 오직 볼 수 있습니다. 이들이 실패에 준비되어 있지 않다고 말하는 것은 절제된 표현인데, 사실 이들 중 다수가 실패를 시인하는 것은 실상 가능하지 않습니다. 이들의 철학에서, 패배는 단지 일시적인 퇴보일 뿐이고, 자신의 프로젝트를 파괴했던 바로 그 무기는 그것을 재건하는 데 사용되어야만 합니다. 어떤 것을 놓아버리거나 포기하는 것은 이런 주위 여건에서 극도로 어려울 수 있습니다. 그래서 이들이 자신의 유능한 어깨에 짊어진 과거의 짐에서 자신이 자유롭게 될 수 있기까지는 수년이 걸릴지도 모릅니다. 반면에 이들은 자신 삶의 중대한 시점에 큰 기회를 잡는 데, 즉 이 길에서 과감히 실패하는 데 성공하는 사람의 전형으로 등장하는 데 유능합니다.

이들 중 다수가 너무 설득력이 있어서 환상이 사실

실상이라고 타인들에게 확신시킬 수 있기 때문에, 이상한 방식으로 이들은 실상과 환상 모두에 대한 마스터입니다. 하지만 이들이 자신만의 환상을 믿게 된다면, 이들은 자신이 주위 사람들의 신용을 잃어버린다는 점에서 비효과적이 될지도 모릅니다. 따라서 속아 넘어가기를 거부하고 자신이 보아온 것을 정직하며 객관적으로 알려줄 용기를 갖고 있는 단 한 명의 좋은 친구가 이들이 보유할 수 있는 가장 소중한 자원일지도 모릅니다.

개인 생활에서 이들은 일상생활의 기쁨과 슬픔을 함께 나눌 동반자를 갖고 있을 때 가장 행복합니다. 이들은 혼자 살 수 있지만, 가장 자주 그렇게 하지 않기로 선택합니다. 하지만 이들은 자신의 작업이 자신의 동무와 공유할 의무를 갖고 있지 않은 불가침의 영역이라고 당연히 고집할지도 모르는데, 그 동무는 이들에게 작업이 첫째라는 발상, 즉 동무 자신은 단지 이들의 가슴속에 둘째 자리를 차지할 뿐이라는 발상을 지닐지도 모릅니다. 그 귀결로 주목을 욕구하고 동무의 사업에 끼어들지 않을 능력이 없는 의존적인 유형에 대한 관여를 이들은 피해야 합니다. 이들이 자신이 하는 것과 공통점이 있다고 해도 공통점을 거의 갖고 있지 않은 작업을 하는 배우자와 결혼하는 것은 전혀 드물지 않습니다.

반면에 이들의 친구는 자주 동료이거나, 아니면 적어도 비슷한 추구에서 작업합니다. 극도로 밀접한 관계가 그런 사람들과 함께 계발될지도 모르고, 동무들은 그 관계를 받아들이거나 혹은 불행이나 질투, 거절의 느낌에 직면해야만 합니다. 이들 중 다수는 작업생활, 사회생활, 친밀한 개인 생활이라는 세 가지로 꽤 분리되고 상호배타적인 삶을 영위하게 됩니다. 이들은 이 영역들을 통합하는 데 아무런 이해관계를 갖고 있지 않을지도 모르고, 실로 통합하는 것은 이들에게 자주 불필요합니다.

극도로 지략이 뛰어난 이들은 나쁜 국면 중에서도 최선을 만들어내는 데 능숙합니다. 이 능력과 이들의 충직은 어렵고, 아니면 심지어 다소 탐탁지 않은 관계조차도 잘 풀리도록 만들어내기 위해 노력하면서, 이들이 수년간 꿋꿋이 버텨낼 능력을 줍니다. 이들에게 동기를 부여하는 것은 바로 자신의 동반자에 대한 동감이나 이해심보다 실패를 시인하는 것에 대한 거부입니다. 이들은 사람에게 극도로 헌신적이라기보다 관계 자체에, 또 결혼이나 동거의 개념에 대한 믿음에 극도로 헌신적일 수 있습니다.

'결단 주간'에 태어난 이들은 실상적인 만큼 자주 이상주의적인 것으로 보이고 심지어 때때로 순진한 것으로까지 보입니다. 순진함은 사실 이들의 아킬레스건으로 여겨질 수 있지만, 타인들이 이들에 대해 사랑하거나 동감이나 애정을 느끼는 이유도 또한 될지도 모릅니다. 연약해지고 약점을 시인하는 것은 사랑을 나누는 데 필수적인데, 이들 중 다수는 강한 겉치레를 유지함으로써 자기 자신을 불리한 입장에 놓이게 합니다.

▶ 조언

정말로 실존하는 당신의 한계를 알아보라.
당신 자신으로 하여금 심지어 실패하는 것과 그 실패를 인정하는 것에도 이따금 굴복하도록 허용하라.
당신의 더 연약한 면을 보여주는 것이 위협하는 것이 되지 말아야 한다.
지속해서 당신의 이상이 뿌리내리도록 노력하고, 당신의 '실상'이 사실 환상이 아님을 확신하라.

40 지배 주간

1월 10일 ~ 1월 16일

Dominance

▶ 주간 특성

강점; 전문적인, 고개를 넘어가는, 유지하는
약점; 유의하지 않는, 터무니없는, 자기를 희생하는

▶ 심리구조

'지배 주간'에 태어난 이들 중 다수는 가족이나 작업, 사회 집단의 매일매일의 역동성 속에서 자신의 지배를 표현할 수 있는 한, 자기 분야에서 최고가 되거나 아니면 심지어 이끄는 것조차도 불필요함을 알아차립니다. 비록 야심적인 유형이 당연히 이 주간에 태어날지도 모르지만, 이들은 자주 자신의 특정한 동아리에서 일정 수준에 도달하여 여생을 거기에 머무르는 것에 만족합니다. 이들은 자신이 옆길로 새지 않고 자기 자신을 위해 설정했던 행로를 고수할 능력을 주는 엄청난 근면과 투신을 갖고 있습니다.

자기-신임은 이들의 심령적인 웰빙에 극도로 중요합니다. 이들이 걱정에 시달리지 않고, 또 자신만의 동기를 '너무' 깊이 탐사하지 않는 한, 즉 자기 자신에게 너무 많은 것을 기대하지 않는 한, 이들은 잘 기능합니다. 하지만 자신이 실상적으로 가치 있는 사람임을 자기 자신에게 증명할 수 있을 때까지 남모르는 열등 콤플렉스는 수년간 이들을 괴롭힐지도 모릅니다. 이들 중 일부는 자신의 장래성에 관해 비실상적이어서, 자신의 깊은 열등의 느낌을 부인하려는 필사적인 시도이자 단지 자신에게 실패를 설정할 수 있는 시도로, 자기 자신을 과대평가할지도 모릅니다. 이들 중 초라한 자기-이미지를 갖고 있는 사람은 자주 어린 시절 반대하거나 지나치게 요구하는 부모의 부정적인 태도로 여전히 고통받습니다.

젊을 때 이들은 동성의 나이든 인물을 우상화하기 쉽습니다. 이들이 더 성숙해지면서, 이들 자신은 자주 타인들에 의해 영웅이라는 틀에 발탁됩니다. 우상화와 이상화는 은총에서 추락할 불가피한 실망감을 이들에게 다시 설정하면서, 이들을 둘러싼 기대를 비실상화된 정도로 구축할 수 있습니다. 강한 도덕적인 태도 및 세상을 선악으로 나누는 성향이 여기서 특징이고, 이들은 타인들을 판단하지 않는 법 또는 자신의 관점이 너무 극단적이지 않은 법을 체득하려고 욕구합니다. 이들 중 타인들을 거절함이 없이 또는 죄의식이나 수치심에 사로잡힘이 없이 타인들을 사실 그대로 받아들일 수 있는 사람이 가장 행복합니다.

고도로 신체적이지만 항상 심미적인 것은 아니거나 항상 쾌감을 사랑하는 것은 아닌 이들 중 일부는, 신체적인 원함과 욕구를 극복해가는 것을 이들의 주요 업무로 만들어내고, 사실 자신만의 느낌과 몸에 대한 자신의 지배력을 보여줄지도 모릅니다. 이들은 자기 자신 및 자신과 가까운 사람들, 특히 자신의 동무와 가족을 대하는 데 가혹할 수 있습니다. 하지만 타인들은 대체로 정직하고 직설적인 의견과 조언을 이들에게 기대할 수 있습니다. 무의식적인 자기기만을 좀처럼 하기 쉽지 않은 이들은 타인들을 속이는 데도 또한 이해관계를 거의 갖고 있지 않는데, 가장 자주 이들은 자신이 말하는 것을 의미[합리화]하고, 자신이 의미하는 것을 말합니다.

이들은 봉사를 고도로 중시합니다. 이들은 유능하고 철저히 전문적이지만, 이들의 베푸는 태도는 이들로 하여금 너무 자기-희생적으로, 즉 착취에 취약하도록 만들어낼지도 모릅니다. 이들이 그런 경험에서 협업자와 지인에게 거절하는 방법을 체득하는 데 유능할지라도, 여전히 직계 가족의 요구를 부인할 수 없거나 부인하기를 꺼릴지도 모릅니다. 궁핍한 가족 구성원에 대한 수년간의 헌신은 이들의 에너지를 고갈시키고, 이들 자신을 위한 시간을 빼앗을 뿐만 아니라 필연적으로 불행을 낳는 엄청난 좌절감의 구축도 또한 초래할 수 있습니다.

심사숙고하는 이들은 또한 지대하게 재미있을 수도 있습니다. 이들의 놀이하는 태도와 통렬한 재치는, 상황을 전체적인 시야로 바라보는 능력과 자기 자신을 너무 진지하게 받아들이지 않는 능력도 또한 보여줍니다. 이들 중 다수에게는 기이함이라는 부인되지 않는 특색이 현존합니다. 지나치게 사교적이지 않을지라도 이들은 자주 자신의 기분에 따라 조용하든, 떠들썩하든 간에 친구들과 함께하는 저녁보다 더 좋아하는 것은 없습니다. 이들은 그룹의 일원이 되어서 여러 사람과 균등하게 경험을 나누고, 대화를 나누는 것을 즐기며, 단 한 명의 친한 친구를 갖고 있는 경향이 적습니다. 이들은 자주 팀 스포츠나 취미, 클럽에 끌리고, 그런 조직의 계획수립 및 유지관리에 전심으로 이바지할지도 모릅니다.

이들 중 다수는 자신의 경력에서 열심히 일하는 사람입니다. 이들은 높은 역경에 맞선 전투에 의해, 이를테면 형이하학적인 장애를 극복하기 위한 고군분투에 의해 가장 큰 전율을 자주 얻습니다. 그 외 사람은 자신이 떠맡은 프로젝트에는 더 실상적이지만, 그럼에도 일벌레의 경향을 보여줍니다. 쾌활하고 흥미로운 동무는 이들의 마음에서 경력의 관심사를 벗어버리고 이들로 하여금 느긋해져서 재미있게 지내도록 허용하면서, 이들에게 좋은 약이 될 수 있습니다. 이들은 가정에서 이들이 문에 들어설 때 이들의 기분을 밝아지게 할 수 있는 사람을 자주 욕구합니다.

비록 이들은 책임감이 있지만, 어떻게든 단조롭지 않습니다. 이들 중 다수는 고도로 카리스마적일 수 있는, 아니면 적어도 타인들이 휘둥그레지게 놀라는 눈으로 이들을 지켜보게 할 수 있는, 이목을 끄는 처신을, 심지어 전기적인 처신조차도 갖고 있습니다. 이들은 좀처럼 터무니없으려고 노력하지 않지만, 어쨌든 결국 자주 터무니없는 것처럼 됩니다. 이들은 자신의 선언과 활동이 타인들에게 일으키는 효과를 자주 알아채지 못하고, 또한 기본적으로 마음쓰지 않을지도 모릅니다. 이들은 부분적으로 자신이 누구나 좋아하는 대상이 아님을 알고 있고, 또 부분적으로는 대체로 타인의 승인과 수용에 대한 대단한 욕구를 갖고 있지 않기 때문에, 거절감을 예리하게 느끼지 않습니다. 자족적인 이들은 더 표현적인 자신의 면을 질식시키면서, 너무 많은 것을 지속해서 통제하지 않도록 조심해야만 합니다.

▶ 조언

기회를 잡는 것을 두려워하지 마라.

당신이 과감히 실패를 무릅쓰지 않는다면, 당신은 아마 당신의 진정한 가슴속의 소망을 성취하지 못할지도 모른다.

안전에 대한 당신의 고집은 때때로 잘못 짚은 것일지도 모른다.

타인의 느낌이 관련된 곳에서 더 유연해지려고 노력하라.

당신의 가치가 절대적이거나 보편적으로 적용된다고 가정하지 마라.

41 신비와 상상 주간

1월 17일 ~ 1월 22일
Mystery & Imagination

▶ 주간 특성
강점; 흥미진진한, 흥겹게 하는, 마음이 편한
약점; 혼돈된, 까다로운, 갑자기 폭발하는

▶ 심리구조
　'신비와 상상 주간'에 태어난 생생하고 표현적인 이들은 어디를 가든 흥분을 산출합니다. 아주 오랫동안 활동에 가담하지 않을 능력이 없는 이들은 방에 들어서자마자 거의 즉각적으로 자신의 존재감이 느껴지도록 만들어냅니다. 논쟁적이 되는 경향이 있는 이들의 관점은 보수적이든 급진적이든 간에 자주 그 관점이 전달되는 극적인 방식 때문에 고도로 촉발적입니다. 가난하고 억압받는 사람들에 대한 이들의 이해관계는 이론적인 것 이상인데, 이들 중 대다수는 자기 자신보다 불운한 누구라도 돕기 위해 주저하지 않고 시간이나 돈, 에너지를 들여 직접적인 이바지를 만들어낼 것입니다. 하지만 동시에 이들은 자신만의 역할을 다할 능력이 있으나 그렇게 하기를 거부하는 무임승차나 기생충으로 보이는 사람들에게는 거의 동감을 갖고 있지 않습니다.
　이들의 인격에 구조 및 '책임의 느낌'이 현존하지만, 예견되지 않는 이들의 에너지는 언제라도 이 질서를 산산이 깨뜨리는 경향이 있을지도 모릅니다. 이들의 기분이 몹시 널뛰는 것은 드물지 않은데, 이들은 한 순간 슬기롭고 합리적인 것처럼 보이다가 그다음 순간 통제되지 않을 수 있습니다. 이들은 제법 야생적이 될 수 있으므로, 이들이 폭력을 끌어들이든 일으키든 간에 그 폭력이 이들의 삶에서 특색을 이룰 수 있는 것은 놀랍지 않습니다. 통제 불능의 혼돈된 에너지는 이들의 삶에서 엄청난 불안을 연출할 수 있습니다. 자신의 개인적인 안전에 대해 대개 높지 않은 이들의 관심은, 치명적이거나 적어도 위험한 조합인 무모한 천성으로 이들이 보강할지도 모르는 하나의 특성입니다. 이들의 건강 일반에 대한 무시는, 또 이들의 막대한 에너지가 자신을 구해주리라는 고집적인 신임은 수년에 걸쳐 이들을 약화시키는, 즉 만성적인 신체 조건을 유발할 수 있습니다. 관련된 동무와 연인들은 이를테면 이들을 과중한 음주와 흡연에서 멀어지게 하는 힘겨운 시간을 갖고 있을지도 모릅니다.
　이들은 현저하게 어두운 면을 갖고 있습니다. 분노를 안쪽에 매우 오랫동안 가둬두지 못하는 이들은 타인들을 허둥대게 할 기질의 발작으로 폭발할 수 있습니다. 처벌하기로 작정한 그런 사나운 이들의 이미지는 자기 자신을 즐기고 재미있게 보낼 때 제시하는 얼굴과 엄청나게 어긋납니다. 무엇보다 이들은 자신의 악마성에 휘둘릴 수 있어서 이들의 기질의 분출은 참으로 자발적입니다. 이들은 좀처럼 계산적이지 않은 덕에, 이들의 엄청난 기분의 널뛰기에 대해서 이들을 비난하기가 어렵고, 그 널뛰기는 쉽게 잊히지 않지만, 이들과 가장 가까운 사람들에 의해 대개 용서됩니다.
　이들 중 심지어 가장 정착되고 관습적인 사람조차도 활동적인 꿈과 공상적인 삶을 자주 갖고 있을 것입니다. 이들은 자신의 내부 삶의 범위나 그 창의성의 정도를 거의 헤아리지 못한 채, 일종의 [영웅 같으나 소심한] '월터 미티' 같은 실존을 삽니다. 매일의 국면은 이들이 상상 세계에서 중심 캐릭터가 되는 기묘한 정신의 나선형 상승을 위한 도약판인 것으로 판명될 수 있습니다. 이런 공상의 나래는 좀처럼 병적인 상태를 예시하지 않고, 정반대로 이들은 사람이 공상의 삶에 접촉하는 것이 정신건강에 얼마나 중요할 수 있는지를 보여줍니다.
　이들은 농담하고 장난치기를 사랑합니다. 이들의

동무, 친구, 가족은 행복을 유지하고자 한다면 이런 욕구를 이해할 뿐만 아니라 그 욕구의 진가를 알아봐야만 합니다. 하지만 매일매일의 문제를 한 순간 진지하게 다루고, 다음 순간 폭소하는 웃음을 터뜨리고 있을지도 모르는 이들과 보조를 맞추기가 항상 쉬운 것은 아닙니다. 이들은 자신이 극도로 엄밀해지도록 만들어낼 수 있는 관습적인 면도 또한 갖고 있는데, 대체로 모든 가족 구성원이 의무를 행하고, 책무를 최대한 다해내리라고 기대합니다.

이들은 단지 일상의 허드렛일과 의무를 공정하게 분담하는 사람만을 완전히 존중할 수 있습니다. 이들은 자주 아름답거나 지적인 사람보다 열심히 작업하는 믿음직한 동무를 탐구합니다. 하지만 영구적이거나 일차적인 관계 바깥에서, 이들 중 충동적인 사람은 쾌활하고 흥미진진한 사람에게 혹은 더 조용하나 여전히 격정적인 유형에게 자석처럼 끌릴지도 모릅니다. 이들의 성적인 힘은 대개 높고, 섹스에 대한 이들의 이해관계는 현저합니다. 탈선할 때 이들은 죄책감으로 어느 정도 고통을 겪지만, 이것은 이들의 무분별함에 추가적인 묘미를 빌려줄 수 있습니다. 비록 이들이 그런 방종에 중요성을 거의 두지 않을지도 모르지만, 이들의 동반자는 매우 이해심이 없을지도 모르고, 깊고 오랫동안 영속하는 상처를 입을지도 모릅니다. 이들의 성적인 탈선과 그 외 탈선에서 이들은 자라기를 거부했던 피터 팬처럼 미성숙한 면을 과시합니다.

사실 젊음은 이들의 자질 중 가장 명백한 것 중 하나입니다. 이들은 반드시 잘 노화되지 않는데, 이들 중 다수는 자신의 격동적인 생활방식 탓에 소진될 위험이 있고, 그 외 사람은 자신의 신체에 대한 등한시나 학대를 통해 악화됩니다. 성급함 및 부주의함은 이들을 신체적으로 쇠약하게 할 뿐만 아니라 심리적인 불안정에 이바지합니다. 반면에 이들 중 가족에든 친구에든 동무에든 간에 안정된 후원 그룹을 갖고 있는 정도로 행운아는 온갖 일을 겪으면서 자신 인격의 많은 측면을 확립할 수 있습니다. 이들 중 혼자 사는 사람은 사실 자신이 일찍이 만났던 가장 까다롭고 애매한 고객인 자기 자신을 상대하는 것을 통해서 대단한 내면의 강인함을 구축할지도 모릅니다.

▶ 조언

당신은 당신의 창조적인 에너지를 위한 배출구를 찾아내야만 한다.

당신이 경험하는 것을 전달하라.

이해심의 부족, 무시, 혹은 부정적인 비판 탓에 의욕이 꺾이지 않도록 노력하라.

무모하게 덤비지 말고, 오히려 당신을 이해하고 당신의 진가를 알아보는 사람들을 찾아내라.

도덕률을 계발해서 그에 따라 살라.

타인에게 봉사할 몇몇 방식을 찾아내서 그것을 고수하라.

42 천재 주간

1월 23일 ~ 1월 30일

Genius

▶ 주간 특성

강점; 조숙한(어른스러운), 독특한, 독학하는
약점; 무모한, 산만한, 스트레스로 지치는

▶ 심리구조

비록 '천재 주간'에 태어난 이들은 반드시 타인들보다 더 지적인 것은 아닐지도 모르지만, 대체로 빨리 배우고 기민함을 과시하며 심지어 몹시 [감정적으로] 팽팽해진 처신까지 과시합니다. 혈통 있는 말 같은 이들은 대개 재빨리 시작하고 싶어서 안달하는 다혈질 유형입니다. 참을성은 이들의 덕목 중 하나가 아니고, 이들은 그들 자신을 표현하는 데 또 결정을 만들어내는 데 시간을 욕구하는 느려터진 사람에게 두드러진 근질거림을 보여줍니다.

이들은 상황을 단번에 알아채는 속도와 손쉬움 덕택에 자주 타인들의 놀라움을 불러일으키고 질투심도 또한 자극하게 됩니다. 이들이 어릴 때, 이 능력은 조숙함으로 구현될지도 모르나 이들을 이해하지 못하는 부모와 교사는 이들을 피상적이고, 한 프로젝트를 끝까지 해내는 지속력이 부족하다고 비난할지도 모릅니다. 그러나 비록 이들이 쉽게 지루해하는 것은 맞지만, 이들은 참아냄이 정당한 이유가 된다고 느낄 때는 언제나 참아내는 데 꽤 유능합니다. 이들 모두가 매우 재빨리 배우는 능력을 갖고 있는 것은 아니지만, 이들 중 대다수는 천성적이든 아니든 간에 정신적인 기술을 고도로 중시해서 계발하려고 노력합니다. 이들은 교육도 또한 소중히 여기지만, 항상 학교에서 발견되는 사람인 것은 아니고, 경험이 최고의 교사라고 믿고, 자주 독학합니다. 세속적인 흥분이라는 유혹은 자주 교실에서 이들을 꾀어낼 것이고, 외지로의 여행은 이들에 대한 남다른 홀림을 보유할 수 있습니다.

경력에서 이들은 자신만의 방식으로 상황을 장악하고 싶어 합니다. 이들은 무엇을 할지를 간섭받는 직무에서 좀처럼 잘해내지 못합니다. 특히 만일 이들의 작업이 이들로 하여금 선택을 만들어내고, 계획하며, 방향을 바꾸고, 자신의 본능을 따르며, 자신이 믿는 것에 충실할 자유를 이들에게 허용하도록 한다면, 자영업이나 독립적인 위치가 이들에게 더 적합합니다. 비록 이들이 가족과 사회 집단에서든 자신의 직종적인 환경에서든 간에 탁월한 리더가 될 수 있을지라도, 이들은 통치하거나 지배하려는 어떤 본질적인 욕구도 갖고 있지 않습니다. 실연해보이는 온갖 사람이 결국 청중을 욕구하므로, 타인들에 관련하여 이들의 가장 대단한 욕구는 사실상 단지 주목을 위한 욕구일지도 모릅니다.

자신이 작업하는 온갖 프로젝트에 자신만의 개인적인 각인을 부여하는 것은 이들에게 극도로 중요합니다. 타인의 개별적인 표현을 즐기는 사람들은 이들을 좋아하지만, 자주 불안정하고 자기중심적인 이들의 에너지는 집단의 프로젝트에 부정적인 영향을 끼칠 수 있습니다. 이들은 자주 반항적인 것으로 보이지만, 이것은 대개 이들을 길들이거나 통제하려는 일부 시도 때문입니다. 이들의 충동성은 이들로 하여금 권위적인 인물, 즉 더 보수적인 천성의 사람들과 쉽게 갈등하게 할 수 있습니다.

일단 이들이 자신의 독특함을 받아들이고, 자신의 사교적인 욕구와 몰아댐이 자신이 생각한 것보다 덜 깊음을 깨닫는다면, 자신의 경력에 대단한 진일보를 만들어낼 것입니다. 이들 중 더 깨우친 사람은 사교적인 교제를 반드시 포함하는 것은 아닌 경력을 추구함으로써 자신의 강점을 최대한 활용할 수 있음을 깨닫게 될지도 모릅니다. 이것에 알맞을 수 있는 과학이나 음악, 예술, 출판, 경제의 많은 영역이 현존합니다. 타인들과 작업할 시 이들이 직면하는 문제 중 일부는, 때때로 자신이 어떤 그룹에 어울려서 실제로 속한다고 느끼기 위해 좌절감을 품은 노력을 할 시 가까운 사람들에게 자신의 재능과 에너지를 고갈시키는 경향이 이들에게 있다는 점입니다.

부정적인 면에서 이들은 자기-파괴로 향하는 경향을 갖고 있습니다. 이들은 타인들보다 자기 자신에게 더 해를 끼칩니다. 감정적으로 불안정할 수 있는 이들은, 때때로 산만하고 흥분되며 자기에게만 몰두하는 것처럼 보일 수 있고, 쉽게 성질날 수 있습니다. 외부의 촉발에 대한 이들의 민감성은 그런 불안정한 기분에서 현저해질지도 모르고, 이들은 세상의 번잡함에서 벗어나 조용한 장소로 물러나려는 극심한 욕구를 갖고 있을지도 모릅니다. 쉽게 스트레스로 지치고 심지어 주기적으로 몰락하기조차도 쉬운 이들은 자기 자신을 강화하는 법을 체득해야만 합니다. 만약 쉽게 자극받는 것이 줄어들 수 있다면, 이들은 일상생활의 긴급상황에 더 효과적으로 대처할 것입니다.

사랑 문제에서 이들은 자신의 동무가 자유에 대한 이들의 욕구를 이해하기를 고집합니다. 이들은 고착된 루틴과 일정에 속박당하지 않을 것입니다. 이들에게 더 요구가 많은 기대를 갖고 있는 친구와 연인들은 예상치 못한 놀라움을 겪는데, 이들은 좀처럼 한정을 받아들이지 않을 것입니다. 제약에 마찰을 빚는 이들은 다만 관여하게 될 또 다른 자유로운 영을 찾아내려고, 즉 단기적으로 작동하되 더 깊은 헌신을 위해 요구되는 안정성과 영구성을 거의 제공하지 않을지도 모르는 해결을 찾아내려고 노력할지도 모릅니다. 이들 중 일부는 영구적이고 충실하며 베풀고 안정된 동반자를 실로 욕망할지도 모르지만, 동시에 모든 종류의 다른 관계, 즉 성적이거나 그 외의 관계를 계속할 자유도 또한 탐구할지도 모릅니다. 이런 종류의 이중 잣대를 실천함으로써 이들은 자신의 욕구도 욕망도 모두 채우려고 탐구하지만, 타인들에 대한 무시도 또한 보여줍니다.

이들 중 가정생활을 선택하는 사람은 자신의 에너지를 효율적으로 유도하고, 책임을 공유하며, 자신의 시간을 배분하고, 무엇보다도 주목을 위한 자신의 욕구를 정복하는 법을 체득해야 할 것입니다. 이들의 카리스마적인 면은 자주 그릇된 종류의 사람들을 끌어들이고, 이것은 이들이 사랑하는 사람 및 실상적으로 이들의 에너지를 욕구하는 사람들, 특히 가족 구성원에게 이들의 에너지가 들어가지 않게 할지도 모릅니다. 잘 선택된 가까운 친구의 동아리로 자기 자신을 제한하는 것, 그리고 심리적으로 이들에게 안정시키는 효과를 갖고 있고 궁핍하지 않은 사람들에게 집중하는 것은 이들의 행복에 대단히 이바지할 것입니다.

▶ 조언

당신 마음의 눈에 있는 당신 자신의 실상적인 이미지를 명료하게 하라.

일정 정도의 탐탁하지 않은 개인적인 상호작용은 항상 필요한데, 조금 더 동요하지 않도록, 필요하다면 완전히 둔감해지도록 노력하라.

항상 당신의 뜻대로 하기보다 침착함, 참을성, 끈덕짐을 키우라.

좌절감을 감당해서 조용히 당신 자신에게 가장 좋은 것을 요구할 정도로 강인해지는 법을 체득하라.

43 젊음과 여유로움 주간

1월 31일 ~ 2월 7일

Youth & Ease

▶ 주간 특성

강점; 기량이 뛰어난, 찬양받는, 세련된
약점; 미숙한, 고문당하는, 단절해버리는

▶ 심리구조

'번거로움을 피하기'는 '젊음과 여유로움' 주간에 태어난 이들 중 대다수 사람의 좌우명이 될 수 있습니다. 이들에게 귀 기울이면, 누구든 이들이 어떤 형식에서도 곤란을 좋아하지 않고, 그 곤란을 피하려고 실용적으로 뭐든 하리라는 정보를 수집하게 될 것입니다. 이들은 장기적으로도 단기적으로도 자신의 행복을 고도로 중시합니다. 이들은 대체로 가능한 한 간섭을 거의 받지 않고 자신만의 행로를 여행하도록 혼자 남겨지기를 청합니다. 타인을 통제하거나 타인의 일에 참견하는 데 별로 관심을 두지 않는 이들은 자신이 자신을 위해 요구하는 같은 대우를 타인들에게 기꺼이 부여해줍니다.

이들의 꾸며냄에는 묘기를 향하는 경향이 현존하는데, 사무실에서든 실험실에서든 건설현장에서든 주방에서든 간에 이들은 자신의 매체를 마스터한 것을 표출합니다. 장인 정신이 현저한 이들은 비록 수월하게 자신의 임무를 실연해보이는 인상을 주지만, 수년간의 고된 작업이 당연히 이들의 기법을 완벽히 하는 데 투입되었을지도 모릅니다. 사실 이들 중 다수에게 그 기법은 본질적으로 끝이 아니라 단지 시작, 즉 이들이 자신의 가장 높은 창조성을 표현할 수 있는 수단일 뿐입니다.

모든 종류의 (신체적인, 정신적인, 감정적인) 젊음은 이들의 특징입니다. 이들은 자주 자신의 나이보다 훨씬 젊어 보일 뿐만 아니라, 자신의 능력이 나이가 들면서 이들에게 오는 것이라기보다 이들의 삶 전반에 걸쳐 작동하도록, 20세 이전에 자신의 온 역량 중 많은 부분을 계발할지도 모릅니다. 게다가 이들 자신이 부모가 되든 아니든 간에, 아이들과 어린시절은 자주 이들을 위한 평생의 테마와 선-생각입니다. 이들은 자주 아이의 천성적인 자질인 자발성, 충동, 직감, 개방성이 자기 자신 속에 끝까지 지속해서 살아있기를 희망합니다. 놀랄 것도 없이 이들은 때때로 감정적으로 미숙하고 피상적이라는 비난을 받습니다. 이들이 어떤 경우에 미숙한 것은 사실이지만, 피상적인 것은 아닙니다.

이들이 매우 호감받고 찬양받는 경향이 있어서 사람들은 이들의 문제가 어디에 놓여 있는지 당연히 궁금해할지도 모릅니다. 그러나 이들의 강점인 인기는 이들이 실패하는 원인도 또한 될 수 있습니다. 우선 첫째 이유로, 이들은 타인들의 박수갈채에, 특히 자신의 자유롭고 여유로운 접근법에 대한 찬양에 중독될 수 있습니다. 이들이 결국 타인들을 즐겁게 하는 데 자신의 시간 대다수를 보내고, 자신의 친구와 팬들을 잃어버릴까 두려워서 자기 자신을 주장하는 데 실패하게 되는 것이 귀결일지도 모릅니다. 다른 이유로, 이들은 타인들의 기대에 부응해야 하는 것이 힘겹거나 바람직하지 않음을 알아차리기 때문에, 자신의 주위 사람들에게서 자기 자신을 거리를 두거나 혹은 심지어 고립시키기까지 할지도 모릅니다. 이들 중 일부는 자신의 동료 인간들에 대한 실상적인 동감이 거의 없는 거만하고 냉담한 사람이 될 위험이 있습니다.

자기 자신에 대한 이들의 높은 평을 고려하면 이들은 자만하기 쉬울지도 모릅니다. 다른 한편으로는 이런 자기-판별이 대체로 이들의 외적인 재능과 능력, 즉 결국 이들에 대한 타인들의 태도와 반응에 기반을 두고 있으므로, 그 평가는 자기 자신 속의 깊은 곳에서 나오지 않고, 그러므로 심각한 불안감과 의심을 은폐할지도 모릅니다. 이들에게 대단한 위험은 이들이 일상생활에서 잘 기능할 수 있는 건강한 에고를 자신에게서 박탈하면서, 자신만의 것이 아닌 가치를 채택하고 타인들의 기대를 통해 평생을 보낼지도 모른다는 가능성입니다. 자신만의 내부적인 고군분투와 삶의 경험에서 선별된 강하고 진심 어리며 맹렬하게 방어되는 믿음에 대한 계발은 이들이 성년에 이르러 성숙한 개인으로서 기능하도록 도울 수 있습니다.

그렇다면 이들은 좀 더 실상적인 자기-이미지를 얻어내는 데 공들여야만 하는 것으로 보일 것입니다. 이들이 자기 자신을 더 잘 알게 되고, 자신의 악마와 맞서 싸움으로써 자신의 인격에서 더 화창한 면과 더 어두운 면 사이의 균형을 맞추는 것도 또한 가능할지도 모릅니다. 우리는 자주 실상적으로 가장 깊은 곳에서 용을 직면하여 죽이려고 욕구하지 않아도 되는데, 단지 그 용을 더 잘 알게 되어서, 어쩌면 결국 그 용을 자신의 벗으로 만들어내야 합니다. 그런 생명력의 원천을 알아보고 자기 것으로 인정함으로써, 이들은 사실상 자기 자신을 힘있게 할 수 있습니다.

필요보다 선택에 따라 이들은 관계를 지속해서 가볍게 하고, 진지하거나 과중한 관여를 피하는 것을 좋아할지도 모릅니다. 그러나 이것이 이들이 맺어온 자신만의 가족 또는 '오래된 사랑과 결혼 관계', 한결같은 우정이라는 관계에서 자기 자신을 단절한다는 의미로 받아들여지지 말아야 합니다. 이들에게 밀접하게 관여하는 사람은, 만약 이들이 거리 유지를 고집한다면, 이 주장은 이들만의 자율성을 보장하려는 것임을 체득하게 될 것입니다. 이들은 자신의 성격을 타인의 성격과 융합시키는 것을 좀처럼 탐구하지 않을 것입니다. 이들은 감정적으로 깊이 뒤얽힌 것을 피하는 것에 의해 자신이 자기 자신에게서 미래의 갈등과 분리에 의한 아픔 일부를 당연히 덜지도 모른다는 점을 알고 있습니다.

자신이 원한다고 생각하는 성격과 상반되는 유형의 성격에 자주 끌린다는 점을 이들이 발견할 때 문제가 일어납니다. 역설적이게도 이들은 깊고 심오한 사람에게, 심지어 곤란한 사람에게까지 자석처럼 끌려들어서 관여하려고 욕구할지도 모릅니다. 이런 욕구는 이들이 다른 방법으로는 알아채지 못하는 자신만의 그림자 측면에 대한 투사와 사랑에 빠지는 심리적인 역동성을 반영할지도 모릅니다. 감정적으로 복잡한 인격은 이들을 확실히 홀리게 하지만, 동시에 이들을 좌절도 시킵니다. 이런 유형의 관계에 의한 고뇌와 정신적인 고문 일부를 지켜보면서, 사람들은 이들이 전달하는 무사태평한 이미지가 보이는 것만큼 실상 정확한지를 의심스러워합니다.

▶ 조언

당신만의 더 깊은 느낌에 접촉해보도록 노력하라.
때로는 문제에 정면으로 부딪치는 것이 더 낫다.
지금의 작은 아픔은 나중의 훨씬 더 큰 고통을 예방할지도 모른다.
당신에 대한 타인의 의견에 너무 의존하지 마라.
당신 자신이 되려는 용기를 갖고 있고, 당신이 남을 기쁘게 해야 하거나 흥겹게 해야 한다고 느끼지 마라.

44 받아들임 주간

2월 8일 ~ 2월 15일
Acceptance

▶ 주간 특성
강점; 생동적인, 창의적인, 다정한
약점; 짜증내는, 취약한, 궁핍한

▶ 심리구조

받아들임이라는 테마는 '받아들임 주간'에 태어난 이들의 삶에 강하게 흐릅니다. 이들 중 고집불통인 일부는 유별난 발상과 사람에게 특히 마음을 열지 않지만, 세월이 흐르면서 점점 더 너그러워집니다. 이들 중 그 외 사람은 어릴 적부터 지나치게 수용적이어서 자기 자신으로 하여금 더 강하고 더 이기적인 유형에 가당찮게 조종받거나 영향받도록 허용합니다. 여전히 세상에 마음을 열어놓지만, 동시에 해로운 영향을 선택적으로 걸러내는 능력을 유지하는 것이 이들에게는 도전입니다.

자신만의 편견을 일부 다뤄왔기에, 이들은 자주 약자들의 옹호자가 됩니다. 이들은 어떤 형식의 불관용과 불공정한 대우도 경멸합니다. 이들은 잘난 체하는, 즉 자신이 아닌 어떤 것인 척하는 사람들에 대해서도 또한 본능적으로 반발합니다. 타인의 풍선에 구멍을 내는 것이 자주 이들의 전공이고, 이런 경향을 극단으로 가져간다면 이들은 극도로 신랄하고 상처줄 수 있습니다. 이런 행동의 이유는 어쩌면 어린 시절에 이들을 향해 표현된 부정적인 부모의 태도를 반영하는 낮은 자기-이미지에서 발견될지도 모릅니다. 이들의 분노는 갑작스럽고 폭발적이지만, 좀처럼 오랫동안 지속하지 않습니다. 친구와 가족은 대개 이들이 자신의 공격성과 불만을 속에서 부글부글 끓게 하는 것보다 한 번에 그것을 입 밖에 낼 수 있다면, 관련된 모두에게 더 좋다는 점을 자주 깨닫습니다.

지략이 뛰어난 이들은 새로운 발상이 좀처럼 궁한 상태에 있지 않습니다. 어쩌면 너무 자주 까다롭거나 도전적인 국면에 자기 자신을 처하게 하기 때문에, 이들은 딜레마에서 벗어나는 방법을 조기에 체득합니다. 이들이 자주 자신만의 문제를 창조하고 해결하는 것은, '미로를 창조한 다이달로스' 및 '테세우스에게 어떻게 미로를 빠져나가는지 보여준 아리아드네'라는 두 신화적인 인물이 하나로 합쳐진 것처럼 자신을 만들어냅니다. 기본적인 의미에서 이들은 자신에게 가장 나쁜 적입니다.

좀처럼 오래 쉬지 않는 이들은 활동과 움직임을 사랑합니다. 이들의 생동성은 친구가 관련되는 한에서 극도로 긍정적인 특성이고, 이들은 자신의 매력적인 힘, 유별난 처신 및 다채로운 말솜씨 덕에 자주 발굴됩니다. 이들에게 가장 대단한 문제가 자주 일어나는 곳은 바로 타인과 함께 살아가는 일상적인 임무 속에 있기 때문에, 이들의 캐릭터에서 단점은 협력자보다 가족에 의해 더 자주 느껴집니다. 가족 구성원에게 항상적으로 짜증이 날지도 모르는 이들은 자기-자각이 높다고 평가되지 않으므로, 어쩌면 짜증 나게 하는 인간이 사실상 바로 자신임을 알아보는 데 실패할지도 모릅니다.

타인들이 하는 말과 행동에 쉽게 영향을 받으므로, 나쁜 논평이나 표정은 이들을 몇 시간 동안 쉽게 곤경에 빠뜨리거나 혹은 심지어 이들의 하루를 전부 망쳐버리기까지 합니다. 특히 이들은 인신공격에 취약합니다. 이들은 자신의 유별난 발상에 대한 무한할 정도의 비판을 견뎌낼 수 있고, 사실 자기 자신을 잘 방어하지만, 자신의 감정적인 버튼을 누를 수 있는 사람을 상대할 때 산산이 무너질지도 모릅니다. 만약 이들이 자신의 심령적인 균형을 유지하려고 한다면 인신공격성 논쟁에 덜 취약해지는 법을 체득하고, 타인의 부정성이 의도적이든 아니든 간에 그 부정성을 웃어 넘기는 법을 체득하는 것이 중요합니다.

유머, 아이러니, 재치는 자주 이들에게 풍부한 것처럼 보입니다. 이런 것들은 이들이 자주 어렵고 적대적인 세상에서 살아남을 능력이 있는 메커니즘 중 하나입니다. 이들이 활용할지도 모르는 또 다른 방도는 같은 실수를 다시 만들어내지 않겠다고, 즉 긍정적인 활동을 통해 자신의 삶을 개선하겠다고 자기 자신에게 무언의 약속을 만들어내는 것입니다. 미래를 위한 모든 종류의 계획과 결의를 만들어내는 것은 이들이 시험받는 시기를 통과할 능력을 줍니다. 무엇보다도 이들은 아무리 나쁜 상황일지라도 내일은 또 다른 날임을 압니다. 이런 측면에서 이들은 미래를 잠재적으로 긍정적이고 자기 갱신적으로 바라봅니다.

반면에 현 상황에 대해 이들은 온갖 것이 잘못되었다고 믿는 절망적인 상태에 빠질지도 모릅니다. 이들이 자신만의 결점에 관해 그리고 세상에서 받는 불공정한 대우에 관해 불평하는 동안에 친구들은 속수무책으로 방관합니다. 만약 이들이 자기 자신에 관해 부정적인 태도를 갖고 있다면, 이것은 자신이 만들어왔다고 느끼는 자신의 몸이나 실수에 집중될지도 모르는 수치스러운 느낌을 포함할 수 있습니다. 이런 태도는 죄책감에 의해 힘을 받습니다. 하지만 이들이 항상적으로 자기 자신을 비난할지도 모르지만, 이들은 어쩌면 비판자에 대한 역공격에 관여하면서, 강한 방어 반응이 없이는 타인들에게서 좀처럼 질책을 들을 수 없습니다. 관련된 가족 구성원의 소견에 귀 기울이는 법을 체득하는 것이 이들에게는 거의 불가능할지도 모르고, 이들은 친구에게 아니면 심지어 낯선 사람에게조차도 조언받기가 더 쉽습니다.

이들은 타인에게 극도로 다정할지도 모르고, 자기 자신이 사랑을 갈망할지도 모릅니다. 하지만 이들이 항상적으로 사랑의 탐색 속에 있으므로, 겉보기에는 사랑을 찾아내기가 힘겹습니다. 이들은 30세 이전에는 자신을 위한 꼭 맞는 사람을 찾으려고 하더라도 좀처럼 찾아낼 능력이 없습니다. 이들의 욕구는 자주 다양한 동반자나 협력자, 동무, 친구를 요구합니다. 이들은 쉽게 만족하지 못하고 자주 지루해합니다. 주목을 위한 이들의 욕구는 고조될지도 모르고, 여기서 위험은 이들이 하나의 향기로운 꽃에서 다음 꽃으로 빠르게 이동하는 영원한 나비가 되어버린다는 점입니다. 이들의 무집착은 본질적으로 부정적인 특성이 아니고, 반대로 우리가 모두 빠르든 늦든 터득해야 하는 공부입니다. 하지만 이들이 터득하려고 욕구할 공부는 항상성, 일관성, 전념, 투신입니다.

▶ 조언

타인들에 대한 당신의 욕구를 받아들이고, 의미 있는 사회적인 상호작용을 키우라.

여전히 개방적이고 수용적이 되지만, 당신이 그러하듯이 타인들도 역시 당신을 수용하도록 또한 요구하라.

당신의 심령 능력은 가치가 있으니 건설적으로 활용하라.

[타인의] 거절로 하여금 당신의 자기-우대를 떨어뜨리게 허용하는 것을 주의하라.

45 민감성 주간

2월 16일 ~ 2월 22일

Sensitivity

▶ 주간 특성

강점; 성공 지향적인, 관심사가 많은, 보살피는
약점; 불안한, 비관적인, 고립된

▶ 심리구조

 '민감성 주간'에 태어난 이들은 자신의 경력에 최우선순위를 두는 자주 성공 지향적인 사람입니다. 이들은 대개 때때로 '기저에 놓인 불안감' 및 '자기 자신을 입증하려는 욕구'에 기반을 둔 태도를 갖고 있는 투사입니다. 이들 중 다수의 싸우려 드는 태도는 이들로 하여금 타인을 향해 공격적이 되고, 공격받을 때 호전적이 되도록 만들어냅니다. 그래서 가장 대단한 개인적인 도전은 자신의 내면 꾸며냄을 재발견해서 인정하는 것이고, 이들이 구축해온 장벽 일부를 무너뜨리는 것입니다. 이들이 제시하는 강인한 외관, 심지어 공격적인 외관조차도 내면의 민감한 성격을 위장합니다. 어린 시절 극도로 취약한 이들은 자기 자신을 둘러싼 벽을 구축해서 타인들의 비판이나 학대에 대응합니다. 이들이 성인기까지 갖고 다니는 이런 갑옷은 실상과는 전혀 다른 내면 자기라는 인상을 줄지도 모릅니다.

 이들 중 다수가 가장 파격적이고 이상주의적인 추구 아니면 가장 내면의 깊고 심오한 추구라는 양극단 중 한쪽으로 자기 자신을 향하게 하는 점은 놀랍지 않습니다. 본질에서 상반된 이런 태도를 조합하는 것은 극도로 어려울지도 모르고, 이들 중 다수는 한쪽에서 다른 쪽으로 널뛸 것입니다. 이를테면 이들이 작업에서는 추상적인 관심사를 다루거나 객관적인 한계를 추월하려는 시도를 다루고, 사생활에서는 느낌 세계 및 사람, 인간사를 파고들지도 모릅니다.

 그런 이들이 자신의 천성 안의 이 양극단을 조화시키는 것이 중요하므로, 이들은 양극단 사이의 적절한 지점을, 즉 삶의 사회적인 면을 탐험하기 위한 작업도 또한 해야 합니다. 형이하학적인 극단과 형이상학적인 극단 사이에서 팽팽해진다는 것은 타인들과 갖는 상호작용을 자주 등한시한다는 의미입니다.

 이들은 자신의 가족에게 밀접하게 속박될지도 모릅니다. 비록 부모의 반대와 비판이 어린 시절 이들에게 상처를 줄지라도, 강력한 감정적인 유대감은 이들로 하여금 엄마나 아빠 혹은 양쪽 모두에게 얽매이게 합니다. (대개 성별이 다른 부모와 갖는 관계가 더 강력하고 가장 영향력이 있습니다.) 그런 집착에서 탈출하는 것은 이들이 독특한 사람으로 성년기에 등장하고자 한다면 필수적인데, 어쩌면 우리 중 다수에게 청소년기가 반항적이고 폭풍우 같다는 점이 진실이지만, 특히 이들에게 진실일지도 모릅니다. 이들 중 이 시기에서 벗어나는 데 성공하지 못한 사람은 심지어 부모 혹은 집안의 다른 강력한 연장자가 사망한 이후조차도 이들의 여생 동안 고군분투를 계속할지도 모릅니다.

 특히 사랑 문제에서 이들은 자신의 동반자에게 마음을 열고 정직하며 수용적이 되도록 고군분투해야 하고, 심지어 아픔의 위험조차도 무릅쓰고 자기 자신으로 하여금 연약해지도록 허용해야 할 것입니다. 따라서 개인적인 관계는 이들이 본질적인 자기와 다시 접촉하게 하는 효과를 갖고 있을지도 모릅니다. 심지어 이들 중 강압적이고 자신의 경력에서 심하게 몰아대는 사람조차도 개인적인 관계에서는 꽤 수동적일지도 모릅니다. 게다가 사랑 관계에서 남성적인 자질과 여성적인 자질을 모두 표출하는 이들의 경향은, 이들 중 남성을 이례적으로 민감한 것으로, 또 이들 중 여성을 이례적으로 공격적인 것으로 특징지을 수 있습니다. 이런 역할 반전은 자주 이들이 자신에게 상반된 자질로 인식하는 동무를 이들이 선택하는 데 유리합니다.

관계에서 이들은 환영받기를 원하나 자주 상처받는 것을 두려워하기 때문에, 즉 자기 자신을 굽히지 않고 승인을 얻는 것을 추진해가는 방법을 모르기 때문에, 거절의 두려움은 도드라진 모습으로 나타납니다. 이들 중 일부에게 비관주의나 불만족의 보여주기는 상호작용해야 하는 이들을 가로막고, 그 외의 사람은 더 즐겁거나 동의적인 것처럼 보이지만, 이것도 역시 어떤 깊은 관여도 가로막도록 설계된 겉치레입니다. 자신의 경력에서 거절의 위험을 무릅쓰고서 자기 자신을 강압적으로 옹호하는 만큼 자신의 개인적인 관계에서도 강압적으로 고군분투할 용기를, 또 자신의 감정을 강력하게 표현할 용기를 얻는 것이야말로 이들이 결국 마주쳐야만 하는 도전들입니다.

우정은 이들을 세상으로 끌어내서 클럽, 공동체, 자선활동, 학교생활에 참여하도록 유인하는 중요한 운송수단일지도 모릅니다. 친구들이 맡는 본질적인 역할은 정상적인 친목, 동지애, 개인적인 공유를 넘어섭니다. 이들은 소수의 친구를 사귀는 것을 넘어서 동료들, 협업자들, 지인들 및 '더 먼 가족 구성원들' 사이의 다리를 구축함으로써 이득을 얻습니다. 자신의 대인관계 기술을 계발함으로써 이들은 자신의 인간성을 넓히고, 고립되고 오해받는다는 느낌을 완화할 것입니다. 타인들의 고통을 [자신의] 직접적인 체험으로 바라보는 것은, 이들 자신이 겪어나갔던 불행이 절대 독특한 것이 아님을 깨닫도록 이들을 도와서, 이들이 필사적으로 욕구하는 동일시라는 인간적인 핵심을 허용할 수 있습니다.

비록 '혼자가 되려는 이들의 욕구' 및 '정기적이거나 강렬한 상호작용에 대한 이들의 어려움'은 이들이 가족적인 관계를 유지하기가 힘겨워지도록 만들어낼지도 모르지만, 자녀가 포함된 자신만의 가족을 구축하는 것, 즉 가족적인 국면에 사는 것은 이들에게 자주 긍정적인 경험입니다. 그럼에도 이들의 양육하는 자질은 자신의 삶 일부 영역에서, 즉 가족을 통해서까지는 아니더라도 어쩌면 애완동물이나 '경력[을 위한] 프로젝트'를 통해서는 표현되려고 욕구합니다. 자신의 보살핌, 관심사, 동감에 대해 표현하는 것은 사랑과 격정만큼이나 이들에게 필요합니다.

▶ 조언

세상을 포기하거나 울타리 뒤로 후퇴하지 마라.

필요한 경우, 당신의 민감한 자기를 재발견하기 위해 장애물을 허물어버리라.

신뢰하는 법을 체득하는 것은 두려워하기를 멈추는 것이라는 의미일지도 모른다.

깊이와 높이를 탐험하려는 당신의 욕구를 부인하지 않으면서 더 자주 중도(中道)를 취하라.

46 영(靈) 주간

2월 23일 ~ 3월 2일

Spirit

▶ 주간 특성
강점; 영적인, 관능적인, 투명한
약점; 감정적인, 무책임한, 파멸적인

▶ 심리구조

'영 주간'에 태어난 이들은 삶의 비물질적인 면을 중시합니다. 이것은 이들이 돈벌이와 사업에 대한 존중이나 아니면 이 분야에 대한 능력이 부족하다는 것이 아닙니다. 예술이나 금융에 종사하든, 종교나 행정에 종사하든 간에 이들은 대체로 자신의 작업에 헌신적으로 접근하여 그 작업을 이상주의적인 차원으로 끌어올립니다. 그리고 이들은 강한 신체적인 몰아댐, 즉 먹고 섹스하는 쾌감에 대한 사랑이 없는 것도 아닙니다. 영적인 접근과 관능적인 접근이 혼합된 것이 이들 인격의 핵심에 있습니다. 이들 중 다수는 일상세계와 갖는 유대를 끊으라고 요청할 금욕적인 접근법을 표상하는 것으로 영성을 바라보지 않습니다. 반대로 이들은 자신의 주위 온갖 것에서 영(靈)을 탐구하므로, 세속적인 고려사항을 거절하려는 욕구를 좀처럼 느끼지 않습니다.

신명남은 또한 자주 생동적이고 흥겹게 하는 이들의 특징이기도 합니다. 이들은 자신의 실제 나이를 위장할 수 있는 젊은 분위기를 갖고 있습니다. 드물지 않게 이들은 또한 건강에 대한 개인적인 추구에 종사하거나 혹은 건강의 옹호자입니다. 장수하는 것뿐만 아니라 자신의 세속적인 실존에 대한 질을 증진시키기 위해 건전한 삶을 영위하는 것이 이들에게 중요합니다. 누군가의 직접적인 환경을, 혹은 세상 일반을 경력이나 삶의 마지막에 조금 더 나은 곳으로 남겨준다는 의미에서 선을 행하려는 소망은 이들의 특징입니다. 그래서 환경에 관련된 실수나 재앙이 일어나는 바를 지켜보는 것은, 관여하고 보살피는 이들에게는 특히 어려울지도 모릅니다.

이들의 헌신적인 면과 봉사 지향적인 면은 이들로 하여금 타인들에게 즐거움과 이득을 베풀려는 이들의 욕구에 공헌하도록 만들어내면서, 이들 자신만의 원함을 포기하도록 이들을 부추깁니다. 이런 자질의 귀결로 이들은 자신을 만만한 호구로, 그리고 동감이나 에너지, 돈의 믿음직한 원천으로 이들을 바라보는 더 이기적인 인간들의 표적이나 먹이가 쉽게 될지도 모릅니다. 타인에게 관대한 제안을 만들어내고, 그래서 이런 약속을 후회하거나 분개하게 되는 것은, 논쟁과 감정적인 위기로 이들을 이끌지도 모릅니다. 실로 뒤섞인 신호를 보내는 것은 이들의 특징 중 하나입니다.

이들은 기준이 높은 자신의 우정을 타인들이 충족시키지 못할 때 상처를 느끼기 쉽습니다. 사실 이들은 자신이 스스로 불행해지도록 설정할 정도로 관계에 그런 높은 기대를 겁니다. 자신이 자주 통제하기 어려운 격렬한 감정성을 갖고 있는 이들은 더 거리를 두거나 객관적인 방식으로 상황을 바라보는 타인들과 갖는 곤란에 자신으로 하여금 처하게 하는 격렬한 감정성을 갖고 있습니다. 투명해서 가슴속을 솔직하게 드러내는 이들은 자신의 느낌을, 특히 실망감을 숨기는 데 특히 능하지 않습니다. 연이은 관계에서 이들이 아무리 많이 자기 자신을 보호하겠다고 맹세하더라도, 이들은 자신이 자기 자신을 보호하는 방법, 즉 자신의 에고가 사랑의 대상과 융합되지 못하게 하는 방법을 체득하기를 거부할 수 있습니다.

인도주의적이고 공감적인 자질이 있음에도, 이들은 자주 그 자질을 깨닫지 못하고 자신이 주위 사람들보다 더 높은 차원에 있다고 자신을 상상하는 경향이 있을지도 모릅니다. 이런 무의식적인 태도는 이들로 하여금 타인들에게 더 깊이 관여하지 못하게 막아버리고, 그들의 삶에 대한 다소 피상적인 관여로 이어지거나 더 나쁘게는 세상을 향한 부정성과 신랄한 냉소주의로 이어질지도 모릅니다. 이들 중 일부가 취하는 '모든 걸 알고 있다'는 태도는 타인들이 상대하기가 까다롭고, 개인적인 관계에서 원망과 결국 거절로 이어질 수 있습니다. 철학적인 이들은 실수를 시인하고 무엇보다 소견과 비판에 마음을 엶으로써, 자신이 삶의 의미를 위해 탐색할 시 심지어 더 높은 개인적인 수준으로까지 상승할 것입니다.

가족 및 친구와 깊은 수준에서 공유하는 것이 이들을 위한 본질적인 욕구이므로, 인생의 즐거움을 혼자 즐기는 요령은 대개 이들이 꾸며낸 부분이 아닙니다. 불운하게도 공유하려는 이들의 시도가 항상 성공적인 것은 아니고, 이것이 평생 계속되는 좌절의 원천일 수 있습니다. 사랑 관계에서 이들은 자주 감정적인 불안정성을 표출합니다. 동반자 바꾸기가 이들에게는 삶의 한 방식이 될 수 있습니다. 사실 이들이 실상적으로 탐구하고 있는 것은 이상이고, 그 이상을 찾아낸다면 이들은 주저하지 않고 영구적인 관계에서 그것에 전념할 것입니다.

비록 이들이 여전히 충직하고 헌신적일지라도, 이들이 동무나 배우자를 대할 시 가장 큰 문제는 감정적으로 물러나는 것입니다. 이들은 타인들이 질식할 것 같음을 알아차리는 요구를 차례차례 만들어낼지도 모르는데, 이들은 감당할 것이 많을 수 있습니다. 그리고 이들이 상호 독립에 대한 믿음, 즉 '열린' 결혼이나 '열린' 관계에 대한 자신의 믿음을 아무리 많이 고집할지라도, 이들은 자신만의 소유적이고 질투하는 천성을 알아보지 못할 시 꽤 비실상적이 될 수 있습니다.

이들은 대다수 시간을 기대, 개념, 발상의 세계에서 살아가는 것보다, 지금 여기에서 자신을 뿌리내리게 할 단순한 일상적인 임무와 허드렛일에 대한 책임을 받아들이는 편이 온당할 것입니다. 만일 이들의 동무와 친구가 이들에게 확고한 책임을 떠맡으라고, 심지어 이상화하기 까다로운 평범하고 반복적인 임무조차도 실연해보이기를 고집한다면, 이들 관계의 안정성은 향상될 것입니다. 어쩌면 이들에게 의존하기를 단지 거부하고, 그들 자신이 끝내려고 욕구하는 것을 하면서, 그런 주장에 실패하는 동반자는 단순히 이들의 나쁜 습관을 보강해줄 뿐인데, 이들은 유감스럽게도 접시를 모아서 설거지하기 전에 잊어버리고 부엌에서 걸어 나와버리기 쉽습니다.

▶ 조언

당신은 때때로 더 공격적이 되려고 욕구하라.

일상사에 지속해서 접촉하고, 당신의 욕구와 타인의 욕구에 여전히 주의를 기울이라.

당신 자신을 더 높은 차원에 두는 것 때문에 겪는 소외감을 주의하라.

'더 높은 의식상태를 탐구한다'는 것이 반드시 '삶의 작업을 짊어지는 것을 하지 않는다'는 점을 의미하는 것은 아니다.

47 단독자 주간

3월 3일 ~ 3월 10일

Loner

▶ 주간 특성

강점; 혼이 충만한, 친밀한, 우아한
약점; 은둔하는, 실망하는, 고통받는

▶ 심리구조

'단독자 주간'에 태어난 이들은 자신만의 사적인 세계 속에 사는 경향이 있습니다. 이 경향은 이들의 집이 자주 세상에서 후퇴한 은신처, 즉 소수만이 허락된 곳이기 때문에, 내부적으로 참일 뿐만 아니라 외부적으로도 참입니다. 이들 중 더 건전한 사람은 한쪽으로 자신의 경력에 비중을 두는 만큼, 다른 쪽으로 자신의 사회생활과 개인 생활에도 같은 비중을 둘 수 있고, 이들 중 덜 균형 잡힌 사람은 자신을 유익하게 하기보다 자기 자신을 고립시키기로 선택할지도 모릅니다.

이들은 대체로 피상적인 것에 대한 본능적인 반감을 갖고 있습니다. 시끄럽거나 공격적이고 밀어붙이는 사람을 불신하는 이들은 민감성이 부족한 동료와 함께 작업하기가 힘겨움을 알아차립니다. 이것은 이들이 세력이나 야심이 부족함을 시사하는 것이 아닙니다. 하지만 이들에게는 일이 이뤄지는 방식이 자주 그 일이 무엇인지보다 더 중요하고, 그러므로 좀처럼 목적이 수단을 정당화하지 않습니다. 우아함, 정직 및 난공불락의 미적·도덕적인 규범은 이들이 불공정하게 혹은 특히 상처를 주면서 활동하는 것을 막아줍니다.

반면에 이들은 노골적인 반사회적 행위를 통해, 즉 이를테면 개별적인 표현에 대한 자신만의 권리를 방어하는 활동을 통해 사회의 도덕관에 대한 자신의 반감을 표현할지도 모릅니다. 특정 고상함과 우아함은 이들이 응하는 대다수 상황에서 확실하고, 이들은 신체적인 표현이 스포츠든, 춤이든, 움직임의 더 심미적인 형식이든 간에 다양한 종류의 표현에 정교하게 맞춰집니다. 이들은 특히 사람과 그림에 있는 심미적인 미에 대한 대단한 찬양자이고, 이들의 집과 주위환경은 대체로 일부 종류의 특별한 손길을 보여줍니다.

이들은 음악에 대한 자신의 사랑에서 또 인간적인 고통의 모든 형식에 대한 공감에서 분명해지는, 혼이 충만한 강한 면을 갖고 있습니다. 이들은 대체로 삶이란 단지 즐기려고 있는 것이 아니고, 누구나 어떤 실상적인 이득도 얻기 전에는 어떤 식으로든 일정 정도의 고통을 받는 것으로 대가를 치러야만 한다고 믿습니다. 이들은 자신의 삶에서 어쩌면 신체적인 부상, 질병 혹은 부모나 친구의 때 이른 죽음에 관여하면서, 적어도 한 가지 심각한 트라우마에서 좀처럼 벗어나지 못할 것입니다. 이들이 경고 없이 그런 재난에 자주 부딪히지만, 회복력이 있는 이들은 재앙에서 다시 딛고 일어서는 엄청난 수용력을 갖고 있습니다. 고양이처럼 9개의 목숨이라는 복을 받은 이들은 적어도 그중 몇 개를 써버릴 것이 확실합니다.

이들은 (자신이 좀처럼 그렇지 않은) 외로운 것과 (자신이 자주 그러한) 혼자 있는 것 사이의 뚜렷한 차이를 알아봅니다. 자신이 가장 좋은 길벗인 이들은 누구와도 이야기할 욕구없이 좋은 책이나 자신의 작업과 함께 몇 시간이고 며칠이고 혼자서 보내는 데 유능합니다. 친구들은 이들이 혼자 남겨지고 싶을 때 및 함께하고 싶을 때를 알 것이고, 이들의 프라이버시를 침해하지 않는 법을 체득할 것입니다. 일터에 있을 시 이들이 사무실 바깥에서 운영하는 프리랜서로 잘하지만, 회사나 사업에 고용되면 이들은 아마 혼자서 작업하기 위해 매일 일정 정도의 시간을 욕구할 것입니다.

이들에게 위험한 영역은 약물, 술, 섹스 같은 강한 습관성 혹은 공공연한 중독성이 있는 무엇이든 포함합니다. 반면에 이들의 고조된 황홀경인 영적인 통찰 및 감정적인 기쁨은 믿지 못할 정도로 격렬하고 보상받는 것일 수 있습니다. 이들은 자주 절정 체험을 갈망하는데, 이것은 그 체험을 탐구하는 이들이 과한 집착이 없이 그 체험을 감당할 수 있는 한, 원래 나쁜 것은 아닙니다. 만약 이들이 여전히 자유롭게 옮겨간다면, 이들이 개인적으로 계발할 시 그런 체험은 이들을 대단히 풍요롭게 할 것입니다. 반면에 이들이 자신만의 개인적인 고통이나 자기 연민에 중독되어버릴 정도로 불운하다면, 이들은 놀랍게 오랫동안 그런 상태에 빠지게 될지도 모릅니다.

　대체로 말하자면 이들은 세상에 오직 한 가지만을 요청하고, 그것을 자신의 실상 모습이라고 수용합니다. 세상이 자주 이들의 바램을 들어줄 수 없다는 점이, 바로 이들이 짊어지는 십자가가 됩니다. 자기 자신을 편하게 하고, 실망과 거절에서 자기 자신을 막으려고 이들은 돈의 추구에 굴복하거나 아니면 자주 아름다움과 상상에 헌신적인 공상이 가득한 내부 삶으로 후퇴할지도 모릅니다. 가능하면 언제든지 이들은 자신에게서 창의성을 빼앗지 않고도 자신에게 견고해지고 뿌리내리라는 요구를 만들어주는 업무에 종사해야 합니다. 이런 종류의 작업은 이들이 안정된 상태에 머물도록 도울 것입니다.

　이들은 대개 친구를 거의 갖고 있지 않지만, 이들이 갖고 있는 친구는 자주 가깝고 충직합니다. 이들 중 다수는 대규모 가족 모임이나 사교적인 행사를 좋아하지 않지만, 친밀함은 실상적으로 이들의 일이고, 동무든 친구든 연인이든 중시되는 가족 구성원이든 간에 타인들과 친밀함을 나누는 것이 어쩌면 이들이 가장 아끼는 활동입니다. 고도로 개인적인 상호작용이 이들의 특기이고, 기쁨과 슬픔을 나누는 것은 이들의 행복에 필수적입니다.

　어쩌면 이들이 타인들보다 그런 영역의 진가를 알아보거나 그 영역을 즐기는 능력을 더 대단히 갖고 있고, 아니면 어쩌면 물리적인 쾌감이라는 유혹에 대한 이들의 저항이 타인들보다 더 낮기에, 사랑할 시 이들은 귀여운 얼굴이나 심미적인 목소리, 매력적인 몸에 타인들보다 더 쉽게 걸려듭니다. 일단 한 사람에게 집착하면, 이들이 그 사람을 사귀려는 중독은 물질적인 실체에 대한 이들의 끌어들임보다 훨씬 더 심각할 수 있습니다. 이들은 질투에서 증오까지 온갖 아픈 감정을 망라할 것이지만, 만약 자신의 연애 상대에게서 벗어나고 싶다고 결정한다면, 이들은 강력한 분리 불안을 느낄 것입니다. 실용적인 천성의 친구와 동무는 이들을 꿈에서 깨어나게 하는 경향이 있습니다. 그러는 동안 자녀는 이들이 자연계에 대한 이들의 경이와 경외심을 나누도록 도울 것입니다.

▶ 조언
당신의 전망이 여전히 실상적이도록 노력하라.
모든 다양한 형식의 현실도피라는 유혹에 저항하라.
한편으로 세상 쪽으로 창문을 열어두라.
신뢰와 수용을 얻기 위해 계속해서 애쓰지만, 당신 자신을 옹호하는 것도 또한 기억해내라.
자신의 사회적인 위치를 향상하는 것은 특정 상황이 당신에게 더 여유로워지도록 만들어줄지도 모른다.
당신의 고통은 독특하지도 않고, [사회적인 위치를 향상하는] 그런 문제라면 필요하지 않을지도 모른다.

48 댄서와 몽상가 주간

3월 11일 ~ 3월 18일

Dancers and Dreamers

▶ 주간 특성

강점; 철학적인, 도움을 주는, 기적을 행하는
약점; 비효과적인, 무상한, 의존을 조장하는

▶ 심리구조

'댄서와 몽상가 주간'에 태어나 강하게 철학적인 이들은 자주 인간 사고의 복잡성과 우주의 경이를 묵상하는 시간을 보냅니다. 이들의 마음은 많은 사람이 힘겨움을 혹은 적어도 신비함을 알아차릴 영역을 자유롭게 배회합니다. 이들은 일찍부터 삶의 의미에 관해 궁금해하기 시작하고, 평생 자주 그런 질문에 대해 계속해서 골똘히 생각하는데, 실로 이런 이슈는 이들의 경력과 생활방식 배후의 몰아대는 세력이 될 수 있습니다.

비록 생각할 시 예지적일지라도 이들은 격렬하게 실용적인 면 및 자주 잘 계발된 기법적인 기술이나 과학적인 기술을 갖고 있습니다. 이들 자신의 주위에 일어나고 있는 무엇이든 적극적으로 가담하여 타인들이 그들의 문제를 해결하도록 돕는 것이 이들에게 중요한데, 타인들의 삶에 영향을 미치려는 굉장한 욕구를 갖고 있는 이들은 자주 간신히 그렇게 해냅니다. 이들은 심지어 지나치게 관여하기까지 되어 물러설 때를 알아보는 데 실패할지도 모릅니다. 이들의 주위 사람들은 이들의 이해관계를 관계로 바라보면서, 이들의 좋은 의도를 불신하거나 원망하게 될지도 모릅니다.

이들이 아주 많은 시간 동안 옳은 것으로 판명되지 않았다면, 누군가는 이들을 비실상적이라고 비난했을지도 모릅니다. 믿기 어려운 것이 믿음직해지도록, 즉 불가능한 것이 가능해지도록 만들어내는 것은 어쩌면 이들의 가장 대단한 힘입니다. 이들은 꽤 세상물정에 밝고 실용적이며 심지어 평범한 유형으로까지 보일지도 모르지만, 때때로 이들의 성취는 기적적인 것에 가깝습니다. 이것은 마치 이들이 비록 사실상 기적을 믿지 않을지라도, 어떻게든 기적을 실현하거나 경험할 능력이 있었던 것과 같습니다. 어릴 적 투시하거나 텔레파시를 쓰는 경향을 구현할지도 모르는 이들의 인격에는 초자연적인 현상에 대한 두드러진 경향이 현존합니다. 이들 자신의 주위 사람들이 이들의 능력을 경시하거나 비웃거나 억압한다면, 이들은 인생 후반부까지 공개적으로 이런 재능을 인정하고 드러낼 정도로 안전하다고 느끼지 않을지도 모릅니다.

이들은 말을 너무 잘하는 것처럼 보이는 것을 주의하고, 주어진 주제에 관해 말할 때를 체득해야만 합니다. 비록 이들이 하는 많은 말이 참되고, 높은 등급의 사고방식에 속할지라도, 뭐든 다 안다는 이들의 태도는 사람들의 적대감을 살 수 있습니다. 자신의 말이 욕망된 효과를 갖고 있는 데 실패한다면 이들은 고도로 좌절하게 될 수 있으므로, 겸허함을 계발하고 실수를 인정하는 것만이 오직 이들의 신용을 더해줄 중요한 공부일 것입니다. 이들은 자신이 반드시 꼭 적합한 것은 아닌 역할인 교사로 자기 자신을 자주 바라보고, 그래서 학생들이나 추종자들, 제자들이 없는 것에 대한 이들의 실망은 불행의 어떤 척도를 자신에게 가져다줄 수 있습니다.

이들을 맞닥뜨리는 사람들은 이들이 이상하거나 남다름을, 즉 이들이 만나는 사람에 따라 이들이 더 바람직해지도록 아니면 덜 바람직해지도록 만들어낼 수 있는 특성을 당연히 알아차릴지도 모릅니다. 이들 중 일부는 자기-중요성의 분위기를 갖고 있고, 그 외 사람은 일종의 비효과성을 발산하지만, 이 두 유형 모두 자신이 그 순간 자신의 경력에 있든, 생활 국면에 있든 간에 자신이 있는 곳이 최고의 장소 혹은 적어도 가장 안전한 장소라고 헤아리면서, 안일해질지도 모릅니다. 하지만 별날 정도로 이들의 삶은 숙명에 통제되고, 어쩌면 28세와 42세 사이의 특정 시점에, 어떤 부름이 대단한 도전의 형식으로 이들에게 다가올 것입니다. 이들이 청하지 않은 이런 초대에 응할지 아닐지가 이들의 남은 삶의 코스를 당연히 결단할지도 모릅니다. 이들이 정상에 오르려고 노력한다면, 아무리 노력이 힘겨울지라도 성공할 가능성은 평균보다 높게 갖고 있습니다.

편안함을 사랑하는 이들은 자기 자신과 타인들을 위해 삶이 유쾌해지도록 만들어내는 방법을 알고 있는데, 이를테면 자신의 집에 가구를 비치할 시 이들은 자주 미를 알아보고 상상적입니다. 하지만 이들의 생활방식이 보여주는 기이한 방랑벽이나 무상성은 빈번히 이사하는 쪽으로 이들을 만들어갈 수 있고, 이사할 시 이들은 일련의 잘 비치된 가구와 개선된 주거지를 뒤로 한 채 떠납니다. 이들 중 한동안 한곳에서 정말 간신히 머무르는 사람은, 이들과 그 공간을 공유하는 사람들이 재단장이나 개조가 필요하다고 믿든 안 믿든 간에 이들의 생활공간을 주기적으로 재단장하거나 개조하려고 욕구할지도 모릅니다.

이들은 대개 매우 독립적인 것으로 보이지만, 자주 타인의 의존을 조장합니다. 이들은 자신이 가치가 있다고 느끼려고, 즉 자신이 중요하다고 느끼려고 욕구합니다. 욕구받으려는 이 욕구는 이들의 가장 취약한 지점 중 하나일지도 모르는데, 만일 이들의 자녀, 부모, 동료 혹은 연인이 어느 정도의 독립을 주장하거나, 이들에게 의존하기를 그치면, 이들은 무너질 수 있습니다. 생물학적이든 은유적이든 간에 가족은 대개 이들에게 필수적이고, 이들이 가족 안에서 떠맡는 책임의 정도는 꽤 인상적일지도 모릅니다.

이들은 타인들의 원함에 정교하게 맞춰집니다. 자주 고도로 공감적인 이들은 훌륭한 경청자이고 타인의 관점에 꽤 공감하며 이해할 능력이 있습니다. 이들은 세상이라는 것이 많은 주관적인 관점으로 꾸며지고, 세상의 작가에게 각각 참이며, 어쩌면 상대적인 의미에서도 또한 사실상 참이라는 점을 잘 알고 있습니다. 하지만 동시에 이들은 이 서로 다른 관점의 배후에는 주관성에 전혀 의존하지 않지만, 모든 국면에서 그리고 언제나 객관적으로 참인 절대성이 있다고 느끼는 경향이 있습니다. 따라서 이들의 기저에 놓인 철학은 주관성과 객관성, 상대성과 절대성, 신앙자와 회의론자의 기이한 혼합입니다.

'댄서와 몽상가 주간'에 태어난 이들은 자신의 낭만적인 관계에서 불안정하고, 비실상적이며, 자주 잘못된 동반자에게 관여하게 될 수 있습니다. 하지만 이들이 긍정적이고 양육하는 사랑에 대한 서약을 만들어낸다면, 자신을 충직하고 헌신적인 배우자로 만들어내는 데 꽤 유능합니다.

▶ 조언

당신이 개인적으로 계발할 시 당신 자신에게 더 요구하고, 당신의 주위 삶에 활동적으로 이바지하라.

확고한 토대를 구축하는 것에 대한 등한시를 주의하라.

당신이 극복하는 데 유능한 것에는 한계가 현존하므로, 당신 자신을 위해 삶이 좀 더 여유로워지도록 만들어내고, 필요할 때 기꺼이 타협하라.

366일(DAY)

1월 1일	140
2월 1일	202
3월 1일	260
4월 1일	322
5월 1일	382
6월 1일	444
7월 1일	504
8월 1일	566
9월 1일	628
10월 1일	688
11월 1일	750
12월 1일	810

1월 1일
감정 조직가의 날
The Emotional Organizer

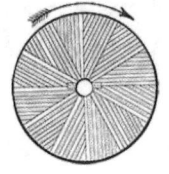

▶ 심리구조

1월 1일에 태어난 이들은 권위주의자이고, 조직과 구조를 좋아하며, 집과 작업 양쪽에서 지시를 줘야만 합니다. 자주 학구적인 이들은 교육을 대단히 중시합니다. 게다가 이들은 자신의 확신을 고수합니다.

하지만 자신의 야심을 실현하는 것에 관한 한, 이들의 원칙이 때때로 이들을 가로막습니다. 비록 이들이 높은 곳에 오르기를 바랄지라도, 이들은 어쩌면 너무 정직하고 너무 충직하며 너무 고결해서 높이 오를 수 없습니다. 구조를 매우 고도로 중시하는 이들은 자신이 원칙대로 진행하고 있을 때, 자신만의 정설에 자주 포위됩니다. 게다가 이들이 느끼는 좌절감의 문턱은 낮고, 이들의 기저에 놓인 고도로 충전된 감정적인 천성이 가장 완전히 드러나는 곳이 바로 여기입니다.

이들의 많은 구성 요소는 복합적일 뿐만 아니라 모순된 것으로 보입니다. 이를테면 이들은 고도로 책임감이 있지만, 자신이 감당할 수 있는 것보다 더 많은 책임을 자주 떠맡습니다. 이들은 감정적이지만, 그 감정을 표현할 능력이 없다는 자신의 감정으로 매우 틀어막히게 될 수 있습니다. 이들이 자신의 전망에서는 자율주의자일지도 모르지만, 자신이 보수주의자이거나 심지어 반동주의자라는 인상까지 줄 것입니다. 이들은 외관상 자신의 통제를 벗어난 [감정이나 에너지의] 세력에 의해 시달릴 수 있는 엄청난 내면의 고군분투를 무엇보다도 겪어갑니다.

이들은 자기 인생의 어느 시점에 시간을 들여서 자신이 선택한 분야에서 자신이 정확히 얼마나 높은 위치에 오를 계획인지를 진지하게 자기 자신에게 묻는 것이 경력에 관련해서 극도로 중요합니다. 그다음 자신의 강점과 약점을 완전한 회계표로 만든 후 이들은 자신의 성공 가능성에 대한 실상적인 평가로 귀착해야 하고, 그 평가에 따라 목표를 설정해야 합니다. 가능하다면 장기적이고 단기적인 목표는 명료하게 기술되어야, 즉 설정되어 지켜질 일정표여야 합니다. 만약 자신이 정상을 노리기로 정한다면, 이들은 자신이 그곳에 도착하기 위한 충분한 스트레스 저항력, 참을성 및 감정 조절력을 갖고 있음을 절대적으로 확신해야만 합니다.

이들 중 대다수에게 불이익은 이들이 하급자로 작업할 때 이들로 하여금 조급해지고 까다롭도록 만들어내는 극도의 민감성입니다. 특히 교사로서 친구들과 상호작용하거나 타인들을 지도할 때, 이들은 매혹적이고 상당히 환영받으며 효과적일 수 있습니다. 하지만 만약 이들의 경력 계획이 기업에서 승진하거나 고도로 경쟁적이고 비정한 경기장에서 운영하는 것을 수반한다면, 이들은 참으로 자신의 껍질을 강화해야만 하고, 그 과정에서 거의 아무도 누를 수 없는 온전히 새로운 버튼의 세트로 덮어야만 합니다. 만약 이들이 그렇게 한다면 이들의 노력은 자신의 감정적인 반응에 의해 그리 쉽사리 서서히 잠식되지 않을 것입니다.

이들이 자기 자신과 이들의 주위 사람들을 너무 심하게 또는 너무 재빨리 몰아대지 않는 것은 무엇보다도 중요합니다. 이들은 자신의 높은 기대가 불가피하게 깊은 실망으로 끝나지 않도록 특히 조심해야만 합니다. 비록 이들은 자기 자신을 실용적이며 실리적이라고 간주하지만, 자신이 자신을 충족시키려는 낭만적인 꿈 및 그 꿈에 동반된 욕구도 역시 갖고 있다는 점을 받아들이게 되어야만 합니다. 따라서 이들의 감정적인 깊이와 복잡성에 일치하는 실상적인 자기-이미지가 이들의 행복과 성공의 열쇠가 될 것입니다.

▶ 일간 특성
강점; 책임감 있는, 조직적인, 유능한
약점; 완강한, 과민한, 두려워하는

▶ 명상
탱고를 추려면 두 사람이 필요하지만, 한 사람처럼 함께 춤추는 것이 가장 좋습니다.

▶ 조언
뒤섞인 신호를 보내지 마라.
당신이 자신의 바람을 표현하기 전에 자신이 바라는 것을 확실히 하라.
당신의 감정을 공유하되, 안으로 틀어막히게 되지 마라.
영속하는 안전[보장]이라는 것은 대개 환상이다.

▶ 건강
이들은 숨겨진 두려움과 근심으로 고통받기 쉽습니다. 이들은 자기 자신이 신경질과 우울함을 번갈아 느끼지 않도록 하려면, 심리적인 조언이나 테라피를 탐구하는 것이 도움됨을 알아차릴지도 모릅니다. 신체적으로 이들은 (고섬유질 음식에 의해 도움될 수 있는) 변비와 같이 제거하는 문제에 관해 주의해야만 하고, 양과 질 모두에 관해 자신의 식단을 지켜봐야 합니다. (이들은 스트레스 관련 질병, 특히 심혈관 질환이 생기기 쉽고, 가능하면 금연해야 합니다.) 자신의 식단에서 설탕, 도정된 하얀 밀가루 및 동물성 지방을 줄이는 것은 이들의 건강함을 위해 필수적입니다. 이들은 활동을 지속하고, 정기적이되 적당한 신체 운동에 지속적으로 참여해야 합니다. 걷기와 수영이 권장됩니다.

▶ 수비학
1일에 태어난 사람은 숫자 1 및 태양에 통치됩니다. 1일에 태어난 사람은 대개 첫째가 되는 것을 좋아하고, 분명한 관점 속에 있으며, 정상에 오르기를 열망합니다. 하지만 이미 토의된 것처럼, 1월 1일에 태어난 이들이 항상 자신의 재능과 잠재력에 걸맞은 강인함과 자기-신임을 갖고 있는 것은 아닙니다. 토성(염소자리의 통치자)과 짝지어진 태양의 영향력은 이들이 고도로 책임지도록 만들어줄 수 있지만, 이들이 감정적으로 감당할 수 있는 것보다 더 많은 책임을 떠맡도록 이들을 이끌 수 있습니다.

▶ 원형
첫 번째 메이저 카드는 마법뿐만 아니라 지성, 소통, 정보를 상징하는 '마법사'입니다. 그의 머리 위의 무한대라는 상징은 일부 타로 종류에서는 모자의 형식을 취하고, 다른 종류에서는 후광의 형식을 취합니다. 많은 해석이 도출될지도 모르는데, 그중 하나는 마법사가 순환적이고 끝나지 않는 삶의 천성을 알아보고, 이런 이해심에 의해 힘있게 된다는 것입니다. 이 첫째 카드가 제안하는 긍정적인 특성은 외교적인 기술과 빈틈없는 기민함을 포함하지만, 부정적인 특성은 양심의 가책 결여와 기회주의입니다. 어쩌면 마법사는 다수의 이들이 직면한 딜레마를, 즉 성공을 위한 욕망 및 자신 재능의 더 대단한 활용이 자신의 도덕률을 거래하는 '유연성'을 요구할 수 있는 딜레마를 상징합니다.

1월 2일
자기 요구의 날
Self-Requirement

▶ 심리구조

1월 2일에 태어난 진지한 이들은 자기 자신에게 엄청난 요구를 부과합니다. 기본적으로 이들이 '극도로 높은 기준', '대단한 몰아댐' 및 '자신의 실상적인 가치에 대한 일정 정도의 건전한 불안감'을 갖고 있기 때문에, 이들은 자신이 '할 수 있다'는 점을 증명해야 한다고 느낍니다. 반복해서 이들은 살인적인 책임을 떠맡거나, 때로는 매우 긴박한 마감 시간 아래 외관상 불가능한 높이까지 자기 자신으로 하여금 오르도록 강요합니다. 이런 종류의 압박 아래에 자기 자신을 놓는 것은 이들의 성미에 맞는 것으로 보입니다.

심지어 외부적인 기준이라고 할 만한 것이 이들에게 거의 강요되지 않을 때조차도, 이들은 자기 자신에게 여유로운 진행속도를 허용하기를 거부할지도 모릅니다. 어쩌면 일벌레와 강박적인 집요한 인격이 1월 2일에 태어난다고 말할 수 있습니다. 이들 중 기질적으로 훨씬 더 느긋한 사람은 자주 '대가족' 혹은 '하나 이상의 집이나 재산을 유지하기', '야심찬 장기 프로젝트 작업' 같은 과중한 책임을 떠맡는 것에서 발견될 수 있습니다.

이들은 혼자 작업하지 않아도 됩니다. 이들은 문자 그대로 매년 충실히 자신의 의무를 다해내는 뛰어난 팀 구성원으로 자신을 만들어갈 수 있습니다. 하지만 만약 은퇴가 많은 여유 시간을 의미한다면, 그 은퇴는 이들에게 잘 맞지 않을지도 모릅니다. 반면에, 이들은 자신에게 자신만의 일정을 설정하고 자신만의 계획을 만들어내는 것을 요구하는 창조적인 작업이나 자영업에 감탄할 정도로 적합합니다. 이들 중 대다수는 진정으로 혁신적이기보다, 자신이 할 수 있는 최고의 작품이나 서비스를 연출해내는 완벽주의적인 장인입니다. 비록 고도로 상상적일지라도, 이들은 자신의 목적이 명료하게 기술된 견실하고 제한된 활동에서 가장 잘합니다. 이들이 자신이 할 수 없음을 알고 있는 어떤 것을 날조하려고 비록 노력한 적이 있다고 해도 좀처럼 날조하지도 않고, 자신의 작업이 실상 더 낫다는 인상을 주려고 노력하지도 않습니다. 반면에, 이들은 너무 자기-비판적이기 때문에, 자신만의 업적에서 충분한 기쁨을 얻지 못할 수도 있습니다.

이들은 자신의 작업에서 벗어나 휴식시간을 갖고, 덜 진지하며, 더 재미있게 보내도록 격려받아야 합니다. 이들은 대개 그렇게 하도록 가족과 친구들에 의해 설득될 수 있습니다. 하지만 이들 중 사랑받는 사람에게서 자기 자신을 단절시킨 사람은 세월이 흐르면서 점점 더 고립되어 버릴지도 모릅니다. 위험은 이들이 최소한의 사교적인 교제 탓에 실상에서 동떨어질지도 모른다는 점입니다. 이들의 온갖 활동을 정당화하는 소시오패스적인 경향이 아무리 이기적이거나 반사회적이더라도 구현될지도 모르는 가능성도 또한 실존합니다. 따라서 이들이 자신의 사회적이고 인간적인 본능이 지속해서 살아있고 기능하는 쪽으로 여전히 지향한다는 점은 중대합니다.

이들은 자신만의 권력의식에 휩쓸리게 되지 말아야만 합니다. '상대적이 되는' 법을 체득하는 것, 즉 이들의 에고를 세상과 우주에 대한 관계 속에 처하게 하는 것이 핵심입니다.

▶ 일간 특성
강점; 책임감 있는, 심오한, 투신하는
약점; 일벌레인, 자기를 금지하는, 지나치게 요구하는

▶ 명상
어려움이라는 상대적인 무게는 대부분 우리만이 인식하는 함수입니다.

▶ 조언
무엇보다도 당신 자신을 세상과 단절시키지 마라.
슬픔과 부담감을 놓아버리라.
문제에 서명하지 말고, 그 문제를 발송인에게 돌려보내라.
타인들도 또한 당신에게 봉사해주기를 고수하라.
삶이 제안하는 가장 최상의 즐거운 경험을 당신 자신이 누리지 못하게 하지 마라.

▶ 건강
이들은 자신의 건강에 관한 관심사를 포함하여 자신의 사적인 두려움과 걱정을 자주 자신의 마음속에 간직합니다. 급성질환보다 만성 질환으로 고통받는 경향이 있는 이들은 특히 치아, 머리카락, 근육 및 뼈와 같이 주기적인 유지관리가 욕구되는 자신의 몸 부위를 특히 보살펴야 합니다. 이들의 일벌레적인 경향 때문에 이들은 자신이 작업을 스스로 금지시키도록 정기적인 휴가를 프로그램해야만 합니다. 이들의 식단과 신체적인 활동은 삶의 재미있는 측면에 중점을 두어야 합니다. 이들은 자신을 기운나게 해주면서 무기력하거나 무관심한 상태로 빠지는 것을 막아주는 정기적인 적확한 기쁨에서 헤아릴 수 없을 만큼 이득을 얻을 수 있습니다.

▶ 수비학
2일에 태어난 사람은 숫자 2 및 달에 통치됩니다. 숫자 2에 통치되는 사람은 자신을 자주 리더보다 좋은 협업자와 동반자로 만들어갑니다. 이 자질은 이들의 직무 및 관계에서 이들을 도와줍니다. 하지만 달의 영향력은 좌절감을 연출하면서, 개별적인 주도권과 활동에 제동장치로도 또한 작용할 수 있습니다. 달의 효력은 염소자리의 토성적인 자질과 조합될 때, 깊고 복잡한 감정을 가진 '고도로 성공적이지만 외로운 사람' 쪽으로 이들을 만들어갈 수 있습니다. 만약 이들이 마침 둘째 자녀라면, 보호도 받으면서 다소 무시도 또한 받을지도 모르는데, 즉 첫째 자녀를 향해 부모가 유도하는 강한 감정을 일부 모면할 뿐만 아니라 나이가 많은 형제자매에게 종속하는 역할도 또한 맡도록 강요받을지도 모릅니다.

▶ 원형
두 번째 메이저 카드는 자신의 왕좌에 앉아 침착함과 뚫지 못함을 보여주는 '여사제'입니다. 그녀는 숨겨진 세력과 비밀을 드러내서, 그 지식으로 우리를 힘있게 하는 영적인 여성입니다. 이 카드의 유리한 자질은 침묵, 직감, 비축, 분별이고, 부정적인 가치는 비밀주의, 불신, 무관심, 타성입니다.

1월 3일
전면적인 관여의 날
Total Involvement

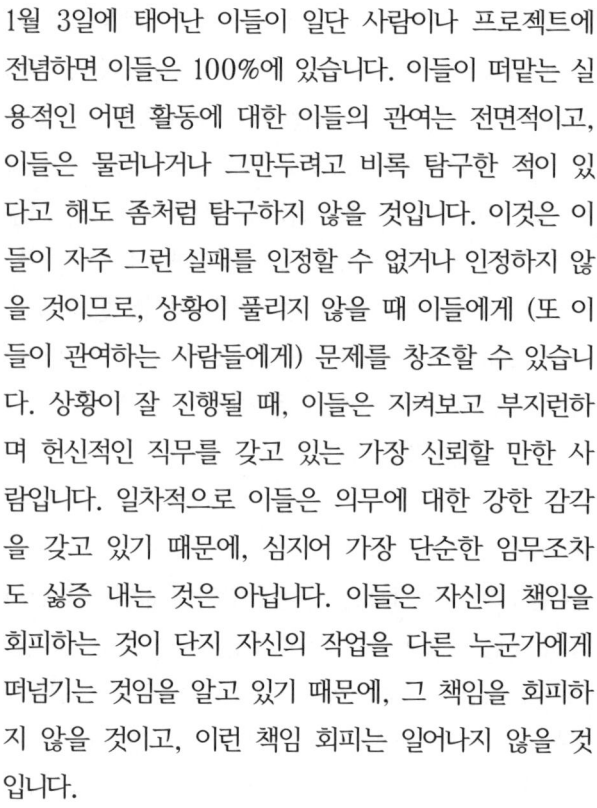

▶ 심리구조

1월 3일에 태어난 이들이 일단 사람이나 프로젝트에 전념하면 이들은 100%에 있습니다. 이들이 떠맡는 실용적인 어떤 활동에 대한 이들의 관여는 전면적이고, 이들은 물러나거나 그만두려고 비록 탐구한 적이 있다고 해도 좀처럼 탐구하지 않을 것입니다. 이것은 이들이 자주 그런 실패를 인정할 수 없거나 인정하지 않을 것이므로, 상황이 풀리지 않을 때 이들에게 (또 이들이 관여하는 사람들에게) 문제를 창조할 수 있습니다. 상황이 잘 진행될 때, 이들은 지켜보고 부지런하며 헌신적인 직무를 갖고 있는 가장 신뢰할 만한 사람입니다. 일차적으로 이들은 의무에 대한 강한 감각을 갖고 있기 때문에, 심지어 가장 단순한 임무조차도 싫증 내는 것은 아닙니다. 이들은 자신의 책임을 회피하는 것이 단지 자신의 작업을 다른 누군가에게 떠맡기는 것임을 알고 있기 때문에, 그 책임을 회피하지 않을 것이고, 이런 책임 회피는 일어나지 않을 것입니다.

이들은 설득적이자 완고하기도 합니다. 그 귀결로 이들과 맺은 협정에서 빠지기를 바라는 사람들은 그냥 발을 빼기가 어렵거나 거의 불가능함을 알아차릴지도 모릅니다. 이들은 엄청난 압력을 가져와서 타인들로 하여금 이들에게 응찰하도록 타인들에게 적용하는데 유능합니다. 이들은 사람들이 좋아하는 것을 알고 있으므로, 그들을 미묘하게 압박하기 위해 비밀적인 수단을 사용하고, 아니면 어쩌면 유머나 심지어 노골적인 유혹까지 사용할지도 모릅니다. 하지만 이들은 자신의 조직이나 대의에 대한 충심이 나무랄 데 없으므로, 사업 문제에서 자신의 사적인 목적을 위해 타인들을 이용했다는 질책을 좀처럼 받지 않을 것입니다.

이들은 피격의 위험을 무릅쓰는 것에 마음쓰지 않습니다. 이들은 도전받을 때 공격적으로 변할 수 있지만, 그 외에는 대립을 피할 수 있고, 일반적으로 예의바르고 정중한 것처럼 보입니다. 이들의 세련됨은 단지 지식과 소양으로 구성될 뿐만 아니라 그 속에 세상물정에 대한 감각의 어떤 척도도 또한 갖고 있으므로, 매혹적인 다층성에 속합니다. 재담꾼이자 인생의 좋은 것들에 대한 광적인 애호가인 이들은 강한 세속적인 자질을 표출합니다. 대체로 이들은 상황이 유쾌하게 끝나든 불쾌하게 끝나든 간에 타인에게 선택권을 주지만, 반드시 완수할 것입니다!

자신의 설득력과 강한 의지력 때문에, 이들은 특정 국면에서 위압적일 수 있고, 또 어찌하지 못합니다. 이들에게 관여하는 사람의 좌절감은 한도를 벗어나버릴 수 있고, 폭발할 것 같은 분노는 양쪽에서 끓어오를 수 있습니다. 그러나 사실 길을 잃어버리는 것은 더 자주 상대방의 기질입니다. 이들은 대다수 대립에서 승리하는 이유 중 일부가 고도로 통제되는 데 있습니다. 익숙한 계략은 이들이 포기하는 것처럼 보이면서도 더 나은 날에 전투에 복귀하기 위해 그동안 자신의 세력을 집결시키는 것입니다. 실상에서 이들은 자신의 깊은 관심사인 문제를 절대 포기하지 않습니다.

이들은 너무 많은 자신의 개체성을 집단의 노력에 내어주는 것에 주의해야만 합니다. 이들은 자신이 하는 것이 무엇이든 자신의 개인적인 도장을 찍어서, 개별적인 자유와 의무를 적절한 비율로 균형 잡을 능력이 있는 직종을 탐구해야 합니다. 영적인 목표는 이 등식에서 제외되지 말아야, 즉 직무를 완수한다는 명분으로 희생되지 말아야 합니다.

▶ 일간 특성
강점; 신뢰할 만한, 서비스 지향적인, 헌신적인
약점; 완고한, 남모르는, 미칠듯한

▶ 명상
집착에 대한 어떤 바램도 없는 소망은 높은 목표입니다.

▶ 조언
당신이 항상 이겨야 하는 것은 아니다.
끄떡없는 것이 당신으로 하여금 호감을 받도록 만들어주지 않는다.
모든 사람이 당신처럼 헌신적이기를 기대하지 마라.
차이를 알아보고 존중하라.

▶ 건강
이들은 자기 자신을 위해 치과와 내과의 정기검진 일정을 잡을 정도로 슬기롭습니다. 하지만 이들은 자신의 작업을 위해 너무 자주 자신의 건강과 웰빙을 희생할 준비가 되어 있습니다. 그 귀결로 어릴 적부터 영양가 있는 식단, 개인위생 및 정기적인 수면을 장려하는 습관이 몸에 배게 하는 것이 중요합니다. 경쟁적인 팀 스포츠 또는 일대일 스포츠를 배제하지 않는, 몹시 힘든 신체 운동이 이들에게 고도로 권장됩니다. 이들은 모든 종류의 피부 질환과 알레르기에 주의해야 합니다.

▶ 수비학
3일에 태어난 사람은 숫자 3 및 목성에 통치됩니다. 숫자 3에 통치되는 사람은 자신의 분야에서 높은 위치에 오르는 경향이 있고, 그 위치에 올랐을 때, 독재적일 수 있습니다. 토성이 염소자리를 통치하고 있으므로, 1월 3일에 태어난 이들은 자기 자신에게 제한을 두는 방법을 알고 있고, 목성의 비실상화된 낙천주의에 좀처럼 희생되지 않습니다. 목성과 토성의 상호 영향력은 야망을 빌려주지만, 이들의 노력에 명예와 신뢰성도 또한 빌려줍니다. 숫자 3에 통치되는 사람은 자신의 독립을 중시하고, 사업에서 자기 자신을 위해 매우 잘 할 수 있지만, 불운하게도 이들 중 다수는 자신의 투신과 풍부한 충직 탓에 회사 직무에 빠져버립니다.

▶ 원형
세 번째 메이저 카드는 창조적인 지성을 상징하는 '여황제'입니다. 그녀는 완벽한 여성형, 즉 우리의 꿈, 희망, 열망을 체화한 극도의 여성성인 대지의 양육자입니다. 이 카드는 매혹, 우아함 및 조건 없는 사랑이라는 긍정적인 특성도 대변하지만, 완벽하지 못함에 대한 불관용뿐만 아니라 허영심과 꾸며냄이라는 부정적인 특성도 또한 대변합니다. 그녀의 확고부동한 자질은 위에 언급된 것처럼 자신을 충실한 친구와 충직한 가족 구성원으로 만들어내는 이들에게 자주 본보기가 됩니다.

1월 4일
형성자의 날
The Formulators

▶ 심리구조

1월 4일에 태어난 이들은 모든 종류의 문제를 해결하는 것을 위한 천성적인 재능을 갖고 있습니다. 이런 선물은 가장 자주 기법적인 천성에 속합니다. 이들은 국면을 검토해서 무엇이 잘못인지를 간결하고 간명한 스타일로 요약하는 데 전문입니다. 타인들이 개념화하기가 어려움을 알아차리는 무엇에 대한 형식을 설명할 능력이 있음으로써 이들은 자기 자신을 대단한 요구에 놓게 됩니다.

이들은 최소한의 노력만으로도 임무를 달성하기 위한 실용적인 요령을 자주 갖고 있습니다. 그러나 이들은 원대할 수도 있는 상상적인 발상도 또한 갖고 있습니다. 하지만 이들의 상상력은 고도로 공상적인 다층성에 좀처럼 속하지 않고, 대체로 일상의 실상에 견고한 근거를 갖고 있습니다. 따라서 이들은 실제로 작동하는 책략을 꿈꾸는 운 좋은 소수에 속할지도 모릅니다. 이들 중 더 고도로 진화된 사람은 관찰에서 형성, 이행에 이르기까지 순차적인 과정을 계발하면서 자신의 발상을 완수해내고, 일단 이런 접근법이 마스터되면 그 접근법은 미래에 반복해서 적용될 수 있습니다.

이들은 물리적인 대상뿐만 아니라 사실과 상세한 정보까지 모든 종류의 만사만물을 모으는 타고난 수집가입니다. 이들은 서적, 도구, 재료 및 기타 유용한 도구를 필요할 때마다 손이 닿는 범위 내에서 보유할 수 있을 정도로 그것들로 자신을 둘러싸기를 좋아합니다. 매우 직접적인 이들은 무익하게 추측하는 데 전문인 것은 아닙니다. 대화는 이들이 사교적인 의미에서 즐기는 어떤 것이지만, 그 대화가 매우 오랫동안 이들의 이해관계를 유지하는 것이라면, 어떤 의미나 목적을 갖고 있어야만 합니다.

대체로 이들은 고도로 조직적입니다. 이들은 질서에 대한 자신의 고집이 정신적인 명확성에 대한 요구이든, 자신의 물리적인 주위환경에 대한 질서있는 안배든 간에 그런 고집으로 타인들을 미쳐버리도록 몰아댈 수 있습니다. 인간의 감정을 포함해 거의 온갖 것을 이해하려는 이들은 틀림없이 그 온갖 것을 특정 형식의 틀 속에서 파악해야만 하는 것으로 보입니다. 그런 지향 탓에 이들은 감정이나 직감에서 힌트를 얻는 것을 선호하는 사람들에게 상충할지도 모릅니다. 이것은 특히 사랑 관계에 관련해서 참입니다. 비슷하게 이들은 자신을 뛰어난 부모와 부양자로도 만들어갈 수 있지만, 이들의 지배와 통제 탓에 이들 자녀의 원망도 또한 불러올 수 있습니다. 이들은 살아가는 데 단 하나의 올바른 방식이 현존하지 않는다는 점을 기억해내야만 하고, 자신의 자녀와 동무에 대한 엄한 태도를 조금 느슨하게 한다면, 관련된 온갖 사람으로 하여금 더 자유로워지게 해서 더 그들 자신이 되도록 허용하게 될 것임을 기억해내야만 합니다.

이들 자신만의 고도로 특징적인 작동 태세 때문에, 사람들은 이들을 대개 자신만의 뚜렷한 스타일을 갖고 있는 사람으로 알아봅니다. 자신의 생각뿐만 아니라 복장과 태도에서도 또한 이들은 자신만의 정체성을 매우 많이 고수합니다. 이런 이유 때문에 이들이 매우 오랫동안 명령을 받는 것이 어려울지도 모르고, 비록 팀 혹은 조직에서 중시되는 구성원으로 작업하는 데 매우 능숙할 수 있더라도, 이들 중 대다수는 결국 자신만의 사업이나 회사를 형성하고 싶을 것입니다. 예술가나 장인, 자영업자로서 이들은 고도로 생산적이 될 정도로 동기가 부여됩니다.

▶ 일간 특성
강점; 개념적인, 구조화된, 실용적인
약점; 독단적인, 마음이 닫힌, 불관용적인

▶ 명상
미지의 세계는 항상 존중되어야만 합니다.

▶ 조언
삶에서 온갖 것이 설계되거나 형성될 수 있는 것은 아닙니다.
타인들이 잘못된 경로에 있을지라도 그들을 존중하라.
상황에 응하는 새로운 방식에 마음을 열라.
당신만의 방도를 개선하고, 필요할 때 즉흥적으로 하기를 두려워하지 마라.
한마디로, 긴장을 풀어라.

▶ 건강
이들은 타인들에게 더 참아내는 법을 체득해야만 합니다. 이들은 질서 위반에 매우 성질나게 될 수 있고, 항상적인 짜증은 심혈관뿐 아니라 신경계의 건강을 서서히 잠식할 수 있습니다. 더 수용적이면서 중립적이게 됨으로써 이들은 많은 문제에서 자기 자신을 구해낼 수 있습니다. 특히 좌식 직종을 갖고 있다면 이들은 정기적인 운동 패턴을 설정하는 것이 중요합니다. 식단에 관련된 한 이들은 어지간히 느긋한 태도를 채택하는 것이, 또 넉넉한 감식안과 이국적인 강조점을 갖춘 고도로 다양한 식단을 단순히 즐기는 것이 권장됩니다. 온갖 종류의 요리법을 수집하는 것이 이들에게 딱 알맞을지도 모릅니다. 활기차고 적극적인 낭만적인 활동 및/또는 성적인 활동도 또한 권장되고, 그러므로 이들은 충동, 본능, 즉석실행으로 하여금 제 역할을 하도록 허용하려고 노력해야만 하고, 자신의 동반자에게서 그런 자질을 즐기려고 노력해야만 합니다.

▶ 수비학
4일에 태어난 사람은 숫자 4 및 천왕성에 통치됩니다. 숫자 4에 통치되는 사람은 까다롭고 논쟁적인 경향이 있고, 그런 특성들은 1월 4일 태어난 이들의 성격에서 자주 확대됩니다. 숫자 4에 통치되는 사람은 대체로 돈 문제에 중점을 두지 않고, 실로 돈 자체보다 야망과 권력에 더 관련됩니다. 천왕성에 의해 영향을 받는 이들은 자신의 별자리인 염소자리의 통치자인 토성의 과중한 영향력에 의해서 다행히도 이들에게 뿌리내린 자질들인 이들의 기분 변화가 일어날 시, 빠르고 폭발적일 수 있습니다.

▶ 원형
네 번째 메이저 카드는 자신이 갖고 있는 권력의 일차적인 원천인 지혜를 통해 세속적인 것들을 다스리는 '황제'입니다. 황제는 안정되고 현명한데, 그의 권위라는 세력은 의심받을 수 없습니다. 이 카드의 긍정적인 연관성은 강한 의지력과 확고부동한 에너지이고, 부정적인 예시는 완고함, 압제, 심지어 잔인성까지 포함합니다.

1월 5일
회복의 날
Recovery

▶ 심리구조

1월 5일에 태어난 이들의 삶에서 회복은 중심적이고 되풀이되는 테마입니다. 매우 오랫동안 억압되지 않는 이들은 개인적인 천성 아니면 사회적인 천성에 의한 불리한 국면에서 점진적으로 혹은 극적으로 회복하는, 즉 복귀를 위한 놀라운 수용력을 갖고 있습니다. 이것이 개인적인 면에서는 질병, 재난 혹은 다만 분명한 불운을 극복하는 것을 의미할지도 모르고, 사회적인 면에서는 잃어버린 지위를 되찾는 것을 의미하거나 집단이 자신의 입지를 회복하도록 이끄는 것을 의미할지도 모릅니다.

말할 필요도 없이, 이들은 회복이 매우 빠릅니다. 이들은 모든 유형의 부상과 사고를 딛고서 일어섭니다. 심지어 더 인상적인 것은 감정적인 실망이나 거절에서 회복하는 이들의 능력입니다. 이것은 결국 자기-신임이라는 이들의 기반 덕택이고, 과거를 뒤로하고 옮겨가는 이들의 수용력 덕택입니다.

이것은 이들이 상실에 거의 의미를 갖고 있지 않은 피상적인 사람이라는 점을 의미하지 않습니다. 오히려 이들은 고도로 관여하고 헌신적인 사람이고, 그러므로 이들이 의심의 여지 없이 깊게 느껴지는 퇴보에서 회복할 수 있다는 점은 훨씬 더 대단한 경이로움입니다. 이들의 강인함의 부분은 누구도 항상 이길 수 있는 것은 아니라는 사실을 받아들이는 데 놓여 있습니다.

극도로 지략이 뛰어난 이들은, 사람들에게서 최선을 이끌어내는 방법을 알고 있습니다. 이것은 이들의 가족, 사회, 업종적인 삶에서도 적용됩니다. 따라서 이들은 집단 노력에, 즉 어쩌면 자신의 긍정적인 영향력을 더 잘 발휘할 수 있는 곳의 리더에 잘 맞습니다.

하지만 이들은 자신의 전망에서 너무 낙관적이지 않도록 조심해야만 하고, 어떤 어려움도 이성적인 방법을 통해 거의 해결될 수 있다고 너무 자신하지 않도록 조심해야만 합니다. 자신의 생기발랄함과 긍정적인 지향 때문에 이들은 개인적으로 자신에게 혹은 자신이 속한 그룹에 대단한 해를 끼칠 수 있는 자신의 동료 인간 존재들에게 있는 강력하게 비합리적이고 잠재의식적인 몰아댐을 간과하거나 무시할지도 모릅니다.

이들의 또 다른 문제는 도전과 불확실성을 극복해왔던 이들이 자신의 삶에 안정을 확립한 후에는 안일하게 되어버릴 수 있다는 점입니다. 일정 정도의 느긋함이 정당한 이유가 되고 단지 자연스러울 뿐이지만, 이들은 그 과정에서 자발성, 창조성, 영적인 성장을 포기하지 말아야 합니다. 이들이 나이가 들면서 개인적인 고려사항은 자주 자신에게 의미가 더 적어지고, 그만큼 이들은 자신의 대의명분에 동일시하게 됩니다. 하지만 이들은 '자신의 가슴이 재촉하는 것을 따를 용기'가 비록 '아끼던 자기-이미지나 편안한 역할을 놓아버리는 것'을 의미할지라도, 필요할 때 그런 용기를 찾아내야만 합니다.

▶ 일간 특성
강점 ; 진지한, 회복이 빠른, 지략이 뛰어난
약점 ; 지나치게 자신하는, 갇혀버린, 안일한

▶ 명상
이 세상은 실존의 더 높은 형식을 위한 상징의 세트에 불과할지도 모릅니다.

▶ 조언
여전히 유연해지고 자발적이 되는 것을 기억해내라. 당신은 모든 것이 한꺼번에 파악되지 않을지도 모른다.
타인에게 도움이나 지침을 청하는 것을 두려워하지 마라.
삶을 계속 살 가치가 있게 하는 것을 지켜내라.

▶ 건강
이들은 신체적이고 심리적인 퇴보에서 회복할 수 있는 수용력 덕에 건강 측면에서 자신에게 유리한 많은 것을 갖고 있습니다. 하지만 이것이 예방적인 건강의 실행을 피하는 이론적인 근거가 되지 말아야만 합니다. 이들은 만약 여전히 방심하지 않고 초기 단계에 질병을 감지한다면, 중증질병들이 훨씬 더 성공적으로 치료될 수 있다는 점을 기억해내야만 합니다. 실로 정기적인 운동을 통해 자기 자신의 신체적인 몸매를 유지하는 것, (동물성 지방, 유제품, 설탕의 제한처럼) 슬기롭게 먹는 것, 충분한 수면을 취하는 것에 의해, 이들은 많은 질병을 완전히 피할 능력이 있을지도 모릅니다. 다시 말하지만, 이들이 자신의 건강과 회복력에 관해 지나치게 자신하게 되지 않는 것이 중대합니다.

▶ 수비학
5일에 태어난 사람은 숫자 5 그리고 생각과 변화의 빠름을 상징하는 신속한 행성인 수성에 통치됩니다. 토성이 염소자리를 통치하므로, 이들은 자신의 노력에 진지함과 권위를 빌려주는 수성-토성 연관성의 영향력 아래 놓이게 됩니다. 숫자 5에 통치되는 사람은 자신이 어떤 타격이나 함정을 맞닥뜨리든지 간에 대개 빠르게 회복되는데, 이것은 물론 1월 5일에 태어난 이들에게 특히 해당합니다.

▶ 원형
다섯 번째 메이저 카드는 인간의 이해심과 신념을 상징하는 신성한 신비의 해석자인 '사제'입니다. 그의 지식은 난해하고, 그는 보이지 않는 만사만물에 대한 권위를 갖고 있습니다. 이 카드에 의해 부여되는 유리한 특성은 자기-보증성과 통찰력이고, 불리한 특성은 설교함, 호언장담, 독단주의를 포함합니다. 그러므로, 1월 5일에 태어난 이들은 자신의 태도에서 너무 거만해지는 것을 조심해야만 합니다.

1월 6일
구체화의 날
Substantiation

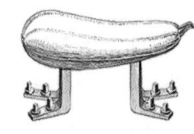

▶ 심리구조

1월 6일에 태어난 이들이 형이상학적이든 실용적이든 간에 삶에 어떤 국면이 주어지든 자기 자신과 타인들을 위해 그 진실을 탐험하거나 입증해내는 중심 테마는 바로 구체화입니다. 삶의 의미를 만들어내려는 그런 부추김은, 철학적인 사색부터 가장 잘 사는 방식을 위한 기본적인 탐색에 이르기까지 여러모로 구현될 수 있습니다. 심지어 이들 중 가장 물질을 지향하는 사람조차도 대개 신성을, 즉 자연적이거나 보편적인 영(靈)이나 혼(魂)을 믿습니다. 이들에게는 오직 이들의 형이하학적인 실존만이 보편적인 세력의 경이로움에 대한 증거일 수 있습니다.

이들 중 가장 영적인 사람은 헌신, 사랑, 의무, 희생을 통해서 비가시적인 것을 자신의 일상적인 실존에서 체화하려고 탐구합니다. 이들은 영의 모든 물리적인 구현에 이해관계를 표출합니다. 세상에 대한 이들의 이해관계는 그 구현이 철학적이고 시적인 것만큼 대개 그렇게 기법적인 것은 아닙니다. 그러나 이들은 고도로 주관적인 사람이 되는 경향이 있지만, 타인들이 이해하도록 대단한 명확성으로 생각을 파격적으로 표현합니다. 그러므로 직업에 관계없이, 이들은 자주 진정한 의미의 교사입니다.

고도로 용기있는 사람인 이들은 위험에 직면하는 것을 싫어하지 않습니다. 이들은 어둠의 세력을 알아보지만, 동시에 가장 굳어진 가슴을 부드럽게 하고, 가장 심각한 회의론자를 이겨내는 순결함과 빛을 발산할 수 있습니다. 진정한 신봉자인 이들의 내면 비전은 가장 힘겨운 시련을 거치면서 여전히 흔들리지 않습니다. 이것은 정확히 이들 자신에 대한 믿음이 아니라 어떤 식으로든 이들을 통해 움직이는, 이들 자신보다 더 대단한 힘에 대한 믿음입니다.

이들의 탐험 코스에 몇몇 어려움이 발생할지도 모릅니다. 어쩌면 이 어려움 중 가장 명백한 것은, 이들이 어디에서든 자신의 발상에 대한 증거를 알아볼 것이고, 일어나는 온갖 것이 자신에게 특별한 암시를 갖고 있다고 믿게 되리라는 점입니다. 다른 어려움은 이들이 타인들에게 '빛'을 가져다주는 것에 대해 추종되고, 존경되며, 심지어 숭배까지 받으려는 대단한 욕구를 느낄지도 모른다는 점입니다. 결국, 이들은 삶을 더 가볍게 받아들이는 것을 선호하고, '가르침을 받으려는' 욕구나, 이들이 요구하는 항상적인 검증 과정에 그들의 관찰을 종속시키려는 욕구를 거의 또는 전혀 갖고 있지 않은 일부 사람들에게는 너무 부담이 큰 것으로 판명될지도 모릅니다.

이들에 관해 말해질 수 있는 것이 무엇이든 간에, 이들의 반응은 실상적이고 이들의 의견은 정직합니다. 이들은 일부 사람들에게 비실상적이고 궁핍한 것으로 보이고, 아니면 타인들에게 단순히 순진하다고 무시받을지도 모르지만, 기본적으로 이들은 심지어 성숙이 시작될지라도 변하는 것은 아닙니다. 그러나 아이 같은 경이와 경외의 태도를 유지함으로써 이들은 자주 자신에 대한 부정적인 비평가들보다 많은 단계가 앞서 있습니다. 이들은 경험을 통한 아니면 어쩌면 연구를 통한 자신만의 시간을 들여서 자기 자신을 바치는 데 자신에게 가장 적합한 것을 삶에서 찾아낼 것입니다.

▶ 일간 특성
강점; 충실한, 수용하는, 탐색하는
약점; 순진한, 비실상화된, 자기-희생적인

▶ 명상
각각의 사람은 더 대단한 힘을 위한 통로가 될 수 있습니다.

▶ 조언
당신에게 적합한 것이 당신의 삶이라는 점을 기억해내라.
당신에게 적합한 것을 다른 누군가를 위해서 혹은 다른 누군가를 통해서 살지 마라.
당신 자신을 돌보되 타인들과 공유하는 것에 여전히 마음을 열라.
당신의 봉사를 받을 만한 가치가 있는 것에만 봉사하라.

▶ 건강
이들은 자신의 숭배적이고 자기 희생적인 경향을 단속해야만 합니다. 이들은 타인들의 욕구를 돌보는 것에 자기 자신이 지칠 수 있고, 그 과정에서 자신의 건강을 등한시할 수 있습니다. 게다가 이들은 자신에게 해로운 요법을 요구하는 더 강력한 사람에게 헌신적이 될지도 모릅니다. 이들은 자신만의 건강에 관련해서라면 균형과 절제를 유지해야만 합니다. 시도해본 참된 식단, 운동의 확립된 형식 그리고 적확한 많은 정기적인 수면이 이들에게 가장 좋습니다.

▶ 수비학
6일에 태어난 사람은 숫자 6 및 금성에 통치됩니다. 숫자 6에 통치되는 사람은 동감과 찬양을 끌어들일 때뿐만 아니라 그것을 표현할 때도 또한 자석 같습니다. 1월 6일에 태어난 이들에게 토성(염소자리의 통치자)이 추가한 영향력은 충직뿐만 아니라 영웅 숭배에 대한 경향도 또한 강화합니다. 토성-금성의 연관성은 아픈 딜레마를 가진 고도로 유별나고 복잡한 애정 생활을 예시해줄 수 있습니다. 자주 사랑은 숫자 6에 통치되는 사람의 삶에서 지배적인 테마가 됩니다.

▶ 원형
사랑을 상징하는 '연인'인 여섯 번째 메이저 카드는 남성성과 여성성이라는 양극성의 통합을 통해 인간성의 모든 것을 하나로 묶는 최종 지점에 중점을 둡니다. 이 카드가 좋은 면에서는 높은 도덕적인, 미적인, 신체적인 차원의 애정과 욕망을 예시하고, 나쁜 면에서는 충족되지 않은 욕망, 감상성, 우유부단함을 위한 성벽을 제안합니다. 이들은 사랑을 위해 자기 자신을 희생하는 것을 조심해야만 합니다.

1월 7일
유별난 이해관계의 날
Unusual Interests

▶ 심리구조

1월 7일에 태어난 이들은 고도로 비범한 주제에 작심적인 이해관계를 자주 보여줍니다. 어쩌면 이것은 이들 자신이 다소 특이한 배역이기 때문입니다. 이들은 일상생활의 많은 측면에서 대다수 사람보다 색다른 접근법을 갖고 있습니다. 반어법의 감각을 통해서든, 인간의 캐릭터를 향한 날카로운 통찰력을 통해서든, 고착된 선입견 없이 자신의 주위 삶을 관찰하는 수용력을 통해서든 간에 이들은 타인들의 눈에 띄지 않는 많은 것을 알아봅니다.

이들은 자신이 만나는 사람의 기벽과 남다름에 의해서든, 경험의 독특함이나 자연현상에 의해서든 간에 지나치게 놀랄 가능성이 없습니다. 이것은 이들이 싫증 나 있기 때문이 아니라, 대개 삶이 제안하려고 갖고 있는 것의 진가를 계속해서 알아보고 그것에서 배우기 때문입니다. 이들은 심지어 외관상 가장 평범한 사람까지 '풍부함과 다층성', '삶의 경이로움' 혹은 '무의식의 공상과 이상한 꿈'에서 공유한다는 점을 사람들이 관련된 곳에서 깨닫습니다. 실로 이들은 그런 문제가 인간의 행동과 습관에 어떻게 충격을 주는지를 자주 이해합니다. 이들은 자연현상에 관련해서 만사만물의 상호연관성을 알아보는 경향이 있고, 그러므로 자신이 맞닥뜨리는 동시성, 우발사고 및 '설명되지 않는' 발생을 더 쉽게 수용하게 됩니다.

이들은 자주 자신의 환경에 고도로 민감한 다소 신경질적인 유형입니다. 이들은 자신의 주위 에너지를 매우 빠르게 포착해낼 수 있고, 특히 부정성을 예리하게 느낍니다. 실로 이들은 다소 지나치게 수용적일지도 모릅니다. 그러므로 이들은 자신 주위의 급변하거나 극단적인, 방해하는 요소에서 자기 자신을 격리시키는 것이 중요합니다. 이런 점에서 이들은 자신의 작업 생활이 한결같고, 자신의 애정 생활이 안정될 때, 더 잘하는 경향이 있습니다.

이들은 너무 자주 평범함에서 비범함을 알아보기 때문에, '기묘한' 혹은 '비정상적인' 것이야말로 고립되거나 이상한 독립체들의 집합이라고 느끼지 않을지도 모르지만, 사실 자연과 인간의 통합적인 부분, 즉 소위 '정상적인' 세상의 반대면이라고 느낄지도 모릅니다. 하지만 적어도 실용적인 이유로, 이들은 사회의 관습 및 발상과 유행의 일반적인 흐름에 여전히 맞춰져야 합니다.

게다가 이들은 비록 온갖 사람이 삶의 경이로움 일부이지만, 누군가는 그런 경이로움에 대한 독특한 정견도 갖고 있지 않고, 누구든 격렬하게 살기를 바라는 것도 아님을 기억해내야 합니다. 이런 이유로, 이들은 진정으로 그 경이로움의 진가를 알아보는 사람들을 위해, 자신의 더 상상적이고 독특한 면을 비축하기 위해 노력해야 하고, 자신의 이해관계와 고조된 호기심을 공유하는 친구들과 협력자들을 적극적으로 발굴해야 합니다.

▶ 일간 특성
강점; 직감적인, 상상적인, 수용적인
약점; 지나치게 관여하는, 과민한, 지나치게 공상적인

▶ 명상
맞닥뜨려진 문제는 베풀어진 기회일지도 모릅니다.

▶ 조언
세상에 대해 마음을 닫아버리지 마라.
당신의 생각과 느낌을 공유할 수 있는 사람을 찾아내라.
휴식하기 위해 당신의 관여를 잠시 중단하라.

▶ 건강
이들은 자신의 환경에 대한 민감성 때문에, 언급된 것처럼 약간 신경질적이 될 수 있고, 그러므로 알레르기나 피곤증이 생기기 쉬울지도 모릅니다. 신체 시스템을 지속하기 위해 특히 곡물, 흙에서 키운 채소, '빵과 적당한 양의 육류' 또는 '두부, 견과류, 콩 같은 단백질 대체 재료'라는 고도로 균형 잡힌 식단이 이들에게 권장됩니다. 신체적인 에너지를 뿌리내리는 것도 또한 중요하고, 그러므로 활기찬 매일 운동이 권장되지만, 만약 이것이 가능하지 않다면, 요가나 스트레칭도 또한 유익할 수 있습니다. 특히 나이가 들면서 이들은 류머티즘이나 관절염에 취약할지도 모르므로, 지속해서 활동적이어야 합니다. 이들에게는 넉넉한 수면이 무의식의 세계에서 자신의 공상을 풀어내기 위해 필요하지만, 책임감이나 감정적인 관심사로부터 도피하는 수단이 되지 말아야 합니다.

▶ 수비학
7일에 태어난 사람은 숫자 7 및 해왕성에 통치됩니다. 해왕성은 비전, 꿈, 심령현상을 통치하는 물같은 행성이기 때문에, 1월 7일에 태어난 이들은 불안정한 영향을 받기 쉽습니다. 토성(염소자리의 통치자)과 해왕성의 조합은 오직 이들이 적절한 자기-통제를 발휘할 능력이 있을 때만 이들에게 재정적, 물질적인 행운을 부여해줍니다. 게다가 숫자 7에 통치되는 사람은 실상에서 동떨어지게 되어, 자신의 꿈과 비전에 지나치게 관여하게 되는 것을 주의해야 합니다.

▶ 원형
일곱 번째 메이저 카드는 세상을 누비는 의기양양한 인물을 보여주면서, 역동적인 방식으로 자신의 신체적인 존재감을 구현하는 '전차'입니다. 그 카드는 올바른 행로가 아무리 좁고 위태롭더라도 계속되어야만 한다는 의미로 해석될지도 모릅니다. 이 카드의 좋은 면은 성공, 재능, 효율성을 배치해주고, 나쁜 면은 독재적인 태도와 서툰 방향 감각을 제안합니다.

1월 8일
빅뱅의 날
The Big Bang

▶ 심리구조

1월 8일에 태어난 이들은 자신의 주위 삶에 엄청난 충격을 만들어낼 숙명인 것으로 보입니다. 이들이 반드시 외향적이거나 지나치게 시위적인 것은 아니지만, 그럼에도 이들은 중요성의 분위기를 자신의 사회적인 또는 개인적인 만남 각각에 빌려주고, 사람들이 깊이 감명받은 느낌을 갖고 떠나도록 이들만의 강한 존재감을 전달합니다. 신체적인 사람이든 아니든 (그리고 이들 중 다수가 이런 측면에서 인상적이지 않고, 어쩌면 심지어 불리하기까지 하든) 간에, 이들이 소통하는 목적의 견고함은 틀림없는 이들의 대표적인 특징입니다.

드물지 않게 이들은 자신의 경력 현장에서 갑자기 폭발합니다. 이들은 세포 수준에서 혼신의 힘을 하나의 발표나 실연, 제품에 돌릴 능력이 있는 것으로 보입니다. 자신의 최대 에너지를 제한된 공간이나 시간에 집중시키는 이들의 수용력은 이들이 작업하는 방식의 상징이고, 그래서 이들의 폭발력이 '빅뱅'일 가능성입니다. 이들이 할 수 있는 것과 할 수 없는 것을 안다는 것은 좀처럼 과도해지거나, 게으른 꿈을 꾸거나, 실상에서 어떤 근거도 갖고 있지 않은 공상을 투사하지 않음을 의미합니다. 타인들은 어떤 보통 사람들도 하지 않을 모험을 하는 이들을 매우 극단적이라고 볼지도 모르지만, 이들은 국면들의 다층성 속에 있는 자기 자신에게 편안합니다.

전형적으로 이들은 (경력 수준에서) 동료가, 아니면 (개인 수준에서) 친구와 가족이 항상 당연시했던, 특정하게 확립된 공리적인 진리에 차분하게 의문을 제기합니다. 이들이 의문을 제기하는 것은 바로 반항심이나 외고집 때문이 아니라, 단순히 세심하게 국면을 연구해왔고 자신이 유력한 결론에 이르게 되었던 덕입니다.

이들 모두가 대단한 재능이라는 복을 받은 것은 아니지만, 이들은 자신에게 주어진 재능으로 막대한 양을 행하면서, 자주 자기 자신을 한계까지 몰아댑니다. 신체적으로뿐만 아니라 심리적으로도 불리한 조건을 극복하는 것은 이들의 삶에서 중요한 테마입니다.

이들은 자기 자신을 너무 심하게 몰아대지 않는 법을 체득하고, 자신의 격렬하고 집중된 에너지를 감당할 수 없는 사람들을 위해 상황을 좀 가벼워지도록 만들어내는 법을 체득해야만 합니다. 이들 중 다수가 '나와 함께냐 아니면 나에게 반대냐'라는 일종의 개인적인 정치에 빠져버릴 수 있으므로, 이들은 더 수용하고 더 용서하게 되는 것에, 즉 특히 중요한 용납하지 않는 자질에도 또한 공들여야만 합니다. 이들이 타인들을 개미처럼 바라보면서 자기 자신을 신 같은 인간으로 떠올리게 된다면, 에고의 덫과 자만심은 이들이 파멸하는 원인이 될 수 있습니다.

▶ 일간 특성
강점; 자신만만한, 영향력 있는, 격렬한
약점; 자만하는, 용납하지 않는, 과중한

▶ 명상
자신만의 신[격]화 속에서 길을 잃어버린 사람은 두각을 나타낼 수 있지만, 대체로 자신을 초라한 인간 존재로 만들어냅니다.

▶ 조언
당신 자신에게 너무 휩쓸리게 되지 마라.
당신의 주위 사람들에게 사랑과 공감이라는 유대를 깊게 하라.
여유로운 태도로 주고받도록 준비되라.
변화에 마음을 계속 열어두고, 어떤 기회를 잡으라.
성공 때문에 당신의 자발성을 포기하지 마라.

▶ 건강
이들은 자신이 절대 실수하지 않거나 끄떡없는 것처럼 생각하고 활동하게 되는 에고 구조 속에 자기 자신을 고립시키는 것을 피해야만 합니다. 이들이 관습적인 사회 활동에 보조를 맞추는 것, 또 자신의 뿌리, 배경, 가족, 친구들에 절대 동떨어지지 않는 것은 중대합니다. 자신의 발상에 대한 강한 도덕적인 또는 종교적인 틀도 또한 이들이 잘못된 궤도에서 헤매지 않도록 지켜주는 데 도움될지도 모릅니다. 이들이 가능하면 풍미있는 음식을 피하면서 현실적이고 단순한 식단이 권고됩니다. 중독성 약물, 특히 술 같은 진정제에 대단한 경계심을 기울여야 합니다. 야외의 장시간 산책 등 매일같이 가볍거나 적당한 신체 운동을 하는 것이 고도로 권장됩니다. 비경쟁적인 스포츠도 또한 제안됩니다. 뼈, 자세, 골격 시스템 일반에 대해 특히 신경써야만 합니다.

▶ 수비학
8일에 태어난 사람은 숫자 8 및 토성에 통치됩니다. 토성은 경계심, 제한, 숙명론을 상징하므로, 또 이들의 별자리인 염소자리도 또한 토성의 지배를 받기 때문에, 1월 8일에 태어난 이들이 깊고 진지하며 영속하는 효과를 사용하기로 선택하면, 이들은 그런 효과를 보유할 수 있는 힘을 받게 됩니다. 숫자 8에 통치되는 사람은 더디고 조심스럽게 자신의 경력을 쌓아가는 경향이 있지만, 이들은 어디선가 갑자기 무대에 등장할 가능성이 더 있습니다. 비록 이들의 가슴이 따뜻할지도 모르지만, 숫자 8에 통치되는 사람은 자주 냉정하거나 거리를 두는 것처럼 보입니다.

▶ 원형
여덟 번째 메이저 카드는 사나운 사자를 길들이는 우아한 여왕을 그려내는 '강인함이나 용기'입니다. 여왕은 반항적인 에너지를 마스터할 수 있는 여성 마법사를 상징하고, 물리적인 강인함뿐만 아니라 도덕적인 강인함을 표징합니다. 이 카드의 긍정적인 속성은 카리스마와 성공하려는 결단을 포함하고, 부정적인 자질은 무사안일과 권력남용을 포함합니다.

1월 9일
야심의 날
Ambition

▶ 심리구조

1월 9일에 태어난 강인하고 심하게 몰아대는 사람들은 자기 자신뿐만 아니라 가족 구성원들에게도 또한 고도로 야심적인 사람입니다. 정상에 도달해서 최고가 되고 싶은 이들은 해를 거듭해서 그 목적을 위하여 자신의 에너지 전부 또는 대다수를 쏟는 데 유능합니다. 이들의 의지력은 과소평가되는 것이 아니고, 이들은 타인들을 그 의지에 굴복시키기 위해 대단한 압력을 가하는 데 유능합니다. 게다가 기회를 알아보는 요령을 갖고 있는 이들은 자신의 국면을 개선할 기회를 비록 놓친 적이 있다고 해도 좀처럼 놓치지 않습니다.

하지만 이들은 비중있는 실수와 오산을 만들어내는 데도 또한 유능합니다. 모든 종류의 상실, 패배, 퇴보가 이들의 삶 곳곳에 흩어져 있습니다. 다행히도, 이들의 회복력과 목적의식은 이들이 거의 항상 빨리 되돌아올 수 있는 그런 것입니다. 이들을 패배시키거나 강제로 굴복시키는 것이 극도로 어렵습니다.

이들은 개인의 주도권, 개인의 책임, 개인의 자유를 고도로 중시합니다. 이것 때문에 이들은 가끔 더 사회적이거나 보편적인 목표에 대한 시야를 잃어버릴지도 모르고, 때로는 집단-지향적인 마음이 생각하는 방법을 이해하거나 그 방법의 진가를 알아보는 데도 또한 실패할지도 모릅니다. 게다가 사람을 '목적을 위한 수단'이기보다 '그 자체로 목적으로 대하는 법'을 체득하는 것은 이들을 장기적으로 더 진보하도록 데려갈 것입니다. 어쩌면 덜 역동적이지만 더 인간적인 것, 즉 친절 이해심 수용 같은 가치를 키우는 것이 이들의 성장에, 또 실로 이들의 궁극적인 성공에 매우 중대합니다.

이들은 고군분투와 도전 쪽으로 너무 지향하고 있어서, 자신의 성취에 안주하거나 행복과 만족감의 삶으로 은퇴하기를 좀처럼 바라지 않습니다. 이들은 자신의 임무에 자기 자신을 100% 전념하는 일벌레가 되는 경향이 있고, 그러므로 하루의 마지막에 느긋해지기가 어려움을 알아차릴 수 있습니다. 이들은 웃음과 좋은 시간에 대한 대단한 욕구도 역시 있으므로, 이런 방향에서 자신을 도울 수 있는 동반자나 친구, 가족 구성원을 갖는 것이 최고로 중요합니다.

이들은 자신의 노력에 상반된 것에 잘 반응하는 것은 아닙니다. 그런 국면에서 이들의 성격 중 꽤 무자비한 면이 등장할 수 있습니다. 전투원인 이들은 자신의 적을 패배시키기 위해 자신의 뜻대로 어떤 무기든지 이용하고, 적을 패배시키기를 완전히 기대합니다. 하지만 사건을 더 덜한 흑백논리로 보는 법을 체득하고, 현재의 맞수들이 미래의 조력자이자 친구가 될 수 있음을 알아보는 법을 체득하는 것은, 결국 이들의 이해심을 넓혀주고 세상에서 이들의 위치를 강화해줍니다.

▶ 일간 특성
강점; 회복이 빠른, 목적적인, 지략이 뛰어난
약점; 통제하는, 완강한, 스트레스받는

▶ 명상
성숙함은 장난기를 배제하지 않습니다.

▶ 조언
놀이하는 아이들을 지켜보라.
아이들에게서 배우라.
당신의 야심으로 하여금 당신을 최고의 당신에게서 떠나도록 이끌게 하지 마라.
조언에 여전히 마음을 열어두라, 즉 타인들이 당신에 관해 말하는 바를 진지하게 받아들이라.

▶ 건강
이들은 스트레스의 일반적인 부작용, 즉 두통, 불안, 근육 긴장, 감염에 대한 저항력 저하 및 수면 문제라는 고통을 겪을 수 있습니다. 느긋해지고 자기 자신으로 하여금 재미있게 하는 법을 체득하는 것은 이들의 건강함을 유지하는 데 중대합니다. 예정된 정기적인 휴가뿐만 아니라 가족과 사교활동도 또한 이 그림의 중요한 부분입니다. 식욕을 돋우는 많은 요리법에 의한 흥미롭고 활기찬 식단은 이들에게 좋은 식사에 대한 열정적인 즐거움을 지속적으로 기대하게 하기 위해 권장됩니다. 놀라운 것을 작업해낼 수 있는, 가끔 오후 낮잠을 포함하는 정기적인 휴식이 붙어가는 가벼운 운동만이 이들에게 권장됩니다. 이들은 자신이 적합한 양의 보충적인 비타민과 미네랄을 먹는지를 확인해야만 할 뿐만 아니라, 스트레스가 자신의 뼈와 치아에 끼치는 효과에 특히 주목해보아야만 합니다.

▶ 수비학
9일에 태어난 사람은 숫자 9와 화성에 통치됩니다. 숫자 9는 (이를테면 5+9=14, 4+1=5처럼 9를 더한 어떤 숫자도 그 숫자가 되고, 9×5=45, 4+5=9처럼 9를 곱한 어떤 숫자도 9가 되므로) 다른 숫자에 대한 영향이 강력하고, 1월 9일에 태어난 이들도 비슷하게 영향을 끼칩니다. 화성은 강력하고 공격적인 남성 에너지를 상징하지만, 1월 9일의 사람들에게 그 영향력은 염소자리의 통치자인 토성에 의해 착색될 수 있고, 토성은 목적에 진지함을 부여하지만, 또한 잠재적으로 배후조종하는 경향도 부여합니다.

▶ 원형
아홉 번째 메이저 카드는 대개 등불과 지팡이를 들고 걷는 것으로 그려지는 '은둔자'이고, 그는 명상, 고립, 침묵을 대변합니다. 그 카드는 확고해진 지혜와 궁극적인 단련도 또한 암시합니다. 은둔자는 양심에 의한 동기를 부여해 타인들로 하여금 그들의 행로로 나아가게 해주는 임무 감독관입니다. 이 카드의 긍정적인 면은 집요함, 목적, 심오함, 집중력이고, 부정적인 자질은 교조주의, 불관용, 불신, 만류를 포함합니다. 이런 토성의 특징은 특히 1월 9일에 태어난 이들의 경우에 관련됩니다.

1월 10일
혹독한 눈초리의 날
The Hard Look

▶ 심리구조

1월 10일에 태어난 이들은 무엇보다도 실상주의자이고, 대다수 어떤 국면이든 혹독한 눈초리로 살펴보며, 그 국면을 판정하고, 그 판정에 따라 활동하는 데 유능합니다. 거짓된 낙관주의 및 꿈 같은 희망이나 비전의 먹이가 좀처럼 되지 않는 이들은 상황에 대한 자신의 실상적인 평가를 어느 정도 자랑으로 여깁니다. 이들은 자신이 민감한 사람이든 아니든 간에 자신만의 민감성이 아니면 타인들의 민감성이 사실대로 말하는 것을 방해하게 하는 것은 아닙니다. 자신의 견해에 타협하지 않는 이들은, 쓴 약에 설탕을 입히거나 말을 듣기 좋게 하는 것에 익숙하지 않습니다. 상황은 단순히 '받아들이거나 떠나라'는 이들만의 방식일 뿐입니다.

따라서 이들은 무뚝뚝하거나 비외교적이라는 비난을 받을지도 모르지만, 좀처럼 부정직한 사람에 속하지 않습니다. 심지어 이들을 비방하는 사람들조차도 이들이 이중 잣대로 운영하지 않는다는 점을 인정해야 하는데, 이들은 다른 누군가에게 적용하듯이 이들 자신에게도 똑같이 양보하지 않는 엄격한 기준을 적용합니다. 반드시 분석적이거나 비판적인 유형은 아니지만, 이들이 타인들과 갈등하게 이끌 수 있는 것은 바로 이들만의 더 솔직담백한 견해와 비타협적인 태도입니다.

이들 중 대다수는 특히 이들이 관습의 지시가 정당한 이유가 되지 않거나 비합리적이라고 느낄 때, 실로 주저하지 않고 인기 없는 의견을 내세우거나 관습에 상충하는 태도로 행동합니다. 하지만 모든 이들이 과시적이거나 다채로운 것은 아닙니다. 이들 중 일부는 적지 않게 실상화된 자신의 세계관을 축소해서 말하기를 선호하고, 아니면 어쩌면 때때로 타인들이 말할 곳에서 침묵을 지키기를 선호합니다. 하지만 이런 침묵 속에서 이들은 자신의 승인이나 지지, 열의를 단순히 보류함으로써 가장 중하게 경쟁력 있는 판단을 전달할 수 있습니다.

이들이 리더 역할을 싫어하지 않지만, 심지어 무대 뒤에서라도 국면을 지배하는 것이 대개 이들한테는 그런대로 충분합니다. 개인적인 대결에서 이들의 공격 방식은, 바로 그곳에 뛰어들어 선제타격하지 않기를 욕구합니다. 이들은 매우 능한 맞받아치기의 선수이고, 자신의 기회를 기다리는 방법을 알고 있습니다. 이들은 사람들에게서 원했던 반응을 이끌어내는 데 능숙한 덕에, 이들은 자주 처음부터 바로 우위를 차지합니다. 반대자에 의해, 혹은 그 반대자 문제로 친구에 의해 상처받을 때, 이들은 자신이 겪는 아픔을 거의 드러내지 않을지도 모릅니다.

이들을 놀라게 하는 것은 정말 거의 없는 것으로 보이고, 실로 이들은 어떤 것에도 준비된 것처럼 사는 것을 즐깁니다. 하지만 물론 이들은 자신의 취약성을 갖고 있습니다. 다른 사람들처럼 이들은 가까운 사람들에게, 어쩌면 더 넓은 동아리에서도 또한 환영받고 찬양받고 싶어합니다. 그러나 이들은 이런 점에 있어서 불안감을 거의 갖고 있지 않고, 그 귀결로 환영받으려는 명시적인 욕구를 표출하지 않습니다.

하지만 존중은 훨씬 더 대단한 것입니다. 이들은 어쩌면 너무 자주 명시적인 양식으로 존중을 요구합니다. 이들의 한 가지 약점은 이들이 비호의적으로 타인들에 비교될 때 다소 신경이 예민해진다는 점입니다. 이 영역에서 질투하기 쉬운 이들은, 심지어 맞수나 경쟁자가 칭찬받는 것에 의해 단지 간접적으로 도전받을 때조차도 자신의 아킬레스건을 드러낼 가능성이 있습니다. 이런 경우 이들은 웃어버리는 법을, 즉 그 질투를 떨쳐내고 잊어버리는 법을 체득해야 합니다.

▶ 일간 특성
강점; 강인한, 권위있는, 실상화된
약점; 둔감한, 갑옷을 입은, 질투심이 많은

▶ 명상
누군가의 가슴을 여는 것은 외과적으로 아니면 영적으로 달성될 수 있습니다.

▶ 조언
[마음을] 지속해서 가볍게 하고 재미있게 보내라.
이따금 당신의 경계태세를 늦추라.
갑옷을 모두 갖고 다니는 것은 제법 피곤해질 수 있다.
가끔 뒷자리에 앉아서 마음 편히 즐기라. [굿이나 보고 떡이나 먹으라]
당신 자신으로 하여금 [상대방을] 욕구하게 하고, [상대방에게서] 욕구되도록 허용하라.

▶ 건강
이들은 어쩌면 자신의 감정과 민감성을 묻어버리는 과정에서 지나치게 실상화되고 반-감상적인 자세로 자기 자신이 무뎌지기 쉽습니다. 이들은 심리적으로도 신체적으로도 온갖 종류의 경직성으로 고통받게 될지도 모르고, 나이가 들면서 자세의 결함, 관절염, 근육의 움직임 제한, 신경통 및 이와 비슷한 것들뿐만 아니라 가슴이나 장이 꽉 조이는 증상으로도 또한 고통을 겪을지도 모릅니다. 이것들은 모두 일종의 갑옷을 입는 것에 대한 상징이 될지도 모르는데, 그 갑옷은 어쩌면 극단적인 경우 라이히 치료법, 롤프식 마사지, 환생 요법이나 다른 공격적인 절차를 시도해서 뚫어내야만 합니다. 이들이 여전히 취약하고, 자신의 느낌을 공개적으로 표출하는 것이야말로 [자신이] 얻으려 애쓰는 중요한 것입니다. 이들의 식단은 어둡고 과중하기보다 밝고 재미있고 다채롭게 유지해야 합니다. 채광이 좋고 화창하며 가능하면 신선한 공기가 넉넉한 집이 강하게 권장됩니다. 운동이 관련된 한, 이들은 자주 격렬하거나 고도로 체육적인 활동을 선호하지만, 춤처럼 더 사교적인 운동의 형식도 또한 고려해야 합니다.

▶ 수비학
10일에 태어난 사람은 숫자 1(1+0=1) 및 태양에 통치됩니다. 숫자 1에 통치되는 사람은 자신이 하는 것에서 첫째가 되는 것을 좋아하고, 1월 10일에 태어난 이들의 경우 이것은 주어진 국면을 자기 자신이 통제하는 것을 자주 의미합니다. 태양은 따뜻하고 잘 계발된 에고의 자질 및 뚜렷하게 인간적이고 긍정적인 삶을 지향하는 자질을 부여해주는 경향이 있지만, 염소자리 사람은 태양의 광채를 무뎌지게 할 뿐만 아니라 제어하는 경향이 있는 토성에 의해 또한 통제됩니다. 숫자 1에 의해 통제되는 사람들은 대다수 주제에 관해 강하게 규정된 견해를 갖고 있고, 실로 이들은 극도로 완고할 수 있습니다.

▶ 원형
열 번째 메이저 카드는 인생의 부침, 승리와 패배, 성공과 실패를 상징하는 '운명의 수레바퀴'입니다. 운명의 반전을 암시하는 그 카드는 변화 외에는 영구적인 어떤 것도 현존하지 않음을 가르쳐줍니다.

1월 11일
판별의 날
Evaluation

▶ 심리구조

1월 11일에 태어난 의지가 강하고 고도로 유능한 이들의 특기는, 바로 자신이 만나는 사람들과 삶의 경험들을 정확하게 판정하고 판별할 능력이 있는 것입니다. 이들이 삶에 대해 편파적이지 않은 자신의 접근법을 자주 자랑으로 여기지만, 자신의 인식이 자신의 믿음 체계에 의해 지배되는 정도만큼, 이들의 객관성은 흐려질 수 있습니다. 이들 중 자신의 개인적인 믿음을 더 많이 제쳐놓을 수 있는 사람은, 자신이 자신을 중심으로 보이는 것을 더 공평하게 평가할 수 있습니다.

이들 중 다수에게 어려운 것은 고도로 도덕적인 이들이 도덕적인 그만큼 경직되어 자신의 믿음에 맞지 않는 것을 비난한다는 점입니다. 특히 비난이 자녀를 죄책감으로 물들일 뿐만 아니라, 독립적인 사람으로 기능하는 자녀의 자기-신임과 능력도 또한 갉아먹으므로, 그런 비난이 자녀에게 혹독해질 수 있습니다. 그러므로 그런 경직된 입장은 결국 적대감과 반란을 양성하게 되므로, 부모로서 이들은 심판하는 높은 자리에 자기 자신을 앉히지 않도록 해야만 합니다.

이들은 자신이 친숙한 모든 종류의 문서, 대상, 방도, 재정, 시스템을 평가하는 것에 관한 한 실상적으로 빛납니다. 이들은 자신의 전문 영역에서 어쩌면 대상 및 투자의 가치 또는 글, 기예품, 예술품의 품질과 진위에 대한 전문가적인 의견을 내달라는 사람들에게 자주 발굴됩니다. 이 측면에 대한 뛰어난 분석 능력을 표출해서 능숙한 감식자가 되는 이들은, 침착하게 알곡과 쭉정이를 분리해냅니다. 이들은 대개 가짜인 어떤 것을 한 순간에 탐지해낼 수 있고, 따라서 당면한 임무가 낭비나 부패를 제거하는 것일 때, 이들은 극도로 소중해집니다. 실로 이들은 대다수 문제에 관련된 한에서 어리석은 짓을 하기가 매우 어렵습니다.

불운하게도 이들은 참으로 고집불통이고 완고할 수 있습니다. 이들은 자신이 무엇을 아는지 알고 있는데, 그것이 다입니다. 이들이 마음을 꾸며낸 곳에 관해 토론할 여지가 거의 없습니다. 하지만 이들은 거의 혹은 전혀 알지 못하는 문제를 토론할 때, 토론의 여지가 없을 정도로 자신 있게, 또 무오류성의 의식으로 말할지도 모릅니다. 이것은 타인들을 미치도록 몰아댈 수 있지만, 이들 자신은 자주 침착하게 오직 자기 자신을 반복하고 확고하게 버팁니다. 틀린 것으로 판명되지 않는 한, 이들이 말하는 것은 복음으로 받아들여질지도 모릅니다.

이들의 절실한 욕구는 더 대단한 유연성을 계발하는 것입니다. 이들이 이미 관대함, 친절, 헌신이라는 두드러진 인간의 자질을 보여주기 때문에, 이들로 하여금 훨씬 더 개방적이고 수용적이 되지 못하게 가로막는 것은, 실상 오직 이들의 판단적인 태도일 뿐입니다. 오직 편견들 및 경직되게 고정된 의견만이 이들의 강인함을 행사하려는, 즉 통찰력과 비전의 명확성으로 삶의 경험을 이해하려는 이들의 길을 가로막을 수 있습니다. 비록 대단한 끈덕짐과 참을성이 요구될지라도, 이들은 자신만의 판별적인 재능과 분석적인 능력을 자기 자신에게 적용하는 것을 통하여 더 열린 마음을 계발할 능력이 있을지도 모릅니다.

▶ 일간 특성
강점; 신뢰할 만한, 유능한, 의지가 강한
약점; 함부로 판단하는, 경직된

▶ 명상
가능한 한 적은 선입견을 갖고 있는 것은, 누군가로 하여금 더 신선한 공기를 마시게 합니다.

▶ 조언
유연성을 유지하고 변화에 마음을 열라.
누군가에게 기회를 주기 전에 그이를 비난하지 마라.
당신의 실수를 인정하고, 칭찬이 정당한 이유가 될 때는 당신의 칭찬을 아끼지 마라.

▶ 건강
이들은 자주 타인들을 마음쓰는 데 자기 자신을 바치고 그렇게 하면서 스스로 지칠 수 있습니다. 이들은 자신의 작업에서 느긋해지고 휴가를 얻는 법을 체득해야만 합니다. 게다가 이들은 때때로 느슨해져야 하고, 상황이 스스로 굴러가도록 허용할 정도로 신념을 갖고 있어야 합니다. 특히 이들이 나이가 들면서 뼈와 골격 체계에 영향을 끼치면서, 이들의 심리적인 경직성에 대한 특정 신체적인 구현이 드러날지도 모릅니다. 식단이 관련된 한, 이들은 역시 제한을 피해야 하고, 음식과 요리에 대한 일반적으로 새로운 조리법과 새로운 접근법에 대해 마음을 열어야만 합니다. 이들에게는 고도로 다양하고 균형 잡힌 식단이 가장 좋습니다. 이들은 정기적으로 가볍거나 적당한 신체 운동을 하도록 노력을 만들어내야 하는데, 특히 걷기와 수영이 권장됩니다.

▶ 수비학
11일에 태어난 사람은 숫자 2(1+1=2)와 11 그리고 달에 통치됩니다. 숫자 2에 통치되는 사람은 자신을 리더보다 좋은 협업자와 동반자로 자주 만들어냅니다. (염소자리의 통치자인 토성이 추가한 영향력 덕에) 단독자일지도 모르는 1월 11일에 태어난 이들의 경우, 달의 영향력은 사회가 운영되는 방법, 또 이들만의 사회적인 역할을 규정하는 방법에 대한 통찰로 구현될지도 모릅니다. 이들은 가장 자주 자신을 뛰어나고 충실한 동무로 만들어냅니다. 드물지 않게 숫자 11은 쌍둥이, 동시성, 대칭성, 거울 이미지 혹은 다른 이중성에 대한 이해관계를 예시해줍니다.

▶ 원형
11번째 메이저 카드는 한 손에 저울을 들고, 다른 손에 검을 들고 의자에 차분히 앉아 있는 여인인 '정의'입니다. 그녀는 우리에게 우주의 질서를 상기시켜주고, 우리가 자신의 행로를 계속하는 한 우리의 삶에 균형과 조화가 유지되리라는 점을 상기시켜줍니다. 이 카드의 긍정적인 측면은 통합, 공정, 정직, 단련이고, 부정적인 측면은 낮은 주도권, 비인격성, 혁신의 두려움, 불만입니다.

1월 12일

야생적인 부름의 날

Wild Call

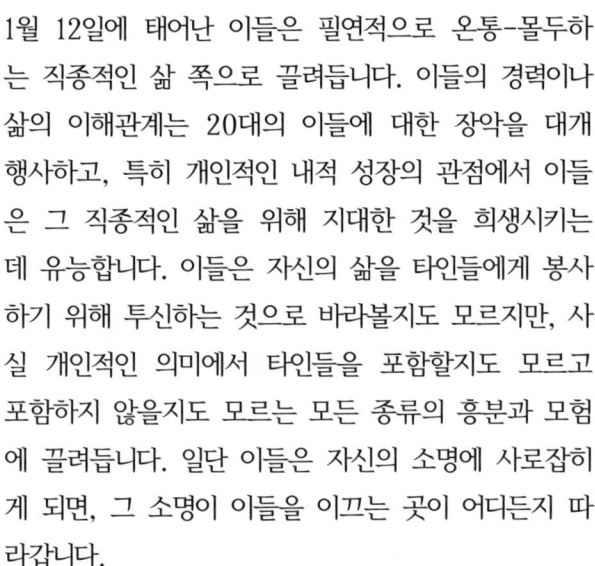

▶ 심리구조

1월 12일에 태어난 이들은 필연적으로 온통-몰두하는 직종적인 삶 쪽으로 끌려듭니다. 이들의 경력이나 삶의 이해관계는 20대의 이들에 대한 장악을 대개 행사하고, 특히 개인적인 내적 성장의 관점에서 이들은 그 직종적인 삶을 위해 지대한 것을 희생시키는 데 유능합니다. 이들은 자신의 삶을 타인들에게 봉사하기 위해 투신하는 것으로 바라볼지도 모르지만, 사실 개인적인 의미에서 타인들을 포함할지도 모르고 포함하지 않을지도 모르는 모든 종류의 흥분과 모험에 끌려듭니다. 일단 이들은 자신의 소명에 사로잡히게 되면, 그 소명이 이들을 이끄는 곳이 어디든지 따라갑니다.

이들의 경력이 자신의 삶에서 이처럼 중심적인 위치를 차지하고 있으므로, 이들은 자신의 작업을 세심하게 선택해서 자기 자신과 타인들에게 해로운 경험으로 뺑뺑이 돌게 하는 것을 피해야만 합니다. 전통적인 인간적 가치에 일치하는 윤리적인 원칙의 엄격한 세트를 유지하는 것은 이 측면에서 생명처럼 중요합니다. 한편의 자기를 희생시키라는 충동 및 다른 한편의 권력을 향하라는 에고적인 몰아댐 모두는 이들이 통제를 회피하지 않도록 면밀히 감시되어야만 합니다. 이들 중 다수는 천성적으로 자주 사회적인 또는 정치적인 대의명분으로써 자기 자신을 동일시하기 쉬운데, 이를 위해 이들은 자신의 개인적인 정체성의 큰 척도를 기꺼이 포기합니다. 반면에 이들 중 일부는 이를테면 제품을 판매할 때, 아니면 특히 프리랜서로서 자신만의 서비스를, 즉 홍보, 광고, 연출 그리고 이런 종류의 기술을 장려할 시 자신의 전문가적인 계획의 성공에 중대한 것이 바로 자신만의 성격이나 이미지일 때, 자기 자신에게 완전히 몰두할 수 있습니다.

이들은 가장 자주 생동적이고, 심지어 수다스럽기까지 합니다. 이들은 자신이 타인들을 필연적으로 질리게 하기에, 자신이 오만하다는 인상도 또한 주지 않도록 조심해야만 합니다. 어떤 국면에서 이들은 타인들의 욕구에 대한 저자세적인 접근법과 고조된 민감성을 통해 더 성공적일 것입니다. 하지만 이들은 자신만의 발상에 너무 자주 휩쓸려서 경고나 충고에 유의하지 않습니다. 손해 보는 제의에 관여할 때, 이들은 방향을 바꾸려고 시도하기보다 쓰린 결말까지 붙잡고 있기 쉽습니다. 만약 자신의 프로젝트가 실패한다면, 실로 이들은 이런 퇴보에 몹시 비관하기 쉽습니다.

이들이 끌려드는 직종(또는 온통 마음을 빼앗는 취미)은 줄잡아 말해도 자주 유별난 직종인 것으로 보입니다. 이런 이유로 이들 중 성공적인 사람은 총명하고 유별나다고 여겨지게 될 수 있지만, 또한 약간 이상하다고도 여겨지게 될 수도 있습니다. 어떤 면에서 정착된 삶의 관습적인 보상은 이들에게 거부되는 것으로 보입니다. 하지만 만약 이들이 올바른 사람, 즉 자주 더 보수적이거나 겉보기에 특별하지 않은 (그러나 침착함과 절제가 갖춰진) 사람을 만난다면, 이들은 일종의 영속하는 행복을 찾아내게 될지도 모릅니다.

▶ 일간 특성
강점; 전문가적인, 영감을 주는, 헌신적인
약점; 자기-희생적인, 선-생각되는, 유의하지 않는

▶ 명상
가장 고귀한 소명은 어쩌면 자기 자신에게 참되는 것입니다.

▶ 조언
당신의 개인 생활에 더 많이 주목해보고, 강한 윤리 규범을 유지하라.
타인에게 귀 기울이기를 기억해내라.
오만함이나 생색내기를 주의하라.
전문가답게 무모하게 덤비지 말라.
당신의 작업은 단지 자기 인생의 한 부분일 뿐이다.

▶ 건강
이들은 (자신의 주요 활동과 직접적인 관련이 없는 한) 자신의 건강을 무시할 가능성이 있습니다. 그러므로 6개월 또는 년 단위의 정기검진이 권고됩니다. 치아 문제가 약간 빨리 표면화될지도 모릅니다. 자세 문제, '극단의 과체중이나 체중 감소' 및 '알레르기, 지루증과 사소한 염증이 포함된 성가신 피부 상태'뿐만 아니라 호르몬 불균형이 이들을 괴롭힐 수 있습니다. 안정된 생활방식과 건강 문제에 대한 더 정기적인 접근방식을 채택하는 것이 대단히 도움됩니다. 설탕뿐만 아니라 동물성 지방 섭취도 한정하면서 신선한 과일과 채소, 곡물이 넉넉한 균형 잡힌 식단 또한 긍정적인 이바지를 만들어낼 수 있습니다. 특히 야외에서 장시간 걷기 등 오직 적당한 신체 운동만이 권장됩니다.

▶ 수비학
12일에 태어난 사람은 숫자 3(2+1=3) 및 확장적인 행성인 목성에 통치됩니다. 숫자 3에 통치되는 사람은 자신의 특정 분야에서 최고 위치에 오르는 경향이 있습니다. 이들은 또한 독재적일 수 있고, 이들 중 더 지배적인 인격은 이것을 염두에 둬야 합니다. 이들은 독립적이 되기를 좋아하고, 그래서 1월 12일에 태어난 이들은 더 대단한 자유를 위해 권위의 위치를 내어놓도록 부추기는 느낌이 들지도 모릅니다. 이들은 타인들을 유도하는 것에도 또한 다만 질릴 수 있습니다. 숫자 3의 목성적인 자질은 이들이 자신의 소명을 열의로 따르도록 촉진하지만, 토성(염소자리의 통치자)의 상반된 영향력은 필요할 때 특히 사생활에서 이들로 하여금 조심하고, 경계하며, 실용적으로 만들어줍니다.

▶ 원형
12번째 메이저 카드는 자신의 묶인 발로 거꾸로 매달려 있는 '매달린 사람'입니다. 비록 그런 처지가 무력해 보이지만, 그럼에도 '매달린 사람'은 영적으로 강력하고 깊이 심사숙고합니다. 이 카드의 긍정적인 속성은 단순히 인간이 되는 것뿐만 아니라 한계를 알아보고 극복하는 것이고, 부정적인 측면은 영적인 근시안과 한정성이다.

1월 13일
상승 이동의 날
Upward Mobility

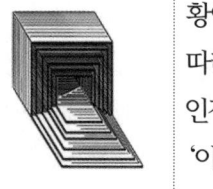

▶ 심리구조

1월 13일에 태어난 이들은 개선된 지위를 통해 자신의 안전을 향상시키는 데 매우 많이 관련됩니다. 물론 이들 중 일부가 부유하게 태어나지만, 대다수는 우월, 권력, 안전, 권위의 위치를 성취하기 위해 평생 위쪽을 향해 고군분투합니다. 자신의 운명을 개척해오면서, 이들은 자기 자신으로 하여금 더 낮은 사회적인 범주로 되돌아가게 하는 것을 비록 허용한 적이 있다고 해도 좀처럼 허용하지 않을 것입니다. 실로 가난에서 벗어나온 이들은 자주 자신의 보잘것없는 시작에 대한 거부감을 표출합니다. 따라서 이들은 대체로 재정에서 중·상위층과 동일시하는 데 가장 편안함을 느낍니다. 이런 결단적인 사람에게 관련된 한, 부유한 것 또는 매우 부유한 것, 편안한 것, 단순히 안전한 것이 유일한 가능성입니다.

상승 이동이라는 테마는 이들에게 일종의 철학적인 전망일지도 모릅니다. 더 커다랗고 더 심오한 의미에서 인간의 자기-개선에 헌신적인 이들은 자기 자신뿐만 아니라 자신의 가족과 친구를 교육하고, 깨우쳐주며, 지적으로 넓혀주려고 탐구합니다. 낙관주의라는 북돋아주는 의식이 그런 개선의 노력에 대단히 원조되듯이, 자주 주목할만한 기억력을 갖는 것도 그 노력에 원조됩니다.

지대한 불안감을 갖고 다닐 수 있는 이들은 자신이 항상적으로 자기 자신을 더 좋게 하려고 탐구하므로, 어떤 주어진 때든 자신이 있는 입지에 편안해하지 않을지도 모르고, 자기 자신을 보증하기 위해 모든 상황에서 자신의 올바름을 고집하게 될지도 모릅니다. 따라서 이들은 자신이 꾸며냄의 어떤 약점이나 실패도 인정하는 데 대단한 어려움을 보유할 수 있습니다. '이들이 자기 자신을 완벽하다고 간주한다'는 점이 아니라, '부족한 판단, 실책 또는 지식의 부족을 인정하는 것이 이들을 아래쪽 나선에서 시작할 수 있게 한다'는 점이 그만큼 어려운데, 이들은 이것을 허용하지 않을 것입니다. 무엇보다도 자부심이 강한 이들은 자신이 아는 어떤 사람보다 상대적으로 열등한 위치에 자기 자신을 놓는 것을 싫어하는데, 이런 싫어함은 많아져서 때때로 열광에 이르게 될지도 모릅니다.

위의 모든 이유들 때문에 이들은 자신의 진정한 능력과 성공에 관해 비실상적이 되는 위험을 무릅씁니다. 타인의 의견에 지나치게 관련되지 않는 이들은, 바깥쪽 입력을 배제하여 자기 자신만의 판단에 점점 더 의존할지도 모릅니다. 당연하게도 이런 태도는 이들을 고립시키고, 결국 친구를 거의 얻지 못하게 됩니다. 반면에 이들이 자신의 세계를 공유하기 위해 타인들을 기꺼이 들어오게 할 때, 이들의 지칠 줄 모르는 낙관주의가 타인들을 격려하므로, 이른바 '파티의 삶'이 될 수 있습니다. 비록 고도로 고집적이고 때로는 완고하지만, 이들은 절대 지루하지 않습니다.

자유롭게 주고받는 이들의 능력이 특히 인생 후반부에 이들의 정신적인 웰빙에 특히 중요한 지표이므로, 이들은 자신의 친절함과 관대함을 지속해서 살아있도록 애써야 합니다. 이들이 위협을 느끼지 않고 타인들에게서 선물을 받을 능력이 있는 것뿐만 아니라 조건 없이 선물을 주는 것도 또한 이들이 애써야 할 중요한 목표입니다. 무엇보다 이들은 자신의 뿌리와 깊은 인간의 기원을 절대 잊지 말아야만 합니다.

▶ 일간 특성
강점; 목표 지향적인, 자부심이 강한, 자율적인
약점; 내몰리는, 두려워하는, 고립되어 있는

▶ 명상
미친 사람에게는 정상적인 사람이 정신이상입니다.

▶ 조언
절대적인 안전은 환상이다.
성장하고 배우기를 계속해서 탐구하라.
계속해서 모험하고 갇혀 있지 마라.
의심하는 경향을 주의하라.
돈이 온갖 것은[전부는] 아니다.

▶ 건강
이들은 인생 후반부에 자신의 건강에 지나치게 관련될지도 모릅니다. 이들은 자신에게 잘못된 것이 무엇이든 간에 너무 적극적인 이해관계를 취하고, 자신의 주치의를 우상화하거나, 아니면 적어도 주치의에게 너무 많은 것을 기대하게 될지도 모릅니다. 전형적으로 이들은 나이가 들면서 관절 문제라는 고통을 겪을 수 있습니다. 활기찬 신체 운동은 이들이 유연성을 지속하는 데 권장되지만, 너무 열광해서 자기 자신에게 피해를 유발하지 말아야 합니다. 식단이 관련된 한, 이들에게 가장 건강한 것은 [하루 먹을 분량의 음식을] 적은 양으로 나누어 하루에 몇 번 자주 먹는 것입니다. 더 신선한 채소와 다른 소화하기 쉬운 것들을 자신의 식단에 결합시킴으로써, 이들은 자신의 생명력과 수명에 대단히 원조해 줄 수 있습니다.

▶ 수비학
13일에 태어난 사람은 숫자 4(1+3=4)와 13 그리고 불규칙하면서도 폭발적인 천왕성에 통치됩니다. 이들을 위해 천왕성과 토성(염소자리의 통치자)이 조합된 영향력은 비밀주의, 경계심 및 어쩌면 폭력적인 성질을 예시해줄 수 있습니다. 숫자 4는 전형적으로 반란, 색다른 믿음 및 '규칙을 바꾸려는 욕망'을 대변합니다. 하지만 1월 13일에 태어난 이들은 일단 이들 자신이 권력의 위치를 차지하면, 자신만의 규칙을 정할 시 지나치게 권위주의적이 될지도 모릅니다. 비록 숫자 13을 많은 사람이 불운하다고 여기지만, 오히려 숫자 13은 그 힘을 현명하게 사용하거나 자기-파괴를 자초한 것에 대한 책임감을 정말 운반해주는 강력한 숫자입니다.

▶ 원형
13번째 메이저 카드는 타로에서 가장 오해를 받는 카드인 '죽음'인데, 죽음이라는 것은 문자 그대로 받아들여지는 경우가 좀처럼 없지만, 대체로 변태하는 식으로 한계를 넘어서 성장하기 위해 과거를 놓아버리는 것을 암시합니다. 이 카드와 숫자 4는 모두 이들이 만류, 환멸, 비관, 침울함에 대해 경계해야만 함을 제안합니다.

1월 14일
통합자의 날
The Integrator

▶ 심리구조

1월 14일에 태어난 배짱있는 이들은 자신의 삶과 작업의 다면적인 측면을 편성하고 통합하는 것에 종사합니다. 철저하게 유기적인 방식으로 전체 그림을 보는 이들의 능력은, 세부사항에 매달리게 되는 사람들과 이들을 구별해줍니다. 이들은 삶의 가닥을 강압적으로 결속해서 그 가닥으로 의미있는 직물을 짤 능력이 있습니다. 이들은 사회의 규칙에 위배되더라도 올바른 활동 코스가 된다고 자신이 믿는 것을 주저하지 않고 따릅니다. 실로 이들은 자신의 활동에 대한 가능한 보상과 반향 양쪽을 잘 알아챕니다.

모험적으로 사는 것을 싫어하지 않는 이들을 위험은 끌어들이는 것으로 보입니다. 하지만 이들은 그저 자기 자신을 촉발할 뿐인 흥분을 좀처럼 발굴해내지 않는데, 그 흥분은 이들이 자신의 대의에 격렬하게 관여하는 것의 부산물인 것으로 더 보입니다. 이들 중 일부에게 닥치는, 위험한 국면은 대단한 역경을 이겨낼 기회를 아니면 시도하다가 죽을 기회를 제안합니다. 이들 중 대다수는 자신의 역량에 대한 자각을 갖고 있지만, 그럼에도 이들을 좌절시킬 저항, 장애물 및 무엇이든 누구든 간에 맞서서 그 역량을 반복해서 시험해봅니다. 이들은 확실히 지배적인 유형이지만, 대개 스스로 통치자가 되는 데 관심을 두지 않습니다. 비록 이들이 두드러진 리더의 능력을 갖고 있지만, 만약 자신이 높은 지위의 책임을 '금지하는 것'으로 간주한다면, 이 리더의 재능은 여전히 이들 속에 잠재하게 될지도 모릅니다.

이들은 일단 자신의 마음을 꾸며냈다면, 그 마음을 바꾸는 데 거의 무능합니다. 이들은 특별히 이들의 감정이나 정서가 관련된 곳은 돌로 만들어졌다고 할 정도로 고집불통일 수 있습니다. 결사반대하는 이들은 자신이 자신의 의무로 알아보는 것을 타협 없이 충족시킵니다. 하지만 이들 중 심지어 공동의 대의명분을 확고하게 믿는 사람조차도 대개 그 대의에 독립적으로 활동할 권리를 비축해둡니다. 실로 이들은 개인의 자율을 다른 무엇보다도 중시하고, 만약 그 자율에 관해서라면, 압력에 굴복하기보다는 목숨을 걸 몇 안 되는 사람 중 일부입니다.

필연적으로 이들은 사회적이고 보편적인 이슈에 발목을 잡히는 것으로 보입니다. 그러므로 이들의 개인 생활은 어렵고 폭풍우 같을 수 있습니다. 동무, 가족, 친구들은 만약 이들에게 어떤 고난이 있어도 이들 곁에 머물고자 한다면, 이해심이 있을 뿐만 아니라 극도로 충실해야만 합니다. 설상가상으로 이들은 불운하게도 자신이 열띤 인생 전투에 참전할 때 자신과 가까운 사람들을 무시하고 등한시하는 데 꽤 유능합니다.

만약 큰 사회운동이나 도박에서 온갖 것을 잃어버린 이들이 도움을 청할 때 자신이 홀로 떨어져 있음을 발견한다면, 이들은 심각한 어려움 속에 있는 자기 자신을 알아차리게 될지도 모릅니다. 만약 이들이 타인들의 후원을 유지하기를 바란다면, 이들은 [타인의] 개인적인 문제와 사회적인 문제에 더 많은 에너지를 써야 합니다. 삶의 많은 영역에서 공유하는 것의 지혜를 배우는 것, 또 주고받기의 지혜를 배우는 것은 이타적인 관점보다 단지 실용적인 관점에서만 보더라도 이들에게 중대합니다.

▶ 일간 특성
강점; 불굴의, 용기있는, 조직적인
약점; 감정적으로 힘겨운, 비타협적인

▶ 명상
체스에서는 작은 말이 큰 말의 길을 닦습니다.

▶ 조언
명예와 불명예는 다만 당신의 개인적인 분야가 아니다.
사회적인 가치와 타인의 느낌을 알아채고 타협하는 법을 체득하라.
어떤 상처나 불의도 당신의 가슴을 무뎌지게 할 정도의 원인은 아니다.
당신만의 약점과 취약성을 감안해보라.

▶ 건강
이들은 자기 자신을 너무 심하게 몰아대기에 두통, 궤양, 불면증 그리고 다른 스트레스성 증상들로 고통받을지도 모릅니다. 게다가 이들 자신을 해치는 방식에 두는 성향이 있기 때문에, 이들은 부상과 사고를 당하기 쉬울지도 모릅니다. 따라서 이들은 자신의 건강을 보존하고 싶다면 자신의 공격적이고 대립적인 천성을 지속적으로 통제하는 법을 체득해야만 합니다. 물론, 이들에게 부상은 극복해야 할 또 다른 장애일지도 모릅니다. 이들은 식탁에서 완전히 느긋해지고 즐기는 법을 체득해야 합니다. 광범위한 맛있는 요리에 대한 기쁨이 권장되는 것처럼, 자신의 성생활에서도 이들은 흥미진진하고 격정적인 경험뿐만 아니라 심미적이고 다정한 체험도 또한 탐구해야 합니다. 이들에게는 사교적인 천성에 속하기를 희망하는 단지 적당한 운동만이 권장됩니다.

▶ 수비학
14일에 태어난 사람은 숫자 5(1+4=5) 및 수성에 통치됩니다. 수성은 염소자리의 통치자인 토성이 추가한 영향력에 의해 더욱더 집중되어 목적적이 되도록 만들어진 힘인 대단한 정신적인 잠재력을 이들에게 부여해줍니다. 균형을 잃어버리게 된 1월 14일에 태어난 이들을 위해, 숫자 5는 삶의 역경에서 빨리 회복하는 회복이 빠른 캐릭터를 다행히도 증정해줍니다.

▶ 원형
14번째 메이저 카드는 '극기'입니다. 보이는 모습은 우리를 보호해주고, 우리를 안정된 상태로 지속시켜주는 수호천사입니다. '극기'는 이들의 삶에서 균형과 절제의 필요성을 강조해줍니다. 긍정적으로 보면, 천사는 새로운 진실이 터득되어서 누군가의 삶에 편입되도록 하기 위해 격정을 수정합니다. '극기' 카드는 이들만의 윤리 규범을 확립해서 이들을 개인적인 이득을 위한 거짓된 행동을 향해 이끌려는 솔깃한 유혹에 저항할 것을 이들에게 부추깁니다.

1월 15일
영웅적인 필연성의 날
Heroic Inevitability

▶ 심리구조

1월 15일에 태어난 이들은 자신의 삶에서 영웅주의라는 테마를 불가피하게 맞닥뜨립니다. 자신의 두렵지 않은 중심을 찾아내고, 그 중심을 발견한 후 위기나 스트레스 국면에서 그것에 의존하는 것은, 바로 어느 시점에 이들의 의무입니다. 만개한 숙명을 드러내는 도전을 그 숙명이 불러낼 때까지 이들은 자주 자신의 영웅적인 천성을 알아채지 못합니다. 이때까지 이들은 어지간히 적당한 삶을, 어쩌면 평범한 삶을 영위할 가능성이 꽤 있습니다. 이런 자기-현실화로 이어지는 사건이나 대사건은 20대 후반에 일어날 가능성이 있습니다.

이들은 자주 어린 시절에 영웅 숭배나 다른 로맨틱한 집착의 일부 형식을 실상적인 인물이나 공상적인 인물로 구현합니다. 그 인물은 심지어 이들의 부모 중 한 명일지도 모르지만, 이들이 끌려든 사람은 대리인일 가능성이 더 있습니다. 남자 영웅이나 여자 영웅의 역할을 떠맡는 것이 이들에게는 통과의례라는 입문 행위와 같을 수 있고, 이들은 그 통과의례가 일어날 때까지는 자신의 계발을 더 진전시키는 데 어려움을 갖고 있을지도 모릅니다. 이들 중 일부는 이들 자신이 부모가 되어 자녀의 눈에 영웅의 자리를 차지할 때 단지 그런 운명이 실현될 뿐입니다.

이들이 사교적인 사람일지도 모르고 혹은 아닐지도 모르지만, 이들은 30대 초반에 자신에게 영감을 줄 뿐만 아니라 자기를 발견하는 과정에서 이들을 원조해주는 특정 핵심 인물에게 자석처럼 끌려듭니다. 이런 안내자나 교사, 멘토는 대개 이들의 경력에 심오한 영향력을 갖고 있습니다. 사랑은, 아니면 적어도 깊은 우정과 애정은 대개 이런 관계에서 도드라진 모습으로 나타납니다.

이들이 어린이와 청소년 시절 반항심을 표현하는 것은 성숙하는 것의 핵심 부분입니다. 이들은 불공정을 매우 예리하게 느끼고, 그러므로 자신이 맞닥뜨리는 억압이나 불관용의 어떤 형식에도 맞서 싸울 준비가 되어 있습니다. 이들 중 다수는 자신 내면의 강인함을 위장하는, 동의적인 외관을 심지어 순결한 외관까지 갖고 있습니다. 이들이 약하거나 순진하고, 속기 쉽다는 의심을 두고 이들을 이용하려고 시도하는 사람들은, 자신들을 위해 예비된 놀라움을 꽤 갖고 있을 것입니다. 이들은 자신의 경험에서 빨리 배우고, 대체로 "내가 한 번 속으면 너에게 창피하지만, 두 번 속으면 나에게 창피하다"는 말에 동의합니다.

이들은 자신을 해칠지도 모르는 사람들로 하여금 자신의 이너 서클에 접근하도록 허용하는 자신의 성향을 주의해야만 합니다. 반면에 이들은 배신이나 굴욕을 당한 후 자기 자신을 중심으로 철벽을 쌓지 말아야만 합니다. 개방성과 안전성 사이의 균형을 찾아내는 것은 실상적인 도전입니다.

마지막으로 이들은 자신에게 약점으로 갖고 있는 관능적인 쾌락에 자기 자신을 송두리째 맡기는 것에 주의해야만 합니다. 이들의 에너지는 때때로 이들이 고려할 가치가 없는 문제라는 옆길로 새게 될 수 있습니다. 이들은 자신의 환경을 통제하려는 자신의 욕망도 또한 진정시키고, 진화를 위한 성장과 변화에 마음을 여전히 열어두어야 합니다.

▶ 일간 특성
강점; 이상적인, 기쁨을 사랑하는, 영웅적인
약점; 방종적인, 불안한, 우상화하는

▶ 명상
인생의 대단한 전투에서 가장 강력한 무기는 자주 지혜와 이해심입니다.

▶ 조언
당신이 자신의 영웅적인 역할을 하는 것은 불가피하다.
당신에게 걸맞은 가치 있는 목표를 위해 봉사하는지 확인하라.
분별력을 가지지만, 변화에도 또한 마음을 열라.
당신을 위해 작업하는 것을 발견하라.
기다리는 법과 활동할 때를 체득하고, 모든 상황을 위한 올바른 장소와 시간을 찾아내라.

▶ 건강
이들은 자주 자신의 천성 중 더 관능적인 측면이 포함된 문제를 갖고 있습니다. 이를테면 이들은 주기적으로 음식과 섹스를 지나치게 탐닉하거나 싫어하는, 즉 기저에 놓인 감정의 이중적인 증상을 보일 수 있습니다. 그런 문제는 대체로 부모 중 한 분 또는 두 분 모두에 대한 부정적인 어린 시절 경험에서 비롯됩니다. 특히 이들 자신이 자녀를 갖고 있다면, 감정을 무기나 배후조종 장치로 사용하지 않도록 조심해야만 합니다. 요리를 잘하는 법을 체득하는 것이 이들에게 중요하고, 그런 것에서 이들은 음식을 향한 건강한 태도를 계발할 가능성이 더 있습니다. 모든 종류의 스포츠와 운동이, 특히 신체적인 기술뿐만 아니라 사교적인 기술도 또한 가르쳐줄 팀 스포츠가 권장됩니다.

▶ 수비학
15일에 태어난 사람은 숫자 6(1+5=6) 및 금성에 통치됩니다. 숫자 6에 통치되는 사람은 카리스마적인 경향이 있고, 때로는 심지어 타인들에게 숭배할 마음마저 불어넣습니다. 하지만 1월 15일에 태어난 이들을 위해 금성과 토성(염소자리의 통치자)이 조합된 영향력은 관계에서 문제와 좌절감을 초래할 수 있는 매우 복잡한 감정적인 천성을 빌려줍니다. 자주 부모 중 한쪽과 갈등해서 깊이 자리를 잡은 문제는 더 커지기 전에 해결되어야 합니다.

▶ 원형
15번째 메이저 카드인 '악마'는 성적인 끌어들임, 불합리성, 격정이 관련된 곳에서 역동적으로 작용하는 두려움/욕망을 예시합니다. '악마'는 물질적인 편안함과 돈에 대한 우리의 필요성을 통해 우리를 노예로 삼고, 안전을 붙잡는 우리의 기반 천성을 대변하며, 우리의 남성적/여성적인 천성에 실존해서 화해되지 않는 차이를 통해 우리를 통제합니다. 이 카드의 긍정적인 면은 성적인 끌어들임이고, 격정적인 욕망의 표현입니다. 하지만 그 카드는 비록 우리가 몸에 속박되어 있을지라도, 우리의 영혼은 자유롭게 날아오를 수 있음을 상기시켜주는 역할을 할 수 있습니다. 이들은 타인들이 자신에게 지나치게 의존하도록 만들거나 비윤리적인 양식으로 강압적인 힘을 사용하는 것을 피해야만 합니다.

1월 16일

충족의 날
Fulfillment

▶ 심리구조

1월 16일에 태어난 이들의 궁극적인 목표는 개인적인 천성에 속하든, 사회적인 천성에 속하든, 심지어 보편적인 천성에까지 속하든 간에 충족입니다. 노력에 대한 완성, 마무리짓기 및 깔끔한 해결에 자주 관여하면서, 결국 이들이 추구하는 것은 바로 충족의 느낌이나 전체성의 느낌입니다. 그러나 이것은 전체 이야기가 아닙니다. 충족감은 이들이 최선을 다했고, 이들의 희망과 바램이 마침내 실현되었다고 말하는 비가시적인 중대한 것도 또한 포함합니다. 어떤 의미에서 (새로운 목표가 설정되기 전에 그리 오래 지속되지 않을지도 모르는) 이 주관적인 상태는 이들에게 꽤 단순하게 '상황이 잘 진행되었다'는 신호입니다.

이런 웰빙과 인정에 대한 예시는 일종의 에고적인 보강이나 안전의 장치로서 이들에 의해 정기적으로 욕구됩니다. 이들은 지대한 불확실성이나 유동성을 가진 업무보다는 주어진 시간 안에 자신이 명료하게 임무를 달성할 수 있는 작업에 잘 맞습니다. 하지만 어떤 습관화된 사람에 대해서 말하자면, 그 프로젝트가 그들의 취급범위 속에서도 또 격렬함의 속에서도 들어올려지지 않는 한, 만족에 대한 그들의 느낌은 시간이 지나면서 감소하게 될지도 모릅니다.

여기가 바로 실패할 가능성이 등장할 수 있는 곳입니다. 흥분은 날카로워지고 관여는 깊어지지만, 그만큼 프로젝트가 완료되지 못할 위험도 커지고, 그 귀결로 (어쩌면 스트레스에 잘 적응하지 못하는) 이들은 있을 법하지 않은 결말에 더 대처하는 법을 체득해야 하며, 물론 때때로 잠행적으로 고개를 쳐드는 충족의 어떤 결여에 대처하는 법도 체득해야 합니다. 더 나쁘게도 이들은 불확실성을 규범으로 왜곡되게 받아들이게 되어서, 결국 자기 자신에게서 충족감을 완전히 박탈할지도 모릅니다.

이들 중 성공적인 사람은 도전이 자기-파괴적이 되는 때를 알아보고, 자신의 노력에 대한 실상적인 수준을 알아차립니다. 이들은 자기 자신을 알고 받아들이게 되고, 자신의 한계와 함께 살아갑니다. 이들이 사회에서 자신의 작업 부위나 틈새를 찾아내는 것은 중대합니다. 이들 중 각양각색이되 반드시 점점 더 격렬해지는 것은 아닌 연쇄적인 목표를 달성하는 사람은 실로 영속하는 행복을 찾아낼 가능성이 더 있습니다. 하지만 이들은 '새로운 프로젝트가 지평선 너머에서 손짓하는 것' 혹은 '자신의 직업을 그만두거나 물러나기를 거부하는 것'은 그런 안정성에 대해 언제나 제시되는 위협입니다.

이들은 자신이 일상적인 삶의 규칙성을 받아들일 능력이 있지 않은 한, 자기 자신과 자신 주위의 온갖 사람들을 정신없게 몰아댈 수 있습니다. 이것은 이들의 대인관계에서도 또한 매우 많이 작동합니다. 어쩌면 이들은 매일매일, 심지어 매분 단위로까지 더 자주 충족감을 탐구할 수 있을 것입니다. 실로 이들의 개인적인 성공은 당연히 현재의 관심사에 초점을 맞추고 당면한 문제에서 더 대단한 만족감을 찾아낼 수 있는 이들의 능력에 달려있을지도 모릅니다.

▶ 일간 특성
강점; 근면한, 한결같은, 철저한
약점; 습관화된, 스트레스받는

▶ 명상
당신이 가능한 한, 오직 높게 손을 뻗으라, 그러나 발판 사다리는 그것보다 당신이 조금 더 높이 도달하도록 도울지도 모른다.

▶ 조언
당신의 능력에 대해 실상적인 평가를 만들어라.
지속해서 열심히 일하지만, 당신이 감당할 수 있는 것보다 더 많이 떠맡지 마라.
반면에, 여전히 활동적이 되고 무사안일하지 않도록 하라.
당신의 관계에 마침맞게 주목해보라.

▶ 건강
이들은 자기 자신으로 하여금 과도한 스트레스에 시달리게 하지 않는 한, 길고 건강한 삶을 사는 데 유능합니다. 반면에, 만약 이들이 만족감을 느끼는 곳에서 '자기 자신에게 적합한 삶'을 찾아낼 정도로 운이 좋다면, 이들은 체중 증가, 무기력, 정신적인 단조로움 등과 같은 무사안일 및 그 무사안일의 신체적인 구현에 대해 경계해야만 합니다. 다양한 유형의 경쟁적인 활동들, 또 개인의 체육적인 목표라는 도전의 개별적인 스포츠들, 집단의 복합운동 루틴을 포함한 활기찬 신체 운동이 모두 제안됩니다. 식단이 관련된 한, 유제품과 육류제품, 케이크, 설탕을 줄이는 것, 또 신선한 채소와 곡물에 중점을 두는 것은 체지방을 줄이고 경각심을 높이는 데 도움됩니다. 정기적인 수면 패턴이 필요하지만, 너무 많은 수면은 활동적인 생활방식에 불리하게 작용할 수 있습니다.

▶ 수비학
16일에 태어난 사람은 숫자 7(1+6=7) 및 물같은 해왕성에 통치됩니다. 숫자 7에 통치되는 사람은 자주 자신의 발상을 끝까지 해내는 데 실패하고, 실상에서 쉽게 동떨어지게 될 수 있으며, 이것은 특히 1월 16일에 태어난 이들이 자신의 제한을 넘어가면 이들에게 해당합니다. 해왕성은 염소자리의 토성적인 영향력과 짝지어져서 만약 이들이 자기 자신을 통제 아래에 유지할 수 있다면, 이들에게 물질적인 행운을 부여해주는 꿈, 공상 및 종교적인 느낌의 행성입니다.

▶ 원형
16번째 메이저 카드는 어떤 버전에선 왕이 벼락을 맞은 탑에서 떨어지는 것을 보여주고, 이 탑을 건설한 사람이 머리에 타격을 입고서 죽고 있는 것을 보여주는 '탑'입니다. '탑'은 물리적인 구조의 무상성뿐만 아니라 우리 삶에서 주어지는 관계나 소명의 무상성도 또한 상징합니다. 그 카드의 긍정적인 요소는 재앙을 극복해 그 도전에 직면하는 것을 포함하지만, '탑'은 부당하게 높은 자리에 오르는 것, 누군가가 조작한 손길에 파괴될 위험을 무릅쓰는 것, 공상적인 기획이라는 유혹에 굴복하는 것에 대해 경계합니다.

1월 17일
헤비급의 날
The Heavyweight

▶ 심리구조

1월 17일에 태어난 이들은 그해에서 가장 강력하게 직접적인 사람 중 일부입니다. 이것은 대다수 이들이 대개 매우 명료한 목표, 즉 어떤 주어진 시간에 성취하기를 바라는 바가 무엇인지에 대한 확고한 발상을 갖고 있기 때문입니다. 이들은 또한 과거의 경험과 앞에 놓여 있는 어려움에 기반을 두고 자신의 성공 가능성을 효과적으로 평가할 능력이 있습니다.

인생에서 일찍부터 이들은 인간 존재를 움직이도록 만들어내는 것이 무엇인지 배웁니다. 이들은 동기부여의 중요성을 이해하게 되고, (사랑, 미움, 두려움, 수치심, 죄책감 등 인간의 기본적인 감정에 의해 스스로 창조된) 그런 욕구는 자주 이들이 어떤 주어진 국면에 어떻게 반응할지를 사람들로 하여금 결단해서 활동하도록 강요하는 것입니다. 이들 중 대다수는 인생에서 성공하는 사람이 바로 자기 자신을 통제하는 자, 즉 자기-단련을 행하는 자라는 점도 또한 일찍 깨닫습니다.

이들 중 더 고도로 계발된 사람은 자신만의 추진력과 욕망에 접촉하고, 인생의 도전에서 솟아오르도록 자기 자신에게 영감을 반복해서 줄 능력이 있습니다. 이들 중 덜 고도로 계발된 사람은 자기 자신을 우선해서 알지 못한 채 자신의 환경을 통제할지도 모르는 방법에 집중합니다. 이들은 (타인을 은밀하게 배후조종하기보다 공공연히 조작하는) 배후조종의 마스터가 될 수 있습니다.

신체적으로 눈길을 끌든 아니든, 이들은 대다수의 경우에 지배하는 경향이 있는 명령하는 존재감을 갖고 있습니다. 앞서 언급된 것처럼, 이들의 목적은 대체로 매우 잘 규정되어 있고, 이들은 자기 자신에 대해 (적어도 외부에 대해) 그런 주목할만한 통제력을 표출하기 때문에, 타인들은 다소 협박받는 느낌이 들지도 모릅니다.

이들은 '자신이 누구인지'에 대한 허락을 구하지 않습니다. 이들은 보통 사람들로 하여금 재능 및 그들 천성의 더 역동적인 면을 표현하지 못하게 하는 그들의 금지를 벗어던지는 경향이 있습니다. 실로 이들은 개인의 성취에 관련될 가능성이 더 있고, 대개 개인의 권리에 대한 확고한 후원자입니다. 따라서 이들은 자신을 최고의 팀 협동자로 좀처럼 만들어내지 않고, 대개 혼자서 더 잘 운영합니다.

이들의 가장 대단한 위험이야말로 타인의 느낌, 관심사, 철학에 동떨어지는 것에 있다는 점은 놀랍지 않습니다. 이들은 자신의 계획에 대한 어떤 타협도 참아내지 못하기 때문에, 협력자, 협업자 심지어 친구들조차도 이들 자신에 관련한 적대적인 위치에 발탁할지도 모릅니다. 이들은 (공개적으로 이들에게 경쟁할 수 없다고 느끼는) 덜 강력한 사람들도 또한 적의를 마음에 품고서 그들의 때를 기다리며 잠행하도록 몰아댈지도 모릅니다. 따라서 이들이 우정과 가족의 유대를 강화하면서, 사교적인 맥락에 확고히 자기 자신을 뿌리내리는 것은 중대합니다. 무엇보다도 이들은 자기 자신으로 하여금 고립되도록 허용하지 말아야 하고, 아니면 자신의 주위 사람에게 정태적인 역할을, 즉 바람직하지 않은 역할을 강요하지 말아야만 합니다.

▶ 일간 특성
강점; 독립적인, 표현적인, 강력한
약점; 장악하는, 고립된, 비협조적인

▶ 명상
창공에는 많은 별을 위한 여지가 현존합니다.

▶ 조언
타인들에게도 역시 기회를 줘라.
통제를 내어놓는 것은 당신을 자유롭게 할 수 있다.
겸손함을 키우고, 시대와 발맞추면서 지내라.

▶ 건강
이들은 한편으로 자신의 공격적인 충동을 탐닉하지 않도록 조심하거나, 다른 한편으로는 그 충동을 억제하지 않도록 매우 조심해야만 합니다. 만약 이들이 자신의 주위 사람들에게 일으키는 효과를 알아채면서 동시에 이들의 감정 흐름을 유지할 수 있다면, 이들의 활기찬 천성은 환영받게 될 것이고, 이들의 정신 건강은 여전히 안정될 것입니다. 카페인, 니코틴, 설탕, 암페타민을 포함한 모든 각성제의 사용은 세심하게 통제되어야 합니다. 매운 음식을 적게 먹으면서, 곡물류에 강한 중점을 두는 균형 잡힌 식단이 가장 좋습니다. 고기에 대한 과식은 의욕이 꺾여야 합니다. 활기찬 신체 운동은 공격성을 해소하기 위한 뛰어난 방식이기 때문에 권장됩니다. 비록 골격계의 손상이 경계되어야만 하지만 경쟁적인 스포츠, 무술, 미용체조, 장거리 달리기 그리고 수영은 특히 권장됩니다. 넉넉한 수면과 안정된 가정환경, 그리고 사랑하는 성적인 동반자는 이들의 웰빙에 도움될 것입니다.

▶ 수비학
17일에 태어난 사람은 숫자 8(1+7=8) 및 토성에 통치됩니다. 토성은 제한과 한정의 강한 느낌뿐만 아니라 판단적인 측면도 또한 운반해줍니다. 토성이 이들의 별자리인 염소자리도 또한 지배하므로, 1월 17일에 태어난 이들을 위해 이런 특징들은 보강됩니다. 그러므로 이들은 지나치게 권위주의적이고 야심적인 삶이라는 신체적인 면에 지나치게 중점을 두는 것을 주의해야 합니다. 숫자 8은 물질세계와 영적세계 사이의 갈등을 유지합니다.

▶ 원형
17번째 메이저 카드는 별 아래 벌거벗은 아름다운 소녀가 한 항아리로 메마른 대지에 신선한 물을 쏟아붓고, 다른 항아리로 연못의 고인 물을 되살리는 모습을 보여주는 '별'입니다. 그녀는 세속적인 삶의 영광을 대변하지만, 그 삶에 대한 물질적인 노예화도 또한 대변합니다. 그녀 머리 위의 별들은 영적인 세계가 있음을 영원히 상기시켜줍니다. 그래서 이들은 과도한 신체 중심주의를 주의해야 하고, 더 높은 목표에 대한 시각을 절대 잃어버리지 말아야 합니다.

1월 18일
아이 같은 공상의 날
Childlike Fancy

▶ 심리구조

1월 18일에 태어난 이들은 아이 같고 놀이하는 자기에서 절대 멀리 떨어져 있지 않습니다. 이들은 순진한 것 때문에 때때로 책망받을지도 모르지만, 계산적이며 탐욕스럽고 혹은 기회주의적인 것 때문에 좀처럼 비판받을 수 없습니다. 이들은 자연스럽게 다가오는 것에 매우 많이 맞춰집니다. 이들이 재미있게 보내는 것은 즐기지만, 비중있는 문제는 특히 좋아하지 않습니다. 실로 이들은 어른의 세계에 관한 요구가 자신에게 부과될 때 대단한 고통을 겪을지도 모릅니다. 그 귀결로 이들의 가장 대단한 도전은 어른의 역할로 성숙하되 장난기 있는 자신의 감각을 보존하는 것입니다.

이들은 대개 자신을 뛰어난 부모로 스스로 만들어갑니다. 이들은 사춘기 이전의 자녀가 뭘 좋아하는지에 대해 천성적인 이해심을 갖고 있습니다. 하지만 이들은 특히 청소년기와 10대 후반에 자신의 부모에게 지대한 곤란을 갖고 있을지도 모릅니다. 유년기에서 벗어나는 것은 자주 이들에게 비극적으로 어렵고, 이들의 부모는 자신이 특히 이들에게 과중한 어른의 압력을 너무 일찍 가하지 않을 시, 아니면 이들이 아이 같은 습관을 느닷없이 포기하기를 부모가 고집할 시, 이들의 과도기적인 욕구에 극도로 민감해야만 합니다. 그런 요구는 단지 불화를 양성하고 반란의 씨앗을 심을 뿐일 것입니다.

이들은 삶을 가볍게 유지하기를 좋아하지만, 자신을 계속해서 촉발하기 위한 과중하게 적확한 흥분과 모험도 또한 요구합니다. 이들은 일상생활에서 절정체험을 찾아낼 능력이 없을 때, 온갖 것이 허용되고 온갖 것이 가능해지는 공상세계로 후퇴할지도 모릅니다. 그러면 이들의 기쁨과 이해관계가 내면화되므로, 이들은 불운하게도 외부 세계를 점점 더 많이 포기하게 되고, 극단적인 경우에는 자신만의 본래 어린 시절 영역으로 물러나게 될지도 모릅니다.

이들 중 더 고도로 진화된 사람은 우선 자신의 공상을 승화시키고, 그다음 그 공상을 세상에 투사하면서, 절정체험을 소환할 능력뿐만 아니라 발상을 계발하거나 독창적인 작품을 창조하는 능력도 있고, 아니면 어쩌면 단지 삶의 예술에 대한 고도로 독특한 전망과 접근법을 구현할 능력도 또한 있습니다.

사랑이 관련된 곳에서 이들은 어쩌면 이들만의 아이 같은 천성을 일깨우는 것에 의해 만족감을 느끼는 더 실용적이고 세상물정에 밝은 유형을 끌어들이는 경향이 있습니다. 이런 종류의 성공적인 관계는 이들 및 더 뿌리내린 이들의 동반자 모두에게 깊은 안전감을 필연적으로 제공하고, 따라서 상호 신뢰와 공유에 매우 중하게 기반을 둡니다.

일반적으로 말하자면 이들은 자신이 남을 기쁘게 하는 것을 즐기기 위한 자신만의 절대적인 자유시간을 갖고 있는 한, 심지어 평범한 직무에서 작업할 때조차도 행복할지도 모릅니다. 하지만 앞서 언급된 이유 때문에, 이들이 창조적이거나 촉발하는 작업 환경에 더 공상적인 면을 통합할 수 있을 때, 이들에게 가장 좋습니다. 이런 촉발이 없다면 이들은 특별히 반복적인 성격의 임무를 실연해보일 때 집중하는 데 어려움을 경험할지도 모르고, 심지어 노골적으로 백일몽에까지 붙잡혀 있을지도 모릅니다.

▶ 일간 특성
강점; 상상적인, 재미있는, 개별적인
약점; 순진한, 산만한, 미숙한

▶ 명상
우주의 장난기는 별들의 춤에 반영됩니다.

▶ 조언
안전은 [무의식일지라도] 얕볼 것이 아니다.
사회적인 실상에 접촉하며 지내되, 당신의 청구서를 치르는 것을 기억해내라.
고립되는 것을 주의하라.
어떤 관계에서든 당신의 몫을 다하라.

▶ 건강
이들은 꿈의 세계에서 살려는 자신의 성향을 주의해야만 합니다. 정기적으로 예정된 사회적인 의무를 지키는 것, 또 가족 모임에 적극적으로 참여하는 것, 대체로 세상에서 책임을 떠맡는 것은 모두 이들을 뿌리내리게 하는 데 도움됩니다. '마음 확장제'(환각제)를 피해야 하고, 항우울제를 극도의 경계심으로 살펴봐야 합니다. 이들로 하여금 이국적이고 매운 음식 및 활기찬 색깔로 실험하게 허용하는 '음식 발표회의 방도'뿐만 아니라 식단도 또한 이들에게 아주 적당합니다. 하지만 감자, 빵, 뿌리채소 같은 안정되고 토속적인 음식이 여전히 주축이어야 합니다. 이들에게는 단지 중간 정도의 적당한 운동만이 제안되고, 비전문가에게 적극적인 경쟁 스포츠는 고도로 권장되지 않습니다. 충분한 수면 시간은 필수적이고, 가능하다면 매일 낮잠도 또한 권장됩니다.

▶ 수비학
18일에 태어난 사람은 숫자 9(1+8=9) 및 화성에 통치됩니다. 숫자 9는 (이를테면 5+9=14, 4+1=5처럼 9를 더한 어떤 숫자도 그 숫자가 되고, 9×5=45, 4+5=9처럼 9를 곱한 어떤 숫자도 9가 되므로) 다른 숫자에 대한 영향이 강력하고, 1월 18일에 태어난 이들도 비슷하게 이들의 주위 사람들에게 강한 영향을 발휘할 능력이 있습니다. 천왕성(떠오르는 물병자리의 통치자)의 영향력 때문에, 이들은 자신이 얽힌 자기 자신을 나중에 풀어내는 데 어려움을 갖고 있을 기묘하거나 기만적이고, 까다로운 사람에게 집착하게 되는 것에 관해 특히 주의해야만 합니다. 화성에 대한 토성(염소자리의 통치자)의 진전된 영향력은 착취에 취약한 지나치게 부응하는 성격 쪽으로 이들을 만들어갈 수 있습니다.

▶ 원형
18번째 메이저 카드는 꿈, 감정 및 무의식의 세계를 일차적으로 대변하는 '달(月)'입니다. 긍정적인 속성은 민감성, 공감 및 감정적인 이해심을 포함합니다. 부정적인 성질에는 감정적인 우유부단함, 수동성 및 에고의 부족이 포함됩니다.

1월 19일
꿈과 비전의 날
Dreams and Visions

▶ 심리구조

1월 19일에 태어난 이들은 삶에 대한 자신의 고도로 독특한 지향을 꿈꾸고 경험할 심혼적인 공간이 허용되어야만 합니다. 심지어 이들의 작업 중 가장 실용적인 영역에서까지, 이들은 사회적이고 보편적인 원대한 이상에 따라 활동하는 경향이 있습니다. 이들 중 강력한 사람은 자주 인간의 감정 및 의식의 숨겨진 측면에 접촉하고, 그런 진실을 이들만의 비타협적인 생활태도로 세상에 꺼내놓을 정도로 타인들에게 본보기가 될 수 있습니다.

가족생활과 사회생활에서 이들은 자주 자신의 의견을 강압적으로 진술할 수도 있고, 또한 자신의 개인적인 끌어당김을 통해 취향과 정치에서 도덕과 예술까지 온갖 것에 대한 자신의 견해를 받아들이도록 타인들을 이끌 수도 있는 사람으로 인정받습니다. 하지만 이들은 부정적인 현상에 의해 옆길로 새게 되고, 자기-파괴적인 경향에 익숙해지지 않도록 해야만 합니다.

이들은 매우 어려운 삶을 영위하는 극도로 까다로운 사람일 수 있지만, 그럼에도 어떻게든 역동적으로 기능하고 자신의 주위환경에 대단히 충격을 끼칩니다. 이것은 마치 필요한 경우 혼신을 다한 이들의 에너지가 밖으로 유도될 수 있는 것과 같습니다. 절정을 체험하고 자신의 작업에 격렬하게 관여하는 순간을 제외하고는, 사실상 이들은 놀랄 만큼 평범한 것처럼 보일지도 모릅니다. 그러나 이들 중 더 고도로 진화된 사람은 자기 자신 속에서 강력한 인간적인 자질에 적합한 자리를 찾아냄으로써, 자기 자신이나 자신의 작업을 예외적인 대단한 것으로 탈바꿈시키는 일종의 연금술을 실연해보입니다.

하지만 이들 중 특정 사람은 어떤 종류의 안정된 삶도 영위하는 것이 거의 불가능함을 알아차립니다. 대개 감정적인 개인적 문제들에 항상적으로 시달리는 이들은 하늘에서 밝은 혜성처럼 타버리고 밤의 암흑 속으로 사라집니다. 이들 중 이런 유형의 사람은 자신의 열광적인 에너지를 적당하게 균형을 잡고, 자신의 격렬함을 조정하는 법을 체득해야만 합니다. 자주 이해심이 있는 더 안정된 사람과 갖는 공감적인 유대는 이들을 뿌리내리게 하는 데 [생명유지에] 생명적으로 중요한 것에 속합니다.

이들 중 그 외의 사람은 자신의 상상적인 작업과 더 평범하고 안정된 사생활 사이를 엄격하게 구분하게 (아니면 반대로 격렬하고 상상적인 내면 삶의 균형을 잡는 더 정상적인 작업 패턴을 채택하게) 만들어내도록 강제된다고 느낍니다. 어느 경우든, 객관성과 균형을 위한 애쓰기는 이들이 자신만의 표현적인 에너지의 [엄청나게 뜨거운] 백열을 [무사히 헤치고] 견뎌내도록 도와줍니다.

이들의 천성적인 열의와 높은 격렬함은 거부되지 말아야 합니다. 이들 중 자신의 개별성과 창조성을 억누르는 사람은 결국 좌절과 불행으로 향하게 됩니다. 위기감이 28세 그리고 42세 전후에 자주 일어나는데, 그때 이들은 자신의 활동을 확대하거나 제한하는 것이 관련되는 숙명적인 선택을 만들어내야만 합니다.

▶ 일간 특성

강점; 전기적인, 창조적인, 영향력 있는
약점; 순응하지 못하는, 불안정한, 자기-파괴적인

▶ 명상

꿈에서 '자신이 실상 누구인지'(眞我)를 어떤 사람은 잊어버리지만, 어떤 사람은 발견합니다.

▶ 조언

정신을 똑바로 유지하고 있어라.
옆길로 새게 되지 마라.
부정적인 경험에 중점을 두지 않으면서 최근 삶의 쾌감이 더 오래가도록 만들어내라.
[쉬운 길로 가려는 충동적인] 마음을 진정시키고 좋은 작업 습관을 유지하라.

▶ 건강

이들은 자신의 야생적인 에너지를 생산적으로 전환하는 법을 체득해야 합니다. 이들의 실용적인 면과 상상적인 면 사이의 균형 유지가 이들의 정신적인 웰빙에 중대합니다. 이들은 너무 자주 잔뜩 흥분해서 다량의 에너지를 소비하기 때문에, 이들은 붕괴되거나 소진될 위험이 있습니다. 그 귀결로 이들은 자기 자신을 고요하게 하여 자신의 삶에 구조를 부여하는 법을 체득하면서 단련을 키워야만 합니다. 이 단련의 면에서, 운동과 식단 모두는 하루가 구조화될 수 있는 영역을 중심으로 중요한 역할을 할 수 있습니다. 활기차되 비경쟁적인 천성에 속하는 신체 운동이 권장됩니다. 요가와 태극권 같은 더 명상적인 신체적 활동도 또한 가능합니다. 식단이 관련된 한, 잘 균형 잡히고 뜨겁게 요리된 음식을 먹으면서, 비타민을 보충하고, 설탕과 술을 줄이며, 일반적으로 적어도 하루에 한 번은 타인들과 음식 및 동지애를 나누는 것을 기대하는 것은 긍정적인 영향을 줍니다.

▶ 수비학

19일에 태어난 사람은 숫자 1(1+9=10, 1+0=1) 및 태양에 통치됩니다. 1월 19일 (신비, 폭력, 상상력의 테마인) 염소자리-물병자리 중첩에 태어나는 이들은 토성(염소자리의 통치자)과 천왕성(물병자리의 통치자) 양쪽의 영향력을 강하게 받고, 다소 압도하는 경향이 있는 이들의 에너지는 분산, 스트레스, 소진을 피하려면 안전하게 전환되어야만 합니다. 이 전환은 숫자 1에 통치되는 사람이 가장 자주 야심적이고 구속을 싫어하므로, 더욱더 필수적입니다.

▶ 원형

19번째 메이저 카드인 '태양'은 모든 메이저 카드 중 가장 호의적인 카드로 여겨질 수 있습니다. 그 태양은 지식, 생명력, 행운을 상징하고, 우대와 보상을 약속합니다. '태양'은 명확함 및 관계의 조화, 훌륭한 평판이라는 속성을 배치해주지만, 자만심, 허영심, 가식이라는 부정적인 자질도 또한 정말 예시합니다.

1월 20일
자유 분방한 사람의 날
The Freewheeler

▶ 심리구조

1월 20일에 태어난 이들은 자신이 이끄는 어디로든지 자신의 충동을 따르는 것이 매우 편안한, 격렬히 살아있는 사람입니다. 즉석의 결정을 만들어내고, 그에 따라 활동하는 수용력은 이들에게 고도로 특징적입니다. 고심하기보다 즉흥적인 이들은 삶을 그때그때 처리하는데, 그 상황이 아무리 혼돈되거나 혼란스러울라도, 이들은 자신이 그것을 감당할 수 있다고 느낍니다. 비록 이들이 자신의 특정 매체에 기법적으로 가장 자주 여유로운 덕에 기적적으로 자신의 작업에 질서 정연함을 전해줄지라도, 이들만의 내부 상태도 또한 자주 혼돈됩니다.

유머는 활기찬 이들을 꾸며낼 시 도드라진 모습으로 나타납니다. 가장 끔찍한 주위 여건은 이들의 준비된 재치로 자주 완화되고 가벼워집니다. 그러나 아이러니에 대한 그런 훌륭한 감각은 심오한 내면의 민감성을 보호하는 역할도 또한 합니다. 비록 농담을 좋아하는 이들은 바보짓이 자신에게 적합하다면 심지어 스스로 바보짓까지 할지라도, 실로 자기 자신을 매우 진지하게 받아들이는 매우 자랑스러워하는 사람입니다.

이들은 자신의 가족과 친구들에게 자신이 사랑받게 하는 깊은 인간적인 자질을 갖고 있습니다. 이들이 심술궂은 성질을 표출할 수 있고, 자신의 견해를 날카롭게 거침없이 말한다는 사실에도 불구하고, 이들의 폭발에는 어떤 악의도 현존하지 않기 때문에, 이들은 타인들에게 빨리 용서받습니다. 재미에 대한 이들의 사랑 때문에 이들은 실상적으로 이들을 알고 있는 사람을 제외하고 피상적인 사람으로 여겨질지도 모릅니다. 사실상 이들은 고도로 사적인 삶을 심지어 남모르는 삶까지 자주 영위하며, 자신의 희망과 꿈을 아주 적은 친우와 공유합니다. 이들 중 대다수는 천성적으로 마음이 넓고, 그러므로 두 번 생각할 것도 없이 나눕니다. 하지만 나중에 이들이 상대가 자신의 관대함에 적합하지 않음을 알아차린다면, 이들은 당연히 약간 이용당한다고 느낄지도 모릅니다.

비록 항상 가장 건강한 것은 아닐지라도, 신체적으로 감정적으로 정신적으로 고도로 회복력이 있는 이들은 자신 인생의 많은 참사에서 살아남는 데 유능합니다. 어떻게든 이들은 변치않는 낙관주의에 기운을 얻어 항상 회복하는 것으로 보입니다. 비록 대체로 약자의 편인 이들이 강한 보호적인 동감을 갖고 있지만, 이들 자신은 자신에게 거의 적합하지 않은 역할인 매우 독재적이 될 수 있습니다. 이들은 자신이 설정한 규칙을 따르도록 (자신의 자녀를 포함한) 타인들에게 강요하는 데 특히 능숙하지 않고, 어쩌면 이들만의 자유분방한 스타일이 그런 한정에 대해 일종의 무시를 암시하기 때문에, 타인들은 이들의 권위주의를 심각하게 받아들이지 않습니다.

감정적이고 표현적이며 배려적인 것으로 실제보다 과장된 이들은 뚜렷한 결함을 갖고 있고, 판단에서 많은 실수를 만들어낼지도 모르지만, 악의가 이례적으로 없는 상태에서 그렇게 합니다. 삶을 향한 긍정적인 태도에 대한 이들의 고집은 그리고 이들의 용기와 끈덕짐은 타인들에게 본보기입니다.

▶ 일간 특성
강점; 표현적인, 회복이 빠른, 가슴이 넓은
약점; 혼돈되는, 비실상화된, 혼란스럽게 하는

▶ 명상
'나는 할 수 없다'는 말은 드물게 사용되는 것이 가장 좋습니다.

▶ 조언
돌다리도 두들겨 보고 건너라.
당신이 너무 이르게 반응함이 없이 타인으로 하여금 타인 자신을 표현하도록 허용하라.
더 참아내라.
그렇게 많은 주목을 요구하지 않도록 노력하라.

▶ 건강
언급된 것처럼, 비록 이들이 항상 가장 건강한 것은 아닐지라도, 삶을 향한 이들의 열의는 대개 이들에게 뚫고 나가게 해줍니다. 하지만 이들은 작은 불편사항이 만성적인 불편사항으로 계발되도록 허용하는 것, 즉 급성질환의 출현을 예시해주는 경고 싸인을 무시하는 것을 주의해야만 합니다. 폭음과 흡연 같은 스트레스 관련 실행은 축소되거나 적어도 감소되어야 합니다. 가능한 한 많은 첨가물이 없고 안정된 곡물과 채소에 기반을 둔 건강한 식단을 유지하는 것은 평정심과 균형감을 지원해 줄 수 있습니다. 동종요법, 지압요법, 요가, 영적인 또는 종교적인 단련도 또한 권장됩니다.

▶ 수비학
20일에 태어난 사람은 숫자 2(2+0=2) 및 달에 통치됩니다. 숫자 2에 통치되는 사람은 신사숙녀적이고 상상적인 경향이 있고, 타인들이 비판하거나 주목하지 않는 것에 쉽게 상처받습니다. 이들은 또한 쉽게 성내고, 짜증의 낮은 문턱을 갖고 있을지도 모릅니다. 달의 영향력 아래 태어난 이들은 인상에 좌우되고, 자신의 느낌에 통치되는 생각을 갖고 있습니다. (신비, 폭력, 상상력이라는 테마에 관여하는) 염소자리-물병자리의 중첩인 1월 20일에 태어난 이들은 재미있게 보내는 것을 사랑하는 흥미진진한 친구로 자신을 만들어냅니다. 토성(염소자리의 통치자)과 천왕성(물병자리의 통치자)의 영향력은 불안정한 감정성뿐만 아니라 심각하고 복잡한 느낌의 세트도 또한 빌려줍니다.

▶ 원형
20번째 메이저 카드는 물질적인 고려사항을 뒤로하고, 더 높은 영성을 탐구하도록 사람들을 부추기는 '심판이나 일깨움'을 보여줍니다. 나팔을 부는 천사를 그려내는 그 카드는 책무라는 새로운 날이 밝아지고 있음을 암시합니다. 이것은 우리가 자신의 에고를 넘어가기를 제안해주고, 우리에게 무한을 엿보게 해주는 카드입니다. 위험은 그 나팔소리가 단지 우쭐댐과 도취를, 즉 가장 저급한 본능이 관련된 것을 즐길 시의 균형상실과 방종을 이들 중 일부에게 미리 알려줄 뿐이라는 점입니다.

1월 21일
선두주자의 날
The Frontrunner

▶ 심리구조

1월 21일에 태어난 이들은 정상으로 향하고, 자신이 그 정상에 도달할 때 대개 그곳에 머무는 방법을 알고 있습니다. 이들은 자신이 정말 얼마나 야심적인지를 정확히 깨달을 때까지, 설명되지 않는 지대한 좌절감이라는 고통을 겪을지도 모릅니다. 이들은 추진력이 많은 강인한 사람이지만, 방향을 잃어버리면 자신의 시간과 에너지를 지배하게 될 수 있는 더 여유로운 면, 즉 쾌락을 사랑하는 면도 또한 갖고 있습니다. 이들 중 가장 성공적인 사람은 자신 성격의 이 두 면을 통합할 능력이 있습니다. 하지만 이들 중 다수는 더 느긋한 상태에서 격렬한 상태로 되고 또다시 느긋한 상태가 되면서 시계추처럼 널뛰므로, 외관상 그 두 면을 종합하는 효과를 가져올 능력이 없습니다.

빠르든 늦든 집단을 이끌려는 욕망이 이들에게 등장합니다. 이들은 자신이 선택한 분야에서 정상에 도달하는 데 정말 성공한다면, 그런 위치를 내어놓는 것이야말로 이들에게 실로 어려울지도 모릅니다. 경쟁하는 이해관계, 허약한 건강, 나이 증가, 심지어 작업 자체에 대한 불운조차도 이들을 몰아낼 수 없습니다. 이들이 자신의 높은 자리에서 내려온다면, 이들의 경쟁력을 둔하게 할 수 있는 것은, 가장 자주 이들의 쾌락을 사랑하는 면 탓입니다.

이들 중 대다수는 [리더에게] 대체로 요구되는 무자비함도 갖고 있지 않고 타고난 권위적인 감각도 갖고 있지 않으므로, 장기적으로 리더가 되는 것에 적격이 아닙니다. 따라서 이들이 자신의 재능과 기술의 개선을 통해 최고가 되기 위해 애쓸지도 모르는 경력들이, 고도로 정치화되거나 계층화된 구조 속의 경력들보다 바람직합니다.

이들은 타인을 자신에게 끌어들이는 스타 자질의 큰 척도를 갖고 있습니다. 이들은 작업뿐만 아니라 사회 동아리에서도 또한 자주 유행의 선도자입니다. 이들은 사람을 다루는 데 관한 한, 요령을 갖고 있고, 자신의 견해를 제안하거나 소견을 만들어낼 때 고도로 설득적입니다. 사회에서 높은 위치를 차지하는 이들은 대개 대중 친화력을 갖고 있고, 그러므로 사회의 각계각층 사람들과 잘 교제합니다. 흥미진진하고 다채로우며 적극적이고 격정적인 이들의 천성은 부인할 수 없이 매력적인 성욕 쪽으로 이들을 만들어갑니다. 일종의 '가슴을 앓게 하는 자'인 이들은, 단지 작별 인사만 하는 것이 더 좋을 때, 때때로 너무 배려해서 타인들에게 상처줄 수 있습니다. 하지만 이들이 함께 시간을 보내는 사람들의 삶을 풍요롭게 하므로, 친구와 연인은 심지어 짧은 기간일지라도 이들을 알아온 것이 가장 자주 행복합니다.

자신의 모든 공적인 화려함에 대해 다소 내성적인 이들은 자신의 공적인 생활과 사적인 생활을 섞는 것을 좀처럼 좋아하지 않습니다. 이들은 오직 소수의 특전을 가진 사람만 출입권이 부여된 집이나 숨겨진 은신처를 정상적으로 갖고 있습니다. 어쩌면 이들의 가장 대단한 문제는 삶에서 자신이 실상 원하는 것이 무엇인지 자신의 마음을 꾸며내는 데 놓여 있습니다. 그렇게 할 때까지 이들은 반딧불처럼 한 지점에서 사라졌다가 다음 지점으로 다시 나타날 것입니다.

▶ 일간 특성
강점; 매력적인, 다채로운, 개방적인
약점; 우유부단한, 쾌락에 속박된, 상처주는

▶ 명상
바로 지금 당신이 있는 곳에 집중하고, 만일 필요하다면 옮겨가기 위해 준비하는 수용력은 연습으로 습득될 수 있습니다.

▶ 조언
당신 자신에게서 가장 좋은 것을 기대하라.
표류하는 성향에 주의하고, 지속해서 목적을 갖고 움직이라.
당신의 자유를 너무 오래 붙들고 있지 마라, 즉 그 자유를 내어놓으라.

▶ 건강
이들은 대체로 자신의 건강을 개선하기 위한 소견에 마음을 열고 있습니다. 특히 마사지 같은 심미적인 활동은 이들에게 매력적입니다. 너무 많은 불편함이 관여하지 않는 한, 이들의 신체적인 면은 꽤 자연스럽게 운동을 받아들입니다. 또한 음식의 영역에서도 이들은 더 건강한 방식으로 먹는 것에 관한 소견에 개방적입니다. 정기적으로 성적인 표현을 하는 것과 자신의 신체적인 속성으로 찬양받는 것 모두 이들에게 매우 중요합니다. 건강은 이들의 야심과 '안식과 관능성에 대한 이들의 사랑' 사이의 중요한 연관성이 효과를 낼 수 있는 영역일지도 모릅니다. 이들의 생활방식을 가능한 한 많이 공유할 능력이 있는 동반자가 탐구되어야 합니다. 애정 어린 동무의 응원은 이들로 하여금 정상 궤도를 유지하게 해줍니다.

▶ 수비학
21일에 태어난 사람은 숫자 3(2+1=3)과 21 그리고 확장적인 행성인 목성에 통치됩니다. 비록 야심적이나 독재적이지 않은 특성이 1월 21일에 태어난 이들에게 유효할지라도, 숫자 3에 통치되는 사람은 자주 야심적이고 때로는 독재적입니다. 숫자 21에는 특히 여성의 경우 신체적인 아름다움과 두드러진 연관성을 갖고 있지만, 이것은 남성에게도 또한 유효할 수 있습니다. 목성적인 영향력은 세상을 향한 확장적인 태도를 빌려주고, 천왕성(물병자리의 통치자)이 추가된 힘과 생명력은 큰 프로젝트를 궤도에 올리는 데 필요한 실제적인 능력 및 비전을 빌려줍니다.

▶ 원형
21번째 메이저 카드는 에너지를 주는 봉을 손에 들고 달리는 여신을 그려내는 '세계'입니다. 세상이라는 고개를 넘어가서, 그 진실을 표출하는 그녀는 무한한 힘을 갖고 있습니다. 이 카드는 세속적인 차원에서 도달할 수 있는 모든 것을 상징합니다. 비록 보상과 통합이 보증될지라도, 전통적으로 그 카드는 산만함과 자기연민이라는 부정적인 특성뿐만 아니라 기념비적인 장애 및 운명의 퇴보로도 또한 예시할 수 있습니다.

1월 22일
소용돌이의 날
The Vortex

▶ 심리구조

1월 22일에 태어난 이들은 어떤 사람을 밀쳐내고, 어떤 사람을 끌어당기는 일종의 충전된 에너지를 구현합니다. 표현적인 이들은 자신의 사생활에서 아니면 공생활에서 자신의 충동성을 통제하기가 어려움을 알아차릴지도 모릅니다. 이들 중 한 유형은 공적으로는 세심하게 통제된 이미지를 제시하지만, 사적으로는 편하게 행동합니다. 또 다른 유형은 자신의 더 야생적인 천성을 전문가적인 삶의 통제 아래 지속시키는 데 어려움을 갖고 있습니다. 이들 중 가장 성공적인 (또 장수하는) 사람은 자신의 충동적인 천성을 사적인 부문과 공적인 부문 모두에서 거친 감정적인 수역을 통과하도록 조심스럽게 인도할 능력이 있습니다.

감정 조절은 명료하게 이들을 위한 중심 이슈입니다. 이들은 자신의 격정이 진정되고, 사람들에게 숨을 쉴 수 있는 더 많은 공간을 허용할 때 타인들에게 다가가는 데 더 효과적일 수 있음을 깨닫게 되어야만 합니다. 친구와 연인, 가족은 이들의 폭발성이 위협할 때 감정 분출을 감정적인 풍요가 아니라 감정적인 불안으로 보면서 대체로 신경을 끊어버립니다.

자신의 전문가적인 삶에서 이들은 자신에게 덕이 되는 가장 노련한 조언을 따르고, 가능한 한 가장 조정되고 현명한 코스를 추구하는 것이 온당합니다. 이들의 작업이 생명력이나 창조적인 불기운, 독창성이 부족할 것을 두려워할 이유가 현존하지 않는데, 이들이 키워야만 하는 것은 바로 세부사항에 대한 주목과 이들의 기술을 연마하는 것입니다. 이들은 조언이 자신을 제약하고 혹은 이들로 하여금 이들이 구축되는 방식인 자신만의 개성을 약화되도록 어떻게든 만들어버릴 것을 두려워하지 말아야 하는데, 이것은 거의 불가능할 것입니다.

이들 중 더 고도로 진화된 사람은 자신이 갖는 느낌의 깊이에 걸맞은 참을성과 통찰력을 계발합니다. 이런 계발이 처음에는 아픔이지만 자기 자신을 자신의 진짜 모습대로 보는 수용력일 수 있고, 그 귀결로 이들이 의미 있는 관계와 수익성 있는 사업 가망을 확립하는 데 성공하고자 한다면, 자신에 대한 작업도 또한 필수적입니다. 게다가 타인의 작업에 대한 이해관계를 키우고, 그들의 의견을 경청하며, 공유하고, 토론하며, 그들의 강점과 약점의 진가를 알아보는 사교적인 기술의 끝없는 개선은 매우 귀중합니다. 그런 공감적인 자질과 이들의 천성 중 강인함이 조합되면, 참으로 만만찮은 전인적인 인물이 등장하게 됩니다.

이들이 우울증을 잘 감당하지 못하므로, 성년기에 이들은 가능한 한 일찍 깊은 수준에서 자기 자신을 알게 되고 자신의 능력을 실상화에 의해 평가해야 합니다. 자신의 온전한 에너지로 한 노선의 작업을 추구하는 것이, 즉 꾸준하고 확실하게 구축하고 성장시키는 것이 대개 이들에게 가장 좋습니다. 하지만 이 긍정적으로 구축하는 형국 동안, 하나의 중대한 감정적인 폭발은 이들을 엄청나게 지연시킬 수 있으므로, 이들은 그런 일이 일어나지 않도록 당연히 경계해야만 합니다. 해결책은 억압이 아니라 이들의 온도가 올라가기 시작할 때 열기를 발산하는 안전밸브를 찾아내는 것입니다.

▶ 일간 특성
강점; 자연스러운, 감정적인, 흥미진진한
약점; 성급한, 폭발적인, 부주의한

▶ 명상
열의는 생명을 주지만, 잘못 인도될 때 치명적입니다.

▶ 조언
당신에게 [참으로] 득[덕]이 되는 것을 따르라.
당신 자신의 기를 죽이지 말라. 하지만 자신의 한계를 알아채라.
당신의 작업을 객관적으로 보도록 노력하라.
사람들이 당신에 대해 말하는 것의 일부를 받아들이라.
역경에 직면할 시 여전히 침착하라.

▶ 건강
이들은 정신적이고 감정적인 안정성에 대한 영역에서 자신의 가장 대단한 건강 문제를 찾아냅니다. 깊은 수준에서 자기 자신을 알게 되는 것은 최고로 중요하며 지각력 있는 치료사에 의해 원조를 받을지도 모릅니다. 신체적으로 심미적인 활동에 대한 넓은 다층성이 이들에게 권장됩니다. 또한, 호흡과 몸의 조절을 다루는 요가와 같이 자기가 부과하는 신체적인 단련이 유익할 수 있습니다. 이들은 자신을 활기차고 상상적인 요리사로 만들어낼 수 있기 때문에, 요리와 음식에 대한 이해관계는 특별히 권장됩니다. 사랑받는 사람에게서 얻는 성적인 만족 및/또는 애정은 특히 취약한 이들의 자기-우대에 필수적입니다.

▶ 수비학
22일에 태어난 사람은 숫자 4(2+2=4)와 22 그리고 불규칙하면서도 폭발적인 특징을 이들에게 두 배로 예고해주는 천왕성(이들의 별자리인 물병자리의 통치자)에 통치됩니다. 게다가 염소자리-물병자리 중첩에서 태어난다는 것은 (신비, 폭력, 상상력에 결부된 테마와 함께) 단지 이들의 불안정성을 증가시킬 뿐입니다. 숫자 4에 통치되는 사람은 상황에 대해 응하고 바라보는 자신만의 방식을 갖고 있고, 이들은 자주 규제와 규칙에 맞서 반항하면서, 사회질서를 바꾸고 싶어 합니다. 숫자 22는 쌍수이므로, 매달 22일에 태어난 사람은 쌍둥이, 동시성, 대칭성 및 다층적인 유형의 이중성에 대해 이해관계를 보여줄지도 모릅니다.

▶ 원형
22번째 메이저 카드는 몇몇 버전에서는 절벽의 가장자리를 부주의하게 걸어가는 모습을 보여주는 '바보'입니다. 일부 해석은 이성을 포기한 어리석은 사람으로 그이를 묘사하고, 다른 해석은 물질적인 고려사항에서 벗어난 고도로 영적인 존재로 묘사합니다. 긍정적인 의미는 저항을 단념해서 본능을 자유롭게 따르는 것을 포함하고, 부정적인 측면은 어리석은 활동, 충동성, 소멸입니다. 고도로 진화한 '바보'는 삶의 행로를 따라갔고, 그 교훈을 체험했으며, 자신만의 비전과 하나가 되었습니다.

1월 23일

캐릭터의 날
Character

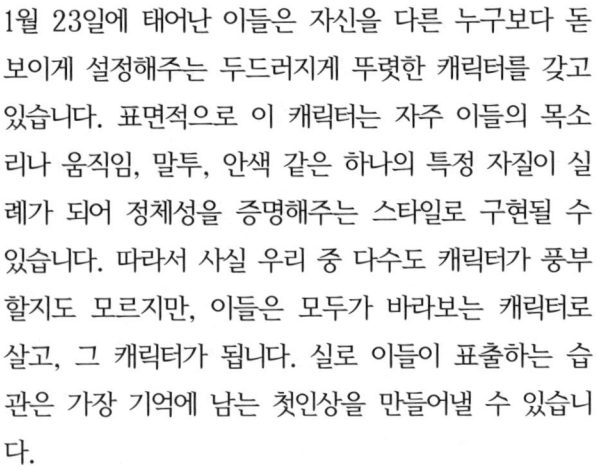

▶ 심리구조

1월 23일에 태어난 이들은 자신을 다른 누구보다 돋보이게 설정해주는 두드러지게 뚜렷한 캐릭터를 갖고 있습니다. 표면적으로 이 캐릭터는 자주 이들의 목소리나 움직임, 말투, 안색 같은 하나의 특정 자질이 실례가 되어 정체성을 증명해주는 스타일로 구현될 수 있습니다. 따라서 사실 우리 중 다수도 캐릭터가 풍부할지도 모르지만, 이들은 모두가 바라보는 캐릭터로 살고, 그 캐릭터가 됩니다. 실로 이들이 표출하는 습관은 가장 기억에 남는 첫인상을 만들어낼 수 있습니다.

이들의 삶에서 중요한 테마는 캐릭터 자체의 근거인 통합, 도덕, 윤리적인 강인함입니다. 이들은 그 문제에 많은 생각을 주지 않고, 아니면 어쩌면 심지어 자신의 캐릭터 부족에 관해 특정 가정까지 갖고 있을지도 모르지만, 위기와 끔찍한 주위 여건을 통해 자신이 무엇으로 만들어지는지를 곧 발견합니다.

만약 이들은 명예로운 양식으로 활동한다면 자존심을 유지할 수 있지만, 그렇게 하지 않는다면 자신의 양심을 명료하게 하거나 자기-이미지를 개선할 수 있을 때까지 깊은 고통을 겪을 것인데, 그런 변론은 어쩌면 차후의 용기있는 활동이나 자기 희생적인 활동을 통해서만 효과가 있을지도 모릅니다. 그러나 다행히도 (또는 경우에 따라 불운하게도) 이들이 젊은 시절에 믿던 것을 고수하거나 배신하는 것이야말로 이들이 더 성숙해질 때 자신의 성격 형성과 자기-이미지에 대한 중대하고 영구적인 효과를 갖고 있을지도 모릅니다.

'character'라는 단어는 사실 이들이 '등장 배역[characters]', 즉 기이한 유형이나 괴짜의 유형으로 여겨질지도 모르므로, 이들에게 적용될 때 여전히 제3의 의미를 지닐 뿐입니다. 그런 역할이 체면치레를 하거나 자신이 아닌 누군가가 되려는 욕구를 자신에게서 덜어주기 때문에, 이들은 그 역할에 점차 편안해질 가능성이 있습니다. 이들 중 사교적인 우아함이나 관습적인 행동에 덜 현혹된 사람은 특히 이런 인식을 촉진할지도 모릅니다.

캐릭터와 개별주의가 이들의 삶에서 너무나 중요한 특색이기 때문에, 이들은 타인들의 이런 자질을 연구하거나 실행해보며, 바로 그 진가를 알아보기로 선택할지도 모릅니다. 비록 이들은 자연스러운 것을 믿을지도 모르지만, 역할극이 인간 존재에게 얼마나 중요한지를 대다수 사람보다 더 많이 깨닫고, 삶의 다양한 지점에서 다양한 페르소나를 떠맡는 것에 전문가가 될 수 있습니다. 하지만 이 모든 '연극하기'를 통해서 이들의 틀림없는 성격은 항상 크고 명료하게 전달합니다. 이런 의미에서 이들은 매우 투명한 사람입니다.

이들에게 따라다니는 두드러지게 기법적인 혹은 수학적인, 과학적인 이해관계를 부인하는 어떤 것도 또한 현존하지 않고, 또 이들의 이런 면이 전혀 사람에 관한 것은 아닙니다. 이들 중 다수는 직종까지는 아니더라도, 그 접근법이 객관적인 수집하는 것, 발견하는 것, 발명하는 것 또는 비슷한 것을 수반할 수 있는, 아끼는 취미를 적어도 하나는 갖고 있습니다. 이들의 개인적이고 영적인 계발이 일어나기 위해 이런 기법적인 면이 이들의 공적인 역할에 관련될 필요성이 전혀 없고, 그 두 면은 자주 여전히 꽤 분리됩니다. 하지만 이들 중 어떻게든 연관성을 정말 만들어내는 소수 사람은, 특히 윤리적으로 뿌리내릴 때에야 말하는 힘 및 영향력을 갖고 자신의 업종에서 이름을 떨칠 수 있습니다.

▶ 일간 특성
강점; 개인적인, 개별적인, 기법적인
약점; 자신에게만 몰두하는, 비사교적인, 곤란해지는

▶ 명상
꾸며냄은 대체로 주목받지 못할 때 가장 좋게 보입니다.

▶ 조언
[내면] 작업에 당신의 기법적인 기량을 발휘하라.
명예롭게 활동하되, 당신 자신과 타인들에 대한 당신의 기대에 열광하지 마라.
가끔 어울리는 것을 즐겨라.

▶ 건강
이들은 대개 질병이나 몸의 질환에 대처하는 자신만의 개인적인 방식을 갖고 있어서, 이들은 대개 정상적인 건강 절차에 약간의 저항을 보여줍니다. 병으로 고통받을 때, 이들은 자기충족적인 예언들을 만들어내는 것이나 자신이 혼자서 모든 건강 선택권을 탐험했다고 가정하는 것에 특히 주의해야만 합니다. 이들의 기대는 자신의 가족과 친구들의 건강에도 또한 영향을 끼칠 수 있습니다. 대개 이들은 음식에 대해 몸에 깊게 배어있는 강한 호불호를 갖고 있습니다. 운동이 관련된 한, 이들은 적당한 요법을 유지하기가 어려움을 알아차리면서, 구제할 수 없을 정도로 등한시하거나 자신 삶의 다층적인 점과 똑같이 매우 광신적일지도 모릅니다. 이들은 자신의 절제식 지평을 넓히면서 자신의 건강, 운동, 생활방식에 관한 조언에 계속 마음을 열고 있는 것에서 이득을 얻을 수 있습니다.

▶ 수비학
23일에 태어난 사람은 숫자 23(2+3=5)과 5 그리고 수성에 통치됩니다. 수성은 생각과 변화의 빠름을 대변하므로, 이들은 특히 물병자리의 통치자인 천왕성의 불규칙한 천성에 의해 강조되는, 정신적으로 과잉반응할 뿐만 아니라 대단히 주기적으로 자신의 마음과 물리적인 주위환경도 또한 변화시킬 가능성이 있는 자기 자신을 알아차릴지도 모릅니다. 수성-천왕성의 조합은 실상 기술적인 재능과 조합된 예리한 마음, 즉 유별난 소통 방식뿐만 아니라 고도로 객관적이 되는 능력도 또한 부여해줍니다. 숫자 23은 해프닝에 결부되고, 1월 23일에 태어난 이들에게 이 결부는 흥미로운 경험에, 또 때때로 위험한 경험에 대한 이들의 바램을 향상하게 해줍니다.

▶ 원형
다섯 번째 메이저 카드는 인간의 이해심과 신념을 상징하는 신성한 신비에 관한 해석자인 '사제'입니다. 그의 지식은 난해하고, 그는 보이지 않는 만사만물에 대한 권위를 갖고 있습니다. 이 카드가 수여하는 호의적인 특성은 자기-보증성과 통찰력이고, 비호의적인 특성은 설교하기, 호언장담, 독단주의를 포함합니다.

1월 24일
냉담한 우상의 날
The Aloof Icon

▶ 심리구조

1월 24일에 태어난 이들은 자신의 주위 사람들에게서 과도할 정도의 찬양과 충직을 받을 수 있습니다. 이들의 활동적인 인격에는 자신에게 사람들을 파리떼처럼 끌어당기는 것으로 보이는 특정 매력적인 요소가 현존합니다. 하지만 물론 이것은 자체의 문제 세트를 창조합니다. 심리적인 투사라는 측면에서 (그 투사가 많아져서 숭배에 이르게 되는 극단적인 경우) 타인들이 이들에게 너무 많이 책임지게 하므로, 이들의 짐은 실로 견디기에 과중한 짐입니다. 자신의 '팬들'뿐만 아니라 가족, 친구, 협력자를 위해 이들은 자주 타인들 자신이 되고 싶어하는 모습으로 완벽하게 체화된 우상으로서 기능해야만 합니다. 놀랍지 않게도 이들이 갖고 있는 것을 원하거나 이들에게 열등감을 느끼는 사람들의 질투심도 또한 흔합니다.

이들 중 다수가 자주 청소년기와 성년기 초반부터 자기 자신을 귀한 위치에 처하게 하거나 처하게 되므로, 이들이 자만하거나 거만한 것처럼 보이는 것은 당연할 뿐입니다. 이들은 자신의 프라이버시를 보호하는 방어책으로써 일차적으로 냉담한 태도를 채택할지도 모릅니다. (다른 이유는 이들이 너무 힘겹게 작업해서, 개인적인 침해를 자신이 원하지 않는 방해물로 여기기 때문일지도 모른다는 점입니다.) 이들은 자주 자신이 칭찬받는 만큼 대단한지 아닌지에 대한 오래가는 의심을 품기 때문에, 타인들이 이들을 그렇게 세세하게 검토하는 것을 바라지 않을지도 모릅니다. 하지만 이들이 타인들의 욕망과 바램에 반응하고 기대를 충족시키는 한, 이들은 높은 신분이라는 자신의 위치를 대개 어떻게든 유지합니다. 문제는 이들 자신이 어쩌면 삶에서 원하는 바와 완전히 동떨어져 있을지도 모른다는 점입니다.

이들은 자기 자신에 대한 어떤 잘못된 이미지가 실존하든 간에 어느 순간 그 이미지를 해체해서 실상적인 자기가 되려는 용기를 내야만 합니다. 이것을 실현하는 하나의 방식은 더 투명해지는 것, 즉 타인들로 하여금 이들의 생각과 감정을 들여다보도록 허용하는 데 더 취약해지는 것입니다. 이것은 타인들과 동등하게 기쁨과 슬픔을 나누는 것, 즉 일상생활에서 정상적으로 주고받는 것에 참여하면서 덜 거리갖기를 요구합니다. 선명하게 말해서 이들은 자신을 떠받드는 자리에서 벗어나 다른 온갖 사람들과 함께하는 곤경의 처지로 내려오려고 욕구합니다. 그렇게 할 때까지 이들은 계속해서 일종의 희귀한 존재로 취급될 것이고, 이것이 비록 이들에게 일종의 기분 좋은 에고의 마사지를 제공할지라도 실상적인 자신의 캐릭터, 개인적인 성장 또는 영적인 계발에는 전혀 도움되지 않습니다.

일단 이들이 타인들의 찬양이 사실 배후조종일 수 있고, 자신이 사실 찬양에 빠져있다는 점을 깨닫게 되면, 이들은 변화를 향한 긍정적인 첫걸음을 내디뎠을 것입니다. 특정 활동과 협력자를 포기하는 것은 원래의 자기 자신으로 돌아가는 탈바꿈을 위해 필수일지도 모릅니다. 이들이 이 단계에 도달했다면, 다시 한번 자유롭게 빛날 것이지만, 타인들이 보기를 바라는 것을 반영할 필요가 없는 참된 내면의 빛과 함께할 것입니다.

▶ 일간 특성
강점; 찬양받는, 자석 같은, 활동적인
약점; 자기중심적인, 생색내는, 무의식적인

▶ 명상
커튼이 없는 집은 숨길 어떤 것도 갖고 있지 않습니다.

▶ 조언
당신 자신을 당신 주위의 삶과 동등하게 궤를 같이함에 이르게 하라.
당신은 뭔가 특별하지만, 당신이 특별하다고 사람들이 말하기 때문이 아니다.
타인들의 기대에 먹이가 되지 마라.
당신만의 정체성을 위해 싸우라.

▶ 건강
이들은 자신의 신체적인 겉모습에 관해 지나치게 관심을 기울이고 지나치게 등한시를 번갈아가며 할지도 모릅니다. 이들이 피부, 머리카락, 겉모습을 향한 안정되고 강박적이지 않은 태도를 채택하는 것이 중요합니다. 스포츠팀에 가입하는 것, 헬스클럽에서 풀어내는 것, 그룹 테라피나 요가 수업에 참여하는 것은 모두 이들의 심혼에 이롭고, 이들을 사람들에게 더 가까워지게 할 수 있습니다. 요리에 대한 추구, 특히 가족이나 친구들과 함께 식사하는 것이 고도로 권장됩니다. 식단이 관련된 한, 이들은 자기 자신이 굶거나 의심스러운 체중감량 요법을 탐닉하는 것을 주의해야만 합니다. 고도로 다양한 맛있는 음식이 권장됩니다. 이들은 애정과 우정이 적어도 친밀한 형식의 성적인 표현 만큼 중요함을 알아차리고, 이 둘 사이의 균형 잡기를 성취할 때 잘합니다.

▶ 수비학
24일에 태어난 사람은 숫자 6(2+4=6) 및 금성에 통치됩니다. 숫자 6에 통치되는 사람이 사랑과 찬양을 끌어들일 시 자석 같기 때문에, 또 금성이 사회적인 상호작용에 강하게 연계되므로, 이들이 쾌감에 대한 손쉬운 추구에 빠져버리고, 찬양의 대상이 되는 것은 언제나 제시되는 유혹입니다. 금성과 천왕성(물병자리의 통치자)의 조합은 1월 24일에 태어난 이들의 사랑과 사회적인 관계에서 이들에게 신경질적이고 불규칙한 에너지를 빌려줄 수 있고, 때로는 차갑고 냉담한 자질을 빌려줄 수 있습니다. 사랑은 자주 숫자 6에 통치되는 사람의 삶에서 지배적인 테마가 됩니다.

▶ 원형
사랑을 상징하는 '연인'인 여섯 번째 메이저 카드는 남성성과 여성성이라는 양극성의 통합을 통해 인간성의 모든 것을 하나로 묶는 최종 지점에 중점을 둡니다. 이 카드가 좋은 면에서는 높은 도덕적이고 미적인 수준뿐만 아니라 신체적인 수준의 애정과 욕망도 또한 제안하고, 나쁜 면에서는 유혹의 게임, 즉 충족되지 않은 욕망이나 감상성, 우유부단함을 예시할지도 모릅니다.

1월 25일
운명의 날
Destiny

▶ 심리구조

1월 25일에 태어난 이들은 힘들지만, 흥미롭고 보상받는 삶을 영위하기 쉽습니다. 자주 이들의 개인적인 운은 이들의 사회 및 시대의 운과 함께 오르거나 떨어집니다. 사회적인 혼란기나 격변기를 통과하며 여전히 안정되기를 바라는 이들은 대단한 의지력을 키워야만 합니다. 그러나 너무 자주 이들의 신경계는 그 도전만큼 이르지 못합니다. 이들은 겉보기에 어떤 까닭도 없이 대다수 사람보다 더 숙명에 의해 번갈아 벌받고 보상받는 것으로 보입니다. 이들은 희생되는 정신 상태를 절대 감안하지 말고, 여전히 역동적이며 적극적이 되는 것이 중요합니다.

드물지 않게 이들의 문제는 자기가 유발한 자신의 뿌리에 있습니다. 이들 성격의 어두운 면의 요구 탓에, 자신의 에너지를 위한 적절한 창조적인 배출구를 찾는 것뿐만 아니라 자기 자신 속에서 균형과 평화를 찾는 것은 애써야 할 중요한 목표입니다. 만약 이들이 유연하게 대처할 수 있는 법(펀치를 몸통을 회전시키며 요리조리 피하는 법)을 체득할 수 있다면, 즉 최악의 폭풍우 동안 계속해서 배를 물 위에 띄우는 법뿐만 아니라 코스를 유지하는 법도 또한 체득할 수 있다면, 이들은 대단한 성공을 거둘지도 모릅니다.

이들은 반복적으로 시험받는 높은 이상과 강한 믿음을 자주 갖고 있습니다. 이들 중 덜 고도로 진화된 사람이 유혹에 굴복하는 것, 또 그토록 힘겹게 작업해 온 것을 그만두는 것은 전혀 이상하지 않습니다. 이들 모두가 겪어가는 시련과 고난은, 만약 이들이 자신의 가슴과 영혼을 온전하게 갖고 있는 채, 삶의 (뷔페 같은) 세파를 무사히 헤쳐나갈 능력이 있다면, 캐릭터를 구축하는 데 깊이 효과적입니다. 이날에 태어난다는 것은 진화론이 개인적인 수준에서 재검토되고, 단일 생애에도 영향을 끼치는 개인적인 종류의 적자생존이라는 고군분투를 포함하는 것으로 보입니다.

이들 중 다수는 대단한 재능이라는 복을 받고, 일부는 당연히 천재적인 자질로 여겨질지도 모릅니다. 하지만 대다수의 경우 이것은 개인적인 수준에서 이들에게 많이 도움되지 않습니다. 이들의 경력과 사회생활뿐만 아니라 이들의 대인관계는 자주 격변 속에 있습니다. 하지만 이들 중 확실히 고도로 진화된 사람은 모든 개인적이고 사회적인 고려사항에 굴하지 않고, 보편적인 것을 찔러봅니다. 그러나 삶이 이들에게 제안하는 고군분투가 없다면, 이들의 성취는 덜 의미가 있을 것입니다.

여기서 중심적인 테마는 물론 숙명과 자유의지의 대립입니다. 이들은 자신의 운명을 지배하려고 노력해야 할까요? 아니면 포기하고 자신에게 제안된 것에 동의해서 그 숙명을 받아들여야 할까요? 그 답은 절대 명료하지 않을지도 모르지만, 대체로 말해서 '잇달아 오는 것에 대한 수용' 및 '개선하기 위해 주위 여건에 영향을 끼치는 노력' 사이에서 균형이 유지되어야만 합니다. 희망적인 예시뿐만 아니라 싸인, 신호, 경고도 또한 세심하게 관찰함으로써, 이들은 발생하는 자신의 기회를 여전히 노리고, 그 기회를 위한 태세를 갖출지도 모릅니다. 참을성과 단련이 열쇠입니다.

▶ 일간 특성
강점; 재능있는, 호기심을 자극하는
약점; 자기-파괴적인, 불안정한

▶ 명상
숙명은 실로 긴 그림자를 드리우지만, 자신만의 빛을 계속 빛나게 하십시오.

▶ 조언
절대 포기하지 마라.
무슨 일이 일어나고 있는지 알아보고, 국면의 진실에 직면하지만, 당신 자신을 위해 계속해서 싸우라.
밀어붙일 때, 당길 때, 아무것도 하지 않을 때를 체득하라.
당신의 영(靈)을 높게 지속하고, 미래에 대한 안목을 유지하라.
변화는 당신의 친구일 수 있다.

▶ 건강
이들은 특히 불안정한 국면에 있는 자기 자신을 알아차릴 때 사고에 주의해야만 합니다. 게다가 이들은 국면이 자신에게 불리하게 돌아가는 것을 볼 때 쉽게 의욕이 꺾이게 되고, 우울증의 상태에 빠질 수 있습니다. 이들이 자기 자신과 주위환경을 향한 긍정적인 태도를 유지하는 것이 이들의 건강에 매우 중요합니다. 특히 이들이 나이가 들면서 어쩌면 알츠하이머병이나 다른 노인성 증후군을 귀결시키면서, 순환기 계통의 문제가 발생할 수 있습니다. 아마도 이런 질환과 대결하는 가장 좋은 방법은 평생에 걸쳐 여전히 정신적으로 활동적이 되는 것이지만, 절제식 조절 및 니코틴 같은 독성적인 물질을 제거하는 것을 통해서도 또한 심혈관 손상을 최소화하는 것입니다. 여전히 신체적으로 활동적이 되는 것도 또한 중대하고, 활기찬 운동이 권장됩니다. 식단에서는 동물성 지방, 유제품 및 단백질의 과다 섭취에 요주의 해야만 합니다. 관능적이고 성적인 천성에 대한 긍정적인 생활 표현도 또한 장려됩니다.

▶ 수비학
25일에 태어난 사람은 숫자 7(2+5=7) 및 25 그리고 신비주의적이고 종교적인 상태를 통치하는, 물같은 행성인 해왕성에 통치됩니다. 해왕성에 의해 해체되지 않은 것이 확실히 천왕성에 의해 폭발되거나 분쇄되기 때문에, 해왕성과 천왕성(물병자리의 통치자) 사이의 연관성은 1월 25일에 태어난 이들의 삶에 막대한 변화와 불안정성을 가져올 수 있습니다. 7번에 통치되는 사람은 전통적으로 변화와 여행을 좋아합니다. 숫자 25는 자주 위험에 결부됩니다.

▶ 원형
일곱 번째 메이저 카드는 세상을 누비는 의기양양한 인물을 보여주면서, 역동적인 방식으로 자신의 신체적인 존재감을 구현하는 '전차'입니다. 그 카드는 올바른 행로가 아무리 좁고 위태롭더라도 계속되어야만 한다는 의미로 해석될지도 모릅니다. 이 카드의 좋은 면은 성공, 재능, 효율성을 배치해주고, 나쁜 면은 독재적인 태도와 서툰 방향 감각을 제안합니다.

1월 26일
앞서는 행동의 날
Striking Deeds

▶ 심리구조

1월 26일에 태어난 고도로 논쟁적인 이들은 가장 자주 담대하고 공격적입니다. 목표에 도달하려는 이들의 결단은 때때로 무한한 것으로 보이고, 이들 자신에 대한 이들의 신념은 한도가 없는 것으로 보입니다. 이들은 자신을 누가 혹은 무엇이 가로막는지를 비록 신경쓴 적이 있다고 해도 좀처럼 신경쓰지 않습니다. 돌연한 습격에 전공인 이들은 대개 자신이 적합한 순간이라고 고려하는 어떤 순간에든 자신이 지녔던 온갖 것을 동원합니다. 하지만 전략가로서 이들은 좀처럼 맹목적으로 맹공격하는 것이 아니라, 세심하게 자신의 조직 활동을 계획합니다.

우려되는 많은 영역에서 이들에게 도덕적인 고려사항은 실존하지 않고, 이것은 이들에게 문제를 초래할 수 있습니다. 이들이 먼저 각양각색의 관점을 고려하지 않고 자유롭게 운용할 때, 궤도에서 벗어나게 되는 이들은 강력한 인물에게 혹은 사회 전반에 대단한 적대감을 자극할 수 있습니다. 이들이 더 동감적이고, 따뜻하며, 인간적이고 상냥한 것처럼 보일 능력이 있을 때, 이들은 더 적은 반대를 맞닥뜨리는 자기 자신을 알아차릴 것입니다.

담대하게 전방으로 부딪쳐가는 것은 자신이 행하는 것의 매우 많은 부분을 특징지으므로, 이들은 심리적으로 아니면 물리적으로 타인을 해치는 것을 주의해야만 합니다. 이들은 빠르고 결단적으로 활동하는 경향이 있는 탓에 타인들을 깜짝 놀라게 할 수 있습니다. 그 귀결로 사랑받는 사람은 이들의 존재감에 편안함이나 안정감을 느낄 수 없을지도 모릅니다. 이들이 자신의 의도와 기대를 더 분명해지도록 만들어내지 않는 한, 친구와 동료는 이들과 가까워지거나 친밀해지는 것이 어려움을 알아차릴지도 모릅니다.

폭발적인 국면은 이들을 끌어들이는 것으로 보입니다. 상황이 일어나고 있는 곳에 대한 본능을 갖고 있는 이들은 그 활동 속에 있을 기회를 좀처럼 놓치지 않습니다. 이들이 너무 외부적으로 지향하므로, 이들 자신을 더 잘 알게 되는 것이, 즉 어쩌면 더 철학적이 되어서 단지 얼마나 대단한 우선순위를 순수한 흥분에 두어야 하는지를 결정하는 것이 이들 삶의 어느 시점에 이들의 의무입니다. 이들은 자신이 어느 순간부터 자신의 내면에 더 깊은 동기와 욕구에 대한 이해관계를 취하기 시작하지 않는 한, 자신의 개인적인 발전이 정체될 가능성이 있다는 점을 미리 경고받고 있습니다.

이들 중 자녀에게 영감을 줄 수 있는 부모는 대체로 자녀와 물리적으로 함께하고 재미있게 보내기를 좋아합니다. 하지만 이들은 너무 엄격하게 권위주의적일 수도 있고, 심지어 또한 독재적일 수도 있습니다. 자신의 부모에게 자주 반항하는 이들은 자신의 자녀에게 같은 종류의 활동을 무의식적으로 조장할지도 모릅니다. '안정된 가족생활' 및 '사랑스럽고 이해심이 있되 확고한 동무'는 이들의 몰아대는 에너지를 뿌리내리게 하는 놀라운 일을 합니다. 공유하는 법을 체득하고 매일같이 타협해서 집단 활동에 참여하는 법을 체득하는 것이야말로 이들의 계발에 모두 중요합니다.

▶ 일간 특성
강점; 활동적인, 극적인, 자신하는
약점; 파괴적인, 독재적인, 내몰리는

▶ 명상
때때로 섞여드는 것은 생존을 위한 필요조건입니다.

▶ 조언
당신의 인간적인 면을 키워라.
느긋해지고 당신 자신을 즐기는 법을 체득하라.
약점을 인정하는 것은 때때로 누군가의 부담을 가볍게 해준다.
여전히 침착하고, 타인들의 느낌과 인식에 지속해서 접촉하라.

▶ 건강
이들은 자신 천성의 폭발적이고 폭력적인 측면에 대해 극도로 조심해야만 합니다. 게다가 이들은 우발사고를 당하기 쉽고, 격동적인 에너지를 끌어들일 수 있습니다. 특히 이들의 다리와 발목이 위험에 처한 상태입니다. 부상은 탈구된 색전으로 인한 뇌졸중 위험과 함께 인생 후반부에 혈전증 상태로 귀결될지도 모릅니다. 이들이 자신의 에너지를 통제하여 그 에너지가 건설적으로 전환되도록 유지하기 위해서는 어떤 형식의 명상적인 또는 영적인 훈련이 필요합니다. 이런 점에서, 이들은 고기와 설탕 섭취를 줄이고, 자신의 식단을 안정된 곡물과 채소에 더 많이 기반을 두도록 해야 합니다. 단지 적당한 활동만이 권장되고, 이들은 경쟁적인 스포츠에 엮이는 것을 유념해야 합니다. 대개 애정 어린 성적인 관계는 이들에게 중대하고, 몇몇 정직하며, 친밀하고 충직한 친구들은 절대 필요합니다.

▶ 수비학
26일에 태어난 사람은 숫자 8(2+6=8) 및 토성에 통치됩니다. 토성은 책임에 대한 강한 느낌 및 그 느낌에 동반된 경계심, 제한, 숙명론을 향한 성향을 운반해주므로, 1월 26일에 태어난 이들의 보수적이고 독재적인 면이 강조됩니다. 천왕성(물병자리의 통치자)과 토성이 조합된 영향력은 이들의 노력에 세력과 영감을 빌려줍니다. 숫자 8에 통치되는 사람은 자신의 삶과 경력을 자주 더디고 조심스럽게 구축해가지만, 이 구축은 더 충동적인 이들에게는 그렇지 않을지도 모릅니다. 비록 이들의 가슴이 사실상 꽤 따뜻할지도 모르지만, 토성적인 영향력은 숫자 8에 통치되는 이들에게 차가운 외관을 빌려줄 수 있습니다.

▶ 원형
여덟 번째 메이저 카드는 사나운 사자를 길들이는 우아한 여왕을 그려내는 '강인함이나 용기'입니다. 여왕은 반항적인 에너지를 마스터할 수 있는 여성 마법사를 상징하고, 신체적인 강인함뿐만 아니라 도덕적인 강인함을 표징합니다. 이 카드의 긍정적인 속성은 카리스마와 성공하려는 결단을 포함하고, 부정적인 자질은 무사안일과 권력남용을 포함합니다.

1월 27일

조숙의 날
Precocity

▶ 심리구조

1월 27일에 태어난 이들의 삶에서 가장 도드라진 테마 중 하나는, 이들이 자주 어릴 적에 자신의 재능을 구현하므로 조기 계발이라는 테마입니다. 드물지 않게 이들의 직업이 조기 계발의 테마에 관련이 있고, 직접적으로 혹은 간접적으로 젊은이들을 상대할지도 모릅니다. 이들은 대개 새로운 것에 그리고 스스로 젊음을 유지하는 것에 고도로 관련됩니다.

이들이 자주 맞닥뜨리는 한 가지 결부된 문제는 때이른 계발의 문제인데, 어릴 적 명백히 가장 대단한 위험은 이들이 너무 재빨리 착취당하거나 밀어붙여진다는 점입니다. 드물지 않게 이들의 프로젝트는 너무 빨리 계발되고, 발상은 너무 갑자기 구현되며, 재정 상태는 너무 성급하게 확장됩니다.

이들은 심리적으로 신속하게 결정하는 성향이 있기 때문에, 이들이 자신의 관심사에 대한 통제력을 유지하는 것은 매우 어려울지도 모릅니다. 자신의 대인관계에서도 또한 이들은 우정과 로맨틱한 집착을 모두 너무 빨리 밀어붙여서, 관여하는 상대방에게 비록 흥미로우나 불편한 국면을 창조해버릴지도 모릅니다. 일종의 격동적인 에너지로 타인들의 마음을 사로잡는 것은 이들의 전형입니다.

무엇보다도 이들은 참을성과 분별력을 배워야만 합니다. 이들은 자신의 작업이 최고 우수하다고 기대하고, 그렇다고 확고히 믿을 수 있지만, 이들의 모든 작업이 최고로 우수한 것에 속하는 것은 아닙니다. 만일 이들이 타인들의 의견과 반응을 세심하게 주목해보지 않는다면, 이들은 실망과 거절이라는 고통을 겪을지도 모릅니다. 게다가 이들은 '자신이 무엇을 할 수 있는지'도 '자신이 누구인지'도 모두 배워야만 합니다. 이들이 세상에서 성공적이 되기를 바란다면, 삶을 향한 실상화된 전망을 키우는 것은 이들에게 필수입니다.

이들의 아이 같은 천성이 충족되도록 유지하는 것은 본질적으로 이들에게 정규적인 직무일 수 있습니다. 이들은 자신의 감정적인 태도가 과의욕적이고, 청소년 같으며, 아이 같고, 아니면 심지어 유아적인 생활 탓에 한 번 이상 비난받을지도 모릅니다. 자녀 갖기, 부부 성관계, 가사 노동과 책임 공유, 직무 잘해내기 등 모든 성숙시키는 경험은 성장을 위한 도전이자 기회입니다. 만약 이들이 어린 시절의 발달 단계 중 어느 것에라도 갇혀버린다면, 이들은 영원히 피터팬이 되는, 즉 절대 성장하지 않는 위험에 처하게 됩니다. 그런 피터팬이 매혹적인 역할로 보일지도 모르는 한, 이 역할은 이들이 중년이 되어서 자기 자신을 알아차릴 때 줄어들 수 있습니다.

이들은 자신이 28세나 36세, 42세에 성인의 책임을 완전히 받아들이는 것을 바라는지 아닌지에 관한 냉혹한 선택에 직면할 때, 성숙해질 중대한 고비를 겪게 되는 것은 드물지 않습니다. 이런 결정은 이들 자신만이 내릴 수 있고, 강요될 수 없습니다. 이들은 젊음을 유지하는 것이 '캐릭터를 성숙시키고 강화하는 것'에 충돌될 필요가 없다는 점을 깨닫게 되어야만 합니다. 어린이 및 젊은이들과 함께 작업하고, 새로운 프로젝트를 시작하며, 학습과 창조성의 과정을 연구하는 것은, 건전한 방식으로 이들의 젊어 보이는 욕구를 간직하는 것을 모두 도울 수 있습니다.

▶ 일간 특성
강점; 빛나는, 빠른, 아이 같은
약점; 유치한, 조급해하는, 미숙한

▶ 명상
젊음은 젊은이에게, 늙음은 늙은이에게 어울립니다.

▶ 조언
성장한다는 것을 재앙이나 처벌로 여기지 마라.
성숙에 따른 보상뿐만 아니라 불가피한 책임도 받아들여라.
나이듦에 대해 두려움을 놓아버리고, 나이듦에 대한 존경과 이해를 얻으라.

▶ 건강
이들은 다층적인 소아 질병이 생기기 쉬울지도 모르고, 그 질병 중 일부는 이들의 성인 생활에 영속하는 질환을 초래할 수 있습니다. 그러므로 이들의 부모는 이들의 병을 신속하고 지능적으로 치료하기 위해 특별히 유념해야만 합니다. 인생 후반부에 이들은 사실 서로 관련될지도 모르는 자신의 신경계 및 순환기 계통에 특히 질환이 생기기 쉽습니다. 슬기롭고, 세상 물정에 밝으며, 다양한 식습관을 갖춘 좋은 형태로 이들 자신을 유지하는 것, 또 이들이 적합한 절제식 보충제를 얻도록 조치하는 것은 대단히 도움됩니다. 게다가 가능할 때마다 야외의 정기적인 신체 운동은 필수입니다.

▶ 수비학
27일에 태어난 사람은 숫자 9(2+7=9) 및 화성에 통치됩니다. 숫자 9는 (이를테면 5+9=14, 4+1=5처럼 9를 더한 어떤 숫자도 그 숫자가 되고, 9×5=45, 4+5=9처럼 9를 곱한 어떤 숫자도 9가 되므로) 다른 숫자에 대한 영향이 강력합니다. 화성은 강압적이고 공격적이고, 따라서 숫자 9인 사람은 국면을 봉합하는 수용력을 갖고 있습니다. (물병자리의 통치자인) 천왕성과 화성의 조합은 두드러진 정신적인 능력을 예시해줄 수 있지만, 1월 27일에 태어난 이들은 주기적으로 폭발하고 또 자주 유치하게 폭발하면서도 대다수 시간을 냉정하거나 감정이 없는 상태가 됩니다.

▶ 원형
아홉 번째 메이저 카드는 대개 등불과 지팡이를 들고 걷는 것으로 그려지는 '은둔자'이고, 그는 명상, 고립, 침묵을 대변합니다. 그 카드는 확고해진 지혜와 궁극적인 단련도 또한 암시합니다. 은둔자는 양심에 의한 동기를 부여해 타인들로 하여금 그들의 행로로 나아가게 해주는 임무 감독관입니다. 이 카드의 긍정적인 예시는 집요함, 목적, 심오함, 집중력이고, 부정적인 자질은 교조주의, 불관용, 불신, 만류를 포함합니다. 이들의 부정적인 특징은 과거의 업적을 고집해서 성숙하는 데 실패한 이들에 대한 경고입니다.

1월 28일
걸출한 성취의 날
Outstanding Achievements

▶ 심리구조

1월 28일에 태어난 이들은 특별한 성취를 이루어내는 데 유능합니다. 가장 자주 이런 성취는 이들이 순전한 배짱과 결단력을 통해 대단한 불리함을 극복해야만 하는 물리적인 것, 즉 신체적으로 관련된 천성에 속합니다. 하지만 이들의 정신적인 요인도 또한 매우 지대합니다. 이들의 활동력과 결단력에 부여하는 비범한 의지력 및 이들을 인도하는 고도로 개념적인 능력이 없이는, 그런 신체적인 업적은 절대 물질화되지 않을 것입니다.

이들은 도전과 이해관계를 선택할 시 매우 개인적입니다. 이들 중 가장 고도로 진화된 사람은 자신의 장래성에 관해 실상화되고, 따라서 비록 이들이 타인들에게 과감하고 심지어 무모한 것처럼 보일지라도, 자기 자신을 통제 아래 둡니다. 이들 중 덜 고도로 진화된 사람은 상반된 이유로, 즉 자신의 장래성에 대한 비실상화된 평가 탓에, 또 게다가 '자기에 대한 파괴적인 의식인 자신에 관한 자만' 탓에 비성공적입니다.

이들 중 다수는 집에 죽치고 앉아서 스릴있는 사건에 관해 읽고 혹은 TV를 보는 것에 꽤 만족하고, 이따금 흥미진진한 스포츠, 예술 및 흥겹게 하는 해프닝에 참여합니다. 그런 이들은 위험을 무릅쓰지 않고도 스릴을 대리해서 경험할 수 있으므로, 자신의 마음속에서 모든 것의 가장 좋은 거래를 갖고 있습니다. 하지만 필연적으로 심지어 이런 관찰자인 이들조차도 현실에서 자기 자신을 흥미진진한 인물로 보려고 욕구할 것이고, 따라서 자주 이들이 준비되지 않은 사건에 몰두하려고 욕구할 것입니다. 이들은 자신에게 매일 벌어지는 사건 및 때때로 숙명이 자신의 길을 몰고가는 큰 도전을 단순하고 품위 있게 감당하는 방식으로 영웅적인 지위(노릇)를 떠맡으면서, 가족, 친구, 동료들에게 영감을 주는 모델의 역할을 하는 편이 낫습니다.

이들 중 대단한 업적을 실연해보이려는 욕망에 의해 뒤흔들린 더 담대한 유형이 반드시 지나치게 흥분하거나 피상적인 사람은 아닙니다. 더 대담한 이들은 물론 극도로 실용적일 수 있고 대개 실용적인데, 그렇지 않으면 절대 살아남지 못할 것입니다! 이들은 어떤 과중한 정지 작업을 먼저 하지 않은 채로는 국면에 비록 뛰어든 적이 있다고 해도 좀처럼 뛰어들지 않습니다. 자신의 조사를 통해 이들은 그 직무를 하는 데 요구되는 것이 정확히 무엇인지 발견하고, 그다음 이들은 그 직무를 그냥 합니다. 하지만 업적에 대한 이들의 천성은 대체로 어느 정도의 대담무쌍함과 용기를 정말 요구합니다.

이들에게 이해관계를 제시하는 것의 많은 부분은 다양하게 기록을 깨는 것에 속하고, '누구든 이전에 가본 적이 없는 곳'에 가는 것을 수반합니다. 따라서 이들은 새로운 경지를 열고 개척하며 극복할 때 가장 행복합니다. 이들을 강하게 붙들고 있는 것은 바로 성취, 색다름, 개별성, 명예입니다. 물론 실상적인 위험은 실상에서 동떨어지는 것, 즉 자기 자신에게 너무 많은 것을 기대하면서 평범한 삶을 단조롭고 따분한 일로 보게 되는 것입니다.

▶ 일간 특성
강점; 대담한, 의지가 강한, 추진력이 있는
약점; 지나치게 흥분하는, 자극중심적인, 충동적인

▶ 명상
매일의 이벤트에는 언제나 반복되는 기적이 현존합니다.

▶ 조언
지속해서 호랑이 꼬리를 잡고 있으라. [곤경을 견뎌내라.]
다음번 새로운 경이로움에 그리 쉽게 휩쓸리지 마라.
침착함, 참을성 및 당신의 장래성에 대한 실상화된 발상을 키우라.
돌다리도 두들겨 보고 건너라.

▶ 건강
이들은 흥분된 천성을 통제하기 전까지는 자신의 신경계에 대한 모든 종류의 질환을 경험할지도 모릅니다. 의지력과 태연자약함을 계발하는 것은 필수이고, 이를 계발하기 위해 단정짓기 훈련 코스, 요가 또는 영적이거나 종교적인 단련이 도움되거나 필요할지도 모릅니다. 이들은 또한 특히 자신이 자신의 에너지를 주체할 수 없게 놓아둘 때 사고를 당하기 쉬울 수 있습니다. 세상물정에 밝고 침착한 동무나 친구를 갖는 것은 이들만의 덜 뿌리내린 천성에 대한 엄청난 유익함과 선물에 속할 것입니다. 대체로 이들은 자신의 건강에 좋을 수 있는 영양적인 다층성을 위해서 특이한 진미에 관심을 둡니다. 정기적으로 적당한 운동이 권장됩니다.

▶ 수비학
28일에 태어난 사람은 숫자 1(2+8=10, 1+0=1) 및 태양에 통치됩니다. 숫자 1에 통치되는 사람은 규정된 관점이 있고, 정상에 오르기를 열망합니다. 이들에게 태양과 천왕성(물병자리의 통치자)의 조합은 극도로 팽팽하거나 신경질적이고, 불규칙한 경향을 의미할 수 있습니다. 태양은 (태양에 대한 천왕성의 불안정한 영향력 탓에, 불운하게도 너무 자주 1월 28일에 태어난 이들의 경우일 수 있는) 통제에서 벗어나 산발적으로 타오르게 허용되기보다는 꾸준히 흐르도록 유지되어야 하는, 강한 창조적인 에너지와 불기운을 상징합니다.

▶ 원형
첫 번째 메이저 카드는 마법뿐만 아니라 지성, 소통, 정보를 상징하는 '마법사'입니다. 그의 머리 위의 무한대라는 상징은 일부 타로 종류에서는 모자의 형식을 취하고, 다른 종류에서는 후광의 형식을 취합니다. 많은 해석이 도출될지도 모르는데, 그중 하나는 마법사가 순환적이고 끝나지 않는 삶의 천성을 알아보고, 이런 이해심에 의해 힘있게 된다는 것입니다. 이 첫째 카드가 제안하는 긍정적인 특성은 외교적인 기술과 빈틈없는 기민함을 포함하지만, 부정적인 특성은 양심의 가책 결여와 기회주의입니다.

1월 29일
자비로운 대결자의 날
The Compassionate Combatant

▶ 심리구조

1월 29일에 태어난 이들은 자신이 믿는 바를 위해 일어서서 싸우지만, 오직 필요한 경우만입니다. 이성의 능력에 대한 대단한 신념이 있는 이들은 대다수 국면에서 우세해지기 위한 인간적인 이해심을 갖고 있고, 그러므로 자신이 할 수 있는 최선으로 상황을 풀어내려고 시도합니다. 일반적으로 말하자면, 이들은 단지 타인들이 당면한 이슈를 알아보고, 그 이슈를 검토해서 토론하며, 그들만의 결정을 만들어낼 수 있도록 도발합니다. 이들은 비록 독재적인 적이 있다고 해도 좀처럼 독재적이지 않고, 사람들에게 자신의 발상으로 눈길 끄는 것을 즐기지 않습니다. 아마도 이들의 가장 대단한 만족은 타인들과 팀 구성원으로서 조화롭게 살기도 하고, 함께 작업도 하는 것입니다.

대다수의 경우 일상생활에서 능동적이고 생산적인 이들은 자신 천성의 기저에 놓인 두드러지게 수동적인 면을 갖고 있는데, 긍정적으로 생각해보면 이런 면은 이들로 하여금 다른 관점에 대해 마음을 열고 받아들이도록 만들어줍니다. 이것의 불리한 면은 이들이 자주 지체하고, 중대한 결정을 미루며, 일정 기간 방향을 잃어버린다는 점입니다. 이들은 더 나은 어떤 것을 찾아내기 위해 자기 자신을 밀어붙이기보다 자신이 실상 좋아하지 않는 직업을 수년간 고수하는 데도 또한 유능합니다. 이들이 아무리 급진적이거나 극단적인 것으로 보이더라도, 이들은 사실상 자신의 삶에서 지휘하는 존재감을 유지해주는 안전에 대한 대단한 욕구를 갖고 있습니다.

이들의 감정적인 삶은 아마도 이들이 현상 유지에 좀처럼 만족하지 못하는 탓에 극도로 복잡합니다. 이를테면 만약 이들이 사랑하는 관계에서 안전함을 알아차린다면, 곧 지루해지는 이들은 자유로워지기를 욕망할지도 모릅니다. 만약 이들이 자신의 자유를 선호하면서 혼자 살아간다면, 이들은 타인들이 갖고 있다고 이들이 바라보는 일종의 개인적인 행복과 가족생활을 갈망합니다. 창조적인 이들은 인정받기를 수년간 갈망할지도 모르지만, 동시에 상업주의가 자신의 특이한 노력에 대한 죽음의 키스이고, 공상과 상상에 대한 자신의 감각을 질식시킬 수 있다고 느낍니다.

앞서 언급된 것처럼, 이들은 대체로 다양한 관점을 받아들이고 있습니다. 하지만 이들은 선택권을 우선 검토하지 않고는 좀처럼 즉각 거부하지 못할 것이므로, 영속하는 결정을 만들어내는 데 어려움을 갖고 있을지도 모릅니다. 최종 분석에서 이들의 가장 강한 재능 중 하나인 심오한 인간적인 이해심은, 자신의 성공에 장애가 되는 이중적인 태도를 조장할 수 있습니다.

특징적이라고 하지만, 이들 중 용감한 사람은 자신만의 기저에 놓인 의심과 사회의 장벽에 맞서 똑같은 노력으로 전투하면서 계속해 나아갑니다. 이들의 성공의 열쇠는 대개 자신을 보호할 정도로 강인하고, 자신의 열망을 발전시킬 정도로 실상적인 에고 구조를 견고하게 구축하는 데 놓여 있습니다.

▶ 일간 특성
강점; 합리적인, 사회적인, 재미를 사랑하는
약점; 확신하지 못하는, 이중[감정]적인, 수동적인

▶ 명상
인생 자체는 타협하려는 욕구를 느끼지 않습니다.

▶ 조언
좀 더 강인해져라.
가장 쉬운 방식이 항상 최선의 방식인 것은 아니다.
당신이 아무것도 없이 해낼 수 있다고 고집하지 마라.
당신의 원함을 표현하고 타인들도 똑같이 하기를 기대하라.
당신이 타인들에게 말하지 않는다면 타인들이 어떻게 알까?

▶ 건강
이들은 자신의 환경에 순응하는 데 모든 종류의 신체적인 질환을, 특히 알레르기를 가장 두드러지게 경험할지도 모릅니다. 식단에서 점액을 생산하는 음식, 특히 우유 제품을 줄이는 것이 이들을 도울 수 있습니다. 이들은 또한 치질이나 자신 다리의 하지 정맥류로 고통을 받을지도 모르는데, 이런 것은 늦기 전에 차라리 조기에 치료되어야 하고, 반드시 약물치료가 아니라 붉은 육류 소비의 감소, 서 있거나 앉아 있는 연속적인 시간의 감소 같은 습관의 변화로 치료되어야 합니다. 적당한 것보다 더 활기찬 정기적인 신체 운동은 순환기 계통에 고도로 유익하고, 가능하면 중년부터 노년까지 줄곧 계속되어야 합니다. 식단이 관련된 한, 이들은 과도한 지방 섭취를 피해야 하고, 물론 자신이 알레르기가 생길 정도인 어떤 음식도 피해야 합니다.

▶ 수비학
29일에 태어난 사람은 숫자 2(2+9=11, 1+1=2) 및 달에 통치됩니다. 숫자 2에 통치되는 사람은 자신을 리더보다 좋은 협업자와 동반자로 자주 만들어냅니다. 이런 자질은 1월 29일에 태어난 이들이 팀 협동자로 어울리도록 도와주지만, 개별적인 주도권과 활동에 제동장치로도 또한 작용할지도 모릅니다. 강하게 사색적이고 수동적인 달의 경향은 위에서 언급된 지점을 예고해줍니다. 달과 천왕성(물병자리의 통치자) 사이의 강한 연관성은 독립성과 이상주의를 빌려줄 수 있지만, 길들여져서 정착하는 것이 힘겹거나 불가능함을 알아차리는 감정적으로 불규칙한 천성도 또한 연출합니다.

▶ 원형
두 번째 메이저 카드는 자신의 왕좌에 앉아 침착함과 뚫지 못함을 보여주는 '여사제'입니다. 그녀는 숨겨진 세력과 비밀을 드러내서, 그녀에게 유의하는 이들을 그 지식으로 힘있게 하는 영적인 여성입니다. 이 카드의 유리한 자질은 침묵, 직감, 비축, 분별이고, 부정적인 가치는 비밀주의, 불신, 무관심, 타성입니다.

1월 30일
부담 떠맡기의 날
Take Charge

▶ 심리구조

1월 30일에 태어난 지휘하는 인격은 이끄는 것을 타고납니다. 이들은 안내하고, 즐겁게 하며, 가르치고, 설명하며, 일반적으로 타인들에게 자신의 발상이 명료해지도록 만들어내는 데 대단한 재능을 갖고 있습니다. 가족이나 기업, 시민조직을 이끌 힘을 이들에게 빌려주는 것은 가장 자주 이런 소통의 기술이고, 실로 영감을 주는 이들의 지수는 매우 높습니다. 자신의 전망에서는 좀처럼 독재적이지 않은 이들은 자신이 무언가를 맨 처음부터 구축할 때, 즉 유리한 지위에 선출되어 프로젝트를 처음부터 진행하도록 지휘할 때 가장 행복합니다. 실존하는 구조를 집행하도록 삶에 의해 요청받을 때, 이들의 충동은 자주 그 구조를 폐기해서 처음부터 다시 시작하는 것이고, 따라서 부인할 수 없는 이들의 개인적인 각인을 새 버전에 주는 것입니다.

이들은 매우 좋은 판단력을 갖고 있는 것을 자랑으로 여깁니다. 그 귀결로 위기가 발생할 때 이들은 물을 만난 물고기입니다. 이들은 자신 삶의 많은 부분을 다가올 결단적인 활동을 위한 준비, 즉 언젠가는 자신이 떠맡을 역할을 위해 필요한 준비로서 볼지도 모릅니다.

결과적으로 이들은 실패를 일시적인 퇴보 이상의 것으로 인정하지 않고, 터득될 중요한 공부로 결국 인정하지 않습니다. 다소 무자비한 이들은 자신의 길을 가로막는 상황이 거의 없게 할 것이고, 그래서 자신의 도덕적인 올바름을 확신합니다. 불운하게도 이들의 행동 중 일부는 특히 뒤늦게 사정을 알게 된 시점에서 보면, 꽤 의심스러울 수 있습니다. 드물지 않게 이들은 자신의 이미지에 매우 많이 관련되고, 때때로 이들은 (생선 비린내 대신에) 장미 같은 향기가 풍겨 나오게 하기 위해 자신의 윤리적인 원칙을 희생시킬 것입니다.

고도로 설득력 있는 이들은 자신의 목적을 달성하기 위해 진실을 약간 왜곡하는 것을 마다하지 않습니다. 이것을 이들은 과한 의심을 불러오지 않는 매우 쉬운 양식으로 합니다. 하지만 무대 뒤에서 이들은 사회적인 균형을 유지하기 위한 매우 복잡한 발놀림에 바쁠지도 모릅니다. 가장 자주 이들의 활동에 대한 정당화는, 관련된 개인이나 가족, 사회 집단의 선을 위해 자신이 활동하고 있다는 명분입니다. 이것은 대체로 사실일지도 모르지만, 이들의 진정한 동기가 바로 자신만의 개인적인 야심인 경우에는 약간 정직하지 않습니다.

이들은 가장 자주 매우 실용적이고 재정적으로 약삭빠르지만, 돈이 목적이라는 이미지로 고통받지 않습니다. 사실, 이들은 이상주의자로 보일지도 모릅니다. 이들이 적대감과 질투를 덜 자극하기 때문에, 이 이상주의자 이미지는 돈의 문제에서 이들을 원조합니다. 따라서 삶의 다른 중요한 영역뿐만 아니라 이 돈의 문제에서도 또한 이들은 자신의 패를 보여주지 않는 방식으로 운영합니다.

이들은 신뢰 없이는 운영할 수 없으므로 신뢰는 이들에게 생명적입니다. 이들은 가능한 한 되도록 많이 그런 신뢰에 대한 의혹을 풀기 위해 노력해야 합니다. 이들이 [그런 노력을] 겪어내지 않는다면, 타인들은 자주 이들을 너무 깊이 믿게 되어서 대단한 피해가 일어날 수 있습니다.

▶ 일간 특성
강점; 기민한, 조직적인, 사회적으로 의식적인
약점; 계산적인, 마음이 무뎌진

▶ 명상
목표에서 눈을 떼지 않는 것은 주위환경을 즐기는 것을 가로막지 않습니다.

▶ 조언
더 투명해지라. 이미지가 전부인 것은 아니다.
당신이 실상적으로 생각하고 원하는 것을 사람들이 알게 하라.
당신의 개인적인 관계에 집중해서, 깊은 의미에서 공유하는 법을 체득하라.

▶ 건강
이들은 순환기 계통과 하체부에 질환을 경험할지도 모릅니다. 이들은 자신에게 잘못된 것을 무시하는 경향이 있기 때문에 건강에 더 신경을 쓰는 것은 중요합니다. 이들은 고도로 활동적이어서, 특히 나이가 들면서 이들은 휴식 기간을 찾아내야 할지도 모르고, 오후의 짧은 낮잠이 이들에게 적합할지도 모릅니다. 식단이 관련된 한, 공격적인 충동을 고조시키거나 악화시키지 않도록 특히 육류나 술의 섭취를 통제해야 합니다. 신체 운동은 적당한 걷기, 조깅 또는 수영이 권장됩니다.

▶ 수비학
30일에 태어난 사람은 숫자 3(3+0=3) 및 목성에 통치됩니다. 숫자 3에 통치되는 사람은 대개 자신의 분야 내에서 가장 높은 지위에 오르고자 탐구하고, 이미 언급된 것처럼 이들은 자신의 성공을 탐색할 시 높은 수준의 성취 쪽으로 자주 내몰립니다. 천왕성이 물병자리를 통치하므로, 목성과 천왕성의 조합은 이들이 거대한 태도로, 때로는 이상주의적인 태도로 상황에 응하는 경향이 있음을 예시해주면서, 이들을 위해 나타납니다. 숫자 3에 통치되는 사람은 독립을 사랑하는 특징을 이루기 때문에, 1월 30일에 태어난 이들은 자신에게 놓인 너무 많은 외부적인 규칙과 제한이 없이 대체로 혼자서 작업하는 것을 가장 잘합니다.

▶ 원형
세 번째 메이저 카드는 창조적인 지성을 상징하는 '여황제'입니다. 그녀는 완벽한 여성형, 즉 우리의 꿈, 희망, 열망을 체화한 극도의 여성성인 대지의 양육자입니다. 이 카드는 매혹, 우아함 및 조건 없는 사랑이라는 긍정적인 특성도 대변하지만, 완벽하지 못함에 대한 불관용뿐만 아니라 허영심과 꾸며냄이라는 부정적인 특성도 또한 대변합니다.

1월 31일
시적인 노래의 날
Poetic Song

▶ 심리구조

1월 31일에 태어난 이들은 회자되는 것을 바라는 사람입니다. 이들은 눈에 띄는 것도 또한 좋아해서 너무 오랫동안 세간의 주목을 받지 못하면 깊게 불행해질 수 있습니다. 심지어 소수의 가까운 친구 그룹이라도 환영하고 이해하는 것은 실로 이들의 신망과 자기-우대에 대단히 중요합니다. 사교적인 이들은 자기 자신을 숨기도록 강요받는다면 우울해질 수 있습니다. 그러나 만약 이들은 감정적인 상처를 입었거나 자신의 자기-이미지가 손상되었다면, 고립이 요구되는 매우 어려운 시기를 겪어나갈 수 있습니다. 다행히도 이들은 또다시 자신의 끓어오르는 성격을 세상과 공유하기 위해 어지간히 빨리 회복됩니다.

이들의 천성 중 더 흥겹게 하는 측면 때문에, 이들 중 일부는 자신이 명료하게 진심일 때 자신이 덜 진지하게 받아들여짐을 알아차릴 수 있습니다. 이들은 자주 자신의 표면적인 속성뿐만 아니라 자신이 말하려고 갖고 있는 것의 의미 때문에도 또한 중시되기를 바랍니다. 이들 중 다수는 심오하다고 여겨지려는 남모르는 소망을 갖고 있지만, 그럼에도 여전히 타인들에게는 꿈에 그리는 서정적인 노래이고, 아니면 공개적으로 찬양받을 수 있는 사랑스러운 꽃으로 남습니다. 이들 중 일부는 번갈아 강인하거나 비판적이거나 재치 있거나 철학적이 되면서 자신의 이미지를 바꾸려고 필사적으로 노력할지도 모르지만, 아무것도 효과가 없습니다. 이들은 심지어 모욕감까지 느끼게 될지도 모르지만, 타인들은 계속해서 이들을 좋아하고, 이들의 활동을 위한 변명을 찾아내며, 더군다나 이들에게서 심오함을 보는 데 실패할 것입니다.

이들의 표면적인 속성이 주목의 초점이 되는 한 가지 이유는 사실 이들이 매우 호소력이 있다는 점입니다. 이 주목이 처음에는 아첨하는 것일 수 있지만, 극단적인 경우 이들 중 일부는 호소력이 있는 대상으로 취급되고, 그 이상의 것이 되지 않으므로, 심지어 품위까지 떨어지게 될지도 모릅니다. 이들 중 다수가 타인들을 끌어들이는 것은 이들의 외모나 몸가짐, 스타일 감각뿐만 아니라, 아이들이든, 상업적인 산물이든, 세심하게 연마된 재능이든, 창조적인 작품이든 간에 이들의 창조한 것의 아름다움입니다. 그럼에도 이들은 자기 자신에 대해, 즉 자신이 가장 내면 속에서 중시하는 것에 대해 실상 환영받지 못한다는 발상을 자주 얻습니다.

이들 중 그런 주목의 진가를 온전히 알아보지 못하는 사람은 아마 그 문제에 대한 쉬운 해결책을 찾아내지 못할 것입니다. 어쩌면 이들은 자신이 뭘 하는 것에 가장 성공적인지를 멈추고, 좌절감에서 다만 자신의 주위 사람들에게서 더 진심 어린 반응을 얻으려고 다른 어떤 것을 시도할지도 모릅니다. 그러나 더 나은 해결책은 타인들이 이들에게서 떠올리는 것에 너무 의존하지 않도록 노력하고, 이들의 더 깊은 생각과 느낌을 (산발적이 아니라) 일관되게 투사할 용기를 갖고 있는 것입니다. 지적이고 심사숙고하는 양식으로 자신에 대한 타인들의 기대에 맞추지 않는 확고한 결정을 만들어내는 것에 의해서, 이들은 자신이 소망하는 충만한 존경에 합당할 것입니다.

▶ 일간 특성
강점; 매력적인, 찬양받는, 환영받는
약점; 의존하는, 오해받는, 우울한

▶ 명상
노래 속의 아름다움은 멜로디뿐만 아니라 단어의 의미에도 또한 들어있습니다.

▶ 조언
타인들이 당신이 바라는 대로 당신을 대해주기를 고수하라.
당신의 실상적인 자기가 빛을 발하게 하라.
참된 우정을 키우고, 모든 거짓된 찬양자들에게서 벗어나라.
당신이 실상적인 관심사를 공유할 수 있는 타인을 찾아내라.

▶ 건강
이들은 자주 심리적인 및 신체적인 건강 양쪽 다에 영향을 주는 자신의 연애 생활에 곤란함을 갖고 있습니다. 불가피한 귀결은 어느 정도 불안과 우울증입니다. 이들은 어쩌면 이들이 알아채지 못하는 불안감, 낮은 자기-우대 또는 기저에 놓인 심리적인 원인 탓에 해를 끼치는 처치술을 불러내는 것에 주의해야만 합니다. 극심한 경우 식욕 상실과 거식증으로 이어지거나, 다른 경우 과식 및 입을 만족시키기 위한 강박적인 욕구로 이어질 수 있는 식단에 대한 문제가 자주 발생합니다. 양이 제한된 맛있으면서도 건강한 음식을 계획하는 것뿐만 아니라 식단이 더 객관적으로 통제될 수 있는 가족 국면에서 생활하는 것이 중요합니다. 건강에 심각한 장애가 실존하지 않는다면 (에어로빅, 조깅, 경쟁적인 스포츠의) 정기적이고 어지간히 활기찬 운동 패턴이 강하게 권장됩니다.

▶ 수비학
31일에 태어난 사람은 숫자 4(3+1=4)와 31 그리고 천왕성에 통치됩니다. 오직 7개 달만이 31일이 있으므로, 31일은 생일에 대해선 약간 흔치 않은 숫자이고, 31일에 태어난 이들은 자주 파악되기가 까다롭습니다. 숫자 4에 통치되는 사람은 까다롭고, 때로는 논쟁적인 경향이 있습니다. 천왕성에 통솔되고, 숫자 4에 통치되는 사람은 기분 전환이 빠르고 폭발적일 수 있습니다. 천왕성은 이들의 태양궁인 물병자리도 또한 통치하므로, 사실 1월 31일에 태어난 이들에게는 천왕성의 자질이 고조됩니다.

▶ 원형
네 번째 메이저 카드는 자신이 갖고 있는 권력의 일차적인 원천인 지혜를 통해 세속적인 것들을 다스리는 '황제'입니다. 황제는 안정되고 현명한데, 그의 권위라는 세력은 의심받을 수 없습니다. 그 카드의 긍정적인 연관성은 강한 의지력과 확고부동한 에너지이고, 부정적인 예시는 완고함, 압제, 심지어 잔인성까지 포함합니다. 이들에게 이 압제는 당연히 여론과 기대가 이들에게 행사하는 의지력으로 해석될 수 있습니다.

2월 1일
외고집의 날
Willfulness

▶ 심리구조

2월 1일에 태어난 이들은 무엇보다도 강한 세속적인 천성에 의해 구별되지만, 정신적인 천성입니다. 추상적인 추론에 만족하지 않는 이들은 자신의 발상을 주위 사람들의 마음에 각인시켜야만 합니다. 고집불통이고, 외고집이며, 용감한 이들은 언제 자신이 도리에 맞는 지를 알고 있고, 한 치도 양보하지 않을 것입니다. 대다수 주위 여건에 대한 이들의 정신적인 준비가 철저하고, 이들이 손쉽게 이루려는 즉흥적인 감식안을 갖고 있으므로, 이들은 의심받는 국면을 피할 능력이 있고, 토론하고 싶지 않은 어떤 이슈도 비껴설 수 있습니다. 따라서 이들은 자신을 만만찮은 맞상대로 만들어낼 수 있습니다. 이들은 특징적으로 활달하고 젊지만, 또한 자주 아이처럼 심통 부립니다.

감정적인 문제는 특히 이들의 젊은 시절에 이들을 괴롭힐 수 있습니다. 이들의 느낌은 자주 산만하고 충동적이며 통제되지 않고, 따라서 이들을 반복해서 곤란에 빠뜨립니다. 때때로 이들은 다른 두 개별적인 사람이 되도록, 이들의 정신적인 견고함과 감정적인 취약성 사이에 대단한 분리가 현존하는 것으로 보입니다. 이들이 자신의 대단한 의지력을 가져와서 자신만의 내면 과정에 적용하고, 자신의 개인적인 문제와 씨름하며, 자기 자신을 이해하기 시작할 때까지, 이들의 삶은 계속해서 혼란에 빠질 것입니다.

이들 중 더 고도로 진화된 사람은 결국 자신의 다면적인 재능을 잘 기능하고 세련된 페르소나로 통합하지만, 이것은 시간이 걸립니다. 이들이 그것을 통합할 때까지, 이들의 경력은 고도로 불안정할지도 모르고, 이들은 허둥대기 쉽습니다. 혼란과 곤혹함 속에서 이들을 지켜보는 타인들은, 이들의 야심에도 불구하고 이들이 더 많은 것을 해내는 데 왜 성공하지 못했는지 궁금해할지도 모릅니다.

이들의 정신적이고 감정적인 꾸며냄[이란 위선]뿐만 아니라 심미적인 신체적 면도 채워달라고 울부짖고, 이것이 통제에서 벗어나 운영하고 있다면 추가적인 문제를 유발할지도 모릅니다. 이들의 성격 서열에서 앞서 언급된 자질 중 대개 정신적인 것이 첫째이고, 심미적인 것이 둘째이며, 감정적인 것이 셋째입니다. (너무 자주 등한시되는) 직감이라는 중요한 넷째 영역은, 재능이 있으나 격동적인 사람인 이들을 위해 모든 것을 결속하게 하는 것이 바로 중요하게 접합시키는 유대일 수 있으므로, 더 많이 키워지고 의존되어야 합니다.

이성과 논리의 힘이 이들에게 너무 고도로 계발되어서 이들의 직관적인 면을 밀어낼 수 있다는 점이 문제 일부입니다. 때때로 이성이 기능하지 못할 때, 이들은 자주 감정적인 폭발이나 자기-방종으로 귀결되면서, 느낌 영역과 신체 영역 속으로 뛰어드는 경향이 있습니다.

이들에게 소용되는 것은 바로 이성의 기능만큼 자기를 통제하는 것이 아니라 자기를 이해하는 것이고, 무엇보다도 모든 성격의 통합입니다. 비록 이들이 당면한 문제에 집중하는 것에 의해 때때로 애매하게 되지만, 온전하고 깊게 느끼는 인간 존재가 되는 것이야말로 이들에게 가장 높고, 가장 중요한 목적이며, 결국 정신적인 추진력과 결단력만이 아는 곳을 훨씬 넘어선 곳으로 이들을 이끌어줍니다.

▶ 일간 특성
강점; 의지가 강한, 정신적으로 빠른, 뿌리내린
약점; 완고한, 지나치게 이성적인, 자기를 알아채지 못하는

▶ 명상
마음은 개인용 컴퓨터뿐만 아니라 나머지 우주에 연결하기 위한 모뎀도 또한 함께 제공됩니다.

▶ 조언
당신의 직감력을 키워라.
이들은 [제대로 계발되지 않은] 천연자원이다.
더 참아내고 묵상적이 되도록 노력하라.
사랑하는 사람을 기쁘게 하려고 너무 초조해하지 마라.
누구의 의견에 좌우되어 결정하지 마라. [당신만의 보스가 되라.]

▶ 건강
이들은 대체로 자신의 감정적인 삶에서 많은 문제를 경험할 것입니다. 이들의 격렬한 감정은 자신들을 탈출시키는 것이 어렵거나 불가능할 수 있는 관여 속으로 자신을 이끕니다. 밝고 빠른 이들은, 자신의 신체적이고 관능적이며 성적인 활동을, 본질적으로 중독성이 있고 잠재적으로 해로운 행동을 하는 자신의 두뇌를 끄기 위한 한 방식으로 사용하는 것을 주의해야 합니다. 적당하고 정기적인 신체 운동(에어로빅, 조깅, 수영)이 고도로 권장됩니다. 이들의 식단은, 비록 어쩌면 단기적으로는 진정되지만, 장기적으로는 자신을 더 신경질적으로 만들어낼 뿐인 과도한 설탕과 담배의 사용을 피해야 합니다. 곡물, 신선한 채소, 빵, 따뜻한 수프, 찌개는 안정된 음식이면서 이들을 지속적으로 뿌리내리도록 작용합니다.

▶ 수비학
1일에 태어난 사람은 숫자 1 및 태양에 통치됩니다. 1일에 태어난 사람은 대개 첫째가 되는 것을 좋아하며, 분명한 관점 속에 있고, 정상에 오르기를 열망합니다. 태양은 통제에서 벗어나 폭발하도록 허용되기보다 꾸준히 흐르도록 유지되어야 하는, 강한 창조적인 에너지와 불기운을 상징합니다. 천왕성(물병자리의 통치자)과 짝지어질 때, 태양의 힘에 의한 영향력은 들뜨고 전기적이 되어, 2월 1일에 태어난 이들을 몹시 신경질적이고 혼란스럽도록 만들어낼 수 있습니다. 초년과 중년에 겪는 너무 많은 거절도 또한 이들로 하여금 차가움과 냉담함을 기르게 할 수 있습니다.

▶ 원형
첫 번째 메이저 카드는 마법뿐만 아니라 지성, 의사소통, 정보를 상징하는 '마법사'입니다. 그의 머리 위의 무한대라는 상징은 일부 타로 종류에서는 모자의 형식을 취하고, 다른 종류에서는 후광의 형식을 취합니다. 많은 해석이 도출될 수 있는데, 그 중 하나는 마법사가 순환적이고 끝나지 않는 삶의 천성을 알아보고, 이런 이해심에 의해 힘있게 된다는 것입니다. 이 첫째 카드가 제안하는 긍정적인 특성은 외교적인 기술과 빈틈없는 기민함을 포함하지만, 부정적인 특성은 양심의 가책 결여와 기회주의입니다.

2월 2일
등급의 날
Class

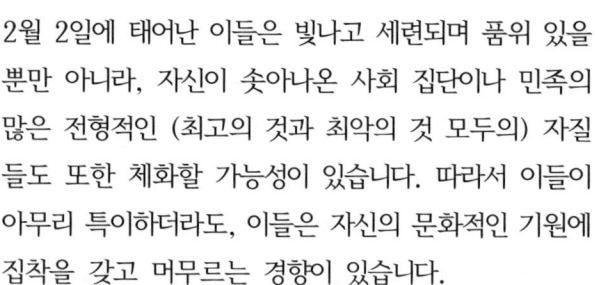

▶ 심리구조

2월 2일에 태어난 이들은 빛나고 세련되며 품위 있을 뿐만 아니라, 자신이 솟아나온 사회 집단이나 민족의 많은 전형적인 (최고의 것과 최악의 것 모두의) 자질들도 또한 체화할 가능성이 있습니다. 따라서 이들이 아무리 특이하더라도, 이들은 자신의 문화적인 기원에 집착을 갖고 머무르는 경향이 있습니다.

이들은 '불가능한 것을 해낼' 능력이 있고, 그것을 쉬워 보이도록 만들어낼 능력이 있습니다. 이것은 이들이 느긋한 방식으로 운영할 수 있는 자신의 매체를 갖추는 대단한 솜씨를 갖고 있기 때문입니다. 비록 그런 유창함이 자연스럽게 나온다는 인상을 이들이 주지만, 사실 지대한 단련과 고된 작업이 그 인상을 뒤에서 받쳐줍니다. 고전적으로 이들은 공적이 아닌 사적으로 열심히 작업하는 것을 선호합니다. 이들이 자신이 하고 있는 것을 완전히 통제해서 여전히 객관적이 되는 것은, 즉 한 마디로 '여전히 능란해지는 것'은 이들의 이미지[코스프레]에 극도로 중요합니다.

이들은 대체로 문제를 피하는 가장 좋은 방식이 바로 자기 식대로 상황에 응하는 것이라고 생각합니다. 하지만 어려움을 밀어내는 것, 즉 대인관계에서 어떤 종류의 곤란도 멀리하려는 것은, 사실 타인들로 하여금 이들의 규칙으로 참가하게 하거나 이들의 규칙이 아니면 전혀 참가하지 못하게 강제하는 미묘한 형식의 파시즘일 수 있습니다. 통제받되 여유로운 태도를 키우는 것은 바로 타인들이 일으키는 성가신 마찰에서 이들 자신을 모면하기 위해 안성맞춤일 수 있습니다. 실로 이들은 삶 일반을 순탄한 여행으로 만들어내기 위해 탐구합니다.

하지만 그렇게 탐구할 시 이들은 다른 누군가가 맞은 편에 있음을, 즉 상황이 어떻게 진행되어야 하는지에 관한 그만의 발상을 갖고 있을지도 모르는 누군가를 자주 잃어버립니다. 이들을 상대할 때 빠르되 치명적인 대립이라는 갑작스러운 감정폭발은 전혀 드물지 않습니다. 겉보기에 차분한 외관 아래의 이들은 스트레스를 매우 잘 감당하지 못하고, 극단적인 경우 많은 인간적인 교제에 전혀 관심을 두지 않는 사실상 기질적인 사람입니다.

이들 중 다수는 빈번히 다른 무엇보다도 기법적인 천성에 속하는 자신의 작업이나 취미를 즐깁니다. 여기서 이들은 자신 천성의 가장 진보된 면을 보여주는데, 그 면에서 이들이 도달하기 위해 애쓰고 있는 곳은 바로 그 즐기는 만큼의 개인적이거나 사교적인 목표가 아니라 객관적인 목표입니다. 반면에 만약 자신의 특별한 이해관계에 너무 몰두한다면, 이들은 자신의 더 평범한 관심사에 대해 부주의하거나 잊어버리게 될 수 있습니다. 드물지 않게 이들은 심지어 이런 문제들에 관해 생각할 필요조차도 없도록 그런 문제를 돌보기 위해 타인들에게 의지합니다. 따라서 이들이 보편적인 수준에서는, 또 때때로 사회적인 수준에서는 자신의 책임에 합당하게 살지만, 개인적인 수준에서는 꽤 정기적으로 자신의 의무를 회피할지도 모릅니다.

이들은 자신만의 세계에 너무 멀리 들어가서 자신의 주위 사람들과 소통하는 데 증가하는 어려움을 갖고 있을지도 모릅니다. 이들 중 재능이 부족하나 가식을 유지하는 덜 고도로 진화된 사람은 어려워지고 시험받을 수 있습니다. 이들 중 더 고도로 진화된 사람은 여전히 신선하고 유혹적이지만, 또한 몹시 지치게도 하는데, 실로 가족 구성원과 가까운 친구들은 이들에게 공유하려고 욕망하고, 더 친밀해지려고 갈망할 시 자주 좌절됩니다. 따라서 이들은 자신이 거리를 두려는 충동에 저항해야 하고, 오히려 가능하면 언제든 자기 자신으로 하여금 더 덕이 되도록 만들어내야 합니다.

▶ 일간 특성
강점; 세련된, 역동적인, 독창적인
약점; 고립된, 냉담한, 냉정한

▶ 명상
가장 단순한 멋이 자주 가장 고상한 것입니다.

▶ 조언
당신이 잘라낸 당신 자신과 [타인들의] 모습을 더 잘 알아채라.
지속해서 타인들의 언어에 [동문서답하지 말고] 발맞추라.
겸허를 유지하고, 자신의 뿌리에 대한 감각을 간직하라.

▶ 건강
나이가 들면서 이들은 급성이기보다 대다수 만성적인 신체적인 불편사항에 대한 넓은 다층성을 표출할 수 있습니다. 하지만 이들이 약간 건강염려증의 경향이 있으므로, 이 모든 것들이 확고한 신체적인 근거를 갖고 있는 것은 아닙니다. 신체적인 질환은 실상 폐와 순환기 계통(정맥이나 동맥), 특히 손발에 자주 발생합니다. 이런 진짜 관심사는 이들이 삐딱하게 무시한 정확히 그것일지도 모르므로, 주치의에게 받는 정기 검진이 필요합니다. 이들은 자신에게 가장 좋은 것을 먹는 것을 좋아하지 않을지도 모르므로, 음식에 관련된 좋은 지침이 필요할 수 있습니다. (불운하게도 이들의 입맛은 자신의 재정 형편상 비실상화된 더 세련된 것으로 자주 이어집니다. 이들은 고도로 심미적인 방식으로 대접하거나 대접받기를 바랄지도 모릅니다.) 정기적이지만 적당한 신체 운동이 권장됩니다.

▶ 수비학
2일에 태어난 사람은 숫자 2 및 달에 통치됩니다. 숫자 2에 통치되는 사람은 자신을 자주 리더보다 좋은 협업자와 동반자로 만들어가고, 이런 자질은 2월 2일 태어난 이들이 자신의 직무나 관계에서 더 거리를 두도록 도와줍니다. 하지만 달의 영향력은 좌절감을 연출하면서, 개별적인 주도권과 활동에 제동장치로도 또한 작용할 수 있습니다. 달의 효력이 천왕성(물병자리의 통치자)의 자질과 조합될 때, 이들은 특이한 충동도 강력하게 독창적인 충동도 가진 고도로 진화된 개별성을 연출할 수 있습니다. 하지만 이들은 기이함이라는 부정적인 특성 및 일부 기묘함도 또한 갖고 다닐 수 있습니다.

▶ 원형
두 번째 메이저 카드는 그녀의 왕좌에 앉아 차분함과 뚫지 못함을 보여주는 '여사제'입니다. 그녀는 숨겨진 힘과 비밀을 드러내어, 그녀에게 유의하는 이들을 그 지식으로 힘있게 하는 영적인 여성입니다. 이 카드의 유리한 자질은 침묵, 직감, 비축, 분별력이고, 부정적인 가치는 비밀주의, 불신, 타성입니다.

2월 3일
엄밀한 실상주의의 날
Exacting Realism

▶ 심리구조

2월 3일에 태어난 이들 중 대다수는 자신 업종의 세부사항에 세심하게 주목해보고, 기법에 대해 매우 고도로 평가됩니다. 이들은 자신이 하는 것을 위한 요령을 갖고 있고, 자신의 소재를 틀림없이 손쉽게 다룰 줄 알고 있으며, 상황을 분해하고 조립하며 질서정연하게 계속 운영해가는 능력을 갖고 있습니다. 이들은 사업이나 사랑에서 자신의 움직임을 만들어내는 바른 순간을 대개 정확히 집어내는 훌륭한 타이밍 감각도 또한 갖고 있습니다. 이런 타이밍 감각의 영역은 이들에 의해 정규직의 주목을 끌려는 격정적인 '취미'로 취급될지도 모릅니다.

이들은 자신이 할 수 있는 것과 할 수 없는 것에 관해 매우 실상적입니다. 이들은 빼어나게 독창적일 정도로 천재성을 갖고 있을지도 모르고 없을지도 모르지만, 자신이 가진 기예의 온갖 측면을 마스터할 것입니다. 하지만 시간엄수는 이들의 강점이 아니므로, 이들이 제 시간(즉, 타인의 시간)에 도착하기를 기대하지 말아야 합니다. 참아내고 끈덕진 이들은 또한 놀랍게도 자신의 능력에 관해 사무적입니다. 하지만 이들은 함께하는 것으로 보이는 만큼, 깊이 자리잡은 문제를 감정적으로 표출할 수 있습니다. 이들은 어떤 종류의 정상적인 친밀한 관계를 갖는 데 지대한 어려움을 갖고 있을지도 모르고, 단지 그 관계에 대한 소견으로도 겁먹을 수 있습니다. 특히 이들 중 남성은 '서약 공포증'이라는 꼬리표가 어울릴 수 있지만, 남성과 여성 모두 자주 성적인 분야에서 드물지 않게 고도로 비관습적인 국면을 요구합니다.

평균적인 사람들이 떠받드는 그런 세속적인 관심사에 관련해서, 이들은 쉽게 오고 쉽게 가는 [연연해하지 않는] 태도를 갖고 있습니다. 국면이 풀리지 않으면, 이들은 그것을 떨궈버리고 나아가는 데 꽤 유능합니다. 돈에 관련해서는 운이 좋은 것으로 보이는 이들은 뜻밖의 횡재를 그러모으는 데 유능합니다.

하지만 동시에 이들은 돈이 빨리 나가버리거나, 아니면 더 나쁘게는 돈이 마치 손가락 사이로 빠져나갔던 것처럼 그 돈에 무슨 일이 일어났는지 알지 못할 가능성도 또한 있습니다. 이들 중 대다수는 자신의 삶에서 안정과 영구성을 성취하는 데 곤란의 큰 척도를 갖고 있지만, 유연한 생활방식 자체가 이들에게 일종의 안전을 제공할 수 있습니다. 적응이 빠른 이들은 변화하는 주위 여건과 불확실성에서 대다수 사람보다 덜 위협받습니다.

표면에서 덜 살고 안쪽에서 더 많이 사는 것이 그런 약삭빠른 고객들을 위한 답일 수도 있는 것으로 보이겠지만, 그런 경우는 좀처럼 없습니다. 세부사항, 기법을 다루는 것, 작동하는 것과 아닌 것을 배우는 것, 만지작거리는 것, 시도하는, 즉 항상 시도하는 것에 의한 '시행착오 방도'는 사실 삶의 한 방식이 될 수 있습니다. 미적이지만 신체적으로 요구가 많은 그런 성격과 균형을 잡으려면, 실로 대단한 안정감과 자기-신임을 가진 이해심 있는 동무가 욕구됩니다. 이들 중 그런 믿음직한 사람과 마주칠 숙명이 아닌 사람은, 영구적인 관계를 위해 지불해야 했을지도 모르는 대가보다 자신의 자유를 더 중시하면서 대개 자신의 즐거운 길을 갈 것입니다.

▶ 일간 특성
강점; 기법적인, 세부적인, 완벽주의적인
약점; 신뢰되지 않는, 감정적으로 까다로운, 자기-방종적인

▶ 명상
비집착은 좋은 것이지만, 어떤 사람은 그 비집착에도 또한 집착하게 될 수 있습니다.

▶ 조언
그곳에서 꿋꿋이 버텨내라.
거래에서 당신의 몫을 다하려고 노력하며, 그렇게 쉽게 그만두지 마라.
약간의 규칙은 절대 아무도 해치지 않는다.
느낌에 겁먹지 마라.
우리는 모두 빠르든 늦든 책임에 직면해야 한다.

▶ 건강
이들 중 다수는 건강에 대한 자신의 태도가 다소 괴상하고, 그러므로 정기검진이 제안됩니다. 하지만 이들은 약속을 완전히 잊어버리고 아니면 늦게 도착하면서, 약속을 지키는 데 곤란함을 갖고 있을지도 모릅니다. 실로 규칙적인 식단이나 규칙적인 운동 패턴을 유지하는 것에 관련된 곳에 유사한 문제가 실존합니다. 이들은 자주 자신이 원할 때 자신이 원하는 것을 먹기 위해서 자유롭게 되기를 고집하고, 자신에게 놓인 규칙이나 기대를 갖고 있는 것에 저항합니다. 이들의 운이 떠받치는 한, 또 활기의 급격한 하락이 이들을 우울증으로 던져넣지 않는 한, 이들은 그런 자율주의적인 접근법으로 아주 잘 해냅니다. 이날은 건강을 향한 프로그램된 태도가 전혀 작동하지 않는 일 년 중 극히 적은 날 중 하나입니다. 어떤 부수 조건도 현존하지 않는 한, 이들은 신체적이고 심미적인 넉넉한 만족감을 좋아합니다. 이들의 활동은 이들로 하여금 신체적으로도 정신적으로도 지속해서 바쁘게 하는 탓에, 이들은 인생 후반부에 관절, 정맥, 다리뼈 문제가 표면화될 수 있으므로, 자신의 몸을 남용하거나 지나치게 사용하지 않도록 해야만 합니다.

▶ 수비학
3일에 태어난 사람은 숫자 3 및 목성에 통치됩니다. 숫자 3에 통치되는 사람은 자신의 분야에서 최고 위치에 오르고, 자신의 독립을 사랑하며, 자신만의 사업에서 잘하는 경향이 있고, 2월 3일에 태어난 이들도 예외가 아닙니다. 하지만 천왕성이 물병자리를 통치하므로, 이들은 약간 혼돈되고 불규칙할 수 있습니다. 다행히도 목성-천왕성의 연관성은 자주 물질적인 행운을 부여해줍니다.

▶ 원형
세 번째 메이저 카드는 창조적인 지성을 상징하는 '여황제'입니다. 그녀는 완벽한 여성형, 즉 실현된 우리의 꿈이자 체화된 우리의 희망과 열망이라는 최고의 여성성인 대지의 양육자입니다. 여황제는 매혹, 우아함 및 조건 없는 사랑이라는 긍정적인 특성도 대변하지만, 완벽하지 못함에 대한 불관용뿐만 아니라 허영심과 꾸며냄이라는 부정적인 특성도 또한 대변합니다.

2월 4일
청개구리 사람의 날
The Curveballer

▶ 심리구조

2월 4일에 태어난 이들은 어떤 것도 좀처럼 직선적인 양식으로 하지 않습니다. 자신의 비관습성 때문에, 이들이 때때로 자신의 지성에 관해서는 덜 눈에 띄는 인상을 만들어내지만, 사실 이들은 상황에 응하는 자신만의 특이한 방식을 정확히 갖고 있습니다. 이들 중 일부는 자신이 타인들 만큼 세상을 파악하지는 못한다는 점을 일찍 깨닫고, 다만 자신이 바라는 만큼 기이하게 활동하는 것으로 반응합니다. 이들 중 그 외 사람은 대단히 직선적이 되려고 노력하지만, 대개 이것을 실행하는 데 실패하고 결국 부적격자에 처하게 됩니다. 이들 중 가장 행복한 사람은 선명하게 자기 자신이고, 지대한 승인이나 찬사에 의존하지 않습니다.

이들이 자신만의 방식으로 상황에 응해야만 하는 수준은 신이 날 뿐만 아니라 경고도 또한 받을 수 있습니다. 이들은 가장 단순한 임무를 달성하려고 가장 우회적이고 엉뚱한 방식을 자주 사용할 수 있습니다. 일부 이상한 방식일 시 이런 방도가 이들에게는 잘 풀리는 것으로 보이는 사실을 제외하고, 이들은 비실용적이거나 혹은 심지어 비뚤어진 사람으로까지 불릴 수 있습니다.

이를테면 이들은 타인들을 혼란시킬 정보를 제출하는 시스템이나 자신의 약속들을 지시하는 시스템을 갖고 있을지도 모르지만, 이들은 자신의 욕구하는 것을 매우 빨리 회수할 능력이 있고 상황을 잘 파악하고 있습니다. 특이하게 인지하는 이들은 앞쪽을 뒤로, 위는 아래로, 오른쪽은 왼쪽으로 등등의 식으로 인지할지도 모릅니다. 이들 중 일부는 심지어 어느 정도의 공감각까지도, 즉 소리를 색깔로 듣는 것, 색깔을 소리로 보는 것, 단어를 형태로 시각화하는 것, 어쩌면 생생한 연상을 통해 사실과 숫자를 기억해내는 것까지 표출할지도 모릅니다.

비록 기존 시스템의 테두리 또는 규칙의 세트 내에서 항상 효과적인 것은 아닐지라도, 이들은 특히 자신이 작업 환경을 구조화하는 기회를 갖고 있을 때 장기적인 목표를 성취하는 데 고도로 효과적이 될 수 있다고 언급되어만 합니다. 이들은 타인과 잘 작업하고, 깊은 인간적인 자질을 표출하며, 대체로 자신의 진심에 찬양받습니다. 비록 좀처럼 리더가 아닐지라도, 이들은 기꺼이 활동의 중심에 있는 것에 매우 행복하고, 포화 아래에서 잘 견뎌냅니다.

쉽게 지루해하는 이들은 만약 혼자 많은 시간을 보낸다면, 대개 많은 취미, 프로젝트, 활동으로 바쁨을 유지하려고 노력합니다. 이들이 그렇게 적극적인 이유 일부는, 무의식에서 자신이 묶었던 매듭을 푸는 데 많은 시간을 보내야만 하기 때문입니다. 이들은 많은 것을 되짚어가고, 아니면 심지어 전부조차도 다시 시작하는 경향도 또한 있습니다.

이들은 대개 자신의 많은 임무를 실행하기 위한 풍부한 에너지를 갖고 있습니다. 하지만 이들의 힘을 가장 직접적으로 건설적인 방식으로 인도하는 방식은, 당연히 이들에게 이해되지 않을지도 모릅니다. 자주 이들은 동시에 몇몇 다양한 노력에 얽매이고, 그 결과로 생긴 에너지의 흩어짐 때문에 자신이 만족할 정도로 노력 중 어떤 것도 완료하는 데 실패합니다. 대체로 이들 중 자신의 프로젝트를 차근차근 하나씩 하나씩 완성해가는 법을 체득하는 사람은, 자신의 다양한 잠재력을 가장 최대한으로 계발합니다.

▶ 일간 특성
강점; 진심인, 생동적인, 흥겹게 하는
약점; 흩어진, 비실상화된

▶ 명상
일단 공이 공중에 뜨면, 어떤 일이든 거의 일어날 수 있습니다.

▶ 조언
일부 생각은 당신의 마음속에 간직되는 편이 더 낫다. 당신 자신에게 사적으로 공들이고, 몇몇 상황은 정리해버리라.
당신의 기이함은 매혹적이지만, 또한 이따금 사람들을 짜증나게 할 수도 있다.
가끔 당신 자신을 비웃는 법을 체득하라.

▶ 건강
이들은 자주 어느 정도의 건강염려증을 과시합니다. 이들 중 일부에게, 새로운 불편사항을 발견하는 것이 애착이 되어버릴 수 있습니다. 때로는 유별난 처치방도에 대한 이해관계도 또한 이들에게 동반합니다. 이들 중 대다수는 건강과 치료에 대한 가장 최신식의 정보에 정통합니다. 무엇이 가장 최신이고 현대적인지에 대한 이런 격정은 이들 삶의 다른 영역에도 또한 관련됩니다. 요리할 시, 이들은 자주 새로운 조리법과 흥미로운 조합을 살펴봅니다. 만약 이들은 가장 최신의 유행 방식이 즐거운 것임을 알아차린다면, 그 방식에서 얻고 싶어할지도 모르기 때문에, 요리에 대한 태도가 운동해서 몸매를 유지하려는 이들의 접근법에도 해당합니다. 이들은 자신 삶의 이런 측면들을 균형 잡아서 무모하게 덤비지 않는 법을 체득해야만 합니다.

▶ 수비학
4일에 태어난 사람은 숫자 4 및 천왕성에 통치됩니다. 숫자 4에 통치되는 사람은 까다롭고 논쟁적인 경향이 있고, 자신의 남다름 탓에 놀림을 당하거나 거절 당하는 것에 특히 민감한데, 이런 특성은 2월 4일에 태어난 이들에게서 확대됩니다. 숫자 4에 통치되는 사람은 대체로 부를 모으는 것에 지나치게 관련되지 않고, 2월 4일에 태어난 이들도 예외가 아닙니다. 천왕성에 통치되는 숫자 4에 통치되는 사람은 자신의 별자리인 물병자리도 또한 천왕성에 통치되므로, 이들에게 (별나고 이상한 특정 특성이 붙어가는) 향상된 자질인 자신의 기분 변화가 일어날 시 빠르고 폭발적일 수 있습니다.

▶ 원형
네 번째 메이저 카드는 자신이 갖고 있는 권력의 일차적인 원천인 지혜를 통해 세속적인 것들을 다스리는 '황제'입니다. 황제는 안정되고 현명한데, 그의 권위라는 세력은 의심받을 수 없습니다. 이 카드의 긍정적인 연관성은 강한 의지력과 확고부동한 에너지이고, 부정적인 예시는 완고함, 압제, 심지어 잔인성까지 포함합니다.

2월 5일
조용한 웅변의 날
Quiet Eloquence

▶ 심리구조

2월 5일에 태어난 이들은 어떤 대다수 노력에도 유창함과 은총을 빌려줍니다. 이들은 자신이 사업을 목표로 한다는 점을 조용한 방식으로 알려주는 설득적인 태도를 갖고 있습니다. 어쩌면 행동보다 말솜씨가 덜 유창한 이들은 위기에 처할 시 자신에게 의지할 수 있다는 점을 암시하면서 안심시키는 물리적인 존재감을 갖고 있습니다. 이들 중 언어적인 재능을 정말 갖고 있는 이들은 자주 다소 간결하고 직접적인 방식으로 말하지만, 이들의 연설은 강제하는 매혹과 상상력을 갖고 있습니다.

이들은 현재 국면을 분석할 시 통찰적입니다. 이들의 고집적인 견해가 반대의견을 자극하는 경향이 있고, 이들의 자기-보증적이고 다소 두서없는 발표가 심기를 불편하게 할 수 있으므로, 모든 사람이 어떻게든 이들의 의견에 동의하는 것은 아닙니다. 가장 자주 이들은 자신의 청취자들에게 이해할 기회를 오직 한 번만 줍니다. 만약 자신이 오해받는다면, 이들은 명확히 하거나 설명하려고 고민하지 않을지도 모릅니다. 그러므로 이들은 차이를 바로잡는 데 더 능숙해지고, 자신이 말하고자 하는 바를 더 대단히 깊이 설명할 시간을 갖는 데 더 능숙해지며, 마침내 자신이 귀담아듣고서 협력할 준비가 되었다는 점을 상정하는 데 더 능숙해져야만 합니다.

이들은 타인들의 감정에 직접적인 호소를 자주 만들어내지만, 사실 이들의 강점은 바로 자신만의 정신적으로 집중하는 [배후조종] 능력입니다. 물론 이들 자신은 감정적인 사람이지만, 이들이 갖는 성공의 정도는 자신 천성의 흥분하기 쉬운 부분을 지속해서 통제하는 이들의 능력에 당연히 정비례할지도 모릅니다. 이들 중 고도로 진화된 사람은 특별히 자신이 앞장서도록 요청받은 까다로운 국면에서 실로 매우 안심시킬 수 있는 세련된 침착성을 갖고 있습니다. 하지만 특히 만약 이들이 생색내는 태도를 취한다면, 신임을 얻어내려는 이런 감각은 때때로 짜증을 불러일으킬 수 있습니다.

이들은 지대히 많이 보여주지만, 또한 많은 것을 비밀로 하는 다면체적인 사람입니다. 이들은 거의 접근이 허가되지 않는 비밀적인 내면 삶으로 자주 이끌리고, 자신에게 웰빙의 감각을 주는 다소 이상한 습관과 신경증적인 의식을 육성할지도 모릅니다. 이들은 자신에게 소중한 사람들에게 매우 보호적일 수 있지만, 자기 자신은 더 강력한 사람들이나 조직의 지원과 보호를 이용할 수 있습니다.

이들은 단체와 조직을 위해 작업하고 가족과 친구들에게 지대한 에너지를 제공하는 것이 가장 자주 발견될 수 있습니다. 이들은 훨씬 덜 빈번히 프리랜서나 고립된 예술가이고, 심지어 이들 중 자영업자조차도 대체로 협력적인 프로젝트에 공을 들입니다. 일반적으로, 이들은 타인들로 하여금 자신의 가속된 진행속도를 따라잡도록 허용하는 법을 체득해야만 하고, 자신의 작업이 격렬한 정밀 검증을 견뎌낼 수 있도록 더 철저해지기 위한 노력을 만들어내야 합니다.

▶ 일간 특성
강점; 손쉽게 이루는, 능수능란한, 우아한
약점; 급격한, 적대시하는, 거만한

▶ 명상
불을 지피는 것이 불을 끄는 것보다 훨씬 쉬울 수 있습니다.

▶ 조언
타인들에게 기회를 주라.
모든 사람이 그렇게 재빨리 움직이기를 기대하지 마라.
좀 더 투명해지려고 노력하고, 타인들에게 당신의 동기가 더 명료해지게 만들어내도록 노력하라.
사람들은 항상 당신의 위치를 이해하는 것은 아닐지도 모른다.

▶ 건강
이들은 이야기하지 않는 것을 선호하는 만성적인 건강 문제를 갖고 있을지도 모릅니다. 비록 이들은 대체로 건강하지만, 대개 이들의 일생 동안 이들의 신경을 긁는 특정한 몸의 영역이 현존합니다. 대체로 몸의 특정 부위 혹은 중대한 시스템 (순환기 계통, 신경계, 림프절 또는 림프선) 중 하나는 취약합니다. 드물지 않게, 이런 질환은 자신에게서 영향을 받은 것이거나 혹은 심지어 자신이 유발한 것일 수도 있습니다. 수년에 걸쳐서 이들을 진료하는 정기적인 주치의는 전문 진료소나 덜 개인적인 치료소보다 더 선호되며 연속성을 제공합니다. 이들은 자신의 식단에 더 대단한 규율을 당연히 적용해야 할지도 모릅니다. 이들은 (대개 담배, 알콜, 설탕, 동물성 지방이나 중독성 마약류인) 해로운 물질을 제거하거나 줄이는 것의 중요성을 이해해야만 합니다. 이들 중 대다수에게 적당한 신체 운동이 권장되고, 더 체육적인 사람에게는 팀이나 일대일 경쟁 스포츠가 권장됩니다.

▶ 수비학
5일에 태어난 사람은 숫자 5 그리고 생각과 변화의 빠름을 대변하는 수성에 통치됩니다. (자주 수성의 더 높은 옥타브라고 불리는) 천왕성이 물병자리를 통치하므로, 더 보편적이고 객관적인 진실에 대한 통찰력이 붙어가는 이들에게 역동적인 정신력이 부여됩니다. 숫자 5에 통치되는 사람은 어떤 타격이나 함정을 맞닥뜨리든지 간에 대개 바르게 회복되고, 물론 이것은 회복력 있는 2월 5일에 태어난 이들에게 해당합니다.

▶ 원형
다섯 번째 메이저 카드는 인간의 이해심과 신념을 상징하는 신성한 신비에 관한 해석자인 '사제'입니다. 그의 지식은 난해하고, 그는 보이지 않는 만사만물에 대한 권위를 갖고 있습니다. 이 카드가 수여하는 호의적인 특성은 자기-보증성과 통찰력이고, 비호의적인 특성은 설교하기, 호언장담, 독단주의를 포함합니다. 이들은 자신 천성의 거침없고 비판적인 측면에 특히 조심해야만 합니다.

2월 6일
인기의 날
Popularity

▶ 심리구조

2월 6일에 태어난 이들은 자신의 사회적인 맥락에서 인기를 얻기 위한 대단한 욕구와 대단한 수용력을 모두 보여줍니다. 이들은 자신이 마음쓰는 사람들에게 찬양받고 칭찬받기를 실로 바랍니다. 타인들의 눈에 사회 지향적인 이들은 매우 많은 주목을 끌어들이는 극도로 행운적인 사람으로 보일지도 모릅니다. 사실, 이들은 대개 자신의 실상적인 가치에 관해 꽤 불안해하고, 그러므로 에고 마사지의 어떤 척도뿐만 아니라 타인들의 북돋움도 또한 탐구합니다. 대다수 사람과 함께하는 것보다는 사랑받고 싶은 열망이 이들의 가슴에 부담을 줄 수 있습니다.

이들의 인기를 설명하려고 시도할 시, 사람들은 멋진 외모, 매혹 및 외향적인 태도가 작용하고 있음을 알아차릴지도 모르지만, 확실히 타인들의 가슴속 심금을 울리는 능력은 이들 중 거의 모든 사람이 공통으로 갖고 있는 중요한 것입니다. 이들의 지인들 심지어 낯선 사람들조차도 이들과 동일시할 수 있게 하고, 그런 강한 긍정적인 반응을 이끌어내도록 돕는 것은 어쩌면 이들의 가식 없음과 접근성입니다. 이들이 타인들에게 불어넣는 [이들을] 신임할 마음과 신뢰할 마음은 상황이 순조로울 때 자주 이들이 칭찬받게 하고, 상황이 틀어질 때 비판과 비난에서 이들을 보호해 주는 경향이 있습니다.

물론 인기를 중시하는 누군가의 삶은 당연히 예외 없이 인기의 반대인 인기 없음을 포함합니다. 이런 고도로 바람직하지 못한 상태는 이들의 야심을 좌절시키고, 그러므로 극복되어야만 합니다. 이들 중 덜 진화된 사람은 자신이 선호하는 지위를 회복하거나 유지하려면 자신의 견해를 바꾸고, 친구를 포기하며, 심지어 자신의 물리적인 겉모습조차도 바꾸는 것을 포함한 어떤 끝장이라도 볼 것입니다. 그것은 마치 이들이 인정과 만족이라는 햇빛을 영원히 향하는 꽃과 같다고 말할 수 있습니다.

이들 중 더 고도로 진화된 사람도 또한 시류에 맞춰 변화해 갈 능력이 있지만, 동시에 자기 자신의 항상적이고 독특한 부분을 아끼고 양육합니다. 결국, 이들은 자신의 내면 가치, 즉 이들이 타인들과 공통적으로 갖고 있는 것이 무엇인지 그리고 이들이 자신의 가족이나 공동체에 어떻게 서비스할 수 있는지에 더 집중함으로써 인정에 대한 자신의 욕구를 극복해야 할지도 모릅니다.

영속하고 의미 있는 내면 가치를 계발할 필요성은, 실로 시간이 거의 없을지라도 매우 생명적입니다. 하지만 계발할지 말지 그 결정은 전적으로 이들에게 달려 있고, 자신의 주목을 그런 중요한 작업에서 멀어지게 유도할 수 있는 수많은 산만함이 현존합니다. 어쩌면 가장 실용적인 답은 단순히 타인들이 이들에게 두는 대단한 신앙에 합당하게 이들이 사는 것일지도 모릅니다. 하지만 이것은 만약 이들이 당연시하는 주목을 자신이 취하게 된다면, '존중은 얻어져야만 하는 중요한 일이고, 희생은 우리 모두에게 요구됨'을 이들은 잊어버릴 것이므로, 그리 쉽지 않을지도 모릅니다.

▶ 일간 특성
강점; 사교성이 능숙한, 환영받는, 손쉽게 이루는
약점; 자기를 알아채지 못하는, 불안한

▶ 명상
거울은 아무것도 보여주지 않고, 오직 비춰줄 뿐입니다.

▶ 조언
타인의 의견에 별개로 당신 자신을 잘 살펴보라. 당신의 참된 천성을 발견하라.
더 투명하게 [외적인 사실을 넘어 내적인 의도까지 투명하게] 되라.
내면의 강인함을 기르는 것은 대단한 배당을 준다.

▶ 건강
이들은 자신의 겉모습이 자신의 대중적인 이미지에 관련되므로, 그 겉모습에 고도로 관련될 수 있습니다. 만약 이들이 여전히 건강한 모습으로 보이고 싶다면, 이들은 자신 식단의 적합한 영양에 초점을 맞출 뿐만 아니라 천연 비누, 샴푸, 화장품을 탐사해야 합니다. 이들은 외부의 관심사에 집중하느라 자신의 내부적인 작동방식을 간과하지 말아야만 합니다. 검진을 위해 일 년에 한두 번 의사를 만나는 것이 고도로 권장됩니다. 이들은 자주 스포츠적인 유형이고, 활기찬 신체 운동은 대체로 이들의 체격에 의해 잘 용인됩니다. 이들에게는 성적, 관능적인 표현이 중요하지만, 이들은 격정적인 사랑을 탐색하는 데 너무 열광하는 것을 주의해야 합니다. 애정과 깊은 우정은 장기적으로 이들에게 더 의미가 있고, 이들의 개인적인 및 영적인 성장을 원조할지도 모릅니다.

▶ 수비학
6일에 태어난 사람은 숫자 6 및 금성에 통치됩니다. 숫자 6에 통치되는 사람은 (2월 6일에 태어난 이들에게 분명히 해당하는) 동감과 찬양 모두를 끌어들일 시 자석 같습니다. 금성에 천왕성(물병자리의 통치자)이 추가한 영향력은, 이들이 빨리 빠져들 수 있는 불규칙하고 불안정한 감정적인 삶을 이들을 위해 빌려줍니다. 자주 사랑은 숫자 6에 통치되는 사람의 삶에서 지배적인 테마가 됩니다.

▶ 원형
사랑을 상징하는 '연인'인 여섯 번째 메이저 카드는 남성성과 여성성이라는 양극성의 통합을 통해 인간성의 모든 것을 하나로 묶는 최종 지점에 중점을 둡니다. 이 카드가 좋은 면에서는 높은 도덕적인, 미적인, 신체적인 차원의 애정과 욕망을 예시하고, 나쁜 면에서는 유혹의 게임, 즉 충족되지 않은 욕망이나 감상성, 우유부단함을 예시할지도 모릅니다. 분명히 이 모든 테마는 이들이 영속하고, 깊으며, 의미 있는 개인적인 사랑 관계를 성취하려면, 실상적이고 배려하는 태도를 채택해야만 하는 이들에게 특히 적합합니다.

2월 7일
유토피아의 날
Utopia

▶ 심리구조

2월 7일에 태어난 이들은 실존하는 불평등을 바로잡으려는 사회적인 비전과 욕망을 갖고 있습니다. 이들은 가장 이상주의적인 사람에 속하지만, 이들을 이해하지 못하는 사람들은 이들을 비정하고, 아이러니하며, 심지어 냉소적이라고 오인될 수 있습니다. 이들이 현 상황의 삶에 대해 가혹하게 비판적이지만, 삶이 무엇이 될 수 있는지에 대한 발상이 이들에게 없지는 않다는 점은 참입니다. 하지만 자신의 이상에 따라 살려는 이들의 노력 그리고 타인들도 그렇게 살라는 이들의 희망은 항상 실상적인 것은 아닙니다.

이들 중 덜 공개적으로 비판적인 사람은 일차적으로 자신의 천성적인 분위기와 젊은이다운 태도 덕에 때때로 순결하거나 순진하다고 여겨집니다. 실로 이들은 젊음의 진정성을 대단히 중시하고, 기본적으로 그 진정성이 자기 자신 속에 지속해서 살아있게 하려고 탐구합니다. 이들은 대체로 신성, 천성 또는 보편적인 가치에 가장 가까운 것이야말로 현존하는 최선의 [완벽한] 것이라고 믿습니다.

어떤 순진함이 있음에도, 이들은 대개 캐릭터에 대한 영악한 감식자이고, 인간의 가슴과 성격에 대한 연구가입니다. 대체로 이들은 자신의 친구를 매우 조심스럽게 고릅니다. 만약 이들이 가족에 대한 책임을 떠맡고 아이를 갖고 있다면, 이들은 공정성을 강조하고 대개 자녀의 관점에 여전히 마음을 열려고 노력합니다. 이들은 아이들이 우리에게 지대한 것을 가르쳐줄 수 있고, 어린 시절은 가능한 한 행복해야 한다고 믿습니다. 이들은 약하고 무방비한 것을 향한 잔인함을 옹호하지 않습니다. 특히 만일 이들이 인간의 고통에 직면해서 활동하지 않는다면, 그 고통은 이들의 심혼에 해로운 효과를 갖고 있게 됩니다. 이들 중 다수는 자신이 속한 공동체의 대의명분에, 아니면 더 넓은 사회적인 계층의 대의명분에 정말 관여하게 됩니다.

이들은 자신의 생각이 매우 멀리까지 뻗어갈 수 있고, 그러므로 부모든 사회든 권위라는 제약 아래 마찰이 빚어집니다. 이들은 각자 자신의 발상으로 위협받는 사람들에 의해 재갈이 물려지는 것을 거부합니다. 자발성을 소중히 하는 이들은 심지어 타인들이 자신에게 동의하지 않더라도, 타인들이 이들 자신에 대해 정직하고 공개적으로 표현하는 것을 보는 것도 또한 좋아합니다. 이들은 자신이 인간의 캐릭터를 죽게 하는 것으로 바라보는 억누름, 뻣뻣함, 반복적인 습관 및 반동적인 경향에 대해 단호히 반대합니다.

이들은 타인에게 자신의 견해를 확신시키기를 바란다면, 자신의 작업이 자신에게 적합해지도록 합니다. 이들은 비록 완벽하지 않더라도 현상 유지가 변화보다 더 좋다고 느끼는 더 실용적이고 덜 이상주의적인 사람들의 완강한 저항을 만날 수 있습니다. 비록 자유로운 영일지라도, 이들은 실존의 문제를 드러내고, 소견을 만들어내며, 타인들로 하여금 그 소견을 받아들이게 하고, 아니면 떠나도록 허용하는 것에 때때로 만족해야 합니다. 만약 이들이 타인들에게 자신의 발상에 대한 인상을 강압적으로 주는 데 열중한다면, 이들은 거절, 노골적인 적대감 및 심지어 배척조차도 직면할 준비가 되어야만 합니다.

▶ 일간 특성
강점; 인간적인, 자연스러운, 자발적인,
약점; 비실상화된, 지나치게 방임하는, 만족하지 않는

▶ 명상
이상 세계는 오직 이상적인 사람에 의해서만 창조될 수 있습니다.

▶ 조언
비록 당신은 세상의 작은 부분만을 변화시킬 수 있지만, 당신은 당신 자신을 완벽하게 할 수 있다.
당신의 개인적인 약점을 극복하기 위해 공들이라.
타인에게 본보기가 되라.
당신이 성숙해지더라도 여전히 마음을 열고 이상주의자가 되라.

▶ 건강
이들은 대체로 다층적인 최신식의 치료요법, 치료법, 처치 형식에 개방적입니다. 하지만 이들은 본능적으로 1온스의 예방이 1파운드의 치유 가치가 있다는 점을 깨닫고, 그러므로 자기 자신의 건강을 유지하는 것에 마음을 씁니다. 요가, 태극권, 명상 그리고 지압 마사지는 이들 자신의 과도한 스트레스를 없애는 데 도움을 줄 수 있습니다. 하지만 이들은, 특히 목적이 체중 감량일 때 유행하는 식단을 단속해야 합니다. 하지만 이들은 대개 건강에 좋은 기본적인 것들, 즉 신선한 채소, 통곡 빵, 요구르트, 견과류, 과일뿐만 아니라 이국 민족의 요리도 즐기기 때문에, 음식과 요리에 대한 현대적인 접근은 이들에게 좋습니다. 이들에게는 밝고 재미있는 식단이 가장 적당합니다. 가능하면 아침 일찍 조깅이나 수영을 하는 등 적당한 매일의 신체 운동이 권장됩니다.

▶ 수비학
7일에 태어난 사람은 숫자 7 및 해왕성에 통치됩니다. 해왕성은 비전, 꿈, 심령현상을 통치하는 물같은 행성이고, 2월 7일에 태어난 이들은 불안정한 영향을 받기 쉽습니다. 해왕성과 천왕성(물병자리의 통치자)의 연관성은 변화에 대해 열린 마음과 실존하는 금기를 완화하려는 건전한 소망을 예시해줍니다. 이들은 꿈과 포부를 지나치게 중점을 두고 실상에서 동떨어지게 되는 것을 피해야만 합니다. 그들은 의심스럽거나 입증되지 않은 심령적인 및 오컬트 활동도 또한 주의해야만 합니다. 숫자 7에 통치되는 사람은 전통적으로 변화와 여행을 즐깁니다.

▶ 원형
일곱 번째 메이저 카드는 세상을 누비는 의기양양한 인물을 보여주면서, 역동적인 방식으로 자신의 신체적인 존재감을 구현하는 '전차'입니다. 그 카드는 올바른 행로가 아무리 좁고 위태롭더라도 계속되어야만 한다는 의미로 해석될지도 모릅니다. 이 카드의 좋은 면은 성공, 재능, 효율성을 배치해주고, 나쁜 면은 독재적인 태도와 서툰 방향 감각을 제안합니다.

2월 8일

예지의 날
Precognition

▶ 심리구조

2월 8일에 태어난 이들은 자주 고도로 계발된 심령 능력이나 투사 능력을 갖고 있습니다. 이들은 국면이 어떻게 되어야 하는지에 대한 개념을 자신의 머릿속에 형성하고, 그다음 물리적으로 실상을 창조하는 것이 아니라 제안의 힘[정성]에 의해, 즉 자신이 시각화한 바램의 방향으로 어떻게든 타인들을 인도하는 것에 의해 그 국면을 실상으로 가져올 능력이 때때로 있습니다. 게다가 이들은 어떤 주제를 제기하거나 신체적인 움직임을 만들어낼 바른 때를 알고 있을 정도로 자신의 주위 싸인을 정확하게 읽어낼 능력이 있습니다.

재무적인 문제에서는 이들은 대체로 돈을 언제 투자하고 언제 빼내는지 그리고 사업 관계를 언제 시작하고 종료하는지에 대한 적절한 때를 이들에게 알려주는 타이밍 감각을 갖고 있습니다. 어떤 이는 이들이 어떻게든 미래를 읽을 수 있다고 말하고 싶겠지만, 그런 점은 어쩌면 사람과 상황 사이의 저변 흐름에 고도로 민감하게 되는 일종의 더 열린 마음 때문입니다. 실로 이들 중 일부는 심지어 상당한 거리에서도 타인들이 무슨 생각을 하고 있는지를 감지할 능력이 있고, 송신기처럼 자신의 생각과 메시지를 전하는 데도 또한 유능한, 명백한 심령술사입니다. 그러나 이들 중 심지어 평균 수준의 사람조차도 가장 자주 강력한 육감(六感)을 갖고 있습니다.

이들은 개념적으로 매우 강합니다. 이들은 바로 뛰어들어 시행착오를 통해 무언가를 달성하려고 노력하기보다, 대개 뒤로 물러서서 상황을 객관적으로 검토하고, 상황이 완수되어야 하는 방법을 시각화합니다. 자주 이들은 다른 세상, 즉 생명체가 아니라 발상이 살고 있는 세상에서 산다는 인상을 줍니다. 이들은 지식인이나 기획자, 건축가나 지도 판독가, 음악가나 과학자, 또는 컴퓨터 귀재일지도 모르지만, 이들이 확실히 아닌 것 한 가지는 게으른 몽상가입니다. 타인들은 이들의 이런 [신통한] 점을 발견할 때 이들이 단지 괴상하거나 미쳤다고 잘못 가정하면서 놀랄지도 모릅니다. 사실 이들은 고도로 기법적인 문제를 이해하는 데 대단한 수용력을 표출합니다.

이들의 재능에도 불구하고 이들의 감정적인 삶은 불안정한 것을 향한 경향, 심지어 혼돈된 것을 향한 경향조차도 있습니다. 만약 이들이 자신 천성의 개념적인 부분을 전혀 발견하거나 계발하지 않았고, 오히려 자신의 에너지 대다수를 대인관계에 바쳐왔다면, 이들은 상당한 시간을 허둥댈지도 모릅니다. 이들은 잇달아 오는 바른 사람을 붙잡는 데 실패하거나, 아니면 더 나쁘게는 잘못된 사람들에게 절망적으로 집착하게 되는 것으로 보입니다. 기본적으로 이들은 자신에게 적합하지 않은 비실상화된 책임을 지나치다 싶을 정도로 짊어지는 실수를 합니다.

한편으로는 이들은 조금의 보답도 거의 받지 못하면서 자신으로 하여금 많은 것을 주게 할 수 있고, 아니면 다른 한편으로는 이들 자신으로 하여금 주목이라는 따뜻한 목욕을 탐닉하게, 심지어 응석받이까지 되게 할 수 있는 이들 천성의 고도로 유순한 부분이 현존합니다. 불운하게도 이들의 심령 능력은 이들이 동무를 선택할 시 이들에게 도움되지 않는 것으로 보입니다. 빈번히 이들은 상황이 여유롭고 부드럽게 진행되기를 원하지만, 이들 중 잘못된 사람과 함께하는 사람에게 이 바램은 불가능한 것까지는 아니더라도 결국에는 어려워집니다. 동등한 관계 속에서 좋은 주고받기라는 균형을 찾아내는 것은 이들이 할 수 있다면 끝까지 붙들어야 할 중요한 것입니다.

▶ 일간 특성
강점; 개념적인, 직감적인, 기법적인
약점; 상호 의존하는, 감정적으로 혼란한, 수동적인

▶ 명상
비록 재능이 주어질지도 모르지만, 그 재능은 키워지기를 욕구합니다.

▶ 조언
당신의 개인 생활에서 더 실상적이 되게 탐구하라.
더 나은 판단을 계발하도록 노력하라.
당신의 문제를 해결해나가라.
온갖 것이[매사가] 여유롭게[쉽게] 올 수 있는 것은 아니다.
자기-파괴적인 경향을 주의하라.

▶ 건강
이들은 자신이 타인들과 논의하기를 두려워하거나 꺼리는 숨겨진 질병으로 고통받을지도 모릅니다. 가능하다면, 이들은 자신이 편안하게 느끼고, 존경하며, 신뢰하고, 손수 선택한 의사에게 정기검진을 받아야 합니다. 이들은 수년 동안 림프, 선[腺] 또는 순환기 계통의 질환으로 고통을 겪을지도 모릅니다. 이들은 인생 후반부에 계발될지도 모르는 모든 정맥류에 주의를 기울여야 합니다. 이들은 지방이 적은 식단을 유지하고, 흡연을 줄이거나 없애고, 술 섭취를 제한하는 편이 온당할 것입니다. 이들에게는 많은 휴식이 붙어가는, 단지 가볍거나 적당한 운동만이 권장됩니다. 이들은 자기-파괴적인 천성에 의한 자기-충족의 예언에 초점을 맞추고, 아니면 심지어 그 예언을 언급하는 것조차도 주의해야 합니다.

▶ 수비학
8일에 태어난 사람은 숫자 8 그리고 '책임이라는 강한 느낌 및 그 느낌에 동반된 경계심과 제한을 향한 성향을 운반해주는 토성'에 통치됩니다. 천왕성(물병자리의 통치자)에 대한 토성의 영향력은 2월 8일에 태어난 이들을 위해 일부 소통의 어려움뿐만 아니라 이들의 인격에 쌓아두는 기록과 자주 남다른 기록을 빌려줍니다. 비록 이들의 가슴이 따뜻할 수 있지만, 토성에 통치되는 사람은 자주 냉정하거나 거리를 두는 외관을 제시합니다.

▶ 원형
여덟 번째 메이저 카드는 사나운 사자를 길들이는 우아한 여왕을 그려내는 '강인함이나 용기'입니다. 여왕은 반항적인 에너지를 마스터할 수 있는 여성 마법사를 상징하고, 신체적인 강인함뿐만 아니라 도덕적인 강인함을 표징합니다. 이 카드의 긍정적인 속성은 카리스마와 성공하려는 결단을 포함하고, 부정적인 자질은 무사안일과 권력남용을 포함합니다.

2월 9일

반향의 날
Vibrancy

▶ 심리구조

2월 9일에 태어난 다채로운 이들은 흥미진진한 해프닝에 끌리고, 동시에 장기간의 [중독] 에너지를 자가발전합니다. 이들은 가장 자주 고도로 자발적이며 다소 자제되지 않는데, 그래서 필요할 때마다 온힘을 다하는 수용력을 계발하는 것이 이들의 임무입니다. 자신의 에너지를 분산시키는 것보다 그 에너지를 유도해서 집중시킴으로써, 이들은 훨씬 더 생산적일 수 있습니다. 자신의 일부 열의도 또한 다스림으로써 이들은 너무 이르게 소진되거나 해로운 영향에 자기 자신을 노출할 가능성이 줄어들 것입니다.

가족 구성원이나 친구로서 이들은 자주 가장 곤란에 처한 사람들의 영을 상승시키기 위해 그들로 하여금 의지하게 합니다. 이들 중 고통에 낯설지 않은 더 고도로 진화된 사람은, 자신의 과거에서 심오하고 자주 아픈 경험을 취해서 타인들에게 영감을 줄 수 있는, 기운을 북돋는 태도를 위한 근거를 자신에게 만들어내는 데 마스터입니다. 이들은 잠재적으로 부정적인 국면을 자신에게 유리하게 전환하는 방식도 또한 갖고 있습니다.

특별히 인생 후반부에 이들은 자주 빛나지 않는 노력을 계속해온 사람으로 알려져 있고, 그렇게 한 후에야 타인들이 지혜와 자비로 맞서는 어려움을 이해하는 데 유능해집니다. 이들은 자주 "나는 전에 그곳에 가본 적이 있고, 그것이 무엇과 같은지 알고 있다."고 자신 있게 말할 수 있습니다. 한 마디로 이들은 생존자[살아남은 사람]이고, 그러므로 불운을 겪거나 삶의 도전에 고군분투하는 사람들에게 희망을 품게 합니다. 놀랄 것도 없이 이들의 공감과 통찰은 이들의 사회 동아리에서 상품으로 고도로 인기가 높습니다.

이들의 몸의 언어가 감정적인 손상을 말해주므로, 이들 중 일부는 자신의 경험에 얻어맞아 제압된 것처럼 보일지도 모릅니다. 하지만 이들은 어쨌든 여전히 긍정적이고 활기차기 위해 더욱더 고군분투합니다. 심오하고 흥미로운 이들은 자신의 성격 중 어두운 면과 밝은 면 사이의 항상적인 전투에 참전합니다. 이들은 공격적이고, 폭발하기 쉬우며, 예견되지 않는 투사입니다. 대단히 기분이 좋을 때 이들은 마치 태양이 빛나는 것 같습니다. 기분이 좋지 않을 때 타인들은 할 수 있는 한 빨리 사라지는 것이 최선입니다!

이들이 자신의 더 혼란스러운 요소들을 통제 아래 두고 싶은 경향성을 갖고 있다고 가정한다면, 그런 통제 아래 두는 것은 이런 급변하는 유형인 이들 편에 엄청난 개인적인 노력을 요구합니다. 사실 이들이 특정한 경우에 내보여주는 의지력은 정말로 주목할만할 수 있지만, 불운하게도 목적의 항상성과 일관성은 심하게 결여될 수 있습니다. 이들 중 다수는 자기를 연민하기 쉽고, 따라서 전염병을 피하듯이 술과 다른 억제도 피해야 합니다. 이들 중 대다수는 자신 삶의 안정을 위해 애쓰려고 욕구할 것이고, 이 과정의 일부는 이해심 많은 동무 그리고/또는 매우 가까운 친구들에 의존하고, 일반적인 신뢰를 키우는 것을 수반합니다.

▶ 일간 특성
강점; 다채로운, 살아있는, 생산적인
약점; 산만한, 곤란해지는, 오랫동안 고통받는

▶ 명상
숙명 그 자체가 궁극의 선(禪) 마스터입니다.

▶ 조언
[자기 욕망과의 싸움에서] 용기를 더 내라.
당신 자신으로 하여금 타인의 부정성에 질질 끌려가지 않게 하라.
당신의 에너지를 절약하라.
당신이 자신의 주위 사람들에게 갖고 있는 효과와 당신이 그들에게 만들어내는 요구들을 세심하게 숙고하라.
당신을 아는 것이 항상 쉬운 것은 아니다. [자신을 안다고 교만해하지 마라.]

▶ 건강
이들은 더 어두운 순간에 우울하게 되는 것 및 자신의 인생 문제에 대해 되새기기 쉽습니다. 이런 이유로 이들은 이런 성향을 보강해주는 마약류(특히 술)를 피해야만 합니다. 이들은 또한 자신을 과다흥분 상태로 던져넣어 버릴 수 있는 분위기 상승도 단속해야만 합니다. 이들은 영양소에 대한 마침맞은 계획과 고려가 부족한 경향이 있는 자신의 식단에 더 많이 주목해 보는 편이 온당할 것입니다. 이들 중 일부는 자신의 신진대사를 증가시키는 약을 피하려는 또 다른 이유로, 정기적으로 충분히 먹지 않고 심지어 거식증 방향으로 갈지도 모릅니다. 여기서는 가벼운 신체 운동만이 권장되는데, 특히 (대개 명상 및 호흡운동과 조합된) 정기적인 일상 산책, 요가, 그리고/또는 수영이 권장됩니다.

▶ 수비학
9일에 태어난 사람은 숫자 9와 화성에 통치됩니다. 숫자 9는 (이를테면 5+9=14, 4+1=5처럼 9를 더한 어떤 숫자도 그 숫자가 되고, 9×5=45, 4+5=9처럼 9를 곱한 어떤 숫자도 9가 되므로) 다른 숫자에 대한 영향이 강력하고, 2월 9일에 태어난 이들도 비슷하게 자신의 주위 사람들에게 영향을 끼칠 능력이 있습니다. 강압적이고 공격적인 화성은 남성적인 에너지를 체화해주지만, 물병자리의 통치자인 천왕성의 영향력은 이들 중 남성과 여성 양쪽에게 그런 강력한 에너지가 더 폭발하도록 만들어줍니다.

▶ 원형
아홉 번째 메이저 카드는 대개 등불과 지팡이를 들고 걷는 것으로 그려지는 '은둔자'이고, 그는 명상, 고립, 침묵을 대변합니다. 은둔자는 확고해진 지혜와 궁극적인 단련도 또한 암시합니다. 그는 양심에 의한 동기를 부여해 타인들로 하여금 그들의 행로로 나아가게 해주는 임무 감독관입니다. 이 카드의 긍정적인 예시는 집요함, 목적, 심오함, 집중력이고, 이들 중 특정 사람의 자기 연민을 향한 성향을 예고해주는 부정적인 자질은 교조주의, 불관용, 불신, 만류를 포함합니다. 하지만 이 카드의 긍정적인 요소는 2월 9일에 태어난 모든 이들에게 영감을 주는 모델로 작용해야 합니다.

2월 10일
칭송의 날
Acclaim

▶ 심리구조

2월 10일에 태어난 이들은 대체로 자신에게 덕이 되는 가장 폭넓은 수용을 탐구하지만, 알아볼만한 사람들에게 환영받는 것도 또한 좋아합니다. 이들 중 다수는 자신의 성취들이 사회나 문화의 더 높은 계층으로 올려져 고도로 소중히 여겨지기를 바랍니다. 이들 중 더 고도로 진화된 사람은 너무 힘겹게 노력하거나 자신의 성실을 위태롭게 하는 것 없이도 인정을 끌어들이는 데 성공합니다. 오히려 이들은 타인들이 설득되어 끌려들 정도로 격렬하거나 상상적인 개인적 비전을 자신만만하게 쫓습니다. 실로 이들이 더 인기를 얻기 위해 자신의 방식을 바꾸는 것은, 고도로 이례적입니다. 이들의 태도는 기본적으로 '받아들이거나 떠나라!'입니다. 이들이 반드시 어떻게든 대결적이거나 대립적인 것은 아닙니다. 단순히 이들은 자신만의 방식으로 상황에 응하는 방법을 알고 있고, 자기 자신을 보증할 뿐입니다.

불운하게도 타인들도 당연히 이들의 완강함이나 강직성에 대해 그런 '받아들이거나 말거나!' 식의 태도를 보일지도 모릅니다. 그러므로 이들은 정확하게 자신의 기이한 점, 잘못, 기벽에 대해 자신을 사랑해주는 매우 이해심이 많은 동무나 누군가를 찾아내야 할지도 모릅니다.

이들은 자신의 주위 사람들의 감정에 매우 직접 접촉할 능력이 있지만, 자신의 느낌에 든 개인적인 심정을 토로하지 않습니다. 이들은 어떻게든 감정적인 거리두기의 수준을 유지하면서, 자신의 모든 에너지를 열렬한 노력으로 전환하는 것으로 보입니다. 이런 객관성은 사실 이들이 성공하는 근거가 될 수 있습니다. 삶이라는 무대 위에서 실연해보이는 자로서 이들은 청중들(가족, 친구, 협력자, 사교적인 인맥)에 대한 대단한 책임이 자신에게 있음을 알아보고, 비행기 조종사처럼 자신이 그 비행기가 추락하게 할 정도로 너무 휩쓸리게 되면 안 됨을 알고 있습니다.

하지만 이들은 항상 자기 자신을 주목받는 중심에 두지 않는 법을 체득해야만 합니다. 타인들에게 기회를 주고, 본보기나 교사로서 자신이 알고 있는 바를 전달하는 것은, 이들의 개인적인 계발의 중요한 부분입니다. 책임에 대한 전체적인 질문은 이들에게 이해관계를 제시하는 질문입니다. 이들 중 다수는 자신의 작업과 삶 모두를 향한 엄청난 보편적인 책임감을 느끼지만, 어쩌면 다른 인간 존재들에게 가장 개인적인 수준에서 여전히 책임을 지는 데 실패할 것입니다. 이들은 가족 구성원이 무시되거나, 친구가 당연시되거나, 동료가 간과되는 느낌이 들지 않도록 주의해야만 합니다. 보살피고 나누고 희생하는 것은 이들이 자신의 객관적인 목표를 추구할 때 마음에 담아둬야 할 테마입니다.

이들은 결국 알려지고, 추켜올려지며, 혼자가 되는 위험에 처하게 됩니다. 하지만 이들이 일찍이 고립의 경고 싸인을 인정하고 변화를 만들어낸다면, 이런 숙명을 피할 수 있습니다. 자기 자신을 단절시켰던 이들이 다리를 수리해서 다가가는 것이야말로 절대 너무 늦은 것은 아닙니다. 이들은 타인들에게 공감이 부족한 어떤 것도 갖고 있지 않고, 그 부족은 대다수 지향과 자각의 문제입니다.

▶ 일간 특성
강점; 개별적인, 자신만만한, 공감적인
약점; 신경질적인, 자신에게만 몰두하는, 동떨어진

▶ 명상
수용과 보편적인 가치도 중요하지만, 접시를 닦거나 바닥 청소도 중요합니다.

▶ 조언
사소한 문제를 간과하지 마라.
단순한 임무는 당신의 추상적인 천성을 도울 수 있다. 당신이 노력할 취급범위[의 크기]에 너무 휩쓸리게 되지 않도록 하라. 당신 바로 앞에 있는 것을 처리하는 것을 기억해내라.

▶ 건강
이들은 때때로 매우 안달복달할 수 있고, 스트레스에 극도로 취약할 수 있으므로, 신경계를 진정시키기 위해 노력해야만 합니다. 이들의 뇌가 매우 활동적이기 때문에, 이들은 일반적으로 수면과 충분한 휴식을 취하는 데 문제를 갖고 있을지도 모릅니다. 마침맞은 에너지는 이들의 집을 진정한 안식처로 만들어내는 데, 즉 그 집 속에서는 세상의 요구가 봉쇄되는 사적인 피난처를 갖고 있는 데 투입되어야 합니다. 식단이 관련된 한, 이들은 물론 특정 건강 코스의 제한된 범위 내에서, 자신의 공상이 지시하는 무엇이든 먹는 것이 온당합니다. 음식을 향한 광범위하고 자유분방한 태도는 훌륭하지만, 이들은 느긋한 식사시간을 찾아내야만 합니다. 운동이 관련된 한, 단지 가벼운 신체적인 활동부터 적당한 신체적인 활동만이 권장됩니다.

▶ 수비학
10일에 태어난 사람은 숫자 1(1+0=1) 및 태양에 통치됩니다. 숫자 1에 통치되는 사람은 자신이 하는 것에서 첫째가 되는 것을 좋아하고, 이것은 2월 10일에 태어난 이들의 경우 자신의 환경을 고도로 통제하는 것을 의미할지도 모릅니다. 태양은 뚜렷하게 인간적이고 긍정적인 삶을 지향하는 따뜻하고 잘 계발된 에고의 자질을 부여해주는 경향이 있습니다. 물병자리에 태어난 이들은 뚜렷하게 지적이고 신경질적인 모습으로 태양의 광채를 채색할지도 모르는 천왕성에도 또한 지배됩니다. 숫자 1에 의해 통제되는 사람은 대다수 주제에 관해 날카롭게 규정된 또 때로는 비타협적인 견해를 갖고 있고, 이들은 실로 극도로 완고할 수 있습니다.

▶ 원형
열 번째 메이저 카드는 인생의 부침, 승리와 패배, 성공과 실패를 상징하는 '운명의 수레바퀴'입니다. (가끔 실패를 감수해주고 감당하는 법을 체득하는 것은 이들에게 특별한 도전이 될 것이다.) 운명의 반전을 암시하는 그 카드는 변화 외에는 영구적인 어떤 것도 현존하지 않음을 가르쳐줍니다.

2월 11일
개선된 편안함의 날
Improved Comfort

▶ 심리구조

2월 11일에 태어난 이들 중 다수는 자신의 주위 삶의 질을 개선시키는 것을 향한 이바지를 만들어냅니다. 그런 개선은 개념적이고 창의적인 천성에 속하거나 뚜렷하게 쾌락주의적인 다층성에 속할지도 모릅니다. 어느 경우든 이들과 가까운 사람들의 신체적인 웰빙은 보살핌을 받을 가능성뿐만 아니라 개선될 가능성이 있습니다. 이들은 상황이라는 것이 실상 자신이 해낼 수 있는 것만큼 절대로 편안하거나 효율적이 아니라고 믿기 때문에, 이들의 열쇠 개념은 개선입니다.

비록 편안함과 사치는 이들의 노력에서 비롯될지도 모르지만, 이들 중 대다수는 자발적인 쾌락주의자가 아닙니다. 쾌락에 대한 끊임없는 추구에 자기 자신을 내맡기는 사람은 오직 이들 중 덜 고도로 진화된 인간뿐입니다. 이런 추구는 사실상 한동안 꽤 잘 풀릴 수 있지만, 불가피하게 실망, 질투, 소유욕, 아픔을 초래하게 됩니다. 더 고도로 진화된 이들이 타인들의 운명을 개선하는 것이야말로 이들이 대단한 열중과 투신으로써 추구하는 창조적인 임무입니다.

타인들의 삶(생활 수준, 식단, 흥겹게 하기)의 질에 이바지할 시, 이들은 삶이 더 쉽고 더 유쾌해지도록 만들어내기를 바랄 뿐만 아니라 더 의미 있는 삶도 또한 만들어내기를 바랄지도 모릅니다. [자신의] 실용적인 천성을 개선해가는 것은, 지적인 혹은 창조적인 영적인 관심사를 위해 더 많은 시간과 에너지를 허용해주기 위한 단지 수단일 뿐일지도 모릅니다. 이들이 삶의 쾌감에 빠져들게 되지 않고 혹은 가장 중요한 것에 대한 시야를 잃어버리지 않고 그 쾌감을 즐길 능력이 있다는 점에서 실로 이들은 주목할만합니다.

특히 한계를 극복하는 것에 관련한 자유는, 이들 삶의 중심 테마입니다. 자신의 선천적이거나 후천적으로 불리한 조건을 극복하든, 다만 자신의 결점을 보완하든 간에 자기 몸의 한계를 초월하는 것이야말로 이들에게 도전적이게도 보람되게도 해줄 수 있습니다. 사실, 이들은 자기 자신이나 타인들이 신체적으로든, 정신적으로든, 재정적으로든 간에 어떤 종류의 불이익에 의해 제지당하도록 내버려두는 것을 싫어합니다. 많은 친구, 가족, 지인들의 운명을 개선해주려고 이들이 소망할 시, 이들은 모든 가장 좋은 의도로 상황에 응하는 더 나은 방식을 내보여줄지도 모르지만, 불운하게도 그 방식 탓에 결국 원망받게 될지도 모릅니다.

이들은 대다수 사람이 실수를 만들어내거나 서투르게 해낼지라도 그들만의 방식대로 상황에 응하기 위해 홀로 남겨지는 것을 선호한다는 사실을 간과할 수 있습니다. 확실히 어리석거나 고집 센 사람들이 같은 실책을 만들어내는 것이나 개선할 유리한 기회를 취하는 것에 대한 실패를 지켜보기가 어려울 수 있지만, 정확하게 이것이 때때로 이들이 해야 할 일입니다. 이들 중 사회에서 높이 올라간 사람들은 독불장군으로 간주될 수 있고, 변화와 진보에 위협받는 더 많은 반동적인 영(靈)들의 적대감을 살 수 있습니다. 따라서 여전히 성공적이려고 이들은 수완과 외교의 큰 척도를 키우려고 욕구하고, 가장 손대지 않고 남겨둔 자신의 국면에 더 민감해지려고 욕구할 것입니다.

▶ 일간 특성
강점; 도움되는, 창의적인, 정견적인
약점; 과도한, 지나치게 관여하는, 둔감한

▶ 명상
쾌락을 추구하는 것은 결국 [평생의] 아픔이라는 고통을 포함합니다.

▶ 조언
타인들이 욕구하는 것처럼 보이는 것뿐만 아니라, 타인들이 '실상적으로' 원하는 것에 더 마음을 쓰도록 노력하라.
타인에게 더 많은 프라이버시를 허용하라.
당신의 이상과 원칙을 말하되 가족이나 친구에게 강요하지 마라.

▶ 건강
이들은 평균적인 사람보다 더 많은 감정적인 어려움을 맞닥뜨릴지도 모릅니다. 대개 이들은 자신만의 방식으로 상황을 갖고 있고 싶어하며, 때때로 타인들을 희생시켜서 자신의 욕구를 충족시킬 시 꽤 유치할 수 있습니다. 이들이 왜 그렇게 자주 감정적인 열탕 속에 있는 자기 자신을 알아차리는지 이해하도록 자신을 돕기 위해서, 테라피나 심리 상담이 도움될 수 있습니다. 과식 그리고 관능적이거나 성적인 과잉 탐닉은 이들 중 일부에게 문제가 될 수 있지만, 대체로 이들 중 더 정신적인 유형에게는 문제가 되지 않습니다. 이들에게 식단은 어느 정도 규제되어야 하지만, 너무 많이 부담되는 건강 요법에 지배당하지 말아야 합니다. 신체 운동이 관련된 한, 이들 중 덜 체육적인 다수는 신체 운동에 비교적 무관심하지만, 그럼에도 약간 적당하고 스트레스받지 않는 형식의 야외 활동을 자신의 일상 루틴으로 통합하기 위한 노력을 만들어내야 합니다.

▶ 수비학
11일에 태어난 사람은 숫자 2(1+1=2)와 11 그리고 달에 통치됩니다. 숫자 2에 통치되는 사람은 자신을 리더보다 좋은 협업자와 동반자로 자주 만들어내고, 이것은 2월 11일에 태어난 이들의 사교적인 지향을 예고해줍니다. 숫자 11은 쌍둥이나 동시성, 대칭성에 대해 가능한 이해관계뿐만 아니라 물리적인 차원을 위한 느낌도 또한 빌려줍니다. 달-천왕성(물병자리의 통치자)의 연관성은 비범하고 기이한 특징과 고도로 이상주의적인 성향 쪽으로 이들을 만들어갑니다.

▶ 원형
11번째 메이저 카드는 한 손에 저울을 들고, 다른 손에 검을 들고 의자에 차분히 앉아 있는 여인인 '정의'입니다. 그녀는 우리에게 우주의 질서를 상기시켜주고, 우리가 자신의 행로를 계속하는 한 우리의 삶에 균형과 조화가 유지되리라는 점을 상기시켜줍니다. 이 카드의 긍정적인 측면은 통합, 공정, 정직, 단련이고, 부정적인 측면은 낮은 주도권, 비인격성, 혁신의 두려움, 불만입니다.

2월 12일
통합자의 날
Unifier

▶ 심리구조

2월 12일에 태어난 이들은 자신의 환경에서 이질적인 요소들을 통합하는 두드러진 능력을 표출합니다. 곤란에 처한 가족을 화해시키든, 친구들 사이의 불화를 치유하든, 조직 내의 언쟁을 해결하기 위해 리더십을 내보여주든 간에 이들은 사람들 사이의 틈새를 메우고 있는 것이 자주 발견될 수 있습니다.

이것이 이들을 유능한 팀 협동자로 만들어줍니까? 꼭 그런 것은 아닙니다. 대개 자신만의 견지에서 주어진 국면을 평가하는 이들은 자신이 평가할 권한을 갖고 있으면, 그룹을 위한 코스를 도표로 계획합니다. 합의를 구축하는 것은 이들의 천성에 적은 편입니다. 하지만 이것이 타인이 생각하는 바를 무시하거나 과소평가한다는 점을 시사하는 것은 아닙니다. 이들은 자주 자신이 이미 대다수 관점을 흡수해서 최선의 활동 코스에 관해 결론에 도달했다고 느끼는 점은 당연합니다. 그런 결단에 도달해왔기에, 그다음 이들은 자신의 지도를 따르도록 타인들을 설득하는 데 고도로 영향력이 있습니다.

이들은 다양한 재능을 지닌 다면적인 사람이고, 그러므로 자신만의 성격 중 이질적인 양상들을 하나로 묶는 것이 이들에게 부가된 도전입니다. 자신에게 너무 자주 불리하게 작용하는 이들의 다재다능함은 자신의 경력과 개인적인 관심사를 조직화하는 것인 자신의 목적을 무너뜨립니다. 게다가 일단 이들이 자신의 마음을 꾸며냈고 코스 바꾸기를 거부하면, 이들의 완고함은 어려움을 창조할 수 있습니다. 문제에 직면하면 이들은 타협을 탐구하는 것보다 그냥 자신의 방식을 억지로 밀어붙이려고 노력할지도 모릅니다.

이들이 너무 자주 절대적인 용어로 생각하기 때문에, 상대적이 되는 것이 어려울 수 있습니다. 하지만 이들이 주어진 국면의 진실을 인지하기를 바란다면, 상대적이 되는 것이 정확하게 이들이 해야만 하는 바입니다. 비록 이들이 자신의 독창적인 윤리 원칙에 여전히 충실하기를 바랄지도 모르지만, 이들은 새로운 주위 여건에 맞도록 변화하는 것의 중요성을 배우고, 그 과정에서 협업자나 협력자에 의해 만들어진 심사숙고된 소견과 관찰에 세심하게 귀를 기울이는 것의 중요성도 또한 배워야만 합니다.

드물지 않게 이들은 자신의 사고방식을 유도하는 '틀'이나 '자신을 위해 작용하는 철학'이 되는 하나의 체계화된 관점에 점차 편안해집니다. 하지만 만일 이들이 이 전망을 주기적으로 검토해, 그 전망이 시간이라는 시험을 견뎌냈는지 아닌지 알아볼 마음을 낼 수 있다면, 이들은 자신의 발상을 강화하고, 많은 환상과 그릇된 개념 속의 자신에게서 탈피할 것입니다. 이들 중 가장 고도로 진화된 사람은 결국 자신을 위해 [제대로] 기능하지 않는 그 이론들을 폐기합니다.

의심할 여지 없이, 사람들을 화해시키기 위한 이들의 노력은 많은 도움이 될 수 있습니다. 하지만 상황이 바뀌도록, 발달하도록 혹은 심지어 그들만의 협정조차도 깨지도록 내버려두는 것이 때로는 더 적절한 대응입니다. 그냥 떠나버리거나 그만두는 것이 대다수 이들의 성미에는 위배되지만, 이들은 가장 대단한 용기가 때로는 활동하지 않는 행로를 따르는 데서 내보여질 수 있음을 깨닫게 될지도 모릅니다.

▶ 일간 특성
강점; 다면적인, 보호하는, 개념적인
약점; 불관용적인, 양보하지 않는, 마음이 닫힌

▶ 명상
몰락과 부패가 없다면 '다시 젊어짐'은 없을 것입니다.

▶ 조언
여전히 객관적이고 마음을 열라.
당신의 믿음 체계를 검토해서 더는 참이 아닌 측면을 거절할 준비가 되라.
유연성이 강점이다.
당신의 비판적인 천성을 지속해서 통제하라.

▶ 건강
일반적으로 이들은 대개 건강에 관해 잘 규정된 발상을 갖고 있습니다. 기본적으로 몸의 상태가 좋은 한, 이들은 중요하지 않은 불편사항에 대해서는 도움을 구하지 않기로 선택할지도 모릅니다. 이들은 '고장나지 않았으면, 고치지 마라'는 모습을 나타냅니다. 이런 태도는 일반적으로 건전하고 자기-신뢰적이지만, 이들은 잠행하는 다층적인 문제가 단순한 성가심 그 이상의 문제로 천천히 계발되지 않도록 주의해야만 합니다. 같은 일이 이들의 식단에도 해당합니다. 만약 (어쨌든 이들이 여전히 살아 있어서) 자신이 아주 건강하다고 느낀다면, 이들은 귀결을 고려하지 않고 바라는 것이 무엇이든 그저 먹을지도 모릅니다. 이들은 가능하면 해로운 물질을 제한하도록, 또 음식 선택에서 다층성과 영양을 강조하도록 노력해야 합니다. 체조, 에어로빅, 경쟁 스포츠 및 기타 인내력 운동 같은 활기찬 신체 운동이 권장됩니다.

▶ 수비학
12일에 태어난 사람은 숫자 3(2+1=3) 및 확장적인 행성인 목성에 통치됩니다. 숫자 3에 통치되는 사람은 자주 자신의 분야에서 최고 위치에 오릅니다. 이들은 또한 다소 독재적일 수 있고, 그런 경향을 절제하려고 노력해야 합니다. 숫자 3에 통치되는 사람은 독립적인 것을 좋아하는데, 2월 12일에 태어난 이들의 경우 이것이 이들이 바라는 대로 자유롭게 활동하기 위해 안전한 위치를 포기하는 것을 의미할지도 모릅니다. 숫자 3의 목성적인 자질은 이들이 자신의 소명을 열의로 따르도록 촉진하고, 천왕성(물병자리의 통치자)의 영향력은 이들이 자신의 계획을 끝까지 해내기 위해 욕구하는 공격성, 세몰이, 행운을 이들에게 부여해줍니다.

▶ 원형
12번째 메이저 카드는 자신의 묶인 발로 거꾸로 매달려 있는 '매달린 사람'입니다. 비록 그런 처지가 무력해 보이지만, 그럼에도 '매달린 사람'은 영적으로 강력하고 깊이 심사숙고합니다. 이 카드의 긍정적인 속성은 단순히 인간이 되는 것뿐만 아니라 한계를 알아보고 극복하는 것이고, 부정적인 측면은 영적인 근시안과 한정성입니다.

2월 13일
생동성의 날
Liveliness

▶ 심리구조

2월 13일에 태어난 활달한 이들은 이성의 범위 내에서 촉발하는 어떤 것이든 할 의향이 대개 있습니다. 이들은 흥미진진한 이벤트를 발굴해내고, 이들 자신이 스포트라이트 속에 있기를 즐깁니다. 사실 이들 중 다수는 공공연한 과시주의자의 자격을 얻습니다. 더 폭넓은 대중의 이목을 탐구하지 않는 이들은 여전히 가족이나 사회 동아리에서 지대한 주목을 명령할지도 모릅니다. 이들은 자신이 기쁘든 침울하든 간에 자신의 느낌을 공유하기를 바라면서 감정적으로 시위적이 되는 경향이 있습니다. 급변하는 사람인 이들은 비밀을 지키는 것, 즉 자신의 생각을 아주 오랫동안 담아두기가 어려움을 알아차립니다. 실로 이들의 숨김없음과 감정적인 자발성은 특히 사랑의 문제에 관련하여 이들을 많은 곤란에 빠뜨릴 수 있습니다.

이들은 대체로 감정을 솔직히 털어놓는 것을 믿지만, 때때로 이들 삶의 특정한 한두 영역에서만 그렇게 합니다. 그런 특정 영역에는 이들을 제지하거나 순응시킬 기회가 거의 현존하지 않습니다. 이들의 이성적인 면은 실제로 잘 계발되어 있고, 이들의 마음은 손쉽게 이루려 하지만, 때때로 이들의 뇌와 몸, 즉 머리와 가슴 사이에 분명해지는 분열이 현존합니다. 따라서 이들은 자신의 느낌에 제동을 거는 데 실패하거나, 다른 한편 자신의 거리를 두는 사고방식의 태세로 일부 감정성을 가져오는 데 실패하면서 꽤 단절될 수 있습니다.

거리끼지 않고 활기찬 행동은 이들 중 다수에게 드물지 않고, 대개 건전하고 표현적입니다. 하지만 이들 중 덜 진화된 사람은 폭력적이거나 자기-파괴적인 면으로 (또는 양쪽 다로) 향할 수 있습니다. 이들 모두에게는 지나치게 냉정하지 않은 차분함을 키우는 것, 자발성을 억누르지 않고 제한하는 법을 체득하는 것, 모든 사람이 이들의 요구와 비판에 맞설 수 있는 것은 아님을 기억해내는 것이 이들이 인간 존재로서 성장하는 데 중대합니다. 이들은 자신이 관여하는 사람, 즉 스스로 더 자유분방하게 되기를 아마도 바라는 사람을 너무 시위적이라고 해서 금지하고 있을지도 모른다는 점도 또한 깨달아야만 합니다.

이들은 자신의 중심에 적합한 자리를 찾아내서, 그 중심에 여전히 접촉해야 하고, 만약 이들이 자신의 개인적인 계발 쪽으로 나아가기를 바란다면, 어쩌면 자신의 복잡한 인격을 더 깊이 파고들어야 합니다. 이들은 타인들의 사고 과정을 더 잘 이해하고, 사람들의 두려움, 욕구, 바램에 더 잘 반응하기 위해 작업해야만 합니다.

이들은 때때로 개인간의 접촉에 관한 한, 일종의 즉각적인 인정을 기대하는 실수를 만들어냅니다. 이들은 타인들이 전혀 그렇지 않을지도 모르는 경우인 때에도 자신만큼 그들이 안전하고 신뢰한다고 가정할지도 모릅니다. 이들이 대화하거나 친밀하게 상대하는 타인들이 이들의 파장에 맞춰지기를 바라는 것은 이해할 수 있지만, 이해심에 장애가 일어날 때 혹은 이들에게는 완벽하게 명백해 보이는 것이 타인들에게는 그리 명료하지 않을 때 이들은 조급함이나 짜증을 키우지 말아야만 합니다.

▶ 일간 특성
강점; 자발적인, 외향적인, 활달한
약점; 충동적인, 무모한, 산만한

▶ 명상
발견될 가장 조용한 장소는 평화로운 영혼 속에 놓여 있습니다.

▶ 조언
당신 자신이 사는 것을 관찰하라.
타인의 느낌과 의견에 여전히 접촉하라.
더 대단한 의지력과 자기-통제력을 키우라.
자연스러운 행동은 대체로 찬양할만하지만, 항상 타인을 기쁘게 하는 것 혹은 주어진 국면에 적절한 것은 아니다.

▶ 건강
우발사고를 당하기 쉬울지도 모르는 이들은, 위험한 신체적인 활동으로 부상을 자초하는 어떤 부추김에도 저항해야만 합니다. 특히 이들의 하반신이 위험에 처한 상태입니다. 시험받는 주위 여건 속에서 여전히 침착하는 법, 또 충동적으로 반응하지 않는 법을 체득하는 것은 지대하게 도움됩니다. 그러므로 요가, 명상, 태극권 같은 [한 곳에] 집중시키는 모든 활동은 적극 권장됩니다. 이들의 식단은 사치스러운 경향이 있지만, 이들이 설탕과 각성제, 버터와 크림, 지나친 육류를 제한하는 것으로 상황을 약간 완화할 수 있다면 가장 좋습니다. 대개 고도로 섹스 지향적인 이들은, 자신의 밀물과 썰물 같은 성생활이 자신의 사랑 관계에서 [상대적으로] 불균형적인 역할을 하지 않는다는 점, 즉 관심사의 초점이 되지 않는다는 점을 마음써야만 합니다. 운동과 스포츠에 관련된 한, 이들에게는 단지 적당한 활동만이 권장됩니다.

▶ 수비학
13일에 태어난 사람은 숫자 4(1+3=4)와 13 그리고 불규칙하면서도 폭발적인 천왕성에 통치됩니다. 천왕성이 자신의 별자리인 물병자리도 또한 통솔하기 때문에, 그런 특성은 2월 13일에 태어난 이들에게 고조됩니다. 그러므로 이들은 과도한 에너지를 긍정적인 방향으로 유도하면서, 자신의 기질을 통제하고 폭력적인 충동에 저항해야만 합니다. 비록 숫자 13을 많은 사람이 불운하다고 여기지만, 오히려 숫자 13은 그 힘을 현명하게 사용하거나 자기-파괴의 위험을 무릅쓴 것에 대한 책임감을 정말 운반해주는 유력한 숫자입니다. 숫자 4는 전통적으로 반란, 색다른 믿음, '규칙을 바꾸려는 욕망'을 대변합니다.

▶ 원형
13번째 메이저 카드는 타로에서 가장 오해를 받는 카드인 '죽음'인데, 죽음이라는 것은 문자 그대로 받아들여지는 경우가 좀처럼 없지만, 대체로 변태하는 식으로 한계를 넘어서 성장하기 위해 과거를 놓아버리는 것을 암시합니다.

2월 14일

냉정한 재담의 날

The Cool Quip

▶ 심리구조

2월 14일에 태어나 두뇌 회전이 빠른 이들은 대개 짧게 논평하고, 아이러니하게 논평하며, 때로는 파괴적으로 논평하는 데 마스터입니다. 이들은 사람들로 하여금 웃도록 만들어내는 자질뿐만 아니라 생각하도록 만들어주는 수용력도 또한 갖고 있습니다. 축약인인 이들은 타인들이 말하는 데 한 시간이 필요할 수도 있는 내용을 매력적인 멋진 명언으로 돌돌 말아서 단순히 모두가 알아듣도록 건네줍니다. 농담과 이야기를 사랑하는 사람, 즉 실용적인 농담을 마다하지 않되 때로는 믿기지 않는 이야기를 하는 이야기꾼인 이들은 자신의 재치있는 전망을 가져와서 자신의 주위 삶의 온갖 측면에 적용합니다.

이것 중 어떤 것도 이들이 어쨌든 피상적임을 제안하도록 의도된 것은 아닙니다. 유머, 웅변, 신랄한 논평은 다만 표현의 수단에 불과합니다. 이들이 매우 진지하게 자기 자신을 (또는 삶 일반을) 거론하는 데 전문이 아닌 것은 사실이지만, 이 거론은 조금도 자신의 작업을 반영하지 않습니다. [자신 쪽으로 더 향해야 하는] 이 작업은 철학적인 전망을 더 예시해줍니다.

이들 중 덜 고도로 진화된 사람은 때때로 파괴적이거나 권력을 탐구하는 태도로 행동하면서, 삶에 대한 접근법에서 압도적으로 부정적일 수 있습니다. 이들은 자신이 어떻게든 카르마와 숙명의 응보나 '나쁜 에너지' 등에서 면제된다고 믿으면서, 인간의 법과 사회 규칙 위에 자기 자신을 두는 실수를 만들어낼 수 있습니다. 특징적으로 이들은 과중한 타격이 엄습해올 때 알아채지 못하고 걸려듭니다.

이들은 모두 빈정거림으로 변질되는 자신의 아이러니를, 즉 놀리거나 조롱하는 어조를 채택하는 것을 주의해야만 합니다. 그런 태도는 단지 반대를 일으킬 뿐입니다. 비록 타인들이 잠시 그런 어두운 유머를 익살맞다고 발견할 수도 있지만, 그 유머는 결국 상당히 듣기 싫어질 수 있습니다. 물론 누구나 좋은 웃음을 좋아하지만, 궁극의 관심사는 웃음의 대상일지도 모릅니다. 이들 중 자기 자신에 관해 농담하는 데 유능한 사람은 이 이슈에 훨씬 더 민감하지만, 여기에서도 이들은 자기-비하로 하여금 도가 지나치도록 허용하지 말아야만 합니다.

이들에게는 생각과 정신을 집중하는 속도가 현저합니다. 소란한 중에도 임무에 집중하는 이들의 능력은 꽤 주목할만합니다. 하지만 이들은 확연히 신체적인 면도 또한 갖고 있습니다. 이들은 뇌에 꼭 욕구되는 휴식을 허용하는 모든 종류의 심미적인 활동을 즐깁니다. 말이 많은 이들에게 말하지 않아도 되는 것은 대단한 사치일 수 있습니다. 그 귀결로 이들은 지성을 덜 지향하는 사람과 자신의 자유시간을 보내기로 선택할지도 모릅니다. 이들의 친구들은 비록 지성적일지라도 느긋해지고 재미있게 보내는 법을 알고 있는 자주 세속적인 사람입니다.

이들은 지속해서 타인들이 방어적이게 하는 성향을 통제해야만 합니다. 게다가 만약 이들이 비판적인 통찰력이라는 자신의 재능 중 일부를 자기 자신에게 적용할 수 있다면, 대단한 이익을 얻게 될 것입니다. 자신의 주위환경에 대한 이들의 바쁜 관여에서 벗어나 자기 혼자만의 시간을 허용하는 것이 열쇠입니다.

▶ 일간 특성
강점; 재치있는, 손쉽게 이루는, 흥겹게 하는
약점; 지나치게 공격적인, 신랄한, 상처를 주는

▶ 명상
말로 만든 상처는 칼로 만든 것만큼 빨리 치유되지 않습니다.

▶ 조언
당신의 에너지를 [자신을 향한] 긍정적인 노력으로 유도하라.
타인들이 무엇을 느끼고 있는지에 민감해지고, 말하기 전에 당신의 말을 따져보라.
속도를 좀 늦추라.
침묵은 자주 연설보다 더 많은 것을 말한다.

▶ 건강
비록 이들이 자주 자신의 직종적인 생활에서 느슨하고 느긋한 이미지를 전달하지만, 그럼에도 이들은 스트레스에 취약합니다. 이런 이유로, 이들은 너무 자주 그룹의 주목을 독점하기보다 더 방관하고 느긋해지는 법을 체득해야 합니다. 불안에서 또 불필요한 촉발에서 거리를 유지하는 것, 그리고 내부적으로 자신을 진정시키는 법을 체득하는 것이 열쇠입니다. 이들은 결국 가장 자주 자신의 내부적인 복부 장기, 심혈관계 또는 내분비계통에 심각한 신체적인 문제를 초래할 수 있으므로, 자신의 더 공격적인 본능을 내면화하고 억제하는 것을 주의해야만 합니다. 특히 이들은 담배와 술을 포함한 약물류를 피하거나 아니면 적어도 제한해야 합니다. 균형 잡히고 포괄적인 식단과 적당하거나 활기찬 신체 운동은 모두 권장됩니다.

▶ 수비학
14일에 태어난 사람은 숫자 5(1+4=5) 그리고 신속한 행성인 수성에 통치됩니다. 숫자 5는 물병자리의 통치자인 천왕성의 영향력이 보강해준, 이들에게 강하게 계발된 정신적인 능력을 부여해줍니다. 퇴보라는 고통을 겪는 2월 14일에 태어난 이들에게 숫자 5가 삶의 역경에서 빨리 회복하는, 빠른 회복의 캐릭터를 증정해주는 것은 다행입니다.

▶ 원형
14번째 메이저 카드는 '극기'입니다. 보이는 모습은 우리를 보호해주고, 우리를 안정된 상태로 지속시켜주는 수호천사입니다. 그런 모습은 이들의 삶에서 균형과 절제의 필요성에 중점을 둡니다. 긍정적으로 보면, '극기'는 새로운 진실이 터득되어서 누군가의 삶에 편입되도록 하기 위해 격정을 수정합니다. '극기' 카드는 이들만의 윤리 규범을 확립하고 유지해서, 개인적인 이득을 위한 솔깃한 유혹과 거짓된 행동 모두에 저항하기를 이들에게 부추깁니다.

2월 15일

창의력의 날
Inventiveness

▶ 심리구조

2월 15일에 태어난 이들은 상상력뿐만 아니라 대단한 고안력을 발휘합니다. 이들의 재능이 더 기법적인 영역에 있든 시적인 영역에 있든 간에, 이들 중 다수는 자신의 비범한 비전과 꿈을 실상 만들어낼 능력이 있습니다. 이들은 창조적으로 생각하는 것이 천성임을 알아차리는 것으로 보이고, 자신에게는 단지 각양각색의 복잡성이라는 도전에 불과한 어려움이나 문제에 의해 대다수 사람보다 덜 위협받습니다. 이런 점에서 이들은 자신의 전망에 매우 긍정적입니다.

반면에 이들은 자신의 노력이 성공하지 못했을 때 깊이 실망하게 될 수 있고, 특히 요구받는 것이 활동이라기보다 오히려 참을성일 때, 꿋꿋이 버텨낼 지구력을 항상 갖고 있는 것은 아닙니다. 극도로 민감한 이들은 자신을 겨냥한 비판에 고도로 반응적입니다. 이들의 느낌은 표면과 제법 가까이에 있고, 쉽게 감동받거나 도발받을 수 있습니다.

이들은 타인들의 웰빙을 위한 것뿐만 아니라, 자신에게 중요한 아이템인 책임감을 금지하는 것에서 가장 대단한 정도의 개인적인 재량과 자유를 자기 자신에게 보장할 수도 또한 있기 때문에, 자신의 주위 상황이 원활하게 운영되도록 만들어가는 것을 좋아합니다. 이들은 재미있게 보내려는 자신의 바램에 관해 솔직히 털어놓지만, 동시에 원칙과 발상에 관해서는 매우 진지합니다. 이들은 공감적일 뿐만 아니라 동감적이고, 그러므로 일반적인 사람들보다 타인들의 아픔을 더 예리하게 느낍니다. 그 귀결로 혜택받지 못하는 사람이나 약자에 대한 착취와 억압은 이들이 고통을 겪어내기가 특히 힘겹습니다.

자연을 사랑하는 이들은 자유롭게 배회하고, 자신이 바라는 대로 생각하며, 자신의 마음으로 하여금 세상의 모든 경이로움을 반복해서 겪게 하는 것을 좋아합니다. 이들 중 매우 호기심이 강한 다수는 자신 주위의 거의 온갖 것을 탐사하기를 원합니다. 이들은 촉발을 충분히 활용할 수 있고, 더 많은 것을 흡수할수록 이들의 삶은 더 풍부해집니다. 하지만 이들은 고조된 상태에서 너무 오래 지낸 결과로서 올 수 있는 소진을 주의해야만 합니다.

비록 이들이 자기 자신을 단련시켜서 혼돈될 수 있는 자신의 삶에 더 많은 질서를 가져오는 것은 온당하지만, 이들은 대체로 외부적으로 강요된 단련에 저항하고, 실로 극도로 반항적일 수 있습니다. 하지만 이들은 강요된 명령이 언제 필요한지 알고 있을 정도로 구별력이 있고, 규칙이 합리적이고 정의롭다면 그 규칙을 철저히 준수할 수 있습니다. 불운하게도 이 완벽하지 못한 세상에서는 그런 경우가 자주 있는 것은 아닙니다.

때때로 이들은 자신의 좌절감을 표현하는 대신에 침묵으로 전환해서 원망을 안쪽 아래로 몰아넣습니다. 이럴 때 이들은 위로상을 부여해주거나 복수를 계획하면서, 자기 자신에게 말 없는 약속을 만들어내기 쉬울지도 모릅니다. 이들 중 덜 고도로 진화된 사람은 자기 연민에 빠져버리거나 통제할 수 없는 격분 속에서 주기적으로 폭발하는 것에 주의해야만 합니다. 그러나 부정적인 감정을 다루는 것은 이들 모두가 만나는 가장 중요한 도전입니다. 자주 이들은 나이가 들면서 더 현명해지고, 세월이 지남에 따라 감정적으로 안정됩니다. 대개 애정이 이 과정의 열쇠인데, 애정을 매일같이 주고받는 것은 이들의 성장과 계발에 중요합니다. 애정을 빼앗길 때 이들은 안으로 전환해서, 비록 상상적일지라도 고립된 자신만의 세계 속에 살게 될 수 있습니다.

▶ 일간 특성
강점; 호기심 많은, 기발한, 다정한
약점; 혼돈되는, 지나치게 민감한, 시무룩한

▶ 명상
내일은 또 다른 날입니다.

▶ 조언
좋은 기분 속에 머무르는 것이 가능하다.
당신의 민감성을 지나치게 탐닉하지 않도록 하라.
참을성을 계발하고, 여전히 집중하며, 동시에 거절과 실망감을 감당하는 법을 체득하라.
당신의 에너지를 지속해서 흐르게 하고 틀어막히게 되지 마라.

▶ 건강
이들은 자신의 환경에 극도로 민감하고, 그러므로 가능성이 있는 알레르기에 맞추어야만 합니다. 이들의 피부는 특히 민감할 수 있고, 비타민 E나 방향유가 함유된 진정시키는 크림이 도움될지도 모릅니다. 이들은 또한 감정적인 민감성에 관련된 신경계의 문제로도 고통을 받을 수 있습니다. 이들은 지속해서 활동적이 되어야 하고, 그러므로 사이사이에 넉넉한 휴식과 함께 꽤 활기찬 운동이 권장됩니다. 이들은 먹는 것에 관해 꽤 입이 각별하고, 그러므로 거의 한정이 없이 자신의 입맛을 충족시키는 것이 권장됩니다. 요리하는 법을 체득하고 요리의 예술에 대한 정견을 키우는 것은, 이들의 격렬한 호기심과 혁신하려는 욕구 덕에 자동으로 이들의 식단에 대한 지평을 넓혀줍니다. 심미적인 욕망은 대개 이들의 선두에 서서 자발적으로 표현되어야만 합니다.

▶ 수비학
15일에 태어난 사람은 숫자 6(1+5=6) 및 금성에 통치됩니다. 숫자 6에 통치되는 사람은 타인들에게 고도로 매력적인 경향이 있고, 심지어 이따금 숭배할 마음마저 불어넣습니다. 하지만 금성과 천왕성(물병자리의 통치자)이 조합된 영향력은 이들이 고도로 인상에 좌우되도록 만들어내고, 많은 부침이 있는 불규칙한 애정 생활을 예시해줄 수 있습니다.

▶ 원형
15번째 메이저 카드인 '악마'는 성적인 끌어들임, 불합리성, 격정이 관련된 곳에서 역동적으로 작용하는 두려움/욕망을 예시합니다. '악마'는 물질적인 편안함과 돈에 대한 우리의 필요성을 통해 우리를 노예로 삼고, 안전을 붙잡는 우리의 기본 천성을 대변하며, 우리의 남성적/여성적인 천성에 실존해서 화해되지 않는 차이를 통해 우리를 통제합니다. 이 카드의 긍정적인 면은 성적인 끌어들임이고, 격정적인 욕망의 표현입니다. 그러므로 이들은 자신의 감정을 틀어쥐기 위한 충분한 의지력과 자기단련을 계발해야만 합니다. 하지만 그 카드는 비록 우리가 몸에 속박되어 있을지라도, 우리의 영(靈)은 자유롭게 날아오름을 상기시켜주는 역할을 할 수 있습니다.

2월 16일
생기부여의 날
Animation

▶ 심리구조

2월 16일에 태어난 이들은 자신이 가담하는 것이 무엇이든 생명을 불어넣는 활기차고, 용감하며, 시위적인 사람입니다. 이들은 자발성을 찬양하고, 단조롭거나 조정되며 제약된 행동을 싫어합니다. 이들은 본능적으로 유연성이 삶의 본질에 있다는 점을 알아보고, 변화하지 못하는 무능인 경화됨과 뻣뻣함이 서서히 죽어가는 것의 전조라는 점도 또한 알아봅니다. 탄생, 재탄생, 토대, 혁신의 테마는, 간단히 말해서 모든 종류의 시작은 이들 삶의 중심입니다.

하지만 일단 어떤 것이 실존에 이르게 되었다면, 그것은 당연히 유지되려고 욕구할지도 모릅니다. 여기서 문제가 발생하는데, 즉 상황이 잘 진행되지 않을 때, 이들은 점차 매우 의욕이 꺾일 수 있고 어쩌면 계속할 수 없거나 계속하는 것을 꺼려할 수 있다는 사실이 발생합니다. 그러나 이들이 오랫동안 고통을 견뎌내는 사람은 아닐지라도 관계나 직무 혹은 삶의 과정을 끝맺는 것은, 이들이 상황을 마무리 짓는 데 가장 능숙하지 않다는 단순한 이유 탓에 이들에게는 또한 매우 아플 수 있습니다. 이것은 이들 자신이 창조했거나 실행했던 과정이나 노력일 때 특히 참입니다. 그러므로 이들은 직무에서 사퇴하든 관계를 끝내든 간에 자신의 삶에 효과적인 변화를 가져올 가장 우아한 방식을 찾아내는 것이 중요합니다.

이들은 특별히 만일 자신이 의미 있는 변화를 만들어낼 힘이 없다고 느낀다면, 느닷없이 노력을 그만두고, 단순히 일하는 중에 일어나서 바로 떠나버리는 데 꽤 유능합니다. 이들은 자신이 손해 보는 제의 및 옮겨가려는 욕구에 대해 평가할 시 당연히 옳을지도 모르지만, 되돌아가려는 목적이 아니라 어쩌면 과거의 연상이 자신의 미래 일부가 되도록 하기 위해, 자신이 건너간 '다리를 그대로 유지함으로써' 이득을 얻을 수 있습니다. 이들은 자신의 거칠고 모난 일부분을 깎아내는 법을 체득해야 하고, '자신이 하는 것'에 대한 유창함과 우아함뿐만 아니라, 사람으로서 '자신이 누구인지' 및 '타인들과 상호작용하는 법'에 대한 유창함과 우아함도 또한 가져오는 법을 체득해야만 합니다.

이들은 어린이와 동물에 대한 자신의 사랑에서 많이 입증되는, 삶을 향한 긍정적인 지향을 표출합니다. 단출하고, 정직하며, 직접적인 것이 이들에게 대단히 찬양받습니다. 이들은 대개 남성성 자질과 여성성 자질에 대한 좋은 균형을 갖고 있고, 그 귀결로 이들 중 남녀 모두에게 똑같이 가까워지고 편안해질 수 있습니다.

친구나 협력자들이 삶의 원리에 여전히 접촉하는 범위 내에서, 이들은 그들의 배경, 계급 혹은 정치성향과 상관없이 그들에 대해 매우 수용적일 수 있습니다. 하지만 다른 한편 이들은 자신의 눈에, 특히 더 약한 생명체에 관련하여 독재적이거나 생색내거나 독단적으로 행동하는 사람들에 대해 혹독할 수 있습니다. 이들의 보호 본능은 그런 국면에서 느닷없이 분노로 타오를 수 있습니다. 비록 일반적으로 불의에 대한 이런 강한 반응은 정당한 이유가 될지도 모르지만, 이들은 그 본능을 표현할 때 너무 도가 지나치지 않도록 조심해야 할지도 모릅니다.

▶ 일간 특성
강점; 활기찬, 삶을 지향하는, 자발적인
약점; 급격한, 곤란해지는, 갑자기 폭발하는

▶ 명상
죽음은 생명 자체만큼 삶에 필수적입니다.

▶ 조언
불리한 면에 대처하고, 그 면을 사실로 받아들이며, 그다음에 옮겨가는 법을 체득하라.
온갖 것이 언젠가는 끝나야 한다는 점을 기억해내라.
타인들은 신체적으로나 정신적으로나 당신 만큼 빠르게 움직이지 못할 수 있다는 점을 마음에 담아두라.
더 의도적이 되기 위한 시간을 가져라.

▶ 건강
이들은 자신을 쇠약하게 할 수 있는 만성 질환을 감당하는 것에 그리 능하지 않기 때문에, 건강을 유지하기 위해 특히 조심해야만 합니다. 이들의 정신 상태는 이런 조건들에 대단히 영향을 받을 수 있기 때문에, 이들은 정기적인 신체검진을 받아야 합니다. 운동과 식단 모두에 관련된 한, 이들의 타고난 경향은 대개 자신으로 하여금 코스를 유지하게 합니다. 이들은 움직이는 것을 즐기고, 그러므로 활기찬 운동은 이들에게 대체로 동의적일 수 있습니다. 이들의 식욕은 광범위하고 다양한 식단에 걸쳐서 무제한의 자유가 허용되어야 합니다. 자신을 너무 심하게 밀어붙일지도 모르는 이들에게는 넉넉한 휴식이 권장됩니다.

▶ 수비학
16일에 태어난 사람은 숫자 7(1+6=7) 및 물같은 해왕성에 통치됩니다. 숫자 7에 통치되는 사람은 때때로 자신의 발상을 끝까지 해내는 데 실패하고, 극단적일 시 실상에서 동떨어지게 될 수 있습니다. 해왕성(곧 다가올 물고기자리의 통치자)은 이들의 별자리인 물병자리의 천왕성적인 영향력과 짝지어져서 2월 16일에 태어난 이들에게 불안정을 초래할 수 있는 꿈, 공상 및 종교적인 느낌의 행성입니다. 이들은 돈이 관련된 소문에 경계심을 던져버리는, 숫자 7에 통치되는 대다수 사람의 성향에 저항해야 합니다.

▶ 원형
16번째 메이저 카드는 어떤 버전에선 왕이 벼락을 맞은 탑에서 떨어지는 것을 보여주고, 이 탑을 건설한 사람이 머리에 타격을 입고서 죽고 있는 것을 보여주는 '탑'입니다. '탑'은 물리적인 구조의 무상성뿐만 아니라 우리 삶에서 주어지는 관계나 소명의 무상성도 또한 상징합니다. 그 카드의 긍정적인 요소는 재앙을 극복해 그 도전에 직면하는 것을 포함하지만, '탑'은 부당하게 높은 자리에 오르는 것, 누군가가 조작한 손길에 파괴될 위험을 무릅쓰는 것에 대해 경계합니다. 따라서 타로는 이들에게 자기 자신의 도를 넘는 것을 주의하라고 직접적으로 상기시켜줍니다.

2월 17일
전투원의 날
The Battler

▶ 심리구조

2월 17일에 태어나 극도로 민감한 이들은 일찍이 자기 자신을 둘러싸는 튼튼한 갑옷을 계발하고, 세상을 상대로 전투하려고 나갑니다. 이들의 배경이 이들의 특정한 표현 형식에 좀처럼 도움되지 않고, 그래서 이들은 맨 처음부터 자기 자신을 위해 싸워야만 합니다. 이들 중 일부는 특권을 갖고 있고, 그 외 사람들은 불리한 입장에 있지만, 자신이 어떤 계층 출신이든지 간에 이들은 자신만의 권리를 갖고 있는 사람으로 등장하기 위해 장애물을 극복할 자신의 능력을 확신합니다. 하지만 이들이 세상과 전투할 수 있기 전에, 이들은 소망하는 형식에서 자기 자신을 형태화하고 빚어내기 위해 자기 자신과 전투해야만 합니다.

비판이나 기대 아니면 어쩌면 등한시 탓에, 이들은 어린 시절에 자신이 방어를 강화하지 않으면, 자신의 민감한 천성이 살아남지 못하리라는 점을 곧바로 깨닫게 됩니다. 이들 중 덜 진화된 사람에게 그런 방어는 일차적으로 비밀, 의심 및 물리적인 무장으로 구현될지도 모릅니다. 이들 중 더 진화된 사람은 재능이나 폭넓은 지식, 물리적인 존재감으로 구현될 가능성이 있습니다. 불운하게도 이들은 좋든 나쁘든 간에 자신에게 이해시키려고 노력하는 어떤 종류의 영향력에서 자기 자신을 격리하게 될지도 모릅니다. 이들의 강인함은 일부 고도로 특이한 경우를 제외하고 실상 절대로 사라지지 않는 이들의 극도로 민감한 내부를 위장합니다.

이들은 사랑이라는 화살과 부드러운 애정의 손길에 감동받을 수 있지만, 그 시도는 잘 겨냥되어야만 하고, 그 정서는 직접적이고 진심이어야만 합니다. 이들은 자신이 자기-충족을 위한 원정에 가로막히는 것을 바라지 않고, 그래서 자주 자신이 갇혀버리거나 수렁에 빠지게 되지 않도록 해주는 바람직한 인간적인 교제가 될 수 있었던 것을 무시하게 됩니다. 이들 중 가장 진보된 사람은 자기 내면의 표현력과 민감성이 자신의 태도뿐만 아니라 자신의 작업에서도 빛을 발하도록 허용합니다. 따라서 이들은 자신의 갑옷이 보이지 않게 하는 일종의 투명성을 갖고 있습니다. 하지만 사실 그 갑옷은 여전히 제자리에 아주 많이 있습니다.

이들은 자기 자신, 자신의 가족 및 친구, 심지어 자신의 도움이 필요한 낯선 사람들을 위해서도 기꺼이 싸워주러 갑니다. 극도로 실상적인 이들은 대개 모든 불평등과 불공정이 있는 실존의 사회 질서에 대한 통찰력을 소유하고 있습니다. 비록 이들이 도발받을 때 대결적이지만, 이들은 지나치게 공격적이지 않고, 분노하거나 성질내는 데 느립니다. 이들은 자신을 향한 적대적인 의도를 가진 사람들에게 경계하라고 경고하면서, 타인들로 하여금 자세를 바로 하고 눈치를 채도록 만들어내는 인상적인 세속성, 침착함 및 물리적인 존재감을 갖고 있습니다. 이 침착함을 수동성으로 착각하는 사람들은 꽤 충격을 겪게 됩니다.

이들은 자신의 대의가 무엇일지라도 그 대의를 자신의 가슴으로 믿는 사람입니다. 이들 중 대다수는 개인적인 목표를 지닌 '영적 전사'이고, 이 전사에게는 자기 계발과 개인적인 표현이 가장 중요한 가치입니다. 비록 객관적으로 자기 자신이 (어쩌면 너무 지나치게) 휘말릴지라도, 이들은 자신의 주위 사람들에게 고도로 영감을 주고, 기운을 북돋아줄 수 있습니다.

▶ 일간 특성
강점; 불굴의, 영적인, 민감한
약점; 무장(장갑)한, 고립된, 갇혀버린

▶ 명상
어떤 저항도 없이 제안하는 것은 밀어붙이기가 더 힘겨울 수 있습니다.

▶ 조언
바깥세상에 당신 자신의 마음을 지속해서 열라.
[타인의] 진입을 거부하더라도 최소한 타인들이 들여다보게는 하라.
영적인 삶으로 가는 길을 당신에게 가르치기 위해 당신의 민감성을 사용하라.
너무 비밀적이 되거나 의심스러워지는 것을 주의하라.

▶ 건강
이들은 특히 초년기에 자주 부상이라는 고통을 겪는데, 그 부상은 평생 이들을 고민하게 할 수 있습니다. 특히 하지 손발, 내부적인 복부 장기, 팔 및 손목과 손의 뼈, (혈전증을 통한) 정맥 순환기 계통이 위험합니다. 이들은 순환기 질환의 위험을 감소시키려면 자신의 식단에서 크림, 동물성 지방 및 설탕의 양을 통제하기 위해서 극도로 조심해야 합니다. 이들 중 대다수에게 근력 운동, 수영, 달리기, 하이킹 또는 덜 몹시 힘든 형식의 암벽타기 같은 비경쟁적이지만, 자기를 계발시키는 유형의 운동이 권장됩니다.

▶ 수비학
17일에 태어난 사람은 숫자 8(1+7=8) 및 토성에 통치됩니다. 토성은 제한과 한정의 느낌 그리고 판단적인 측면도 또한 운반해줍니다. 물병자리-물고기자리의 중첩인 2월 17일에 태어난 이들을 위해 캐릭터를 확고히 하기 위해 토성의 특성은 천왕성(물병자리의 통치자)과 해왕성(물고기자리의 통치자)의 특성과 조합합니다. 하지만 그런 조합은 기이함뿐만 아니라 비밀주의와 의심쩍음에 대한 경향을 예시해줄지도 모릅니다. 숫자 8은 물질세계와 영적세계 사이의 갈등을 운반해주는데, 숫자 8에 통치되는 사람은 외로울 수 있고, 또한 극단적으로 탐닉하기 쉽습니다.

▶ 원형
17번째 메이저 카드는 별 아래 벌거벗은 아름다운 소녀가 한 항아리로 메마른 대지에 신선한 물을 쏟아붓고, 다른 항아리로 연못의 고인 물을 되살리는 모습을 보여주는 '별'입니다. 그녀는 세속적인 삶의 영광을 대변하지만, 그 삶에 대한 물질적인 노예화도 또한 대변합니다. 그녀 머리 위의 별들은 영적인 세계가 있음을 영원히 상기시켜줍니다. 그 '별'은 이들의 물질적인 주위 여건을 개선하도록 애쓰는 역할뿐만 아니라 이들에게 가장 좋은 것을 깨닫도록 상기시켜주는 역할도 또한 할지도 모릅니다.

2월 18일
완전한 그림의 날
The Complete Picture

▶ 심리구조

2월 18일에 태어나 자석 같은 사람인 이들은 자신의 발상과 에너지로 주위환경에 활기를 불어넣습니다. 세부사항이라는 수렁에 빠지지 않는 이들은 전체 그림인 큰 견해를 바라보기 위해 뒤로 물러섭니다. 이들은 이야기의 온갖 측면을 들을 때까지 좀처럼 중요한 결정을 만들어내지 않을 것입니다. 이들의 삶은 무계획적인 연쇄적인 사건도 아니고, 잇따라 오는 사건을 받아들이는 것에 관해 이들은 지나치게 숙명론적인 것도 아닙니다.

이들이 하는 온갖 것 배후에는 기저에 놓인 삶의 철학, 즉 이들이 저버리지 않는 (삶을 위한) 기본 원리의 세트가 있습니다. 이들이 이런 핵심 가치들에 대해 너무 확신하기 때문에, 이들은 대단히 변화되기가 어렵거나 불가능할지도 모릅니다. 하지만 이들은 진실을 알고자 하는 이들의 진심어린 소망 덕에, 단지 다층적인 관점에서만 배우려고 하더라도, 대개 그 관점에 귀 기울이는 데 마음을 열게 됩니다.

이들의 원대한 견해와 잘 유도된 야심 탓에, 이들은 사실 자기 자신까지는 아니더라도 타인들에게는 대단한 중요성을 갖고 있는, 사소하거나 의미 없는 특정 세부사항을 간과해버릴지도 모릅니다. 실로 이들 중 일부는 일상에 실존하는 사실에 조금 동떨어질 수 있습니다. 이들은 가정사나 재산의 유지관리, 자신의 재정 문제를 다루는 것에 조급함을 기를지도 모릅니다.

냉담하거나 우월하다고 타인들이 느낄지도 모르는 태도를 취함으로써, 이들은 질투나 적개심을 자극할 수 있습니다. 비록 이들이 자기 자신에게 지대한 시간을 욕구하는, 자주 자기-보증적이고 고도로 자율적인 사람이라는 점이 참일지라도, 이들은 자기 자신을 좀처럼 자신의 동료 인간 존재와 단절하지 않고, 혹은 도움을 위한 요청에 저항하지 않습니다. 이들은 불필요한 요구나 주장하는 태도에 자신의 시간이나 발상을 기꺼이 희생시키지 않기 때문에, 이들은 공감하고 동감하지만, 단지 어느 정도까지만 그렇게 합니다.

이들 중 대다수는 어린 시절 감정적인 과민증의 문제를 갖고 있고 극단적인 경우에는 두 방향 중 하나로 밀어붙여질지도 모르는데, 즉 세상의 걱정과 고통에서 물러나서 유토피아가 어떻게 되어야 하는지에 대해 자신의 개인적인 비전을 완성하는 것, 아니면 강인한 강철 같은 외관을 구축하고 세상을 떠맡는 것입니다. 그럼에도 어느 경우든 이들은 자신 발상의 취급 범위 및 영향력을 모두 최대화하는 방향으로 움직입니다.

만약 이들이 여전히 장기적인 목표에 고착될 수 있지만, 동시에 물리적인 세상의 일상 비즈니스를 처리한다면, 이들은 성공적일 것입니다. 하지만 만약 이들이 자신의 감정과 민감성을 통제하지 못하는 무능 탓에 옆길로 새게 된다면, 이들은 아마도 더 허둥대고 불행해질 것입니다. 계획을 끝까지 해내는 의지력과 강인함을 갖는 것, 동시에 이들의 민감성을 보존하는 것이야말로 이들에게 자기-깨달음의 열쇠입니다.

▶ 일간 특성
강점; 자석 같은, 민감한, 철학적인
약점; 냉담한, 고립되는, 조급해하는

▶ 명상
아주 작은 세부사항은 마스터되기가 가장 어렵습니다.

▶ 조언
당신의 꿈을 따르되 또한 일상의 일에도 관심을 가지라.
당신의 친구들을 잊지 말고, 또한 당신 자신을 세상과 단절시키지 마라.
외로움과 부정성은 자주 더 마음을 열어서 수용함으로써 방지될 수 있다.

▶ 건강
이들은 자신의 생각이 어딘가 다른 곳으로 바쁘기 때문에, 일상적인 관심사를 등한시하기 쉽습니다. 그 귀결로 정기적으로 예정된 치과 및 내과 검진을 갖는 것은 이들의 건강에 매우 중요합니다. 사실, 식단에서 운동까지, 이들의 삶의 모든 영역에 구조를 가져오는 것이 열쇠입니다. 이들의 음식 습관은 다소 이상하거나 변칙적인 경향이 있을지도 모르므로, 요리를 체득하거나 혹은 심지어 고급 요리 기술을 계발하는 것도 권장됩니다. 가족과 친구들을 위해 요리하는 것은 이들의 양육적인 면을 이끌어내는 데 또한 도움될 수 있습니다. 운동이 관련된 한, 어쩌면 긴 산책, 자전거 타기, 수영 같은 형식의 적당한 일상적인 복합운동이 선호됩니다.

▶ 수비학
18일에 태어난 사람은 숫자 9(1+8=9) 및 화성에 통치됩니다. 숫자 9는 (이를테면 5+9=14, 4+1=5처럼 9를 더한 어떤 숫자도 그 숫자가 되고, 9×5=45, 4+5=9처럼 9를 곱한 어떤 숫자도 9가 되므로) 다른 숫자에 대한 영향이 강력하고, 2월 18일에 태어난 이들도 비슷하게 자신의 주위 사람들에게 강한 영향을 발휘할 능력이 있습니다. 화성에 대한 천왕성(물병자리의 통치자)의 효력은 이들에게 불안정성과 충동성을 예시해줄 수 있습니다.

▶ 원형
18번째 메이저 카드는 꿈, 감정 및 무의식의 세계를 일차적으로 대변하는 '달(月)'입니다. 긍정적인 속성은 민감성, 공감 및 감정적인 이해심을 포함합니다. 부정적인 성질은 감정적인 우유부단함 및 에고의 부족을 포함합니다.

2월 19일
탐험가의 날
The Explorer

▶ 심리구조

2월 19일에 태어난 강인하고 결단적인 이들은 자신의 환경을 대담하게 탐험하고, 결국 머나먼 세계에 대한 자신의 호기심 많은 본능을 따라야만 합니다. 이들 중 대다수는 대체로 자신의 어린 시절의 민감함을 일찍 극복하고, 일상의 스트레스를 감당하는 데 유능하게 견실한 개인으로 빠르게 계발됩니다. 비록 이들이 신비한 영역에 대한 이해관계를 보여줄 수 있지만, 이들은 대개 현실에 단단히 발을 딛고 단순히 관찰할 정도로 실용적입니다. 이들의 더 공상적인 면은 여행, 모험, 로맨스에 대한 사랑에서 구현될 수 있습니다. 여기서 중대한 점은 멀고 도달하기 어려운 목표를 추구하는 도전입니다.

이들은 자신의 노력으로 새로운 영역을 개척하는 것을 좋아합니다. 발상과 활동에 자신만의 개인적인 각인을 주는 것은 이들에게 대단히 호소적입니다. 성공을 향한 이들의 추진력은 꽤 생명적이고 건전합니다. 하지만 이들은 수년간 저항을 극복하거나 장벽을 허무는 가운데 점차 둔감해지거나 냉담해지는 것을 주의해야만 합니다. 이들이 자신의 내면 민감성을 보존하는 것이 중대하고, 실로 가능하지만, 이들은 그 민감성을 '자신이 무엇을 하는지'와 '자신이 누구인지'에 대한 일부로 만들어가면서, 자신의 직업 속으로 그것을 허용할 때만 가능합니다. 자신의 작업 생활과 개인 생활이 어떻게든 서로 아무런 관련이 없는 두 개의 무관하고 뚜렷한 독립체라고 믿는 이들은 자기 자신을 속이고 있는지도 모릅니다.

비록 이들이 혼자서 최선을 다하지만, 자신을 좋은 팀 협동자로도 또한 만들어내고, 이들의 성공에 대한 좋은 척도는 특히 강점과 약점을 판정해서 잠재력을 알아보는 영역에서 이들과 작업하고 있는 사람들에 대한 이들의 지각과 자각 덕입니다. 비록 이들이 좀처럼 담당하기를 욕망하지 않을지라도, 이들은 자주 두드러진 지도 능력을 갖고 있습니다. 타인들은 대체로 이들의 재능 덕에 이들을 존중하고, 이들을 꾸준하고 신뢰할만하며 안정되다고 봅니다. 하지만 이들이 움직이려는 충동, 즉 중대한 변화를 만들어내려는 충동을 느낄 때, 이들은 자유롭게 자신의 [특히, 성장하라는] 본능을 따라야만 합니다. 이들을 따르는 사람들은 어떤 것이라도 준비되어야만 합니다.

이들은 대체로 '최고로' 양육하는 사람은 아닙니다. 이들 캐릭터의 이런 면을 계발하는 한 가지 방식은, 반드시 자신만의 자녀가 아닐지라도 아이들과 시간을 보내는 것입니다. 게다가 모든 종류의 사회 활동은 이들로 하여금 타인들의 관심사와 욕구에 접촉하도록 유지할 수 있습니다. 하지만 결국 이들은 그 활동을 그만두고, 자신만의 일을 하려고 욕구합니다. 가장 자주 이들의 목표는 전혀 사회적인 목표가 아니라, 자기 계발과 명예 문제에 붙어다닙니다. 충동적이고 자발적인 이들이 이 부름을 들을 때 그 부름에 따를 수밖에 없습니다. 이들은 매우 자주 무모한 활동을 하도록 내몰리기 때문에, 자기-파괴적인 활동을 하지 않도록 해야만 합니다. 비록 우리가 모두 때때로 자신에게 최악의 적이 되기 쉬울지라도, 이들은 대다수 사람보다 더 쉽게 자신에게 최악의 적이 됩니다.

▶ 일간 특성
강점; 대담한, 상상적인, 강력한
약점; 경솔한, 마음이 무뎌진, 통제할 수 없는

▶ 명상
'신중함이 만용보다 낫다'는 속담이 있습니다.

▶ 조언
참을성을 키우고, 행하지 않고도 관찰하는 법을 체득하라.
열심히 노력하는 것이 항상 최선의 방식은 아니다. 때로는 상황을 뒤쫓지 말고, 상황으로 하여금 당신에게 다가오도록 하라.
각양각색의 경험에 열려 있으라.

▶ 건강
이들은 사고를 당하기 쉬운 경향이 있고, 다리, 발, 발가락의 부상을 조심해야만 합니다. 이들은 또한 다층적인 순환기 장애를 갖고 있을지도 모릅니다. 마침맞은 수분 섭취는 건강의 열쇠이고, 하루에 최소한 1리터의 신선한 물을 정기적으로 섭취하는 것이 권장됩니다. 물리적인 활동에 대한 이들의 애호 때문에, 이들은 대체로 넉넉하게 운동을 하고, 또 이런 활동은 단지 이들의 계속적인 활력과 건강함을 확실히 하기 위해서 적합하게 전환되기를 욕구할 뿐입니다. 식단이 관련된 한, 대개 자유분방한 이들은 자신이 내킬 때 자신이 원하는 것을 먹는 경향이 있습니다. 하지만 이들은 자신이 육류를 과다하게 소비하지 않는 것을 조심하고 있다는 점뿐만 아니라 필요한 비타민 및 미네랄을 섭취하고 있다는 점이 확실해지도록 만들어내면서, 영양에 더 초점을 두는 것이 제안됩니다. 이들은 특히 스트레스받을 때 충분한 휴식을 취하기 위해서 의식적인 노력을 만들어내야만 합니다.

▶ 수비학
19일에 태어난 사람은 숫자 1(1+9=10, 1+0=1) 및 태양에 통치됩니다. 숫자 1에 통치되어 첫째가 되기를 좋아하는 사람은 야심적이고, 구속을 싫어하는 경향이 있습니다. 이들이 물병자리-물고기자리 중첩인 2월 19일에 태어나기 때문에, 이들은 천왕성과 해왕성 양쪽에 통치되고, 그 귀결로 자주 텔레파시, 신비주의 또는 종교적인 현상에 관심을 둡니다.

▶ 원형
19번째 메이저 카드인 '태양'은 모든 메이저 카드 중 가장 호의적인 카드로 여겨질 수 있는데, 그 태양은 지식, 생명력, 행운을 상징하고, 우대와 보상을 약속합니다. 이 카드는 명확함 및 관계의 조화, 훌륭한 평판이라는 속성을 배치해주지만, 자만심, 허영심, 가식이라는 부정적인 자질도 또한 정말 예시합니다.

2월 20일

인상의 날
The Impressio

▶ 심리구조

2월 20일에 태어난 이들은 타인들에게 인상을 등록하는 것뿐만 아니라 인상을 만들어내는 것 둘 다의 테마에 얽매입니다. 자신의 수용적인 천성 덕에 이들은 대체로 생생한 기억력을 갖고 있고, 자신이 보았거나 들었던 것을 훨씬 뒤에 정확하게 반복할 수 있습니다. 반면에 이들은 대개 타인들이 이들을 기억해낸다는 점도 또한 확실해지도록 만들어내기 위해 자신이 해야 할 것을 할 것입니다. 이들은 진지하게 받아들여지고 싶고, 그러므로 자신이 실행하는 것이 자신의 사업적인 관여든, 창조적인 노력이든, 가족적인 책임이든 간에 강압적으로 자신의 발자취를 각인시킵니다.

이런 이유로, 사람들은 이들이 공격적인 유형이라고 예견할지도 모르지만, 이들 중 대다수는 비록 강압적일지라도 특히 대결적인 혹은 논쟁적인 것은 아닙니다. 이들이 매우 강하게 자기 자신을 표현하는 것은 오히려 동감적인 느낌과 자기-믿음에서 나옵니다. 무엇도 비밀로 하지 않는 것이야말로 이들에게 자신이 하는 것에 관해 실상 얼마나 많이 마음 쓰고 있는지를 사람들에게 보여주는 방식입니다. 팀에 뛰어난 증원군인 이들은 독재자가 되는 것에 대한 자신의 상대적인 무관심뿐만 아니라 공통선을 위한 작업에 자신의 재능을 쏟는 능력도 또한 내보여줍니다. 하지만 이들은 타인들에게 그들의 역할을 다하기를 정말로 요구하고, 외관상 전심전력을 다하지 않는 누군가에 대해 조급함을 빨리 기를 수 있습니다. 이들은 친구들과 협력자들이 실제로 그들이 할 수 있는 최선을 다하고 있을 때, 어떻게든 게으름을 피운다고 가정하는 실수를 만들어내지 말아야만 합니다.

이들은 승리하려는 엄청난 의지를 표출합니다. 하지만 이들은 가능하면 다른 누군가의 느낌을 희생시켜서 승리하는 것을 피해야만 합니다. 이들 자신은 고도로 감정적이고, 자신의 방식에 유도된 비판과 부정성에도 또한 극도로 민감합니다. 이들이 자신의 감정적인 삶을 마스터하고 구조화하는 법을 체득하는 것은, 자신을 더 안정되고 신뢰할만하도록 만들어낼 수 있습니다. 이것은 이들이 자신의 정열이나 격정을 어떻게든 틀어막거나 식히라고 제안하는 것이 아닙니다. 이들의 열의와 자기 자신에 대한 믿음이 너무 강해서 자신이 해야 하는 것보다 너무 자주 더 열광하는 경향이 정말 있는 점은 당연합니다. 따라서 특히 이들이 나이가 들수록 이들은 더 철학적이고 묵상적이 되어 자신이 환경에 주는 충격에 대해 더 알아채는 것이 중요합니다.

비록 개방적이고 인상을 유지하는 것이 이들의 대단한 강점일지라도, 이들은 때때로 너무 인상에 좌우될지도 모릅니다. 이들은 자신의 동감과 개방성을 통해 부정적인 영향에 홀려버릴 수 있습니다. 따라서 이들의 공감적인 경향은 때때로 이들에게 불리하게 작용할지도 모릅니다. 게다가 이들은 너무 자주 남을 기쁘게 하려는 욕망을 갖고 있고, 결국 자기 자신을 굽히게 됩니다. 너무 유순하거나 반응적이 되지 않는 법을 체득하고, 역경에 직면하여 여전히 자신의 믿음에 어긋나지 않게 되는 것은 이들의 개인적인 계발에 필수적입니다.

▶ 일간 특성
강점; 지각력 있는, 협력적인, 기억에 남는
약점; 인상에 좌우되는, 반응적인, 지나치게 감정적인

▶ 명상
우리가 받아들인 이미지는 우리가 전해주는 이미지를 형태화합니다.

▶ 조언
당신이 믿는 것을 고수하라. 타인들에게 그렇게 쉽게 흔들리지 마라.
감정적인 삶은 건강한 존재의 한 부분에 불과하다. 당신의 정신적인 강인함에 좀 더 집중하라.
사람을 압도하는 당신의 성향을 주의하라.

▶ 건강
이들은 주기적으로 정상상태에서 벗어날 수 있는 민감한 신경계를 갖고 있습니다. 또한, 이들은 피부 알레르기가 생기기 쉬울지도 모릅니다. 이들은 현재 상태에서 근육과 뼈의 부상뿐만 아니라 인생 후반부에는 순환기 합병증을 피하기 위해 하체를 각별하게 보살펴야만 합니다. 알레르기가 문제라면 특정 음식은 피해야 할지도 모르지만, 대다수의 경우 이들은 포괄적인 식단을 먹을 수 있습니다. 신체 운동이 관련된 한, 팀 스포츠, 에어로빅, 무술 또는 역도 같은 활기찬 활동을 일주일에 두세 번 하는 것이 권장됩니다. 민감한 사람인 이들은 대개 넉넉한 수면을 욕구합니다.

▶ 수비학
20일에 태어난 사람은 숫자 2(2+0=2) 및 달에 통치됩니다. 숫자 2에 통치되는 사람은 신사숙녀적이고 상상적인 경향이 있고, 타인들이 비판하거나 주목하지 않는 것에 쉽게 상처받습니다. 이들은 또한 쉽게 성내고, 성급하기 쉬울지도 모릅니다. 달의 영향력은 인상에 좌우되고 감정적인 천성 쪽으로 이들을 만들어가고, 이것은 특히 2월 20일에 태어난 이들에게 해당합니다. 해왕성(물고기자리의 통치자)과 천왕성(물병자리의 통치자)의 영향력은 이들에게 고도로 직관적인 역량을, 심지어 심령적인 역량까지 빌려줄지도 모릅니다.

▶ 원형
20번째 메이저 카드는 물질적인 고려사항을 뒤로하고, 더 높은 영성을 탐구하도록 사람들을 부추기는 '심판이나 일깨움'을 보여줍니다. 나팔을 부는 천사를 그려내는 그 카드는 책무라는 새로운 날이 밝아지고 있음을 암시합니다. 이것은 우리가 자신의 에고 너머로 이동하기를 제안하고, 우리로 하여금 무한을 엿보게 해주는 카드입니다. 위험은 그 나팔소리가 단지 우쭐댐과 도취를, 즉 가장 저급한 본능이 관련된 것을 즐길 시의 균형상실과 방종을 이들 중 일부에게 미리 알려줄 뿐이라는 점입니다.

2월 21일
친밀감의 날
Intimacy

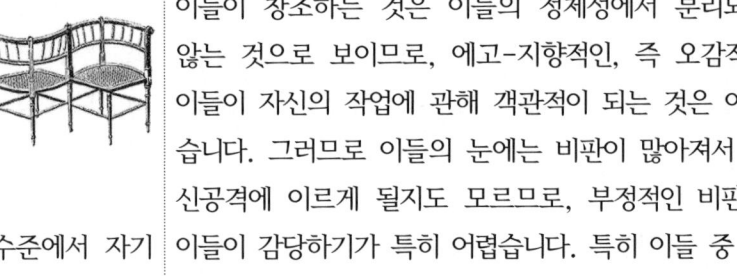

▶ 심리구조

2월 21일에 태어난 이들은 개인적인 수준에서 자기 자신을 표현하려고 고군분투합니다. 일찍이 이들의 삶은 자기 자신 및 '자신이 직면한 내부적인 어려움'에 광범위하게 엮일 수 있습니다. 이들은 처음에 이런 어려움이 자신의 환경에서 비롯된 것으로 바라볼지도 모르지만, 자신만의 고도로 복잡한 천성이 실상적인 이슈임을 대개 깨닫게 됩니다. 그러나 물론 문제들은 성장하고, 터득하며, 진화하기 위한 도전과 기회일 수 있습니다. 이들 중 대다수는 자기 자신을 개선시키려는 이 도전을 충분히 수용하고, 결과적으로 엄청나게 성장하게 됩니다. 자신만의 감정적인 민감성을 받아들이게 되고, 어쩌면 극복함으로써 이들은 소수 사람만이 도달한 일종의 자기-자각을 실현할 수 있습니다. 이들은 타인들의 감정과 동기부여에 대한 주목할 만한 통찰력도 또한 표출할 수 있습니다.

이들의 가장 높은 성과 중 하나는 충분히 단순한 것, 즉 친밀성인 것으로 보입니다. 그러나 이들이 자기 자신을 다른 인간 존재와 완전히 공유하는 것은, 즉 그로 하여금 이들을 방어 없이 이들의 실상 모습대로 보도록 허용하는 것은, 어쩌면 이들이 줄 수 있는 가장 대단한 선물입니다. 그 특별한 사람이 그 선물을 무시할 때, 즉 그 선물의 특별함을 알아보지 못하거나 관심을 두지 않을 때, 문제가 발생할지도 모릅니다. 그 결과로 민감한 이들에게 생긴 충격은 파괴적일 수 있고, 이들이 다시 그 방식으로 자기 자신의 마음을 다시 과감히 열기까지 긴 시간이 걸릴 수 있습니다.

이들이 창조하는 것은 이들의 정체성에서 분리되지 않는 것으로 보이므로, 에고-지향적인, 즉 오감적인 이들이 자신의 작업에 관해 객관적이 되는 것은 어렵습니다. 그러므로 이들의 눈에는 비판이 많아져서 인신공격에 이르게 될지도 모르므로, 부정적인 비판은 이들이 감당하기가 특히 어렵습니다. 특히 이들 중 예술가, 장인, 연예인, 공무원은 자신이 세상에서 성공적이기를 바란다면, 자신의 껍질을 강화해야 할 것입니다.

성별이 다른 부모에게 자신의 문제에 대해 초점을 맞추면서 이들이 감정적으로 매우 어려운 어린 시절을 보냈던 것은 드물지 않습니다. 자신이 지나치게 감독받고 세세하게 비판받는 결과로, 아니면 주목을 가장 욕구했을 때 무시받는 결과로 이들은 전자의 경우 자신을 유별나게 조용하고 비밀적인 사람으로 계발하게 되고, 후자의 경우 현란하고 외향성의 유형으로 계발하게 될지도 모릅니다.

건강하고 만족스러운 애정 생활은 붙잡기 어려운 것, 즉 이들이 찾아내기 위해 전 세계를 탐색할 중요한 것일지도 모릅니다. 이들 중 일부에게는 애틋한 동반자가 이들의 가치를 확언해주고, 그 외 사람들에게는 이런 동반자가 이들이 매우 욕구하는 믿을만한 벗, 즉 이들의 가장 민감한 비밀을 잘 아는 사람이 될 수 있습니다. 어느 경우든, 이들보다 자신의 내면세계에 더 밀접하게 접촉하며 살도록 강요받는 사람은 거의 없습니다. 이들이 감정적인 행복과 평화를 찾아내는 것은, 대단히 만족스러울 수 있지만, 대체로 평생의 성장과 노력을 포함합니다.

▶ 일간 특성
강점; 감정적으로 깊은, 자기를 알아채는, 정직한
약점; 자신에게만 몰두하는, 만족하지 못하는, 거리를 두는

▶ 명상
달의 한쪽은 항상 어둡습니다.

▶ 조언
당신의 사교적인 면을 계발시키라.
당신 자신에게 너무 휩싸이지 마라.
[내면에만 있지 말고] 더 밖으로 나가라.
타인들에게 다가가서, 생명적이고 연결된 상태에 머무르라.

▶ 건강
이들은 자신의 문제를 내재화하기 쉽고, 결과적으로 만성적인 내부 질환으로 고통받을 수 있습니다. 심리적인 수준에서 이들은 깊은 우울증이 생기기 쉽습니다. 테라피나 심리상담도 일부 도움될지도 모르지만, 이들은 도움을 받지 않고 자기 자신을 재지향하는 것에 의해 우울증에서 정상적으로 빠져나와야 합니다. 이들의 식단을 안정된 상태로 유지하는 것은 중요하지만, 가장 맛있고 감질나는 요리법에 중점을 두는 것은 자주 자신을 위해 자신의 영을 일으켜 세우는 좋은 방법입니다. 강한 성적인 집착이 비록 이들에게 항상 유익한 것은 아니지만, 이들에게는 보통 코스입니다. 신체 운동이 관련된 한, 이를테면 어쩌면 걷기나 수영처럼 단지 가볍거나 적당한 활동만이 권장됩니다.

▶ 수비학
21일에 태어난 사람은 숫자 3(2+1=3)과 21 그리고 확장적인 행성인 목성에 통치됩니다. 숫자 3에 통치되는 사람은 고도로 야심적이고, 때로는 독재적이 되는 경향이 있습니다. 목성적인 영향력은 세상을 향한 확장적인 태도 쪽으로 이들을 만들어가지만, 이들은 해왕성(물고기자리의 통치자)의 힘과 짝지어진 좋은 재정적인 판단도 또한 증정받고, 이상주의적이고 영적인 전망을 증정받을지도 모릅니다.

▶ 원형
21번째 메이저 카드는 에너지를 주는 봉을 손에 들고 달리는 여신을 그려내는 '세계'입니다. 세상이라는 고개를 넘어가서, 그 진실을 표출하는 그녀는 무한한 힘을 갖고 있습니다. 이 카드는 세속적인 차원에서 도달할 수 있는 모든 것을 상징합니다. 비록 보상과 통합이 보증될지라도, 전통적으로 그 카드는 특히 이들에게 최후에 해로워질 산만함과 자기연민이라는 부정적인 특성뿐만 아니라 기념비적인 장애 및 운명의 퇴보로도 또한 예시할 수 있습니다.

2월 22일
보편성의 날
Universality

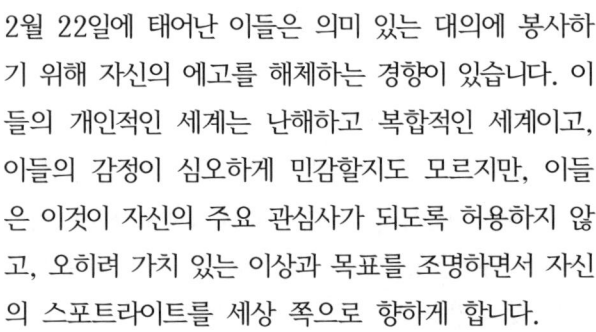

▶ 심리구조

2월 22일에 태어난 이들은 의미 있는 대의에 봉사하기 위해 자신의 에고를 해체하는 경향이 있습니다. 이들의 개인적인 세계는 난해하고 복합적인 세계이고, 이들의 감정이 심오하게 민감할지도 모르지만, 이들은 이것이 자신의 주요 관심사가 되도록 허용하지 않고, 오히려 가치 있는 이상과 목표를 조명하면서 자신의 스포트라이트를 세상 쪽으로 향하게 합니다.

이들은 대체로 최대 다수를 위한 최대 이익을 믿습니다. 이런 의미에서 이들의 민주적이고 어쩌면 애국적인 느낌이 고조됩니다. 드물지 않게 이들은 자신의 일가, 조직, 공동체, 심지어 국가의 대의를 후원하거나 이끄는 자기 자신을 알아차립니다. 하지만 이들 중 가장 고도로 진화된 사람은 도시나 국경을 훨씬 넘어서는 이상을 갖고 있습니다. 보편적인 자유를 사랑하는 사람이자 높은 이상주의자인, 이들은 모든 사람이 압제나 억압의 위협 없이 좋은 삶이라는 축복을 누리기를 바랍니다.

엄정한 의무감을 갖고 있는 이들은 오히려 엄격해서 용납하지 않을 수 있습니다. 이들이 실수를 만들어낼 때, 이들은 자기 자신을 매우 혹독하게 다룹니다. 이들은 또한 편의적인 이유든 생존적인 이유이든 간에 자신만의 개인적인 규칙을 위반했을 때 대단한 고통을 겪습니다. 이들은 자기 자신에게 덜 혹독하게 대하고, 주위 여건을 사실 그대로 더 잘 받아들이는 법을 체득해야만 합니다. 이들의 기준은 자주 너무 높아서 (자기 자신을 포함해) 누구도 합당하게 살지 못할 정도입니다.

언급된 것처럼 비록 이들이 자신의 작업을 위해 봉사할 시 자주 자신의 에고를 해체하더라도, 이것이 개인적인 관계에서 이들이 반드시 원만함을 의미하는 것은 아닙니다. 이들이 경험의 다층성에 마음을 여는 것처럼 보일 수 있다는 사실에도 불구하고, 이들의 호불호는 현저하고, 심지어 고착되어 있기까지 합니다. 게다가 이들은 자신의 불쾌감이 동반자에게 알려지도록 만들어낼 때 어떤 사정도 두지 않을 것입니다.

이들은 빈번히 자신의 사회를 비판하고, 혁명적인 혹은 전위적인 입장을 채택합니다. 특히 낙관적이 아닌 이들은 누구든 무엇이든 단점을 실상적으로 평가합니다. 이들 중 덜 고도로 진화된 사람은 자신 주위의 모든 완벽하지 못함을 볼 수밖에 없지만, '불평하는 것' 및 '반항 속에서 목적 없이 비난하는 것' 사이에서 망설이면서, 대다수 시간을 아무것도 하지 않기로 선택합니다. 이들 중 자신의 이상주의적인 천성에 반하는 사회적인 불평등을 받아들이게 된 사람은 깊은 비관주의에 빠질 수 있습니다.

개인적인 욕망을 제쳐놓을 수 있는 수용력 덕에, 이들은 자신의 추종자들에게 대단한 충직을 주입하는, 자석 같은 리더로 자신을 만들어내는 데 유능합니다. 물론 이들 중 모두가 고용주나 관리자, 정치지도자로서 권위를 행사할 기회를 갖고 있는 것은 아닙니다. 하지만 만약 원조나 후원을 요청할 욕구가 생긴다면, 이들은 자신의 동기가 순수한지를 좀처럼 의심하지 않으므로 동료, 가족, 친구에게 대단한 희생을 요구할 가능성이 있게 될 것입니다.

▶ 일간 특성
강점; 이기적이지 않은, 이상적인, 투신하는
약점; 용납하지 않는, 비관적인, 혹평하는

▶ 명상
세상의 몇몇 애매한 구석에서 이상과 실상은 비밀 결혼을 완성해왔습니다.

▶ 조언
당신 자신과 타인들에게 너무 많이 요구하지 마라. 실수를 감안해보라, 실수가 항상 회피되어질 수 없다. 당신에게 그들 자신을 맡기는 사람들에 대한 당신의 책임을 매우 의식하라.
한 사람으로서 당신 자신에게도 또한 더 많은 이해관계를 보여주라.

▶ 건강
이들은 가장 자주 자신의 건강을 무시하기 쉽습니다. 만약 이들은 예방적인 실행에 더 적극적으로 참여하지 않는다면, 언젠가 처치술을 탐구하도록 질병에 의해 강요받을지도 모릅니다. 최신 의료 건강 연구 및 가능한 동종요법과 전체론적인 치료법에 대한 정보를 지속해서 알고 있는 것은, 자기 자신까지는 아니더라도 가족에게는 유익한 것으로 판명될지도 모릅니다. 비타민과 미네랄 보충제를 섭취하고, 넉넉한 양의 신선한 과일과 채소를 특징으로 하는 저지방 식사를 하는 것은 이들에게 좋은 출발점입니다. 에어로빅, 달리기, 역도, '해양수영이나 등반' 및 어쩌면 경쟁적인 팀 스포츠를 포함한 활기찬 운동이 이들에게 권장됩니다.

▶ 수비학
22일에 태어난 사람은 숫자 4(2+2=4)와 22 그리고 불규칙하면서도 폭발적인 천왕성에 통치됩니다. 숫자 4에 통치되는 사람은 고도로 고집적이고, 꽤 논쟁적일 수 있습니다. 이런 특성은 천왕성(물병자리의 통치자)의 오래가는 영향력에 의해 이들에게 보강되고, 반항적이거나 혁명적인 배역이 주어질지도 모릅니다. 드물지 않게 숫자 4에 통치되는 사람은 사회질서를 변화시키기를 바라고, 이것은 특히 2월 22일에 태어난 이들에게 해당합니다. 물고기자리가 해왕성에 통치되므로, 천왕성-해왕성의 연관성은 높은 이상주의뿐만 아니라 개인적인 혼란, 이상한 주제가 함께하는 선-생각, 자기-파괴적인 경향도 또한 예시해줄 수 있습니다. 숫자 22는 쌍수이므로, 22일에 태어난 사람은 쌍둥이, 동시성, 대칭성 또는 다른 이중성에 홀리게 될지도 모릅니다.

▶ 원형
22번째 메이저 카드는 몇몇 버전에서는 절벽의 가장자리를 부주의하게 걸어가는 모습을 보여주는 '바보'입니다. 일부 해석은 이성을 포기한 어리석은 사람으로 그이를 묘사하고, 다른 해석은 물질적인 고려사항에서 벗어난 고도로 영적인 존재로 묘사합니다. 긍정적인 의미는 저항을 단념해서 본능을 자유롭게 따르는 것을 포함하고, 부정적인 측면은 어리석은 활동, 충동성, 소멸입니다. 고도로 진화한 '바보'는 삶의 행로를 따라갔고, 그 교훈을 체험했으며, 자신만의 비전과 하나가 되었습니다.

2월 23일
실행 가능한 지원자의 날
The Viable Candidate

▶ 심리구조

2월 23일에 태어난 이들은 이상적인 주위 여건이 아니라 실행 가능한 대안으로 자신의 발상뿐만 아니라 자기 자신을 제안하는 데도 또한 전문입니다. 이들은 자주 긍정적인 방향으로 상황을 전진시키는 데 종사하는 문제 해결사입니다. 일단 이들은 자신이 직무, 가족 리더십의 위치 또는 사회적인 책임에 가장 적합한 후보라고 확신하면, 그 위치를 확보해야 하고, 아니면 적어도 공정한 청문을 받아야만 합니다. 이들이 자신의 숙제를 철저히 끝낼 때까지는 좀처럼 자신의 견해를 누구에게도 확신시키려고 노력하지 않기 때문에, 이들의 조언이 대개 설복적이고 건전하듯이 이들의 논거도 그렇습니다.

이들은 실상주의자, 즉 국면을 판정해서 개선될 수 있는 것에 정확하게 자신의 손을 대는 것이 능숙한 세상 물정에 밝은 사람입니다. 불운하게도, 이 실상주의는 사실 비관주의가 될지도 모르고, 특히 인생 후반부에 자신이 혹평하게 되거나 심지어 쓰리게도 되는 것을 주의해야만 합니다. 우울증을 피하는 데 주의깊은 에너지 균형이 필요한 이들에게는 부인할 수 없는 어두운 면[그림자]이 현존합니다. 이들은 특히 자기-파괴적인 패턴에 빠져버리는 것을 주의해야만 합니다.

이들은 물질세상을 견고하게 붙잡고 있습니다. 이들은 사치스러운 생활을 즐기는 데 지나치게 탐닉하지 않습니다. 이들이 실용성과 일상적인 어려움을 다루는 스타일은, 어제를 기반으로 쌓아나가고 내일의 복잡성에 대해 준비하는 것에 관련이 있습니다. 이들은 한번 작동하면 계속 작동하는 [동력인] 모터와 같습니다.

이들은 자신의 운영 기반을 확장하는 것에 행복하지만, 대체로 조심스럽게 확장할 것입니다. 이들이 성공하는 한 가지 이유는 이들의 실용주의에 더하여 이들의 타이밍 감각, 즉 활동할 바른 때와 언제 고수할지를 아는 것입니다. 이들은 대개 실존적인 딜레마를 잘 감당하고, 필연성의 법칙을 받아들이면서 자신의 삶을 유도하는 데 책임을 지고 있습니다.

이들은 한 방향에서 좌절될 때, 좀처럼 뒤로 물러서지 않고 단순히 다른 행로를 선택합니다. 대다수의 경우, 이들은 플랜 A를 착수하기 전에 이미 플랜 B의 장점을 고려해왔고, 그 플랜 B를 준비 상태로 비축해둡니다. 그러므로 이들은 단순히 막다른 길에 다다라서 더는 나아갈 수 없는 사람들에게 조언을 제안하는 데 뛰어납니다. 자주 이들 자신이나 이들의 서비스는 교착 상태에 대한 실행 가능한 대안인 것으로 판명됩니다.

이들은 사적인 생활에서 뭐든 아는 체하거나 무오류적인 태도를 채택하고, 타인들의 감정적인 욕구에 안일해지거나 반응하지 않게 되는 것을 주의해야만 합니다. 이들은 마음을 열어두고 자신의 주위 사람들의 바램에 맞추려고 애써야만 합니다. 타인의 의견을 진정으로 중시하고, 그들의 관심사를 조용히 그리고 판단하지 않고 경청함으로써, 친구를 얻게 되는 이들은 자신만의 노력에 대해 후원해줄 마음을 불어넣을 것입니다.

▶ 일간 특성
강점; 설득적인, 분석적인, 실용적인
약점; 혹평하는, 부정적인, 뭐든 아는 체하는

▶ 명상
사람에서처럼 식물에서도 생존을 위한 가장 강한 후보는 자주 '자생적인 것'입니다.

▶ 조언
타인의 말에 귀 기울이고 그들의 소견에 마음을 열어 두라.
당신이 항상 문제에 대한 최선의 해결책은 아닐지도 모른다.
필요할 때 물러서는 법을 체득하라.
당신이 개인적인 생활을 할 시 더 보살피고 주의를 기울이라.
느긋해지고 재미있게 보내는 것도 역시 기억해내라.

▶ 건강
이들은 자기 자신을 너무 심하게 몰아댈 가능성이 있습니다. 이들은 쉬면서 느긋해지는 법을 체득해야만 합니다. 방해받지 않고 밤새 잠을 자는 것도 또한 이들의 건강에 중대합니다. 그러므로 이들은 잠자는 공간을 편안하고 조용해지도록 만들어내는 것을 최우선 순위로 삼아야 합니다. 이들의 심미적인 지향 때문에, 이들은 마사지와 즐거운 신체적인 촉발의 모든 형식에 대해 특히 수용적입니다. 이런 관능성은 음식을 향한 이들의 태도에서도 보입니다. 이들은 자신을 새로운 요리를 창조하고 전통적인 요리법을 [변형하기 위해] 재고하는 데 유능한 뛰어난 요리사로 만들어낼 수 있습니다. 하지만 이들은 [이러한 과정에서 너무 신경써서] 자신의 식욕을 잃는 것을 조심해야만 하고, 이들의 요리와 식단에서 지방을 제한하도록 권고받습니다. 이들에게는 정기적이고 적당한 매일의 운동이 권장됩니다.

▶ 수비학
23일에 태어난 사람은 숫자 23(2+3=5)과 5 그리고 수성에 통치됩니다. 수성은 생각과 변화의 빠름을 대변하므로, 2월 23일에 태어난 이들은 정신적으로 과잉반응할 뿐만 아니라 대단히 주기적으로 자신의 마음과 물리적인 주위환경도 또한 변화시킬 가능성이 있는 자기 자신을 알아차릴지도 모릅니다. 수성-해왕성(물고기자리의 통치자)의 조합은 외부적인 현상에 대한 대단한 민감성과 보편적인 용어로 생각하는 논리적인 능력을 예시해줍니다. 숫자 5에 통치되는 사람은 전형적으로 삶에서 받는 어떤 역경이든 이들에게 영속하는 효과를 거의 갖고 있지 않아서, 이들은 빨리 회복됩니다. 숫자 23은 해프닝에 결부되고, 이것은 특히 활동의 중심에 있기를 바라는 이들에게 해당합니다.

▶ 원형
다섯 번째 메이저 카드는 인간의 이해심과 신념을 상징하는 신성한 신비에 관한 해석자인 '사제'입니다. 그의 지식은 난해하고, 그는 보이지 않는 만사만물에 대한 권위를 갖고 있습니다. 이 카드가 수여하는 호의적인 특성은 자기-보증성과 통찰력이고, 비호의적인 특성은 설교하기, 호언장담, 독단주의를 포함합니다.

2월 24일

희생의 날
Sacrifice

▶ 심리구조

2월 24일 태어난 이들의 삶에서 희생은 중추적인 테마이고, 방식의 다층성으로 구현될 수 있습니다. 이들은 대의명분, 부모의 바램 혹은 '동무나 가족의 욕망'에 자신만의 관심사를 자주 희생시킵니다. 전형적으로 이들 자신은 타인들에게, 특히 사랑받는 사람에게 희생의 대단한 정도를 요구합니다. 그 테마는 또한 더 추상적이거나 철학적인 형식으로 반복될지도 모르는데, 여기서 희생은 현 상황의 삶에 대한 일종의 수용이, 즉 말하자면 에고의 희생이 됩니다. 가장 좋은 경우 이 희생은 진정한 비이기주의이고, 공통선을 위해 작업하려는 소망입니다.

더 커다란 목적이나 집단의 바램을 위해 자기 자신을 희생시키기로 선택한 이들은, 지복의 기쁨부터 금욕적인 의무감 심지어 엄중한 의무감에 이르기까지 어떤 것이든 희생시키기로 선택합니다. 전자의 경우, 이들은 자신이 하는 일을 진정으로 믿고, 타인들의 행복이나 웰빙은 이들의 개인적인 보람입니다. 후자의 경우, 이들은 확고한 도덕적인 또는 윤리적인 확신에 따라 활동할지도 모르지만, 자신의 에고가 요구하는 것이 좌절된 탓에 깊은 원망을 품을 수 있습니다. 오랜 시간에 걸쳐 구축하는 이런 좌절감은 어느 날 터져나오고, 이들이 자신에게 놓인 책임을 거절하도록 이끕니다.

이들 중 다수는 더 순수한 생활방식을 추구하기 위해 자신 에고의 존재감을 줄이는 것, 어쩌면 심지어 에고의 존재감을 완전히 없애는 것까지도 탐구합니다. 물론 여기서 위험은 이들이 어쩌면 어떻게든 자기 자신을 속일 수 있다는 점인데, 누군가의 에고가 아직 완전히 형성되지 않을 때 그 에고를 제거하는 것은 불가능할지도 모릅니다! 이들 중 이 함정을 알아채는 더 고도로 진화된 사람은 자신 성격의 긍정적인 측면을 강화함으로써, 그리고 가능할 때마다 객관적인 기준으로 자기 자신을 판단함으로써 명료하게 움직입니다. 하지만 이들 중 그 외 사람은 자신의 불운이 어떻게든 더 높은 상태의 확증이라고 믿으면서 숙명이 자신의 길에 보내는 온갖 것을 받아들입니다.

이들은 자신만의 믿음과 욕망을 굽히지 않으면서 공통선을 위해 작업하는 방식을 아니면 어쩌면 자신의 부모와 사회를 기쁘게 하는 방식을 찾아내야만 합니다. 이들은 대다수 사람보다 더 자신의 바램을 매우 확신하고, 그 바램과 소통하는 것을 두려워하지 말아야만 합니다. 만약 이들이 '타협'과 '덜 이상적인 주위 여건', 즉 자신의 재능이나 능력에 이르지 못하는 자기-이미지에 대한 지나친 수용을 길러왔다면, 이들은 자신의 미래도 역시 결단하는 자신의 전망 속에 부정적인 혹은 자기 충족적인 예언의 세트를 구축할 위험을 무릅쓰게 됩니다. 만약 이들이 언젠가 자신의 삶을 다시 통제하기를 바란다면, 이들은 자신의 뿌리 깊은 습관과 기대라는 심층 저류를 거슬러서 헤엄치게 될 것이므로, 난항을 알아차릴지도 모릅니다.

꾸준한 진보, 의지력, 결연한 행동, 결단, 배짱은 이들이 어떤 중대한 희생을 착수하기 전에 반드시 갖고 있어야만 하는 자질입니다. 나약함의 위치보다 강인함의 위치에서 사랑을 나누는 것도 또한 장기적으로 훨씬 더 만족스러운 것으로 판명됩니다.

▶ 일간 특성
강점; 베푸는, 마음을 여는, 수용하는
약점; 자신에만 몰두하는, 요구가 많은, 정태적인

▶ 명상
많은 비극이 사랑이라는 이름으로 벌어집니다.

▶ 조언
실상적인 당신을 옹호하는 법을 체득하라.
타인들의 소견이나 바램에 그렇게 쉽사리 응하지 마라.
당신의 재능과 당신의 의지력을 증진시키라.
에고 마사지의 유혹을 뿌리치라.

▶ 건강
이들 중 거의 대다수는 관능적이고 비교적 활동 부족의 여유로운 삶 속에서 느긋하게 지내는 성향을 갖고 있습니다. 그러므로 이들은 다리, 순환기 계통, 림프절에 영향을 미치는 좌식 장애에 주의해야만 합니다. 이들의 자기 희생적인 천성과 부정적인 기대를 창조하는 성벽 탓에, 이들은 결국 자기 자신이나 타인들에게 원망이나 분노를 불러일으킬 수 있습니다. 이들 중 일부에게 사랑 관계는 실존의 전부이자 마지막이되고, 그러므로 이들은 특히 섹스와 사랑 중독뿐만 아니라 의존성에 대해 알아채야 합니다. 관능적인 음식에 대한 즐거움 및 만족시켜주는 성적인 활동은 이들의 계속적인 행복을 위해 당연히 중요하지만, 이들은 질과 양 모두에서 자신의 식단을 제한하고, 어쩌면 자신의 감정적인 삶을 더 건전하고 생산적인 방식으로 구조화하는 편이 온당할 것입니다.

▶ 수비학
24일에 태어난 사람은 숫자 6(2+4=6) 및 금성에 통치됩니다. 숫자 6에 통치되는 사람은 사랑과 찬양을 끌어들일 시 자석 같은데, 금성이 사회적인 상호작용에 강하게 연계되므로, 2월 24일에 태어난 이들이 쾌감에 대한 손쉬운 추구에 빠져버리고, 찬양의 대상이 되는 것은 바로 유혹일지도 모릅니다. 금성과 해왕성(물고기자리의 통치자)이 조합된 영향력은 이들에게 초 낭만적이고 자석 같은 매혹을 빌려줄 수 있지만, 개인적이고 사회적인 실상에 대한 이들의 감각도 또한 약하게 할 수 있습니다. 사랑은 자주 숫자 6에 통치되는 사람의 삶에서 지배적인 테마가 됩니다.

▶ 원형
사랑을 상징하는 '연인'인 여섯 번째 메이저 카드는 남성성과 여성성이라는 양극성의 통합을 통해 인간성의 모든 것을 하나로 묶는 최종 지점에 중점을 둡니다. 이 카드가 좋은 면에서는 높은 도덕적인, 미적인, 신체적인 차원의 애정과 욕망을 예시하고, 나쁜 면에서는 충족되지 않은 욕망, 감상성, 우유부단함을 예시합니다.

2월 25일
더 높은 대의의 날
The Higher Cause

▶ 심리구조

2월 25일에 태어난 이들은 비록 자주 자신만의 권리에 관련해 만만찮은 사람이지만, 오직 자기 자신보다 더 대단한 대의를 위해 자신의 모든 것을 바칠 때만 자신의 완전한 잠재력에 도달하게 됩니다. 이들은 신망과 자기-존중이라는 큰 척도를 갖고 있지만, 대체로 보편적인 목표가 개인적인 목표보다 더 대단한 의미를 갖고 있다고 믿습니다. 이들은 오직 더 높은 대의에 연결하는 것에 의해서만 자신만의 힘이 확대된다는 점도 또한 직감합니다.

드물지 않게 이들은 자신의 주위 사람들과 갈등을 겪습니다. 이들은 사회가 항상적인 변화와 혼란 속에 있고, 어쩌면 깊게 공헌할 가치가 없다고 보므로, 이들이 사회적인 도덕관에 비판적이라는 점은 놀랍지 않습니다. 어린 시절 이들은 자주 자신의 부모와 다른 권위 있는 인물들에게 꽤 공개적으로 맞서 반항하고, 자신이 불의하다고 여기는 것에 감정적으로 반응합니다. 이들은 자주 인생 후반부까지 자기 자신과 갖는 평화를 찾아내지 못하는 탓에, 이들의 청소년기와 성년기 초반에 폭풍우 같을 수 있습니다.

30대 후반과 40대에 이들은 대개 가치 있는 이해관계에, 즉 어쩌면 인간성이 최상일 수 있게 하는 예술이나 철학, 종교, 이상에 대한 자신의 공헌을 심화시킵니다. 일단 이런 종류의 이해관계가 이들을 사로잡게 되면, 이들은 공적으로든 사적으로든 또는 둘 다에서 점점 더 증가하는 시간과 노력을 그 관심에 바치게 될 것입니다. 하지만 이들이 자신의 기존 생활에서 급진적으로 벗어나지 않고, 건전하고 유기적인 방식으로 기존 생활 위에 구축할 때가 대개 더 행복한 상황입니다.

이들은 어떤 종류의 비열함이나 쪼잔함을 위한 시간도 갖고 있지 않습니다. 이들 자신은 당당한 태도를 피력하고 거대한 몸짓으로 상황에 응할지도 모르지만, 생색내거나 엘리트주의적인 태도를 좀처럼 채택하지 않습니다. 따라서 이들 중 가장 성공적인 사람은 자신의 높은 이상과 목적의식을 타인들에게 전달할 능력이 있습니다. 이들 중 덜 진화된 사람은 타인들에게 자신의 진심을 확신시키지 못하고, 그러므로 전향시키거나 주장하는 유형으로 인식될지도 모릅니다. 이들의 성공은, 즉 실로 이들의 행복은 적대감을 자극하지 않고 소통하는 이들의 능력에 자주 정비례합니다. 최악의 경우 이들은 오해를 받는 것을 통해 자기-연민과 좌절감을 느끼게 될지도 모릅니다.

대체로 이들에게는 '주는 것'이 '받는 것'보다 더 중요하지만, 이들은 이들의 선물을 증정받은 사람이 이들의 선물을 받는 것을 오히려 열망하지 않을지도 모른다는 사실에 민감해져야만 합니다. 그런 경우 이들은 단지 거절의 느낌을 자기 자신에게 준비시킬 뿐입니다. 그 대신 이들의 입장을 강화하고 상호 교환에 기반을 둔 더 간단명료한 태도를 채택하는 것이야말로 이들에게 더 적합한 접근법이고, 결국 타인들에 관한 더 건전한 방식일지도 모릅니다.

▶ 일간 특성
강점; 충실한, 헌신적인, 베푸는
약점; 지나치게 관여하는, 반항적인, 비실상화된

▶ 명상
뇌는 송신기이자 수신기입니다.

▶ 조언
당신 자신만의 사람이 되되 타인들의 바램을 고려하라.
당신 자신을 개선하는 것에도 역시 집중하라.
찬양에 너무 굶주려 있지 마라.
당신만의 믿음과는 다른 믿음도 존중하라.

▶ 건강
이들은 매우 활동적인 무의식적인 삶으로 이끌립니다. 이들에게 수면은, 특히 적절한 꿈의 시간은 극도로 중요합니다. 그러므로 가능한 한, 수면 불안은 많이 제거되어야만 합니다. 문제를 통해 작업할 능력이 없는 무의식의 귀결은 바로 깨어있는 삶에서 짜증, 토라짐, 스트레스에 대한 낮은 문턱입니다. 이들은 음식을 무시하거나 아니면 음식을 즐기는 경향이 있으므로, 적합한 영양을 확실히 하는 체계적인 식단을 계획해내는 것이 유익할 것입니다. 신체 운동은 이들이 뿌리내리는 데 도움되고, 춤, 요가, 태극권, 무술 같은 영적인 구성요소를 가진 활동들이 고도로 권장됩니다.

▶ 수비학
25일에 태어난 사람은 숫자 7(2+5=7)과 25 그리고 '신비하고 종교적인 상태라는 지역을 갖고 있는 해왕성'에 통치됩니다. 이런 형이상학적인 영향력은 이들의 별자리인 물고기자리도 또한 해왕성에 통치되므로, 이들에게서 확대됩니다. 일반적으로 숫자 7의 사람이 변화와 여행을 즐기지만, 숫자 25는 위험과 연관성을 갖고 있으므로, 2월 25일에 태어난 이들은 우발사고를 피하려면 방심하지 말아야만 합니다.

▶ 원형
일곱 번째 메이저 카드는 세상을 누비는 의기양양한 인물을 보여주면서, 역동적인 방식으로 자신의 신체적인 존재감을 구현하는 '전차'입니다. 그 카드는 올바른 행로가 아무리 좁고 위태롭더라도 [그 행로를] 계속해야 한다는 의미로 해석될지도 모릅니다. 이 카드의 좋은 면은 성공, 재능, 효율성을 배치해주고, 나쁜 면은 독재적인 태도와 서툰 방향 감각을 제안합니다.

2월 26일
각성의 날
Arousal

▶ 심리구조

2월 26일에 태어난 이들은 감정적으로도 정신적으로도 타인들을 각성시키는 대단한 수용력을 갖고 있습니다. 이들은 사람들의 민감성에 고도로 맞춰지고, 그러므로 그들을 깊게 동요시킬 능력이 있습니다. 반어법과 풍자를 휘두르는 데 매우 능숙한 이들은 비판적인 재능을 가져와서 사람들 및 사회제도 양쪽의 결함에도 또한 적용할 능력이 있습니다. 이들 중 고도로 진화된 사람은 자주 자신의 동료 인간 존재에게 물질적이자 영적인 진보의 가능성을 일깨워주면서, 그들에게 혜택을 주기 위해 사심없는 대의에 자기 자신을 바칩니다.

비록 이들이 고도로 개별적이고, 자주 개인적인 목표에 대한 다소 외로운 추구에 종사할지라도, 이들은 자신이 만나는 사람에 대한 조용하되 자석 같은 효력을 갖고 있습니다. 이들 중 대다수는 곧잘 공개적으로 애정을 표출하지 않고, 자발성과 충동이 상대방에게서 비롯될 때 더 편안해합니다. 그러나 사적으로는 이들이 자주 조용하고 진지하며 평화를 사랑하는 사람이지만, 자신의 작업적인 삶에서는 대체로 훨씬 더 공격적인 페르소나를 채택합니다.

이들이 자신의 비판과 넘겨짚는 통찰력을 갖고 타인들에게 깊은 상처를 주는 데 유능하기 때문에, 이들은 원한과 적대감을 자극하는 것에 주의해야만 합니다. 그러나 비록 이들은 특히 부모로서 가끔 지나치게 권위주의적일 수 있지만, 자신이 보이고 싶어하는 만큼 자신의 입장에 좀처럼 확고하거나 작심적이 아닙니다. 사실 이들은 감정적인 호소에 취약하고, 눌러지기가 조금 쉬운 자신의 버튼에 취약합니다. 이것은 이들의 연인이나 가족구성원, 자녀를 위한 관대함이 관련되는 경우 그렇게 나쁜 사항이 아닐지도 모릅니다.

하지만 이들이 자신의 사업이나 직종적인 일을 감당할 때 자신의 반응적인 것을 줄인다면 가장 좋습니다. 이들 중 다수는 지나치게 진지하고, 아니면 심지어 고압적인 처신까지 보이는 나쁜 습관을 갖고 있으며, 그러므로 자기 자신을 가볍게 해서 좀 덜 진지하게 받아들이도록 노력해야 합니다. 이들 중 더 고도로 진화된 사람은 존엄이나 자기-우대를 잃어버리지 않고도 자기 자신을 비웃는 데 몹시 욕구되는 수용력을 계발합니다.

자신의 공감력 덕에 이들은 자신이 잘 알지 못하고 아니면 심지어 전혀 만나지조차도 않았던 사람들의 심금을 (자신의 작업이나 창조를 통해) 울릴 수 있습니다. 타인들의 주파수가 같아지고, 좋은 느낌을 공유하는 것은 이들에게 매우 고도로 중시됩니다. 이들은 자기 자신을 설명하려는 욕구가 전혀 현존하지 않을 때 극도로 행복하지만, 다른 사람이 이들의 사고방식을 무언으로 이해한다고 자신할 수 있습니다.

이들 중 다수가 사회의 아웃사이더라고 남몰래 느끼기 때문에, 받아들여지는 것은 이들에게 대단한 암시를 운반해줍니다. 자주 특이한 업적으로 사회적인 인정을 얻을 시, 이들은 사회 전반에 의미 있게 접촉할 여건에 들어가게 됩니다. 하지만 만약 이들이 중요한 위치를 맡거나 지대한 세속적인 성공을 받는다면, 이들은 자신의 작업을 하면서 또다시 혼자 되려는 고양된 소망만을 느낄지도 모릅니다.

▶ 일간 특성
강점; 공감하는, 비판적인, 촉발하는
약점; 자기만 중요한, 비정한, 반응적인

▶ 명상
타인을 일깨우는 것은 엄청난 책임을 수반합니다.

▶ 조언
상황을 단순하게 유지하고, 항상 인간성을 유지하라. 휩쓸리게 되지 말고, 자제해서 당신 자신에게 좀 덜 진지해져라.
귀 기울이는 법을 체득하고, 책임을 분담하며, 때로는 타인들로 하여금 보스가 되게 하라.

▶ 건강
이들은 자주 자기암시와 긍정적인 전망을 통해 건강함을 유지하는 능력에 대한 신임을 갖고 있습니다. 하지만 이들은 자주 음식에 대한 사랑 및 또 다른 신체적인 쾌락에 대한 사랑으로 구현되는 강한 관능적인 욕구를 정말 갖고 있습니다. 이런 이유로 이들에게 식단은 실상적인 문제가 될 수 있습니다. 이들은 버터, 크림, 풍미있는 소스 그리고 맛있지만 살찌는 음식들에 대한 이들의 사랑을 억제하기 위해 특별한 노력을 만들어내야만 합니다. 이들은 모든 종류의 알레르기, 특히 점액을 생산하는 알레르기가 생기기 쉬울 수 있는데, 우유 제품을 줄이는 것은 자신으로 하여금 더욱더 생생해지도록 만들어냅니다. 비록 젊었을 때 신체적으로 활동적이기는 하지만, 이들 중 다수는 나이가 들면서 너무 편안해지려고 하고 앉아서 지내려고 하기에, 어떤 경우에는 신체 운동에 대한 욕구를 완전히 무시합니다. 이들은 이런 성향과 싸우고 정기적이고 (비경쟁적인 천성의) 적당한 운동에 참여해야 합니다.

▶ 수비학
26일에 태어난 사람은 숫자 8(2+6=8) 및 토성에 통치됩니다. 토성은 제한, 경계심, 숙명론의 의식 및 책임감을 배치해주는데, 2월 26일에 태어난 이들의 경우 보수적이고 독재적인 경향이 강조될지도 모릅니다. 해왕성(물고기자리의 통치자)과 토성이 조합된 영향력은 거의 최면적인 끌어들이는 힘인 자석 같은 힘 쪽으로 이들을 만들어갈 수 있습니다. 숫자 8에 통치되는 사람은 대개 자신의 삶과 경력을 더디고 조심스럽게 구축해갑니다. 비록 이들의 가슴이 꽤 따뜻할지도 모르지만, 토성적인 영향력은 이들에게 험상궂은 겉모습을 심지어 심각한 겉모습까지 빌려줄 수 있습니다.

▶ 원형
여덟 번째 메이저 카드는 사나운 사자를 길들이는 우아한 여왕을 그려내는 '강인함이나 용기'입니다. 여왕은 반항적인 에너지를 마스터할 수 있는 여성 마법사를 상징하고, 물리적인 강인함뿐만 아니라 도덕적인 강인함을 표징합니다. 이 카드의 긍정적인 속성은 카리스마와 성공하려는 결단을 포함하고, 부정적인 자질은 무사안일과 권력남용을 포함합니다.

2월 27일
실상 마스터의 날
The Reality Masters

▶ 심리구조

2월 27일에 태어난 이들은 자신의 주위 세상의 작동 방식에 대해 극도로 통찰력이 있습니다. 이들은 일상 생활의 기본적인 요소, 즉 상황이 어떻게 작동하는지, 왜 사람들이 자신의 방식으로 활동하는지, 어떻게 환경을 갖고 유리하게 작업하는지를 이해하게 되는 데 지대한 에너지를 소비하지만, 이것은 단지 시작에 불과합니다. 이 확고한 실상에 기반을 둔 이들은 호기심이 강한 자신의 영으로 하여금 외적인 사회영역, 국제영역, 우주분야도 또한 탐험하도록 합니다. 이들은 방식의 단계마다 견고하게 구축하기 때문에, 자신이 새로운 노력, 어쩌면 더욱 야심적인 노력을 통해서 자신을 알아보는 경험에서 선별했던 지혜에 자신해서 의지할 수 있습니다.

이들의 가장 대단한 어려움은 대개 이들의 개인 생활에서 표면화됩니다. 이들은 자신이 극도로 요구하는 사람이기 때문에, 관계할 시 직감적인 선택도 또한 이들이 최소의 것을 말하는 데 자주 가장 적합하지 않으므로, 이들은 격동적이고 자주 혼돈된 연애 생활을 보유할 수 있습니다. 세상에 대한 이들의 모든 이해심 및 그 이해심 아래 자신의 길을 만들어내는 자신의 수용력에 관련해 어떤 이유로 이들은, 자신이 원한다고 자신이 생각하는 것 외에는 자주 자기 자신에 관해 놀랍게도 거의 알지 못합니다.

이들이 '원하는 것'과 '진정으로 욕구하는 것' 사이에서 차이점을 체득하는 것은, 이들이 파악하기 위한 중요한 구별이고, 이들이 오히려 인생 후반부보다 더 일찌감치 희망을 갖고서 만들어내는 구별입니다. 물론 자신의 진정한 욕구를 충족시킴으로써 이들은 더 대단한 감정적인 안정과 행복을 찾아낼 수 있습니다. 이들은 너무 자주 자신의 문제가 타자에 의해 해결될 수 있다고 느끼고, 더 깊은 수준에서 자기 자신 안에 있는 자신의 욕구에 대한 해결책을 탐구하는 대신 자신의 낭만적인 애정 생활에 너무 많은 에너지를 들입니다. 이들의 감정적인 꾸며냄을 감안하면, 관계들 사이에서 '중단 시기'를 경험할 가능성이 없지만, 그 주기가 늘어난 것만으로도 사실상 이들에게 일부 좋을 수 있습니다. 자신의 심사숙고하고 민감한 천성 덕에, 이들은 바깥쪽의 도움 없이도 많은 개인적인 성장을 성취할 능력이 있어야 합니다.

이들은 자신의 마음으로 하여금 주제에 대한 넓은 다층성에 걸쳐 자유롭게 배회하도록 놓아둘 수 있을 때 가장 행복하고, 대체로 지적으로 적극적인 친구와 동무도 또한 요구합니다. 이들은 자신의 사회적인 환경을 어떻게든 마스터하거나 혹은 어쩌면 새로운 방향으로 돌리려고 시도할 시, 그 환경과 자주 고군분투합니다. 지배하려는 이들의 부추김은 매우 강한데, 이들의 자석 같은 힘이 일 년 366일 중 가장 강한 것에 속하기 때문에, 이들은 자신의 주위 누구든 압도하지 않도록 극도로 조심해야만 합니다.

이들은 만약 자신이 도덕적인 방향을 잃어버린다면, 자기 자신과 타인들에게 파멸을 가져오게 될 대단한 잠재력을 갖고 있습니다. 진실을 보는 것뿐만 아니라 공감과 의지력의 드문 조합을 통해서 자신이 졸업하고자 소망하는 것을 가져오는 이들의 수용력은, 이들에게 대단한 윤리적인 및 도덕적인 도전을 제시합니다.

▶ 일간 특성
강점; 자석 같은, 유능한, 세상을 많이 아는
약점; 자기를 못 알아채는, 요구가 많은, 감정적으로 혼돈되는

▶ 명상
'필요성'은 상대적인 용어입니다.

▶ 조언
당신의 환경 전반에 대해 당신이 마스터한 것을 가져와서 당신 자신에게 적용하라.
당신의 영적인 행로가 당신을 어디로 데려가든 그 행로를 따르되, 그 길에서 만나는 사람들에게 친절해라.
당신만의 개인적인 사업을 돌보고, 옆길로 새지 마라.

▶ 건강
이들은 비록 정규적인 훈련을 갖고 있지 않을지도 모르지만, 자주 건강에 관해 놀랄만한 양을 알고 있습니다. 하지만 이들은 정기적으로 자신이 알고 있는 온갖 것을 잊어버리고, 개인적으로 전혀 건강하지 않은 방향으로 떠나갑니다. 자신이 믿는 의사가 있는 의료기관이나 대체 보건 기관의 혜택을 갖는 것은 이들의 웰빙에 중대합니다. 이들에게는 (달리기, 에어로빅, 체조, 역도, 암벽등반, 해양수영 같은) 활기찬 신체 운동뿐만 아니라 꾸준한 동반자와의 성적인 만족감도 권장됩니다. 이들은 술, 섹스, 사랑 모두 중독에 빠지기 쉬우므로, 자신의 격동적인 천성을 지속해서 통제하기 위한 의지력을 계발해야만 합니다.

▶ 수비학
27일에 태어난 사람은 숫자 9(2+7=9) 및 화성에 통치됩니다. 숫자 9는 (이를테면 5+9=14, 4+1=5처럼 9를 더한 어떤 숫자도 그 숫자가 되고, 9×5=45, 4+5=9처럼 9를 곱한 어떤 숫자도 9가 되므로) 다른 숫자에 대한 영향이 강력하고, 2월 27일 태어난 이들도 비슷하게 자신의 주위 사람들에게 영향을 끼칠 수 있습니다. 화성은 강압적이고 공격적인데, 화성과 해왕성(물고기자리의 통치자)의 조합은 타인들의 마음에 거의 최면을 거는 힘을 이들에게 부여해줄 능력이 있습니다.

▶ 원형
아홉 번째 메이저 카드는 대개 등불과 지팡이를 들고 걷는 것으로 그려지는 '은둔자'이고, 그는 명상, 고립, 침묵을 대변합니다. 그 카드는 확고해진 지혜와 궁극적인 단련도 또한 암시합니다. 은둔자는 양심에 의한 동기를 부여해서 타인들로 하여금 그들의 행로로 나아가게 해주는 임무 감독관입니다. 이 카드는 2월 27일에 태어난 이들이 추구해야 할 일종의 영적인 계발로 가는 길을 지적해줍니다. 이 카드의 긍정적인 예시는 집요함, 목적, 심오함, 집중력이고, 부정적인 자질은 교조주의, 불관용, 불신, 만류를 포함합니다.

2월 28일

열의의 날
Zest

▶ 심리구조

2월 28일에 태어난 이들은 자신을 만나는 누구에게든 전달하는 삶에 대한 엄청난 열의를 갖고 있습니다. 긍정적이고 활달한 이들은 자신의 활기찬 성격으로 대다수 경우를 밝아지게 할 능력이 있습니다. 하지만 반면에 이들은 완전히 잘못된 방향으로 전력을 다해 나아가는 성벽을 갖고 있습니다. 이들로 하여금 그 잘못된 방향을 알아채도록 만들어주는 것은, 이들이 자신만의 열의에 사로잡혀 있을 때는 거의 불가능합니다. 주위 여건에 따라 보증적인 동시에 긍정적인 이들은 역동적이거나 효과적이거나 파괴적일 수 있습니다. 명백히 이들은 앉아서 자신의 인생 방향을 묵상하고, 자기 자신을 더 잘 알게 되며, 자신의 활동에 더 의도적이 되고 목적적이 되는 편이 온당할 것입니다.

이들의 에너지가 분산되고 흩어지는 경향이 있기 때문에, 또 이들이 새로운 노력에 쉽게 휩쓸리게 될 수 있으므로, 이들은 자신에게 가깝고 소중한 사람들에게 지대한 걱정을 일으키는, 세상을 향한 비실상적인 태도를 채택할지도 모릅니다. 일부 문제는 이들 중 일부가 타인들이 이들에 관해 걱정하는 것을 좋아할지도 모르고, 정확하게 그런 주목을 끌기 위해 심지어 위험하거나 불확실한 활동에까지 참여할지도 모른다는 점입니다.

이들이 생명적이고 살아있다고 느끼도록 유지해주는 것은, 바로 이들에게는 사건 속의 실제적인 흥분, 즉 이들 자신과 타인 양쪽에서 일어나는 감각입니다. 하지만 이들은 단기적으로도 또 평생을 걸쳐서도 위험할 뿐만 아니라 가치도 있고 보상도 받는 도전을 떠맡으면서, 노력과 관여에 대해 자신이 선택할 시 고도로 분별적이 되는 법을 체득해야만 합니다.

이들이 그런 생명적이고 비타협적인 방식에서 살기로 선택하기 때문에, 이들은 대개 평균적인 사람들보다 삶의 훨씬 더 많은 것을 경험할 가능성이 있습니다. 이들 중 대다수는 그 방식 외에 어떤 다른 방식도 갖고 있지 않을 것입니다. 반면에, 거리끼지 않은 열의는 이들이 진지하게 계발할 길을 가로막을 부주의나 무배려로 이어질 수 있습니다. 성숙해지면서 이들은 자신의 활동에 의한 부정적인 여파가 재미나 촉발을 능가하기 시작한다는 점도 또한 알아차릴지도 모릅니다.

이들은 삶에 대한 자신의 열의를 이해심으로 물들이려고 욕구합니다. 격렬한 긍정적인 맞닥뜨림과 부정적인 맞닥뜨림 모두를 통해, 이들은 결국 삶에 대한 개인적인 철학을 계발하고, 자신의 영적인 이해심을 심화시키게 될지도 모릅니다. 문제는 경험이 결국 지혜로 전환될 어느 시점에 있습니다. 이들 중 일부에게는 그런 진화가 삶에서 꽤 늦게 일어나고, 그 외 사람에게는 전혀 일어나지 않습니다. 실로 어느 시점에 인생이라는 지나가는 쇼에서 떨어져 서서, 자기 자신과 타인들의 인생을 관찰하는 것이야말로 이들에게는 의무입니다.

▶ 일간 특성
강점; 활기찬, 살아있는, 감정적으로 복잡한
약점; 지나치게 열중하는, 과도한, 배려심이 없는

▶ 명상
누군가가 열의를 갖는 대상은 적어도 열의 그 자체만큼 중요합니다.

▶ 조언
당신의 묵상적인 면을 키우고, 당신의 실존에 대한 중요한 의문에 직면하라.
스릴과 감각에 휩쓸리게 되지 마라.
당신으로 하여금 살아있다고 느끼도록 만들어내는 것은, 노화 과정에 순응해야만 한다.

▶ 건강
이들은 자신의 몸과 그 몸이 작용하는 방법에 대한 대단한 자각을 갖고 있지 않을지도 모릅니다. 이들이 정기검진을 받고 건강 상담을 받을 수 있는 의사를 보유한 객관적인 의료 기관은 이들에게 고도로 유익합니다. 이들은 자신의 림프절, 정맥 환류, 그리고 나이가 들면서는 (정맥류성 종창을 유발하는) 하지의 혈액 저류를 유발하는 만성적인 상태를 특히 조심해야만 합니다. 수영, 조깅 및/또는 요가가 포함된 정기적인 운동 일정은 이들에게 적합한 심사숙고적인 몸 작업의 좋은 조합입니다. 이들은 대개 요리와 먹기 모두를 좋아하기 때문에, 이런 점에서는 많은 격려가 요구되지 않습니다.

▶ 수비학
28일에 태어난 사람은 숫자 1(2+8=10, 1+0=1) 및 태양에 통치됩니다. 숫자 1에 통치되는 사람은 대체로 자신이 하는 것에서 첫째가 되기를 좋아해서, 전형적으로 개별적이고, 고도로 고집적이며, 정상에 오르기를 열망합니다. 태양은 통제에서 벗어나 산발적으로 타오르게 허용되기보다 가장 꾸준히 흐르도록 유지되어야 하는, 강한 창조적인 에너지와 불기운을 상징합니다. 태양과 해왕성(물고기자리의 통치자)의 조합은 2월 28일에 태어난 이들을 지나치게 낭만적이고 선정적으로 만들어낼 수 있습니다.

▶ 원형
첫 번째 메이저 카드는 마법뿐만 아니라 지성, 소통, 정보를 상징하는 '마법사'입니다. 그의 머리 위의 무한대라는 상징은 일부 타로 종류에서는 모자의 형식을 취하고, 다른 종류에서는 후광의 형식을 취합니다. 많은 해석이 도출될지도 모르는데, 그중 하나는 마법사가 순환적이고 끝나지 않는 삶의 천성을 알아보고, 이런 이해심에 의해 힘있게 된다는 것입니다. 이 첫째 카드가 제안하는 긍정적인 특성은 외교적인 기술과 빈틈없는 기민함을 포함하지만, 부정적인 특성은 양심의 가책 결여와 기회주의를 포함합니다. 이 카드는 이들에게 환상의 세계에 휩쓸리게 되면서 잘못된 친구를 고르고, 자신의 에너지를 부도덕한 목적을 위해 사용하는 것에 대해 경고합니다.

2월 29일
영원한 젊음의 날
Eternal Youth

▶ 심리구조

우리는 2월 29일의 사람들이 다른 날에 태어난 사람들보다 훨씬 적게 현존한다고 일부 확실성을 갖고 말할 수 있습니다. 게다가 우리가 자신의 생일을 셈하는 것으로 나이를 결단한다면, 이들은 또한 다른 누구보다 훨씬 더 젊을 것입니다. [4년마다 생일이 오는] 이들에게는 스무 살이 숙성한 노년일 것입니다. 그 귀결로 우리는 이들이 영원히 젊다고 말할지도 모릅니다.

물론 2월 29일은 특이한 날인데, 1년이 365일보다 실상적으로 몇 시간 더 길다는 사실을 보상하기 위해 인위적으로 창조되었기 때문입니다. 이 366번째 날은 4년마다 한 번만 발생한다고 선포한 율리우스 카이사르에 의해 실존하게 되었습니다. 하지만 교황 그레고리오 시대에 4년마다 1일은 사실 좀 너무 많다는 것이 발견되었고, 그래서 4세기 동안에는 (1700년, 1800년, 1900년은 제외하고) 2000년에 2월 29일 하루가 추가되었습니다.

이들은 오해되지 않는 젊은이다운 분위기를 갖고 다닙니다. 고양이처럼 9개의 목숨을 갖고 있는 것으로 보이는 이들은 위험한 궁지에서 반복해서 슬쩍 빠져나올 능력이 있습니다. 이들은 자신의 특이한 생년월일에 대한 확인으로 거의 인정될 수 있는 행위를 갖춘 생존자입니다. 실로 이들이 다소 남다른 경향이 있는데, 그 사실을 이들은 충분히 잘 알고 있습니다. 이들은 매우 이른 시기부터 세상에 대한 자신의 이해와 세상의 합의가 자주 상충하는 것으로 보이기 때문에, 자신이 특이하다는 점을 깨닫게 됩니다. 이들에게 자신의 실제 생일은 희귀한 사건이고, 따라서 특별한 사건이라고 간주되듯이, 이들은 타인들이 당연시할 삶의 측면에서도 특별함을 알아보는 경향이 있습니다. 따라서 이들이 최상의 상태에서는 단순한 기쁨을 떠받드는 아이 같지만, 최악의 상태에서는 유치하고 다소 궁핍하게 됩니다.

이들은 대체로 세상에 자신의 독특성을 현란하게 표출하는 유형이 아니지만, 종종 평균 사람들보다 훨씬 더 정상적이 되려는 강한 시도를 만들어냅니다. 따라서 이들은 대체로 파격적인 직업을 탐구하는 것보다 인간의 관심사와 일상생활의 문제를 다루는 작업에 자연히 끌립니다. 이들의 고도로 활동적인 공상과 상상력은 사회 전반에서보다 집에서 그 공상과 상상력의 표현을 자주 찾아냅니다.

이들은 평범성을 위해 원정할 시 자신의 개별성을 포기하거나 자신의 별스러움을 너무 많이 다듬지 말아야만 합니다. 사회적인 의미에서 이들이 타인들에게서 자신을 단절시키는 자신의 습관을 그만두는 것이 바람직할지도 모르지만, 그런 차이가 자신의 재능에 통합되거나 '자신이 누구인지'에 대한 본질적인 부분이라면, '개선하기' 또는 '조정하기'는 단지 억압을 위한 암호의 말일 수가 있습니다.

이들 중 다수는 실상적인 결핍 또는 상상된 결핍을 과잉보상하려는 성향을 갖고 있습니다. 성공을 향한 야심적인 추구를 통해 과잉보상하려는 이들은 물론 세속적인 유혹에 굴복할 위험에 처한 상태입니다. 반면에, 물러나는 사람은 자기 자신을 드러내는 것을 단속하면서 비밀적인 공상적 세계에 살게 되는 초낭만적인 이상주의자가 될 수 있습니다. 이들은 그러한 극단적인 생각과 행동을 하지 않도록 해야 하고 절제하는 중도를 탐구하기 위해 애써야 합니다.

▶ 일간 특성
강점; 젊은이다운, 수용하는, 진가를 알아보는
약점; 방종적인, 미성숙한

▶ 명상
더 적은 것이 자주 더 많은 것입니다.

▶ 조언
당신의 개인적인 자기와 사회적인 자기 사이의 균형을 찾아내라.
조용히 자기-신임을 계발하라.
외부적인 가치를 너무 많이 고수하지 않도록 주의하라.
당신의 공상을 세상으로 끌어내고, 그 공상을 타인들과 공유하라.

▶ 건강
이들은 대체로 좋은 건강함이라는 복을 받습니다. 하지만 이들은 건강에 관한 전체적인 문제를 약간 너무 진지하게 받아들일지도 모릅니다. 이들은 새로운 유행하는 치료법과 식단을 피해야 하고, 시도되어 신뢰할 수 있는 접근법에 의존해야 합니다. 이들 중 대다수에게 요리 기술을 계발시키는 것도, 그리고 자신 노동의 결실을 즐기는 것도 자연스럽게 다가오지만, 이들은 자신의 식욕을 탐닉하는 것이 관련된 곳에서 일부 자제력을 발휘하려고 노력해야 합니다. 넉넉한 휴식은 이들의 활동적인 신경계를 진정시키는 데 중요할 것입니다. 매일의 낮잠은 밤에 불면을 유발하지 않는다면 유익할지도 모릅니다. 운동이 관련된 한, 이들은 가능하면 적절하게 경쟁적이거나 사교적인 스포츠를 발굴해야 합니다. 춤추는 것이 특히 권장됩니다.

▶ 수비학
29일에 태어난 사람은 숫자 2(2+9=11, 1+1=2) 및 달에 통치됩니다. 숫자 2에 통치되는 사람은 자신을 리더보다 좋은 협업자와 동반자로 자주 만들어냅니다. 이런 자질은 2월 29일에 태어난 이들이 팀 협동자로 어울리도록 도와주지만, 개별적인 주도권과 활동에 제동장치로도 또한 작용할지도 모릅니다. 강하게 반사적이고 수동적인 달의 경향은 위에서 언급된 지점을 예고해줍니다. 달과 해왕성(물고기자리의 통치자) 사이의 강한 연관성은 높은 낭만주의와 이상주의를 예시해주지만, 어쩌면 논리적인 생각의 결핍을 예시해줄 수 있습니다. 이들은 특히 자신만이 만들어낸 환상을 의심해야만 합니다.

▶ 원형
두 번째 메이저 카드는 자신의 왕좌에 앉아 침착함과 뚫지 못함을 보여주는 '여사제'입니다. 그녀는 숨겨진 세력과 비밀을 드러내서, 그녀에게 유의하는 이들을 그 지식으로 힘있게 하는 영적인 여성입니다. 이 카드의 유리한 자질은 침묵, 직감, 비축, 분별이고, 부정적인 가치는 비밀주의, 불신, 무관심, 타성입니다. 이들은 '여사제'에 의해 체화된 긍정적인 특성을 잘 본 받을 수 있습니다.

3월 1일
예술적인 감수성의 날
Artistic Sensibilities

▶ 심리구조

3월 1일에 태어난 이들은 다양한 종류의 예술적인 표현에 대한 천성적인 느낌 및 자신의 환경에 대한 대단한 민감성을 갖고 있습니다. 이들은 사람, 자연, 예술, 일상생활에서 아름다움의 진가를 대개 예리하게 알아보는 사람입니다. 하지만 자신을 지나치게 공상적이거나 변덕스럽다고 받아들이는 이들은 자신이 얼마나 실용적일 수 있는지를 알아차리고 놀라게 될 것입니다. 그러나 비록 이들이 대개 자신의 작업 생활에 질서를 세우는 논리적인 구조를 도입할지라도, 대체로 자신의 사생활에서는 편하게 행동합니다.

그리고 이들이 매일의 어떤 국면에 평정심을 갖고 있을지 아닐지는 문제인데, 자신이 바란다면 이들은 꽤 느긋해지고 약속에 늦거나 자신의 생활공간을 방치할 수 있지만, 당연히 제시간에 도착하거나 깔끔하게 작업하는 것에 똑같이 극도로 관련될 수 있습니다. 대체로 그런 선택은 단지 이들의 기분에 의한 즉흥성이 아니라, 이들이 어떤 것에 얼마나 많은 중요성을 두는지를 근거로 만들어집니다. 따라서 그 선택은 집요해지기를 거부하는 느긋한 태도이므로, 단련의 부족이 아닙니다.

이들은 대개 자신이 예술가이든 사업가이든 간에 자신의 주위환경뿐만 아니라 개인적인 겉모습에도 또한 매우 주의를 기울이는데, 그 이유는 미적인 고려 때문만이 아니라 그런 환경과 겉모습이 성공을 위한 자신의 추진력의 중요한 부분일지도 모른다는 점을 자신이 알고 있기 때문입니다. 사업 혹은 정치적인 지향을 갖고 있는 이들은 매혹적이고 외교적이 되는 방법을, 즉 밀어붙일 때와 그렇지 않을 때를 대단히 잘 알고 있습니다. 이들의 미적인 감수성은 이들이 자신의 경력적인 임무를 성취해가는 [수단인] 고상함에 반영됩니다. 이들은 어떤 것이 행해지는 방식이 적어도 행해지고 있는 대상만큼이나 중요하다고 일반적으로 느낍니다. 이들은 무례하거나 예의가 없고, 급격하며, 불친절한 사람들을 매우 용납하지 않을 수 있습니다.

이들은 [마음을] 가볍게 유지하기를, 즉 여유로운 태도로 웃으면서 시간을 즐기기를 좋아합니다. 이들은 문제를 특히 개인적인 문제와 함께 살기를 바라지 않습니다. 이들의 작업에서 발생하는 어려움은 정면으로 부딪치고 진화하기 위한 기회를 대변합니다. 그러나 이들의 개인 생활에서 상황이 잘 진행되지 않을 때, 이들 중 자신이 시달리는 번뇌라는 고통을 [검토해서] 겪어나가는 사람은 거의 없습니다. 이들은 지는 전투인 것처럼 보이는 곳에서 꿋꿋이 버텨내기보다, 상황이 더 악화되기 전에 떠나버리기를 자주 선택합니다. 하지만 불운하게도 이들은 해결되지 않은 감정적인 상처나 혼란을 자신 내면 속에 자주 갖고 다닙니다.

이들은 조급하게 되거나 혹은 어쩌면 거절하는 대신에 자신의 대인관계 문제에 직면해서 상대와 함께 그 문제를 풀어내는 작업을 체득해야 할지도 모릅니다. 비록 고도로 표현적인 사람일지라도, 이런 국면에서 이들은 자신만의 가슴이 재촉하는 것에 대해 자기 자신의 마음을 닫고 있을 수도 있습니다.

▶ 일간 특성
강점; 예술적인, 기법적인, 야망이 있는
약점; 우유부단한, 현실 회피적인

▶ 명상
미적인 사람은 평범한 것에서 아름다움을 알아봅니다.

▶ 조언
항상 [도피할] 문을 물색하지 마라.
당신의 천성에서 공격적인 면을 구축하라.
실상화에 의해 당신에게 실상적으로 적합한 것을 찾아내라, 그러나 당신의 역할에 휘말리는 것을 주의하라.

▶ 건강
이들은 자신의 몸이 주는 경고를 무시하는 경향이 있고, 따라서 자신의 건전한 욕구도 무시하는 경향이 있습니다. 이들은 (전체적으로 건전한) 식단과 운동을 향한 자주 여유로운 태도를 취하지만, 적합한 영양을 섭취하고 가끔 검진을 위해 의사를 방문하는 것을 확실히 해야만 합니다. 이들은 식욕이 좋고 먹는 것을 즐기기 때문에, 특히 음식이 미학적으로 제공받을 때, 요리 문제에서 개인적인 이해관계를 취해야 합니다. 심미적인 욕구, 즉 접촉하려는 이들의 욕구는 애정어린 놀이에서 표현되고, 어쩌면 마사지를 통해서라도 또한 표현되어야 합니다. 이들은 휴식을 위해서뿐만 아니라 상상적인 꿈의 삶이 유별나게 활동적이기 때문에도 넉넉한 수면을 욕구합니다.

▶ 수비학
1일에 태어난 사람은 숫자 1 및 태양에 통치됩니다. 1일에 태어난 이들은 대개 첫째가 되는 것을 좋아합니다. 숫자 1에 통치되는 사람은 전형적으로 개별적이고, 고도로 고집적이며, 정상에 오르기를 열망합니다. 태양은 통제에서 벗어나 폭발하도록 허용되기보다 꾸준히 흐르도록 유지되어야 하는, 강한 창조적인 에너지와 불기운을 상징합니다. 해왕성(물고기자리의 통치자)과 짝지어진 태양의 영향력은 두드러진 낭만주의와 비관습성 그리고 어쩌면 감정적인 혼란 쪽으로 이들을 만들어갈 수 있습니다. 3월 1일에 태어난 이들은 타인들에게 뒤섞인 신호를 보내는 이중적인 자세를 채택하는 것을 주의해야 합니다.

▶ 원형
첫 번째 메이저 카드는 마법뿐만 아니라 지성, 의사소통, 정보를 상징하는 '마법사'입니다. 그의 머리 위의 무한대라는 상징은 일부 타로 종류에서는 모자의 형식을 취하고, 다른 종류에서는 후광의 형식을 취합니다. 많은 해석들이 도출될 수 있는데, 그중 하나는 마법사가 순환적이고 끝나지 않는 삶의 천성을 알아보고, 이런 이해심에 의해 힘있게 된다는 것입니다. 이 첫째 카드가 제안하는 긍정적인 특성은 외교적인 기술과 빈틈없는 기민함을 포함하지만, 부정적인 특성은 양심의 가책 결여와 기회주의입니다.

3월 2일
불멸의 충직의 날
Undying Loyalty

▶ 심리구조

3월 2일에 태어난 고도로 믿음직한 이들은 가족, 친구, 국가 혹은 어쩌면 더 높은 대의에 관련해서 구현될 수 있는 유별나게 강한 충직을 표출합니다. 이들은 자신을 격정으로 이끄는 대상을 가장 대단한 우대 속에 붙들어두고, 심지어 그 대상에 흠모나 숭배까지 부여하려는 경향이 있습니다. 일단 이들이 자기 자신을 완전히 바쳤다면, 이들이 비록 저버린 적이 있다고 해도 좀처럼 자신의 서약을 저버리지 않을 것입니다.

그러나 이들에게 문제를 제시할 수 있는 것은 정확하게 이들의 초지일관된 충직입니다. 때로는 타인들이 그런 느낌의 대상이 되는 것이 제법 불편할 수 있는데, 사실 돌봄이나 관심사, 헌신이 이들에게 관여하는 사람에게는 대단한 안전의 원천도 금지의 원천도 될 수 있습니다. 부모로서 이들은 반대되는 가치 체계를 유지하고 자유롭게 자신만의 길을 가고 싶어하는 자녀와 함께 어려움을 경험할지도 모릅니다. 이들 중 더 고도로 계발된 사람은 타인들을 정태적인 역할에 가두지 않고, 가족, 친구들 그리고 자신이 존경하는 사람들의 변화를 감안합니다. 이들의 충직은 조건부가 아니고 혹은 자기 자신에게 안전감을 제공하기 위한 어떤 것이 아니라, 사람과 독립체의 진화를 통해 여전히 항상적입니다.

이들 중 다수는 자신의 작업에 배타적으로 헌신하는 시기를 겪어나갑니다. 특히 이 작업이 창의적인 천성에 속한다면, 이들은 다른 온갖 것을 차단할지도 모릅니다. 이것은 이들의 노력에 관여하지 않는 사람들에게서 자신을 격리시킬 뿐만 아니라 자신을 외골수 인격으로 만들어낼 수 있습니다. 이들은 각양각색의 경험에 마음을 여전히 열어놓고 있는 것이 결국 자신의 작업에 대한 질을 높여준다는 사실을 간과할지도 모릅니다.

이들은 자주 상황이 나쁜 방향으로 진행되기 시작할 때 서약에서 빠져나올 능력이 없거나 기꺼이 빠져나오려고 하지 않습니다. 이런 '승산이 없는' 국면일지라도, 이들은 여전히 이 국면을 되돌릴 길을 찾을지도 모르고, 요구되는 희생은 대단할 수 있습니다. 반면에 만약 온갖 것이 결국 무산되어버린다면, 이들은 산뜻한 영역으로, 어쩌면 완전히 새로운 노력의 영역으로 옮겨갈 가능성이 있습니다. 이기든 지든 이들은 자신이 최선을 다했음을 알기에 안심합니다.

이들의 가장 중요한 도전 중 하나는 한편으로 더 개인적이고 개별적인 목표를 계발하려는 자신의 욕구 그리고 다른 한편으로는 더 보편적인 대의에 자기 자신을 내어주려는 욕망 사이에서 균형을 찾아내는 것입니다. 이들의 집이 정리정돈되어 있을 때만 이들이 세속적이거나 이상적인 노력에 자신의 최선을 다할 능력이 있을 것이기 때문에, 지금 여기를 다루는 법과 개인적인 도전에 대응하는 법을 체득하는 것이야말로 이들에게 가장 높은 우선순위입니다.

▶ 일간 특성
강점; 충직한, 상상적인, 참아내는
약점; 동떨어진, 완강한, 강박적인

▶ 명상
평화는 그리 멀리 떨어져 있지 않을지도 모릅니다.

▶ 조언
일상생활의 활동에서 당신 자신을 뿌리내려라.
당신의 마음으로 하여금 배회하게 하되, 당신이 달성하고 싶은 것에 관해서 실상적이 되도록 또한 노력하라.
당신만의 욕구와 계발을 등한시하지 마라.
예고를 단계적으로 없애는 것은 당신에게 적합한 방향이 아닐지도 모른다.

▶ 건강
이들은 지나치게 공상적인 삶을 사는 것을 주의해야만 합니다. 이들이 세상의 실용적인 관심사에서 동떨어지게 되면, 모든 종류의 심리적인 문제가 발생할 수 있습니다. 자신의 삶을 구조화하는 것 및 정기적인 사회 활동뿐만 아니라 신체 활동에도 참여하는 것은 이들이 뿌리내리는 데 도움을 줄 것입니다. (경쟁적인 스포츠처럼) 모든 팀 성향의 운동이나 (실내 복합운동처럼) 사교적인 성향의 운동이 강하게 권장됩니다. 식단이 관련된 한, 이들은 (자신의 마음에 전혀 들지 않을지도 모르지만) 곡물, 뿌리채소, 따뜻한 국과 찌개 같은 토속적인 음식을 먹는 것이 온당합니다. 이들은 술에 대해 경계심을 갖고 살펴야 합니다. 사랑받는 사람과 함께 하는 모든 종류의 관능적인 활동뿐만 아니라 정기적인 성적인 표현도 또한 권장됩니다.

▶ 수비학
2일에 태어난 사람은 숫자 2 및 달에 통치됩니다. 숫자 2에 통치되는 사람은 자주 자신을 리더보다 (직무와 관계에서 이들을 도와줄 수 있는 자질인) 좋은 협업자와 동반자로 만들어갑니다. 하지만 달의 영향력은 (강하게 반사적이고 수동적인 경향을 갖고 있는 달에 의해 더욱 높아지는) 좌절감을 연출하면서, 개별적인 주도권과 활동에 제동장치로도 또한 작용할 수 있습니다. 물고기자리의 해왕성 자질을 가진 이들에게서 달의 영향력이 조합될 때, 이 조합은 고도로 낭만적이고 이상주의적인 개별성을 예시해줄 수 있지만, 3월 2일에 태어난 이들은 자신의 정신적인 에너지가 분산되거나 오도되는 것을 허용하지 않도록 조심해야만 하고, 지나치게 열심인 '영적' 집단을 단속해야 합니다.

▶ 원형
두 번째 메이저 카드는 그녀의 왕좌에 앉아 차분함과 뚫지 못함을 보여주는 '여사제'입니다. 그녀는 숨겨진 힘과 비밀을 드러내어, 그녀에게 유의하는 이들을 그 지식으로 힘있게 하는 영적인 여성입니다. 이 카드의 유리한 자질은 침묵, 직감, 비축, 분별력이고, 부정적인 가치는 비밀주의, 불신, 타성입니다.

3월 3일
설계의 날
Design

▶ 심리구조

3월 3일에 태어난 이들은 대개 자신이 달성하기를 바라는 것에 대한 제법 명료한 그림을 마음속에 갖고 있습니다. 비록 고도로 상상적일지라도 이들은 자신이 자신의 발상을 실행에 옮길 능력을 주는 확고한 실리적인 면을 갖고 있습니다. 유용할 방식을 찾아내기 전에 찬사나 보상을 탐구하는 사람들과 달리 이들은 먼저 실체적인 욕구를 알아보고, 그다음 그 욕구를 위해 제공하려고 자신이 갖고 있는 재능이라면 무엇이든 적용합니다. 이들은 큰 그림을 알아볼 능력이 있을 뿐만 아니라 세부사항에도 또한 집중하는 데 유능합니다. 이들의 시각 기술이 대체로 잘 계발되어 있다는 점은 해롭지 않습니다.

이들은 대개 자신의 작업에 사회적으로 관여하고, 앞에서 언급된 것처럼 실리적입니다. 하지만 이들은 자신의 경력에 동떨어진 고도로 사적인, 심지어 비밀스럽기까지 한 삶을 살려는 욕구를 느낄지도 모릅니다. 이들은 감각이라는 세속적인 세상에 넋을 잃든, 상상력이라는 낭만적인 세계에 넋을 잃든 간에 현실에서 도피하기 쉬울 수 있습니다. 그럼에도 이들 중 성공적인 사람은 자신의 공적인 생활 및 사적 생활의 어느 쪽도 다른 쪽을 희생시켜서 지배하도록 허용하지 않으면서, 두 생활의 균형을 가지런히 잡을 능력이 있습니다.

더 사회적인 유형이든 쌓아두는 유형이든 간에 이들 중 대다수는 계획과 설계에 얽매입니다. 만일의 사태에 세심하게 준비하려는 욕구는 고도로 이들의 특징이고, 이들은 대개 활동하기 전에 문제를 세세하게 검토합니다. 실로 이들 중 다수는 노력을 실행하는 것보다 계획하는 것을 더 즐깁니다. 그러나 이들은 이런 형식적인 구성에 너무 많은 에너지를 투입하기 때문에, 적어도 두 가지 위험에 처합니다.

첫째는 계획수립 형국이라는 수렁에 빠져버려서 활동하려던 동기를 놓쳐버리는 것이고, 둘째는 자발적인 감각을 잃어버려서 경험 자체를 무디게 하는 것, 또 어쩌면 앞으로 일어날 것에 관한 선입견을 너무 많이 지님으로써 실망에 직면하는 것입니다. 이들 중 다수가 어떤 코스를 추구할지 자신의 마음을 꾸며내기가 어려우므로, 이들은 끝없이 대안을 따져보면서 그 대안에 따라 활동하지 않는 것보다 곧바로 결정을 만들어내서 재빨리 시작하는 것이 자주 더 낫습니다.

이들은 자신이 하는 것에 자주 지나치게 몰두하게 됩니다. 비록 이들의 활동이 자신에게 대단한 만족감을 주지만, 이들은 이런 식으로 넋을 잃어버린 기저에 놓인 이유를 피하고 있을지도 모릅니다. 어쩌면 이들 중 일부는 자신의 어린 시절에 지나치게 비판적인 부모나 사회적인 압력 탓에 자신만의 성격에 대한 실제적인 싫음이나 불편함을 갖고 있습니다. 이런 이들은 '자신이 하는 것'뿐만 아니라 '자기가 누구인지'를 위해서 자기 자신을 더 좋아하는 법을 체득하는 것이 중요합니다. 이런 호조감과 안전감을 얻는 것은 이들의 계획을 완수해서 자기 자신의 성공을 만들어내기 위해 욕구되는 신망을 이들에게 빌려주면서, 이들의 경력에서도 또한 이들을 대단히 원조할 것입니다.

▶ 일간 특성
강점; 직설적인, 개념적인, 잘 준비된
약점; 편향된, 집요한, 자기를 알아채지 못하는

▶ 명상
우주의 거대한 패턴은 우리의 설계가 아닙니다.

▶ 조언
[사실상 실력이 없는] 당신 자신을 더 잘 알게 되라.
만약 당신이 찾아낸 것을 좋아하지 않는다면, 무슨 대책이든 세우라.
자기 비판적인 태도가 당신을 방해하지 않도록 하라.
합리적인 마감 시간을 설정하지 않고 계획을 만들어 내는 것도 또한 주의하라.
활동에 옮겨야 할 때가 현존한다.

▶ 건강
이들은 대체로 시각적이고 개념적인 능력에 더하여 강한 신체적인 천성을 갖고 있습니다. 하지만 이들은 때때로 자신의 마음이 자신을 너무 심하게 몰아대고, 자신이 감당할 수 있는 것 이상으로 자신의 몸을 밀어붙이는 사실 탓에 활동을 지나치게 합니다. 그러므로 이들은 자기 자신을 고갈시켜서 질병에 대한 면역력을 떨어뜨리는 것을 주의해야만 합니다. 고도로 몹시 힘든 운동을 한 달에 몇 번 또는 일 년에 몇 번씩 너무 열광적으로 하는 것보다 합리적인 제한 속에서 갖는 정기적인 운동이 권장됩니다. 이들은 우발사고를 당하기 쉬울지도 모르는데, 특히 이들의 다리 아랫부분과 발에 손상을 입히는 것을 알아채야만 합니다. 이들은 뜻하지 않은 합병증을 살펴보아야 하고, 만일 맞춰져서 충분한 관찰력이 있다면, 이들은 그 합병증이 주는 어떤 경고를 대개 갖고 있게 됩니다. 지방 및 해로운 첨가물의 소비는 제한되어야 하지만, 이들의 식사를 계획할 시 너무 많은 구조에 의해 부정적인 영향을 받을 수 있는 이들의 자발적인 식욕을 희생시키지 말아야 합니다.

▶ 수비학
3일에 태어난 사람은 숫자 3 및 목성에 통치됩니다. 비록 숫자 3에 통치되는 사람은 자신의 특정 분야에서 최고 위치에 오르는 경향이 있지만, 3월 3일에 태어난 이들은 해왕성(물고기자리의 통치자)의 영향력을 받아서, 결정적일 때 우유부단하고 지나치게 수동적일 수 있습니다. 하지만 목성-해왕성의 연관성은 높은 영적이나 종교적인 이상 및 있을 법한 재정적인 성공을 부여해줍니다.

▶ 원형
세 번째 메이저 카드는 창조적인 지성을 상징하는 '여황제'입니다. 그녀는 완벽한 여성형, 즉 실현된 우리의 꿈이자 체화된 우리의 희망과 열망이라는 최고의 여성성인 대지의 양육자입니다. 여황제는 매혹, 우아함 및 조건 없는 사랑이라는 긍정적인 특성도 대변하고, 완벽하지 못함에 대한 불관용뿐만 아니라 허영심과 꾸며냄이라는 부정적인 특성도 또한 대변합니다.

3월 4일
창조적인 고립의 날
Creative Isolation

▶ 심리구조

3월 4일에 태어난 이들은 바깥세상과 너무 많이 교제하지 않는 고립 속에서 살아가고 작업할 능력이 있습니다. 비록 이들 중 다수는 의식적으로 고립을 선택하지 않지만, 그럼에도 계속 되풀이해서 신체적으로, 감정적으로, 아니면 영적으로 자신의 동료 인간 존재나 환경에서 단절된 자기 자신을 알아차릴 정도로, 그 고립은 자주 이들의 삶에서 반복되는 중요한 테마인 것으로 판명됩니다.

하지만 이들 중 대다수에게 혼자 있는 것은 외로운 경험이 아니라 오히려 생산적이 되는 기회입니다. 심지어 외출해서 멋진 시간을 보내도록 초대받을 때조차도, 이들은 두려움이나 부정성에서 벗어나려는 것이 아니라 단순히 자신이 집에 있는 것을 자신이 더 즐기리라고 믿기 때문에 집에 있기로 선택할지도 모릅니다. 이들 중 고도로 진화되거나 창조적인 사람은 자신의 상대적인 고립을 자신의 가장 좋은 작업을 하는 데 필수적인 것으로 알아봅니다. 이들의 집중력은 대개 뛰어나고, 이들은 자기 자신에게 편안해 하므로 혼자일 때 산만함이나 불안감에 거의 봉착하지 않습니다.

사회적으로 이들은 대체로 다수의 더 가벼운 지인들보다 소수의 가까운 친구들과 동행하는 것을 선호합니다. 친밀성은 이들에게 매우 특별한 의미를 갖고 있고, 이들은 자신의 관계와 주위환경 모두에서 친밀성을 발굴해내는 경향이 있습니다. 이들은 자신이 가장 사랑하는 대상들에 의해 둘러싸여 있는 소박하고 안전한 공간에서 대체로 행복합니다. 더 넓은 장소에 있거나 군중에게 압박받을 때, 이들은 약간 불안감을 느끼기 시작할지도 모릅니다. 하지만 이들이 여유롭다고 느끼는 사교적인 행사에 가담할 때, 이들은 [사랑하는 대상들과] 똑같은 특별한 친밀함의 느낌을 자신이 갖고 다닐 능력이 있고, 그 느낌을 타인들과 공유할 능력이 있습니다.

어떤 종류의 가정이나 사무실이라도 설립하고 운영하는 것은 이 아늑한 사람들에게 자연스럽게 다가옵니다. 이들은 단순하고 고상한 방식으로 '편안해질 수 있는 것'을 위한 좋은 느낌을 갖고 있습니다. 어쩌면 이것은 이들의 물질적인 욕구가 소박한 경향이 있고, 사치에 특히 깊은 인상을 받지 않기 때문입니다.

이들은 심지어 자신이 모를 수도 있는 타인들과 자신의 작업 결과를 공유하는 것에서 대단한 만족감을 찾아냅니다. 이들이 했던 것을 좋아하는 누군가에 관해 듣는 것은, 당연히 이들을 난처하게 할 수 있을 '그 찬양자를 대면해서 만나는 것'보다 더 많은 것을 이들에게 의미할 수 있습니다. 이들의 수줍음이 매우 사랑받게 하는 자질이지만, 이들은 필요할 때 공격적이 되는 법 및 자신이 원하는 것을 옹호하는 법도 또한 체득해야만 합니다. 이들은 자신이 혼자 체득해온 것이야말로 더 단정적이 될 때는 언제나 자신을 좋은 입지에 세워준다는 점을 알아차릴지도 모릅니다.

▶ 일간 특성
강점; 자족하는, 친밀한, 자율적인
약점; 두려워하는, 수줍어하는, 자신에게만 몰두하는

▶ 명상
침묵하는 일부 사람들은 할 말이 없습니다.

▶ 조언
사람들과 더 많이 상호작용하는 노력을 만들어내라.
당신의 사교적인 기술을 계발하라.
혼자 있는 것을 현실도피로 이용하지 마라.
타인들의 인식에 접촉하며 지내라.

▶ 건강
이들은 실상적으로 자신의 사교적인 면을 계발하는 데 공들여야만 합니다. 타인들과 좋은 시간을 공유하는 것을 수반하는 취미나 클럽, 여가 활동 등이 모두 권장됩니다. 운동이 관련된 한, 팀 스포츠나 춤 같은 사교적인 천성에 속하는 그런 신체 운동의 형식은 이들의 신체적인 웰빙 또 정신적인 웰빙에 대단히 이바지할 수 있습니다. 비록 자기 자신을 위해 요리하는 데 꽤 유능할지라도, 이들은 식사가 사교적인 상호작용을 위한 편안한 설정 환경을 제공하는 기회일 때 가장 행복할 것입니다. 하지만 자신의 개인적인 공간이 이들에게 오랫동안 거부된다면, 집단의 사람들과 쉼 없이 함께 있도록 숙명이나 우발사고에 의해 밀려난 이들은 몹시 고통을 겪을지도 모릅니다. 프라이버시가 결여된 어린 시절이나 부모의 거부에 의해 발생하는 심리적인 질환은 대체로 치료가 효과를 나타냅니다.

▶ 수비학
4일에 태어난 사람은 숫자 4 및 천왕성에 통치됩니다. 숫자 4에 통치되는 사람은 고도로 고집적이고, 때로는 논쟁적인 경향이 있습니다. 3월 4일에 태어난 이들은 대체로 숫자 4에 통치되는 대다수 사람의 전형인 부를 모으는 것보다 자신의 개별성을 표현하는 것에 더 관련됩니다. 천왕성에 통치되는 숫자 4의 사람은 해왕성의 영향력에 의해 여기서 부드러워진 자질인 자신의 기분 변화가 빠르고 폭발적인 경향이 있어서, 이들을 꿈같은 사람 아니면/또한 비관습적인 사람으로 만들어냅니다.

▶ 원형
네 번째 메이저 카드는 자신이 갖고 있는 권력의 일차적인 원천인 지혜를 통해 세속적인 것들을 다스리는 '황제'입니다. 황제는 안정되고 현명한데, 그의 권위라는 세력은 의심받을 수 없습니다. 이 카드의 긍정적인 연관성은 강한 의지력과 확고부동한 에너지이고, 부정적인 예시는 완고함, 압제, 심지어 잔인성까지 포함합니다.

3월 5일
천국과 지옥의 날
Heaven and Hell

▶ 심리구조

3월 5일에 태어난 이들은 대개 자신의 성격에 두 가지 뚜렷한 면을 갖고 있습니다. 이들이 세상에는 친절하고 배려하는 것처럼 보일 뿐만 아니라 상냥하고 매혹적이며 세련된 것처럼 보일지도 모르지만, 동시에 내면 속에는 자신의 개인적인 악령과 씨름하고 있습니다. 극도로 남모르는 이들은 사적으로 꽤 색다른 사람일 수 있고, 자주 어두운 느낌과 감정을 표현하기 쉽습니다.

이들 중 생산적이고 창조적인 사람은 자신이 작업할 시 모순이나 비난에 대한 두려움 없이 자신의 천성 중 양쪽 면을 대개 표현할 능력이 있습니다. 문제는 자주 폭풍우 같을 뿐만 아니라 또한 때로는 파괴적이기도 한 이들의 개인 생활에서 이들에게 일어날 수 있습니다. 속내를 잘 드러내지 않는 이들은 자기 자신이 한 번 이상 표현하는 인간 감정들의 전체 영역에 접촉합니다. 이들은 타인들의 가장 좋은 점과 가장 나쁜 점을 모두 끄집어내는 방식도 또한 갖고 있는데, 날카로운 통찰력을 통해서 이들은 타인들의 약점, 결점, 불안감을 대단히 충격적으로 폭로해버릴 수 있습니다. 이는 대부분 이들의 정신적인 민감성과 감정적인 민감성이 동등하게 계발되어 있기 때문입니다.

놀랄 것도 없이 이들은 타인들보다 더 격렬하게 삶을 사는 것으로 보입니다. 이들은 대다수 사람이 감당할 수 있는 것보다 경험들의 더 폭넓은 다층성에도 또한 여전히 마음을 엽니다. 이는 마치 이들의 팔레트[선택하는] 색[감정]이 약간 더 밝고, 캔버스의 하이라이트와 그림자가 더 대비되는 것과 같습니다.

논리적이고 감정적으로 객관적인 이들은 때때로 타인들에게 격정적이고, 어쩌면 비이성적이며, 자신의 격렬함으로 사람들을 압도할 수 있는데, 이 모든 것이 몇 분 또는 몇 초의 짧은 간극 안에 발생할 수 있습니다. 타인들은 어떻게 한 사람이 그렇게 변통적이고, 주위 여건에 잘 적응하는지 궁금해할지도 모릅니다.

이들은 자주 대인관계에서 물갈이가 빠르기 때문에, 세상에서 다소 혼자라고 느끼게 될 수 있습니다. 이들은 심지어 자신에게 꼭 맞는 사람을 자신이 언젠가 찾아낼 것인지를 궁금해하기까지 시작할지도 모릅니다. 이들이 자신이 갖고 있는 불만의 원천이 바로 자신만의 까다로운 천성이라는 점을 깨닫게 되는 것이야말로 필요한 변화를 만들어낼 가능성이 높습니다. 그런 이들은 자신의 감정적인 삶을 단순화하는 것에서 대단한 기쁨을 찾아낼 수 있습니다.

더 안정된 상태를 지속시키고, 자신 성격의 다양한 측면을 통합하는 것이야말로 이들에게 힘겨우나 대단히 보람되게 해주는 임무입니다. 이들의 내적인 고군분투에서 산출되는 마찰이 이들의 창조적인 엔진에 불을 붙인다는 점이 참일지도 모릅니다. 그러므로 이들 중 일부는 자신이 더 정기적이거나 더 정상적이 됨으로써 자신의 신랄한 날카로움을 무디게 하리라는 점을 두려워할지도 모릅니다. 어쩌면 그 두려움은 이들이 행복에 어떤 가치를 두는지에 대한 의문입니다.

이들이 타인들에 대한 효과에 고도로 맞추어진 자각을 계발하는 것은, 이들에게 필수적입니다. 일상생활에서 단순히 친절한 활동에 초점을 맞추면서 자신의 에고 중 더 이타적인 면을 키우고, 어쩌면 상당히 더 높은 영적인 힘에 복종하는 것은, 자기 자신과 자신의 주위 사람들의 삶을 더 여유롭도록 만들어줍니다.

▶ 일간 특성
강점; 표현적인, 빛나는, 예리한
약점; 까다로운, 기질적인, 고통받는

▶ 명상
대다수 아이는 자신이 천사 놀이를 하는 악마라고 생각하는데, 실상[참인 것]은 매우 자주 반대일 때입니다.

▶ 조언
당신의 에너지를 규제하되, 그 에너지에 내몰리지 마라.
당신이 분란의 원인을 제공하는 것이지 그 반대가 아니다.
우선순위를 바르게 지속시키고, 당신 자신에게 좀 더 친절해지라.

▶ 건강
이들 중 다수는 극적인 기분의 널뛰기와 감정적인 변동을 겪습니다. 이들은 특히 부정적인 느낌과 씨름해서, 자신이 사랑하는 사람에게 그 느낌을 겪게 하지 않는 법을 체득해야만 합니다. 개인적인 의지력과 자기-통제력을 키울 시 이들은 신체적인 건강도 역시 예외 없이 원조될 것입니다. 대개 의학적인 이해관계나 건강 주제에 관한 문제에 매우 고집적인 이들은 조언받거나 납득되기 힘거운 경향이 있습니다. 그러므로 자신을 인도하기 위해 자신이 존경하고 신뢰하는 의사를 갖고 있는 것이 이들에게 가장 대단히 중요한 것에 속합니다. 이들은 식탁과 침대의 즐거움에 낯선 사람이 아닌데, 그 즐거움이 비록 생명력이라는 건강한 징후일지라도, 자신뿐만 아니라 자신의 동반자를 위해서도 또한 절제되어야만 합니다. 술, 니코틴, 설탕 또는 다른 각성제를 가혹하게 제한하거나 제거하는 것이 필요할지도 모릅니다. 이들은 사실 세상에 대해 두려움을 갖고 있는 것보다 자신만의 방어에 대해 더 두려움을 갖고 있을지도 모른다는 점을 깨닫는 것이 중대합니다. 돌봄을 욕구하는 사람인 이들에게 진정한 위험은 자주 내부적인 것입니다.

▶ 수비학
5일에 태어난 사람은 숫자 5 그리고 생각과 변화의 빠름을 대변하는 신속한 행성인 수성에 통치됩니다. 해왕성이 물고기자리를 통치하므로, 이들은 자신으로 하여금 색깔, 소리, 냄새에 매우 민감해지도록 만들어주고, 자신이 느끼는 것에 표현적이 되도록 만들어주는 경향이 있는, 수성과 해왕성이 조합된 영향력 아래 놓이게 됩니다. 이들 중 일부는 천사에서 악마로 주기적으로 전환할 수 있는 불안정한 감정적인 세계에서 살고 있을지도 모릅니다. 숫자 5에 통치되는 사람은 어떤 함정을 맞닥뜨리든지 간에, 대개 바르게 회복되는데, 이것은 3월 5일에 태어난 이들에게 대체로 유효합니다.

▶ 원형
다섯 번째 메이저 카드는 인간의 이해심과 신념을 상징하는 신성한 신비에 관한 해석자인 '사제'입니다. 그의 지식은 난해하고, 그는 보이지 않는 만사만물에 대한 권위를 갖고 있습니다. 이 카드가 수여하는 호의적인 특성은 자기-보증성과 통찰력이고, 비호의적인 특성은 설교하기, 호언장담, 독단주의를 포함합니다.

3월 6일
아름다운 연인의 날
The Beauty Lovers

▶ 심리구조

3월 6일에 태어난 이들의 삶에서 중심은, 아름다움에 대한 '저항할 수 없는' 끌어들임, 즉 자주 공격적으로 강압하거나 격정적인 끌어들임이 아니라 오히려 미묘한 자석 같은 끌어들임입니다. 이들은 자신의 감각을 기쁘게 해주는 특정 사람, 국면, 환경, 음악, 드라마, 예술을 향해 끌려드는 자기 자신을 알아차립니다. 이들 자신은 자신이 충분히 깨닫지 못할 수 있는 자신만의 매력적인 힘을 자주 갖고 있습니다. 태평스러운 이들은 자신의 경력에서 더 성공적이고 자신의 개인적인 계발에서 더 진보하기를 바란다면, 이런 매력적인 힘을 이해하는 데 시간을 들이고, 그 힘이 자신을 위해 작용하는 방법을 이해하는 데 시간을 들이려고 욕구합니다.

어떤 것이나 누군가가 이들의 시선을 붙들 때, 이들은 특정 방향을 따라 평화롭게 붙어가고 있을지도 모르고, 비록 이들이 짧은 [경고의] 순간을 빼고는 이것을 아름다운 일로 볼지도 모르지만, 그 이미지를 자신의 마음에서 버리게 할 수 없습니다. 어쩔 수 없이 그 이미지에 끌려드는 이들은 자신이 그것을 알기도 전에 붙들립니다. 이것은 어쩌면 이들의 무의식적인 민감성이나 심지어 심령적인 수용력 때문이고, 또 낭만을 끌어들이는 천성 및 그 천성이 작동하는 방법 때문입니다.

이들은 자신만의 내재화되고 이상화된 연쇄적인 그림을 세상에 투사하고, 아니면 적어도 무의식적인 강한 기대의 세트를 투사하는 경향이 있습니다. 아름다운 것으로 자신에게 각인시키는 그 투사된 상황을 바라볼 때, 특별히 이들은 그곳에 실상적으로 있는 모습을 자주 알아보지 못하고, 오히려 자신이 보고 싶은 것을 봅니다. 어쩌면 이들이 보는 것은 이들의 내부적인 욕구를 보강해주고 보완해줍니다. 따라서 나르시스처럼 이들은 사실상 자신만의 투영물[거울에 비친 자신]에게 반해버리게 될지도 모릅니다.

이들 중 다수는 자신의 이상에 자신의 삶을 기꺼이 바치고, 필요하면 자기 자신을 희생시키는 고도로 미적인 피조물입니다. 이들은 자신이 타인들에게 대단한 찬양할 마음을, 심지어 흠모할 마음조차도 불러일으키는 데 유능합니다. 그런 끌어들임이 자주 구체적이고 객관적인 관심사와 욕구를 충족시키는 것이 사실이 아니라면, 그 끌어들임은 비합리적이라고 불리게 될지도 모릅니다.

이들에게 질감, 소리, 색깔, 냄새, 맛 등 모든 심미적인 경험의 형식은, 이들의 영을 들뜨게 하지만 때때로 이들을 압도하기도 하는 일종의 다발로 조합됩니다. 이들 중 일부는 당연히 자신의 욕망과 끌어들임의 노예가 될지도 모르지만, 이들 중 다수에게는 이런 순수한 관능성이 아름다움을 숭배하고 그 진가를 알아보려는 이들의 욕구를 충족시키지 못합니다. 이들은 자신의 애정의 대상을 이상화하고, 일단 그렇게 했다면 자신의 삶을 그 대상과 공유해서 어쩌면 심지어 그 대상과 융합하는 것까지 하기 위해 훨씬 더 많은 것을 하려고 욕구합니다.

불운하게도 '미몽에서 깨어남'과 '얽힘을 풀어내기'는 초기 황홀한 관여 시기가 희미해졌을 때 가능한 두 가지 아픈 결과입니다. 자신의 끌어들임 및 매력적인 힘을 객관적으로 감당하는 법을 체득하는 것이야말로 이들이 자신의 삶에 대한 통제력을 유지하고 인간 존재로서 자신의 잠재력을 충족하는 이들을 위한 열쇠입니다.

▶ 일간 특성
강점; 미적인, 주의를 기울이는, 헌신적인
약점; 무사안일, 지나치게 심미적인, 표류하는

▶ 명상
너무 쉽게 그리고 너무 자주 사랑에 빠지는 것은, 사실 자기 자신에 대한 불만의 표현일지도 모릅니다.

▶ 조언
아름다움만 가치가 있는 것은 아니다.
그 아름다움에 너무 쉽게 유혹받지 않도록 주의하라.
당신 힘의 실상적인 원천을 발견하고, 그 원천을 건설적으로 사용하라.
당신의 개인적인 계발은 어떠한가? 때로는 이별이 아무리 아플지라도 옮겨가야만 한다.

▶ 건강
이들은 대체로 가능한 한 많은 아름다움으로 자신을 둘러싸고 싶어할 것입니다. 가능하다면 도시의 번잡함으로부터 멀리 떨어진 전원에서의 긴 산책과 정기적인 휴가는 강하게 권고됩니다. 이들이 꽃밭이나 채소밭을 접한다면, 그 밭이 미적인 만족뿐만 아니라 욕구되는 운동도 제공할 수 있어서, 정원 가꾸기는 이들을 위한 완벽한 취미입니다. 이들에게는 자신의 건강을 개선하는 것이 역시 자신의 겉모습을 향상시키는 한 방법으로 보일 수 있습니다. 이들 중 더 심미적인 사람은, 특히 동물성 지방이 과다한 고도로 살찌게 하는 음식의 방향으로 너무 쉽게 갈 수 있는 자신의 식단을 지켜봐야 합니다. 그런 부추김을 통제하는 것은 매우 어려울 수 있습니다. 비록 불인정은 이들 중 다수에게 낯선 아이템이지만, 이들이 자신의 목표를 달성하기를 바란다면 그 불인정을 더 잘 알게 되어야만 합니다.

▶ 수비학
6일에 태어난 사람은 숫자 6 및 금성에 통치됩니다. 숫자 6에 통치되는 사람은 동감과 찬양 모두를 끌어들일 때뿐만 아니라 그것을 표현하려고 할 때도 또한 자석 같습니다. 3월 6일에 태어난 이들을 위해 해왕성(물고기자리의 통치자)이 추가한 영향력은 금성의 경향을 '감상적이고 인상에 좌우되는 방향'으로 밀어붙일지도 모릅니다. 자주 사랑은 숫자 6에 통치되는 사람의 삶에서 지배적인 테마가 됩니다.

▶ 원형
사랑을 상징하는 '연인'인 여섯 번째 메이저 카드는 남성성과 여성성이라는 양극성의 통합을 통해 인간성의 모든 것을 하나로 묶는 최종 지점에 중점을 둡니다. 이 카드가 좋은 면에서는 높은 도덕적인, 미적인, 신체적인 차원의 애정과 욕망을 예시하고, 나쁜 면에서는 충족되지 않은 욕망, 감상성, 우유부단함을 위한 성벽을 예시합니다. 너무 자주 이들은 자신이 사실상 자신의 욕망과 격정의 노예이거나 아니면 인상에 덜 좌우되는 사람의 엄격한 통제 아래 있을 때, 가장 바람직한 지복의 상태에서 살고 있다고 생각합니다.

3월 7일
추상적인 구조의 날
Abstract Structure

▶ 심리구조

3월 7일에 태어난 복합적인 이들은 자주 고도로 추상적인 세계에 살고 있습니다. 이 세상에 구조를 제공하는 것은 이들이 삶에서 떠맡는 대단한 도전입니다. 자신의 생각을 표현하기 위한 구체적인 형식을 찾아낼 능력이 있는 이들은 대단한 성공을 거둘 수 있습니다.

비록 이들의 마음이 대체로 매우 파격적이고 추상적인 이슈에 대해 여전히 자유롭게 배회할지라도, 경력 지향적인 이들은 자신의 주위 사람들의 대중적인 후원과 참여가 수반하기를 희망하면서, 대개 고도로 실용적인 방식 속에서 자신의 발상을 구현합니다. 그러나 이들이 현실적인 활동에 관여하든 아니든 간에, 이들은 실존의 다른 차원에서 살아간다는 인상을 줄 수 있습니다. 놀랄 것도 없이, 이들은 대개 자신의 작업에서 벗어나 고도로 사적인 삶을 영위합니다.

사실 자주 외로운 이들의 세계는 침투하기가 쉬운 곳이 아닙니다. 이들과 친구가 되기를 바라는 사람은 예외적인 참을성과 이해심이 필요하고, 무엇보다도 너무 요구가 많지 않은 것이 필요함을 알아차릴 것입니다. 이것은 이들이 매우 관대할 수 있기 때문에 훨씬 반대로 주는 것이 어려움을 알아차린다는 점이 아니라, 오히려 이들이 자신에게 가해지는 직접적인 압력에는 잘 반응하지 않는다는 점입니다. 대개 이들의 반응은 감정적으로도 신체적으로도 물러나는 것입니다.

이들이 공격받거나 비난받을 때, 이들은 자신만의 안전한 공간으로 물러나기 전에 (방어한다고 하더라도) 어느 정도 단지 자기 자신을 방어할 뿐입니다. 이들은 누구를 신뢰해서 자신을 이해하게 하고 받아들이게 할 수 있는지, 할 수 없는지를 매우 빠르게 학습합니다. 하지만 다소 남모르는 이들은 자신이 사랑받는 사람에게 기대하는 것에 대해 솔직하지 않을지도 모릅니다.

이들은 받을 자격이 있다고 자신이 느끼는 사람들에게 자신의 시간 자원과 재정적인 자원 모두를 극도로 내어놓을 수 있습니다. 이들은 기본적인 인간 수준에서 타인들의 욕구에 고도로 동감적이고, 따라서 정의와 평등이 이들의 선-생각일 수 있습니다. 하지만 비록 이들은 자신이 속한 사회의 관심사에 묶여 있지만, 가장 사회적인 피조물인 것은 아닙니다. 이들은 자신에게 충분할 만큼의 좋은 친구 한두 명을 찾아낼지도 모릅니다.

이들이 맞닥뜨리는 문제 중 일부는 변동적인 에너지, 풍요로운 사회생활의 부족, 두려움과 불안정, 그리고 '이들이 자신의 삶으로 무엇을 하도록 의도된 것인지에 관한 불확실한 느낌'을 포함합니다. 하지만 일단 이들이 자신의 분산된 에너지를 하나의 의미 있는 노력의 맥락에서 유도할 능력이 있다면, 이들은 매우 멀리, 높은 곳으로도 깊은 곳으로도 갈 수 있습니다. 자신의 작업을 쐐기로 활용하는 이들은 심지어 사회적으로 인상적인 진출을 만들어내는 자기 자신을 알아차릴지도 모릅니다.

이들은 자신의 가족, 사회 동아리, 사회 전반에 대한 생각과 느낌에 여전히 접촉하려고 욕구합니다. 돌보고 주의하는 자신의 감각을 가져와서 자신의 작업뿐만 아니라 개인적인 관심사에도 또한 적용함으로써, 이들은 자신을 위한 꽤 인상적인 유형의 삶을 구축할 수 있습니다. 이들은 자신의 삶을 함께 나누기에 꼭 맞는 사람을 찾아낼 수도 있고 찾아내지 못할 수도 있지만, 이들은 애정을 나누려는 자신의 대단한 욕구를 위한 배출구 역할을 하는 견고한 우정을 확실하게 구축할 수 있습니다.

▶ 일간 특성
강점; 개념적인, 민감한, 베푸는
약점; 분산된, 틀어박히는, 외로운

▶ 명상
우리의 꿈을 좇는 것은 우리를 자유로 혹은 구속으로 이끌 수 있습니다.

▶ 조언
당신의 위치를 강화하라.
당신의 추상적인 생각을 공식화하여 타인들에게 전달하라.
자기비판이라는 수렁에 빠지지 마라.
타인들로 하여금 당신의 사적인 세계 속으로 허용하고, 당신의 진정한 자기를 더 아낌없이 주어라.

▶ 건강
이들은 건강에 극도로 조심해야만 합니다. 자신의 대단한 민감성과 수용성 탓에 이들은 많은 종류의 감염과 알레르기가 생기기 쉽습니다. 이것은 몸에 반응하여 몸 자체를 방어하도록 항상적으로 강요하면서, 결국 이들의 림프계와 혈액계를 지나치게 압박할 수 있습니다. 이들은 자신의 식단에 각별히 주목해보는 것이 중요합니다. 대개 유제품의 한정은 점액과 가래 침전물을 줄이는 데 도움됩니다. 정기적인 식사를 특징으로 삼는 포괄적인 식단 및 가볍게 요리되거나 빨리 볶아낸 채소 및 곡물에 중점을 두는 것도 또한 도움될 것입니다. 운동이 관련된 한, 일반적인 상태와 에너지의 수준에 호응하는 적당한 활동부터 활기찬 신체적인 활동까지 권고됩니다. 대개 스케이트, 수영, 요가, 태극권처럼 우아한 움직임을 포함하는 모든 신체적인 노력에 붙어가는 춤은 이들에게 매우 적합합니다. 마침맞은 수면을 취하는 것은 이들에게 중요하지만, 세상에서 도피하는 수단이 쉽게 될 수 있기 때문에, 이들은 수면에 대해 극단적인 탐닉은 하지 말아야 합니다.

▶ 수비학
7일에 태어난 사람은 숫자 7 및 해왕성에 통치됩니다. 해왕성은 비전, 꿈, 심령현상을 통치하는 물같은 행성이기 때문에, 3월 7일에 태어난 이들은 (특히 해왕성이 이들의 별자리인 물고기자리도 또한 지배하므로) 다소 불안정할 수 있습니다. 그런 강한 해왕성적인 영향력은 때때로 이들의 분산된 에너지를 집중하는 데 곤란을 갖고 있는 민감하며, 꿈같고, 상상적인 사람 쪽으로 이들을 만들어갈 수 있습니다. 숫자 7에 통치되는 사람은 전통적으로 변화와 여행을 좋아합니다.

▶ 원형
일곱 번째 메이저 카드는 세상을 누비는 의기양양한 인물을 보여주면서, 역동적인 방식으로 자신의 신체적인 존재감을 구현하는 '전차'입니다. 그 카드는 올바른 행로가 아무리 좁고 위태롭더라도 [그 행로를] 계속해야 한다는 의미로 해석될지도 모릅니다. 이 카드의 좋은 면은 성공, 재능, 효율성을 배치해주고, 나쁜 면은 독재적인 태도와 서툰 방향 감각을 제안합니다.

3월 8일

비관행의 날
Nonconformity

▶ 심리구조

3월 8일에 태어나 자주 오해받는 사람들인 이들은 자신만의 방식으로 상황에 응해야만 합니다. 자신의 관점에서든, 생활방식에서든, 표현의 태도에서든, 개인적인 겉모습에서든 간에 이들은 현상유지에 상충하는 자기 자신을 자주 알아차리는, 가슴속의 비관행주의자입니다. 비록 전통 애호가인 이들이 어쩌면 과거 문화에 대한 경외심을 표현할지도 모르지만, 이들은 자신만의 권리를 갖고 있는 사람이 되기 위해서 때로는 폭력적이게 때로는 서글프게 자신의 배경에서 벗어나려고 욕구합니다.

비판적이고 감정적으로 까다로운 자신의 천성 탓에, 이들이 당연히 먼저 거절당할지도 모르므로, 이런 결별을 스스로 만들어내는 것이 자주 필요한 것은 아닙니다. 그러나 어떤 일이 일어나든 10대 후반이나 20대 초반이 될 무렵, 이들은 자신의 삶이 폭풍우 같을 가능성이 있고, 어쩌면 자신의 행로가 외롭다는 점을 마침맞게 깨닫게 됩니다.

이들은 삶에 대한 열정을 갖고 있습니다. 하지만 이들이 노력할지도 모르지만, 이들 주위의 주류 사람들은 이들의 생활방식이나 발상에서 좀처럼 공감을 찾아내지 못하게 됩니다. 이것은 부분적으로 이들의 격렬함 탓이고, 이들의 관점도 또한 매우 자주 비타협적이고 고도로 개인주의적이며 어쩌면 사회적인 가치에 도전적이기 때문입니다. 인습타파주의자인 이들은 친구의 마음을 필연적으로 얻는 것은 아닌 강하게 반항적이고 공격적인 면을 갖고 있고, 신뢰를 얻지 못할 수도 있는 불안정성을 갖고 있습니다. 하지만 이들은 엄청나게 충직한 친구일 수 있습니다. 이들의 친구인 것에 고도로 개인적인 영예를 부여받은 사람들은, 그 대가로 똑같이 높은 수준의 충직을 요구받는다는 점을 알아차릴 것입니다.

이들은 최고의 역할 수행자입니다. 만약 자신이 역할을 하기로 선택한다면, 이들은 저자세를 유지하면서 몇 년 동안 같은 직무에서 조용히 작업할 수 있습니다. 이들은 심지어 사회의 기둥으로도 또 현상 유지의 옹호자로도 기능할 수 있지만, 그럼에도 그 무대 뒤에서 변화와 진보를 위해 작업할 것이고, 이들은 어쩌면 재정적인 혹은 정치적인 안전에 대한 욕망에서 고도로 관습적인 위치를 맡을지도 모르지만, 대개 자신의 개인 생활에서 자기 천성의 화려한 면을 표현할 방식을 찾아냅니다.

이들에게는 대단히 자석 같은 끌어들임이 자주 부여됩니다. 이들은 자신이 선택한 사람에게 거의 최면에 가까운 힘을 발휘하는 데 유능한데, 그 힘은 자신의 매혹과 직감 못지않은 자신의 정신적인 강인함 덕분입니다. 젊을 때 이들의 에너지는 자주 급변하기 쉽고 통제되지 않지만, 성숙해지면서 이들은 고도로 교묘하고 최면을 거는 듯한 역동성을 통해 충격을 만들어 냅니다. 비록 이들이 젊을 때 이런 권력을 완전히 의식하거나 행사하는 데 유능하지 않지만, 자주 이들에게 넘겨지는 심령능력은 인생 후반부에 발견되어 더 잘 유도될지도 모릅니다. 모든 분야에서 대단함의 진가를 엄청나게 알아보는 이들은 우아함, 권력, 아름다움이 표출될 때 경이로움을 표현하고 심지어 경배까지 표현하기 쉽습니다.

▶ 일간 특성
강점; 개인적인, 자석 같은, 직감적인
약점; 고립된, 감정적으로 까다로운, 혼란스럽게 하는

▶ 명상
전원이 거기 있으니, 우리는 단지 플러그를 꽂기만 하면 됩니다.

▶ 조언
당신의 균형을 유지하라.
타인들을 해치는 것을 주의하라. 그러나 당신 자신을 희생자로도 또한 만들어내지 마라.
자기 연민은 당신에게 독이다.
당신의 진지함을 누그러뜨리고 가능하면 자신을 가볍게 하라.
사회적으로 당신 자신을 통합하라.

▶ 건강
이들은 우발사고를 당하기 쉬울지도 모르고, 그러므로 특히 이들 중 남성은 거친 스포츠를 섭렵하고 탐닉할 때 가능하면 예방 조치를 취해야 합니다. 이들은 많은 형식의 경험에 민감하고 열려있기 때문에, 드물지 않게 자기 자신을 신체적이고도 심리적인 곤란에 처하게 합니다. 균형 잡힌 식단을 먹는 것뿐만 아니라 적당한 운동을 탐닉하는 것도 이들이 뿌리내리는 데 도움됩니다. 술, '환각제' 및 암페타민을 포함한 모든 종류의 마약은 피해야 합니다. 이들 중 대다수는 어쩌면 카페인이나 다른 각성제의 원조를 받아 잠을 자지 않으면서 격렬한 경험이나 작업을 하도록 자기 자신을 밀어붙이는 데 유능합니다. 하지만 이들의 정신적인 안정은 잘 규제된 근거에 마침맞은 수면을 요구합니다. 이들은 식단, 수면, 신체운동에 대한 문제 및 다른 일반적인 건강의 고려사항들을 너무 오랫동안 간과한다면, 심리적으로 고도로 불안정해지고 심지어 통제할 수 없게 될 수 있습니다.

▶ 수비학
8일에 태어난 사람은 '숫자 8' 그리고 '책임을 또 제한, 경계심, 숙명론의 의식을 배치해주는 토성'에 통치됩니다. 3월 8일에 태어난 이들을 위해 해왕성(물고기자리의 통치자)의 영향력은 이런 고착된 에너지를 풀어내서 더 표현적인 것을 허용하고, 물질적인 행운과 자석 같은 자질의 더 대단한 가능성을 허용합니다. 비록 숫자 8에 통치되는 사람의 가슴이 꽤 따뜻할 수 있지만, 숫자 8의 토성적인 영향력은 자주 험상궂거나 눈길을 끄는 외관을 예시해줍니다.

▶ 원형
여덟 번째 메이저 카드는 사나운 사자를 길들이는 우아한 여왕을 그려내는 '강인함이나 용기'입니다. 여왕은 반항적인 에너지를 마스터할 수 있는 여성 마법사를 상징하고, 신체적인 강인함뿐만 아니라 도덕적인 강인함을 표징합니다. 이 카드의 긍정적인 속성은 카리스마와 성공하려는 결단을 포함하고, 부정적인 자질은 무사안일과 권력남용을 포함합니다.

3월 9일
우주 항해자의 날
The Space Voyager

▶ 심리구조

3월 9일에 태어난 고도로 개념적이고 예지적인 이들은 정신적으로든 신체적으로든 감정적으로든 영적으로든 자신의 주위 공간을 검토하고 탐험하는 것에 관련됩니다. 대다수의 온갖 것에 관해 호기심이 많은 이들은 어떤 이슈나 문제든 간에 뿌리를 밝혀낼 때까지 만족하지 않습니다. 이들은 타인들에게 있는 허세, 권위주의, 생색내기의 모든 형식을 현저하게 싫어하고, 삶에 대한 접근법에서 자연스러움을 유지하려고 노력합니다. 자신의 높은 이상주의 덕에, 이들은 대체로 약자의 편에 서서 가난하고 약한 사람들의 보호자가 되는 경향이 있습니다. 하지만 이들 자신은 고도로 계발된 개인적인 끌어당김을 지닌 강력한 사람입니다. 자신의 심령 능력도 또한 강하고, 그러므로 이들은 가장 자주 건전한 자신의 직감을 신뢰해야 합니다.

이들 중 고도로 계발된 사람은 자신의 본능에 중하게 의존합니다. 누구도 이들의 정신적인 강인함을 부인하지 않을지라도, 이들은 (특히 관계 및 중대한 인생의 결정에 관한 한) 자신의 육감이 자신에게 말해주는 것에 동의하여, 많은 경우 확률, 논리 및 참인 것처럼 보이는 것에 어긋나는 쪽을 선택합니다. 때때로 다른 세상에 산다는 비난을 받을지라도, 사실 이들은 일상 세계가 어떻게 작동하는지에 관해 지대한 것을 이해하고, 그러나 주어진 국면을 통해 그 세계의 본질과 잠재력도 또한 꿰뚫어볼 능력이 있습니다. 기묘하거나 괴상한 사람으로 분류되든 그렇지 않든 간에, 이들 중 다수는 평균적인 사람보다 더 상승하거나 초연한 관점을 갖고 있습니다. 따라서 조언을 탐구하는 사람이 아직 고려하지 못했던 관점을 이들이 매우 자주 제시하므로, 이들은 자신을 가치있는 조언자로 만들어냅니다.

이들은 '자신의 안정되고 양육적인 면' 및 '자유로워지고 여행하며 자신의 마음으로 하여금 꿈과 발상 속에 배회하게 하려는 자신의 욕망' 사이에서 자주 갈등을 경험합니다. 만약 이들이 (가족, 직위, 사회적인 위치라는) 과중한 개인적인 책임의 위치에 자기 자신을 가둬버린다면, 이들은 상당한 시간 좌절감을 품는 자기 자신을 알아차릴지도 모릅니다. 일부 문제는 이들이 고도로 유능하므로, 타인들이 쉽게 이들에게 점차 의존하게 된다는 점입니다. 이들은 자신이 주기적으로 현실에서 도피해 자신 인격의 모험적이고 파격적인 요소를 표현할 수 있는 것을 통하여, 자기 자신을 위한 특정한 문[가능성]을 열어두는 것에 조심해야만 합니다.

이들은 대개 자신의 삶에서 많은 중대한 변화를 겪어 나갑니다. 이들은 다층성을 즐기고 집착을 단속하므로, 한 직무나 장소, 관계에서 다른 것으로 이동하는 것은 이들에게 매우 자연스럽습니다. 깊은 수준에서 자기 자신을 알려고 하지 않았고, 자신이 특이하다는 점을 알지만 절대 자신의 참 자기를 실상적으로 표현해본 적이 없는 이들은, 어느 날 자신이 얼마나 진실로 강력할 수 있는지를 발견하고 자주 놀랍니다. 일단 자신이 이 힘을 깨닫고 행사하기 시작하면, 이들은 자신의 삶에서 완전히 새로운 차원을 경험하고 즐길 것이지만 어쩌면 많은 새로운 어려움에도 또한 직면할 것입니다. 실로 이들은 자신의 더 평범한 의무를 그만두고, 타협하는 이전의 삶을 거절하며 스타에 도달하고 싶은 부추김을 느낄지도 모릅니다.

▶ 일간 특성
강점; 직감적인, 예지적인, 개념적인
약점; 자기를 희생시키는, 거리를 두는, 지나치게 긴장하는

▶ 명상
당신의 인생에서 만난 적이 있는, 가장 흥미로운 사람은 바로 당신 자신일지도 모릅니다.

▶ 조언
당신 자신을 더 잘 알게 되라.
당신이 반드시 해야 할 일을 결정하라.
당신 자신을 타인의 관점에서 규정하지 않는 것이 가장 좋은 때가 현존한다.
당신의 개인적인 끌어당김을 발휘하라.
당신이 할 수 있는 한, 멀리 갈 용기를 갖고 있으라.

▶ 건강
이들은 자기 자신을 너무 많은 스트레스 아래 처하게 하고, 너무 많은 책임을 짊어지는 것에 의해 건강이 서서히 잠식되지 않도록 해야만 합니다. 이들은 때때로 자신의 창조적인 재능을 표현하지 못하는 것이나, 자신의 경력적인 주위 여건을 개선하지 못하는 무능의 결과인 주기적인 우울증에 주의해야만 합니다. 표현의 자유뿐만 아니라 주위환경의 다층성, 적합한 식단과 신체적인 활동 및 건전한 관계는 물론 대단히 도움됩니다. 이들은 자신의 천성에서 더 활기찬 면을 해방하려고 실상적으로 욕구하고, '자신이 누구인지'에 대해 환영받으려고 욕구하는 사람입니다. 따라서 동반자에 대한 이들의 선택은 실로 이들의 행복에 중대합니다. 음식을 준비하는 재능이 이들에게 드물지 않지만, 타인들을 기쁘게 하는 것에서 이들이 얻는 엄청난 만족감에도 불구하고, 이들은 자신이 고마운 것으로 [타인에게] 여겨지지 않는다는 점을 주의해야만 합니다.

▶ 수비학
9일에 태어난 사람은 숫자 9 및 화성에 통치됩니다. 숫자 9는 (이를테면 5+9=14, 4+1=5처럼 9를 더한 어떤 숫자도 그 숫자가 되고, 9×5=45, 4+5=9처럼 9를 곱한 어떤 숫자도 9가 되므로) 다른 숫자에 대한 영향이 강력하고, 3월 9일에 태어난 이들도 자신의 주위 사람들에게 강한 영향을 발휘합니다. 강압적이고 공격적인 화성은 남성적인 에너지를 체화해줍니다. 물고기자리인 3월 9일에 태어난 이들은 해왕성에 통치됩니다. 화성-해왕성의 연관성은 심령 능력과 고도의 직감 능력에 대개 관여하면서, 강력한 자질을 심지어 마법적인 자질까지 부여해줍니다.

▶ 원형
아홉 번째 메이저 카드는 대개 등불과 지팡이를 들고 걷는 것으로 그려지는 '은둔자'이고, 그는 명상, 고립, 침묵을 대변합니다. 은둔자는 확고해진 지혜와 궁극적인 단련도 또한 암시합니다. 그는 양심에 의한 동기를 부여해 타인들로 하여금 그들의 행로로 나아가게 해주는 임무 감독관입니다. 이 카드의 긍정적인 예시는 집요함, 목적, 심오함, 집중력이고, 부정적인 자질은 교조주의, 불관용, 불신, 만류를 포함합니다.

3월 10일
영혼 탐색자의 날
The Soul Searchers

▶ 심리구조

3월 10일에 태어난 이들은 깊고 감정적인 사람입니다. 성공을 향한 이들의 추진력은 자주 다소 저자세이고, 이들은 행운이나 권력, 명성에 관련되기보다 자기 자신을 이해하고 자신의 복잡한 인격에 정면으로 대처하는 데 더 관련될지도 모릅니다. 이것은 이들이 지나치게 자기에게 몰입하거나 다소 자기에게 방종적인 점을 말하는 의미가 아닙니다. 반대로 이들은 특히 가까운 친구들과 갖는 친밀한 사교적인 설정 환경에서 재미있게 보내기를 사랑하고, 양육과 보호의 영향력에 둘러싸여 가족 내에서 중심적인 위치를 차지할 때 가장 행복합니다.

이들의 민감성은 현저합니다. 이들은 쉽게 상처받고, 거절감을 예리하게 느끼며, 자신의 동료라는 인간존재와 평화롭게 사는 것 이상을 원하지 않습니다. 하지만 어린 시절에 트라우마가 될 정도의 에피소드를, 즉 상처주는 부모 혹은 일찍이 이들에게 놓인 지나치게 경직된 도덕 시스템에 의해 가해진 깊은 심리적인 상처를 경험했던 이들은 일찍이 세상에서 '사적이고 접근하기 어려운 감정적인 공간으로' 후퇴해 그곳에 머물러버릴 수 있습니다.

이들은 매우 민감하기 때문에, 다른 사람들은 거의 경험하지 못할 정도의 인생 기복을 경험하고, 그러므로 안으로 전환해서 자신의 영혼을 탐색할 가능성, 즉 자기 자신을 이해하려고 노력할 가능성이 더 있습니다. 이런 내면 계발을 통해 이들은 불운한 사람들의 아픔과 고통에 대한 공감을 키우는데, 이런 이유로 이들 중 다수는 서비스 지향적인 경력을 채택합니다. 이들 중 더 고도로 진화된 사람은 심지어 자기를 낮추고 성자처럼 보일 정도로 타인에 대한 대단한 공감과 친절을 보여줍니다. 부모로서 이들은 양육하고 이해심 많은 경향이 있지만, 과보호하고 미묘하게 배후 조종하는 성향을 주의해야만 합니다.

대체로 이들은 개인적인 고려사항을 무엇보다 우선시합니다. 또한, 이들은 감정적인 영역에서 매우 고도로 계발되어 있으므로, 의지력과 정신적인 강인함을 자신이 할 수 있는 만큼 충분히 계발시키지 않을지도 모릅니다. 그 귀결로 이들은 자신의 주위 여건을 개선하려는 강한 소망이나 능력을 갖추지 못하고 표류하거나 정체될 수 있습니다. 이들 중 재능이 덜 있거나 재능을 덜 타고난 사람들에게 수용과 수동성의 자질은 그다지 바람직하지 않을지도 모릅니다.

외부적인 가치보다 내부적인 가치에 중점을 두는 이들은 이상적이고 비물질적인 가치 체계 쪽으로 지향합니다. 그럼에도 이들은 '안전에 대한 대단한 욕구' 및 '단순한 편안함을 위한 두드러진 욕망'을 표출하는데, 이는 나이가 들수록 더욱 확실해집니다. 여기의 위험은 이들이 정체되어 개인적인 계발을 진전시키는 데 실패하게 되리라는 점입니다. (자신 및 타인의) 내면 감정 세계에 대한 이들의 탐험이 자신의 민감성을 깊게 하고 자신으로 하여금 더 혼이 충만하게 만든다는 점은 참이지만, 이들은 자기 자신을 외적으로 표현하거나 중대한 결정을 만들어내는 것으로부터 도피하는 수단으로 이 활동을 사용하지 말아야만 합니다.

▶ 일간 특성
강점; 민감한, 공감하는, 혼이 충만한
약점; 오랫동안 고통받는, 틀어박히는

▶ 명상
한 영혼은 여러 신체에 거주할지도 모릅니다.

▶ 조언
당신의 야심을 부인하지 마라.
강한 에고를 구축하라.
당신 자신을 단절함이 없이 당신의 환경에서 당신 자신을 보호하는 법을 체득하라. 여전히 마음을 열되 주의를 기울이라.
갇혀버리거나 물질적으로 고착되지 않도록 주의하라.

▶ 건강
이들은 자주 자신 환경에서 해로운 요소에 대한 낮은 저항력을 갖고 있습니다. 이들 중 다수는 다층적인 알레르기가 생기기 쉬울 뿐만 아니라, 이들에게 손실로 작용할 수 있는 타인의 부정적인 에너지에 약간 너무 민감합니다. 비록 인생의 후반부에 이들이 이타적인 추구에서 에고를 해체하기를 바랄지라도, 강한 에고를 구축하는 것은 이들의 심리적인 계발의 근거입니다. 이들은 대개 신경계와 순환계가 관련된 만성 질환의 다층성으로 고통받을 수 있습니다. 체액을 유지하는 것은 이들에게 각별한 문제일지도 모르고, 이 문제를 위해 이들은 의학이나 동종요법의 조언을 탐구해야 합니다. 이들은 안락함을 사랑하는 사람이므로, 대체로 광범위한 관능적인 경험을 즐기게 됩니다. 이들은 자신의 식단을 세심하게 주목해봐야만 하고, 특히 통곡물, 신선한 채소 및 '유제품과 육류 섭취량을 낮추는 것'이 권장됩니다. 정기적인 신체 운동, 특히 야외에서의 긴 산책, 수영, 요가 또는 더 가벼운 에어로빅의 형식이 강하게 제안됩니다.

▶ 수비학
10일에 태어난 사람은 숫자 1(1+0=1)과 태양에 통치됩니다. 숫자 1에 통치되는 사람은 대체로 첫째가 되는 것을 좋아하고, 이것은 이들의 경우 자신의 느낌을 우선시하는 것을 의미할지도 모릅니다. 태양은 뚜렷하게 인간적이고 긍정적인 삶을 지향하는 따뜻하고 잘 계발된 에고의 자질을 부여해주는 경향이 있습니다. 3월 10일의 물고기자리에 태어난 이들은 태양의 광채에 낭만적인 배역을 빌려줘서 약간 산만하고, 인상에 좌우되며, 공상적인 성향을 예시해줄지도 모르는 해왕성의 영향도 또한 받습니다.

▶ 원형
열 번째 메이저 카드는 인생의 부침, 승리와 패배, 성공과 실패를 상징하는 '운명의 수레바퀴'입니다. (숫자 1과 10이 통치하는 이들은 기회를 붙잡는 것에 집중하고, 바른 순간에 활동하는 것이 이들의 성공에 열쇠입니다.) 운명의 반전을 암시하는 그 카드는 변화 외에는 영구적인 어떤 것도 현존하지 않음을 가르쳐줍니다.

3월 11일
비전적인 직감의 날
Progressive Intuition

▶ 심리구조

3월 11일에 태어난 이들은 시대에 뒤떨어지지 않습니다. 전망이 자율주의자든 보수주의자든 간에 이들은 생각이 진보적입니다. 즉, 이들은 자신의 주위에서 사회적으로 일어나고 있는 것에 동떨어져 있거나, 그것을 알아채지 못하는 것이 어쩌면 자신의 경력에 작별을 고하는 것임을 알고 있습니다. 이들은 세상을 오직 빠르고 영리한 사람만이 살아남는 고도로 경쟁적인 곳으로 봅니다. 하지만 자신의 사생활에서 이들은 자기 자신으로 하여금 자신 천성의 더 꿈같고 더 느긋한 면을 표현하도록 허용하면서, 친구나 가족과 갖는 대화를 통해 발상과 추론을 되새기고, 어쩌면 상상적인 프로젝트를 계발합니다. 하지만 자신 삶의 두 영역 모두에서 이들이 고용하는 통일적인 재능은, 바로 대다수의 경우 이들에게 잘 봉사하는 이들의 직감입니다.

이들이 세상에 가만히 서 있다면, 단순히 타인들이 이들을 훨씬 앞서서 갈 것이므로 이들은 후퇴하고 있다고 믿습니다. 그럼에도 이들은 맹렬한 야심보다 비전의 보증과 명확성을 갖고 적절하게 앞으로 움직입니다. 이들은 정규적인 직무로 작업한다면, 자신이 승진될 수 있는 위치에 자기 자신을 놓을 것이지만, 승진을 위해 적극적으로 밀어붙이거나 정치하지 않을지도 모릅니다. 이들의 발상은 바로 이들이 가치 있는 이바지를 만들어냄으로써 적절한 때 주목받고 승진하겠다는 것입니다. 이것이 올바른 가정인지 아닌지는 바로 이들이 작업하는 환경의 공정성 및 이들이 살아가는 문화에 좌우될지도 모릅니다.

만약 이들이 자영업자이거나 자신만의 사업을 소유하고 있다면, 숨겨진 기회를 알아보게 되는 이들은 그 기회에 열을 내는 것을 위한 작심적인 재능을 갖고 있습니다. 일단 이들이 그런 기회를 평가했다면, 자신의 직감에 봉사하는 데 주저하지 않고 자신의 물질적인 자원의 상당 부분을 투입할 것입니다. 따라서 이들은 자신이 교육[을 통해 계산]된 위험을 감수할 정도로 용감하지만, 어리석은 노력을 피할 정도로 현명하므로, 자신을 좋은 투기꾼과 도박가로 만들어냅니다.

이들에게 잘 봉사하는 또 다른 특성은 이들의 취향입니다. 이들은 좋고 가치 있는 것에 대한 본능적인 느낌을 갖고 있을 뿐만 아니라, 사물이나 발상을 가치 있도록 만들어내는 것에 관해 배우는 데도 또한 빠릅니다. 이들 중 일부는 가짜나 싸구려처럼 보이지만 나중에 대단한 가치를 갖고 있는 것으로 판명되는 물품들을 심지어 골라낼 수도 있습니다.

이들은 자신의 성격에 대해 소유권을 주장하고 통제하는 측면을 갖고 있습니다. 이들은 자신이 갖고 있는 것을 아주 쉽게 내주지 않고, 그 대상은 사물들뿐만 아니라 사람들도 또한 해당됩니다. 가족 구성원으로서 이들은 벌어지고 있는 상황의 중심에, 즉 자신이 자신의 부모와 자녀들 모두의 삶에 영향을 주는 강력한 결정을 실행할 수 있는 중심에 자리하는 자기 자신을 예외 없이 알아차립니다. 이들은 더 대단한 수준의 자유나 독립을 갖고 있기를 바라는 부모와 자녀들의 적대감과 반항심을 자극하는 것을 피해야만 합니다.

많은 영역에서 이들은 환경에 대한 자신의 통제를 완화하기 위해 조금 더 놓아주는 법을 체득할 수 있을 것입니다. 이들 중 더 고도로 진화된 사람은 우주를 신뢰하고 본질에서 잃을 것이 실상적으로 아무것도 없다는 점을 깨닫는 법을 체득해서, 소유권을 주장하는 태도를 버림으로써 자기 자신을 자유롭게 할 것입니다. 결국 이들의 직감은 소유물 아니면 개인적인 통제보다 자신만의 자유를 더 소중하게 여기도록 자신을 이끌 것입니다.

▶ 일간 특성
강점; 기민한, 세련된, 매혹적인
약점; 소유적인, 소유권을 주장하는, 위압적인

▶ 명상
당신이 소유한 온갖 것을 갖고 다녀야 한다고 상상해 보라.

▶ 조언
당신의 생각과 느낌을 더 깊게 하라.
가시적인 목표에 너무 관련되지 마라.
당신의 영적인 계발에 더 많은 에너지를 투입하라.
상황을 놓아버리는 것을 두려워하지 마라.

▶ 건강
대개 자신이 어떻게 보이는지를 잘 알아채는 이들은 좋은 인상을 만들어내려고 초조해합니다. 그 귀결로 이들은 자신의 피부, 머리카락, 손톱, 치아를 각별하게 보살피려고 욕구할 것입니다. 이들이 적합한 화장품의 원조를 활용하는 것뿐만 아니라 적합한 비타민을 섭취하는 것은, 이 외모와 건강 영역에서 이들의 노력에 필수적입니다. 이들은 자주 자신을 뛰어난 요리사로 만들어내고, 자신의 집에서 '적합한 사람'을 흥겹게 하는 것을 즐길 수 있고, 그래서 사업과 즐거움을 조합할 수 있습니다. 음식과 발표에 대한 이들의 미적인 민감성은 대개 강하게 두드러집니다. 이들은 (특히 풍미있는) 치즈처럼 점액을 생산하는 모든 물질을 절제해서 먹어야 합니다. 이들은 크림, 버터, 설탕에 너무 열광하지 않도록 특히 조심해야만 합니다. 이들에게는 활기찬 운동이 권장되지만, 경쟁적인 스포츠는 피해야 합니다.

▶ 수비학
11일에 태어난 사람은 숫자 2(1+1=2)와 11 그리고 달에 통치됩니다. 숫자 2에 통치되는 사람은 자신을 리더보다 좋은 협업자와 동반자로 자주 만들어내므로, 3월 11일에 태어난 이들의 사회적인 재능은 향상될지도 모릅니다. 물고기자리는 해왕성에 통치되기 때문에, 이들은 강한 직감뿐만 아니라 폭주하는 상상력이라는 성벽도 또한 부여해주는 달-해왕성의 연관성 아래 놓이게 됩니다. 숫자 11은 다층적인 종류의 이중성에 대해 가능한 이해관계뿐만 아니라 신체적인 차원을 위한 느낌도 또한 빌려줍니다.

▶ 원형
11번째 메이저 카드는 한 손에 저울을 들고, 다른 손에 검을 들고 의자에 차분히 앉아 있는 여인인 '정의'입니다. 그녀는 우리에게 우주의 질서를 상기시켜주고, 우리가 자신의 행로를 계속하는 한 우리의 삶에 균형과 조화가 유지되리라는 점을 상기시켜줍니다. 이 카드의 긍정적인 측면은 통합, 공정, 정직, 단련이고, 부정적인 측면은 낮은 주도권, 비인격성, 혁신의 두려움, 불만입니다.

3월 12일
대단한 도약의 날
The Great Leap

▶ 심리구조

3월 12일에 태어난 용감하고 결단적인 이들은 삶의 퇴보와 실망을 버텨내고, 나중에 자신의 노련한 경험을 활용이 되도록 만들어낼 정도로 강인합니다. 고군분투는 모든 종류의 장애를 극복하는 데 애쓰는 것으로 보이는 이들에게 낯설지 않습니다. 이들은 자신이 부여받은 천성적인 능력이 무엇이든 간에 어찌해서든 취해서, 자신을 한계 쪽으로 몰아갈 능력이 있습니다. 드물지 않게 이들은 자신이 어떤 종류의 사람이 되기를 바라는지에 대한 강한 비전이나 개념을 갖고 있습니다.

하지만 이들은 다재다능한 경향이 있고, 그런 이유로 자신의 에너지를 흩어지게 하는 것에 취약하기 때문에, 지속해서 자기 자신을 유도하는 것이 중요합니다. 처음에는 이 이해관계에 휩쓸리고, 그다음에는 저 이해관계에 휩쓸리는 자기 자신을 알아차리는 이들은, 적어도 한 산업이나 한 직업 속의 관련 부문에 자기 자신을 제한하는 편이 온당할 것입니다.

이들 중 대다수는 위험한 모험에 굴하지 않고, 심지어 대다수 사람이 회피하는 국면에조차도 어떤 대가를 치르더라도 뛰어듭니다. 어쩌면 이들은 온갖 것을 걸 수 있는 신념을 갖고 있는 사람에게 가장 대단한 보상이 부여된다고 믿습니다. 하지만 논란이 그렇듯이 위험이 본질에서 또 저절로 이들을 끌어들인다는 점을 부인하는 어떤 것도 또한 현존하지 않습니다. 이들은 비록 자신이 이야깃거리가 되는 것을 부인할지도 모르나 그 위험을 남몰래 즐깁니다. 자주 이들은 자기 자신 및 '자신이 행하고 있는 것'을 갑자기 드러내고 심지어 내세울 때까지는, 남몰래 사적인 세계에 혼자 남겨지는 것보다 더 나은 것을 원하지 않는다는 인상을 줍니다!

이들은 대개 지금 여기를 초월한 것, 즉 다른 세상, 실존의 다른 차원, 다른 실상을 믿습니다. 하지만 이들이 제시하는 이미지는 꽤 고집불통이고 세상물정에 밝습니다. 이들은 형이하학적인 것과 형이상학적인 것을 조합하는 방식, 즉 형이하학을 한껏 즐기나 결국 형이상학의 서비스에 그 형이하학을 적용할 정도의 방식을 갖고 있습니다. 이들은 자신의 마음 뒤쪽 어딘가에서 모든 삶이 덧없다는 것을 알고 있습니다. 이들이 종교적이든, 강한 영적인 성벽을 갖고 있든 아니든 간에, 이들은 이 지나가는 쇼 뒤에 있는 시간을 초월한 원리와 형식이 현존한다는 점을 알아봅니다. 이 때문에 이들 중 더 지적인 사람은 추상적인 차원에서 생각할 수 있는 주목할 만한 수용력을 내보여줍니다.

이들 중 일부 열광적인 사람은 기이한 해프닝에 자신의 신념이 휩쓸리게 되는 것을 조심해야만 합니다. 이들은 형이상학적이고 난해한 원리에 대한 깊은 이해심을 계발할 때까지, 그 기이한 해프닝에 대한 생각을 지나치게 탐닉한다면, 자신의 감정적인 안정을 서서히 잠식하는 경향이 있을 것입니다. 세속적인 목표와 영적인 목표의 동시적인 계발은 대개 이들에게 더 적합하고, 이들의 일상생활을 향상시키며, 형이상학적인 되새김에 필요한 안정성을 장려합니다. 균형은 그런 생각과 행동의 도약에 결부된 위험을 줄이기 위한 열쇠입니다.

▶ 일간 특성
강점; 대담한, 격렬한, 예지적인
약점; 무모한, 불안정한, 터무니없는

▶ 명상
경계심은 비겁한 것으로 오인되지 말아야 합니다.

▶ 조언
당신의 형이하학적인 면과 형이상학적인 면 사이의 균형을 찾아내라.
더 신뢰하는 법을 체득하고 완전히 공유하는 법을 체득하라.
당신의 과거를 뒤로하고 자극중심주의를 주의하라.
당신 자신의 가장 좋은 부분을 표현하는 법을 체득하되, 당신의 약점을 부인하지 않는 법도 또한 체득하라.
포장물 전체를 받아들이라.

▶ 건강
이들은 자주 심리적인 어려움과 감정적인 불안정성이 생기기 쉽습니다. 20세가 되기 전에 이들은 자신의 내면 상태를 검토하도록 강요받을 것이고, 자신의 문제에 직면하고, 그것에 대해 뭔가를 해야 할 것입니다. 20대 때의 테라피 혹은 다른 형식의 심리 상담은 이들에게 대단히 도움될 수 있습니다. 이들은 경험을 통해 심리적인 건강을 위한 확실한 근거를 구축하는 데 유능한데, 이것은 벽돌을 한 장씩 쌓아가듯이 천천히 하는 것이 가장 좋습니다. 이런 강력한 이들에게는 (희망하건대 사랑스럽고 격렬한) 한 동무와 갖는 성관계뿐만 아니라 활기찬 운동이 권장됩니다. 식단이 관련된 한, 이들은 자신이 좋아하는 아무 때나, 좋아하는 무엇이든지 먹는 경향이 있는데, 이것은 이들에게 효과가 있는 것으로 보이지만, 비만 또는 절제식 한정의 경우에 이런 습관들을 통제하기 어렵습니다.

▶ 수비학
12일에 태어난 사람은 숫자 3(2+1=3) 및 확장적인 행성인 목성에 통치됩니다. 숫자 3에 통치되는 사람은 자신의 분야에서 최고 위치에 오르는 경향이 있습니다. 이들은 독재적인 경향도 또한 있고, 이런 점을 주의해야 합니다. 숫자 3에 통치되는 사람은 독립에 높은 프리미엄을 두고, 이것은 이들 중 일부가 프리랜서가 되기 위해 안전한 지위를 포기하는 것을 필요로 할지도 모릅니다. 숫자 3에 결부된 목성적인 에너지는 3월 12일에 태어난 이들로 하여금 자신의 소명을 열의로 따르도록 촉진하고, 해왕성(물고기자리의 통치자)의 영향력은 물질적인 행운을 예시해줄지도 모릅니다.

▶ 원형
12번째 메이저 카드는 자신의 묶인 발로 거꾸로 매달려 있는 '매달린 사람'입니다. 비록 그런 처지가 무력해 보이지만, 그럼에도 '매달린 사람'은 영적으로 강력하고 깊이 심사숙고합니다. 이 카드의 긍정적인 속성은 단순히 인간이 되는 것뿐만 아니라 한계를 알아보고 극복하는 것이고, 부정적인 측면은 영적인 근시안과 한정성입니다.

3월 13일
숙명적인 예견의 날
Fateful Prediction

▶ 심리구조

3월 13일에 태어난 이들은 돌이켜보면 몇 번의 우연한 해프닝을 중심으로 [인생의] 방향을 바꾸었다고 할 수 있을 숙명적인 삶을 영위합니다. 게다가 이들 중 대다수는 미리 정해진 출현을 강하게 믿고, 세상에 관해 또 타인들의 삶에 관해 예견을 만들어내기 쉽습니다. 이들이 말하는 것 중 대단한 부분에 관한 신탁이라는 중요한 것이 현존합니다. 이들은 자주 세상 및 세상의 문제에 대한 자신의 분석을 일종의 변경 불가능한 앎이라고 발언합니다. 이들 중 더 지적인 사람은 철학 및 영적인 가르침, 이론적인 추측, 과학적인 혹은 분석적인 시스템에 끌리는데, 이들은 인간적인 마음 그리고 그 마음이 연출하는 데 유능한 것을 숭배하는 경향이 있지만, 인간의 마음보다 훨씬 더 큰 부분인 우주에 대해서는 훨씬 더 높은 경외심을 비축합니다.

이들은 대다수 사람에게는 압도적인 참사일 것에서, 즉 (특히 이들 중 남성에게 해당하는) 자신에게는 물리적이거나 경제적인, 심리적인 재앙일 것에서 살아남는 데 유능합니다. 이들 중 남녀 모두는 자신의 숙명론 덕에 불평 없이 숙명의 타격을 받아들일 능력이 있고, 고도로 창조적이고 생산적인 삶을 계속해서 영위할 능력이 있습니다. 이런 사건이 발생하기 전에 많은 경우 이들은 자신의 재능이나 꿋꿋함을 충분히 알아채지 못합니다. 따라서 그런 시험받는 주위 여건은 이들의 성장을 더 심화시켜줄 뿐만 아니라 미래에 어려울 시 요청받을 수 있는 자부심과 근성도 또한 심어주는 일종의 통과 의례라는 시련의 역할을 할 수 있습니다. [이때야] 이들은 심지어 자기 자신 및 자신 삶의 행로조차도 더 잘 이해하게 될지도 모릅니다.

이들 중 거의 모든 사람이 문제에 선택의 여지가 없이도 진화적인 양식으로 진보할 정도로, 개인적인 진화와 성장은 이들의 성격에 기본 구조물로 내장된 중요한 것입니다. 하지만 이들 중 다수는 자신이 완전히 감당할 수 없는 난해하고 형이상학적인 에너지를 끌어들이는 탓에 그 과정에서 옆길로 새게 됩니다. 그런 사람은 자신이 당면한 순간에 자신을 넘어선 문제를 마스터한 척하거나 심지어 이해한 척까지 할 때, 위험한 곳에 발을 들여놓게 되지만, 심지어 이런 것조차도 이들의 실패가 아무리 대단하더라도 자신의 계발에서 중요한 부분으로 봉사합니다. 이들의 바람 중 하나는 타인들에게 영감을 주는 사람이 되어, 자신이 말하려고 갖고 있는 것에서 이득을 얻을 수 있는 사람들을 찾아내는 것입니다.

일반적으로 이들은 예견적인 진술을 만들어내는 것에, 또는 심지어 자신과 가까운 사람들에 관한 특정 생각을 생각하는 것에조차도 저항해야 하는데, 왜냐하면 이것에 의해 자신이 미래 사건의 코스에 자신도 모르게 영향을 줄지도 모르기 때문입니다. 이들의 경우 소위 자기충족 예언은, 강한 기대의 세트에 불과할 수 있습니다. 하지만 꿈뿐만 아니라 악몽도 또한 너무 많이 곱씹으면, 이뤄지는 방식을 갖고 있게 됩니다.

▶ 일간 특성
강점; 수용하는, 용기있는, 진화하는
약점; 도를 넘는, 자만하는

▶ 명상
현재는 주기적으로 다층적인 행로로 갈라지고, 각각의 행로는 잠재적으로 결실을 맺는 탐험의 길입니다.

▶ 조언
조금 마음을 가볍게 하라.
당신 자신을 너무 진지하게 취하지 마라.
가끔 무지를 인정하는 것은 해방하는 것이다.
당신의 문제를 타인들에게 전가하지 말고 당신이 풀어내라.

▶ 건강
이들은 우발사고를 당하기 쉬운 경향이 있습니다. 이들은 자신의 하체를 각별하게 주목해봐야만 하고, 특별히 자신의 발과 발가락을 잘 돌봐야 합니다. 철학적이고 개념 지향적인 이들의 신체적인 기관을 잘 작동되는 상태로 유지하는 것에는 적당하고 정기적인 신체 운동이 중요합니다. 요가, 건강체조, '자연이라는 주위환경 속의 긴 산책', 수영 및 '태극권이나 춤 같은 비경쟁적인 활동'이 갖는 다층성이 특히 권장됩니다. 이들의 식단은 엄격하게 통제되어야 하고, 통곡물, 견과류, 과일 및 물론 신선한 채소의 비율을 높게 하는 것을 특징으로 삼아야 합니다. 어떤 특별한 경우에는 고단백의 섭취가 일정 기간 중요할 수 있습니다. 영양사, 동종요법사 또는 대체의학 전문의가 도움될지도 모릅니다.

▶ 수비학
13일에 태어난 사람은 숫자 4(1+3=4)와 13 그리고 불규칙하면서도 폭발적인 천왕성에 통치됩니다. 물론 3월 13일 물고기자리에서 태어난 이들은 해왕성에도 또한 통치됩니다. 그 결과로 발생하는 천왕성-해왕성의 연관성은 이들의 인격에 더 정태적이고 저항적인 요소를 무너뜨리는 경향이 있습니다. 따라서 이들은 좋든 싫든 간에 중대한 사건들에 의해 변화하도록 강요받습니다.

▶ 원형
13번째 메이저 카드는 타로에서 가장 오해를 받는 카드인 '죽음'인데, 죽음이라는 것은 문자 그대로 받아들여지는 경우가 좀처럼 없지만, 변태하는 식으로 한계를 넘어서 성장하기 위해 과거를 놓아버리는 것을 암시합니다. 이 카드와 숫자 4는 모두 이들이 만류, 환멸, 비관, 침울함에 대해 경계해야만 함을 제안합니다.

3월 14일
상대성의 날
Relativity

▶ 심리구조

3월 14일에 태어난 이들은 타인들과 비교하여 자기 자신을 이해하는 경향이 있습니다. 가족이나 사회 집단에서 자리한 이들의 위치는, 자신의 역할을 규정하고 자신의 일상 활동에 구조를 부여하므로 이들에게 엄청나게 중요합니다. 하지만 상대성이라는 테마는 이들의 삶에서 훨씬 더 나아갑니다. 이념적으로 이들은 많은 접근법에 개방적인 경향이 있고, 따라서 절대적인 관점에 동감되기가 어려움을 알아차립니다. 자신의 마음을 바꾸는 것은 이들에게 전공이고, 심지어 이들 중 평생 고착된 원칙의 세트를 고수해온 사람들조차도 만일 올바른 주위 여건의 세트가 발생한다면, 그 원칙을 검토해서 수정하는 데 마음을 열 것입니다.

이들 중 더 고도로 진화된 사람은 감정적으로든, 신체적으로든, 영적으로든 간에 동시에 많은 다양한 실존의 측면을 고려할 능력이 있습니다. 이들은 개인적인 세계(지금 여기의 관심사)와 보편적인 세계(변함없는 영원한 원칙) 사이의 관계에도 또한 관심을 둡니다. 이들 중 대다수가 일부 절대적인 원칙이 신에 속하든, 과학에 속하든, 인류에 속하든 간에 그 원칙을 믿지만, 이들은 '이들 자기 자신이 어디에 서 있는지'를 규정하려고 노력하는 데 전생애를 고군분투할 수 있습니다. 이들은 심지어 가장 단순한 사실조차도 많은 면에서 보일 수 있다는 (즉, 온갖 것은 당신이 그것을 보는 방법에 달려있다는) 점을 알아보고, 따라서 자신이 각양각색의 관점을 조화시키려고 노력할 시 대단한 좌절감을 경험할 수 있습니다.

이들은 여전히 독립적이기를 좋아하고, 대개 대의에 동참하거나 단체와 제휴하는 것을 먼저 서두르지 않기 때문에, 이들은 자신을 타인들이 냉담하거나 우월한 유형으로 받아들이지 않도록 조심해야만 합니다. 비록 훌륭한 유머 감각을 갖고 있는 이들이 자신의 의견을 강압적으로 표현하는 것을 두려워하지 않을지라도, 더 깊은 우정을 제안하는 것이 관련된 곳에서 이들은 다소 단속합니다.

이들은 주어진 국면에서 누구나 옳을지도 모르고, 모든 전망이 중시되어야 한다는 점을 알고 있으므로, 개인 생활에서 개방적이고 수용적이며 관대해지는 성향이 있습니다. 하지만 이들은 자신이 도달할 수 없거나 도달할 가능성이 없을 것 같은 애정의 대상을 우상화하는 성향을 갖고 있습니다. 이들 중 덜 고도로 진화된 사람은 자신의 가족을 편애함으로써 자기 자신으로 하여금 자주 곤란에 빠지게 하고, 일반적으로 한 사람을 다른 사람에 비교해서 고통받게 하는 상대적인 판별을 탐닉하기 쉽습니다.

이들 중 가장 성공적인 사람은 비교를 위한 욕구를 더 적게 갖고 주어진 사람이나 상황에 대한 장단점의 진가를 알아볼 수 있을 지점까지 진화합니다. 이들은 모든 생명체의 동일성과 차이점 모두를, 즉 한 개인이 한편으로는 모든 다른 사람들과 같은 한 사람이지만, 다른 한편으로는 뚜렷한 생각과 느낌을 갖고 있는 독특한 사람임을 알아봅니다.

▶ 일간 특성
강점; 수용하는, 유연한, 다정한
약점; 우유부단한, 안일한, 입장을 밝히지 않는

▶ 명상
우리는 같은 세계에 있고, 동시에 개별적인 세계에 있습니다.

▶ 조언
당신의 개인적인 계발이 관련된 한, 당신 자신에게 더 많이 요구하라.
당신이 될 수 있는 최고의 사람으로 진화하라.
일부 사람들에게는 사랑을 보류하면서 그 외 사람들에게는 사랑이 아주 후한 것을 주의하라.
특정 기본 원칙을 익혀서 여유로워지도록 노력하라.

▶ 건강
이들 중 대다수는 양육하고 제공하기 위한 '타고난 성향'을 갖고 있습니다. 이들은 가족 지향적이므로, 대개 다른 가족 구성원의 건강을 염려할 것이고, 드물지 않게 의술과 치유술에 대한 강한 이해관계를 취할 것입니다. 이들은 건강 문제에 관해 너무 많이 걱정하거나 타인들에게 잔소리하는 것을 주의해야만 합니다. 이들은 나이가 들면서 스스로, 특히 자신의 발에 체액 정체와 혈액 순환 문제가 생기기 쉽습니다. 이들은 자신을 뛰어난 요리사로 만들어낼 수 있습니다. 그러므로 이들은 자신의 삶에서 중요한 창조적인 배출구를 그리고 저녁의 대다수 시간을 위한 사교적인 초점을 부엌에서 자주 찾아냅니다. 이들은 느긋하고 편안함을 사랑하는 경향이 있어서, 이들 중 일부는 매일 또는 매주 운동 프로그램을 도입하는 데 필요한 규율을 소환하기가 어려움을 알아차릴지도 모릅니다. 특히 권장되는 것은 걷기와 수영 같은 더 가벼운 신체 활동의 형식입니다.

▶ 수비학
14일에 태어난 사람은 숫자 5(1+4=5) 그리고 강하게 계발된 정신적인 능력을 수여하는 신속한 행성인 수성에 통치됩니다. 하지만 수성의 영향력은 주위환경의 촉발에 대해, 특히 색깔, 냄새, 소리에 대해 두드러지게 민감한 쪽으로 또 진가를 알아보는 쪽으로 이들을 위해 만들어가는 해왕성(물고기자리의 통치자)에 의해 형태화됩니다. 숫자 5가 삶의 역경에서 빨리 회복할 수 있는 회복이 빠른 캐릭터를 증정해주는 것은, 3월 14일에 태어난 이들에게 다행입니다.

▶ 원형
14번째 메이저 카드는 '극기'입니다. 보이는 모습은 우리를 보호해주고, 우리를 안정된 상태로 지속시켜주는 수호천사입니다. 그 카드는 에고적인 과도함의 모든 형식에 대해 경계합니다. 긍정적으로 보면, '극기'는 새로운 진실이 터득되어서 누군가의 삶에 편입되도록 하기 위해 격정을 수정합니다. '극기'가 수동성과 비효율이라는 부정적인 특성을 예시할지도 모르기 때문에, 이들은 자신이 강하게 믿는 특정 절대적인 원칙을 확립해서 고수하기 위해 작업해야 합니다.

3월 15일

높은 곳의 날
The Heights

▶ 심리구조

3월 15일에 태어난 이들 중 다수는 회사든, 사회 집단이든, 직업이든 간에 그 속에서 이들이 자신하는 분야에서 높은 위치에 오르는 데 얽매입니다. 게다가 이들은 타인들이 이들을 따를 것처럼 상황을 만들어내는 자연스러운 리더십 능력과 자석 같은 자질을 표출합니다. 실존하는 구조 속에서 진전하는 데 항상 만족하는 것은 아닌, 이들 중 일부는 맨 처음부터 중심적인 역할을 하는 새로운 노력을 시작하는 것이 필요함을 알아차립니다. 그러므로 일단 이들이 공헌을 만들어왔다면, 가정이나 사업을 확립해나가는 것은 이들에게 꽤 자연스럽게 다가옵니다.

아주 기이하게도 높은 곳에 오르는 것은 이들의 삶에서 문자 그대로 테마일 수 있습니다. 이들 중 다수는 행글라이딩이든, 다이빙이든, 암벽등반이든, 경치를 즐기려는 등산이든 간에 오르기가 포함된 신체 활동에 끌립니다. 이들 중 덜 자신하는 사람은 높은 곳에 대한 실제 두려움을 보여줄지도 모르는데, 아마도 이들은 그 두려움의 심리적인 근거를 이해하려는 용기와 기꺼움을 통해 그 두려움을 극복할 수 있습니다. 어떤 경우에 이것은 (대개 같은 성별의) 부모를 추월하지 않는다는 무의식적인 협정, 즉 이들의 노력을 제한할 수 있는 금지에 관련될지도 모릅니다. 따라서 이들 중 높은 곳을 피하는 사람은 실패보다 성공을 두려워할지도 모릅니다.

대체로 말하자면, 어릴 적부터 이들은 앞질러서 정상 쪽으로 자신을 만들어가는 데 관련됩니다. 만일 이들이 이런 욕망을 사회적으로 적절한 양식으로 표현하고 천천히 그러나 꾸준히 자신의 목표를 향해 움직일 능력이 있다면, 성공을 거두는 더 좋은 가능성을 갖고 있을 것입니다. 하지만 이들의 활동이 성급하다면, 즉 부러움, 불안감 혹은 집요한 경쟁을 중심으로 구축된다면, 이들은 자신의 주위 사람들에게서 대단한 저항을 경험할 수 있습니다.

이들이 마음속에 제대로 규정된 목표를 갖고 있지 않고서 야심이 꿈틀대는 것을 느낄 때마다 경고등이 깜박이고, 경계심의 경종이 울려야 합니다. 이것은 이들의 열의가 어떻게든 부정적인 자질이라는 점이 아니라, 다만 특히 이들에게는 노력이 세심하게 고려되어야 한다는 점을 예시해주는 것입니다. 이들에게는 고도로 예상하지 못한 방식으로 사건의 코스를 불가해하게 바꿔버릴 수 있는 특정 치명적인 측면이 도사리고 있습니다. 그런 국면에 대비하기 위한 유일한 길은, 바로 이들이 어떤 것을 위해서도 거의 준비되는 지점까지 자신의 기술, 자기-신임, 유연성 및 수용성을 구축하는 것입니다.

이들에게 중요한 결정은 경력의 국면에서 타인과 함께 작업할지 아닐지 여부입니다. 이를테면 자영업과 회사 취업 사이의 선택은 중대한 것일 수 있습니다. 더 나아가 자신의 개인 생활에서도 비슷하게 이들은 '인생 동반자와 유대를 형성하기' 혹은 '자녀를 갖기', '재정적인 희생이 따르는 영구적인 본거지에 투자하기'에 관련하여 어려운 결정에 직면합니다. 드물지 않게 더 자유로운 생활방식에 동의하여 이들은 그런 공헌에 흥미를 잃어버리고, 아니면 심지어 특정 개인적인 보상과 기회를 포기하면서까지 혼자서 살아가기로 결국 선택합니다.

▶ 일간 특성
강점; 야심적인, 카리스마적인, 열성적인
약점; 시기하는, 지나치게 경쟁적인, 충동적인

▶ 명상
쾌감과 아픔의 완벽한 결합은 사랑의 영역에서 발견될 수 있습니다.

▶ 조언
비록 당신이 자신의 위치에 만족하지 않을지 몰라도, 당신이 있는 곳에서 당신 자신이 즐겁게 지내는 법을 체득하라.
당신의 권력을 향하라는 몰아댐을 주의하고, 여전히 이타적이 되라.
친절과 관대함은 당신에게 여러 번에 걸쳐서 보답할 것이다.
당신의 부모와 갖는 무의식적인 계약을 포기하라.

▶ 건강
이들은 파괴적인 사랑관계에 관여하게 되지 않도록 각별하게 유념해야만 합니다. 이들은 섹스와 사랑 중독에 대한 성벽을 갖고 있고, 그 중독이 비록 엄청나게 쾌락적일지라도 결국 소유권을 주장하는 것, 의존을 조장하는 것 그리고 아픈 것으로 판명될 수 있습니다. 토의를 위해 비슷한 문제를 가진 타인들을 만나거나, 혹은 다층적인 개별 및 그룹 심리상담이나 테라피에 참여하는 것은, 그런 문제에 대한 통찰력을 제공할 수 있습니다. 술이든 마약이든 간에 모든 중독적인 물질은 경계심을 갖고 보아야 합니다. 식단이 관련된 한, 이들은 자신의 타고난 자부심과 심미적인 특성이 성공을 보장하는 분야인 요리하는 것을 통해, 음식에 대한 적극적인 이해관계를 취할 때 가장 잘합니다. 이들은 크림, 버터 및 다른 풍미있는 아이템을 유념해야 합니다. 매일 또는 매주 정기적으로 적당한 다층성을 갖는 신체 운동이 이들에게 강하게 권장됩니다.

▶ 수비학
15일에 태어난 사람은 숫자 6(1+5=6) 및 금성에 통치됩니다. 숫자 6에 통치되는 사람은 카리스마적인 경향이 있고, 심지어 타인들에게 숭배할 마음마저 불어넣습니다. 금성과 해왕성(물고기자리의 통치자)의 이중적인 영향력은 3월 15일에 태어난 이들에게 대단한 매혹을 부여하지만, 이들로 하여금 로맨스에 취약하게도 또한 만들어낼 수 있고, 불안정하거나 의심스러운 등장 배역들과 동무할 가능성이 있습니다.

▶ 원형
15번째 메이저 카드인 '악마'는 성적인 끌어들임, 불합리성, 격정이 관련된 곳에서 역동적으로 작용하는 두려움/욕망을 예시합니다. '악마'는 물질적인 편안함과 돈에 대한 우리의 필요성을 통해 우리를 노예로 삼고, 안전을 붙잡는 우리의 기반 천성을 대변하며, 우리의 남성적/여성적인 천성에 실존해서 화해되지 않는 차이를 통해 우리를 통제합니다. 이 카드의 긍정적인 면과 부정적인 면은 모두 성적인 끌어들임이고, 격정적인 욕망의 표현에서 발견됩니다. 그러나 그 카드는 비록 우리가 몸에 속박되어 있을지라도, 우리의 영(靈)은 자유롭게 날아오름을 우리에게 상기시켜줍니다.

3월 16일
실상화된 영감의 날
Realistic Inspiration

▶ 심리구조

3월 16일에 태어난 이들은 상상적인 것과 실용적인 것, 즉 영감을 주는 것과 세상물정에 밝은 것을 호소적이고 실상화된 태도로 조합할 능력이 있습니다. 실로 이들은 자신의 캐릭터에서 대조되는 면을 균형 잡는 재능을 갖고 있습니다. 때때로 이들은 자신의 공상적인 면에 휘둘리지만, 대체로 좋은 분별력의 한도 내에서 머무릅니다.

이들은 중도를 따를 때 가장 잘 합니다. 타협하는 이들의 능력은 일반적으로 긍정적인 사항이고, 타인의 관점 중 진가를 알아보는 능력 및 그 관점에 적응하는 능력을 통해 이들은 세상에서 성공하는 호기에 섭니다. 하지만 이들은 그 과정에서 자신만의 개인적인 가치 세트를 배신하지 않도록, 즉 대다수 경우에 자신이 믿는 바를 팔아넘기지 않도록 조심해야만 합니다. 이들 중 덜 고도로 진화된 사람은 특히 이득을 위해 자기 믿음을 팔아넘기는 데 꽤 유능하고, 그것에 대해 인생 후반기에 죄책감과 후회에 관련해서 엄청난 고통을 겪을 것입니다.

이들 중 다수는 삶에서 선호되는 사람이라는 신망을 갖고 다닙니다. 이것은 이들만의 자기-보증과 자기-수용에서뿐만 아니라, 이들이 인생길에서 주기적으로 만나는 규정되기 힘든 운이라는 복을 받는 것에서도 또한 유래합니다. 이는 대다수 국면에서 가장 좋은 것을 선별하는 이들의 수용력에 의해 더욱 향상됩니다. 하지만 이들은 자주 위험을 간과하고, 부정적인 에너지에 부적절한 관심사를 기울이며, 타인들에게 생기는 원망을 무시하는 위험이 있는데, 이 모든 것은 이들의 얼굴에 꽤 신속하게 표면화하고 고조될 수 있습니다. 이들은 임박한 어려움이나 재난의 명백한 싸인을 읽어내는 방법을 체득하고, 자신의 손에서 벗어나기 전에 그것에 단호하게 대처할 뿐만 아니라 신속하게 대처하는 방법을 체득해야만 합니다.

일종의 훌륭한 품질이나 온전함은 이들이 하는 것의 대부분을 물들입니다. 그러나 이들이 완전성과 완결성을 중시할지라도, 이들의 변통적인 면은 자주 자신이 결실을 거두기 전에 이들로 하여금 프로젝트를 그만두도록 이끕니다. 이런 활동에 관해 자기 자신을 비난하는 것 혹은 권위 있는 인물에게 비난받는 것은 일반적으로 역효과를 낳고, 그 귀결로 이들은 자신의 천성에서 가변적인 측면을 받아들이는 법을 체득해야만 합니다. 동시에 이들은 한 노선의 노력을 따라 지속적이고 일관된 시도야말로 대체로 성공할 더 좋은 가능성을 갖고 있다는 점을 알아봐야 합니다.

이들은 자신의 천성 중 영감을 주는 측면과 실용적인 측면 둘 다를 표현할 수 있는 업무를 찾아내기 위해 애써야 합니다. 돈을 감당해서 재정 문제에 상황판단이 기민해지는 법을 체득하는 것이야말로 이들 중 일부에게는 어렵고 성가실지도 모르지만, 이들의 웰빙에 생명처럼 중요합니다. 거주지를 설정하고, 가족을 부양하며, 사회적인 의무를 지키고, 일반적으로 책임을 지는 것은 어쩌면 이들에게 가장 도전적이고 보람되게 해주는 삶의 부분입니다. 오직 그런 실용적인 문제들이 통제될 때, 이들은 자신의 창조적인 충동을 표현하려고 욕구하는 해방감을 충분히 즐길 능력이 있습니다.

▶ 일간 특성
강점; 상상적인, 실용적인, 활동적인
약점; 공상적인, 지쳐버리는, 등한시하는

▶ 명상
성공은 자주 외부적인 기준보다 내부적인 기준으로 더 진실하게 측정될 수 있습니다.

▶ 조언
삶에 대한 당신의 믿음을 항상적으로 재확인하라.
부정성으로 향하는 성향에 주의하라.
새로운 지평을 탐색하고 [현실에] 무사안일하지 않도록 하라.
당신 안에 있는 가장 최상의 것을 표현하기 위해 당신 자신을 밀어붙이라.

▶ 건강
이들은 식단과 운동에 관한 문제를 개인적으로 책임지는 전체 패키지의 일부로 만들면서, 자신의 건강에 조금 더 주목해봐야 합니다. 건강 일반에 대한 지식을 뒷받침하기 위한 보조적인 독서뿐만 아니라 치과와 내과 모두의 정기검진이 강하게 권장됩니다. 이들은 자신의 식단에 관련하여 객관성을 계발해야 할지도 모르고, 자신의 욕구에 알맞은 음식을 선택하는 것에 더 많은 시간을 써야 할지도 모릅니다. 테니스 같은 일대일 경쟁 스포츠를 포함한 꽤 활기찬 운동이 이들에게 권장됩니다. 캠핑에서 서핑, 행글라이딩에서 암벽등반, 자전거타기에서 오토바이타기 등 모든 야외 활동이 모두 가능합니다.

▶ 수비학
16일에 태어난 사람은 숫자 7(1+6=7) 및 물같은 해왕성에 통치됩니다. 숫자 7에 통치되는 사람은 실상에서 쉽게 동떨어지게 될 수 있고, 이것은 특히 삶의 실질적인 관심사를 무시하는 3월 16일에 태어난 이들에게 해당합니다. 꿈, 공상 및 종교적인 느낌의 행성인 해왕성의 (자신의 별자리인 물고기자리도 또한 해왕성에 통치되는) 이들에 대한 영향력은 실로 강력합니다.

▶ 원형
16번째 메이저 카드는 어떤 버전에선 왕이 벼락을 맞은 탑에서 떨어지는 것을 보여주고, 이 탑을 건설한 사람이 머리에 타격을 입고서 죽고 있는 것을 보여주는 '탑'입니다. '탑'은 물리적인 구조의 무상성뿐만 아니라 우리 삶에서 주어지는 관계나 소명의 무상성도 또한 상징합니다. 작업된 변화는 갑작스럽고 신속할지도 모릅니다. 그 카드의 긍정적인 요소는 재앙을 극복해 그 도전에 직면하는 것을 포함하지만, '탑'은 부당하게 높은 자리에 오르는 것, 누군가가 조작한 손길에 파괴될 위험을 무릅쓰는 것, 공상적인 기획이라는 유혹에 굴복하는 것에 대해 경계합니다. 타로는 견고하게 구축하고, 불운이 일어났을 때 그 불운에 대비하라고 이들에게 상기시켜줍니다.

3월 17일
공중곡예사의 날
The Aerialist

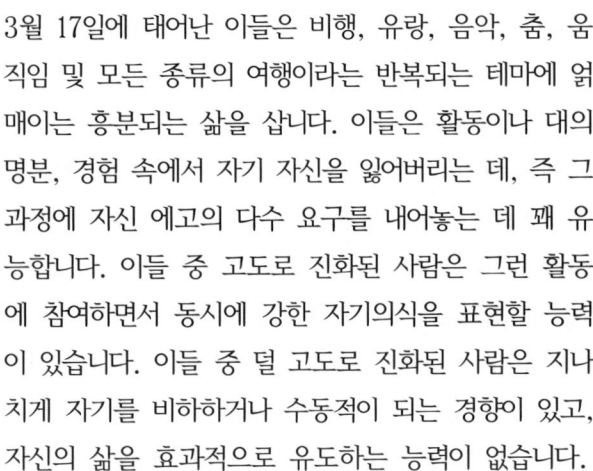

▶ 심리구조

3월 17일에 태어난 이들은 비행, 유랑, 음악, 춤, 움직임 및 모든 종류의 여행이라는 반복되는 테마에 얽매이는 흥분되는 삶을 삽니다. 이들은 활동이나 대의명분, 경험 속에서 자기 자신을 잃어버리는 데, 즉 그 과정에 자신 에고의 다수 요구를 내어놓는 데 꽤 유능합니다. 이들 중 고도로 진화된 사람은 그런 활동에 참여하면서 동시에 강한 자기의식을 표현할 능력이 있습니다. 이들 중 덜 고도로 진화된 사람은 지나치게 자기를 비하하거나 수동적이 되는 경향이 있고, 자신의 삶을 효과적으로 유도하는 능력이 없습니다.

이들은 특히 자신으로 하여금 자신의 사회적인 면을 표현하도록 허용하는 대의에 관여할 때보다 더 행복한 때는 절대 없습니다. 그런 사회적인 관여가 없다면 이들은 고립되는 성향을 갖고 있고, 만약 이들이 너무 많은 시간을 혼자 보낸다면, 이들은 세상의 걱정거리와 관심사에서 완전히 격리된 일종의 개인적인 고치 속에 자기 자신을 둘러쌀 수 있습니다. 어느 시점에, 그런 이들은 자신의 독특성과 아름다움을 표출하는 것을 두려워하지 않고, 자신의 사회적인 혹은 개인적인 번데기에서 완전히 계발된 나비로 탈피해야만 합니다.

이 나비의 비유는 여기서 몇몇 다른 관련 핵심을 설명하는 데 유용할지도 모릅니다. 이들은 하나의 꽃에서 다음번 꽃으로 이리저리 날아다니기보다 집중된 전념으로 활동을 추구하는 법을 체득해야만 합니다. 게다가 이들은 자신의 정체성과 명성뿐만 아니라 자신의 프로젝트도 한 번의 짧은 계절을 넘어 잘 지속되도록 보장하기 위해 자신의 입장을 강화해야 할지도 모릅니다.

이들은 세상에서 신선하고 새로운 모든 것을 중시하는 경향이 있습니다. 이들 중 다수는 젊음의 순결함과 활력으로 새로운 방도를 이행하기를 바라면서, 오래된 관습과 시대에 뒤떨어진 발상에 빨리 싫증냅니다. 불운하게도 이들은 숙명에 위배될 수 있고, 비록 냉소적이거나 질릴지라도 권력의 고비를 훨씬 더 단단히 잡게 될지도 모르는 더 고도로 노련한 실상주의자에도 또한 위배될 수 있습니다. 이들 중 가장 고도로 진화된 사람은 어떻게든 자신의 낙관주의와 에너지를 유지하고, 동시에 자신의 계획을 이행하는 데 더 실상적이 되며 효과적이게 됩니다.

자주 책임의 범주에 들어가는 것을 회피하거나 책임을 강요받는 것을 회피하고자 욕망할 시, 이들은 이들에게 근거를 두는 것을 바라는 사람들을 피하는 데 능숙해집니다. 이 회피는 이들이 유지하려는 자신의 위치를, 즉 이들이 세심한 정밀 검증 아래 당당히 서지 못하는 그 위치를 방어하기 위해 이들이 사용하는 장치가 빠르게 될 수 있습니다. 만약 자신이 성공적이기를 바란다면, 이들은 더 철저해지고 더 존중받는 법을 체득해야만 하고, 자신의 천성 중 덜 진지한 측면인 변통적인 것에 덜 탐닉해야 합니다.

이들의 협력자, 가족, 친구는 얼마간 이들이 서서히 발빼는 마술에 걸릴 수 있지만, 마침내 이들이 땅[현실]으로 와서 수반되는 모든 어려움과 괴로움이 있는 평범한 관심사에 대한 이들의 몫을 짊어지라고 요구할 것입니다. 그런 뿌리내리는 활동을 통해 이들은 자신의 신선함과 창조성을 발휘하면서, 자신의 주위 삶에 효과적으로 이바지할 수 있습니다.

▶ 일간 특성
강점; 잘 적응하는, 표현적인, 열의적인
약점; 자기를 비하하는, 비효과적인, 단절된

▶ 명상
꽃과 나비는 섬세하지만, 또한 놀랍게 강하기까지 합니다.

▶ 조언
경험 속에서 당신 자신을 뿌리내리라.
당신의 열의를 잃지 않으면서 삶의 실용적인 영역에 더 많이 참여하라.
매일의 임무를 돌보고, 그 임무에서 배워라.
당신의 노력에 더 귀결적이 되라, 그렇게 쉽사리 변화를 만들어내지 마라.

▶ 건강
이들은 관절, 특히 자신의 하지 관절에 관련된 신체적인 문제가 생기기 쉬울지도 모릅니다. 이들은 자신의 발을 각별하게 보살피고 곰팡이 감염에 지체 없이 대처해야만 합니다. 이들의 식단이 관련된 한, 다양성과 균형이 표어입니다. 비록 여기서 관능적인 즐거움에 중점을 둘지라도, 이들은 음식의 노예가 되는 것을 주의해야만 하고, 지방과 설탕 소비를 지속해서 통제해야 합니다. 신체 운동에 관련하여 이들은 특히 조깅과 수영같은 적당한 일상의 레크리에이션이 온당합니다.

▶ 수비학
17일에 태어난 사람은 숫자 8(1+7=8) 및 토성에 통치됩니다. 토성은 제한과 한정의 강한 느낌을 운반해주고, 판단적인 측면도 또한 예시해줄지도 모릅니다. 3월 17일에 태어난 이들의 이런 특성들은 타인들을 매혹하는 능력뿐만 아니라 물질적인 행운도 또한 가져다주는 경향이 있는 해왕성(물고기자리의 통치자)의 영향력에 의해 수정됩니다. 숫자 8은 물질세계와 영적세계 사이의 갈등을 제안하는데, 숫자 8에 통치되는 사람은 외로울 수 있고, 극단적으로 탐닉하기 쉽습니다.

▶ 원형
17번째 메이저 카드는 별 아래 벌거벗은 아름다운 소녀가 한 항아리로 메마른 대지에 신선한 물을 쏟아붓고, 다른 항아리로 연못의 고인 물을 되살리는 모습을 보여주는 '별'입니다. 그녀는 세속적인 삶의 영광을 대변하지만, 그 삶에 대한 물질적인 노예화도 또한 대변합니다. 그녀 머리 위의 별들은 영적인 세계가 있음을 영원히 상기시켜줍니다. 이들은 이 카드가 상징적으로 제안하듯이 천지의 에너지를 하나로 묶는 것을 탐구해야 합니다.

3월 18일
돌아옴의 날
Return

▶ 심리구조

3월 18일에 태어난 이들의 삶에서 도드라진 모습으로 나타나는 돌아옴이란 테마는 많은 형식을 취하지만, 기본적으로 더 높은 수준의 개인적인 계발에 도달한 후, 한 과정을 완전히 순환시키거나 한 임무를 완수하는 것에 관련이 있습니다. 이들 중 가장 성공적인 사람은 그런 순환하는 진화를 실현할 능력이 있습니다. 이들 중 덜 고도로 진화된 사람은 끊임없이 같은 상황을 되풀이하고, 자신으로 하여금 전진하고 성장하기를 허용하지 않는 패턴에 갇혀버리는 경향이 있습니다.

이들 중 강력한 사람은 타인들을 자신에게 끌어당기고, 두드러진 리더십 능력과 직감력을 표출하며, 과감히 자신의 꿈과 이상을 추구합니다. 이들이 자주 자신의 주요 활동에서 벗어나 유별나게 많은 퇴보라는 고통을 겪는 것으로 보이지만, 비록 포기한 적이 있다고 해도 좀처럼 포기하지 않는 이들은 결국 갱신된 활력으로 자신의 계획을 이행하기 위해 돌아옵니다. 완료하기, 재개하기, 갱신하기 이런 것은 대개 자신의 개인적인 운명에 대해 잘 규정된 비전을 갖고 있는 끈덕진 이들을 위한 핵심 낱말입니다.

이들은 (시계의 시간인) 크로노스보다 (뭔가를 하기에 적절한 때인) 카이로스에 더 잘 발맞추는 자신만의 [적합한 기회인] 때에 대한 감각을 갖고 있습니다. 이들은 기회가 생기기를 기다릴 때 대단한 참을성을 내보여줄 수 있습니다. 이들 중 덜 고도로 진화된 사람은 자신이 결국 전진하는 데 무능하다는 무기력에 빠져들 위험이 있고, 참을성이 활동 부족에 대한 핑계가 되어버립니다. 따라서 활동과 비활동 사이의 적합한 균형은 이들에게 필수적입니다.

이들은 대체로 큰 그림에 집중하지만, 사실 나중에 표면화되어 이들을 괴롭힐지도 모르는 세부사항에 관해서 때때로 방치하게 됩니다. 게다가 이들은 너무 많은 것을 일반론으로 다루는 것을 주의해야만 합니다. 사회든 사업이든 가족이든 이들에게 특별한 요구를 만들어낼 때, 이들은 곧장 활동하는 법을 체득해야만 합니다. 젊음의 조급함을 체험하는 부모인 이들이 전혀 행동을 취하지 않는 것에 절망하는 이들의 자녀가 결국 좌절하게 되거나 감정적으로 성질나게 되며, 반항하게 되는 문제가 이들 중 일부에게 발생할 수 있습니다.

이들은 자신이 두 세계가 만나는 접점이 되는 한, 중개인이나 사자(使者), 대리인으로서 잘 기능할 수 있습니다. 매개자, 외교관, 중재자로서 이들은 서로 다른 관점의 타당성을 볼 뿐만 아니라, 전쟁 중인 양측이 서로 더 가까워지게 하는 방식도 또한 제안할 수 있습니다. 하지만 이들은 그 과정에서 자신만의 믿음을 굽히거나 그 믿음에서 동떨어지는 것을 주의해야만 합니다. 감정적인 정직을 키우는 것이, 능수능란한 이들에게는 중요한 도전입니다. 이들은 자신의 노력을 완수하려는 강박충동으로 타인들의 느낌도 또한 짓밟아버리지 말아야만 합니다.

▶ 일간 특성
강점; 직관적인, 강력한, 외교적인
약점; 말을 앞세우는, 자기를 굽히는, 강박적인

▶ 명상
완성은 자주 새로운 시작을 알려주는 신호입니다.

▶ 조언
당신이 믿는 바를 확고히 옹호하기를 두려워하지 마라.
당신의 윤리적인 기준에 부합되지 않는 편의적인 방도를 피하라.
타협과 외견상 수용이 활동부족이나 수동성에 대한 핑계가 되게 하지 마라.

▶ 건강
이들은 자신에게 도움도 되고 또한 해롭기도 한 모든 종류의 에너지를 끌어들이는 경향이 있습니다. 그러므로 부정적인 영향을 걸러내는 법을 체득하는 것이 이들의 건강에 생명적입니다. 특히 위험한 것은 이들에게 기생충처럼 들러붙어서 놓아주기를 거부할 수 있는 사람입니다. 게다가 과도한 에고주의 및 무자비함을 포함한 특정 바람직하지 않은 심리적인 속성이 이들 자신에게서 표면화될지도 모르고, 이 두 속성 모두 결국 적대감을 자극할 수 있습니다. 대체로 건전한 인간 상호작용을 통해 이들은 덜 고립되고 점차 타인들에 대해 더 친절해지고 더 이해심 있게 됩니다. 신체적인 욕구에 관련된 한, 이들은 소속되지 않은 환경보다 가족적인 분위기에서 번영하는 것으로 보입니다. 식단과 운동 모두 사교적인 상호작용과 즐거움의 영역이 될 수 있습니다.

▶ 수비학
18일에 태어난 사람은 숫자 9(1+8=9) 및 화성에 통치됩니다. 숫자 9는 (이를테면 5+9=14, 4+1=5처럼 9를 더한 어떤 숫자도 그 숫자가 되고, 9×5=45, 4+5=9처럼 9를 곱한 어떤 숫자도 9가 되므로) 다른 숫자에 대한 영향이 강력하고, 3월 18일에 태어난 이들도 비슷하게 자신의 주위 사람들에게 영향을 끼칠 능력이 있습니다. 이들은 화성의 공격적인 충동을 해왕성(물고기자리의 통치자)의 더 수용적인 추상적 에너지와 조화하는 방법을 체득해야 합니다. 이들을 위한 화성과 해왕성의 조합은 강력하게 매력적인 에너지 쪽으로 이들을 만들어가지만, 개인적인 발상과 계획을 이행할 시 특정 무자비함도 또한 예시해줄 수 있습니다.

▶ 원형
18번째 메이저 카드는 꿈, 감정 및 무의식의 세계를 일차적으로 대변하는 달(The Moon)입니다. 긍정적인 속성은 민감성, 공감 및 감정적인 이해심을 포함합니다. 부정적인 성질은 감정적인 우유부단함, 수동성 및 에고의 부족을 포함합니다.

3월 19일
끈질긴 끈덕짐의 날
Dogged Persistence

▶ 심리구조

3월 19일에 태어난 이들은 자신의 목적을 성취하는 데 욕구되는 끈질긴 끈덕짐을 갖고 있고, 자신을 돕도록 어떻게 자신의 매혹과 꾀어내기를 사용하는지를 알고 있습니다. 고도로 유도되는 이들은 몽상가이자 행동가입니다. 이들은 상상적인 자신의 발상을 실상으로 전환할 능력이 있습니다. 비록 단정적일지라도 이들은 가장 자기를 알아채는 사람이 아닐지도 모르고, 실로 여기에서 강한 비실상화된 요소가 작용하고 있을지도 모릅니다.

외적으로 유도되는 이들은 타인들을 자신의 관점으로 포섭하는 데 열중합니다. 그러나 이들이 때때로 시도하고 있을지도 모르는 것은, 외부적인 실상에 대한 자신의 내면 그림에 맞추려고 그 현실을 바꿔가는 것입니다. 이것이 미심쩍은 제의처럼 들릴지도 모르지만, 자신의 끈기를 통해 이들은 놀랍게도 성공적입니다.

이들은 매우 순수하고 아이 같은 자질을 소유하고 있습니다. 그러나 비록 이들은 때때로 자신이 다른 세계에 있다는 인상을 주는 확장적인 유형이지만, 사실 강압적이고 사업적입니다. 따라서 천성적으로 약간 역설적인 이들은 타인들에게 번갈아 꿈같은 것처럼 보이고 또 불같은 것처럼 보일 수 있습니다.

이들 중 일부가 새로운 분야를 개척하고, 감히 아무도 가지 못했던 곳으로 가는 탐험가이지만, 이들은 체계적으로 진행하는 더 자주 실용적인 사람입니다. 자신이 떠맡은 일의 성격이 무엇이든 간에, 이들은 대개 자신의 원칙이 정의롭다고 확신하는 일직선적인 양식으로 움직이는데, 사실 타인들에 의한 등한시가 수년이 지난 후 이들은 온갖 것을 바로잡으면서, 심지어 자기 자신을 개혁자로까지 바라볼지도 모릅니다. 하지만 객관성의 부족 탓에 이들은 완전히 궤도를 벗어나거나 잘못된 방향 속에 있을 수 있습니다.

일단 자신이 목표물을 정확히 겨냥하고 있다고 확신하면 이들은 끝까지 따라가고 싶을 것이기 때문에, 이들이 주의깊게 자신의 코스를 도표로 계획하는 것은 실로 중요합니다. 이들은 또한 극도로 부지런하여 화려한 과시나 보상, 찬사를 거의 욕구하지 않고도, 개인적인 수준에서 운영하는 데 유능합니다. 비록 자신의 목표를 끈질지게 추구하는 것이 임무에 대한 끝없는 반복을 의미할지라도, 이들은 그렇게 할 것입니다. 이들은 절대 자신만의 활동에 지치지 않는 것으로 보이면서, 어쩌면 때로는 심지어 상황에 너무 천천히 뛰어들기조차도 합니다. 이런 철저함은 이들의 가장 기본적인 속성 중 하나이고, 대개 이들의 모험에 성공적인 결말을 보장해줍니다.

이들이 콧대가 세고 열심히 일할 수 있는 만큼, 이들은 '자신이 누구인지'에 관해 더 실상적이 되는 법을 체득해야만 합니다. 자기-지식을 습득하고 한계를 자각하는 것은 극도로 중요합니다. 이들의 계발 일부는 필연적으로 도를 넘치지 않는 법 체득하기를 포함할 것입니다. 이들은 에고주의와 에고적인 충동을 지속해서 통제하기 위한 노력을 만들어내야만 합니다. 소박한 태도를 채택함으로써 이들은 자신의 노력에 더욱더 성공적인 것으로 판명될지도 모릅니다.

▶ 일간 특성
강점; 설득력 있는, 지칠 줄 모르는, 철저한
약점; 알아채지 못하는, 완고한, 마음이 닫힌

▶ 명상
모든 생명은 신성합니다.

▶ 조언
당신 자신을 더 잘 알게 되고, 당신의 동기를 검토하라.
타인들의 삶에 과한 영향을 끼치는 것을 주의하고, 그들을 지속해서 존중하라.
매우 심하게 밀어붙이지 말고, 소박함을 키우며, 당신의 에고주의를 지속해서 통제하라.

▶ 건강
이들은 성공 지향적이고, 그러므로 불면증을 포함한 심령적인 스트레스의 다른 효과뿐만 아니라 두통을 항상적으로 경계해야만 합니다. 진정시켜주는 차와 (특히 발, 발가락, 목) 마사지는 긴장을 푸는 데 도움될지도 모릅니다. 이들은 자주 요리법을 무시하고 자유롭게 즉흥적으로 요리하는 모험을 대체로 부엌에서 즐깁니다. 하지만 이것은 가장 건강한 조합으로 이어지지 않을지도 모르는데, 그러므로 이들은 이런 열의 중 일부를 다스려서 자신의 식단에 영양적인 균형을 잡는 것에 약간 더 집중해야 합니다. 이들에게는 낮 동안의 활기찬 운동을 하는 것도 또한 중요합니다. 이들은 신체적으로 힘을 소비했을 때 더 좋은 잠을 잘 수 있을 것입니다.

▶ 수비학
19일에 태어난 사람은 숫자 1(1+9=10, 1+0=1) 및 태양에 통치됩니다. 해왕성(물고기자리의 통치자)과 화성(양자리의 통치자)은 위에서 묘사된 것처럼 자신의 영향력과 태양의 영향력을 조합하여 이들의 꿈같으나 강압적인 천성을 보강해줍니다. 숫자 1에 통치되는 사람은 첫째가 되는 것을 좋아합니다. 이들은 구속에 분개하고, 권위에 종속되기를 좋아하지 않습니다. 이런 특징은 이들이 숫자 1에 통치되는 것에 더하여 물고기자리-양자리 중첩의 첫날인 3월 19일에 태어나므로, 이들에게 훨씬 더 현저합니다. 어떤 숫자도 이들에게는 숫자 1보다 더 대단한 의미를 갖고 있지 않고, 첫째가 되는 것에 관한 이런 사업은 많아져서 이들과 함께 열광에 이르게 될 수 있습니다.

▶ 원형
19번째 메이저 카드는 '태양'입니다. 그 태양은 모든 메이저 카드 중 가장 호의적인 카드로 여겨질 수 있고, 지식, 생명력, 행운을 상징하고, 존경과 보상을 약속합니다. 이들의 숫자와 타로카드 덕에, 이들은 강한 '태양'의 영향력을 부여받습니다. 하지만 이런 힘을 오용하는 것이 처참한 효과를 가져올 수 있다는 점은 주목되어야만 합니다.

3월 20일

미로의 날
The Labyrinth

▶ 심리구조

이들이 태어난 3월 20일은 겨울의 마지막 날이자 점성학에서 일 년의 마지막 날로 간주되는 고도로 상징적인 날입니다. 이들은 특별한 문제뿐만 아니라 특정 비범한 재능을 소유하고 있습니다. 이를테면 12궁도가 인간 존재의 진화하는 지도라고 간주될 때, 이들은 여러모로 일 년 중 가장 고도로 진화된 피조물입니다. 반면에, 이들은 어떤 중요한 노력을 시작하고, 과거를 뒤로하는 것이 어려움을 알아차릴지도 모릅니다. 이들이 중대한 결정을, 특히 자신의 삶에 큰 변화가 포함되는 결정을 만들어내는 데 매우 오랜 시간이 걸릴 수 있습니다.

이들의 확장적인 자질 및 때때로 근거 없는 낙관주의는 이들을 곤경에 빠뜨릴 수 있습니다. 이들의 꿈은 이들에게 자석 같은 매혹을 빌려주지만, 그 꿈은 이들로 하여금 이들의 전망에서 비실상적이 되기 쉽게도 또한 만들어버립니다. 하지만 만약 이들이 어떻게든 자신의 진정한 소명과 삶의 동반자를 찾아낸다면, 이들은 잘못될 수 있는 많은 것에서 보호받을 것입니다.

이들의 재능은 대체로 수많고도 다양합니다. 그러므로 이들은 택할 바른 행로를 낚으러 다니면서, 한동안 허둥댈지도 모릅니다. 더 높은 위치의 사람에게도 또한 지나치게 영향받는 이들은, 자주 자신만의 에고를 희생시키면서 다소 영웅 숭배 쪽으로 경도될 수 있습니다. 생생한 상상력의 산물인 이들의 낭만주의는 어쩌면 이런 점에서 이들을 잘못된 방향으로 이끌 수 있습니다. 자신이 숭배하는 사람을 과대평가함으로써 이들은 무의식적으로 자기 자신을 과소평가하는 경향이 있습니다. 이것은 어쩌면 이들 자신이 알아챌 수 없는 자기-신임의 결여로 이어질 수 있습니다.

이들은 (타인에 대한 아니면 타인에게 받는) 아무리 많은 찬양도 도움되지 않을 우울증에 빠지는 것도 또한 주의해야만 합니다. 반면에, 이들을 순조롭게 진행되게 할 수 있는 견실한 친구들과 사랑받는 사람은 대단히 중요한 것에 속합니다. 더 대단히 자기를 단정 짓는 쪽으로 작업하는 것은, 결국 이 우울증 상태를 피하려는 이들에게 열쇠입니다.

이들은 자주 심령현상에 끌려듭니다. 이들은 이 영역에서 대단한 재능을 갖고 있을지도 모르지만, 자신으로 하여금 극단으로 가지 않도록 극도로 조심해야 합니다. 그런 지나침은 이들 자신뿐만 아니라 사랑받는 사람에게도 또한 대단히 파괴적일 실상에 대한 포기로 이어질 수 있습니다. 만약 이들이 이런 재능을 절제해서 사용하도록 놓을 수 있다면, 이들은 인생에서 성공을 거둘 것입니다.

음악과 예술에 대한 민감성은 특히 발성 표현에 끌려들지도 모르는 이들에게 현저할지도 모릅니다. 이를테면 노래하는 것은 뛰어난 취미 혹은 심지어 음악적인 재능을 지닌 사람을 위한 직종조차도 만들어낼 수 있습니다. 타인의 느낌에 주목하는 것은 이들로 하여금 자신의 동료 인간 존재의 작업에 대한 훌륭한 해석가뿐만 아니라 사람들이 조언받으러 오는 좋은 상담가도 또한 만들어줍니다. 여기에서 이들은 자신의 의견이 무게가 실리고 고객이나 협업자, 친구에게 중하게 충격을 주는 경향이 있기 때문에, 가능한 한 여전히 객관적이어야 합니다.

▶ 일간 특성
강점; 논리적인, 민감한, 다재다능한
약점; 비실상화된, 확신하지 못하는

▶ 명상
우리는 아무것도 창조하지 않고 아무것도 표현하지 않고, 이미 그곳에 있는 것을 오직 발견하거나 들춰낼 뿐입니다.

▶ 조언
당신의 감정은 파괴적일 수 있다.
침착함을 유지하고, 당신의 중심에 대한 접촉을 유지하라.
실상화된 목표를 향해 당신의 에너지를 유도하라.
[상상 속이 아니라] 살고 있는 당신 자신을 관찰하라.

▶ 건강
이들은 물리적이기보다 대체로 더 정신적이고, 자신의 느낌이 곤란한 상황에 처하게 되기 쉽습니다. 이들의 과도한 신경질적인 에너지는 두통을 유발할 것이고, 만약 휴식과 안정된 생활 국면을 탐구하기 위해 유념하지 않는다면, 결국 고갈로 이어지게 될 것입니다. 적당한 정기적인 운동은 이들을 자신의 몸에 뿌리내리고, 초과 에너지를 소모하며, 우울증과 대결하는 역할을 합니다. 이들은 가능한 한 일찍이 건강한 식단을 채택하는 것이 필수적입니다. 하지만 음식에 관한 물고기자리의 사치스러움은 이 건강한 식단 채택이 어려워지도록 만들어낼 것입니다. 이들의 식단은 폭음과 폭식을 하지 않도록 하고, (곡물류, 신선한 채소류, 저지방 음식 등) 바른 식단을 유지하는 것이 가장 좋습니다. 반면에, 건강 광신증은 스트레스를 격렬하게 만들어낼지도 모르므로, 식단이나 운동에서 극단은 역시 문제를 유발할 수 있습니다.

▶ 수비학
20일에 태어난 사람은 숫자 2(2+0=2) 및 달에 통치됩니다. 숫자 2에 통치되는 사람은 신사숙녀적이고 상상적이며, 타인들이 비판하거나 주목하지 않는 것에 쉽게 상처받습니다. 이 사실은 달-해왕성(물고기자리의 통치자)의 영향력에 의해 예고됩니다. 달에 대한 화성(양자리의 통치자)의 영향력에 의해 고조된 3월 20일에 태어난 이들의 두 가지 특징은 문턱이 낮은 짜증과 정도가 높은 들뜸입니다. 비록 이들은 일인자에 대한 이인자로서 기능할 능력이 있지만, 때때로 이것에 정말 원망의 느낌이 듭니다. 이런 이유로 이들은 이따금 앞장서려고 욕구하는데, 이것이 이들이 더 강한 에고를 구축하는 데도 또한 도움될 것입니다.

▶ 원형
20번째 메이저 카드는 물질적인 측면을 뒤로하고, 더 높은 영성을 탐구하도록 부추기는 '심판이나 일깨움'을 보여줍니다. 나팔을 부는 천사를 그려내는 그 카드는 책무라는 새로운 날이 밝아지고 있음을 암시합니다. 이것은 우리로 하여금 자신의 에고를 넘어가게 해주고, 무한을 엿보게 해주는 카드입니다. 이들은 이 메시지에 유의해야만 하지만, 균형이 무너지는 것도 또한 주의해야만 합니다.

3월 21일

명확성의 날
Clarity

▶ 심리구조

3월 21일은 전통적으로 봄의 첫날 그리고 밤과 낮의 길이가 같은 춘분을 특징짓는 일 년의 중추적인 날입니다. 이것의 특징은 항상 천성적으로 일차적인 것으로 보여야만 합니다. 자신의 상징적인 유산에 지속해서 맞춰가는 3월 21일에 태어난 이들은 복잡하거나 극도로 민감한 인격보다 솔직담백하고 본질적인 인격을 갖고 있는 경향이 있습니다. 이들은 통상의 사회적인 틀에 마지못해 맞춰주거나 맞춰줄 능력이 없는 이들 자신을 알아차리는 타인들에게 자주 오해받습니다. 이것은 이들이 심지어 자신의 일상적인 활동, 임무, 책임의 가장 단순한 것까지 확장하는 태도로, 즉 자신만의 방식대로 순수하게 삶을 살기 때문입니다.

비록 이들은 자신에 관한 몽상가의 기질을 갖고 있을지도 모르지만, 대개 공상적인 경향을 능가하는 실용적인 면을 갖고 있습니다. 이들은 조직과 구조를 설정하는 데 천재성을 갖고 있지만, 어찌된 일인지 상황은 꽤나 자신이 기대한 대로는 절대로 되어가지 않습니다. 똑같은 이런 구조가, 특히 인간의 구조일 때는 예외 없이 무너지는 것으로 보입니다. 좋은 면으로 보면, 어떤 영속하는 가치가 대개 남아 있습니다.

이들은 자신을 이해하지 못하는 사람들과 함께 있는 것보다 혼자 있는 것을 선호하면서, 지나치게 불같고 공격적인 특징이 자주 결여됩니다. 이들의 신망이 조용한 보증이기 때문에, 사실 이들은 자신이 수동적인 유형이라고 타인들에게 각인시킬지도 모릅니다. 사실상 이들은 자신의 행동을 정당화하는 것이 필요함을 그저 알아차리지 못할 뿐이고, 만약 타인들이 그 행동의 진가를 알아보지 않는다면, 이것은 다만 그들에게 너무 해가 될 뿐입니다!

삶의 신체적인 측면과 미적인 면이 이들에게는 동등하게 중요하고, 따라서 춤 및 다른 신체적으로 우아한 활동은 이런 균형을 표현하는 데 완벽합니다. 이들은 자신의 설명이 없이도 자신의 생각과 느낌을 타인들이 감지하기를 기대하면서, 기이하게 비언어적이 될 수 있습니다. 이들은 타고난 리더이므로, 사실 말없이 혹은 바로 몇 마디 말로 자신의 바램을 표현하는 것이 가능함을 알아차릴지도 모릅니다.

용감한 이들은 자신이 옳다고 믿을 때, 심지어 싸움이 요구된다 할지라도 자신의 주장을 고수합니다. 비록 이들이 이상하게도 일어나고 있는 것에 관련되지 않거나 관련되지 않는다는 인상을 자주 주지만, 이들의 분노는 한 번 일어나면 끔찍할 수 있습니다. 이들은 아이 같고, 동시에 아이 지향적입니다. 만약 자녀로서 이들 자신이 등한시 탓에 고통을 겪었다면, 이들은 자신의 자녀에게 가장 좋은 것을 주는 것에 헌신적일 것입니다.

영적인 배출구는 이들이 관습적인 종교, 헌신, 봉사에서 발견되든, 난해하고 신비로운 추구에서 발견되든 간에 이들에게 매우 중요합니다. 하지만 이들의 아우라가 극도로 순수하므로, 더 높은 의식 상태를 탐구하는 이들은 어떤 유형의 약물도 주의해야 합니다. 이들은 자신의 유별난 것을, 심지어 자기표현의 기이한 형식조차도 자유롭게 간섭받음 없이 실행하도록 남겨지는 것이 중요합니다. 이들은 최악의 경우에도 자신의 주위 사람들에게 비교적 해가 없을 것이고, 최선의 경우에는 고도로 영감을 주는 것으로 판명될 것입니다다.

▶ 일간 특성
강점; 용기있는, 자기 표현하는, 직접적인
약점; 오해받는, 비사교적인, 독재적인

▶ 명상
가장 단순한 멜로디가 연주하기 가장 어렵습니다.

▶ 조언
당신 자신에게 미안해하지 마라. 자기 연민은 독이다. 당신이 타인을 상대할 시 더 유연해지고, 용서하는 법과 잊어버리는 법을 체득하라.
조금 더 부응하게 되고, 조금 더 수완적이 되려고 노력하라. 당신 자신을 더 잘 설명하기 위한 노력을 만들어내라.
과한 자부심과 오만을 주의하라.

▶ 건강
이들은 꽤 단독적일 수 있고, 오랜 시간 동안 혼자 남겨지는 것은 이들의 신체적이고 정신적인 건강에 매우 중요합니다. 사랑을 받아들이는 것은 물론 필수적이지만, 단지 자신의 조건에서만 또 자신만의 요구조건에 따라서만 받아들입니다. 이들은 숨막히는 애정표현을 즐기지 않고, 보살펴지는 것도 응석받이가 되는 것도 용인하지 않을 것입니다. 만약 병에 걸리면 이들은 때때로 가장 남다른 방도를 사용하면서, 자주 자기 자신을 고칠 것입니다. 제법 단촐한 식단 외의 것을 싫증내는 이들은 그런 식단만으로 살아갈 수 있습니다. 이들이 요구하는 것은 고도로 다양한 메뉴가 아니라, 잘 준비되어 일관되게 건전한 음식이라는 안정성입니다. 춤은 이들을 위한 완벽한 운동이고 느긋한 즐거움입니다.

▶ 수비학
21일에 태어난 사람은 숫자 3(2+1=3) 그리고 확장적인 행성인 목성에 통치됩니다. 3월 21일에 태어난 이들은 목성-화성(양자리의 통치자)의 영향력 탓에 성질 나서 발끈하는 것을 주의해야만 합니다. 비록 이들의 야심이 단지 이들의 직접적인 일상의 분야로 확장될지도 모르지만, 이들은 자부심이 강하고 야심적입니다. 이들은 리더라면 권위의 위치를 탐구하지만, 일단 자리를 잡으면 어떻게든 다투지 않도록 하면서 자신의 권위가 의심받지 않기를 선호합니다. 숫자 3에 통치되는 사람 중 다수는, 자주 여성들은 세상에서 권력의 위치를 탐구하지 않지만, 자신의 동무를 통해 권력을 행사하면서, 의심할 여지 없이 집에서 보금자리를 통치합니다.

▶ 원형
21번째 메이저 카드는 에너지를 주는 봉을 손에 들고 달리는 여신을 그려내는 '세계'입니다. 세상이라는 고개를 넘어가서, 그 진실을 표출하는 그녀는 무한한 힘을 갖고 있습니다. 이 카드는 세속적인 차원에서 도달할 수 있는 모든 것을 상징합니다. 비록 보상과 통합이 보증될지라도, 전통적으로 그 카드는 산만함과 자기연민인 퇴보뿐만 아니라 넘어서기 어려운 외부적인 장애라는 경고도 또한 전해줍니다.

3월 22일
직접적인 흐름의 날
Direct Current

▶ 심리구조

3월 22일에 태어난 이들은 무오류성 의식을 갖고 있고, 부인되는 것을 거부합니다. 이들은 세상을 향해 자신의 메시지를 외치려는 어떤 욕구도 느끼지 않고, 반대로 자주 자기-과시를 혐오하는 조용한 자기-보증적인 사람입니다. 만약 이들이 그런 식으로 선택한다면, 이들은 경쟁적인 기업 정글을 헤쳐나가도록 세심하게 자신의 길을 만들어내면서, 사업이나 금융에서 매우 성공적일 수 있습니다. 이들은 쉽게 옆길로 새거나 탈선하지 않고, 따라서 성공을 향한 자신의 행로를 가차없이 계속합니다. 물론, 이들 중 일부는 훨씬 더 소박한 목표에, 즉 행복한 가족생활을 만들어내서 여가 시간을 즐기거나 취미를 계발하는 것에 집중하지만, 자신이 달성해야만 하는 목표에는 도달합니다.

타인들이 다루기 가장 어려운 이들의 자질 중 하나는, 이들이 자신의 캐릭터에 대한 분석도 따르지 않고, 잠재의식적인 동기도 인정하지 않으리라는 점입니다. 꽤 간단히 말해서, 이들은 자신이 (더도 덜도 아닌) 무엇인 것처럼 보이는 정확히 그것인 극소수 유형 중 하나이고, 이들이 세상에 제시하는 솔직한 외관의 배후를 보려고 시도하는 누구든지 화가 미칩니다! 놀랄 것도 없이 이들은 자신이 타인들에게서 인식하는 가식이나 엉터리, 음흉함에 대한 모든 형식에 대한 알레르기도 또한 있습니다. 불운하게도 이들은 외교를 이중성으로 착각하는 위험이 있고, 그래서 간접성을 싫어합니다.

이들 중 다수는 자신의 마음속에 자기 자신의 영웅적인 모습을, 즉 자신이 본뜨려고 노력하는 이상화된 이미지를 갖고 다닙니다. 이들이 열망하는 것은 몹시 극적인 일종의 영웅주의가 아니라 오히려 자신의 가족, 친구, 동료들의 존중과 심지어 숭배까지 얻는 조용하고 보호적인 용맹함일지도 모릅니다. 실로 이들은 극도로 믿음직한 사람이라는 명성을 자주 얻습니다.

일단 이들이 (대개 20대 중반일 때 알게 되는) 자신의 진정한 소명을 발견했다면, 이들은 대개 자신의 남은 삶 동안 코스를 계속할 것입니다. 다른 활동들은 특히 인생 후반부에 이 역할에서 벗어나 증대되지만, 근본적인 연관성은 항상 실존할 것입니다. 이들은 자신이 선택한 행로를 벗어나는 갑작스럽거나 급격한 전환을 만들어내는 경우는 좀처럼 없을 것입니다.

이들이 자신의 작품이나 서비스를 비판적으로 바라볼 능력이 있다면 경력적인 충족감을 찾아낼 것이고, 만약 비판적으로 바라볼 능력이 없다면, 자신이 성공을 성취하지 못하는 무능 탓에 반복해서 난처하게 되고, 좌절하게 되며, 혼란스럽게 되어버릴 것입니다. 게다가 이들은 너무 휩쓸리게 되어서 표적을 간과하는 것뿐만 아니라, 타인들이 이들의 태도 탓에 마음이 떠나게 될지도 모르기 때문에, 자신의 열의를 계속해서 점검해야만 합니다. 게다가 이들은 폭군주의나 압제적인 행동으로 향하는, 자기 자신의 속에 있는 어떤 경향에도 민감해야 합니다.

▶ 일간 특성
강점; 열의적인, 잘 유도되는, 역동적인
약점; 위압적인, 감정적으로 알아채지 못하는, 지나치게 자신하는

▶ 명상
사랑은 모든 살아있는 만사만물이라는 시간과 공간에 대한 존중을 포함합니다.

▶ 조언
당신만큼 잘 유도되지[담마를 잘 받아들이지] 못하는 사람들에 대해 참을성을 갖고 있으라.
느리지만 확실하게 계속해서 움직이고, 열심히 작업하되 가끔 상황이 벌어지는 대로 내버려두라.
외교력을 키우고 조금 더 타인들을 허용하라.

▶ 건강
이들에게 있는 위험은 자신하는 자신의 천성과 높은 에너지 탓에 이들이 건강함을 당연시하리라는 점입니다. 건강은 관리되어야만 한다는 사실을 간과함으로써 이들은 자신의 무한한 열의의 먹이로 전락할지도 모릅니다. 열량을 통제하기 위해 계획을 세우고, 비타민 섭취의 균형을 맞추며, 욕구되는 식품 보충제를 첨가하려는 계획은 이들 중 대다수에게 쓸 데가 없게 되는 것으로 보입니다. 이들은 자신이 좋아하는 바로 그것을 먹고 싶어합니다. 이들은 유행하는 건강법이나 음식을 경멸하기 때문에, 이들의 가족과 친구는 좋은 분별력을 근거로 이들에게 호소해야 합니다. (정원가꾸기와 실외 스포츠가 권장되는데) 적당한 정도의 운동 및 식단에서 지방과 단 것에 대한 합리적인 제한은 이들에게 수용될지도 모르고, 식단에 대해 대단한 이슈를 만들어내지 않고 식단의 변화를 점진적인 형국으로 진행시키는 것이 더 좋습니다.

▶ 수비학
22일에 태어난 사람은 숫자 4(2+2=4)와 22 그리고 천왕성에 통치됩니다. 숫자 4에 통치되는 사람은 상황에 대해 응하고 바라보는 자신만의 방식을 갖고 있습니다. 이들은 자주 소수자의 관점을 취하고 매우 자기-보증적이기 때문에, 적대감을 자극하고, 자주 자신을 남모르는 적으로 만들어낼지도 모릅니다. 게다가 천왕성은 기이하고 불규칙한 행동을 상징하고, 화성(양자리의 통치자)과 짝지어지면 3월 22일에 태어난 이들에게 폭발력을 암시할 수 있습니다. 숫자 22는 때때로 쌍둥이, 동시성, 대칭성 등 모든 종류의 이중성에 대한 이해관계를 불어넣을 수 있습니다.

▶ 원형
22번째 메이저 카드는 몇몇 버전에서는 절벽의 가장자리를 부주의하게 걸어가는 모습을 보여주는 '바보'입니다. 일부 해석은 이성을 포기한 어리석은 사람으로 그이를 묘사하고, 다른 해석은 물질적인 고려사항에서 벗어난 고도로 영적인 존재로 묘사합니다. 긍정적인 의미는 저항을 단념해서 본능을 자유롭게 따르는 것을 포함하고, 부정적인 측면은 어리석은 활동, 충동성, 소멸입니다. 고도로 진화한 '바보'는 삶의 행로를 따라갔고, 그 교훈을 체험했으며, 자신만의 비전과 하나가 되었습니다.

3월 23일

호기심의 날
Curiosity

▶ 심리구조

3월 23일에 태어난 이들은 온갖 것에 관해 호기심이 강한 것으로 보이지만, 자신이 자신의 주위에서 찾아내는 것에 대한 이들의 탐사는 대개 실존이 관련되는 가장 근본적인 사건, 생각, 느낌, 발상으로 귀결됩니다. 삶과 죽음, 젊음과 노년 및 기본적인 인간 감정에 대한 질문이 이들에게 가장 대단한 이해관계입니다. 삶에 대한 이들의 접근법은 주로 과학적인데, 비록 이들 자신이 과학자일지도 모르고 아닐지도 모르지만, 이들은 자신이 접하는 것을 항상적으로 파내고 탐사하며 시험합니다.

이들은 어떤 개념이나 발상도 시험을 끝마칠 때까지 그것을 받아들이지 않을 것이고, 만일 자신이 고도로 교양을 갖춘 소견을 만들어내기 위한 사실이 부족하면, 타인들에게 조언하지 않을 것입니다. 이들 자신은 단순히 자신이 관찰한 것에 기반을 두고 삶에 관한 결단을 만들어냅니다. 그 귀결로 이들의 의사결정 과정이 경험이라는 단단한 기반에 의해 채워지므로, 이들은 어리석은 짓을 하기가 어렵습니다. 반면에 그런 경험에서 선별된 이들의 인식은 아껴지게 되고, 꺼리면서 버려지게 되는 경향이 있습니다. 이들은 어떤 이론에 반하는 아무리 많은 증거가 제시되어도 자신이 그 이론을 포기하고 싶지 않을 범위에서 다소 완고할지도 모릅니다. 일단 어떤 것이 이들에게 해당하는 것으로 판명되었다면, 이들은 그것에 매달리는 경향이 있습니다.

극도로 다재다능한 이들은 자신을 가장 다양한 계층 사람들의 친구로 만들어낼 수 있습니다. 이들은 위험을 무릅쓰는 것을 두려워하지 않지만, 카지노에서든 일상생활의 더욱더 위험한 세계에서든 간에 도박 자체를 위한 도박의 유혹을 주의해야만 합니다. 그럼에도 이들은 심지어 이따금 위험이 포함될 때조차도 표현되어야 할 강한 신체적인 충동을 갖고 있습니다.

비록 이들이 대개 더 전통적인 탐험 영역을 고수할지라도, 이들은 자신의 길에 다가오는 이상한 주위 여건이나 사람들에 대한 끌어들임도 또한 갖고 있을지도 모릅니다. 단순히 이것은 매우 자주 세상에 여전히 밝혀지지 않는 이들만의 고도로 비범한 천성의 투사입니다.

이들은 비록 자기 자신에게 자녀가 없을지라도 대체로 아이들에 대한 이해관계와 사랑을 구현합니다. 그러나 이것은 이들이 특히 아이 같거나, 공상적이고, 놀이한다는 점을 시사하는 것은 아닙니다. 아이들에 대한 이들의 접근법은 주관적이거나 감정적이기보다 대다수 영역과 마찬가지로 기본적이고 과학적이며 효과적입니다.

이들이 탐사하는 수많은 영역에도 불구하고, 인간 존재는 특히 계발이 관련된 곳에서 여전히 이들의 일차적인 관심사입니다. 다시 말하면 이런 이해관계는 따뜻함이나 편안함을 위해 탐색하는 것이 아니라 일차적으로 과학적인 것입니다. 그러므로 이들은 타인들에 관해 배우는 것에 얽매일지도 모르지만, 자신의 개인생활에서는 여전히 대부분 자기-중심적입니다. 이들은 자신이 사실 다만 호기심이 강할 뿐일 때 친화적인 인격으로도 또한 오인될지도 모릅니다.

▶ 일간 특성
강점 ; 호기심을 자극하는, 다재다능한, 보살피는
약점 ; 지나치게 관여하는, 관음증적인

▶ 명상
소우주와 대우주 속에는 그 자체만의 시간과 공간이라는 세계가 현존합니다.

▶ 조언
침착함을 유지하라.
연구해보도록 사람이 아무리 호기심을 자극하더라도 절대로 그 사람을 견본[시험 대상]으로 취급하지 마라.
당신의 심미적인 면을 키우라.
가르치려 들지 않도록 하고, 타인들에게 귀를 기울이라.
너무 자신에게만 몰입하지 마라.

▶ 건강
비록 이들은 자신만의 건강에 대해 거의 관심사를 표출하지 않을지도 모르지만, 적어도 독서와 연구는 인간 존재 일반에게 가장 좋은 것이 무엇인지를 이들에게 알려줄 것입니다. 문제는 이들이 이 지식을 자기 자신에게 적용하도록 하는 것입니다. 만약 삶에 대한 건강한 접근법이 자신의 작업하는 능력이나 연구하는 능력을 어떻게 개선시킬 것인지를 알아보는 것에 맞춰진다면, 이들이 그것을 채택할지도 모르기 때문에, 이들에게는 항상 객관적이고 이성적인 근거에 의해 호소되어야 합니다. 그렇지 않다면, 그것을 잊어버리십시오. 상황의 본질과 작용 방법에 관한 끈질기고 강박적인 호기심 탓에, 이들은 정신적인 피로가 생기기 쉬울지도 모릅니다. 이들이 자기 자신을 뿌리내리기 위해 할 수 있는 (섹스 혹은 수면, 체육 등) 어떤 것도 일반적으로 좋은 발상입니다.

▶ 수비학
23일에 태어난 사람은 숫자 5(2+3=5)와 23 그리고 수성에 통치됩니다. 따라서 숫자 23에 통치되는 수성적인 사람은 몹시 팽팽하거나 신경질적인 것처럼 보일지도 모릅니다. 이들은 양자리의 통치자인 화성의 영향력 덕에 더욱더 활달합니다. 숫자 5의 사람은 심지어 가장 평범한 주제조차도 이들에 대한 홀림을 담고 있으므로, 자신의 이해관계 영역을 당혹스러운 속도로 바꾸지만, 거의 지루해하지 않는데, 이들은 사실을 수집하고 상황을 마지막 세부사항까지 탐험합니다. 어느 달이든 23일이 해프닝의 날이지만, 양자리의 시작인 이날은 흥분에 전기적으로 끌려들 뿐만 아니라 흥분을 발산할 수 있는 사람들도 또한 연출합니다.

▶ 원형
다섯 번째 메이저 카드는 인간의 이해심과 신념을 상징하는 신성한 신비에 관한 해석자인 '사제'입니다. 그의 지식은 난해하고, 그는 보이지 않는 만사만물에 대한 권위를 갖고 있습니다. 이 카드가 수여하는 호의적인 특성은 자기-보증성, 무의심과 적합한 해석이고, 비호의적인 특성은 설교하기, 호언장담, 독단주의를 포함합니다.

3월 24일
구슬리는 단순함의 날
Beguiling Simplicity

▶ 심리구조

3월 24일에 태어난 이들은 자발적이고 직접적이며, 대체로 가능한 한 지속해서 삶을 단순하게 하는 것을 선호합니다. 자신의 작업에서든 개인 생활에서든 간에 문제에 직면할 때, 이들은 폭넓은 선택을 만들어내고, 가능하면 뒤얽힘을 피하는 경향이 있습니다. 하지만 숙명은 이들이 넘어가야만 하는 까다로운 사람의 형식이든, 어려운 도전의 형식이든 간에 이들에게 반복해서 복합성을 내어놓는 것으로 보입니다. 따라서 이 복합성을 다루는 가장 간단한 방식을 찾아내는 것이야말로 가장 시급한 임무가 될 수 있습니다.

이들에 관한 부인할 수 없는 아이 같은 분위기가 현존하는데, 이들의 자연스러운 처신과 개방성은 대개 첫 만남에서 분명해집니다. 하지만 이들이 의심하고 기대하는 태도 탓에, 이들은 실망과 거절에 대해 누구보다 더 나쁘게 반응하고, 극단적인 경우에는 심각한 우울증이 이들을 압도할 수 있습니다. 실로 이들 중 다수에게 슬픔의 기미는 평생의 길벗입니다.

이들은 대개 조용한 처신을 표출합니다. 이들은 좀처럼 말하기 자체를 위한 말하기를 즐기지 않습니다. 대신에 이들은 사랑에서든, 취미에서든, 체육적인 노력에서든 간에 신체적으로 자기 자신을 표현하는 것을 선호합니다. 이들은 자신을 동무이자 협업자로서 고도로 만족스러운 동반자로 만들어낼 수 있습니다. 게다가 이들은 작업장에서 적대감을 거의 자극하지 않고, 꾸준한 결과를 무던하게 연출하는 자신의 능력 덕에 대개 고도로 소중히 여겨집니다.

소박함은 이들 중 다수의 훌륭한 속성입니다. 사실 내성적인 이들은 때때로 수줍어할 수 있지만, 타인들은 이들이 수동적이거나 만만한 호구라고 가정하는 것은 대단한 실수일 것입니다. 이를테면 반대자나 노골적인 공격에 직면하면, 이들은 대단한 꿋꿋함을 보여주고 좀처럼 퇴각하지 않고, 자신의 가정생활에서는 대체로 상황이 가능하다면 조화롭게 자신의 방식대로 끝내기를 고수합니다. 이들이 더 취약한 곳은, 미묘한 압력이나 부정성이 오랜 기간에 걸쳐서 이들에게 행사되는 때인데, 이것은 결국 이들을 쇠약하게 하고, 이들의 희망적이고 긍정적인 전망을 잠행적으로 잠식할지도 모릅니다.

이들의 많은 바람직한 자질인 애정, 충직, 자발성 때문에 친구들과 가족은 왜 그렇게 자주 이들이 문제가 있는 국면에 빠져드는지를 이해하기가 어려울지도 모릅니다. 그 이유 중 일부는 이들의 낙관적인 기대와 개방성이 이들로 하여금 더 실상적인 접근법을 취하지 못하게 막는 것일지도 모릅니다. 따라서 이들은 일상적인 문제에 직면해서 해결할 시, 어쩌면 자신의 아이 같은 직접성을 건전하고 적확한 깨어있음, 경계심, 돌봄으로 완화시키면서, 더 체계적이 되고 조금 덜 공상적이 되는 법을 체득해야만 합니다.

▶ 일간 특성
강점; 긍정적인, 개방적인, 다정한
약점; 부정확한, 우울한, 비실상화된

▶ 명상
누군가 타인에게 줄 수 있는 가장 대단한 선물은 자기 자신을 드러내는 것입니다.

▶ 조언
당신의 삶을 균형있게 지속하고 곤란을 끌어들이는 것을 주의하라.
작은 일을 참을성 있고 주의깊게 다루라.
사실 당신의 관심을 받을 만한 세부사항들이 현존한다.

▶ 건강
이들은 고도로 민감합니다. 그 귀결로 이들의 건강은 이들의 정신적-감정적인 상태와 이들의 주위 사람들에 직접적으로 관련됩니다. 무엇보다도 이들은 자신의 관계와 생활 국면 속에서 조화를 성취하기 위해 애써야 합니다. 감정적인 불균형은, 일부가 급하고 일부가 만성적이어서 증상들의 당황스러운 다층성 속에 구현되면서, 병을 유발할지도 모릅니다. 하지만 심지어 꽤 심각한 온몸의 장애조차도 감정적인 불균형의 원인이 발견되어 처리된다면 말끔히 사라질 수 있습니다. 이들은 균형잡힌 식단이 온당하고, 비록 초콜릿은 항우울적인 성질에 대한 가능성 때문에 가치가 있을지라도, 가능할 때 커피, 술, 설탕 같은 강력한 각성제를 피해야 합니다. 쌀이나 파스타로 구성되고, 채소로 살짝 맵도록 요리된 저녁 식사는 안정된 상태를 지속시키는 데 가장 좋을지도 모릅니다. 매일 또는 1주에 3번의 적당한 신체적인 요법이 고도로 권장됩니다.

▶ 수비학
24일에 태어난 사람은 숫자 6(2+4=6) 및 금성에 통치됩니다. 금성과 숫자 6에 통치되는 사람은 무엇보다도 조화를 중시하고, 사회적인 상호작용이 촉발하고 보상받는 것임을 알아차립니다. 이들은 로맨스를 즐기지만, 이들이 갈망하는 사랑의 종류는 대체로 격정적인 것보다 천성적으로 더 애정적인 것입니다. 하지만 화성이 양자리를 통치하기 때문에, 3월 24일에 태어난 이들은 성적인 매력적 힘을 부여해주는, 또 다소 폭풍우 같은 애정 생활을 연출할 수 있는 금성-화성의 연관성 아래 놓이게 됩니다.

▶ 원형
사랑을 상징하는 '연인'인 여섯 번째 메이저 카드는 남성성과 여성성이라는 양극성의 통합을 통해 인간성의 모든 것을 하나로 묶는 최종 지점에 중점을 둡니다. 이 카드가 좋은 면에서는 높은 도덕적인, 미적인, 신체적인 차원의 애정과 욕망을 예시하고, 나쁜 면에서는 충족되지 않은 욕망, 감상성, 우유부단함을 예시합니다.

3월 25일
역동성의 날
Dynamism

▶ 심리구조

3월 25일에 태어난 이들은 막을 수 없고 역동적입니다. 이들은 그해에서 가장 활동적이고 활달한 사람에 속합니다. 이들 중 다수가 리더에 적격인 것으로 보이지만, 어쩌면 순수한 단독자 혹은 독주자로 더 잘 묘사될 수 있을 것입니다. 이들이 그룹 활동을 주도할 때, 그것은 대개 이끌어가려는 이들만의 욕망보다는 오히려 이들 재능의 세력이나 상황의 요구 때문입니다.

이들은 맹목적인 야심에 의해 내몰리지 않습니다. 자신의 장래성을 알고 있는 이들은 자신이 할 수 있는 것과 할 수 없는 것을 바로 알아챕니다. 이들은 자신이 매우 자주 발탁되는 바쁜 직종적인 삶에서 벗어나 있을 때 평화를 탐구하려는 대단한 욕구도 또한 갖고 있습니다. 이것이 없으면 이들은 기능할 수 없습니다. 이들의 사생활은 이들에게 신성합니다.

어쩌면 이들이 오직 자신만의 방식으로만 봉사할 수 있기 때문에, 결혼은 이런 개인주의자들에게는 어렵습니다. 이들의 동반자는 실상적인 친구가 되어야 할 뿐만 아니라, 이들만의 활달한 성격에 균형을 맞출 수 있는 '누군가'도 또한 되어야 합니다. 이들은 자주 자신의 진정한 동반자를 찾아내려 하더라도 인생 후반부까지는 찾아낼 수 없습니다. 결국, 이들은 완벽한 동무보다 덜한 어떤 것에 만족하기보다 혼자 사는 선택을 만들어낼지도 모릅니다. 이들 중 여성은 자신을 돌보는 데 극도로 유능한 반면, 남성은 안전한 보금자리인 가족 국면의 따뜻함과 애정을 욕망합니다.

때때로 이들의 에너지가 무한한 것으로 보이지만, 사실 이들은 지쳐버리고 짜증나게 될 수 있습니다. 이 상태에서 매우 쉽게 성내는 이들은 심지어 무시당하는 것의 가장 경미한 싸인조차도 자신에 대한 개인적인 모욕이라고 간주합니다. 이들은 짜증을 부릴 수 있거나 심지어 더 나쁘게도 이들이 신랄하게 비판할 시 파괴적일 수 있습니다. 이들은 자신이 사랑하는 사람들에게 충실하지만, 심지어 전적으로 헌신적인 것은 아닐 때 혹은 심지어 일부일처가 아닐 때조차도 자신만의 이상한 방식으로 자신이 충직하다고 믿을 수 있습니다. 이들은 자신의 가족에게 충실하지만, 자주 비관습적인 가정생활을 갖고 있도록 숙명지어져 있습니다.

수완의 어떤 척도를 표출하나 다소 솔직한 이들은, 자신을 곤란에 빠뜨릴 수 있는 빠른 기질에도 또한 마음이 팔릴지도 모릅니다. 아마도 이들의 인간적인 자질(과 그러므로 결함)이 매우 명백해서 타인들은 이들의 가슴이 바른 곳에 있음을 알기 때문에, 이들은 다행히 쉽게 용서받습니다. 이들의 주위에 일종의 이너서클을 형성하는 핵심적인 친구들이 이들에게 필수적입니다. 이런 친한 친구들은 세상의 비판뿐만 아니라 자기-파괴적인 충동도 또한 막아주는 완충제가 될 것입니다. 이런 것으로 친구들은 무엇을 얻을까요? 대개 그들이 언제나 (덕이 된다면!) 충고나 시간을 아니면 심지어 돈까지 달라고 요청할 수 있는 그런 강력한 사람을 아는 것에 대한 만족감입니다. 이들에게 관계하는 사람들은 이들이 세상을 습격할 시 이들을 완전히 혼자 내버려두는 법을, 즉 이들이 가장 독립적인 태도로 여행하고 경험하며 심지어 사랑까지 하도록 내버려두는 법을 빨리 체득해야만 합니다. 오직 자유가 허용될 때라야 이들 자신은 감정적으로도 물리적으로도 자유롭게 자신의 사랑을 베풀 것입니다.

▶ 일간 특성
강점; 활달한, 충직한, 독립적인
약점; 고도로 비판적인, 무뚝뚝한, 자기-파괴적인

▶ 명상
동물계에서는 수컷이 화장합니다.

▶ 조언
당신은 실로 다루기 힘든 사람이지만, 때때로 당신 자신을 제대로 다루려고 욕구해야 한다.
자기-통제력과 단련이 중요하다.
절제하고 진정하며 부드러워지는 법을 체득하고, 침묵과 멈춤의 가치에 대한 진가를 알아보는 법을 체득하라.
모두를 압도하지 마라.
바깥세상이 그렇게 중요한가?

▶ 건강
이들은 너무 많이 끊임없이 일하여 말 그대로 건강을 돌볼 시간을 갖고 있지 않을지도 모릅니다. 이들은 건강이야말로 자신이 자동적으로 복을 받은 것이라고 너무 자주 가정합니다. 이들은 다층적인 병을 다소 무시하면서 몇 년 동안 그 병을 달고 다닐 수 있습니다. 그러므로 이들에게는 자신의 의사와 연간 검진 일정을 잡는 것이 중요합니다. 활기찬 신체 운동은 또한 체중 초과를 없애면서 몸매를 유지하는 좋은 방법입니다. (이들은 보통 질과 양 모두에서 많이 먹고 마시는 것을 즐기고, 따라서 살이 찌는 경향이 있습니다.) 물론 열정적인 식욕은 일반적으로 건전할지라도, 가능하면 과도한 소금, 육류, 유제품 또는 술을 먹지 않도록 탐구해야 합니다.

▶ 수비학
25일에 태어난 사람은 숫자 7(2+5=7)과 25 그리고 해왕성에 통치됩니다. 독립이 이 숫자에 통치되는 날짜의 캐릭터이므로, 3월 25일에 태어난 이들의 독립은 실로 극단적인 형식을 취합니다. 모든 역동적인 활동은 양자리 통치자인 화성의 영향력에 의해 강화됩니다. 숫자 7에 통치되는 사람은 여행 자체만을 위해 여행할 뿐만 아니라 다른 문화를 배우기 위해 여행하는 것도 또한 사랑합니다. 해왕성의 영향력으로 이들은 비실상화된 상태나 이상한 꿈, 비전을 단속해야 합니다. 숫자 25는 위험에 결부될 수 있습니다.

▶ 원형
일곱 번째 메이저 카드는 세상을 누비는 의기양양한 인물을 보여주면서, 역동적인 방식으로 자신의 신체적인 존재감을 구현하는 '전차'입니다. 그 카드는 올바른 행로가 아무리 좁고 위태롭더라도 [그 행로를] 계속해야 한다는 의미로 해석될지도 모릅니다. 이 카드의 좋은 면은 성공, 재능, 효율성을 배치해주고, 나쁜 면은 독재적인 태도와 서툰 방향 감각을 제안합니다. 놀랄 것도 없이, 이들은 특히 운전 중에 사고를 예의 주시해야 합니다.

3월 26일
성실의 날
Integrity

▶ 심리구조

3월 26일에 태어난 이들은 아이의 순결함, 자발성, 솔직함을 구현합니다. 이들은 명시적인 공격성에 의지하지 않고서 상황을 어떻게든 완수해냅니다. 이들에게는 단순함이 핵심방침이어서, 이들은 과도하게 난해한 모든 형식을 싫어합니다. 이것은 어떤 사람이 일관되게 어려움과 문제를 창조한다면, 그는 이들과 동행할 시 여전히 길지 못하리라는 점을 의미합니다. 이들은 대개 인간의 어떤 질문에 대해서도 그 상황의 원천으로 거슬러 올라가 가장 간단한 해결책을 탐구합니다. 이런 이유로, 이들의 화려한 직감적인 자질은 자주 동료 인간 존재로 하여금 상황이 어떻게 작동하는지에 대해 통찰하게 해줄 것입니다.

이들은 비록 활동적일지라도 일종의 철학적인 거리두기를 구현합니다. 이들은 뒤로 물러서서 조용히 국면을 살펴보고서 무엇이 잘못된 것인지를 되새기고, 통찰적이고 도움되는 해결책을 내놓을 능력이 있습니다. 이들은 또한 심지어 일정 기간 자기 자신을 고립시킬 정도로까지 삶에서 어느 정도 틀어박힐 수도 있습니다. 고립하려는 이런 욕구는 이들로 하여금 자연에서 재충전하기 위해 어쩌면 멀리 떨어진 산이나 사막, 해변 같은 마음 드는 장소로 후퇴하게 할지도 모릅니다. 이들이 혼자인 이럴 때 성취하는 것은 대체로 단순히 고립 그 자체를 위해 고립을 경험하는 것, 즉 계획이나 발상에 대한 심사숙고보다 동양적인 의미에서 마음을 명료하게 하는 명상입니다.

이들은 자신만의 진행속도로 작업하고, 대개 서두르지 않으며, 그러므로 느긋합니다. 그러나 그 표면 바로 아래에는 꽤 예상치 못한 생각과 행동을 연출하는 데 유능한 자발성이 놓여 있습니다. 종종 이런 자발성은 환영받는 유머의 형식을 취하거나, 당면한 작업에서 잘 소용되는 여담으로 자발성 자체를 표현합니다. 때때로 이들이 실상적으로 밀어붙이려고 욕구할 때를 기다리면서 너무 느긋해질 수 있고, 이것이 더 공격적이거나 유도적인 사람과의 관계에서 불리한 처지에 이들을 놓아버릴 수 있습니다.

자신의 기벽을 알아채는 이들은 자기 자신만의 방식대로 상황에 응하는 것을 선호합니다. 하지만 이들이 대다수 사람보다 조금 더 기이하기 때문에, 이들은 때때로 자신의 지기들에 의해 코스를 벗어난 것으로 간주될지도 모릅니다. 다행히도, 이들은 자신의 말을 가볍게 하지 않고, 자기 자신을 위해 과장된 주장들을 만들어내지 않기 때문에, 괴상하거나 우유부단한 것으로 알려지지 않습니다.

이들이 많은 친구를 만들어내는 것에 관심을 두지 않으므로, 이들과 가까워지는 누군가는 실로 행운이고, 또한 혜택입니다. 이들에게 친구는 평생의 벗이고, 아무리 수년이 지난다 해도 이들은 항상 그런 특별한 신뢰감을 공유하는 사람들에게 열린 가슴을 갖고 있을 것이고, 고향과 같을 것입니다. 반면에 만약 이들 자신이 잊혀지거나 거부당한다면, 이들은 인생의 한 페이지를 넘겨버리고 그 국면을 냉정하게 받아들일 수 있습니다.

▶ 일간 특성
강점; 직감적인, 자급자족하는, 책임감 있는
약점; 부정적인, 불안한, 우울한

▶ 명상
모든 상황이 실로 지나갔다는 것은, 아이의 슬픔이 웃음에 길을 터줄 때 드러납니다.

▶ 조언
지나치게 도덕적이고 비판적이 되는 것을 조심하라. [마음을] 가볍게 유지하고 당신 자신을 덜 진지하게 받아들이는 법을 체득하라, 긴장을 풀고 재미있게 보내라.
당신의 아이 같은 자질을 보존하라.
못살게 구는 것에 굴복하지 말고, 당신의 작업을 밀고나가라.

▶ 건강
이들에게 가장 대단한 위험은 정신적인 분야에 놓여 있습니다. 이들은 타인들에게서 부정성을 털어낼 수 있지만, 자신에게서 부정성이 표면화될 때, 너무 자주 그 부정성에 맞서 방어불능이 되고, 심지어 삶을 외면할지도 모릅니다. 이들은 많은 종류의 도전을 욕구하면서 매우 형이상학적입니다. 이들의 건강과 행복을 유지하기 위해 적확한 스포츠, 레크리에이션, 섹스는 모두 중요합니다. 비록 이들의 모험이 사고나 부상을 가져올지 모를지라도, 이들은 대체로 빠르게 치유되고 장애를 잘 극복합니다. 이들은 배고플 때 배를 채우는 방식이 아니라, 자신의 항상적인 식습관을 유지하도록 탐구해야 하는데, 이들은 상큼한 맛으로 자신의 식욕을 촉발하는 (이들이 좋아하도록 요리된) 정기적인 식사를 먹어야만 합니다.

▶ 수비학
26일에 태어난 사람은 숫자 8(6+2=8) 및 토성에 통치됩니다. 누군가에게 인상을 주는 것에 특히 관심을 두지 않는 이들은 내색하지 않거나 냉담한 것으로 보일 수 있습니다. 이런 점은 이들의 가슴이 대개 열기를 공급해주는 화성(양자리의 통치자)의 에너지로 따뜻하므로, 진실에서 더 멀어집니다. 3월 26일에 태어난 이들은 여전히 타인을 책임짐으로써 자신의 토성적인 면을 보여주고, 비록 이들의 예견되지 않는 화성의 자발성이 때로는 이들을 옆길로 새게 할지라도, 이들은 빠르든 늦든 자신의 의무로 돌아갑니다. 숫자 8에 통치되는 사람은 지나치게 자기 희생적일 수 있고, 이런 특성은 이들로 하여금 이들의 재능에 미치지 못하게 하면서, 만족감을 향한 이들 성향에 조합되어 이들의 성공에 손실이 될 수 있습니다.

▶ 원형
여덟 번째 메이저 카드는 사나운 사자를 길들이는 우아한 여왕을 그려내는 '강인함이나 용기'입니다. 여왕은 반항적인 에너지를 마스터할 수 있는 여성 마법사를 상징하고, 신체적인 강인함뿐만 아니라 도덕적인 강인함을 표징합니다. 이 카드의 긍정적인 속성은 카리스마와 성공하려는 결단을 포함하고, 부정적인 자질은 무사안일과 권력남용을 포함합니다.

3월 27일
창시자의 날
The Originator

▶ 심리구조

3월 27일에 태어난 이들은 강하게 개별적입니다. 아이 같은 이들은 체득하는 것이 빠르지만, 일단 체득한 후에는 자신만의 비전을 추구합니다. 그렇게 함으로써 이들은 틀림없는 스타일을 습득하고, 자주 자신의 성장기 동안 타인들과 함께 계발해온 것에 기반을 둔 고압적인 기법을 습득합니다. 이들 중 예외적인 사람은 창시자, 즉 자주 자신의 분야에서 무언가를 달성해내는 첫째 사람이지만, 심지어 이들 중 더 소박한 재능을 가진 사람조차도 자신만의 독특한 이바지를 만들어내는 경향이 있습니다.

새로운 경험에 대한 이들의 개방성에도 불구하고, 이들은 매우 실상적이어서 어리석은 짓을 하기가 어렵습니다. 이들 중 일부는 자신이 성공하려고 겪어온 수년간의 고군분투 결과로 실로 감정적으로 꽤 무뎌질 수 있습니다. 대체로 이들은 지나치게 다정하지 않거나 감상적이지 않을 뿐만 아니라 특히 타인들의 문제에 대해 이해심이 있는 것도 아닙니다. 사실상 이들은 전혀 '인간적인' 사람이 아닌데, 이들을 전면적으로 몰두하게 하는 것은 자주 기법적인 천성에 속하는 이들의 작업입니다.

이들은 강한 과학적인 취향을 보유할 수 있고, 즉 어쩌면 집안의 물건을 만지작거리거나 수리하는 것, 아니면 심지어 그 물건이 작동하는 방법을 알기 위해 분해해서 다시 조립하려고 노력하는 것까지 발견될 수 있습니다. 때로는 이런 고도의 기법적인 능력과 이해관계는 껍질의 역할을, 즉 감정적인 표현에 벽의 역할을 할 수 있습니다. 이런 문제가 있는 이들은 감정적으로 봉쇄될 수 있고, 아니면 이 감정적인 차단복을 폭발적으로 찢어버리고 나오면서, 자신의 주위 사람들에게 충돌할 수 있습니다.

이들은 사회적인 동향을 위한 뛰어난 느낌을 갖고 있습니다. 예술가, 사업가, 노동자로서 이들은 대중과 함께 작업할 것과 함께 작업하지 못할 것을 감지할 능력이 있습니다. 이것은 인간 심리에 대한 어떤 특별한 지식보다 사회의 가치와 바램이라는 순수하게 직감적인 사회에 대한 이해심 덕분입니다. 이들은 놀랍게도 그룹의 사람들과 잘 관련되는데, 어쩌면 개인들보다 더 잘 관련됩니다. 자주 이들은 인간적인 감정에 의해 난처하게 되지만, 자신의 객관성 덕분에 문제를 진단하는 데 도움받을 수 있습니다.

비록 이들은 외적으로 감정적이지 않으나 격정적인데, 이들의 작업이 강해지도록 만들어주는 것은 바로 격정적인 격렬함입니다. 이들은 자신의 직접적인 접근법을 통해 타인의 감정을 자극할 수 있습니다. 이들에게 호소하는 것은 선의 순도 및 센 대조의 강함입니다. 아이 같은 이들의 반응을 좌우할 것은 바로 국면에 대한 흑과 백인데, 이들은 타협과 회색 영역을 몹시 싫어하고, 거짓말을 하는 것(또는 진실을 숨기는 것)은 이들에게 이질적입니다. 이들의 정직함은 자기 자신에게도 또한 확장되고, 그러므로 이들은 자신만의 능력을 평가할 시 실상적입니다.

이들은 자주 개인적인 인간의 느낌에서 동떨어진 영역이 선-생각되므로, 함께 살기가 까다로울지도 모릅니다. 이들은 자기 자신에게도 또한 여유롭지 않기 때문에, 가족과 길벗들에게도 역시 그렇게 여유롭지 않습니다. 비록 이들은 자신을 좋은 친구로 만들어내지만, 에고 구축자는 아니고, 아첨할 시간을 갖고 있기에는 너무 비타협적이고 숨김이 없습니다. 그럼에도 이들은 자신과 가장 가까운 사람들에게 어떤 조용한 후원과 따뜻함을 정말 전해줍니다.

▶ 일간 특성
강점; 자기-신뢰적인, 실상화된, 기법적으로 능숙한
약점; 건망증이 심한, 자기를 등한시하는, 함께 살기가 까다로운

▶ 명상
집중의 비결은 끊임없는 산만함을 수용하는 것입니다.

▶ 조언
외교력을 키우고 더 너그러워지는 법을 체득하라.
가끔 기법을 잊어버리고 속편하게 하라.
친절하고 이해심 있게 되라.
절대적으로 필요할 때 타협하는 법을 체득하라.
당신은 자신이 생각하는 것만큼 강하고 불멸적인 것은 아니다.

▶ 건강
이들은 사고를 당하기 쉬운 경향이 있습니다. 이들은 자동차 사고나 순간적인 주목 부족에 의한 실수로 대참사를 초래할 수 있는 국면을 예의 주시해야 합니다. 이들은 등한시로 인해 감기나, 뼈나 관절, 치아의 만성 질환에 걸릴지도 모릅니다. 이들은 비옷 없이 빗 속으로 뛰쳐나가거나, 혹한 속에 자동차 위에서 작업할 정도로 충동적입니다. 몇 년 동안 좋지 않은 환경을 무시하면 만성 질환이 계발될지도 모르는데, 몇 분 또는 몇 시간 동안의 건강 위험에 주목하지 않음을 통하여 이들은 급성 질병이라는 고통을 겪을지도 모릅니다. 자주 이들이 갖고 작업하는 (기계, 자동차, 화학물) 바로 그 장비들이 정확하게 이들의 신체적인 문제의 원인이 될 것입니다. 이들 중 요리하지 않는 사람은 식사시간에 테이블로 끌려가는 것이 필요할지도 모릅니다. 이들이 음식을 즐기지 않는다는 것이 아니라, 이들은 자신이 하고 있는 일에 너무 관여돼서 먹는 것을 단순히 잊어버릴지도 모릅니다.

▶ 수비학
27일에 태어난 사람은 숫자 9(2+7=9) 및 화성에 통치됩니다. 숫자 9는 (이를테면 5+9=14, 4+1=5처럼 9를 더한 어떤 숫자도 그 숫자가 되고, 9×5=45, 4+5=9처럼 9를 곱한 어떤 숫자도 9가 되므로) 다른 숫자에 대한 영향이 강력한 마스터 숫자입니다. 따라서 숫자 9에 통치되는 사람은 타인들을 자주 이끌고, 스타일과 유행을 선도합니다. 이들이 또한 (화성 에너지가 상징하듯이) 충동적이고 지나치게 의지가 강한데, 3월 27일에 태어난 이들은 (화성이 양자리도 또한 통치하고) 자신이 이미 이런 특징 중 일부를 갖고 있으므로, 타인들에게 주는 자신의 효력을 주의해야 합니다.

▶ 원형
아홉 번째 메이저 카드는 대개 등불과 지팡이를 들고서 걷는 '은둔자'이고, 그는 명상, 고립, 침묵을 대변합니다. 그 카드는 확고해진 지혜와 궁극적인 단련을 암시합니다. 은둔자는 양심을 사용하여 타인들로 하여금 그들의 행로를 유지하게 해주는 임무 감독관입니다. 이 카드의 긍정적인 면은 집요함, 목적, 심오함, 집중력이고, 부정적인 의미는 교조주의, 불관용, 불신, 만류를 포함합니다.

3월 28일
순결의 날
Innocence

▶ 심리구조

3월 28일에 태어난 이들은 순결한 외부를 세상에 자주 제시합니다. 삶에서 이들은 자신만의 길을 가야 하지만, 때로는 자신이 잡고 있는 방향을 태평하게도 알아채지 못할 수 있습니다. 이들은 가장 자주 당면한 문제, 즉 대체로 직무에 관련된 문제를 추구하는데 열중하고, 자신의 작업을 할 때는 대단한 집중력을 표출합니다. 사실 폭탄이 이들의 자신 주위에서 폭발할 수 있다 해도, 이들은 여전히 자신의 목표에 집중할 것입니다. 정말 이상하게도, 비록 타인들의 느낌에 대한 자각이 항상 이들에게 최고로 중요한 순위에 속하지 않지만, 그럼에도 이들은 자신의 개방성과 솔직함으로 매우 인기가 있고 환영받습니다. 이들의 좋은 유머 감각도 또한 상처를 주지 않습니다.

기이하게도, 이들은 좋든 나쁘든 간에 자신을 둘러싼 주위 여건과 사건을 차분히 받아들이는 것으로 보입니다. 그러나 자주 이것은 수용하는 철학보다 이들이 깊은 관심을 두지 않는다는 단순한 사실 때문입니다.

비록 이들은 외향적인 역할을 연기할 수 있거나 외향성의 활동을 할 운명일 수 있지만, 혼자 남겨지기를 가장 좋아합니다. 프라이버시를 위한 이들의 욕구는 바깥 세상에 대해 잘 보호되어야만 하는 자신의 집에서 특별히 확실하고, 대중의 무한할 정도의 찬사에도 불구하고 이들은 은거하거나 벽지의 장소에서 살 때 가장 행복합니다.

여러모로 이들은 자신의 업종에서 1등이 되기에 적격이 아닙니다. 오히려 이들 중 정상에 도달하는 사람은 2등이 되기가 불편하기 때문에 정상에 도달하도록 내몰립니다. 자신의 순결함 속에서 어쨌든 이들은 삶 속에서 앞쪽으로 헤쳐나갈 강인함과 무자비함이 부족합니다. 자주 이들은 어느 정도의 자율성을 갖고 있는 한, 더 낮은 수준의 더 편안한 위치에 만족할 것입니다. 이들 중 다수는 최고 수준으로 실연해보여야만 할 때, 즉 격렬한 공적인 정밀 검증을 받아야만 할 때 자기-신임 부족을 표출하는데, 이들은 그런 위치를 위해 잘 갖추어지고 잘 준비되어 있지만, 사실 여전히 이런 점을 믿지 않을지도 모릅니다. 그 귀결로 이들은 자신의 경력 선택과 결정을 영원히 의심합니다. "내가 실상 옳은 일을 했을까?"는 자주 이들에게 떠오르는 질문이고, 그러므로 타인들에게도 떠오르는 질문입니다.

이들은 대개 친구, 동료, 가족, 대중 속에 헌신적이고 충직한 추종자들을 갖고 있습니다. 이들은 사람들이 서로 만나도록 주선하는 중개자의 역할을 포함해서 타인들을 위한 호의를 행하는 것에 이들의 시간 대부분을 들입니다. 이들이 확립된 질서의 핵심 연결고리가 될 수 있기 때문에, 이들의 사적인 믿음과 이들이 하도록 요청받은 것 사이에 갈등이 일어날 수 있습니다. 사적인 이들에게 보호라는 것이 중요한데, 이들은 감정적으로 혹은 재정적으로, 예술적으로, 정치적으로 취약한 위치에 자기 자신을 좀처럼 내버려두지 않을 것입니다.

이들에게서 깊고 감정적으로 보상받는 관계를 탐구하는 사람들은 좌절감을 품게 되는 그들 자신을 알아차릴지도 모릅니다. 이들은 자신을 좋은 친구로 만들어내지만, 자신을 제한하는 사슬이나 밧줄이 나타났다고 느끼자마자 이들은 사라집니다. 하지만 단지 사랑이나 애정을 표현하고 있을 뿐일지도 모르는 타인들이 그렇게 빨리 남겨지는 충격은 파괴적일 수 있습니다. 이들은 사실상 꽤 감정적이지만, 아이 같은 외관 뒤에 놓여 있는 더 강렬한 욕망이나 바램, 두려움을 좀처럼 드러내지 않습니다.

▶ 일간 특성
강점; 독립적인, 화창한, 근면한
약점; 알아채지 못하는, 변덕스러운

▶ 명상
대다수 우울증은 단지 분노, 즉 최고의 분노인 두려움입니다.

▶ 조언
세심하게 계획하고, 묵상할 시간을 허용하라.
[동력인] 모터를 꺼버리고, 당신 자신을 더 잘 알게 되는 빈번한 휴가 일정을 잡으라.
마음을 침잠시키라.
[마음을] 비우라.
겉치레를 그만두는 것을 두려워하지 마라. 당신은 무엇이 두려운가? 당신 자신을 의심하기를 멈추라. 그 의심이 당신을 저지하고 있다.

▶ 건강
이들은 대개 자신의 업무와 무관한 갑작스럽고 예기치 못한 사고를 예의 주시해야만 합니다. 이들은 대체로 화창하고 긍정적이지만, 자기-자각이 부족하고 분석이나 심리적인 탐사를 싫어하기 때문에, 극도로 심각할 수 있는 우울증의 경우 퇴각할 데를 거의 갖고 있지 않습니다. 반면에, 우울증은 이들로 하여금 더 깊은 자기를 헤아리게 강요할지도 모르고, 그래서 이들은 그 기회를 낭비하지 말아야 합니다! 대체로 이들은 등한시나 방종 탓에 생기는 대다수 질병을 피해버리면서, 자기 자신을 보살필 정도로 슬기롭습니다. 음식은 단지 몸에 동력을 공급하기 위한 연료의 역할뿐만 아니라 환영받는 기쁨의 역할도 또한 해야 하는데, 즉 음식이 더 영양이 되게 해주는 방식이어야 합니다. 운동도 덜 통치적이어야 하고, 더 레크리에이션적이어야 하는데, 즉 운동이 더 상쾌하게 해주는 방식이어야 합니다.

▶ 수비학
28일에 태어난 사람은 숫자 1(2+8=10, 1+0=1) 및 태양에 통치됩니다. 숫자 1에 통치되는 사람은 원칙적으로 강하게 개별적이고, 고집적이며, 정상에 오르기를 열망합니다. 하지만 앞서 언급된 것처럼 3월 28일에 태어나 자주 자기-신임이 부족한 이들은 앞서거나 자신의 위치를 더 좋게 할 기회가 생길 때, 매우 신경질적이 될 수 있습니다. 그럼에도 이들은 첫 번째 중첩에 가까운 것에서, 점성학적인 일 년의 첫 번째 주에 가까운 것에서 그리고 태양이 춘분점에 들어서는 강력한 지점에 초기 (불같은 행성인 화성에 통치되는) 양자리에 태어난 것에서 정말 혜택을 봅니다.

▶ 원형
첫 번째 메이저 카드는 마법뿐만 아니라 지성, 소통, 정보를 상징하는 '마법사'입니다. 그의 머리 위의 무한대라는 상징은 일부 타로 종류에서는 모자의 형식을 취하고, 다른 종류에서는 후광의 형식을 취합니다. 많은 해석이 도출될지도 모르는데, 그중 하나는 마법사가 순환적이고 끝나지 않는 삶의 천성을 알아보고, 이런 이해심에 의해 힘있게 된다는 것입니다. 이 첫째 카드가 제안하는 긍정적인 특성은 외교적인 기술과 빈틈없는 기민함을 포함하지만, 부정적인 특성은 양심의 가책 결여와 기회주의입니다.

3월 29일
관찰자의 날
The Observer

▶ 심리구조

3월 29일에 태어난 이들은 활동하기 전에 세심하고 세세하게 삶의 활동을 연구하는 경향이 있습니다. 변덕스러운 이들은 붙잡히기가 까다로운 심지어 약삭빠르기까지 한 고객일지도 모릅니다. 하지만 이들은 일단 누군가가 이들에게 관여하는 것에 관해 철저히 진지하다는 점을 깨닫는다면, 그 사람도 또한 진지하게 받아들이기 시작할 것입니다. 이들은 타인을 실망시킬 사람이 아닌데, 가정사에서 이들은 누구 못지않게 자기 몫을 다할 것입니다.

이상주의는 이들이 하는 거의 온갖 것에 스며들고, 그 이상주의와 함께 자신만의 도덕적인 청렴에 대한 믿음에 스며듭니다. 이들 중 덜 진화된 사람의 그런 정당성은 편협함으로 이어지고, 타인을 박해하는 성향으로 이어질 수 있습니다. 대조적으로 더 고도로 진화된 사람은 '너 자신이 심판받지 않도록 심판하지 마라'는 방침에 의해 어떻게든 살아갑니다.

대개 어릴 적에 이들은 세상에 대한 또 세상이 작업하는 방법에 대한 개념을 형성하는데, 이것은 평생 이들에게 남아 있습니다. 동시에 이들은 자신이 세상에서 무엇을 하도록 의도된 것인지를 자주 깨닫게 됩니다. 이들에게 삶이란 것은 개인적인 여정을 따라 꾸준하게, 무던하게, 심지어 사정없이까지 지속하는 것이라는 단순히 문제입니다. 비록 이들은 자신이 하는 것에 뛰어날 수 있을지라도, 더 외향성의 인격에서 발견되는 대중의 환영을 위한 '에고의 몰아댐'과 '엄청난 욕구' 모두가 부족합니다. 이런 과한 주목에 대한 혐오는 이들이 위치를 얻으려고 밀어붙이지 않는 덕에 자신이 정확하게 책임지는 위치에 선택될지도 모르므로, 때때로 성과를 올릴 수 있습니다. 하지만 만약 삶에서 인정받지 못하는 것이 이들의 운명이라면, 이들은 불평없이 자신의 작업을 해내는 것 또 자신의 가족 속에서 평화와 행복을 찾아내는 것에 만족하게 되고, 아니면 만일 혼자 산다면 사적인 이해관계와 취미에 꽤 만족합니다. 이들은 모든 종류의 편안함과 즐거움을 사랑하지만, 자기 자신만의 세상에서 길을 잃어버리거나 어두운 감정적인 세력에 마음이 팔리는 것을 여전히 주의해야만 합니다.

이들 중 더 고도로 진화된 사람은 신뢰할만하고 충직하지만, 덜 진화된 특정한 유형은 특히 자신의 목적에 도달하는 것에 기만적이고 무자비할 수 있습니다. 덜 진화된 이러한 사람은 자신이 인간 존재로서 더 진보하려는 어떤 바람이라도 갖고 있다면, 자신의 두려움과 편집증적인 경향을 다루는 법을 체득해야만 합니다. 이들 중 대다수는 자신을 뛰어난 친구, 동반자, 동무로 만들어냅니다. 이들의 사랑받게 하는 자질 덕에, 타인들은 이들의 천성에서 더 남다른 측면을 받아들일 것입니다.

이들은 자기 자신을 비웃을 수 있는 드문 인간 집단에 속합니다. 이들은 삶의 아이러니를 너무나 명료하게 알아봅니다. 기실 이들이 사회에 대한 가까운 관찰자이므로, 이들의 주목에서 벗어나는 것은 거의 없습니다. 타인들의 기벽과 결함을 잘 알아채는 이들은 자기 자신에서도 또한 그 기벽과 결함을 알아볼 정도로 선합니다.

비록 이들이 자신의 출생지에서 멀리 떨어져 살더라도 이들은 절대 자신의 뿌리를 잊지 못할 것입니다. 이들 중 다수는 평생 한곳에 살면서, 추억들, 옛 친구들, 협력자들을 살아있는 앨범에 감상적으로 수집합니다.

▶ 일간 특성
강점; 이상주의적인, 아이러니한, 충직한
약점; 고집적인, 야심이 없는, 냉담한

▶ 명상
세상에 대한 나의 책임은 나 자신에서 시작되고 끝납니다.

▶ 조언
당신의 믿음 체계를 타인들에게 강요하지 마라, 모든 사람이 당신에게 동의하는 것은 아니다.
적대감을 자극하는 것을 주의하라.
성취를 향해 당신 자신을 더 밀어붙여라.
당신을 저지하는 이상한 캐릭터의 사람들에게 공들이라. 단지 그들에게 빠져들지는 마라.

▶ 건강
이들은 자주 두드러지게 건강하지만, 민감한 유형들은 다층적인 신경질적인 질환과 때때로 우울증이 생기기 쉬울지도 모릅니다. 이들은 지나치게 지방이 많은 음식, 술 그리고 마약류를 피해야 하는데, 이 모든 것들이 간과 담낭에 해로운 효과를 보유할 수 있습니다. 충치 또한 경계되어야만 합니다. 이들은 달에 대한 민감성 때문에, 특히 여성들에게 호르몬적인 질환이 발생할 수 있습니다. 대개 그런 문제가 실존할 때, 그것들은 가장 눈에 띄는, 달라진 얼굴 표정에서 감지될지도 모릅니다. 이런 스트레스가 많은 시기에 사랑받는 사람들이 주는 긍정적인 후원과 중요성은 아무리 강조해도 지나치지 않습니다. 적당한 운동은 이들의 건강을 유지하는 데 도움이 되지만, 모든 과도한 운동은 피해야 합니다. 하루에 1.5L 정도의 순수한 물을 마시는 것은 방광과 신장 문제를 피하는 데 도움될 것입니다. 식단이 관련된 한, 매운 음식은 이들에게 호소하지만, 합리적인 수준으로 유지되어야 합니다.

▶ 수비학
29일에 태어난 사람은 숫자 2(2+9=11, 1+1=2) 및 달에 통치됩니다. 자주 신사숙녀적이고 낭만적인 천성 속에 있는 이들은 보조자나 협업자의 역할을 즐기는 데 유능합니다. 이것은 만약 이들이 마침 둘째 자녀라면, 특히 지배적인 형제자매의 손아귀에 있던 아이라면 더욱더 현저할지도 모릅니다. 그런 사람은 나이가 많은 더 물질적인 형제자매와 대비해 정신적인 차원을 계발하는 경향이 자주 있습니다. 달의 영향력은 숫자 2에 통치되는 사람에게 상상력과 느낌을 줍니다. 하지만 양자리는 화성에 통치되므로, 달-화성의 연관성은 강제로 3월 29일에 태어난 이들이 감정적인 폭발에 대해 경계하게 할 것입니다.

▶ 원형
두 번째 메이저 카드는 자신의 왕좌에 앉아 침착함과 뚫지 못함을 보여주는 '여사제'입니다. 그녀는 숨겨진 세력과 비밀을 드러내서, 그 지식으로 우리를 힘있게 하는 영적인 여성입니다. 이 카드의 유리한 자질은 침묵, 직감, 비축, 분별이고, 부정적인 가치는 비밀주의, 불신, 무관심, 타성입니다.

3월 30일

타협하지 않는 비전의 날
Uncompromising Vision

▶ 심리구조

3월 30일에 태어난 이들은 극도로 전진적이어서, 자신이 타인에게 갖고 있는 효과를 좀처럼 완화하지 않습니다. 이런 이유로 이들은 성공하려는 자신의 엄청난 추진력의 길을 가로막는 적대감과 장애물을 불러올 수 있습니다. 이들은 개인적인 혹은 사회적인 목표를 도달하기 위한 노력에 되풀이해서 실패할지도 모르지만, 여전히 굴하지 않습니다. 이런 결단은 비록 인정이 늦게 오고, 아니면 심지어 사후에까지 올지도 모르지만, 결국 성공 쪽으로 이들을 만들어갑니다. 이들은 타인들이 이들에게서 떠올리는 것을 꽤 진지하게 취하기 때문에, 자신의 이미지에 관련됩니다. 이것은 이들이 자신의 당혹감과 아픔을 공개적으로 보여주기 때문에, 진가를 알아보는 것이 부인될 때 특히 확실하게 됩니다. 하지만 이런 퇴보는 단지 더 대단한 결의를 다져줄 뿐입니다.

이들은 자신이 직원으로서 상사나 협업자와 충돌할 가능성이 있기 때문에, 단지 상황을 자신만의 방식대로 하는 데 유능할 뿐이므로, 자영업 프리랜서로서 가장 잘 하게 됩니다. 만약 이들이 자유로이 자신만의 개인적인 비전을 추구한다면, 이런 갈등은 방지될 수 있습니다. 이들의 마음이 일관되고, 이들의 에너지가 대개 외줄의 노력에만 유도되므로, 이들은 다른 누군가의 꿈을 공유하기가 어려움을 알아차리게 됩니다.

이들은 매우 격렬합니다. 매우 내몰리는 이들에게 느긋함은 쉽게 오지 않는 탓에, 이들의 지칠 줄 모르는 에너지로 타인들을 지치게 할 수 있습니다. 이들은 자주 상황에 대한 자신의 아이 같고 순진한 관점을 통해 감정적인 어려움도 또한 창조할 수 있습니다. 이들은 거의 항상 독학하는 유형인데, 정규 교육은 어떻게든 이들에게 많은 것을 좀처럼 전해주지 못합니다. 다행히도 이들은 자신이 하고 싶은 것에 대한 그런 명료한 비전을 자신의 머릿속에 갖고 다니는 덕에, 이들은 그 직무를 행하는 데 요구되는 어떤 기법적인 기술도 마스터하는 데 필요한 영감을 갖고 있습니다.

많은 친구를 갖는 것은 이들에게 중요하지 않습니다. 이들이 정말 성공적이 될 때, 이들은 그 성공에 동반된 사교적인 교제를 감당하기 어렵습니다. 이들은 자신이 인정받기 전에 갖고 있었던 프라이버시를 갈망하는 자기 자신을 알아차리고, 심지어 자신의 성취까지 후회할지도 모릅니다. 하지만 결국 이들은 자신의 내면 몰아댐을 따르는 것을 빼고는 다른 선택권을 갖고 있지 않습니다. 극단적인 경우, 이런 내몰리는 사람의 성격은 때때로 활동의 홍수에 너무 깊게 잠기게 되어, 이들이 살과 피를 가진 인간 존재라기보다 거의 세력의 화신이 되는 것으로 보이고, 이들의 진정한 실존은 이들의 작업에 놓여 있습니다.

관계에서 이들은 극도로 요구가 많을 수 있습니다. 이들에게 끌리거나 이미 이들에게 관여하는 사람은, 거의 모든 것에 대비하는 편이 좋을 것입니다. 이들의 활달한 산출량을 당해내는 것은 실로 어렵고, 어쩌면 이들에게 가장 좋은 동무는 힘있으나 요구하지 않는 사람, 즉 이들의 상상력에 호소할 수 있는 사람입니다. 그러나 그런 동무는 시간이 지나도 이들의 이해관계를 유지하려면 꽤 특이하고, 심지어 독특하기까지 해야만 합니다. 게다가 이들은 동무가 누리게 되는 성공을 다루는 데 항상 가장 잘하는 것은 아닐지도 모르고, 자신의 동반자에게 자신만의 욕망을 투사하기 쉬울 수 있습니다.

비록 이들이 감정적으로 매우 복잡하지만, 이들은 자신만의 방식으로 충직하고, 대개 적어도 자신의 추진력 있는 인격이 허용하는 한에서 자신의 가족과 친구들을 위해 꿋꿋이 버텨내려고 최선을 다할 것입니다.

▶ 일간 특성
강점; 추진력 있는, 활달한, 선견지명이 있는
약점; 스트레스받는, 고립된, 반항적인

▶ 명상
어른들은 아이가 되기 위해 성장합니다.

▶ 조언
진정하라.
설명하기 위해 너무 초조해하지 마라, 타인들은 그들 자신을 이해할지도 모른다.
갈등을 피하고 당신의 공격적인 면을 통제하라, 외교적이 되는 법을 체득하라.
당신이 타인과 거래할 시 타협하는 것이, 당신의 비전에 대한 타협을 의미하는 것은 아니다.
당신 자신을 등한시하지 마라.

▶ 건강
스트레스는 이들에게 건강 악화의 주요 원인입니다. 이들이 자신의 깨어있는 삶의 매 순간을 차지할 수 있는 자신의 격정에서 일시 중단을 찾아내는 것은 어렵습니다. 약은 때때로 제한적인 용도에 속할지도 모르지만, 중독은 언제나 제시되는 위험입니다. 두통, 안구통, 치통은 이들 중 착실한 사람에게 모두 흔합니다. 진정시키는 목욕, 동종요법 강장제, 마사지, 약초차는 이들이 진정되는 효과에 유용할지도 모릅니다. 심장마비나 궤양, 다른 스트레스 관련 질병을 위협하는 생활방식에 대한 의사의 경고는 환자인 이들의 귀에 들어가지 않을지도 모릅니다. 흡연, 커피, 음주는 너무 자주 마시는 것은 피해야 하지만, 이들의 생활방식 일부이어서 포기하기 힘겨울 것입니다. 이들은 돌아다니면서 음식을 먹거나 패스트푸드에 만족하는 경향이 있으므로, 혼자서 요리할 때 이들은 요리에 대한 자신의 이해관계를 강화하는 편이 온당할 것입니다. 이들 중 자신을 위해 준비된 음식을 먹을 정도로 운이 좋은 사람은, 요리사의 노력을 즐기기 위해 중간 휴식을 취해야 합니다.

▶ 수비학
30일에 태어난 사람은 숫자 3(3+0=3) 그리고 확장적인 행성인 목성에 통치됩니다. 숫자 3에 통치되는 사람은 자주 야심적이고, 때때로 심지어는 독재적입니다. 하지만 우리가 3월 30일에 태어난 이들이 타인들에게 적대감을 자극할 수 있음을 보았으므로, 양자리의 직접적인 화성 에너지와 짝지어진 확장적인 목성적 추진력은 정신적인 질병이나 물질적인 질병의 일차적 원천인 좌절감으로 귀결될 수 있습니다. 만일 어떤 장애에도 불구하고 이들이 어떻게든 높은 곳에 도달하는 데 성공한다면, 이들은 독재자가 되는 것을 주의해야 합니다.

▶ 원형
세 번째 메이저 카드는 창조적인 지성을 상징하는 '여황제'입니다. 그녀는 완벽한 여성형, 즉 실현된 우리의 꿈이자 체화된 우리의 희망과 열망이라는 최고의 여성성인 대지의 양육자입니다. 이 카드는 매혹, 우아함 및 조건 없는 사랑이라는 긍정적인 특성을 대변하고, 허영심, 꾸며냄 및 완벽하지 못함에 대한 불관용이라는 부정적인 특성을 대변합니다.

3월 31일
끈기의 날
Tenacity

▶ 심리구조

3월 31일에 태어난 이들은 무슨 일이 있어도 앞장설 투사입니다. 이들은 될 때까지 꿋꿋이 버텨내는 끈기를 갖고 있습니다. 일단 목표지점에 확립되면, 이들은 자리에서 내려오기가 매우 어려울 것입니다. 이들은 단순히 자신이 유리한 위치를 고수하는 것을 실로 즐기기 때문에, 여전히 표현되지 않은 독창적인 발상을 갖고 있을지도 모릅니다. 하지만 위기의 시기에 요청받을 때, 이들은 고도로 창조적이고 실용적인 해결책을 자주 내놓으면서, 자신으로 하여금 선배들의 환영을 얻어내게 합니다.

이들은 협업자에 대해 논쟁적이고 요구가 많은 경향이 있으므로, 함께 작업하기가 어려울 수 있습니다. 그러나 무엇보다도 자신이 자리잡은 위치에 관해 매우 실상적인 이들은, 직무라는 정글에서 자신의 생존을 보장할 정도로 기민합니다.

어쩌면 일생에 한두 번 이들은 업무에서 중대한 변화를 만들어낼 기회를 제시받을 것인데, 만일 그 기회를 받아들인다면 시간이 걸릴지라도 이들은 아마도 성공할 것입니다. 이들이 그 기회를 거절하기로 결정한다면, 이들의 숨겨진 재능은 절대 빛을 보지 못할 수도 있습니다. 이들이 도전에 잘 반응하지만, 안전에 대한 사랑 및 돈 문제에 관한 실상주의 때문에 무모한 도박보다 계산된 위험을 선호합니다.

이들은 보스로서 편안하지만, 혁신과 창조적인 사고를 위한 이들의 재능이 팀의 노력에 이바지할 수 있는 곳에서 협력자나 동반자로서 실상 더 잘합니다. 이들은 혼자서 수년 동안 살 수 있지만, 가족생활에서 잘 기능합니다. 이들은 자주 늦게 결혼하기 때문에, 아이를 입양하거나 혹은 심지어 기성 가족을 입양하여 양부모 역할을 맡을지도 모릅니다.

이들은 껴안고 싶은 유형이라는 인상을 누군가에게 거의 주지 않지만, 신사숙녀적인 놀리기나 유머를 통해 따뜻함을 표현하면서, 자신만의 방식으로는 꽤 다정합니다. 명시적인 사랑은 무의식적으로 이들을 겁먹게 하는 어떤 것이므로, 이들은 자주 아이러니한 외관을, 아니면 심지어 냉소적인 외관까지 취합니다. 그러나 어린 시절 부모의 어떤 거절에 의해 높아진 보살핌에 대한 깊은 욕구는 물러설 때와 들어갈 때를 아는 따뜻하고 이해심 있는 동무를 요구합니다. 이들의 신호를 읽는 것이야말로 이들에게 관련되는 데 열쇠입니다. 매우 직감적인 이들은 사랑받는 사람에게 같은 방식을, 어쩌면 말 한마디 없이도 자신을 이해할 것을 기대합니다. 실로 이들은 너무 말뿐인, 즉 너무 약속을 남발하는 누구든 매우 의심합니다.

이들은 대단한 지도자가 되기 위한 추진력을 실상 갖고 있지 않지만, 자신이 원하는 것을 기다려서 결국에는 얻어낼 정도로 참아냅니다. 대체로 이들은 자신의 가슴보다 머리를 따릅니다. 이들은 매우 정신을 지향하기 때문에, 타인들은 (특히 배후조종할 때) 감정이 아니라, 선명한 상식을 통해 이들에게 호소하는 것이 정말 더 나을 것입니다. 이들이 가장 소중하게 여기는 것이 솔직한 대화이므로 이런 호소야말로 진심 어린 반응을 끌어낼 것입니다.

▶ 일간 특성
강점 ; 끈기 있는, 명쾌한, 실용적인
약점 ; 억눌려진, 좌절감을 품는, 논쟁적인

▶ 명상
그만두는 것이 항상 나쁜 발상인 것은 아닙니다.

▶ 조언
당신의 좋은 분별력을 유리하게 활용하지만, 당신의 가장 깊은 본능도 또한 신뢰하라.
당신의 논쟁적인 경향을 주의하라.
사랑과 애정에 당신 자신의 마음을 열어라.
거절에 대한 당신의 두려움을 다루어라.

▶ 건강
이들에게 가장 대단한 건강상 위험은 좌절감이나 분노를 속으로 밀어넣으리라는 점입니다. 특히 나이가 들었을 때 이것은 궤양, 고혈압, 아니면 심지어 암 같은 만성적인 병으로까지 귀결될 수 있습니다. 이들은 배를 안정된 코스로 유지하는 것, 즉 타협자와 중재자의 역할을 하는 것에 자주 관련되므로, 직접적으로 자기 자신을 표현하려고 욕구하게 됩니다. 달리기, 권투, 체조, 등산 같은 꽤 힘든 천성의 신체 운동은 의사가 지시했던 바로 그것일지도 모르는데, 이들이 단체 활동을 좋아하기 때문에, 야구나 농구 같은 팀 스포츠가 매력적일지도 모릅니다. 이들의 사교적인 천성은 대개 잘 계발되어 있어서, 이들은 단체 식사를 사랑합니다. 야외요리든, 일요일 뷔페식 식사든 간에 이들은 타인들이 먹고, 이야기하며, 사교하는 것을 보기를 좋아합니다. 그러면 이들에게 타인들을 위해 요리하는 것보다 더 좋은 취미는 무엇일까요? 이들은 절제식을 선호하는 데 자제력을 놓으려고 거의 욕구하지 않습니다.

▶ 수비학
31일에 태어난 사람은 숫자 4(3+1=4)와 31 그리고 천왕성에 통치됩니다. 오직 7개 달만이 31일을 갖고 있으므로, 31일은 생일에 대해선 약간 흔치 않은 숫자이고, 31일에 태어난 이들은 헤아리기가 자주 까다롭습니다. 화성(양자리의 통치자)과 천왕성의 조합은 폭발적인 기질 및 예견되지 않는 충동적인 행동을 의미할 수 있습니다. 숫자 4에 통치되는 사람은 상황을 다른 사람들과는 다르게 바라보므로, 완고하거나 논쟁적일 수 있습니다. 이들의 심혼은 특히 이들이 매우 힘겹게 받아들이는 거절에 관한 한 민감합니다. 대체로 3월 31일에 태어난 이성적인 이들은 좋은 분별력을 보여주면서, 위에서 언급된 좀 더 불규칙한 자질을 완화합니다.

▶ 원형
네 번째 메이저 카드는 자신이 갖고 있는 권력의 일차적인 원천인 지혜를 통해 구체적이고 세속적인 것들을 다스리는 '황제'입니다. 황제는 안정되고 심오한데, 그의 권위라는 세력은 의심받을 수 없습니다. 이 카드의 긍정적인 연관성은 강한 의지력과 확고부동한 에너지이고, 비호의적인 특성은 외고집, 압제, 잔인성을 포함합니다.

4월 1일
존엄성의 날
Dignity

▶ 심리구조

4월 1일에 태어난 이들은 대개 직선적이고, 자기를 단련시키며, 심사숙고하고, 열심히 작업하는 사람입니다. 이들은 자신의 기예에 대한 마스터일지도 모르지만, 자신의 재능을 비록 과시한 적이 있다고 해도 좀처럼 내세우지 않습니다. 아이로서 이들은 다른 아이들이 부담임을 알아차릴 많은 책임을 짊어지면서, 심지어 일상생활을 향한 진지하고 양심적인 태도까지 구현합니다. 성장하면서 이들은 자신을 친구나 가족이 해마다 의존할 수 있는 신뢰할만한 인물로 예외 없이 계발합니다.

비록 이들의 스타적인 자질은 부인되지 않지만, 이들은 일찍이 세상의 주목을 끄는 것을 탐구하지 않습니다. 이들에게 중요한 것은 바로 주목받는 중심에 있는 것이 아니라 현재 일어나고 있는 것의 중심에 있는 것입니다. 이들이 실상 원하는 모든 것은, 자신의 작업을 계속 해나가는 것입니다. 작업에 대한 이들의 고착은 실로 현저하고, 이들은 자신의 삶에서 다층적인 시기에 일벌레로 공인받을 가능성이 있습니다. 이들 중 다수는 남에게 수줍어하는 인상을, 심지어 틀어박히는 인상까지 줍니다. 사실 이들은 자신의 직업이 사회성을 요구하지 않는 한, 지나치게 사회성 있는 사람이 아닙니다.

기법의 절묘함은 이들을 위한 열광할 거리가 될 수 있습니다. 이들은 자신이 하는 것의 온갖 측면을 마스터하는 것에 관심을 두고, 타인들에게 도움을 요청하는 것은 오직 이들에게 난처한 상황일 것입니다. 극도로 유능한 이들은 대개 자력으로 학교의 바깥에서 기예를 배웁니다. 수업에 참석하는 것은 이들로 하여금 좀이 쑤시도록 만들어낼 수 있고, 이들 중 다수는 자신의 독학 과정을 시작하려고 졸업하는 것을 기다릴 수 없습니다. 경험에서 배우고 자신이 찬양하는 사람들의 방도를 관찰할 능력이 있는 이들은 일찍 독특한 자신만의 스타일을 계발합니다.

비록 이들이 독창성을 발휘하는 데 유능하지만, 이들의 작업은 좀처럼 고도로 대담하거나 특이한 것이 아니라, 보수적이고 조정될 가능성이 더 있습니다. 자주 이들은 역사에 대한 격정을, 즉 상황이 이전에 이뤄졌던 방식을 연구해서 그것이 성공했거나 성공하지 못했던 이유를 연구하는 격정을 갖고 있습니다. 이들이 관심사를 끄는 것은 바로 자신만의 성공이 아니라 오히려 이들이 하는 프로젝트와 노력의 성공입니다.

몰아댐은 관심사의 문제를 만족스러운 결론에 이르게 하려는 이들 속에 매우 강하게 있습니다. 따라서 아무리 많은 에너지나 혹은 얼마나 대단한 희생이 요구되더라도 이들은 프로젝트를 완료할 것입니다. 이들은 자신에게 쾌감을 제공하기 위해 타인에게 의존하지 않고, 자기 자신을 친구들이나 찬양자들로 둘러싸지 않습니다. 타인들은 때때로 이들이 단독적이거나 고립되며 외롭다고 생각하면서 이들을 딱하게 여기지만, 사실 이들은 혼자서 살며 자율적으로 기능하는 것이 꽤 행복합니다. 이들은 자기 자신에게 너무 많이 요구하는 문제를 갖고 있을지도 모르는데, 따라서 이들은 한 번에 너무 많은 프로젝트를 떠맡지 않도록 해야만 합니다. 단련된 이들에게 매력적인 유일한 레크리에이션 자체는, 자주 타인들이 그 취미를 작업으로 착각할 정도로 이들이 그런 열정으로 추구하는 취미입니다.

▶ 일간 특성
강점; 목표 지향적인, 진심인, 기법적으로 능숙한
약점; 고립된, 편협한, 일벌레인

▶ 명상
우리가 바이올린, 기타, 피아노를 연주하는 것처럼, 우주도 우리를 연주합니다.

▶ 조언
당신의 동료 인간 존재들과 더 교감하라, 당신의 개인 생활을 세상에서 너무 많이 고립시키지 말라.
사랑받는 사람과 기쁨 및 슬픔을 함께 나누라.
너무 많은 것을 떠맡지 않도록 주의하라, 당신 자신을 시간의 제한과 압박 아래 두지 않도록 하라.
느긋해지는 법을 체득하라.

▶ 건강
건강하며 건강을 유지하려고 이들은 실체적일 정도의 신체 운동을 욕구합니다. 이들은 가능한 한, 다리를 뻗거나 야외에 있을 수 있는 기회를 주는 직업을 추구해야 합니다. 만약 이들이 좌식 직무에 묶이게 되는 일이 일어난다면, 이들은 절대적으로 자신의 여가에 어떤 형식의 활기찬 운동을 탐구해야만 합니다. 이들은 자신이 하는 온갖 것에 대한 탐험가이자 개척자이어서, 하이킹, 등산, 승마 같은 활동은 이들에게 자연스럽게 다가옵니다.

▶ 수비학
1일에 태어난 사람은 숫자 1 및 태양에 통치됩니다. 1일에 태어난 사람은 대체로 자신이 하는 것에서 첫째가 되는 것을 좋아합니다. 둘째나 셋째 지위의 제안이 들어오는 것은 이들에게 거의 위안이 되지 않는데, 이들은 천성적으로 승자이고, 기대에 의한 승자입니다. 비록 숫자 1에 통치되는 사람이 자주 두드러진 리더의 자질을 표출하지만, 4월 1일에 태어난 이들은 타인들을 이끄는 것이 아니라 자유로운 대리인으로 활동하는 것을 선택할지도 모릅니다. 숫자 1에 통치되는 사람은 태양의 영향력 때문에 양자리의 통치자인 화성의 영향력에 의해서 이들을 위해 훨씬 더 불같게 만들어지는 긍정적인 에너지를 발산합니다. 하지만 만약 이들이 좌절하게 된다면, 이들은 소통하지 않게 되고, 처참한 효과를 동반하는 어두운 형태의 에너지를 자기 자신에게 유도하게 될지도 모릅니다.

▶ 원형
첫 번째 메이저 카드는 마법뿐만 아니라 지성, 의사소통, 정보를 상징하는 '마법사'입니다. 그의 머리 위의 무한대라는 상징은 일부 타로 종류에서는 모자의 형식을 취하고, 다른 종류에서는 후광의 형식을 취합니다. 많은 해석들이 도출될 수 있는데, 그중 하나는 마법사가 순환적이고 끝나지 않는 삶의 천성을 알아보고, 이런 이해심에 의해 힘있게 된다는 것입니다. 이 첫째 카드가 제안하는 긍정적인 특성은 외교적인 기술과 빈틈없는 기민함을 포함하지만, 부정적인 특성은 양심의 가책 결여와 기회주의입니다.

4월 2일
이상주의자의 날
The Idealist

▶ 심리구조

4월 2일에 태어난 이들은 삶에 대한 자신의 접근법이 극도로 이상적입니다. 대부분 이런 특징 때문에, 이들은 자신이 경력에 넣고 싶은 곳에 도달하는 데 문제를 갖고 있을지도 모릅니다. 때때로 이들의 아이 같은 천성이 포용하는 순진한 세계관은 성공하려고 심하게 몰아대는 부추김을 항상 보완해주는 것은 아닙니다. 오직 삶에서 자신의 목적을 찾아내고, 자신의 장래성에 대한 한계를 수용하며, 어쩌면 심지어 더 낮은 곳조차도 감수한 후에만, 이들은 자신의 상당한 에너지를 최대한 활용할 능력이 있게 됩니다. 하지만 이들이 이 지점에 도착할 때까지, 이들은 당연히 더 허둥댈지도 모릅니다.

이들은, 특히 남성은 대개 가족 지향적입니다. 그런 이들 중 남성에게 자신의 집은 자신의 성(城)이고, 자신의 가족은 자신의 가신입니다. 이것은 특히 이들의 자녀 중 누군가가 신하 역할에 편안함을 느끼지 못한다면, 때때로 문제를 창조할 수 있습니다.

이들은 자신의 이상, 꿈, 비전에 관해 쉴새 없이 이야기합니다. 이들의 이상주의를 감당하는 것은 이들 자신의 주위 사람들 쪽에, 특히 그 이상주의 사고방식을 동화 같은 다층성의 존재로 여기는 훨씬 더 실용적인 동료 쪽에 엄청난 참을성을 자주 요구합니다. 이들이 정신적으로 다른 세상에 실존할 수 있기 때문에, 이들의 정직함과 일심은 타인들로 하여금 이들 및 이들의 동기를 자주 오해하도록 유발합니다. 이들은 자신 비전의 순수성 탓에 자주 타협하기가 어려움을 알아차리고, 동료 협업자의 이해심 부족 또는 불일치를 배신으로 여깁니다.

자주 타인들의 상당한 사랑을 받는 이들은 자신의 발상을 갖고 친구를 산만함 쪽으로 몰아대지 않도록 조심해야만 하고, 대다수 자신에게 이질적인 어떤 것과 타협하는 법을 체득해야만 합니다. 이들은 너무 자주 세상을 흑백의 방식, 즉 소외시키는 입장에서 봅니다. 그러나 이들이 매우 인간적이고, 매우 비계산적이며, 개방적이고 베풀기 때문에, 이들은 자신의 분노와 사소한 매일매일의 감정적인 까다로움을 빨리 용서받을 것입니다. 게다가 이들은 자주 탄압받는 사람인 약자를 위한 대의를 신봉하고, 이는 강력한 사람의 반감을 사게도 하지만, 친구와 찬양자들도 또한 얻게 할 수 있습니다.

타인들의 감정은, 유사한 감정을 이들 자신 속에서 알아볼 능력이 있도록 하기 위한 위기, 어려움 및 심지어 재앙에조차도 맞부딪치려고 때때로 욕구하는 이들을 자주 당황하게 합니다. 이들은 타인들이 이들에게서 무엇을 떠올리는지를 의식하지 못할 수 있습니다. 그 귀결로 순수할지라도 극단적인 이들의 관점에 대한 진가를 누구든 알아보는 것은 아니라는 점을 이들이 깨닫게 되기까지 오랜 시간이 걸릴지도 모릅니다. 말썽꾼으로 낙인이 찍히면, 그 결과로 발생되어 자신에게 불리하게 작용하는 결정을 이들은 다소 힘겹게 받아들일지도 모릅니다.

▶ 일간 특성
강점; 정직한, 진심인, 부지런한
약점; 순진한, 억눌려진, 알아채지 못하는

▶ 명상
일어나고 있는 것에 살아 있음으로써 우리는 현재에 삽니다.

▶ 조언
당신 자신으로 하여금 실상적이 되도록 강요하라.
꿈의 세계에서 살지 마라.
이상주의는 찬양받을 만하지만, 돈이 되지 않는다.
심지어 타인들이 부정적인 목소리를 낼 때조차도 그들에게 귀를 기울여라, 그들의 비판은 당신이 그 비판을 생각해본다면 소중할지도 모른다.

▶ 건강
이들에게는 적당한 신체 운동이 온당합니다. 이것은 이들을 자신의 몸에 뿌리내리는 역할을 하고, 이들이 거주하는 고도로 정신적인 세계에서 일시 중단하기를 제안할 것입니다. 이들의 활발한 상상력은 이들을 피폐하게 만들어낼 수 있고, 이들은 자신의 신경과민을 매우 조심해야만 합니다. 이들은 억눌려진 분노에도 또한 마음써야만 하고, 그렇지 않으면 틀림없이 우울증으로 이어질 것입니다. 반복되는 좌절은 이들에게 가까운 사람들에게 처참한 심리적인 귀결을 주면서, 극단적인 경우 이들로 하여금 완전히 꿈의 세상에서 살도록 강요할 수 있습니다. 신체적으로 이들은 자신의 몸이 주는 메시지에 유의하는 법을 체득해야만 하고, 아픔, 오랜 불편함, 등과 목 문제는 전문가에 의해 정기적으로 처치되어야 합니다. 이들은 늦어서 후회할 때까지 만성적인 문제를 무시하려고 시도하므로, 이들에게 정기검진은 극도로 중요합니다. 식단이 관련된 한, 이들은 먹는 것을 사랑해서 유제품, 술, 고기의 섭취를 제한하지 않으면 체중이 늘어날 수 있습니다.

▶ 수비학
2일에 태어난 사람은 숫자 2 및 달에 통치됩니다. 달은 대체로 낭만적이고 상상적인 천성을 부여해줍니다. (화성에 통치되는) 양자리의 공격적인 별자리 아래 태어난 이들은 특히 남성들에게 매혹, 야망 및 성적인 추진력을 빌려주는 달-화성의 영향력 아래 놓입니다. 숫자 2에 통치되는 사람이 마침 둘째 자녀라면, 그/그녀는 첫째 자녀를 향해 부모가 유도하는 강한 감정 일부를 모면함으로써, 숨겨지고 보호되었을지도 모릅니다. 숫자 2에 통치되는 사람은 자주 좋은 협업자와 동반자이지만, 좀처럼 리더에 적격인 것은 아니어서, 4월 2일에 태어난 이들은 자신이 지배적인 역할을 열망한다면, 어려움에 맞닥뜨릴 수 있습니다.

▶ 원형
두 번째 메이저 카드는 자신의 왕좌에 앉아 침착함과 뚫지 못함을 보여주는 '여사제'입니다. 그녀는 숨겨진 세력과 비밀을 드러내서, 그 지식으로 우리를 힘있게 하는 영적인 여성입니다. 이 카드의 유리한 자질은 침묵, 직감, 비축, 분별이고, 부정적인 가치는 비밀주의, 불신, 무관심, 타성입니다.

4월 3일
지렛대 받침의 날
The Fulcrum

▶ 심리구조

4월 3일에 태어난 이들은 자기 자신을 알아차리게 되는 삶에 긴요해지려는 강한 욕망을 구현합니다. 이들은 자신의 지식을 통해서든, 재능을 통해서든, 사회적인 요령을 통해서든 간에 어떻게든 꽤 자연스럽게 상황의 중심에 있습니다. 가정에서든 작업에서든 간에 자신의 환경을 정돈하고 통제하는 것은 이들에게 매우 높은 우선순위입니다. 이들은 시끌벅적한 말이 거의 없이 자신의 주위 사람들을 유도하고, 자신의 바람을 직접적인 태도로 알게 만들며, 타인들이 주의를 기울여서 듣기를 기대함으로써 이 우선순위를 대개 달성합니다. 무시받는 것은 이들에게 참을 수 없는 일입니다. 하지만 독재적인 입장을 떠맡지 않는 것을 선호하는 이들은 실로 고도로 자연스런 호소를 통해 여유로운 태도로 타인들을 대개 포섭할 수 있습니다.

이들은 인간 천성에 대해, 특히 기본적인 것에 관한 한에서 강한 직감적인 이해심을 갖고 있습니다. 비록 이들이 때때로 상황을 극단적으로 단순화하여 바라볼지도 모르지만, 문제의 뿌리까지 정말 어떻게든 파헤칩니다. 이들의 거침없는 말씨나 무뚝뚝함은 때때로 이들을 곤경에 빠뜨릴 수 있습니다. 그러나 대다수 경우 타인들은 필요하거나 위험할 때 안심시켜주는 이들의 강한 신체적인 존재감을 찾아낼 뿐만 아니라 이들의 통찰력을 알아보고 중시합니다.

이들은 독립적인 양식으로 혼자서 활동하는 데 꽤 유능하지만, 어떻게든 (환영받고 양육하려는 이들의 강한 욕구에 의해 드물지 않게 부채질되는) 이들의 에너지 중 대다수를 차지하는 것은 바로 집단과 사회 활동에 대한 이들의 관여입니다. 이들의 성격이라는 세력을 통해 매우 다양한 요소, 심지어 반대되는 요소조차도 아우르는 이들의 힘은 두드러집니다. 하지만 편애하는 성향도 또한 갖고 있는 이들은 의존성을 조장함으로써 자기 자신과 타인들에게 어려움을 창조할 수 있습니다.

이들은 천성이 좋은 경향이 있지만, 순진한 것으로 비판받을 수 있습니다. 사실 이들은 타인들에게 아이같은 것과 어른스러운 것, 잘 속는 것과 실상적인 것, 이기적인 것과 책임지는 것이 기이하게 혼합된 인상을 자주 줍니다. 이들은 자신의 믿음체계의 경직된 적용을 통해 드물지 않게 엄청난 판단 실책을 만들어내는 데 유능하지만, 이들이 악의가 없는 덕에 대체로 자신의 친구나 가족, 대중의 찬양자들에 의해 쉽사리 용서될 것입니다.

이들이 직면하는 대단한 도전 중 하나는 삶에서 한 가지 역할에 갇혀버리지 않는 것, 따라서 더 계발할 기회를 스스로 부인하지 않는 것입니다. 이들은 자신이 차지하고 있는 중추적인 위치 그 자체가 그런 진화적인 성장의 주요 장벽이 되지 않도록 매우 조심해야만 합니다. 이런 점에서 이들의 주목을 산만하게 하거나 지나치게 요구하는 사람들 및 프로젝트들에 대해 '안돼'라고 말하는 법을 체득하는 것은, 또 죄책감을 느끼지 않고 새로운 방향으로 나아가기 위해 독립성을 키우는 것은 생명처럼 중요합니다.

▶ 일간 특성
강점; 천성이 좋은, 무던한, 재미를 사랑하는
약점; 요구가 많은, 자기 중심적인, 순진한

▶ 명상
닭은 알 자체를 재생산하는 알의[알이 가야 할] 길입니다.

▶ 조언
타인들의 승인에 너무 의존하지도 말고, 그들에게 봉사하는 것에 너무 마음이 팔리지도 마라.
당신의 영을 지켜내며, 숨겨진 재능을 계발해서, 당신의 내면 가치를 찾아내라.
당신과 함께 사는 사람들을 통제하고 싶은 욕망을 억제하라, 때때로 물러서서 단지 사라지는 법을 체득하라.

▶ 건강
이들의 건강 문제는 대체로 이들이 자신의 주위 사람들에게 너무 많이 주목해보는 것에서 생겨납니다. 이들 중 외적으로 유도된 사람은 자신의 건강을 최우선으로 두지 않는 한, 이들이 누구에게도 쓸모있는 사람에 속하지 않는다는 점을 자신의 가족 또는 의사, 친구들에 의해 상기되어야만 합니다. 천성적으로 이들은 말(馬)처럼 건강하고 강해지려는 경향이 있습니다. 그러므로 이들의 문제는 대개 오직 해를 거듭하여 등한시된 후에만 등장합니다. 좋은 식욕은 이들을 위한 건강의 자산이지만, 지나치게 탐닉해서 살찌는 성향은 운동 요법과 식단의 지방 함량을 줄이는 것으로 통제되어야 합니다. 두통과 스트레스 관련 장애는 타인들이 배치 및 책임을 공유하는 정기적인 나들이와 휴가를 통해 어쩌면 완화될 수 있습니다.

▶ 수비학
3일에 태어난 사람은 숫자 3 그리고 확장적인 행성인 목성에 통치됩니다. 숫자 3에 통치되는 사람은 자주 자신의 분야 내에서 도드라진 위치에 오르고, 독재적인 경향도 또한 있습니다. 이 경향은 직접적인 지시를 주어야 하는 것 없이도 이들의 주위 상황이 순조롭게 진행되는 것을 선호하는 4월 3일에 태어난 이들에게선 다소 진정되고, 제안의 힘인 비언어적인 소통이 이들의 강점입니다. 목성-화성(양자리의 통치자)의 연관성은 이들이 독립적인 생각과 활동이 필요하다는 점을 예고해줍니다.

▶ 원형
세 번째 메이저 카드는 창조적인 지성을 상징하는 '여황제'입니다. 그녀는 완벽한 여성형, 즉 실현된 우리의 꿈이자 체화된 우리의 희망과 열망이라는 최고의 여성성인 대지의 양육자입니다. 이 카드는 매혹, 우아함 및 조건 없는 사랑이라는 긍정적인 특성을 대변하고, 허영심, 꾸며냄 및 완벽하지 못함에 대한 불관용이라는 부정적인 특성을 대변합니다.

4월 4일
주도권의 날
Initiative

▶ 심리구조

4월 4일에 태어난 이들은 자신의 매우 특이한 인격을 전면에 앞세우려고 욕구된 주도권을 갖고 있습니다. 역경이 자주 이들에게 맞서 있기 때문에, 어쩌면 이들은 이런 주도하는 자질을 갖고 있어야만 합니다. 이런 역경은 이들의 남다름에 대한 반응 때문이거나 이들 자신이 자신에게 최악의 적이기 때문일지도 모릅니다. 어떤 경우든 이들은 자신이 원하는 것을 위해 싸워야 하는데, 문제는 바로 '자신이 누구인지' 또 '자신이 탐구하는 것이 무엇인지'를 알아차리는 데 이들에게 꽤 오래 걸릴지도 모른다는 점입니다. 그러므로 참아냄은 이들의 성공을 위해 중요한 또 다른 자질입니다.

이들은 프로젝트를 착수할 뿐만 아니라 그 프로젝트를 성공적인 결론을 위해 끝까지 해내는 능력을 내보여줘야만 합니다. 일반적으로 이들 삶의 성패는 이런 확고부동한 자질을 구현할 이들의 수용력에 의해 판단될 것입니다. 물론 이들은 자신이 할 수 있는 것에 한계가 현존하므로, 새로운 노력에 관여하게 되려는 자신의 성향도 또한 확실히 파악하려고 욕구할 것입니다.

이들이 완전히 잘못된 방향으로 향하고 있을 수 있지만, 깨달음의 순간 이들은 코스를 바꾸고, 새로운 활동 계획을 도표로 그리며, 그것을 계속할 용기와 결단을 찾아냅니다. 이들은 자신의 노력에 극도로 완고할 수 있는데, 사람들은 이들이 시도하고 있는 것이 무엇인지를 완전히 이해하지 않고선 이들을 반대하지 않는 편이 온당할 것입니다. 이것은 동무나 동반자 쪽에 일부 참을성을 요구할지도 모릅니다.

이들이 추구하는 것은 수용뿐만 아니라 또한 자신의 분야에 대한 명성입니다. 이것은 이들이 관여하는 어떤 것에 대해서든 현저한 위치만큼 숭배와 아첨을 탐구한다는 의미가 아닙니다. 시작해서 자주 혁신하려는 이들의 타고난 욕구를 이들에게서 빼앗는 것은 완전히 해롭습니다. 이들은 자신을 훌륭한 임원으로 만들어내고, 자신의 발상을 이행하는 타인들과 잘 기능합니다. 이들은 가족 집단이나 다른 사회 집단 속의 리더로 자신의 주요 노력을 발휘하기로 선택할지도 모릅니다. 이들은 무엇이 기대되는지를 명료하게 만들어내고, 무엇이 행해왔는지에 대한 자신의 판별도 똑같이 명료하게 만들어내므로, 이들을 위해 작업하는 것은 매우 부담되지만, 만족도 또한 됩니다. 하지만 이들은 자기 자신을 반복하는 것이 아픈 것임을 알아차리고, 자신이 첫째 시도에서 이해받기를 고집하면서, 조급해할지도 모릅니다. 결국, 이들 중 다수는 자영업의 직종으로 혼자서 작업하는 것이 가장 보상받는 것임을 알아차릴지도 모릅니다.

이들이 삶에서 자신의 목적을 발견할 때까지, 잘 유도될 수 없다는 점은 강조되어야 합니다. 만약 중년기에 가까워지면서 잘못된 길로 벗어난 이들이 이것을 깨닫지 못한다면, 이들은 자신이 '은연중' 신뢰하는, 자신과 매우 가까운 누군가에 의해 이런 점을 통지받아야만 합니다. 이들이 스스로 알아차린다면 실상 더 좋지만, 너무 늦을 때까지 이런 일은 일어나지 않을지도 모릅니다. 따라서 진지하고 객관적인 조언을 때맞춰서 해주는 데 유능한 결혼 동반자나 친우를 갖는 것이 필수적입니다. 만약 한 무리의 찬양자나 아첨꾼들로 자기 자신을 둘러쌀 정도로 어리석다면, 이들은 자기 자신을 해치게 될 것입니다. 확고한 실상이야말로 이들의 행복을 위한 근거입니다.

▶ 일간 특성
강점; 혁신적인, 생동적인, 야망적인
약점; 충동적인, 불안정한, 반항적인

▶ 명상
가만히 있는 것이 인류의 가장 대단한 도전일지도 모릅니다.

▶ 조언
[공격의 방향을 전환해줄] 묵상과 침묵의 가치를 배우라.
더 나은 팀 협동자가 되어 타인들과 더 많이 공유할 방식을 발견하라.
비밀로 하려고 노력하라. 온갖 것을 폭로해버리지 마라.
깊이를 키우고, 신비를 감지하라.
어떤 폭력적이고 충동적인 본능도 확실히 파악하라.

▶ 건강
이들의 건강에 대한 가장 대단한 위험은 이들의 충동성에 놓여 있습니다. 이들이 가장 대단한 위험에 처할 때는, 문자 그대로든 비유적으로든 이들이 방향을 바꾸기로 결정하는 그 순간입니다. 보행자이자 운전자로서 이들은 잠재적인 사고를 항상적으로 살펴보아야 합니다. 게다가 이들은 자신을 신경질적으로 만들어내는 어떤 업무나 환경, 물질도 피해야 합니다. 소금이든 허브든 간에 동종요법 치료제는 가장 안전한 이완제일지도 모릅니다. 방향유를 사용한 목욕, 마사지, (특히 두개골과 위쪽 척추의) 척추 지압술은 적합한 균형을 잡도록 몸을 되돌리는 데도 또한 도움될 수 있습니다. 이들은 고도로 다양하고 균형 잡힌 식단을 먹는 것에 대한 이해관계를 취하도록 격려되어야 합니다.

▶ 수비학
4일에 태어난 사람은 숫자 4 및 천왕성에 통치됩니다. 숫자 4에 통치되는 사람은 상황에 응하는 자신만의 자주 남다른 방식을 갖고 있고, 천왕성은 갑작스러운 가변성과 예견되지 않는 활동을 예시해줍니다. 화성(양자리의 통치자)의 영향력은 이런 갑작스러운 활동을 공격적이고 폭력적인 것으로 만들어낼 수 있습니다. 4월 4일에 태어난 이들은 (화성의 영향력에 의해 다시 예고되는) 대단한 주도권이라는 복을 받기 때문에, 숫자 4의 자질에 의해 추가된 위험은 상당합니다. 숫자 4는 반항심도 또한 의미할 수 있으므로, 이들의 관심사는 이들이 자신의 재능을 기폭제로 행사하는 것보다 반응적으로 살아가리라는 점일지도 모릅니다.

▶ 원형
네 번째 메이저 카드는 자신이 갖고 있는 권력의 일차적인 원천인 지혜를 통해 구체적이고 세속적인 것들을 다스리는 '황제'입니다. 황제는 안정되고 심오한데, 그의 권위라는 세력은 의심받을 수 없습니다. 이 카드의 긍정적인 연관성은 강한 의지력과 확고부동한 에너지이고, 비호의적인 특성은 외고집, 압제, 잔인성을 포함합니다. 황제의 확고함과 결단력은 이들에게 유용한 은유의 역할을 할 수 있습니다.

4월 5일
귀결의 날
Consequence

▶ 심리구조

4월 5일에 태어난 이들은 인생에서 성공하는 능력 및 꿋꿋이 버텨내는 끈기를 갖고 있습니다. 스타의 자질에 마음이 팔리는 이들은 지나치게 에고적인 것처럼 보임이 없이 침착하고 자신만만한 이미지를 제시합니다. 같은 태도로 이들 자신은 상황을 깊이 검토하기보다 자주 그 상황의 겉모습에 얽매입니다. 가장 자주 이들은 삶에 곧바로 연결되는 '하나의 업종', '한 세트의 원칙', '생각에 대한 하나의 흐름'을 추구합니다. 스타의 자질을 지닌 사람이 환영받기를 탐구하듯이 이들도 그렇게 하지만, 타인들이 유의를 기울이고 있든지 아니든지 이들은 끈덕지게 노력하면서 그런 환영받는 것이 없이도 살아남습니다. 자신의 주위에서 무슨 일이 진행되든지 간에 이들은 엄청난 집중력을 가져와서 당면한 문제에 적용할 수 있습니다.

이런 종류의 스타 자질이 있는 사람을 소박하다고 칭하는 것이 상상되기가 어렵지만, 사실 이들은 소박합니다. 이들은 무던하고 평범한 남자나 여자의 역할을 연기하는 것이 가장 편안합니다. 특별한 재능을 타고난 이들에게 그런 [현실적인] 연기는 물론 신기에 가까운 [연극적인] 연기입니다. 하지만 이들은 분석되고, 조사되며, 파악되는 것에 대해 잘 반응하지 않습니다. 이들이 관련된 한, 자신이 연기하고 있는 역할은 진정한 자기여서, 이들은 누군가 더 깊은 어떤 것도 파고들기를 원하지 않습니다.

이들에게 가장 적합한 업종은 이들이 평생 계속할 수 있는 업종입니다. 이들은 완전하고 만족스러운 경력을 오래 계속하는 경향이 있습니다. 이런 경력과 달리 이들의 결혼생활은 폭풍우칠 수 있고, 이들 중 일부에게는 무분별한 행위뿐만 아니라 다소 긴 사건으로도 또한 점철될 수 있습니다. 이들은 자신의 행동에서 어떤 잘못도 자주 알아볼 수 없습니다. 감정적으로 도달하기가 이들은 매우 어려울 수 있고, 앉아서 상황을 꺼내서 이야기하는 것은 이들이 경멸하는 중요한 것일지도 모릅니다. 이들에게 관계 속에서 관여하는 사람은 대체로 이들이 언제나 이해심이 있다고 기대된다는 점을 알아차립니다. 이들은 파리 같은 찬양자를 끌어들이므로, 많은 이해심이 요구될지도 모릅니다.

이들은 비록 논쟁으로 자기 자신에게 절대 부담을 주기를 바라지 않을 것 같은 사람일지라도, 자신의 직접적이고 솔직담백한 접근법에 위협받는 사람들의 적대감을 맞닥뜨릴지도 모릅니다. 비록 그 접근법이 재정적으로 처벌받는 것을 의미하더라도, 이들은 자신의 믿음을 굽히지 않을 것입니다. 어쨌든 이들에게 돈이 최고가 아닙니다. 더 중요한 것은 이들이 자신의 계획을 이행하는 데 성공적이고, 자신의 이상이 위협받지 않는다는 점입니다. 정직과 성실을 옹호하는 대단한 신봉자이고, 그럼에도 이들은 삶이라는 사업을 계속하기 위해 불안을 피해버릴지도 모릅니다. 자주 이들은 싸움이 될 거리가 현존하는지 아닌지에 대한 질문을 상대에게 미룰 것입니다.

노력이나 활동에 갇혀 있을 때, 이들은 그만둘 때를 알지 못하는, 즉 타인들이 지루해하거나 흥미가 떨어져서 다른 무언가로 옮겨가기를 바랄지도 모른다는 점을 자주 알아채지 못합니다. 마찬가지로, 이들 중 일부는 자신의 주요 업무를 너무 오래 계속합니다. 따라서 이들이 주기적으로 자신의 삶을 세밀하게 점검하고, 심지어 어렵거나 아프더라도 필요하다면 욕구되는 변화를 만들어내는 것은 필수적입니다.

▶ 일간 특성
강점; 일관된, 부지런한, 성공적인
약점; 반복적인, 지나치게 방종한, 감정적으로 봉쇄된

▶ 명상
당신은 다리가 두 개라면 달리고, 다리가 한 개라면 뛰어넘으며, 다리가 없다면 난다!

▶ 조언
포기하고 떠날 때를 체득하라.
그만두는 것이 항상 나쁜 발상은 아니다.
당신의 동무에게 '더' 헌신적이 되기를 시도하고, 더 자주 그들의 관점에서 상황을 보라.
당신의 좋은 건전함[건강함]을 당연시하지 마라.
성공뿐만 아니라 당신의 문제에 관해 이야기하는 법을 체득하고 기쁨과 슬픔을 함께 나누라.

▶ 건강
이들은 작업에서 매우 양심적이기 때문에, 한가한 시간을 즐길 때 너무 열광하는 경향이 있습니다. 너무 많이 먹고 마시는 것, 사고 및 이들의 몸 일반을 오용하는 것은 모두 해를 끼칠 수 있습니다. 이들은 특히 음주와 마약류 복용에 주의해야 합니다. 특히 모든 종류의 이국적이고 매운 음식에 끌려들므로, 이들은 자신의 미각뿐만 아니라 건강에도 역시 좋은 음식을 먹도록 노력해야 합니다. 유별나게 강한 체질과 장수 때문에 이들은 오랜 시간 동안 많은 무모한 행동을 하고 싶은 대로 다 할 수 있습니다. 하지만 이들은 어쩌면 자신의 식단, 취미, 과외 활동에 슬기로운 작업 태도를 적용해야 합니다.

▶ 수비학
5일에 태어난 사람은 숫자 5 및 수성에 통치됩니다. 수성은 생각과 변화의 빠름을 대변하고, 이들은 수성의 재촉에 유의하는 편이 온당할 것입니다. 화성(양자리의 통치자)은 이들 위에 있는 수성에 풍부한 에너지를, 즉 이들로 하여금 삶을 헤쳐나가게 해줄지도 모르는 에너지를 줍니다. 숫자 5에 통치되는 사람은 위험을 감수하는 것도 또한 좋아하고, 그래서 도박이나 무모한 운전, 위험한 불륜 등의 면에서 위험을 감수하는 자기 가족 혹은 경력 국면에 꽤 만족하는 이들을 누군가가 찾아낼지도 모릅니다. 숫자 5에 통치되는 사람 및 4월 5일에 태어난 이들의 공통으로 갖고 있는 점은, 삶의 역경이야말로 대체로 이들이 흔들리지 않고 계속하는 이들의 회복력 있는 캐릭터를 시험해본다는 점입니다.

▶ 원형
다섯 번째 메이저 카드는 인간의 이해심과 신념을 상징하는 신성한 신비에 관한 해석자인 '사제'입니다. 그의 지식은 난해하고, 그는 보이지 않는 만사만물에 대한 권위를 갖고 있습니다. 이 카드가 수여하는 호의적인 특성은 자기-보증성, 무의심과 적합한 해석이고, 비호의적인 특성은 설교하기, 호언장담, 독단주의를 포함합니다.

4월 6일

실험자의 날
Experimenter

▶ 심리구조

4월 6일에 태어난 이들은 자신이 자신의 주위에서 찾아낸 것을 실험해보려는 저항할 수 없는 부추김을 갖고 있습니다. 이런 측면에서 과학적인 이들은 감정적인, 신체적인, 심리적인 문제의 모든 구석을 들여다보고 탐사합니다. 그 어떤 것도 이들의 정밀 검증에서 벗어나지 못하고, 이들은 어떤 것에 관한 진실을 파악하기 위해 또는 진실이 어떻게 작동하는지를 보기 위해 어떤 일도 서슴지 않을 것입니다. 이들 중 다수는 아이 같은 호기심을 발휘할 뿐만 아니라 고도로 독창적인 요소를 연출할 시 선도하는 능력도 또한 내보여 줍니다.

이를테면 일상적인 사업이나 평범한 삶을 포함한 심지어 가장 일상적인 영역에서조차 지칠 줄 모르는 탐구자인 이들은 (잘못된 어떤 것이 항상 현존하므로) 무엇이 잘못인지 찾아내고, 그것을 바로잡으려고 노력할 것입니다. 이들의 기저에 놓인 기본적인 몰아댐은 상황의 진짜 원인을 규명하는 것입니다. 물론 만약 실험하는 것이 요구된다면, 실험대상이 필요하게 될지도 모르는 이들은 이 역할에 친구, 가족 심지어 완전히 낯선 사람뿐만 아니라 자기 자신도 또한 쉽사리 배치할 것입니다. 답을 탐구할 때, 이들은 무자비합니다.

이들이 어떤 것에 관해 의심을 품을 때마다, 이들의 접근 방식은 그 의심을 논리적으로 토의하는 것입니다. 이들의 마음이 개방적이고 고도로 이론적이지만, 이들은 대개 시험이나 경험의 결과에 근거를 두고 자신의 이론을 내세울 것입니다. 문제는 이들이 예상하지 못했던 결과를 얻을 때 발생합니다. 그런 국면에서 이들 중 더 진보된 사람은 최초의 가설이 틀렸다는 점을 인정하지만, 이들 중 더 완고하고 덜 깨우친 사람은 재고하기를 거부하면서, 자신의 이론에 들어맞는 결과를 찾아내려고 되풀이해서 탐구할 것입니다. 이런 것에서 이들은 자신의 주위 사람들을 방해하는 맹목성을 구현할 수 있습니다.

이들은 자신이 어떤 것에 관해 이전에 실존하던 발상을 그리 많이 갖고 있지 않다고 가정하면서, 대개 그것을 성취하기 위한 가장 좋은 방식을 탐구할 것입니다. 비록 이들이 처음에는 자신의 접근법에 꽤 진지할지도 모르지만, 가장 낯설고 수상한 해결책을 시도하는 이들의 개방성은 익살맞을 수 있습니다. 이런 자질은 이들이 자신의 가족과 친구들에게 사랑받게도 하지만, 이들의 동무를 짜증나게 해서 결국 이들을 멀어지게도 또한 만들어낼 수 있습니다. 다행히도 이들은 대개 자기 자신을 비웃는 놀랄만한 수용력을 결국 내보여주면서, 자신이 결국 자신 에고의 욕구를 넘어서 인간적인 고려사항을 중시한다는 점을 입증합니다.

무엇보다 이들의 강점은 바로 당면한 주제를 넘어서 보고, 더 큰 그림을 붙잡아서 가능성을 시각화하는 능력입니다. 그러므로 이들은 본질적으로 예지자입니다. 하지만 모든 예지자가 주위 사람들에게서 동떨어지게 되듯이, 이들도 자신의 주위 사람들에게서 동떨어질지도 모릅니다. 비록 친구들과 협력자들이 이들의 밀물 같은 에너지에 휩쓸려갈지라도, 이들은 때때로 자신이 얻어내는 후원의 깊이를 과신합니다. 이들이 공동의 목표를 향해 작업할 시 팀에 활기를 북돋우는 수용력은, 이들의 큰 계획을 실현하는 데 필수적입니다.

▶ 일간 특성
강점; 혁신적인, 자석 같은, 예지적인
약점; 단선적인, 정신없는, 압도적인

▶ 명상
그 무엇도 암시를 주지 않는 것은 없습니다.

▶ 조언
당신의 [진짜] 책임을 기억해내라.
터널식 좁은 비전을 주의하고, 당신의 감정을 안정된 상태로 지속시키라.
타인들에게도 역시 발견하게 하는 법을 체득하라.
전통적인 가치를 무시하지 말고, 적어도 한 발이라도 땅을 딛고 있으라.
그 이론이 맞지 않을 때는 그 이론을 버려라.

▶ 건강
이들은 다른 어떤 것에 관해 호기심이 많은 만큼 자신만의 몸에 관해서도 호기심이 많을 수 있습니다. 하지만 이들 자신이 예외 없이 즉각적인 최초의 실험대상이므로, 이들은 자기 자신에게 최신의 발견을 시도해볼지도 모릅니다. 이것은 실로 이들의 건강에 해로울 수 있습니다. 만약 약물 섭취가 이 실험의 정기적인 부분이라면, 중독도 또한 위험합니다. 이들의 시력은 이들의 관찰에 절대로 필수적이기 때문에, 눈 문제는 즉시 처치되어야 하고 필요하다면 교정 렌즈를 착용해야 합니다. 대개 이들은 항상적으로 움직이므로 추가적인 운동의 중요성은 그리 대단하지 않습니다. 이들은 먹는 것에 대한 사교적인 측면을 사랑하고, 파스타, 콩, 수프, 바베큐처럼 대량으로 만들어질 수 있는 식사를 즐깁니다. 자연스럽게 이들은 모든 종류의 호기심을 자극하는 음식의 조합을 접시에 담아 실험할 것입니다.

▶ 수비학
6일에 태어난 사람은 숫자 6 및 금성에 통치되고, 따라서 사랑과 심지어 숭배까지 끌어들일 시 자석 같습니다. 금성이 사회적인 상호작용에 강하게 연계되므로, 이들은 필연적으로 자신의 발명과 실험을 인간 국면에 적용할 것입니다. 이들은 타인들과 작업하는 것도 또한 즐길 것입니다. 이들은 단독자인 것으로 아무리 많이 보일지라도, 자신의 작업에 전념할 시 항상 이런 사교적이고 인간적인 교제를 갖고 있을 것입니다. 4월 6일에 태어난 (양자리인) 이들은 숫자 6의 금성적인 영향력에 훌륭히 조합되는 강한 화성을 갖고 있으므로, 남성적인 자기와 여성적인 자기는 잘 균형이 잡히면서, 이들로 하여금 더욱더 자석 같게 만들어줍니다.

▶ 원형
여섯 번째 메이저 카드는 남성성과 여성성이라는 양극성의 통합을 통해 인간성의 모든 것을 하나로 묶는 사랑을 상징하는 '연인'입니다. 이 카드가 좋은 면에서는 높은 도덕적인, 미적인, 신체적인 차원의 애정과 욕망을 예시하고, 나쁜 면에서는 충족되지 않은 욕망, 감상성, 우유부단함을 위한 성벽을 예시합니다.

4월 7일
열의적인 신념의 날
Enthusiastic Belief

▶ 심리구조

4월 7일에 태어난 이들은 열의적이고 활달한 서약을 자신이 하는 온갖 것에 주입합니다. 하지만 만약 이들이 자신의 부모 탓에 아니면 환경 탓에 불행한 어린 시절을 경험했을 정도로 불운하다면, 이들은 평생 특정 슬픔을 갖고 다니게 될 것입니다. 이들은 자주 자신이 더 젊은 시절에 대단한 열의와 창조성을 표출하지만, 결국 더 예견되거나 편안한 습관에 안주할 뿐입니다. 반면에, 아이로서 이들은 반항심에 자신의 에너지를 많이 낭비할지도 모릅니다. 그리고 이들 중 다수가 세월이 흐르면서 (덜 무모해지고) 점점 현명하게 된다는 사실에도 불구하고, 분노는 계속해서 이들에게 문제가 될 수 있습니다.

이들이 자신의 삶에서 영적으로 더는 진보할 수 없고, 매우 큰 변화를 만들어내야 하는 어떤 지점에 도달하는 것은 드물지 않습니다. 이것은 이들의 첫 토성 귀환 때(28세 무렵)나 42세 즈음(토성과 천왕성이 모두 이들이 출생한 위치의 맞은편에 있을 때) 일어날 수 있습니다. 만약 이들이 이 갈림길을 잘 통과한다면, 이들은 새로운 삶에서 훨씬 더 대단한 성공을 하는 데 유능합니다. 이들은 세상에 육탄 공세를 하도록 내몰리는 느낌이 덜 들고, 그 대신 세상으로 하여금 자신에게 다가오도록 허용할지도 모릅니다.

비록 이들 자신이 조용한 시기를 겪어가고 있다고 해도, 이들은 타인들의 긍정적인 에너지에 민감하고, 그 에너지에 반응합니다. 이들 중 더 진보된 사람은 사회적이고 종교적인 목표를 향해 그런 긍정적인 에너지를 전달하고 유도하는 능력을 갖고 있습니다. 이들의 영적인 삶은 이들에게 대단히 중요하고, 이들이 종파 내에서 적극적으로 [영적인 삶을] 실습하든 아니든 간에 세상을 향한 종교적인 태도로 자주 구현될 것입니다. 하지만 이런 점에서 이들은 항상 공유되는 것은 아닌 변치않는 낙관주의로 타인들을 외면하는 것을 주의해야만 합니다. 따라서 이들이 비판적이고 객관적인 수용력을 보존하는 것은 생명처럼 중요합니다.

이들 중 덜 고도로 진화된 사람은 믿음성의 인상을 줄 것이지만, 꼭 필요할 시 요청받을 때 믿음직하지 못한 것으로 자주 판명됩니다. 이들에게 의존하게 되는 타인들은 불쾌한 놀라움을 겪게 될지도 모를 정도로, 신뢰할만하지 않은 이런 이들의 실상적인 요인은 낮고 화의 요인은 높습니다. 이들 중 더 고도로 진화된 사람은 자신의 열의가 약속하는 만큼 신뢰할만한 사람일 것이지만, 자신에게 의존하는 너무 많은 사람을 관리하지 못한 채 갖고 있음을 알아차릴지도 모릅니다. 이런 일이 일어날 때, 이들은 대체로 고독을 탐구하게 되고, 때로는 확장된 기간에 고독을 탐구하게 됩니다.

관계에서 이들은 자신의 동반자에게 '자기-가치'의 느낌을 자주 북돋우고, 일반적으로 매우 후원하는 사람입니다. 위험은 그 동반자가 이런 열의에 의존하게 될지도 모르고, 혹시라도 어느 날 이 열의가 철회될 때 엄청난 충격을 받을지도 모른다는 점입니다.

이들은 자신만의 본보기를 통해 타인들에게 더 높은 성취를 위한 영감을 줄 수 있는 공공의 위치에서 잘 합니다. 이들은 일상생활에 대한 자신의 관점이 실상적이 되는 쪽으로 끊임없이 작업해야 하고, 환상에 의해 휩쓸리지 말아야만 합니다. 이들은 자신의 기대가 타인들에 의해 충족되지 않을지라도 화내는 방식으로 반응하는 것도 또한 피해야 합니다.

▶ 일간 특성
강점; 긍정적인, 활달한, 상상적인
약점; 조급해하는, 짜증내는, 비실상화된

▶ 명상
목수들은 '두 번 측정하고, 단번에 자르라'고 말합니다.

▶ 조언
모든 사람이 당신만큼 열의적인 것은 아니므로, 사람들에게 자연스럽게 반응할 기회를 주라.
당신의 에너지와 기대감으로 타인들을 압도하지 마라.
타인의 개인적인 선택권을 부인하는 것도 또한 주의하라.

▶ 건강
이들 중 자기 자신과 화해한 사람은 대체로 장수와 건강함을 즐깁니다. 위험은 이들이 자신의 신체를 지나치게 압박하고, 좋은 체질을 당연시하면서 자신의 열의에 너무 열광하리라는 점입니다. 인체는 그렇게 많은 초과를 오직 용인하기만 할 수 있으므로, 이들이 자신의 한계를 더 알아채게 되지 않는다면, 이들은 상당히 단축되는 자신의 수명을 알아차리게 될 것입니다. 이런 측면에서, 위기 시점에 자신의 삶을 보수적인 방향으로 전환하는 것은 더 대단한 장수를 확실히 해줄지도 모릅니다. 단순히 기다리는 법을 체득하는 참을성의 함양은 이들에게 대단히 중요한데, 그것은 건강 개선에 직접적으로 반영될 것입니다. 스트레스가 유발한 위궤양에 취약하기 때문에, 이들은 이따금 지방과 맵고 산성이 있는 음식을 피하면서 자극적이지 않는 식사를 해야 할지도 모릅니다.

▶ 수비학
7일에 태어난 사람은 숫자 7 및 해왕성에 통치됩니다. 이런 물같은 행성은 비전과 꿈을 통치하기 때문에, 숫자 7에 통치되는 사람은 자신의 발상을 항상 끝까지 해내는 것은 아니고, 비실상적이 되는 경향이 있습니다. 화성(양자리의 통치자)의 영향력은 4월 7일에 태어난 이들을 벼랑으로 밀어붙이는 역할을 하면서, 이들 자신과 타인들에게 짜증이나 분노도 또한 도발할 수 있습니다. 숫자 7에 통치되는 사람은 변화와 여행을 사랑하는 들뜨는 특징이 있습니다. 이들은 너무 자주 삶의 물질적인 측면에 거의 관심을 기울이지 않으므로, 재정적인 어려움을 감수하거나 부양가족과 가족 구성원을 궁핍해지도록 만들어낼것을 주의해야 합니다.

▶ 원형
일곱 번째 메이저 카드는 세상을 누비는 의기양양한 인물을 보여주면서, 역동적인 방식으로 자신의 신체적인 존재감을 구현하는 '전차'입니다. 그 카드는 올바른 행로가 아무리 좁고 위태롭더라도 [그 행로를] 계속해야 한다는 의미로 해석될지도 모릅니다. 이 카드의 좋은 면은 성공, 재능, 효율성을 배치해주고, 나쁜 면은 독재적인 태도와 서툰 방향 감각을 제안합니다.

4월 8일
양심의 날
Conscience

▶ 심리구조

4월 8일에 태어난 이들은 자주 매우 두드러진 인도주의적이고 이타적인 경향을 표출하면서 자신의 동료 인간 존재에 대해 강한 느낌을 드러냅니다. 이들에게는 (이들이 자주 그렇기는 하지만) 찬양받는 것 혹은 현재 진행되고 있는 일의 중심에 있는 것이 충분하지 않고, 협력자나 친구, 가족, 동포의 관심사를 표현하는 것이 충분합니다. 타인의 복지는 이들에게 가장 고도로 중요한 것에 속하고, 극단적인 경우에는 자신만의 복지보다 훨씬 더 대단히 중요한 것에 속합니다. 하지만 이들이 (대개 자신이 구성원인) 한 사회 집단을 다른 집단보다 높게 평가하면서 고도로 불관용적일지도 모르는 것도 역시 가능합니다.

비록 스타의 자질을 소유하고 있을지라도, 기이하게 이들은 자주 자신에 대한 타고난 수줍음을 갖고 다닙니다. 이들이 인생의 무대에서 자신의 역할을 실연해 보이고 있는 동안 이들은 자신만의 사적인 세계에 있는 것으로 보이고, 자신이 관여하는 집단 모임에 주는 것은 바로 공적인 친밀성의 특이한 뒤섞임입니다. 압박과 위기 상황에서 냉정한 이들은 어려운 시기 동안 자신의 침착함과 흔들림 없는 후원이 기대될 수 있습니다. 때때로 이들은 거의 성인의 자질을 과시합니다.

이들 중 대다수의 가치관은 불리한 조건의 사람을 위한 대의를 신봉합니다. 이들이 반드시 사회 개혁가인 것은 아니지만, 온갖 사람에게 동등한 기회가 주어져야 한다고 정말 믿습니다. 이들 중 대다수가 약자, 억압받는 사람들을 지지하기 때문에, 이들 중 공적인 또는 정치적인 경력을 가진 사람은 불리한 사회적인 환경을 개선하기 위해 자신이 할 수 있는 것이 무엇이든 대체로 해냅니다. 이들은 삶에서 자신의 신분과 상관없이, (개인적이든 경제적이든) 타인들에 대한 권력을 가진 사람들이 지나침이나 불의에 빠지는 것을 볼 때 극도로 비판적이고 거침없이 말합니다. 그런 불의에 대응할 때, 이들의 가시돋친 말이 실제로 강편치를 먹일 수 있습니다. 이들은 비록 강력한 사람일지라도 자신의 통제를 넘어선 사건이나 사고에 의해 대부분 확정되는 자신의 사회적인 입지에서 부침을 경험하는 것으로 보입니다.

이들은 타인들이 감정적으로 접촉하는 것에 대해 힘겨워할지도 모릅니다. 이들은 자주 누구도 이해한 적이 없을 사적인 상처를 조용히 겪고 있는 것으로 보입니다. 이들 중 대다수는 자신의 일차적인 에너지가 세상 밖으로 유도되기 때문에, 이 영역에 도달되거나 '이해받기'를 원하지 않습니다. 이는 (받는 것보다 주는 것에 더 많은 가치를 두는) 이들과 친밀한 개인적인 관계를 갖고 있기 위해 돕고 싶어하는 사람들을 어렵게 만들어낼지도 모릅니다. 이들은 누군가에게서 무엇이든, 특히 심리적인 도움이나 이들이 자선으로 바라보는 것을 받아들이기가 사실 어려울지도 모릅니다.

이들은 이상한 아름다움을 갖고 창공에서 홀로, 즉 고독하고 조금 침울하게 빛나는 스타입니다. 이들은 타인들의 흠모를 욕구하지는 않지만, 가능한 한 가장 높은 수준에서 자신의 가치를 장려하는 것을 탐구합니다. 성공하려는 이들의 추진력은 대단할지도 모르지만, 에고 중심주의에 의해 동기가 부여되는 경우는 좀처럼 없는데, 이들이 자신의 작업생활이나 가정생활에서 권력을 탐구할 때, 그 권력은 이들이 보기에 대개 공익을 증진시키려는 목적입니다. 이 점에서 이들은 이기적이 아닙니다.

▶ 일간 특성
강점; 윤리적인, 베푸는, 사회적으로 책임감 있는
약점; 자기-희생적인, 극단적인, 감정적으로 닫힌

▶ 명상
나는 지구 행성에서 온 인간 존재입니다.

▶ 조언
될 수 있는 한 관대해지고, 생색내는 태도를 주의하라.
마음을 터놓으라.
당신의 개인적인 욕구를 돌보라. 너무 희생하지 말고 나중에 원망하게 되지 마라.
반성을 위한 시간을 따로 남겨둬라.

▶ 건강
이들은 자신의 에너지를 개인, 대의명분 아니면 종교 같은 것에 너무 많이 주는 것에 주의해야만 합니다. 다른 양자리 사람처럼 이들도 외적으로 유도되지만, 강한 사회의식 때문에 개인적인 고려사항을 등한시할지도 모르고, 그 때문에 자신의 건강에 충분히 주목해보지 않을지도 모릅니다. 대다수의 경우, 이들의 개인적인 웰빙에 대한 그저 평범한 이해관계는 자신을 건강하게 유지하는 역할을 할 것입니다. 숲이나 산, 해변으로 가는 정기적인 소풍은 세상의 부담과 걱정을 일시 중단하려는 많은 욕구를 들어줍니다. 이들은 먹는 것을 즐길 것이지만, 만약 이들이 자신의 주위 사람이 음식에 궁핍한 존재라면, 즐기지 못할 것입니다. 그래서 타인들과 함께 식사하는 것은 이들에게 각별하게 만족스러운 일입니다.

▶ 수비학
8일에 태어난 사람은 숫자 8 및 토성에 통치됩니다. 토성은 책임 및 '제한, 경계심, 숙명론의 의식'을 배치해주므로, 이들은 자신의 계획을 이행할 시 성급하지 않고, 오히려 자신의 삶과 경력을 쌓아갈 시 더디고 조심스럽게 진행합니다. 이런 진행은 양자리의 화성적인 번창 및 성급함과 어긋나므로, 이들 중 덜 진화된 사람에게 잠재적으로 갈등을 창조합니다. 자주 그런 사람은 무책임한 자녀와 그 자녀의 심혼을 책임지는 부모 사이에서 일어나는 내부적인 고군분투를 과시할 것입니다. 숫자 8은 토성의 차가움을 운반해 줄 수 있으므로, 4월 8일에 태어난 이들은 거리감을 줄지도 모르지만, 속에는 실상 따뜻하고 베푸는 가슴도 또한 갖고 있습니다. 하지만 숫자 8에 통치되는 사람은 자신의 견해에 너무 열광적이 되는 것을 주의해야 합니다.

▶ 원형
여덟 번째 메이저 카드는 사나운 사자를 길들이는 우아한 여왕을 그려내는 '강인함이나 용기'입니다. 여왕은 반항적인 에너지를 마스터할 수 있는 여성 마법사를 상징하고, 신체적인 강인함뿐만 아니라 도덕적인 강인함을 표징합니다. 이 카드의 긍정적인 속성은 카리스마와 성공하려는 결단을 포함하고, 부정적인 자질은 무사안일과 권력남용을 포함합니다.

4월 9일
과잉의 날
Excess

▶ 심리구조

4월 9일에 태어난 이들은 확실히 둘도 없는 사람입니다. 이들은 자주 사회의 특이한 동향을 극도로 체화하는데, 이들의 재능은 극단적으로 전달됩니다. 이들의 능력에 대한 어떤 타협도 혹은 한정도, 완화도 논외입니다. 대개 이들은 어떤 주제에 대해서도 자신의 견해에 관해 의심을 전혀 남겨두지 않는데, 즉 거침없이 말하고, 직접적이며, 때로는 심지어 비정하기까지 합니다. 그러나 이들이 하는 것에 관해 말하는 것은 실상 이들의 전공이 아닌데, 이들은 다만 그것을 말하기를 선호할 뿐이고, 이는 대개 그것을 말하는 것이 많음을 의미합니다.

이들은 가장 실용적인 방식으로 자신의 공상을 마음대로 펼치게 하면서 발상을 활동으로 전환하는 특정 천재성을 갖고 있습니다. 이들은 그렇게 해서 심지어 넉넉한 살림까지 만들어낼 수 있습니다. 다행히도 이들의 발상은 대개 사회적인 천성에 속하고, 따라서 타인들의 삶을 풍요롭게 합니다. 이들은 이상한 사고 과정을 갖고 있지만, 즉 자주 꽤 우스꽝스럽지만, 게으른 몽상가는 아닙니다. 반면에 이들은 강한 실상화된 특색을 갖고 있고, '발상의 시간'이 언제 왔는지를 아는 기괴한 능력을 갖고 있습니다.

지나치게 사회적인 사람이 아닌 이들은 자신의 발상이 '자기 자신과 자신의 협력자들' 및 가족들, 친구들 사이의 주요한 연결고리임을 알아차릴지도 모릅니다. 종종 이들의 세계는 고도로 개별화되고, 다소 외로운 세계입니다. 개인적인 발견을 친우와 공유하려는 대단한 욕망이 현존하지만, 이것이 항상 가능한 것은 아닙니다. 이들이 줄 수 있는 가장 대단한 선물은 자기 자신을 깊은 수준에서 타인에게 드러내는 것인데, 하지만 이 선물이 절대 너무 자주 주어지는 것은 아닙니다.

이들이 타인들에게 끼치는 강한 영향이 항상 최선의 결과를 위한 것은 아닙니다. 이들의 가족이나 추종자는 말 그대로 더 강하게 편향되고 과도한 이들의 발상을 채택하는 것을 주의해야 합니다. 이 채택은 산만하게 하는 결과를 낳을 수 있습니다. 무엇보다도 이들은 대다수 사람이 본뜰 수 없는 활동의 자유, 작업할 시 규율, 일종의 비타협적인 행동을 위한 본보기가 됩니다. 이들의 목적이 타인들의 생각을 본보기 방식으로 근본적으로 바꾸는 것일 때, 이들은 대개 성공을 거둡니다. 그러나 이들은 대개 강한 비도덕적인 특색을 갖고 있기 때문에, 자신의 주위 사람들은 심지어 이들을 무원칙적이거나 이기적으로까지 바라볼지도 모릅니다. 이들은 가능하면 자신만의 발상을 주기적으로 감정하고 연구하며, 자신만의 생활방식을 평가적으로 판별하고, 그 생활방식을 더 나은 쪽으로 바꾸는 편이 온당할 것입니다.

이들의 물리적인 지향은 두드러집니다. 인간 조건에 대한 가시적인 관심사와 신체적인 한계는 이들에게 대단한 이해관계를 제시하고, 이들은 이런 한계를 초월하기 위해 항상적으로 애씁니다. 자주 이런 애쓰기는 세속적인 문제에서 시작하여 영적인 쪽으로 나아갑니다. 위험은 이들 중 덜 고도로 진화된 사람이 물리적인 차원에 갇혀버리고, 더는 나아가지 못하리라는 점입니다. 이들은 대체로 자신의 지평을 넓히고, 삶의 모든 것을 더 철학적인 관점에서 보기 위해 탐구해야 합니다.

▶ 일간 특성
강점; 심지가 굳건한, 설득력 있는, 진보적인
약점; 그릇되게 이끄는, 지나치게 방종하는, 파괴적인

▶ 명상
'더 나은' 사람은 항상 현존합니다.

▶ 조언
당신은 타협하는 법을 체득해야만 한다.
이기심을 주의하라. 사랑을 주고받는 것은 누구에게나 중요하다.
물리적인 것에 갇혀버리지 말고, 항상 불가능한 [영적인] 것을 얻으려고 하라.
당신의 가장 거친 부추김을 진정시키고, 균형의 공부를 터득하라.

▶ 건강
이들은 말 그대로 자기 자신과 타인들을 자신의 에너지로 파괴하는 것을 매우 조심해야만 합니다. 모든 종류의 자초하는 부상은 위험합니다. 화성의 영향력은 이들에게 너무 강해서, 이들은 자신의 거침없이 말하는 견해와 직접적인 표현 형식을 좋아하지 않는 타인들에게서 적대감, 심지어 폭력까지도 또한 끌어들일지도 모릅니다. 이들 중 다수에게 몹시 힘든 운동이 장려되지만, 삶의 신체적인 측면은 이들에게서 진정되려고 욕구합니다. 먹는 것이 관련된 한, 이들이 단식에서 폭식으로 널뛰는 성향이 현존합니다. 이런 이유로 이들은 자기 자신에게 포괄적인 식사(즉, 균형 잡힌 영양, 합리적인 지방)를 허용할 때 훨씬 더 잘할 것입니다.

▶ 수비학
9일에 태어난 사람은 숫자 9 및 화성에 통치됩니다. 화성은 양자리의 지배자이기도 하므로, 4월 9일에 태어난 이들은 두 배로 강한 화성의 영향력을 느낍니다. 극단적인 형식의 공격성이 충동성 및 분노와 함께 구현될지도 모릅니다. 이들의 성공은 이런 충동을 통제해서 건설적이고 방종하지 않은 방식으로 이런 과도한 화성 에너지를 활용하는 이들의 능력으로 측정될 것입니다. 숫자 9는 (이를테면 5+9=14, 4+1=5처럼 9를 더한 어떤 숫자도 그 숫자가 되고, 9×5=45, 4+5=9처럼 9를 곱한 어떤 숫자도 9가 되므로) 다른 숫자에 대한 효력이 강력한 마스터 숫자입니다. 이것은 영향을 끼치는 이들의 천성을 예고해줍니다.

▶ 원형
아홉 번째 메이저 카드는 대개 등불과 지팡이를 들고서 걷는 '은둔자'이고, 그는 명상, 고립, 침묵을 대변합니다. 그 카드는 확고해진 지혜와 궁극적인 단련을 암시합니다. 은둔자는 양심을 사용하여 타인들로 하여금 그들의 행로를 유지하게 해주는 임무 감독관입니다. 이 카드의 긍정적인 면은 집요함, 목적, 심오함, 집중력이고, 부정적인 의미는 교조주의, 불관용, 불신, 만류를 포함합니다. 이 카드는 이들에게 자기-통제의 중요성을 기억하게 해주는 역할을 할지도 모릅니다.

4월 10일

대담성의 날

Daring

▶ **심리구조**

4월 10일에 태어난 이들은 자기 자신이고자 하는 용기 및 자신의 발상과 프로젝트가 결실을 맺는 것을 알아볼 용기를 갖고 있습니다. 비록 이들이 반대자를 두려워하지 않고, 자신 삶의 방식을 위해 싸우는 것을 두려워하지 않지만, 이들은 대립을 발굴해내지 않습니다. 이들은 어떤 의미의 말로도 저돌적이지 않은데, 이들의 용기는 강한 원칙과 단순한 상식에 기반을 둔 일종의 더 도덕적인 꿋꿋함입니다.

경력의 변화는 이들의 삶에서 도드라진 모습으로 자주 나타납니다. 이들은 경력을 위한 더 이른 준비를, 어쩌면 너무 성급하게 혹은 부모의 압력을 통해 작심된 준비를 일단 이들의 진정한 소명이 잇달아 오면 자주 제쳐두어야만 합니다. 이 진정한 소명을 찾아내는 것의 중요성은 아무리 강조해도 지나치지 않습니다.

앞서 언급된 것처럼 비록 이들은 무모한 유형은 아니지만, 너무 많은 위험을 감수하고 있는 것처럼 타인들에게 보이고, 심지어 터무니없다고까지 생각될지도 모릅니다. 하지만 나중에 보면 이들의 대담성은 때때로 환영받고, 이들이 관여하는 위험은 꽤 기민하게 평가되는 것으로 보입니다. 그 위험이 이들에게는 전혀 위험한 것으로 보이지 않았을지도 모릅니다. 이들 중 다수가 생활 속의 도박뿐만 아니라 사실상 카드 테이블이나 카지노의 도박에도 또한 평생의 홀림 갖고 있는 것이 참입니다. 이들을 계속 몰아대는 것은 바로 경쟁의 스릴이고, 물론 자신의 가능성을 평가하는 재미입니다.

이들은 자신의 직업에 대한 실상적인 사랑을 갖고 있습니다. 이 사랑은 독립에 대한 사랑과 결합되어 이들로 하여금 정상적인 가정생활을 어려워지도록 만들어냅니다. 하지만 역설적으로 이들은 안정감을 느끼려는 대단한 욕구를 갖고 있고, 이 점에서는 항상 자신 곁에 있어줄 이해심 있는 동무나 친구에게 극도로 의존할 것입니다. 사실, 이들의 관계는 비관습적인 것으로 향하는 경향이 있습니다.

이들의 '스타성'에는 두 가지 뚜렷한 유형이 현존합니다. 이들 중 첫째 유형은 비교적 타인들과 별개로 스타일이나 기예, 재능을 계발하면서 혼자 하는 프로젝트에 공들이는 단독자이고, 둘째는 추종자를 발굴해내는 리더라는 완전히 꽃핀 사회적인 스타입니다. 둘째 유형은 가장 활달한 양식으로 자신의 대의를 위해 타인들을 자극시킬 수 있는 선교사적인 열정을 갖고 있습니다. 이들 중 내향성의 사람은 자신의 에너지를 자주 기법적인 개인적인 연구에 바치고, 반면에 외향성의 사람은 그 에너지를 거대한 설계를 통해 자주 집단이나 사회를 조직하는 노력에 씁니다. 그러나 비록 이들이 외적으로 지향하고 환영받기를 바라지만, 실상화된 도박꾼인 이들은 단지 일종의 거짓된 자부심이나 자만심을 제공하기 위해 현존하는 아첨꾼이나 추종자들을 위해서는 전혀 시간을 갖지 않습니다.

이들 중 더 고도로 진화된 사람은 자신만의 무오류성 속에 있는 맹목적인 에고주의나 믿음이 다음번 맞닥뜨림에서 치명적인 것으로 판명될지도 모른다는 점을 알아봅니다. 진정한 전사인 이들은 자신의 한계를 잘 알고 있고, 비록 자신을 한계까지 밀어붙일지라도 좀처럼 도를 넘지 않습니다. 이들은 무모한 책략이나 조잡한 계획에는 경멸감 외에 거의 느끼지 않습니다. 이들은 계획이나 발상을 구상하고, 그것을 단일하게 마스터된 방책에서 끝까지 해낼 수 있을 때 가장 행복합니다.

▶ 일간 특성
강점; 관여해주는, 용기있는, 대담한
약점; 불안정한, 강박적인, 스트레스받는

▶ 명상
단순히 보는 것도 창조의 활동입니다.

▶ 조언
당신의 격렬함을 느슨하게 하고, 당신의 강박적인 집요한 면을 주의하라.
인생의 단순한 쾌감을 즐겨라, 개인적인 성공은 사회적인 성공만큼이나 꼭 중요하다.
항상 당신의 머리를 따르는 것이 아니라, 때로는 당신의 가슴을 따르라.
당신의 [동력인] 모터를 끄고, 오래 기다리는 법을 체득하라.

▶ 건강
느긋해지는 능력을 키우는 것은 이들의 건강을 위한 열쇠입니다. 일시적인 퇴보 및 그 퇴보에 동반된 우울증에 관한 걱정은 쇠약하게 할 수 있습니다. 이들은 비판을 매우 힘겹게 받아들이는데, 이것은 이들에게서 에너지를 빼앗아 갈 뿐만 아니라 (뚜렷한 두통과 피부 문제 같은) 다층적인 불편함을 구현할지도 모릅니다. 이들은 재충전을 위해 주기적으로 후퇴할 수 있는 사적인 영역을 갖고 있는 것이 온당합니다. 이것은 언급된 외향성의 사람에게는 대중의 눈에서 멀어지는 시간을 의미하고, 내향성의 사람에게는 자신의 작업에서 욕구되는 한숨돌리기를 의미합니다. 음식에 대한 이해관계와 너무 많은 한정이 없는 식단이 촉발될 수 있습니다. 이들은 술이나 마약 중독에 주의해야만 하고, 건강한 성생활과 균형을 이루는 가끔씩의 음주나 흡연은 음주나 흡연 부추김을 가진 사람들에게는 더 나은 타협입니다.

▶ 수비학
10일에 태어난 사람은 숫자 1(1+0=1)과 태양에 통치됩니다. 숫자 1에 통치되는 사람은 일반적으로 첫째가 되는 것을 희망합니다. 태양의 영향력은 이들이 화성(양자리의 통치자)에 통솔되고, 그래서 일차적인 자리를 더욱더 욕망하게 되는 사실에 의해 더욱 강화됩니다. 이미 언급되었듯이 비록 1이 리더와 야망의 숫자이지만, 이들 중 단독자는 개인적인 목표를 계발하는 것을 선호하지만, 외향성의 사람은 일인자라는 두드러진 리더의 자질을 충분히 표출합니다. 어느 경우든 태양-화성의 연관성은 4월 10일에 태어난 이들에게 상당한 에너지를 부여해줍니다.

▶ 원형
열 번째 메이저 카드는 운명의 반전을 암시해서 변화 외에는 영구적인 어떤 것도 현존하지 않음을 가르쳐주는 '운명의 수레바퀴'입니다. 이들의 도박을 향한 성벽은 이미 언급되었고, 인생의 부침, 승리와 패배, 성공과 실패를 동반하는 이런 자질은 여기서 강조됩니다. 숫자 1과 10이 통치하는 이들은 기회를 붙잡는 것에 집중하는데, 바른 순간에 활동하는 것이 이들의 성공에 열쇠입니다. 그 열쇠에 동반된 뚜렷한 성공 및 '운명의 수레바퀴'에 결부된 실패는 바로 인생에서 어떤 성공도 어떤 실패도 영구적이지 않음을 가르쳐줍니다.

4월 11일
정책 입안자의 날
The Policy Makers

▶ 심리구조

4월 11일에 태어난 이들은 스타 주간에 태어난 많은 사람과는 달리 스타가 되려는 압도적인 욕구는 갖고 있지 않습니다. 이들이 활동의 중심에 있을 때, 그것은 대체로 야심보다는 자신의 유익함 때문입니다. 이들이 가장 편안한 것은, 자신이 자주 그곳에서 지배적인 역할을 하는 의사결정 팀의 일원이 되는 것입니다. 이들을 가장 흥분시키고 촉발시키는 것은 영광이나 명망이 아니라 바로 발상입니다.

이들은 재기발랄한 성격을 계발하는 것에 관련되기보다 메시지를 연마하는 것에 더 관련됩니다. 이들은 대개 다소 용렬하거나 혹은 심지어 비실존적인 발상조차도 숨기는 매우 부풀린 장황함에 마음쓰는 것은 아닙니다. 이들은 타인들이 생각하는 바에 대해 속임수 없이 철저히 알고 싶어합니다. 이것은 이들 자신이 미묘함에 대해 무능한 사람이거나 자신을 형편없는 외교관으로 만든다는 점을 의미하지 않습니다. 사실상 중재자로서 꽤 훌륭할 수 있는 이들은 적대적인 모임을 한데 합칠 수 있을 뿐만 아니라 넓게 서로 엇갈리는 관점들을 조화시킬 수 있습니다. 작업장에서든, 집에서든, 친구들 사이에서든 간에 이들은 자주 다른 모든 것이 실패했을 때, 또 구해질 수 없는 것이 구해져야만 할 때 요청받게 됩니다.

그런 재능을 부여받은 이들은 물론 심리적으로 기민하지만, 합의를 위한 공통 분모를 찾아내는 요령도 또한 갖고 있습니다. 이들은 발상과 언어가 전달하는 힘뿐만 아니라 발상과 언어에 대한 심오한 이해심도 또한 갖고 있습니다. 하지만 자주 자신의 개인 생활에서 이들은 사랑받는 사람들이 표현하는 것에 의해, 특히 그 표현이 자신이 좋아하는 것이 아니라면, 난처하게 되고 당황하게 될 수 있습니다. 이들이 외교적인 영역과 정책수립 영역에서 잘하지만, 이들은 자신과 가장 가까운 사람들의 욕구와 원함에 때때로 놀랍도록 둔감할지도 모릅니다.

이들은 빈번히 가족에 대한 부양, 양육, 교육을 위한 대단한 책임을 떠맡지만, 그럼에도 미흡합니다. 때때로 그런 서약을 이행하기 위해 요구되는 에너지는 다른 영역에 소비되어왔고, 다만 남은 에너지가 충분하지 않을 뿐입니다. 게다가 이들은 가족의 위계질서에서 자신의 위에 있는 사람들과 갖는 갈등을 주의해야만 합니다.

이들은 자신의 훌륭한 사교적인 기술 덕에 (이를테면 사회적인 작업처럼) 타인들과 함께 일하는 것을 수반하거나 (이를테면 행정적인 위치처럼) 타인들을 위한 계획을 세우는 직업에서 잘합니다. 이들은 대체로 공익을 위해 무엇이 최선인지 자신이 알고 있다고 확신하지만, 피드백에 세심하게 귀를 기울이는 법도 또한 체득해야만 합니다. 자신의 작업에 대한 객관적인 판별에 귀를 막는 것은 이들이 성공할 길을 가로막을지도 모르는데, 심지어 더 나쁜 것은 어떤 비판에서도 어쨌든 점차 자신을 격리시키는 것입니다. 이들은 지속해서 마음을 열어두도록 항상 노력해야만 하고, 일단 결정을 내렸더라도 사건이 코스를 바꾸는 것을 정당화해준다면 코스를 바꾸는 것을 부끄러워하지 말아야 합니다. 유연성을 키우는 것은 이들이 활동의 통합성과 효율성을 유지하는 데 필수적으로 중대합니다.

▶ 일간 특성
강점; 결단적인, 외교적인, 명민한
약점; 둔감한, 저항하는, 열의적이지 않은

▶ 명상
세상을 위한 어떤 희망이라도 현존한다면, 그 희망은 단지 개인적인 친절이라는 작은 활동에 있을 뿐입니다.

▶ 조언
열린 마음을 갖고 있으라.
너무 많은 책임을 떠맡지 마라.
당신의 에너지를 계속 흐르게 하라. 사용하지 않으면 잃어버릴 것이다.
당신과 가장 가까운 사람들의 개인적인 욕구에 더 민감해지라.
당신의 기질을 통제하고 가족 간의 갈등을 주의하라.

▶ 건강
넉넉한 수면을 취하는 것은 이들이 평정과 침착함을 유지하도록 도울 것이므로, 이들에게 매우 중요합니다. 게다가 주말이든 별도의 휴가든 간에 빈번한 휴식 기간이 필수조건입니다. 그런 휴식시간을 보장하는 교직 같은 업무는 이들에게 매력적일지도 모릅니다. 이날은 일차적으로 강한 정신 에너지의 날이기 때문에, 이들은 신체적인 면을 등한시하지 않도록 유념해야만 합니다. (사랑받는 사람과의 정기적인 섹스는 강하게 권고됩니다). 단지 몸의 형태를 유지하고 활기를 북돋을 정도의 적당한 운동만이 이들에게 권장됩니다. 잘 균형 잡힌 식단은 또한 이들을 안정시키는 데 놀라운 일을 합니다. 만약 체중이 문제가 되지 않는다면, 정기적인 시간에 제공받는 하루에 세 번 정도의 포괄적인 식사는 건강할 뿐만 아니라 즐거울 것입니다.

▶ 수비학
11일에 태어난 사람은 숫자 2(1+1=2)와 11 그리고 달에 통치됩니다. 숫자 2에 통치되는 사람은 천성적으로 신사숙녀적이고 상상적입니다. 이들은 일인자가 되는 에고의 보상을 요구함이 없이 프로젝트에 현명한 조언을 빌려주는 데 유능합니다. 하지만 양자리인 이들은 자신의 캐릭터에 대한 분노, 격해짐, 과신이라는 화성적인 영향력을 주의해야만 하는데, 달-화성의 연관성이 감정적인 불안정도 또한 예시할지도 모릅니다. 따라서 4월 11일에 태어난 이들의 도전은 타인이 아니라 자기 자신의 주인이 되는 것입니다. 쌍수의 날(11, 22)에 태어난 이들은 쌍둥이, 동시성, 대칭성을 포함한 다층적인 종류의 이중성에 특별한 이해관계를 갖고 있을지도 모릅니다.

▶ 원형
11번째 메이저 카드는 한 손에 저울을 들고, 다른 손에 검을 들고 의자에 차분히 앉아 있는 여인인 '정의'입니다. 그녀는 우리에게 우주의 질서를 상기시켜주고, 우리가 자신의 행로를 계속하는 한 우리의 삶에 균형과 조화가 유지되리라는 점을 상기시켜줍니다. 이 카드의 긍정적인 측면은 통합, 공정, 정직, 단련이고, 부정적인 측면은 낮은 주도권, 비인격성, 혁신의 두려움, 불만입니다.

4월 12일
사회적인 자각의 날
Societal Awareness

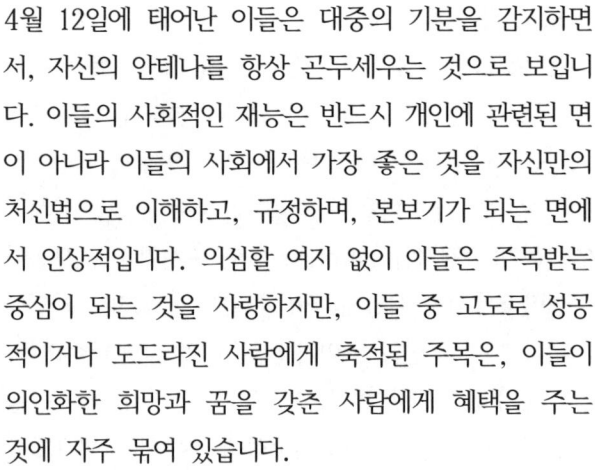

▶ 심리구조

4월 12일에 태어난 이들은 대중의 기분을 감지하면서, 자신의 안테나를 항상 곤두세우는 것으로 보입니다. 이들의 사회적인 재능은 반드시 개인에 관련된 면이 아니라 이들의 사회에서 가장 좋은 것을 자신만의 처신법으로 이해하고, 규정하며, 본보기가 되는 면에서 인상적입니다. 의심할 여지 없이 이들은 주목받는 중심이 되는 것을 사랑하지만, 이들 중 고도로 성공적이거나 도드라진 사람에게 축적된 주목은, 이들이 의인화한 희망과 꿈을 갖춘 사람에게 혜택을 주는 것에 자주 묶여 있습니다.

이들에게 큰 문제는 자기 자신을 개별자로 규정하는 것입니다. 이들은 자주 집단이나 사회의 문제가 선-생각되므로, 이들이 깊은 수준에서 자기 자신을 알게 되는 것은 어려울지도 모릅니다. 이런 자기 이해의 부족 탓에 이들 중 덜 고도로 계발된 사람은 사회적인 곤란뿐만 아니라 재정적이고 법적인 지대한 곤란에도 또한 부딪칠 수 있습니다. 이들 중 더 고도로 계발된 사람은 그런 자각의 부족에 의해 제기되는 위험을 알아보고, 이런 결함을 극복하기 위해 탐구할 것입니다.

이들은 자신이 동료나 친구, 가족의 대변자로서 글을 쓰든, 말을 하든, 단순히 활동을 하든 간에 희망을 품고 이들에게 귀를 기울이고 있는 이들의 동료-인간 존재와 소통하면서, 자신의 관점을 제안하고 있을 때, 가장 행복합니다. 대다수 무관심한 청중에게 말하는 이들을 바라보는 것은 실로 비극입니다. 따라서 이들이 훌륭한 경청자일 뿐만 아니라 자신의 관심사도 또한 공유하는 사람을 자신의 친구이자 동무로 선택해야만 한다는 결론에 이르게 됩니다.

이들 중 다수는, 시사문제에서 만족되지 않는 이해관계에 이르게 되는 많아지는 무엇인가를 갖고 있고, 이들 중 일부에게는 '현 시국'에 대한 논평이 이들에게 그 문제만큼 똑같이 중요할 수 있습니다. 그 귀결로 이들은 심판하는 인격이 되거나 타인들의 판단에 따른 희생자가 될 위험이 실존합니다. 이런 이유로 이들이 인생의 바쁜 코스에서 주기적으로 뒤로 물러서서 자신의 관찰뿐만 아니라 자신만의 내면 과정도 또한 객관적으로 검토할 수 있는 조용한 장소를 찾아내는 것은 매우 중요합니다.

사적인 분야에서 이들은 특히 화가 났을 때 사랑받는 사람의 활동에 대해 경솔하게 반응하지 않도록 해야만 합니다. 자신의 평형상태를 유지하기 위해서 이들은 수용과 객관성을 체득해야 하는데, 그렇지 않으면 이들은 상황을 내버려두지 못하는 자신의 무능 탓에 자기 자신과 타인들을 미쳐버리게 몰아댈 수 있습니다. 하지만 이들을 구해주는 은총은 훌륭한 유머 감각입니다. 가끔 자기 자신을 비웃는 수용력은 이들의 더 비정한 면을 부드럽게 하는 데 성공할 것입니다.

이들은 상황이 발생하고 있는 곳에서 절대 멀리 떨어지고 싶지 않을 것입니다. 도시에 살든 시골에 살든 간에 이들은 모든 종류의 단체 활동에서 발견될지도 모릅니다. 이들 중 가장 고도로 진보된 사람은 협상하거나 중재하거나 단순히 흥정부터 양형 협상까지 거래를 논의하도록, 그리고 반대자들을 협상 테이블로 데려오도록 타인들에 의해 예외 없이 요청받을 것입니다. 자주 이들은 게임의 규칙, 법률 또는 사회적인 관습의 전문가이고, 자신의 조언 덕에 발굴됩니다.

▶ 일간 특성
강점; 사회적으로 깨어난, 분명히 표명하는, 외교적인
약점; 지나치게 관여하는, 좌절감을 품는, 자기를 알
　　　아채지 못하는

▶ 명상
일어나는 것에 대한 부인은 자기-발견의 과정을 늦춥니다.

▶ 조언
깊은 수준에서 신망을 얻어라.
불안감의 표식인 주목받기와 환영받기에 너무 굶주리지 마라.
당신의 한계를 깨달으라, 당신 자신을 법 위에 올려놓는 것을 주의하라.

▶ 건강
이들이 니코틴, 술 또는 다른 약물 중독으로 체질을 남용하지 않는 한, 그리고 마침맞은 수면, 운동 및 건강한 식단의 필수적인 요소들을 단순히 등한시하지 않는 한, 대체로 이들은 건강한 체질이라는 복을 받습니다. 낙관주의는 쉽게 부주의 및 질병에 대한 부주의로 이어질 수 있습니다. 이들의 건강함을 위한 일차적인 요구는 자신이 후퇴할지도 모르는 조용하고 잘 균형 잡힌 장소를 자신의 내면 속에서 찾아내는 것입니다. 음식이 관련된 한, 이들은 타인들과 함께 먹는 것을 좋아합니다. 식사를 사교적인 경험으로 보는 이들은, 먹는 기쁨보다는 대화에 집중하면서 너무 자주 자기 접시 위에 있는 것을 잊어버립니다. 대체로, 이들의 식사는 지나치게 제한적이거나 건강에 좋은 음식을 지향하기보다 풍미있고 푸짐해야 합니다.

▶ 수비학
12일에 태어난 사람은 숫자 3(2+1=3) 및 확장적인 행성인 목성에 통치됩니다. 숫자 3에 통치되는 사람은 자주 야심적이고, 심지어는 독재적입니다. 이들은 대체로 중재와 타협에 열중하므로, 이런 야심적인 경향은 이들에게 대단한 갈등을 일으킬 수 있습니다. 숫자 3의 목성적인 몰아댐은 4월 12일에 태어난 이들에게 이들의 생각과 노력에 대해 고도로 확장적이고 낙관적인 태도를 주지만, 화성(양자리의 통치자)이 추가한 영향력은 격해짐과 과신을 예시해줄 수 있습니다.

▶ 원형
12번째 메이저 카드는 자신의 묶인 발로 거꾸로 매달려 있는 '매달린 사람'입니다. 비록 그가 무력해 보이지만, 그럼에도 '매달린 사람'은 영적으로 강력하고 깊이 심사숙고합니다. 이 카드의 긍정적인 속성은 단순히 인간이 되는 것뿐만 아니라 한계를 알아보고 극복하는 것이고, 부정적인 측면은 영적인 근시안과 한정성입니다.

4월 13일
인습타파주의자의 날
The Iconoclast

▶ 심리구조

4월 13일에 태어난 이들은 자신의 작업을 통해 세상과의 갈등을 해결하려고 시도합니다. 이들 중 자주 진정한 개척자가 되도록 강요받는 예외적인 사람은 기본적으로 뜻이 맞지 않는 사회에서 적절한 장소를 찾아내려는 시도로 새로운 분야에 길을 냅니다. 그러나 이들 중 심지어 더 평범한 사회적인 맥락 속에서 운영하는 사람조차도 대체로 자신 분야의 규칙을 다시 쓰려는 소망을 구현합니다. 자신이 표현할 시 강력한 이들은 혼자 작업하는 데 유능하고, 어쩌면 수년간 진가를 인정받지 못합니다. 만약 이들이 성공적이라면, 결국 이들은 타인들에게 자주 급진적인 접근법의 타당성을 알아보도록 강요할 뿐만 아니라 어쩌면 그들 자신을 위해 그 접근법을 채택하도록 강요합니다.

만일 성공적이지 않으면, 이들은 거절의 느낌이나 열등의 느낌으로 천성적으로 고통받을 수 있지만, 이들 중 대다수는 필시 세상이 이들에게서 무엇을 떠올리든 간에 자신이 선택한 행로를 계속 따라갈 것입니다. 이들 중 덜 고도로 진화된 사람은 억압적이고 반동적인 입장을 취하거나 강력한 사회적인 위치를 차지함으로써 자신이 개인적이고 혁신적인 활동을 위해 타고난 재능을 부인하려고 시도할지도 모릅니다.

의지가 강한 이들은 자신이 최대한으로 발휘하는 비관습적인 방도를 자신의 주위 사람들이 받아들이든 아니든 간에 갖고 있습니다. 만약 이들이 기묘하거나 기이한 행동으로 바라보는 것에 이들의 가족 구성원이나 친구들이 강하게 반대한다면, 이들은 대체로 두 가지 행로, 즉 타인들의 반대를 내면화해서 병에 걸리는 행로, 혹은 이들이 마땅히 받아야 한다고 믿는 인정과 수용을 위해 [목숨을 걸고] 투쟁하는 행로를 걸어갑니다. '자신만의 문제'에 대처한 귀결 탓에 만성적인 신체적 질병으로 고통받는 사람인 이들은 의사 혹은 간호사, 심리·사회상담가로서 질병과 함께 작업하게 될지도 모릅니다. 이들 중 둘째의 투쟁하는 유형은 자신의 가치를 확립하는 데 성공하기까지 포기하지 않을 것입니다.

유별난 습관과 인격에 마음이 팔리는 이들은 세상의 정밀 검증에서 벗어나, 엄격하게 사적인 개인 생활을 가장 자주 유지합니다. 드문 경우지만 은거에 대한 이런 욕구는 거의 병에 걸릴 비율을 가정할 수 있습니다. 정말 이상하게도 이들은 여전히 자신만의 엄격한 프라이버시의 규칙을 유지하면서도 집 같은 생활 국면 속에 있는 자신에게 합류하기를 개인이나 심지어 몇몇 길벗들에게까지 소망할지도 모릅니다. 이들의 유별난 천성과 생활방식 때문에, 이들 중 일부는 진실인 자신에 대한 모든 종류의 이야기가 자신의 사회적인 분야 내에서 유포될 수 있습니다. 이런 소문은 이들이 타인들의 의견에 유별나게 민감하므로, 지대한 아픔을 유발할 수 있습니다. 앞서 언급된 것처럼, 이들이 고도로 사적인 사람이 되는 경향이 있으므로, 이들의 사적인 습관이라는 천성에 관한 [이웃의] 호기심은 심해질 가능성이 있습니다.

거침없이 말하는 취향이 있는 이들은 대체로 덜 관습적인 예술 형식, 기분전환 및 흥겹게 하기에 개방적입니다. 만약 이들 자신이 예술가가 아니라면, 이들은 자주 나중에 대단한 가치로 추정될 수 있는 병뚜껑에서 황동 문손잡이에 이르기까지 겉보기에 평범한 아아템에서 예술품이나 골동품을 알아보는 눈을 갖고 있는 수집가입니다. 비록 이들은 이상주의자일지라도, 자신이 되기로 선택한다면 재정적으로 성공적일 수 있는 방법을 알고 있을 정도로 실상적입니다.

▶ 일간 특성
강점; 의지가 강한, 개척적인, 거침없이 말하는
약점; 오해하는, 소외되는, 거절당하는

▶ 명상
삶이란 [연극] 무대에서는 배경의 변화가 연기를 더 진전시킬 수 있습니다.

▶ 조언
사회적으로 나가도록 노력을 만들어내라, 틀어막히게 되지 마라.
이따금 타인들의 눈을 통해 세상을 보도록 노력하라.
자유롭게 베풀고, 너그러움을 받아들이는 법도 또한 체득하라.
때로는 당신의 자부심이 방해가 되기도 한다.

▶ 건강
이들은 실망과 거절에 대처하는 법을 체득해야 하는데, 이것은 이들 인생의 다양한 지점에서 심리적이고 신체적인 증상으로 구현될 것입니다. 이런 증상은 두통과 불안에서 깊은 낙담과 우울증까지 망라할 수 있습니다. 정상적인 수면은 치유 효과를 갖고 있지만, 우울증과 짝지어진 수면은 실로 삶 그 자체인 일상생활에서 도피하는 부정성 지향의 노선을 제공할 수 있으므로, 수면은 축복이자 저주일 수 있습니다. 이런 측면에서 술 소비는 특히 파괴적일 수 있습니다. 이런 모든 질환에 대처하는 한 가지 방식은 작업과 운동에서 정기적인 패턴을 확립하는 것입니다. 이들 중 대다수는 천성적으로 체육적인데, 신체적인 복합운동 및 스포츠의 (오래걷기, 수영, 에어로빅 같은) 다층적인 형식이 권장됩니다. 정기적으로 예정된 식사는 또 음식에 대한 긍정적인 접근은 이들에게 최고의 의술이 될 수 있습니다.

▶ 수비학
13일에 태어난 사람은 숫자 4(1+3=4)와 13 그리고 천왕성에 통치됩니다. 천왕성은 자주 변화를, 어쩌면 삐걱대거나 갑작스러운 변화 및 불규칙하고 비관습적인 행동을 예시해주고, 이런 불안정의 잠재성은 화성 (양자리의 통치자)의 영향력에 의해 4월 13일에 태어난 이들에게 확대됩니다. 따라서 현상 유지를 흔들려는 이들의 소망은 강하게 보강됩니다. 비록 숫자 13을 많은 사람이 불운하다고 여기지만, 오히려 숫자 13은 그 힘을 현명하게 사용하거나 자기-파괴의 위험을 자초한 것에 대한 책임감을 운반해주는 강력한 숫자입니다. 숫자 4는 전통적으로 반란, 색다른 믿음, '규칙을 바꾸려는 욕망'을 대변하면서 위에서 언급된 자질을 예고해줍니다.

▶ 원형
13번째 메이저 카드는 타로에서 가장 오해를 받는 카드인 '죽음'인데, 죽음이라는 것은 문자 그대로 받아들여지는 경우가 좀처럼 없지만, 변태하는 식으로 한계를 넘어서 성장하기 위해 과거를 놓아버리는 것을 암시합니다. 하지만 이 카드와 숫자 4는 모두 정말 이들이 만류, 환멸, 비관, 침울함에 대해 경계해야만 함을 제안합니다.

4월 14일
전통의 날
Tradition

▶ 심리구조

4월 14일에 태어난 이들은 전통에 대한 대단한 감각을 갖고 있습니다. 자주 역사를 배우는 학생인 이들은 일반적인 역사든, 특정 분야나 가족의 역사든 간에 사상가나 실천가의 긴 계보에서 자기 자신을 확립하는 것에 관심을 둡니다. 이들은 사회에서 자신의 적합한 입지를 찾아내는 데 매우 관련되는데, 비록 이들이 걸출한 리더십의 능력을 거의 갖고 있지 않을지라도, 자주 이 입지는 집단의 선두에 위치합니다.

이들은 단순히 자신의 존재감이나 이미지를 통해 자신의 주위 사람들에게 강하게 존중하거나 숭배할 마음을, 아니면 심지어 두려움까지 불어넣을 가능성이 더 있습니다. 이들 중 더 고도로 진화된 사람은 단지 존중받으려고 욕구할 뿐이지만, 덜 고도로 진화된 더 불안정한 사람은 숭배받고 복종받기를 바랍니다. 이 불안정한 사람은 자신의 발상에 휩쓸려서 비밀리에 탐닉하는 것을, 즉 자신의 목적을 성취하기 위한 고도로 미심쩍은 활동을 조심해야만 합니다.

이들은 역사에 비추어서 자기 자신을 볼 뿐만 아니라, 자신이 살고 있는 시대에 대해서도 또한 확고히 파악하고 있습니다. 이들은 자주 자신의 업무와 타인들의 업무가 시간이 흐르면서 어떻게 진보해왔는지, 또 그 귀결로 미래가 무엇을 담고 있을지에 대한 주목할 만한 통찰력을 갖고 있습니다. 이들은 변화 그 자체를 위한 변화를 중시하지 않으므로, 극도로 보수적인 경향이 있습니다. 심지어 이들 중 혁명적인 인격을 갖고 있는 사람조차도 자신이 전통적인 가치라고 느끼는 것에 대한 반항이 자신에게 발견될지도 모릅니다. 너무 자주 이들이 아들일 때는 자신의 아버지에게 맞서 반항하고, 일단 그 자신이 아버지 역할을 맡으면 그 자신만의 경직된 발상 체계를 도입할 뿐입니다.

이들 중 여성은 비록 자신이 반드시 길들여지는 타입인 것은 아닐지라도 매우 강한 가족을 위한 느낌을 갖고 있습니다. 이 여성 중 다수는 경력을 추구하려는 자신의 욕구에 대해 자신의 가족들이 이해심 있기를 원하고, 동시에 집에서 여왕으로서 다스리기를 바랍니다. 이들 중 남성은 흥미진진한 인격이 될 수 있지만, 자주 자기 자신과 자신의 주위 사람들에게 과도한 통제력을 행사합니다. 실로 이들 남녀 모두의 인격에 대한 위험은 이들이 자신의 가족, 친구, 협력자들에게 명령하면서 자신의 영향력 분야에서 독재적이 되리라는 점입니다.

이들은 되도록 일찍 안정된 작업이나 가족, 생활 국면에 자기 자신을 확립하는 것이 온당합니다. 이들은 생활방식 속에서 하는 실험이나 업무의 변화를 잘 해내지 못하고, 자신이 확고하게 뿌리내리려고 욕구하고 나서야 이들은 생산적이 될 수 있습니다. 이들을 위한 최선의 작업은 하나를 완성하고 질서있고 계통적인 방식에 따라 다음번으로 이동하는 연쇄적인 프로젝트들을 포함합니다. 일반적으로 이들이 들뜸과 불확실성을 빚어낼 수 있는 '프로젝트들 사이에 너무 많은 휴업 기간'이라는 고통을 겪지 않는다면 더 좋습니다. 협력자들에게 참아내는 법을 체득하고, 가족의 욕구를 알아채는 것이야말로 이들이 개인적인 갈등과 불행을 피할지도 모르는 수단입니다.

▶ 일간 특성
강점; 사회적으로 알아채는, 설득력 있는, 강력한
약점; 억눌려진, 만족하지 못하는, 독재적인

▶ 명상
보트는 침몰될 때까지 떠다닙니다.

▶ 조언
도전하는 것을 두려워하지 마라, 과감하게 실패를 무릅쓰고, 과감하게 성공하라.
전통은 때때로 나쁜 습관의 수집품이 될 수 있다.
변화는 상황이 벌어지는 중에 자연스럽다. 온갖 것은 빠르든 늦든 지나간다.
야부가 아니라 정직함을 소중히 하라.

▶ 건강
이들은 자주 자신의 겉모습에 지나치게 관련됩니다. 이것 때문에, 이들 중 일부는 유행하는 식단, 불필요한 성형 수술, 지나치게 힘든 운동 프로그램 등의 희생자가 될지도 모릅니다. 양자리인 이들은 특히 자신의 얼굴 겉모습에 초점을 맞출지도 모릅니다. 건강은 그렇게 많이 문제로 입증되지 않지만, 노화 자체는 이들에게 문제로 입증될지도 모릅니다. 만약 이들이 나이가 들면서 자신 겉모습의 노화와 신체적인 강인함이 빠져나가는 한계를 받아들일 수 있다면 이들은 더 행복해질 것이고, 자신 성격의 변화하는 욕구에 더 부드럽게 적응할 것입니다. 요리 일선에서 이들은 실험하기 위한 최고의 대상은 아니고, 시도해봐서 참된 식단이 가장 좋습니다.

▶ 수비학
14일에 태어난 사람은 숫자 5(1+4=5) 및 수성에 통치됩니다. 숫자 5와 수성은 모두 변화를 옹호하고, 단조로운 행동에 대한 조급함을 예시해주는데, 화성(양자리의 통치자)의 영향력과 짝지어진 이것은 강압적인 활동 심지어 충동적인 활동을 위한 욕구를 제안합니다. 그 귀결로 4월 14일에 태어난 이들 중 전형적인 사람은 심지어 상황이 잘 진행할 때조차도 자신이 하는 것에 주기적으로 불만족하게 될지도 모릅니다. 다행히도 숫자 5는 삶의 역경에서 빨리 회복할 수 있는 회복이 빠른 캐릭터와 수용력을 증정해줍니다.

▶ 원형
14번째 메이저 카드는 '극기'입니다. 보이는 모습은 우리를 보호해주고, 우리를 안정된 상태로 유지해주는 수호천사입니다. 이것은 이들이 단지 이 사실에 유의하기만 한다면, 이들을 위한 놀라운 메시지가 됩니다. 이들은 에고적인 과도함의 모든 형식을 피해야 합니다. 긍정적으로 보면, '극기'는 우리로 하여금 우리의 격정을 수정하고, 따라서 새로운 진실을 터득해서 그 진실을 우리의 삶에 편입하도록 허용합니다. '극기' 카드의 일부 나쁜 특징이 변동성과 유행을 포함하기 때문에, 이들은 유행하는 패션이나 확립된 전통에 너무 많이 순응하려고 노력하는 것을 조심해야, 요컨대 개별적인 생각과 느낌을 희생시켜서 너무 사회적이 되는 것을 조심해야 합니다.

4월 15일
인간 규정의 날
Human Definition

▶ 심리구조

4월 15일에 태어나 극단적으로 실상적인 이들은 자신이 삶을 바라보는 대로 삶을 규정하는 사람입니다. 이들에게 이해관계를 제시하는 것, 그리고 자신이 하는 온갖 것에서 이들이 측정하고 묘사하며 기술해야만 하는 것은 바로 인간의 조건입니다.

일상적인 수준에서 이들은 가족, 친구들의 욕구에 형태를 부여하면서, 구조화하느라 바쁩니다. 이들은 타인들이 먹고, 입으며, 생각하고, 행하는 것에 관여합니다. 자주 이들은 지나치게 관여하게 되고, 이것이 곤란이 시작되는 곳입니다. 이들과 가까운 사람들은 이런 면밀한 관찰에 분개하게 되고, 프라이버시와 독립 양쪽 다를 갈망하기 시작할 수 있습니다. 만약 이들이 한 걸음 더 나아가 자신의 도덕적인 판단도 또한 강요하기 시작한다면, 이들은 확실히 저항에 직면할 것입니다. 하지만 이들은 강한 손길이라는 지침이 필요한 더 의존적인 인격의 사람들을 위해 필요한 역할을 차지할 것입니다.

영감을 주는 이들의 자질은 실로 대단할 수 있습니다. 따라서 이들의 총명함에 감동하는 사람들은 이들의 존재감에 수동적이 되어 이들의 바램에 수용적이 되면서 이들을 숭배하게 될지도 모릅니다. 불운하게도, 이들 중 덜 고도로 진화된 사람은 타인들의 복지에 거의 또는 전혀 이해관계를 갖고 있지 않을지도 모르고, 그러므로 개인적인 도덕적 믿음을 도입할 시 이들은 쪼잔한 독재자의 역할을 할지도 모릅니다.

자신의 주위 사람들에게 갖는 자신의 관계를 명료하게 규정하는 것이 바로 이들에게 도전이고, 자유롭게 혼자 힘으로 선택하도록 타인들을 내버려둘 뿐만 아니라 타인들이 의욕하는 대로 가도록 국면도 또한 내버려두면서, 뒤로 물러설 능력이 있는 것이 바로 이들에게 도전입니다. 이를테면 잘 진행되지 않았던 기획이나 노력은 해체되게 내버려두는 것이 때로는 더 낫습니다. 만약 이들이 이념적인 완고함에서 그 기획이나 노력을 유지되게 하려고 노력한다면, 이들은 온갖 사람에게 대단한 피해를 주고 있을지도 모릅니다. 개방과 수용은 이들이 터득할 중요한 공부입니다.

이들은 새로운 구조나 조직, 기관을 계획하고 세우는 데 두드러지게 능숙합니다. 하지만 대체로 이들이 자신의 지휘권을 내어놓고, 따라서 새로운 추구로 자유롭게 옮겨가는 것이 최선입니다. 안타깝게도! 유지관리를 위한 이들의 재능은, 이들이 성장할 능력이 없게 되는 반복적인 실존으로 귀결되면서, 이들을 자신의 창조물에 묶어버릴지도 모릅니다.

이들은 자신의 환경을 너무 사실 그대로 파악하는 것에 주의해야 합니다. 이들의 취향은 매우 실용적이고 효율적이며 세상물정에 밝아서, 이들은 인간의 가슴에 대한 직접적인 표현을 헤아리는 데 실패할지도 모릅니다. 이들은 때때로 모든 상황에 대한 어른의 접근법을 요구함으로써 자기 자신 속의 젊은이다운 공상을 등한시합니다. '인간이란 무엇인가'에 대해 이들이 규정할 시, 이들은 인류의 더 성숙한 측면뿐만 아니라 인류의 미숙하고, 아이 같으며, 비합리적인 측면도 고려해야 합니다. 이들이 유머의 가치와 가끔 바보짓 하기의 가치를 자신에게 기억해내야 하고, 자기 자신을 그렇게 진지하게 여기지 않는 것도 또한 중요합니다.

▶ 일간 특성

강점; 주도적인, 조직적인, 결과를 만들어내는

약점; 함부로 판단하는, 자신에게만 몰두하는, 제한적인

▶ 명상

비켜나서 상황이 벌어지게 내버려두는 것이 때로는 우리가 할 수 있는 최선의 일입니다.

▶ 조언

더 마음을 열고 받아들이는 법을 체득하라.
아이들을 지켜보고 그들에게서 배워라.
불합리성이 항상 두려운 것은 아니다.
거절의 두려움이나 바보처럼 보이는 데 대한 두려움 없이 당신 자신을 표현하라.
재미있게 보내라.

▶ 건강

자주 이들은 바로 앞에 닥친 격렬한 문제들 때문에 몸의 상태를 등한시합니다. 이것은 이들이 건강에 대해 지식이 풍부하다고 알고 있고, 이들이 이들의 삶을 지속해서 원활하게 운영하는 것에 관련된다고 알고 있는 타인들에게 놀라움으로 다가올지도 모릅니다. 이들이 질병에 관해 아는 것보다 건강에 관해 훨씬 더 많이 알고 있는 것도 또한 그 경우일지도 모릅니다. 이상하게 들리지만, 이들은 즉시 건강을 회복하는 것에 정신없이 서둘지 말고, 때때로 재조정하기 위한 자신 몸의 사소한 질병이나 주기적인 욕구, 혹은 심지어 고장에도 어쩌면 굴복해야 합니다. 이들은 신체단련에 대한 광적인 접근을 주의해야 합니다. 이들의 식욕은 대개 좋아서, 이들은 고도로 다양한 식단을 먹는 편이 온당할 것입니다.

▶ 수비학

15일에 태어난 사람은 숫자 6(1+5=6) 및 금성에 통치됩니다. 숫자 6에 통치되는 사람은 카리스마적인 경향이 있고, 때로는 심지어 숭배할 마음마저 불어넣습니다. 성적인 끌어당김이라는 테마는 금성과 화성(양자리의 통치자)이 조합된 영향력 때문에, 이들의 삶에 중한 모습으로 나타날지도 모릅니다. 때때로 4월 15일에 태어난 이들은 자신이 원래 억압해온 매우 비이성적인 경향을 갖고 있는 타인들을 도발하는데, 금성이 조화에 대한 욕망을 예시해주므로, 상황이 계획대로 잘 풀리지 않을 때 이들은 혼란스러울지도 모릅니다. 여기서 도전 일부는 남성성과 여성성, 능동성과 수동성이 모두 여유로운 태도로 수용되고 표현될 수 있도록 (숫자 6에 의한) 금성 및 (양자리의 영향에 의한) 화성의 균형을 잡는 것을 수반합니다.

▶ 원형

15번째 메이저 카드인 '악마'는 성적인 끌어들임, 불합리성, 격정이 관련된 곳에서 역동적으로 작용하는 두려움/욕망을 예시합니다. '악마'는 물질적인 편안함과 돈에 대한 우리의 필요성을 통해 우리를 노예로 삼고, 안전을 붙잡는 우리의 기반 천성을 대변하며, 우리의 남성적/여성적인 자기에 실존해서 화해되지 않는 차이를 통해 우리를 통제합니다. 이 카드의 긍정적인 면은 모두 성적인 끌어들임이고, 격정적인 욕망의 표현입니다. 그러나 그 카드는 비록 우리가 몸에 속박되어 있을지라도, 우리의 영(靈)은 자유롭게 날아오름을 우리에게 상기시켜줍니다.

4월 16일
우주적인 코미디의 날
Cosmic Comedy

▶ 심리구조

4월 16일에 태어난 이들에게 웃음은 자연스럽게 오는 중요한 것이고, 그 웃음으로 타인들도 또한 웃게 해주는 능력입니다. 어쩌면 비극에 대한 지식, 아니면 적어도 침울에 대한 지식은 코미디의 예술에 대한 어떤 대단한 실천가에게도 필수적이고, 이들은 확실히 그런 예술을 갖고 있습니다. 웃음을 매우 불편한 상황에서 심지어 아픈 국면에서조차도 벗어나기 위해 사용하는 방법을 알고 있는 이들은 웃음과 눈물이 사실상 가까운 사촌임을 알아보기 때문에, 인간의 조건을 더 잘 이해하고 그 조건에 순응할 능력이 있습니다.

이들은 매우 현명할지도 모르지만, 특정 방식에서는 커다란 맹점을 갖고 있습니다. 이들은 잘못에 대해 수용적이고, 이해심이 있으며, 관대합니다. 반면에 이들은 타인들로 하여금 자신을 이용하도록 허용할 수 있고, 선을 행하려는 자신의 열정 속에서 자신이 돕고 있는 사람들뿐만 아니라 공동체 전반에 대한 자신의 방임적인 활동의 효과를 간과할 수 있습니다. 비록 이들이 자신 주위에서 일어나는 것의 가장 작은 세부사항에 맞춰져 있을지라도, 이들은 판단할 시 매우 큰 실책을 만들어낼 수 있습니다. 이런 실책은 금전적인 분야에서 자주 만들어집니다.

이들은 자신의 주위 사람들의 꿈과 열망을 매우 잘 알아챌 뿐만 아니라, 때로는 스스로 다른 행성에 사는 것으로 보입니다. 하지만 이들만의 꿈은 절대 헛된 생각이 아닙니다. 이들은 비전을 구체적인 실상으로 전환하는 재능을 갖고 있습니다. 실상 이들은 상황이 벌어지게 만들어낼 수 있는 행동가입니다. 만약 이런 사실이 없었다면, 타인들은 아마도 이들을 전혀 진지하게 받아들이지 않았을 것이지만, 현 상황에서 프로젝트로 하여금 가시화하게 만들어내는 이들의 에너지는 꽤 주목할만합니다.

이들은 대체로 자신의 친구와 가족에게 충직합니다. 하지만 자신의 사적인 공상 및 배우자의 바람 사이에서 선택에 관한 것이라면, 이들은 자신의 동무에게 실망이 될지라도 주저하지 않고 자신의 비전을 따를 것입니다. 이는 마치 때때로 공유될 수 있지만, 오직 자신만을 위해 더 자주 사적인 의미를 갖고 있는 더 높은 힘의 파장 위에 이들이 있는 것과 같습니다. 이들이 따르는 (이런 영감을 주는) '코미디의 왕'인 이 내면 목소리는, 이들이 보기에 삶의 참된 의미를 갖고 있는 고도로 철학적인 양식으로 이들과의 접촉을 유지할 것입니다. 하지만 이 방식은 이들이 '목소리'에 골똘히 귀 기울이지만 실상을 외면하면서 심리적으로 도가 지나친다면 비극적일 수 있습니다.

이들은 자신만의 '목소리'뿐만 아니라 타인들의 '목소리'도 또한 유의합니다. 자신의 동료 인간의 곤경을 진지하게 받아들이는 것, 즉 타인들의 괴로움을 '깊은 수준'에서 진정으로 느끼는 것은 이들의 계발에 중요한 부분입니다. 때때로 이들은 자신의 과도한 이상주의 속에서 타인들의 욕구를 잊어버리고 꽤 무자비할지도 모릅니다. 하지만 최종으로 분석할 시 이들을 탓하거나 이들에게 영속하는 적의를 품는 사람이 거의 없을 것인데, 즉 이들 자신이 매우 쉽사리 용서하기 때문에 이들도 정확하게 용서받습니다. 이들이 타인들을 가르치기 위해 갖고 있는 가장 대단한 교훈은 판단하지 않고, 삶의 퇴보와 어려움을 은혜로 받아들이는 것입니다.

▶ 일간 특성
강점; 유머러스한, 관대한, 수용하는
약점; 접촉이 없는, 재정적으로 무책임한, 방임하는

▶ 명상
한쪽 문이 닫히면, 다른 쪽 문이 열립니다.

▶ 조언
당신의 친구가 누구인지를 기억해내라.
당신의 가족을 등한시하지 마라.
당신의 감정을 안정된 상태로 지속시키고, 감상주의에 주의하라.
과거에 속박되지 말고, 오히려 미래를 바라보라.
당신의 선한 천성을 이용하려는 사람들을 주의하라.

▶ 건강
이들은 자신이 두드러지게 건강하다는 것에 대체로 마음이 팔립니다. 이런 사실 탓에, 또한 실용적인 문제를 매우 심각하게 받아들이는 것에 대한 거부 탓에, 이들의 건강은 태만함을 통해 고통을 겪을 수 있습니다. 사실, 심리적인 건강 질환은 이들 중 다수에게 더 대단한 관심사에 속하지만, 단지 이들은 신체적인 질환이 표면화될 때만 자신에게 무엇이 잘못되었는지를 고려하기 위한 시간을 정말 갖는 것으로 보입니다. 식단이 관련된 한, 이들은 거의 어떤 것이라도 먹을 것입니다. 비록 건강한 식욕과 결합되어 식단에 대해 고민하지 않는 태도가 매우 긍정적인 것일 수 있을지라도, 이들은 영양적인 관심사에 조금 더 주목해야 할지도 모릅니다.

▶ 수비학
16일에 태어난 사람은 숫자 7(1+6=7) 그리고 꿈, 공상 및 종교적인 느낌의 행성인 해왕성에 통치됩니다.

숫자 7에 통치되는 사람은 실상에서 쉽게 동떨어질 수 있습니다. 4월 16일에 태어난 이들은 이미 정신적으로 방황하는 성향을 갖고 있으므로, 이들의 화성(양자리의 통치자) 에너지가 이들을 벼랑으로 내몰지 않도록 특별히 조심해야만 합니다. 숫자 7에 통치되는 사람은 재산이나 재정적인 보유에도 또한 집착하지 않기 때문에, 때때로 자신의 가족을 금전적으로 난처한 채로 내버려둡니다.

▶ 원형
16번째 메이저 카드는 어떤 버전에선 왕이 벼락을 맞은 탑에서 떨어지는 것을 보여주고, 이 탑을 건설한 사람이 머리에 타격을 입고서 죽고 있는 것을 보여주는 '탑'입니다. '탑'은 물리적인 구조의 무상성뿐만 아니라 우리 삶에서 주어지는 관계나 소명의 무상성도 또한 상징합니다. 작업된 변화는 갑작스럽고 신속할 수 있습니다. 이 카드의 긍정적인 요소는 겉보기 재앙을 받아들일 능력이 있되 동시에 그 도전을 직면해 극복하는 것을 포함하고, 부정적인 요소는 부당하게 높은 자리에 오르는 것, 누군가가 조작한 손길에 파괴될 위험을 무릅쓰는 것, 공상적인 기획이라는 유혹에 굴복하는 것을 포함합니다.

4월 17일
진지한 목적의 날
Serious Purpose

▶ 심리구조

4월 17일에 태어난 이들은 자신만의 강한 권력의식을 갖고 다니고, 동시에 모험적인 영과 리더십의 자질을 과시합니다. 이들은 자신이 말할 때 분명 경청되기를 기대하는 사람입니다. 사실, 어떤 식으로든 무시받는 것은 이들이 감당하기가 극도로 어렵습니다. 이들이 자신이 중요함을 중시한다는 점을 이들은 알고 있고, 타인들이 이들을 존중하고 필요하다면 지구 끝까지 따르리라고 자주 기대합니다.

이들 중 일부는 처음에 조용한 인상을 만들어낼지도 모르지만, 그럼에도 사람들은 이들 속에 잠재된 세력을 느낄 수 있습니다. 만약 이들이 그때까지 자신의 권력을 향한 부추김을 알아채지 못하면, 인생에서 어떤 중대한 사건이 이 부추김을 표면화시키는 것은 단지 시간문제일 것입니다.

강력한 발상이 강력한 사람을 자주 끌어들이기 때문에, 이들은 철학이나 종교에 깊은 관심을 둘지도 모릅니다. 이들은 강한 개인 및 강한 기관과도 또한 제휴하려고 탐구할지도 모릅니다. 사회적인 천성 중 확립된 온갖 것은 이들에게 최대로 옹호되고 대접받는 것입니다. 하지만 불량배도 또한 경멸하는 이들은 특권이나 위치를 남용하는 사람을 끌어내리려고 탐구할 것입니다. 이들 자신은 꽤 보잘것없는 배경의 출신일지도 모르지만, 절대 자신의 뿌리를 잊지 않습니다.

이들은 자신의 의지력과 날카롭게 추리하는 마음을 무엇보다도 아낍니다. 이들은 가장 어려운 국면에서 자신을 벗어나게 이끌 일종의 기민함이나 교활함을 갖고 있습니다. 이런 점에서 비도덕적인 이들은 자신이 높이 올라 갈지라도 결국 자신을 사로잡을 불공정하거나 비양심적인 노력에 자신의 에너지를 빌려주는 것을 주의해야만 합니다.

이들 중 더 고도로 진화된 사람은 타인들, 특히 그들 자신을 보호할 수 없는 더 약하고 더 취약한 사람들에게 봉사하는 데 직접적으로 자신의 힘을 투입합니다. 이들 중 진화되지 않은 사람은 이기심과 탐욕에 휩쓸릴지도 모릅니다. 몸뿐만 아니라 마음의 쾌락도 탐닉하려는 욕망은 이들 중 일부에게 온통 마음을 빼앗아버리는 추구가 될 수 있습니다. 때때로 물질적인 소유물을 포기함으로써 덜 소유적으로 되는 법을 체득하는 것은 이들이 터득해야 할 중요한 공부가 될 것입니다. 사실상 이들은 모두 특별히 자녀나 부모의 책무로 통하는 가족이라는 이름에 의한 이기심을 주의해야 합니다. 이들은 자신이 하나의 인간 가족의 부분이라는 점을 결국 깨닫게 되고, 공통선에 호응하는 실상화에 의해 도움되는 역할을 찾아내게 될지도 모릅니다.

이들은 자기 자신을 진지하게, 어쩌면 너무 많이 진지하게 받아들입니다. 이들은 때때로 자신을 비웃는 것을 기억해내서, 삶의 더 가벼운 면을 발견하고, 어쩌면 유희를 키워야 합니다. 이들은 또한 덜 비판적이 되려고 노력해야 하는데, '각자의 방식을 서로 존중하기'는 이들에게 매우 중요하고, 더 빠를수록 더 좋습니다.

▶ 일간 특성
강점; 잘 뿌리내린, 의지가 강한, 책임감 있는
약점; 지나치게 비판적인, 함부로 판단하는, 음침한

▶ 명상
[조소 받을 때도] 웃음이 가장 좋은 약입니다.

▶ 조언
타인들에 대해 덜 비판적이 되도록 노력하라.
타인의 승인을 얻는 것에 너무 의존하게 되는 것도 또한 주의하라.
신체적인 활동뿐만 아니라 영적인 것을 탐구하라.
가벼워지고 기운내라, 재미있게 보내는 것을 기억해내라.
[생색내려는] 어려운 임무뿐만 아니라 당신 자신을 위한 쉬운 임무도 설정하라.

▶ 건강
이들은 섹스든, 마약이든, 음식이든 음료이든 간에 모든 형식의 과잉과 탐닉을 주의해야만 합니다. 이들은 외로운 느낌이나 오해받는 느낌을 통해 특정 중독적인 패턴에 빠질 수 있습니다. 이들은 (우울할 때 실상 급증할 수 있는) 자신의 몸무게를 조절하려면 포화지방, 과도한 육류, 풍미있는 소스 및 케이크를 피해야 합니다. 어떻게든 이들이 적합한 소명을 찾아내고, 한두 명의 좋은 친구와 동행하는 것을 즐기고, 자신을 사랑하는 누군가와 함께 살 수 있다면, 이들은 자신의 감정을 안정시키는 좋은 기회를 갖고 있게 될 것입니다. 마음을 느긋하게 해주는 방식으로서, 요가는 작동할지도 모릅니다. 여행도 또한 특히 모험적인 휴일은 남은 한 해 동안 이들이 생동적이고 집중하도록 유지하는 놀라운 일을 할 것입니다.

▶ 수비학
17일에 태어난 사람은 숫자 8(1+7=8) 및 토성에 통치됩니다. 4월 17일에 태어난 이들은 물질적인 소유물에 가당찮게 집착할지도 모르고, 제한과 한정의 강한 느낌을 운반해주는 토성은 이 소유 문제를 더해줄지도 모릅니다. 게다가 토성은 판단적인 측면도 또한 운반해주는 경향이 있어서, 이들이 타인들을 비판할 시 지나치게 가혹한, 이미 있던 성향을 증가시킵니다. 하지만 화성(양자리의 통치자)과 토성이 조합된 영향력은 때때로 이들이 욕구하는 아첨을 얻으려고 이들로 하여금 너무 다루기 쉬워지도록 하고, 자기를 낮춰지도록 할 수 있습니다. 숫자 8은 물질세계와 영적세계 사이의 갈등을 운반해주는데, 숫자 8에 통치되는 사람은 외로울 수 있고, 또한 극단적으로 탐닉하기 쉽습니다.

▶ 원형
17번째 메이저 카드는 별 아래 벌거벗은 아름다운 소녀가 한 항아리로 메마른 대지에 신선한 물을 쏟아붓고, 다른 항아리로 연못의 고인 물을 되살리는 모습을 보여주는 '별'입니다. 그녀는 세속적인 삶의 영광을 대변하지만, 그 삶에 대한 물질적인 노예화도 또한 대변합니다. 그녀 머리 위의 별들은 영적인 세계를 영원히 상기시켜줍니다. 따라서 이들은 더 높은 어떤 것을 희생시키는 과도한 신체 중심주의에 대해 경고를 받습니다.

4월 18일
활기찬 방어의 날
Vigorous Defense

▶ 심리구조

4월 18일에 태어난 이들은 신념의 활기찬 옹호자입니다. 이들은 자신만의 이해관계에 대한 보호자일 뿐만 아니라 불운한 사람에 대한 보호자이기도 합니다. 자주 이들이 옹호하는 대의명분 및 이들이 이행하고자 탐구하는 새로운 발상은, 이들이 사는 시대의 선두에 알맞습니다. 이들은 자신의 믿음을 위해 싸우는 진보적인 사상가로 자주 알려져 있습니다. 하지만 이들은 급진주의자가 아니고, 내심은 이전에 지나간 것에 대한 자신의 경험과 철저한 지식을 당면한 국면에 적용하기를 바라는 전통주의자입니다.

이들은 자신의 겉모습과 대중적인 이미지에 대해 알아채는데, 타인들이 일상생활에서 이들을 어떻게 보는지가 이들에게 매우 중요합니다. 그 귀결로 이들은 사람들 앞에서 바보 같은 짓을 하는 것을 비록 들킨 적이 있다고 해도 좀처럼 들키지 않을 것입니다. 같은 태도로 이들은 자신의 사업 협력자나 협업자에게 온건하고 합리적인 시각으로 자기 자신을 제시하는 것을 극도로 조심합니다. 자신의 가족이 이들을 사랑할 뿐만 아니라 존중하는 것도 또한 이들에게 중요합니다.

이들은 모두 자신에 관해 특정 고귀함을 품고 다닙니다. 만약 이 고귀함과 명예의 아우라가 어떤 식으로든 더럽혀진다면, 이들은 매우 깊이 고통을 겪을 것이고, 그것을 바로잡기 위해 어떤 것에도 멈추지 않을 것입니다. 하지만 고통받는 이 기간에 이들은 꽤 깊은 우울증을 겪을지도 모르고, 꽤 오랜 시간이 걸린 후에야 자신이 조치를 취하는 데 욕구되는 에너지와 침착함을 되찾을 수 있습니다.

이들은 강한 충직감을 갖고 있고, 이들의 방어적인 본능은 친구와 가족뿐만 아니라 직종적인 동료나 고객들에게도 또한 확장됩니다. 이들은 이런 식으로 자신을 적으로 만들어내는 것을 주의해야 하고, 때로는 타인들로 하여금 그들만의 전투에서 싸우도록 허용해야만 합니다.

이들은 자주 부모 중 한 분에게 (대개 소년은 어머니에게, 소녀는 아버지에게) 감정적으로 깊고 복잡한 유대감을 갖고 있습니다. 이들은 실로 이 부모의 도덕적인 후원과 승인에 매우 중하게 의존할지도 모릅니다. 아이가 성장하면서 사회에서 행동하는 방법뿐만 아니라 도덕률에 대한 자신의 발상을 형성할 것은 바로 이런 매우 중요한 유대감에 근거하고 있습니다. 그러므로 이들이 자신의 삶을 헤쳐나갈 수 있고 심리적으로 갇히지 않도록, (이런 부모와 갖는 자주 어렵고 폭풍우 같은 관계이기 때문에 생긴) 그 문제가 사춘기에 잘 풀리는 것이 가장 대단히 중요한 것에 속합니다.

이들의 중대한 성장 영역은 친밀한 애정과 사랑을 완전히 열어버리는 데 놓여 있습니다. 만약 사랑이 틀어막힌다면, 적의를 품게 되는 성격은 그런 사랑이 항상 세상과 하는 싸움에 의한 희생자로 느낄 결과로 귀착될지도 모릅니다. 반면에 사랑과 애정이 자유롭게 흐른다면, 이들이 자신의 주위 사람들에게 증정해줄 수 있는 긍정적인 에너지는 어떤 한계도 현존하지 않습니다.

▶ 일간 특성
강점; 고결한, 활기찬, 공정한
약점; 비실상화된, 호전적인, 감정적으로 불안정한

▶ 명상
절대 어떤 것을 너무 진지하게 취하지 마라.

▶ 조언
일을 처리하는 데 너무 방어적이거나 열렬하지 마라.
당신 자신을 더 신뢰하고 느긋해지도록 허용하라.
가능한 한, 타인들을 받아들이고, 그들이 당신을 고민하게 하지 않는다면, 그냥 그들을 내버려두라.
당신의 화를 지속해서 단속하라.

▶ 건강
이들에게 최고의 관심사에 속하는 것은 정신적인 균형이어야 합니다. 이들의 강함은 이성보다는 세몰이, 의지, 상상력의 영역에 있으므로, 어떤 종류의 혹독한 정신 훈련에 복종하려는 기꺼움은 필수적입니다. 건강함을 유지하기 위해서, 이들은 에너지를 소일거리 추구나 낭비되는 에너지에서 그 자체로 소멸되는 대신에 에너지가 건설적으로 사용되는 데 투입될 수 있도록 자신의 삶을 정돈하고 구조화하는 편이 온당할 것입니다. 정기적인 작업 습관과 운동 패턴이 이들의 의지와 상상을 구조화할 수 있는 것처럼, 잘 균형 잡힌 천성의 정기적인 식사도 유익한 효과를 연출할 수 있습니다. 만약 이들의 더 야생적인 에너지가 전환되지 않는다면, 그 에너지는 싸움과 우발사고로 이어질 수 있고, 특히 머리와 얼굴이 위험합니다. 고착된 일정에 따른 적당한 운동은 이들을 느긋한 상태로 유지하기 위한 놀라운 일을 할 것입니다.

▶ 수비학
18일에 태어난 사람은 숫자 9(1+8=9) 그리고 강압적인 화성에 통치됩니다. 양자리도 또한 화성에 통치되므로, 4월 18일에 태어난 이들은 자신을 능가하는 자신의 공격성을 주의해야 하고, 또 다투는 것이 적을 만들어낼 수 있으므로, 이들은 가능하면 충돌을 피해야 합니다. 게다가 이들의 과도한 화성 에너지는 이들이 자기 자신과 길벗을 잘못된 방향으로 이끌기 쉬울지도 모른다는 점을 의미합니다. 어쩌면 이들은 어떻게든 충동적인 부추김을 확실히 파악할 수 있지만, 자신의 상당한 에너지를 위한 건강한 배출구를 찾아냅니다.

▶ 원형
18번째 메이저 카드는 꿈, 감정 및 무의식의 세계를 일차적으로 대변하는 '달(月)'입니다. '달(月)'은 전통적으로 감정의 세력뿐만 아니라 여성적인 세력의 상징입니다. 긍정적인 속성은 민감성, 공감 및 감정적인 이해심을 포함합니다. 부정적인 성질은 감정적인 우유부단함, 수동성 및 에고의 부족을 포함합니다. 고도로 상상적인 '달(月)'의 영향력은 환상을 창조하고, 이들을 위한 모든 종류의 덫, 매복, 속임수를 설정해둘 수 있습니다.

4월 19일
견고한 통제의 날
Solid Control

▶ 심리구조

4월 19일에 태어난 이들은 자신이 하는 것이 무엇이든 견고한 통제권을 행사하려고 시도합니다. 비록 이들이 자주 스타의 자질이나 개척하는 자질을 갖고 있지만, 강력한 이들은 일차적으로 인내력과 세속성을 과시합니다. 이들이 설정한 구체적인 목표가 타인들에게는 도달하기 어려운 것으로 보일지도 모르지만, 이들에게는 단순히 당연지사일 것입니다. 리더십보다는 통제가 이들의 주요 초점입니다.

이들의 가장 대단한 기쁨은 지속력을 갖고 있을 잘 뿌리내린 경력, 시스템 혹은 가족적인 설정 환경을 구축하는 것입니다. 권력의 모든 형식은 이들을 끌어들이지만, 이들의 중점은 실로 원질료를 유기적이고 가치 있는 산물로 형태화하고 다듬어내는 능력에 있습니다.

따라서 물건이나 발상을 심지어 자녀조차도 생산하는 것은 이들에게 매우 중요합니다. 어떤 것이 이들에게 의미를 갖고 있으려면 그것이 사실상 실존해야 하고, 이것은 자주 이들 자신이 그것을 창조한다는 점을 의미합니다. 이들은 누군가의 산물을 개선하는 작업에, 즉 그 산물에 새로운 관점을 부여하거나 그 산물을 더 매력적이게 만들어내는 작업에도 또한 꽤 행복해합니다.

이들은 강력한 발상과 강력한 사람에게 강하게 끌립니다. 위험은 타인들을 찬양할 시 이들이 자기 자신 속에 잠재하는 가능성을 완전히 계발시키는 데 실패할지도 모른다는 점입니다. 그러므로 이들은 일찍이 자신이 가장 잘하는 것이 무엇인지 발견해서 그것을 고수할 때 가장 잘하고, 그러면 이들은 자신의 직종에서 최고에 오르는 좋은 기회에 서게 됩니다. 만약 이들이 자신의 협력자에게 귀 기울이는 법을 또 자신의 실수에서 이득을 얻는 법뿐만 아니라 실수를 알아보는 법도 또한 체득할 수 있다면, 이들은 앞으로 나아갈 것입니다. 그렇지 않으면, 틀에 박히게 되는 이들은 단조로운 임무의 삶에 처하게 될지도 모릅니다. 변화에 마음을 여는 것은 이들에게, 특히 20대에 잇달아 오는 일생에 한 번뿐인 기회를 잡는 데 극도로 중요합니다. 이들은 그 기회를 받아들이지 않을 세상의 온갖 이유를 떠올릴 것이지만, 만약 이들이 그 기회를 놓친다면 기회는 다시 오지 않을지도 모릅니다.

게다가 대개 42세 즈음에 (또는 여성에게는 조금 더 일찍) 만약 인생의 갈림길에서 올바른 쪽을 택한다면, 이들은 행복과 성공의 광채를 쬘 것입니다. 만약 이들이 잘못된 쪽을 택한다면, 이들은 나선형 하강 속에 가로막혀서 진가를 인정받지 못하는 자기 자신을 알아차리게 될지도 모릅니다. 이들은 반짝이는 것과 단기적인 금전적 이득이라는 유혹에 의해 옆길로 새서, '집착에 대한 부인'과 '집착 놓아버리기'를 요구할지도 모르는 자신의 최종 목표에 대한 시야를 잃어버리는 것도 또한 주의해야만 합니다.

이들이 영적으로 앞으로 나아가는 열쇠는, 이들 자신이 처한 곳임을 이들 자신이 알아차리는 온갖 개인적인 국면을 통제하려는 욕망에 대한 이들의 저항하기일 것입니다. 이들은 타인이(특히 동무나 자녀가) 그들만의 실수를 만들어낼 권리를 빼앗지 말아야만 합니다. 좋은 의도에서 태어난 막아주고 보호하려는 욕망은, 이들에게 가까운 사람들을 위한 경험임을 부인하는 것으로 판명될지도 모릅니다.

▶ 일간 특성
강점; 통제된, 내구력 있는, 능숙한
약점; 위압적인, 반복적인, 달라붙은

▶ 명상
사랑의 힘보다 더 대단한 어떤 권력도 현존하지 않습니다.

▶ 조언
통제라는 함정에 사로잡히지 말라, 자발성을 감안해 보라.
갇히게 되는 것을 피하라. 귀 귀울이는 법을 체득하고 변화를 위해 마음을 열어두는 법을 체득하라.
기차[기회]가 출발하기 전에 꼭 붙잡아라.
타인들로 하여금 자신만의 마음을 꾸며내도록 내버려 두고, 때때로 물러서라.

▶ 건강
만약 이들이 좌식 직무를 갖고 있다면, 이들은 살이 찌는 것을 조심해야만 합니다. 조금씩 매일 하는 운동은 이들의 건강에 필수적입니다. 게다가 이들에게는 넉넉한 수면을 취하는 것이 중요합니다. 이들은 좀처럼 진짜 수면 문제를 계발하지 않지만, 만약 스트레스 기간 동안 불면증이 나타난다면, 이들은 방향유로 뜨거운 목욕을 하거나 적합한 안마사를 발굴해내는 것이 온당할지도 모릅니다. 사랑스러운 동무와 정기적인 섹스도 또한 놀라운 일을 할 수 있습니다. 이들은 자신 작업의 온갖 측면을 통제하고 싶은 자신의 욕망 탓에 엄청난 정신적인 중압감 아래에 있을지도 모릅니다. 느긋해지는 법을 체득하는 것이 이들의 건강 유지에 열쇠가 될 것입니다. 이 목표를 위해, 이들은 빵, 채소, 토속적인 음식부터 더 이국적인 요리와 매운 음식까지 온갖 것을 제안하는 심미적이고 여유로운 식사를 하기 위해 식사자리에 앉을지도 모릅니다.

▶ 수비학
19일에 태어난 사람은 숫자 1(1+9=10, 1+0=1) 및 태양에 통치됩니다. 이들은 양자리-황소자리 중첩의 첫날인 4월 19일에 태어나고, 숫자 1에 통치되며, 태양의 강한 영향력을 갖고 있기 때문에, 가족과 개인적인 관계에 처참한 효과를 보유할 수 있는 권력 남용을 주의해야만 합니다. 황소자리의 금성적인 영향력이 이들에게 다가오므로, 이들은 어쩌면 화성(양자리의 통치자)의 불기운 및 태양의 열기를 누그러뜨려야 하고, 아름다움, 조화 및 사회적인 안정이라는 금성적인 자질에 더 의존해야 할 것입니다. 삶에서 언제 더 공격적이고 언제 더 수동적인지를 아는 것이야말로 이들에게 특히 중요합니다.

▶ 원형
19번째 메이저 카드인 '태양'은 모든 메이저 카드 중 가장 호의적인 카드로 여겨질 수 있습니다. 그 카드는 지식, 생명력, 행운을 상징하며, 우대와 보상을 약속합니다. 이 카드는 명확성, 관계의 조화, 훌륭한 평판이라는 좋은 자질을 배치해주지만, 자만심, 허영심, 거짓된 겉모습이라는 나쁜 가능성도 또한 내보여줍니다.

4월 20일
세속적인 도전의 날
Worldly Challenge

▶ 심리구조

4월 20일에 태어난 이들은 고도로 계발된 리더십 능력을 갖고 있습니다. 역동적인 이들의 내면 몰아댐은 예외 없이 이들을 위쪽 방향으로, 즉 필연적으로 업적, 성공, 권력 쪽으로 향하게 합니다. 게다가 이들은 자신만의 대의를 단순히 진전시키는 것에 좀처럼 만족하지 않고, 자신의 가족, 사업, 사회 집단을 바른 코스에 놓을 능력이 있다는 점도 또한 느껴야만 합니다. 집단의 가치는 항상 이들에게 여전히 높은 우선순위입니다.

하지만 드물지 않게 이들은 극도로 민감하고 고도로 사적인 사람입니다. 이들은 자신의 경력에 매우 귀중할 수 있으나 오직 건설적인 용도로만 사용되어야 하는, 강하게 계발된 공상적인 삶을 갖고 있습니다. 이들의 민감성은 이들을 과민하고 몹시 팽팽해지는 쪽으로 이끌지도 모르지만, '이들로 하여금 타인들을 호리도록 만들어주는 최면적인 자질'도 또한 이들의 캐릭터에 빌려줄 수 있습니다. 하지만 이들이 타인들의 감정을, 특히 사랑받는 사람들과 친구들의 감정을 매우 강하게 휘젓는 경향이 있으므로, 여전히 자신의 느낌에 접촉해서 그 느낌을 통제하는 것이야말로 이들에게 책무입니다.

사회적으로 헌신적인 이들이 어떤 사회적인 신분에 있는 자기 자신을 알아차릴지라도, 이들에게 박차를 가하는 것은 바로 세상에 대한 도전입니다. 대다수의 경우 이들은 문제나 충돌을 회피하지 않고 그것들을 환영합니다. 이들이 여유롭거나 느긋한 삶에 꼭 알맞은 것으로 전혀 보이지 않는다는 점은 분명해지고, 실로 이런 점은 행복이나 휴식을 언제나 성취하는 것이 이들에게는 뚫어낼 수 없는 장벽으로 보일 수 있습니다. 하지만 이들은 격렬한 흥분 속에서 문제 해결에 집중할 시, 마치 태풍의 눈에서 안전한 안식처를 탐구하는 새나 비행기처럼 기이하게도 피난처를 찾아냅니다. 하지만 이들의 소용돌이치는 에너지는 타인들을 쇠약하게 할지도 모르고, 결국 자기 자신에게도 또한 큰 피해를 줍니다.

이들은 고도로 직감적인데, 즉 지도를 따르는 것보다 육감에 의해 비행하는 것을 자주 선호합니다. 그러나 동시에 격렬하게 신체적인 이들은 음식, 심미적인 인간교제 및 안정된 가정생활이 제공하는 만족을 욕구합니다. 비록 이들의 성격 중 세속적인 측면이 자신의 상상적인 면을 뿌리내리게 하는 역할을 할 수 있지만, 특히 꿈과 실상 사이의 큰 격차를 뚫어낼 수 없을 때, 갈등들도 또한 일어날지도 모릅니다.

이들은 자기 자신으로 하여금 오랫동안 좌절감이라는 고통을 겪게 허용하지 않도록 조심해야만 하고, 오히려 필요할 때 더 도달할 수 있는 수준으로 자신의 목표를 축소하도록 조심해야만 합니다. 자신의 장래성을 객관적으로 평가하고, 정기적으로 자기 자신을 감시하며, 필요한 경우 삶에 대한 자신의 일상적인 접근법을 수정할 정도로 여전히 유연해지는 법을 체득하는 것은, 이들을 자신의 행로로 지속시키는 데 중요할 것입니다.

▶ 일간 특성
강점; 강력한, 영감을 주는, 흥미진진한
약점; 착각하기 쉬운, 지나치게 감정적인, 권력에 달라붙은

▶ 명상
조절의 가장 높은 형식은 놓아줄 때를 아는 것입니다.

▶ 조언
무모하게 덤비지 말고, 당신 자신을 뿌리내려라.
더 수용적이 되고 덜 과민해지도록 노력하라.
조용한 신망은 당신 자신을 입증하려는 당신의 욕구를 감소시켜준다.

▶ 건강
위에서 개요를 설명한 대로, 이들은 자신의 삶, 특히 자신의 세속적인 천성과 불같은 천성을 서로 균형상태에 이르게 하는 영역에서 엄청난 스트레스에 직면할지도 모릅니다. 사실, 이들의 건강은 이 균형을 성취하는 능력에 달려있습니다. 이들은 자신의 식단에서 특정 물질을 제거하거나 적어도 엄격하게 통제하는 것을 고려해야 합니다. 이 물질 중 첫째는 설탕입니다. 만약 이들이 단 것을 좋아하면, 자신의 설탕 섭취를 통제하기가 어려울 것이지만, 그럼에도 이들은 기분의 안정과 항상성을 유지하기 위해 통제해야 하는 것이 명령입니다. 게다가 전형적인 양자리 사람인 이들은 맵고 뜨거운 음식과 이국적인 음식에 대한 사랑에 주의해야 합니다. 이들은 무엇을 먹어야 할까요? 모든 종류의 곡물, 즉 땅 밑에서 자라는 감자와 당근, 순무 및 비트 같은 것들이 안정시킵니다. 미네랄이나 오일, 아로마테라피, 마사지, 요가와 함께 뜨거운 목욕은 모두 느긋함을 원조할 수 있습니다.

▶ 수비학
20일에 태어난 사람은 숫자 2(2+0=2) 및 달에 통치됩니다. 숫자 2에 통치되는 사람은 신사숙녀적이고 상상적인 경향이 있고, 타인들이 비판하거나 주목하지 않는 것에 쉽게 상처받습니다. 이들은 또한 쉽게 성내고, (양자리의 통치자인 화성에 의해 예고되듯이) 짜증의 낮은 문턱을 갖고 있을지도 모릅니다. 달의 영향력 때문에, 숫자 2에 통치되는 사람은 인상에 좌우되고 감정적일 가능성이 있습니다. 4월 20일에 태어난 이들은 힘을 행사하는 것에 관해 어려움을 보유할 수 있으므로, 자신의 민감한 천성을 지켜내서, 무엇이 자주 낮은 자기-우대인지에 대해 작업해야만 합니다.

▶ 원형
20번째 메이저 카드는 물질적인 고려사항을 뒤로하고, 더 높은 영성을 탐구하도록 사람들을 부추기는 있는 '심판이나 일깨움'을 보여줍니다. 나팔을 부는 천사를 그려내는 그 카드는 책무라는 새로운 날이 밝아지고 있음을 암시합니다. 이것은 우리로 하여금 자신의 에고를 넘어가게 해주고, 무한을 엿보게 해주는 카드입니다. 위험은 그 나팔소리가 단지 우쭐댐과 도취를, 즉 가장 저급한 본능이 관련된 것을 즐길 시의 균형상실과 방종을 미리 알려줄 뿐이라는 점입니다. 이들을 위한 도전은 실상을 받아들이고, 망상을 피하는 것입니다.

4월 21일
전문가적인 헌신의 날
Professional Commitment

▶ 심리구조

4월 21일에 태어난 존엄한 이들은 자신의 전문가적인 탁월함과 성실함보다 더 우선시하는 것은 없습니다. 이들의 말은 이들의 법입니다. 이들 중 다수는 대중의 맥을 제대로 짚고 있는 유행의 선도자이기 때문에, 자주 세상에서 출세합니다. 하지만 이들은 두 번 이상 결혼 및 많은 연애를 하는 탓에 폭풍우 같은 개인 생활을 영위할지도 모릅니다. 이들은 섹스, 음식, 잠, 즐거운 온갖 것에 끌리는 매우 관능적인 유형이 되는 경향이 있습니다. 이들의 개인적인 가치는 아름다움과 조화에 발맞추고, 인공적이든 자연적이든 간에 아름다운 것에 대한 이들의 사랑은 고도로 계발됩니다.

특히 이들 중 여성은 가족을 부양할 책임 때문에, 아니면 자신의 시장성이 높은 능력이 어디에 있는지를 모르는 탓에 자신의 경력 속에 있는 자기 자신을 알아차리는 데 약간의 시간이, 심지어 30대 후반이나 40대 초반까지 걸릴지도 모릅니다. 하지만 일단 길을 떠나면 이들은 멈춰질 수 없습니다. 4월 21일은 특별히 강한 여성적인 에너지를 배달해주는 날입니다.

사랑하고 사랑받기 위한 (사랑하는 욕구가 사랑받는 욕구보다 자주 더 대단한) 이들의 욕구는 매우 강하고, 이런 점은 그런 욕구가 충족되지 않을 때 이들의 개인 생활이 폭풍우 같게 되는 한 가지 이유입니다. 이들 중 여성은 허물에 수용적이고 포용적이 되는 경향이 있지만, 일단 이들이 자신이 무엇을 원하는지를 표현하기 위해 오랫동안 고통받던 자세를 무너뜨리기 시작하면, 더 대단한 독립심이 반드시 뒤따릅니다. 반면에 이들 중 남성은 자신의 자급자족을 지나치게 소중히 여길지도 모르고, 그러므로 타인들의 도움을 받아들이는 방법을 체득하려고 욕구합니다.

권력을 본능적으로 파악하고 있는 이들은 그 권력을 다루는 방법, 즉 권력이 자신을 통제하지 못하도록 그것을 통제하는 방법을 갖고 있습니다. 이런 이유로 이들은 세상의 부유층과 특권계급에 편안한 느낌이 듭니다. 하지만 돈은 이들의 명성에 비하면 이들에게 아무런 의미가 없습니다.

따라서 이들의 취약성은 직종 분야에 놓여 있습니다. 이들이 만약 직무를 못한다고 비난받는다면, 즉 직종적으로 거절되거나 대중의 호감을 잃게 되면, 이들은 이런 점을 제법 힘거운 것으로 받아들여서, 점차 우울해지거나 심지어 자살에까지 가까워질 수 있습니다. 다행히도 이들의 회복력은 대단하고, 생존을 위한 이들의 본능도 또한 극도로 매우 잘 계발되어 있습니다.

자신이 사랑받는 사람이 관련된 한, 베풀려는 이들의 수용력에는 어떤 끝도 현존하지 않습니다. 반면에, 이것은 이들의 가족 구성원이나 자녀, 동무를 통제하는 지나치게 계발된 부추김이라는 부정적인 방식으로 구현될 수 있습니다. 이들은 타인들에게 일부 숨길 여지를 허용해야만 하고, 그렇지 않으면 자신이 마음쓰는 사람, 특히 자녀의 예고를 심각하게 해칠 위험이 있습니다.

엄청난 에너지의 비축량을 갖고 있는 이들은 돈을 잘 만들어내는 사람이지만, 안식과 편안함에 대단한 사랑을 갖고 있습니다. 이들은 비우고 재충전하며 창조적으로 꿈꾸기 위해 자신의 여가 시간을 사용하는데,

자신의 수면, 휴식기간, 휴가를 거부한다면 방향감을 잃어버릴 수 있습니다. 작업에 관해 지나치게 집요하지 않은 이들은 사실 미루는 경향이 있습니다. 그러나 마감 시간이 늘어질지도 모르지만, 그 직무는 마쳐집니다.

▶ 일간 특성
강점; 세련된, 보살피는, 강력한
약점; 방탕한, 자기-방종적인, 과잉보호하는

▶ 명상
핵에너지를 중요한 것으로, 요리를 하찮은 것으로 여기는 문명은 확실히 파멸로 향하고 있습니다.

▶ 조언
타인의 일에 대한 당신의 관여를 제한하라, 당신은 때때로 고압적일 수 있다.
이따금 타인들로 하여금 당신을 돕도록 하라.
주는 것이야말로 통제하는 메커니즘으로 작용할 수 있다, 조건없이 주려고 노력하라.
너무 오랫동안 고통을 견뎌내지 말고, 당신이 무엇을 원하는지를 알아내고 원하는 그것을 단호히 추구하라.

▶ 건강
이들은 급성보다 더 자주 만성적인 건강 문제의 다층성에 직면할지도 모릅니다. 이들은 자기 자신을 보살피는 데 너무 헌신적이어서 건강염려증을 계발할 수 있습니다. 이들은 매우 신체적이고 심미적인 경향이 있으므로, 마사지와 방향유 테라피, 지압 치료, 정형외과 처치술에 좋은 반응을 보입니다. 이들은 목과 목구멍이 관련된 모든 장애, 즉 보통의 인후통부터 유스타치아관, 경동맥, 침샘 및 심지어 갑상선까지 장애에 주의하려고 욕구합니다. 이들은 정기적인 운동을 욕구하지만, 안식과 편안함을 좋아하기 때문에 일종의 타성이 생길 수 있습니다. 이들 중 남녀 모두는 자신을 최상의 요리사로 만들어내고, 먹는 것을 사랑합니다. 위에 언급된 운동 부족과 짝지어진 이것은 체중 문제를 만들어낼 수 있습니다. 정원 가꾸기는 봄과 여름에 이들에게 완벽한 활동이 될지도 모릅니다.

▶ 수비학
21일에 태어난 사람은 숫자 3(2+1=3) 그리고 확장적인 행성인 목성에 통치됩니다. 숫자 3에 통치되는 사람은 자주 야심적이고, 때로는 독재적입니다. 목성의 낙관적인 영향력 탓에 4월 21일에 태어난 이들은 자신의 돈을 너무 쉽게 다룰지도 모르고, 이것은 일확천금의 책략 탓에 빚이나, 대출, 손실로 이어질 수 있습니다. 화성(양자리의 통치자)과 금성(황소자리의 통치자)이 추가한 영향력은 이들의 관능적인 측면, 성적인 측면, 편안함을 사랑하는 측면을 예고해줍니다. 스타일에 대한 사랑 탓에 이들은 자주 '현금보다 투기적인 태도'를 채택합니다.

▶ 원형
21번째 메이저 카드는 에너지를 주는 봉을 손에 들고 달리는 여신을 그려내는 '세계'입니다. 세상이라는 고개를 넘어가서, 그 진실을 표출하는 그녀는 무한한 힘을 갖고 있습니다. 이 카드는 세속적인 차원에서 도달할 수 있는 모든 것을 상징합니다. 비록 보상과 통합이 보증될지라도, 전통적으로 그 카드는 산만함과 자기연민이라는 부정적인 특성뿐만 아니라 기념비적인 장애 및 운명의 퇴보로도 또한 예시할 수 있습니다.

4월 22일
확립된 존재감의 날
Established Presence

▶ 심리구조

4월 22일에 태어난 이들은 발상의 시스템뿐만 아니라 사실상 물리적인 시설도 또한 설정해서 확립하는 것에 적극적입니다. 가족, 식당, 학교 아니면 어떤 다른 사회적인 단위든 운영하는 것을 조직하고 지휘하는 것은 이들의 특기입니다. 역설적으로 이들은 특히 사회적인 사람이 전혀 아니라 더 자주 단독자입니다. 이들 중 다수는 자기 자신에게 주목을 끌어당기는 것을 실상 좋아하지 않는 조용한 사람이고, 느긋한 방식으로 열심히 작업하는 비결을 알고 있습니다. 하지만 모든 종류의 사회적인 행사를 조직하기 위해 이들이 갖고 있는 엄청난 재능은 이들에게 존재하고, 빠르든 늦든 밖으로 드러납니다. 비록 이 재능이 직종적으로 표현되지 않고, 단지 가족 행사를 주도하는 것 혹은 때때로 생일이나 기념일 파티를 열어주는 것, 아니면 그밖에 유사한 것에서 표현된다 하더라도, 그럼에도 이들은 이런 계기가 보상받고 촉발하는 것임을 알아차리게 될 것입니다.

그러나 이들이 자신의 재능을 상업적인 분야에 사용하기 위해 투입하지 않는 것도 또한 낭비일 것입니다. 이들이 어떤 사람을 위해 작업해주도록 강요받지만, 그 사람에 의해 이들의 조직적인 기술은 때때로 좌절됩니다. 이를테면 이들은 누군가 소유하는 회사를 설립하고 운영하도록 요청받을지도 모릅니다. 이들은 뛰어난 직무를 행한 후, 그 소유자가 지나치게 비판적이거나 그의 방식대로 상황에 응하고 싶었음을 알아차리게 됩니다. 이것은 낙담과 우울증으로 이어지고, 아니면 결국 그 위치에서 물러나는 것으로 이어질

수 있습니다. 반면에, 이들은 대개 협업자와 문제를 거의 갖고 있지 않는데, 이들 아래에서 일하는 사람들은 이들의 강력한 현실적인 접근법과 인간적인 자질 모두를 존중합니다. 체격이 크든 아니든, 이들의 눈길을 끄는 신체적인 존재감은 자주 이들이 성공한 중요한 이유입니다.

이들의 가장 대단한 도전은 권력을 향한 부추김을 통제하는 것입니다. 이들 중 가장 진보된 사람은 자신의 능력에 관해 소박하고, 겸허하며, 덜 고도로 진화된 사람은 타인들을 향한 이들의 태도가 위압적으로 갑질하거나 불친절하고 애매할 수 있습니다. 이들이 항상 목표로 삼아야 할 것은, 자신의 지휘하는 자질에 대한 공평하고 정의로운 사용입니다. 비록 이들이 돈과 재정적으로 강력한 사람들에게 홀리게 될 수 있을지라도, 이들은 자신이 찬양하는 이가 갖고 있는 가치 있는 것들을 일괄적으로 채택하지 말고, 오히려 건설적인 사회적 가치와 일치하지 않는 방도는 거절하면서 그들에게서 배우려고 그들의 기법을 연구해야 합니다.

가족이나 사업, 조직을 확립해왔던 이들은 그것이 자신의 이상에 합당하게 성장하고 있는지, 혹은 계발하고 있는지, 부응하고 있는지를 일정 기간이 지난 후 자문하게 될 것입니다. 이런 자각 덕분에, 유사한 노선에 따라 프로젝트를 계속할 것인지, 혹은 어떤 중요한 측면에서 프로젝트를 변화시킬 것인지, 더 보상받고 더 의미있는 노력에 동의하여 프로젝트를 포기할 것인지를 결정하는 것은 이들에게 대단한 도전이 될 것입니다. 그만두는 때를 (그리고 그만두는 방법을) 아는 것은 이들에게 쉽지 않고, 또 이들에게 정신적인 극심한 고뇌와 불안을 유발할 수 있는데, 여기에서 이들은 자신의 내면 목소리에 유의해야 합니

다. 게다가 특히 물질주의적인 가치에 노예화되는 것을 피하기 위해 자신의 영적인 면을 계발하는 것은 필수적입니다.

▶ 일간 특성
강점; 조직적인, 세상 물정에 밝은, 눈길을 끄는
약점; 까다로운, 물질주의적인

▶ 명상
어둠 속에서 보이는 것이 누군가의 눈에는 보이지 않습니다.

▶ 조언
권력에 홀리게 되는 것을 주의하라.
신을, 즉 당신의 내면 속에 있는 가장 좋은 것을 섬겨라.
영적인 지침을 탐구하고, 당신의 더 높은 자기를 따르라.
당신의 뿌리를 기억해내라, 진보 속에서 당신 자신을 잃지 마라.
당신의 소박함을 온전하게 유지하고, 겸손을 키워라.

▶ 건강
이들은 비록 연설하거나 노래하는 데 좋은 목소리를 갖고 있지만, 목과 성대에 대한 신체적인 문제를 경험할지도 모릅니다. 이런 목소리를 계발하려는 욕망은 악기로서 목소리의 취약성에 맞춰 저울질되어야만 하고, 목소리를 지나치게 사용하지 않도록 유념해야 합니다. 섹스는 직접 참여하든 관능성에 대한 다층적인 형식으로 승화하든 간에 이들에게 매우 중요합니다. 이를테면 마사지하는 것과 받는 것 둘 다 기쁨의 특별한 원천입니다. 이들은 자신이 부엌에 있을 때만큼 행복한 경우가 좀처럼 없는데, 맛보고 실험하려는 무제한의 자유를 자기 자신에게 허용해야 합니다. 적당한 정도의 운동은 체중 증가에 대결하는 데 유용하지만, 지나치게 힘든 운동은 피합니다.

▶ 수비학
22일에 태어난 사람은 숫자 4(2+2=4)와 22 그리고 불규칙하면서도 폭발적인 천왕성에 통치됩니다. 화성(양자리의 통치자)과 금성(황소자리의 통치자)이 조합된 영향력 때문에, 이들은 성적이나 자석 같은 끌어들임을 통해 자신의 힘을 사용해서 사람들을 통제하는 것을 주의해야만 합니다. 숫자 4에 통치되는 사람은 독특한 방도와 관점을 갖고 있습니다. 이들이 매우 자주 소수자의 관점을 취하지만, 여전히 완전하게 자기-보증적이기 때문에, 때로는 적대감을 자극하는 이들은 자신을 적으로, 자주 남모르는 적으로 만들어냅니다. 숫자 22는 쌍수이므로, 매달 11일과 22일에 태어난 사람은 쌍둥이, 동시성, 대칭성 등의 이중성에 홀리게 될지도 모릅니다.

▶ 원형
22번째 메이저 카드는 몇몇 버전에서는 절벽의 가장자리를 부주의하게 걸어가는 모습을 보여주는 '바보'입니다. 일부 해석은 이성을 포기한 어리석은 사람으로 그를 묘사하고, 다른 해석은 물질적인 고려사항에서 벗어난 고도로 영적인 존재로 묘사합니다. 긍정적인 의미는 저항을 단념해서 본능을 자유롭게 따르는 것을 포함하고, 부정적인 측면은 어리석은 활동, 충동성, 소멸입니다. 고도로 진화한 '바보'는 삶의 행로를 따라갔고, 그 교훈을 체험했으며, 자신만의 비전과 하나가 되었습니다.

4월 23일

채택된 안전의 날
Adopted Security

▶ 심리구조

4월 23일에 태어난 이들은 자신의 상당한 재능을 위한 최고의 안식처를 탐구하고, 자신이 강력하거나 인정받는 조직의 후원을 받아 자기 자신을 확립할 때까지 쉬지 않을 것입니다. 이것은 이들이 비록 그 조직에 직접 고용될 경우가 자주 있을지라도 반드시 직접 고용된다는 점을 의미하지는 않지만, 그 조직이 어쩌면 타인들에게 이들을 추천하고 문을 열어주는 일종의 '후견인' 역할을 이들에게 하리라는 점을 의미합니다. 이들은 자신을 보살피며 육성해줄 집안으로 시집/장가가는 것이 자주 발견될 수 있습니다. 고립된 삶에 거의 마음쓰지 않는 이들은, 더 넓은 사회적인 분야 속에서 자신의 힘을 발휘하려고 욕구합니다. 재정적인 성공과 안전은 이들에게 무엇보다 중요한 것에 속합니다.

이들 중 예술 분야(작가, 언론인, 화가)나 사업 분야(제조업체나 상점주인)에 속해 있는 사람은, 자신의 저서나 작품을 매년 계속해서 구매할 추종자들을 구축하는 데 의존합니다. 서비스를 실연해보이는 이들(의사, 변호사, 회계사)은 고객이 없다면 길을 잃어버린다는 점을 알고 세심하게 고객들을 구축할 것입니다. 이들은 가족의 영역이나 직종적인 분야 속의 사람으로서 어떻게든 자기 자신을 표현하지만, 자신이 관여하는 집단의 후원을 잃어버릴 만큼 절대 거침없이 말하고 싶지 않을 것입니다. 이런 점에서 이들은 타인들의 선의와 신뢰에 매우 의존합니다.

흥분을 갈망하는 이들 천성의 충동적인 면에 의해 이런 몹시 욕구되는 안전에는 위험이 실존합니다. 이들은 때때로 경솔하게 활동하여 자신의 위치를 위태롭게 할지도 모릅니다. 만약 이들이 자신의 개인 생활의 균형을 유지하면서, 변화와 촉발에 대한 갈망을 자신의 작업으로 유도할 능력이 있다면, 이들은 성공할 것인데, 만약 그렇지 않다면 이들은 모든 종류의 충동적인 책략들로 자신의 사업생활과 가족생활 모두에 지장을 줄지도 모릅니다.

이들은 선택된 활동을 평생동안 계속하는 것이 더할 나위 없이 행복합니다. 하지만 만약 이들이 자신의 개별성을 너무 많이 억압한다면, 이들은 타인들에 대한 이해관계를 잃어버릴 위험을 무릅쓰게 됩니다. 이들을 위한 요령은 정기적으로 혁신하는 것, 즉 자신을 앞으로 나아가게 할, 잘 생각하여 내놓은 새로운 프로젝트들을 전면으로 가져오는 것입니다. 만약 이들이 구태의연한 실존에 만족해서 안주한다면, 이들은 자신만의 고도로 창조적인 천성과 엇갈리는 목적에서 작업하고 있게 될 것입니다.

이들은 자주 타인들의 기벽에 대한 날카롭고 예리한 안목을 갖고 있고, 인간의 캐릭터와 동기에 대한 매우 깊은 이해심을 갖고 있습니다. 이들은 특별히 교육하거나 양육한다면, 이런 고도로 통찰적이고 예리한 취향을 건설적으로 활용하기 위해 유념해야만 합니다. 이들은 타인들에 대한 상당한 영향력을 현명하게 행사해야 하고, 때때로 자신의 민첩한 마음과 날카로운 혀에 대한 통제력을 수행해야만 합니다.

▶ 일간 특성
강점; 사회적인, 안심하는, 주의깊은
약점; 완강한, 초조해하는, 억눌려진

▶ 명상
홀로서기를 위한 곳이 현존합니다.

▶ 조언
당신만의 것을 운영할 당신의 능력에 더 신임을 갖고 있으라.
고착되지 않도록 주의하고, 더 유연하도록 노력하라.
당신의 감정을 내보내고 당신의 예감을 따르도록 하라.
당신의 개인 생활의 균형을 잡으라.
당신의 마음을 말하는 것을 두려워하지 말고, 수완적이고 친절해지라.

▶ 건강
이들은 노년을 대비하기 위해 조심해야만 합니다. 이들이 나이가 들면서 변화하기 위한 젊은이다운 수용력을 자신에게서 빼앗아, 말 그대로 자신에게 심각한 손상을 줄 수 있는 고착되고 반복적인 습관으로 너무 자주 빠져듭니다. 그러므로 가볍거나 적당한 운동을 계속하는 것이 바람직합니다. 자신의 손자 손녀와 시간을 보내는 것 및/또는 자녀와 함께 봉사 작업을 하는 것은, 지속해서 이들이 생동적이도록 해주고, 또 젊은이다운 에너지에 접촉하도록 해줄 것입니다. 이들은 모든 종류의 관절염, 특히 목의 관절염에 취약합니다. 이들은 극도의 경우 메니에르 증후군 같은 청력 상실과 현기증도 또한 생기기 쉽습니다. 정기적인 적당한 신체운동 프로그램이 특히 관절염과 함께 관절의 열화와 경화를 막아줄 수 있고, 노후에 더 대단한 수준의 유연성을 유지하게 할 수 있습니다. 이들의 음식 취향은 꽤 세련되고 광범위하지만, 빵, 버터, 케이크에 대한 이들의 사랑은 치명적일 수 있습니다. 세속의 음식에 대한 이런 욕망은 곡물, 쌀, 통곡류, 옥수수가루의 방향으로 인도되어야 합니다.

▶ 수비학
23일에 태어난 사람은 숫자 5(2+3=5)와 23 그리고 수성에 통치됩니다. 숫자 23은 모든 종류의 해프닝에 결부되고, 6월 23일에 태어난 이들은 활동을 좋아합니다. 수성이 생각과 변화의 빠름을 대변하므로, 이들은 그런 에너지와 안전에 대한 강한 욕구의 균형을 맞추는 방식을 찾아내야만 하고, 자신을 추월 차선으로 몰아대도록 하는 충동, 즉 화성(양자리의 통치자)과 금성(황소자리의 통치자)의 영향력에 의해 강조되는 충동을 다스려야 할지도 모릅니다. 다행히도 숫자 5에 전형적으로 통치되는 사람이 삶에서 받는 역경은 영속하는 효과를 거의 갖고 있지 않을 것입니다.

▶ 원형
다섯 번째 메이저 카드는 인간의 이해심과 신념을 상징하는 신성한 신비에 관한 해석자인 '사제'입니다. 그의 지식은 난해하고, 그는 보이지 않는 만사만물에 대한 권위를 갖고 있습니다. 이 카드가 수여하는 호의적인 특성은 자기-보증성, 의심의 부재, 적합한 해석이고, 비호의적인 특성은 설교하기, 호언장담, 독단주의를 포함합니다. 따라서 이들은 자신의 태도가 너무 거만해지는 것을 조심해야 합니다.

4월 24일
보호하는 기록자의 날
The Protective Chronicler

▶ 심리구조

4월 24에 태어난 이들은 자신이 생각한 바를 타인들이 아는 것이 이들에게 중요하므로, 글쓰기나 말하기, 본보기로써 자신의 인상을 등록하는 데 관심을 둡니다. 이런 의미에서 이들은 환영적인 청중에게 매우 의존적입니다. 이들은 자신이 사랑하는 사람들을 향해 극도로 보호적이기 때문에, 이들이 비록 리더일지 몰라도, 이들에게 중요한 것은 바로 리더인 만큼 타인들에 대한 통제나 권력이 아니라, 오히려 이들에게 소중한 사람들의 삶을 보호하고 인도하는 이들의 능력입니다.

이들의 인격 중 양육하는 측면은 두드러지고, 여성적이거나 모성적인 자질에 알맞습니다. 이들 중 남성도 또한 자신의 자녀가 성장함에 따라 자녀를 후원하고 격려하면서 자신을 뛰어난 부모로 만들어갈 것입니다. 물론 이들은 자신의 자녀뿐만 아니라 연인도 또한 자신의 방향을 따르기를 원할 것입니다. 만일 자신의 지침이 무시되면, 이들은 불안한 패턴과 심지어 깊은 우울증에까지 빠지면서, 대단한 슬픔을 연극처럼 과시할 것입니다.

이들은 자녀로서 자발적으로 자신의 부모를 향해 애틋하고 환영적인 경향이 있습니다. 이들이 반항할 때는 오직 불공정하게 혹은 잔인하게 대우받은 경우만인데, 특히 부모의 결혼생활이 깨지는 경우, 이런 반항은 오직 한쪽 부모에게만 유도되지만, 반면에 충성은 다른 쪽 부모를 향해 계속할지도 모릅니다.

이들은 가족 국면과 개인 관계에서 안정을 유지하기 위해 애쓸 것입니다. 불운하게도 이들은 어쩌면 불행한 연애사 및 고도로 스트레스받는 결혼생활을 포함한 사랑의 영역에서 깊은 실망을 경험할지도 모릅니다. 반면에 이들은 사회의 관습에 과도하게 관련되지 않고, 가장 성공적으로 어떻게 이들이 사랑받는 사람을 양육할 수 있는지, 또 자신만의 경력도 또한 조성할 수 있는지에 관련됩니다. 이들 중 한 부모인 사람은 새로운 동무를 찾아내려는 한두 번의 노력을 성공하지 못한 후 자신의 자녀에게 헌신하는 데 몰두할지도 모릅니다.

4월 24일은 경력 지배의 날입니다. 그러므로 '경력'과 '가족이나 개인 생활' 사이에 충돌이 자주 발생합니다. 이 둘 사이의 선택에 직면하는 이들은 균형을 유지하려고 자신의 힘으로 온갖 것을 하면서, 오랜 기간 결정을 고뇌할 수 있습니다. 결국, 이들은 전혀 가족을 갖고 있지 않기로 선택하지만, 이런 가족 역할에 자신의 협력자나 고객, 대중을 발탁해서 한편의 '경력을 향한 자신의 부추김' 및 다른 편의 '집단적인 양육이나 보호'를 슬기롭게 조합하기로 선택할지도 모릅니다.

이들은 자기 자신이 강력한 동반자와 제휴를 맺게 하거나 자기 보스의 사업적인 '대필자'가 되기로 선택할지도 모르고, 그 보스에 대한 온갖 것을 기록하고 필수적인 대리인의 자격으로 활동합니다. 이런 이들은 보스의 비서로서 보호하는 지위에는 이상적일 것입니다. 타인의 이해관계와 자신의 이해관계를 빨리 동일시하는 이들은 순전히 이기적인 고려를 위해 동료 인간 존재에게 좀처럼 등을 돌리지 않을 것인데, 즉 공공의 선에 반한다고 자신이 믿는 코스를 좀처럼 추구하지 않을 것입니다.

▶ 일간 특성
강점; 양육하는, 보호하는, 표현적인
약점; 질식시키는, 시무룩한, 나르시스적인

▶ 명상
어째서 그토록 많은 사람이 자신의 신을 인간으로 끈덕지게 떠올리는가?

▶ 조언
당신이 사랑하는 사람에 대한 믿음을 갖고 있고, [자신이 생색내는 것보다] 우주로 하여금 그들을 위해 조금이나마 하도록 내버려두라.
당신이 온갖 것에 대해 논평해야 한다고 느끼지 말고, 어떤 상황들은 말하지 않은 채로 남겨두라.
당신의 의지력을 계발하고, 자기 자신에게 "노"라고 말하는 법을 체득하라.
분별하기 위해 당신의 비판적인 수용력을 유지하라.

▶ 건강
이들은 자주 자기 자신을 엄청난 스트레스 아래 놓으면서 사랑을 위해 지대한 것을 희생할 것입니다. 이들은 자신이 사랑받는 사람과의 조화를 유지하기 위해 거의 어떤 것이든 할 것이기 때문에, 상황이 잘 진행되지 않으면 불안과 우울증이라는 고통도 또한 겪고, 때때로 폭식하거나 폭음하고 혹은 심지어 약물을 남용할지도 모릅니다. 감정적인 문제는 호르몬 불균형에 의해, 특히 여성의 경우 에스트로젠과 프로게스테론 문제에 의해 악화할 수 있습니다. 이들의 양육하는 성격은 부엌에서 준비된 출구를 찾아냅니다. 타인들에게 음식을 먹이려는, 그리고 자주 음식을 사랑과 동일시하려는 이들의 충동은 자신의 자녀에게 심리적, 신체적인 양쪽의 문제를 유발할지도 모릅니다. 이들은 신선한 과일과 채소에 중점을 두면서 가볍고 여유로운 음식습관을 유지하고, 유행하는 식단을 멀리해야 합니다.

▶ 수비학
24일에 태어난 사람은 숫자 6(2+4=6) 및 금성에 통치됩니다. 숫자 6에 통치되는 사람이 사랑과 찬양을 끌어들일 시 자석 같기 때문에, 또 금성(황소자리의 통치자)이 사회적인 상호작용에 강하게 연계되므로, 이들은 다른 인간 존재들과 함께 불가피하게 작업할 것입니다. 사랑은 자주 숫자 6에 통치되는 사람의 삶에서 지배적인 테마가 됩니다. 황소자리의 천문, 숫자 6의 성질 및 4월 24일에 태어난 이들의 특징이 모두 금성의 일차적인 영향력을 예시해주므로, 이들은 조화, 관계, 아름다움에 관련된 모든 것이 붙어가는, 사랑이라는 부름에 훨씬 더 고도로 영향력을 받게 될 것입니다.

▶ 원형
여섯 번째 메이저 카드는 남성성과 여성성이라는 양극성의 통합을 통해 인간성의 모든 것을 하나로 묶는 사랑을 상징하는 '연인'입니다. 이 카드가 좋은 면에서는 높은 도덕적인, 미적인, 신체적인 차원에서 애정과 욕망을 예시하고, 나쁜 면에서는 충족되지 않는 욕망, 감상적임, 우유부단함을 예시합니다.

4월 25일

신체적인 실체의 날
Physical Substance

▶ 심리구조

4월 25일에 태어난 이들은 두드러진 신체적인 존재감을 갖고 있습니다. 이들이 사실상 신체적으로 큰 사람이든 아니든 간에, 이들이 방으로 걸어 들어올 때, 누구든 이들의 존재감을 알고 있습니다. 이런 역동적인 자질은 이들의 작업에서도 또한 발견됩니다. 이들의 발상이나 관점, 태도에 관련해 우유부단한 어떤 것도 현존하지 않습니다. 사실 이들의 지대한 에너지는 가능한 한 일찍 인생에서 자기 자신을 확립하는 데 투입됩니다.

이들은 헛된 말이 아니라 활동에 관심을 둡니다. 이들은 당연히 언어 사용에 재능을 갖고 있을지도 모르지만, 대개 가능한 한 가장 경제적인 방식으로 사용합니다. 이들의 힘 일부는 애매한 표현이나 장식적인 구절을 멀리하고 요점에 바로 다가가는 것에서 유래합니다. 실로 이들은 꽤 무뚝뚝할 수 있습니다. 하지만 이들은 자신으로 하여금 타인에게 극도로 매력적이게 만들어주는 세련된 감각을 유지합니다. 개인적인 관계에서 이들은 자신의 동반자나 자녀를 압도하지 않도록 조심해야만 하고, 작업에서 과한 주목을 끌어들이는 것을 주의해야만 합니다. 이들은 자주 여행하고 싶으므로, 자신의 가족이나 조직을 심지어 잠깐조차도 떠나는 것은, 마치 삶이라는 직물에 갑자기 큰 구멍이 뚫린 것처럼 주목받을 것입니다. 그러므로 이들은 자신의 존재감 및 부재감 모두에서 강력합니다.

이들에게 가장 대단한 도전은 개인의 진화와 영성의 영역에서 다가옵니다. 이들은 자신이 하는 것에서 '지금 여기'를 너무 많이 대표하므로, 다음번 삶으로 옮겨가는 데 필요한 준비를 등한시하는 경향이 있습니다. 이들은 자신에게 물질적인 차원 너머 삶의 가치를 보여줄 수 있는 영적인 교사나 안내자에게서 이득을 얻을지도 모릅니다.

비록 이들은 대체로 강한 체질을 갖고 있지만, 자신의 웰빙에 위험을 제기할 수 있는, 요구가 많은 신체적인 경험에 자주 끌려듭니다. 이들은 대립을 탐구하지는 않지만, 극도로 용감해서 갈등이나 고군분투에서 퇴각하지 않을 것입니다. 대개 이들은 순전히 지구력과 인내력을 통해 이겨냅니다. 이들은 자신이 만들어내는 나쁜 적이고, 이들의 주위 사람들은 이들의 비위를 맞추며 곁에 있기 위한 노력을 만들어내야 합니다.

이들은 발상이나 계획을 갖고 있는 것으로 충분하지 않고, 그 발상이나 계획이 실상에서 구현되도록 만들어내야만 합니다. 이것은 이들이 이론에 무관심하다거나, 아니면 심지어 때때로 공상에까지 휩쓸려버린다는 점이 아니라, 최종 결론은 발상이 유효하게 작용해야만 한다는 점입니다. 강력한 실용주의자이고 의심하는 실상주의자인 이들은, 이들의 시간을 낭비하면서 이들에게 깊은 인상을 주려고 탐구하는 언변이 좋은 혀를 지닌 타인과 사기꾼을 경멸합니다. 그러므로 이들은 재력이 있는 친구나 협력자를 세심하게 선택합니다.

이들 중 작업하는 사람은 비록 자신의 책임에 주의를 기울이고, 꼼꼼하게 그 책임을 다해낼지도 모르지만, 대개 가족과 친구보다 자신의 경력을 우선시합니다. 극단적으로 완고한 이들은 자주 타인들, 특히 자신의 자녀에게 귀 기울이는 데 어려움을 갖고 있습니다. 상황이 돌아가는 방식대로 받아들이는 것이 이들에게 문제 영역이 되는 것으로 판명될지도 모르는데, 자신이 원하는 것이 가장 중요한 이들은 자신을 방해하는 것이 무엇이든, 누구든 [불도저처럼] 밀고 나가는 성향을 갖고 있습니다.

▶ 일간 특성
강점; 활기찬, 확고부동한, 역동적인
약점; 수용하지 않는, 용납하지 않는, 위압적인

▶ 명상
불가능한 것은 하려고 결심하되 불가피한 것은 받아들이라.

▶ 조언
때때로 당신은 감당하기가 너무 벅찬 사람이다.
타인들이 동의하지 않을 권리를 존중하고, 그들만의 길을 갈 권리를 존중하라.
달성하려는 꿈을 꾸되 당신만큼 많이 달성하지 못하는 사람들을 참을성 있게 대하라.
복수심에 불타지 말라. 그 복수심은 결국 당신을 해칠 뿐이다.

▶ 건강
이들은 물리적인 차원에서 구현하고, 자신의 건강 문제도 대체로 역시 그렇습니다. 이들은 과도한 흡연이나 음주를 통해 심장이나 순환기 계통에 과도한 스트레스를 주지 말아야만 하는데, 위궤양과 십이지장 궤양을 위한 성벽은 술과 니코틴을 적게하기 위한 또 다른 좋은 이유입니다. 이들은 자신의 작업 생활내내 뼈와 팔다리에 부상이 생기기 쉽습니다. 이들은 가능한 한 가장 안전한 방식으로 활동을 조직하고 몸에 과도한 중압감을 주는 것을 피하는 것이 매우 중요합니다. 이 목적을 위해 이들은, 절실히 욕구되는 객관성과 좋은 분별력을 갖춘 신뢰받는 의사나 친구의 조언에 의지할지도 모릅니다. 음악을 작곡하거나 연주하는 것의 모든 형식, 특히 춤추기와 노래부르기 등은 이들을 위한 (어쩌면 치료 차원의) 활동으로 권장됩니다. 자신의 몸에 스트레스를 주는 이들의 성향 탓에, 이들은 버터와 동물성 지방의 과도한 콜레스테롤을 피해야 합니다. 레시틴과 비타민 E 같은 보충 오일을 섭취하는 것은 또한 심장을 건강하게 할지도 모릅니다.

▶ 수비학
25일에 태어난 사람은 숫자 7(2+5=7) 및 해왕성에 통치됩니다. 해왕성은 비전, 꿈, 심령현상을 통치하는 물같은 행성이기 때문에, 실상에서 동떨어지는 것은 4월 25일에 태어난 이들에게 특히 타인들의 느낌이 관여하는, 대단한 관심사의 (금성의 황소자리 통치로 예고되는) 문제일 수 있습니다. 숫자 7에 통치되는 사람은 전형적으로 변화와 여행을 탐구하고, 이것은 이들의 확립된 운영 기반에 밀접해야 하는 이들에게 갈등도 또한 창조할지도 모릅니다.

▶ 원형
일곱 번째 메이저 카드는 세상을 누비는 의기양양한 인물을 보여주면서, 역동적인 방식으로 자신의 신체적인 존재감을 구현하는 '전차'입니다. 그 카드는 올바른 행로가 아무리 좁고 위태롭더라도 [그 행로를] 계속해야 한다는 의미로 해석될지도 모릅니다. 이 카드의 좋은 면은 성공, 재능, 효율성을 배치해주고, 나쁜 면은 독재적인 태도와 서툰 방향 감각을 제안합니다.

4월 26일

경작자의 날
The Cultivator

▶ **심리구조**

4월 26일에 태어난 이들은 새로운 시스템과 물리적인 구조를 창조하는 것뿐만 아니라 그것을 유지하는 것에도 또한 재능을 갖고 있습니다. 이들은 개인적인 관계, 가족의 유대, 심지어 친구의 신체적인 건강과 웰빙뿐만 아니라 자신이 그 속에서 작업하는 사회조직을 보존하고 보호하기 위해 무슨 일이라도 할 것입니다. 새로운 발상을 갖고 그 발상을 실행하는 것은 이들이 관련된 한, 단지 시작일 뿐입니다. 조직에 대한 매일매일의 운영도 이와 동일하거나 혹은 심지어 더 대단한 중요함에 속합니다. 이들은 '긴 호흡'과 장거리를 위한 지구력을 갖고 있습니다. 노력을 시작하면 이들은 매일, 매주, 매년 같은 방향으로 전진을 지속할 것입니다.

이들은 어느 정도 고착된 발상을 보유할 수 있고, 완고해서 자신의 코스를 바꾸는 것을 꺼릴 수 있습니다. 하지만 이들은 이성에 귀를 기울일 것이고, 따라서 개선을 위한 논리적인 소견에 수용적입니다. 그러나 만약 주어진 조언이 어떤 제의를 완전히 포기하는 것이라면, 무시될지도 모릅니다.

이들은 봉사하려는 압도적인 소망을 갖고 있습니다. 유지관리가 비록 항상 가장 흥미로운 작업인 것은 아니지만, 그럼에도 필수적입니다. 만약 이들이 한 사업체 내에서 사무실이나 부서의 부담[책임]이 맡겨진다면, 효율성이나 서비스에 관한 불만은 거의 없게 될 것입니다. 이들은 상황이 지속해서 원활하게 착실히 진행되는 것을 자신이 욕망할 시 사실상 꽤 무자비해질 수 있고, 그러나 이들은 때때로 둔감하다고 비난받을지도 모르지만, 대체로 공정한 것으로 인식될 것입니다.

이들 중 다수는 어쩌면 자기 자신을 상황이 잘 작동하도록 보살피고 마음쓰는 정원사나 양치기로 구상할 수 있을 것입니다. 이들은 그런 구상을 하면서 재미있게 보내기를 좋아하고, 협업자들과 함께 웃는 것을 즐깁니다. 정말 이상하게도, 비록 이들이 대체로 자신이 사회의 최고 이해관계를 가슴 속에 갖고 있다고 느낄지라도, 사회의 도덕관에 특히 자신과 상충하는 도덕관에 거의 신세를 지지 않습니다. 본질적으로 실용적인 이들은 자신이 계속해서 자기 자신을 완벽하게 한다면, 다른 모든 것들은 제자리를 찾을 것이라고 믿습니다.

이들이 보존하거나 보호하고 있는 대의에 극단적으로 투신하기 때문에, 이들은 꽤 외로울 수 있습니다. 생각에서는 고도로 개인주의적이지 않은 이들은, 이들을 이상하거나 특이하다고 생각하는 타인들, 특히 자신의 자녀나 친척을 혹독하게 대할 수 있습니다. 이들의 획일적인(Procrustes) 모델에 따르면, 무엇이든 또 누구든 [이들에게] 옳은 형태와 크기로 잘려야 합니다.

비록 이들은 실용적일지라도 기회가 오면 차츰 철학적이 될 수 있습니다. 이들은 대체로 보수적으로 들리는, 드물게는 심지어 편협하게까지 들리는 자신 삶의 철학을 천천히 그리고 공들여 상세히 설명하는 데 많은 격려를 욕구하지 않습니다. 이들은 대개 법과 질서의 면 및 실존하는 사회 기준의 보존에서 발견될 수 있지만, 다시 말해 오직 자신이 합리적이라고 여기는 것들에서만 발견될 수 있습니다. 이들은 관료주의라는 죽은 나무를 맨 먼저 베어내고, 불필요한 규칙과 규제를 제거하는 것에 즐거워합니다.

▶ 일간 특성
강점; 굳센, 독립적인, 일관된
약점; 고립된, 고착된, 완고한

▶ 명상
소멸의 활동은 격정적입니다. 우리로 하여금 서로 죽이지 않게 가로막는 것은 단순한 무관심일지도 모릅니다.

▶ 조언
귀 기울여 듣는 법을 체득하라. 타인들의 바램에 둔감해지는 것을 주의하라.
때로는 패배를 인정하고 떠나야만 한다.
단지 상황에서 손을 떼는 것 자체가 좋은 발상이 될 수 있다.
수완이 없고 무뚝뚝해지지 마라. 당신의 편견을 검토해서 바꾸려고 노력하라.

▶ 건강
이들은 대체로 자신의 삶에서 고착된 패턴을 고수하고, 그러므로 이들의 의사와 가족들은 이들이 병에 걸리면 이들의 습관을 바꾸는 데 어려움을 갖고 있을 것입니다. 이들은 자신이 '함께 사는 법'을 체득[해야]하는 만성적인 불편사항 탓으로 고통받는 경향이 있습니다. 어쩌면 이들은 자신만의 몸을 보존하는 것이야말로 사업, 집, 가족의 유지관리만큼 보상받는 임무라는 점을 확신할 수 있습니다. 당뇨병이나 심혈관질환(고혈압, 관상동맥질환) 같은 유전적인 요인 및 식습관에 관련된 질병은 이들에게 위험하고, 이들이 자주 삶에서 좌식적인 역할을 떠맡는 사실 때문에 난해하게 될 수 있습니다. 더 대단한 주목이 식단에, 또 과도한 설탕 및 지방을 피하는 것에 주어져야만 하는데, 특별하게 이들은 흡연을 피해야 합니다.

▶ 수비학
26일에 태어난 사람은 숫자 8(2+6=8) 및 토성에 통치됩니다. 토성은 책임에 대한 강한 느낌 및 그 느낌에 동반된 경계심, 제한, 숙명론을 향한 성향을 운반해주므로, 이들은 보수적인 경향이 두드러집니다. 숫자 8에 통치되는 사람은 4월 26일의 특성을 다시 예고하면서, 자신의 삶과 경력을 더디고 조심스럽게 구축해갑니다. 비록 이들의 가슴이 꽤 따뜻할지도 모르지만, 숫자 8에 통치되는 사람은 자주 토성의 차가운 외관을 보여줍니다. 이들은 토성과 금성(황소자리의 통치자) 사이의 연관성 때문에 사랑에서 어려움과 낙담을 경험할지도 모릅니다.

▶ 원형
여덟 번째 메이저 카드는 사나운 사자를 길들이는 우아한 여왕을 그려내는 '강인함이나 용기'입니다. 여왕은 반항적인 에너지를 마스터할 수 있는 여성 마법사를 상징하고, 신체적인 강인함뿐만 아니라 도덕적인 강인함을 표징합니다. 이 카드의 긍정적인 속성은 카리스마와 성공하려는 결단을 포함하고, 부정적인 자질은 무사안일과 권력남용을 포함합니다.

4월 27일
자기충족의 날
Self-sufficiency

▶ 심리구조

4월 27일에 태어난 이들은 대개 무대 뒤에서 작업하는 것이 발견될 수 있는데, 대체로 뽑히거나 강요받지 않는 한, 주도적인 역할을 맡지 않습니다. 이들은 자신의 모든 사적인 노력을 바치는 안전한 장소에 숨어서 방해받지 않고 기능할 수 있을 때 가장 행복합니다. 이들 중 고도로 계발된 사회생활이 선-생각되는 사람을 찾아내기가 드문데, 이들이 타인들과 가장 잘 관계할 능력이 있는 곳은 대개 (이를테면 학교, 직장, 교회 등) 기관 속입니다.

이들은 물리적으로 참석하지 않고도 인간사에 강한 존재감을 구현할 수 있습니다. 이들은 대단한 투사력을 갖고 있는데, 이들의 생각, 초기 활동, 심지어 이들의 이미지만으로도 자신의 주위 상황이 활기를 띠게 하는 역할을 할지도 모릅니다. 혼자 하는 활동일 시 이들은 절대 외롭지 않습니다. 또한, 이들은 대중의 시선이나 가족과 친구의 시선에서 더 대단한 인기를 얻고 있는 사람을 질투하지도 않습니다. 유용해지고 직무를 완료하기 위해 탐구하는 이들은, 세련된 비판이나 칭찬을 위한 시간을 갖고 있지 않습니다. 자신이 성공했는지 혹은 실패했는지를 너무나도 가장 잘 알고 있어서, 바깥쪽의 판별을 받기 위한 욕구를 거의 갖고 있지 않은 사람이 바로 이들 자신이라고 느낍니다. 이들은 자신이 가끔 하는 실패를 잘 감당하면서 이전 실수에서 선별된 지식을 바탕으로 다음 프로젝트로 굴하지 않고 나아가는 드문 수용력을 갖고 있습니다.

(자녀 양육 같은) 가족적인 활동뿐만 아니라 개인적인 관계에서, 이들은 타인들이 이들의 프라이버시에 대한 욕구 그리고 작업할 때 혼자되려는 욕망을 이해하는 한, 매우 잘 기능합니다. 근무시간 후 이들은 배우자 그리고/또는 자녀와 누구못지 않게 편안하게 조용한 저녁을 즐길 수 있습니다. 이들이 집안 살림을 담당한다면 이들의 집은 자신의 성이 될 것인데, 대다수의 욕구와 원함은 이 분야 내에서 충족될 수 있습니다. 하지만 이들은 자기 자신이 충실하고 투신적이므로 [타인에게] 충실과 투신을 요구할 것입니다.

이들 중 덜 고도로 진화된 사람은 타인들에 대해 물러나거나, 뾰로통하거나, 거칠어지는 것을 주의해야만 합니다. 그런 이들은 무례하다 싶을 정도로 무뚝뚝할 수 있습니다. 자신이 진정으로 즐기는 사교적인 배출구를 찾아내고, 어쩌면 자신의 성격에서 극단적으로 거친 면 중 일부를 부드럽게 가라앉히면서, 이들은 매우 필요한 사회화 과정을 시작할 수 있습니다. 그렇지 않다면, 이들은 자기 자신으로 하여금 혼자 있고 불행해지는 운명을 맞게 할지도 모릅니다.

이들은 자주 자신의 기예에 꽤 성취적입니다. 게다가 이들은 자신의 한계와 장래성을 잘 알고 있고, 좀처럼 자신의 장래성을 오판하지 않습니다. 하지만 자기 자신을 너무 세게 밀어붙일지도 모르는 이들은 감정적인 미성숙함이나 억압된 느낌 탓에 타인을 몰아낼 수 있는 파괴적인 폭발을 허용할지도 모릅니다. 이들의 기질은 쉽게 자극되지 않지만, 일단 자극받으면 주의하시라! 이들의 파괴력은 상당합니다.

이들은 자신을 가볍게 해주고 기운 내도록 도울 수 있는 친구를 탐구해야 합니다. 웃는 것과 덜 진지해지는 것은 두 가지 중요한 욕구입니다. 이런 측면에서 이들은 자유분방하고 놀이하는 헌신적인 길벗들이 온당합니다.

▶ 일간 특성
강점; 자급자족하는, 투신하는, 중심에 있는
약점; 틀어박히는, 지나치게 진지한, 억눌려진

▶ 명상
진정한 교회는 자신만의 가슴입니다.

▶ 조언
사교적인 교제를 늘리기 위해 노력하되, 당신 자신을 고립시키는 것을 주의하라.
당신 자신을 영적으로 개선하도록 밀어붙이고, 타인에게 당신의 가치를 강요하는 점을 주의하라.
틀에 박히지 말되, 오랫동안 불행해지기를 거부하라.

▶ 건강
이들은 우울증 및 뼈와 치아에 대한 질환을 포함한 (타로의 은둔자 카드에 의해 예시되는) 토성적인 영향력을 주의해야만 합니다. 이들 중 여성에게 뼈와 치아의 질환은 임신이나 폐경기 이후 영향을 줄 수 있고, 우울증은 이들 중 남성이 작업에 낙담할 시의 부속물이 될 수 있습니다. 특별히 인생 후반부에 귀, 청각, 균형잡기에 문제가 생길지도 모릅니다. 무엇보다도 이들은 행복해지도록 노력해야 하고, 재미는 아마도 가능한 최고의 테라피입니다. 이들은 집에, 특히 부엌에 지대한 재미를 보유할 수 있습니다. 비록 외식이 가끔은 괜찮지만, 평균적으로 이들은 부엌을 아늑하고 만족스러운 안식처로 만들어내는 것을 선호할 것입니다. 이들 중 남녀 모두 훌륭한 요리사가 될 수 있습니다. 이들은 자신의 식사를 계획할 시 식단 문제도 또한 고려할 정도로 진지합니다.

▶ 수비학
27일에 태어난 사람은 숫자 9(2+7=9) 및 화성에 통치됩니다. 숫자 9는 (이를테면 5+9=14, 4+1=5처럼 9를 더한 어떤 숫자도 그 숫자가 되고, 9×5=45, 4+5=9처럼 9를 곱한 어떤 숫자도 9가 되므로) 다른 숫자에 대한 영향이 강력하고, 4월 27일에 태어난 이들도 비슷하게 자신의 주위 사람들에게 영향을 끼칠 능력이 있습니다. 강압적인 화성은 남성적인 에너지를 배치해주지만, 여성 에너지를 운반해주는 금성(황소자리의 통치자)에 의해 여기에서 완화됩니다. 따라서 이들은 자신의 남성적인 특징과 여성적인 특징을 통합하기 위한 독특한 기회를 갖고 있습니다.

▶ 원형
아홉 번째 메이저 카드는 대개 등불과 지팡이를 들고서 걷는 '은둔자'이고, 그는 명상, 고립, 침묵을 대변합니다. 그 카드는 확고해진 지혜와 궁극적인 단련을 암시합니다. 은둔자는 양심을 사용하여 타인들로 하여금 그들의 행로를 유지하게 해주는 임무 감독관입니다. 이 카드의 긍정적인 면은 집요함, 목적, 심오함, 집중력이고, 부정적인 의미는 교조주의, 불관용, 불신, 만류를 포함합니다.

4월 28일
확고부동함의 날
Steadfastness

▶ 심리구조

4월 28일 태어난 이들은 협박하는 방식까지는 아니더라도 눈길을 끄는 방식으로 자신의 신체적인 또는 감정적인, 심리적인 존재감을 사용하는 데 유능합니다. 일 년 중 가장 결단적인 사람에 속하는 이들은 일단 프로젝트나 활동 코스에 착수했다면, 포기하지 않을 것입니다. 이들의 최고 이해관계와 가장 가까운 사람들의 이해관계에 외관상 반하는 대단한 역경에 맞서는 이들은 자신의 상대편이 아무리 설득력이 있거나 명령을 내리더라도 굴하지 않을 것입니다. 자신의 위치를 구현하려는 추진력은 강력하고, 이들이 옹호하는 것은 쉽게 저버리지 않습니다.

하지만 이들은 일상생활에서 좋은 협상가이고 정치적이기 때문에, 자주 합리적이고 심지어 다루기 쉽다는 인상을 줍니다. 하지만 비록 이들이 선뜻 협조하는 것처럼 보일지라도, 이들을 상대하는 사람은 결국 받아들여질 수 있는 오직 한 가지 가능한 타협, 사실 이들이 욕망하는 타협만이 현존한다는 점을 발견하게 됩니다. 약속은 만들어진 다음 나중에 재해석되거나, 왜곡되며, 아니면 심지어 깨져버리기까지 할 것입니다. 이들이 기다릴 수 있는 능력은 거의 무진장하고, 사실 결국 고갈되는 쪽은 대개 이들의 상대편입니다!

이들은 자신의 개인적인 외모와 옷차림을 용의주도하게 입습니다. 이들은 첫인상이 자주 가장 영속하는 인상이라는 점을 본능적으로 깨닫고, 그 귀결로 인생의 어떤 국면에서도 초반의 우세를 놓치지 않을 것입니다. 만약 엄마라면 이들은 식사, 작업하는 시간, 허드렛일 및 개인적인 청결에 대하여 가족의 일상생활을 구조화하면서 집에 자신을 당당하게 각인시키고, 아빠라면 법칙을 정하고 자녀가 복종하기를 완전히 기대할 것입니다. 만약 이들의 자녀 중 한 명 혹은 전체가 그런 양보하지 않는 태도에 분개하는 더 가변적이고 유연한 유형이라면, 관련된 온갖 사람에게 삶은 매우 어려울 수 있습니다.

이들 중 더 고도로 진화된 사람은 역경에서 보여주는 이들의 확고부동함과 완전한 믿음성 덕에 자신을 훌륭한 친구와 연인, 부모로 만들어갑니다. 이들은 자신이 아랫사람들의 느낌에 발맞추기를 견지하는 덕에 권위있는 위치에서 잘합니다. 이들은 두려움을 통해 통치하는 대신 활기차고 자신만만한 통찰력으로 안내하고 이끌므로 재앙을 피할 수 있습니다. 이들 중 덜 고도로 진화된 사람은 자신의 완고함과 고집스러움 탓에 거듭해서 부정적인 결과를 드러냅니다.

이들은 자기 자신을 덜 진지하게 취하는 것이 중요합니다. 이들은 우월한 태도로 활동함으로써 타인들에게 적대감을 자극하는 것을 주의해야만 합니다. 혜택 받지 못하고 억압받는 사람들을 위한 전투에서 싸우는 것이야말로 훨씬 더 보상받는 것으로 판명될 수 있습니다. 마지막으로 이들은 일단 자신의 자녀나 친구, 협력자가 자신의 후원이 없이도 행하는 데 유능하게 되면 그들을 놓아주는 법을 체득해야만 합니다. 이들이 이따금 휴식을 취하고 인생의 지나가는 장면을 관찰하는 데 욕구되는 철학적인 객관성을 계발하고 싶다면, 욕구되지 않는 법, 즉 항상 요구 속에 있지 않은 법을 체득하는 것이 중요합니다.

▶ 일간 특성
강점; 확고부동한, 믿음직한, 견실한
약점; 완강한, 위압적인, 둔감한

▶ 명상
지구가 돌고, 별이 춤추며, 혜성이 노래하는 것은 중력과 아인슈타인 법칙 때문이 아니라 사랑의 힘 덕에 가능한 것입니까?

▶ 조언
당신 자신을 덜 진지하게 취하도록 노력하라.
재미있게 보내고 마음이 편해지기 위해 더 대단한 수용력을 키우라.
당신의 발상과 태도가 당신의 주위 사람들에게 갖고 있는 효과에 관해 매우 세심하게 생각하라.
무엇보다도 타인들의 느낌을 알아보려고 애쓰고, 타인들의 욕구에 여전히 민감해지도록 애써라.

▶ 건강
대체로, 이들은 자신이 튼튼한 체질이라는 것에 마음이 팔리지만, 그럼에도 심장 질환, 고혈압 또는 특히 갑상선과 부신의 타고난 불균형에 취약할지도 모릅니다. 이들을 위한 모든 비결은 억압된 감정의 막힘과 폭발 양쪽을 피하면서, 자신의 에너지가 흐르도록 유지하는 것입니다. 음식에 대한 폭넓은 다층성을 위한 사랑 때문에 과식은 실상적인 위험일지도 모르므로, 이들의 식습관은 주요한 신체적인 문제를 피하기 위해 구조화되고 단련되어야만 합니다. 이들의 신체적인 활동성은 모든 종류의 경쟁적인 스포츠 쪽으로 유도되어야 합니다.

▶ 수비학
28일에 태어난 사람은 숫자 1(2+8=10, 1+0=1) 및 태양에 통치됩니다. 숫자 1에 통치되는 사람은 전형적으로 개별적이고, 규정된 관점이 있으며, 정상에 오르기를 열망합니다. 앞서 언급된 것처럼 4월 28일에 태어난 이들은 지배적인 유형인 경향이 있기에, 자신의 권력을 향하라는 몰아댐에 압도되는 것을 주의해야만 합니다. 태양은 통제에서 벗어나 산발적으로 타오르게 허용되기보다 꾸준히 흐르도록 유도되어야 하는, (황소자리의 통치자인 금성의 긍정적인 효과인) 강력한 창조적인 에너지와 불기운을 태양의 상징적인 표현 속에 운반해줍니다.

▶ 원형
첫 번째 메이저 카드는 마법뿐만 아니라 지성, 소통, 정보를 상징하는 '마법사'입니다. 그의 머리 위의 무한대라는 상징은 일부 타로 종류에서는 모자의 형식을 취하고, 다른 종류에서는 후광의 형식을 취합니다. 많은 해석이 도출될지도 모르는데, 그중 하나는 마법사가 순환적이고 끝나지 않는 삶의 천성을 알아보고, 이런 이해심에 의해 힘있게 된다는 것입니다. 이 첫째 카드가 제안하는 긍정적인 특성은 외교적인 기술과 빈틈없는 기민함을 포함하지만, 부정적인 특성은 양심의 가책 결여와 기회주의입니다.

4월 29일
과중한 이미지의 날
The Heavy Image

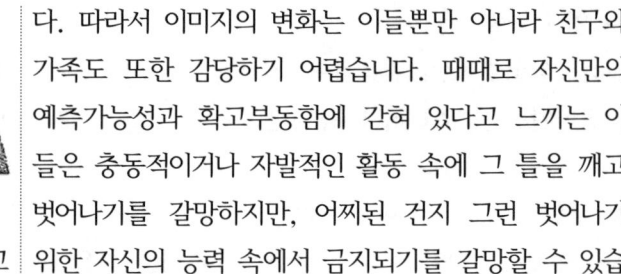

▶ 심리구조

4월 29일에 태어난 이들은 자신이 세상에서 유지하고 있는 프로필을 극도로 알아채고 있습니다. 마치 이들은 자신이 타인들에게 어떻게 보이는지에 대한 반영을 제공해주는 거울을 자신의 주위에 들고 다니는 것 같습니다. 이것은 물론 자기 자신을 제시할 때 이들이 자신에게 유리하게 작동하는 이미지를 공들여서 만들어낼 수 있다는 점을 의미합니다.

이들은 사회와 친구, 가족의 눈으로 볼 시 자신에 대한 좋은 의견을 중시합니다. 이것이 이들이 불안하다는 것을 시사하지 않는데, 대개 이들은 '자신이 누구인지' 그리고 '어떤 국면에서도 자신이 무엇을 원하는지'에 대해 제법 명료한 발상을 갖고 있습니다. 이들이 투사하는 재능이 매우 계발되어 있기 때문에, 이들은 자신이 투사하고 싶은 이미지에 긴밀히 연결되도록 타인들이 이들에 대해 갖고 있는 이미지를 얻는 데 '자주' 성공합니다. 하지만 이 '자주'라는 단어는 이들이 때때로 실패하는 상황을, 즉 이들에게 불편을 장기간 유발하는 상황을 정말 시사합니다.

비록 이들이 고도로 지배적인 경향을 갖고 있지만, 이들이 자신만의 그림자보다 느슨해지게 해서 캐내기가 더 어려운 것은, 바로 이들에게 습관적으로 동기를 부여하여 이들을 이끄는 욕망보다 어떤 위치나 이상, 입장을 체화하려는 욕구입니다. 그 귀결로 이들이 변화의 시기를 겪어나갈 때, 이들의 주위 사람들은 이들을 '예전' 사람과 절대적으로 동일시하기 때문에 이 '새로운' 사람을 받아들이기가 어려울지도 모릅니다. 따라서 이미지의 변화는 이들뿐만 아니라 친구와 가족도 또한 감당하기 어렵습니다. 때때로 자신만의 예측가능성과 확고부동함에 갇혀 있다고 느끼는 이들은 충동적이거나 자발적인 활동 속에 그 틀을 깨고 벗어나기를 갈망하지만, 어찌된 건지 그런 벗어나기 위한 자신의 능력 속에서 금지되기를 갈망할 수 있습니다.

이들은 매우 믿음직하고, 그런 이유로 자주 책임의 위치에 있는 자기 자신을 알아차리게 됩니다. 특별히 이들이 놀이에 불과한 것을 즐길 때, 어쩌면 심지어 시시한 것을 즐길 때조차도 이들이 항상 기대를 받는 것은 실로 부담될 수 있습니다. 이런 더 가벼워지는 순간 동안 이들은 자신의 외부적인 페르소나를 느긋해지게 해서, 실상적으로 자기 자신이 될 수 있습니다. 이들은 자신과 함께 이런 좋은 시간을 공유하는 친구와 친척을 대단히 아낍니다. 때때로 오직 한 명의 특별한 사람만이 이 욕구를 충족시키는데, 이 사람의 죽음이나 이탈은 뼈저리게 느껴집니다.

세상에 개인적인 이미지를 구현하는 데 대한 이들의 이해관계 때문에, 이들은 대체로 옷, 태도, 목소리 음색, 자세에 대한 대단한 이해관계를 보여줍니다. 이들은 타인들의 이미지를 읽고 비평하는 데도 또한 매우 지각력이 있습니다. 이들 중 겉모습을 완전히 무시하는 이미지를 전달하기를 바라는 유별난 사람은 흐트러진 것처럼 보이거나 허름한 옷을 입을지도 모르지만, 가장 의도적인 태도로 그렇게 할 것입니다. 만약 이들이 부나 명성을 욕망한다면, 이들은 대개 매우 힘 있는 사람의 겉모습을 구현할 것인데, 만약 사적인 행복이 야심을 대체한다면, 선택된 생활방식과 이미지는 훨씬 덜 충전될 것입니다. 어쨌든 이들은 성격을 조각조각으로 찢어버릴 위험이 실상이므로, 전염병을 피하듯이 모순된 목표도 피해야만 합니다.

▶ 일간 특성
강점; 믿음직한, 태연자약한, 사회적으로 능숙한
약점; 자신에게만 몰입하는, 헛된, 지나치게 진지한

▶ 명상
음악의 악기는 반향의 거울입니다.

▶ 조언
때때로 당신의 이미지를 놓아줘라.
(당신의 나이가 어떻든 간에) 모래 놀이통으로 들어가서 다른 아이들과 놀아라.
당신의 가슴을 더 존중하고, 당신이 만들어내고 있는 인상에 덜 유의하라.
당신의 권력을 타인들에게 행사하는 방법에 조심하라.

▶ 건강
이들은 대체로 시대의 사회적인 동향을 따르거나 아니면 심지어 체화합니다. 따라서 오늘날의 건강을 의식하는 세상에서는, 이들은 몸매를 유지할 적당한 운동과 식단의 종류를 추구할 가능성이 있습니다. 이들의 목소리(와 그러므로 이들의 목구멍 및 발성 음)의 상태는 이들에게 각별하게 중요합니다. (특히 빵) 곡물을 지나치게 탐닉하는 성향이 있을지도 모르고, (육류 찌개, 감자, 그레이비 소스 같은) 전통적인 토속적 황소자리 음식에 대한 갈망은 절제되어야 합니다. 달에 대한 이들의 민감성 때문에, 호르몬 불균형은 세심하게 관찰되어야 하고 필요하다면 치료되어야 합니다.

▶ 수비학
29일에 태어난 사람은 숫자 2(2+9=11, 1+1=2) 및 달에 통치됩니다. 숫자 2에 통치되는 사람은 자주 리더보다 좋은 협업자와 동반자이므로, 4월 29일에 태어난 이들의 투사하는 자질은 자신의 가족이나 작업 집단의 이상을 체화해주는 데 활용될지도 모릅니다. 숫자 2의 이런 영향력은 개별적인 주도권과 활동에 제동장치로도 또한 작용할지도 모릅니다. 이것은 강하게 반사적이고 수동적인 경향을 갖고 있는 달에 의해, 또 금성(황소자리의 통치자)이 추가한 여성적인 영향력에 의해 예고됩니다. 부차적인 숫자 11(2+9=11)은 이중성 발생과 거울 현상에 대한 이해관계뿐만 아니라 (황소자리의 흙같은 영향력이 붙어가는) 신체적인 차원에 뿌리내리는 것도 또한 줍니다.

▶ 원형
두 번째 메이저 카드는 자신의 왕좌에 앉아 침착함과 뚫지 못함을 보여주는 '여사제'입니다. 그녀는 숨겨진 세력과 비밀을 드러내서, 그 지식으로 우리를 힘있게 하는 영적인 여성입니다. 이 카드의 유리한 자질은 침묵, 직감, 비축, 분별이고, 부정적인 가치는 비밀주의, 불신, 무관심, 타성입니다. 이 마지막 두 항목은 변화에 대한 이들의 거부를 암시할 수 있습니다.

4월 30일

의무적인 과부하의 날
Dutiful Overload

▶ 심리구조

4월 30일에 태어난 이들은 지배적인 인격이지만, 자주 책임의 위치를 포기하고 우아하게 여유로운 삶으로 은퇴하려는 소망을 갖고 있습니다. 이들은 자신의 직종적인 책임을 다해낼 시, 쉽게 예외를 허가하거나 인간적인 이해심이라는 쇼에 전문인 것이 일반적인 이해관계에 놓이지 않은 한, 그렇게 하지 않으면서 원칙대로 삽니다. 비록 이들은 자신을 엄밀한 상사와 매니저로 만들어내지만, 자기 자신에게 똑같은 기준을 지키게 할 정도로 선합니다.

이들 중 다수에게 의무는 신이기 때문에, 이들은 자신만의 기본적인 추정이나 상급자의 추정에 의문을 제기하는 것을 너무 꺼릴 수 있고, 따라서 도덕적으로 잘못된 방향 속에 회피하면서 '착한 직무'를 할 위험에 처할 수 있습니다. 이들 중 이런 성향을 알아채게 된 사람은 비록 자신이 경험하게 될 불확실성에 처음에는 불편할지도 모르지만, 장기간에 걸쳐 더 대단히 성공할 가능성이 있습니다.

권위적인 위치에 있는 이들의 가장 대단한 욕구는 아마도 자신 밑에서 작업하는 사람들에게서 사랑받고 존경받는 것입니다. 동료로서 이들은 동지애의 따뜻함을 즐길 뿐만 아니라 그 따뜻함 덕에 번창하기도 합니다. 그 대가로 이들은 특정 기본적인 이슈에 대한 합의가 현존하는 한, 자신의 호의를 유지하는 자신의 직원이나 동료 작업자들을 향해 고도로 보호적인 경향이 있습니다. 자신의 존엄성을 싫어하거나 낮게 여기는 사람들에게 이들은 대체로 경멸과 무시를 과시합니다.

가족과 친구들의 애정에 대한 이들의 욕구도 또한 대단합니다. 이들이 관계에서 소중히 여기는 것은, 보살핌을 받기 및 혼자 남겨지기 둘 다를 바라면서 짜증과 불화에서 벗어나는 것입니다. 이들의 자녀는 자신이 원하는 것을 이들에게서 얻는 방법을 머지않아 체득하는데, 이들은 아주 다루기 어려운 것으로 보일지도 모르지만, 실상에서는 교묘하게 배후조종하는 자녀의 손에 놀아납니다. 이들은 특히 성별이 다른 자녀의 매혹에 취약합니다.

이들을 설득하는 방식은 대다수 확실히 정공법이 아닙니다. 진짜 황소 같은 이들은 공격으로 인식되는 것에 대해 완고하며 요지부동인 것으로 판명될 것입니다. 반면에 이들은 심지어 자신의 방향을 바꾸게 하기 위해 미묘한 논거가 사용되고 있다는 점을 알아볼 때조차도 우아함과 영리함을 찬양합니다. 이들은 침묵이나 암시적인 위협을 통해 협박하면서, 타인을 심리적으로 못살게 구는 자신의 성향을 주의해야만 합니다.

이들은, 특히 이들 중 자신의 아버지나 형제, 동무에게 권위를 내어줄지도 모르는 여성은 때때로 자신만의 권력을 거절합니다. 이들은 그런 선택이 결국 자신에게 불행과 좌절감을 유발할지도 모르기 때문에, 그 선택을 조심스럽게 고려해봐야 합니다. 이들 중 엄마는 야심적인 욕망을 자신의 자손에게 자주 승화시킵니다. 이들의 양육하는 자질은 매우 대단한 경향이 있지만, 이들 중 부모는 너무 많은 (선의의) 주목으로 자녀를 질식시키지 않도록 해야만 합니다.

만약 이들이 자신의 상당한 에고와 식욕을 지속해서

통제할 수 있다면, 이들은 길고 행복한 삶으로 정착할 능력이 있을지도 모릅니다. 그렇지 않다면, 이들은 원치 않는 논란의 중심에 항상적으로 있게 될 것입니다. 모든 상황에 대한 절제는 이들의 표어입니다.

▶ 일간 특성
강점; 보호하는, 전문적인, 단호한
약점; 요구가 많은, 지나친, 자기-방종적인

▶ 명상
에고 마사지는 쾌감을 주는 유희이지만, 가장 보상을 받기가 어렵습니다.

▶ 조언
가능한 한 많이 당신의 내면 목소리에 귀를 기울이도록 노력하라, 결정을 만들어내기 전에 더 높은 지침을 요청하라.
당신 동료와 친구들의 조언을 고려하라.
관용을 키우라.
지속해서 당신의 욕망을 확실히 파악하라, 또 더 자기를 알아채라.

▶ 건강
식사든 음주든 약물 복용이든 섹스든 간에 감각에 대한 과잉 탐닉은 이들에게 위험을 제기할 수 있는데, 어쩌면 관능성은 문젯거리가 적은 추구로 전환될 수 있습니다. 이들 중 자기 자신을 타인에게 종속시키는 사람의 경우 우울증, 궤양 혹은 심지어 암으로도 이어지는 내면화된 분노의 위험은 실상이고, 심리적인 처치술을 통해 예방적으로 대처하는 것이 최선입니다. 이들에게는 정기적인 야외 운동이 권장되는데, 유일한 위험은 이 활동이 삶이라는 사업을 방해하는 격정이 될지도 모른다는 점입니다. 신선한 과일, 채소, 샐러드는 많은 육류와 전분 소비의 대안으로 권장됩니다.

▶ 수비학
30일에 태어난 사람은 숫자 3(3+0=3) 및 목성에 통치됩니다. 숫자 3에 통치되는 사람은 집이나 작업에서 자신의 특정 분야의 최고 위치에 오르는 경향이 있습니다. 이들은 자신의 독립도 또한 사랑하고, 그러므로 사회적으로 관여해야만 하고 특정 의무감에서 스스로 자유로울 수 없는 이들은 좌절감에 맞닥뜨리게 될지도 모릅니다. 목성은 4월 30일에 태어난 이들에게 (황소자리의 통치자인 금성의 아름다움과 편안함에 대한 사랑에 의해 강화된) 낙관적이고 확장적인 전망을 빌려줍니다.

▶ 원형
세 번째 메이저 카드는 창조적인 지성을 상징하는 '여황제'입니다. 그녀는 완벽한 여성형, 즉 실현된 우리의 꿈이자 체화된 우리의 희망과 열망이라는 최고의 여성인 대지의 양육자입니다. 이 카드는 매혹, 우아함 및 조건 없는 사랑이라는 긍정적인 특성을 대변하고, 허영심, 꾸며냄 및 완벽하지 못함에 대한 불관용이라는 부정적인 특성을 대변합니다.

5월 1일
아이러니한 통찰력의 날
Ironic Insight

▶ 심리구조

5월 1일에 태어난 이들은 자신의 주위에서 일어나는 것을 지켜보고, 자신이 보는 것에 대한 자신의 발상을 타인들에게 전달하는 재능을 갖고 있습니다. 가장 빈번히 사람들을 상대해서 얻은 관찰을 표현하는 이들의 수용력은 대체로 말이나 글 중 하나이지만, 좀처럼 둘 다는 아닙니다. 지나치게 수다스럽지 않은 이들은 자신의 말이 중요해지도록 만들어내는 방식을 갖고 있습니다. 자신의 진술이 신랄하고 간결하며 때로는 논박적이기 때문에, 이들은 자신이 특정 이슈를 어떻게 느끼는지에 관한 의혹을 거의 남기지 않습니다.

이들은 솔직담백할 뿐만 아니라 자신의 주위 세상 속의 사건에 적극적인 이해관계도 또한 보여줍니다. 심지어 이들 중 가장 수줍어하는 사람조차도 자신이 속한 가족이나 사업, 사회 집단 내에서 자신의 입장을 밝힙니다. 이들은 모든 이의 취향에 맞는 사람도 아니고, 특히 타인들을 기쁘게 하려고 탐구하지도 않습니다. 하지만 이들은 자신의 정직 덕에 존중받고, 비록 자신에게 중요한 이슈에 대해 거침없이 말을 하지만, 그럼에도 이들은 조화와 아름다움을 사랑하는 금성인입니다. 그러므로 이들은 다툼을 벌이기 위해 애써 힘든 길을 가려고 하지 않고, 평화와 고요를 위해서 대립을 피하는 수용력을 내보여줍니다.

자신의 평온을 방해할 사람들에 대한 이들의 주요 방어 무기는 신랄한 재치 및 '풍자적이고 가시돋친 말로 무장한 유머감각'인데, 지켜보고 관찰하는 이들의 성향은 이들에게 넉넉한 명분을 제공합니다. 허세나 오만이 겸손해지도록 하는 이런 재능은 대개 이들의 동아리에서 이들에게 존경을 얻게 하는 데 성과를 올립니다. 이들은 큰 에고의 기를 꺾어버리거나 부풀려진 이론에 구멍을 내버리는 웃음의 힘을 알고 있습니다. 지나치게 지적이지 않은 이들은 막연한 일반화와 허위의 사실에 대한 경멸을 보여주는, 잘 계발된 비판적인 재능을 갖고 있습니다.

관능주의자인 이들은 식탁과 침대에서의 즐거움을 진심으로 즐기고, 사실 이들은 움직이는 것보다 안식에 더 편안해 할지도 모릅니다. 대체로 이들은 큰 위험을 감수하는 것이 아니라 이기는 쪽을 지지하는 좋은 분별력을 따를 것입니다. 하지만 이런 좋은 분별력이 사랑의 영역으로는 확장되지 않는데, 그 영역에서 이들은 자주 좋은 판단의 현저한 부족을 내보여주고, 심지어 일관되게 잘못된 동반자를 고르기까지 합니다. 어쩌면 이점에서 이들은 낭만적인 환상에 눈이 멀게 됩니다.

다른 대다수 영역에서 이들은 세상물정에 밝고 실용적입니다. 이들은 사업이나 금전거래 혹은 심지어 예술적인 표현에 관한 한, 무모한 공상의 나래를 펼치지 않습니다. 이런 점에서 이들은 어리석은 짓을 하기가 어렵고, 재앙을 예상하며, 예술적인 사기에 대한 육감을 갖고 있습니다. 자기 자신의 성공을 만들어내는 것에 조금도 대단히 서두르지 않는 이들은 자주 자신의 목적을 달성하기 위해 수년을 기다릴 것입니다. 하지만 인생에 단 한 번만 오는 기회의 순간이 있을지도 모르는데, 이들이 붙잡은 그 기회는 정말 매우 자주 이들의 행복을 보장해줄 것이지만, 이들은 대담하게 용기 내지 않으면서, 과도한 경계심 탓에 그 순간으로 하여금 지나가버리도록 합니다.

▶ 일간 특성
강점; 침착한, 실상화된, 아이러니한
약점; 미루는, 무기력한, 무뚝뚝한

▶ 명상
당신이 편안한 신발을 신을 시 당신은 발을 갖고 있음을 잊어버립니다.

▶ 조언
사랑할 시, 더 실상적이 되도록 노력하라.
당신의 생활방식에서 미래를 내다보고자 하라, 일단 당신이 자신의 계획을 세웠다면, 그것에 따라 활동하는 것을 잊지 마라.
삶에서 한 걸음 나아가는 데 필요한 위험을 때때로 감수하라.

▶ 건강
노래하기 위해 사용되든, 말하기 위해 사용되든 간에 목소리는 특히 이들에게 소중해서, 전통적으로 황소자리 사람에게 취약한 영역인 성대를 보호하기 위한 특별한 돌봄이 취해져야 합니다. 감기의 첫 징후는 비타민 C와 들국화차처럼 진정시키는 약초로 즉시 치료돼야 합니다. 음식에 대한 훌륭한 지식과 잘 계발된 미각 덕에, 균형 잡힌 식단을 유지하는 것이 이들 중 대다수에게 문제가 되지 않지만, 이들은 여전히 자신의 체중을 지켜봐야 할지도 모릅니다. 수영이나 스키를 특색으로 삼는 휴가가 붙어가는 적당한 정도의 신체 운동이 권장됩니다. 정기적인 섹스를 포함한 균형 잡힌 형식의 모든 신체적인 활동은 이들을 활달하게 유지해줄 것입니다.

▶ 수비학
1일에 태어난 사람은 숫자 1 및 태양에 통치됩니다. 1일에 태어난 사람은 대체로 자신이 하는 것에서 첫째가 되는 것을 좋아하지만, 5월 1일에 태어난 이들의 경쟁적인 부추김은 금성(황소자리의 통치자)의 영향력으로 무뎌집니다. 태양은 삶에 대해 뚜렷하게 인간적이고 긍정적인 지향이 붙어가는 따뜻함 및 잘 계발된 에고의 자질을 부여해주는 경향이 있습니다. 숫자 1에 통치되는 사람은 대다수 주제에 관해 개별적이고 명료하게 규정된 견해를 갖고 있는데, 비록 이들이 공개적인 갈등을 피하려고 노력할 것이지만, 이들의 아집은 분명해집니다. 숫자 1에 통치되는 사람은 전형적으로 야심적이지만, 이들은 더 미묘한 방식으로 이런 자질을 구현할지도 모릅니다.

▶ 원형
첫 번째 메이저 카드는 마법뿐만 아니라 지성, 의사소통, 정보를 상징하는 '마법사'입니다. 그의 머리 위의 무한대라는 상징은 일부 타로 종류에서는 모자의 형식을 취하고, 다른 종류에서는 후광의 형식을 취합니다. 많은 해석이 도출될 수 있는데, 그중 하나는 마법사가 순환적이고 끝나지 않는 삶의 천성을 알아보고, 이런 이해심에 의해 힘있게 된다는 것입니다. 이 첫째 카드가 제안하는 긍정적인 특성은 외교적인 기술과 빈틈없는 기민함을 포함하지만, 부정적인 특성은 양심의 가책 결여와 기회주의입니다.

5월 2일
인간적인 관찰의 날
Human Observation

▶ 심리구조

5월 2일에 태어난 이들은 인간의 계발에, 즉 젊은 시절부터 노년기까지 온갖 구현에 특별한 이해관계를 과시합니다. 이들은 사람들에게 관심사인 주제의 다층성에 자신의 발상을, 즉 세심하게 계획되어 대다수의 경우 이들의 마음속에 영원히 고착된 발상을 표현하는 것에 관해 부끄러워하지 않습니다. 이들은 인간의 심리와 사유 과정에 대한 영리한 통찰력을 갖고 있기에, 어리석은 짓을 하기가 어렵습니다.

이들은 자신의 가족이나 사회 동아리를 위해 규칙을 정하는 권위적인 유형이 되는 경향이 있습니다. 이들은 타인과 잘 지내는 것에 예술적인 경지가 되는 데 전문이 아니므로, 자신의 작업이 관련된 한, 가능하면 자영업자가 되기로 선택할지도 모릅니다. 비록 이들은 외교에 대해 높게 평가되지 않지만, 거침없이 말하고 솔직담백한 자신의 태도로 대개 존중받을 것입니다. 이들에 대한 한 가지 유혹은 가십에 탐닉해서 타인의 사연 속으로 파고드는 것입니다. 이것은 대다수 악의보다 호기심에서 비롯됩니다. 놀랄 것도 없이, 이들은 자신 쪽으로 향해진 가십에는 민감합니다.

앞서 언급된 것처럼, 이들은 혼자 하는 예술부터 무역이나 운송, 농업까지 사교적인 교제를 거의 포함하지 않는 경력을 선택할지도 모르지만, 이들은 사람을 연구하는 자신만의 독특한 방식으로 자신의 여가 일부를 자주 보냅니다. 이들 중 대다수는 창조적이기보다는 분석적이고, 주관적이기보다는 객관적이며, 직감적이기보다는 지적입니다. 일단 이들이 특정 주제나 활동에 착수하면, 뼈를 문 개처럼 이들은 어떤 논거가 뻗어갈 수 있는 한, 그 논거를 밀고 나갈 것입니다.

이들 중 다수의 문제는 요령이 부족하고, 말투가 거칠어지는 성향입니다. 이런 점은 사람들의 적대감을 살 뿐만 아니라 심각한 곤란을 유발할 수 있는 실상적인 적을 만들어낼지도 모릅니다. 외교력을 키우는 것이 삶의 모든 영역에서 더 대단한 성공으로 이어질 것이므로, 이들은 그 외교력을 키우기 위해 인간심리에 대한 자신의 지성과 이해심을 이용해야 합니다.

이들은 완벽주의자적인 경향이 있습니다. 이들은 실용적인 계획을 짜서 그 계획을 가장 효율적으로 이행할 능력이 있습니다. 조직화에 능숙한 이들은 혼자 작업하면서, 때로는 팀 전체가 달성할 수 있는 것보다 훨씬 더 대단히 많은 양을 완수합니다. 혼자 있고 싶은 소망은 어떤 경우에 이들의 개인 생활로도 또한 확장할 수 있지만, 대체로 힘겨운 하루의 작업 후에 이들은 가정적인 국면의 따뜻함 속에 호사스러움을 즐깁니다. 부모로서 이들은 자녀의 초기 삶을 지나치게 이끌고 지배하는 것을 주의해야만 합니다. 이들은 자녀 양육에 관한 어떤 고착된 발상뿐만 아니라 자손을 향한 소유욕도 또한 놓아주는 법을 실상으로 체득해야 합니다.

이들은 자신의 작업에 고용된 기술처럼 똑같이 예리한 분석 기술을 갖고 취미와 기예를 추구합니다. 손재주가 좋은 이들은 기쁘게 해주려는 태도로 자신의 자녀를 위해 장난감을 만들어내는 솜씨, 자신의 집에 장치를 설치하는 솜씨 혹은 집의 가구를 골라서 안배하는 솜씨가 있습니다. 이들의 아름다움에 대한 사랑은 이들이 하는 것이 무엇이든 분명해집니다.

▶ 일간 특성
강점; 생산적인, 완벽주의적인, 관찰력이 예리한
약점; 침범하는, 권위주의적인, 거칠어지는

▶ 명상
우리가 소음이라고 부르는 것은 침묵을 깨뜨리는 것입니다. 우리가 음악이라고 부르는 것은 침묵을 강화하는 것입니다.

▶ 조언
수완과 외교력을 키워라.
위압적인 태도, 특히 아이들에 관한 위압적인 태도를 없애라.
그렇게 신경이 예민하게 되지 말고, 느긋해지고 행복해지라.
자기 검토와 변화를 껴안으라.

▶ 건강
이들은 자기 자신과 자신의 주위 사람들에게 심리적인 스트레스를 유발하면서, 완벽주의를 통해 자기 자신을 너무 심하게 몰아대는 것을 주의해야 합니다. 이들은 두통, 인후통, 그리고 불안을 경계해야만 합니다. 정원 가꾸기에 에너지를 소비하는 것과 신선한 과일, 채소, 곡물을 중심으로 식단을 구성하는 것이 이들에게 도움될 것입니다. 넉넉한 휴식이 포함된, 단지 적당한 운동만 이들에게 권장됩니다. 까다로운 작업 일정 속에 끼워넣기 힘겨울지도 모르지만, 가능하면 정기적으로 휴가를 가져야 합니다. 이런 한숨 돌리기는 돌아오면 에너지 수준을 증가시켜 많은 배당을 지급해줄 것입니다. 감정적인 안정과 침착을 유지하는 것은 이들을 위한 최고의 건강 시험대입니다.

▶ 수비학
2일에 태어난 사람은 숫자 2 및 달에 통치됩니다. 달의 영향력은 5월 2일에 태어난 인격에 (황소자리의 통치자인 금성의 영향력에 의해 예고되는) 낭만적이고 상상적인 천성을 빌려줍니다. 이런 더 공상적인 면과 이들의 객관적이자 정신적인 전망 사이에 갈등이 발생할지도 모릅니다. 만약 숫자 2의 사람이 마침 둘째 자녀라면, 그/그녀는 부모가 첫째 자녀를 향해 유도하는 강한 감정을 일부 모면하지만, 나이가 많은 형제자매에게 종속적인 역할도 또한 맡도록 강요받음으로써, 보호도 받고 다소 무시도 받을지도 모릅니다. 협력 관계를 위한 숫자 2에 통치되는 사람의 적합성이 여기서는 경력보다 결혼에 가장 잘 적용됩니다.

▶ 원형
두 번째 메이저 카드는 자신의 왕좌에 앉아 침착함과 뚫지 못함을 보여주는 '여사제'입니다. 그녀는 숨겨진 세력과 비밀을 드러내서, 그 지식으로 우리를 힘있게 하는 영적인 여성입니다. 이 카드의 유리한 자질은 침묵, 직감, 비축, 분별이고, 부정적인 가치는 비밀주의, 불신, 무관심, 타성입니다.

5월 3일
사회적인 실상주의자의 날
The Social Realist

▶ 심리구조

5월 3일에 태어난 이들은 타인들에게 사회의 작동방식에 관해 가르칠 많은 것을 갖고 있습니다. 이들은 집단 심리에 대한 통찰력을 표출할 뿐만 아니라 지도자나 대변인을 맡기 위한 능력도 또한 갖고 있습니다. 이들은 말하는 것이든 글쓰는 것이든 군중 위에서 들리는 목소리를 갖고 있습니다. 게다가 이들은 자신의 청중들이 지속해서 자신에게 관심을 두도록 매우 정교한 기법을 사용하면서, 매혹하고 흥겹게 하는 재능을 갖고 있습니다. 이들은 이 목적을 위해 논리뿐만 아니라 감정을 사용하는 방법을 알고 있습니다.

이들은 강하고 깊게 타격하는 재치를 갖춘 실용적인 실상주의자입니다. 가족 구성원들은 곤란한 시기에 중요한 결정을 만들거나 몹시 욕구되는 조언을 듣기 위해 이들에게 의존할지도 모릅니다. 냉철하고 실용적인 사상가인 이들은 공상의 나래 속으로 회피하는 것에 좀처럼 붙들리지 않을 것입니다. 이들은 현실에 단단히 발을 딛고서 문제를 해결하는 가장 효과적인 방법을 탐구합니다.

이들은 가장 코믹한 비교와 영리한 논평을 제시하면서 사람들을 웃도록 만들어내는 요령도 또한 갖고 있습니다. 이것은 어떤 단체 속에서도 이들의 명망을 대단히 높여줍니다. 하지만 너무 도가 지나치는 이들은 때때로 자신을 곤란에 처하게 하는 신랄한 풍자나 빈정댐을 탐닉할 수 있습니다. 이들은 자신을 매우 가치 있는 상담가, 중개자, 중재자로 만들어냅니다. 이들의 상업적인 통찰력이 소비자의 동기 및 심리에 관해 매우 날카로워서 이들은 마케팅 분석가 및 비즈니스 관리자로도 또한 잘 실연해보입니다.

사생활에서 이들은 배우자와 자녀에게 너무 많은 요구를 만들어내는 것을 조심해야만 합니다. 독신이라면, 역설적으로 이들은 어쩌면 사랑에서 성공을 확실히 하는 데 욕구되는 결단적인 활동을 미루면서, 자신의 관계에 너무 수동적일지도 모릅니다. 게다가 이들 중 덜 고도로 진화된 사람은 재정적인 혹은 사업적인 결정을 만들어내기 위한 바른 순간을 감지하지 못하는 이런 종류의 우유부단함과 무능을 결합하는 데, 즉 치명적인 조합을 하는 데도 또한 유능합니다.

이들은 친밀한 우정을 유지하는 데 자신의 에너지를 충분히 투자하는 것을 기억해내야만 합니다. 이들은 사회의 작동방식이 관련되는 자신의 인간적인 이해심과 통찰력을 개인적인 수준으로 확장한다면, 자신을 좋은 친구로 만들어낼 것입니다. 이들은 단순한 일상에서 친절한 활동의 중요성을 절대 잊지 말아야만 합니다.

이들에게 언제나 제시되는 위험은 이들이 큰 발상과 사회적인 책략에 얽매이지만, 자신만의 보금자리를 돌보는 것을 잊어버릴 것이라는 점입니다. 이들에게 오는 진정한 도전은 자신의 경력이 아니라 삶의 일상적인 사건에 있습니다. 여기서 이들은 타인들에 관한 바로 자신만의 사회적인 계율에 따라 통과하거나 아니면 실패할 것입니다. 이들은 사회적인 분야에서 가르칠 엄청난 양을 갖고 있는데, '자신만의 지식에서 이들이 이득을 얻을 수 있을까'가 의문입니다.

▶ 일간 특성
강점; 통찰적인, 영리한, 매혹적인
약점; 요구가 많은, 미루는, 냉정한

▶ 명상
우리가 확신을 갖고 말할 수 있는 것은 무엇입니까?

▶ 조언
당신이 타인들에게 동기부여하는 것에 관해 생각하는 만큼 당신 자신에게 동기부여하는 것에 관해 많이 생각하라.
당신의 친구들을 기억해내고, 개인적인 관계에 욕구되는 에너지를 쏟아 넣어라.
사랑 문제에 대해 활동을 취하라.

▶ 건강
대다수 황소자리 사람들처럼, 이들은 음식에 대한 사랑을 갖고 있고, 그러므로 과식을 경계해야만 합니다. 다행히도, 이들은 활동의 다층성에 편안합니다. 천성적으로 독립적인 이들은 대개 조깅, 자전거 타기, 하이킹, 요가 같은 단독적인 운동을 즐깁니다. 이들의 사교 기술은 이들로 하여금 개인 교습받는 것과 야구, 럭비, 축구 같은 팀 스포츠에 참여하는 것을 동등하게 만들어줍니다. 친구들을 위해 요리해서 흥겹게 하는 것은 이들에게 고도로 보람되게 해줍니다. 여전히 건강하려면, 이들은 목과 성대를 각별히 보살펴야 하고, 자신의 목소리에 과도한 중압감을 주지 말아야 합니다.

▶ 수비학
3일에 태어난 사람은 숫자 3 그리고 확장적인 행성인 목성에 통치됩니다. 숫자 3에 통치되는 사람은 자주 자신의 분야에서 높은 위치에 오르고, (5월 3일의 지배적인 인격이 주의해야 하는) 독재적인 경향이 있습니다. 숫자 3에 통치되는 사람은 전형적으로 독립을 욕망하지만, 5월 3일에 태어난 이들은 목성과 금성(황소자리의 통치자)의 조합에 의해, 그 독립에 동반된 사회적인 우아함과 매혹을 부여받습니다.

▶ 원형
세 번째 메이저 카드는 창조적인 지성을 상징하는 '여황제'입니다. 그녀는 완벽한 여성형, 즉 실현된 우리의 꿈이자 체화된 우리의 희망과 열망이라는 최고의 여성성인 대지의 양육자입니다. 이 카드는 매혹, 우아함 및 조건 없는 사랑이라는 긍정적인 특성을 대변하고, 허영심, 꾸며냄 및 완벽하지 못함에 대한 불관용이라는 부정적인 특성을 대변합니다.

5월 4일
양육하는 후원의 날
Nurturing Support

▶ 심리구조

5월 4일에 태어난 이들은 자신이 공부나 경험을 통해 체득해온 것을 타인에게 전해줄 숙명입니다. 이들이 학교에서 정식으로 가르치든 아니든 간에, 이들은 자신과 함께 작업하거나 혹은 코칭이나 조언을 얻기 위해 이들을 찾아오는 사람들에게 자신의 전문 분야를 속속들이 전달해줄 것입니다. 이들은 비록 온순한 것처럼 보일지도 모르지만, 빈번히 책임지는 위치에 자신을 자리하게 하는 자석 같은 힘을 갖고 있습니다. 하지만 이들은 리더가 되기보다 팀의 일원이 되기를 탐구해야 합니다.

이들에게 남겨진 유산 중 하나는 위험을 감수하는 성벽입니다. 이들 중 다수는 이들이 자신의 영적인 성장을 진전시키기 위해 변화하려는 시급한 욕구를 느끼는 인생 후반부까지는 이런 성향을 발견하지 못합니다. 이들은 자신이 속에 있는 도박꾼을 위장하는, 침착하면서도 자주 보수적인 겉모습에서는 조금도 강박적인 것으로 보이지 않습니다. 이들의 위험 감수는 물리적인 것을 욕구하는 것이 아니라, 감히 꿈을 꾸거나 새로운 발상을 갖고 있고, 틀을 깨는 것을 욕구합니다. 인생의 어느 시점에 이들은 이런 도전에 직면해야 할 것입니다.

다시 말하면, 온화하고 기쁘게 하려는 외관 탓에 이들은 만만한 호구로 오인될지도 모릅니다. 하지만 착취를 버텨낼 정도로 속이 충분히 강한 이들은 엄청난 완고함과 가혹한 기질에도 또한 마음이 팔립니다. 따라서 이들은 항상 이들이 보여주는 모습인 것은 아닙니다. 이들은 대다수 국면에서 다루기 쉽고 외교적이며 동의적이지만, 중요한 이슈에 대해 완강히 버티며 마음 바꾸기를 거부할 수 있습니다. 이들의 이상은 이들에게 극도로 소중하고, 좀처럼 위태롭게 하지 않습니다.

이들은 지침과 후원을 탐구하는 사람들을 끌어들이는 내면의 안정과 양육하는 천성을 갖고 있습니다. 그러므로 이들은 자신의 모든 시간을 타인들(가족, 친구)에게 바치거나, 조직이나 대의명분을 향상시키기 위해 자신의 전인격을 투자하는 것을 주의해야만 합니다. 이들은 그렇게 하는 것이 꽤 행복할지도 모르지만, 매우 많은 세월을 투신한 후에야 그런 책임을 원망하게 되고, 자유로워지기를 갈망하게 될 수 있습니다.

개인적인 이해관계를 돌보는 것은 이들이 마침내 자유로워지는 시기이므로, 이들은 대체로 은퇴[조직에서 벗어나기]를 잘 감당합니다. 이들은 자주 대기만성형이고, 어쩌면 자신이 절대 가능하다고 생각하지 못했던 성공과 행복을 자신에게 가져다줄 하나뿐인 삶의 변화를 (자신의 40대 혹은 심지어 50대에도) 대담하게 만들어냅니다.

믿음직한 이들은 어디든지 가면 도울 일이 있습니다. 이들은 활동이야말로 자신의 믿음을 구현한다고 강하게 믿으므로, 이들의 진술은 말보다 오히려 본보기를 통해서 만들어집니다. 슬기롭고 세상물정에 밝은 이들은 살기에 아름다운 분위기를 집에서 창조할 때 가장 행복합니다.

▶ 일간 특성
강점; 보살피는, 가슴이 따뜻한, 안정적인
약점; 자기를 부정하는, 원망하는, 충족되지 않는

▶ 명상
오직 칠하는[생명을 불어넣는] 것만이 어떤 욕망도 느끼지 않습니다.

▶ 조언
너무 자기를 희생시키는 것을 피하고, 당신만의 욕구에 더 많이 주목해보라.
당신의 자녀나 부양가족이 혼자서 해나가는 능력에 신념을 갖고 있으라.
세상에 대한 당신의 이미지에 관해 너무 많이 걱정하지 말고, 당신이 느끼는 바를 표현하라.
당신이 과감히 실패하지 않고는 어디에도 도달하지 못함을 기억해내라.

▶ 건강
이들은 자주 타인들의 과도한 요구에 의한 귀결인 에너지 고갈에 대해 경계해야만 합니다. 식사 및 수면의 정기적인 패턴은 건강과 행복을 유지하는 데 필수입니다. 자녀를 키우는 것은 이들에게 자주 대단히 중요하고, 양육하는 재능에 대한 최상의 표현입니다. 아름다움의 모든 형식은 이들의 건강에 고도로 긍정적인 영향력을 갖고 있는데, 이들 중 자신의 주위환경에서 아름다움을 박탈당한 사람은 심리적인 것뿐만 아니라 신체적으로도 또한 고통을 겪을 것입니다. 황소자리인 이들의 음식 사랑 탓에, 만약 이들은 자기 자신을 놓아버린다면 짧은 시간 안에 살이 찔 수 있기에, 자신의 식욕을 통제해야 합니다. 산책이나 정원 가꾸기 같은 가벼운 형식의 운동이 이들에게 좋습니다. 이들은 특히 말하는 것과 노래하는 것이 자신의 직업 일부라면, 자신의 성대를 특히 보살펴야만 합니다.

▶ 수비학
4일에 태어난 사람은 숫자 4 그리고 불규칙하면서도 폭발적인 천왕성에 통치됩니다. 5월 4일에 태어난 이들은 대개 침착하고 냉철하므로, 천왕성적인 영향력을 지속해서 통제하고, 아름다움과 조화라는 금성(황소자리)적인 사랑을 키웁니다. 하지만 숫자 4에 통치되는 사람은 독특한 관점과 방도를 갖고 있습니다. 이들이 대단한 자기-보증으로 소수의 관점을 자주 취하기 때문에, 적대감을 자극할 수 있는 이들은 자신을 적으로, 자주 남모르는 적으로 만들어낼 수 있습니다. 비록 숫자 4에 통치되는 사람이 전형적으로 규칙과 규정에 맞서 반항하지만, 이들은 대체로 어떻게든 우아하고 외교적인 태도로 반항합니다.

▶ 원형
네 번째 메이저 카드는 자신이 지닌 권력의 일차적인 원천인 지혜를 통해 구체적이고 세속적인 것들을 다스리는 '황제'입니다. 황제는 안정되고 현명한데, 그의 권위라는 세력은 의심받을 수 없습니다. 이 카드의 긍정적인 연관성은 강한 의지력과 확고부동한 에너지이고, 비호의적인 특성은 완고함, 압제, 잔인성을 포함합니다.

5월 5일
실용적인 일깨움의 날
Practical Awakening

▶ 심리구조

5월 5일에 태어난 이들은 자주 타인들을 교육하고 깨우쳐주는 것을 자신의 특별한 사명으로 간주합니다. 이들은 자신의 신분이 아무리 보잘것없을지라도, 삶이 더 나아질 수 있는 방법에 관한 소중한 조언을 제안할 수 있습니다. 그렇게 할 시, 이들은 참견으로 오해되는 것을 통해 때때로 원망을 불러올지도 모릅니다. 하지만 나중에 타인들은 바로 그런 소견이 실로 얼마나 적절했는지를 자주 깨닫게 됩니다.

이들의 지성은 잘 계발되어 있지만, 가설, 즉 궤변 자체를 위한 궤변에 좀처럼 적용되지 않습니다. 이들이 자신이 행한 작업의 실상적인 의미를 알아보는 곳은 오직 적용 이론, 즉 실용적인 사고방식입니다. 확신에 대한 이들의 완고함 탓에, 이들에게 대단한 도전은 자신이 틀렸을 때 인정하는 것입니다. 이들의 성공은 퇴보나 패배 후에 다시 처음부터 시작할 수 있는 자신의 수용력에 의해 자주 측정될 것입니다.

친구들과 가족은 때때로 그들의 행동에 대한 이들의 선입견에 의해 제약받는다고 느낄지도 모릅니다. 누구든지 개인으로서 자신의 자질에 대해 환영받는 것을 좋아하는데, 이는 이들 중 일부가 간과하는 사실입니다. 이들은 자신이 사랑받는 사람의 불완벽성, 기이함 및 특별한 욕구를 감안해보도록 노력해야 합니다. 부모로서 이들은 자신의 자녀가 단지 잠재적으로 될 수 있는 모습이 아니라, '자신이 누구인지'에 대해 마침맞게 사랑받는 느낌이 들도록 각별히 유념해야 합니다.

어떤 강연자든 청중이 필요하기 때문에, 이들에게 일어날 수 있는 가장 비극적인 상황은 무시받는 것입니다. 이들은 어떤 대가를 치르더라도 이런 국면을 피하려고 애씁니다. 그 귀결로 이들 중 덜 고도로 진화된 사람은 자신의 발상에 대해 충분히 생각해보고 준비하는 데 너무 적은 시간을 보내고, 그 발상을 판매하는 데 너무 많은 시간을 보냅니다. 사실 이들은 어떻게 자기 자신을 판매하는지 알고 있습니다.

일깨움이라는 테마는 이들의 삶에서 도드라진 모습으로 나타납니다. 이들은 환상의 베일을 벗겨냄으로써 타인들에게 중요한 진실에 대해 경고하려고, 그들을 각성시키고 그들에게 동기부여하려고 애씁니다. 이들이 자신 주위의 사람들에게 그들 자신을 방어하도록 부추기든, 항거하도록 부추기든, 단순히 작은 방법으로 그들의 일상생활을 개선하도록 부추기든 간에 이들의 메시지는 행동 개시를 위한 나팔소리입니다. 이들은 가족이든 친구든 동료든 간에 타인의 무지나 자각 부족이라는 고통을 단순히 견뎌낼 수 없습니다.

이들은 교육자 또는 역할 모델로서 행하는 자신의 역할을 빈틈없이 지킬 수 있고, 자신의 위치를 빼앗으려는 사람들과 고도로 경쟁할 수 있습니다. 이들은 맞수들에 대한 명시적인 공격이 협업자와 후원자들도 또한 멀어지게 할 것이기 때문에 피해야 합니다. 수용은, 특히 식물인간적인 행동이라는 지독한 죄악에 대한 수용은 이들이 키우기가 매우 어렵습니다. 그러나 반면에 이들은 아무리 점진적일지라도 개선이 이루어지고 있다고 느낄 때, 대단한 참을성을 발휘할지도 모릅니다.

▶ 일간 특성
강점; 설득적인, 통찰적인, 깨우쳐주는
약점; 독단적인, 둔감한, 질투하는

▶ 명상
당신이 잘못된 행로를 골라냈다면, 그냥 뒤로 돌아가서 새로운 행로를 시도해보라.

▶ 조언
당신 주위의 사람들을 잠깐 혼자 내버려두기를 시도하라.
당신의 개인적인 문제로 향하라. 그러면 당신은 더 효과적일 것이다.
당신의 실책을 인정하는 것을 두려워하지 마라.
결론이 비록 사람들이 실수를 만들어내는 것을 지켜보는 것을 의미할지라도, 무엇보다 그들이 자신만의 결론에 이르게 하라.
이것은 특히 육아에 관련이 있다.

▶ 건강
이들은 작업, 운동, 식단, 섹스, 놀이가 적당히 균형을 이루도록 자신의 삶을 구조화하는 노력을 만들어내야 합니다. 이들에게 위험은 이들이 다른 것들을 희생시켜서 위에 언급된 영역 중 하나에 너무 열광하게 될 것이라는 점입니다. 한 해결책은 더 세심하게 활동을 계획하는 것일지도 모릅니다. 이들의 충동적인 면은 대개 어떻게든지 배출구를 찾아내므로, 이들의 열의를 꺾는 것에 대한 위험은 거의 현존하지 않습니다. 이들은 음식에 대한 토속적인 접근법을 갖고 있고, 케이크, 빵, 육류 그리고 맛있지만 기름진 유제품의 과잉 섭취를 경계해야만 합니다. 정신적인 훈련을 통해 신체적인 부추김을 일정 선 안에 데려오는 것이 답입니다.

▶ 수비학
5일에 태어난 사람은 숫자 5 및 수성에 통치됩니다. 수성은 위에서 언급된 정신력을 증가시키면서, 생각과 변화의 빠름을 대변합니다. 황소자리의 통치자인 금성은 매혹과 이상주의를 배치해줍니다. 숫자 5에 통치되는 사람은 도박이든, 빠른 운전이든, 위험한 불륜이든 간에 위험에 끌려듭니다. 이것은 이들을 개인적인 관계에서 위태로운 동무로 만들어냅니다. 이들은 퇴보와 산만함에도 불구하고 비록 충동적이지만, 자신의 작업에서 참아내는 경향이 있습니다.

▶ 원형
다섯 번째 메이저 카드는 인간의 이해심과 신념을 상징하는 신성한 신비에 관한 해석자인 '사제'입니다. 그의 지식은 난해하고, 그는 보이지 않는 만사만물에 대한 권위를 갖고 있습니다. 이 카드가 수여하는 호의적인 특성은 자기-보증성, 무의심과 적합한 해석이고, 비호의적인 특성은 설교하기, 호언장담, 독단주의를 포함합니다.

5월 6일
가시화된 상상력의 날
Materialized Fantasy

▶ 심리구조

5월 6일에 태어난 이들은 공상, 상상력, 무의식이 작업하는 방법에 접촉하는 것으로 보입니다. 이 이해심은 대체로 두 가지 방식이, 즉 심지어 타인들과도 공감하는 동감적인 방식이, 또 본질적으로 스타가 되어 타인들의 공상을 체화하는 방식이 구현됩니다. 첫째 유형인 교사, 상담가 및 동감적인 부모는 사람들로 하여금 어려운 시기를 통과하도록 인도해서 그들의 동기를 이해하도록 돕는 데 전문이고, 둘째 유형인 스타는 대다수 사람이 지속해서 틀어막혀온 공상을 과감하게 실행하면서 꿈을 실현하는 것에 사로잡힙니다.

상상력에 다가가는 이런 과정은 특별한 선물이고, 현명하게 관리되어야만 합니다. 이 재능을 비도덕적으로 혹은 목표 없이 사용한다면, 이들은 결국 자기 자신만의 이익을 위해 타인의 삶을 배후조종하게 되거나, 아니면 하려고 절대로 의도하지 않았던 경력이나 결혼 속으로 자기 자신을 강요하게 될지도 모릅니다. 이들 중 가장 성공적인 사람은 자신의 한계를 알아보고, 자신의 목표와 타인들의 목표 양쪽을 객관적이고 윤리적으로 다룰 능력이 있습니다.

이들은 대단한 용기와 끈기로 어떻게든 극복해내는, 어렵거나 트라우마가 될 어린 시절을 자주 경험합니다. 이런 어려움은 더 정상적으로 양육되거나 덜 민감한 사람들이 절대 알지 못하는 삶에 대한 통찰력을 이들에게 빌려줄 수 있습니다. 만일 이들이 자비와 공감을 갖고 그런 통찰력을 활용한다면, 이들은 사회에 참으로 가치있는 사람이 될 것입니다. 이들이 여전히 자신만의 사적인 고통의 희생자를 유지하면서, 타인들에게 대단하게 봉사하는데, 이들은 대개 그 고통을 세상에서 자주 숨겨버립니다.

이들이 매우 민감하고, 어쩌면 파괴적인 무의식적 몰아댐의 작동방식에 의해 내몰리기 때문에, 이들은 특히 신체적인 불편과 아픔뿐만 아니라 감정적으로도 또한 불안정해지기 쉽습니다. '장애를 극복하기 위해 반복해서 애쓰기'라는 테마는 이들 중 다수의 삶에서 상수입니다. 자신의 숙명을 통제하기 위해 노력할 시, 이들은 마치 자신이 구조화하지 않으면 왠지 상황이 산산조각이 나리라고 두려워하는 것처럼 자신의 시간을 매 순간 구조화하면서, 가당찮게 집요해질지도 모릅니다. 따라서 외견상 효율적이고 합리적인 생활방식은, 이들 자신이 항상 알아채는 것은 아닌 들끓는 감정의 화산을 숨기고 있을지도 모릅니다.

반면에, 타인들의 불합리성에 대한 이해심이 가장 있는 이들은 그 불합리성에 대한 일종의 육감을 갖고 있습니다. 타인들은 이들의 지혜와 용기 덕에 어려운 감정적인 국면에서 이들에게 의존할 수 있습니다. 이들은 자신이 너무나 잘 이해하는 심혼을 갖고 있는 약자나 희생자 편을 자주 들 것입니다. 매력적인 이들은 이들과 사랑에 빠지도록, 또 이들을 우상화하도록 돕는 것을 탐구하는 사람들을 때때로 경계해야만 합니다. 비록 그런 주목은 에고를 만족시켜줄 수 있지만, 단지 이들만의 자기-실현 과정을 느리게 할 뿐입니다.

▶ 일간 특성
강점; 민감한, 기민한, 상상적인
약점; 감정적으로 불안정한, 고통받는, 방종적인

▶ 명상
이상한 동시성은 우주의 정상적인 작동방식에 불과할지도 모릅니다.

▶ 조언
당신의 감정을 확실히 파악하라.
도움이 요청되기를 기다리라. 동시에 당신이 도움을 요청하는 것을 두려워하지 마라.
당신 자신의 처신을 먼저 잘하고, 당신의 인식을 현명하게 활용하라.
타인들에 대한 느낌에 여전히 민감하라.

▶ 건강
이들은 자신의 활동적인 무의식과 공상이 엄청난 감정적인 스트레스 아래 자신을 놓도록 몰아대는 것의 먹이로 전락할지도 모릅니다. 비록 이들이 감정의 널뛰기, 히스테리 및 다른 감정적인 어려움을 객관적으로 이해하지만, 이들은 자진해서 희생양으로 전락하지 않도록 조심해야만 합니다. 이들은 낮은 자기-우대로 고통받을 수 있어서, 더 강한 (그러나 덜 나르시시즘적인) 에고를 구축하는 동안 더 실상화된 방식에서 자기 자신을 떠올리도록 격려되어야 합니다. 게다가 이들은 지나치게 지배적이고 보호적이 되는 것도 또한 주의해야만 합니다. 이들은 특히 자신이 빠지기 쉬운 섹스와 사랑 중독도 또한 살펴봐야 합니다. 신선한 채소와 곡물에 중점을 두면서 요리된 식단은 이들의 민감한 체계의 균형을 유지하는 데 도움될 것입니다. 동종요법과 약초 치료요법 모두 권장됩니다.

▶ 수비학
6일에 태어난 사람은 숫자 6 및 금성에 통치됩니다. 숫자 6에 통치되는 사람은 사랑과 찬양을 끌어들일 시 자석 같기 때문에, 또 금성(황소자리의 통치자)이 사회적인 상호작용에 강하게 연계되므로, 5월 6일에 태어난 이들은 타인들과 함께 사회적인 맥락에서 필연적으로 작업합니다. 사랑은 자주 숫자 6에 통치되는 사람의 삶에서 지배적인 테마입니다.

▶ 원형
사랑을 상징하는 '연인'인 여섯 번째 메이저 카드는 남성성과 여성성이라는 양극성의 통합을 통해 인간성의 모든 것을 하나로 묶는 최종 지점에 중점을 둡니다. 이 카드가 좋은 면에서는 높은 도덕적인, 미적인, 신체적인 차원의 애정과 욕망을 예시하고, 나쁜 면에서는 충족되지 않은 욕망, 감상성, 우유부단함을 위한 성벽을 예시합니다. 황소자리의 점성학, 타로, 숫자 6의 특징이 모두 금성의 일차적인 영향력을 예시하므로, 이들은 투사적인 공상을 확실히 파악해서, 사랑, 관계, 아름다움에 관련해 각별히 보살펴야 할 것입니다.

5월 7일

헌신의 날
Devotion

▶ 심리구조

5월 7일 태어난 이들은 대개 헌신적인 천성에 속합니다. 이들은 종교적이든 영적이든 예술적이든 사회적이든 간에 자신이 후원하는 대의에 자신의 목숨을 다할 것입니다. 이들은 비록 돈에 지나치게 관련되지 않을지라도, 물질적인 것에 좋은 느낌을 갖고 있고, 자신의 삶에 쾌감을 빌려주는 소유물을 즐깁니다. 어쩌면 이들은 부를 축적하기 위해 애쓰지 않으므로, 자신의 이상화된 추구에서 자주 선물이나 상속, 견실한 보상을 끌어들입니다. 이들 중 덜 고도로 진화된 사람은 그런 소유물에 만족하고, 더 고도로 진화된 사람은 자주 자신이 삶을 시작했던 고향에서 결국 멀어지면서 물질적인 차원에서 영적인 차원으로 진보합니다. 때때로 이들의 목표는 종교적인 천성에 속하지만, 이들 중 심지어 가장 정신적이거나 무신론적인 사람조차도 격렬한 헌신으로 자신의 논리를 물들일 것입니다.

미에 대한 사랑, 특히 음악에 대한 사랑은 이들에게 확실한데, 금성적인 감수성은 아름다운 목소리나 심미적인 몸의 진가를 알아보는 것만큼 그 사랑을 연출할 가능성이 있습니다. 어떤 재료로 작업하든 이들은 형태든 색상이든 내부 디자인이든 소리든 단어이든 간에 관능성을 타고날 것입니다.

이들 중 여성은 지나치게 자기를 비하하고 자기를 희생시킬 수 있습니다. 이들은 자주 신경질적인 상태와 불안에서 좌절감과 억압된 감정을 구현합니다. 하지만 이들은 이 약점을 알아채기 때문에, 자기 자신을 완벽하게 하는 데 유능하고, 그다음에 침착해지고 균형 잡히며 태연자약해집니다. 이들 중 억압된 몰아댐과 욕망을 갖고 있는 남성은 어떻게든 자신의 욕구를 대개 충족시키지만, 사람으로 진화하는 것을 통해 그 욕구를 충족시키는 것보다 대단한 고군분투를 통해 그 욕구를 충족시킬지도 모릅니다.

이들의 걸출한 인격은 여유로운 우아함과 존엄성을 갖고 움직이면서, 타인들에게 [이들을] 신임할 마음을 불어넣을 것입니다. 예리하며 매우 많이 간단명료한 이들은 시간을 낭비하거나 변죽을 울리는 것을 좋아하지 않습니다. 이들은 제한된 사교적인 교제를 즐기고 자신만의 집의 편안함과 안전을 선호하면서, 단독자가 되는 경향이 있습니다. 부모로서 이들은 자신이 감정적으로도 물질적으로도 욕구하는 것을 자녀에게 주면서, 육아의 직무를 진지하게 받아들일 것입니다.

이들은 대개 독학합니다. 그러므로 이들은 계율보다 본보기로 가르치는 경향이 있는데, 그것이 효과가 없다면 주저하지 않고 책을 버립니다. 본질적으로 이들이 대단히 전통주의자이고, 그러므로 전형적으로 보수적인 것을 지향하는데, 이들은 자신의 분야를 마스터하고, 자신이 하는 것에 견고한 받침대를 주려고 가장 자주 독립적으로 전통을 연구합니다. 자신의 삶에 대한 접근법이 형식적이든 비형식적이든 간에, 이들은 자신의 감정을 지켜내고, 만일 성공적이라면 자신의 삶에서 작업할 시 감정을 승화시키는 데 전문인 극도로 민감한 사람입니다. 이들을 위한 열쇠는 이런 감정이 봉쇄되거나 억제되지 않도록 그 감정을 활용하는 것입니다.

▶ 일간 특성
강점; 당당한, 헌신적인, 미적인
약점; 비실상화된, 곤란해지는, 좌절감을 품는

▶ 명상
진화하는 것은 음계의 음표를 연주하는 것과 같습니다.

▶ 조언
당신 자신을 있는 그대로 받아들이라.
과거에 덜 집중하고, 다음번 형국을 돌보라.
당신의 믿음에 휩쓸리게 되지 마라.
당신의 요구를 조금 느슨하게 하고, 주기적으로 휴식을 취하라.

▶ 건강
이들은 자신의 정신적이고 감정적인, 영적이고 신체적인 천성의 양극단에 일찍이 균형을 가져와야만 합니다. 그렇게 하기 위한 이들의 고군분투는 정상상태를 벗어날 수 있는 스트레스와 신경계에 구현될지도 모릅니다. 인생 후반부에, 이들은 자신이 누구인지 받아들이게 되고 평화를 찾아낼 것입니다. 나이가 들면서, 신체 운동은 여전히 대단히 중요한 것에 속하지만 명상, 균형 잡힌 식단 및 영적이나 종교적인 추구도 또한 몸에 건강한 영향을 제공합니다. 이들은 자신의 관심사가 다른 문제들과 함께하므로, 나이가 들면서 자신의 몸을 극도로 남용하는 상태가 아니라 오히려 극도로 등한시하는 상태로 놔두는 것에 대하여 정말 경계해야 합니다. 음악은 이들에게 매우 효과적인 테라피의 역할을 합니다.

▶ 수비학
7일에 태어난 사람은 숫자 7 및 해왕성에 통치됩니다. 해왕성이 비전, 꿈, 심령현상을 통치하는 물같은 행성이기 때문에, 숫자 7이 통솔하는 사람은 실상에서 동떨어지는 것에 대해 경계해야만 합니다. 해왕성에 대한 금성(황소자리의 통치자)의 영향력이 이들로 하여금 초-낭만적이고 인상에 좌우되게 만들어낼 수 있으므로, 그런 동떨어짐은 5월 7일에 태어난 이들에게 두 배로 해당합니다. 숫자 7에 통치되는 사람은 전형적으로 변화와 여행을 좋아하고, 이것은 자신의 확립된 운영 기반에 가까이 있기를 욕구하는 이들에게 갈등을 창조할지도 모릅니다.

▶ 원형
일곱 번째 메이저 카드는 세상을 누비는 의기양양한 인물을 보여주면서, 역동적인 방식으로 자신의 신체적인 존재감을 구현하는 '전차'입니다. 이 카드는 행로를 지속하는 것 및 균형이 극히 중요한 것에 속하는 양극성 사이의 줄타기하는 것을 상징할 수 있습니다. 이 카드의 좋은 면은 성공, 재능, 효율성을 배치해주고, 나쁜 면은 독재적인 태도와 서툰 방향 감각을 제안합니다.

5월 8일
거침없이 말하는 이의 날
The Outspoken Spokesperson

▶ 심리구조

5월 8일에 태어난 이들은 자신의 발상과 관심사를 표현하는 것에 관해 전혀 말을 삼가지 않습니다. 거침없이 말하고, 강압적이며, 고집적인 이들은 말로 진술하는 경향이 있지만, 자주 글로 쓰인 단어에도 또한 능숙합니다. 이들은 확립된 가치를 보존하고, 때로는 심지어 고대의 가치까지 되살릴 때 편안합니다. 행동을 취하는 것을 두려워하지 않는 이들은 현대적인 수단과 발전을 기술에 활용하도록 만들어내지만, 항상 전통에 눈을 돌릴 것입니다.

이들은 좋든 나쁘든 간에 자신의 주위환경에 유별나게 강한 연관성을 갖고 있습니다. 환경 일반이나 특히 이들의 생활 국면에 관한 결정은 이들에게 최고로 중요한 것에 속할 수 있습니다. 그러나 비록 이들 중 다수는 자신의 주위환경에 깊이 관여하지만, 자신의 출생지에 반드시 묶이는 것은 아닙니다. 이들 중 작은 시골 출신인 사람은 자주 위험을 무릅쓰고 세상에서 가장 멀리 떨어진 곳으로 나섭니다.

이들은 개인적으로 거침없이 말할 뿐만 아니라, 한 집단의 열망과 바램을 표현하면서 대중의 대변자가 될 수 있습니다. 이들의 솔직함이 이들을 곤란에 처하게 할 수 있는데, 이들은 특별히 무뚝뚝하거나 거칠어지지 않도록 해야만 합니다. 불운하게도 이들이 주기적으로 적대감을 자극할 정도로, 대체로 외교는 이들의 강점이 아닙니다. 하지만 대개 자기-보증적인 이들은 자신이 처신할 시 침착함과 믿음성을 전달하는 덕에, 자신을 유별나게 설득력 있는 사람으로 만들어갑니다.

게다가 이들은 정말 무작정 의견을 내뱉지 않고, 어떤 주제에 대해 상당히 숙고한 후에 오직 자신의 위치를 밝힐 뿐입니다.

싸움할 시 꽤 두려움이 없는 이들은 위협에 굴복하지 않을 것이고, 심지어 화력이 열세일 때조차도 되받아칠 수 있는 효과적인 길을 찾아낼 것입니다. 전략이 또 다른 특기이어서, 이들은 자신이 만들어낸 '가장' 유익한 적인 것은 아닙니다. 실로 이들은 나쁜 짓을 하는 사람에게 한 번의 유예를 허용할지도 모르지만, 그 이상은 좀처럼 허락하지 않습니다. 이들 중 남녀 모두는 친구이자 연인으로서 충실한 경향이 있고, 부모로서는 대개 믿음직하고 양심적입니다.

자신이 진술할 시, 이들은 자신의 메시지에 대한 중요성을 너무 보증해서, 자신이 그 메시지를 표현하는 방법에 거의 주목해보지 않을 수 있습니다. 이들 중 가장 고도로 진화된 사람은 자신이 말할 어떤 것을 갖고 있을 뿐만 아니라 전달과 뉘앙스에 대한 예술적인 경지도 또한 마스터했기 때문에, 압도하는 사람입니다. 이들은 글쓰는 표현과 말하는 표현 중 단지 어느 한쪽에만 능숙함을 획득하는 것보다 둘 다에 능숙함을 획득한다면, 더욱더 효과적입니다.

앞서 언급된 것처럼, 아름다운 주위환경은 이들에게 극도로 중요하고, 이들은 자연에 대한 자신의 연관성을 절대 잃지 말아야 합니다. 이상적으로 이들은 주택 소유자라면 자신만의 집을 설계해야 하고, 토지 소유자라면 자신만의 정원을 조경해야 합니다. 어릴 적부터 멋을 기르는 것은 자녀로서 이들에게 생명적이고, 이들은 스타일과 개념에 대한 넓은 다층성에 노출되어야 하며, 그렇지 않으면 이들의 비전은 제한될 것이고, 이들의 발상은 여전히 편협할 가능성이 있습니다.

이상적으로 이들은 세계시민이 됩니다.

▶ 일간 특성
강점; 신중한, 설득적인, 보살피는
약점; 지나치게 진지한, 판단적인, 권위적인

▶ 명상
무엇이든 우연에 의한 것은 없는데, 온갖 것은 일어나야 하기 때문에 일어납니다.

▶ 조언
[너무 진지해지기보다] 약간 밝아지라.
더 놀이하는 법을, 심지어 때로는 시시해지는 법까지 체득하라, 당신 자신을 비웃되 비난하지는 말라.
당신의 빈정거림을 진정시키고 당신의 왕좌에서 내려와라. 이따금 나약함과 취약성을 인정하는 것이 중요하다.

▶ 건강
이들은 매우 열심히 작업하는 경향이 있고, 그러므로 정기적인 식사는 에너지 수준과 일반적인 의미의 웰빙을 유지하는 데 중요합니다. 이들은 병에 걸릴 때 자주 약초, 동종요법 및 전통적인 치료요법에 의존하면서, 현대 의술이라는 '기적의 약'보다 이런 요법을 더 선호합니다. 이들 중 대다수는, 특별히 도시 생활에서 더 건강하고 더 토속적인 시골 환경으로 자기 자신을 이동할 때 강한 회복력을 과시합니다. 대체로 이들은 자신의 어린 시절을 되돌아보고 자신이 젊을 때 무엇이 자신에게 지속해서 좋게 작용했는지 기억해내지만, 자신의 건강이 관련되는 어떤 실용적인 소견에도 여전히 마음을 엽니다.

▶ 수비학
8일에 태어난 사람은 숫자 8 및 토성에 통치됩니다. 토성은 '책임이라는 강한 느낌' 및 '경계심, 제한, 숙명론의 의식'을 운반해주므로, 이들의 보수적인 면이 강조됩니다. 숫자 8에 통치되는 사람은 자신의 삶과 경력을 더디고 조심스럽게 구축해갑니다. 비록 이들의 가슴이 꽤 따뜻할지 모르지만, 토성적인 영향과 함께하는 사람은 험상궂거나 쌀쌀맞은 외관을 제시할지도 모르고, 금성이 추가한 영향력과 함께하는 5월 8일에 태어난 이들은 복잡한 감정적인 천성을 보유할 수 있습니다.

▶ 원형
여덟 번째 메이저 카드는 사나운 사자를 길들이는 우아한 여왕을 그려내는 '강인함이나 용기'입니다. 여왕은 반항적인 에너지를 마스터할 수 있는 여성 마법사를 상징하고, 신체적인 강인함뿐만 아니라 도덕적인 강인함을 표징합니다. 이 카드의 긍정적인 속성은 카리스마와 성공하려는 결단을 포함하고, 부정적인 자질은 무사안일과 권력남용을 포함합니다.

5월 9일
도덕적인 용기의 날
Moral Courage

▶ 심리구조

5월 9일에 태어난 이들은 자신의 말이 믿음직해지도록 만들어내고, 대개 타인들에게 그들의 약속도 또한 지키도록 하는 공정의식을 갖고 다닙니다. 정의와 공정한 승부라는 개인적인 보증이 없다면, 삶은 이들에게 거의 의미를 갖고 있지 않을 것입니다. 게다가 이들은 자신이 옳다고 믿는 것을 위해 싸우고, 심지어 자신의 목숨까지도 바칠 용기를 갖고 있습니다. 대의를 후원하는 것은, 아니면 심지어 그 대의를 확립하는 것조차도, 헌신적이고 또 자주 내몰리는 이들에게 자연스럽게 다가옵니다.

이들이 예외 없이 맞닥뜨리는 문제 대부분은, 이들이 발상이나 대의명분, 개인적인 목표에 의해 휩쓸리는 것을 수반하고, 또 실상적으로 계획하지 않는 것을 수반합니다. 이들 중 다수는 실로 비실상화된 기대를 품습니다. 이들은 심지어 목표에 명백히 도달할 수 없을 때조차도, 여전히 포기하기가 어렵습니다. 이들 중 덜 진화된 사람이라는 특정 검증 표식인 자기-파괴적인 부추김이 결국 작업에 현존할지도 모릅니다. 모든 이들은 이따금 이상주의적인 희망을 놓아버리고, 상황을 실상의 사실 그대로 보는 법을 체득함으로써 자신의 효과성을 증대시키는 법을 체득해야만 합니다.

작거나 섬세할지도 모르는 이들의 신체적인 겉모습에 상관없이 이들은 무시될 수 없는 힘을 발산합니다. 하지만 이들이 좀처럼 공개적으로 공격적이지 않을 것이고, 이들의 강인함은 도움 혹은 보호를 욕구하는 타인들에 대한 방어를 포함한 방어에 놓여 있습니다. 설득력이 있는 이들은 친구들과 후원자들을 보증해주는 카리스마를 표출합니다. 하지만 이들이 직면하는 한 가지 큰 문제는, 끔찍할 수 있는 이들의 분노입니다. 동료, 친구, 가족은 이들의 공정성 기준이 무너질 때, 아니면 이들이 극단적으로 밀어붙여지면, 겉보기에 조용하고 합리적인 이들이 어떻게 반응할 수 있는지를 곧 체득하게 됩니다. 빠르든 늦든 이들은 단지 자신의 주위 사람의 물리적인 안전만을 위해서라도 자신의 기질을 조절하는 법을 체득해야 할 것입니다.

이들은 약자의 편에 섭니다. 이들은 강력한 개인에 의한 것이든 강력한 기관에 의한 것이든 어떤 종류의 압제도 싫어합니다. 자신의 도덕적인 기준이 충족된다면, 이들은 관대하고 신사숙녀적이며 행복할 것입니다. 그렇지 않으면, 이들은 지나치게 격렬하거나 조급하고 짜증나게 될 수 있습니다. 이들이 자신을 성질나게 하는 어떤 것에 고착될 때, 이들은 가족과 친구들이 불행해지도록 만들어낼 수 있습니다. 따라서 만약 이들이 평화를 탐구한다면, 이들은 자신으로 하여금 창조적으로 작업하게 허용하고, 자신의 도덕적인 천성을 어지럽히지 않는 생활방식과 업무에 끌려가는 것이 좋겠습니다. 하지만 개인적인 비용에 상관없이 개혁가나 시위자로서 자신의 역할을 즐기고, 충족감을 느끼려고 고군분투를 욕구하는 이들이 현존합니다.

황소자리 사람들의 아름다움과 자연에 대한 사랑은 이들에게 고도로 계발되어 있습니다. 이들이 자신의 목표를 합리적인 범위 내에서 지속할 때, 이들은 재료에 대한 예술적이면서도 상업적인 훌륭한 감각과 잘 계발된 비즈니스 재능을 실제로 표출합니다. 이들은 자신의 돈이나 에너지를 변덕스러운 노력에 낭비하는 사람이 아닙니다. 이들은 자신이 하는 온갖 것에 견실한 이득과 결과를 탐구합니다. 이들의 대단한 도전은 세상에서 이들이 성공하는 데 필수적인 자기-통제라는 도전입니다.

▶ 일간 특성
강점; 도덕적인, 보호하는, 공정한
약점; 용납하지 않는, 금욕적인, 비실상화된

▶ 명상
사람들은 대체로 멀리 떨어지면 서로 고함을 지릅니다.

▶ 조언
[변덕스러운] 기질을 통제하기 위해 당신의 최선을 다하라.
타인들도 역시 그들의 방식대로 할 권리를 갖고 있음을 기억해내라.
당신 판단의 강도를 조금 느슨하게 하라, 이것은 당신과 당신 주위의 사람들이 훨씬 더 행복해지도록 만들어줄 것이다.
당신이 너무 느슨한 곳에서는 더 강압적이 되고, 너무 경직된 곳에서는 덜 강압적이 되는 법을 체득하라.

▶ 건강
이들은 물리적인 부상과 사고를 가져올 수 있는 화성의 영향, 즉 분노와 무모함에 주의해야만 합니다. 감정이 격발될 때 자신의 두려워하지 않는 천성과 기질 때문에, 이들은 고도로 스트레스받는 국면의 잠재적인 위험을 알아보는 데 실패할지도 모릅니다. 감정에서 자기 자신을 거리를 두는 법을 체득하고, 완벽하지 못함을 더 수용하게 되는 법을 체득하는 것은 이들의 건강과 행복에 직접적인 영향을 줄 것입니다. 명상, 요가 또는 '자각, 통찰력, 자기-통제의 증가를 촉진하는 어떤 테라피'도 권장됩니다. 이들의 식단은 (육류 같은) 강한 양(陽)의 음식은 적게 유지되어야 하지만, 설탕 같은 특정 음(陰)의 물질도 또한 제한되어야 합니다. 채소와 과일, 곡물, 생선이 권장됩니다.

▶ 수비학
9일에 태어난 사람은 숫자 9 및 화성에 통치됩니다. 숫자 9는 (이를테면 5+9=14, 4+1=5처럼 9를 더한 어떤 숫자도 그 숫자가 되고, 9×5=45, 4+5=9처럼 9를 곱한 어떤 숫자도 9가 되므로) 다른 숫자에 대한 영향이 강력하고, 5월 9일에 태어난 이들은 자신의 주위 사람들에게 비슷하게 영향을 끼칠 능력이 있습니다. 강압적인 화성은 남성적인 에너지를 배치해주지만, 여기서 여성적인 에너지를 운반해주는 금성(황소자리의 통치자)에 의해 완화됩니다. 따라서 이들은 덜 공격적이면서, 어쩌면 편안하게 안식하는 위치를 선호할지도 모릅니다. 이 화성-금성의 조합은 강한 자석 같은 성적인 자질도 또한 이들에게 빌려줄 수 있습니다.

▶ 원형
아홉 번째 메이저 카드는 대개 등불과 지팡이를 들고서 걷는 '은둔자'이고, 그는 명상, 고립, 침묵을 대변합니다. 그 카드는 확고해진 지혜와 궁극적인 단련을 암시합니다. 은둔자는 양심을 사용하여 타인들로 하여금 그들의 행로를 지속하게 해주는 임무 감독관입니다. 이 카드의 긍정적인 면은 집요함, 목적, 심오함, 집중력이고, 부정적인 의미는 교조주의, 불관용, 불신, 만류를 포함합니다. 이 카드는 5월 9일에 태어난 이들에게 자기-통제의 모델 역할을 할 수 있습니다.

5월 10일
외로운 주도자의 날
Lone Movers

▶ 심리구조

5월 10일에 태어난 이들은 자신의 분야에서 고도로 효과적일 수 있지만, 대체로 팀 협동자보다 솔로로서 기능합니다. 이들이 가장 넓은 의미에서 교사라면, 비록 이들의 역동적인 실례가 사실 따르기가 힘겨운 활동일지도 모르지만, 이들은 본보기가 되어 가르칩니다. 이들의 독창성을 특징짓는 것은 바로 이들의 비범한 생각일 뿐만 아니라 이들이 이 생각을 세상에 새기는 방식이기도 합니다.

빈번히 적대감을 끌어들이는 이들은 추종자를 계발하거나 경력을 쌓으면서, 동시에 자신을 매우 강력한 사람의 적으로 만들어내고 있을지도 모릅니다. 인생 후반부에 이 영향은 표면화되고 자주 이들에게 공개적으로 불리하게 작용하기 시작할 수 있습니다. 하지만 이들은 자신이 진실을 알아보는 대로 그 진실을 추구할 시, 또 자신이 남을 기쁘게 하듯이 운영할 시, 대개 굴하지 않습니다. 대단한 신체적인 우아함 및/또는 매혹에 마음이 팔리는 이들은 자주 고도로 설득적이고, 심지어 유혹적이기까지 합니다.

재능을 타고난 이들은 숙명의 지침에 대해 특히 수용적입니다. 이들은 자신의 시대라는 세력에 맞서 힘겨운 전투에 참전하는 것보다 사회에서 선택적인 흐름과 조류에 따라 미끄러지듯이 흘러갈 능력이 있습니다. 이들은 나아갈 때와 후퇴할 때를, 장애물에 맞서 부딪힐 때와 그 장애물을 비켜설 때를, 강요할 때와 구슬릴 때를 본능적으로 알고 있는 것으로 보입니다. 자신의 (느낌이나 생각보다 세상을 파악하는 것에 더 지배적인) 강력한 직감 때문에, 이들은 자신의 예감을 따르고 또 가장 자주 맞습니다.

이들은 자신의 활동에 의한 귀결을 따져보기 위해 더 힘겹게 노력해야만 합니다. 이들은 자신이 하고 있는 것에 너무 관여하게 되어서, 더 커다란 목적에 대한 시야를 너무 자주 잃어버립니다. 이들의 고도로 충동적인 천성도 또한 자주 이들을 곤경에 처하게 할 가능성이 있습니다. 작업뿐만 아니라 가족과 사회 동아리 양쪽에서 이들은 자신이 행한 것과 말한 것에 더 대단한 책임을 져야만 합니다. 이들은 때때로 그룹의 선을 위해 활동하는 것을 자기 자신에게 상기시켜야만 합니다. 이들이 실상 이기적이 아니라, 다만 고도로 자기-몰두적이라는 점은 주목되어야만 합니다. 이런 자기-관여를 줄여주는 역할을 하는 활동은 그 활동이 사교적인 나들이에서 발견되든, 평범한 책임에서 발견되든, 불운한 사람과 작업하는 것에서 발견되든 간에 이들의 영적인 계발에 중대할지도 모릅니다.

이들이 고도로 재능을 타고났지만, 때때로 올바른 방향에 집중되도록 욕구하거나 의심스러운 활동을 외면하도록 욕구한다는 점을 기억해내는 것이 중요합니다. 이들은 당면한 문제에 외곬으로 집중하는 경향이 있기에, 때로는 더 큰 그림을 놓쳐버릴지도 모릅니다. 따라서 이들이 신뢰할 수 있는 의견을 갖춘, 그리고 존중할 수 있고 때로는 받아들일 수 있는 비판을 갖춘 친구나 가족을 갖고 있다면 운이 좋습니다. 가장 좋은 지침은 본질적으로 사랑과 환영인데, 이들은 자신이 외로움을 덜 느낄 정도까지 또 내적으로 오해받는 느낌이 들 정도까지 사회의 편안함을 즐길 것입니다. 비록 이들이 그 편안함을 욕구하는 것처럼 보이지 않을지라도, 감정적인 후원은 이들의 가치와 목적에 대한 감각에 필수적입니다.

▶ 일간 특성
강점; 활동적인, 직감적인, 대담한
약점; 충동적인, 자기 중심적인, 배려심이 없는

▶ 명상
공상을 갖는 것은 단지 시작일 뿐입니다.

▶ 조언
당신은 활동하기 전에 생각하도록 노력하고, 자신의 활동에 대한 귀결을 고려하도록 노력하라.
삶의 평범한 임무나 그룹에서 당신의 역할을 등한시하지 마라.
타인들 그리고 그들의 욕구에 더 마음써라.
슬기로운 충고에 여전히 마음을 열라.

▶ 건강
이들은 대개 자신의 프로젝트에 너무 격렬하게 관여하므로, 자주 자신만의 건강에 관해 잊어버립니다. 이런 이유로, 이들은 자신의 건강을 일종의 프로젝트로 만들어내고, 이 목표를 향해 의사에게 받는 정기검진 일정을 잡는 것은 나쁜 발상이 아닐 것입니다. 감정적인 후원에 대한 이들의 엄청난 욕구 탓에, 이들은 대인관계를 과소평가하지 않을 것입니다. 비록 이들은 그 욕구를 깨닫지 못할 수도 있지만, 이들의 건강 상당 부분은 사랑해주고 보살피는 동반자를 찾아내는 능력에 달려있을지도 모릅니다. 이들은 균형 잡힌 식단이 온당하지만, 자주 작업 시간 동안 패스트푸드에 의존하고, 나중에 자신의 휴식시간 동안 살찌는 음식과 단 것을 폭식하는 경향이 있습니다. 특히 하이킹이나 수영, 스키를 특색으로 하는 휴가가 붙어가는 적당한 정도의 신체 운동이 권장됩니다.

▶ 수비학
10일에 태어난 사람은 숫자 1(1+0=1)과 태양에 통치됩니다. 숫자 1에 통치되는 사람은 대체로 자신이 하는 것에서 첫째가 되는 것을 좋아합니다. 태양은 (황소자리의 통치자인 금성과 조합되어 추가된 끌어당김과 불기운 덕에) 뚜렷하게 인간적이고 긍정적인 삶을 지향하는 따뜻하고 잘 계발된 에고를 부여해주지만, 5월 10일에 태어난 이들은 어린 시절 욕구한 사랑과 주목을 끌지 못한다면, 이 수용력이 심각하게 망가질지도 모릅니다. 비록 숫자 1에 통치되는 사람은 야심적인 경향이 있을지라도, 이들에게 그 경향은 무대 뒤에서 작업하거나 대중의 주목을 받도록 자신을 유도할 시 구현될지도 모릅니다.

▶ 원형
열 번째 메이저 카드는 운명의 반전을 암시해 변화 외에는 영구적인 어떤 것도 현존하지 않음을 가르쳐주는 '운명의 수레바퀴'입니다. 수레바퀴는 인생의 부침, 승리와 패배, 성공과 실패를 예시합니다. 숫자 1과 10이 통치하는 이들은 기회를 붙잡는 것에 집중하는데, 바른 순간에 활동하는 것이 이들의 성공에 열쇠입니다. 그 열쇠에 동반된 뚜렷한 성공 및 '운명의 수레바퀴'에 결부된 실패는 바로 인생에서 어떤 성공도 어떤 실패도 영구적이지 않음을 가르쳐줍니다.

5월 11일
빈번한 비약의 날
The Frequent Flyer

▶ 심리구조

5월 11일에 태어난 이들은 세상을 보는 가장 특이한 방식을 갖고 있습니다. 이들이 공공장소에서 자신의 느낌을 말로 하거나 자신의 공상에 따라 활동하면, 과한 주목을 끌지도 모르므로, 이들은 자주 그 느낌이나 공상을 지속해서 비밀로 합니다. 하지만 이들 중 가장 극단적인 사람은 자신의 기이함을 심지어 뻔뻔하게 내세우기까지 할 것인데, 기실 이들이 말할 때 가족과 친구들은 숨을 죽이고, 이들이 말한 후 눈썹을 치켜올릴지도 모릅니다.

이들은 경미한 괴짜부터 딴 행성 출신으로 보이는 사람까지 망라합니다. 하지만 이들이 모두 공통적으로 갖고 있는 한 가지는 멋대로 나래를 펼칠 수 있는 풀린 공상이라는 이들의 재능입니다. 이들 중 가장 성공적인 사람은 자신의 꿈과 상상이 자신을 위해 실상적으로 작동하도록 만들어낼 수 있습니다. 실로 이들 중 일부는 특이한 생각으로 이득을 보는 실상적인 재능을 갖고 있지만, 그럼에도 이들은 자신이 성공하도록 도울 수 있는 힘있는 사람들과 신용을 유지해야만 합니다. 만약 이들이 자신의 청취자에 의해 믿게 될지도 모르는 발상, 즉 이해관계를 제시해주거나 유용한 것으로 알아차리게 될지도 모르는 발상을 제시할 정도로 객관적이라면, 이들은 환영받고 보상받을 수 있는 좋은 기회에 서게 됩니다. 반면에, 만약 이들은 허황된 책략과 실행되지 않는 프로젝트라는 항상적인 공세로 타인들을 압도한다면, 자신의 창조성에 자유로운 통치권을 주고 있지만, 자신의 청중을 잘못 판단하고 있을지도 모릅니다.

위험은 이런 이들의 친구들과 가족들이 이들을 '무해한' 범주에 넣고, 이들이 말하는 것에 미소짓지만, 좀처럼 이들을 진지하게 받아들이지 않을 것이라는 점입니다. 이런 생색내는 태도는 심지어 완전히 무시되는 것보다 이들에게 훨씬 더 깊은 상처를 입힐 수 있습니다. 만약 타인들이 이 양식으로 이들을 대한다면, 이들은 어울리려는 헛된 시도 속에 자신의 실상적인 천성을 억누르면서, 자기 자신에 대한 존중을 잃어버리기 시작하고 아니면 심지어 정상적인 것처럼 보이려인 필사적인 노력까지 시작할지도 모릅니다. 이들은 자신을 깊이 이해해서 비난하거나 판단하지 않고 이들로 하여금 자연스러워지도록 허용하는 특별한 사람을 중시합니다.

객관적인 관점에서 바라보면, 소설을 말할[쓸] 때 이들은 사건과 등장 배역을 확대하고 윤색하며 심지어 때로는 신화화하는 것도 맞습니다. 능숙한 청취자나 가까운 친구, 동료는 과장된 이야기를 알아보고 허구에서 사실을 분리할 수 있습니다. 하지만 더 잘 속는 사람은 그 이야기를 통째로 (낚시의 바늘, 줄, 봉돌까지) 그냥 삼켜버릴지도 모릅니다. 이들은 관심사의 문제에서 사실을 고수하는 데 유능하지만, 이들이 말하는 온갖 것을 문자 그대로 받아들이는 것은 대단한 실수일 것입니다.

삶을 조금 더 다채롭게 만들어내는 이들에게 관여하는 것은 대개 어떤 손해도 현존하지 않습니다. 속임수를 쓰지 않고 가장 자주 활동하고 있는 이들은 오히려 기만보다 자만의 죄를 더 범합니다. 그 모든 것 이면에 자기-신임이 조금 부족한 이들은 후원과 애정을 욕구하기 때문에, 자기 자신을 과대 광고하게 됩니다. 이런 광고야말로 이들이 [지어낸] 소설을 말하거나 터무니없게 행동함으로써 그런 아이 같은 방식으로 타인들의 주목을 탐구하는, 기저에 놓인 이유입니다. 운이 좋게도, 이들의 타고난 매혹은 이들이 처하게 되는 대다수 어려움을 이들로 하여금 통과하게 해줍니다.

▶ 일간 특성
강점; 상상적인, 창의적인, 재미를 사랑하는
약점; 비실상화된, 동떨어진, 고립된

▶ 명상
어떤 것을 중요한 것으로, 그 외의 것을 중요하지 않은 것으로 지명하는 것은 단지 가치 판단인 인간 에고의 산물일 뿐입니다.

▶ 조언
누가 당신에게 무엇을 하라고 말할 수 있겠는가? 신용을 얻기 위해 때때로 타인의 언어로 말하려고 노력하라.
당신의 모든 공상을 드러내지는 마라.
당신의 계획과 프로젝트 중에서 선택적이 되라.
가능하다면, 당신의 상상력에 대한 일부 척도를 지속해서 객관적으로 통제하라.

▶ 건강
자녀로서 이들의 강력한 상상력 때문에, 이들의 부모는 이들이 실제로 아픈지 아닌지를 아는 것, 그리고 사소한 상황과 비상 국면을 구별하는 것이 때때로 어려울지도 모릅니다. 물론, 그 요령은 부모가 자녀의 이야기 패턴과 심리를 이해하는 것입니다. 성인으로서 이들은 대개 자기 자신을 보살피는 데 훨씬 더 유능하고, 심지어 예외적으로 장수도 하는 경향이 있지만, 건강염려증적인 행동을 과시할지도 모릅니다. 이들은 자주 극단적인 절제식 선호를 갖고 있지만, 그럼에도 어떻게든 여전히 두드러지게 건강합니다.

▶ 수비학
11일에 태어난 사람은 숫자 2(1+1=2)와 11 그리고 달에 통치됩니다. 숫자 2에 통치되는 사람은 자신을 리더보다 좋은 협업자와 동반자로 자주 만들어내지만, 이들의 고도로 특이한 천성은 어쩌면 이들이 프리랜서 작업, 소기업 사장 혹은 고도로 독립적인 직업에 가장 적합해지도록 만들어낼 것입니다. 5월 11일의 상상적인 자질은 달의 영향력으로 더욱 향상되는데, 이것은 강하게 반사적이고 수동적인 경향도 또한 전달해줄지도 모릅니다. 물질에 대한 민감성이 붙어가는, 금성(황소자리의 통치자)에 의해 추가된 매혹을 이들에게 빌려줍니다. 11일에 태어난 이들은 쌍둥이, 동시성, 대칭성 등 다층적인 종류의 이중성에 자주 이해관계를 취합니다.

▶ 원형
11번째 메이저 카드는 한 손에 저울을 들고, 다른 손에 검을 들고 의자에 차분히 앉아 있는 여인인 '정의'입니다. 그녀는 우리에게 우주의 질서를 상기시켜주고, 우리가 자신의 행로를 계속하는 한 우리의 삶에 균형과 조화가 유지되리라는 점을 상기시켜줍니다. 이 카드의 긍정적인 측면은 통합, 공정, 정직, 단련이고, 부정적인 측면은 낮은 주도권, 비인격성, 혁신의 두려움, 불만입니다.

5월 12일
짓궂은 독불장군의 날
The Mischievous Maverick

▶ 심리구조

5월 12일에 태어난 이들은 악동 같은 꾀어내기를 갖고 있습니다. 이들의 짓궂음은 이들로 하여금 권위자와 곤란을 겪게 할 정도로 극단적이 아닐지도 모르지만, 이들은 자신의 눈을 반짝이며 하는 놀리기와 가벼운 장난으로 유명합니다. 이들 중 일부는 삶에 대한 접근법이 매우 진지하지만, 여전히 곤경에 (혹은 적어도 궁지에) 빠져버리는 버릇을 갖고 있는 것으로 보입니다. 기본적으로 이들은 도저히 다른 누군가처럼 상황에 응할 수 없습니다. 이들은 고도로 계발된 자신만의 스타일을 갖고 있고, 자주 타인들의 방식에 충돌하는 운영 태세를 갖고 있습니다.

이들은 오류를 밝혀내는 사람입니다. 이들은 의심스러운 주장을 논박하고, 파괴적인 효과로 아이러니를 심지어 비웃음까지 휘두르고 있을 때만큼 행복한 적이 절대 없습니다. 반면에 이들 자신이 모든 답을 갖고 있다고 주장하지 않고, 이들이 사실상 무엇을 믿는지를 확정하기가 실로 어려울지도 모릅니다. 이들은 통찰적이지만, 자신만의 철학과 원칙에 관해 토론하는 것에 다소 방어적이므로, 이들은 [확신이 없는] 이런 점을 [개선하기 위해 자신을] 돕기 위해 애써 힘든 길을 좀처럼 가지 않을 것입니다.

하지만 이들은 타인들의 문제에 대해 예외 없이 유용한 것으로 판명되는 새로운 접근법을 제안할 능력이 있습니다. 이들은 확립된 상황의 질서에 너무 자주 반대할 시 급진주의자나 반역자로 오인될지도 모릅니다. [하지만] 얼토당토아니한 이야기입니다. 가장 자주 이들은 전망에서 보수적이고, 확연히 논리적입니다. 이들은 또한 매정한 것으로, 아니면 적어도 냉정하고 침착한 것으로 보일지도 모릅니다. 사실 이런 냉담하고 비판적인 겉치레 대부분은 세상의 침입에 대항하여 세워진 장벽입니다.

이들은 자주 리더의 역할에서 발견됩니다. 이들은 사실상 남을 지배하려는 욕망을 거의 또는 전혀 갖고 있지 않기 때문에, 장점에 근거하여 상급자에 의해 가장 자주 지도자의 위치에 선택됩니다. 이들은 자신의 장래성뿐만 아니라 자신의 격렬한 추진력 및 투신 덕에 군중들 사이에서 두드러집니다. 이들은 윗사람뿐만 아니라 협업자에게도 또한 매우 동감적인 이미지를 발산합니다. 이들은 지기와 강한 찬양의 유대감을 형성하도록 촉진하는 일종의 자기-보증을 갖고 있고, 그러므로 이들은 집단의 대변인이 되어달라고 청해질지도 모릅니다. 호감이 가지만 가까워지기가 전혀 쉽지 않은 이들은 우리로 하여금 삶의 지나가는 코미디의 부조리함을 비웃게 만들어내면서, 냉담한 지위를 유지합니다.

매우 슬기로운 이들은 좀처럼 어리석거나 스스로 현혹되는 것처럼 보이지 않습니다. 이들은 공상 세계에 사는 사람이 절대 아니지만, 자신의 명쾌함을 통해 타인들로 하여금 경직된 철학뿐만 아니라 사회적인 관습도 또한 얼마나 시시할 수 있는지를 알아보게 합니다. 이들은 대체로 자기 자신을 가벼운 배역보다 진지한 배역으로 봅니다. 이들의 가시가 돋친 말을 내뱉는 것을 필요하게 만들어내는 것은 바로 타인들의 어리석음과 망상입니다. 이들은 자신을 좋은 친구로도 만들어내지만, 나쁜 적으로도 만들어낸다는 점은 특히 주목되어야 합니다.

▶ 일간 특성
강점; 명쾌한, 재능이 있는, 아이러니한
약점; 지나치게 비판적인, 방해하는

▶ 명상
순간이 무엇인가요? 공간과 시간을 우리가 관찰한 것과 공유할 때, 우리는 이 순간 오직 여기에만 있습니다.

▶ 조언
사람들로 하여금 그들 뜻대로 하도록 내버려 두라. 당신은 선교사의 역할에 편안합니까? 가끔 당신의 신랄한 혀를 상냥하게 하고, 외교를 키우도록 노력하라.
당신 자신뿐만 아니라 타인들도 사랑하는 것을 기억해내라.

▶ 건강
이들은 대개 모든 종류의 음식에 대해 잘-계발된 식욕을 갖고 있습니다. 다행히도, 이들은 에너지를 빨리 태우기 때문에 식욕이 비만으로 좀처럼 이어지지 않습니다. 하지만 이들은 자신의 신진대사뿐만 아니라 민감한 신경계도 어지럽힐 수 있는 폭식에 저항해야만 합니다. 자기에 대한 연구와 명상을 통해 내면 평정에 대한 느낌을 계발하는 것이 권장됩니다. 이들의 짓궂음은 원망을 완화시키고 악화와 부정성에 대한 창조적인 배출구를 열어줍니다. 물론 이들이 특이한 체육적인 능력을 보여주지 않는다면, 고도로 활달한 이들에게는 오직 적당한 운동만이 권장됩니다.

▶ 수비학
12일에 태어난 사람은 숫자 3(2+1=3) 및 확장적인 행성인 목성에 통치됩니다. 숫자 3에 통치되는 사람은 빈번히 자신의 특정 분야에서 최고 위치에 오릅니다. 이들은 독재적인 경향도 또한 있고, 이들 중 더 지배적인 인격은 이런 점을 주의해야 합니다. 하지만 목성과 금성(황소자리의 통치자)이 조합된 영향력은 이들에게 신사숙녀적이고 이상주의적인 분위기를 빌려줄 수 있습니다. 숫자 3에 통치되는 사람은 독립적이 되는 것을 좋아하고, 그래서 5월 12일에 태어난 이들은 더 대단한 자유를 위해 권위의 위치를 내어놓도록 부추기는 느낌이 들지도 모릅니다. 이들은 타인들을 유도하는 것에도 또한 다만 질릴 수 있습니다. 숫자 3의 목성적인 자질은 이들의 전망과 노력에 고도로 긍정적이고, 확장적이며, 낙관적인 태도를 이들에게 빌려줍니다.

▶ 원형
12번째 메이저 카드는 자신의 묶인 발로 거꾸로 매달려 있는 '매달린 사람'입니다. 비록 그런 처지가 무력해 보이지만, 그럼에도 '매달린 사람'은 영적으로 강력하고 깊이 심사숙고합니다. 이 카드의 긍정적인 속성은 단순히 인간이 되는 것뿐만 아니라 한계를 알아보고 극복하는 것이고, 부정적인 측면은 영적인 근시안과 한정성입니다.

5월 13일
자연스러운 호소의 날
Natural Appeal

▶ 심리구조

5월 13일에 태어난 이들은 자신의 직접적인 사회 동아리나 사회 전반에 대단한 대중적인 호소력을 자주 갖고 있습니다. 가능한 한 가장 자연스러운 태도로 겉보기에 쉽게 이들은 타인들이 도달하려고 고군분투해야만 하는 인정과 성공에 도달할 수 있습니다. 하지만 불운하게도 그런 솜씨는 자주 질책을 끌어당깁니다. 이들은 때때로 피상적이라는 비난이나 실상적인 깊이가 없는 사소한 성공을 성취한다는 비난을 받습니다.

이들은 타인들에게 두드러진 영향을 미칩니다. 그러므로 만일 이들이 단지 타인을 흥겹게 하는 데만 관심을 두더라도, 자신의 발상을 자신의 대의명분에 두지 않도록 조심해야만 합니다. 반면에, 이들이 어떤 진술을 깨우쳐주거나 선언하는 것을 바란다면, 이들은 여전히 부패 세력에서 벗어나 있어야만 합니다. 이들은 단지 발상을 가르치는 것보다 자주 자신의 신체적인 존재감 및 인체가 관련된 활동을 통해 자신의 메시지를 전달합니다.

이들은 자신의 재정 문제를 혼자 감당하는 것에 거의 능숙하지 않습니다. 따라서 이들은 가족 구성원이나 전문 회계사, 회계담당자의 지원을 요청해서 지침을 제공하고 상황을 지속해서 추적하는 것이 자신에게 도움이 될지도 모릅니다. 자주 삶에서 자기 자신과 자신의 역할에 얽매여 있는 이들은 그런 실용적인 관심사에 대한 경멸을 갖고 있습니다.

모든 종류의 이동과 여행은 이들에게 중요합니다. 우울증은 실상적인 인기나 상상된 인기가 떨어지는 시기에, 특별히 이들이 하나의 장소나 하나의 업무에 갇혀 있다고 느낄 때 자주 이들을 압도합니다.

이들의 작업은 한편으로 기예의 연구와 기법의 확장에 의해, 또 다른 한편으로는 의미나 결의, 격렬함의 심화에 의해 분명히 더 개선될 것입니다. 하지만 중점을 두는 점이 자연스러운 것, 독학하는 것, 표현할 시 쉬운 것에 놓이므로, 이들의 성격은 자주 그런 성장에 불리하게 작용합니다. 주어진 영역에 대한 이들의 진지한 연구는 '경솔한 호사가가 되는 것'과 '진지하게 수용되는 예술가나 사업가, 체육인, 작업자가 되는 것'의 사이에서 대개 차이를 만들어갑니다. 이런 사실을 받아들이고 그 사실에 따라 활동하는 것이, 이들 삶의 중심 도전입니다. 이들은 자신의 천성적인 재능과 타인들에게 인상을 주는 능력을 즐길 수 있거나, 아니면 자신의 사명을 깊게 하고, 자신의 행로를 넓히기 위한 중대한 결정을 만들어갈 수 있습니다. 이 시점에서 이들 중 더 진화된 사람은 자기-탐색적인 혹은 자기-파괴적이 되는 것보다 진정으로 책임지게 되면서, 자신 주위의 모든 것을 개선시키는 것에도 또한 자기 자신을 서약해야만 합니다.

자주 이들의 삶에서 일어나는 촉매나 전환점은 신체적인 혹은 영적인, 감정적인 퇴보 혹은 비극, 즉 일종의 위기나 심지어는 몰락이고, 그 이후 이들은 자신의 전망을 성장시키고 심화시킬 능력이 있을 것입니다. 만약 이런 사건이나 앞에서 논의된 깨달음이 발생하지 않는다면, 이들은 더 제한된 경험의 차원에 갇히게 될지도 모릅니다. 하지만 둘 중 어느 경우든 자연스러움과 장난기는 여전히 이들의 검증 표식입니다.

▶ 일간 특성
강점; 자연스러운, 놀이하는, 제한받지 않는
약점; 피상적인, 불규칙한, 우울한

▶ 명상
교사는 자기 자신을 가르치기 위해 학생들을 가르칩니다.

▶ 조언
결정은 당신의 것이다.
만약 당신이 더 어려운 행로를 선택한다면, 당신은 재능을 최대로 계발시키는 것에 동반하는 기쁨뿐만 아니라 책임도 또한 갖고 있게 될 것이다.
당신의 편안함을 비난하는 사람들에게 방해받지도 말고, 반면에 너무 여유롭게 자기 만족도 하지 마라.

▶ 건강
이들은 에너지의 자연 원천에 연결된 파이프라인을 갖고 있는 것으로 보이는데, 그러므로 위에서 언급된 파괴적인 영향력이 자신의 상태를 서서히 잠식하게 하지 않는다면, 대체로 건강함에 있는 자기 자신을 알아차리게 됩니다. 이들은 자신의 전망을 왜곡시키고, 자신의 본질적인 캐릭터에 상충하는 곳에 자신을 놓을지도 모르는 환각제나 우울증을 유발하는 약을 특히 피해야 합니다. 자연의 아름다움과 접속하면서 야외에 있는 것은 어쩌면 이들에게 가장 좋은 의술일 것입니다. 게다가 타인들과 시간을 공유하는 기쁨은 건강상의 이득도 또한 가져다줍니다. 이들은 자신의 식단에서 가벼운 채식 요리에 동의하여, (빵, 육류 등) 전통적인 토속적 황소자리 사람의 음식에 대해 피하는 것을 고려해야 합니다.

▶ 수비학
13일에 태어난 사람은 숫자 4(1+3=4)와 13 그리고 불규칙하면서도 폭발적인 천왕성에 통치됩니다. 숫자 4는 전형적으로 반란, 색다른 믿음, '규칙을 바꾸려는 욕망'을 대변합니다. 비록 많은 사람이 숫자 13을 불운하다고 여기지만, 오히려 숫자 13은 그 힘을 현명하게 사용하거나 자기-파괴를 자초한 것에 대한 책임감을 정말 운반해주는 강력한 숫자입니다. 5월 13일에 태어난 이들은 대개 사회 활동에 관여하므로, 자기 자신의 천왕성적인 부분을 지속해서 통제 아래 두는 법을 체득하고, 자신의 금성(황소자리)적인 본능으로 하여금 자신을 아름다움과 조화 쪽으로 이끌도록 해야만 합니다.

▶ 원형
13번째 메이저 카드는 타로에서 가장 오해받는 카드인 '죽음'인데, 죽음이라는 것은 문자 그대로 받아들여지는 경우가 좀처럼 없지만, 변태하는 식으로 한계를 넘어서 성장하기 위해 과거를 놓아버리는 것을 암시합니다. 이 카드와 숫자 4는 모두 이들이 만류, 환멸, 비관, 침울함에 대해 경계해야만 함을 제안합니다.

5월 14일
현대의 불감당자의 날
The Modern Irrepressibles

▶ 심리구조

5월 14일에 태어난 이들은 현재와 미래 모두의 기회를 빨리 알아봅니다. 전망이 극도로 현대적이고 최신식인 이들은 심지어 세상이 앞으로 100~200년을 보여줄 방법에 대한 안목조차도 갖고 있을지도 모릅니다. 하지만 이들은 현재에 당당하게 살고 작업합니다. 이들 중 일부는 과거에 대해 두드러진 무관심을 표출하고, 전통을 나쁜 습관의 더미로 대부분 간주합니다. 그래서 놀랄 것도 없이, 이들은 자신이 노력하는 부문에서 전통적인 방도를 단절하는 것에 관해 조금도 부끄러워하지 않습니다. 물론 이들 자신이 책을 쓰지 않았다면, 이들은 책에 쓰인 것보다 자신만의 계획에 대한 더 많은 신망을 갖고 있습니다.

이들은 대단히 신경질적인 에너지로 완벽함을 탐구하면서 자기 자신을 밀어붙이지만, 자신이 하는 것에서 모든 결함을 제거하려는 이들의 욕구는 조금 극단적일 수 있습니다. 사실, 이들의 성공을 가장 강하게 떠받치는 것은 바로 절제를 위한 이들의 수용력인데, 자기 자신의 진행속도를 조절할 수 없는 이들은 자기 자신을 지쳐버리게 하는 경향이 있고, 고도로 비판하는 이들의 초점은 가족, 친구, 협업자에게 중압감을 둡니다. 물론 적어도 실연해보이는 것이 관련된 곳에서 이들의 자녀는 부모를 기쁘게 하기가 어려울 수 있습니다.

비록 심하게-몰아대고 요구가 많지만, 이들의 감정적인 영향은 대개 저자세이며, 이들은 영적인 문제에 관련해 매우 사적일 수 있습니다. 이들은 전형적으로 번갈아 역동적이다가 묵상적이 됩니다. 그러므로 이들과 함께 살고 작업하는 사람이 언제 접근하고 기다릴지를 아는 것은 어려울지도 모릅니다. 만약 그런 사람이 이들을 잘못된 기분 속에 붙들어 놓는다면, 그들은 실로 미안해할지도 모릅니다. 이들은 자신을 오해하는 사람들에게 가장 참아내지 않습니다. 이들의 작업이 어떤 때는 미치도록 느리고, 다른 때는 번개처럼 빠르게 진행될지도 모르지만, 이들은 자신만의 리듬에 맞춰 수행되는 점을 강하게 선호합니다. 하지만 대체로 이들은 세부사항을 무시하고 급하게 해치우기를 바라지 않고, 조정된 진행속도를 지지합니다.

이들은 자주 자신의 시대에 선행하기 때문에, 자신의 경력이 시작될 시 오해를 받고 심지어 경멸까지 받을지도 모릅니다. 하지만 이들은 존중을 요구하고 빠르든 늦든 타인들은 이들의 작업에 대한 가치의 진가를 알아보기 시작합니다. 기본적으로, 사람들이 이들을 따라잡으려면 시간이 좀 걸립니다.

이들 중 급성 신체적인 무능이나 질병에 직면한 사람은 자주 그것을 정신적으로 경시해버리는 것으로 그것과 대결하면서 기가 꺾이기를 거부합니다. 사실, 이들의 행로에 놓인 대다수 장애는 무시되기 쉽습니다. 하지만 이들 중 더 고도로 진화된 사람은 자신이 존중하는 비평가에게 귀를 기울여 좋은 충고를 흡수할 것입니다. 이것은 몹시 소중한 것으로 판명되지만, 경청하기를 거부하는 사람은 세월이 흐르면서 정신적으로도 신체적으로도 소진될 위험에 직면합니다. 이들은 자신의 에너지도 무궁무진하지 않고 자신의 회복하는 수용력도 무한하지 않음을 배울 것입니다. 이들이 자신의 주위 사람들로 하여금 그들만의 시간 의식과 가치관에 기반을 둔다고 느끼도록 허용할 때, 이들이 결국 훨씬 더 성취할 수 있음을 깨닫는 것도 또한 중요합니다.

▶ 일간 특성
강점; 진보적인, 활달한, 완벽주의적인
약점; 지나치게 긴장하는, 신경질적인, 까다로운

▶ 명상
과거를 공부하고, 현재를 살며, 미래를 준비하라.

▶ 조언
절제가 당신이 성공할 열쇠임을 기억해내고 침착함을 키우라.
건설적으로 비판하는 목소리를 내지만, 당신의 선의지를 분명히 하라.
나무를 위해 숲을 놓치지 마라.

▶ 건강
이들은 자기가 유발한 모든 종류의 스트레스로 자주 고통받습니다. 차분한 설정 환경과 편안한 환경은 이들이 여전히 느긋해지고, 효과적으로 작업하게 된다는 점을 확실히 하도록 돕습니다. 모든 종류의 두통, 인후통, 갑상선 상태, 목과 등 상부의 아픔은 모두 이들에게 내면화된 스트레스의 구현일지도 모릅니다. 만약 이들이 정기적인 식단과 매일의 운동 루틴을 지속할 능력이 있다면, 이들은 건강의 몰락과 고갈을 피하게 될 것입니다. (곡물, 빵, 감자, 찌개로 조리된) 토속적인 황소자리 음식은 이들에게 뿌리내리게 하는 효과를 갖고 있습니다. 불면증이 문제가 되면 정신훈련이나 명상훈련에 동의하여 약을 피해야 합니다.

▶ 수비학
14일에 태어난 사람은 숫자 5(1+4=5) 및 수성에 통치됩니다. 숫자 5와 수성은 변화를 대변하고, 단조로운 행동에 대한 경멸 및 충동적인 활동이라는 성벽 양쪽 모두를 특징짓습니다. 수성과 금성(황소자리의 통치자)의 조합은 5월 14일에 태어난 이들에게 우아함, 재치, 이상주의를 빌려줍니다. 하지만 이들은 무모함을 경계하고 자발적인 부추김을 마스터해야 하지만, 동시에 그 부추김이 이들의 대의를 진전시킬 때 (갑작스러운 변화보다) 점진적인 변화에 개방적이어야만 합니다. 다행히 숫자 5는 삶의 역경에서 빨리 회복하는 회복이 빠른 캐릭터를 증정해줍니다.

▶ 원형
14번째 메이저 카드는 '극기'입니다. 보이는 모습은 우리를 보호해주고, 우리를 안정된 상태로 지속시켜주는 수호천사입니다. 이런 모습은 이들을 위한 모델의 역할을 할 수 있습니다. 그 카드는 에고적인 과도함의 모든 형식에 대해 충고합니다. 긍정적으로 보면, '극기'는 새로운 진실이 터득되어서 누군가의 삶에 편입되도록 하기 위해 격정을 수정합니다. '극기'가 수동성과 비효율이라는 부정적인 특성을 예시할지도 모르기 때문에, 이들은 유행에 저항하고, 가능하다면 자신만의 스타일, 기법, 사유체계를 확립하려고 노력하며, 확신을 갖고 그것을 고수해야 합니다.

5월 15일
꿈을 엮어내는 이의 날
The Dreamweavers

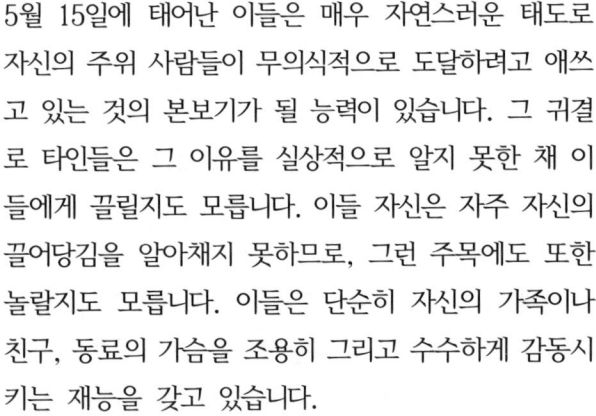

▶ 심리구조

5월 15일에 태어난 이들은 매우 자연스러운 태도로 자신의 주위 사람들이 무의식적으로 도달하려고 애쓰고 있는 것의 본보기가 될 능력이 있습니다. 그 귀결로 타인들은 그 이유를 실상적으로 알지 못한 채 이들에게 끌릴지도 모릅니다. 이들 자신은 자주 자신의 끌어당김을 알아채지 못하므로, 그런 주목에도 또한 놀랄지도 모릅니다. 이들은 단순히 자신의 가족이나 친구, 동료의 가슴을 조용히 그리고 수수하게 감동시키는 재능을 갖고 있습니다.

이들이 자기 자신에게 대단한 주목을 끌어당기지 못하는 한 가지 이유는, 얼핏 보기에 이들이 평범함과 거리가 멀리 떨어진 어떤 것을 하고 있는 것으로 보이지 않으면서, 외적인 겉모습은 이들로 하여금 특히 돋보이게 하지 않는다는 점입니다. 이들에게 관여하는 사람은 이들의 매혹이 당장에는 분명하지 않을지도 모르지만, 얼마간의 시간이 흐르고 나면 대체로 이들의 힘을 깨닫게 됩니다. 이들이 작업하는 질료는 일상에서 나오지만, 이들은 이런 평범한 질료를 일종의 창조적인 연금술의 과정을 통과시키고, 그 결과로 누군가의 내면 핵심에 접촉하는 융단을 엮어내는 주목할 만한 재능을 갖고 있습니다. 이들이 온갖 사람을 매우 깊게 감동시키는 것은 아닌데, 오직 이들의 파장에 맞춰져 있는 사람들만이 매우 강력한 영향을 받습니다.

이들은 자주 단독자입니다. 이들은 작업 후와 주말에 더 유별난 이해관계를 탐험하면서, 낮에는 평범한 직무에서 작업하는 데 유능합니다. 때때로 이들이 사적인 세계에 대한 몰두는, 자신의 동료 인간 존재에서 자신을 단절시켜 꽤 심각한 심령 문제를 유발할 수 있습니다. 이들은 항상 자기 자신을 표현하도록 격려받으면서, 어쩌면 처음에는 자신의 발상이나 프로젝트를 소수의 친우와 공유하고, 나중에는 더 대중적인 설정 환경에서 그것을 제시하기 위해 등장하도록 격려받아야 합니다.

물론 이들이 가장 사랑하는 것을 하는 데 자신의 시간 대부분을 들일 능력이 있게 되는 것이 궁극적인 목표입니다. 불운하게도 이들은 좀처럼 공격적이지 않으므로, 절대 등장하지 않기로 선택할지도 모르고, 이들이 갖고 있는 소수 찬양자는 결국 감정적으로 아니면 심지어 재정적으로까지 이들을 후원하게 될지도 모르고, 이것은 관련된 온갖 사람에게 실상적인 문제가 될 수 있습니다. 이들은 빠르든 늦든 홀로서기를 해야만, 즉 자신의 재능에 대한 책임을 떠맡아서 자신의 경력을 더 진전시키도록 탐구해야만 합니다. 그때야, 남을 기쁘게 하는 이들의 능력은 단지 개인적인 좌절감에 틀어막히게 되는 대신, 더 폭넓은 사회적인 맥락에서 작업하는 데 놓여질 수 있습니다.

일단 성공하면 다른 사람들을 정도에서 벗어나게 이끌지 않는 것이 가장 중요하므로, 대체로 자신만의 내면 규율을 확립하기 위한 매우 조용한 수년의 훈련이 필요하다고 이들은 느낍니다. 그러므로 이들은 타인들에게 그런 충격을 보유할 수 있는 발상과 태도를 형성하는 동안, 자신이 우선 자기 자신을 완전히 준비시키고 자신의 의무를 다할 때까지 권력의 위치를 탐구하는 것을 혐오할 것입니다.

▶ 일간 특성
강점; 상상적인, 자연스럽게, 자석 같은
약점; 좌절감을 품는, 고립된, 수동적인

▶ 명상
영적인 감각에서의 사랑은 더 높은 수준으로의 유혹을 의미할지도 모릅니다.

▶ 조언
당신이 준비하고, 준비가 완료되면, 단호히 목적을 추구하라.
당신이 책임감 있게 활동하고, 사회적인 의무를 따져보는 것은 맞지만, 당신의 대의를 증진시키는 데 더 적극적이 되라.
사랑과 깨우침 사이의 연결고리를 절대로 잊어버리지 마라.
타인들을 당신의 사적인 세계에 공유하고 허용하는 법을 체득하라.

▶ 건강
이들은 자신만의 꿈을 엮어내는 것의 먹이가 될지도 모릅니다. 이들은 자기 자신을 실상과 단절된 비실상적인 내면 세상에 고립시키는 것을 경계해야만 합니다. 그러므로 (운동, 달리기, 단체 스포츠라는) 신체적인 활동이든 (춤추기, 파티, 저녁 식사라는) 사교적인 활동이든 간에 이들에게 동료 인간 존재와 접속시키는 모든 활동은 건전하고 권장됩니다. 식단이 관련된 한, 이들은 자신의 전형적인 황소자리 음식에 대한 사랑을 가장 폭넓은 다층적인 요리의 즐거움으로 확장하도록 격려됩니다. 어쩌면 이런 다양한 음식에 대한 진가를 알아보는 것은, 친구나 지인을 만들어낼 기회를 베풀어줄 수 있습니다. 이 목적을 위해 요리를 배우는 것도 또한 도움됩니다. 이들은 특히 섹스와 사랑 중독에 대해, 즉 다른 사람들을 배제하고 한 사람에게 지나치게 집착하게 되는 것에 대해 경계해야 하는데, 다시 말하면 그런 행동은 이들의 고립주의적인 경향을 조장할 뿐입니다.

▶ 수비학
15일에 태어난 사람은 숫자 6(1+5=6) 및 금성에 통치됩니다. 숫자 6에 통치되는 사람은 카리스마적인 경향이 있고, 때로는 심지어 타인들에게 숭배할 마음마저 불어넣습니다. 언급된 것처럼 숫자 6이 금성에 결부되고, 황소자리도 또한 금성에 통치되므로, 5월 15일에 태어난 이들은 지나치게 금성적이고, 따라서 수동적일지도 모릅니다. 이들은 더 단정적이 되고, 자신의 화성 에너지를 실행에 옮기려고 노력해야만 합니다. 이런 식으로 이들의 화성(남성)적인 면과 금성(여성)적인 면은 균형을 이룰 것입니다.

▶ 원형
15번째 메이저 카드인 '악마'는 성적인 끌어들임, 불합리성, 격정이 관련된 곳에서 역동적으로 작용하는 두려움/욕망을 예시합니다. '악마'는 물질적인 편안함과 돈에 대한 우리의 필요성을 통해 우리를 노예로 삼고, 안전을 붙잡는 우리의 기반 천성을 대변하며, 우리의 남성적/여성적인 천성에 실존해서 화해되지 않는 차이를 통해 우리를 통제합니다. 이 카드의 긍정적인 면은 모두 성적인 끌어들임이고, 격정적인 욕망의 표현입니다. 그러나 그 카드는 비록 우리가 몸에 속박되어 있을지라도, 우리의 영(靈)은 자유롭게 날아오름을 우리에게 상기시켜줍니다.

5월 16일
엉뚱한 감식안의 날
Outrageous Flair

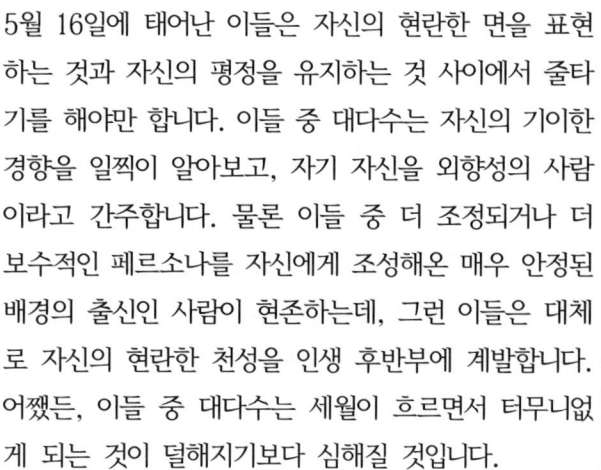

▶ 심리구조

5월 16일에 태어난 이들은 자신의 현란한 면을 표현하는 것과 자신의 평정을 유지하는 것 사이에서 줄타기를 해야만 합니다. 이들 중 대다수는 자신의 기이한 경향을 일찍이 알아보고, 자기 자신을 외향성의 사람이라고 간주합니다. 물론 이들 중 더 조정되거나 더 보수적인 페르소나를 자신에게 조성해온 매우 안정된 배경의 출신인 사람이 현존하는데, 그런 이들은 대체로 자신의 현란한 천성을 인생 후반부에 계발합니다. 어쨌든, 이들 중 대다수는 세월이 흐르면서 터무니없게 되는 것이 덜해지기보다 심해질 것입니다.

이들은 당연히 침착한 자기 평정의 인상을 줄지도 모르고, 실로 이들 중 다수가 부드럽게 말합니다. 하지만 오직 중요한 것은 이들의 이해관계를 자극해 이들이 실상 활기를 띠는 것입니다. 사실 이들의 격정이 특히 분노가 관련된 한, 이들은 어떤 순간에도 분출할 수 있도록 천천히 끓어오르는 주전자와 같습니다. 이런 급변하는 면을 보아온 사람들은 완전히 폭발한 이들의 기질이 귀엽지 않으므로 자주 이들을 아주 조심스럽게 대합니다.

만약 이들이 자신의 격동적인 감정을 창조적인 노력 쪽으로 승화시킬 수 있다면, 이들은 강력하고 고도로 상상적인 작품을 연출하게 될 것입니다. 만약 자기 자신을 마스터할 능력이 없다면, 이들은 단지 쓸데없는 감정의 표출로 자신의 에너지를 낭비하게 될 뿐입니다. 실로 이들은 자신이 자신만의 식물이나 동물을 길들이거나 훈련시킬 방식만큼 자신 천성의 원시적이고 표현적인 면도 훈련시켜야만 합니다.

만일 이들이 삶에 의해 반복해서 좌절된다면, 심리적인 문제가 이들에게 구현될 것입니다. 하지만 이들은 너무 강압적이어서 이들이 지닌 심혼의 고삐를 이들 자신이 틀어쥐지 않는 한, 누구도 심지어 훌륭한 정신과 의사조차도 실상적으로 이들을 도울 수 없습니다. 자기-파괴적인 충동과 우울증, 조증 발작이 모두 가능합니다. 폭풍우가 몰아치는 것을 보는 친구와 가족은 뒤로 물러서기를 권유받지만, 도우려고 근처에 남습니다. 어려울 때 그들의 후원이 필수적입니다. 반면에 이들에게 상황이 잘 풀릴 때, 그들은 이들의 주위에 있는 것이 기쁩니다. 자신의 친절과 애정을 제한할 사람이 전혀 없는 이들은 온갖 사람을 비춰주는 태양과 같습니다.

이들에게 색, 천, 재단이 중요하고, 이들이 옷을 입는 방식은 이들의 기분과 행동 양쪽에 암시를 주는 효과를 보유할 수 있습니다. 이들 중 대다수는 터무니없는 패션이 부적절해지지 않도록, 그 패션을 단지 제한된 정도까지 허용합니다. 하지만 이들의 검증 표식은 감식안이고, 그 감식안은 표현되어야 합니다. 이들의 화려함은 예술에 제한되지 않고 사업부터 스포츠까지 활동에서 구현될지도 모른다는 점은 주목되어야만 합니다. 만약 이들이 자신만의 스타일 및 진정한 개별적인 표현 형식을 계발할 수 있다면, 이들은 성공적이고 행복할 것입니다.

▶ 일간 특성
강점; 다채로운, 거리끼지 않는, 표현적인
약점; 알아채지 못하는, 불안정한, 급변하는

▶ 명상
일부 질병은 자초하는 것입니다.

▶ 조언
당신만의 독특한 자기 표현 형식을 찾아내고, 완전하게 의사소통을 하되 자기-통제력을 발휘하라.
당신의 활동 폭을 제한하는 것은 사실상 당신의 취급 범위를 넓혀줄지도 모른다, 그러므로 다음 프로젝트를 진행하기 전에 한 프로젝트를 완전하게 하도록 노력하라.

▶ 건강
이들은 자신이 어떻게든 동시에 감정적으로 표현도하고 균형도 잡을 수 있다면 이들의 건강을 유지할 것입니다. 비교적 첨가물과 해로운 화학물질이 없는, 양질의 단순하고 균형 잡힌 식단이 이들에게 도움될 것입니다. 지속해서 활동적이고 바쁜 것은 심각한 체중 문제의 가능성을 줄여주지만, 이들 중 우울증으로 고통을 겪는 사람들에게 과식은 나쁜 습관이 될지도 모릅니다. 안정된 가정생활과 안전한 가족관계는 좋은 정신적, 신체적인 건강의 열쇠입니다. 이들은 목의 모든 약점을 주의해야만 하는데, 그런 조건들은 더 강한 의술이 요구되지 않도록 동종요법과 약초의 물질로 기민하게 처치되어야 합니다.

▶ 수비학
16일에 태어난 사람은 숫자 7(1+6=7) 및 해왕성에 통치됩니다. 해왕성은 꿈, 공상 및 종교적인 느낌의 행성입니다. 금성(황소자리의 통치자)과 짝지어지면, 초 낭만적이고 인상에 좌우되는 자질이 더해집니다. 앞서 언급된 것처럼 5월 16일에 태어난 이들은 이미 다소 불안정한 경향을 갖고 있을지도 모르므로, 실상에서 동떨어지는 것에 대해 경계해야만 합니다. 숫자 7에 통치되는 사람은 때때로 돈이 관련된 소문에 경계심을 던져버리고, 자신의 가족을 재정적으로 난처한 채로 내버려둘 수 있습니다. 그러므로 좋은 회계사나 회계담당자는 이들에게 매우 귀중합니다.

▶ 원형
16번째 메이저 카드는 어떤 버전에선 왕이 벼락을 맞은 탑에서 떨어지는 것을 보여주고, 이 탑을 건설한 사람이 머리에 타격을 입고서 죽고 있는 것을 보여주는 '탑'입니다. '탑'은 물리적인 구조의 무상성뿐만 아니라 우리 삶에서 주어지는 관계나 소명의 무상성도 또한 상징합니다. 작업된 변화는 자주 갑작스럽고 신속할 수 있습니다. 그 카드의 긍정적인 요소는 재앙을 극복해 그 도전에 직면하는 것을 포함합니다. 하지만 '탑'은 부당하게 높은 자리에 오르는 것, 누군가 조작한 손길에 파괴될 위험을 무릅쓰는 것, 특히 이들에게는 적절한 공상적인 기획이라는 유혹에 굴복하는 것에 대해 경계합니다.

5월 17일
최종 결론의 날
The Bottom Line

▶ 심리구조

5월 17일에 태어난 이들은 삶에 대한 근본적인 접근법을 갖고 있고, 기본적인 것까지 파고들려는 욕망을 갖고 있습니다. 이들은 비록 예술적이거나 경제적인, 정치적인 심오한 진술일지라도 자주 꽤 단순한 것으로 만들어내는 데 필연적으로 관여합니다. 이들이 어떤 불필요한 복잡성을 다루기를 거부하거나 자신의 믿음을 굽혀버리기를 거부하는 것은, 삶에 대한 유별난 직선적인 접근법을 특징짓습니다.

자신의 수완 탓에 주목받지 못하는 이들은 바로 '받아들이거나 떠나라'고 자신이 생각하는 바를 대개 말해버립니다. 이런 태도는 후원을 얻어낼 뿐만 아니라 적대감도 또한 자극할 가능성이 있습니다. 비록 이들이 난해함을 피함으로써 문제를 줄이는 것으로 보일지라도, 다만 반대는 대개 일어납니다. 이들이 선호할지도 모르는 것이 단지 홀로 남겨지는 것일 때, 논란이 이들을 중심으로 자주 소용돌이칩니다. 이들은 조용하지 않지만, 자기 자신에 관해 많은 것을 나누지도 않고, 자신의 속내를 대개 털어놓지도 않습니다. 이들로 하여금 감정적으로 마음을 열도록 하는 것이 어려울지도 모르지만, 누군가를 신뢰한다면, 이들은 자신이 느끼는 것에 관해 꽤 정직해질 것입니다. 이런 신뢰 문제는 이들에게 중대하고, 그러므로 이들의 신뢰 문제는 쉽게 얻어지지 않습니다. 어쩌면 이들은 타인들의 선의에 덜 방어적이고 더 받아들일 수 있을 것입니다.

하지만 이들은 누구에게도 도움을 요청하지 않기를 선호하는 것을 매우 자랑으로 여기는 경향이 있고, 대개 대다수 국면에서 혼자 힘으로 하는 단독 활동가입니다. 그러나 이들은 광고하지 않을지도 모르지만, 특히 가족과 친구의 감정적인 후원이라는 애정에 대한 깊은 욕구를 갖고 있습니다. 신체적으로 만만찮거나 심지어 험상궂은 존재감까지 주는 냉정한 갑옷 뒤에는, 고양이처럼 부드러울 수 있거나 우리를 깨뜨려 벗어나고 싶어서 좀이 쑤시는 갇힌 호랑이만큼 야생적일 수 있는 감정적인 면이 현존합니다. 이들은 급변하는 감정을 가장 파괴적인 태도로 방출하는 효과를 보유할 수 있는 환각제나 마음확장제의 사용을 특히 피해야 합니다.

이들은 자신이 하는 것에 대한 열정이 대단할 정도로 열광적인 것처럼 보일지도 모릅니다. 이들의 집중력, 즉 대단한 것을 책임지고 연출하는 이들의 능력은 주목할만하지만, 이들의 건강과 지속력은 장기적으로 이들을 자주 실망시킵니다. 이들 중 더 고도로 진화된 사람은 자신의 에너지를 꾸준하고 덜 고도로 충전된 태도로 전달하는 법을 체득하며, 자기 자신에게 행복해지고 만족하는 법을 체득할 것입니다.

때때로 삶에서 자신의 운명에 좌절감을 품는 이들은 생존하기 위해 해야 하는 것에 깊이 불만족하며, 삶에 대한 원망으로 가득하게 됩니다. 이들은 자신의 국면을 받아들여서 심지어 그 국면을 기쁘게까지 껴안는 법을 체득해야만 하고, 아니면 자신의 전망이나 업무를 바꿔서 다른 방향으로 이동하는 법을 체득해야만 합니다. 하지만 일단 이들이 한 코스에 착수하면, 그것이 쓰든 달든 간에 대개 목적지까지 해내기 때문에, 이들은 이동하는 대안을 채택할 가능성이 적습니다. 단순히 행복해지는 법을 체득하는 것은 아마도 이들에게 가장 대단한 단일한 도전입니다.

▶ 일간 특성
강점; 투신하는, 책임감 있는, 격렬한
약점; 지나치게 긴장하는, 거칠어지는, 비난하는

▶ 명상
일어나는 것에 대한 상호연관성을 감지하는 것은 상황의 생명을 간파하는 것입니다.

▶ 조언
긴장을 풀라, 인생을 너무 진지하게 받아들이지 말고 당신 자신을 비웃는 법을 체득하라.
당신의 환경을 통제하려고 시도할 시, 당신은 부정성을 유발할지도 모르니 잇달아 오는 것을 받아들이도록 노력하라.
당신 자신에게 휴식을 허용하고, 만족감과 행복을 적극적으로 탐구하라.

▶ 건강
이들은 자주 자기 자신을 대단한 중압감 아래에 둡니다. 그 귀결로 신체적인 부담은 목과 등의 통증을 연출할 수 있습니다. 이들은 완전한 느긋함을 위한 휴식기간 일정을 잡아야 합니다. 전통적인 마사지, 약초 목욕, 지압을 활용하는 것이 도움될 수 있습니다. 하지만 이들이 자기 자신에게 두는 과중한 요구에 어떤 '쉼'이 현존한다는 점이 가장 중요합니다. 이들은 또한 목소리에 중압감이 생기기 쉬우므로 목구멍의 건조함이나 염증을 경계해야 합니다.

▶ 수비학
17일에 태어난 사람은 숫자 8(1+7=8) 및 토성에 통치됩니다. 토성은 5월 17일에 태어난 이들이 자기 자신과 타인들을 비판할 시 위에서 언급된 불필요하게 가혹한 성향을 격렬하게 하는 매우 비판적인 측면을 갖고 있습니다. 토성과 금성(황소자리의 통치자)의 조합은 사회적으로 관련된 모든 유형의 어려운 관계와 문제 쪽으로 이들을 만들어갈 수 있습니다. 숫자 8은 물질적인 세계와 영적인 세계 사이의 갈등도 또한 유지합니다.

▶ 원형
17번째 메이저 카드는 별 아래 벌거벗은 아름다운 소녀가 한 항아리로 메마른 대지에 신선한 물을 쏟아붓고, 다른 항아리로 연못의 고인 물을 되살리는 모습을 보여주는 '별'입니다. 그녀는 세속적인 삶의 영광을 대변하지만, 그 삶에 대한 물질적인 노예화도 또한 대변합니다. 그녀 머리 위의 별들은 영적인 세계가 있음을 영원히 상기시켜줍니다. 그래서 이들은 과도한 신체적인 중심주의를 주의해야 하고, 더 높은 목표에 대한 시각을 절대 잃어버리지 말아야 합니다.

5월 18일
확립된 활동주의의 날
Established Activism

▶ 심리구조

5월 18일에 태어난 이들은 전통과 자율주의의 흥미로운 혼합입니다. 이들은 혁명적인 취향으로 주도하고 뒤흔드는 자로 묘사될 수 있지만, 이들의 일차적인 충동은 사회를 뒤엎는 것보다 사회를 개선하는 것입니다. 이들 중 다수는 자신이 사회에서 알아차리는 불의와 불공정에 대해 어디서든 목소리를 내는 시위자입니다. 그러나 정치적이든 아니든 간에 이들은 자신의 작업이나 취미, 예술을 철저히 전문적이고 직선적인 양식으로 대하고, 대개 낭만적이고 감정적인 접근법보다 분명하고 고전적인 접근법을 선호합니다.

이들은 아무리 상상적일지라도, 고도로 실용적입니다. 이들은 너무 많은 소동이나 고민이 없이 상황을 완료하는 것을 좋아합니다. 하지만 이들은 자신이 무지나 편견을 맞닥뜨릴 때 지속해서 침묵할 수 없거나 침묵하지 않으려고 하므로, 이들의 거침없이 말하는 천성은 이들을 곤란에 빠뜨릴지도 모릅니다. 불합리성을 경멸하는 이들은 이슈에 대해 명료하고 논리적인 접근을 제시합니다. 자신의 가족 내에서 이들은 이성의 목소리가 되는 경향이 있습니다. 그러나 부모로서 이들은 자녀에게 가장 최선인 것이 무엇인지 항상 안다고 하면서 현명하지 못한 활동에 대해 너무 가혹하게 비판하는 일종의 합리주의적인 압제를 행사하는 것을 주의해야만 합니다.

이들의 위험은 이들이 대의명분에 휩쓸리게 되고, 그럴 시 자신이 비판하는 사람만큼 비합리적이 되어버리는 것입니다. 이들은 이런 자신의 경향을 알아채지 못할 수 있고, 그 경향을 지적받을 때 자신이 수용하기가 어렵고, 여전히 변화하기가 더 힘겨움을 알아차릴 것입니다. 자신의 견해에 관해 열광하게 될 시 이들은 자신만이 만들어낸 감정의 함정에 빠져버립니다.

이들은 삶이 제안하려고 지닌 것을 탐사하고 시험하며 맛보는 삶의 많은 양상에 홀리게 됩니다. 이들의 인격이 느껴지는 말투에는 특정 전체성이 현존하는데, 당신이 이들을 만날 때 당신은 마치 총체적인 사람을 만난 것처럼 느낍니다. 이것은 어쩌면 이들이 세상에 맞서기 전에 대개 자신만의 집을 정리하기 때문입니다. 만약 이들이 젊을 때 혼란스럽거나 자기 자신에 대해 확신이 없다면, 인생 후반기에 이들 자신의 마음을 가다듬는 것이 이들의 주요 임무일지도 모릅니다. 이들은 삶을 고군분투로, 어쩌면 내면의 고군분투로 당연히 규정할지도 모르는데, 갈등은 항상 이들이 극복할 장애물을 찾고 있는 것처럼 이들에게 삶의 한 방식이 될 수 있습니다. 따라서 이들은 휴식을 찾아내는 것이 어려울지도 모릅니다.

'빈틈없는' 사람인 것처럼 보이는 한, 이들은 자신만의 욕망에 다소 동떨어져 있을지도 모릅니다. 사회적인 책임과 가족적인 책임에 바쁘므로, 자주 개인의 정당한 욕구를 억제하는 이들은 불행을 초대하게 됩니다. 이들은 쓰림에 관한 어슴푸레한 첫 기미가 밀려오고 있음을 알아채지 못할 수 있습니다. 친구와 가족은 이런 점에서 거울의 역할을 할지도 모르고, 필요하다면 이들로 하여금 좌절감을 표현하도록 격려해야 합니다.

▶ 일간 특성
강점; 헌신적인, 이상적인, 책임감 있는
약점; 수용하지 않는, 자기를 부정하는, 내몰리는

▶ 명상
"그리고 이것 역시 지나갈 것입니다."

▶ 조언
휴식시간을 갖고 당신 자신을 더 잘 알게 되라.
재충전을 위해 주기적으로 세상에서 물러나라.
당신의 내면 목소리에 유의하는 법을 체득하라, 즉 내몰리는 것보다 내면의 목소리에 인도받으라.
당신이 타인들의 발상을 견뎌낼 수 없더라도, 타인들에 대한 관용과 수용을 키워라.

▶ 건강
앞에서 언급된 화성-금성 에너지의 균형을 잡는 것은 이들에게 매우 중요합니다. 욕망의 억압에 대해 경계하는 것은 그 방정식의 일부입니다. 이들은 성적인 분야에서 대다수 사람의 관심보다 더 대단한 주목을 자주 요구하지만, 그런 요구는 다른 관능적인 형식의 표현 혹은 애정과 부드러움을 나누기를 통해 충분히 충족될 수 있습니다. 개인적인 욕구에 대한 부인에 동반할 수 있는 기질과 쓰림의 폭발은, 모든 종류의 신경질적인 불균형과 근육 불균형 및 최악의 경우 뇌졸중, 고혈압 및 다른 심혈관 질환을 포함한 한 무리의 신체 증상으로 구현될 수 있습니다. 부분적이거나 완전한 채식 식단은 그런 위험을 줄이는 데 도울 수 있습니다. 이들은 또한 자신의 일정에 자주 휴식기간을 프로그램해야 합니다. 정기적인 수면 패턴은 똑같이 중요하고, 밤에 불면증을 유발하지 않는다면 낮잠도 도움됩니다.

▶ 수비학
18일에 태어난 사람은 숫자 9(1+8=9) 및 화성에 통치됩니다. 숫자 9는 (이를테면 5+9=14, 4+1=5처럼 9를 더한 어떤 숫자도 그 숫자가 되고, 9×5=45, 4+5=9처럼 9를 곱한 어떤 숫자도 9가 되므로) 다른 숫자에 대한 영향이 강력하고, 5월 18일에 태어난 이들도 비슷하게 자신의 주위 사람들에게 강한 영향을 발휘할 능력이 있습니다. 하지만 그런 강력한 화성 에너지는 더 평온한 금성의 기질에 상충할 수 있습니다. 금성과 화성의 조합은 고도로 자석 같은 성적인 지향을 연출해내고, 만약 그 지향이 좌절된다면, 이들에게 위험을 제시할지도 모릅니다.

▶ 원형
18번째 메이저 카드는 꿈, 감정 및 무의식의 세계를 일차적으로 대변하는 '달(月)'입니다. 긍정적인 속성은 민감성, 공감 및 감정적인 이해심을 포함합니다. 부정적인 성질은 감정적인 우유부단함, 수동성 및 에고의 부족을 포함합니다.

5월 19일
진심어린 설득의 날
Heartfelt Persuasion

▶ 심리구조

5월 19일에 태어난 이들은 넉넉한 에너지를 틀림없이 갖고 있지만, 그 에너지를 지속해서 통제 아래 두고 잘 유도하는 방법을 체득해야 합니다. 이것은 이들 중 다수에게 대단한 리더십의 잠재력을 갖고 있기 때문에 실로 중대합니다. 비록 이들은 자주 신체적으로도 감정적으로도 시험받는 시간을 겪어갈지라도, 자신의 목적이 집중될 때에야 성공적으로 등장하게 됩니다. 이들의 에너지는 날씨처럼 꽤 요소적일 수 있고, 어쩌면 사회생활이나 가족생활에서 구조를 구축하는 것이 포함된 장기적인 프로젝트에 활용하기 위한 가장 좋은 선택권입니다.

대개 독학인 이들은 자신의 작업에 대한 자연스러운 접근법을 중시합니다. 하지만 이들은 직감을 희생시켜서 논리적인 또 추리하는 재능을 남용할 때 곤란에 처하게 됩니다. 이들이 너무 먼 상황에 관해 생각할 때, 이들은 결국 자신의 본래 의도에서 꽤 멀어지게 될지도 모르는데, 이 직감은 이들에게 가장 고귀한 자기 가슴이 재촉하는 것이기 때문입니다. 실로 이들의 가슴은 이들에게 코스를 지속하게 해주는 배의 나침반과 같아서, 이들은 자신의 가슴이 방향을 잡아주리라고 기대해야 합니다.

이들 중 남녀 모두에게 동성의 (대개 연장자인) 강력한 인물이 자주 이들의 삶에서 중심 사람이 됩니다. 만약 이들이 [인격] 형성기에 그런 사람을 맞닥뜨린다면, 그 사람은 세상 물정을 알게 해주는 일종의 교사나 촉발자가 될지도 모릅니다. 이들은 책이나 예술 작품에서 영감을 찾아낼 수 있지만, 이들에게서 이해관계를 취하는 혈육의 인물을 만나기 전까지는, 자신의 재능을 가장 잘 활용할 수 있는 방법이나 사회에서 자신의 자리를 가장 잘 맡을 수 있는 방법에 대해 혼란스러울 수 있습니다.

그리고 이들의 타고난 재능은 무엇인가요? 첫째 무엇보다도 전달해주는 이들의 재능, 둘째 카리스마의 깊이, 셋째 적합한 활동 코스가 무엇인지를 언제든지 친구, 가족구성원, 동료에게 확신시키는 능력입니다. 이들 중 고도로 진화된 사람에게 웅변은 강력한 도구이고, 이들 중 덜 진화된 사람에게 웅변은 그저 입담이나 피상적인 것으로 구현될지도 모릅니다. 이들의 매혹과 설득적인 재능은 극도로 영감을 주는 사람 쪽으로 이들을 만들어가고, 아니면 최악의 경우 일종의 예술적인 사기꾼 쪽으로 이들을 만들어갈 수 있습니다.

이들이 운용하기 위해 잘 조정된 사회 구조뿐만 아니라 자신의 삶에서 영적인 훈련의 어떤 형식을 따르려는 분명한 욕구가 현존합니다. 때로는 (대개 사회적인 의미에서) 자신만의 물질적인 안전을 위해 아니면 타인들의 물질적인 안전을 위해 지나치게 관련되는 이들은, 물질만능주의라는 거미줄에 휘말릴 수 있습니다. 이들에게 가장 어려운 것은 (어쩌면 이들만이 만들어낸) 뒤얽힘을 피하고, 여전히 자유롭게 움직이는 것입니다. 고착된 서약과 자유로우려는 욕망 사이의 이런 갈등은 이들의 삶에서 중심적인 고군분투일 수 있습니다. 이들은 책임감 있는 위치의 경계선 속에서 자기 자신을 위한 자유를 창조하는 방법을 체득해야만 하고, 그렇지 않으면 대단한 좌절감에 직면하게 될 것입니다.

▶ 일간 특성
강점; 요소적인[질박한], 활달한, 공정한
약점; 제어하는, 지장을 주는, 좌절감을 품는

▶ 명상
인간의 때[기회]가 현존하고, 신의 시간[제공]이 현존합니다.

▶ 조언
때로는 타인들을 자신만의 뜻대로 하도록 내버려두고, 너무 통제하지 마라.
당신에게 가장 좋은 것을 따르고, 당신 자신이 자유로워지도록 허용하라.
당신이 열 받는다고 느낄 때, 당신 자신 및 당신을 고민하게 하고 있는 것 사이에 어느 정도 거리를 두고 과잉반응을 하지 않도록 노력하라.
당신의 삶에서 적어도 한 번은 당신의 집착을 놓아버리라.

▶ 건강
이들은 자신이나 타인들에게 상처를 입히는 자신의 파괴적인 에너지를 경계해야만 합니다. 자주 이들은 일찍이 심각한 신체적인 곤경을 맞닥뜨리고, 오직 캐릭터의 강인함을 통해서만 그것을 극복할 수 있습니다. 불운하게도, 이들은 사고를 당하기 쉽고, 그러므로 스포츠와 격렬한 신체적인 활동에 참여할 때, 또 물론 운전하거나 여행할 때, 경계심을 발휘해야 합니다. 이들의 고도로 활달한 천성이 신체 운동을 요구하는 탓에 그 운동은 이들의 건강에 매우 중대합니다. 이런 욕구를 등한시하는 것은 대다수 스트레스에 관련된 모든 종류의 불편함으로 이어질 수 있습니다. 이들은 자신을 표현하는 것이 매우 중요하지만, 외부적인 잘못을 바로잡는 것을 의미하든 내부적인 잘못을 바로잡는 것을 의미하든 간에 분노에 대해 건설적으로 작업하는 것도 또한 매우 중요합니다. 만약 자신의 삶에서 조화를 탐구한다면, 이들은 열악한 식단의 파괴적인 효과를 알아봐야 합니다.

▶ 수비학
19일에 태어난 사람은 숫자 1(1+9=10, 1+0=1) 및 태양에 통치됩니다. 에너지가 중첩되는 첫날인 5월 19일에 태어난 이들이 숫자 1에 통치되고 강한 태양의 영향력을 갖고 있는 것은, 이들이 가족과 개인적인 관계에 처참한 효과를 보유할 수 있는 강력한 에너지를 잘못된 방향으로 쏟지 말아야만 함을 의미합니다. 숫자 1에 통치되어 첫째가 되는 것을 좋아하는 사람은 야심적이고, 구속을 싫어하는 경향이 있습니다. 5월 이때쯤 쌍둥이자리의 수성적인 영향력이 느껴지기 시작하고, 따라서 이들은 정신력에 너무 의존해서, 변덕스럽고 감정적으로 불안정한 것을 주의해야 합니다. 내부적으로 또 외부적으로 자기 자신을 조용히 하는 방법을 체득하는 것이 이들에게 중요합니다.

▶ 원형
19번째 메이저 카드는 '태양'입니다. 그 태양은 모든 메이저 카드 중 가장 호의적인 카드로 여겨질 수 있고, 지식, 생명력, 행운을 상징합니다. 하지만 이 카드는 자만심, 허영심, 거짓된 겉모습이라는 부정적인 특성을 제안합니다.

5월 20일
다산하는 표현의 날
Prolific Expression

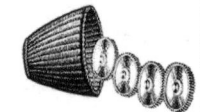

▶ 심리구조

5월 20일에 태어난 이들은 자신이 하고 싶은 것이 무엇이든 그것을 하기를 많이 좋아합니다. 이들은 자신이 안에서 얻었던 것을 실상 간직할 수 없는 사람이고, 그냥 밖으로 내놔야 합니다! 게다가 이들은 외부와 단절된 상태에서 자기 자신을 표현하는 것에 만족하지 않고, 자신의 엄청난 에너지를 가져와서 자신 주위의 모든 것에 적용해야만 합니다. 자신의 환경을 검토하고 탐사하는 이들은 발상으로 하여금 자신의 예리하게 분석하는 마음에 대해 혹독한 검토를 받게 합니다. 표현을 간절히 바라는 매우 강한 신체적인 면도 또한 없다면, 어쩌면 이들은 자신의 머릿속에 들어막혀 있게 될 것입니다.

이들은 지루하지 않기 위해 즐거움을 탐구해야만 하는 것처럼 보입니다. 이 점이 때때로 즐겁게 해주는 역할을 맡아야 한다고 느끼는 자신의 주위 사람들에게 중압감을 놓을 수 있습니다. 이들은 매우 외적으로 유도되므로, 자기 자신을 알기 위해 시간을 들이고 고생하는 것을 하지 않을지도 모릅니다. 하지만 이런 노력은 이들의 영적인 진화와 감정적인 진화 모두에 필수적입니다. 이들 중 일부는 실로 삶의 표면을 따라 대충 훑어보면서 어느 곳에도 깊은 뿌리를 전혀 내리지 않으므로, 피상적이라고 비난받는 자기 자신을 알아차릴지도 모릅니다. 그러나 이들 중 그 외 사람에게 이 피상적이라는 인식은 이들의 진심이나 심오함에 의문이 제기되는 '이들의 너무 광범위한 이해관계'나 '이들의 너무 높은 산출량'과 더 관련이 있습니다.

이들 중 다수는 세상을 돌아다니든 그냥 집을 나와서 어딘가로 가든 간에 여행에 중독되어 있습니다. 하지만 이들의 진행속도가 너무 열광적이 되면, 불가피하게 부분적인 혹은 완전한 몰락이 뒤따르게 됩니다. 실로 이들의 에너지 중 많은 부분이 신경질로 구현되고, 비록 이들이 때를 거듭해서 성공적으로 연출하는 데 유능하지만, 이들은 주기적인 에너지의 폭발로 자기 자신을 표현하기가 더 쉽습니다.

이들은 열의적이지만, 고도로 비판적인 경향도 또한 있습니다. 이런 정신적인 전망은 빠른 사고방식으로 구현되지만, 끝없는 걱정으로도 또한 구현되고, 특히 모든 종류의 두려움에 영향을 받기 쉽습니다. 실로 이들 중 다수는 [동력인] 모터 같은 마음을 갖고 있고, 자주 같은 방식으로 작동하는 입에 연결됩니다. 이들이 터득해야만 하는 두 가지 영적인 공부는 첫째로 마음을 고요하게 해서 비워내는 것이고, 둘째로 뒤로 물러나 좀 떨어져서 자기 자신을 관찰하는 것입니다. 만약 이들이 이런 명상적이고 객관적인 공부를 마스터할 수 있다면, 이들은 자기 진화의 행로에 따라 진행할 것입니다. 만약 그렇지 않으면 이들은 실현되지 않은 꿈과 완전히 망가진 책략의 끝없는 정신적인 혼란의 수렁에 빠져들게 될 것입니다.

이들의 주요 특징 중 하나는 이들이 경고받는 속도로 한 프로젝트에서 다른 프로젝트로 뛰어든다는 점입니다. 이들은 빨리 배우지만, 숙련된 높은 고원에 도달한 후 자주 신선한 새로운 도전으로 옮겨갑니다. '다채로운 경험은 인생을 즐겁게 한다.'는 당연히 이들의 신조일지도 모릅니다. 하지만 이들 중 가장 성공적인 사람은 능력이나 재능의 다층성을 발휘할 수 있는 하나의 단련으로 자기 자신을 자주 제한합니다. 이들은 어떤 것을 설정했다면 그것을 고수하고 또한 관리하는 것, 즉 한 마디로 유지관리하는 것이 필요하다는 점을 체득합니다.

▶ 일간 특성
강점; 흥미진진한, 혁신적인, 표현적인
약점; 말이 너무 많은, 단련되지 않은, 충족되지 않는

▶ 명상
인간의 성적인 경기장에서, 역할은 빠르게 뒤바뀔 수 있습니다.

▶ 조언
살아있는 당신 자신을 관찰하라.
명상하라.
당신의 중심을 찾아내고, 그 중심에 여전히 접촉하라.
[동력인] 모터를 꺼버리라.
가능할 때는 언제든지 당면한 임무에만 당신 자신을 제한하고, 당신의 작업대에 있는 것을 끝내라.

▶ 건강
이들의 건강에 관한 지점은 안정이 표어입니다. 춤추기, 정기적인 섹스, 아이갖기 또는 신체 운동은 이들의 몸에 자신을 뿌리내리는 역할을 할지도 모릅니다. 게다가, 가족에 대한 책임, 즉 부양자의 역할은 이들의 삶에 안정을 장려하고 구조를 빌려줍니다. 약물(신경안정제, 수면제)의 사용은 의사가 권고할 때 일시적으로 도움될지도 모르지만, 신경질이나 불면증에 대한 장기적인 해결책이 되어서는 안 됩니다. 물론, 모든 종류의 환각제는 극도의 경계심으로 살펴보아야 합니다. 식단이 관련된 한, 이들이 음식을 이동 중에 먹거나, 포장해 온 음식을 집에서 먹는다면, 이들은 자신의 식단에 부족한 비타민과 미네랄을 공급하기 위해 음식 보충제를 먹어야 할지도 모릅니다. 매일 적정량의 비타민 C를 섭취하는 것이 권장됩니다.

▶ 수비학
20일에 태어난 사람은 숫자 2(2+0=2) 및 달에 통치됩니다. 숫자 2의 사람은 신사숙녀적이고 상상적인 경향이 있으며, 타인들이 비판하거나 주목하지 않는 것에 쉽게 상처받습니다. 이들은 달에 통치되기 때문에, 지나치게 인상에 좌우되고 감정적일지도 모르는데, 이들의 정신적인 과정은 이들의 느낌에 너무 자주 채색됩니다. 5월 20일에 태어난 이들은 (쌍둥이자리의 통치자인 수성의 영향력 때문에) 프로젝트와 발상을 바꾸는 성벽을 갖고 있으므로, 신경질과 감정적인 불안정을 경계해야만 합니다.

▶ 원형
20번째 메이저 카드는 물질적인 고려사항을 뒤로하고, 더 높은 영성을 탐구하도록 사람들을 부추기는 '심판이나 일깨움'을 보여줍니다. 나팔 부는 천사를 그려내는 그 카드는 책무라는 새로운 날이 밝아지고 있음을 암시합니다. 이것은 우리로 하여금 우리의 에고 너머로 이동시켜주고, 무한을 엿보게 해주는 카드입니다. 위험은 그 나팔소리가 단지 우쭐댐과 도취를, 즉 가장 저급한 본능이 관련된 것을 즐길 시의 균형 상실과 방종을 미리 알려줄 뿐이라는 점입니다. 게다가 이들을 위한 도전은 새로 발견된 흥분에 휩쓸리지 않고, 중심을 잡고 안정되도록 유지하는 데 있습니다.

5월 21일
실패하지 않는 비전의 날
Unfailing Vision

▶ 심리구조

5월 21일에 태어난 이들은 원대한 비전뿐만 아니라 어떤 일이 있어도 꿋꿋이 버텨낼 끈기도 또한 갖고 있습니다. 일단 이들이 고군분투에 몰두하면, 얼마나 대단한 어려움이 수반되더라도, 될 때까지 그 고군분투 속에 있게 됩니다. 사실 이들이 도전을 사랑하므로, 그래서 이들이 맞닥뜨리는 장애물은 오히려 단지 이들에게 박차를 가해줄 뿐입니다. 이런 점에서 이들은 쉽게 포기하거나, 이해관계를 잃거나 아니면 들뜸 탓에 단순히 옮겨가는 다수 '아이디어 맨'과 다릅니다. 이들은 자신의 발상을 이행해서 구체적인 실상에 구현하기를 원합니다. 이들은 삶의 촉감적인, 심미적인, 물리적인 요소에 대한 실상적인 느낌을 갖고 있습니다. 가장 자주 이들의 발상과 비전은 물리적인 문제의 탈바꿈을 포함합니다.

이들에게 예시되는 강한 사회적인 관여도 또한 현존합니다. 이들은 상아탑의 몽상가가 되는 곳이 아니라 자신이 믿는 옳은 것을 위해 사회와 함께 전투하거나 사회에 맞서 전투하면서 그런 관여가 가장 치열한 곳에 있어야만 합니다. 가장 자주 이들의 사회운동은 이들만의 소질에 속하지만, 이들은 타인의 대의에도 또한 사심 없이 자기 자신을 줄 수 있습니다. 받는 것이 아니라 주는 것이야말로 실로 이들의 강점입니다. 이들은 사실 타인의 선물이나 도움을 받아들이는 데 꽤 많은 어려움을 갖고 있을지도 모릅니다. 이 점에서 이들의 삶은 엄밀히 자신의 작업이 중심인 어떤 '원맨쇼'입니다. 이들은 관리자나 홍보 담당자를 욕구하는 사람이 아니고, 그 직무를 처음부터 끝까지 해내기를 좋아합니다.

이들의 목적을 달성하기 위한 돈은 어떻게든 자주 막판에 도착합니다. 이들이 자신의 노력에 따른 성공적인 결말에 대한 이들의 신임이 너무 대단해서, 필요한 주목과 후원 수단은 욕구될 때에야 구현되는 것으로 보입니다. 하지만 이들은 성공을 성취하지 못하고 수년간 고군분투할 수 있고, 심지어는 비웃음이나 경멸조차도 받을 수 있지만, 이것이 이들의 목표를 단념시키지 못합니다.

지배적인 인격인 이들은 타인들이 자신의 지시를 받을 때 가장 행복합니다. 이들 중 덜 강력한 사람은 놀라운 발상과 재능을 갖고 있으나 그것을 표명할 방법을 절대 찾아내지 못하면서, 평생 침묵 속에서 고통을 겪을지도 모르는데, 때때로 이들은 다만 자신의 동반자나 형제자매, 자녀의 뒷자리에 안주합니다. 이들 중 그런 사람은 불가피하게 엄청난 원망과 자기 연민을 쌓아갑니다. 이들이 정말 욕구하는 것은 활동할 용기고, 이들 중 더 고도로 진화된 사람처럼 맞상대도 자신의 임무에 필시 성공할 것입니다. 이들 중 덜 자신하는 사람이 가진 문제 중 일부는, 자신의 진정한 재능이 어디에 놓여 있는지를 알아보는 것에 있습니다.

가장 좋게도 5월 21일은 업적과 성공이라는 대단한 선물을 수여하는 날입니다. 하지만 이들은 오만과 에고주의를, 아니면 순교자나 고통받는 성인을 연기하는 에고적인 유혹에 굴복하는 것을 주의해야만 합니다. 이들은 자신이 보이는 것만큼 실상 사심없이 베푼다는 점을 확인하기 위해 자신의 개인적인 동기를 주기적으로 검토하려고 욕구할지도 모릅니다. 이들은 주고받는 것도 또한 같은 동전의 양면이고, 타인의 도움을 받아들이는 것도 또한 사람이 되는 부분임을 배워야만 합니다. 에고 문제와 모든 자만심의 형식, 특히 높은 곳에서 일종의 생색내기로 베푸는 것은 경계되어야만 합니다.

▶ 일간 특성
강점; 의연한, 용기있는, 성공적인
약점; 에고적인, 반론에 비수용적인, 스트레스받는

▶ 명상
우리는 많이 보고, 적게 관찰하며, 더 적게 인식합니다.

▶ 조언
지속해서 당신 자신을 예의주시하며 당신의 동기를 검토하라.
타인의 도움을 받아들이는 법, 이따금 취약해지는 법을 체득하라.
대단한 프로젝트뿐만 아니라 작은 임무도 처리하라.
여전히 예의바르고 친절하라.
휴식이 중요하다.

▶ 건강
이들에게 있는 대단한 건강상의 위험은 소진입니다. 자신의 투신이 너무 대단하고, 자신의 에너지가 외견상 무궁무진하기 때문에, 이들은 자신의 몸에 회복할 수 없는 중압감을 주고, 그 피해를 너무 늦게 알아보게 될지도 모릅니다. 이들은 자주 자기 자신을 위해 아니면 타인을 위해 신체적인 한계를 인정하기를 거부합니다. 그 귀결로 만약 이들이 50대 이상 생존하기를 바란다면, 이들은 자기 몸의 경고 또는 가족이나 친구, 의사의 소견에 유의하는 법을 체득해야만 합니다. 두드러지게 격렬한 이들은 자주 자신의 신경계에 과도한 스트레스를 주는데, 다행히도 이것은 자신의 신체 유기체 중 가장 강력하고 회복력 있는 부분 중 하나일지도 모릅니다. 이들은 지대한 에너지를 소비하기 때문에, 정기적으로 예정된 식사는 필수조건입니다. 또한, 밤에 불면증을 유발하지 않는다면, 짧은 오후 낮잠은 놀라운 일을 할 수 있습니다.

▶ 수비학
21일에 태어난 사람은 숫자 3(2+1=3) 그리고 확장적인 행성인 목성에 통치됩니다. 숫자 3에 통치되는 사람은 자주 야심적이고 심지어는 내몰립니다. 그러므로 5월 21일에 태어난 이들은 너무 공격적인 것을 주의해야만 하고, 목성의 낙관적인 영향력을 통해 이들의 돈을 너무 쉽게 다루고, 이것은 일확천금의 책략 탓에 빚이나, 대출, 손실로 귀결되고, 심지어 '만만한 호구'까지 되는 것으로 귀결될 수 있습니다. 목성과 수성(쌍둥이자리의 통치자)이 조합된 영향력은 발상에 관한 한 이들이 자신의 주장을 고수하면서, 자신으로 하여금 자신의 의견을 그만두게 하기가 힘겹게 만든다는 점을 예시해줍니다.

▶ 원형
21번째 메이저 카드는 에너지를 주는 봉을 손에 들고 달리는 여신을 그려내는 '세계'로 불립니다. 세상이라는 고개를 넘어가서, 그 진실을 표출하는 그녀는 무한한 힘을 갖고 있습니다. 이 카드는 세속적인 수준에서 도달할 수 있는 모든 것을 상징합니다. 비록 보상과 통합이 보증될지라도, 전통적으로 그 카드는 산만함과 자기연민이라는 부정적인 특성뿐만 아니라 기념비적인 장애 및 운명의 퇴보도 또한 예시할 수 있습니다.

5월 22일
연속적인 서사의 날
The Serial Epic

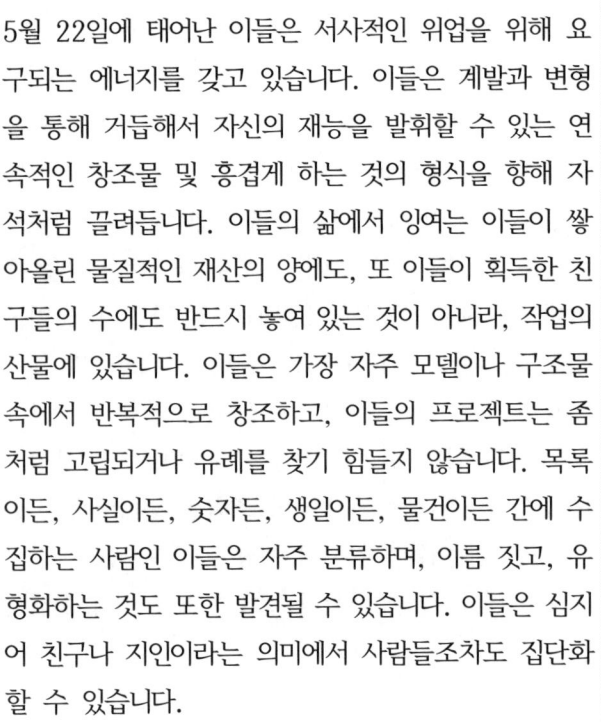

▶ 심리구조

5월 22일에 태어난 이들은 서사적인 위업을 위해 요구되는 에너지를 갖고 있습니다. 이들은 계발과 변형을 통해 거듭해서 자신의 재능을 발휘할 수 있는 연속적인 창조물 및 흥겹게 하는 것의 형식을 향해 자석처럼 끌려듭니다. 이들의 삶에서 잉여는 이들이 쌓아올린 물질적인 재산의 양에도, 또 이들이 획득한 친구들의 수에도 반드시 놓여 있는 것이 아니라, 작업의 산물에 있습니다. 이들은 가장 자주 모델이나 구조물 속에서 반복적으로 창조하고, 이들의 프로젝트는 좀처럼 고립되거나 유례를 찾기 힘들지 않습니다. 목록이든, 사실이든, 숫자든, 생일이든, 물건이든 간에 수집하는 사람인 이들은 자주 분류하며, 이름 짓고, 유형화하는 것도 또한 발견될 수 있습니다. 이들은 심지어 친구나 지인이라는 의미에서 사람들조차도 집단화할 수 있습니다.

만약 이들이 자녀를 창조하는 데 자신의 에너지를 쏟는다면, 이들은 남자나 여자 가장의 역할 속에서 성장하고 자신 가족의 번영과 계발을 지켜보는 것에 대단한 기쁨을 경험할 것입니다. 만약 이들이 자녀를 가질 수 없거나 갖고 있지 않기로 선택한다면, 이들은 대부모, 삼촌, 이모, 사촌 등으로 자신의 역할을 즐기면서 기꺼이 대가족에 가담할지도 모릅니다. 어쨌든 가족생활의 따뜻함과 구조는 이들에게 필수적입니다.

이들은 자신의 활동에서 강박관념에 대해 경계하고, 자신을 넘어서는 프로젝트를 떠맡는 것을 경계해야만 합니다. 이들을 끌어들이는 것이 자주 터무니없이 커다란 임무일 정도로 특징적인 과대망상이 이들에게 동반하고, 그 귀결로 이들은 신처럼 그리고 개미처럼 번갈아 느끼면서, 그 임무에 동반된 권력 콤플렉스로 고통받을지도 모릅니다. 실로 그런 과대망상 이면에는 숨겨진 열등감이 자주 놓여 있습니다.

이들은 길고 생생한 기억을 갖고 있지만, 때로는 아픔에서 자기 자신을 격려하려고 과거의 사건들을 재배치하거나 색칠하려고 욕구합니다. 이들은 자신에게 향해진 경시와 잘못도 또한 정리해두는 경향이 있고, 따라서 영속하는 적의를 창조합니다. 이들은 용서하는 법뿐만 아니라 단순히 잊어버리는 법도 또한 체득하는 것이 중요합니다.

이들의 감정은 꽤 불안정할 수 있습니다. 이들은 언제든 자신이 하고 있는 것에 너무 열중해서, 자신의 집중력이 방해받으면 유치한 태도로 폭발할 수 있습니다. 이들이 사람으로 계발되고자 한다면 자신의 히스테리적인 경향을 장악해야 하고 진정시켜야만 합니다. 이들 중 더 고도로 진화된 사람은 대체로 30세까지 그런 '공격'을 극복합니다.

이들은 바로 '그 프로젝트'를 찾아내면, 그것을 붙들고 놓아주지 않지만, 그때까지는 자신의 다양하고 변화무쌍한 이해관계를 자유롭게 추구해야만 합니다. 이들에 가까운 사람들은 이들의 열의를 이해해야만 하고, 이들의 주목이 다른 사물이나 사람, 연구분야로 전환할 때 변덕스럽거나 틀렸다고 비난하지 말아야 합니다. 그러므로 이들에 가까운 사람은 지속해서 일정 거리를 두고 기대에 휩싸이지 말아야 합니다. 이들은 대체로 빨리 회복도 하고 적응도 하기에, 만약 프로젝트가 실패한다면, 타인들이 여전히 실망감의 수렁에 빠져있을지도 모르는 동안, 이들은 이미 한 페이지를 넘겼고, 다음 형국으로 옮겨갔습니다.

▶ 일간 특성
강점; 끈덕진, 활달한, 생산적인
약점; 강박적인, 집요한, 비실상화된

▶ 명상
인간은 동물 중에 홀로 소음을 사랑합니다.

▶ 조언
감정적인 자기-통제에 공들이라.
유지관리의 가치를 배우고, 세부사항을 간과하지 마라.
당신의 동반자에 대한 요구를 줄이고, 당신만의 결함을 검토하라.
너무 많은 것을 떠맡지 말고, 당신이 시작한 것을 끝내라.

▶ 건강
이들은 자주 자신의 손이 바쁘기 때문에, 이들은 손을, 특히 손목과 손가락 관절을 특히 보살펴야만 합니다. 또한, 이들의 팔과 어깨의 활달한 사용은 경련, 긴장 및 목의 통증으로 이어질 수 있습니다. 뜨거운 목욕, 마사지, 사우나가 여기에 유용합니다. 강박신경성 경향은 이들로 하여금 너무 힘겹고 너무 급하게 몰아대도록 이끌지도 모르고, 이것은 이들의 신경계를 고갈시킵니다. 그 귀결로 머리와 목의 통증은 진통제나 근육 완화제로 치료될 수 있지만, 어쩌면 명상, 자화제품 또는 지압 마사지로 더 개선될 수 있습니다. 이들은 자신이 필요로 하는 주기적인 휴식(낮잠이 뛰어남)을 자기 자신에게 허용해야만 합니다. 이들의 식단은 과일과 채소의 넓은 다층성을 포함하면서, 포괄적이도록 유지되는 것이 최선입니다.

▶ 수비학
22일에 태어난 사람은 숫자 4(2+2=4)와 22 그리고 불규칙하면서도 폭발적인 천왕성에 통치됩니다. 5월 22일에 태어난 이들을 위해 천왕성은 쌍둥이자리의 통치자인 수성이 추가한 신경질적이고 정신적인 에너지를 받는데, 이것은 성급한 결정 및 마음의 급격한 변화를 재촉할 수 있습니다. 숫자 4에 통치되는 사람은 고도로 개별적입니다. 이들이 매우 자주 대단한 보증을 갖고 소수자의 관점을 취하기 때문에, 적대감을 자극할 수 있는 이들은 자신을 적으로 만들어낼 수 있습니다. 숫자 22는 쌍수이므로, 22일에 태어난 사람은 쌍둥이, 동시성, 대칭성을 포함해 다층적인 이중성에 홀리게 될지도 모릅니다.

▶ 원형
22번째 메이저 카드는 몇몇 버전에서는 절벽의 가장자리를 부주의하게 걸어가는 모습을 보여주는 '바보'입니다. 일부 해석은 이성을 포기한 어리석은 사람으로 그이를 묘사하고, 다른 해석은 물질적인 고려사항에서 벗어난 고도로 영적인 존재로 묘사합니다. 긍정적인 의미는 저항을 단념해서 본능을 자유롭게 따르는 것을 포함하고, 부정적인 측면은 어리석은 활동, 충동성, 소멸입니다. 고도로 진화한 '바보'는 삶의 행로를 따라갔고, 그 교훈을 체험했으며, 자신만의 비전과 하나가 되었습니다.

5월 23일
활달한 전달의 날
Energetic Transmission

▶ 심리구조

5월 23일에 태어난 이들은 자신의 에너지, 감정, 발상을 타인들에게 전달하는 것에 관한 한 고도로 유능합니다. 비록 이들의 태도가 가볍거나 전기적일 수 있지만, 이들의 성적인 호소력은 뚜렷하게 세속적입니다. 이들이 대개 긍정적이나 두드러지게 유혹하는 방식으로 주목을 요구하는 어떤 것을 내뿜으므로, 이들을 무시하기가 어렵습니다.

이들은 자신의 자녀에게 긍정적인 영향력을 전달하는 데 자신 삶의 대부분이 관여될지도 모릅니다. 대개 이들은 자신을 뛰어난 부모로 만들어냅니다. 이들은 자녀의 교육에 관해 관련될 뿐만 아니라, 자녀를 양육하는 일상적인 모든 임무를 감당하는 데 요구되는 에너지를 갖고 있습니다. 생물학적인 문제가 이들에게 중요하지만, 특히 이들 중 여성들에게 중요합니다.

좀처럼 스타의 지위를 탐구하지 않는 이들은 집단의 노력에 기꺼이 가담합니다. 이들의 뚜렷한 정신적인 전망이 자신의 관능성과 잘 균형을 이루고 있어서, 이들은 몸도 마음도 지향합니다. 놀이하기 쉬운 이들은 대개 체스나 카드, 다른 게임들뿐만 아니라 스포츠와 춤도 또한 즐깁니다. 이들 중 다수는 실상의 과학적인 능력이라는 복을 받고, 정말 이상하게도 심지어 연구의 주제조차도 일종의 전달(이를테면 생물학적인 특성이나 전기적인 전류)일지도 모릅니다.

비록 이들이 번거로움을 피하지만, 이들은 항상 문제를 기꺼이 해결할 의향이 있습니다. 하지만 이들의 외부적인 지향이 자신의 에너지를 가족이나 친구, 작업 쪽으로 유도하므로, 자신만의 어려움은 무시될지도 모릅니다. 만약 이들이 감정적인 또는 신체적인 문제를 너무 오랫동안 등한시한다면, 이들은 어느 날 불쾌한 놀라움을 당하게 될지도 모릅니다. 위험이 사랑받는 사람이나 프로젝트를 위협할 때 자신이 즉각 반응하듯이, 이들은 자신만의 욕구가 관련된 곳에도 미루지 않도록 욕구하고, 개인적인 이슈에도 즉각 반응해야 합니다.

예술이나 음악이 포함된 창조적인 활동은, 낮 동안에 과학적인 작업이나 기법적인 작업에 종사하는 이들을 위한 취미로서 마음을 느긋하게 해줄지도 모릅니다. 손재주가 있는 이들은 자신의 여가 시간에 간단한 장난감부터 옷, 카누까지 온갖 것을 만들어내기를 즐길지도 모릅니다. 이들은 자신의 지평이 확장되고 있고 바뀌고 있을 때 가장 행복하고, 그렇지 않으면 갇히고 포위되는 느낌이 들기 시작합니다. 이들은 혼자 너무 많은 시간을 보내지 않는 것도 또한 가장 좋습니다. 이들은 강한 사회적인 욕구를 갖고 있습니다. 비록 이들이 단독 프로젝트에 공들이고 있을지라도, 유사한 작업에 종사하는 타인들을 중심으로 작업하는 것이 더 좋습니다. 정규 직무의 사회적인 측면은 이들에게 극도로 보람되게 해줄 것입니다.

상황을 순조롭게 진행시키려는 이들의 욕망은 지나치게 자기를 희생시키고, 그 귀결로 좌절감을 품도록 이들을 이끌지도 모르는데, 이들은 타인들의 요구에 더 자주 'NO'라고 말하는 법을 체득하고, 자신만의 원함과 욕구에 관해 공개해서 말하는 법도 또한 체득해야만 합니다. 거절에 대한 두려움이 남을 기쁘게 하려는 이런 욕망의 뿌리이지만, 이들은 자신이 얻는 일시적인 승인에 치르는 댓가야말로 개별성에 대한 자신의 감각을 매우 무디게 할 수 있음을 깨달아야 합니다. 이것은 이들 중 남녀 모두에게 똑같이 해당합니다.

▶ 일간 특성
강점; 매력적인, 설득적인, 정신적으로 활동적인
약점; 성급한, 자기 희생적인, 자기를 못 알아채는

▶ 명상
지문과 눈송이가 유일하게 독특한 것은 아닙니다.

▶ 조언
조금 더 당신 자신[의 욕구와 감정]을 보살펴라.
당신의 충동[폭력]적인 천성을 지속해서 통제하도록 노력하라, 이따금 당신의 진지한 면을 보라.
너무 열렬히 남을 기쁘게 하려고 하지 마라.

▶ 건강
비록 자신의 작업이 정신적인 천성에 속할지라도, 이들의 열의와 충동적인 표현은 여기에 이들을 (스포츠, 빠른 운전, 다층적인 고위험 활동 등의) 해로운 길에 놓을지도 모릅니다. 가능하다면, 이들은 그런 에너지를 더 안전한 길로 전환해야 합니다. 이들은 자신이 등한시하는 경향이 있는 자신 몸의 유지관리에 주의를 기울여야만 합니다. 여기서 균형 잡힌 식단이 도움 될 것이고, 어쩌면 허브, 특별한 음식, 그리고 비타민과 미네랄을 보충하는 예방 의술도 도움 될 것입니다. 이들은 특히 자신의 손을 위험한 상황에 처하게 하는 것에 관해 주의해야 합니다. 만약 이들이 사무실에 고용된다면, 이들은 사교적인 행사를 조직하거나 (점심 먹기, 산책, 커피 마시기 등) 단순히 동료 협력자들과의 사교적인 교제를 위한 기회의 유익함으로 활용하면서 어쩌면 자신의 작업을 더 유쾌하게 만들어갈 수 있을 것입니다.

▶ 수비학
23일에 태어난 사람은 숫자 5(2+3=5)와 23 그리고 수성에 통치됩니다. 수성이 생각과 변화의 빠름을 대변하므로, (그리고 수성도 또한 쌍둥이자리를 통치하기 때문에) 5월 23일에 태어난 이들은 지나치게 충동적이 되고, 자신의 마음과 물리적인 주위환경을 모두 대단히 정기적으로 바꿀 가능성이 있을지도 모릅니다. 이들은 자신의 자연스러움을 강화해줄 자발성을 표출하지만, 자신이 큰 실수를 만들어낼 때, 타인을 산만해지도록 몰아댈 수 있습니다. 반면에 숫자 5에 통치되는 사람이 삶에서 고통을 겪는 역경은 전통적으로 이들에 대해 영속하는 효과를 거의 갖고 있지 않고, 이들은 빨리 회복됩니다. 숫자 23은 모든 종류의 출현과 해프닝에 결부되고, 이들은 활동을 좋아합니다.

▶ 원형
다섯 번째 메이저 카드는 인간의 이해심과 신념을 상징하는 신성한 신비에 관한 해석자인 '사제'입니다. 그의 지식은 난해하고, 그는 보이지 않는 만사만물에 대한 권위를 갖고 있습니다. 이 카드가 수여하는 호의적인 특성은 자기-보증성, 의심의 부재, 적합한 해석이고, 비호의적인 특성은 설교하기, 호언장담, 독단주의를 포함합니다. 따라서 이들은 자신의 태도가 너무 거만해지는 것을 조심해야 합니다.

5월 24일
확대렌즈의 날
The Magnifier

▶ 심라구조

5월 24일에 태어난 이들은 천하의 온갖 이슈에 대해 의견을 갖고 있는 것으로 보입니다. 하지만 이들의 주된 관심사는 사회에 있고, 사회를 향한 이들의 지향은 약간 비판적인 것부터 거침없이 말하는 것이나 혹은 심지어 혁명적인 것까지 망라할 수 있습니다. 대개 빠른 마음과 신랄한 말투에 마음이 팔리는 이들은 자신이 어떤 주제에 대해 취하는 입장을 타인들로 하여금 매우 오랫동안 좀처럼 모르게 하지 않습니다. 하지만 문제는 몇 년마다(혹은 심지어 몇 주마다) 이들의 관점이 전환될지도 모르고, 그러므로 자신의 주위 사람들은 놀라 입을 벌린 채 서서 당황하게 될지도 모른다는 점입니다.

비록 이들이 사회에 관해 할 말을 많이 갖고 있고, 또 세상의 주목을 끌게 될지도 모르지만, 대개 이들은 꽤 쌓아둡니다. 실로 이들은 자신의 사생활에 대한 침해를 원망할 수 있습니다. 기본적으로 이들은 자신이 바라는 [메커니즘인] 때, 장소, 방법을 말하려고 자신이 갖고 있는 것을 오직 말하고 싶을 뿐입니다. 이들의 거침없이 말하는 태도 덕에 이들은 접근하기 쉽고 마음을 연다는 인상을 주지만, 그렇지 않을지도 모릅니다.

이들 중 일부에게 소통은 쌍방향 대화가 아니라, 말하려고 이들이 갖고 있는 것에 귀 기울이는 '세상의 문제'입니다. 이들의 친구와 가족은 공표를 듣는 것에, 극단의 경우 무자비하고 빈정대는 비판에 직면하는 것에 점차 익숙해질지도 모릅니다.

이들은 가장 자주 특권 계급보다 무산 계급의 편을 듭니다. 천성적으로 전투원인 이들은 싸움에서 약자에게 동질감을 느낍니다. 불운하게도, 이들은 객관성을 잃어버리고, 결국 자신이 후원할 가치가 없는 정치적인 독립체나 파벌과 제휴하게 될지도 모릅니다.

이들은 자신의 언어 사용에 극도로 수월하고, 감정을 자신에게 유리하게 돌리는 데도 또한 고도로 능숙합니다. 이들은 예리한 태도, 즉 매력적인 철학적 태도를 갖고 있습니다. 이들은 대개 폭넓은 이슈가 관련되는 매우 광범위한 발상의 세계에 거주합니다. 하지만 필요할 때, 이들은 당면한 긴급 문제에 골똘히 집중할 수 있습니다. 매일매일 기준으로 자기 자신이나 타인을 돌보는 데 전공자가 아닌 이들은, 대개 자신만의 세계에 너무 휩싸여 있어서 대개 쓰레기를 버리거나 빨래하는 것 같은 평범한 허드렛일로 고민하지 않습니다. 이들 중 다수가 자신을 돌보기 위해 후원 시스템에 의존하는데, 그렇지 않으면 어쩌면 이들은 매우 방치하는 방식에 빠져들 것입니다.

비록 이들의 영향력이 때로는 불화를 일으키는 부정적인 것으로 보일지도 모르지만, 이들은 지금까지 타인들 속에 억압되었던 것(아마 분노, 원망 심지어 폭력조차도)을 명백히 드러내는 고도로 중요한 기능에 봉사합니다. 안개가 걷힌 후 그 국면은 모든 관련자에게 (불쾌한 뭔가가 일어났더라도) 아마도 개선되거나, 아니면 적어도 명료해집니다. 이들은 독재적이고 위압적인 인격이 되지 않도록 해야만 하고, 자신의 태도를 지속해서 밝게 해야 합니다. 건강한 유머감각을 키우는 것은 이것에 대단한 역할을 합니다.

▶ 일간 특성
강점; 표현적인, 예리한, 사회적으로 관여하는
약점; 자기 중심적인, 신랄한, 마음이 닫힌

▶ 명상
다수 사람에게 침실은 전투하는 곳입니다.

▶ 조언
당신의 광적인 진행속도와 요구로 타인들이 지치지 않도록 늦춰라.
당신의 혀를 통제하고 덜 비판적이 되는 법을 체득하라.
당신의 친구들과 당신의 믿음에 더 충실하라.
하늘에서 받은 공표로 만들어내는 것을 피하라.

▶ 건강
이들은 자기 자신이 사회적인 의무를 너무 많이 하려고 노력하지 않도록 조심해야만 합니다. 이들은 자신의 신경계가 고도로 민감하므로, 쉽게 과도한 스트레스를 받습니다. 이들은 바로 은거에서 자신이 기능하는 것에 매우 필요한 휴식을 얻으므로, 은거지를 찾아내려고 후퇴를 탐구하는 이들의 부추김은 대체로 건강한 부추김입니다. 이들의 빠르고 항상적인 움직임 탓에, 이들은 팔, 손, 어깨의 사고를 주의해야 합니다. 이들은 흡연도 또한 피해야 합니다. 비록 이들의 수면 패턴이 불규칙할지도 모르지만, 최소한 며칠마다 온밤 내내 휴식하는 것은 자신의 건강을 위해 필수적입니다. 요리는 이들을 위한 뛰어난 활동이고, 고도로 다양하고 심지어 이국적인 식단까지 권장됩니다.

▶ 수비학
24일에 태어난 사람은 숫자 6(2+4=6) 및 금성에 통치됩니다. 숫자 6에 통치되는 사람이 사랑과 찬양을 끌어들일 시 자석 같고, 또 금성이 사회적인 상호작용에 강하게 연계되므로, 이들은 다른 인간 존재들과 함께 불가피하게 작업할 것입니다. 사랑은 자주 숫자 6에 통치되는 사람의 삶에서 지배적인 테마이지만, 5월 24일에 태어난 이들의 경우 이들은 어쩌면 영속하는 사랑을 받지만, 좀처럼 그런 사랑을 주지 않습니다. 이런 측면에서 이들은 (쌍둥이자리가 수성에 통치되어) 매우 변덕스럽고, 속박하기 힘들 수 있습니다.

▶ 원형
여섯 번째 메이저 카드는 남성성과 여성성이라는 양극성의 통합을 통해 인간성의 모든 것을 하나로 묶는 사랑을 상징하는 '연인'입니다. 이 카드가 좋은 면에서는 높은 도덕적인, 미적인, 신체적인 차원의 애정과 욕망을 예시하고, 나쁜 면에서는 충족되지 않은 욕망, 감상성, 우유부단함을 예시합니다.

5월 25일
담대한 이의 날
The Bold One

▶ 심리구조

5월 25일에 태어난 이들은 얼마나 세련되든 간에 투사입니다. 이들은 대의나 발상, 자신의 나라, 자신의 가족을 보호하는 데 헌신적일지도 모릅니다. 하지만 세상을 향한 자신의 태도가 여전히 최신인 이들은 절대로 구식적이거나 보수적인 믿음을 지닌 것은 아닙니다. 이들은 돈, 옷 및 인생의 모든 외적인 치장을 중시하지만, 그것이 다만 속에 있는 더 깊은 영적인 삶의 겉치레에 불과하다는 점을 이해합니다. 무엇보다 이들은 개인과 집단이 모두 압제에서 자유로워지는 것이야말로 가장 높은 중요성에 속한다는 점을 알아봅니다.

이들은 자신의 주위 세상 속의 리듬에 맞춰지므로, 때로는 흐름과 함께 가고 때로는 물러나면서 사회적인 변화에서 살아남을 능력이 있습니다. 하지만 이들의 친구들과 가족은 이들이 어느 정도만 매혹적이고 동의적임을 알아차릴 것입니다. 비록 자신의 의견이 자신으로 하여금 인기가 없도록 만들어낼지라도, 이들은 절대 그 의견을 굽히지 않을 것입니다.

이들은 철학을 지향합니다. 이들은 주제의 넓은 다층성에 대한 명료한 발상을 갖고 있고, 이런 발상은 대개 더 커다랗고 더 보편적인 규범의 일부입니다. 이것은 행동이나 믿음 혹은 둘 다의 규범일지도 모릅니다. 이들은 이 표준을 이들 자신에게 지키게 할 뿐만 아니라, 다른 누군가도 따르기를 기대할지도 모릅니다. 이들은 예의범절의 선을 넘은 사람들에게 극도로 용납하지 않을 수 있습니다. 명예와 개인적인 책임은 이들에게 엄청나게 중요하고, 이에 상응하여 이들의 기대도 높습니다. 하지만 이들이 타인들을 대우할 시 더 용납하고 더 너그러워지는 법을 체득해야만 합니다.

이들은 정신적으로 지향할 뿐만 아니라 또한 두드러지게 신체적입니다. 불운하게도 이들의 감정적인 면은 약간 억눌려지고, 아니면 어린 시절에 손상되면 가혹하게 봉쇄될지도 모릅니다. 이들은 애정을 중시하지만, 표현하는 것도 수용하는 것도 어려움을 알아차립니다. 이들의 자기-신뢰가 가장 높지 않으므로, 이들은 타인들을 신뢰하는 것도 또한 꺼릴지도 모릅니다. 이들은 예술이든, 스포츠든, 섹스든, 작업이든 간에 아름답게 공들여서 만들어내거나 실행하지만, 불운하게도 느낌은 결핍될 수 있습니다. 실로 이들 중 일부는 감정을 표출하지 않는 냉담한 인격을 자랑으로 여깁니다.

이들이 항상적으로 싸워야만 하는 것은 거절에 대한 자신의 두려움입니다. 이들이 바깥에서 보기에는 아무리 강압적인 것으로 보일지도 모를지라도, 일반적으로 덜 두려워지는 법을 체득하는 것은 이들에게 중요합니다. 자기-신임의 토대를 어쩌면 수년에 걸쳐서 천천히 구축하는 것은, 세상에서 성공을 이들에게 보장하고 자신만의 계획을 고의로 방해하지 못하게 해줄 것입니다. 이들은 내면성찰하거나 자기비판할 시 자기 자신을 무력하게 하지 않고도 자신의 윤리강령으로 살아가기 위한 길을 찾아내야만 하는데, 이들의 이상은 실용적인 길에서 표현을 찾아내야 합니다. 그렇지 않으면, 이들은 자신이 믿는 것에 관해 비실상적이 될 위험이 있고, 자신의 참된 욕구에 약간 동떨어지게 될 위험이 있게 됩니다.

▶ 일간 특성
강점; 이상적인, 강인한, 잘 적응하는
약점; 함부로 판단하는, 불관용적인, 비실상화된

▶ 명상
타인의 성욕을 발견하는 것은 외국어를 배우는 것과 같습니다.

▶ 조언
덜 비판적이 되고, 더 용납하도록 매우 혹독히 작업하라.
당신의 행로에 착수하기 전에 세심하게 상황을 생각해내라. 경솔하거나 분노한 결정을 피하라.
냉정한 것이 항상, 되려는 가장 멋진 것은 아니다. 취약한 것과 감정적으로 열려있는 것의 가치를 알아보라.

▶ 건강
대체로 이들은 자신의 건강, 특히 자신의 식단에 대해 잘 계발된 발상을 갖고 있습니다. 이런 이유로 이들에게 그 주제에 대해 조언이 주어지는 것이 어렵습니다. 이들은 차가운 외관 때문에 [타인들로 하여금] 착각하도록 만들어내는 '애정에 대한 욕구'를 갖고 있습니다. 이들에게 감정적으로 다가갈 수 있는 소수의 사람은 몹시 욕구되는 온기를 이들에게 가져다줄 뿐만 아니라 이들의 수면과 식습관에 대한 소견을 만들어낼 수 있고, 객관성의 거울로서 기능할 수 있습니다. 저자세의 사람인 이들은 자기 자신을 표현하기 위해 다소 밀어붙여지기를 욕구합니다. 그런 표현은 창조성의 형식이든, 단순한 대화의 형식이든 간에 여기서 심리적인 좌절에 대한 성벽을 줄여줍니다.

▶ 수비학
25일에 태어난 사람은 숫자 7(2+5=7) 및 해왕성에 통치됩니다. 해왕성은 비전, 꿈, 심령현상을 통치하는 물같은 행성이기 때문에, 실상에서 동떨어지는 것은 특히 타인들의 느낌이 관련된 한, 5월 25일에 태어난 이들에게 위험을 제기합니다. 숫자 7에 통치되는 사람은 전통적으로 변화와 여행을 좋아하고, 이것은 대체로 (쌍둥이자리에 대한 수성의 통치에 의해 예고되는) 무대의 빈번한 변화를 즐기는 이들에게 어떤 충돌도 일으키지 않습니다.

▶ 원형
일곱 번째 메이저 카드는 세상을 누비는 의기양양한 인물을 보여주면서, 역동적인 방식으로 자신의 신체적인 존재감을 구현하는 '전차'입니다. 그 카드는 올바른 행로가 아무리 좁고 위태롭더라도 [그 행로를] 계속해야 한다는 의미로 해석될지도 모릅니다. 이 카드의 좋은 면은 성공, 재능, 효율성을 배치해주고, 나쁜 면은 독재적인 태도와 서툰 방향 감각을 제안합니다.

5월 26일
굳센 보호자의 날
The Stalwart Protector

▶ 심리구조

5월 26일에 태어난 이들은 자연스러운 호소력을 갖고 있습니다. 비록 이들이 맹렬하게 고집적이지만, 이들에게 동의하지 않는 사람들은 대개 이들이 무슨 생각을 하고 있는지 알아볼 수 있고, 따라서 일정 정도의 존중이 빚어집니다. 이들이 세상에 관한 자신의 진술에 매우 책임지고, 전통적으로 보수적인 가치를 옹호하는 것으로 보이는데, 실로 이들은 자주 보통 사람들의 관점을 대변합니다. 하지만 자신이 살아가면서, 이들은 자신이 선언한 믿음과 모순되는, 특이하고 심지어 터무니없는 행동까지 하는 데 유능할지도 모릅니다. 이들의 충동적인 천성은 폭력을 저지르게 하면서, 아니면 폭력의 희생자가 되게 하면서 이들을 폭력에 관여시킬 수 있습니다.

혼자서 자유롭게 활동하려는 이들의 강한 욕망은 이들의 가족 및 사회 집단의 구조물에, 아니면 사회 전반에 역행할지도 모릅니다. 이런 점에서 이들은 심지어 일부 사람이 불법을 넘나드는 범죄 활동으로 바라볼지도 모르는 것까지 이따금 손을 대면서, 비주류로 삽니다. 하지만 이것은 단지 이들의 대중적인 호소력을 높여줄 뿐일지도 모릅니다. 이들은 심지어 범법자의 보호자 역할까지 할 수 있습니다. 이들의 개별성을 표현하려는 이런 맹렬한 욕구는 지나치게 구조화된 어린 시절 기저에 깊게 놓인 심리사회적인 뿌리를 갖고 있을지도 모릅니다.

비록 이들이 자신의 감정을 공개적으로 표현하는 데 어려움을 보유할 수 있지만, 이들은 대개 따뜻한 가슴을 갖고 있습니다. 이들은 자기 자신을 약자의 옹호자로 보지만, 역설적으로 자주 권력의 높은 위치에 오릅니다. 책임이 이들에게 강박관념인데, 정말 이상하게도 이들이 타인들에게 책임을 요구하지만, 이들 자신은 때때로 책임이 부족합니다. 삶에서 이들의 대다수 에너지를 요구하는 것은 바로 (자신의 변동적인 경향에 의해 어느 정도 서서히 잠식되는) 책임지려는 고군분투입니다. 이들은 자신이 자신만의 혹독한 기준에 합당하게 살지 못할 때, 자주 대단한 후회와 죄책감을 느낍니다.

이들은 다소 방어적이고 진지한 전망을 갖고 있습니다. 친구와 가족은 이들이 삶을 조금 더 사실대로 받아들일 수 있기를 바랄지도 모릅니다. 이들의 전망에서는 불화와 갈등이 매우 도드라진 모습으로 나타나므로, 영구적인 의미에서 행복해지는 것은 이들에게 실상 불가능합니다. 하지만 더 커다란 의미에서 이들은 매우 운명론적일 수 있습니다. '문제 해결'이나 '문제에 대한 최선을 만들어내는 것'에 온갖 방안을 시도해온 것을 이들은 불가피한 것으로, 즉 자신이 할 수 있는 것을 해왔던 지식 속에서 안전한 것으로 차분히 수용할지도 모릅니다.

아무리 외향성의 사람으로 보일지라도 이들은 자신의 인격에 매우 사적이고 조용한 중심을 갖고 있습니다. 이들은 자신의 진짜 느낌을 숨기는 데 유능할 뿐만 아니라 삶에서 주기적으로 물러나는 것, 어쩌면 세상 및 세상의 걱정거리에서 자기 자신을 격리시키는 데 유능합니다. 이들은 자신이 타인들에게 개인적인 문제에 전혀 직면하지 않는 것처럼 보일지도 모르는 그 문제를 풀어내는 기이한 방식을 갖고 있습니다. 대체로 이들은 자신이 만나는 사람들에게 매우 흑백적인 방식인 것처럼 보이면서, 강한 호감을 아니면 강한 비호감을 자극합니다. 사실, 이들은 진정으로 이해받으려면 지대한 시간이 주어져야만 하는 복잡한 인격입니다.

▶ 일간 특성
강점; 보호하는, 도덕적인, 고결한
약점; 충동적인, 죄책감에 시달리는, 현실 회피적인

▶ 명상
우리가 확실히 아는 유일한 것은 우리가 믿는다는 점입니다.

▶ 조언
당신의 도덕적인 판단을 조금만 느슨하게 하라. 당신 자신에게도 더 여유로워질 것이다.
행복은 무시되거나 과소평가되는 것이 아니다.
이따금 상황이 불안해지도록 만들어내는[냄비를 휘젓는] 대신 분쟁을 가라앉히는 방법을 찾으라[물에 기름을 부으라].
악의없이 도발받을 때 현명하고 침묵하는 법을 체득하라.

▶ 건강
이들은 너무 늦을 때까지 자주 병이나 질병의 신체적인 증상을 무시합니다. 이들을 위한 좋은 해결책은 이들에게 존중받을 뿐만 아니라 이들로 하여금 귀를 기울이게도 만들어낼 정도로 강인한 의사에게 이들이 정기검진을 받는 것입니다. 자신의 생활방식과 습관을 둔화시키거나 변화시키도록 하는 것은 이들에게 특히 힘겹습니다. 자신의 식단이 관련된 한, 이들은 어떤 특별한 계획 없이 자신이 내키는 대로 먹는 자신의 경향을 조절하려고 노력해야 합니다. 곡류와 신선한 채소에 중점을 두면서 이들의 보수적인 음식 취향에 일치하는 식단을 만약 따른다면, 도움될 것입니다. 활기찬 운동, 특히 경쟁적인 스포츠가 이들에게 강하게 권장됩니다. 테니스나 핸드볼 같은 일대일 게임과 달리기나 자전거 타기 같은 단독적인 인내력 운동도 이들의 인격에 적합합니다.

▶ 수비학
26일에 태어난 사람은 숫자 8(2+6=8) 및 토성에 통치됩니다. 토성은 책임에 대한 강한 느낌 및 그 느낌에 동반된 경계심, 제한, 숙명론을 향한 성향을 운반해주므로, 5월 26일에 태어난 이들의 보수적인 천성이 강조됩니다. 숫자 8에 통치되는 사람은 대체로 자신의 삶과 경력을 더디고 조심스럽게 구축해가는데, 이 사실은 쌍둥이자리의 통치자인 수성이 제공하는 신경질적인 에너지에 의해 예고되는 이들의 더 충동적인 특성 중 일부를 거스를지도 모릅니다. 위에서 언급된 것처럼 비록 이들의 가슴이 따뜻할지라도, 숫자 8의 토성적인 영향력은 차가운 외관 쪽으로 이들을 만들어갈지도 모릅니다.

▶ 원형
여덟 번째 메이저 카드는 사나운 사자를 길들이는 우아한 여왕을 그려내는 '강인함이나 용기'입니다. 여왕은 반항적인 에너지를 마스터할 수 있는 여성 마법사를 상징하고, 신체적인 강인함뿐만 아니라 도덕적인 강인함을 표징합니다. 이 카드의 긍정적인 속성은 카리스마와 성공하려는 결단을 포함하고, 부정적인 자질은 무사안일과 권력남용을 포함합니다.

5월 27일
내몰리는 투신의 날
Driven Dedication

▶ 심리구조

5월 27일에 태어난 이들은 대의나 사회 구조에 자기 자신을 바치는 사람, 또 자신만의 개인적인 성장과 발전에 투신하는 사람이라는 두 가지 유형에 속합니다. 어느 경우든 이들은 자신의 작업에 저돌적으로 자기 자신을 내던지고, 대개 자신이 노력하기로 선택한 부문에 전문입니다. 이들의 가장 대단한 욕구는 소통하는 것이고, 그러므로 이들의 임무에 대한 완성은 이들이 대개 세상에 최종 산물을 강력하게 발표하는 것을 포함합니다. 일반적으로 지속해서 침묵하지 않는 이들은 날카롭고 거침없는 용어로 자신의 의견을 진술합니다.

이들은 가족이나 사회 집단을 위해 작업하는 데, 아니면 자신의 개인적인 재능을 계발하는 데 평생을 바칠지도 모르지만, 두 가지 모두에 좀처럼 헌신하지 않고, 이것은 엄격한 양자택일의 국면입니다. 자기 자신에게 얽매인 사람은 사회적인 연관성이 부족하고, 타인들과 함께 작업하는 데 헌신적인 사람은 자주 개인적인 재능을 묻어버립니다. 하지만 어느 경우든 이들의 노력은 열의와 격정에 물듭니다.

이들 중 대다수의 삶에는 경력에 관한 중요한 결정이 내려지는 (첫 번째 토성 귀환인 28세~30세 혹은 중년의 위기인 40~44세 즈음에) 핵심 시점이 현존합니다. 이 선택은 대체로 영구적이고, 좀처럼 포기되지 않습니다.

이들은 자주 야생적이고 엉뚱한 세계관을 갖고 있습니다. 실로 이들의 괴팍한 유머감각은 이들이 깜짝 놀람을 유발하고 싶을 때마다 자신의 생각을 공유하는 것을 싫어하지 않으므로, 깜짝 놀람을 유발할 수 있습니다. 타인들을 불쾌하게 할 수 있는 것은 바로 수완이나 외교의 부족이 아니라 서툰 타이밍입니다. 이들은 대체로 자신의 발표에 매우 열중하기 때문에, 자신의 청중을 오판할지도 모릅니다. 터무니없는 성격이든 보수적인 성격이든 간에, 이들은 타인들에게 대단한 영향을 끼치지만, 이들이 도발한 반응은 자주 이들을 당황하게 하는데, 그 귀결로 이들은 결국 비평가가 말하려고 갖고 있는 것을 완전히 무시하게 될지도 모릅니다.

이들은 자신이 하는 것에 너무 투신적이어서, 인정을 받든 아니든 수년 동안 참아낼 수 있고, 따라서 성공할 좋은 기회에 서 있습니다. 반면에 이들은 자신의 단점에 눈이 멀 수 있고, 마치 자신이 신경쓰지 않는 것처럼 자주 활동할 수 있습니다.

전형적으로 이들은 자신의 출생지로부터 멀리 떨어진 곳에서 가장 대단한 성공을 거두고, 이들이 '입양된' 시민이 되는 다른 지역을 여행하려는 욕구를 느낄지도 모릅니다. 집을 떠나 사는 것은 몇 가지 어려움이 있지만, 장애라는 고개를 넘어가는 것, 즉 새로운 국면에서 도전을 혁신해서 극복해내는 것은 이들의 특기입니다. 일하지 않는 시간에 이들은 자기 자신을 즐기려고 탐구할 것이고, 새롭게 선정된 적합한 곳에 의해 제안되는 다층성은 이런 측면에서 이들에게 잘 들어맞을 것입니다.

▶ 일간 특성
강점; 유머러스한, 끈덕진, 세련된
약점; 수완 없는, 자기 비판이 없는, 우울한

▶ 명상
대다수 사람은 우리가 오직 자기 자신을 변화시키는 것에 의해서만 세상을 변화시킬 수 있다는 점을 1960년대에 배웠습니다.

▶ 조언
비록 당신이 타인들의 비판을 듣지 않을지라도, 당신의 양심에 유의를 하고, 당신의 더 고귀한 자기가 당신을 인도하게 하라.
당신 자신을 너무 힘겹게 밀어붙이지 말고, 빈번한 휴가를 가지라.
당신이 이끌어내는 반응을 알아채라.
당신의 결함을 너무 쉽게 간과하지 마라.

▶ 건강
이들은 물론 자신의 작업이 스포츠나 신체적인 교육이 아닌 한, 자주 자신의 작업에 너무 몰두해서 운동에 관해 걱정하지 않습니다. 마찬가지로 이들이 요리에 대한 적극적인 이해관계를 취할 때는, 자신과 타인들의 욕구를 잘 돌보지만, 그렇지 않으면 잊어버리게 됩니다. 이들은 대개 흡연과 음주를 향한 느긋한 태도를 갖고 있고, 자신의 탐닉이 손에서 벗어나게 될 때만 줄이려고 욕구할 것입니다. 이들은 자신의 휴식 시간에 자기 자신을 즐겁게 하려고 적극적으로 탐구하고, 열심히 작업하고 열심히 노는 경향이 있습니다. 이들의 가장 대단한 관심사는 이들을 세상에서 물러나게 하는 주기적인 우울증인데, 이 우울증은 알레르기 증상의 발생에 의해 미리 알려질 수 있습니다. 다른 모든 쌍둥이자리 사람들처럼, 이들도 자신의 활동적인 신경계를 [힘든 시기를 넘기고] 안정된 상태로 지속시키는 법을 체득해야만 합니다.

▶ 수비학
27일에 태어난 사람은 숫자 9(2+7=9) 및 화성에 통치됩니다. 숫자 9는 (이를테면 5+9=14, 4+1=5처럼 9를 더한 어떤 숫자도 그 숫자가 되고, 9×5=45, 4+5=9처럼 9를 곱한 어떤 숫자도 9가 되므로) 다른 숫자에 대한 영향이 강력하고, 5월 27일에 태어난 이들도 비슷하게 자신의 주위 사람들에게 영향을 끼칠 능력이 있습니다. 화성은 (쌍둥이자리에 대한 수성의 통치를 통해 더해진 격렬함이 주어져) 밀어붙이고 공격적이며, 남성적인 에너지를 체화해주는데, 특히 이들 중 여성은 자신이 진취적이라고 타인들에게 각인시킬지도 모릅니다.

▶ 원형
아홉 번째 메이저 카드는 대개 등불과 지팡이를 들고 있는 현자로서 그려지는 '은둔자'입니다. 은둔자는 양심을 사용하여 타인들로 하여금 그들의 행로를 유지하게 해주는 임무 감독관이고, 그 카드는 전통적으로 명상, 고립, 침묵을 대변합니다. 이 카드의 긍정적인 면은 집요함, 목적, 심오함, 집중력이고, 부정적인 의미는 교조주의, 불관용, 불신, 만류를 포함합니다. 은둔자는 이들에게 주기적인 자기 검토의 욕구를 상기하게 해야 합니다.

5월 28일
혁신적인 선구자의 날
The Innovative Trailblazer

▶ 심리구조

5월 28일에 태어난 이들은 새로운 프로젝트를 시작하고, 자주 자신의 단일한 발상을 이행하며, 일반적으로 자유롭게 자신의 생각을 가져와서 자신의 주위 세상에 대해 적용하는 느낌이 들 때 가장 행복합니다. 이들의 작업은 단순함 속에서 독창적이고 고상합니다. 자신의 직선적이고 강하게 부딪쳐가는 스타일 및 고도로 개별적인 관점 때문에, 이들은 자신의 전문 분야를 찾아낼 때 대개 성공합니다. 그때까지 이들은 어떤 직무나 사회 집단에서 다른 것으로 옮겨다니며 허둥댈지도 모릅니다.

이들은 발상 지향적인 사람일 뿐만 아니라 또한 행동가입니다. 활동의 개별적인 자유는 이들의 자석입니다. 이들은 불운하게도 때때로 휩쓸리게 되고 사회에서 우리 모두를 묶어주는 규칙을 잊어버립니다. 만약 이들이 자기 자신의 도를 넘는다면, 이들은 자신이 다시 자립하기가 어렵게 만들어버리는 타격이라는 고통을 겪을지도 모릅니다. 이들이 결단력을 갖고 있다면 이들은 굴하지 않고 계속할 것이고, 결단력을 갖고 있지 않는다면 도중에 나가떨어질지도 모릅니다.

이들의 성공담은 자수성가한 다층성에 속합니다. 이들은 좀처럼 유리함이나 족벌주의를 통해 높은 곳에 도달하지 않을 것이지만, 특이한 재능을 갖고 갑자기 나타나서 그 분야를 휩쓸 가능성이 더 있습니다. 이들 중 덜 고도로 진화된 사람은 타인들로 하여금 자신의 희한한 계획에 귀 기울이도록 하는 것에 특히 어려움을 알아차리면서, 인정받는 데 끝없는 좌절감을 겪을 수 있습니다. 이들이 헛된 노력을 해서 적대감을 자극하기보다는 혁신하도록 요청받을 때까지, 이들은 자신이 어떤 시스템에서 작업하든 간에 적응하고 자신의 때를 기다려야 합니다.

이들은 최고의 교사가 거의 아니고, 자신의 유별난 발상을 구체화하는 것에서 이들이 어떤 단계들을 밟았는지를 설명하는 데 어려움을 갖고 있을지도 모릅니다. 이들은 결국 행하기에 너무 바빠서 개성적이고 자주 유별난 자신의 사고 과정에 관해 멈춰서 사유하지 못하는 활동가입니다. 에고의 과도한 몰아댐 탓에, 이들은 자기 자신이나 자신의 주위 사람들에게서 동떨어지게 될 수 있습니다. 따라서 이들은 자신과 타인들의 동기에 대해 더 많은 생각을 부여하려고 욕구합니다.

어쩌면 이들이 너무 많이 시작하고 가장 대단히 관심 있는 시작 형국을 찾아내기 때문에, 이들은 때때로 프로젝트를 끝내는 데 곤란을 갖고 있을 것입니다. 이들은 혁신을 중시할 뿐만 아니라 깊은 의미에선 새로운 촉발 덕에 끊임없이 활기를 되찾으려고 욕구합니다. 어쩌면 이들이 자기 자신을 반복하거나 너무 오래 한 프로젝트에 머무름으로써 자신이 지닌 영감의 원천을 잃어버리고 기계적인 양식으로 활동하기 시작할 것을 두려워하지만, 그럼에도 이들은 유지하고 참아내는 법을 체득해야만 합니다. 어떤 의미에서 이들이 창조하는 것은 자신이 합당하게 살려고 갖고 있는 것이고, 따라서 이들은 자신의 가장 대단한 도전을 자기 자신에게 제시합니다.

▶ 일간 특성
강점; 독특한, 개성있는, 창조적인
약점; 예고적인, 도를 넘는, 조급해하는

▶ 명상
우리는 각자 자신만의 내면 시계를 갖고 있는데, 어떤 것은 빠르게 가고 어떤 것은 느리게 갑니다.

▶ 조언
당신의 도덕적인 우선순위를 일관성 있게 하라.
너무 쉽게 의욕이 꺾이지 마라.
다른 것으로 옮겨가기 전에 한 가지를 유지관리하도록 돌보라.
당신의 전문 영역을 찾아내고, 그 속에서 지속해서 혁신하라.
당신의 내면 느낌에 관해 그렇게 비밀적이 되지 않도록 노력하라. 조금 긴장을 풀라.

▶ 건강
이들은 너무 자주 새로운 것을 시도하거나 새로운 재능을 계발하는 것을 시도하므로 사고를 당하기 쉬울지도 모릅니다. 감정적인 급락을 매우 잘하게 될지도 모르는 이들은 연속적인 장애물을 만나거나 환영받지 못하게 되는 경우가 아닌 한, 대개 자신의 전망이 긍정적입니다. 만약 이들이 자신의 삶에 구조를 부여하고 자신의 에너지를 유도할 수 있다면, 심리적인 건강함 속에 유지하게 될 것입니다. 몇몇 친한 친구 및 가족의 사랑과 애정은 이들에게 아주 충분하고, 그런 후원 덕에 이들은 인생의 불가피한 역경에 조금 덜 취약할 수 있습니다. 이들은 쉽게 지루해하므로, 흥미로운 음식과 이국적으로 강조한 음식을 곁들인 폭넓고 다양한 식단이 이들에게 권장됩니다. 이들은 자신이 진지한 체육인이 아니라면, 지나치게 혹독하거나 경쟁적인 스포츠에 휩쓸리게 되지 말아야 하고, 적당한 운동이 권장됩니다.

▶ 수비학
28일에 태어난 사람은 숫자 1(2+8=10, 1+0=1) 및 태양에 통치됩니다. 숫자 1에 통치되는 사람은 전형적으로 개별적이고, 규정된 관점이 있으며, 정상에 오르기를 열망합니다. 5월 28일에 태어난 이들은 에너지 주간(5월 19일~24일)과 가깝게 태어나고 수성(쌍둥이자리의 통치자)의 영향력을 받으므로, 자신의 손쉬운 마음과 엄청난 에너지로 타인들을 압도할 수 있습니다. 태양은 통제에서 벗어나 산발적으로 타오르게 허용되기보다 꾸준히 흐르도록 유지되어야 하는 강한 창조적인 에너지와 불기운을 상징합니다.

▶ 원형
첫 번째 메이저 카드는 마법뿐만 아니라 지성, 소통, 정보를 상징하는 '마법사'입니다. 그의 머리 위의 무한대라는 상징은 일부 타로 종류에서는 모자의 형식을 취하고, 다른 종류에서는 후광의 형식을 취합니다. 많은 해석이 도출될지도 모르는데, 그중 하나는 마법사가 순환적이고 끝나지 않는 삶의 천성을 알아보고, 이런 이해심에 의해 힘있게 된다는 것입니다. 이 첫째 카드가 제안하는 긍정적인 특성은 외교적인 기술과 빈틈없는 기민함을 포함하지만, 부정적인 특성은 양심의 가책 결여와 기회주의입니다.

5월 29일

빠른 대응의 날
Quicksilver

▶ 심리구조

5월 29일에 태어난 이들의 삶에서 중대한 테마는 드러냄, 전통 그리고 발상의 교환을 포함합니다. 극적인 국면과 해프닝에 끌려드는, 이들은 고군분투에서 움츠러들거나 불의에 굴복할 가능성이 있는 사람이 아닙니다. 진실을 알아보므로 그 진실의 옹호자나 폭로자인 이들은 대의에 자기 자신을 빌려줄 것이고, 그 대의를 구체화하는 것에 자신이 가담할 수 있는 운명을 갖춘 조직을 위해 작업할 것입니다. 고용주나 부모, 행정가로서 이들은 지시보다 합의를 탐구하고, 소견과 비판에서 최선의 것을 취하기 위한 재능을 갖고 있습니다.

비록 이들이 자주 타인들의 삶을 향상시키는 데 헌신해서 사실 이타적이라고 불릴지 몰라도, 이들은 자신만의 이해관계도 또한 절대 잊어버리지 않습니다. 이들은 그 둘의 균형을 잡는 길을 갖고 있고, 실로 타인을 돕는 것과 자신만의 욕구를 충족시키는 것 사이에 어떤 모순도 없음을 알아봅니다.

자신의 대결적인 경향 탓에, 이들은 가능하면 대립하지 않도록 더 대단한 수용력을 계발하려고 욕구할지도 모릅니다. 반면에, 이들 속의 억눌러진 공격성이 사실상 그 공격성을 가져와서 이들에게 적용할지도 모르는 경우가 현존합니다. 이런 이유로 이들은 공격적인 느낌이나 화를 억누르는 것이 아니라, 어쩌면 경쟁적인 스포츠에서 혹은 놀이하는 천성의 언어적인 재간에서 사회적으로 용인될 수 있는 표현 방식을 찾아내야 합니다. 일반적으로 이들은 자신의 전형적인 수성적[잘 스며드는] 마음의 힘에 너무 많은 중점을 두는 것에 의해 자신의 감정을 등한시하는 것을 주의해야만 합니다.

이들은 자주 자기 자신을 신념의 옹호자, 즉 전통의 수호자로 바라봅니다. 이들이 지닌 것의 중요한 기능은 기존의 전통을 실상화된 현대적인 빛 속에서 재검토하는 것입니다. 이들은 반드시 돈 혹은 소유물에 대단한 가치를 두는 것은 아니지만, 정말 기이하게도 노력하는 바가 없이도 바로 이런 것들을 끌어들일지도 모릅니다. 청중을 갖는 것은 이들에게 극도로 중요합니다. 청중은 사업에서 자신의 동료나 회사원, 혹은 사회나 군사 단체에서 이들의 휘하에 일하는 사람들, 이들의 가족일 수 있습니다. 이런 배출구를 빼앗긴다면 이들은 극심한 좌절감이라는 고통을 겪을 것입니다.

생각의 신속함은 이들의 특징이고, 이들은 재치, 매혹, 유머를 중시합니다. 이들은 특별히 자기 자신이 능한 숙련자이든 아니든 대화와 토론 같은 언어적인 예술을 찬양합니다. 비록 언어적인, 정신적인 역량이 이들의 인격을 지배하고 있는 것으로 보이지만, 신체적인 부추김은 표현되어야만 하고, 사고나 질병을 통한 고통을 겪어온 이들은 자신의 결점을 극복하고 '과잉 보상'하기 위해 싸웁니다. 이들이 고도로 지시적이고 활동적일지라도, 자신의 주위 사건들을 신사숙녀적으로 이끌 때, 즉 어쩌면 심지어 상황이 스스로 펼쳐지게까지 허용할 때, 이들은 가장 좋은 상태에 있게 될지도 모릅니다.

▶ 일간 특성
강점; 헌신적인, 보호하는, 표현적인
약점; 억눌려진, 편협한, 대결적인

▶ 명상
폭군과 살인자는 살 권리에 대한 자기 부인에 빠진 일시적인 정신이상자입니다.

▶ 조언
도움을 탐구하는 것을 두려워하지 말고, 당신의 문제를 타인들과 공유하라.
당신이 완벽해져야 하는 것은 아니다.
외부적인 위험에 대해 당신 자신을 보호하는 법을 체득하라. 위험을 더 적게 감수하라.
당신의 개인적인 좋음과 싫음이 관련된 한, 당신의 우월주의를 통제하라.

▶ 건강
이들은 신체적으로 해를 입을지도 모르는 국면에 접근할 때 특히 조심해야만 합니다. 이들은 때로 위험과 질병을 향해 비실상적인 태도를 갖고 있으므로, 자기 자신을 보호하는 법을 체득하는 것은 중요합니다. 이들은 아픔이 몸에서 오는 스트레스의 신호이듯이, 두려움도 또한 유용한 경고일 수 있음을 기억해내야 합니다. 자신의 문제에 관해 이야기하는 것은 이들이 더 인간적임을 느끼는 데 도움되고, 심리상담가나 사회 복지사와 갖는 테라피는 매우 가치 있는 것으로 판명될지도 모릅니다. 매일 세 끼의 정기적인 식사가 뿌리내리도록 주는 영향력은, 자신이 살찌는 것을 피하고자 적당한 운동에 참여하는 것에 유념하는 한, 이들에게 건전합니다.

▶ 수비학
29일에 태어난 사람은 숫자 2(2+9=11, 1+1=2) 및 달에 통치됩니다. 숫자 2에 통치되는 사람은 자신을 리더보다 좋은 협업자와 동반자로 자주 만들어내므로, 5월 29일에 태어난 이들의 공격성은 다소 누그러지면서, 자신의 가족이나 작업그룹 속에서 자신으로 하여금 더 잘 기능하게 합니다. 하지만 이런 경향은 특별히 달의 영향력이 강하게 반사적이고 수동적이므로, 개별적인 주도권과 활동에 제동장치로도 또한 작용해 좌절감을 연출할지도 모릅니다. 부차적인 숫자 11(2+9=11)은 동시성, 대칭성, 쌍둥이 및 다층적인 종류의 이중성에 대한 가능한 이해관계뿐만 아니라 (쌍둥이자리의 수성적인 정신적 경향과 잘 균형을 이룬) 신체적인 차원에 대한 민감도 또한 예시해줍니다.

▶ 원형
두 번째 메이저 카드는 자신의 왕좌에 앉아 침착함과 뚫지 못함을 보여주는 '여사제'입니다. 그녀는 숨겨진 세력과 비밀을 드러내서, 그 지식으로 우리를 힘있게 하는 영적인 여성입니다. 이 카드의 유리한 자질은 침묵, 직감, 비축, 분별이고, 부정적인 가치는 비밀주의, 불신, 무관심, 타성인데, 자신만의 것이 아닌 대의를 제외하는 이들은, 후자 중 무관심과 타성을 좀처럼 표출하지 않습니다.

5월 30일
민첩한 때의 날
Nimble Time

▶ 심리구조

5월 30일 태어난 이들에게 자유와 독립을 위해 몰아대는 것이 긍정적으로도 부정적으로도 작용하지만, 이들은 자유로워야만 합니다. 이들은 해마다 지속해서 같은 루틴을 보내는 데 지대한 어려움을 갖고 있을지도 모르고, 갑작스럽고 극단적인 변화에 대한 이들의 열망이 만일 억압된다면 이들에게 엄청난 좌절감을 유발할 것입니다. 자주 이들은 책임감 있고, 신뢰할만하며, 믿음직하기를 바라지만, 비록 반복해서 노력할지라도 이들은 서약을 끝까지 해내는 데 대단한 어려움을 갖고 있습니다. 이들은 프리랜서 작업, 개별적인 주도권 및 개인적인 비전을 통해 이바지를 가장 잘 만들어내고 자기 자신을 표현할 수 있습니다.

이들은 자주 자신이 실망시킬 기대를 갖게 되는 사람의 분노를 끌어들이지만, 변화와 무상성은 이들에게 그냥 자연스럽게 다가올 뿐이므로 계획적인 범행이나 교활함에 대해 이들을 비난하는 것은 불공정합니다. 실로 이들이 남자라면, 이들의 기분은 순식간에 전환할 수 있습니다. 이들 중 여성은 놀랍고 균형 잡힌 동시적인 활동, 이를테면 가정이나 사업을 운영하고, 동시에 남모르는 삶을 영위하며, 새로운 프로젝트를 꿈꾸는 데 유능할지도 모릅니다.

이들은 자신이 지킬 수 없는 서약을 만들어내는 것을 주의해야만 합니다. 이들은 나중에 곤란이 발생할지라도 그 곤란에서 벗어날 수 있는 모습을 항상 나타내면서, 단지 가장 좋은 의도만 갖고 태평하게 불가능한 약속을 합니다. 이것은 이들 중 덜 고도로 진화된 사람이 자신의 실상적인 요인을 장악하지 않는 한, 자신을 괴롭히는 일종의 치명적인 오산입니다. 이들은 이들이 만난 사람 중 일부가 이들이 말한 것을 완전히 진지하게 받아들여서, 나중에 이들에게 그 약속을 지키게 만든다는 점을 배워야만 합니다. 그들이 이들에게 약속을 지키게 만들어내듯이 [이들도 자신에게 약속을 지키게 해서] 금전적인 무책임도 억제되어야만 하고, 아니면 그 무책임은 이들의 가족에게 대단한 고난을 가져다줄 수 있습니다. 이들 중 그런 파멸적인 성벽을 가진 사람은 자신의 지평을 제한하고, 한 번에 한 걸음씩 작은 걸음을 내디디며, 천천히 그리고 확실하게 구축해가야 합니다.

속도는 이들의 강점이지만, 신경질적인 에너지에 속도 자체를 소비하는 열광적인 다층성에 너무 자주 속할지도 모릅니다. 하지만 '자기-보증과 자연스러운 젊음'과 '아이 같은 삶을 향한 태도'가 조합된 바람은 이들 중 다수로 하여금 어쩔 수 없이 매력적이 되도록 만들어줍니다. 이들이 만들어내는 갑작스러운 결정은 자주 사람들을 깜짝 놀라게 합니다. 이런 놀라움이 유쾌할 때 이들은 물론 환영받지만, 잠시 후 친구들은 이들의 가장 최근 책략이나 노력에 대해 단속하는 시선으로 전환되기 시작할지도 모릅니다. 반면에 이들의 발상은 진보적이고, 접근은 설득적이며, 야심과 추진력은 강력합니다. 실로 타인들은 이들이 협박적임을 알아차릴지도 모릅니다.

이들은 대개 정상으로 향하고, 혼돈을 연출하는 자신만의 능력이 자신을 고의로 방해하지 않는 한에서 정상에 도착할 것입니다. 강력하게 추진하는 이들이 이해하기 가장 어려운 것인 절제는, 이들이 경력, 사랑, 가족생활에서 성공하는 데 필수적입니다. 이들은 매우 정확한 작업자이고, 손재주가 좋습니다. 이들이 자신이 하기를 사랑하는 것에 기법적으로 뛰어날 때, 그것은 이들이 매우 절실히 욕구하는 필수적인 뿌리내림을 이들에게 제공합니다.

▶ 일간 특성
강점; 빠른, 확장적인, 능숙한
약점; 지나치게 민감한, 신경질적인, 불안정한

▶ 명상
사랑이나 돈, 흥분이 우리의 삶에 예기치 않게 나타날 때, 우주와 갖는 우리의 관계가 적나라하게 드러납니다.

▶ 조언
지속해서 열심히 일하고, 산만함을 피하라.
의도적이고 목적적으로 운영하라.
쓸데없는 책략과 경박함을 주의하라.

▶ 건강
이들 중 다수에게 가장 대단한 건강상의 도전은, 지나치게 활동적인 신경계를 지속해서 통제하는 것인데, 신경안정제는 한두 번쯤 매력적일지도 모르지만, 중독적인 효과 탓에 피해야 합니다. 이들은 자신의 인생에서 어느 시점에 정신 훈련의 어떤 형식, 즉 영적인 훈련 아니면 심리적인 훈련에 가능하면 일찍이 따르기로 해야 합니다. 이들은 늦어도 50대까지 자신의 몸이 주는 경고 및 타인이 주는 건전한 소견에 유의하는 법을 체득해야만 합니다. 튼튼한 삶으로 시작하는 이들은 자신이 건강하다는 것에 마음이 팔리는 삶을 시작하지만, 자주 자기 자신을 마모시키고, 술과 담배의 사용은 그런 쇠약을 가속할 수 있습니다. 음식이 관련된 한, 이들의 취향은 기본적이고 단순하며 순수한 쪽으로 기웁니다. 요리법을 체득하는 것은, 이들이 지루해지는 것을 막아주는 고도로 다양한 음식, 때로는 이국적인 음식 때문만이 아니라 쌍둥이자리인 신속한 이들을 위해서도 강하게 권장됩니다.

▶ 수비학
30일에 태어난 사람은 숫자 3(3+0=3) 및 목성에 통치됩니다. 숫자 3에 통치되는 사람은 자신의 특정 분야에서 최고 위치를 탐구하고, (여기 쌍둥이자리에서 강화된) 독립에 대한 사랑을 갖고 있습니다. 목성은 5월 30일에 태어난 이들에게 낙관적이고 확장적인 사회적 전망을 빌려주지만, 예측에서 벗어나는 큰 계획과 책략의 징조가 될 수 있습니다. 수성(쌍둥이자리의 통치자)의 영향력은 이들의 신경질적인 특징에 중점을 둡니다.

▶ 원형
세 번째 메이저 카드는 변화에 대한 불변성과 저항성을 대변하지만, 창조적인 지성과 이해력도 또한 대변할 수 있는 '여황제'입니다. 그녀는 완벽한 여성형, 즉 실현된 우리의 꿈이자 체화된 우리의 희망과 열망이라는 최고의 여성성인 대지의 양육자입니다. 그녀의 확고부동한 자질은 이들에게 긍정적인 은유의 역할을 합니다. 전통적으로 최상의 지혜를 소유하고 있는 '여황제'는 강인함, 우아함, 세련됨을 발산시키지만, 경솔함, 허영심, 꾸며냄도 또한 상징할지도 모릅니다.

5월 31일

최첨단의 날
The Cutting Edge

▶ 심리구조

5월 31일에 태어난 이들은 자주 강인하거나 냉정한 이미지를 전달합니다. 일단 당신이 이들을 알게 된다면, 사실상 이들은 훨씬 더 '좋은 사람'이고, 어쩌면 감상적이고 때로는 심지어 가슴까지 여립니다. 이들이 세상에 대해 떠맡는 외적인 모습이나 가면은 일찍이 어린 시절에 기저에 놓인 불안감 혹은 심지어 트라우마조차 숨기려고 자주 착용됩니다. 이들은 '고지식한 사람' 및 '허튼짓을 하지 않는 사람'으로서 기능합니다. 극도로 유능하고 효율적인 이들은 삶의 세부사항에 주의깊게 참여하는 것이 좋다고 믿습니다. 하지만 이들이 자신의 메시지를 가정에 주입하기 위해 자기 자신을 되풀이하는 성향은 이들에 대해 감수해주는 사람을 짜증나게 할 수 있습니다. 또 다른 부정적인 특성은 이들이 고도로 논쟁적일 수 있다는 점입니다.

활동과 에너지는 이들이 하는 온갖 것에 스며듭니다. 쌍둥이자리이므로 이들이 정신을 지향하지만, 이들의 신체적인 면도 똑같이 분명해지고 어쩌면 자신의 정신적인 에너지를 능가합니다. 이들의 감정에 호소될 수 없는 한, 이들은 심지어 표적에서 벗어나는 결정을 만들어낼 때조차도 자신의 마음을 좀처럼 바꾸지 않습니다. 그러나 이들이 감정에 호소되기가 쉽지 않으므로, 그럴 가능성이 거의 없고, 심지어 이들에게 가까운 사람들조차도 이들과 말이 통하려면 몇 달 혹은 수년 동안 고군분투해야 할지도 모릅니다. 이들이 감상적인 근거에 혹은 명예와 신뢰가 포함된 논거에 포섭될 수 있는 가능성은 어쩌면 현존합니다. 이들은 격정적인 사람과 격정적인 표현에 성적으로도 감정적으로도 자석처럼 끌려듭니다.

비록 이들의 사고방식이나 방도가 진보적일지도 모르지만, 대중의 주목을 받는 이들은 대체로 소수를 위한 발상을 갖춘 엘리트주의자로 자기 자신을 제시하기보다는 일반 청중에게 다가가려고 노력합니다. 자신의 메시지를 전달할 시 이들은 극도로 자기-보증적입니다. 이들의 신조는 '신망이 성공을 낳는다'는 것입니다. 이것의 다른 면은 '이들이 실패를 위해 준비되어 있지 않을지도 모른다'는 점이고, 이것은 이들을 완전히 당황하게 되는 상태로 남겨줄 수 있습니다. 다행히도 이들의 회복력은 강해서, 이들은 대체로 다시 회복할 것입니다.

이들의 성격에는 그 기저에 놓인 혼돈되고 정리되지 않은 천성이, 즉 급격한 변화를 위한 성벽과 적응을 위한 재능이 현존합니다. 때때로 이들은 자신의 삶과 자신 가족의 삶에 과도할 정도의 구조를 부여함으로써 그런 경향에 대항하려고 노력합니다. 이는 마치 이 경직된 구조를 고수함으로써 이들이 무대책이나 혼돈에 빠지는 것을 미연에 방지할 수 있는 것과 같습니다. 그 귀결로 이들은 자주 상황에 응하고, 사방으로 다니며, 수리하고, 새로운 프로젝트를 시작하면서 정신없이 바쁩니다. 이들은 자신이 자주 세상의 주목도 또한 끌기를 바라는 뛰어난 기법적인 기술을 갖고 있지만, 만일 다재다능한 사람이라면 한 영역에 집중하는 것이 최선입니다.

이들 중 가장 성공적인 사람은 자주 자신의 작업이나 가족 및 사회적인 관계를 통해 자신 성격의 극단을 서로 조화시키는 법을 체득합니다. 이것에 성공적이지 못하면, 이들은 고뇌에 찬 영혼으로 등장하여 좌절감과 불행에 맞서 항상적으로 고군분투하게 됩니다. 끊임없는 활동에 의한 망각도, 문제에 대한 일시적인 현실도피도 장기적으로 이들에게 안식을 주지 못합니다. 이들 중 다수에게 진정한 평화는 좀처럼 찾아내기 힘겹습니다.

▶ 일간 특성
강점; 허튼짓을 하지 않는, 유능한, 잘 적응하는
약점; 들뜨는, 극단적인, 현실 회피적인

▶ 명상
일어나는 것에 대한 수용은 진실을 발견하는 데 필수적입니다.

▶ 조언
당신이 외부적인 관심사를 감당할 때 하는 만큼 당신의 감정적인 문제도 당당하게 직시하라.
가능하면 당신의 강경노선을 부드럽게 하라.
논쟁은 피하라. 논쟁은 다만 당신의 에너지 낭비일 뿐이다.
당신 자신 속에서 평화를 찾아내라.

▶ 건강
현실도피의 모든 형식은 이들의 건강에 심각한 위험을 제기합니다. 실망감과 좌절감을 감당하지 못하는 무능 탓에, 이들은 술과 마약에서 위안을 탐구하고, 자기 연민의 사적인 느낌을 마음에 품는 두드러진 성향을 갖고 있습니다. 이들은 (긍정-부정, 선-악 등의 공생을 인정하는 것 등) 세상에 대한 실상화된 접근법을 계발하는 데, 또 자신 역시 상황에서 실패할 수 있음을 인정하는 데 공들여야만 합니다. 둘째로, 이들은 깊은 수준에서 자기 자신을 알아야 합니다. 어쩌면 이들은 문제에 대한 수용법을 체득하기 위한 시간을 허용하면서, 자기 자신을 너무 심하게 몰아대지 않는 법을 체득할 수 있습니다. 식사는 단지 고도로 구조화된 이들의 또 다른 구성 요소만 되지 말아야 하는데, 이들은 긴장을 풀고 자신의 식단에 약간의 유연성을 허용하려고 욕구합니다. 이들은 건강에 좋은 것을 먹는 것뿐만 아니라 식사의 즐거움이라는 것도 또한 기억해내야만 합니다.

▶ 수비학
31일에 태어난 사람은 숫자 4(3+1=4)와 31 그리고 천왕성에 통치됩니다. 오직 7개 달만이 31일이 있으므로, 31일은 생일에 대해선 덜 흔한 숫자이고, 31일에 태어난 이들은 헤아려지기가 자주 까다롭습니다. 숫자 4에 통치되는 사람은 자신의 전망이 매우 자주 고도로 개별적이므로, 비협조적이고 논쟁적일 수 있습니다. 이들은 매우 힘겹게 받아들이는 거절에 대해서도 또한 극도로 민감합니다. 이들이 천왕성에 통치되기 때문에, 숫자 4에 통치되는 사람은 갑작스럽고 폭발적인 기분 변화라는 성벽을 갖고 있습니다. 이것은 수성(쌍둥이자리의 통치자)의 강한 영향력 및 천왕성에 대한 수성의 효력 때문에, 5월 31일에 태어난 이들에게 특히 해당합니다.

▶ 원형
네 번째 메이저 카드는 자신이 지닌 권력의 일차적인 원천인 지혜를 통해 구체적이고 세속적인 것들을 다스리는 '황제'입니다. 황제는 안정되고 현명한데, 그의 권위라는 세력은 의심받을 수 없습니다. 이 카드의 긍정적인 연관성은 강한 의지력과 확고부동한 에너지이고, 비호의적인 자질은 완고함, 압제, 심지어 잔인성까지 포함합니다.

6월 1일
대중의 눈의 날
The Popular Eye

▶ 심리구조

6월 1일에 태어난 이들은 대개 대중의 눈에 발견되고, 아니면 사회의 최신 태세와 동향을 관찰하는 것에 발견될 수 있습니다. 어느 쪽이든 이들은 사회적인 맥락에서 보는 것이나 보이는 것에 얽매입니다. 이들은 역사에 대한 이해관계를 표출할지도 모르지만, 대개 그 역사가 현재를 어떻게 밝혀주는지에 대한 이해관계입니다. 실로 이들은 자신의 모든 힘을 가져와서 가장 최신식의 것에, 즉 다층적인 분야의 예술 상태를 장식하고, 말하며, 읽어내고, 연구하는 것에 적용합니다.

이것은 이들이 지나치게 사교적인 존재임을 의미하는 것은 아닙니다. 이들은 외향성의 사람인 것처럼 보이고 드물게는 과시적인 사람인 것처럼 보일지도 모르지만, 그런 외적인 태도는 자주 고립되고 외로운 성격을 가려버립니다. 그러므로 다수가 자신이 안다고 생각할지도 모르지만, 누구도 유별난 이들을 실상적으로 잘 아는 것은 어렵습니다. 이들은 자신의 느낌뿐만 아니라 행위도 또한 숨기는 데 마스터입니다. 실로 이들의 세계 중 내면 성소로의 입장을 허락받는 사람은 거의 없습니다.

이들 중 남녀 모두는 기본적으로 혼자 있는 것을 싫어하므로 좀처럼 동무 없이 지내지 않습니다. 이들 중 일부는 외로움을 피하려고 사회 활동에 자기 자신을 투신하고, 온전히 한 무리의 친구와 지인을 모읍니다.

이들은 좀처럼 무지를 시인하지 않을 것입니다. 비록 이들의 전문적인 지식이 지독하게 깊게 작동하지 않을지도 모르지만, 이들은 주제의 넓은 다층성에 관해 많이 알고 있는 것을 자랑으로 여깁니다. 하지만 자신이 가장 사로잡힌 영역에서 이들은 정보의 인상적인 중심부를 축적하기 위해 무엇이든 할 것입니다. 이를테면 스포츠 인물에서 만화책까지 망라할 수 있는 이 연구의 주제는 학문적일 필요가 없습니다.

이들은 언어의 솜씨 및 손재주가 요구되는 임무에 대한 적성을 갖고 있고, 사람들의 중요한 것 및 그들의 욕구와 원함도 또한 알고 있습니다. 이런 점은 이들이 미래의 고객을 순식간에 판정하는 안목을 갖고 있기 때문에, 자신을 뛰어난 영업인으로 만들어줍니다. 만일 이들이 단지 자신에게 그 고된 직종에 요구되는 지루함과 기다림을 견뎌내는 지구력과 참을성을 갖고 있기만 했더라도, 자신을 뛰어난 탐정으로 만들어냈을 것입니다. 가장 계발되지 않은 이들의 집중력을 향상시키는 것, 그리고 외부의 촉발에 의탁하지 않으면서 자기 자신을 즐겁게 하는 수용력을 키우는 것은 이들의 개인적인 성장에 매우 중대합니다.

이들은 만사만물의 가치에 대한 느낌을 갖고 있으므로, 자신을 뛰어난 구매자로도 또한 만들어내고, 일반적으로 돈을 다루는 데 기민합니다. 하지만 타인들의 작품에 대한 진가를 대단히 알아보고, 그 알아봄에 동반된 모방하는 재능 탓에, 이들은 자주 자신의 창조적인 잠재력을 깨닫는 데 대단한 어려움을 갖고 있습니다. 자신만의 개별성을 신뢰하는 것은 자기 계발에 필수적인데, 그 신뢰가 없이는 심지어 더 모방적인 창조성조차도 위축되기 시작합니다. 이들은 자신의 삶에서 어느 시점에 자기 자신의 속을 깊이 파고들 용기를 찾아내야만 하는데, 이들은 '자신이 실상 누구인지' 및 '자신이 원하는 것이 무엇인지'를 찾아낼 때, 사회나 부모, 친구가 어떻게 생각하든 상관없이 자신의 꿈을 추구하는 것 외에는 선택의 여지를 갖고 있지 않을지도 모릅니다.

▶ 일간 특성
강점; 시각적으로 지각력 있는, 기민한, 재미있는
약점; 기질적인, 산만한, 조급해하는

▶ 명상
산다는 것은 창조적인 활동입니다.

▶ 조언
사회의 가치와 당신에게 기대되는 것을 잠시 동안 잊어버리도록 노력하라.
깊은 수준에서 당신 자신이 되려는 용기를 갖고 있고, '당신이 무엇인지'를 위해 당신 자신을 좋아할 용기를 갖고 있으라.
당신의 강점을 발견하고, 반대가 있더라도 그것을 실행하라.
자기-가치가 다른 모든 것을 대체한다.

▶ 건강
이들은 병과 질병에 대해 특이한 발상을 갖고 있을 수 있지만, 자신에게 잘못된 것들 대다수를 단지 무시합니다. 이들은 자기 자신을 치유하기 위한 자신 신체의 능력에 확고한 신념을 갖고 있고, 의사들에 대한 일반적인 불신감을 갖고 있습니다. 정신 건강이 관련된 한, 좋은 상담사나 심리학자는 이들의 자기-실현 과정에서 이들에게 대단히 도움 될 수 있지만, '만약 그것이 깨지지 않았다면 고치지 마라'는 믿음이 있는 이들은 그런 처치를 할 가능성보다 피할 가능성이 훨씬 더 큽니다. 식단이 관련된 한, 이들은 자신의 음식에 관해 매우 까다로울 수 있습니다. 좋은 식욕이라는 축복을 받은 이들은, 자신이 끌려들지도 모르는 유행하는 식단과 제한된 식단을 피해야 하고, 다양한 메뉴를 즐겨야 합니다.

▶ 수비학
1일에 태어난 사람은 숫자 1 및 태양에 통치됩니다. 1일에 태어난 사람은 첫째가 되는 것을 좋아합니다. 숫자 1에 통치되는 사람은 전형적으로 개별적이고, 고도로 고집적이며, 정상에 오르기를 열망합니다. 그러므로 비록 6월 1일에 태어난 이들은 오랫동안 현상 유지에 만족할지도 모르지만, 자신 삶의 어느 시점에 성공을 위해 애써야만 합니다. 이들 중 다수는 한 추구에서 다른 추구로 옮겨가는 수성(쌍둥이자리의 통치자)적인 삶을 영위합니다. 태양은 통제를 벗어나 산발적으로 폭발하도록 허용되기보다 꾸준히 흐르도록 가장 잘 유지되는 강한 창조적인 에너지와 불기운을 상징합니다.

▶ 원형
첫 번째 메이저 카드는 마법뿐만 아니라 지성, 소통, 정보를 상징하는 '마법사'입니다. 그의 머리 위의 무한대라는 상징은 일부 타로 종류에서는 모자의 형식을 취하고, 다른 종류에서는 후광의 형식을 취합니다. 많은 해석이 도출될지도 모르는데, 그중 하나는 마법사가 순환적이고 끝나지 않는 삶의 천성을 알아보고, 이런 이해심에 의해 힘있게 된다는 것입니다. 이 첫째 카드가 제안하는 긍정적인 특성은 외교적인 기술과 빈틈없는 기민함을 포함하지만, 부정적인 특성은 양심의 가책 결여와 기회주의입니다. 이들이 피상성과 환상을 끌어안든, 아니면 더 심오한 목표를 추구하든 간에 선택은 이들에게 달려있습니다.

6월 2일
문제 해결사의 날
The Problem Solvers

▶ 심리구조

6월 2일에 태어난 이들에게는 문제와 어려움이 풍부합니다. 하지만 이것은 이런 장애물을 다루는 것이 이들에게 삶의 한 방식이기 때문에 보이는 것만큼 나쁘지는 않습니다. 사실, 상황이 너무 순조롭게 진행되고 있을 때, 이들은 공들일 새로운 문제를 탐색하고 아니면 심지어 창조까지 할지도 모릅니다. 이들은 자주 타인들로 하여금 어려움에 대처하도록 돕는 직업을 선택합니다. 이런 식으로 이들은 자신이 평생 동안 다뤄온 개인적인 문제를 외적으로 대상화할 수 있습니다.

이들 중 여성은 단순하고 단출한 사람과 좀처럼 결혼하지 않을 것입니다. 사실, 문제적인 성격의 인물과 결혼하는 것은 끝없는 도전을 제공하지만, 흥미로운 관여도 또한 제공해줍니다. 불운하게도, 이들 중 그런 관계를 갖고 있는 여성은 동반자의 제약 및 이들 자신만의 욕구에 대한 부인에 직면하게 되는 깊은 감정적인 좌절감으로도 또한 고통을 겪을 수 있습니다.

이들의 삶은 비록 단조로운 적이 있다고 해도 좀처럼 단조롭지 않습니다. 실로, 이들의 난해한 욕구와 부추김을 충족시키기 위해 항상적인 다층성이 요구되고, 따라서 새로운 프로젝트, 새로운 노력이 풍부합니다. 실패는 이 굳센 영혼의 열의를 절대로 꺾지 못합니다. 사실, 이들은 날이 갈수록 더 확고부동함을 기르고, 개인적인 퇴보에서 온갖 종류의 재난에 이르기까지 거의 모든 것을 버텨내는 법을 체득합니다. 결국 작은 재앙으로 꽉 들어찬 삶에서는 어떤 것도 압도적인 참사로 보이지 않고, 온갖 것이 정도의 문제, 즉 상대적이 됩니다. 매우 믿음직한 이들은 잇달아 오는 대다수의 어떤 위기도 감당하는 데 유능하기 때문에, 집과 직장 모두에서 극도로 소중합니다. 하지만 이들은 원치 않는 조언을 제안하는 경향성을 통제해야만 합니다.

놀랄 것도 없이 이들의 감정적인 삶은 험난합니다. 이들의 느낌은 매우 복잡하고 특징짓기가 어렵습니다. 위에서 진술된 것처럼, 비록 이들이 대단한 태연자약으로 위기를 감당하지만, 주기적인 격변을 겪어가므로 이들만의 삶에서 '영속하는' 침착함은 때때로 이들의 손에 닿지 않는 것으로 보입니다. 게다가 이들의 충동은 이들을 안전, 편안함, 행복이 아니라 더 위태로운 국면으로 이끕니다.

이들이 자유를 중시할지라도, 이들을 끌어들이는 것은 사실상 서약입니다. 거듭해서 이들은 자기 자신을 다른 누군가와 묶음으로써 본질적으로 자신의 개인적인 자유를 포기합니다. 이들이 사실상 다른 사람의 불행에 이바지하고 있거나 아니면 자신만의 불행에 이바지하고 있을지도 모르지만, 이들이 보기에 온갖 것은 선을 위해 있습니다. 좀처럼 이들은 자신의 관계에서 특이한 천성을 알아보지 못하고, 자신만의 '문제'를 파악하는 것에 특히 관심도 갖지 않습니다. 하지만 뛰어난 조직가인 이들은 자신의 모든 어려움을 통해 자신의 삶에서 일종의 안정을 성취하고, 나이 들면서 이들이 감당할 수 없는 어떤 것도 현존하지 않는 것으로 보입니다.

▶ 일간 특성
강점; 창의적인, 잘 적응하는, 문제를 해결하는
약점; 까다로운, 문제를 창조하는

▶ 명상
소원이 너무 자주 이루어집니다.

▶ 조언
당신이 세상을 혼자 떠맡으려고 하지 마라.
당신 자신을 더 자주 떠올려보고, 독립심을 키우라.
당신의 계획에 타인들을 항상 관여시키지는 마라. 때로는 혼자 상황에 응하기를 시도하라.
행복과 만족감을 적극적으로 탐구하라.
당신의 조언에 방어적이 되라.

▶ 건강
이들은 대개 사회적인 피조물이기에, 파티와 외식을 너무 많이 한 후에 살이 찔지도 모릅니다. 채식 요리는 식단에서 과다한 지방을 제한하는 역할을 할 수 있는데, 집에 있을 때 이들은 요리 기술을 계발함으로써 열량 섭취를 더 잘 조절할 수 있게 됩니다. 운동이 관련된 한, 라켓볼이나 테니스 같은 일대일 경쟁 스포츠가 이들에게 좋고, 자신의 좌절감을 풀어줍니다. 이들은 건강과 식단 문제에 있어서 자기 자신이 전문가이지만, 물론 직업적인 수용력을 제외하고는 타인들에게 너무 많은 조언을 하는 것을 주의해야 합니다. 정기적이고 장기간의 휴가는 이들의 과로한 신경계에 필수적입니다.

▶ 수비학
2일에 태어난 사람은 숫자 2 및 달에 통치됩니다. 숫자 2에 통치되는 사람은 더 좋은 협업자와 동반자이므로, 이것은 6월 2일에 태어난 이들이 작업과 관계에서 더 잘 어울리도록 도와줍니다. 하지만 특별히 달의 영향력이 강하게 반사적이고 수동적이므로, 이것은 좌절감을 연출하면서, 개별적인 주도권과 활동에 심각하게 제동하는 역할도 또한 할지도 모릅니다. 달과 수성(쌍둥이자리의 통치자)이 조합된 영향력은 아부성의 손쉬운 반응과 남을 기쁘게 하려는 욕망 쪽으로 이들을 만들어갈 수 있는데, 이것은 더 강력한 형제자매에게 종속되어 자라는 이들 중 둘째로 태어난 자녀 다수에게 특히 해당합니다.

▶ 원형
두 번째 메이저 카드는 자신의 왕좌에 앉아 침착함과 뚫지 못함을 보여주는 '여사제'입니다. 그녀는 숨겨진 세력과 비밀을 드러내서, 그 지식으로 우리를 힘있게 하는 영적인 여성입니다. 이 카드의 유리한 자질은 침묵, 직감, 비축, 분별이고, 부정적인 가치는 비밀주의, 불신, 무관심, 타성입니다.

6월 3일
유창한 표현의 날
Fluent Expression

▶ 심리구조

6월 3일에 태어난 이들은 자신의 발상을 타인들에게 전달하려는 욕구를 갖고 있고, 대개 말하기를 통해 이것을 달성합니다. 하지만 말로 표현되든 아니든 고도로 독창적인 이들의 언어는 때때로 너무 미묘하거나 아이러니해서, 일부 사람들은 파악하기가 어려움을 알아차립니다. 반면에 이들이 감정적이 되면, 타인들은 이들을 너무나도 잘 이해할지도 모르고, 심지어 이들의 무뚝뚝함에조차도 분개할 수 있습니다. 이들은 자신의 더 명쾌하고 동시에 더 외교적으로 접근하는 것에서 이득을 얻게 될 것입니다.

이들이 말하는 내용뿐만 아니라 말하는 분량도 또한 예외적일지도 모릅니다. 이들은 어떤 주제에 관해 흥분될 때 매우 잽싸게 지껄일 수 있고, 때때로 이들의 이해관계는 청중들의 관심이 시들해진 뒤에도 오래도록 계속됩니다. 그러나 이들의 청취자들이 깊이 관여될 때, 이들은 그들의 주목을 붙잡아두는 에너지를 갖고 있습니다.

대체로 타협을 위해 많은 것을 참작하지 않는 이들은 현상 유지를 옹호하든 현상 유지에 반대하든 간에 자신의 관점을 방어하거나 공표하는 데 똑같이 목소리를 높입니다. 따라서 이들은 자신이 논쟁과 논의에 쉽게 끌려들고, 심지어 청하지 않은 때조차도 담대하게 자신의 의견이 알려지게 만들어내고 있는 것이 자주 발견됩니다. 이들이 논쟁에서 굴복한 적이 있을지라도 좀처럼 굴복하지 않습니다.

이들은 정신 지향적이고 눈치가 빠르지만, 자신의 요점이 전달되게 하려고 신체적인 존재감을 활용하는 것을 마다하지 않습니다. 하지만 이들 중 남녀 모두는 대개 협박적이기보다 유혹적입니다. 이들은 자신의 논거가 논리적인 근거에서 고려되도록 요청할 수 있지만, 다른 분위기에서는 간략히 지시를 줘버리고 그대로 내버려둘지도 모릅니다. 실로 이들은 민감한 이슈로 자극받을 때 꽤 압제적일 수 있습니다. 이들이 그런 감정적인 상태에 있을 때 이들에게 반대하기보다는 이들을 진정시키는 것이 더 좋습니다.

만약 이들이 존중할 한 가지가 현존한다면, 그것은 자신이 논쟁에 동의하든 동의하지 않든 간에 잘 숙고해 내놓아서 전달되는 언어적인 논쟁입니다. 이들을 흔들고 싶은 사람들은 이것을 명심해야 합니다. 진실로 이들은 장갑을 낀 주먹보다 융단 같은 손길에 더 잘 반응하고, 적합하게 접근하면 심지어 마음에 드는 쾌락으로 매수될지도 모릅니다.

이들은 재치나 아이러니, 빈정댐을 어떤 식으로든 조합할 수 있습니다. 특히 짜증날 때 이들의 말은 비수처럼 찔러서, 자신과 가까운 사람들의 느낌을 황폐하게 할 수 있습니다. 이들은 이 영역에서 자신의 힘에 대한 전모를 깨닫지 못할 수도 있고, 그러므로 자신이 사랑받는 사람들이 자신에게 어떻게 반응하는지에 더 발맞추려고 욕구해야 합니다.

이들에 대한 최악의 처벌은 무시되는 것입니다. 침묵과 듣지 않음은 이들에게 맞서서 대단히 효율성으로 고용될 수 있지만, 이 무기는 아껴서 활용되어야만 합니다. 만약 이들을 단순히 약을 올리고자 탐구한다면, 사람들은 예상된 것보다 더 폭력적인 반응을 얻을지도 모릅니다. 이들도 역시 경시당하는 것을 달갑게 받아들이지 않는데, 이들의 반응은 극단적일 뿐만 아니라 번개같이 순식간일지도 모릅니다.

▶ 일간 특성
강점; 언어적인, 설득적인, 재치 있는
약점; 위압적인, 건망증이 심한

▶ 명상
당신이 자기 자신을 알게 되고 싶다면 가장 가까운 전차에 올라타세요. [가까이 있는 사람에게 말을 거십시오]

▶ 조언
당신은 온갖 국면을 교묘한 말로 모면할 수 없으니, 과신을 주의하라.
당신의 열받는 기질을 마음쓰고, 가능하다면 타인들이 자기 뜻대로 하도록 내버려두라.
말은 상처를 줄 수 있다. 더 많은 이해심과 자비심을 보여주라.

▶ 건강
누군가 이들을 억지로 의사에게 끌고가기가 어려울지도 모릅니다. 하지만 만약 [의사에게] 가는 논거의 근거가 충분하고 합리적이면, 이들은 귀를 기울일 것입니다. 이들의 건강은 대체로 양호하고, 매년 정기검진으로 사소한 만성적인 질환은 중대한 관심사가 되기 전에 진단될 수 있습니다. 걷기와 수영 같은 적당한 운동이 권장됩니다. 쉽게 지루해하는 이들은 많은 놀라운 요리들이 포함된 폭넓고 다양한 식단에 가장 행복합니다.

▶ 수비학
3일에 태어난 사람은 숫자 3 및 목성에 통치됩니다. 숫자 3에 통치되는 사람은 대체로 자신의 특정 분야에서 최고 위치를 탐구하고, (쌍둥이자리인 6월 3일에 태어난 이들에게 강화되는) 독립에 대한 사랑을 갖고 있습니다. 목성은 숫자 3에 통치되는 사람에게 낙관적이고 확장적인 사회적 전망을 빌려주지만, 이들의 아이러니하고 다소 냉소적인 태도를 동요시키는 데 실패합니다.

▶ 원형
세 번째 메이저 카드는 창조적인 지성을 상징하는 '여황제'입니다. 그녀는 완벽한 여성형, 즉 실현된 우리의 꿈이자 체화된 우리의 희망과 열망이라는 최고의 여성성인 대지의 양육자입니다. 그녀의 확고부동한 자질은 이들에 대한 긍정적인 상기자입니다. 이 카드는 매혹, 우아함 및 조건 없는 사랑이라는 긍정적인 특성도 대변하고, 완벽하지 못함을 수용할 능력이 없는 것뿐만 아니라 허영심과 꾸며냄이라는 부정적인 특성도 또한 대변합니다.

6월 4일
비판 전문의 날
Critical Expertise

▶ 심리구조

6월 4일에 태어난 이들은 자신의 빠른 마음과 말의 솜씨 덕에, 대체로 주목을 끌어들입니다. 어떤 주제를 말할 때 이들은 긍정적인 영감을 줄 수 있지만, 의견의 불일치를 표현할 때 좀처럼 함축적이거나 외교적이지 않습니다. 비록 이들이 반드시 지도자의 역할에 적합한 것은 아니지만, 그럼에도 최고에 있는 자기 자신을 알아차릴지도 모릅니다. 이들은 최고의 위치에서 불안감을 느낄 수 있고, 그러므로 독재적인 행동에 대해 경계해야만 합니다. 결국, 이들은 힘있는 팀원으로 작업할 때 더 행복합니다.

이들은 엄격한 규칙, 신조 및 미심쩍은 의무에 동의하여, 자신이 아끼는 유연성을 내어주는 것을 주의해야 합니다. 이들은 업종이나 관심사의 학습 단계에서 학생이나 견습생의 역할을 하며 자기 자신을 완벽하게 하려고 작업할 때 가장 행복합니다. 이들은 자신의 계발을 제한하는 제약적인 작업의 어떤 종류에도 빨리 점차 불만족할 수 있기 때문에, 지평선 위에 항상 새로운 프로젝트를 갖고 있는 점이 중요합니다. 최악의 경우 이들은 자신의 가족, 친구, 협업자에게 불만족에 대한 좌절감을 꺼낼 수 있습니다.

이들은 자신의 비판적인 관찰이 아무리 통찰적일지라도 적대감을 자극할 수 있으므로, 자신의 언어적인 기술을 건설적인 방식으로 작업하는데 발휘해야 합니다. 한마디로 이들은 객관적인 진실에 덜 집중하고, 인간관계에 더 집중해야 합니다. 비교적 빈정거림이 없는 유머 감각을 키우는 것이야말로 이 목적에 대단히 이바지할 수 있습니다.

이들에게는 부인할 수 없는 기법적인 기술이 현존하고, 이들은 자주 자신의 분야에서 전문가가 되거나 적어도 작업장에서 인기가 높습니다. 이들 중 다수는 자신이 하는 일에 뛰어날 뿐만 아니라, 자신의 환경에 건전하고 적확한 구조를 가져올 능력이 있습니다. 이들이 타인들을 위해 결정을 만들어내는 것에 관해 뒤섞인 느낌을 갖고 있을지도 모르지만, 이들의 조직적인 기술은 인상적이고, 이들은 다양한 사람들을 단결하고 효과적인 단위로 빚어내는 데 유능합니다.

이들은 대개 자신의 직감, 예감에 비중을 주고, 또 마땅히 그럴 만합니다. 이들은 너무 많이 생각하는 실수를, 그리고 자신의 정신적인 부분으로 하여금 이런 직감력을 서서히 잠식하는 실수를 절대로 만들어내지 말아야 합니다. 일벌레인 이들은 자주 너무 많은 노력에 자기 자신을 내던진다면 말라버릴 것 같은 감정적인 삶을 지켜내야만 합니다. 레크리에이션(경쟁적인 스포츠)과 섹스 모두에 대한 신체적인 부추김은 억압되지 말고 표현되어야 합니다. 이들은 자신이 사랑하는 사람에게 애정을 내보여주고, 매일 단순히 친절한 활동을 벌이기 위해 시간을 들여야만 합니다. 애정을 받아들이는 것은 이들에게 문제가 되지 않지만, 도움을 받아들이는 것은 당연히 문제가 될 수 있습니다. 주고받는 법을 체득하는 것이 이들이 인간 존재로서 계발되는 데 중요하고 지속적인 부분입니다.

▶ 일간 특성
강점; 정신적인, 언어적인, 직감적인
약점; 요구가 많은, 혹평에 스트레스받는

▶ 명상
'최고의 친구'라는 용어는 배신을 위한 설정일지도 모릅니다.

▶ 조언
당신의 더 높은 자기에 맞춰라.
당신의 행로에 대한 지침을 탐구하라.
도움을 청하는 것을 두려워하지 마라. 도움이 주어질 것이다.
당신 자신을 있는 그대로 받아들이고, 마찬가지로 타인들을 더 사랑하고 용납하라.
당신의 작업에서 자주 휴가를 가져라.
가끔 아무것도 하지 말고 당신의 마음을 비우는 법을 체득하라.

▶ 건강
이들은 지속해서 활동적이지 않으면, 중년에 체중이 많이 나갈 수 있습니다. 그러므로 경쟁적인 스포츠는 체중 관련 이유뿐만 아니라 공격성을 해소하기 위해서도 또한 고도로 권장됩니다. 과도한 흡연과 음주는 극도로 쇠약해지게 하므로 무슨 수를 써서라도 피해야만 합니다. 일생 동안 이들의 신경계는 대단한 변화를 겪어갈 수 있는데, 자신의 젊은 시절에는 약간 진정해야 할지도 모르지만, 나중에는 주저앉아 안일해지는 것에 관련해 경계해야만 합니다. 세월이 흐르면서, 자신의 에너지를 전환하고 보존하면서 생명력을 유지하는 것이 이들에게 열쇠입니다. 식습관에 관련하여 자주 전통적인 이들은 자신의 식단에 영양분과 미네랄의 더 넓은 다층성을 포함하기 위해 새로운 요리법과 음식 아이템을 실험해야 합니다. 요리 기술을 습득하는 것은 어쩌면 절제식의 지평을 확장하는 가장 좋은 방법일 것입니다.

▶ 수비학
4일에 태어난 사람은 숫자 4 및 천왕성에 통치됩니다. 숫자 4에 통치되는 사람은 6월 4일에 태어난 이들에서 확대되는 특성인, 고도로 개별적이고, 때로는 까다롭거나 논쟁적입니다. 이들은 민감한 심혼을 갖고 있어서, 무너지기 쉬운 에고는 거절을 매우 힘겹게 받아들입니다. 천왕성의 영향력 때문에 숫자 4에 통치되는 사람은 갑작스럽고 폭발적인 기분 변화를 과시할 수 있습니다. 이 자질은 수성(쌍둥이자리의 통치자)의 강한 영향력 및 천왕성에 대한 수성의 급진적인 효력에 의해 오직 이들에게만 강조됩니다.

▶ 원형
네 번째 메이저 카드는 자신이 지닌 권력의 일차적인 원천인 지혜를 통해 구체적이고 세속적인 것들을 다스리는 '황제'입니다. 구체적이고 황제는 안정되고 현명합니다. 황제의 권위는 의심의 여지가 없습니다. 이 카드의 긍정적인 연관성은 강한 의지력과 확고한 에너지입니다; 비호의적인 특성은 고집, 압제, 심지어 잔인성을 포함합니다.

6월 5일

빛나는 행로의 날
The Brilliant Path

▶ 심리구조

6월 5일에 태어난 이들은 자신을 타인들이 이해하지 못할 때 자주 놀랍니다. 이들의 언어는 사실에 기반을 두므로 실용적인, 즉 이들만의 귀에는 선명하고 단순합니다. 하지만 이들의 발상은 뒤얽히고 복잡하며 이따금 실상에서 동떨어질 수 있고, 이들의 청중들은 이들 생각의 흐름을 어떻게든 따라갈 수 있지만, 결국 그 생각 배후의 의미나 의도를 파악하는 데 실패할지도 모릅니다. 이들 중 일부는 발상과 사유 시스템 계발에 너무 많은 중점을 두고, 일상의 자연적인 사실에는 너무 적은 중점을 둡니다.

이들 중 다수가 자신만의 세계에 사는 것으로 보이는 것은 참입니다. 하지만 이들에게 소통이 너무 중요해서, 이들은 만일 오해받으면 대단히 좌절될 것입니다. 이들 중 성공적인 사람은 악화시킬 문턱을 높이는 법을 체득하고, 동시에 자신이 말하는 것을 받아들일 시간과 공간을 타인에게 허용해줍니다. 이들 중 덜 진화된 사람은 단지 내부 독백일 뿐이라고 불릴 수 있는 다음번 생각을 타인들이 예상하리라고 기대하면서 서둘러 등장합니다. 이들은 자신의 마음에 걸리는 것을 다만 말로 표현하는 대신, 발상을 되새겨서 느긋하고 조정된 양식으로 그들에게 전달하는 법을 체득해야 합니다. 이를테면 어떤 위치를 지지하기 위해 12가지 논거를 이용하는 대신, 설득적인 하나의 논거를 전달하는 것이 훨씬 더 효과적일지도 모릅니다.

이들 중 대다수는 성숙해지면서 더 절제하고, 더 조정하며, 더 심사숙고하게 됩니다. 만약 이들이 자신의 에너지를 제대로 다룰 수 있다면, 이들의 체계적인 방식은 이들의 삶에 질서를 잘 세워줄 것입니다. 그렇지 않다면, 혼란이 지배할 것입니다. 이들은 절대 자신의 열의를 잃어버리지 말아야 하고, 단순히 그 열의를 조금 억제하여, 실망과 퇴보를 확고부동함과 평정으로 받아들이는 법을 체득해야 합니다.

이들은 상황을 바로잡으라고 자신을 부추기는 강한 강박적인 면을 갖고 있습니다. 이들 중 일부 여성은 일찍이 괴팍한 사람으로 취급되지만, 극도로 유능한 사람으로 계발되면서 이들을 비방하는 사람이 틀렸음을 입증할 수 있습니다. 이들 중 다수는 최근의 온갖 세부사항과 우발적인 사태가 대비되지 않으면, 걱정하기 쉽습니다. '만약에?'는 이들이 항상적으로 자기 자신과 타인들에게 묻는 질문입니다. 이런 걱정은 대개 실책을 만들어내는 것으로 가혹하게 비판받거나, 바보로 보이도록 만들어지리라는 두려움에서 솟아옵니다. 만약 이들이 조금 가볍게 해서 이따금 자기 자신을 비웃을 수 있다면, 이들은 더 행복하고 더 건강해질 것입니다.

이들 중 대다수는 고도로 경쟁적이고, 이기기를 좋아합니다. 비록 천성적으로 완벽주의자가 아닐지라도, 이들 중 일부는 그런 태도가 자신의 성공에 도움되리라고 생각하면서 결국 자기 자신을 무자비하게 그 방향으로 몰아가게 됩니다. 자주 자신에게 가장 나쁜 적이 되는 이들은 실존하지 않는 어려움을 자기 자신과 타인들에게 창조합니다. 정신적인 갈등이 특히 이들을 끌어들이지만, 이들이 극복해야만 하는 것은 더 자주 물리적인 도전입니다. 불안감은 마음과 몸 사이의 균형을 잡는 활동에서 만족감을 찾아냄으로써 피해질 수 있습니다.

▶ 일간 특성
강점; 활달한, 체계적인, 두뇌 회전이 빠른
약점; 초조해하는, 혼돈되는, 당황하게 되는

▶ 명상
음악의 리듬은 음표 자체가 아니라 음표 사이의 침묵 속에서 일어납니다.

▶ 조언
정신적인 훈련의 일부 형식은 당신의 성공을 위해 필수적이다.
당신의 생각을 단순화하고, 당신의 의도가 무엇인지 명료하게 전달하라.
속도를 약간 줄이고, 모든 사람이 여전히 당신과 함께 있는지를 확인하라.

▶ 건강
이들은 자신의 활동적인 천성 때문에 많은 에너지를 소모하고, 그래서 정기적인 충전 휴식이 필요합니다. 이들의 식단은 자주 고단백질과 고탄수화물 당분으로 운영되지만, 적어도 인생 후반부까지는 이들에게 잘 맞는 것으로 보입니다. 이들은 자신이 카페인이나 니코틴, 술 쪽으로 많이 경도될 때 과해지는 경향도 또한 있고, 자신의 습관을 절제하거나 완전히 끊도록 노력해야 합니다. 자신의 건강에 관련해 이들은 자신 천성의 충동적인 면보다 체계적인 면을 확실히 따라야 합니다. 다양한 식단이 이들에게 가장 좋지만, 이들은 천연식품 보충제의 비타민과 미네랄을 여전히 첨가해야 할지도 모릅니다. 이들은 정기적인 운동이 대개 이들에게 매력적이어서, 단지 지나치게 운동하는 것에 주의해야 합니다. 이들은 인생의 중년기에 가까워지면서 (조깅, 걷기, 요가 같은) 적당한 운동 프로그램을 유지해야 합니다.

▶ 수비학
5일에 태어난 사람은 숫자 5 및 수성에 통치됩니다. 쌍둥이자리도 또한 수성에 통치됩니다. 수성은 생각과 변화의 빠름을 대변하므로, 6월 5일의 쌍둥이자리는 특히 정기적으로 자신의 마음과 신체적인 주위환경을 바꾸기 쉽습니다. 이들은 자신의 매력적인 힘을 향상시키지만, 곤란을 일으키는 산만함 쪽으로 타인들을 몰아댈 수 있는 자신의 성격 중 한 측면인 충동적인 천성을 통제해야 합니다. 좋은 면에서 숫자 5에 통치되는 사람이 전형적으로 삶에서 받는 역경은 이들에 대한 영속하는 효과를 거의 갖고 있지 않을 것이고, 이들은 빠르게 회복됩니다.

▶ 원형
다섯 번째 메이저 카드는 인간의 이해심과 신념을 상징하는 신성한 신비에 관한 해석자인 '사제'입니다. 그의 지식은 난해하고, 그는 보이지 않는 만사만물에 대한 권위를 갖고 있습니다. 이 카드가 수여하는 호의적인 특성은 자기-보증성, 무의심과 적합한 해석이고, 비호의적인 특성은 설교하기, 호언장담, 독단주의를 포함합니다.

6월 6일
예지력의 날
The Visionary

▶ 심리구조

6월 6일에 태어난 이들은 정말로 자신의 일부인 비전을 갖고 있습니다. 그 비전은 이들의 직종이나 가족문제, 학업 분야에서 구현될 수 있지만, 이들 삶의 온갖 측면에 영향을 줄 것입니다. 자주 자신의 원대한 계획을 끝까지 해내는 것이 최우선이고, 그러므로 이들은 외로울 수 있고, 즉 이들과 가까운 관계를 갖고 있는 사람과 깊은 수준에서 공유할 능력이 없습니다. 이것은 마치 이들의 가슴이 이미 정해진 것 같습니다.

이들의 가장 대단한 위험은 이들의 비전이 이들을 말과 행동 모두의 극단으로 데리고 가리라는 점입니다. 이런 극단주의의 부정적인 결과는 개인적인 부상부터 실패까지, 아니면 심지어 죽음까지 망라할 수 있습니다. 그러므로 이들은 자신에게 부여된 비범한 에너지를 사용할 시 방어적이어야만 합니다.

모든 종류의 양극성이 이들을 사로잡고 끌어들입니다. 이들은 타협을 위한, 즉 삶에서 중용을 탐구하기 위한 시간을 거의 갖고 있지 않지만, 대개 자신의 목표와 욕망을 쫓아 전속력으로 나아갑니다. 이들 중 일부는 겉모습과 처신에서 온건한 것처럼 보이고, 아니면 심지어 보수적인 것처럼 보이지만, 그런 겉치장 아래에 더 급진적인 천성의 피조물이 도사리고 있을 가능성이 있습니다. 만약 이들이 사회나 주위 여건에 의해 더 예견되는 삶을 살도록 강요받는다면, 이들의 더 야생적인 면은 꿈과 공상에서 승화합니다.

이들 중 여성은 몇몇 유별난 자질을, 심지어 기묘한 자질까지 당연히 갖고 있을지도 모르지만, 참으로 이상할 수 있는 사람은 바로 이들 중 남성입니다. 이들 중 덜 고도로 진화된 사람은 자신이 실현할 능력이 없는 괴짜 같은 책략과 결함 있는 비전을 갖고 있습니다. 이들 중 덜 재능이 있거나 덜 진보된 사람은 삶에서 자신의 역할을 수용하는 법을 체득하고, 여전히 손쉽게 이루려는 자신의 마음을 위한 더 실용적인 배출구를 탐구하는 법을 체득해야만 합니다. 극심한 정신적인 불균형이 일어날 시, 범죄적인 활동 및 심리적으로 파괴적인 활동도 또한 구현될 수 있습니다.

이들 중 가장 성공적인 사람은 글쓰든, 말하든, 비언어적이든 간에 자주 소통의 독특한 종류를 통해 자신의 주위 사람을 깨우쳐주고 진보시키기 위해 필연적으로 자신의 예지 능력을 사용합니다. 이런 이들의 발상은 그들을 이해하는 데 유능한 사람들에게 영감을 주는 역할을 합니다. 더 폭넓은 청중에게 다가가려고 이들은 자신의 메시지가 아주 분명하고, 자기 자신과 자신의 청중 사이를 가로막는 어떤 장애도 현존하지 않는다는 점을 확실히 하기 위해 때때로 어떤 일도 서슴지 않으려고 욕구합니다.

이들은 혁명적인 열의를, 즉 자신이 보기에 더 나은 쪽을 향해 실존하는 사회 구조에 대한 소망을 갖고 있습니다. 무엇보다도 자유는 이들의 표어입니다.

▶ 일간 특성
강점; 예지력 있는, 표현적인, 예술적인
약점; 오해받는, 극단적인, 완전히 틀려버리는

▶ 명상
기법은 순전히 개별적인데, 개인적인 표현 수단입니다.

▶ 조언
더 많은 것을 타인들과 공유하는 법을 체득하라.
당신이 당신의 주위 사람들에게 갖고 있는 효과를 알아채라.
완료되어야만 하는 유지관리의 작은 직무를 살펴보라.
지속해서 현실[땅]에 당신의 발을 딛고 있도록 노력하라.

▶ 건강
이들은 자신의 극단주의가 두려움이라는 건강하고 필요한 감각을 무시하는 경향이 있으므로, 가족과 친구에 의해 세심히 지켜봐져야 할지도 모릅니다. 이들이 하려고 계획하는 것이 단지 위험하거나 무모하게 들리는 이유만으로 그 계획에 관해 이들이 만들어낸 진술을 웃어넘기는 것은 실수인데, 자신의 계획을 실행하려는 이들의 의도는 아마도 몹시 진지합니다. 성실한 테라피나 상담은 이들이 위기의 때를 넘기도록 돕는 데 중대할 수 있습니다. 이들을 감수해주는 사람도 또한 고도로 이해심이 있고, 후원적이어야만 합니다. 포괄적이고, 안정시키며, 보수적인 식단이 권장됩니다.

▶ 수비학
6일에 태어난 사람은 숫자 6 및 금성에 통치됩니다. 숫자 6에 통치되는 사람이 사랑과 찬양을 끌어들일 시 자석 같기 때문에, 또 금성이 사회적인 상호작용에 강하게 연계되므로, 6월 6일에 태어난 이들은 타인들과 함께 사회적인 맥락에서 필연적으로 작업합니다. 이들은 문학이나 상업, 예술 창조에서 자신의 역할을 연기할 수 있는 (쌍둥이자리의 통치자인 수성에 도움받는) 정신적인 비전도 또한 손쉽게 떠올릴 것입니다. 사랑은 숫자 6에 통치되는 사람의 삶에서 자주 지배적인 테마입니다.

▶ 원형
여섯 번째 메이저 카드는 남성성과 여성성이라는 양극성의 통합을 통해 인간성의 모든 것을 하나로 묶는 사랑을 상징하는 '연인'입니다. 이 카드가 좋은 면에서는 높은 도덕적인, 미적인, 신체적인 차원의 애정과 욕망을 예시하고, 나쁜 면에서는 충족되지 않은 욕망, 감상성, 우유부단함을 위한 성벽을 예시합니다.

6월 7일
흥겹게 하는 이의 날
The Entertainer

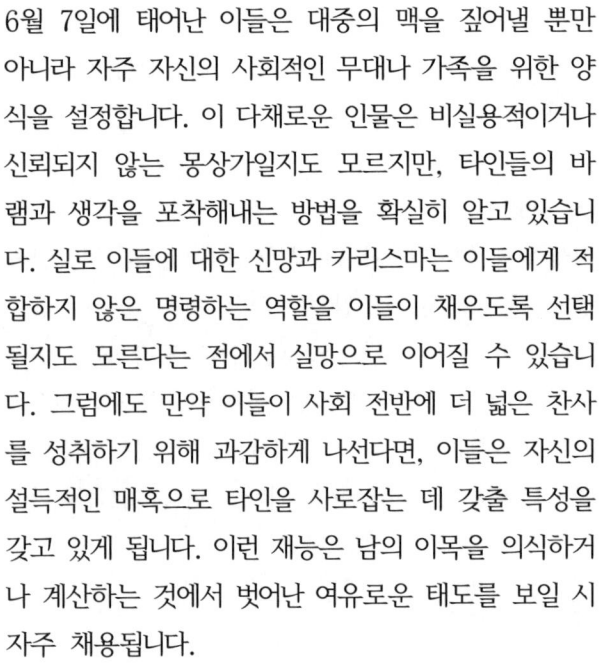

▶ 심리구조

6월 7일에 태어난 이들은 대중의 맥을 짚어낼 뿐만 아니라 자주 자신의 사회적인 무대나 가족을 위한 양식을 설정합니다. 이 다채로운 인물은 비실용적이거나 신뢰되지 않는 몽상가일지도 모르지만, 타인들의 바램과 생각을 포착해내는 방법을 확실히 알고 있습니다. 실로 이들에 대한 신망과 카리스마는 이들에게 적합하지 않은 명령하는 역할을 이들이 채우도록 선택될지도 모른다는 점에서 실망으로 이어질 수 있습니다. 그럼에도 만약 이들이 사회 전반에 더 넓은 찬사를 성취하기 위해 과감하게 나선다면, 이들은 자신의 설득적인 매혹으로 타인을 사로잡는 데 갖출 특성을 갖고 있게 됩니다. 이런 재능은 남의 이목을 의식하거나 계산하는 것에서 벗어난 여유로운 태도를 보일 시 자주 채용됩니다.

이들이 삶으로 깊이 들어가서 그 삶의 표면 위를 따라 아무 생각 없이 스쳐가는 데 만족하지 않는 것이야말로 이들의 영속하는 성공에 매우 중요합니다. 자주 피상적이라고 판단되는 이들은 옷, 자동차, 집, 돈 같은 삶의 물질적인 측면을 넘어서 자신의 지평을 확장해야만 합니다. 이것은 이들이 친밀한 우정과 깊은 공헌을 형성할 수 있는지도 또한 결단하는 데 핵심 요소일 것입니다. 이들이 자신의 삶을 위한 더 심오한 근거를 탐구하는 것을 거부한다면, 이들은 대체로 자신의 개인적인 관계에서 친밀성을 확립하는 데 반복적으로 실패할 것입니다. 이들은 자신이 실상적으로 마음쓰는 누군가가 어느 날 이들에게 어쩌면 또한 그리 점잖지 않게 일러줄 때까지는 자신의 결점을 알아차리기가 어려울지도 모릅니다.

이들이 뛰어난 '언어'는 대개 확연히 비언어적이고, 특히 지적인 것도 또한 아닐지도 모릅니다. 사랑의 언어처럼 시각 언어와 몸 언어도 이들에게 자연스럽게 떠오릅니다. 문자 그대로 아니면 비유적으로 타인을 유혹하려는 이들의 욕망은 유혹하는 이들의 기술에 상응합니다. 이런 유혹은 신체적인 또 언어적인 형식을 취할지도 모릅니다. 불운하게도, 타인들에게 매우 의미가 있는 것이 이들에게는 아마 그저 지나가는 공상일 뿐입니다. 따라서 이들의 실망시키는 능력은 대단합니다.

때때로 이들은 외견상 기묘한 행동을 향한 성향을 보여줄지도 모릅니다. 대다수의 경우 이것은 무해한 기분 전환인데, 어쩌면 이들은 누군가가 새로운 모자를 써보려고 하는 것처럼 새로운 활동이나 표현 방식을 단지 시도하고 있을 뿐입니다. 이들은 실로 그해에 가장 재미있는 사람 중 일부인데, 즉 이들이 주인 역할을 할 때 특히 그렇습니다.

이들은 다양한 형식의 움직임과 몸의 접촉을 즐기는 확연히 심미적이고 신체적인 유형입니다. 게다가 이들은 사람들에게 충격을 주는 것과 농담하기를 즐깁니다. 이들 중 대다수는 잘난 체하는 가식적인 유형을 경멸합니다. 심지어 고도로 성공적일 때조차도, 이들은 지속해서 대중 친화적이고, 여전히 시대에 발맞추는 것을 자랑으로 여깁니다. 흥겹게 하기는 아마도 실연해보임의 진가를 알아보든, 자기 자신을 실연해 보이든 간에 이들에게 가장 대단한 만족감을 주는 것입니다.

▶ 일간 특성
강점; 흥겹게 하는, 익살맞은, 매혹적인
약점; 믿을 수 없는, 선-생각되는, 둔감한

▶ 명상
인간 존재는 꽃과 같아서, 매우 섬세하면서 동시에 내구성이 있습니다.

▶ 조언
당신의 유혹적인 힘을 주의하라. 당신은 타인들을 잘못 인도하여 나중에 후회할지도 모른다.
당신 자신을 흥겹게 하려고 노력하라. (청중을 위한 당신의 욕구에서 더 독립적이 되라.)
당신의 주제를 가능한 한 철저하게 연구하고, 그만큼 당신이 말하는 것에 관해 진지해지라.

▶ 건강
이들은 대개 자신의 신체적인 건강과 겉모습에 대해 매우 관련됩니다. 그러므로 이들은 의사에게 정기적으로 방문하는 것이 좋은 발상이라는 점에 쉽게 설득됩니다. 이들은 차림새를 좋게 하는 것이든, 피부와 손톱을 돌보는 것이든, 아름다운 몸매를 유지하는 것이든 간에 지겨워하지 않습니다. 이것은 대체로 이들의 식단에도 또한 유효합니다. 비록 이들이 건강에 좋은 음식을 먹는 것에 반드시 관심을 두는 것은 아니지만, 또 심지어 단 음식이나 정크 푸드에 대한 강한 갈망까지 갖고 있을지도 모르지만, 이들은 자신이 잘못되고 있는 때를 알고 곧 정상 궤도로 복귀합니다. 정기적인 식사는 이들이 혼자 먹어야 하지 않는 한 이들에게 기쁨입니다. 지나치게 진지하거나 굳은 얼굴을 한 길벗들도 또한 이들의 식욕을 완전히 앗아갈지도 모릅니다. 현란한 스포츠와 비관습적인 형식의 운동은 이들을 끌어들입니다. 심미적이고 성적인 경험에 대한 넓은 다층성이 권장되지만, 요청받을 때는 경계심이 발휘되어야 합니다.

▶ 수비학
7일에 태어난 사람은 숫자 7 및 해왕성에 통치됩니다. 해왕성은 비전, 꿈, 심령현상을 통치하는 물같은 행성이기 때문에, 숫자 7에 통솔되는 사람은 비실상적인 상태에 빠져버리는 것에 대해 경계해야 하고, 전형적으로 변화와 여행도 또한 좋아하는데, 다행히도 이들이 대체로 (쌍둥이자리에 대한 수성의 통치 때문에 예고되는) 변화에 잘 적응하고 적합하기 때문에, 변화와 여행을 좋아하는 것은 6월 7일에 태어난 이들에게 갈등을 창조하지 않습니다.

▶ 원형
일곱 번째 메이저 카드는 세상을 누비는 의기양양한 인물을 보여주면서, 역동적인 방식으로 자신의 신체적인 존재감을 구현하는 '전차'입니다. 그 카드는 올바른 행로가 아무리 좁고 위태롭더라도 [그 행로를] 계속해야 한다는 의미로 해석될지도 모릅니다. 이 카드의 좋은 면은 성공, 재능, 효율성을 배치해주고, 나쁜 면은 독재적인 태도와 서툰 방향 감각을 예시합니다.

6월 8일
유력한 개인주의의 날
Influential Individualism

▶ 심리구조

6월 8일에 태어난 이들 중 다수는 과학이나 인문, 예술에 똑같이 잘 적용될지도 모르는 고도로 계발된 정신적인 능력을 보여줍니다. (특히 여성에게 해당되는) 가족의 리더로서 이들은 강한 책임감을 보여주고, 역경의 시기에 기개와 확고부동함을 과시합니다. 하지만 이들에게 더 재능이 있을수록, 이들은 더 기이해지고 색달라질 수 있습니다. 이들의 민감한 에고 및 이들이 거주하는 희귀한 세계 탓에, 이들의 정신적인 균형은 위태로울 수 있습니다.

이들은 자신의 활동에 의한 귀결을 고려한다고 알려진 것은 아닙니다. 이들이 특히 외교적인 것도 또한 아닙니다. 따라서 하나의 큰 실수가 수년간의 긍정적인 작업을 망치거나 적어도 심각하게 후퇴시킬지도 모릅니다. 따라서 주의깊은 계획세우기 및 객관성은 이들의 프로젝트가 성공적으로 결말하는 데 중대합니다. 고도로 재능이 있거나 창조적인 이들은 세상에서 정기적으로 물러나려는 욕구를 느낄지도 모르지만, 재충전과 영감을 위한 기간 동안 사건이라는 세계에 여전히 접촉해야만 합니다. 이들은 (사람을 연구하는 것이 자신이 추진하는 격정일지라도) 어쨌든 가장 사회적인 사람이 아닙니다. 취미, 클럽, 사교적인 작업은 이들 중 다수가 편안하고 보상받는 인간적인 교제를 찾아내는 현장입니다.

정의로워지려고 시도할 시 이들은 비판적으로 전환될 수 있고, 용감해지려고 욕구할 시 이들은 공격적인 경향을 계발할지도 모릅니다. 이들은 설교적이고 지나치게 도덕적인 사람도 또한 되고, 심지어 가장 비관습적인 사람까지 될 수 있습니다. 이는 마치 이들이 타인을 용인하기를 꺼리는 자기 자신에게 관용을 요구하는 것과 같습니다. 반면에 충직은 이들이 타인들에게서 기대할 뿐만 아니라, 개인적으로 (특별히 가족과 친구에 관련해) 내보여주기도 하는 중요한 것입니다. 하지만 자신의 개인적인 계발을 진전시키기 위해 이들은 열정적인 의무감에 결부된 죄책감의 느낌을 줄이려고 욕구할지도 모릅니다.

성공을 위한 등반에 동반하는 요구가 꾸준하게 증가하는 탓에, 또 스트레스에 대한 자신의 문턱이 낮은 탓에, 이들 중 다수는 자신이 만족스럽게 기능하고 머물면서 실연해보이는 수준을 찾아낼 때 가장 행복하게 됩니다. 반면에, 이들 중 기업이나 경력에서 더 높은 위치에 오를 운명인 사람은, 정상에 오르는 것에 불가피하게 동반하는 (또 삶이 그 정상에서는 무엇과 같은지에 대한 실상화된 발상도 또한 갖고 있는) 외로움과 어려움에 대한 자신의 [철면피처럼] 외피를 강화해야만 합니다.

중요하거나 권한이 있는 위치를 차지할 때, 이들은 자신 및 자신의 고용인이나 대중들 사이의 어떤 소통 부족이 오직 스트레스를 심화시킬 뿐임을 마음에 담아둬야만 합니다. 그러므로 이들은 정보와 관심사를 쉽게 교환하도록 허용해주는 소통의 열린 통로를 확립해야 합니다. 만약 이런 몇몇 요구가 충족된다면, 이들의 마음은 여전히 자유로이 비상할, 즉 타인들에게 비범한 성공과 이득을 가져다줄 이론과 계획을 혁신하고, 구현할 것입니다.

▶ 일간 특성
강점; 의무를 다하는, 기법적으로 능숙한, 개성적인
약점; 스트레스받는, 지나치게 열성적인, 실책하기 쉬운

▶ 명상
구현의 법칙은 내일의 물리학입니다.

▶ 조언
당신 자신의 도덕적, 판단적인 측면을 지속해서 통제하라.
(당신 자신과 타인을 위해) 당신이 설정한 기준을 세심하게 고려하라.
좀 긴장을 풀어라.
적어도 이 순간은 당신이 있는 곳에 만족하라. 야심이 당신의 삶을 좌우하게 하지 마라.

▶ 건강
이들 중 다수가 경험하는 격렬한 정신적인 중압감과 자신이 떠맡는 과도한 책임감 탓에, 이들은 신경계의 다층적인 문제로, 가장 자주 두통, 근육의 긴장 및 불안감으로 고통을 받을지도 모릅니다. 이들은 증상만 치료하고 그런 불편사항들의 근본 원인을 무시하지 않도록 해야만 하는데, 이들은 그런 증상을 습관 및 생활방식의 변화를 위한 경고나 요청으로 보아야만 합니다. 불면증은 스트레스의 또 다른 결과일지도 모릅니다. 처방약이나 가정 치료법이 약간 도움 될지도 모르는데, 다시 말하지만, 명상이나 심리 상담은 문제의 근원으로 가는 더 영속하는 해결책일지도 모릅니다. 요리 기술을 키우는 것과 음식을 준비하는 것에 대한 이해관계는 이들에게 매우 건강한 취미입니다. 이들 중 좌식 직업을 갖고 있는 사람들은 정기적으로 운동하기 위해 더 대단한 노력을 만들어내야 합니다. 더 자연적인 주위환경을 위해 근교로의 도피는 도시 거주자들에게 대단한 이익에 속합니다.

▶ 수비학
8일에 태어난 사람은 숫자 8 및 토성에 통치됩니다. 토성이 '책임이라는 강한 느낌' 및 '경계심, 제한, 숙명론의 의식'을 운반해주므로, 6월 8일에 태어난 이들의 더 보수적인 면은 강화됩니다. 숫자 8에 통치되는 사람은 자신의 삶과 경력을 더디고 조심스럽게 구축해갑니다. 수성(쌍둥이자리의 통치자)은 이들에게 진지한 정신적인 전망을 주려고 토성과 함께 영향력을 조합해냅니다. 비록 이들의 가슴이 꽤 따뜻할지도 모르지만, 숫자 8에 통치되는 사람의 토성적인 영향력은 차가운 외관 쪽으로 이들을 만들어갈 수 있습니다.

▶ 원형
여덟 번째 메이저 카드는 사나운 사자를 길들이는 우아한 여왕을 그려내는 '강인함이나 용기'입니다. 여왕은 반항적인 에너지를 마스터할 수 있는 여성 마법사를 상징하고, 신체적인 강인함뿐만 아니라 도덕적인 강인함을 표징합니다. 이 카드의 긍정적인 속성은 카리스마와 성공하려는 결단을 포함하고, 부정적인 자질은 무사안일과 권력남용을 포함합니다.

6월 9일
정신적인 고집의 날
Mental Insistence

▶ 심리구조

6월 9일에 태어난 이들은 한편으로 강압적인 사람이고, 다른 한편으로는 기이하게도 수동적인 사람이라는 이중성을 표출할 수 있습니다. 대개 이것이 구현되는 방식은 삶의 일부 영역에서 이들이 결단적인 자질과 강한 자질을 보여주지만, 놀랍게도 다른 영역에서는 활동하기를 꺼린다는 점입니다. 어쩌면 이들이 작업에서는 결정을 잘하고 강압적이나 관계에서 (특히 관계를 착수하는 데) 소심하고, 아니면 반대로 자신의 경력에 요구되는 것보다 야심과 추진력을 덜 보여주나 가정에선 지배적입니다. 이런 이중성은 심지어 관심사의 한 영역 속에조차도 실존할 수 있고, 현저하게 가변적입니다. 따라서 특히 감정 분야에서, 타인들은 이들에게 무엇을 기대할지 모를 수도 있습니다. 단지 삶의 한 영역에서만 이들에게 관련된 사람들은, 실로 이들이 다른 영역에서 어떻게 작동하는지를 보고 놀랄지도 모릅니다.

하지만 자신의 발상이 관련된 한, 이들은 대개 잘못에 대해 바위처럼 견고해서, 자신의 믿음을 쉽게 거래하지 않습니다. 거침없이 말하는 이들은 다른 관점으로 비판할 시 꽤 무뚝뚝할 수 있어서, 실로 (맹목적인 충직을 덕성이라고 간주하지 않는) 이들은 때때로 자신만의 편인 사람들에 대해 지나치게 비판적인 것으로 보일지도 모릅니다. 세부사항을 간과하지 않는 이들은 '자신' 및 '자신의 친구나 가족, 동료'가 참으로 동의 속에 있는지를 확인하는 데 거의 열광적일 수 있습니다.

능수능란한 마음을 갖고 있는 이들은 논리를 지향하지만, 때로는 감정적으로 미성숙한 양식으로 활동할지도 모릅니다. 다행히도 아이 같은 긍정적인 자질은 그런 유치함을 훨씬 능가하고, 이들 자신은 아이들과 함께하는 방식을 갖고 있습니다. 이들 중 자신만의 자녀를 갖고 있지 않은 사람은 자주 직종적인 수용력에서 혹은 자원봉사자로서 젊은이들과 함께 작업하고, 다른 가족 구성원의 자녀들과 즐거운 시간을 보냅니다.

이들은 원시적인 감정에, 특히 질투, 분노, 시기하는 숭배 또는 다른 불건전한 흠모의 형식에 대한 통제되지 않은 표현에 대해 경계해야만 합니다. 정신적인 훈련이 핵심입니다. 혼란이 현존하는 곳에서 객관성을 키우는 것, 삶의 한 구획에서 다른 구획으로 긍정적인 속성을 이어서 넘겨주는 것, 또 이들이 혼자 힘으로 창조해왔던 인위적인 경계선과 틀을 허물어뜨리는 것은 대단한 도전이되 고도로 보상받는 도전입니다. 통합이 여기의 테마, 즉 전인적인 사람이 되는 것이고, 이들이 어떻게든 자신 삶의 다양한 측면을 함께 합칠 때, 이들은 대단히 행복해지고 성공하는 데 유능하게 됩니다. 그렇지 않으면 이들은 여전히 구획되어 난처하게도 일관성이 없게 되는, 즉 일부 영역에서는 최상이나 다른 영역에서는 비참하게 결핍됩니다.

▶ 일간 특성
강점; 거침없이 말하는, 심지가 굳건한, 논리적인
약점; 감정적으로 미성숙한, 일관성이 없는, 통합되지 않는

▶ 명상
죽음이 교사라면 삶은 우리의 숙제입니다.

▶ 조언
당신의 강점을 자신의 약점을 위한 기준으로 만들어내도록 노력하라.
자기 이해와 자기 검토가 중대하다.
상황을 숙고하기 위해 이따금 삶에서 물러나라.
당신 자신을 표현할 시 더 창조적이[의식적이] 되라.

▶ 건강
이들은 대개 명상적인 운동과 신체적인 운동 모두에 대한 다층적인 형식을 실습하는 것에 개방적입니다. 요가, 에어로빅, 무술 등 모든 체계적인 실습은 이들을 끌어들이고 지속해서 이들이 몸매를 유지하도록 도와줍니다. 하지만 그만큼 이들은 건강한 음식 선택권에 마음을 열어야만 합니다. 이들은 먹지 말아야 할 것에 초점을 덜 맞추고, 자신의 요리 지평을 넓히는 데 더 초점을 맞춰야 합니다. 쌍둥이자리인 이들은 자신의 호흡기체계뿐만 아니라 손도 잘 돌봐야 합니다.

▶ 수비학
9일에 태어난 사람은 숫자 9 및 화성에 통치됩니다. 숫자 9는 (이를테면 5+9=14, 4+1=5처럼 9를 더한 어떤 숫자도 그 숫자가 되고, 9×5=45, 4+5=9처럼 9를 곱한 어떤 숫자도 9가 되므로) 다른 숫자에 대한 영향이 강력하고, 6월 9일에 태어난 이들은 자신의 주위 사람들에게 비슷하게 영향을 끼칠 능력이 있습니다. 강압적인 화성이 남성적인 에너지를 배치해주는데, 이들 중 여성은 특히 (쌍둥이자리의 통치자인 수성의 신속함에 의해 예고되는) 자신이 지나치게 공격적이라고 타인들에게 각인시킬지도 모릅니다.

▶ 원형
아홉 번째 메이저 카드는 대개 등불과 지팡이를 들고서 걷는 '은둔자'이고, 그는 명상, 고립, 침묵을 대변합니다. 그 카드는 확고해진 지혜와 궁극적인 단련을 암시합니다. 은둔자는 양심을 사용하여 타인들로 하여금 그들의 행로를 유지하게 해주는 임무 감독관입니다. 이 카드의 긍정적인 면은 집요함, 목적, 심오함, 집중력이고, 부정적인 의미는 교조주의, 불관용, 불신, 만류를 포함합니다. 은둔자는 위에서 언급한 통합을 향한 시각으로 6월 9일에 태어난 이들에게 정기적인 자기 검토의 필요성을 상기하게 해야 합니다.

6월 10일
웃음과 슬픔의 날
Laughter and Sadness

▶ 심리구조

6월 10일에 태어난 이들에게 삶은 명료하게 부침을 갖고 있습니다. 이들 중 더 성공적인 사람은 어떻게든 (행복과 슬픔, 조증과 우울, 익살과 비극이라는) 상반된 것을 종합하고 조화시키며, 덜 성공적인 사람은 빛과 어둠의 반복된 널뛰기에 의해 미치도록 내몰릴 수 있습니다. 이들 중 일부가 가장 대담해지는 것은 바로 이들이 절망으로 밀어붙여질 때입니다. 이들은 '온갖 것을 두려워하기 때문에, 어떤 것도 두려워하지 않는다'고 말할 수 있는데, 실로 이들은 딜레마에 해결책을 가져오려고 노력하는 엄청난 모험을 자주 합니다. 이들이 무사태평한 것으로 보이고, 아니면 적어도 괴로우면서 즐거운 것으로 보일지도 모르지만, 누군가가 이들의 표면 아래를 조금 긁어보면, 이들의 삶에는 더 어두운 면이 현존합니다.

이들 중 고도로 진화된 사람은 자신만의 경험을 통해 우주 속의 빛과 어둠의 세력 사이의 상호 관계에 대한 깊은 이해심을 갖고 있게 됩니다. 이들은 가장 단순한 일상의 국면에서, 또 확실히 성인식, 결혼식, 장례식 등을 특징짓는 사회적으로 중요한 의식에서 유머와 슬픔 양쪽을 느끼는 수용력을 계발합니다. 이들 중 덜 고도로 진화된 사람은 똑같이 유머와 슬픔이라는 감정적인 기복을 타지만, 이들의 경험은 더 넓은 이해심을 전혀 가져다주지 않는데, 이들은 슬픔에서 자신을 보호하는 철학을 전혀 갖고 있지 않기 때문입니다.

어두운 명왕성의 세력과 숙명적인 토성의 세력은 이들에 대한 이상한 홀림을 갖고 있습니다. 성욕, 죽음, 파괴, 격정, 폭력의 문제는 이들에게 엄청난 이해관계를 제시하고, 심지어 고착까지 될 수 있습니다. 두려움이 깊고 통제되지 않는 감정을 매우 많이 자극하기 때문에, 실로 이들을 가장 끌어들이고 밀쳐내는 것은 바로 두려움입니다. 이들 중 다수는 미소 짓고 쾌활한 겉치레 뒤에 이런 홀림을 숨기고, 타인들은 이들의 억눌려진 어두운 면에 자석처럼 인력을 발휘하는 명왕성적인 인격에 끌립니다. 대개 이들의 분석 능력은 고도로 계발되어 있어서, 이들은 조사하고 탐험하며 실험하고 이론화하는 것을 사랑합니다.

이들 중 여성은 특히 혼돈되고 몹시 [감정적으로] 팽팽한 것처럼 보일 수 있습니다. 이를테면 작업에서 완벽함을 탐구하거나 가정에서 지속해서 티끌 하나 없게 하는 이들은 신경질적인 에너지를 자신의 환경을 통제하는 데로 자주 전환합니다. 이것은 이들이 자신의 의식에 있는 불안을 통제하려는 시도를 대변하는 것일지도 모릅니다.

이들 중 남녀 모두는 어두운 면에 자신이 홀리지 않도록 자기 자신을 보호해야만 합니다. 만약 이들이 그런 이해관계를 자신의 작업 속에 건전한 방식으로 통합할 수 있다면, 이들은 행복할 뿐만 아니라 성공적일 것입니다. 반면에 만약 이들이 자신의 사생활 속에서 부정성에 대처하는 데 실패하면서 기쁨조적인 공적 페르소나 속에 자기 자신을 잃어버린다면, 이 이분법은 일종의 '지킬과 하이드'라는 국면을 창조하면서 자신의 천성을 분열시킵니다. 웃음과 눈물인 오페라 팔리아치의 '웃어라 광대여 웃어라' 시나리오는 인생에서 이들의 운명이 될지도 모릅니다.

▶ 일간 특성
강점; 대담한, 유능한, 인간적인
약점; 곤란해지는, 지나치게 감정적인, 불규칙한

▶ 명상
당신은 예술가들에게 항상 "여러분은 급여를 받든 받지 않든 매일 자신의 작업을 합니다."고 말할 수 있습니다.

▶ 조언
무엇이 당신을 괴롭히는지 명확히 하라.
세상 속으로든 세상 밖으로든 간에 현실도피를 주의하고, 다른 누군가에게서 당신의 나머지 반쪽을 물색하려는 것도 또한 주의하라.
당신의 활동과 공상을 통합시키기 위해 애쓰라.

▶ 건강
이들은 좀처럼 타인에게 향하지는 않지만, 자초하는 자신의 파괴적인 충동을 조심해야만 합니다. 우울증의 경향이 발견되는 이들은 항우울제 중독을 경계해야만 합니다. 해답이 밝은 행동에 중점을 두는 데 있지 않으므로, 이들은 빛과 어둠 사이의 심리적인 균형을 찾아내야만 합니다. 이 균형은 이들의 어두운 면을 인정하는 것, 즉 어두운 면을 두려워하기를 그치고 결국 화해를 가져오는 것에 의해서만 오직 달성될 수 있습니다. 성적인 표현의 부족은 이들에게 매우 부정적인 귀결을 보유할 수 있습니다. 건강을 유지하기 위한 체육적인 추구는 도움되지만, 필수적인 것은 아닙니다. 적당한 운동이 예시됩니다.

▶ 수비학
10일에 태어난 사람은 숫자 1(1+0=1)과 태양에 통치됩니다. 숫자 1에 통치되는 사람은 대체로 자신이 하는 것에서 첫째가 되는 것을 좋아하고, 태양은 뚜렷하게 인간적이고 긍정적인 삶을 지향하는 따뜻하고 잘 계발된 에고를 부여해주는 경향이 있습니다. 숫자 1에 통치되는 사람은 대다수 주제에 관해 확고한 개별적인 견해를 갖고 있고, 꽤 고집적일 수 있습니다. 극도로 완고할지라도 (변통적인 공기 싸인의 쌍둥이자리인) 이들은 자주 어떻게든 다루기 쉬운 것처럼 보입니다. 태양과 수성(쌍둥이자리의 통치자)이 접합된 영향력은 이들을 정신적으로 크도록 밀어줍니다. 숫자 1에 통치되는 사람은 야심적인 경향이 있지만, 6월 10일에 태어난 이들은 무대 뒤에서 타인들을 유도하면서, 자주 이 [야심을 채우려는] 몰아댐을 미묘하게 구현합니다.

▶ 원형
열 번째 메이저 카드는 운명의 반전을 암시해 변화 외에는 영구적인 어떤 것도 현존하지 않음을 가르쳐주는 '운명의 수레바퀴'입니다. 수레바퀴는 인생의 부침, 승리와 패배, 성공과 실패를 예시합니다. 숫자 1과 10이 통치하는 이들은 기회를 붙잡는 것에 집중하는데, 바른 순간에 활동하는 것이 이들의 성공에 열쇠입니다. 그 열쇠에 동반된 뚜렷한 성공 및 '운명의 수레바퀴'에 결부된 실패는 바로 인생에서 어떤 성공도 어떤 실패도 영구적이지 않음을 가르쳐줍니다.

6월 11일
한계까지 밀어붙이는 이의 날
The Limit Pushers

▶ 심리구조

6월 11일에 태어난 이들은 사회에 의해, 아니면 자연에 의해 강요된 경계를 넘어서 밀어붙일 용기를 갖고 있습니다. 한계를 극복하고, 한계에서 한 걸음 더 나아가며, 한계를 깨뜨려 벗어나려는 이들의 의지는 두드러집니다. 그러므로 이들은 확장적이고 다소 공격적인 인격이라고 불릴지도 모릅니다.

하지만 한계를 극복하려면, 누군가는 그 한계를 '그것의 진정한 정체성[그것이 무엇인지]'을 위한 것으로 알아봐야만 합니다. 이것 때문에 이들 중 성공적인 사람은 자신의 분야나 특기에 조예가 깊은 학생이고, 심지어 과학자이기까지 합니다. 이들은 자신의 주제를 잘 알고, 그 주제에 대한 기법적인 마스터를 성취하는 것을 바랍니다. 이들은 위험을 두려워하는 대신에 자주 위험을 '필요한 촉발'로 알아봐야 합니다. 일단 이들은 타인들이 도달했던 한계까지 전진해왔다면, 오직 밀고나가는 것만이 남게 됩니다. 이런 탐험은 사업, 스포츠, 요리, 섹스, 마약, 감정적이고 심리적인 영역, 무섭거나 범죄적인 경험, 심지어 가족을 새로운 최고의 탁월함으로까지 끌어올리는 데 어떤 영역에서든 구현될 수 있습니다.

이들의 탐험 자체가 요소적[근간적]이므로, 땅, 공기, 불, 물이라는 요소는 이들의 삶에서 자주 중심적인 테마입니다. 물론 이들의 실험은 자기-실현의 과정이고, 이들이 밀어붙이고 있는 것은 결국 이들만의 한계이기 때문에, 이들을 감수해주는 사람들은 이들의 시도들 속에서 공유할지도 모르지만, 대다수 관련된 관중입니다.

이들은 대체로 다수의 쌍둥이자리 사람의 전형인, '이해관계에 대한 혼란스러운 다층성' 및 '전문성의 결여'를 갖고 있는 것은 아닙니다. 이들은 자신의 모든 에너지를 쏟는 한 가지 단련에 가장 자주 뿌리내려서 연구합니다. 이들은 두드러지게 격렬한, 즉 고도로 경쟁적인 사람입니다. 승리하려는 의지가 강한 이들은 좀처럼 퇴각하지 않는, 즉 고군분투에서 어떤 이유로도 굴복하거나 단념하지 않습니다. 이들은 곧잘 일찍 은퇴하거나 피동적으로 은퇴하는 유형이 아니라, '쓰러질 때까지 싸우라'는 유형이고, 서서히 사라지는 것보다 영광의 불길 속으로 나아갈 것입니다. 이들에게는 성공을 위한 어떤 보장도 현존하지 않고, 실패에 대비한 보험도 실상 큰 의미가 없습니다. '실행[처럼 보이는 연극, play]이 수단이다'고 말해질 수 있는 이들이 제멋대로[결과는 생각하지 않고] 경쟁하므로, 성공과 실패라는 의문[문제]은 어찌된 일인지 부차적입니다. 따라서 '승리하는 것이 전부가 아닌 유일한 것이다'는 말은 [과정도 또한 중요하다는] 새로운 의미를 떠맡습니다.

이들 중 성공적인 사람은 팀의 구성원으로서 잘 기능하지만, 지휘하는 위치에서 더 자주 발견됩니다. 이들은 '개인적인 노력의 중요성' 및 '공동선을 위해 에고를 종속시키기' 양쪽을 알아봅니다. 어쩌면 이것은 이들이 자신의 그룹 구성원들에게 매우 자주 고도로 찬양받고, 심지어 숭배까지 받는 이유입니다.

그럼에도 이들은 사회의 한도를 넘는 것을 주의해야만 합니다. 이들은 적대감과 질투심을 자극하는 습관을 갖고 있을 뿐만 아니라 일부 사람에게는 완전히 오만한 것처럼 또한 보일 수 있습니다. 그런 교만이라는 잘못을 실로 범한 사람은 자신의 사회 집단에 의해 쓰러지고, 배척당하며, 심지어 투옥되기까지 하는 참으로 비극적인 희생자가 될 수 있습니다. 특히 이들은 자만심이나 극단적인 에고주의에서 자신의 선함을 지켜내는 겸손을 위한 욕구를 갖고 있습니다.

▶ 일간 특성
강점; 잘 유도되는, 긍정적인, 근면한
약점; 완고한, 지치게 하는

▶ 명상
오만함 속에서, 인간은 자신이 자연을 파괴하는 데 유능하다고 생각합니다.

▶ 조언
타인들의 느낌을 알아채고, 당신의 가족과 친구들의 원함과 욕구에 더 민감해지도록 노력하라.
겸손함을 키워라, 자기 자신에게 너무 휩쓸리게 되지 마라.
당신의 공격성은 강력한 적들을 끌어들일 수 있다.

▶ 건강
이들은 자주 이동하기 때문에, 안정된 식단을 유지하는 것이 문제거리가 될지도 모르는데, 만약 패스트 푸드나 간식이 규칙으로 된다면, 이들의 건강은 결국 고통받을 것입니다. 정기적인 식사, 정기적인 운동, 정기적인 신체 검진이라는 건강에 대한 일관된 접근법이 요청됩니다. 이들은 자주 일벌레이지만 자신의 작업을 즐기기 때문에, 이 일벌레는 아마 들리는 것만큼 불건전한 것은 아닙니다. 하지만 이들은 휴가를 경박한 사치가 아니라, 삶의 통합되고 필요한 부분으로 보아야만 합니다.

▶ 수비학
11일에 태어난 사람은 숫자 2(1+1=2)와 11 그리고 달에 통치됩니다. 숫자 2에 통치되는 사람은 자신을 리더보다 좋은 협업자, 동반자, 팀 협동자로 자주 만들어가고, 6월 11일에 태어난 이들의 탐구적인 천성은 당연히 이들의 가족, 작업 또는 사회 집단의 관심사에 묶여버릴지도 모릅니다. 반사적이고 수동적인 경향도 또한 강하게 전달해주는 달의 영향력에 의해 이들의 상상력은 향상됩니다. 숫자 11은 (수성에 통치되는) 쌍둥이자리의 정신적인 집중을 잘 보완해주는 신체적인 차원을 위한 민감성을 빌려줍니다.

▶ 원형
11번째 메이저 카드는 한 손에 저울을 들고, 다른 손에 검을 들고 의자에 차분히 앉아 있는 여인인 '정의'입니다. 그녀는 우리에게 우주의 질서를 상기시켜주고, 우리가 자신의 행로를 계속하는 한 우리의 삶에 균형과 조화가 유지되리라는 점을 상기시켜줍니다. 이 카드의 긍정적인 측면은 통합, 공정, 정직, 단련이고, 부정적인 측면은 낮은 주도권, 비인격성, 혁신의 두려움, 불만입니다.

6월 12일
북돋아주는 낙관주의의 날
Buoyant Optimism

▶ 심리구조

6월 12일에 태어난 이들은 대체로 상황이 잘 풀리고 있다는 가정 하에 움직입니다. 심지어 주위 여건이 다소 암울한 전망을 제시할 때조차도 이들은 좀처럼 패배주의라는 의식에 굴복하지 않을 것입니다. 하지만 때때로 이들의 기쁨조적인 외관은 곤란해지는 내면 삶을 숨길 수 있습니다. 비록 이들이 삶의 도전에 당당하게 응하지만, 그런 세속적인 관심사는 자신만의 문제에 과도할 정도의 에너지를 끌어당길지도 모릅니다. 이들은 해결되지 않는 개인적인 이슈가 자신의 노력을 약화시키지 않는다는 점을 주의해야만 합니다.

이들은 매우 관대하고 베푸는 사람일 수 있지만, 오직 베품이 정당한 이유가 된다고 자신이 느낄 때만입니다. 비록 낙관주의자이지만 보조금을 위해 접근하지 않는 실상화된 객관적인 이들은, 대체로 '신은 스스로 돕는 자를 돕는다'는 의견에 속합니다. 이런 태도는 이들의 자녀 및 부모와 갖는 관계에도 또한 적용되고, 비록 이들은 자신의 가족을 위해 '그곳'에 있더라도 특히 자신이 다소 비판적이므로 때로는 약간 딱딱한 것으로 보일지도 모릅니다. 사실 이들은 지나친 친절이 자립을 죽이고, 지나친 양육이 성장을 억제한다는 점을 이해하는, 극도로 의무를 다하고 책임지는 사람입니다.

이들은 실용주의자와 이상주의의 흥미로운 혼합입니다. 이들의 순진함은 이들이 꽤 실상화에 의해 대하는 세상 전반이 아니라 자기 자신에 관련하여 구현됩니다. 불운하게도 이들은 세상을 자기 이해를 위한 거울로 사용하지 않습니다. 너무 자주 이들은 비실상화된 이미지를 영속시키고 보강해주는 사람들로 자신을 둘러싸는데, 따라서 이들의 가장 대단한 어려움은 자신을 객관적으로 지각하는 데 놓여 있습니다.

이들은 움직이고 있을 때 가장 행복합니다. 이들은 비행하는 것, 즉 한마디로 여행 자체를 위해 여행하려고 운전하는 것을 사랑합니다. 이들은 자신이 움직임으로써 자신의 곤란함을 뒤로할 수 있다고 너무 자주 느끼지만, 물론 그렇게 되지 않습니다. 이들 중 다수는 자기 자신을 중심에 두고 자신의 수많은 관여에서 주기적으로 물러나는 것에서 대단한 이득을 얻을 수 있을 것입니다. 이들 중 더 고도로 진화된 사람은 자신의 어려움을 직시하는 데 성공할 수 있습니다. 이들은 뒤따를지도 모르는 초기 충격과 우울증을 헤쳐나간 후, 목적을 갖고 더 강하고 더 알아채는 사람으로 등장할 수 있습니다.

이들은 한 무리의 활동을 위한 무한한 에너지를 갖고 있는 것으로 보입니다. 이들은 재미있고, 흥겹게 하며, 절대 지루하지 않다는 의미에서 자신을 좋은 부모와 좋은 친구로 만들어냅니다. 비록 가치 있고 재능 있는 사람이지만, 이들은 자신의 낙관주의를 진정시키켜서, 자신의 성격에서 더 문제가 있는 측면에 대한 수용법을 체득하려고 욕구합니다.

▶ 일간 특성
강점; 낙관적인, 확장적인
약점; 자기를 알아채지 못하는, 비판적인

▶ 명상
태양은 생명과 죽음 모두를 가져다줍니다.

▶ 조언
당신 성격의 그림자 측면을 알아봐라.
도망치는 것은 도움되지 않을 것이고, 부인하는 것도 또한 도움되지 않을 것이다.
앉아서 당신 자신과 좋은 대화를 나누라.
당신 내부적인 고군분투를 타인들에게 투사하지 말고, 그것들이 어디에서 오는지를 이해하도록 노력하라.

▶ 건강
이들은 자기 자신에 대한 비실상적인 발상, 즉 이들이 자신의 한계를 알아보지 못할 때, 자신을 해칠 위험에 자기 자신을 두는 탓에 자초하는 손상을 조심해야만 합니다. 이들은 자신이 파괴될 수 없다고 믿으면서 자신의 건강에 관련해 지나치게 낙관적이 되는 경향도 또한 있습니다. 따라서 이들은 재앙이 타격할 때 그 재앙에 심리적으로 준비되어 있지 않을지도 모릅니다. 이들은 모든 종류의 부상, 특히 손가락과 손, 팔의 부상을 경계해야만 합니다. 강인하고 건전한 조언을 제안할 수 있는, 이들이 존중하는 가족 주치의 정기검진은 심각한 질병을 막는 데 도움됩니다. 이들은 대개 자기 자신과 자신의 가족을 위해 건강한 음식을 제공하는 쪽을 향해 좋은 식욕과 긍정적인 태도를 표출합니다. 쌍둥이자리인 이들은 다양한 식단이 온당합니다.

▶ 수비학
12일에 태어난 사람은 숫자 3(2+1=3) 및 확장적인 행성인 목성에 통치됩니다. 숫자 3에 통치되는 사람은 자신의 특정 분야에서 최고 위치에 빈번히 오릅니다. 이들은 독재적인 경향도 또한 있고, 이들 중 더 지배적인 인격은 이것을 주의해야 합니다. 숫자 3에 통치되는 사람은 독립적이 되는 것을 좋아하고, 6월 12일에 태어난 이들 중 일부는 더 대단한 개인적인 자유를 위해 권위의 위치를 내어놓도록 부추기는 느낌이 들지도 모릅니다. 이들은 타인들에게 무엇을 할지 말해주는 것에도 또한 다만 질릴 수 있습니다. 숫자 3의 목성적인 영향력은 위에서 언급된 이들의 확장적이고 낙관적인 태도를 확대해줍니다. 목성과 수성(쌍둥이자리의 통치자)의 상호 영향력은 지적인 정직성을 예시해줍니다.

▶ 원형
12번째 메이저 카드는 자신의 묶인 발로 거꾸로 매달려 있는 '매달린 사람'입니다. 비록 그런 처지가 무력해 보이지만, 그럼에도 '매달린 사람'은 영적으로 강력하고 깊이 심사숙고합니다. 이 카드의 긍정적인 속성은 단순히 인간이 되는 것뿐만 아니라 한계를 알아보고 극복하는 것이고, 부정적인 측면은 영적인 근시안과 한정성입니다.

6월 13일
먼곳에 대한 모험의 날
Far-off Adventure

▶ 심리구조

6월 13일에 태어난 이들은 '먼 곳에 대한 꿈' 및 모험에 심취한 탐구자입니다. 대개 이들의 어린 시절에 시작된 이들의 독서 및/또는 공상은 평생 이들과 함께할 외부 세계에 대한 탐험을 위한 격정을 부채질합니다. 이런 모험은 먼 지역으로 실제 여행하는 것을 포함하거나 형이상학적인 세계나 과거, 미래를 다루는 신화에 대한 탐사가 될지도 모릅니다. 이들 중 더 고도로 계발된 사람은 사업에서든, 과학적인 연구에서든, 예술에서든 간에 자신의 공상을 자주 실현하지만, 덜 야심적인 사람은 [영웅 같으나 소심한] '월터 미티'처럼 남모르는 욕망을 마음에 품고, 비록 이들이 사실상 그 욕망을 추구하지는 않더라도, 그런 꿈은 이들의 삶에 다채로움을 가져다줍니다. 하지만 이들은 '자신이 무엇이 되고 싶은지'와 '자신이 무엇인지' 사이의 불균형 탓에 극심한 좌절감을 쌓아갈지도 모른다는 점을 주의해야만 합니다.

'불가능은 없다'는 이들을 위한 신조일 수 있습니다. 이들은 실상적인 장애를 극복해서 승리하기 위해 자신의 정신력을 사용하고, 승리할 때 가장 충족됩니다. 다시 말하지만, 이들 중 일부에게 위험은 그런 승리가 오직 마음속에서만 일어나고, 사실 자기 기만적이며 비실상적인 상태라는 점입니다. 하지만 진실에 직면함으로써 이런 조건에서 벗어나지 않는다면, 몽상가인 이들은 수년 동안 꽤 행복하게 [누군가에게] 붙어갈 수 있습니다.

이들은 과거와 현재의 영웅들처럼 불가능한 위업을 시도할 용기를 가진 사람을 찬양합니다. 그런 영웅 숭배는 자주 한 인물에 고착됩니다. 불운하게도 이 사람이 우연히 이들의 아버지일 때, 이들이 만들어낸 이 신 같은 우상은 신처럼 행동하지 못해서 위신이 떨어지면 무너져버릴 수 있습니다. [이들에 의해] 우상화된 아버지가 되는 것, 혹은 우상화 문제 때문에 이들의 동무나 친구, 연인이 되는 것은 비록 처음에는 돋보일지라도 결국 너무 과중해서 누구도 감당하지 못합니다. 따라서 이들은 관련된 온갖 사람들을 위해 이상화하는 자신의 성향을 알아채고, 그 성향을 통제해야만 합니다.

이들은 어쩌면 문자 그대로든 비유적으로든 매우 자주 자신의 머리를 구름 속으로 떠나보내고 있기 때문에, 삶의 단순한 임무, 즉 자신에게 주목을 요청하는 일상적인 유지관리를 너무 자주 간과합니다. 이들은 여행, 등산, 걷기, 달리기 등 모든 움직임의 형식을 사랑하고 물질, 공간, 시간의 한계를 극복하는 것을 갈망합니다. 이런 이유로 공장이나 사무실, 집의 반복적인 작업에 묶여버릴 때, 이들은 포로의 [참아내는] 슬픈 처신을 보일지도 모릅니다.

이들이 위험과 '위험을 감수하는 것'에 끌리는 것은 놀랄 일이 아닙니다. 그것은 이들이 자기 파괴적인 부추김을 갖고 있는 것이 아니라, 행글라이딩, 해양 스포츠 또는 등산 같은 활동들이 기법과 용기에 관련된 한에서 자신에게 분명하게 말할 기회를 주고, 한계 이상으로 자기 자신을 밀어붙일 기회를 준다는 것입니다. 이런 점에서 그런 험난한 활동들은 천성적으로 사실상 형이상학적입니다.

▶ 일간 특성
강점; 심령적인, 상상적인, 모험심이 강한
약점; 위험을 탐구하는, 비실상화된, 우상숭배적인

▶ 명상
항상 다른 쪽 잔디가 더 푸릅니다.

▶ 조언
물론 당신은 당신의 가슴을 따라야 하지만, 당신의 원정에서 당신 자신을 보호하기 위해 정말 살펴보라. 타인들에 관련해 실행해버리는 것을 알아채라, 타인들은 감당해야 할 그들만의 문제를 갖고 있을지도 모른다는 점을 기억해내라.
지속해서 당신의 마음과 집을 정리정돈하라.
당면한 때에 가능한 것과 가능하지 않은 것을 연구하라.

▶ 건강
앞에서 캐릭터를 묘사한 것에서, 타인들은 이들에게 사고가 생기기 쉽다고 정확하게 추측할 수 있습니다. 이들 중 대다수는 이 사실을 알아채고 있고, 따라서 필요한 예방조치를 취합니다. 하지만 이들은 격렬한 공상의 먹이가 되는 심리적인 분야에서 효과적으로 자기 자신을 보호하기가 더 어려울지도 모릅니다. 극단적인 경우, 좌절감이 억압되어 있는 꿈의 세계에서 살아가는 것에 대한 결과로 이들은 심리적으로 불균형이 될 수 있습니다. 욕구의 정도와 관계없이 이들 중 다수는 심리 상담을 위한 이상적인 후보입니다. 이들은 어떤 대가를 치르더라도 자녀나 부모에게 실행해버리는 것을 피해야 하는데, 피하지 않으면 가족 단위개체의 심리적인 안정성이 심각하게 서서히 잠식될 수 있습니다. 다층적인 세상의 요리를 요리하는 법을 체득하는 것은, 이들이 여행할 능력이 없을 때 외국 문화를 즐기는 수단이 될 수 있습니다.

▶ 수비학
13일에 태어난 사람은 숫자 4(1+3=4)와 13 그리고 불규칙하면서도 폭발적인 천왕성에 통치됩니다. 이들은 공상이든 실상이든 간에 그런 원대한 활동에 매우 자주 관여하므로, 자신의 논리적인 행성인 수성(쌍둥이자리의 통치자)의 본능을 따르면서, 자기 자신의 천왕성적인 부분을 통제 아래 유지하는 법을 체득해야만 합니다. 천왕성은 6월 13일에 태어난 이들의 욕망이라는 극단적인 천성을 예고하면서, 자주 폭력적이고 때로는 불규칙하며 비관습적인 행동을, 즉 변화를 예시해줍니다. 비록 많은 사람이 숫자 13을 불운하다고 여기지만, 오히려 숫자 13은 그 힘을 현명하게 사용하거나 자기-파괴를 자초한 것에 대한 책임감을 운반해주는 강력한 숫자입니다.

▶ 원형
13번째 메이저 카드는 타로에서 가장 오해를 받는 카드인 '죽음'인데, 죽음이라는 것은 문자 그대로 받아들여지는 경우가 좀처럼 없지만, 변태하는 식으로 한계를 넘어서 성장하기 위해 과거를 놓아버리는 것을 암시합니다. 이 카드와 숫자 4는 모두 이들이 만류, 환멸, 비관, 침울함에 대해 경계해야만 함을 제안합니다.

6월 14일
대담한 대립의 날
Gutsy Confrontation

▶ 심리구조

6월 14일에 태어난 결단적이고 격렬한 이들은 자신 주위에서 일어나는 일에 대한 관찰과 평가에서 매우 날카롭습니다. 이들은 대개 강하게 고집적이고 충직하며, 선한 싸움인 고결한 전투를 치를 때 대단한 용기를 내보여줍니다. 자신의 발상과 의견을 제시할 때 강압적이고 설득적인 이들은 인간 천성을 너무 잘 이해하고 있으므로, 무자비하게 위선과 가식을 폭로하는 데 유능합니다.

이들 중 여성은 정신적으로도 신체적으로도 특히 강압적입니다. 이들 중 남성은 덜 강할지도 모르지만, 타인들과 갖는 갈등을 창조할 수 있는 에고적이고 독재적인 특색을 갖고 있는 경향이 있습니다. 이들 중 덜 진화된 남성은 교묘한 이중성을 쓰는 데 유능합니다. 이들 중 남성과 여성 모두 강한 비판적인 성벽을 갖고 있고, 풍자적이거나 야유적인 분위기일 때 무자비할 수 있습니다.

실상적으로 거친 이들은 우회하거나 그럴듯하게 말하는 것을 어려워합니다. 일단 자신 앞의 목표를 보면, 이들은 단호히 그 목표를 노립니다. 대체로 이들의 충직은 첫째로 가족, 둘째로 친구, 그리고 마지막으로 사회로 확대됩니다. 만약 리더나 대의에 집착을 느낀다면 이들은 가장 논리정연한 대변인이 될 수 있습니다. 자신을 실로 매우 나쁜 적으로 만들어내는 이들은 복수하는 방법을 매우 잘 알고 있기 때문에, 누군가가 이들의 적대감을 사는 것은 어리석을 것입니다.

이들에게는 어려움과 문제가 풍부하지만, 이들은 이것들을 관리하는 데 주목할 만한 전문성을 표출합니다. 노련한 구기 선수처럼, 이들은 냉정을 유지하면서 게임의 복잡한 사항을 다루는 방법을 알고 있습니다. 이들은 관계에서 타인들을 지배하는 것을 주의해야만 하는데, 문제가 자주 길임을 미리 알아보는 이들은 자신의 동반자에게 상황에 대처할 기회를, 심지어 실패하더라도 (그러나 그 경험에서 배울) 기회를 주는 대신에 그 문제에 따라 활동합니다. 이런 측면에서 이들은 가장 좋게 봐도 과보호적이고, 가장 나쁘게 보면 강박적입니다.

이들은 정신적인 자유와 물리적인 자유 모두에서 움직임의 자유를 중시합니다. 감옥에 갇히거나 구금되거나 혹은 심지어 [일이] 지체되는 것조차 이들은 참을 수 없습니다. 이들 중 일부에게, 자신의 의지에 반하여 붙들릴 것에 대한 두려움은 공포증에 가까울 수 있습니다.

이들은 격렬히 경쟁적이고, 승리를 깊이 즐깁니다. 실로 이들은 자신 삶의 모든 영역을 권력 투쟁의 장으로 만들어내지 않도록 해야만 합니다. 이들이 자신의 공격성과 경쟁적인 부추김을 개인적인 관계의 바깥 영역으로 제한하는 것이 가장 좋습니다. 이들은 오만과 과신을 (특히 이들 중 남성이) 주의하고, [요행을 바라는] 자신의 운을 지나치게 밀어붙이는 것도 또한 주의해야만 합니다.

▶ 일간 특성
강점; 성공적인, 대담한, 야망이 있는
약점; 지나치게 긴장하는, 조급해하는, 위압적인

▶ 명상
행복은 우리가 가장 두려워하는 것이고, 평화는 아무래도 우리가 베풀 수 없다고 느끼는 사치입니다.

▶ 조언
절제를 배우는 것과 함께 당신의 균형 잡힌 활동을 하라.
당신을 보살펴주는 사람에게 주목을 돌려주는 것을 기억해내라.
통제 불능이 되지 않도록 에고를 지켜보라.
당신의 동무로 하여금 역시 삶을 경험하도록 허용하라, 이따금 물러서라.

▶ 건강
이들의 타로 카드 '극기'를 언급해보면, 삶의 절제를 키우는 것은 이들의 건강에 중대합니다. 비록 외견상 무한한 에너지가 갖춰질지라도, 이들은 신체적으로 혹은 정신적으로 도를 넘는 것을 조심해야만 합니다. 균형 잡힌 식단과 정기적인 수면은 평형상태를 지탱해줍니다. 이들이 길을 잃고 과도함과 탐닉의 먹이가 될 때, 이들의 긍정적인 속성은 사라지고, 이들의 성공은 줄어들게 됩니다. 자신의 경쟁적인 천성과 성공을 위한 추진력에 관해 말하는 단지 이런 이유만으로도 이들은 자신의 진행속도를 조절하는 법과 참아내는 법을 체득해야 합니다. 가족, 동무, 친구는 이들의 삶에 빛을 가져다주는 데 엄청나게 중요합니다.

▶ 수비학
14일에 태어난 사람은 숫자 5(1+4=5) 및 수성에 의해 지배됩니다. 수성과 쌍둥이 별자리뿐만 아니라 숫자 5는 모두 변화를 상징하고, 이는 단조로운 행동에 대한 경멸 및 충동적인 활동이라는 성벽을 시사합니다. 6월 14일에 태어난 이들은 충동적인 부추김를 마스터하는 법을 체득해야만 하지만, 동시에 그 욕구가 이들의 대의와 이들에 의존하는 사람들의 대의를 진전시킬 때, (갑작스러운 변화보다) 점진적인 변화에 여전히 열려야만 합니다. 다행히도 숫자 5는 삶의 역경에서 빨리 회복되는 회복이 빠른 캐릭터를 증정해 줍니다.

▶ 원형
14번째 메이저 카드는 '극기'입니다. 보이는 모습은 우리를 보호해주고, 우리를 안정된 상태로 지속시켜주는 수호천사입니다. 이것은 이들을 위한 놀라운 메시지이고, 이들은 그 메시지에 유의해야 합니다. 이들은 특별히 에고적인 과도함의 모든 형식을 피하고, 스스로 치유되는 자신의 타고난 능력을 키워야 합니다. 긍정적으로 보면, '극기'는 새로운 진실이 터득되어서 누군가의 삶에 편입되도록 하기 위해 격정을 수정합니다. 하지만 '극기'는 감정기복, 유행, 우유부단함이라는 부정적인 특성도 또한 예시할지도 모릅니다.

6월 15일
유쾌한 유혹의 날
Pleasant Seduction

▶ 심리구조

6월 15일에 태어난 이들은 자신의 매혹에 의존해 자신이 가고 싶은 곳에 자신을 이르게 합니다. 따라서 이들의 주요 재능은 외적으로 유도되고, 타인들을 관여시킵니다. 이들은 작업하기 위한 자신의 유혹적인 매혹에 대해 환영받아야만 합니다. 즉, 유혹이라는 이들의 특정 경쟁력은 은밀하기보다 명시적입니다. 이들은 타인들을 자신의 관점으로 포섭한 다음 그들에게서 최선을 이끌어내는 방법을 갖고 있습니다. 이들 중 대다수는 다만 환영받는다고 느끼고 싶고, 오직 덜 진화된 사람만이 더 계산적이며, 숨겨진 의도를 갖고 있습니다. 이들 중 이런 유형에게 돈이 매우 중요할지도 모릅니다.

넓은 의미에서 끌어들인다는 것이 이들에게는 큰 이슈입니다. 만약 이들이 타고난 외모를 갖고 있지 않다면, 이들은 유혹하기 위해 자신의 두뇌를 사용합니다. 만약 이것이 작동하지 않으면, 이들은 관심을 끌어당기려고 자신의 교활함, 말하기 혹은 '인간 천성에 대한 지식'을 사용합니다. 이들은 대개 앞서 언급된 매혹 및 '절대 필요한 사람이 되기'의 조합에 의해 이성(異性)으로 하여금 자신에게 의존하게 만들어내는 방식을 갖고 있습니다. 다시 말해 일어나는 어떤 배후조종도 명료하게 명시적이고, 두 선수 모두 대개 그 게임을 즐기므로 생각만큼 절대 불공정하지 않습니다.

이들은 사람들이 어떻게 움직이는지 무엇이 사람들의 꿈, 열망, 기본 욕구인지를 아는 데 전문입니다. 더 중요하게도 이들은 이 지식이 활용되도록 만들어낼 능력이 있습니다. 대의명분이나 회사를 위해 작업하는 이 유형은 자주 대중을 연출이나 봉사에 끌어들이는 데 대단한 가치 속에 있을 수 있고, 홍보와 광고는 이들에게 자연스럽게 오는 것으로 보입니다. 실로 '낚시바늘에 미끼를 물리고 물고기를 낚는 것'이 포함된 어떤 직종도 이들의 재능 내에, 이를테면 복음을 전파하는 작업 내에 있습니다.

이들은 젊음의 동기를 이해하기 때문에, 자녀를 인도하는 데 능숙합니다. 이들은 대개 자신을 좋은 부모로 만들어내지만, 자신의 자녀를 '몹시 응석받이로 키우는 것' 혹은 '용납하지 않기와 감싸기를 번갈아 함으로써 자녀를 배후조종하는 것' 같은 일부 뚜렷한 결함을 보유할 수 있습니다.

만약 클럽이나 조직이 기금모금자를 물색하고 있다면, 이들은 더 찾아볼 필요가 없고, 만약 사업이 사람들을 가게로 데려오는 것에 좌우된다면, 이들은 대개 고객을 끌어들이는 방법뿐만 아니라 판매를 만들어내는 방법도 또한 알고 있을 것입니다. 이들은 얼마나 멀리 밀어붙일지 언제 물러설지에 대한 본능을 갖고 있고, 세월이 흐를수록 다만 그것에 더 능숙하게 됩니다. 이들에게 이해관계를 제시하는 것이 어쩌면 '목표'가 아니라 '추구 그 자체'이기 때문에, 이들은 부도덕한 목표를 추구하는 것이 좀처럼 발견되지 않습니다. 가장 자주 이들의 매혹적인 태도는 자신 주위의 사람들에게 기쁨입니다. 하지만 이들의 진짜 정체성인 '자신이 실상 무엇인지'는 타인들뿐만 아니라 자기 자신에게도 또한 영원히 신비일지도 모릅니다. 이들 중 더 고도로 진화된 사람은 아무리 유순할지라도 유혹자의 역할에 갇혀있지 않고, 바깥쪽의 영향력 어쩌면 의식과 생각의 더 높은 형식에 여전히 마음을 엽니다.

▶ 일간 특성
강점; 끌어들이는, 관능적인, 영리한
약점; 배후조종하는, 너무 외향적인

▶ 명상
대다수 생명체는 항상적인 만족을 요구합니다.

▶ 조언
당신의 가치를 내면화하고, 그 가치에 기반을 두며 타인들의 반응에 의존하지 않는 강한 시스템을 구축하라.
혼자 있고, 혼자 있는 것을 즐기는 법을 체득하라.
당신 자신이 더 신망을 받게 되라.

▶ 건강
이들은 확실히 신체적인 매력적 힘을 유지하기 위한 욕구를 알아보지만, 금성의 영향력은 이들을 쾌락-탐구하기, 게으름, 자기-방종으로 이끌지도 모릅니다. 살찌는 것 심지어 비만까지 결과로 생길지도 모릅니다. 이들은 몸매를 유지하기 위해 걷기나 조깅, 에어로빅을 활용하면서, 주기적으로 운동하기 위한 노력을 만들어내야 합니다. 이들 중 대다수는 건강하든 건강하지 않든 간에 자신에게 제안되는 음식을 먹고, 음식을 진심으로 즐기기 때문에 자신의 식단을 세심하게 지켜봐야 합니다. 다행히도, 대다수 쌍둥이자리 사람이 그렇듯이, 정신 건강과 신경과민은 여기에서 좀처럼 문제가 되지 않습니다.

▶ 수비학
15일에 태어난 사람은 숫자 6(1+5=6)과 15 그리고 금성에 통치됩니다. 숫자 6에 통치되는 사람은 자석같고, 때로는 심지어 숭배할 마음마저 불어넣을 수 있습니다. 이것은 위에서 언급된 것처럼 6월 15일에 태어난 이들의 특징입니다. 쌍둥이자리가 수성에 의해 통치되므로, 이들은 금성적(심미적)일 뿐만 아니라 수성적인(영리한) 경향도 있습니다.

▶ 원형
15번째 메이저 카드인 '악마'는 성적인 끌어들임, 불합리성, 격정이 관련된 곳에서 역동적으로 작용하는 두려움/욕망을 예시합니다. '악마'는 물질적인 편안함과 돈에 대한 우리의 필요성을 통해 우리를 노예로 삼고, 안전을 붙잡는 우리의 기반 천성을 대변하며, 우리의 남성적/여성적인 천성에 실존해서 화해되지 않는 차이를 통해 우리를 통제합니다. 이들의 공격적인 부분인 마음 및 더 수동적이고 쾌감을 사랑하는 영역인 몸을 지닌 이들은 불합리성에 대한 두려움 없이 여유로운 태도로 수용될 수도 표현될 수도 있는 종합을 '악마' 카드를 통해 시도합니다. '악마' 카드의 긍정적인 면은 성적인 끌어들임이고, 격정적인 욕망의 표현입니다. 그러나 그 카드는 비록 우리가 몸에 속박되어 있을지라도, 우리의 영(靈)은 자유롭게 날아오름을 우리에게 상기시켜줍니다.

6월 16일
자본적인 투자의 날
Capital Investment

▶ 심리구조

6월 16일에 태어난 이들은 자신의 투자를 자본화하는 방법을 알고 있습니다. '자본화'와 '투자'라는 단어는 돈을 암시하지만, 이들이 에너지를 쏟는 다른 영역(경력, 가족)을 은유하는 역할도 또한 할 수 있습니다. 비록 이들이 실패나 침체에 봉착되더라도, 이들은 자주 불운을 자신에게 유리해지도록 전환하므로, 대개 자신의 프로젝트나 노력에서 긍정적인 어떤 것을 어떻게든 연출합니다. 이런 점에서 이들은 진정한 자본가입니다.

이들은 즉각적인 수익을 탐구하기보다 '긴 호흡'을 갖고 있고 미래를 위해 투자합니다. 이들은 자신의 프로젝트에서 초기 수익이나 결과의 부족을 두려워하지 않고, 그 프로젝트가 성장하는 것을 지켜보는 것에 만족합니다. 어떤 측면에서 이들은 정원사와 흡사합니다. 주의깊은 준비, 바른 때에 파종하기, 재배하기 그리고 마침내 수확하기는 모두 이들에게 자연스럽게 다가옵니다. 이들은 또한 자신에게 유리하다면, 중도에 방식 바꾸기를 두려워하지 않습니다.

수집과 저축의 다층적인 형식이 이들에게 호소하므로, 이를테면 사업할 시 가치 있는 물품을 세심하게 구축하는 것은 행복한 선-생각입니다. 하지만 이들은 두려움이나 우유부단함 탓에 지나치게 경계할지도 모르고, 자신에게 더 대단한 성공을 가져다줄 움직임을 만들어내는 데 실패합니다. 이들은 부 자체를 위해 부를 축적하려는 탐욕스런 충동도 또한 주의해야만 합니다. 현명한 이들은 돈이 유동적이라는 점, 돈이 에너지의 한 형식이라는 점, 돈이 꾸준한 흐름 속에서 안팎으로 계속 움직여야만 한다는 점을 이해합니다. 이들은 돈을 되찾기 위해 두 배, 세 배 혹은 그 이상 돈(및 에너지)을 쓰는 것이 필요하다는 점을 알고 있습니다.

이들은 시장에서 빨리 떼돈을 만들어내고, 혹은 자신의 경력에 대단하나 일시적인 성공을 만들어내며, 자신이 마음쓰는 누군가에게 강렬하나 잘못된 인상을 만들어내고 싶은 유혹에도 또한 저항해야만 합니다. 이들은 몇몇 단기간의 성공이 단지 장기적으로 자신의 기회를 해칠 뿐일지도 모름을 곧 배웁니다. 따라서 이들이 한편의 '활동적인 것과 결단하는 것', 또 한편의 '기다리고 참아내는 법을 체득하는 것' 사이에 균형을 유지해야 합니다. 이것은 그리스인들이 (어떤 것을 하기 위한 올바른 때를 아는) 카이로스라고 부르는 시간의 유형에 대한 느낌을 계발하는 것을 의미합니다.

대체로 이들은 자신의 친구를 용의주도하게 선택합니다. 이들의 직감은 자신이 연대한 사람들에 관해 강한데, 이들은 자신을 이용하려고 시도하는 사람에 대한 육감을 갖고 있습니다. 이들 중 특정 사람은 매우 강하게 계발된 심령능력을 갖고 있고, 초감각적이고 영적인 연구에 관심을 둡니다. 이들에게는 작업의 신체적인 측면과 영적인 측면, 즉 물질적인 측면과 형이상학적인 측면 사이에 어떤 모순도 현존하지 않습니다. 이들은 실용적이고, 동시에 상상적이며, 자신 주위의 모든 세상에 접촉하고 있습니다.

▶ 일간 특성
강점; 기민한, 참아내는, 성공 지향적인
약점; 자기만 만족시키는, 우유부단한

▶ 명상
때로는 우리가 욕구하는 것을 요청하는 법을 체득해야만 합니다.

▶ 조언
너무 편안해지지 말라, 계속해서 위험을 감수하라.
변화에 대한 당신의 능력을 절대 잃지 마라.
세상에서 일어나는 것에 접촉하며 지내라.
지속해서 당신의 현금 흐름을 활발하게 하라.
새로운 친구나 지인을 너무 의심하지 마라.

▶ 건강
이들은 대개 건강에 대한 투자가 자신이 만들어낼 수 있는 가장 최선의 투자라는 것을 알기에, 자신의 몸과 식단에 건전한 이해관계를 취할 것입니다. 이들 중 덜 고도로 계발된 사람은 매우 해왕성적일 수 있고, 자신의 신체적인 상태를 태평하게 무시할 수 있기 때문에, 이들이 슬기롭다면 물론 건전한 관심을 둘 것입니다. 이들은 대체로 확고하게 뿌리내려서 적당한 운동, 음식, 섹스 및 모든 형식의 관능성이 지속해서 자신의 몸에 접촉하도록 할 때 편안함을 느낍니다. 이들은 고도로 중독적인 인격은 아니지만, 통제되지 않으면 자신에게 실패의 원인이 될 수 있는 (담배, 술, 마약, 설탕처럼) 특별히 해로운 악을 관리하는 것이 어려울지도 모릅니다.

▶ 수비학
16일에 태어난 사람은 숫자 7(1+6=7) 및 해왕성에 통치됩니다. 숫자 7에 통치되는 사람은 때때로 자신의 발상을 끝까지 해내는 데 실패하고, 실상에서 동떨어지게 될 수 있습니다. 해왕성은 꿈, 공상 및 헌신적인 느낌의 행성입니다. 좋은 회계사, 회계담당자 및/또는 투자담당자는 '건전한 조언을 욕구도 하고, 그 조언의 진가도 또한 알아보는 쌍둥이자리의 수성적인 면을 갖고 있는' 이들에게 자신의 무게에 해당하는 금만큼 가치가 있습니다.

▶ 원형
16번째 메이저 카드는 어떤 버전에선 왕이 벼락을 맞은 탑에서 떨어지는 것을 보여주고, 이 탑을 건설한 사람이 머리에 타격을 입고서 죽고 있는 것을 보여주는 '탑'입니다. '탑'은 물리적인 구조의 무상성뿐만 아니라 우리 삶에서 주어지는 관계나 소명의 무상성도 또한 상징합니다. 작업된 변화는 자주 갑작스럽고 신속합니다. 그 카드의 긍정적인 요소는 재앙을 극복해 그 도전에 직면하는 것을 포함합니다. 하지만 '탑'은 부당하게 높은 자리에 오르는 것, 누군가가 조작한 손길에 파괴될 위험을 무릅쓰는 것에 대해 경계합니다. 타로는 이들에게 공상적인 기획도 탐욕도 주의하라고 다시 상기시켜줍니다.

6월 17일
예술적인 세력의 날
Artful Force

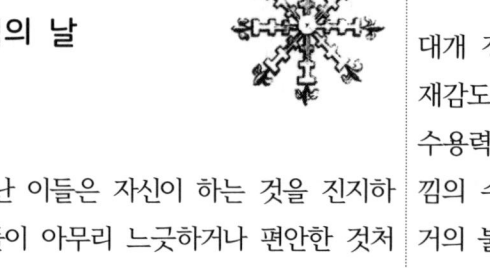

▶ 심리구조

6월 17일에 태어난 이들은 자신이 하는 것을 진지하게 택합니다. 이들이 아무리 느긋하거나 편안한 것처럼 타인들에게 보일지도 모르지만, 이들은 자신의 목표에 도달하고 책임을 지는 가족 구성원과 친구가 되는 데 열중하고 있습니다. 이들은 자신의 삶을 제법 잘 파악하고 있다는 인상을 줄 수 있습니다. 불운하게도 이들은 자기 자신에게 놓는 요구가 높으면서, 자신과 가까운 사람들에게도 또한 과중한 부담을 지울 가능성이 있습니다. 만약 이들이 무조건적인 추종자나 심복을 갖고 있다면, 극도로 도덕적이고 엄정해지는 이들은 자신의 바램에 대한 복종을 요구할 수 있습니다.

이들은 생각하고 활동할 시 손쉽게 하고, 그 귀결로 자신과 함께 작업하는 사람들에게 다소 조급해합니다. 정상적인 관점에서 좋은 교사가 아닌 이들은 견습생이나 학생들에게 설명하는 데 필요한 참을성과 이해심이 부족합니다. 이들은 직무가 엉망이 되는 동안에 수수방관하기가 더욱더 어렵습니다. 눈 깜박할 사이에 이들은 아마도 스스로 이미 그 직무를 해냈을 것입니다.

이들은 자신의 논거를 펼 시 극도로 설득적일 수 있습니다. 이들은 타인들로 하여금 이들에게 응찰하도록 할 시 관능적이든 강압적이든 간에 압력을 가하는 데도 또한 능숙합니다. 이들 중 고도로 재능있거나 성공적인 사람은 심지어 분쟁에서 은퇴하게 된 후에도 자신이 노력한 영역에서 영향력을 행사하는 경향이 있습니다.

대개 정신적인 존재감뿐만 아니라 강한 신체적인 존재감도 또한 이들의 특징이지만, 감정적이고 직감적인 수용력이 다소 부족할 수 있습니다. 이들은 깊은 느낌의 수준에 도달하기가 힘겨울지도 모르고, 어쩌면 거의 불가능할지도 모릅니다. 이들 중 다수는 번갈아 불신적이고 충동적입니다. 이들은 (대개 이들이 자신의 뜻대로 하지 못할 때) 성숙하고 책임지는 태도를 심통 부리고 유치한 태도로 매우 쉽게 전환할 수 있는 탓에, 불신을 조장합니다.

이들은 대다수 공간적인 실상에 대한 타고난 방향 감각과 이해심을 갖고 있으므로, 자신을 훌륭한 기획자, 디자이너, 여행자로 만들어냅니다. 드문 경우이긴 하지만, 이들이 이 영역에서 매우 진보하고, 이들의 방도는 매우 독특해서, 이들이 때때로 쉬운 노선을 가지 않는 것에 대한 감각이 부족한 것으로 보일지도 모릅니다. 대개 그런 방도가 정확한 것으로 판명된 후에 이들의 논리는 타인들에게 명료해집니다.

이들은 약간 이야기를 과장하는 것으로, 즉 심지어 자신의 뜻대로 하기 위해 일부 굉장히 믿기지 않는 [소설 같은] 이야기까지 하는 것으로 알려져 있습니다. 게다가 이들 중 일부는 타인들을 속이는 것에 대해 실상적인 쾌감을 느낍니다. 이것은 무해한 게임일지도 모르지만, 다른 게임처럼 지속적으로 가볍게 하고 통제되어야만 합니다. 비록 이들이 영리하고 고도로 능숙한 선수이지만, 이들은 여전히 잃는 것에 취약해서 부도덕한 활동에 끌려들므로, 도박을 피해야 합니다. 실로 이들 중 덜 고도로 진화된 사람은 자신을 뛰어난 예술적인 사기꾼으로 만들어냅니다. 하지만 자신의 도덕적인 캐릭터가 어떻든 간에, 이들은 공적으로든 사적으로든 자신의 대의명분에 추종자들을 끌어들이는 데 어떤 곤란도 갖고 있지 않은 것으로 보입니다.

▶ 일간 특성
강점; 설득력 있는, 신체적인, 공간적으로 알아채는
약점; 접근하기 어려운, 방종적인, 조급해하는

▶ 명상
당신이 길에서 만나는 사람들을 존중하라.

▶ 조언
타인들이 그들만의 뜻대로 시도하도록 내버려두려고 노력하라. 당신이 항상 그들을 확신시켜야 하는 것은 아니다.
부도덕하게 되지 않도록 주의하라.
환상이 아니라 진실을 지켜내라.
당신의 목적을 위해 타인들을 그리 쉽사리 이용하지 마라.

▶ 건강
이들의 신체적이고 심미적인 천성 때문에, 이들은 술이든, 건강에 좋지 않은 음식이든, 담배든, 쾌감을 가져다주는 (심지어 관계와 섹스조차도) 다른 어떤 것이든 간에 모든 종류의 중독을 경계해야만 합니다. 이들은 타인을 지휘하거나 목표를 추구할 때는 확고할지도 모르지만, 개인적인 욕망을 통제할 때는 약하거나 아예 실존하지 않는 의지력을 키워야만 합니다. 문제는 자주 그런 중독이 자신의 신체적이고 정신적인 건강에 얼마나 심각한지 이들이 완전히 파악하지 못하거나 다만 개의치 않는다는 점입니다. 현재 다수의 사람이 중독은 화학적인 불균형의 원인일 뿐만 아니라 결과라는 점을 믿기 때문에, 정기적인 식단과 적당한 운동의 안정시키는 영향은 그런 갈망을 줄이는 것에 유용한 방식입니다.

▶ 수비학
17일에 태어난 사람은 숫자 8(1+7=8) 및 토성에 통치됩니다. 토성은 진지한 측면을 운반해주고, 또 수성(쌍둥이자리의 통치자)과 조합되어 6월 17일에 태어난 이들의 가혹한 경향과 비정하게 비판적인 경향을 증가시킵니다. 숫자 8은 물질세계와 영적세계 사이의 갈등을 유지하는데, 숫자 8에 통치되는 사람은 자주 외롭고, 극단적으로 탐닉하기 쉽습니다.

▶ 원형
17번째 메이저 카드는 별 아래 벌거벗은 아름다운 소녀가 한 항아리로 메마른 대지에 신선한 물을 쏟아붓고, 다른 항아리로 연못의 고인 물을 되살리는 모습을 보여주는 '별'입니다. 그녀는 세속적인 삶의 영광을 대변하지만, 그 삶에 대한 물질적인 노예화도 또한 대변합니다. 그녀 머리 위의 별들은 영적인 세계가 있음을 영원히 상기시켜줍니다. 같은 태도로 이들도 신체 중심주의를 지나치게 중점을 두는 것을 피하고. 타인들을 향한 친절을 키우는 것 같은 삶의 더 높은 목표를 마음에 담아둬야 합니다.

6월 18일
재정적인 안전의 날
Financial Security

▶ 심리구조

6월 18일에 태어난 영향력 있는 사람은 무대 뒤에서 가장 대단한 영향력을 행사하면서, 자주 숨겨진 방식으로 움직입니다. 타인들에 대한 엄청난 개인적인 효과를 갖고 있고, 심지어 시공간의 한계조차도 거역하는 이들은 강력한 생각을 통해 멀리 에너지를 전달하는 데 유능합니다. 이 때문에 이들은 자신이 만들어낸 나쁜 적입니다. 이들은 돈을 잘 다루고, 특히 이들 중 여성은 돈을 어떻게 버는지, 돈으로 무엇을 하는지를 알고 있습니다. 이들은 특별히 유능한 돈 관리자입니다.

매우 흥미롭게도 이들 중 다수 여성은 일찍이 무력한 역할에 발탁되고, 나중에 극도로 유능해져서 신뢰할 만해짐으로써 이 틀에서 벗어나게 됩니다. 이런 점에서 이들은 대단한 불이익과 어린 시절의 감정적인 상처를 극복하는 데 유능한 투사입니다. 이것은 그녀를 특히 타인들의 좌절감을 이해하는 데 좋은 후보로 만들어주고, 뛰어난 상담가로 만들어줍니다. 이들은 남녀 모두 조직가이자 관리자로서 높은 잠재력을 갖고 있습니다.

이들 중 남성은 자신이 타인들에게 사랑받기 위해 이들의 개인적인 매혹과 재능에 의존합니다. 이들은 정상에 있는 것을 좋아하고, 자신의 가족, 친구들, 대중에게서 다량의 적확한 흠모를 요구하며, 따라서 에고 문제를 계발할지도 모릅니다. 이들 중 더 고도로 계발된 남성은 과도한 주목의 욕구를 극복하고, 강하며 자급자족하는 사람이 됩니다. 진정한 소박함과 겸손을 키우는 것이야말로 일반적으로 이들 중 남성에게 가치 있는 목표입니다.

이들은 대개 자신을 뛰어난 부모로 만들어갑니다. 이들은 재미와 구조 모두에 대한 자녀의 욕구를 이해합니다. 가장 자주 이들은 자신이 실상적으로 돌본다는 점을 자녀로 하여금 알게 하기 위해 필수인 시간과 이해관계를 육아에 투자하고, 재정적으로 안전한 집의 유리함도 또한 알아봅니다. 하지만 이들은 자녀의 응석을 받아주지 않을 것이고, 자신이 생명처럼 중요한 것으로 고려한 문제들에 대해선 확고합니다. 자녀의 캐릭터 계발은 이들이 가장 중시하는 것입니다.

이들은 놀이하며 재미있게 보내는 것을 사랑합니다. 하지만 고약한 기질을 갖고 있는 이들은 비록 순한 것처럼 보이지만, 도덕적인 범법자들에게 꽤 비정하게 대합니다. 이들의 태도가 가장 자주 '각자의 방식을 서로 존중하기'이지만, 이들은 명예와 신뢰가 포함된 영역에 방해받으려는 것은 아닙니다. 이들이 재미를 거부하기 어렵고 모든 종류의 유혹적인 게임을 즐기는 덕에, 이들에게 장난기를 통해 호소하는 방법이 가장 좋습니다.

이들은 대개 자신의 동무, 가족, 친구들에게 충실합니다. 물론 이들은 때때로 유혹받지만, 다른 누군가와 가질 더 좋은 국면을 위한 약속 때문에 사랑하는 사람을 정말 좀처럼 저버리지 않을 것입니다. 이들은 뛰어나고 책임지는 벗이기도 하지만, 자신이 최소화하기 위해 노력해야 두 가지 특성, 즉 배후조종적일 뿐만 아니라 불규칙적일 수도 있습니다. 이들은 쉽게 지루해하기 때문에, 항상적으로 흥분과 변화를 물색하고 있습니다. 때때로 이들을 잘못된 방향으로 이끄는 것은 이들의 천성에서 참으로 부도덕한 어떤 것보다,

흥분과 변화를 찾는 이런 자질입니다.

▶ 일간 특성
강점; 생동적인, 돈벌이에 현명한, 영향력 있는
약점; 배후조종하는, 불규칙한, 들뜨는

▶ 명상
사실, 상황에 대한 더 광범위한 책략에서는 의식에 의해 연결된 어떤 두 사건도 동시에 일어나고 있습니다.

▶ 조언
당신 인생의 모든 다양한 부분을 함께 협력하도록 노력하라.
각 영역에 당신의 강점을 적용하라.
당신의 나쁜 특성을 제거하거나 최소한 이해하려고 공들이라.
이따금 삶에서 물러나라.

▶ 건강
쌍둥이자리인 이들은 손과 팔, (우울증을 관리하는) 신경계 및 호흡이 관련되는 모든 문제를 (즉, 과도한 흡연을) 주의해야만 합니다. 이들은 자주 영적으로도 재정적으로도 모두 지향하기 때문에, 어쩌면 요가, 명상 또는 영적인 훈련을 통해 자신의 건강에 돈과 시간을 투자하기를 좋아합니다. 이들은 걷기, 수영 및 기본적인 미용체조 같은 더 전통적인 실습의 가치도 또한 알아볼 정도로 실용적입니다. 섹스는 지속해서 이들을 행복하게 하는 데 도움될 것이지만, 대개 자신 삶의 중심에 두지 않습니다. 이들은 대개 자신을 뛰어난 요리사로 만들어내고, 그래서 자신의 식단을 통제할 수 있습니다.

▶ 수비학
18일에 태어난 사람은 숫자 9(1+8=9) 및 화성에 통치됩니다. 6월 18일에 태어나서 논쟁적인 이들은 분노로 하여금 이들의 논리를 채색해버릴 수 있습니다. 이들은 감정적인 폭발을 주의해야 하는데, 다투려 하는 이들의 성향이 적을 창조할 수 있으므로, 이들은 갈등을 도발하지 않도록 해야만 합니다. 게다가 숫자 9라는 화성의 에너지 때문에, 이들의 더 정신적이고 수성적인 쌍둥이자리의 자질은 주기적으로 산산조각이 날지도 모릅니다.

▶ 원형
18번째 메이저 카드는 꿈, 감정 및 무의식의 세계를 일차적으로 대변하는 '달(月)'입니다. 긍정적인 속성은 민감성, 공감 및 감정적인 이해심을 포함합니다. 부정적인 성질은 감정적인 우유부단함, 수동성 및 에고의 부족을 포함합니다. 상상적인 달의 영향력은 환상을 창조해내고, 이들을 위해 모든 종류의 덫과 매복을 설정해둘 수 있습니다. (달이 통치하는) 다가오는 게자리의 싸인과 (마법이 테마인) 쌍둥이자리-게자리의 중첩이 여기에서 작용하므로, 달의 영향력은 늘어나는 민감성과 공감 능력을 이들에게 빌려주면서, 대단히 확대됩니다.

6월 19일
촉발의 날
The Spark

▶ 심리구조

6월 19일에 태어난 이들은 타인들에게서 최선과 최악을 끌어냅니다. 이들은 좀처럼 무관심에 봉착되지 않지만, 심지어 자신이 도발적인 양식으로 활동하는 것으로 보이지 않을 때조차도 강한 반응을 이끌어냅니다. 다만 이들의 존재감만이 다소 협박적일 뿐이고, 그러므로 적대감을 자극할 수 있지만, 이들의 격렬한 몰아댐과 꿋꿋함은 찬양할 마음도 또한 불어넣을지도 모릅니다.

이들 중 여성은 고도로 설득적이고, 유도적이며, 대개 자신이 원하는 것이 경력이든, 교육적인 발전이든, 감정적으로 보상받는 관계든, 재정적인 안정이든 간에 그것을 정확히 알고 있습니다. 반면에, 이들 중 남성은 대체로 숙명이 이들을 위해 예비해둔 (그러나 그만큼 심하게 몰아대는) 것에 상관없이 꿋꿋이 버텨내는 꾸준한 유형입니다. 이들 중 남녀 모두는 자신의 주위 사건들이 활기를 띠게 설정해주는 경향이 있습니다.

이들은 자신이 바깥쪽의 압력에 비록 굴복한 적이 있다고 해도 좀처럼 굴복하지 않는다는 점에서 찬양받을 만하지만, 타협의 영이 이들 자신에게 훨씬 더 손쉽게 만들어줄지도 모를 때, 때로는 완강할 수 있습니다. 자신의 인식이 옳든 그르든 간에, 이들은 그런 타협을 자신의 소망이나 믿음, 열망을 팔아넘기는 것으로 바라볼 수 있습니다.

고도로 촉발적인 이들은 가장 둔한 사람들을 움직이게 하는 데 유능합니다. 이들의 강한 신념 및 활동에 대한 용기는 확실히 긍정적인 본보기의 역할을 합니다. 비록 타인들에게 동기를 부여하는 이들의 방도가 다소 강한 처방으로 보일지도 모르지만, 때때로 좋은 자극제가 요구되는 것임을 부인하는 어떤 것도 현존하지 않습니다. 비록 타인들은 부추겨지는 것에 대해 일부 원망의 느낌이 들지도 모르지만, 그들은 대개 이들의 선한 의도의 진가도 또한 알아볼 것입니다.

이들의 실상적인 문제는 자기 자신과 사회적인 역할 양쪽에서 한계를 알아보지 못하는 무능이거나 알아봄에 대한 거부일지도 모릅니다. 자기 자신을 너무 심하게 혹은 너무 재빨리 몰아대는 것은 이들을 몰락할 위험에 처할 상태에 놓을 뿐만 아니라 사실상 이들을 어려운 국면에 빠뜨릴지도 모릅니다. 어쩌면 이들은 스트레스 아래에서 잘 실연해보이고, 심지어 빛조차도 내지만, 시간이 지나면서 그런 스트레스는 큰 피해를 줄 수 있습니다. 이들은 심하게 몰아대는 자신의 생활방식이, 매우 많은 고군분투를 예상하지 못했던 자신의 가족과 사랑받는 사람에게 미치는 효과를 고려해야 합니다.

만약 이들이 자기 자신의 속에서 일어나고 있는 것 및 자신의 주위 세계에서 일어나고 있는 것 양쪽에 대한 자신의 자각을 높일 수 있다면, 이들은 소진되는 것을 피하게 되고, 자신의 성공 가능성을 향상시킬 것입니다. 다만 자기 자신에게 선택이라는 사치를 허용하는 것, 즉 이따금 장애물을 (정면으로 직면하는 것보다) 우회하는 자유는 바른 방향에 들어서는 중대한 전진입니다.

▶ 일간 특성
강점; 관여하는, 끈덕진, 도전 지향적인
약점; 도발적인, 곤란해지는, 알아채지 못하는

▶ 명상
치타와 경주하지 마십시오. 캥거루와 권투하지 마십시오.

▶ 조언
좀 더 묵상적이 되라.
어떤 하나의 지향이나 역할 속으로 가두어 넣는 것을 피하라.
타인들의 느낌에 접촉하며 지내고, 타협하기 위해 여전히 마음을 열라.

▶ 건강
이들 중 여성은 자신의 많은 활동 및 질병을 불러오는 것으로 자기 자신을 지치게 하는 것을 주의해야 합니다. 게다가 이들은 자신의 정신력에 지나친 스트레스를 주는 것을 피하고, 자신의 주위환경에 대한 부정적인 비판이라는 수렁에 빠지는 것을 피해야만 합니다. 생활하고 작업하기 위한 유쾌한 환경을 선택하는 것은 이들의 웰빙에 중요합니다. 이들 중 남성은 모든 종류의 심각한 만성 질환으로 귀결될지도 모를 가능성이 있는 병의 끈덕진 증상을 무시하거나 우울증의 징후를 알아보는 데 실패하지 말아야만 합니다. 거절은 특히 이들 중 남성이 감당하기 어렵습니다. 남성성과 여성성의 심리적인 균형은 남녀 모두의 건강함에 필수적입니다. 이들은 고도로 다양한 식단이 가장 좋고, 상상적인 요리를 창조하기 위한 자신의 감식안을 탐닉해야 합니다. 이들에게는 단지 적당한 운동만이 권장되고, 걷기, 수영 및 충격이 작은 스포츠가 가장 좋습니다.

▶ 수비학
19일에 태어난 사람은 숫자 1(1+9=10, 1+0=1) 및 태양에 통치됩니다. 이들이 수성과 달의 영향력을 강하게 받는 쌍둥이자리-게자리 중첩의 첫날인 6월 19일에 태어나기 때문에, 이들의 정신적인 천성과 감정적인 천성 사이에 갈등이 현존할지도 모릅니다. 숫자 1에 통치되는 사람이 야심적이고, 구속을 싫어하는 경향이 있다는 사실과 짝지어진 이런 갈등은, 작업에서 곤란으로 이어질 수 있습니다. 내부적으로 또 외부적으로 자신을 조용하게 하는 방법을 체득하는 것이야말로 이들의 영적인 성장의 중요한 부분입니다.

▶ 원형
19번째 메이저 카드는 '태양'입니다. 그 태양은 모든 메이저 카드 중 가장 호의적인 카드로 여겨질 수 있고, 지식, 생명력, 행운을 상징하고, 우대와 보상을 약속합니다. 이 카드는 명확성, 관계의 조화, 훌륭한 평판이라는 좋은 자질을 배치해주지만, 자만심, 허영심, 거짓된 겉모습을 위한 잠재성도 또한 내포합니다.

6월 20일
황홀한 호소의 날
Ecstatic Appeal

▶ 심리구조

6월 20일에 태어난 이들은 강한 감정을 불러일으키는 방식과 타인들을 끌어내는 방식을 갖고 있습니다. 이들 중 예외적인 사람은 심지어 합리적인 지향의 상실이나 고조된 상태조차도 경험할 수 있거나, 타인들로 하여금 경험하게 할 수 있습니다. 극단적인 경우 그런 상태는 무아지경 같고, 황홀하며, 심지어는 발작적일지도 모릅니다. 초감각적인 지각(ESP) 능력, 심령능력, 예언 능력의 힘은 이들 사이에서 드물지 않습니다.

이들은 자신의 합리성을 실로 지켜내야만 합니다. 만약 자신의 논리가 순전히 감정적인 목적에 봉사하기 위해 고용된다면, 전혀 합리적이지 않을지도 모르기 때문에, 이들은 그 논리를 주기적으로 검토해야 합니다. 타인들을 설득하는 것은 저절로 또 본질에서 이들 중 다수를 극도로 끌어들입니다. 불운하게도 이들은 반대되는 발상, 즉 이들이 볼 때 자신에게 위협적인 발상에 대한 최고의 관용을 갖고 있지 않을지도 모릅니다. 사실, 이들 중 일부는 자신의 환경이야말로 자신의 자주 극단적인 관점에 후원해주고 동감해주는 자신의 사회적인 환경 속에 합의라는 무언의 느낌이 있는 곳이기를 바랍니다.

아무리 이들이 슬기롭고 합리적인 것처럼 보일지라도, 이들이 꾸며낼 시 대개 기저에 놓인 불합리성이 현존합니다. 이것 때문에, 흥분과 감정성은 이들 주위를 휘감고 있는 것으로 보입니다. 이들 자신도 이들이 관여하는 사람들도 이들에게 일어나는 흥분, 불안정, 모험의 많은 부분이 이들의 천성 깊은 속에서 솟아나오는 세력의 결과일지도 모른다는 사실을 알아보지 못할 수도 있습니다. 이것은 이들의 삶이 혼돈되거나 형식이 없다는 점을 시사하는 것은 아닙니다. 이들은 실로 자신의 '마법적인' 힘의 범위에서 감정을 자극할 뿐만 아니라 그 감정을 잘 통제하고 유도하는 데 유능합니다.

이들과 가까운 부모, 친구, 자녀, 타인들의 느낌을 심오하게 붙잡고 있음에도 불구하고, 하지 즈음에 태어난 이들은 자주 자신의 영향력이 어느 정도인지 알아채지 못합니다. 이 때문에 소견, 선호, 바램은 순전히 무의식적인 수준에서 교환될지도 모릅니다. 그러므로 이들은 아무리 그 영향력을 부인하기를 선호할지라도, 타인들에게 충격을 주는 자신의 힘을 알아채게 되어서, 이 힘을 범죄에서 멀어지도록 유도하는 것이 이들에게 의무입니다.

비록 이들이 감정에 극도로 민감하지만, 이들은 주어진 시간 내내 타인들의 관심사에 항상 민감한 것은 아닐지도 모릅니다. 따라서 이들이 질투나 화, 시샘의 근본 원인을 완화하면서 친절, 배려, 수용이라는 단순한 인간의 속성을 기본적으로 장려하는 데 공들이는 것이 중요합니다. 이들은 자유롭게 흐르되 절제된 태도로 자신의 감정을 표현하는 법 그리고 내부적으로 또 외부적으로 침착한 감각을 키우는 법을 체득해야만 합니다.

▶ 일간 특성
강점; 감성적인, 열렬한, 카리스마적인
약점; 지나치게 감정적인, 억눌려진, 파괴적인

▶ 명상
용서하거나 아니면 잊어버리십시오.

▶ 조언
당신의 더 깊은 느낌과 당신이 타인에게 끼칠지도 모르는 효과에 대해 알아채라.
지속해서 침착하되, 당신의 머리를 쓰고 감정을 표현하라.
당신의 느낌을 안쪽 아래로 밀어넣으려고 노력하지 마라, 소용없다.

▶ 건강
이들은 자신의 환경에서 강한 에너지를 끌어들이고 에너지를 불러일으키는 자신의 성향 탓에, 많은 종류의 감정적이고 심리적인 문제에 예민할 수 있습니다. 비록 이들 중 대다수가 심리적인 상담이라는 도움을 찾는 것을 불편해하지만, 자기 자신을 더 잘 이해하기 위해서 이들은 그런 상담이 요구될지도 모릅니다. 어쨌든, 강한 감정 표현이나 억압은 이들을 쇠약하게 할지도 모르고, 신경질, 불안, 불면증으로 이어질 수 있습니다. 이들은 방해받지 않는 수면과 정기적인 식사에 대한 욕구가 충족될 수 있도록 자신의 삶을 구조화하기 위한 노력을 만들어내야 합니다. 대다수 암에 걸린 사람들처럼, 이들은 음식에 관해 까다롭지만, 쌍둥이자리인 이들의 다방면에 걸친 입맛이 음식의 지평을 넓히는 데 앞장설 수 있도록 해야 합니다. 단지 가볍고 적당한 신체 운동만이 권장됩니다.

▶ 수비학
20일에 태어난 사람은 숫자 2(2+0=2) 및 달에 통치됩니다. 숫자 2에 통치되는 사람은 신사숙녀적이고 상상적인 경향이 있고, 타인들이 비판하거나 주목하지 않는 것에 쉽게 상처받습니다. 이들은 쉽게 성내고, 짜증내는 낮은 문턱도 또한 갖고 있을지도 모릅니다. 숫자 2에 통치되는 사람은 달의 영향력을 강하게 받고, 그러므로 인상에 좌우되어 자신의 느낌에 채색되는 정신적인 과정을 갖고 있을 가능성이 있습니다. 달이 게자리도 또한 통치하므로, 이런 감정성은 6월 20일에 태어난 이들에게 더욱 강조됩니다.

▶ 원형
20번째 메이저 카드는 물질적인 고려사항을 뒤로하고, 더 높은 영성을 탐구하도록 사람들을 부추기는 '심판이나 일깨움'을 보여줍니다. 나팔을 부는 천사를 그려내는 그 카드는 책무라는 새로운 날이 밝아지고 있음을 암시합니다. 이것은 우리로 하여금 자신의 에고를 넘어가게 해주고, 무한을 엿보게 해주는 카드입니다. 위험은 그 나팔소리가 단지 우쭐댐과 도취를, 즉 가장 저급한 본능이 관련된 것을 즐길 시의 균형 상실과 방종을 미리 알려줄 뿐이라는 점입니다. 게다가 이들을 위한 도전은 어떻게 자신의 느낌에 휩쓸림이 없이 그 느낌을 표현할지에 있습니다.

6월 21일
세속적인 황홀의 날
Worldly Rapture

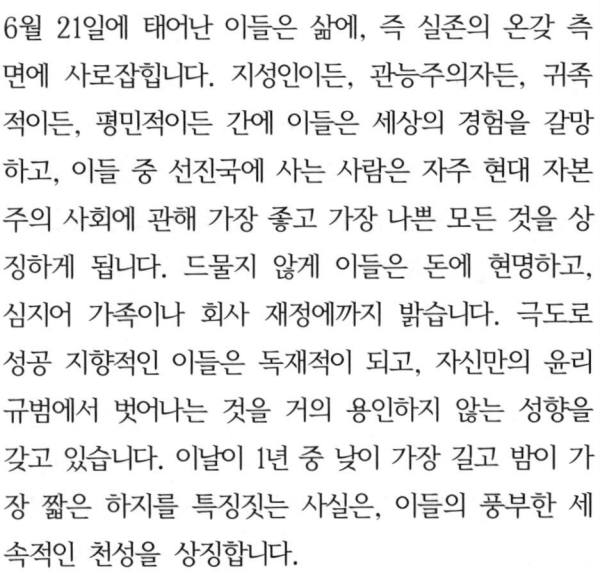

▶ 심리구조

6월 21일에 태어난 이들은 삶에, 즉 실존의 온갖 측면에 사로잡힙니다. 지성인이든, 관능주의자든, 귀족적이든, 평민적이든 간에 이들은 세상의 경험을 갈망하고, 이들 중 선진국에 사는 사람은 자주 현대 자본주의 사회에 관해 가장 좋고 가장 나쁜 모든 것을 상징하게 됩니다. 드물지 않게 이들은 돈에 현명하고, 심지어 가족이나 회사 재정까지 밝습니다. 극도로 성공 지향적인 이들은 독재적이 되고, 자신만의 윤리 규범에서 벗어나는 것을 거의 용인하지 않는 성향을 갖고 있습니다. 이날이 1년 중 낮이 가장 길고 밤이 가장 짧은 하지를 특징짓는 사실은, 이들의 풍부한 세속적인 천성을 상징합니다.

심지어 이들 중 지성인조차도 매우 관능적인 존재, 즉 섹스 지향적인 존재가 되는 경향이 있습니다. 이들이 아무리 냉소적이거나 아이러니하며 논리적이더라도, 이들은 여전히 격정적인 사랑에 빠진 사생활의 노예가 될 수 있습니다. 따라서 이들 중 고도로 진화된 다수는 자신이 마음과 육체의 쾌감을 만끽하는 황홀한 상태에서 살아갑니다. 실로 이들의 생각은 격정적이고, 이들의 성관계는 예술적이며, 심지어 배려적이기까지 합니다. 이들은 신체적인 문제와 정신적인 문제를 진정으로 통합해서, 그 문제를 열렬하고 비타협적으로 추구하는 극소수 사람입니다.

말할 필요도 없이, 이들은 매우 격렬합니다. 이들 자신은 타인들에게 아름답고, 타인들을 끌어들인다고 생각되며 아니면 이들은 신체적인 아름다움에 극도로 끌립니다. 어느 경우든, 일종의 미녀와 야수의 역동성이 빈번하게 작용합니다.

성공하려는 열의와 추진력으로 이들은 자신의 길을 막아서는 장애물이라는 고개가 무엇이든 넘어갑니다. 이들의 성격은 타인들에게 일종의 마법을 부리는 것처럼 보이고, 이들은 자주 자신의 가족이나 사회 동아리, 직종적인 삶에서 핵심 위치를 차지합니다. 만일 이들이 우세한 사회 시스템에 상충하는 자기 자신을 매우 자주 알아차리게 되지 않는다면, 이들은 자신을 뛰어난 정치인으로 만들어낼 것입니다.

물론 이들은 비판, 발상, 섹스 또는 사교적인 관여를 위해 있는 자신의 격정에 관련해 도리에서 벗어나는 것을 주의해야만 합니다. 이들은 자신의 에고에 의해 먹히고, 자신의 관능미에 의해 파괴되며, 자신의 이해관계에 사로잡혀서 무엇이든 허용되는 세상에 관여하는 자기 자신을 알아차릴지도 모릅니다.

중독적인 유형인 이들은 빈번히 일벌레이고, 그러므로 불가능한 것까지는 아니더라도 정상적으로 개인적인 관계를 영위하는 것은 어려울 수 있습니다. 고도로 요구가 많은 이들은 자신의 동무, 친구, 자녀로 하여금 이들과 관계하기가 힘겹도록 만들어낼 수 있습니다. 영성을 위한 원정이 세속적인 관심사에서 이들을 자유롭게 하는 유일한 행로일지도 모릅니다.

▶ 일간 특성
강점; 황홀한, 비판적인, 관능적인
약점; 통제되지 않는, 중독적인, 독재적인

▶ 명상
윌리엄 블레이크는 '과도함의 도로는 지혜의 궁전으로 이어진다.'고 말했습니다. 이것이 참일지도 모르지만, 그 여행자는 [그곳에] 도착하겠습니까?

▶ 조언
당신의 에고로 하여금 주체하지 못하게 되지 않도록 하라.
만약 당신이 당신 자신의 자유를 허용한다면, 다른 누군가는 어떨까? 각각의 모든 사람들로 하여금 그들이 마땅히 해야 할 일을 갖고 있게 하라. 너무 압도적이고 통제적이지 마라.
쾌락과 즐거움에 대한 욕구를 지속해서 상황에 맞게 하라.
당신의 침착함을 유지하라.
이따금 당신 자신으로 하여금 채식하도록 허용하라.

▶ 건강
이들은 자신의 욕망과 격정에 의해 소모될 수 있고, 그러므로 소진에 대해 경계해야만 합니다. 자기 자신의 속도 조절이 열쇠입니다. 게다가 만약 이들의 활동 중 어느 하나라도 중독적인 배역을 맡는다면, 그 배역은 자신의 삶에서 다른 온갖 것을 밀어낼 수 있고, 자신을 충족시키기 위해 점점 더 높은 '분량'을 요구할 수 있습니다. 이런 종류의 활동은 반사회적인 행동, 아니면 적어도 가족과 친구들의 소외로 이어질 수 있습니다. 곡물과 뿌리채소에 중점을 두고 맵지 않고 부드러운 편인 채식이나 반채식 식단은 이들이 지속해서 뿌리내리는 데 도움될 것입니다. 단지 매우 적당한 신체 운동만이 권장됩니다. 일벌레들은 위와 십이지장 궤양뿐만 아니라 흡연으로 인한 폐 질환이나 술에서 비롯되는 간 경화 같은 다른 2차 스트레스 관련 질병에 주의해야만 합니다.

▶ 수비학
21일에 태어난 사람은 숫자 3(2+1=3)과 21 그리고 확장적인 행성인 목성에 통치됩니다. 숫자 3에 통치되는 사람은 자주 야심적이고, 심지어는 독재적입니다. 목성의 낙관적인 영향력 및 수성(쌍둥이자리의 통치자)과 달(게자리의 통치자)이 조합된 영향력은 6월 21일에 태어난 이들을 비실용적이고, 피상적이며, 지나치게 확장적이도록 만들어낼지도 모릅니다. 특히 이들 중 남성은 스타일을 사랑하고, 현혹하는 겉모습을 제시하기 위해 주저하지 않고 많은 돈을 들일 것입니다. 숫자 21은 신체적인 아름다움과 두드러진 연관성을 갖고 있습니다.

▶ 원형
21번째 메이저 카드는 에너지를 주는 봉을 쥐고 달리는 여신을 그려내는 '세계'로 불립니다. 세상이라는 고개를 넘어가서, 그 진실을 표출하는 그녀는 무한한 힘을 갖고 있습니다. 이 카드는 세속적인 수준에서 도달할 수 있는 모든 것을 상징합니다. 비록 보상과 통합이 보증될지라도, 전통적으로 그 카드는 산만함과 자기연민이라는 부정적인 특성뿐만 아니라 기념비적인 장애 및 운명의 퇴보도 또한 예시할 수 있습니다.

6월 22일
낭만적인 우쭐댐의 날
Romantic Exaltation

▶ 심리구조

6월 22일에 태어난 이들은 모험 같은 로맨스의 삶에 명시적으로 또는 은밀하게 얽매입니다. 인생이란 드라마에 끌려드는 이들은 흥미진진한 여행 혹은 호기심을 자극하는 국면, 숨겨진 연애사의 유혹에 저항하기가 매우 어렵다는 것을 알아차립니다. 명시적으로 낭만적인 이들은 자신의 감정을 숨기지 않고 드러내는데, 이들이 아끼는 모험심은 완전히 공개적입니다. 은밀히 낭만적인 사람은 비밀을 숨기는 것이 가장 로맨틱하고 무엇보다 특별한 활동임을 알아차립니다. 은밀한 유형은 사랑스럽고 부드럽게 처신하면서 자주 조용하고 수줍어합니다. '내가 어떻게 느끼는지 나 외에는 아무도 모를 것이다'는 이들의 태도를 묘사할지도 모릅니다.

이들은 걱정과 경험을 최고 수준으로 격상시킵니다. 이들이 사랑에 빠지거나 새로운 모험을 탐색할 때 이들은 더 이상 평범한 세상과 완전히 접촉하지 않습니다. (이들이 그런 상태에 있지 않을 때 이들은 일상의 문제를 처리하는 데 두드러지게 실용적입니다. 이를테면 이들 중 남녀 모두는 뛰어난 가사담당자일 수 있습니다.) 이들이 느끼는 최고조는 종교 혹은 약물 경험만큼이나 진정으로 격렬합니다.

불운하게도 이들의 최저점도 똑같이 비중있고 깊을지도 모르고, 그 귀결로 이들은 불안과 우울증이라는 고통을 겪을지도 모릅니다. 몇 번의 실망 후 이들은 자신의 동기와 활동에 더 은밀해짐으로써 세상에 대해 자신의 마음을 독하게 먹기 시작하고, 자신의 연인에게 마음을 닫기 시작할지도 모릅니다. 위험은 세월이 흐르면서 이들이 한때 자신의 삶에서 행했던 실제 사건보다 여전히 더 대단한 로맨스를 기억에 주입하는 꿈의 세계로 자기 자신을 점점 고립시킬 것이라는 점입니다.

이들은 자신의 감정적인 환경을 통제하려는 자신의 욕구가 얼마나 중한지를 좀처럼 깨닫지 못합니다. 자신만의 마음에서 이들은 자신의 느낌에 휘둘립니다. 그러나 이를테면 이들이 누군가를 사랑한다고 그들에게 말함으로써, 아니면 심지어 그 말을 반복적으로 생각하기까지 함으로써, 지배력을 행사하는 자신이 사랑하는 사람임을 주장하고 있을 수 있습니다. 생각과 말로 사랑이 진짜라고 주장하듯이, 이들의 공상적인 삶도 그런 생각들이 이들의 상대에 대해 실상적인 힘을 갖고 있을 정도로 매우 실상적인 독립체로 구현될 수 있습니다.

이들 중 다수는 (비록 비실상적일지라도) 다음번 고양된 상태를 항상 탐색하면서, 소망이나 공상이라는 미지의 코스를 따라 항해합니다. 이들 중 더 고도로 계발된 사람은 결국 자신의 에고를 가려내서 의식의 더 높은 형식을 계발시키기를 바랄 것입니다. 이들 자신은 오직 더 높은 자각에 대한 실습만을 통해서, 즉 자신의 주위와 내면 속에서 순간순간 무엇이 일어나고 있지를 단순히 관찰하는 것에 대한 실습만을 통해서 끝없이 반복하기를 멈출 수 있습니다.

언급된 것처럼, 이들이 투사한 감정의 힘이 대개 너무 강해서, 이들의 주위 사람들은 이들에게 무엇이 기대되고 무엇이 금지되는지 즉시 감지합니다. 보이지 않는 경계도 설정하고 보이지 않는 문도 조금 열어두는 것에서 이들은 사랑받는 사람들에게 강한 영향력을 행사할 능력이 있습니다.

▶ 일간 특성
강점; 낭만적인, 감정적으로 능숙한, 공상적인
약점; 순진한, 비실상화된, 배후조종하는

▶ 명상
이번 생에서 이뤄지지 않는다면, 다음 생에서 이뤄지기를!

▶ 조언
당신의 공상이 투사하는 힘을 알아보라.
질투와 소유욕을 주의하고, 놓아주는 법을 체득하라.
당신이 질 때, 우아하게 패배를 인정하고, 그 경험에서 [교훈을] 얻으면서 옮겨가라.

▶ 건강
이들은 얼굴과 상반신에 뾰루지가 생기기 쉬우므로 자신의 피부에 주의를 기울여야만 합니다. 알레르기 일반은 이들을 자주 괴롭힙니다. 이들 중 대다수는 똑같이 민감한 소화 체계를 갖고 있어서, 이들은 자신 식단의 변화에 부정적인 반응을 갖고 있을지도 모릅니다. 이들은 자신이 먹는 것에 관해 까다롭고, 호불호가 어지간히 자주 바뀔 수 있기 때문에, 정기적으로 자신만의 음식을 준비하는 것이 가장 좋습니다. 운동이 관련된 한, 걷기나 수영 같은 단지 적당한 활동만 권장됩니다. 게자리인 이들은 기관지염과 폐의 질환에 예민하므로, 가래를 생성시키는 유제품은 너무 많이 먹지 말아야 합니다.

▶ 수비학
22일에 태어난 사람은 숫자 4(2+2=4)와 22 그리고 불규칙하면서도 폭발적인 천왕성에 통치됩니다. 숫자 4에 통치되는 사람은 고도로 개별적입니다. 이들이 매우 자주 대단한 자기-보증을 갖고서 소수자의 관점을 취하기 때문에, 적대감을 자극하는 이들은 자신을 적으로, 어쩌면 남모르는 적으로 만들어낼지도 모릅니다. 6월 22일에 태어난 이들은 대개 (게자리에 대한 달의 통치에 의해 강조되는) 개인적인 관심사와 감정적인 문제에 얽매입니다. 쌍수 날짜의 유일한 가능성인 11이 붙어가는 22는 쌍수이므로, 매달 11일과 22일에 태어난 사람은 쌍둥이, 동시성, 대칭성 및 다층적인 다른 이중성에 대한 이해관계를 계발할지도 모릅니다.

▶ 원형
22번째 메이저 카드는 몇몇 버전에서는 절벽의 가장자리를 부주의하게 걸어가는 모습을 보여주는 '바보'입니다. 일부 해석은 이성을 포기한 어리석은 사람으로 그이를 묘사하고, 다른 해석은 물질적인 고려사항에서 벗어난 고도로 영적인 존재로 묘사합니다. 긍정적인 의미는 저항을 단념해서 본능을 자유롭게 따르는 것을 포함하고, 부정적인 측면은 어리석은 활동, 충동성, 소멸입니다. 고도로 진화한 '바보'는 삶의 행로를 따라갔고, 그 교훈을 체험했으며, 자신만의 비전과 하나가 되었습니다.

6월 23일
대인관계의 마술의 날
Interpersonal Enchantment

▶ 심리구조

6월 23일에 태어난 이들은 타인들의 사랑 관계나 아니면 자신만의 사랑 관계에 자주 얽매입니다. 실로 이들은 무엇보다 자신의 동무와 갖는 친밀한 관계를 중시하고, 상대방에 마술을 걸려고, 즉 자신의 매혹에 의해 극도로 환영적이 되려고 자신이 할 수 있는 온갖 것을 합니다. 최면에 걸리듯 이들의 마음을 사로잡는 것은 바로 사랑에 빠진 격렬한 자석 같은 느낌입니다. 6월 23일이 자주 하지의 전날로 기념된다는 사실을 통해 추가된 마법이 이들에게 주어집니다. 만약 사랑 인생공부를 하는 사람이라면, 이들은 사람들이 서로 발굴해내려는 동기를, 자신이 신체적으로 무엇과 같은지를, 자신의 친밀감에 관한 모든 세부사항을 알고 싶어합니다. 그런 연구가 관음증을 시사하는 것은 아니지만, 그것을 배제하는 것도 아닙니다.

물론 관계는 대다수 사람의 삶의 요소이지만, 일대일 낭만적인 관계의 격렬함에 관한 한, 이들은 당해내기 힘겨운 사람입니다. 하지만 이들을 유도하는 것은 바로 이들의 감정뿐만 아니라 그 사건의 전체적인 사회적인 맥락입니다. 이들은 자신의 이해관계와 생활양식 모두에서 사회의 일부가 되는 경향이 매우 많습니다. 그러므로 이들은 자신의 동무와 함께 숲으로 달아나는 것이 좀처럼 발견되지 않습니다. 이들은 자신의 사랑에 대한 소식을 타인들에게 나누는 것에 관해 부끄러워하지 않고, 사회가 커플에게 제안하려고 지닌 사회적인 혜택을 즐깁니다. 하지만 이들의 종교가 결혼을 요구하지 않는 한, 이들이 결혼을 했는지 아닌지는 이들에게 국가의 법적 인정이 거의 의미가 없으므로 대단히 중요한 것에 속하지 않습니다.

이들은 예술, 음악, 문학이라는 마술에 끌려듭니다. 이들을 끌어들이는 것은 바로 항상 화려한 등장 배역들, 마법의 테마나 관현악 편곡, 마술적인 색채와 형태들입니다. 이들이 고도로 환영적인 청취자, 시청자, 독자이므로, 예술은 이들의 삶에서 자주 중심적인 위치를 차지합니다. 실로 이들은 자신이 사랑받는 사람에 대한 느낌을 임시로 대신할 수 있는, 소설 속의 캐릭터에서 혹은 영화 속의 배우에게서 그런 홀릴 거리를 빈번히 찾아냅니다.

물론 이들은 평범한 세상에서도 또한 살아야만 하고, 대체로 차분하게 그렇게 살아갑니다. 이들은 가정을 꾸리고, 삶이라는 중요한 매일의 임무를 돌볼 시 꽤 실용적입니다. 그러나 물론 이들은 자신이 마법적이고 자석 같은 사건에 부여해주는 에너지를 똑같이 이런 문제들에 절대 주지 않습니다.

인간관계를 연구하는 이들은 자신의 마음에서 정보를 분류해서 배치합니다. 이들은 자신의 발상을 공유하는 것을 사랑하고, 사랑과 섹스에 관한 야생적이고 엉뚱한 이론을 많이 갖고 있습니다. 이들은 자신이 알고 있는 것에 관해 무분별해지고, 험담하게 되는 성향에 대해 경계해야만 하며, 타인의 사연 속으로 파고 드는 것을 피해야 합니다. 하지만 이것은 이들이 관리하기 어려우므로 자신의 관심사에 매우 열심입니다. 이들 중 사랑 인생공부를 하는 사람은 질투에 대해 주의해야만 합니다. 관계에 깊이 관여하는 이들은 만약 상황이 결렬된다면 증오의 느낌과 질투의 느낌에 대해 경계해야만 합니다.

▶ 일간 특성
강점; 자석 같은, 마술적인, 낭만적인
약점; 무모한, 캐내기를 좋아하는, 지나치게 관여하는

▶ 명상
사랑의 영역에서는 선택의 힘이 완전히 드러납니다.

▶ 조언
실용적이고 평범한 문제를 정기적으로 처리하라.
당신의 삶과 생활공간을 지속해서 정리해 두라.
타인들이 관련된 한, 입이 가벼워지는 것을 주의하라.
당신이 하는 온갖 것에 분별력과 멋을 위해 애쓰라.

▶ 건강
이들이 춤, 파티 그리고 더 친밀한 사교 모임에서 보내는 시간은 이들의 소망과 이해관계를 자신으로 하여금 표현하게 허용함으로써, 대체로 자신의 건강에 좋을 것입니다. 하지만 그런 경우 음주와 흡연은 위 그리고 폐와 관련된 장기에 과민증이 될지도 모르므로 이들을 쇠약하게 할 수 있습니다. 이들은 자신의 정신적, 감정적인 상태에 충격을 주는 약물에 대해서도 또한 주의해야만 합니다. 이들 중 다수에게 성적인 로맨스는 엄청나게 중요하고, 그러므로 빈번하고 다양하며 창조적인 섹스가 권장됩니다. 음식이 관련된 한, 이들은 이국적이고 상상적으로 준비되는 다층성이라는 덕을 입는 요리에 가장 행복하지만, 자신의 건강을 보전하고 싶다면 자신의 식욕에 대해 약간의 통제를 유지해야만 합니다.

▶ 수비학
23일에 태어난 사람은 숫자 5(2+3=5)와 23 그리고 수성에 통치됩니다. 수성은 생각과 변화의 빠름을 대변하므로, (그리고 초기 게자리인 이들에게 중첩의 영향력을 여전히 발휘하기 때문에) 이들은 정신적으로 과잉반응할 뿐만 아니라 대단히 주기적으로 자신의 마음과 물리적인 주위환경도 또한 바꿀 가능성이 있는 자기 자신을 알아차릴지도 모릅니다. 달(게자리)과 수성(쌍둥이자리)의 접합된 영향력이 이들에게 웅변과 재치를 부여해주지만, 이들은 때때로 사람들의 삶에 대한 친밀한 세부사항을 토의하려는 욕망을 자제해야만 합니다. 숫자 5에 통치되는 사람이 전형적으로 삶에서 받는 어떤 역경이든 이들에 대한 영속하는 효과를 거의 갖고 있지 않을 것입니다. 숫자 23은 해프닝에 결부되고, 이것은 6월 23일에 태어난 이들을 위해 마법을 경험하려는 이들의 원정을 강화해줍니다.

▶ 원형
다섯 번째 메이저 카드는 인간의 이해심과 신념을 상징하는 신성한 신비에 관한 해석자인 '사제'입니다. 그의 지식은 난해하고, 그는 보이지 않는 만사만물에 대한 권위를 갖고 있습니다. 이 카드가 수여하는 호의적인 특성은 자기-보증성과 통찰력이고, 비호의적인 특성은 설교하기, 호언장담, 독단주의를 포함합니다.

6월 24일
복된 마법사의 날
The Blissful Wizard

▶ 심리구조

6월 24일에 태어난 이들은 자주 자신의 천직, 예술 혹은 사업적인 관심사에 완전히 얽매입니다. 이들 중 더 고도로 진화된 사람은 창조적이고 긍정적인 프로젝트에 자기 자신을 헌신하고, 덜 진화된 사람은 확연히 부정적이거나 파괴적인 배역을 지닌 기획에 자신의 에너지를 기부합니다. 이들 중 진화된 사람이든 아니든 똑같이 이들이 자신의 활동에 대한 자신만의 특정 접근법을 마지막 세부사항까지 계발하므로, 특히 '기법적인 감각'에 관여하게 됩니다. 이들을 위한 기법은 그런 계발만큼 온갖 사람에 의해 배워질 수 있는 객관적인 연구가 아니라, 오히려 이들로 하여금 방해받지 않고 자기 자신을 표현해서 자신이 하는 것을 마스터하도록 해주는 고도로 개인적인 도구의 세트입니다.

대개 이들 중 더 고도로 진화된 사람은 신성한 사랑을 구현하는 것으로 자신이 알아보는 영적인 추구에 끌립니다. 이런 궁극적인 목표를 향한 자신의 행로 위에 있는 이들은 친절, 자각, 민감성, 심령 능력, 종교적인 열정 및 모든 생명체에 대한 존중을 키웁니다.

물론 이들 중 제대로 진화하지 못한 사람은 갈등, 상처, 아픔, 고군분투, 지배를 선호하면서, 생명 존중에 반대 방향으로 향합니다. 어떤 의미에서 우리 중 다수가 이제 한 생애보다 많은 (천왕성의 한 주기인) 84년을 초과하는 수명을 부여받으면서, 엄청나게 변화할 기회를 제안받고 있으므로, 이들 중 덜 진화된 사람은 한 번의 생애에서 자신의 가치를 전환할 수 있을 가능성이 없기는 하나 불가능한 것은 아닙니다. 이런 변화는 연구, 증가된 자기-자각, 고양된 의식, 영향력 있는 경험 및 무엇보다도 자기 자신을 개선시키려는 기본적인 욕망을 통해 일어날 수 있습니다.

이들은 자신의 주요 활동을 위해 종교적인 열정으로 묘사될 수도 있는 뭔가를 갖고 있습니다. 자기-단련을 위해 애쓰는 이들은 엄청난 집중력을 발휘하는 데 유능합니다. 이들은 유려하고, 자연스러우며, 자발적이고, 다소 즉흥적으로 작업하는 방도를 중시하지만, 철두철미한 기법적인 기술에 의해 뒷받침되는 방도를 중시합니다. 심지어 이들 중 비도덕적인 사람조차도 자신의 작업이 좋은 결과와 나쁜 결과 모두에 대단한 잠재력을 갖고 있음을 알아채게 됩니다. 이들은 40대 초반에 자신의 윤리가 관련되는 심각한 중년의 위기를 자주 맞닥뜨립니다.

무엇보다도 이들은 자신이 가장 사랑하는 것을 하기 위해 홀로 남겨지기를 원하고, 그러므로 이들의 가족과 친구들은 이들이 자신의 작업을 위해 욕구하는 엄격한 프라이버시에 대한 이해심이 고도로 있어야만 합니다. 이따금 이들은 세상에 높은 수준을 실연해보이기 위해 위험을 무릅쓰고 나오지만, 자신의 안전하고 자주 남모르는 본거지라는 테두리 안에서 대개 자신의 가장 중요한 작업을 합니다. 이들 중 사무실에서 작업하거나 일차적으로 사회에서 해결하는 사람은 대개 자신의 작업보다 본거지 생활을 더 중시하고, 개인적인 이해관계를 위해 에너지의 많은 부분을 비축합니다.

▶ 일간 특성
강점; 능숙한, 상상적인, 마법적인
약점; 곤란해지는, 파괴적인, 의식하지 못하는

▶ 명상
예술가는 우주가 자기 자신을 드러내는 악기입니다.

▶ 조언
당신의 작업에 대한 효과를 객관적으로 검토하고, 윤리적인 관점에서 작업을 고려해보라.
단지 사회의 가치가 무엇인지만 알기 위해서라도 그 가치에 지속해서 접촉을 유지하라.
너무 틀어박히게 되거나 고립되는 것을 주의하라.

▶ 건강
위에서 언급된 것처럼 이들이 지복의 열정 상태로 들어가는 성향이 있기 때문에, 실용적인 현실에서 동떨어지는 경향이 있는 이들은 건강상의 처참한 귀결을 보유할 수 있습니다. 이들은 자주 심혈관, 호흡기, 위장 질환에 직면합니다. 생각과 감정의 비움을 장려하고 허용하는 명상 수행은 이런 신체적인 문제를 회피하는 데 도움될 수 있습니다. 이들은 정기적인 식사시간과 엄격하고 기본적인 식단에 잘 반응합니다. 그런 식단은 육류와 설탕 섭취를 더 제한함으로써, 이들을 뿌리내리는 역할을 할 뿐만 아니라 과도한 공격성을 감소시키는 역할도 또한 합니다. 니코틴과 술 사용은 완전히 제거되지는 않더라도 제한되어야 합니다.

▶ 수비학
24일에 태어난 사람은 숫자 6(2+4=6) 및 금성에 통치됩니다. 숫자 6에 통치되는 사람은 사랑과 찬양을 끌어들일 시 자석 같기 때문에, 또 금성이 사회적인 상호작용과 강하게 연결되어 있으므로, 6월 24일에 태어난 이들이 자신의 작업을 위해 욕구하는 프라이버시를 얻는 것은 이들에게 때때로 고군분투일지도 모릅니다. 게자리가 강한 달의 영향력을 빌려주고, 숫자 6이 금성의 일차적인 영향력을 보여주기 때문에, 이들은 상상적인 지복의 상태가 더욱더 고도로 되기 쉬울 것입니다. 사랑은 자주 숫자 6에 통치되는 사람의 삶에서 지배적인 테마가 됩니다.

▶ 원형
사랑을 상징하는 '연인'인 여섯 번째 메이저 카드는 남성성과 여성성이라는 양극성의 통합을 통해 인간성의 모든 것을 하나로 묶는 최종 지점에 중점을 둡니다. 이 카드가 좋은 면에서는 높은 도덕적인, 미적인, 신체적인 차원의 애정과 욕망을 예시하고, 나쁜 면에서는 충족되지 않은 욕망, 감상성, 우유부단함을 예시합니다. 이미 있던 달과 금성의 영향력 때문에, 이들은 투사적인 공상을 확실히 파악해서, 사랑, 관계, 아름다움에 관련해 휩쓸리는 것을 주의해야 할 것입니다.

6월 25일
민감한 수용체의 날
The Sensitive Receptor

▶ 심리구조

6월 25일에 태어난 이들은 자신의 꿈을 실현하는 드문 수용력을 갖고 있습니다. 이들이 성공하는 이유는 무엇이 작동하는지 작동하지 않는지에 대한 민감성뿐만 아니라 자신을 둘러싼 환경 및 자신이 사는 시대에 대한 지식도 또한 포함합니다. 따라서 이들은 사람과 사건에 맞춰질 뿐만 아니라 그것들에 의해 제시되는 기회를 계기로 활용할 능력도 또한 있을지도 모릅니다. 이들이 자신의 공감력을 작동하게 한다면 재정적인 성공은 이들의 몫이 될 수 있지만, 이들이 이 잠재력을 깨닫기 전에는 재정적인 좌절이나 혹은 심지어 빈곤이라는 고통을 겪을지도 모릅니다.

이들이 하는 연출이나 말이 자주 고도로 예지적이기 때문에, 이들은 이들에 대한 신념을 갖고 있도록 의식해서든 아니면 무의식적으로든 타인들에게 요청하고 있습니다. 이들의 청중이 이런 것을 신념적으로 수용하는 것은, 작업하고 창조하기 위한 이들의 능력에도 이들의 자기-신임에도 모두 필수적입니다. 이 수용은 이들의 경력을 정착시키고 안정시키는 가족의 기본적인 후원을 포함합니다. 이런 신뢰와 신념이 없다면, 이들의 에너지는 자주 소진되거나 고갈되어 붕괴로 끝나게 됩니다. 특정 경우에 이들은 심미적이고 쾌락적인 몰아댐에 의해서도 또한 고갈된 자기 자신을 알아차릴지도 모릅니다.

이들은 긍정적인 영향력과 부정적인 영향력을 강력히 끌어당기므로, 타인들의 감정적인 투입을 유념해서 걸러내야만 합니다. 그런 영향력이 이들 속에 너무 깊이 자리 잡아서 이들은 그 영향력이 외부적인 원천에서 오는 것이 아니라 자기 자신의 속에서 비롯된 것이라고 오인하여 믿을 수 있습니다. 따라서 객관성과 구별력을 키우는 것은 이들의 심리적인 웰빙에 필수적입니다.

대체로 이들의 양육하는 면은 고도로 계발되어 있고, 자신의 가족 친구 동료뿐만 아니라, 성장과 계발의 과정에서 이들이 지속하고 싶은 자신의 가정, 소유물, 돈에도 또한 적용됩니다. 따라서 이들 중 대다수는 돈을 버는 것, 또 현명하게 투자하는 것에 모두 능숙합니다. 이들은 누군가가 현재에 투자하는 보살핌과 관심사의 작은 활동이야말로 삶의 많은 영역에서 미래에 대단한 보답을 가져올 수 있다는 점을 이해합니다.

자신의 사랑과 성적인 느낌이 대체로 사적이고 엄격한 통제를 유지할지라도 이들은 관계에서 매우 감정적일 수 있습니다. 이들이 공개적으로 방출하는 성벽으로 정말 보여주는 것은, 날카로운 비판 및 가끔의 분노와 부정성의 폭발, 어쩌면 심지어 거칠기까지 한 언어입니다. 이들 중 자신의 고도로 가변적인 기분으로 이미 알려진 사람은 독재적으로 돌아서는 것, 혹은 자신의 견해를 강요하는 것, 타인들을 멀어지게 하는 것을 주의해야만 하는데, 그런 행동은 자신이 참으로 욕구하는 신뢰를 갖춘 사람들을 몰아내버릴 것입니다.

▶ 일간 특성
강점; 공감적인, 지각력 있는, 독창적인
약점; 과민한, 시무룩한, 확신하지 못하는

▶ 명상
당신이 인생에서 있을 가장 놀라운 곳은, 당신이 바로 지금 있는 곳입니다.

▶ 조언
당신의 느낌에 관해 어느 정도의 객관성을 유지하도록 애쓰라.
필요할 때 당신 자신을 보호하되 긍정적인 영향에 여전히 마음을 열라.
정신적인 분별력을 키워라.
다른 누군가의 느낌을 당신의 것으로 착각하는 것을 주의하라.

▶ 건강
예시된 것처럼, 이들은 자신의 방식에 등장하는 부정적인 에너지를 걸러낼 능력이 있어야만 합니다. 자신의 극단적인 수용성 탓에, 이들은 특히 전염병에 취약할지도 모릅니다. 그러므로 이들은 자기 자신을 보호하는 데 필요한 예방조치를 해야만 합니다. 부정적인 영향에는 물론 심리적인 불안도 또한 포함될지도 모릅니다. 따라서 자기 자신과 타인 사이의 객관적인 공간을 유지하는 것은 이들의 건강에 매우 중대합니다. 시간이 흐를수록, 이들 중 다수는 해로운 영향을 차단하는 것을 통해서 건강한 영향을 허용하는 것에 더 능숙해집니다. 따라서 이들은 더 선별적인 방식으로 공유하기로 선택할지도 모릅니다. 타인들과 함께 음식을 즐기는 것은 건강함을 위한 통합적인 요소이고, 만약 가능하다면 이들 중 요리 기술에 숙달되지 않은 이들은 요리를 배워야 합니다. 일반적으로 이들은 미리 만들어진 식단을 채택하기보다 시행착오를 통해 실험하면서 자신에게 행복감을 빌려주는 식단을 공들여서 만들어내야 합니다. 운동은 수영이 특히 권장됩니다.

▶ 수비학
25일에 태어난 사람은 숫자 7(2+5=7)과 25 그리고 해왕성에 통치됩니다. (비전, 꿈, 심령현상을 통치하는 물같은 행성인) 해왕성은 (내면의 감정 상태 및 게자리도 또한 통치하는) 달에 결부될 수 있기 때문에, 6월 25일에 태어난 이들은 자주 공감적이고, 때로는 너무 많이 공감적입니다. 숫자 25는 자주 위험에 결부되고, 이들은 부정적인 영향력을 가려내지 못하는 자신의 무능에 의해 상처받거나 필사적인 활동으로 내몰리는 것을 돌봐야만 합니다.

▶ 원형
일곱 번째 메이저 카드는 세상을 누비는 의기양양한 인물을 보여주면서, 역동적인 방식으로 자신의 신체적인 존재감을 구현하는 '전차'입니다. 그 카드는 올바른 행로가 아무리 좁고 위태롭더라도 [그 행로를] 계속해야 한다는 의미로 해석될지도 모릅니다. 이 카드의 좋은 면은 성공, 재능, 효율성을 배치해주고, 나쁜 면은 독재적인 태도와 서툰 방향 감각을 제안합니다.

6월 26일
지구력의 날
Stamina

▶ 심리구조

6월 26일에 태어난 이들은 가장 자주 자신의 가족과 친구에게 힘이 되고 믿음직한 사람입니다. 매우 신체적인 사람인 이들은 비록 대단한 민감성에 소유될지도 모르지만, 흙의 견고함을 구현하게 됩니다. 자신의 업무에 상관없이, 이들은 삶의 더 관능적인 측면을 고대하고, 집에 있을 때는 대개 자신의 집을 유지하며 개선하고 자신의 가족과 함께 재미있게 보내는 등 안정된 추구에 기반을 둔 것이 발견될 수 있습니다.

이들에 의해 길러진 자녀는 대개 자신의 집이 때로는 비정한 세상에서 안전한 안식처라는 점에서 운이 좋습니다. 하지만 그런 부모로서 이들은 잠재적으로 해를 끼칠지도 모르는 경험에서 자녀를 막아주지만, 잠재적으로 교육할지도 모르는 경험에서 자녀를 가로막으면서, 자신의 자녀도 또한 지나치게 보호할 수 있습니다. 이들의 실용적인 세속적 지식은 매우 대단하지만, 이들이 항상 인간 천성에 매우 이해심이 있는 것은 아닙니다. 이것은 이들로 하여금 개인적인 수준에서 관계하기 어렵게 만들어낼 수 있습니다. 이들은 대체로 자신의 방식대로 상황에 응하기를 고집하고, 그 귀결로 이들을 감수해주는 사람들은 그들만의 주도권이 무뎌진 것을 알아차릴지도 모릅니다.

신체적인 활동이나 스포츠 활동에 뛰어난 것은 심지어 나이가 들지라도 자주 이들의 중대한 초점입니다. 만약 이들이 스포츠 유형이 아니라면, 이들은 다른 영역에, 즉 어쩌면 더 정신적인 천성에 아니면 심지어 성적인 천성에까지 자신의 지구력을 적용하는 것이 발견될지도 모릅니다. 실로 이들의 성적이고 관능적인 면은 꽤 현저해서, 이들은 마사지, 사우나, 기포욕조, 해양활동 같은 북돋아주고 진정시켜주는 즐거움을 전형적으로 즐깁니다.

이들은 거의 예외 없이 돈을 만들어내는 데 능숙합니다. 돈을 쓰는 것을 바로 그만큼 즐기는 이들은 대체로 값비싼 취향을 갖고 있으므로, 자신의 지출이 수입을 너무 앞지르는 것을 허용하지 않도록 조심해야만 합니다. 이들에게 이해관계를 제시하는 것은 특히 돈을 절약하는 것이 아니라, 돈을 투자하는 것, 즉 에너지의 형식으로 방출하는 것입니다. 이들의 건전한 현금 흐름은 이 영역에 대한 이들의 진보된 사고방식을 잘 대변합니다. 부유해지는 것이 본질적으로 이들에게 어떤 특별한 홀림도 담고 있지 않지만, 그럼에도 이들은 어떻게든 잘삽니다.

이들은 강요받거나 협박받기가 어렵습니다. 비록 직접적인 대립과 갈등이 불쾌함을 알아차리는 이들은 그것을 피하지만, 도전이 자신에게 떠맡겨지면 퇴각하지 않습니다. 이런 면에서 이들은 두려움이 없습니다. 하지만 겉보기에 위협적이지 않은 영역에서 이들은 누군가 자신의 상황을 건드리거나 움직이기를 좋아하지 않는 것부터 기이한 미신이나 공포증까지 망라하면서 신경질적인 행동으로 계발될 수 있는 모든 종류의 비이성적인 불안감을 구현할지도 모릅니다. 이들은 자신의 두려움에 대한 일종의 혐오감/끌어들임을 자주 갖고 있고, 결국 (이를테면 높은 곳을 두려워하지만, 반복해서 과감히 비행기를 타거나 등산을 하고, 행글라이딩을 하는 것, 즉 공포증에 맞서는 것에) 거듭해서 자기 자신을 시험하게 될지도 모릅니다. 기본적으로 이들은 도전에 끌리지만, 특히 집에서 하는 생활이 자신에게 더 편안하게 만들어진다면 좀처럼 그 도전을 거절하지 않습니다.

▶ 일간 특성
강점; 용기있는, 보호하는, 신체적인
약점; 지나치게 신체적인, 공포증이 있는, 질식시키는

▶ 명상
성의 본성상 여성은 남성을 무장해제시킵니다.

▶ 조언
당신의 자녀나 가족이 관련된 지점에서는 약간 뒤로 물러서라.
그들 자신을 보살피는 그들의 능력에 대한 신임을 더 갖고 있으라.
당신 자신을 너무 자주 시험하지 마라.
지속해서 [마음을] 가볍게 하라.

▶ 건강
이들의 활동적인 천성 및 확연한 신체적인 지향 때문에, 이들은 모든 종류의 사고, 특히 다리, 가슴 또는 복부의 사고를 경계해야만 합니다. 일반적으로 상황을 과장하는 성향을 갖고 있는 이들은 근육 당김, 약해진 혈관, 극심한 피로, 부러진 뼈, 기타 같은 종류의 것들을 통해 자기 자신을 해칠지도 모릅니다. 대개 이들은 심리적인 압박을 다루는 것에 능숙해서, 타인들이 극심하게 스트레스를 받고 감당할 수 없다고 여기는 직업에 있는 자기 자신을 자주 알아차립니다. 자녀 및/또는 '후원하는 가족생활'을 갖는 것은 이들의 심리적인 건강에 중요하고, 비록 이들이 단독적으로 작업하는 직업이나 활동에서 유능하지만, 이들은 주기적으로 자신이 사랑하는 사람들과 함께 있으면서 친밀함을 나누려는 집요한 욕구를 느낍니다. 다행히도 자신의 건강을 위해 이들은, 대개 요리와 음식 준비에 두드러진 이해관계를 보여주고, 지속해서 좋은 형태를 위해 바르고 활기찬 스포츠나 운동을 찾아내는 요령을 갖고 있습니다.

▶ 수비학
26일에 태어난 사람은 숫자 8(2+6=8) 및 토성에 통치됩니다. 토성은 제한, 경계심, 숙명론의 의식 및 책임감을 배치해주므로, 이들의 보수적인 경향은 이런 측면에서 더욱 강화됩니다. 숫자 8에 통치되는 사람은 자신의 삶과 경력을 더디고 조심스럽게 구축해가는 경향이 있고, 이것은 6월 26일에 태어난 이들의 직업 문제와 돈 문제 모두에서 확실히 적용됩니다. 비록 이들의 가슴이 사실상 꽤 따뜻할지도 모르지만, 숫자 8에 통치되는 사람의 토성적인 영향력은 차갑거나 거리를 두는 인상을 줄 수 있는, 험상궂거나 쌀쌀맞은 외관 쪽으로 이들을 만들어갈 수 있습니다.

▶ 원형
여덟 번째 메이저 카드는 사나운 사자를 길들이는 우아한 여왕을 그려내는 '강인함이나 용기'입니다. 여왕은 반항적인 에너지를 마스터할 수 있는 여성 마법사를 상징하고, 신체적인 강인함뿐만 아니라 도덕적인 강인함을 표징합니다. 이 카드의 긍정적인 속성은 카리스마와 성공하려는 결단을 포함하고, 부정적인 자질은 무사안일과 권력남용을 포함합니다.

6월 27일
방어적인 계발자의 날
The Defensive Developer

▶ 심리구조

6월 27일에 태어난 이들은 가장 효과적인 공격이 좋은 방어에 의해 뒷받침된다고 믿습니다. (가족이든 사업이든 간에) 개인의 왕국을 극도로 보호하는 이들은 조심해서 또 자신의 본거지가 외부적인 위협에서 안전해진 후에만 과감히 세상으로 나갑니다. 하지만 일단 이들의 안내 시스템이 자신의 목표에 조준되면, 이들은 그 목표를 향해 가차 없이 진행하면서, 좀처럼 코스에서 벗어나지 않습니다. 따라서 이들은 일단 자신이 어떤 것에 시선을 고정시키면 믿기지 않을 정도로 결단적이고, 어떤 일이 있어도 그것을 얻으려는 경향이 있습니다.

이들의 추진력과 결단력 뒤에는 바위처럼 견고한 한 세트의 도덕적인 확신이 대개 현존합니다. 이런 확신 탓에 자신의 활동이 정당하고 바르다고 100% 느끼는 이들은 좀처럼 자주 자기 자신에게 질문하지 않습니다. 대체로 말해서 이들 중 대다수 사람의 목표는 세속적이기보다 고도로 개인적이지만, 이들은 자신이 경쟁자나 맞수로 간주하는 사람들을 극복하도록 자신을 부추기는 강한 경쟁적인 특색도 또한 갖고 있습니다. 하지만 그렇게 함으로써, 이들은 나중에 자신의 진보를 방해하거나, 혹은 드문 경우 자신을 파괴하거나 패배시키는 매우 강력한 적으로 자신을 만들어낼 수 있습니다.

적어도 이들의 철학과 태도에서 이들은 패배를 시인할 수용력을 거의 갖고 있지 않습니다. 이런 확고부동함의 이득은 명백하지만, 불쾌한 진실을 받아들이기를 꺼려하고 일종의 좁은 시야를 과시하는 완강한 성격으로도 또한 귀결될지도 모릅니다. 사람들이 그런 자세에 밀쳐지거나 아니면 더 나쁘게는 이들을 말로 공격할 때, 이들은 당황하게 되어 마음의 문을 닫아버리고, 일종의 잘 무장된 껍질로 물러나게 될지도 모릅니다.

이들 자신뿐만 아니라 자신의 가족이나 친구들, 사회 집단도 또한 보호하려는 격렬한 소망은, 물론 이들의 일차적인 특징 중 하나입니다. 하지만 이들은 타인들을 향해 지나치게 공격적인 것처럼 보일지도 모르고, 실로 이들은 공격과 방어 사이를 빠르게 전환하는 데 능란합니다.

이들은 자신의 확신 속에서 너무 확고하기 때문에, 자신을 훌륭한 판매원으로 만들어낼 수 있습니다. 이들은 에스키모인에게 얼음을 팔거나 이탈리아인에게 파스타를 팔 수 있을 것입니다. 특히 일단 이들이 자신의 이념적인 목표를 형성했고, 신념 체계를 확정했으며, 자신의 원칙을 정리했다면, 이들은 타인들에게 자신의 가치를 공유할 뿐만 아니라, 타인을 설득하고 교육하며 확신시키려는 압도적인 부추김을 계발합니다.

자신의 두드러진 공감 능력 덕에, 이들은 타인들의 느낌을 빨리 포착해냅니다. 그러나 자신의 다소 적대적인 태도 탓에, 이들은 자주 자신이 함께 살고 작업하는 사람들에게서 동감적인 반응을 오히려 유발하지 못할 것입니다. 실로 타인들은 이들을 너무 강하고 끄떡없어서 이들이 자비심이나 친절을 약간 덜 받을 만하다고 여길지도 모릅니다.

이들의 영적인 행로는 길고 힘겹습니다. 어쩌면 오직

전투해온 이들이 성공의 일부 척도를 성취해온 후에만 이들은 먼저 자기 자신을 검토하고 그다음 재정립할 시간을 허용할 수 있습니다. 희망하건대, 이들은 여전히 자유롭게 변화하고 성장할 것입니다.

▶ 일간 특성
강점; 설득적인, 결단적인, 보호하는
약점; 경직된, 마음이 닫힌, 고립주의적인

▶ 명상
우리는 자신의 활동뿐만 아니라 자신의 생각이 환경에 얼마나 엄청난 효과를 주는지 항상 알아채는 것은 아닙니다.

▶ 조언
주기적으로 당신 자신을 검토하고, 당신의 견해를 질문하라.
타인에게 귀 기울이고, 조금 긴장을 풀어라.
당신의 반대자를 절대 과소평가하지 말고 적절할 때 약점을 인정하라.
무엇보다도, 당신의 영적인 행로를 찾아내서 그 행로를 지속하라.

▶ 건강
이들은 자주 자신에 관한 토성적인 경직성을 갖고 다닙니다. 이들 중 더 건강한 사람은 이 자세를 제거하거나 부드럽게 하려고 작업합니다. 정신적인 완강함을 유지하는 사람은 두통과 등 통증부터 관절염처럼 상당한 불구의 장애까지 불편함을 구현하는, 그 완강함에 동반된 신체적인 경직성으로 고통받을 가능성이 있습니다. 이들은 스트레스가 유발한 위궤양과 십이지장 궤양도 또한 경계해야만 합니다. 이들은 긴장과 에너지 흐름의 막힘을 줄여주는 요가, 태극권, 수영 같은 유연한 운동을 욕구합니다. 이들은 진지한 체육인이 아니라면 더 격렬한 경쟁적인 스포츠를 피하는 것이 가장 좋습니다.

▶ 수비학
27일에 태어난 사람은 숫자 9(2+7=9) 및 화성에 통치됩니다. 숫자 9는 (이를테면 5+9=14, 4+1=5처럼 9를 더한 어떤 숫자도 그 숫자가 되고, 9×5=45, 4+5=9처럼 9를 곱한 어떤 숫자도 9가 되므로) 다른 숫자에 대한 영향이 강력하고, 6월 27일에 태어난 이들도 비슷하게 자신의 주위 사람들에게 영향을 끼칠 능력이 있습니다. 강압적이고 공격적인 화성은 남성적인 에너지를 체화해주고, 따라서 이들 중 여성은 여성을 수동적이라고 떠올리는 사람들에게 다소 위협적일지도 모릅니다. 달(게자리의 통치자)과 화성의 조합은 강한 재정적인 기술과 표현적인 천성을 빌려줍니다.

▶ 원형
아홉 번째 메이저 카드는 대개 등불과 지팡이를 들고서 걷는 '은둔자'이고, 그는 명상, 고립, 침묵을 대변합니다. 그 카드는 확고해진 지혜와 궁극적인 단련을 암시합니다. 은둔자는 양심을 사용하여 타인들로 하여금 그들의 행로를 유지하게 해주는 임무 감독관입니다. 이 카드의 긍정적인 면은 집요함, 목적, 심오함, 집중력이고, 부정적인 의미는 교조주의, 불관용, 불신, 만류를 포함합니다. 이들은 세상에서 물러나는 것의 가치 및 자신의 가치에 대해 주기적으로 재검토하는 것의 가치를 은둔자에게서 배워야 하지만, 너무 고립되는 것도 또한 주의해야 합니다.

6월 28일
감정적인 날
Emotional Stimulation

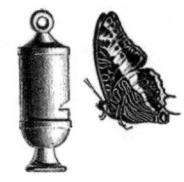

▶ 심리구조

6월 28일에 태어난 이들은 대체로 이성보다 감정을 우선시하고, 문제에 대한 이들의 접근법은 직접적이며 즉각적입니다. 이들은 자신의 협업자나 친구, 가족에게 가장 보편적인 호소력을 만들어내고, 그중 커다란 부분은 자신이 고용하는 유머와 꼬드김입니다. 유머가 사람들에게 다가가기 위한 더 우월한 방식이므로, 이들은 대개 인상을 만들어내는 데 성공합니다.

이들은 타인들을 움직여서 이들에게 감정적으로 반응하게 하는 방식을 갖고 있고, 사실 주목을 축적하려고 노력할 때 의도해서 도발할지도 모릅니다. 이들이 이끌어내는 충격 효과는 상당하고, 이들을 아는 사람들은 빠르든 늦든 거의 모든 것을 기대하게 됩니다. 비록 이들이 자신의 익살 덕에 고도로 자연스러운 것처럼 보일지라도, 이들이 하는 대다수는 사전에 세심히 계획됩니다. 실로 이들은 자신이 연출해낼 효과를 내다보는 데 마스터입니다.

대체로 이들은 참아내는 설득을, 즉 전면적인 총공격에 동의하여 미묘한 설득을 멀리합니다. 하지만 이들은 자신이 하는 것에 매우 능숙하고, 자신의 상세한 계획을 세우기에 매우 능란해서, 자신의 청중이나 목표 그룹을 좀처럼 잘못 판단하지 않습니다. 이들은 내향성의 경향보다 외향성의 경향이 더 있지만, 그럼에도 쉽게 이해되지 않는 깊고 복잡한 사람입니다.

이들 중 다수는 자신의 가족 동아리나 사회 집단에서 리더이자 주도자입니다. 직원으로서 이들은 잠시 떨어져 조용한 곳에 자기 자신을 은신시키며 무던하게 작업할 수 있지만, 만약 자신이 익살맞은 이야기를 나누거나 터무니없는 논평을 만들어낼 기회를 감지한다면, 이들은 그 기회를 노리는 경향이 있을 것입니다. 하지만 논리적인 사고는 이들의 강점이 아니고, 이들을 우수한 직원으로 만들어주는 것은 더 자주 이들의 일관된 직업윤리나 영감입니다. 그러나 직장에서 근면한 것이 반드시 이들이 가정에서 건전한 상태를 의미하는 것은 아니고, 삶의 (사랑, 집안일, 자녀 양육, 약속 지키기 등) 개인적인 영역은 꽤 혼돈되며, 심지어 완전히 손쓸 수 없게까지 될지도 모릅니다.

이들에게 최악의 처벌은 아마도 진가를 인정받지 못하거나 무시받는 것입니다. 이들 중 일부는 한쪽 편의 '상호작용하고 환영받기 위한 격렬한 사교적인 욕구'와 다른 편의 '자신의 기이함 탓에 혼자 있고 싶은 부추김' 사이에서 오락가락합니다. 그런 이들의 동무와 자녀는 '대단한 유머감각' 및 '관용이라는 짐'을 갖고 있고, 아니면 어쩌면 이들을 참아내기 위해 맹목적인 사랑을 갖고 있어야만 합니다.

이들은 자주 사람들에게 대단히 객관적인 이해관계를 표출합니다. 이들은 인간(특히 자신의 자녀)의 특징에 홀리게 되므로, 행동이나 역사, 언어, 인류학에 관한 연구에 붙들리게 될지도 모릅니다. 이런 점에서 이들은 자신을 사람들의 동기, 생각, 행동에 대한 통찰력을 제안하는 뛰어난 심리학자로 만들어낼 수 있습니다. 자신의 동아리 속에서 이들은 인간 천성의 문제가 관련된 지점에 관해 자주 상담해주지만, 사람들을 속이는 이들의 습관 탓에 모든 사람에게 진지하게 수용되는 것은 아닐지도 모릅니다. 하지만 이들의 쾌활한 겉치레의 이면은 가장 자주 과민하고 진지합니다.

▶ 일간 특성
강점; 유머러스한, 호기심을 자극하는, 흥겹게 하는
약점; 의식하지 못하는, 부정확한, 삐걱거리는

▶ 명상
동물들 사이에서든 인간들 사이에서든 간에 타인에게 등을 돌리는 것이, 경멸을 표현하는 가장 직접적인 방식입니다.

▶ 조언
주목받는 중심이 되는 것은 재미있지만, 우리는 모두 빠르든 늦든 성장해야 한다.
당신의 파괴적인 면에 대해 공을 들이라.
당신의 훌륭한 유머 감각을 유지하면서, 필요할 때 당신의 말을 멈추는 방식을 찾아내라.

▶ 건강
이들은 정말로 먹는 것을 좋아해서 자주 자신의 체중 문제로 고통을 겪습니다. 이들의 현란한 천성은 영양적인 내용보다 식사와 손님의 즐거움에 초점을 맞추면서, 음식을 행사로 떠올리도록 이들을 이끌 수 있습니다. 이것은 위, 간, 담낭, 창자의 문제를 포함한 모든 종류의 소화 문제를 일으킬 수 있습니다. 이들은 정상인보다 중독 발생률을 더 높게 갖고 있으므로 화학적인 물질에 대한 실험을 피하는 것이 더 나을 것입니다. 여기서 간 질환은 과도한 술 섭취에 동반하는 경향이 있습니다. 이들 중 너무 자주 침대에서 운동하고, 그 정도에서 그치는 사람에게 활기찬 종류의 정기적인 신체 운동이 권장됩니다.

▶ 수비학
28일에 태어난 사람은 숫자 1(2+8=10, 1+0=1) 및 태양에 통치됩니다. 숫자 1에 통치되는 사람은 고도로 개별적이고, 규정된 관점이 있으며, 정상에 오르기를 열망합니다. 6월 28일에 태어난 이들은 언급된 것처럼 강한 지배적인 유형이기 때문에, (게자리의 통치자인 달의 영향력에 의해 강조되는) 자신의 권력을 향한 부추김에 의해 내몰리거나 감정의 홍수에 타인들을 빠지게 하는 것을 주의해야만 합니다. 태양은 통제에서 벗어나 산발적으로 타오르게 허용되기보다 꾸준히 흐르도록 유지되어야 하는 강한 창조적인 에너지와 불기운을 상징적인 표현 속에 운반해줍니다.

▶ 원형
첫 번째 메이저 카드는 마법뿐만 아니라 지성, 소통, 정보를 상징하는 '마법사'입니다. 그의 머리 위의 무한대라는 상징은 일부 타로 종류에서는 모자의 형식을 취하고, 다른 종류에서는 후광의 형식을 취합니다. 많은 해석이 도출될지도 모르는데, 그중 하나는 마법사가 순환적이고 끝나지 않는 삶의 천성을 알아보고, 이런 이해심에 의해 힘있게 된다는 것입니다. 이 첫째 카드가 제안하는 긍정적인 특성은 외교적인 기술과 빈틈없는 기민함을 포함하지만, 부정적인 특성은 양심의 가책 결여와 기회주의입니다. 자신의 카리스마적인 자질을 도덕적인 목적에 사용하든 아니면 부도덕한 목적에 사용하든 간에 선택은 이들에게 달려있습니다.

6월 29일
비행하는 몽상가의 날
Airborne Dreamers

▶ 심리구조

6월 29일에 태어나 비전이 가득한 이들의 삶이 지닌 목적은 당연히 꿈이 실현되도록 만들어내는 것일지도 모릅니다. 따라서 이들은 자신의 공상을 위한 실용적인 적용을 찾아내고, 그렇게 하는 것에서 그 공상을 타인들과 공유하는 기이한 능력을 갖고 있습니다. 이들은 타인들의 욕망에도 또한 고도로 민감하고, 산타클로스처럼 선물을 배달하는 것을 기대받을지도 모릅니다. 이런 점에서 이들은 책임감 있는 제공자이자 동시에 뜬구름을 잡는 몽상가입니다.

다행히도 자신의 프로젝트에 대한 성공을 실현하려고 이들이 욕구하는 자금을 마련하는 능력은 이들의 특징입니다. 이들은 주어진 분야에서 기법적인 문제에 관한 철저한 지식을 가장 자주 표출하지만, 지나치게 말뿐인 사람이 아니고, 비록 공유를 열망하더라도 타인들에게 자신의 방도를 전달하기가 어려움을 알아차릴지도 모릅니다. 하지만 이들이 연출하는 작품의 질이 누가 보기에도 선명하고, 임무를 쉽게 달성하는 이들은 자신의 상사나 동료, 직원들과 함께 '마법사'라는 평판을 얻을지도 모릅니다.

무엇보다도 이들은 진실의 탐구자이고, 그런 이유로 어떤 종류의 위조도 걷어내며, 잘못된 권위에 반항하고, 거짓된 노력을 폭로합니다. 이들은 자신이 봉사하는 목적이 일단 확립되고 실현된 상황의 진정한 본질을 드러내며, 아니면 적어도 높은 수준의 통합을 구현하기를 희망합니다. 이들은 손수 그 본질을 탐사하지 않고는 거의 액면 그대로 받아들이지 않기 때문에, 좀처럼 교리적으로 종교적인 사람이 아닙니다.

공기, 호흡, 비행하기, 노래하기, 춤추기는 이들의 삶에서 되풀이되는 테마입니다. 이들 중 다수는 극도로 생동적이고, 재미를 사랑하며, 거품투성이의 인격을 갖고 있습니다. 때때로 피상적이라고 부당하게 비난받는 이들은 기저에 놓인 자신만의 도덕 규범을 광고하지 않습니다. 이들 중 덜 고도로 진화된 사람이 타인들의 자유나 이동을 금지할 때, 그 금지는 특히 이기적인 활동이고, 그런 이중잣대는 자신은 자유로이 비행하지만, 타인은 그렇지 않다는 점을 의미합니다.

이들은 자주 세상에 아이 같은 처신을 제시합니다. 젊음이라는 가치에 접촉할 시, 이들은 특정 순결함, 매혹, 개방성을 체화합니다. 이런 외관에도 불구하고, 이들은 돈을 만들어내는 (또한 쓰는) 것과 경쟁적인 시장에서 자기 자신을 확립하는 데 대개 능숙합니다. 만약 이들이 이런 방향에서 성과를 낸다면, 이들은 싫증나거나 냉소적이 되는 것을 주의해야만 합니다. 비록 경쟁적일지라도 이들은 자신을 좋은 동반자와 길벗으로 만들어내면서, 항상 개인적인 성공을 우선시하기보다 자신의 삶을 타인들과 공유하는 것을 선호합니다. 이들은 자신이 타인들과 자신의 행운을 나누고 있을 때, 진정으로 행복하다는 점에서 매우 관대합니다.

▶ 일간 특성
강점; 생동적인, 재미를 사랑하는, 아이 같은
약점; 수동적인, 미루는

▶ 명상
이 순간, 누군가는 날고 있습니다.

▶ 조언
타인들의 기대에 너무 매달리게 되지 마라.
조금 더 밖으로 나오고 자율적으로 활동하려는 당신의 능력을 신뢰하라.
더 정확한 언어 기술을 계발하라.
과하게 진지한 사람은 당신에게 속박되어 긴장하게 되고, 그래서 그들의 어려움을 배려하려고 노력하라.

▶ 건강
이들은 삶의 경험에 대한 넓은 다층성에 끌리고, 그러므로 대체로 균형 잡힌 삶을 영위합니다. 하지만 이들의 상상력과 공감력이 너무 고도로 계발되어서, 이들은 타인들의 심리적인 어려움뿐만 아니라 어쩌면 물리적으로 구현되는 증상도 또한 떠맡을지도 모릅니다. 그런 성향은 이들이 상호의존적이거나 파괴적인 관계에 관여할 때 가장 현저하고, 그런 경우 상담은 매우 귀중합니다. 그렇지 않으면 이들의 건강은 (이들이 풍미있는 음식이나 음료, 마약에 대한 어떤 강박적인 갈망도 보여주지 않는 한) 근본적으로 건전합니다. 호흡 조절이 포함된 모든 영역(노래, 요가, 수영, 춤, 조깅)이 신체 운동으로 권장됩니다.

▶ 수비학
29일에 태어난 사람은 숫자 2(2+9=11, 1+1=2) 및 달에 통치됩니다. 숫자 2에 통치되는 사람은 자주 리더보다 좋은 협업자와 동반자이므로, 이런 측면은 6월 29일에 태어난 이들에게 더 동의적인 자질을 선물할 것입니다. 하지만 이 자질은 개별적인 주도권과 활동에 제동장치로도 또한 작용하면서 좌절감을 연출할지도 모릅니다. 이것은 강하게 반사적이고 수동적인 경향을 지닌 (게자리에 대한 달의 통치에 의해 이들에게 강조되는) 달에 의해 더욱 강화될지도 모릅니다. 부차적인 숫자 11(2+9=11)은 (이들의 꿈같고 감성적인 경향을 뿌리내리게 하는) 신체적인 차원을 위한 느낌을 빌려줍니다. 숫자 11은 쌍둥이, 동시성 및 다층적인 종류의 이중성에 대한 이해관계를 예시해줄지도 모릅니다.

▶ 원형
두 번째 메이저 카드는 자신의 왕좌에 앉아 침착함과 뚫지 못함을 보여주는 '여사제'입니다. 그녀는 숨겨진 세력과 비밀을 드러내서, 그 지식으로 우리를 힘있게 하는 영적인 여성입니다. 이 카드의 유리한 자질은 침묵, 직감, 비축, 분별이고, 부정적인 가치는 활동을 취하기 전에 때때로 너무 오래 기다리는 이들에게서 발견되는 특정한 수동적인 경향에 중점을 두는 비밀주의, 불신, 무관심, 타성입니다.

6월 30일
동기부여의 날
Motivation

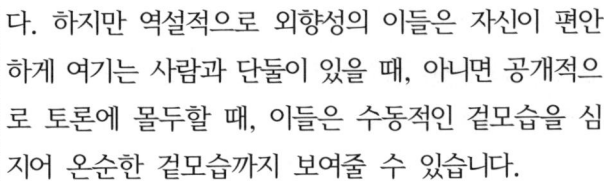

▶ 심리구조

6월 30일에 태어난 이들에게 개인적으로 동기부여가 되지 않는 방향의 무언가를 하도록 하는 것은 극도로 어렵습니다. 이들은 대개 고도로 개인적인 목표를 갖고 있는 내향성이거나 외향성의 유형에 속합니다. 이들의 세상은 소수만이 허락된 실로 사적인 장소입니다. 이들 중 더 내향적인 사람은 가장 자주 자신의 집 가까이 들러붙는(자주 자신만의 집에서 작업하는) 생활방식을 구현할 것입니다. 이들의 삶은 너무 잘 국한되어서 마음에 드는 소굴은 기본적으로 다만 안전하고, 확고하며, 알려진 가정사의 연장에 불과합니다. 이들 중 더 외향성의 사람은 실연해보이는 국면에 자기 자신을 드러낼 때까지, 온화한 것처럼 보일지도 모릅니다. 여기서 이들은 자신의 화려함이 통제 불능이 되지 않도록 조심해야만 합니다.

이들 중 거의 모두는 심지어 묘기라고까지 할 정도의 고도로 계발된 기법적인 재능을 갖고 있습니다. 이들은 자기 자신을 방어하는 데 좀처럼 망설이지 않는 만만찮은 상대로 자신을 만들어내지만, 이 능력은 가장 자주 정신적이든 신체적이든 둘 중 하나입니다. 이들 중 더 내향성의 사람은 자신의 공격성을 억누르는 성향을 주의해야만 합니다. 자주 이들은 자신이 자기 자신이나 다른 누군가를 해치리라는 두려움에서 벗어나 이 공격성의 느낌을 표현할 능력이 없습니다.

이들 중 더 외향성의 사람은 극도로 경쟁적인 자신의 공격성을 표현하더라도 폭력적이 되어버릴 위험이 있는데, 그런 이들은 홀리게 하더라도 위험한 적수입니다. 하지만 역설적으로 외향성의 이들은 자신이 편안하게 여기는 사람과 단둘이 있을 때, 아니면 공개적으로 토론에 몰두할 때, 이들은 수동적인 겉모습을 심지어 온순한 겉모습까지 보여줄 수 있습니다.

이들의 두 유형 모두 '참석한 사람의 국면'과 '자신의 기분'에 좌우되면서 빈번히 실상적인 자기 모습이 아닌 것처럼 보이고, 이 기분은 이들 중 여성보다 남성에게서 대체로 더 심각합니다. 이런 자질은 이들로 하여금 다소 신비하게 만들어낼지도 모릅니다. 이들은 심지어 자기 자신에게까지 자주 알려지지 않기 때문에, 자기를 검토하면 이득을 얻을 것입니다.

이들은 자신만의 것이든 타인들의 것이든 간에 돈을 감당하는 부인되지 않는 재능을 갖고 있습니다. 이들의 기민한 재정적인 감각은 자주 타인을 끌어들이고, 도움되는 조언을 주는 위치에 자신을 둡니다. 이들은 비용 계산을 만들어내는 데 극도로 날카로우므로, 비용을 최소화하면서 이윤을 극대화합니다.

이들이 작업할 시 개인적인 동기는 자신의 직업보다 더욱더 자신에게 이해관계를 제시하는 취미나 별난 추구에서 자주 구현되고, 이들은 주저하지 않고 이 영역에 무한한 에너지를 쏟아부을 것입니다. 하지만 이들이 자신의 환경 및 타인들의 바람에 접촉할 때, 이들은 사회 전반에 대한 소중한 공헌자도 또한 될 수 있습니다. 이들은 신뢰, 주고받기, 사회적인 교류가 포함된 활동을 적극 발굴해야 합니다. 이들은 극소수 사람들만 자신의 사적인 세계에 들어오게 할 것이기 때문에, 이들의 친구로 선택되는 것은 진정한 선물일 수 있습니다.

▶ 일간 특성
강점; 기법적으로 능한, 돈에 현명한, 동기 부여되는
약점; 시무룩한, 억눌려진, 부정적인

▶ 명상
먼저 남자는 서 있는 법을 체득했고, 그다음 앉는 법을 체득했습니다.

▶ 조언
당신 자신을 더 좋아하는 법을 체득하라.
타인들을 위해 당신이 무엇을 할 수 있는지 알아보라.
가능하다면 당신의 공격성을 창의적인 활동으로 전환하라.
당신의 두려움을 들춰내서, 그 두려움에 대해 작업하라.
당신 자신으로 하여금 껍데기 속으로 후퇴하게 허용하지 마라.

▶ 건강
이들은 한 무리의 사소한 불편사항에 기반을 두는 심기증에 주의해야만 합니다. 소화기 계통, 폐, 심혼의 뒤틀림이 가장 흔합니다. 식단이 관련된 한, 이들은 우울한 시기 동안 먹지 않는 성향을 주의해야만 합니다. 균형 잡기가 이들에게 열쇠이고, 이들은 가능하면 음식에 대한 폭식, 갈망 또는 사로잡힘을 피하거나 통제해야 합니다. 이들 중 일부는 자신이 사랑하고 신뢰하는 사람이 요리한 음식만 먹을 것인데, 물론 이들은 스스로 요리하는 법을 알아야 하고, 동시에 자기 자신을 약간 더 신사답게 대해야 합니다. 이들에게는 걷기나 수영 같은 적당한 운동이 권장됩니다.

▶ 수비학
30일에 태어난 사람은 숫자 3(3+0=3) 및 목성에 통치됩니다. 숫자 3에 통치되는 사람은 자신의 분야에서 최고 위치에 오르는 경향이 있고, 6월 30일에 태어난 이들도 예외가 아닙니다. 숫자 3에 통치되는 사람은 자신의 독립도 또한 사랑합니다. 이들이 단지 목성의 에너지를 방출할 수 있기만 하더라도, 목성은 이들에게 낙관적이고 확장적인 사회적 전망을 빌려줍니다. 게자리의 통치자인 달이 추가한 영향력은 캐릭터의 강함 및 도덕적인 용기도 또한 부여해줍니다.

▶ 원형
세 번째 메이저 카드는 창조적인 지성을 대변하는 '여황제'입니다. 그녀는 완벽한 여성형, 즉 실현된 우리의 꿈이자 체화된 우리의 희망과 열망이라는 최고의 여성성인 대지의 양육자입니다. '여황제'는 매혹, 우아함, 조건 없는 사랑이라는 긍정적인 특성을 대변하고, 완벽하지 못함에 대한 불관용뿐만 아니라 허영심과 꾸며냄이라는 부정적인 특성도 또한 대변합니다.

7월 1일
해방의 날
Emancipation

▶ 심리구조

7월 1일에 태어난 이들은 감정적으로 개방적일 뿐만 아니라 고도로 민감하고 유능하며 잘 적응하는 경향도 또한 있습니다. 비록 이들 중 다수도 또한 오랫동안 고통을 견뎌내고, 감정적인 아픔을 겪기가 매우 쉽지만, 대체로 어떤 유형의 지배나 불의, 억압에 대해서도 고군분투해서 승리해냅니다.

이들 중 여성은 작업장과 모성 사이의 갈등 또는 '경력의 요구'와 '가정 꾸리기' 사이의 갈등을 예리하게 느끼고, 그러므로 현대 사회의 젠더를 둘러싼 이슈에 자주 얽매입니다. 이들 중 남성은 여성에 대해, 또 자신만의 여성적인 면을 위한 비범한 민감성과 공감을 갖고 있습니다.

우울증이 이들의 삶에서 항상적이고, 환영받지 못하는 길벗일 수 있다는 점에서 이들은 자주 자신에게 가장 나쁜 적입니다. 직장에 관한 열등감이나 가정에서 실패하리라는 걱정은, 심지어 이들이 가장 성공적일 때조차도 이들을 괴롭힐 수 있습니다. 이들은 자신이 가장 밀접하게 결속된 사람과 사회 집단을 향해 이중적인 느낌을 표출하고, 결국 자기 자신을 향해 표출하게 될 가능성이 있습니다. 긍정적인 면을 보면 이들은 맹목적으로 따라가는 사람이 거의 아닙니다. 이들은 아무리 노력이나 대의, 이데올로기에 헌신적일지라도, 상황에 응하는 다른 관점이나 방식을 알아볼 정도로 여전히 유연합니다. 심오함을 탐구하는 이들은 지나치게 단순한 대답과 얄팍한 생각에 빠르게 마음이 떠납니다.

이들은 실로 깊은 자기 자신, 즉 자신의 내면 속에 엄격한 개인적인 느낌이라는 온전한 세계를 간직하고 있는 복잡한 인격입니다. 반면에 이들은 대체로 사회에 대한 봉사활동과 이타적인 기부로 구현되는 고도로 사회적인 면을 갖고 있습니다. 이들은 받는 사람보다 주는 사람이 되는 경향이 있습니다. 자신의 수용하고 공감하는 경향 덕에, 이들은 이해심 많고 도움되는 친구로 자주 발굴됩니다. 하지만 이들이 고통받는 상태 속에 있을 때, 이들은 누구에게도 건설적인 보탬이 거의 되지 않습니다.

이들은 감정적으로 자기를 괴롭히는 자신만의 특정한 경쟁력을 갖고 있습니다. 이들은 방해하는 바로 그 느낌을 끄집어내서 해결해야만, 자신의 개인적인 계발을 진전시킬 수 있는 것으로 보입니다. 위험은 이들이 부정적인 패턴에 갇히게 될 것이라는 점입니다. 우연한 해프닝이나 혹은 심지어 충격까지 이들을 새로운 방향으로 돌리는 데 자주 요구되고, 그다음 자신의 행동에 대한 갑작스런 깨달음이 뒤따르고, 자신의 국면을 개선하기 위한 후속적인 결의가 뒤따르게 됩니다. 이들 중 더 고도로 진화된 사람은 세상에 기꺼이 기능할 준비가 되어 있고, 성공적인 사회, 가족, 애정 생활을 통합하는 데 유능한 공격적이고 긍정적인 성격으로 여기서 등장합니다. 일단 이들이 자신의 껍질에서 밖으로 나오면, 때때로 이들은 두드러지게 외향성이 되고, 삶의 쾌감을 적극적으로 발굴해냅니다. 그런 즐김이야말로 해방에 대한 평생의 축하 중 한 종류입니다.

▶ 일간 특성
강점; 심오한, 베푸는, 결단적인
약점; 곤란해지는, 우울한, 오랫동안 고통을 견뎌내는

▶ 명상
항상 더 작은 뭔가가 현존하고, 항상 더 큰 뭔가가 현존합니다.

▶ 조언
행복은 피상적인 것을 의미하지 않아도 되고, 심오함은 부정성을 의미하지 않아도 된다.
일단 당신이 통찰력을 얻으면, 세상 속으로 나아가라. 당신은 그 통찰을 발휘할 수 있다.
홀로서기를 두려워하지 마라, 후원자들과 친구들이 당신과 함께할 것이다.
주는 법만큼 받는 법도 체득하라. 절대 누구라도 당신을 함부로 대하게 허용하지 마라.

▶ 건강
이들은 자신의 몸에 지나치게 편안한 것은 아닙니다. 비록 이들이 우아해서 움직임의 다양한 형식을 즐길지도 모르지만, 이들은 적극적인 성적 표현에서 완전한 금욕으로 주기적으로 널뜁니다. 우울증은 아마도 이들에게 가장 대단한 건강상의 단일한 위험일 것이고, 이들 삶의 어느 시점에 이들은 어떤 상담의 형식을 탐구하는 것이 도움되리라는 점을 알아차릴지도 모릅니다. 이들은 자신이 자신의 가슴을 쏟아낼 수 있는 친구나 종교상담가, 치료사를 단지 이따금만일지라도 욕구하게 됩니다. 이들의 식습관은 자주 특이하거나 혹은 심지어 남다르기까지 합니다. 번갈아 자신의 식욕을 탐닉하고 부인함으로써, 이들은 음식을 향한 건강하지 못한 태도를 계발할 수 있는데, 이것은 가능한 한 일찍이 신사숙녀적으로 또 점진적으로 고쳐져야 합니다.

▶ 수비학
1일에 태어난 사람은 숫자 1 및 태양에 통치됩니다. 1일에 태어난 사람은 첫째가 되는 것을 좋아합니다. 숫자 1에 통치되는 사람은 전형적으로 개별적이고, 고도로 고집적이며, 정상에 오르기를 열망합니다. 7월 1일에 태어난 이들은 자기 자신을 표현할 시 다소 수동적이기 때문에, 태양-달의 연관성에서 긍정적인 밀어줌을 얻을 것입니다. 태양은 통제를 벗어나 산발적으로 폭발하도록 허용되기보다 꾸준히 흐르도록 유지되는 것이 가장 좋은, 강한 창조적인 에너지와 불기운을 상징합니다.

▶ 원형
첫 번째 메이저 카드는 마법뿐만 아니라 지성, 의사소통, 정보를 상징하는 '마법사'입니다. 그의 머리 위의 무한대라는 상징은 일부 타로 종류에서는 모자의 형식을 취하고, 다른 종류에서는 후광의 형식을 취합니다. 많은 해석이 도출될 수 있는데, 그중 하나는 마법사가 순환적이고 끝나지 않는 삶의 천성을 알아보고, 이런 이해심에 의해 힘있게 된다는 것입니다. 이 첫째 카드가 제안하는 긍정적인 특성은 외교적인 기술과 빈틈없는 기민함을 포함하지만, 부정적인 특성은 양심의 가책 결여와 기회주의입니다. 피상적임과 환상을 끌어안든, 아니면 더 심오한 목표를 추구하든 간에 선택은 이들에게 달려있습니다.

7월 2일
단절된 무의식의 날
Disconnected Unconscious

▶ 심리구조

7월 2일에 태어난 이들은 타인의 감정을 잘 감지하는 모든 사람처럼 타인의 느낌에 대해 강하게 감정적이고 수용적입니다. 이들은 대체로 주된 두 유형, 즉 그런 격렬한 느낌을 자신의 마음속에 간직하는 유형과 그 느낌을 현란하게 표현하는 유형으로 나눕니다. 이들 중 더 억눌려진 사람은 긴장을 푸는 법을 체득해야만 하지만, 현란한 사람은 자신의 감정적인 출력의 풍부함을 진정시켜야 할지도 모릅니다.

이들은 자주 개인적인 의심과 자기-신임 결여에 시달립니다. 이런 불안감은 특별히 이들이 잘 달성될 때 타인들에게는 분명해보이지 않을지도 모릅니다. 그 이유의 일부는 이들 중 대다수가 자신의 문제로 타인들에게 부담 주기를 바라지 않기 때문입니다. 이들에게 의심을 극복하는 것이 사적인 문제일 수 있고, 이들은 타인들에게서 긍정적인 응원을 탐구하는 것에 빠르지 않습니다.

이들은 매우 활발한 공상의 삶으로 이끌리지만, 물론 이 활동의 많은 부분은 활동적인 시각에서 절대 고려되지 않고, 여전히 꿈이나 백일몽이라는 무의식적인 세계로 밀려납니다. 그럼에도 이들에게 자기 이해의 열쇠는 무의식적인 공상이 감정적인 삶과 자기-이미지에 끼치는 효과를 알아보는 데 있습니다. 따라서 어떤 의미에서 이들의 의식적인 마음과 무의식적인 마음은 서로를 더 잘 알게 되어야 합니다. 이런 종류의 자기 검토는 시간과 정신적인 에너지를 요구하고, 이들의 경우 그 에너지는 일상적인 관심사에 대부분 소비될지도 모릅니다. 그러나 만약 이들이 개인적인 계발에 투자를 만든다면, 그 투자는 개선된 건전성과 작업실적에 실질적인 배당을 주고, 아니면 심지어 중대한 삶의 변화로까지 이어질지도 모릅니다. 이들 중 실로 사회적으로 성공적인 사람은 자주 자신의 경력에 대한 봉사에 잘 통합된 공상적인 삶을 직접적으로 투입할 능력이 있습니다.

이들을 사랑하는 동반자들은 그 통합하는 심리적인 작업을 장려하는 데 중요한 역할을 할지도 모릅니다. 이들은 이끌어내기 위해 노력할 만한 가치가 충분히 있는 감정적인 풍부함 및 느낌의 깊이를 갖고 있습니다. 하지만 극도로 민감한 이들은 또한 자신이 대립이나 고발, 비난이라고 인지하는 것에 잘 반응하지 않습니다. 이들이 매우 민감하기 때문에, 이들의 갑옷은 구멍이 뚫리기보다는 벗겨져야만 하며, 이것은 실로 지대한 참을성과 이해심을 들여야 합니다.

이들 중 외향성의 사람은 자신의 선의가 지나치게 감정적인 표현으로 오해받을 때 혼란스러울 수 있고, 내향성의 사람은 타인들의 공격성을 감당할 능력이 없을지도 모르며, 대립적인 국면에서 폭발하고 아니면 더 자주 물러날 가능성이 있습니다. 이들이 자신의 감정적인 삶과 공상적인 삶의 균형을 맞추는 데 성공할 때, 이들은 타인들에게서 더 바람직한 반응을 이끌어내는 안정감을 물씬 풍깁니다.

▶ 일간 특성
강점; 상상적인, 책임감 있는, 흥미진진한
약점; 불안한, 초조해하는

▶ 명상
우리는 각자 내부의 그림자를 두려워하지 말고, 더 잘 알아야 합니다.

▶ 조언
당신의 공상적인 삶에 [의식해서] 접촉하라.
공상적인 삶이 당신의 감정적인 천성과 어떻게 충돌하는지 검토하라, 그다음 그 공상을 당신을 위한 [내면] 작업에 놓으라.
당신의 내면세계와 외부 세상의 균형을 맞추라.
타인들의 요구를 더 효과적으로 충족시키도록 노력하라.

▶ 건강
이들 중 다수의 외향성 사람은 히스테리적인 행동을 하는 성벽을 갖고 있으면서, 불안과 신경질적인 에너지의 표현으로 자기 자신을 쇠약하게 하는 경향이 있습니다. 이들 중 내향성의 사람은 자주 감정 억제를 통해서 만성적인 질병을 조장합니다. 마약류가 유발한 균형상태의 탐구는 당연히 일시적이고 어쩌면 해로운 해결책이므로, 두 유형은 모두 그것을 주의해야만 합니다. (신체적이면서도 영적인) 사랑의 표현은 이들의 계속적인 건강에 매우 중요합니다. 차분하며 이해심이 있고 참아내는 동반자, 특히 이들의 기분에 많이 반응하지 않는 동반자는 이들의 계발을 대단히 원조할 수 있습니다. 적당한 운동과 정기적이고 세심하게 조절되는 식단이 이들에게 권장됩니다.

▶ 수비학
2일에 태어난 사람은 숫자 2 및 달에 통치됩니다. 숫자 2에 통치되는 사람은 자주 자신을 리더보다 좋은 협업자와 동반자로 만들어내고, 이 속성은 이들 중 내향성의 유형인 사람의 더 수동적인 자질을 보완해 주지만, 더 외향성의 사람에게는 좌절감을 연출하면서, 개별적인 주도권과 활동에 제동장치로도 또한 작용할지도 모릅니다. 이 좌절감은 강하게 반사적이고 수동적인 경향을 가진 달(게자리의 통치자)에 의해 더욱 높아집니다. 이런 달과 숫자 2의 자질은 7월 2일에 태어난 이들 중 둘째 자녀에게 더욱더 강할 수 있는데, 그런 자녀는 자주 나이가 많은 형제자매에게 종속되어 자랍니다.

▶ 원형
두 번째 메이저 카드는 자신의 왕좌에 앉아 침착함과 뚫지 못함을 보여주는 '여사제'입니다. 그녀는 숨겨진 세력과 비밀을 드러내서, 그 지식으로 우리를 힘있게 하는 영적인 여성입니다. 이 카드의 유리한 자질은 침묵, 직감, 비축, 분별이고, 부정적인 가치는 활동을 취하기 전에 너무 오래 기다릴지도 모르는 내향성의 이들에게서 발견되는 특정 수동적인 경향에 중점을 두는 비밀주의, 불신, 무관심, 타성입니다.

7월 3일
기념하는 자의 날
The Commemorator

▶ 심리구조

7월 3일에 태어난 이들은 사건과 전통에 대한 기록자, 일기 작가, 기념자입니다. 이들 중 다수는 자기 자신을 평범한 사람들에 대한 권리의 옹호자로 떠올립니다. 가장 이상하고 가장 외고집적인 사람의 진정한 챔피언인 이들 자신도 그만큼 보수적인 겉모습과 습관에 속할 가능성이 있을지도 모릅니다.

이들 중 다수는 능글맞게 냉소적인 것으로 보입니다. 하지만 더 면밀히 검토해보면, 누군가는 이들의 냉소주의가 두드러진 민감성을 감추기 위해 파견된 겉치레임을 알아차리고, 따라서 이들은 자기 자신의 주위에 보호막을 구축하게 됩니다. 이들은 자신의 성채 안에서 자신의 주위 세상을 내려다보면서, 일어나는 것을 거의 놓치지 않습니다. 자신이 보는 것에 대해 빈번히 논평하는 이들은 자신과 함께 시간을 보내는 사람들의 작은 기벽과 기이함을 들춰냅니다. 이들은 이상한 사람들뿐만 아니라 평범한 사람들의 남다른 특징에도 또한 관심을 두고, 인간 존재로 알려진 피조물의 기이함을 틀림없는 정확도로 평가합니다.

이들은 판사석에서 판사 권력으로 삶을 내려다보면서, 고도로 철학적인 경향이 있고, 아니면 심지어 삶에서 동떨어지는 경향조차도 있습니다. 이들은 관련없거나 산만하고, 가식적인 대화를 빠른 처리로 끝내면서 의사봉도 또한 잘 행사할 수 있습니다. 이들의 친구와 가족은 번갈아 재미있고 눈길을 끄는 이들을 알아차릴지도 모르지만, 어쩌면 이들을 덜 진지하게 받아들입니다. 이런 점이 타인들의 후원을 욕구하는 이들을 해칠 수 있지만, 이들은 그 점에 직접적인 호소를 만들어내는 것을 자주 두려워합니다. 때때로 이들은 자신의 사고방식에 대한 진가를 실상적으로 알아보는 누군가를 찾아내는 것을 수년 동안 희망하는 데 목을 맬 수 있습니다.

어떤 기법적인, 과학적인 또는 자연적인 현상을 넘어 이들에게 이해관계를 제시하는 것은 바로 인간적인 캐릭터이므로, 이들은 타인들이 무엇을 행하고 말하는지를 관찰할 뿐만 아니라, 그들이 느끼는 것도 또한 발견하려고 노력합니다. 발견하려는 이런 특성 때문에, 이들은 '호사가(好事家)'라는 평판을 얻을 위험을 무릅씁니다. 사실 이들에게는 약간의 관음증세가 현존하고, 이들은 닫혀있는 문 뒤에서 일어나고 있는 것을 발견할 정도로 매우 기이합니다.

이들은 심지어 사회가 비뚤어진 것으로 간주하는 영역에까지 관심을 둘지도 모릅니다. 이것은 이들이 관찰자보다 실무자로 알려지게 된다면 이들에게 곤란을 유발할 수 있습니다. 자신의 민감하고 공감적인 천성 때문에, 이들은 한동안 의심스러운 활동에 끌릴지도 모르지만, 대개 자신의 평정을 재확립하고 자신의 다음번 모험을 위해 자기 자신을 준비시킵니다. 이들은 자신 주위의 실용적인 온갖 것에서 관찰하도록 흥미로운 어떤 것을 찾아내므로 좀처럼 지루해하지 않습니다. 하지만 인생 후반부에 이들은 지나치게 차별적이 되고, 심지어 지겨워지기까지 되며, 타인들에게 속물인 것처럼 보일 위험이 있을지도 모릅니다.

▶ 일간 특성
강점; 관찰력이 예리한, 진실한, 민감한
약점; 뭐든 아는 체하는, 지나치게 비판적인, 틀어박히는

▶ 명상
모든 다중의 공간과 시간은 하나의 공간과 하나의 시간에 실존합니다.

▶ 조언
당신 주위의 사회생활 속에 더 전심으로 들어가도록 노력하라, 관찰만 하지 말고 역할을 맡으라.
타인들이 당신의 내면 삶을 들여다보게 하는 것을 두려워하지 마라, 관찰과 프라이버시가 관련되는 이중 잣대를 채택하는 것을 피하라.
인정받기 위한 당신의 노력을 포기하지 마라.

▶ 건강
이들은 세상에서 자기 자신을 고립시키려는 자신의 성향에 맞서 작업해야만 하는데, 이들의 감수성은 어떤 창조적인 추구나 다른 것에서 표현을 찾아내야만 합니다. 게다가 이들은 단지 사람들을 관찰하고 비평하기보다, 실상적인 인간적 교제를 적극적으로 탐구해야 합니다. 가족 및 친구의 후원과 환영은 모든 종류의 질병, 특히 심리적인 질병에 대해 여기에서 최고의 예방책입니다. 사랑받는 사람들을 위해 정기적으로 요리하는 것은 이들에게 그런 인간적인 교제를 허용해주기 위한 놀라운 방식입니다. 신체 운동이 관련된 한, 걷기, 수영, 배구 같은 단체 스포츠가 특히 권장됩니다.

▶ 수비학
3일에 태어난 사람은 숫자 3(3+0=3) 및 목성에 통치됩니다. 숫자 3에 통치되는 사람은 자신의 특정 분야에서 최고 위치에 오르려고 노력하고, 고도로 독립적입니다. 목성은 7월 3일에 태어난 이들에게 자신의 더 거리를 두는 냉소적인 면을 진정시키면서, (게자리의 통치자인 달의 영향력 아래 더욱더 이상주의적으로 만들어진) 낙관적이고 확장적인 사회적 전망을 빌려줍니다.

▶ 원형
세 번째 메이저 카드는 창조적인 지성을 상징하는 '여황제'입니다. 그녀는 완벽한 여성형, 즉 실현된 우리의 꿈이자 체화된 우리의 희망과 열망이라는 최고의 여성성인 대지의 양육자입니다. 이 카드는 매혹, 우아함 및 조건 없는 사랑이라는 긍정적인 특성도 대변하고, 완벽하지 못함에 대한 불관용뿐만 아니라 허영심과 꾸며냄이라는 부정적인 측면도 또한 대변합니다.

7월 4일
그룹 대표자의 날
The Group Representative

▶ 심리구조

7월 4일에 태어난 이들은 자신이 자랑스러워하는 그룹이 가족적이든 지역적이든 인종적이든 정치적이든 경제적이든 사교적이든 간에, 그 그룹을 대표할 때 가장 성취감을 느낍니다. 이들의 뿌리는 이들에게 극도로 중요하고, 이들은 좀처럼 자기 자신이나 타인들로 하여금 자신의 출신지를 잊어버리게 하지 않습니다.

따라서 이들은 순수하게 개인적인 이익을 위해 활동할 때 충족되지 않지만, 자신의 발자취를 더 커다란 노력에 대한 기여자로 만들어내는 것을 좋아합니다. 이것은 이들이 혼자 작업하거나 혼자 있기를 좋아하지 않음을 말하는 것은 아닙니다. 이들이 자신의 프로젝트를 계발하거나 활동의 코스를 도표로 그리기 위해 오랜 기간의 고독이 필요할지도 모르지만, 그러한 작업은 더 넓은 사회적인 틀 속에서 예외 없이 기능합니다.

특징상 이들은 성인 삶의 어느 시점에 잘 규정된 집단에 대한 강한 혹은 새로운 헌신을 만들어낼 것인데, 집단을 이끄는 대표자가 되기 위해 노력할 것이고, 아니면 단순히 헌신적인 구성원으로서 기능하는 데 만족할 것입니다. 두 경우 모두 이들은 자신의 이전 배경의 뚜렷한 각인을 자랑스럽게 표출합니다.

정기적인 가족 모임은 이들의 삶에 중요한 역할을 합니다. 물론 미국에서 7월 4일은 독립기념일이고, 따라서 이날의 생일 기념행사는 의미를 더했습니다. 사실 이들에 의해 표출된 애국심은 '옳건 그르건, 나의 국가'라는 맹목적인 부류에 좀처럼 속하지 않지만, 국가를 개선하거나 건설적인 비판을 제안하는 욕망으로 더 자주 구현됩니다. 하지만 이들은 자신 주위의 더 커다란 정치적인 또 사회적인 사건에 대한 이해관계를 취하거나 여전히 정치적으로 좀처럼 무관심하지 않습니다.

자주 공감하는 재능을 타고난 이들은 타인들의 무언의 생각과 느낌을 감지하는 데 능숙합니다. 하지만 더 공감하는 전형적인 유형과는 달리, 이들은 개인적인 문제들을 다룰 시 객관성을 유지하도록 더 잘 갖춰져 있습니다. 그럼에도 이들은 확실하게 특이한 특성, 심지어 타인들에게서 자신을 구별하게 하는 고도로 특이한 특징까지 정말 입증합니다. 이것은 명백한 물리적인 남다름이나 심리적인 남다름일지도 모르고, 아니면 오직 훨씬 더 깊은 수준에서 이들을 아는 사람들에게만 드러내는 더 미묘한 특징일지도 모릅니다.

표면적으로 이들은 대체로 자신의 실제보다 훨씬 더 단순하고 단출한 것처럼 보입니다. 이것은 이들이 세상에서 효과적으로 기능하려는 자신의 능력을 금지한다고 자신이 믿는 인간적이고 감정적인 모순을 자주 등한시하거나 억누르기 때문입니다. 그러나 결국 만약 이들이 더 높은 수준의 성공을 탐구한다면, 이들이 자신만의 내면의 심리적인 뿌리와 복잡성을 탐험하고 계발하는 정도는 이들 노력의 한계를 특징짓습니다. 이들은 (심지어 이타적인 대의의 코스에서 구현될 때조차도) 에고주의, 자만심, 오만 및 부적절한 분노에 대해 경계해야만 합니다.

▶ 일간 특성
강점: 충실한, 베푸는, 자부심이 강한
오로: 에고 중심적인, 편향된, 고착된

▶ 명상
어쩌면 모든 사건은 동일한 가치에 속하고, 어떤 사건도 다른 사건보다 더 중요하다고 말해질 수 없습니다.

▶ 조언
사회 전반 혹은 세상 전반에서 당신 그룹의 입지에 관한 우월주의에 주의하라.
우월주의라는 점에서 객관성과 비판을 유지하도록 노력하라.
뒤덮어버리는 보증 선전에 주의하라.
당신은 때때로 당신 자신 빼고는 어느 누구에게도 신세를 지지 않은 개인으로서 자유롭게 활동한다는 점을 기억해내라.

▶ 건강
이들은 고갈시키는 프로젝트로 자기 자신을 혹사하지 말아야만 합니다. 그룹의 대변자로서 이들은 자주 자신을 비인격적인 방식으로 보고 자신의 개인적인 관심사를 등한시할지도 모릅니다. 이것은 이들의 건강에 나쁜 파생결과를 보유할 수 있습니다. 이들은 신선한 과일, 채소, 곡물의 적합한 분량을 자기 자신에게 확실히 하면서 자신의 식단을 개선하는 결연한 노력을 만들어내야 합니다. 신체 운동에 관련하여 이들은 즉석에서 마련된 활동보다 정기적이고 상당히 엄격한 요법이 가장 적합합니다. 팀 스포츠에 빈번하게 참여하는 것은 단지 이들의 강인함과 협동심을 유지하기 위해 안성맞춤일지도 모릅니다.

▶ 수비학
4일에 태어난 사람은 숫자 4 및 천왕성에 통치됩니다. 숫자 4에 통치되는 사람은 자신만의 상황에 응하는 자주 남다른 방식을 갖고 있습니다. 이들은 세상을 다른 사람들과는 다르게 바라보므로, 까다롭거나 논쟁적일 수 있습니다. 그런 측면은 7월 4일에 태어난 이들에게서 확대될지도 모릅니다. 숫자 4에 통치되는 사람과 잘 어울리는 이들은 대체로 자신이 돈을 많이 만들어내든 아니든 대단한 관심사를 두지 않습니다. 숫자 4에 통치되는 사람은 천왕성의 영향력을 통해 자신의 기분 변화가 빠르고 폭발적일 수 있습니다. 이 자질은 천왕성에 대한 달(게자리의 통치자)의 강한 감정적인 영향력에 의해 이들에게도 또한 강조됩니다.

▶ 원형
네 번째 메이저 카드는 자신이 지닌 권력의 일차적인 원천인 지혜를 통해 구체적이고 세속적인 것들을 다스리는 '황제'입니다. 황제는 안정되고 현명한데, 그의 권위라는 세력은 의심받을 수 없습니다. 이 카드의 긍정적인 연관성은 강한 의지력과 확고부동한 에너지이고, 비호의적인 특성은 고집불통, 압제, 심지어 잔인성까지 포함합니다. 이들이 지도자라면, 이러한 후자의 경향을 주의해야만 합니다.

7월 5일
쇼맨십의 날
The Showman

▶ 심리구조

7월 5일에 태어난 이들의 삶에는 이들의 수성적인 에너지가 하나의 주제에서 다른 주제로 옮아가므로, 즉 맛보고, 시험하며, 옮겨가므로, 단조로운 순간이 좀처럼 현존하지 않습니다. 이들은 삶의 다층성과 반짝임을, 즉 유별나며 진기한 사람들, 주제들, 색채 조합들, 파노라마를 사랑합니다. 신체적으로 아니면 정신적으로 거의 항상적으로 또 빨리 움직일 시 (흥겹게 하기를 사랑하는) 이들은 자신의 주위 사람들의 가슴을 사로잡을 정도로 매혹적이지만, 대체로 당신이 생계, 부양, 후원을 위해 의지하고 싶은 굳센 유형은 아닙니다.

이들은 기회를 알아볼 뿐만 아니라 기회에 덤벼듭니다. 이들은 설득의 예술에 능숙하고, 그러므로 그런 재능을 배후조종하는 책략에 사용하는 것을 주의해야만 합니다. 카리스마적이고 강력하지만, 항상 잘 뿌리내려진 것은 아닌 이들은 자신이 산출해내는 열의로 자신의 주위 사람들을 휩쓸어갈 수 있습니다. 이들이 자신의 에너지를 붙잡아 매어주고, 자신의 재능을 구조화해줄 안정된 동반자나 기업을 탐구하는 것은, 자신 인생의 중대한 시점에, 즉 어쩌면 (토성의 첫 번째 귀환인) 28세에서 30세 사이에, 아니면 (천왕성이 첫 번째로 맞은편에 오는, 즉 중년의 위기인) 40대 초반에 그 탐구 자체를 주된 우선순위라고 주장할지도 모릅니다.

청소년기는 이들 중 다수에게 특히 어렵고 격양된 시기입니다. '변덕스러운 관계', '끊임없이 변화하는 이해관계와 불규칙한 학교의 성적', 혹은 '항상적인 일정을 유지하지 못하는 무능'이 대표적입니다. 상상적인 내면 삶도 또한 유별나게 활발해져 촉발하는 꿈과 공상을 연출해냅니다. 나중에 성공하고 실패하는 근거를 형성하는 것은 바로 이런 초기 비전입니다. 전자(성공)의 경우, 이들은 이런 비전을 구체적인 외적 실상으로 구현합니다. 후자(실패)의 경우, 이들은 그런 이미지의 강인함에 겁먹고, 깨어 있는 삶에 그 이미지들을 통합할 용기가 부족합니다. 그러면 이들은 어쩌면 심리적인 만족감이 거의 혹은 전혀 없는 꽤 평범한 직무를 작업하면서 사적인 꿈의 세계로 물러날 것입니다.

이들이 사무직에서 (또는 실제로 9시 출근 5시 퇴근하는 어떤 유형으로 고용되어) 일할지라도, 자신의 공상을 취미나 다른 소일거리에서 어떻게든 창조적으로 표현할 수 있습니다. 하지만 이들이 자신의 모든 여가 시간을 이런 추구에 바치면서 동반자 및/또는 자녀를 등한시할 때, 문제가 생깁니다. 한가지 긍정적인 해결책은 이들의 취미가 (정원 가꾸기, 애완동물 키우기, 실내 디자인 등을 통한 가정생활을 개선하면서) 사랑받는 사람을 포함하게 하는 것입니다. 이들은 자신의 가족들이 실로 사랑받고 있고, 고맙게 여겨진다는 점을 그들로 하여금 알게 하도록 노력을 만들어내야만 합니다.

이들의 생생하고 현란한 천성은 이들이 교제하는 친구와 동료를 위한 많은 흥미로운 기회를 산출해줍니다. 이들을 위한 가장 대단한 도전은 안정성을 유지하는 것에 있고, 이들의 재능과 에너지를 낭비해서 흩어지지 않도록 하는 것에 있습니다.

▶ 일간 특성
강점; 흥미진진한, 호기심을 자극하는, 상상적인
약점; 불규칙한, 신뢰할만하지 못한, 불안정한

▶ 명상
마음은 바깥쪽[콩밭]에 있습니다.

▶ 조언
당신의 상상력을 당신 자신만 간직하지 마라.
타인들과 정보를 공유해서 가족과 친구의 일상생활을 밝게 하라.
당신이 진가를 인정받지 못하더라도 우울함에 굴복하지 말라.
지속해서 시도하라.
당신의 주목이 요구되는 매일의 임무에 마음써라.

▶ 건강
이들은 자주 음식에 대한 이상한 취향을 갖고 있습니다. '어떤 사람에게는 고기인데 다른 사람에게는 독이다.'는 것이 확실히 이들에게 적용됩니다. 이런 이유로 이들이 자율적이라도 자신이 욕구하는 영양분을 발굴해내고, 음식의 특이한 색깔, 질감, 겉모습의 진가를 알아보는 건전한 기쁨이 과소평가되지 말아야 하므로, 대다수의 경우 이들 뜻대로 하도록 내버려둬야 합니다. 삶의 다른 영역의 특이한 취향은 똑같이 건전할지도 모르지만, 이들의 심리적인 안정을 서서히 잠식하도록 허용되지 말아야만 합니다. 이들은 놀이하는 천성의 게임과 스포츠에서 자신의 신체 운동을 가장 잘 찾아냅니다.

▶ 수비학
5일에 태어난 사람은 숫자 5 및 수성에 통치됩니다. 수성은 생각과 변화의 빠름을 대변하므로, 7월 5일에 태어난 이들은 촉발에 과잉 반응하고, 대단히 주기적으로 마음과 신체적인 주위환경을 바꿀 가능성이 있는 자기 자신을 알아차릴지도 모릅니다. 숫자 5에 통치되는 사람은 인생에서 어떤 역경이나 함정을 맞닥뜨리든지 간에 이들은 대개 빠르게 회복됩니다. 하지만 (게자리를 통치하는) 달의 영향력 때문에, 이들은 감정적인 패배나 사랑의 문제로 깊고 영속하는 상처를 입증할지도 모릅니다.

▶ 원형
다섯 번째 메이저 카드는 인간의 이해심과 신념을 상징하는 신성한 신비에 관한 해석자인 '사제'입니다. 그의 지식은 난해하고, 그는 보이지 않는 만사만물에 대한 권위를 갖고 있습니다. 이 카드가 수여하는 호의적인 특성은 자기-보증성, 무의심과 적합한 해석이고, 비호의적인 특성은 설교하기, 호언장담, 독단주의를 포함합니다.

7월 6일
자석 같은 욕망의 날
Magnetic Desire

▶ 심리구조

7월 6일에 태어난 이들은 자신이 욕망하는 대상에 작용하는 상호적인 끌어들임/끌어당김이 현존하는 관계 및 경력에 예외 없이 관여됩니다. 때때로 삶의 결정이 이들에게 선택처럼 보이기보다 필연성처럼 보이는 이들의 삶에는 운명적인 배역이 현존합니다.

이들이 자신의 고착을 향해 보여주는 격정은, 그 고착이 어떻게 일어나든 특히 이들의 어린 시절에 일단 정해지면 변경할 수 없는 것으로 보일지도 모릅니다. 실로 이들이 어떤 것을 하는 감정적인 동기는 미리 계획한 노력에 대한 고려를 짓밟아버리고 일종의 기정사실 쪽으로 향할 수 있습니다. 이를테면 이들은 '연인이나 친구로 타인을 갖고 있어야만 한다'는 생각을 자신의 마음에 새길지도 모릅니다. 아니면 어쩌면 이들은 상장, 수상, 경력, 직위에 대한 욕망에 마음이 팔릴지도 모릅니다. 이들은 어떤 특정 대상이나 사람에 무관하게 돈이나 섹스에 자석처럼 끌려드는 것도 또한 가능합니다.

이들에 대한 이런 자석 같은 욕망의 위험은 여러 겹입니다. 이들이 욕망하는 대상을 잃어버리는 것에 수반하는 충격, 실망, 슬픔은 재앙이 될 수 있고, 만약 실로 이들이 한 바구니에 모든 달걀을 담았다면, 이들은 어떤 더 명백히 분별할 대상을 자신의 애정이나 야심 탓에 심지어 수년간이나 무시했거나 간과했을지도 모릅니다. 나중에 이들은 그 사안에 대해 쓰리게 되고 후회로 가득할지도 모릅니다. 만약 (이를테면 섹스나 돈 같은) 좀 더 일반적인 영역이 자신이 지닌 욕망의 대상이라면, 물론 이들은 긍정적으로도 부정적으로도 모든 종류의 인간 에너지와 접속하게 될 것입니다. 몸과 영혼을 욕망에게 내어준 이들은 건강하지 못한 관계에 반복해서 얽히게 되면서 자신의 이상, 자기-이해관계, 심지어 자기-존중까지 위태롭게 할지도 모릅니다.

비록 성숙함은 상당한 대가를 치러야 할지도 모르지만, 이들 중 대다수는 성숙함을 자신의 목표로 설정하기 전에 경험을 통해 노력이나 정복의 유불리를 따져보는 법을 결국 체득합니다. 이들 중 더 고도로 진화된 사람은 욕망이 본질적으로 긍정적일 수 있지만, '대상에 대한 집착' 그리고 '놓아줌에 대한 거부'가 매우 파괴적일 수 있다는 점을 깨닫습니다. 이런 더 진화된 이들은 갇혀버리지 않고, 사로잡히지 않으며, 의존적이지 않고, 자신의 감정에 푹 빠지지 않으면서 인생에서 계속 나아가야만 한다는 점을 이해합니다. 이들은 자신의 개인적인 성장, 학습, 의식 그리고 영적인 전망을 더 진전시키기 위해 자신의 자석 같은 능력을 이용할 것입니다.

자석 같은 욕망에 대한 유리한 경로를 갖고 있는 이들은 대단한 도전과 책임에 직면합니다. 이들이 체득해야만 할 주요 공부는, 이들의 모든 에너지를 욕망하는 (질투, 부러움, 소유욕 및 모든 종류의 좌절감으로 결국 이끄는) 단일한 대상에 바치기보다 매일, 매 순간 그리고 이들이 상호작용하는 각각의 사람을 보살핌과 친절로 대접하는 것입니다. 무엇보다도 이들은 삶에 대한 더 가볍고 더 포괄적인 접근을 위해 강박관념을 내려놓는 것이야말로 '과중한 짐'을 '새로 발견된 기쁨'으로 교환하는 것과 같은 것으로 판명될 수 있다는 점을 알아차릴지도 모릅니다.

▶ 일간 특성
강점; 끌어들이는, 의도적인, 관여해주는
약점; 강박적인, 갇혀버린, 중독적인

▶ 명상
나는 두 선이 만나는 지점입니다.

▶ 조언
[성장 쪽으로] 옮겨가는 법을 체득하라.
새로운 경험과 변화에 당신의 마음을 열어두라.
중독이나 해로운 유혹을 버텨내기 위해 당신의 의지력과 통찰력을 계발하라.
당신 자신을 쉬운 방식으로 즐겨라.
[마음을] 가볍게 유지하라.

▶ 건강
이들은 주기적으로 자기-통제와 자각을 계발하기 위한 혼자됨을 위해 자신의 작업과 관계에서 휴식시간을 욕구합니다. 서술된 것처럼, 이들은 삶 일반에 일종의 중독적인 행동을 구현하고, 그래서 물론 이들은 모든 종류의 습관적인 형태의 마약류를 피해야만 합니다. 이들은 음식과 음료 중독, 아니면 더 나쁘게는 필수적인 영양을 자기 자신에게 허락하지 않는 해로운 굶주린 식단도 또한 주의해야만 합니다. 가능하다면 이들은 포괄적이고 균형 잡힌 음식을 먹어야 하고, 어떤 음식에 대한 강박이나 애착에도 갇혀버리지 말아야 합니다.

▶ 수비학
6일에 태어난 사람은 숫자 6 및 금성에 통치됩니다. 숫자 6에 통치되는 사람은 사랑과 찬양을 끌어들일 시 자석 같기 때문에, 또 금성은 사회적인 상호작용에 강하게 연계되므로, 7월 6일에 태어난 이들이 위에서 언급된 개인적인 성장을 위해 필요한 감정적인 공간뿐만 아니라 이들의 작업을 위해 욕구하는 프라이버시와 은거도 또한 얻는 것은 자주 이들에게 고군분투입니다. 낭만적인 사랑은 숫자 6에 통치되는 사람의 삶에서 자주 지배적인 테마입니다.

▶ 원형
여섯 번째 메이저 카드는 남성성과 여성성이라는 양극성의 통합을 통해 인간성의 모든 것을 하나로 묶는 사랑을 상징하는 '연인'입니다. 이 카드가 좋은 면에서는 높은 도덕적인, 미적인, 신체적인 차원의 애정과 욕망을 예시하고, 나쁜 면에서는 충족되지 않은 욕망, 감상성, 우유부단함을 위한 성벽을 예시합니다. 게자리의 천문은 강한 자석 같은 달의 영향력을 빌려주고, 타로와 숫자 6은 모두 금성의 일차적인 영향력을 보여주므로, 위에서 설명한 자석 같은 욕망을 늦추기 위해 이들에게 덕이 되는 브레이크가 거의 현존하지 않습니다.

7월 7일
상상의 드러냄의 날
Imaginative Revelations

▶ 심리구조

7월 7일에 태어난 이들의 삶에서 드러냄이라는 것은 되풀이되는 테마입니다. 자기 자신이나 타인들의 내면 비전, 느낌, 생각을 정밀 검증하기 위해 들춰내거나 꺼내보이려는 부추김이 두드러집니다. 어쩌면 이들은 과시주의자라고 불릴 수 있지만, 그 단어의 어떤 피상적인 의미에서 그렇게 불리는 것은 아닙니다. 자기 자신을 매우 많이 드러냄으로써 이들은 타인들에게 가벼운 충격부터 불안까지, 때로는 심지어 일깨움에 이르기까지 어떤 효력을 미칠 수 있습니다.

이들은 자신의 동료, 가족, 친구들의 공통된 심금을 울리는 방식을 갖고 있습니다. 이들은 상당히 이상하다고 여겨질지 모르지만, 이들의 공상적인 생각과 노력은 좀처럼 표적을 빗나가지 않습니다. 잠재의식에 대한 이들의 연결고리는 매우 강합니다. 그러므로 이들은 인간의 마음이 취할 수 있는 삐딱한 우여곡절의 많은 것을 이해하는 능력을 갖고 있습니다. 이들이 이전에 자기 자신에게서 기묘하거나 특이한 것을 많이 맞닥뜨렸으므로, 그런 것은 거의 이들을 놀라게 하지 않습니다.

자신의 경력이 무엇일지라도 폭로를 통해 단순화하려는 욕망을 구현하는 이들은 자신만의 내적인 과정을 드러내는 데 너무 열중하기 때문에, 타인들의 내면 과정을 드러내는 것도 역시 어떤 잘못도 없다고 봅니다. 불운하게도 이들은 실상 자신에게 관심사가 아닌 문제에 관여하게 되면서, 타인의 일에 참견하는 것으로 비난받게 될지도 모릅니다. 사실 이들이 과시하는 것은 자신의 지저분한 빨랫감보다 더 자주 자신의 발상과 의견이므로, 이들 자신은 꽤 비밀적인 사생활을 갖고 있습니다. 따라서 일반적으로 이들은 '이들이 하는 것'을 그 빨랫감만큼 드러내는 것이 아니라, 자주 꿈, 공상 및 인간 감정의 세계에 관련하여 이들이 '생각하는 것'을 그 과시만큼 드러냅니다.

이들은 대체로 함께 사는 것에 다소 까다롭습니다. 이들은 자신의 동반자에게 지대한 이해심과 수용을 요구합니다. 이들은 자녀들에게 몽상가로, 친구들에게 비실상화된 사람으로, 동업자들에게 절대 신뢰할 만하지 못한 사람으로 알려질지도 모릅니다. 실로 이들은 타인들에 의해 가장 자주 오해를 받습니다. 하지만 경쟁적인 세상에서 사실상 매우 잘 기능할 수 있는 이들은 자신의 사업 영역이나 사회 분야에서 성공적인 추진 세력이 될 수 있습니다. 하지만 이들의 고도로 요구가 많은 잠재의식적인 몰아댐은 항상 자신의 직무에 대한 '올곧은' 책임이나 이미지에 중압감을 놓을 것입니다. 이들 중 가장 행복한 사람은 자신의 통합성을 희생시키지 않고도 자신의 공상적인 삶을 상업적인 세상과 통합할 수 있는 사람입니다.

비록 이들이 이따금 긴장하게 되고 심지어 독재적이 되기도 하지만, 대다수의 경우 이들은 인간의 본능을 강하게 계발해왔습니다. 하지만 이들은 더 강한 성격에 직면될 때, 특히 자신 작업의 질에 대해 책망받는다면, 당황하게 될지도 모릅니다. 이런 혼란은 때때로 이들이 껍질 속으로 물러나는 것으로 귀결되면서, 나중에 분노와 원망으로 바뀔 수 있습니다. 이들은 자신이 오해받는다고 느낄 때 자기 연민에 빠지는 성향을 극복해야만 합니다.

▶ 일간 특성
강점; 창조적인, 진실한, 상상적인
약점; 까다로운, 방해하는

▶ 명상
그림은 공간을 요구하고 음악은 시간을 요구하지만, 보는 활동은 실로 시간적이고 음악의 개념은 공간적입니다.

▶ 조언
당신의 폭로하려는 시도가 항상 환영받는 것은 아닙니다.
이런 점에서 타인의 느낌에 민감해지도록 노력하라. 당신의 비전에 여전히 참되고, 당신의 노력에 여전히 끈질기라.
세상으로 하여금 당신의 가치를 깎아내리지 않도록 하라, 당신은 빠르든 늦든 진가를 인정받게 될 것이다.

▶ 건강
자신의 직업적인 요구에 의해 이들에게 놓일 수 있는 중압감 때문에, 또 이들이 매우 자주 노출되는 비판 탓에, 이들은 스트레스를 줄이기 위해 적극적으로 탐구해야만 합니다. 심장, 혈압, 위장의 문제는 경계되어야만 하며 일반적인 의사의 정기검진이 권장됩니다. 안정되고 안전한 집이야말로 이들이 자유롭게 꿈을 꾸는 보호받는 피난처로서 필수적입니다. 정기적인 신체 운동은 이들에게 대단히 중요하지 않을지도 모르고, 그러므로 강요되지 말아야 하고, 이들은 요리사이자 먹는 사람으로서 부엌에서 대단한 자유를 자기 자신에게 허용해야 합니다.

▶ 수비학
7일에 태어난 사람은 숫자 7 및 해왕성에 통치됩니다. (비전, 꿈, 심령현상을 통치하는 물같은 행성인) 해왕성은 (게자리 그리고 내면 감정 상태를 통치하는) 달에 결부될 수 있기 때문에, 7월 7일에 태어난 이들은 타인들의 느낌에 고도로 맞춰지고, 때로는 지나치게 맞춰집니다. 숫자 7은 전통적으로 변화와 여행에 대한 욕망을 전해주는데, 이런 욕망이 이들의 삶에서 특정하게 필요한 기간에는 이들에게 유효할지도 모르지만, 게자리인 이들은 빠르든 늦든 안전하고 안정된 가정을 확립해야만 합니다.

▶ 원형
일곱 번째 메이저 카드는 세상을 누비는 의기양양한 인물을 보여주면서, 역동적인 방식으로 자신의 신체적인 존재감을 구현하는 '전차'입니다. 그 카드는 올바른 행로가 아무리 좁고 위태롭더라도 [그 행로를] 계속해야 한다는 의미로 해석될지도 모릅니다. 이 카드의 좋은 면은 성공, 재능, 효율성을 배치해주고, 나쁜 면은 독재적인 태도와 서툰 방향 감각을 제안합니다.

7월 8일
어두운 실용주의자의 날
The Dark Pragmatist

▶ 심리구조

7월 8일에 태어난 이들은 극도로 실용적입니다. 따라서 이들은 이론보다 결과에 더 관련됩니다. 창립자나 조직가로서 이들은 조직이나 가족, 사업을 구축하는 데 유능할 뿐만 아니라 대체로 그것들을 경영하려고도 또한 주위에 달라붙어 있는데, 실로 유지관리가 이들의 삶과 작업에서 중대한 테마이고, 자신의 가정이나 사업을 효율적으로 경영하는 것이 최고의 순위입니다.

이들 중 일부는 발상에 관심을 두지만, 일부는 그렇지 않은데, 이런 강력한 이들에게 이상 그 자체는 그리 중요하지 않습니다. 따라서 이들은 이익을 위해 타인을 착취하고, 어쩌면 반사회적인 방향으로 나아가거나 극단적인 행동방식을 구현할 위험이 있으며, 여기서 행동의 도덕적인 본성은 거의 중요하지 않고 좀처럼 고려되지도 않습니다. 일반적으로 말하자면, 종교적인 문제는 이들에게 가장 대단한 이해관계에 속하지 않습니다.

이들은 많은 돈을 만들어내는 것에서부터 조직이나 기관을 설립해서 운영하는 것까지를 망라할 수 있는, 하나의 몰입하는 관심사에 자신의 평생을 바칠 것 같은 일벌레입니다. 자연스럽게 이들의 동무와 가족은 그런 노력에서 재정적인 이익을 얻을 것이지만, '이들을 많이 보지 못하는 것'이나 '이들의 온전한 주목을 누리지 못하는 것'을 대비해야 할지도 모릅니다. 하지만 이들의 주요 고착의 대상이 바로 가족이라면, 이들의 자녀와 배우자는 과보호하는 행위나 통제하는 행위에 이르게 되는 많아지는 무엇인가에 고통받을지도 모릅니다.

이들은 자기 자신을 절대 필요하게 만들어내는 데 전문입니다. 이들의 존재감은 이들이 살아 있는 동안 이들 주위의 사람들에 의해 너무 강하게 느껴져서, 이들의 죽음 후에도 또한 오래 끈질기게 존속합니다. 이들의 삶에서 죽음 그 자체는 이들의 작업에서 강력한 요소로서, 아니면 본격적으로 대비해야 할 어떤 것으로서 자주 등장하는 테마입니다. (이들 중 가장 건강한 사람은 그런 심각한 화제를 다루는 데 유머 감각을 유지합니다.)

이들의 보험이나 기타 펀드에 대한 투자는 대개 현명하게 고려되고, 물려받은 유산과 가보는 잘 관리되므로, 이들의 가족은 이들의 죽음으로 인해 빈곤에 직면하는 일은 좀처럼 없을 것입니다. 이들 중 더 고도로 진화된 사람은 좋은 생각과 기억, 즉 지침을 위한 발상과 실용적인 원리를 반드시 뒤에 남겨두면서, 자신의 죽음 이후의 시간을 위해 자신의 동무와 자녀를 영적으로도 또한 준비시킬 것입니다.

이들은 자신의 작업에 관련하여, 자신 에고의 몰아댐에 마음 써야만 합니다. 게다가 이들은 자신의 주위 사람들, 특히 더 섬세한 천성의 사람들에게 자주 인상적인 존재감을 강요하는 것을 주의해야만 합니다. 신체적인 차원에 너무 많이 기반을 둔다는 것은 이들의 영적인 계발을 방해합니다. 이들은 거리를 두거나 이야기하기 싫어하게 되는 것뿐만 아니라 탐욕, 잔인함, 복수, 극심한 공격성 그리고 모든 거대한 신체적인 행동의 형식에 대해서 경계해야 합니다.

▶ 일간 특성
강점; 실용적인, 보호해주는, 책임감 있는
약점; 무장(장갑)한, 질식시키는, 둔감한

▶ 명상
수술이 요구될지라도 [먼저] 가슴을 열어야만 합니다.

▶ 조언
가끔, 조금 가벼워지고 기운내서 실용적인 목표를 마음에 두지 말고 재미있게 보내라.
당신과 가까운 사람을 단지 보상으로만 대우하지 말고, 그 사람에게 좋은 시간도 또한 대접하라.
공명정대한 조치라는 맥락에서 당신의 공격성을 풀어내라.
당신이 도움이 필요하면, 도움 청하기를 두려워하지 마라.
자신의 약점을 인정할 능력이 있다는 것은 강함의 싸인이다.

▶ 건강
이들은 충분한 신체 운동을 하기 위한 노력을 만들어내야만 합니다. 이들은 너무 자주 앉아서 자신의 (집이나 사업, 조직인) '제국'을 통치하면서, 여전히 활동적이 되는 것의 중요성을 잊어버립니다. 활기찬 운동은 이들의 체중을 줄이고 순환기 계통을 강화시킬 뿐만 아니라, 이들의 공격성을 억제하는 대신에 그 공격성을 전환하도록 돕기도 합니다. (테니스, 핸드볼, 심지어는 접촉 스포츠와 무술 등) 경쟁적인 스포츠와 (달리기, 체조, 수영 등) 성취 지향적인 스포츠는 모두 이런 점에서 도움됩니다. 이들은 자신의 작업과 운동 패턴을 보완하기 위해 자신의 식단을 세심하게 조정해야 합니다.

▶ 수비학
8일에 태어난 사람은 숫자 8 및 토성에 통치됩니다. 토성은 책임 및 '경계심, 제한, 숙명론의 의식'을 배치해주므로, 이들의 보수적인 경향은 이런 측면에서 더욱 강화됩니다. 숫자 8에 통치되는 사람은 대체로 자신의 삶과 경력을 더디고 조심스럽게 구축해가고, 이것은 7월 8일에 태어난 이들의 경력과 재정에서 확실히 적용됩니다. 숫자 8은 토성의 차가움도 또한 운반해줄 수 있으므로, 이들은 거리를 두는 인상을 줄지도 모르지만, 속에는 실상 따뜻하고 베푸는 가슴을 갖고 있는데, 달(게자리의 통치자)의 영향력과 이런 토성의 경향이 짝짓는 것은 이들에게 높은 진지함과 고립 쪽의 성향을 빌려줍니다.

▶ 원형
여덟 번째 메이저 카드는 사나운 사자를 길들이는 우아한 여왕을 그려내는 '강인함이나 용기'입니다. 여왕은 반항적인 에너지를 마스터할 수 있는 여성 마법사를 상징하고, 신체적인 강인함뿐만 아니라 도덕적인 강인함을 표징합니다. 이 카드의 긍정적인 속성은 카리스마와 성공하려는 결단을 포함하고, 부정적인 자질은 무사안일과 권력남용을 포함합니다.인

7월 9일
경이의 날
Wonder

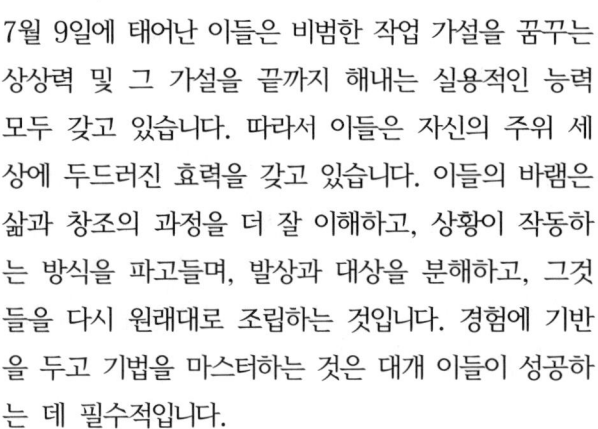

▶ 심리구조

7월 9일에 태어난 이들은 비범한 작업 가설을 꿈꾸는 상상력 및 그 가설을 끝까지 해내는 실용적인 능력 모두 갖고 있습니다. 따라서 이들은 자신의 주위 세상에 두드러진 효력을 갖고 있습니다. 이들의 바램은 삶과 창조의 과정을 더 잘 이해하고, 상황이 작동하는 방식을 파고들며, 발상과 대상을 분해하고, 그것들을 다시 원래대로 조립하는 것입니다. 경험에 기반을 두고 기법을 마스터하는 것은 대개 이들이 성공하는 데 필수적입니다.

평생에 걸쳐 이들은 동시성, 숨겨진 힘 및 '현재 어떤 설명도 현존하지 않은 자연의 방식'에 홀리게 됩니다. 이들 중 대다수는 이런 신비에 관해 사실로 알려진 것에 대해 읽어내는 정도에 만족할지도 모르지만, 이들 중 일부는 심지어 그 신비를 풀려는 개인적인 시도까지 나아갈 것입니다. 발견에 어떤 중대한 기회가 제시되면 이들은 좀처럼 그 기회가 지나가버리게 하지 않습니다. 따라서 가장 좋은 의미의 단어로 표현하면, 이들은 사건과 관심사에 쉽사리 관여하게 되는 '기회를 잡는 자', 즉 유도되는 사람이자 생동적인 사람입니다.

이들 중 여성은 가장 자주 고도로 독립적인 생계부양자이지만, 만약 집에서 작업한다면 아마도 무대 뒤에서 가족을 유도할 것입니다. 남편이 아프거나 죽어서 가업을 이어받아야 할 때가 오면, 이들은 주저하지 않고 그 역할을 떠맡습니다. 동반자로서 이들 중 여성은 어떤 것이 더 잘해내는 방법인지를 관찰해서 건설적인 소견을 제안하는 타고난 능력을 갖고 있는 것으로 보입니다.

이들은 많은 실망이라는 고통을 겪고, 수년간 인식되지 않을지도 모릅니다. 이런 어려운 기간 내내 이들 중 대다수는 자신만의 가치에 대한 내면의 느낌을 유지하지만, 덜 고도로 진화된 사람은 자신의 노력 속에 반복해서 거절되거나 좌절하게 되면, 포기해버릴지도 모르는, 즉 어쩌면 쓰리거나 좌절하게 되면서 고도로 공상적인 비실상화된 내면세계로 물러나질도 모릅니다. 이들 중 더 결단적인 사람은 무슨 일이 있어도 자신의 행로를 유지하면서, 심지어 자신의 노력을 배가하기 위한 촉발로서 거절까지 활용합니다.

이들은 자신에게 이해관계를 제시하는 삶의 온갖 영역에 관해 실용적으로 탐사하거나 묘사하고, 쓰며, 토론하고 싶어합니다. 이들의 끝없는 호기심은 비유적으로도 또 문자 그대로도 이들을 낯설고 외딴곳으로 이끕니다. 타인들이 기묘하다고 하는 것이 이들에게는 어쩌면 건전한 이해관계에 속하고, 조사할 가치가 있습니다. 이들은 정상적이거나 관습적인 것처럼 보일지도 모르지만, 그럼에도 이들의 생각과 관심사가 거의 흔하지 않음을 타인들에게 귀띔해주는, 이들에 관한 일종의 흥미로운 분위기를 갖고 다닙니다. 사실 고도로 수용적인 이들은 편견, 즉 선입견의 발상 때문에 인간 존재나 발상을 좀처럼 묵살하거나 깔아뭉개지 않습니다. 이것은 열린 마음가짐 때문만이 아니라 주어진 어떤 국면에서도 자신이 직접 보고 자신만의 마음을 꾸며내도록 요구하는 자부심의 덕이기도 합니다.

▶ 일간 특성
강점; 호기심 많은, 창의적인, 마음을 여는
약점; 공상적인, 환멸을 느끼는, 틀어박히는

▶ 명상
어떤 언어에도 '나는 모른다'는 경구가 중요합니다.

▶ 조언
의욕이 꺾이지 마라.
당신 자신과 당신의 꿈에 충실하라.
당신의 이해관계에 더 선별적이 되도록 노력하라, 즉 당신의 에너지를 집중시키고 비실상적인 책략에 휩쓸리지 않도록 하라.
당신의 현실에 단단히 발을 딛고 있고, 당신의 감정적인 균형을 유지하라.

▶ 건강
이들 중 덜 충족된 사람은 낮은 에너지, 우울증과 다층적인 만성 질환 같은 병으로 고통받는 자기 자신을 알아차릴지도 모릅니다. 이들 중 더 고도로 힘있는 사람은 (대부분 자신의 호기심과 독창성 때문에) 모든 종류의 우발사고도 또한 경계해야만 합니다. 이들 중 다수는 (몸무게를 줄이기를 바란다면) 간단한 가정 치료요법을 시도하든, 새로운 식단과 약물을 시도하든, 특이한 형식의 신체 운동을 시도하든 간에 자기 자신을 실험하는 습관을 갖고 있습니다. 이들은 모든 새로운 접근법에 관심을 두지만, 비록 제한된 절제식의 실험이 '좋은 취향'의 한도 내에서 지켜질 때는 건전하지만, 유행하는 식단 및 극단적인 형식의 신체 운동과 요가를 피해야 합니다.

▶ 수비학
9일에 태어난 사람은 숫자 9 및 화성에 통치됩니다. 숫자 9는 (이를테면 5+9=14, 4+1=5처럼 9를 더한 어떤 숫자도 그 숫자가 되고, 9×5=45, 4+5=9처럼 9를 곱한 어떤 숫자도 9가 되므로) 다른 숫자에 대한 영향이 강력하고, 7월 9일에 태어난 이들도 비슷하게 자신의 주위 사람들에게 영향을 끼칠 능력이 있습니다. 강압적이고 공격적인 화성은 남성적인 에너지를 체화해주는데, 따라서 여성성에 대한 전통적인 발상을 지닌 사람은 이들 중 여성이 진취적이라고 받아들일지도 모릅니다. 이들을 위해 화성과 달(게자리의 통치자)의 연관성은 재정적인 번영과 권력을 예시해줄 수 있습니다.

▶ 원형
아홉 번째 메이저 카드는 대개 등불과 지팡이를 들고서 걷는 '은둔자'이고, 그는 명상, 고립, 침묵을 대변합니다. 그 카드는 확고해진 지혜와 궁극적인 단련을 암시합니다. 은둔자는 양심을 사용하여 타인들로 하여금 그들의 행로를 유지하게 해주는 임무 감독관입니다. 이 카드의 긍정적인 면은 집요함, 목적, 심오함, 집중력이고, 부정적인 의미는 교조주의, 불관용, 불신, 만류를 포함합니다. 이들은 세상에서 물러나는 것의 가치 및 자신의 가치에 대해 주기적으로 검토하는 것의 가치를 은둔자에게서 배워야 합니다.

7월 10일
수동적-능동적인 이중성의 날
Passive-Active Duality

▶ 심리구조

7월 10일에 태어난 이들은 심지어 자신의 가장 대단한 승리의 순간에조차도 구현될 수 있는 특정 거리두기를 전 생애에 걸쳐 과시합니다. 가장 능동적이고 외향적인 특성을 포함한 수용성, 보호성, 내향성, 민감성이라는 개인적인 특성은 이들에게 깊이 뿌리박혀 있습니다. 따라서 세속적인 성공을 향한 추진력을 보유할 수 있지만, 빈번히 자신만의 보호 분야로 후퇴해버리는 유별난 성격이 등장합니다.

시각적인 재능은 이들에게 특히 확실합니다. 이들은 작업할 시 조용한 반성을 통하거나 아니면 직접적인 관찰을 통해 바깥 세상에서 인상을 흡수하고, 그 인상에 새로워진 신선함을 부여합니다. 자신의 주위에 일어나고 있는 것에 대한 극단적인 민감성 때문에, 저자세를 유지하는 이들은 자신의 사생활에 주목을 부르지 않는 것을 선호할지도 모릅니다. 하지만 능동성이 자신의 경력을 진전시키기 위해 요구되거나 단순히 자신이 욕구하는 것을 얻기 위해 요구되는 때, 이들은 주저하지 않고 힘차게 등장할 것입니다.

참을성 있게 세상을 관찰하는 것에서 이들은 자신만의 개인적인 철학을, 즉 강한 도덕적인 편향을 반드시 갖고 있는 것은 아닌 철학을 계발합니다. 이들 중 반체제적인 관점을 가진 사람은 자신의 개인적인 정치를 위해 살아가고, 자신의 행위 때문에 나중에 성자나 죄인으로 간주될지도 모릅니다.

언어적인 재능은 대체로 이들에게 고도로 계발되지 않습니다. 이들 중 대다수는 조용하게 관찰해서 자신만의 속도로 활동하는 것을 선호합니다. (게자리인 이들에 의한) 달의 천성은 타인들이 자주 이상한 것을 찾아내는, 즉 보는 사람들의 시선에 이들로 하여금 홀리게 하거나 혐오스럽게 만들어주는 자질을 찾아내는 특이한 매혹과 외모를 이들에게 빌려줄지도 모릅니다.

이들 중 더 보수적인 사람은 매우 소박한 삶, 심지어 익명의 삶을 영위하는 데 유능합니다. 세상에서 도피할 곳을 탐구하는 이들의 방식은, 세상에 섞여들어 여전히 주목받지 못하는 것에 있습니다. 하지만 특히 청소년기, 30대 중반, 50대 중반이라는 인생의 특정 임계점에서, 이들은 수동적인 자기에서 실존의 더 능동적인 태세로 갑작스러운 노선을 만들어내는 것으로 자신의 가족과 친구들을 놀라게 할 가능성이 있습니다. 대개 수년 동안 이런 변화에 맞물려 준비해왔던 이들은 명료하게 규정된 목적을 갖고 있습니다.

이들은 속내를 털어놓기를 두려워하지 않지만, 대체로 수완과 분별로 그렇게 합니다. 타인의 느낌에 지나치게 민감한 이들은 때때로 아픔을 겪게 하지 않으려고 자신만의 욕구를 굽히고, 삶의 결정을 미루며, 대체로 자신의 욕망을 누그러뜨릴지도 모릅니다. 자신의 실존에 대한 자연스러운 사실에 직면하지 않으려고 자기 자신을 미루거나 부정하는 그런 성향은, 이들에 대해 예외 없이 불리하게 작용합니다. 이들은 너무 오래 기다리고, 따라서 소중한 기회를 놓치는 것을 주의해야만 합니다.

▶ 일간 특성
강점; 참아내는, 수용적인, 관찰력이 뛰어난
약점; 미루는, 소통하기 싫어하는, 고립된

▶ 명상
이해심은 인식의 활동으로 시작되지만, 그 활동으로 끝나지 않습니다.

▶ 조언
당신의 주위 생활에서 더 적극적인 역할을 맡으라, 당신의 수줍음은 당신이 자기를 표현하는 것에 대한 장벽이다.
더 솔직담백해지라.
실수를 만들어내거나 바보처럼 보이는 것을 두려워하지 마라.
멀리서 판단하는 것이라는 잘못된 안전을 포기하라.

▶ 건강
이들은 병, 특히 만성적인 질환에 관한 것에 직면했을 때 수동성이나 거리를 두는 태도를 주의해야만 합니다. 이런 이유로, 의사의 정기검진뿐만 아니라 지속적인 마사지, 가정 치료요법, 및 다른 형식의 예방이 권장됩니다. 원칙적으로는 이들은 자신에게 먹도록 제안되는 것의 진가를 알아보지만, 자신의 식단을 통제할 시 이들이 선택을 만들어내서 더 적극적인 역할을 맡는 것을 강요받게 되도록, 자신만의 요리 기술을 계발하는 것을 조언받습니다. (걷기, 수영 등) 단지 적당한 운동만 권장됩니다.

▶ 수비학
10일에 태어난 사람은 숫자 1(1+0=1) 및 태양에 통치됩니다. 태양은 뚜렷하게 인간적이고 긍정적인 삶을 지향하는 따뜻하고 잘 계발된 에고의 자질을 부여해주는 경향이 있지만, 이런 태도는 이들이 부모에 의해 너무 강하게 보호되거나 지배되면 심각하게 망가질지도 모릅니다. 숫자 1에 통치되는 사람은 대다수 주제에 관해 명확하게 규정된 견해를 갖고 있는데, 7월 10일에 태어난 이들이 실로 다루기 쉬운 것처럼 보이지만, 사실 완고한 이들은 설득되기가 어렵습니다. 비록 야망이 자주 숫자 1에 결부된 특성일지라도, 7월 10일에 태어난 이들은 (게자리의 통치자인 달의 영향력에 의해 강조되는) 조용하거나 숨겨진 방식으로 이런 특성을 구현할 가능성이 있습니다.

▶ 원형
열 번째 메이저 카드는 운명의 반전을 암시해 변화 외에는 영구적인 어떤 것도 현존하지 않음을 가르쳐주는 '운명의 수레바퀴'입니다. 수레바퀴는 인생의 부침, 승리와 패배, 성공과 실패를 예시합니다. 숫자 1과 10이 통치하는 이들은 기회를 붙잡는 것에 집중하는데, 바른 순간에 활동하는 것이 이들의 성공에 열쇠입니다. 지적된 대로 이들은 이런 점에서 너무 오래 기다리는 것을 주의해야만 합니다.

7월 11일
청하지 않은 의견의 날
The Unsolicited Opinion

▶ 심리구조

7월 11일에 태어난 이들은 자신에 관한 세상의 많은 측면에 홀리게 되는 고도로 사회적인 사람입니다. 특히 실용적인 어떤 주제라도 제안하기 위해 준비된 논평을 대개 갖고 있는 이들은 정보에 밝은 것을 자랑으로 여깁니다. 심지어 이들 중 가장 사적인 사람조차도 이들이 친구나 가족이 청하지도 않는 의견을 제안할지도 모르는 대상인 그들로 구성된 가까운 동아리를 갖고 있습니다.

프라이버시 유지가 이들에게 극도로 중요하고, 이들은 극소수가 자신의 방어선을 넘어서 침투하도록 허용합니다. 비밀을 숨겨서 나중에 드러내는 것은, 타인들이 이들에게서 떠올리는 것, 또 그들이 제시하는 이미지를 잘 알아채는 이들에게 자연스럽게 떠오릅니다. 이들은 루머든 가십이든 간에 직장이나 자신의 사회 동아리에서 말해지고 있는 것에 대개 발맞춥니다. 최고 수준에서 작업하는 전문가임에도, 업계 내에서 정보에 밝게 되는 것은 예외 없이 일정 정도의 탐사를 포함하므로, 이 가십은 실용적으로 중요한 것에 속할 수 있습니다. 세상에서 벌어지고 있는 것에 대한 자신 안의 지식을 통해, 이들은 자주 사건을 자신에게 유리하게 조작할 능력이 있습니다.

필요할 때, 이들은 속임수의 마스터이고, 맞수나 경쟁자들을 따돌리기 위해, 진실을 행하는 딱 그만큼 가볍게 허위 정보를 퍼뜨리는 데 능숙합니다. 필요할 때마다 이들은 또한 야심이 없거나, 둔감하거나, 대체로 덜 위협적인 척할 수 있습니다. 실로 이들 중 다수는 자신의 연기를 자랑으로 여깁니다. 하지만 때로는 속아 넘어갈 누군가는 이들의 교묘한 속임수 너머를 알아볼 정도로 현명합니다. 그런 경우 이들은 각양각색 수준의 위험에 자기 자신을 집어넣고 있을지도 모릅니다. 이들 중 덜 진화된 사람은 심지어 타인들이 결국 신뢰하지 못할 강박적인 조작자가 될 수 있습니다.

이들은 노력할 시 동반자이거나 아니면 팀 협동자일 때 가장 성공적입니다. 사실 이들은 대개 지배적인 리더의 역할에 대한 책임을 회피하고, 오직 필요할 때만 지휘를 떠맡습니다. 이들의 생각을 차지하는 것이 대개 자신의 사생활과 상상이기 때문에, 이들 중 다수에게 작업은 자신이 오직 매우 진지하게만 취할 수 있는 중요한 것입니다. 항상적으로 모습을 그려내고 계획하는 이들은, 해머[벌]가 내려올 때 잘못된 곳에 있는 것을 피하려고 노력하거나, 반면에 돈이 들어올 때 적절한 곳에 있기를 희망하면서, 숙명을 뛰어넘어 보려고 탐구합니다.

다소 나르시시즘적인 이들은 자신의 옷과 집의 외관에 자주 고도로 관련됩니다. 개인의 취향을 키우는 것은 이들 성격의 연장선이고, 심지어 이들 삶의 중심적인 초점조차도 될 수 있습니다. 예를 들어 가정용 가구의 선택 및 이들의 올바른 배치에 자신의 상당한 시간이 소요될 수 있습니다. 천성적으로 이들은 영적인 관심사를 희생시켜서 물질 세상에 빠져드는 것에 주의해야만 합니다.

▶ 일간 특성
강점; 지식적인, 사회적으로 알아채는, 협동심이 강한
약점; 지나치게 수다스러운, 그릇되게 이끄는, 물질
　　　주의적인

▶ 명상
'익은' 과일은 그것의 색깔로 끌어들입니다.

▶ 조언
진실을 너무 많이 윤색하는 것을 주의하라. 그렇지 않으면 언젠가는 누구도 당신을 진지하게 받아들이지 않을 것이다.
당신의 상상력을 엄격히 관리하라.
당신 자신을 물질성에 뿌리내리되, 나르시시즘을 주의하라.
당신 천성의 공허한 면과 세속적인 면의 균형을 맞추도록 노력하라.

▶ 건강
이들 중 대다수는 자신의 개인적인 웰빙보다 타인들의 건강이나 건강 동향 일반에 더 관심을 둡니다. 하지만 빠르든 늦든 이들은 뒤섞인 결과들을 갖고 자신의 몸에 자신 지식의 일부를 적용하게 될 가능성이 있습니다. 이들은 자신의 신체적이고 심리적인 건강에 대해 상식적인 접근법을 유지해야 하고, 최신의 유행에 너무 열광하지 말아야 합니다. 더 전통적인 음식 선택으로 구성된 정기적인 식사는 자신을 안정시켜주는 영향을 갖고 있을 것입니다. 더 전형적으로, 이들은 지나치게 섭취하면 결국에는 건강 문제를 유발할 수 있는 모든 종류의 산해진미나 '잔치 음식'에 대한 폭식과 갈망을 하기 쉽습니다. 이들에게 정기적인 성관계와 신체 운동은 그렇지 않았다면 허공에 떠다닐 자신의 영을 뿌리내리도록 돕기 때문에 중요합니다. 미네랄이나 약초 목욕, 마사지 그리고 모든 형식의 심미적인 촉발은 권장되는 스트레스 완화제입니다.

▶ 수비학
11일에 태어난 사람은 숫자 2(1+1=2)와 11 그리고 달에 통치됩니다. 숫자 2에 통치되는 사람은 자신을 리더보다 좋은 협업자와 동반자로 자주 만들어내고, 이것은 특히 7월 11일에 태어난 이들에게 해당합니다. 상상적인 이들의 능력은 강하게 비실상화된 태도도 또한 전달해줄지도 모르는 달의 영향에 의해 (달이 게자리를 통치하기 때문에 두 배로) 더욱 향상될 것입니다. 숫자 11은 게 별자리의 감정적인 지향을 보완해주는 신체적인 차원에 대한 느낌을 빌려줍니다. 쌍수의 날에 태어난 이들은 동시성, 대칭성, 쌍둥이 또는 다른 이중성에 대한 이해관계를 자주 표출합니다.

▶ 원형
11번째 메이저 카드는 한 손에 저울을 들고, 다른 손에 검을 들고 의자에 차분히 앉아 있는 여인인 '정의'입니다. 그녀는 우리에게 우주의 질서를 상기시켜주고, 우리가 자신의 행로를 계속하는 한 우리의 삶에 균형과 조화가 유지되리라는 점을 상기시켜줍니다. 이 카드의 긍정적인 측면은 통합, 공정, 정직, 단련이고, 부정적인 측면은 낮은 주도권, 비인격성, 혁신의 두려움, 불만입니다.

7월 12일
설득적인 존재감의 날
The Persuasive Presence

▶ 심리구조

7월 12일에 태어난 이들은 설득의 마스터입니다. 이들의 논거가 설복적이고 논리적일 뿐만 아니라, 이들은 타이밍의 타고난 감각을 갖고 있습니다. 필요할 때 이들은 꾸짖거나 구슬릴 수 있지만, 가장 극단적인 경우에만 위협하려고 욕구합니다. 가장 자주 이들은 타인들을 자신의 관점으로 포섭하기 위해 유머를 사용합니다.

이들은 타인들에게 확신시키는 데 능숙할 뿐만 아니라 활동을 개시하는 데도 또한 능합니다. 절대 가시화되지 않았을지도 모르는 많은 프로젝트가 이들의 노력을 통해 진척됩니다. 때때로 이들은 타인의 마음에 어떤 발상을 미묘하게 심어서 그 사람이 마치 그 발상이 그들에게서 유래된 것처럼 그것에 따라 활동하게 할 정도로 영리할 수 있습니다.

불운하게도 이들은 위압적인 부모가 될 수 있습니다. 이들은 자신의 영향력을 행사하는 데 매우 능숙하기 때문에, 이들의 자녀는 물론 이들을 당해내지 못하고, 다만 훨씬 후에야 얼마나 많은 그들의 의지적인 천성이 보이지 않게 통제되었는지를 깨달을지도 모릅니다. 극단적인 경우, 이들 자녀는 자라면서 그들이 위축된 의지를 갖고 있고, 인도받는 것에 여전히 의존적임을 알아차립니다.

비슷한 문제들은 자주 이들의 연인이나 동무가 이들에 대한 누적된 원망을 느끼고 결국 표현하는 것을 수반하면서, 이들의 사랑 관계에 일어날 수 있습니다. 이들은 자신의 강한 인격을 당해낼 동반자를 좀처럼 찾아내지 못하기 때문에, 자신의 개인 생활에서 영속하는 행복을 찾아내기가 어렵습니다.

이들은 자신이 어떤 환경에 거주할지라도 강력한 영향력이 있는 존재입니다. 작업할 시 이들은 대체로 자신의 전문 지식에 대해 찬양받고, 따라서 언쟁을 중재할 시 긍정적인 영향력을 행사할 수 있습니다. 하지만 이들은 자신이 찬양하지 않거나 적어도 존중하지 않는 사람에게 보고하는 고통을 견뎌낼 수 없습니다. 이런 이유로 이들은 자주 자영업자이거나 직속 상사가 없는 자기 자신을 알아차립니다. 이들은 삶의 잘 규정된 우선순위와 지침의 세트를 갖고 있는 고집불통인 사상가이기 때문에, 이들이 기업이나 조직의 철학을 일괄적으로 받아들이는 것이 어렵습니다.

이들의 설득적인 천성과 강압적인 성격 탓에, 이들은 때때로 자신을 적으로 만들어내고, 원망이나 적대감을 자극합니다. 이들은 예외 없이 자신이 공동의 이익을 위해 활동하고 있다고 믿지만, 타인들은 이들을 독재적이거나 비양보적이고, 논쟁적이라고 바라볼지도 모릅니다. 진실은 이들이 타인들보다 훨씬 더 재빨리 논리적인 문제에 대한 해결책을 자주 찾아내고, 따라서 그들이 관여하게 될 기회를 부정하게 될지도 모른다는 점입니다. 이들이 직원, 자녀, 친구에게 의존성을 조장하는 경향이 있는 것은 바로 이들이 그런 강력한 제공자인 탓이므로, 이들은 뒤로 물러서는 법을, 즉 타인들에게 일부 의사 결정력과 자기-존중을 허용해주는 법을 체득해야만 합니다.

▶ 일간 특성
강점; 유능한, 헌신적인, 관찰력이 예리한
약점; 과보호하는, 통제하는, 고집불통인

▶ 명상
타인들에게 더 많은 여지를 주는 것은 누군가에게 더 자유롭게 숨 쉬도록 합니다.

▶ 조언
뒤로 물러서는 법을 체득해서 간섭하지 않는 실습을 하라.
당신의 발상을 너무 강압적으로 강요하지 마라.
항상 타인들의 욕구와 바램에 민감하도록 노력하라.

▶ 건강
이들은 자신의 작업과 프로젝트에 더 자주 관련되기 때문에 건강을 등한시하는 경향이 있을지도 모릅니다. 따라서 이들이 의사에게 정기검진을 받고, 건전한 조언을 따르는 것이 이치에 맞습니다. 또한, 이들은 기분이 내킬 때만 운동하는 것보다 신체단련 요법을 자신의 다른 활동과 함께 편성하는 것이 가장 효과가 좋습니다. 조깅, 에어로빅, 실내복합운동 또는 수영이 알맞을지도 모릅니다. 이들에게는 자연에 접속해 재충전할 수 있는 벽지의 은신처를 찾아내는 것이 도움 됩니다. 이들은 식단을 세심하게 지켜보고, 살찌는 것을 피하기 위해 식단을 면밀히 규제해야 합니다.

▶ 수비학
12일에 태어난 사람은 숫자 3(2+1=3) 및 확장적인 행성인 목성에 통치됩니다. 숫자 3에 통치되는 사람은 자주 야심적이고, 때로는 독재적입니다. 그러므로 이들은 너무 위압적이거나 공격적이지 않도록 노력해야만 합니다. 숫자 3에 통치되는 사람은 독립적인 것을 좋아하고, 그래서 7월 12에 태어난 이들 중 일부는 프리랜서가 되기 위해 안정적인 직무의 안전을 포기할 욕구를 느낄지도 모릅니다. 숫자 3의 목성적인 자질은 이상주의를 부여해주는 달(게자리의 통치자)이 추가한 영향력과 함께하는 고도로 긍정적이고 확장적인 성격의 가능성을 제안합니다.

▶ 원형
12번째 메이저 카드는 자신의 묶인 발로 거꾸로 매달려 있는 '매달린 사람'입니다. 비록 그런 처지가 무력해 보이지만, 그럼에도 '매달린 사람'은 영적으로 강력하고 깊이 심사숙고합니다. 이 카드의 긍정적인 속성은 단순히 인간이 되는 것뿐만 아니라 한계를 알아보고 극복하는 것이고, 부정적인 측면은 영적인 근시안과 한정성입니다.

7월 13일
붙잡은 기회의 날
Taken Opportunity

▶ 심리구조

7월 13일에 태어난 이들의 삶은 기회를 이용하는 것을 중심으로 돌아가는 것으로 보입니다. 이들 중 덜 고도로 진화된 사람은 자신에게 기회가 올 때 그 기회를 알아보지 못합니다. 즉 퇴보나 완전한 실패로 귀결되는 잘못된 출발을 계속해서 만들어냅니다. 하지만 이들 중 (어떤 것이 일어나기 위한 '바른' 때인) 카이로스의 느낌을 갖고 있는 대다수는 상응하는 금전적이거나 영적인 보상이 있는 행로에, 즉 단번의 적절한 움직임을 통해서 자신의 능력을 완전히 표현하는 쪽으로 이끄는 행로에 자기 자신을 설정할지도 모릅니다.

이들 중 덜 고도로 진화된 사람은 자기 자신을 불운하다고 떠올리게 될지도 모르는데, 이 불운은 이들의 자기-신임에 파괴적일 뿐만 아니라 자기 충족 예언이 될지도 모릅니다. 이들 중 더 성공적인 사람은 자신의 일시적인 퇴보나 느린 진보에 상관없이 자신의 때가 오리라고 자신하면서 여유롭게 쉬는데, 이들의 자기-신임과 자기-우대는 심지어 대단한 시련의 시기에도 좀처럼 흔들리지 않습니다.

이들 중 성공적인 사람은 밑바닥에서 시작할지도 모르지만, 자신이 위로 움직이고 있는 한 만족합니다. 이런 점에서 이들은 정상을 향한 그들의 길을 애써 달성하려고 참아내는 굳센 등산가와 같습니다. 이들은 훨씬 더 대단히 민첩하게 진행할 능력이 있는 결과를 얻기 위해, 자신이 올라가는 어느 지점에서 고위험 도박이나 연쇄적으로 [진행할] 계산된 위험을 감수하려고 욕구할지도 모릅니다.

숙명이란 것은 새로운 나라로 이민을 하려고 이들이 갖고 있고 아는 온갖 것을 뒤로하는 것, 또는 사업에 뛰어들려고 정규직을 그만두는 것, 완전히 시도되지 않았던 새로운 방향에 착수하는 것만큼 극단적일 수 있는, 이들의 위험 감수에 대해 이들에게 보람되게 해주는 방식을 갖고 있습니다. 총체적으로 실패할 위험을 무릅쓰는 이들의 용기는 때때로 이들이 애당초 잃을 것이 아무것도 없을지도 모른다는 사실에 의해 북돋아집니다.

프로젝트를 형성하거나 사업을 설립한 후, 이들은 대개 그것을 운영하기 위해 주위에 달라붙어서, 시련, 고난 및 때때로의 손실뿐만 아니라 이익도 또한 거둬들입니다. 만약 이들이 재정적으로 완전히 녹초가 되거나 자신의 노력이 실패에 직면한다면, 이들은 가장 자주 자신의 일을 깨끗이 정리하고 다른 분야에서 다시 시도하기 시작하는데, 즉 이들은 이미 끝난 일을 한탄하는 유형이 아닙니다.

이들의 가족들은 이들의 위험을 감수하는 본능을 신뢰해야 합니다. 이들 중 누군가의 동무가 이해심이 있지 않거나 충분히 후원하지 않는다면, 그 관계는 엄청난 스트레스 아래 놓이게 되고, 아마도 대다수 실패하게 될 것입니다.

이들은 충실한 친구가 되는 데 유능합니다. 하지만 이들은 가장 용납하는 유형이 아니라서, 극단적인 경우 '영원한 친구 아니면 지금 끝짱이다'는 태도로 '좋을 때만 접근하는 친구'를 꽤 거리낌 없이 차버릴 수 있습니다. 이들은 표리부동한 허튼수작을 용인할 시간을 많이 갖고 있지 않기 때문에, 이들에게 관여하게 되는 사람은 이들의 발걸음을 예의주시해야만 합니다.

▶ 일간 특성
강점; 대담한, 목표 지향적인, 굳센
약점; 충동적인, 용납하지 않는, 자기를 폄하하는

▶ 명상
온갖 것은 한 순간에서 다음 순간으로 줄곧 변하고 있습니다.

▶ 조언
항상 바른 순간을 기다리라, 이것이 당신의 대단한 강점이다.
호랑이처럼, 조용히 엎드려 있을 때와 도약할 때를 알라.
당신의 참을성은 보상받을 것이다.
당신이 자신의 움직임을 만들어낼 때는 자신의 온 힘을 다해라.
실패를 각오하는 것이 당신 성공의 열쇠이다. 당신 자신을 나쁘게 말하지 마라.

▶ 건강
이들은 급진적으로 탈바꿈하는 동안 우발사고와 심리적인 스트레스를 주의해야만 하고, 어쩌면 자신의 목적지를 명료하게 바라보지만, 자신만의 섬세한 신체적인 상태나 심리적인 상태를 간과합니다. 바로 목표가 눈앞에 있을 때 무너지는 것은 정말 비극적이 될 것이고, 그래서 이들은 자신의 식단을 개선하고 정기적인 운동에 참여하는 것을 통해 자신의 건강을 개선하기 위해 천천히 구축하고 회복하는 기간을 활용해야 합니다. 대개 이들은 모든 종류의 음식에 관해 호기심이 많고, 자신이 시간을 투자한다면 자신을 뛰어난 요리사로 만들어냅니다.

▶ 수비학
13일에 태어난 사람은 숫자 4(1+3=4)와 13 그리고 불규칙하면서도 폭발적인 천왕성에 통치됩니다. 7월 13일에 태어난 이들은 대개 잘 유도되고 참아내는 추구에 관여하므로, 바른 순간까지 자기 자신의 충동적인 천왕성적인 부분을 통제 아래 유지하는 법을 체득해야만 합니다. 비록 많은 사람이 숫자 13을 불운하다고 여기지만, 오히려 숫자 13은 그 힘을 현명하게 사용하거나 자기-파괴의 위험을 감수한 것에 대한 책임감을 정말 운반해주는 강력한 숫자입니다. 이들 중 덜 고도로 진화된 사람은 자신을 '불운한' 사람이라고 꼬리표를 붙이고, 혹은 자기충족적인 예언을 만들며, 자기연민에 빠지는 것을 주의해야만 합니다. 숫자 4는 전통적으로 반란, 색다른 믿음 및 '규칙을 바꾸려는 욕망'을 대변하고, 그래서 이들은 사회의 바깥에서 내부를 들여다보는 자기 자신을 알아차립니다. 게자리가 달에 의해 통치되므로, 이들은 충동적인 감정에 의해 배신당하는 것을 특히 단속해야만 합니다.

▶ 원형
13번째 메이저 카드는 타로에서 가장 오해를 받는 카드인 '죽음'인데, 죽음이라는 것은 문자 그대로 받아들여지는 경우가 좀처럼 없지만, 변태하는 식으로 한계를 넘어서 성장하기 위해 과거를 놓아버리는 것을 암시합니다. 이 카드와 숫자 4는 모두 이들이 만류, 환멸, 비관, 침울함에 대해 경계해야만 함을 제안합니다.

7월 14일
설득적인 이야기꾼의 날
The Convincing Storyteller

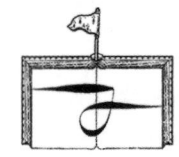

▶ 심리구조

7월 14일에 태어난 이들은 설득적인데, 어째서 그런가요! 이들은 솔직담백한 이미지에 의해, 즉 자신이 무던한 매혹을 통해 마법처럼 유발한 신뢰할 만한 이미지에 의해 어떤 신임도 얻어내지 못합니다. 이들 중 일부는 첫 만남부터 담대하게 [이들을] 신임할 마음을 불어넣습니다. 그 외 사람은 정확히 정반대인 저자세적인 접근법, 심지어 자기-비하적이기까지 한 접근법을 통해 마음을 사로잡습니다. 그럼에도 보수적인 사람 아니면 심지어 색깔조차도 없는 사람이라는 인상을 주는 이들은 자신의 객관성과 전문가적인 이미지 덕에 매우 신용받을 수 있습니다.

이들의 유혹적인 힘에 관한 경탄할 만한 것은, 무의식 속에서 자신의 마법을 작업할 수 있다는 점입니다. 심지어 자신이 포섭되고 있다고 깨닫는 사람들조차도 그 포섭이 의미 있는 경험이라고 느끼면서 어쨌든 붙어갈지도 모릅니다. 어쩌면 이것은 이들이 유혹만을 위한 유혹에서 노는 것이 아니라 어떤 식으로든 타인들을 깨우쳐주는 것을 탐구하기 때문입니다.

이들 중 대다수는 자신의 직업이나 기술, 사업에 대해 주목할 만한 기법적인 지휘력을 갖고 있습니다. 이들의 이야기는 홀리게 하고 믿을 만합니다. 따라서 만약 이들이 부도덕한 것으로 판명된다면, 이들이 발견되기 전에는 살인도 교묘히 모면할 수 있습니다. 만약 이들이 정직하다면, 이들의 매혹적인 인격은 이들의 제품이나 서비스의 실상적인 가치에 대한 충실한 예시입니다. 불운하게도 읽혀지기가 까다로운 이들은 때때로 너무 선해서 참되지 않은 것으로 보이므로, 의심을 받을지도 모릅니다.

이들의 매혹, 신망, 일반적인 좋은 유머에도 불구하고, 이들은 외관상 분명한 이유 없이 주기적으로 깊이 우울해지게 됩니다. 이들은 자신을 면밀히 들여다보는 사람을 위해 자신에 관한 슬픈 기색을 갖고 다니고, 그 기색은 단지 자신을 더 인간적이고 매력적이게 만들어내는 역할만 합니다. 그러나 자신이 혼자 있을 때, 이들은 단지 자신의 외관으로 기미를 비쳤을 뿐인, 자신의 성격 중 깊은 음험한 영역에 자기 자신을 깊숙이 잠기게 할 것입니다. 이들은 인간 영혼의 어두운 구석에 접촉하고 있고, 평생을 통해 혼이 충만한 이런 자질을 갖고 다닙니다.

사람들이 이들을 찬양하고 이들이 말하는 것에 대단한 비중을 두는 경향이 있기 때문에, 이들은 자신의 진술과 조언의 진실성에 관해 확인하려고 노력해야 합니다. 허구는 공상에 너무 완벽하게 혼합되지 말아야 합니다. 이들은 대중 친화력을 소유하기 때문에, 넓은 청중에게 도달하는 것에 유능하고, 만일 자신의 개인적인 끌어당김을 악용하고 싶다면, 그것을 쉽게 악용해서 사람들을 잘못된 길로 이끌 수 있습니다. 믿음직한 환상을 창조하는 이들의 재능은 고도로 계발되어 있고, 모든 훌륭한 마술사들처럼 수월하게 실연해보입니다. 이들 중 자기 자신을 이해하지 못하는 사람은 어쩌면 자신의 영향력을 악용하고 무의식적으로 타인들을 배후조종합니다. 따라서 이들은 관련된 온갖 사람들에게 위험할 수 있습니다.

▶ 일간 특성

강점; 매료하는, 설득적인, 유혹적인

약점; 그릇되게 이끄는, 신뢰할만하지 않는, 배후조종하는

▶ 명상

결국, 당신이 자신의 주위에서 벌어지는 온갖 것입니다. 그 외에 당신은 무엇을 알고 있습니까?

▶ 조언

당신의 유혹적인 힘을 알아보고 자신의 것으로 인정하고, 그렇게 함으로써 더 높은 건설적인 세력에 봉사하라.

타인들에게 끼치는 당신의 효과는 당신의 입지[당신이 어디에 서 있는지]를 나타내주는 예시이다.

비록 당신이 자신의 어두운 면을 이해함으로써 성장할지도 모르지만, 빛을 따라가라.

▶ 건강

이들은 병과 질병에 대한 이상한 관계를 갖고 있습니다. 한편으로는 자신과 타인들에게 치유하는 영향력을 발휘하는 두드러진 능력을 갖고 있지만, 다른 한편으로는 이들의 음험한 면에 대한 일종의 의례적인 엑소시즘일 시 [무병같은] 아픔에 주기적으로 이들 자신이 굴복하는 것처럼 보입니다. 따라서 이들은 사실상 일종의 갱신 과정을 겪어가고 있을 때, 고통을 받는 것처럼 보일지도 모릅니다. 이들 중 개인적인 계발을 위해 필요할지도 모르는 우울증을 갖고 있는 일부 소수의 사람이 현존합니다. 신체적으로 이들은 기민하게 치료되어야 하는 특정 만성적인 소화기, 호흡기 또는 피부 질환에 취약할지도 모릅니다. 대개 이들의 식단은 꽤 유별나고, 추가적인 신체 운동에 대한 이들의 열망은 거의 실존하지 않습니다. 이 두 영역 모두 이들만의 방법에 맡겨야 합니다.

▶ 수비학

14일에 태어난 사람은 숫자 5(1+4=5) 및 신속한 수성에 통치됩니다. 숫자 5와 수성은 단조로운 행동에 대한 경멸 및 충동적인 활동이라는 성벽 양쪽을 특징 지으면서, 변화를 대변합니다. 게자리는 달에 통치되므로, 여기에서 달-수성의 영향력은 치유하고 재생시키는 속성을 전달해줍니다. 숫자 5는 삶의 역경에서 빨리 회복하는 회복이 빠른 캐릭터도 또한 증정해줍니다.

▶ 원형

14번째 메이저 카드는 '극기'입니다. 보이는 모습은 우리를 보호해주고, 우리를 안정된 상태로 지속시켜주는 수호천사입니다. 긍정적으로 보면, '극기'는 새로운 진실이 터득되어서 누군가의 삶에 편입되도록 하기 위해 격정을 수정합니다. '극기'가 감정기복과 수동성이라는 부정적인 특성을 예시할지도 모르기 때문에, 이들은 유행에 저항하고, 가능한 일찍 자신만의 스타일, 기법, 사유체계를 확립하려고 노력하며, 확신을 갖고 끝까지 해내야만 합니다. '극기' 카드는 '선을 섬기는 작업'과 '어둠의 세력에 의한 노예화 또는 지나치게 수동적이거나 나태한, 과도한 행동의 삶' 사이에서 명료한 선택을 특징짓습니다.

7월 15일
물질적인 유발자의 날
Material Inducers

▶ 심리구조

7월 15일에 태어난 이들은 자신의 의지를 행사하기 위해 타인들을 유도하고 물질을 조작함으로써 자신의 세속적인 목표를 실현할 능력이 있습니다. 이들은 자신의 환경에 대한 인상적인 통제력을 표출합니다. 사람들을 상대하는 이들의 첫째 단계는 대개 그 사람들을 자극하거나 활성화하는 것이고, 그다음은 그들을 [그들에게] 알맞은 방향으로 움직이도록 하기 위해 긍정적인 압력을 행사하는 것입니다.

물질에 대한 현명하고 유능한 사용은 이들의 삶에서 되풀이되는 테마입니다. 이들은 방식의 다층성으로 이 세상에, 즉 부자로서 돈에 또는 부동산의 소유자로서 재산에, 아빠/엄마로서 가정에, 화가로서 물감이나 캔버스에, 음악가로서 악기에 속박될지도 모릅니다. 예술가의 경우 비록 표현의 태세가 세속적이고 현실에 기반할지라도, 예술가가 삶을 통해 진보하므로 그 내용은 자주 더 비물질적이고 영적인 방향 쪽으로 이동하게 됩니다.

비록 이들의 동기가 소망과 끌어들임에서, 즉 잠재적으로 건전한 세력에서 진행되지만, 이들은 일단 자신이 대상을 획득했다면 그 대상에 집착하기 쉬울 것입니다. 이들은 자신의 삶에서 어느 시점에 비집착의 공부를 터득하고, 아니면 무사안일이나 질투의 위험 심지어 모든 종류의 고착된 성적인 사로잡힘이라는 위험까지도 무릅쓰게 됩니다.

이들은 자신의 에너지를 사회 제도의 개량 쪽으로 유도할 때 고도로 유용한 사회 구성원이 될 수 있습니다. 부, 행운 또는 물질적인 소유물을 타인들과 기꺼이 나누려는 의지는 이들 중 진화된 성격의 중요한 구성 요소이고, 덜 진화된 유형은 자기 자신을 위해 아니면 어쩌면 자신의 직계 가족을 위해 그런 것들을 단순히 축적할 가능성이 있습니다.

물질세상에 대한 자신의 독특한 연관성 덕에 이들은 그 세상의 노예가 될지, 아니면 그 세상을 극복한 마스터가 될지에 대한 중요한 결정에 직면합니다. 여기서 '마스터하는 것'이라는 말은 '착취적인 지배'를 시사하지 말아야 하고, 조화를 유지할 시의 활동만큼 비활동도 암시를 주는 역할을 연기하는 이들의 환경 속의 '언제나 변화하는 관계'를 시사해야 합니다.

특히 자신의 동료 인간 존재에 대한 이들의 자석 같은 영향력이 매우 상당할 수 있으므로, 이들은 그들에게 대단한 책임감을 실로 갖고 있습니다. 그 귀결로 영향력 있는 이들의 재능이 도덕 분야에서 그 재능에 상응하는 깊이를 전혀 시사하지 않은 탓에, 이들은 가능한 일찍이 자신의 윤리관을 형성해서 자신이 진정으로 믿는 '원칙들의 세트'에 따라 살아가야만 합니다. 이들은 비록 자신의 의무를 다해내는 데 고도로 책임질 수 있지만, 자신만의 이기적인 목적을 위해 타인들을 이용하는 것을 조심하고, 자신의 자녀나 직원, 협력자에게 공허한 가치를 말로 아니면 본보기로 가르치는 것을 주의해야만 합니다.

▶ 일간 특성
강점; 영향력 있는, 역동적인, 영감을 주는
약점; 물질주의자인, 통제하는

▶ 명상
소멸의 관점에서 죽음은 불가능한 일입니다.

▶ 조언
당신의 물질적인 재능을 활용하는 법을 체득하라, 그 재능을 긍정적인 목적 쪽으로 사용하라.
결국에는 당신을 지체시키거나, 당신을 퇴보시키는 중독과 강박관념을 주의하라.
성장은 변화의 지속적인 과정이다.
당신이 되고 싶은 사람을 규정하는 윤리적인 규범을 진화시켜라.

▶ 건강
이들은 대체로 자기 자신에게 신체적, 정신적인 손해로 귀결되는 모든 종류의 과잉 탐닉과 과도함을 주의해야만 합니다. 간 경화와 위궤양을 초래하는 지나친 음주와 흡연으로 인한 해로운 효과는 이들을 위험에 처하게 합니다. 자신의 감정적인 몰아댐에 대해 통제를 획득함으로써 이들은 더 나은 개인적인 건강을 확실히 할 수 있습니다. 과식도 또한 이들에게 문제가 될 수 있지만, 곡물, 과일 및 갓 재배한 정원의 채소에 중점을 두는 채식이나 저지방 식단을 채택함으로써 관리될 수 있습니다. 이들은 경쟁적이면서 접촉이 적은 스포츠뿐만 아니라, 대개 건강한 결과를 얻을 수 있는 (조깅, 수영, 에어로빅이라는) 신체적인 자기 개선 스포츠에도 또한 자신의 강박적인 천성을 집중할 수 있습니다.

▶ 수비학
15일에 태어난 사람은 숫자 6(1+5=6) 및 금성에 통치됩니다. 숫자 6에 통치되는 사람은 자석처럼 되는 경향이 있고, 심지어 숭배할 마음마저 불어넣을 수 있습니다. 위에서 예시된 것처럼 7월 15일에 태어난 이들은 타인들에 대한 대단한 충격과 통제를 갖고 있습니다. 게자리는 달에 통치되므로, 이들은 고도로 유혹적이고 감정적으로 배후조종하는 달-금성의 영향력 아래 놓이게 됩니다. 이들에게 도전은 물질 세상 및 그 도전의 격정에 갇혀버리는 것이 아니라 첫째는 욕망을 이해하고, 둘째는 욕망을 마스터하며, 셋째는 긍정적인 목적을 향해 욕망을 활용하는 것입니다.

▶ 원형
15번째 메이저 카드인 '악마'는 성적인 끌어들임, 불합리성, 격정이 관련된 곳에서 역동적으로 작용하는 두려움/욕망을 예시합니다. '악마'는 물질적인 편안함과 돈에 대한 우리의 필요성을 통해 우리를 노예로 삼고, 안전을 붙잡는 우리의 기반 천성을 대변하며, 우리의 남성적/여성적인 천성에 실존해서 화해되지 않는 차이를 통해 우리를 통제합니다. 그러나 그 카드는 비록 우리가 몸에 속박되어 있을지라도, 우리의 영(靈)은 자유롭게 날아오름을 우리에게 상기시켜줍니다. 이들은 자신의 욕망, 원천, 동기도 또한 이해하고, 이것에 관해 정직해지는 법을 체득해야만 합니다.

7월 16일

밀물의 날
The Rising Tide

▶ 심리구조

7월 16일에 태어난 이들은 사랑과 모험, 공상적인 해프닝, 특이한 사람에 관련된 낭만적인 충동에 되풀이해서 붙잡힙니다. 이들은 자신의 삶에 흥분을 가져오기 위해 애쓰고, 대개 평범한 실존이라는 단조로운 천성에 좌절감을 품습니다. 타인들에게서 자신을 돋보이게 해주는 이들의 프로젝트에 이들이 주는 것은 바로 격정적인 에너지입니다. 가슴속에서 이상주의자인 이들은 자신이 하는 것을 믿어야만 하고, 이들의 작업은 자주 개혁운동의 측면을 떠맡습니다.

하지만 낭만적인 이들에게는 또 다른 면이 현존하는데, 그것은 이들의 고도로 계발된 정신력입니다. 이들 중 다수는 자기 자신을 논리적인 피조물로 바라보고, 물질에 대한 마음의 힘을 믿습니다. 하지만 이들이 '말하는 것'과 이들이 '하는 것'은 서로 다른 상황일지도 모릅니다. 만일 누군가가 이들의 발언 내용을 읽었다면, 논리를 알아볼 것이나 사실 이들이 소통하는 방법에 귀 기울일 때 전달되는 것은 바로 감정의 언어입니다. 실로 이들의 표현 태세는 이들이 타인들에게 무엇이 (그들에게) 건전하고, 실용적이며, 이치에 맞는지 확신시키려고 노력할 때 설교를 닮게 될 수 있습니다.

이들은 자신의 추리하는 천성과 감정적인 천성 사이에서 자주 갈등이 일어납니다. 이를테면 자신의 격정에 방해받는 이들은 자신의 에너지를 규제하기 위해 경직된 단련을 채택할지도 모릅니다. 불운하게도 이러한 태도는 좌절감을 연출하는 왜곡된 행동으로 너무 자주 귀결되고, 이들을 타인들에게서 멀어지게 합니다. 그동안 내내 주전자는 들끓고 있습니다.

이들 중 다수는 타인들을 자기편으로 전환시키기 위해 논리와 격정에 대한 자신의 기이한 혼합을 활용하면서, [타인들을] 전향시키려 하는 것을 피할 수 없습니다. 이들은 확립된 믿음에 침입하거나 둔감해지는 것을, 즉 타인들이 개인적인 연구와 경험을 통해 혼자 힘으로 배울 기회를 그들에게서 박탈하는 것을 주의해야만 합니다.

관습적인 이들은 꽤 평범한 직무를 작업하고, 무사태평한 것처럼 보이는 삶을 영위할지도 모릅니다. 그러나 이들이 읽는 책, 사랑하는 영화, 애호하는 TV 프로그램을 누군가 자세히 지켜본다면, 이들의 공상적인 삶에 대한 실마리가 발견될지도 모릅니다. 이들이 어떻게든 휩쓸리게 되려는, 타인들을 휩쓸어버리려는 이들의 바람은 표현되어야만 하고, 이들에게 삶을 실상적인 가치가 있도록 만들어내는 것은 바로 감정이 휩쓸리는 느낌입니다.

사랑[의 감정]에 빠지는 것은 사랑의 깊이나 빈도 탓에 이들에게 해로운 효과를 끼칠지도 모릅니다. 어떤 경우든, 이들이 사랑하는 대상에게서 이들을 억지로 떼어내는 것은, 이들이 그 사랑을 붙잡을 기회가 아무리 절망적일지라도 꽤 불가능합니다. 장벽, 모든 종류의 어려움, 좌절 이런 것은 단순히 이들을 위한 낭만에 필수적인 구성요소일 뿐입니다. 자신의 환상을 확신하는 이들은 무슨 일이 있어도 자신의 길을 진행합니다. 만약 이 사랑의 대상이 사람이 아니라 경험의 장소나 사물, 유형이라면, 그 대상은 절대 소유되지 않더라도, 즉 절대 실현되지 않더라도 그 대상의 힘을 영원히 유지할 수 있습니다. 이런 점에서 이들은 케이크를 먹는 것보다 그 케이크를 갖고 있는 것을 선호하고, 자신의 꿈은 효과적인 활동을 위한 뛰어난 대체물이 될 수 있습니다.

▶ 일간 특성
강점; 충실한, 격정적인, 양육하는
약점; 억눌려진, 비실상화된, 훈계하는

▶ 명상
우리는 모두 같은 수프 그릇 속에서 헤엄치고 있습니다.

▶ 조언
진정하라.
당신의 느낌을 쉽게 표현하도록 하되, 그 느낌을 억압하지 마라.
당신의 격정을 긍정적이고 거슬리지 않는 방식으로 유도해서, 타인들의 적대감을 사지 않거나 타인들이 흥미를 잃지 않게 하는 법을 체득하라.
바램을 활동하지 않는 것에 대한 핑계로 사용하지 마라.
여전히 긍정적이 되지만, 위압적으로는 긍정적이 되지 마라.

▶ 건강
이들의 건강에 대한 주요한 위험은, 마음의 강인함을 통해 어떤 신체적인 어려움도 극복할 수 있다는, 때때로 이들이 갖는 격정적인 믿음입니다. 이들은 어떤 심각한 장애는 의사, 외과 의사, 치료사 또는 지압 시술사의 개입을 요구한다는 점을 체득해야만 합니다. 인정하건대, 긍정적인 사고방식은 이들에게 놀라운 일을 하는데, 스트레스를 예방하고 구조화하려는 이들의 성향이지만, 식이요법과 운동에 대한 개별적인 접근법이 대부분 권장됩니다.

▶ 수비학
16일에 태어난 사람은 숫자 7(1+6=7) 및 해왕성에 통치됩니다. 숫자 7에 지배되는 이들은 자신의 발상을 항상 끝까지 해내는 것은 아니고, 7월 16일에 태어난 이들에게 달(게자리의 통치자)의 영향력에 의해 강조되는 실상에서 쉽게 동떨어질 수 있습니다. 해왕성은 꿈, 공상 및 종교적인 느낌의 행성입니다. 이들은 이미 이런 쪽의 경향을 갖고 있으므로, 심리적으로 도가 지나치지 않도록 특별히 조심해야 합니다. 숫자 7에 지배되는 이들은 때때로 돈이 관련된 소문에 경계심을 던져버리고, 가족을 재정적으로 난처한 채로 내버려둘 수 있습니다. 따라서 좋은 회계사나 회계담당자는 이들에게 매우 중요합니다.

▶ 원형
16번째 메이저 카드는 어떤 버전에선 왕이 벼락을 맞은 탑에서 떨어지는 것을 보여주고, 이 탑을 건설한 사람이 머리에 타격을 입고서 죽고 있는 것을 보여주는 '탑'입니다. '탑'은 물리적인 구조의 무상성뿐만 아니라 우리 삶에서 주어지는 관계나 소명의 무상성도 또한 상징합니다. 작업된 변화는 자주 갑작스럽고 신속할 수 있습니다. 그 카드의 긍정적인 요소는 재앙을 극복해 그 도전에 직면하는 것을 포함합니다. 하지만 '탑'은 부당하게 높은 자리에 오르는 것, 누군가가 조작한 손길에 파괴될 위험을 무릅쓰는 것, 특히 이들에게는 참인 공상적인 기획이라는 유혹에 굴복하는 것에 대해 경계합니다.

7월 17일
경력 관심사의 날
Career Concerns

▶ 심리구조

7월 17일에 태어난 이들은 자주 스타가 되거나 자신의 경력에서 정상에 오르려는 대단한 부추김을 구현합니다. 하지만 이들의 소박하고 진지하며 심지어 수줍어하기까지 하는 처신은 이런 욕망이 허위임을 보여줍니다. 하지만 이들은 자신이 노력하기로 선택한 분야에서 무시 받지 않는 역동적인 인격이기 때문에, 누구든지 이들의 조용함을 수동성이나 은둔으로 착각하지 말아야 합니다. 진지한 외관 뒤에는 이들이 느긋해질 때야 드러나는 훌륭한 유머 감각이 자주 놓여 있습니다. 이들 중 덜 고도로 진화된 사람은 아직 자신의 강점도 발견하지 못했고, 자신의 속에 끓어오르는 잠복한 야망도 인정하지 못했기 때문에, 자신의 삶에 좌절감을 품을지도 모릅니다.

이들은 돈이나 권력의 대상에 고착되지만, 종종 자신의 시간과 에너지를 자기 자신에게 투자할지도 모릅니다. 이들 중 덜 진화된 사람은 자신의 에너지를 자격 없는 사람들이나 조직들, 하찮은 추구에 잘못 배치하고, 따라서 자기 자신에게서 가장 소중한 소유물인 시간을 박탈할지도 모릅니다. 삶에서 일찍이 하는 경력 상담은 자신의 능력이 어디에 놓이는지를 결단하는 것뿐만 아니라 그 능력을 장려하는 가장 좋은 방법을 체득하는 것에도 또한 이들 중 일부에게 도움될지도 모릅니다.

이들은 프리랜서, 소기업가로서 잘하고, 높은 수준의 자율성을 가진 직무에서 잘합니다. 이들은 배경에 후원하는 배우자를 명백히 갖고 있을지도 모르지만, 대다수의 경우 단독 플레이어입니다. 한동안 이들은 9시에 출근하고 5시에 퇴근하는 정규직을 즐길 수 있지만, 자신이 욕구하던 경험을 얻었을 때 이들은 더 독립적인 벤처사업으로 옮겨가는 것이 좋을 것입니다. 일단 이들이 노력할 적합한 분야에 자리를 잡았다면, 이들은 가차없이 정상에 오를 것입니다. 이것은 이들로 하여금 이들을 믿는 어떤 부유한 사람에게 매우 가치 있는 투자의 대상으로 만들어줍니다.

이들 중 고도로 진화된 사람의 확신과 자기-신임은 너무 강해서, 자신이 선택한 작업을 중단 없이 계속할 능력이 있는 한, 인정을 위해 수년을 기다릴 참을성을 갖고 있습니다. 이 인내하는 기간 내내 이들은 어쩌면 자신의 작업 목표를 더 진전시키려고 아주 미묘한 방식으로 자신의 주위 사람들을 배후조종하면서, 영향을 끼칠 것입니다. 하지만 이들은 너무 느리게 움직이고 있는지도 모르므로, 자신의 진척 상황을 주기적으로 판별해야만 합니다. 이들 중 노출을 요구하는 작업을 하는 예술가들에게는 유능한 대리인이나 대변인을 찾아내는 것이 중대할지도 모릅니다.

때때로 인생의 사건들은 이들로 하여금 성공의 정점에 있거나 정점에 가까워지는 동안 방향을 바꾸는 것을 유발합니다. 자주 이 방향 전환 움직임은 자기-실현을 통해서든, 아니면 화려한 계시를 통해서든, 아니면 몇몇 종류의 우발사고를 통해서든 인간성이 갖춰지게 하는 동기가 부여될 것입니다. 대체로 이들은 자신의 새로운 삶의 작업이 덜 야심적인 것에, 어쩌면 더 영적인 성향에 속할지도 모르지만, 그 작업에 똑같은 에너지를 쏟습니다. 이들은 인생 후반부에 이전의 경력을 다시 시작하는 데도 또한 유능합니다.

▶ 일간 특성
강점; 야망이 있는, 진지한, 자신만만한
약점; 지나치게 자신하는, 접근하기 어려운, 마음이 무뎌진

▶ 명상
인생에서 생기는 문제는 단순히 성장하기 위한 도전입니다.

▶ 조언
최소한 당신이 얻는 만큼은 베풀어라.
당신과 가까운 사람들을 배후조종하는 것을 피하라.
당신의 의도를 명료하게 만들어라.
당신의 야심을 위해 인간적인 관심사를 희생시키지 마라.
가벼워지고 기운내서 당신 자신을 웃게 하라.

▶ 건강
이들은 자신의 성공이 신체 건강에 달려있음을 이해하므로, 자신의 신체 건강을 보살피는 것에 관한 한, 대개 동기가 잘 부여됩니다. 이들은 자신의 슬기로운 식단에 비타민과 미네랄 보충제, 특히 비타민 C를 추가하여 마침맞게 섭취해야 합니다. 하지만 이들이 자기 자신도 또한 심리적으로 준비시키지 않는다면, 이들은 자신의 작업에서 경쟁적인 스트레스를 버텨낼 능력이 없을 뿐만 아니라, 만약 비극이 덮칠 때 그것을 감당할 정도로 강인하지 않을 것입니다. 이들 중 자기 자신을 알게 될 정도로 시간을 할애하지 않았거나, 이들의 삶에서 이들을 후원하는 인물에게 감정적으로 지나치게 의존하게 된 사람은 사랑받는 사람의 상실에 따라 무너져버릴지도 모릅니다. 따라서 자기-자각을 장려하는 (영적인 훈련, 요가, 심리 치료, 강좌, 독서, 공부 등) 모든 활동은 투자 가치가 좋을 것입니다.

▶ 수비학
17일에 태어난 사람은 숫자 8(1+7=8) 및 토성에 통치됩니다. 토성은 7월 17일에 태어난 이들로 하여금 자기 자신과 타인들에게 불필요하게 가혹해지게 만들어낼지도 모르는 진지한 측면을 운반해주는 경향이 있습니다. 숫자 8은 물질세계와 영적세계 사이의 갈등을 운반해주는데, 숫자 8에 통치되는 사람은 (게자리의 통치자인 달의 영향력에 의해 이들 속에 강조되어) 외로울 수 있고, 극단적으로 탐닉하기 쉽습니다.

▶ 원형
17번째 메이저 카드는 별 아래 벌거벗은 아름다운 소녀가 한 항아리로 메마른 대지에 신선한 물을 쏟아붓고, 다른 항아리로 연못의 고인 물을 되살리는 모습을 보여주는 '별'입니다. 그녀는 세속적인 삶의 영광을 대변하지만, 그 삶에 대한 물질적인 노예화도 또한 대변합니다. 그녀 머리 위의 별들은 영적인 세계가 있음을 영원히 상기시켜줍니다. 그래서 이들은 항상 별을 목적으로 삼고, 삶의 더 높은 목표를 잊지 말아야 합니다.

7월 18일

확신의 날
Conviction

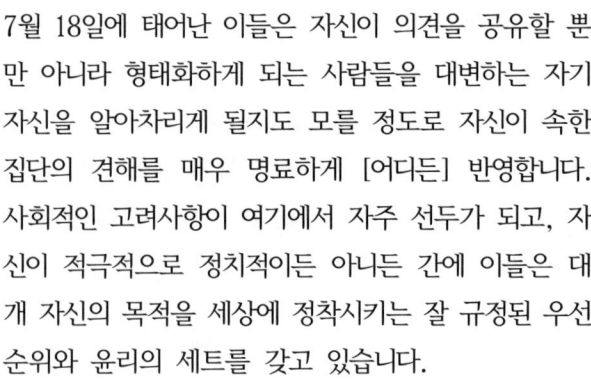

▶ 심리구조

7월 18일에 태어난 이들은 자신이 의견을 공유할 뿐만 아니라 형태화하게 되는 사람들을 대변하는 자기 자신을 알아차리게 될지도 모를 정도로 자신이 속한 집단의 견해를 매우 명료하게 [어디든] 반영합니다. 사회적인 고려사항이 여기에서 자주 선두가 되고, 자신이 적극적으로 정치적이든 아니든 간에 이들은 대개 자신의 목적을 세상에 정착시키는 잘 규정된 우선순위와 윤리의 세트를 갖고 있습니다.

효과적인 변화를 가져오는 자신의 극단적인 수용성 및 자신의 힘 덕에 이들은 자신을 (가족이나 클럽, 지역사회 같은) 더 작은 집단에서 (노조나 정치조직, 정부기관 같은) 더 큰 독립체까지 무엇이든 대변하는 이상적인 후보자로 만들어냅니다. 그런 이들은 이따금 자신이 대표하는 집단의 살아있는 상징이 사실상 될 수 있습니다. 그런 이유로 이들은 자신의 가족이나 유권자들, 동료들과 살아있는 유대관계를 유지하는 한에서 매우 강력한 인물이 되는 잠재력을 갖고 있습니다. 만약 이들이 이 집단에서 단절돼야 한다면, 이들은 대단한 불안이라는 고통을 겪고, 위기를 겪어가면서, 자신의 가치를 재검토하도록 강요받을지도 모릅니다.

이들은 대체로 강압적인 사람입니다. 만약 이들이 자신의 소속 집단에서 발을 빼려는 자유나 모험성, 경향성을 가졌다면, 이들은 어쩌면 그런 것에서 이득을 얻게 되지만, 이들의 천성을 고려하면 어쩌면 이것은 논쟁점일 것입니다. 사고, 활동, 선택에 대한 자유는 항상 이들이 속한 집단의 윤리에 의해 어느 정도 구속되고, 대개 이들은 그런 집단의 틀 속에서 이바지를 만들어내거나 자신의 창조성을 표현합니다. 자신의 집단에 대한 가치나 목적이 자신이 부당하다고 여기는 사회의 법과 충돌하는 상태가 될 때, 이들은 주저하지 않고 현상 유지를 공세적으로 공격하거나 지배나 억압에 반하여 자신의 집단을 방어하게 됩니다. 이 점에서 이들은 지칠 줄 모르고, 용감합니다.

이들의 사생활은 자신의 작업으로 몹시 고통을 겪을지도 모릅니다. 이들은 자신의 동무 및/또는 자녀와 충분한 시간을 보내지 않으면 만족스러운 관계로 귀결될 가능성이 없다는 점을 인정해야만 합니다. 이들 중 다수가 사회적인 상호작용에는 능숙하나 감정적으로 꽤 미숙하고, 그러므로 자신의 개인적인 관계에서 문제가 발생할 것입니다. 이들은 자신이 가까운 사람들에게 요구하는 주목과 애정에 꽤 의존하게 될지도 모르고, 만약 이들이 그 주목과 애정을 잃어버리는 것으로 위협을 받는다면 극도로 취약해지고 두려워할지도 모릅니다. 만약 이들이 자신의 사랑받는 사람들을 만족시키기 위해 자기 자신을 충분히 투자하기를 바라지 않는다면, 이것은 더 난해하게 될지도 모릅니다. 이들은 자신의 공적인 생활에 있는 만큼 사적인 생활에서도 강인해지는 법을 체득해야만 하고, 이것은 엄격히 짬을 내는 기법으로는 성취될 수 없습니다.

▶ 일간 특성
강점; 용기 있는, 헌신적인, 저돌적인
약점; 억눌려진, 속박되는, 고착된

▶ 명상
우리는 사람과 우주에 관해 이야기합니다. 그러나 사람 속에도 역시 우주가 현존합니다.

▶ 조언
당신의 작업 속에서 당신 자신을 잃어버리지 마라.
당신의 감정을 잘 알게 되고, 그 감정을 쉽게 표현하도록 허용하라.
당신이 항상 모든 국면의 중심은 아니다.
개인적인 관계에서 감정적으로 정직해지도록 노력하라.
거절당하는 것을 두려워하지 마라.

▶ 건강
이들은 격렬한 감정과 분노를 다루어야 하고, 그 느낌이 심하게 억눌려지거나 아니면 난폭하게 표현되면, 자신의 건강에 심각한 부정적인 효과를 보유할 수 있기 때문입니다. 한 가지 위험은 이들이 두려움에서 벗어나 이성적인 것처럼 보이려는 욕망으로 자신의 느낌을 안쪽 아래로 깊이 밀어넣으려고 자신의 정신력에 집중하리라는 점입니다. 의식적으로 통제되든 통제되지 않든 감정의 과잉은 해로워서, 이들이 건강한 균형을 찾아내는 데 도움될 모든 테라피가 권장됩니다. 행복한 가정 국면을 위한 이들의 대단한 욕구 덕에, 맛있는 음식 선택의 넓은 다층성뿐만 아니라 길들여진 편안함과 관능성에 중점을 두는 것이 특히 권장됩니다. 적당한 매일의 운동이 간과되지 말아야 합니다.

▶ 수비학
18일에 태어난 사람은 숫자 9(1+8=9) 및 18 그리고 행성 화성에 의해 지배됩니다. 숫자 9는 (이를테면 5+9=14, 4+1=5처럼 9를 더한 어떤 숫자도 그 숫자가 되고, 9×5=45, 4+5=9처럼 9를 곱한 어떤 숫자도 9가 되므로) 다른 숫자에 대한 영향이 강력하고, 7월 18일에 태어난 이들도 비슷하게 자신의 주위 사람들에게 영향을 끼칠 능력이 있습니다. 게자리는 달에 의해 지배되므로, 이들은 달-화성 조합 아래 놓이게 되고, 그러므로 자신의 감정적인 욕구와 타인의 감정적인 욕구를 혼동하는 것뿐만 아니라 감정적인 폭발과 다투는 성향도 또한 주의해야만 합니다. (아래의 원형 부분도 또한 보면) 달의 이런 예외적인 영향을 받는 이들은 자주 오래된 감정의 기복을 겪게 되고, 수동적인 감정에서 공격적인 감정으로 널뛰는 성향을 소유합니다.

▶ 원형
18번째 메이저 카드는 꿈, 감정 및 무의식의 세계를 일차적으로 대변하는 '달(月)'입니다. 긍정적인 속성은 민감성, 공감 및 감정적인 이해심을 포함합니다. 부정적인 성질은 감정적인 우유부단함, 수동성 및 에고의 부족을 포함합니다.

7월 19일
통제된 움직임의 날
Controlled Movement

▶ 심리구조

7월 19일에 태어난 이들의 삶에서 되풀이되는 테마는 동작, 우아함, 형식입니다. 이들은 자신이 자기 자신을 제시하는 방법에 고도로 맞춰지고, 자주 자신의 몸을 마스터하는 것에 관여합니다. 어쩌면 이런 선-생각은 이들의 감정을 전달하고 형태화하려는 욕망에서 유래합니다. 이들 중 다수는 기분의 널뛰기, 때로는 '수동적인 공격 행동으로 귀결되기' 쉽습니다. 이들은 청소년기에 유별나게 변덕스러워질 가능성도 또한 있는데, 이것이 자신과 타인들에게는 특별히 시험받는 것이고 곤란한 것일지도 모릅니다. 성숙해지면서 이들은 자신의 타고난 우아함을 키우기 위해 활발하게 작업하는데, 자신이 처신하는 방법뿐만 아니라 말하는 방법도 또한 의식합니다.

사실, 이들이 여러 수준에서 내보여주는 자기-자각은 예외적인 자질일 수 있습니다. 이들이 실수를 만들어냈을 때, 그 실수를 빨리 인정하고, 비록 자신이 누군가에게 불공정하거나 불친절할 때, 서둘러 사과하지 않을지도 모르지만, 미래에는 자신의 태도를 개선하려고 노력할 것입니다. 자기 자신을 개선하는 이런 수용력은 대체로 이들이 하는 노력의 진가를 알아보는 친구나 가족, 동무에게 주목받지 못합니다.

하지만 비록 이들은 대체로 자신의 몸가짐과 자신이 타인들과 관계하는 방법을 마스터하는 데 성공하지만, 여전히 자신만의 감정적인 중심을 확고히 통제하기가 어려울지도 모릅니다. 이런 점에서 마음의 멈춤 및 비활동은 생명처럼 중요합니다. 이들 중 비활동의 가치를 이해하게 되는 사람은 자신의 활동적인 면을 향상시키고, 자신의 자기-신임을 북돋울 것입니다.

하지만 이들은 천성적으로 자기-비판적이므로, 비활동이 망설임이나 우유부단으로 혼동되지 말아야만 합니다. 오히려, 이익을 얻기 위해 기다리고, 묵상하며, 바른 순간에 활동하는 힘을 사용하는 것이 여기서 의미하는 바입니다. 즉각적인 만족을 부인하는 것은 이들이 캐릭터의 강인함을 계발하는 데 필수적이고, 삶의 어느 시점에 이들은 이런 점에서 자신에게 많이 가르쳐주는 어려운 경험을 떠맡을 가능성이 있습니다.

이들은 타인에 대한 과한 신념을 갖는 것을, 즉 결국 자신만의 자기-가치와 개별적인 표현을 빼앗을지도 모르는 아첨과 영웅 숭배에 종사하는 것을 주의해야 합니다. 이들이 어쩌면 심지어 자기 자신을 뼛속까지 벗겨내고, 벽돌을 쌓듯이 실상화된 양식으로 자기 자신을 구축해가는 용기를 지님으로써, 자신의 독특성을 키우고 육성하는 것은 생명적입니다.

이들의 비실상적인 요소들은 타인들에 대한 이들의 인식이 관련되는 다소 높은 곳에 있을 수 있으므로, 이들이 위태로운 감정적인 맞닥뜨림에 대해서도 또한 경계해야만 하는데, 이들은 특히 자신과 가까운 사람들에게 자신만의 감정을 투사하기 쉽습니다. 조절하려는 노력이 억제되거나 익숙해진 성격이 아니라, 기뻐하고 놀이하며 활기찬 성격을 연출하는 것을 목표로 삼아야 하므로, 과도한 주관성을 향한 이런 이들의 경향은 단지 억눌러지는 것이 아니라 형태화되고 다듬어져야만 합니다.

▶ 일간 특성
강점; 우아한, 자기를 알아차리는, 감정적인
약점; 조급한, 변덕스러운, 까다로운

▶ 명상
우리가 필요로 하는 것의 대다수는 바로 코앞에 있습니다.

▶ 조언
비록 당신이 감정을 통제해야만 하지만, 절대로 자발성을 잃지 말고 당신 자신을 위한 자유를 고수하라. 순진한 것처럼 보이는 것에 대해 걱정하지 말고, 더 솔직해지라.
타인을 떠받드는 것 혹은 자신만의 감정을 담아 그들에게 투자하는 것을 주의하라.

▶ 건강
이들은 특히 염증과 류머티즘 질환이 관련된 한, 자신의 팔과 다리를 특히 돌보아야 합니다. 이들은 춥고 습한 날씨에는 따뜻하고 건조하게 유지하기 위한 노력을 만들어내야 합니다. 때로는 설명할 수 없는 만성적인 (대체로 젖가슴이나 심막강) 가슴의 통증을 맞닥뜨릴지도 모르고, 세심하게 진단되어야 합니다. 이들은 적당한 신체 운동을 절대 등한시하지 말아야 하는데, 춤과 요가, 달리기, 걷기가 매일의 운동으로 권장됩니다. 심리학적으로, 이들의 능동적인 경향과 수동적인 경향의 균형을 잡고, 따라서 감정적으로 안정된 상태를 지속시키는 이들의 능력은 이들의 건강함에 최고로 중요합니다. 이들은 자신의 기대를 비실상화된 수준으로 끌어올리지 않도록 해야만 합니다. 필요하다면 비타민과 미네랄 보충제를 포함한 잘 균형 잡힌 식단이 권장됩니다.

▶ 수비학
19일에 태어난 사람은 숫자 1(1+9=10, 1+0=1) 및 태양에 통치됩니다. 이들이 달(게자리)과 태양(사자자리) 양쪽의 영향력을 강하게 받는 게자리-사자자리 중첩의 첫날인 6월 19일에 태어난다는 사실 때문에, 외향성의 태양 및 숫자1의 영향력 그리고 대개 우세한 활동적인 태양의 영향력과 함께하는 달의 더 내적인 영향력 사이에 필연적인 갈등이 현존합니다. 숫자 1에 통치되는 사람은 야심적이고, 구속을 싫어하는 경향이 있습니다.

▶ 원형
19번째 메이저 카드인 '태양'은 모든 메이저 카드 중 가장 호의적인 카드로 여겨질 수 있습니다. 그 태양은 지식, 생명력, 행운을 상징하고, 우대와 보상을 약속합니다. 이 카드는 명확성, 관계의 조화, 훌륭한 평판이라는 좋은 자질을 배치해주지만, 자만심, 허영심, 거짓된 겉모습이라는 부정적인 자질도 또한 정말 내보여줍니다.

7월 20일
부침의 날
Ups and Downs

▶ 심리구조

7월 20일에 태어난 이들은 자주 높은 곳으로 올라갔다가 깊은 곳으로 내려가는 삶을 삽니다. 번갈아 오르내림이라는 이런 비유는 이들의 꿈과 취미뿐만 아니라 업무나 감정, 가족, 사회생활의 중심일 수 있습니다. 그런 상승과 하강 활동은 계절의 변화가 자연에 통합적인 것만큼 이들의 성격에도 통합적입니다.

이들이 한 상태에서 다음 상태로 매우 자주 통과하므로, 이들을 진정으로 이해하기 위해서 누군가는 변환기에 있는 이들을 관찰해야만 하는데, 사실상 이들을 규정하는 것은 오름 또는 내림, 승리나 패배, 혹은 이것들 사이의 어떤 상태가 아니라 어딘가로 가는 것인 움직임 자체입니다. 따라서 이들에게는 '있는 것'보다 '되는 것'이 더 중요하고, 이들은 적이기보다 두드러지게 역동적입니다. 너무 자주 자신의 상태가 바뀔 시, 이들은 방사성 원소처럼 고도로 불안정한 인격이 될 위험이 있습니다. 하지만 이들 중 고도로 진화된 사람이 안정과 안식을 찾아내는 곳은, 이런 항상적인 변화의 과정 속입니다. 이들이 바로 허리케인의 중심인 눈이야말로 가장 평온한 지점일 수 있다는 살아있는 증거입니다.

비록 이들 중 가장 성공적인 사람은 자신 속에 이런 침착한 중심을 갖고 있지만, 특별히 자신이 사회적인 위치나 금전적인 보상에 유혹된다면, 이들은 무사안일과 침체를 주의해야만 합니다. 만약 이들이 더 높고 더 도전적인 최고점을 탐구하도록 자기 자신에게 동기를 부여하면서 동시에 자신의 균형을 유지할 수 있다면, 이들은 여전히 생산적일 것입니다. 이들의 두 가지 함정이 한편으로는 지나친 행동이고 다른 한편으로는 무사안일인데, 양쪽 모두 똑같이 위험하고 실상과 보조를 맞추는 것을 필요로 합니다.

이들의 동무, 즉 어떤 종류의 협력 관계든 이들에게 관여하는 사람은, 절대적으로 신뢰할만한 팀 구성원과 함께 살거나 작업하므로 운이 좋을 것입니다. 하지만 그들은 이들이 자기 인생의 진정한 목표에 도달하는 데 자주 오랜 시간이 걸리므로 이들에 대한 이해심이 정말 있어야 하고, 그만큼 참아내야 합니다.

정말 이상하게도 이들은 성공의 어떤 척도를 성취한 후 불행할 수 있는데, 왜냐하면 이들이 가장 욕구할지도 모르는 것은 바로 이들의 삶에 근본적인 변화를 만들어내도록 이들에게 동기를 부여했을지도 모르는 작은 실패와 좌절감을 경험하는 것이기 때문입니다. 다시 말하면 이런 성격에게 가장 대단한 위험은 자신의 노력이나 생활 국면에 너무 '편안'하거나 너무 '만족'하게 되는 것입니다.

이들과 가장 가까운 사람들(친구, 동무, 연인, 자녀)이 이들의 고군분투에 대한 욕구를 이해하는 것은 특별히 어려울지도 모르는데, 사랑받는 사람인 이들은 행복을 희생시키면서 불안을 껴안는 것으로 보이는 성장 과정을 공유하기를 바라지 않을지도 모릅니다. 그러나 이들은 용렬한 실존을 통해서는 절대 만족할 수 없습니다. 만약 이들이 자신의 경력이나 일상생활에서 자신이 욕구하는 흥분과 도전을 찾아낼 수 있다면, 어쩌면 이들은 탐구와 소유 사이의 균형을 맞출 수 있습니다. 그렇지 않다면, 이들은 '만족감' 속에서 질식할 위험이 있습니다.

▶ 일간 특성
강점; 모험심이 강한, 활동적인, 신체적인
약점; 들뜨는, 만족하지 못하는

▶ 명상
다수의 테이블에는 오직 두 가지 유형의 먹는 사람, 즉 빠른 사람과 배고픈 사람만이 현존합니다.

▶ 조언
아무리 편안할지라도 타협에 갇히게 되지 말라, 먼 산에서 당신의 눈을 떼지 말고, 당신의 내면 목소리에 유의하라.
당신에게 머물러 있을 평정심을 키우라.
만약 당신이 과감하게 도전하지 못한다면, 당신이 갖고 있는 것으로 행복해지는 데 과감하라.

▶ 건강
이들은 자신 몸의 마모와 찢김에서 자기 자신을 보호하려고 노력해야 합니다. 너무 자주 이들은 신체적인 한계를 인정하지 않아서, 심각한 사고 및/또는 만성 질환으로 귀결될 수 있는 위험에 자기 자신을 너무 노출시킵니다. 이런 측면에서 이들은 이들의 가족 주치의와 가까운 친구의 조언에 유의해야 합니다. 이들 중 전문적인 체육인 외의 사람은 신체 운동은 적당하게 유지되어야 합니다. 이들을 사로잡는 고양과 하강을 화학적인 경험이 제공할 수 있으므로, 이들은 약물 의존성을 경계해야만 합니다. 이들의 식단은 가능한 한 매우 다양하게 해서 강박적인 갈망을 밀어내야 합니다.

▶ 수비학
20일에 태어난 사람은 숫자 2(2+0=2) 및 달에 통치됩니다. 숫자 2에 통치되는 사람은 신사숙녀적이고 상상적인 경향이 있으며, 타인들이 비판하거나 주목하지 않는 것에 쉽게 상처받습니다. 이들은 또한 쉽게 성내고, 짜증의 낮은 문턱을 갖고 있을지도 모릅니다. 달과 숫자 2에 통치되는 사람은 인상에 좌우되고, 감정적이며, 쉽게 동요될 가능성이 있습니다. 7월 20일에 태어난 이들은 또한 (달에 통치되는) 게자리이므로, 그런 경향이 강조될 뿐입니다.

▶ 원형
20번째 메이저 카드는 물질적인 고려사항을 뒤로하고, 더 높은 영성을 탐구하도록 사람들을 부추기는 '심판이나 일깨움'을 보여줍니다. 나팔을 부는 천사를 그려내는 그 카드는 책무라는 새로운 날이 밝아지고 있음을 암시합니다. 이것은 우리로 하여금 자신의 에고를 넘어가게 해주고, 무한을 엿보게 해주는 카드입니다. 하지만 위험은 그 나팔소리가 단지 위태로운 균형 상실로 귀결되는 우쭐댐과 도취을 미리 알려줄 뿐이라는 점에 실존합니다. 게다가 타로는 높은 곳에 오르면서 안정성을 유지하는 가치를 이들에게 상기시켜줍니다.

7월 21일
희비극적인 논란의 날
Tragicomic Controversy

▶ 심리구조

7월 21일에 태어난 이들은 아무리 노력해도 오랫동안 곤란에서 벗어나 머무를 수 없을지도 모릅니다. 자주 희비극적인 의미를 함축한 폭풍우가 대개 이들을 중심으로 어떻게 해서든 일어나고 있습니다. 놀랍게도, 이것이 이들 중 조용한 사람에게도 똑같이 적용될 수 있는데, 이들은 자신만의 행동이 아닌 흥미롭거나 예견되지 않는 해프닝에 휘말리는 것으로 보입니다. 물론 이들 중 더 현란한 사람은 그런 흥분을 일으키는 데 적어도 부분적인 책임이 있을 가능성이 더 있습니다.

반대하는 관점이 이들의 전공이고, 이들은 그 관점을 신랄한 재치로 자주 제시합니다. 일부러 반대의견을 내는 악마의 옹호자 역을 맡는 것에 대한 이들의 사랑이 이들을 한 이슈의 양면을 보도록 훈련시키므로, 이들은 훌륭한 토론자일 뿐만 아니라 중개자, 중재자, 조정자의 역할도 또한 똑같이 잘 봉사합니다. 이들은 갈등에 아주 익숙해지므로, 타인들을 쉽게 성질나게 할 스트레스받는 국면을 정확히 잘 알고 있을지도 모르고, 대개 타인을 꿰뚫어보는 훌륭한 유머 감각을 갖고 있습니다. 이들은 자기 자신의 속에서 대단한 기분의 널뛰기를 겪을지도 모르지만, 타인들의 감정적인 불안에 여전히 두드러지게 침착하고, 영향을 받지 않을 수 있습니다. 그럼에도 폭발적인 국면은 정말 이들을 끌어들이고, 이들의 관심을 붙잡습니다.

이들 중 실연해보이는 사람은 대중 앞에 나타나는 것의 흥분을 사랑하고, 본질적으로 과시주의자입니다. 실연해보이는 이들의 자세는 대개 고도로 신체적이고 강건합니다. 하지만 이들 중 더 고도로 진화된 사람은 영적인 것을 위해 신체적인 것을 결국 버릴지도 모릅니다. 이들 중 덜 고도로 진화된 사람은 육체의 쾌락에 빠져들 위험이 있고, 술이나 약물이 붙어가는 현실도피적인 활동이나 고도로 억압적인 되새김에서 자기 자신을 잃어버릴 위험이 있습니다. 극단적인 경우 이들은 스릴을 탐구하거나 죽음을 탐구하며 혹은 심지어 자살충동까지 느낄 수 있습니다.

많은 종류의 흥분이 이들을 끌어들이지만, 특히 일부 불화를 포함하는 종류의 흥분이 이들을 끌어들입니다. 따라서 전쟁 혹은 전쟁 게임, 논란, 탐사, 스파이 이야기, 탐정 스릴러, 공포 영화, 스릴넘치는 탈 것들은 자주 이들에 대한 남다른 홀림을 갖고 있습니다.

이들에게 대단한 위험은 그런 흥분으로 하여금 자신의 삶 및 자신의 주위 사람들의 삶을 방해하도록 허용하리라는 점입니다. 이런 점은 극소수의 극단적인 경우 사회적인 배척으로 이어질 수 있지만, 종종 이들의 사회 동아리에서 이들로 하여금 인기가 있게 만들어주는데, 이것은 본질적인 이들의 존재감이 흥미롭고 재미있는 시간을 자주 보장해주기 때문입니다. 하지만 이들은 자신이 '논쟁과 갈등' 그 자체를 위해 논쟁과 갈등을 사랑하는 사람으로 간주될지도 모르므로, 삶의 심판자뿐만 아니라 가족이나 친구들에 의한 너무 많은 '판단 요청'에 동의하지 않도록 주의해야만 합니다.

▶ 일간 특성
강점; 대담한, 흥미진진한, 물리적인
약점; 강박적인, 자기 파괴적인, 논쟁적인

▶ 명상
동시성은 우주의 일차적인 법칙입니다.

▶ 조언
위험을 감수하려는 당신의 성벽을 제대로 다루려고 노력하라.
반대되는 논거와 관점을 즉각 거부하기보다 그것을 고려해보라.
당신의 중심을 강화하고, 뜻대로 그곳에 도달하는 방법을 체득하라.
당신이 나이가 들면서, 신체적인 것에서 영적인 것으로 점진적인 전환을 만들어내라.

▶ 건강
이들 중 다수는 마치 내일이 현존하지 않는 것처럼 활동하고, 언제 어디서든 위험을 자초합니다. 심지어 이들 중 가장 순한 사람들조차도 자신의 몸과 건강이 관련되는 무오류성 의식을 갖고 있을지도 모릅니다. 신체 시스템에 대한 사고, 부상, 손상은 당연한 문제라고 단순하게 받아들여질지도 모릅니다. 대체로 경험이나 독서에서 선별된 건강 돌봄에 관한 자신만의 발상을 갖고 있는 이들에게, 그런 신체적인 문제가 시간 낭비라고 여겨질 수 있고, 예방법을 설파하는 것은 도움되지 않을 것입니다. 이들은 자신의 식단에서 모험적인 경향이 있고, 먹는 것을 사랑합니다. 일반적으로 과도해지려는 성벽을 갖고 있는 이들은 강박적으로 먹고 마시는 것이 문제가 될 수 있습니다. 정기적인 운동요법은 이들이 채택하기 어렵습니다.

▶ 수비학
21일에 태어난 사람은 숫자 3(2+1=3) 그리고 확장적인 행성인 목성에 통치됩니다. 숫자 3에 통치되는 사람은 자주 야심적이고, 심지어는 독재적입니다. 그러므로 이들은 (사자자리에 대한 태양의 통치에 의해 강조되는) 논박적인 천성이 너무 지배적이고, 목성의 낙관적인 영향력을 통해 (여기서 게자리에 대한 달의 통치에 의해 꿈같은 측면이 더욱 예고되는) 너무 확장적이고 비실상화된 점을 조심해야만 합니다. 일반적으로 숫자 3에 통치되는 사람 그리고 특히 7월 21일에 태어난 이들이 타인들 속에 적대감을 자극하는 성향을 갖고 있으므로, 이들은 자신을 적으로 만들어낼지도 모릅니다.

▶ 원형
21번째 메이저 카드는 에너지를 주는 봉을 쥐고 달리는 여신을 그려내는 '세계'입니다. 세상이라는 고개를 넘어서, 그 진실을 표출하는 그녀는 무한한 힘을 갖고 있습니다. 이 카드는 세속적인 수준에서 도달할 수 있는 모든 것을 상징합니다. 비록 보상과 통합이 보증될지라도, 전통적으로 '세계'는 산만함과 자기연민이라는 부정적인 특성뿐만 아니라 기념비적인 장애 및 운명의 퇴보도 또한 예시할 수 있습니다.

7월 22일
업무적인 변동의 날
Occupational Fluctuation

▶ 심리구조

7월 22일에 태어난 이들은 자신의 경력을 안정된 상태로 지속시키는 데 어려움을 갖고 있을 것입니다. 이들은 어느 날 엄청난 행운이라는 복을 받고, 또 다른 때는 압도적인 불운이라는 화를 당할지도 모릅니다. 이들은 수년간 자신이 하는 것에서 성공을 경험할 수 있지만, 결국 그 성공이 무너지는 것을 바라볼 뿐입니다. 아니면 이들은 오랫동안 인정받지 못한 채 고통을 겪다가, 나중에 이들의 별이 창공 높이 빛을 발할 때 기뻐할지도 모릅니다. 드물지 않게 이들에 대한 가장 대단한 인정은 사후에 옵니다.

이런 변동은 연애사, 결혼, 이혼, 이별 및 이들이 경험하는 온갖 종류의 어려움에 의해 설명되듯이 이들의 경력에 제한된 것이 아니라, 이들의 감정적인 삶에도 또한 적용됩니다. 하지만 이들은 정상에 오르려는 의지가 너무 지배적이어서, 심지어 포기하는 것을 좀처럼 고려조차도 하지 않습니다. 국면을 통제할 때, 이들은 천하무적처럼 보입니다. 하지만 이들 중 가장 강한 사람이 권력의 정점에 이를 시, 심지어 이들에게조차도 불운은 이들을 쓰러뜨리려고 다가올지도 모릅니다.

이들의 약점 중 하나는 이들로 하여금 자신의 삶과 인격에 필수인 변화를 만들어내지 못하게 막을 수 있는 자신의 단점을 알아차리지 못하는 것입니다. 자신이 하고 있는 것의 올바름에 대해 너무 철저히 확신하는 탓에, 이들은 너무 늦기 전에 존중돼야만 하는 임박한 재난의 싸인을 거의 눈치채지 않을지도 모릅니다. 또 다른 어려움은 이들이 자신의 공격성을 다루는 데 힘겨운 시간을 갖고 있다는 점입니다. 어떤 경우에 이들은 행동할 시 심지어 강압적일 정도로 단정적이 될 수도 있고, 따라서 다른 경우에는 문제에 직면할 의지가 부족해서 지체할 수도 있습니다. 대개 최악의 시기에 이들의 더 강압적인 면을 억압하는 것은, 예견되지 않은 폭발적인 분출로 이어질지도 모릅니다. 그 분출은 많은 동무와 친구, 자녀에게 그런 기질을 감안해주도록 요청하고 있는 것일지도 모릅니다.

이들은 대체로 용감하고, 직선적이며, 어떤 역경에도 기꺼이 맞서지만, 또한 무모하고, 완고하며, 비실상적일 수도 있습니다. 만약 이들의 활동이 개인적인 실패로 이어진다면, 이들은 먼저 실수를 인정하고, 둘째는 실수에서 배우며, 그다음 옮겨가는 것이 필수적입니다. 그러나 그런 사람이 1, 2단계를 거치지 않고 즉시 다시 덤벼들면, 이들은 세상의 눈에 비극적인 모습으로 보이기 쉽습니다.

이들 중 더 고도로 진화된 사람은 최소한의 짧은 조정 기간을 자기 자신에게 허용하고, 완전히 회복하여 어쩌면 지쳤으나 더 현명하게 다시 싸우기 위해 다른 날 돌아옵니다. 물론 우리는 모두 자기 자신을, 즉 자신의 강점과 약점, 한계를 더 잘 알게 되어야만 하지만, 이들에게 자신을 아는 것은 참으로 가장 심각하게 중요한 문제입니다. 삶의 어느 영역에서나 영속하는 성공을 거두려는 이들의 능력은 무자비한 객관성을 희생시켜서 얻어진 자기-지식과 정비례합니다.

▶ 일간 특성
강점; 역동적인, 용기 있는, 성공 지향적인
약점; 운이 나쁜, 스트레스로 지친, 자기를 알아채지
      못하는

▶ 명상
온갖 것은 한꺼번에 일어납니다.

▶ 조언
모든 형식의 당신 삶에 더 많은 안정성을 가져오도록 노력하라.
열쇠는 구조이다.
절대적으로 아무것도 하고 있지 않을 때조차도 느긋해지고 당신이 하고 있는 것을 즐기라.
재충전하기 위한 시간을 가지라.
비우는 법을 체득하라.
일관되고 지속적인 노력이 훨씬 더 보상받을 것이므로, 성공을 위해 너무 심하게 밀어붙이지 마라.

▶ 건강
이들은 자신을 더 잘 알게 되기 위한 '약간의 휴식시간'을 갖지 않는다면, 심각한 심리적인 문제에 직면할 가능성이 있습니다. 충분한 성찰이 없는 역동적인 활동은 결국 이들을 쇠약하게 할 것이고, 자주 심장, 등 또는 배에 중압감이 포함되는 다층적인 스트레스 관련 불편사항들로 단지 귀결될 수 있을 뿐입니다. 이들에게 많이 욕구되는 구조와 영양의 재충전을 제공하기 위해 엄격하게 지시된 식사시간과 함께 정기적이고 포괄적인 식단이 가능한 한 일찍 도입되어야 합니다. 담배와 커피 소비는 완전히 제거되는 것까지는 아니더라도 제한되어야 합니다. 정기적인 휴가와 부담이 없는 신체 운동의 형식이 권장됩니다.

▶ 수비학
22일에 태어난 사람은 숫자 4(2+2=4)와 22 그리고 불규칙하면서도 폭발적인 천왕성에 통치됩니다. 숫자 4에 통치되는 사람은 상황에 대해 응하고 바라보는 자신만의 방식을 갖고 있습니다. 이들이 너무나 자주 대단한 자기-보증을 갖고서 반대하는 관점을 취하기 때문에, 때때로 적대감을 자극하는 이들은 자신을 적으로 만들어냅니다. 이들은 대체로 규제와 규칙에도 또한 맞서 반항하면서 사회질서를 바꾸고 싶어 합니다. 이들은 주위에 표면화되는 어떤 압제도 (천왕성과 조합된 사자자리의 통치자인 태양이 뜨겁고 폭발적인 기질을 빌려줘서) 두려워하지 않고 반대할 것입니다. 숫자 22는 자주 쌍둥이, 동시성 등 다층적인 종류의 이중성에 대한 이해관계를 불어넣을 것입니다.

▶ 원형
22번째 메이저 카드는 몇몇 버전에서는 절벽의 가장자리를 부주의하게 걸어가는 모습을 보여주는 '바보'입니다. 일부 해석은 이성을 포기한 어리석은 사람으로 그이를 묘사하고, 다른 해석은 물질적인 고려사항에서 벗어난 고도로 영적인 존재로 묘사합니다. 긍정적인 의미는 저항을 단념해서 본능을 자유롭게 따르는 것을 포함하고, 부정적인 측면은 어리석은 활동, 충동성, 소멸입니다. 고도로 진화한 '바보'는 삶의 행로를 따라갔고, 그 교훈을 체험했으며, 자신만의 비전과 하나가 되었습니다.

7월 23일
불확실성 해소자의 날
Uncertainty Resolvers

▶ 심리구조

7월 23일에 태어난 이들은 자신의 삶에서 불확실성이라는 반복되는 테마에 직면합니다. 이들 중 더 고도로 진화된 사람은 결국 자기 자신을 위해 개인적으로 불확실성을 해소하고, 아니면 타인들을 위해 전문적으로 불확실성을 해소하는 데 성공적입니다. 이들 중 덜 고도로 진화된 사람은 자기 자신에 관한 뿌리깊은 의심과 고도로 자기 비판적인 태도가 표면화되는 주기적인 정체성의 위기로 고통받습니다.

기본적으로 전통주의자인 이들은 자신의 일부 견해가 아무리 파격적이더라도, 여전히 보수적인 특성에 확고히 뿌리박고 있습니다. 이들은 자신의 관심 영역이 자신의 직업이든, 취미이든, 예술이든 간에 불확실성을 없애기 위해 그것의 역사에 관해 가능한 한 많이 알고자 탐구하는데, 실로 이들은 자신이 확신하지 못하는 어떤 영역이든 가능한 한 철저한 태도로 탐사합니다. 그런 탐사는 탐정이나 경찰 업무에서 과학이나 사회복지 업무까지 망라할지도 모릅니다.

이들은 세상에 접근할 시 고도로 정신적인 편향을 갖고 있습니다. 그 귀결로 이들의 감정적인 삶은 여전히 애매하고 표현되지 못할 수 있는데, 사실 이들은 때때로 억압된 느낌 탓에 심신 장애와 중독 장애라는 고통을 겪습니다. 이들은 자신의 모든 시간을 세속적이거나 지적인 관심사를 해소하는 데 소비하는 대신, 자신만의 내면 감정 상태에 더 많이 주목해봐야 했을지도 모릅니다. 이들은 자주 영적이고 종교적인 것을 지향하므로, 명상적인 실습을 키우는 것은 이들에게 대단히 도움되는 것에 속할지도 모릅니다. 하지만 만약 이들이 자신의 내면적인 삶에 손실이 되는 외부적인 문제를 추구하는 것을 고집한다면, 이들은 단지 점점 더 신경질적이 되고 스트레스받게 될 뿐입니다.

보호된 껍질 속으로 후퇴하는 것도 또한 해결책이 아닙니다. 이들은 자신의 사회 활동과 내면의 감정적인 삶을 통합하기 위한 의식적인 노력을 만들어내야만 합니다. 오랫동안 연인이나 동무, 친구와 존속되는 긍정적인 일차적인 관계가 자주 세상을 이어주는 필수적인 다리일 수 있습니다. 그런 오래된 사람에게 의존하는 위험은 명백하지만, 이들은 관계에서 상대방에게 제안할 지대한 것도 또한 갖고 있는데, 이들의 고도로 계발된 문제 해소 능력과 자비심, 이해심, 인간적인 자질은 매우 소중합니다.

앞에서 언급된 것처럼 이들의 에고가 아무리 계발되어도, 이들은 주기적으로 의심에 시달립니다. 이들이 그런 어려움을 해소할 때마다 이들은 점차 더 강해지고, 자기-실현을 향해 한 걸음 더 나아갑니다. 자신의 풍부한 공상적인 삶을 타인들과 공유할 수 있는 이들은 실로 복을 받고 매우 많이 환영받을 것이고, 사회복지사, 심리학자, 변호사, 의사로서 대단한 우대를 얻어내는 데 유능합니다.

심각한 감정적인 문제를 경험했던 이들은 질병과 치유 과정 모두에 대한 두드러진 통찰력을 갖고 있고, 심지어 이들 자신이 여전히 회복하고 있는 동안에도 타인들을 도울 능력이 있을지도 모릅니다. 그런 경험에 대한 감사의 깊이와 긍정적인 유효성은 상호 보상받는 것일 수 있습니다. 이들의 감정적인 복잡성, 따뜻함 및 인간적인 고군분투는 대체로 자신에게 접속하는 것을 의미 있게 만들어줍니다.

▶ 일간 특성
강점; 자비로운, 공유하는, 인간적인
약점; 우울한, 위기를 불러오는, 지나치게 취약한

▶ 명상
불확실성의 요소는 어떤 관찰 활동에도 내재합니다.

▶ 조언
온갖 사람의 문제들에 대한 구세주가 되려고 노력하지 마라.
(강박감이 없이) 당신만의 것에 마침맞게 주목해보라. 상황을 내버려두는 법을 체득하라, 초과 수하물을 갖고 다니는 것을 피하라.
당신의 비판력과 판단력을 때때로 쉬게 하라.

▶ 건강
이미 예시되었듯이, 이들은 심리적이고 중독적인 질환이 증가할 가능성에 직면합니다. 이들은 테라피나 상담으로 이득을 얻을 수 있지만, 어떤 경우든 자신의 문제를 풀기 위한 에너지를 자신만의 복잡한 인격에 더 많이 쏟아야 합니다. 이들은 모든 비 처방 약을, 특히 술을 피해야 하고, 만약 항우울제를 처방받으면 조심스럽게 사용해야 합니다. 다층적인 요리에 대한 건강한 이해관계는 식단에 놀라운 일을 하는데, 이들은 타인들과 함께 식사하고 그들에게 즐거움을 선사하는 것이 감정적으로 고양되므로, 아직 능숙한 것까지는 아니더라도 자신의 요리 기술을 계발하는 편이 온당할 것입니다. 욕구되고 또 원해지는 느낌이 드는 것은 이들에게 엄청나게 중요합니다. 운동이 관련된 한, 걷기, 자전거 타기, 가끔 테니스 및 수영 같은 적당한 활동이 권장됩니다.

▶ 수비학
23일에 태어난 사람은 숫자 23(2+3=5)과 5 그리고 수성에 통치됩니다. 수성은 (사자자리의 통치인인 태양이 훨씬 더 높은 정신적인 가치를 주는) 생각과 변화의 빠름을 대변하므로, 7월 23일에 태어난 이들은 자신의 마음과 물리적인 주위환경을 대단히 규칙적으로 바꿀 가능성이 있을지도 모릅니다. 이들은 감정, 직관, 영을 희생시켜서 자신의 정신적인 재능, 이성적인 재능으로 하여금 자신의 삶을 지배하게 하는 것을 주의해야만 합니다. 숫자 5에 통치되는 사람이 전통적으로 인생에서 받는 역경은 이들에게 거의 영속하는 효과를 갖고 있지 않고, 이들은 빨리 회복됩니다. 숫자 23은 모든 종류의 해프닝에 결부되고, 이들을 위해 이것은 유별난 경험에 대한 이들의 갈망을 부채질합니다.

▶ 원형
다섯 번째 메이저 카드는 인간의 이해심과 신념을 상징하는 신성한 신비에 관한 해석자인 '사제'입니다. 그의 지식은 난해하고, 그는 보이지 않는 만사만물에 대한 권위를 갖고 있습니다. 이 카드가 수여하는 호의적인 특성은 자기-보증성, 의심의 부재, 적합한 해석이고, 비호의적인 특성은 설교하기, 호언장담, 독단주의를 포함합니다. 따라서 이들은 자신의 태도가 너무 거만해지는 것을 조심해야 합니다.

7월 24일
흥미진진한 불안정성의 날
Exciting Instability

▶ 심리구조

7월 24일에 태어난 이들은 흥미진진하고 불안정한 국면, 사람, 장소에 자석처럼 끌려들고, 역동적으로 변화하는 발상은 이들에게 고도로 호소적입니다. 그 귀결로 이들은 일상의 실존이라는 단조로움에 쉽게 지루해집니다. 이들 중 대다수는 고도로 유연하고, 변화하는 욕구와 주위 여건에 쉽사리 적응할 수 있습니다. 불운하게도, 이들이 갑자기 방향을 바꿀 때, 동료나 연인은 어이없게 되어버릴 수 있습니다.

이들 중 덜 고도로 진화된 사람은 스스로 고도로 불안정합니다. 이들 중 더 고도로 진화된 사람은 어떻게든 자신의 불안정성을 극복하여, 이들로 하여금 자석 같은 인격으로 만들어줄 뿐만 아니라 자신의 노력에 연료도 또한 공급해주는 흥미로운 에너지로 그 불안정성을 탈바꿈시킵니다. 하지만 기이한 인격 및 외딴 곳이 함께하는 선-생각이나 연관성은 절대 이들을 떠나지 않습니다. 이들 중 가장 성공적인 사람은 비범한 작업에 대한 홀림을 자신을 위해 창조적으로 만들어낼 수 있습니다.

이들은 자신이 타인들에게 어떻게 보이는지 가장 자주 예리하게 알아챕니다. 어떤 식으로든 지루하게 보이는 것은 이들에게 혐오스러운 것이어서, 이들 중 가슴속에서 더 보수적인 사람은 전위적이거나 특이한 이미지를 끌어들이려고 자주 노력합니다. 만약 이들이 천성적으로 더 현란하거나 색다르다면, 이들은 그것을 숨기려는 어떤 시도도 만들어내지 않고, 그래서 타인들에 의해 과시주의자로 여겨질지도 모릅니다. 사실 이들이 가장 두려워하는 것은 습관적인 틀에 빠지는 것, 즉 본질적으로 고착되어 있다고 느끼는 것입니다.

특히 이들 중 여성은 길들여지거나 훈련되어야만 하는 일종의 신경질적인 에너지를 갖고 있고, 아니면 급성 스트레스의 위험이 있으며, 이들 중 남성은 해결하려고 욕구하는 에고 문제를 자주 갖고 있습니다. 자기 자신에게 너무 많은 주목을 끌어들이지 않는 이들은 자신하되 무던한 방식으로 자신의 작업을 추진해가는 법을 체득해야만 합니다. 이들은 타인들에게 자신의 가치를 증명해야 한다는 관념에서 벗어나야 합니다. 천천히, 즉 한 번에 한 걸음씩 전진하는 법을 체득하고, 또 각각의 사건이 그 자체를 제시하는 대로 그 사건을 취하는 법을 체득하는 것이 열쇠입니다.

물론 이들의 극적인 감식안은 예외 없이 표면화되고, 당연히 그래야 합니다. 가장 대단한 위험은 소외의 가능성으로 이어지는 감정적인 폭발이 이들의 가족이나 사업 협력자에게 상황을 주기적으로 어렵게 만들어내리라는 점입니다. 이런 국면은 고도로 비호의적인데, 왜냐하면 특히 이들에게는 안정된 감정적인 삶이 안정된 경력 쪽으로 이들을 만들어가고, 안정된 경력이 안정된 감정적인 삶 쪽으로 이들을 만들어갈 것이기 때문입니다.

이들은 더 자기-신뢰적이 되고, 이 덕에 타인들의 승인에 덜 의존하게 되는 법을 체득해야 합니다. 이 목적을 위해 이들은 자신이 삶에서 무엇을 원하는지를 아는 것이야말로 자신의 괴팍한 요소를 줄여주고, 또 자신으로 하여금 관계에서 자기 자신이나 타인을 해칠 가능성이 훨씬 적도록 만들어주므로, 우선순위를 명확히 해야 합니다. 그럼에도 변화하는 주위 여건 탓에, 이들은 자신이 다소 급작스럽게 관계를 끊어버리려고 욕구한다는 사실을 알아차릴지도 모릅니다. 관계를 우아하게 끊어내고, 또 타인의 최고 이해관계를 가슴속에 두고 관계를 끊어내는 최선의 방식을 찾아내는 것은, 결국 관련된 모든 사람에게 덜 해로운 것으로 판명될 것입니다.

▶ 일간 특성
강점; 대담한, 흥미진진한, 자석 같은
약점; 불안정한, 변덕스러운, 성적으로 강박적인

▶ 명상
우리는 배고픔을 탐닉할 때와 부인할 때를 체득해야만 합니다.

▶ 조언
당신의 인생에서 언젠가는 당신이 자신의 에너지를 조정해야 할 것이다.
소진[되는 것]을 숙고해보라. 당신의 욕망은 당신이 생각하는 것만큼 당신을 멀리 데려가지 않을지도 모른다.
혼자 있는 법과 혼자 있기를 좋아하는 법을 체득하라.
타인들을 더 배려하도록 노력하라.

▶ 건강
무모함에 대한 이들의 성향 탓에, 이들은 모든 종류의 사고에 주의해야만 합니다. 앞서 언급된 불안정성에 관여하는 것은 이들이 자신의 건강이 무탈하게 빠져나올 수 없는 매우 곤란한 영역으로 이들을 이끌 수 있습니다. 마약류, 수상한 국면 및 이상한 사람들에 대한 실험이 불가피할지도 모르지만, 이들은 대체로 갇혀버리지 않는 것의 중요성을 알아봐서 자신이 배운 것이 자신에게 소중한 것으로 판명될지도 모릅니다. 폭음폭식하기 쉬운 이들의 식단은 그런 건강하지 못한 습관을 몰아내기 위해 가능한 한 다양해져야 합니다. 단백질, 육류, 정제당을 줄이고 곡물과 채소에 더 대단히 중점을 두는 것이 권장됩니다. 너무 자주 매일의 활동 코스 속에서 자신의 몸을 움직이고 운동하는 이들에게 운동이라는 것은 대개 중심적인 관심사가 아닙니다.

▶ 수비학
24일에 태어난 사람은 숫자 6(2+4=6) 및 금성에 통치됩니다. 숫자 6에 통치되어 자석처럼 매력적인 사람은 자주 찬양할 마음을, 심지어 아첨할 마음까지 불어넣습니다. 게다가 금성은 사회적인 상호작용에 강하게 연계되므로, 7월 24일에 태어난 이들이 (사자자리의 통치자인 태양의 영향력이 더욱 뜨거워지도록 만들어내는) 흥미진진한 낭만적이고 성적인 경험에 빠져버리는 것은 바로 대단한 유혹입니다. 어쨌든 사랑은 자주 숫자 6에 통치되는 사람의 삶에서 지배적인 테마입니다.

▶ 원형
사랑을 상징하는 '연인'인 여섯 번째 메이저 카드는 남성성과 여성성이라는 양극성의 통합을 통해 인간성의 모든 것을 하나로 묶는 최종 지점에 중점을 둡니다. 이 카드가 좋은 면에서는 높은 도덕적인, 미적인, 신체적인 차원의 애정과 욕망을 예시하고, 나쁜 면에서는 충족되지 않은 욕망, 감상성, 우유부단함을 예시합니다.

7월 25일
돈키호테식 위업의 날
Quixotic Exploits

▶ 심리구조

7월 25일에 태어난 이들은 먼 나라를 구경하고, 상상의 행위를 달성하려는 낭만적인 갈망을 갖고 있습니다. 불운하게도 이들의 꿈은 실현되기가 자주 어렵습니다. 실용성에 상관없이, 이들 중 대다수는 자신의 욕망에 따라서 활동하면서, 놀라운 성공을 성취하든가 아니면 어쩌면 더 예측할 수 있는 혼합된 결과를 성취합니다. 이들의 이상주의는 대체로 이들의 실상적인 요인보다 약간 선행합니다.

심지어 자신이 '실패할' 때조차도 이들은 자기가 정당해지려고 시도했던 경험을 느낄지도 모릅니다. 이들 중 다수는 '정당성은 승패가 아니라, 게임하는 방법이다'는 점에 동의합니다. 따라서 이들은 일차적으로 활동의 동기에 관심을 두고, 그이가 얼마나 성공적인지에 초점을 맞추기보다는 그이의 의도가 얼마나 순수한지를 판단할 가능성이 있습니다. 괜찮게도 이들은 이 기준을 자기 자신에게도 또한 적용합니다. 따라서 부모인 이들은 자신의 자녀가 열심히 노력했던 것 그리고 자녀 자신의 임무에 진심을 갖고 접근했던 것만큼 자녀의 성적에 관련되지 않을지도 모릅니다.

위험도 또한 이들을 끌어들일 수 있고, 위협을 받을 때 이들은 좀처럼 퇴각하지 않습니다. 이슈에 담대하게 맞서는 것이 전형인 이들은, 제3자를 이용해서 교묘하게 비판을 전가하는 것보다 자신을 향한 직접적인 비판에 대해 받아들이는 것을 선호합니다. 만약 이들은 자신이 올바르다는 점을 자신의 가슴으로 안다면, 거의 모든 종류의 학대에, 심지어 고문에도 용감히 맞설 수 있습니다.

이들은 자신이 떠받드는 명예의 규약을 갖고 있지만, 이들은 대체로 타인들이 같은 원칙을 고수하라고 요구하는 것을 삼갑니다. 이들이 행동과 말 둘 다로 체화하려고 애쓰는 것이 개인적인 삶의 철학입니다. 한번 정해진 약속을 깨는 것보다 차라리 몹시 고통을 겪으려는 이들에게 명예는 바로 신입니다. 매우 찬양할만한 이런 특성은 완벽하지 못한 세상에서 이들에게 슬픔의 원인이 될 수 있고, 때로는 이들을 심각한 불이익에 놓을 수 있습니다. 이들은 타인들의 잘못을 수용하는 만큼 자신만의 잘못도 용납하는 법을 체득해야만 합니다.

이들은 기분이 대단히 널뛰는 것에 종속되지만, 자신 내면의 강인함 덕에 대체로 자기 자신을 단단히 붙잡습니다. 실로 자기-통제력을 키우는 것은 이들을 위해 강박적인 천성을 맡을 수 있습니다. 삶에 대한 이들의 접근법은 금전적인 이득이나 에고의 마사지를 고려하지 않고 두려움 없이 명예를 지키는 무사의 접근법과 다르지 않습니다.

여전히 지금 이 순간에 뿌리내리고 깨어있는 법은, 즉 일상의 경험에서 그 가치를 알아보는 법은 오직 이들 중 가장 고도로 진화된 사람에게만 깊이 알려집니다. 이들이 '돈키호테처럼 풍차를 향해 상상력을 기울이는 것'에서 벗어나 '바로 자신 앞에 일어나고 있는 것을 냉철한 눈으로 관찰하는 것'으로 자신의 에너지를 전환하기까지는 수년의 성장과 경험이 요구될지도 모릅니다. 하지만 이들은 대단한 공적을 성취하는 쪽을 향한, 모험에 대한 사랑과 자신의 낭만적인 성향을 잃지 않을 (그리고 잃지 말아야 할) 것인데, 이런 점에서 이들은 가족, 친구들, 자녀에게 영감을 줍니다.

▶ 일간 특성
강점; 상상적인, 이상적인, 고결한
약점; 함부로 판단하는, 고군분투하는, 비실상화된

▶ 명상
풍선껌은 당신의 신발에 붙기 전에는 당신에게 별 의미가 없을지도 모릅니다.

▶ 조언
지금 이 순간에 더 집중하라.
그곳에 있기보다 여기에 있으려고 노력하라.
당신 주위의 타인들이 말하고 행동하는 것에 주목해 보라.
당신 자신을 더 받아들이게 되라.
당신의 발을 땅에 단단히 딛고 있되, 계속해서 별에 도달하려고 하라.

▶ 건강
돈키호테 같은 이들의 성격은 정신적인 건강과 정신적인 건강 둘 다를 유지하기 위해 항상성을 요구합니다. 정기적인 휴식 및 식사시간은 침착한 존재 상태를 장려하는 데 크게 도움됩니다. 이를테면 곡물이나 토속적인 음식에 동의하여 고도로 촉발적인 음식을 피하는 안정시키는 식단은 이들이 현실에 단단히 발을 딛고 있도록 도울 수 있습니다. 이들은 모든 '마음 확장제'를 피해야 합니다. 활달한 신체 운동, 활기찬 조깅 또는 건강체조 같은 정기적인 요법은 과잉 에너지를 태워버리고 몸의 해로운 독소를 없애줄 것입니다. 이들 중 일부에게는 팀 스포츠가 영웅적인 위업의 욕구를 만족시킬 수 있습니다.

▶ 수비학
25일에 태어난 사람은 숫자 7(2+5=7)과 25 그리고 해왕성에 통치됩니다. 그러므로 태양(사자자리를 통치하는)의 영향력 덕에 이들은 태양-해왕성의 강한 연관성을 갖고 있습니다. 이것은 이들이 낭만적인 환상에 빠져들 뿐만 아니라 정신적으로 혼란해지기 쉬울지도 모른다는 점을 의미합니다. 숫자 7에 통치되는 사람은 전통적으로 변화와 여행을 좋아하고, 먼 곳을 향한 7월 25일에 태어난 이들의 갈망과 매우 잘 어울립니다. 숫자 25는 위험에도 또한 결부되고, 이것은 특히 7월 25일에 태어난 이들에게 더욱 해당합니다.

▶ 원형
일곱 번째 메이저 카드는 세상을 누비는 의기양양한 인물을 보여주면서, 역동적인 방식으로 자신의 신체적인 존재감을 구현하는 '전차'입니다. 그 카드는 올바른 행로가 아무리 좁고 위태롭더라도 [그 행로를] 계속해야 한다는 의미로 해석될지도 모릅니다. 이 카드의 좋은 면은 성공, 재능, 효율성을 배치해주고, 나쁜 면은 독재적인 태도와 서툰 방향 감각을 제안합니다.

7월 26일
상징적인 선구자의 날
The Symbolic Herald

▶ 심리구조

7월 26일 태어난 이들은 강한 지배적인 인격입니다. 하지만 이들이 휘두르는 권위는 좀처럼 신체적이나 재정적인 천성에 속하지 않고, 오히려 이들 시대의 진실을 이해하는 것에, 즉 자신을 이해하는 것뿐만 아니라 자신의 활동과 연기에서 자신의 전형이 되는 것에 놓여 있습니다. 이들은 상황의 상태를 논평할 때, 대개 자신이 말하는 것에 관해 알고 있는데, 이것은 자신의 권위가 경험에 (또 자주 자신의 단련법에 대한 심오한 지식에) 깊이 뿌리박고 있기 때문입니다. 이들 중 예외적인 사람은 자신의 메시지에 유의할 모든 이에게 그 메시지를 널리 알리는 일종의 예언자로 간주될지도 모릅니다.

이들은 경험에 대한 폭넓은 각양각색 형식을 탐구하는 것보다 대개 노력의 중요한 한 분야로 자기 자신을 제한하기 때문에, 다소 1차원적인 것처럼 보일지도 모릅니다. 이 전문화된 영역에 이들은 자신이 삶에 관해 알고 있는 온갖 것을 집중시킵니다. 이들 중 다수는 가족이나 사회 동아리, 사회 전반에 광범위한 영향력을 행사하게 됩니다. 이것은 이들이 자신의 주위 사람이 느끼고 있는 것을 표현하는 방식을 갖고 있는, 즉 잠자고 있던 무의식적인 사회적 태도에 대한 심지어 살아있는 상징까지 되는 방식을 갖고 있기 때문일지도 모릅니다.

이런 영향력 행사는 전인적인 인격을 창조하는 데 필수인 이들 자신의 더 깊고 더 느낌적인 부분에 이들이 접속을 만들어낼 능력이 없어지도록, 역할을 이들에게 너무 완벽하게 채워주는 불운한 결과를 갖고 있을지도 모릅니다. 삶의 어느 시점에, 이들은 자신을 떠받드는 자리에서 내려오는 확고한 결정을 만들어내고, 타인들로 하여금 자신을 다시 그 자리에 올려놓도록 허용하는 것을 거부해야 할지도 모릅니다.

이들은 자신의 전망에서 전혀 보수적이지 않습니다. 이들은 현상 유지를 옹호하는 사람들의 적대감을 자극할 수 있는 꽤 터무니없는 관점을 자주 신봉합니다. 다행히도 이들은 반대자에 신경쓰지 않고 좀처럼 흔들리지 않는 자기-신임을 표출합니다.

놀랄 것도 없이 이들은 천성적으로 도박꾼입니다. 어렵고 심지어 위험한 상황에 자주 숙명적으로 이끌리는 이들은 국면이 힘들어질 때 직설적으로 말하고, 만족스러운 해결책이나 결론에 도달했을 때까지 버티는 경향이 있습니다. 자신의 지구력과 강인함을 조합하는 이들은 자신의 길을 가기 위한 장비를 잘 갖춥니다.

이들은 진실의 알약에 사탕발림하려는 노력을 거의 만들어내지 않습니다. 이들은 사실 그대로 솔직하고 무뚝뚝하게 말하면서, 때로는 동료 인간의 느낌보다 '진실'을 보전하는 것에 더 많은 관심사를 표출합니다. 하지만 시간을 내서 자기 자신을 피와 살을 지닌 사람으로 알게 되고, 더 큰 공감을 계발해서 자신의 공격성을 길들이기 위해 수고를 아끼지 않는 이들은, 자신 속에 갖고 있는 자신의 최고의 것을 표현하기 위해 대다수 사람보다 더 대단한 장비를 갖출 것입니다.

▶ 일간 특성
강점; 역동적인, 영향력 있는, 매력적인
약점; 도발적인, 무뚝뚝한, 까다로운

▶ 명상
나무는 단지 많은 잎과 가지를 갖고 있지만, 오직 하나의 몸통만을 갖고 있습니다.

▶ 조언
이따금 당신 자신[의 역할]에서 벗어나 휴식을 취하고, 타인들도 그렇게 하도록 허용하라.
당신은 다만 당신 주위의 온갖 것의 한 부분일 뿐임을 기억해내라.
겸허와 인간성을 키우라.

▶ 건강
자신의 역동적인 천성 탓에, 이들은 좋은 신체적인 상태를 유지해야 하고, 그렇지 않으면 소진될 것입니다. 정기적인 수면과 충분한 영양 섭취는 자주 정신없이 바쁜 이들의 일정 탓에 어려울지도 모릅니다. 정기적인 성적 만족시키기와 표현은 이들 중 남녀 모두에게 중요하고, 이것이 부족하면 사소한 신체적인 질병뿐만 아니라 심리적인 좌절감도 또한 연출할지도 모릅니다. 좀처럼 육식을 탐하지 않는 이들은 놀랍게도 채식 식단이 온당합니다. 걷기와 수영 같은 적당한 신체 운동은 대체로 그런 식단에 완벽하게 어울립니다. 무엇보다도, 소수의 가까운 친구들과 애정을 나눌 능력이 있는 것은 자신의 심리적인 건강의 보존에 생명처럼 중요합니다.

▶ 수비학
26일에 태어난 사람은 숫자 8(2+6=8) 및 토성에 통치됩니다. 토성은 책임에 대한 강한 느낌 및 그 느낌에 동반된 경계심, 제한, 숙명론을 향한 성향을 운반해주므로, 이들은 더 전통적인 경향을 선호합니다. 숫자 8에 통치되는 사람의 가슴이 사실상 꽤 따뜻할지도 모르지만, 이들은 차갑거나 거리를 두는 외관을 제시할 수 있습니다. 이들은 자신의 삶과 경력을 더디고 조심스럽게 구축해가는 경향도 또한 있고, 이것은 특히 돈 문제에 관련해 7월 26일에 태어난 이들에게 해당합니다. 토성과 태양(사자자리의 통치자)이 조합된 영향력은 격렬함을 부여해주지만, 때로는 외부적인 허세 뒤에 숨겨진 사실인 진정한 자기-신임의 기이한 결여도 또한 부여해줍니다.

▶ 원형
여덟 번째 메이저 카드는 사나운 사자를 길들이는 우아한 여왕을 그려내는 '강인함이나 용기'입니다. 여왕은 반항적인 에너지를 마스터할 수 있는 여성 마법사를 상징하고, 신체적인 강인함뿐만 아니라 도덕적인 강인함을 표징합니다. 이 카드의 긍정적인 속성은 카리스마와 성공하려는 결단을 포함하고, 부정적인 자질은 무사안일과 권력남용을 포함합니다.

7월 27일
결정을 만들어내는 자의 날
The Decision Makers

▶ 심리구조

7월 27일에 태어난 이들은 자주 타인들을 위해 결정을 만들어내는 위치에 있는 자기 자신을 알아차립니다. 이것은 이론적인 구조, 작동하는 조직, 사회 집단을 설정하는 것 또는 가족을 이끄는 것을 수반할지도 모릅니다. 이들은 모든 유형의 일정, 마감일, 인사 배치를 감당하는 데 고도로 능숙해질 수 있습니다.

하지만 이런 역동적인 계획자가 이들 자신을 위해 개인적이거나 감정적인 결정을 만들어내려고 시도할 때 어려움이 발생할지도 모릅니다. 이들이 조직 아니면 어쩌면 자신만의 경력이나 사업에 자기 자신을 너무 자주 헌신하기 때문에, 이들은 마치 타인들을 위해서는 정말 완벽하게 작업하지만, 자신만의 집 배관은 즉흥적인 부품을 갖고 임시방편으로 뒤죽박죽 처리하는 배관공처럼, 자신만의 내면 '집'을 정리하는 데는 너무나도 거의 주목해보지 않았을지도 모릅니다.

때때로 이들이 만들어내기가 가장 어려운 단 하나의 결정은, 이들이 조직화하고 봉사하는 데 뛰어난 바로 그 독립체를 떠나는 것의 관심사입니다. 적지 않은 이들의 문제는 이 영역에서 갖는 (사회적인 기준으로 측정되는) 이들만의 성공입니다. 어쩌면 이들의 가치를 알아보는 다른 조직이나 회사가 이들을 그만두게 하려고 탐구하는데, 이차적인 활동이 이들의 삶에서 일차적인 중요성을 맡기 시작할 때 위기가 더 자주 발생합니다. 드물지 않게 이런 활동에는 강한 감정적인 뒤섞임을 갖고 있는데, 그 활동은 자주 격정적인 공헌을 요구합니다. 결정을 만들어내는 이들이 낯선 권태감이나 아니면 심지어 마비까지 시달리는 자기 자신을 알아차릴지도 모르는 곳이 바로 여기입니다. 일차적인 활동을 포기하거나 잃어버리는 것에 대한 두려움, 즉 이들이 이차적인 활동에서 만족스럽게 실연해보일 수 있을지에 관한 의구심은 이들을 활동하지 못하게 방해합니다.

이들 중 다수는 남성이든 여성이든 분노와 공격성이라는 문제를 갖고 있습니다. 드물지 않게 이들은 신체적으로 만만치 않은 사람, 심지어 협박까지 하는 사람입니다. 이들은 그런 세몰이를 전달하면서 자신의 그룹이나 단독의 노력을 새로운 최고치의 실연, 질서, 규율로 몰아댈 능력이 있고, 아니면 승화시키거나 분출되는 한 무리의 형식으로 주기적으로 등장하는 공격적인 충동을 억제할 능력이 있습니다. 기이하게도, 이들 중 다수의 자기-보증적인 외관 뒤에는 남모르는 소심함이 놓여 있고, 깊이 자리잡은 두려움을 놓아버리는 것에 대한 꺼림이 그 소심함과 함께 놓여 있습니다.

따라서 이들이 언제나 만들어내는 가장 중요한 결정은, 즉 행복과 성공 모두를 보장하는 실상적인 경력의 결정을 단순히 만들어내는 결정, 및/또는 이들이 어떤 유형의 사람을 만나거나 여전히 관여하고 싶은지에 관해 정직해지는 결정은, 바로 타인들을 위한 것이 아니라 자기 자신을 위한 것입니다. 공적인 삶과 사적인 삶 모두에 대한 진정한 격정을 인정하는 이들은 자신의 상당한 에너지를 그 격정에 바치는 데 필수인 모진 선택을 만들어낼 때까지, 이들은 안전한 업무나 안전한 생활 국면을 떠나는 꿈을 남몰래 꾸면서, 그 업무나 국면을 극기하듯이 고수할, 즉 [그 선택을] 미루고, 합리화하며, 그 업무나 국면이 작동되도록 만들어내기 위해 노력하는 것을 극기하듯이 고수할 숙명일지도 모릅니다. 이들이 자신의 가슴을 따르고 자기 자신에게 정직해질 수 있는 용기를 불러일으키기 위해 실로 엄청난 강인함이 이들에게 요구될 것이지만, 만약 이들이 정말 그렇게 할 능력이 있다면 그 보상은 상응하여 대단할 것입니다.

▶ 일간 특성
강점; 질서정연한, 강력한, 결단적인
약점; 변화에 저항하는, 자기를 못 알아채는, 미루는

▶ 명상
나는 오직 세상만을 위해서 실존하는데, 나는 누구에게도 특히 나 자신에게 속하지 않습니다.

▶ 조언
당신의 실상적인 욕구와 원함을 직시하라.
개인적인 결정에 너무 오래 고뇌하지 마라.
당신 자신에게 정직해지도록 노력하라, 당신의 진정한 느낌을 억압하는 것을 주의하라.
정신적인 통제는 당신을 단지 어느 정도까지만 데려갈 수 있다.
놓아주는 법을 체득하라.

▶ 건강
이들은 자주 단체와 함께 작업하기 때문에, 이들은 어지간히 구조화된 삶을 영위할 가능성을 갖고 있고, 따라서 이들은 정기적인 식사, 운동 및 수면 일정을 잡는 것이 가능합니다. 이런 고도로 신체적인 사람에게 권장되는 활기찬 운동은, 하이킹과 등반에서부터 성취 지향적인 활동과 경쟁적인 팀 스포츠까지 망라할 수 있습니다. 보통의 잘 균형 잡힌 식사는 이들의 일반적인 건강함을 유지하는 데 도움될 것입니다. 이들은 특히 이전에 감정적인 문제들에 대처해오지 않았다면, 혼자 감당하는 데 곤란을 갖고 있는 정기적인 심리적 위기가 생기기 쉬울지도 모릅니다. 보살피면서 객관적이 될 능력이 있는 치료사, 조언자 또는 가까운 친구의 조언을 탐구하는 것이 바람직합니다.

▶ 수비학
27일에 태어난 사람은 숫자 9(2+7=9) 및 화성에 통치됩니다. 숫자 9는 (이를테면 5+9=14, 4+1=5처럼 9를 더한 어떤 숫자도 그 숫자가 되고, 9×5=45, 4+5=9처럼 9를 곱한 어떤 숫자도 9가 되므로) 다른 숫자에 대한 영향이 강력하고, 7월 27일에 태어난 이들도 비슷하게 자신의 주위 사람들에게 영향을 끼칠 능력이 있습니다. 강압적이고 공격적인 화성은 (사자자리의 통치자인 태양이 예고해주는) 남성적인 에너지를 체화해주고, 따라서 이들 중 여성은 여성성에 대한 전통적인 발상을 가진 사람들에게 지나치게 군림하는 것으로 보일지도 모릅니다.

▶ 원형
아홉 번째 메이저 카드는 대개 등불과 지팡이를 들고서 걷는 '은둔자'이고, 그는 명상, 고립, 침묵을 대변합니다. 그 카드는 확고해진 지혜와 궁극적인 단련을 암시합니다. 은둔자는 양심을 사용하여 타인들로 하여금 그들의 행로를 유지하게 해주는 임무 감독관입니다. 이 카드의 긍정적인 면은 집요함, 목적, 심오함, 집중력이고, 부정적인 의미는 교조주의, 불관용, 불신, 만류를 포함합니다. 이들은 세상에서 물러나는 것의 가치 및 자신의 가치에 대해 주기적으로 검토하는 것의 가치를 은둔자에게서 배워야 합니다.

7월 28일
승리자의 날
The Winner

▶ 심리구조

7월 28일에 태어난 이들은 자주 자신의 사회적인 또는 업무적인 분야에서 첫째가 되려는 강한 욕망을 구현합니다. 권위에 대한 이들의 형식은 문자 그대로 이들의 개성에 체화됩니다. 이들이 말하거나 생각하는 것보다 더 중요한 것은 [선민의식인] '자신이 무엇인지'입니다. 심지어는 이들 중 가장 순한 사람에게 접하는 사람들조차도 보조적인 위치를 차지하는 것이야말로 이들이 갖고 있는 속마음이 아님을 일찍 배울 것입니다. 이들은 단지 폭풍우를 헤쳐나가는 것에만 만족하지 않고 정상에 오르는 것에 만족하는 실상적인 생존자입니다.

이들은 오락실에서 침실까지, 또 기업 회의실의 내면 밀실에 이르기까지 삶의 온갖 영역에서 우세해지려고 탐구합니다. 물론 이런 내몰리는 성격은 대단한 감정적인 도전에 직면합니다. 이들이 어떤 대가를 치르더라도 자신의 목표에 덤벼들 때 타인들은 묵묵부답인 이들 자신을 알아차리거나 이들이 둔감하다고 비난할지도 모릅니다. 게다가 이들이 자신만의 방식대로 하려고 얼마나 결단적일 수 있는지를 타인들이 깨달을 때 이들은 자신의 계획에 대한 저항을 불러일으키기 쉽습니다.

이들은 세상에서 자신의 길을 더 쉽게 만들어갈 수 있는 특정한 '대인관계 기술'을, 그중에서 외교력, 참을성, 이해심을 길러야만 합니다. 만약 이들이 자신의 이해관계가 자주 타인들의 이해관계와 밀접하게 묶여 있음을 알게 되고, 자신이 더 커다란 그룹 일부임을 느끼게 된다면, 이들은 졸업해서 더 고도로 진화된 상태가 될 것입니다. 만약 이들이 그런 성장에 저항해서 고립된 코스를 추구하기로 고집한다면, 이들은 결국 자신의 가장 친한 친구들조차 멀어지게 할 것입니다.

우아하게 지는 법을 체득하기가 이들에게 또 다른 중요한 공부입니다. 이들은 결국 어떤 대가를 치르더라도 이기려는 욕망이 대다수 형식의 인간 상호작용에 역효과임을 알아야만 합니다. 이들이 그런 깨달음을 얻는 데는 일련의 패배가 필요할지도 모르지만, 이들은 매우 자주 매력적이고 역동적인 사람이므로, 절대 그런 이해심에 이르지 못할 수도 있습니다.

결국, 이들은 신뢰, 수용, 사랑이 포함된 이슈에 직면합니다. 사랑 영역은 확실히 가장 힘겹게 획득되지만, 가장 보상받는 개인적인 계발이 성취될지도 모르는 영역입니다. 조건 없이 사랑을 주는 법 및 거의 유보하지 않고 타인에게서 사랑을 받아들이는 법을 체득하는 것은, 확실히 그런 성장의 통합적인 부분입니다. 그러나 이들에게 이것은 우선 사랑 관계를 '덜' 경쟁으로, 즉 힘과 통제가 중심적인 이슈인 남녀 간의 격정적인 전투로 바라보지 않기 위해 이들이 지닌 사고방식의 방향을 바꾸는 것을 수반하고, 경쟁과 전투로 보는 대신 관계에서 '더' 영속하며, 공유하고, 실용적인 방식에 중점을 두고 전환하는 것을 수반할 수 있습니다. 이들이 본심으로 그런 긍정적인 변화를 겪은 후에는, 신뢰하고 헌신할 가치가 있는 바른 동반자를 찾아내는 것이 다음 단계입니다.

▶ 일간 특성
강점; 긍정적인, 지략이 뛰어난, 역동적인
약점; 둔감한, 고립된, 저항하는

▶ 명상
전염병은 인류가 공유하려는 욕구의 표현입니다.

▶ 조언
조건 없이 주는 법을 체득하라.
애정과 친절을 키워라.
타인들의 가장 좋은 이해관계가 당연히 당신만의 가장 좋은 이해관계일지도 모른다.
'승리'는 때때로 지는 것일 수 있다.

▶ 건강
위에서 언급된 것처럼, 이들은 생존자입니다. 그러므로 이들은 사고와 부상을 당한 후에 질병을 극복하고 재활하는 대단한 수용력을 소유합니다. 하지만 이들은 모든 핸디캡이 정복될 수 없고, 특정한 만성적인 질환이나 질병은 치료보다 예방이 더 낫다는 점을 배워야만 합니다. 이들이 자신에게 무엇이 잘못되었는지를 받아들이는 것을 거부하는 것은 때때로 상황이 더 악화하게, 드물게는 비극적으로 악화하도록 만들어낼 수 있습니다. 이들은 절제식의 한계에 저항하는 습관도 또한 갖고 있습니다. 훌륭한 영양사나 가족 주치의, 동종요법사의 조언을 탐구하고 그들의 권고를 따르는 것은 고도로 유익합니다. 극도로 경쟁적인 자신의 천성 탓에 이들은 스포츠에 끌리지만, 너무 열광하거나 사로잡히지 말아야 합니다.

▶ 수비학
28일에 태어난 사람은 숫자 1(2+8=10, 1+0=1) 및 태양에 통치됩니다. 숫자 1에 통치되는 사람은 첫째가 되는 것을 좋아하고, 규정된 관점이 있으며, 정상에 오르기를 열망합니다. 7월 28일에 태어난 이들은 자신의 별자리인 사자자리에 대한 태양의 통치력에 의해 두 배로 강조되는, 강하게 지배적인 유형이 되는 경향이 이미 있기에, 이들은 자신의 권력을 향하라는 몰아댐에 압도되는 것 또 자신의 에너지 속에 주위의 누구든 빠지게 하는 것을 주의해야만 합니다.

▶ 원형
첫 번째 메이저 카드는 마법뿐만 아니라 지성, 소통, 정보를 상징하는 '마법사'입니다. 그의 머리 위의 무한대라는 상징은 일부 타로 종류에서는 모자의 형식을 취하고, 다른 종류에서는 후광의 형식을 취합니다. 많은 해석이 도출될지도 모르는데, 그중 하나는 마법사가 순환적이고 끝나지 않는 삶의 천성을 알아보고, 이런 이해심에 의해 힘있게 된다는 것입니다. 이 첫째 카드가 제안하는 긍정적인 특성은 외교적인 기술과 빈틈없는 기민함을 포함하지만, 부정적인 특성은 양심의 가책 결여와 기회주의입니다. 자신의 힘을 도덕적인 목적에 사용하든, 아니면 부도덕한 목적에 사용하든 간에 선택은 이들에게 달려있습니다.

7월 29일
문화적인 평가의 날
Cultural Assessment

▶ 심리구조

7월 29일에 태어난 이들은 자신의 주위 사람들의 특징, 잠재력, 도덕성, 업적을 판정하는 데 고도로 능숙합니다. 게다가 이들은 자주 가족이나 사회, 조직 속에서 역동적인 과정의 결말에 관해 매우 인상적인 예측을 만들어낼 능력이 있습니다. 이들 중 사업이나 정치, 정부, 군대라는 경쟁 세계에 관여하는 사람은 외국의 독립체 및/또는 반대세력에 대한 기민한 평가자가 되는 경향도 또한 있습니다.

물론 이들에게 수반되는 한 가지 어려움은, 문화와 민족, 국적에 관한 관찰들을 만들어낼 때, 어떻게 해서든 이들이 정형화하고 편견을 가진 사고방식에 이바지할지도 모른다는 점입니다. 이들 중 다수는 이런 점에서 아슬아슬한 줄타기를 합니다. 때때로 이들은 자기 자신이 충성해야 하는 그 집단이 관련되는 맹점을 갖고 있지만, 가장 자주 자신만의 집단보다 자신이 관찰하는 다른 집단들에 관해서는 더 올바릅니다. 이들의 애국심은, 이들의 객관성을 흐리게 할 수 있는 것으로 보입니다.

애국심에 대한 은유는 물론 어쩌면 스포츠팀, 회사, 사회단체 등에 대한 다른 충직을 가리킬 수 있습니다. 자신의 모임 속에서, 이들은 행사의 조직자와 기획자로서 잘 기능합니다. 이들은 대개 자신의 자녀, 동무, 친척들을 대단한 자랑으로 여기고, 온 가족이 포함되는 사교적인 행사에 중요성을 둡니다. 이들은 특히 자신만의 부부 가족 단위의 통합이나 물질적인 안전에 관한 어떤 위협에 대해서도 맞서서 그 가족 단위를 방어하면서, 그 단위에 대해 보호적인 경향이 있습니다.

집단의 성격과 관계에 대한 이들의 지식 덕에 이들은 언쟁에서 뛰어난 중재자인 것으로 판명될지도 모릅니다. 대표자와 협상가의 문화를 이해하는 것은, 다층적인 의전을 포함해서 관련된 당사자들에게 접근하는 방법에 대한 즉각적인 통찰력을 이들에게 줍니다. 교실의 교사 또는 사회복지사, 노동중재자, 정당작업자로서 이들은 극도로 가치 있는 사람이 될 수 있습니다.

물론 이들이 개별인들을 집단과 범주 속에 배치하는 성향을 갖고 있으므로, 이들은 때때로 중요한 개별적인 차이점을 간과해버릴 수 있습니다. 부모로서 이들은 자신이 자신의 자녀를 개별인으로 대하고, 개별성 일반을 촉진한다는 점을 확실히 해야만 합니다. 집단에 대한 이들의 예외적인 충직 탓에, 이들은 자신도 역시 자신의 개인 생활에서 결단적이려고 욕구하는 자유 의지의 사람임을 잊어버릴지도 모릅니다. 너무 자주 이들은 자신이 속한 집단에 자신의 실수에 대한 책임과 책무를 내어주고, 공정하게 자신의 성공에 대한 공로도 양도하는데, 그렇게 할 시 이들은 자신의 개인적인 이상에 대한 시야를 잃어버리고 자신만의 이념을 계발하는 데 실패할지도 모릅니다.

▶ 일간 특성
강점; 관찰력이 예리한, 충직한, 개념 지향적인
약점; 고집적인, 배타적인, 제한된

▶ 명상
기억해내는 법을 잊어버리세요, 잊어버리는 법을 기억해내세요.

▶ 조언
지나치게 일반화하지 않도록 노력하라, 각각의 사람은 개별적임을 기억해내라.
당신만의 개인적인 과정을 등한시하지 마라.
당신의 계승을 자랑으로 여기지만, 그 계승으로 당신 자신을 포장하지 마라.

▶ 건강
이들 중 일부는 자신의 부모나 형제들이 겪는 유전적인 질병에 지나치게 관련되고, 불운하게도 자신도 역시 유사한 숙명에 속박될 것이라고 확신합니다. 이들은 또한 자신의 중독, 심리적인 불안정 또는 결점을 가족력으로 여길지도 모릅니다. 많은 질병이 실로 유전적으로 전염되지만, 심지어 전염되는 경우일지라도 이들은 생활방식과 건강 선택이 하나의 요인이고 처치, 재활 및 '장애를 극복하기'는 유전학의 문제가 아니라 적극적인 과정이라는 점을 알아봐야만 합니다. 구조 지향적인 이들은 대개 특정한 식단과 수면 패턴의 지혜에 동의하고, 대체로 건강 관리에 대한 건전한 발상을 갖고 있습니다.

▶ 수비학
29일에 태어난 사람은 숫자 2(2+9=11, 1+1=2) 및 달에 통치됩니다. 숫자 2에 통치되는 사람은 자신을 리더보다 좋은 협업자와 동반자로 자주 만들어내고, 이런 자질은 7월 29일에 태어난 이들의 더 집단 지향적인 가치에 적합합니다. 하지만 이 가치는 개별적인 주도권과 활동에 제동장치로도 또한 작용하면서, 좌절감을 연출할지도 모릅니다. 이것은 강하게 반사적이고 수동적인 경향을 지닌 달에 의해 더욱 강화될지도 모르지만, 이들의 능동적인 측면도 또한 태양(사자자리의 통치자)의 영향력에 의해 강조됩니다. 부차적인 숫자 11(2+9=11)은 (개념 지향적인 이들을 현세로 데려오는) 신체적인 차원에 대한 느낌을 줄 것입니다.

▶ 원형
두 번째 메이저 카드는 자신의 왕좌에 앉아 침착함과 뚫지 못함을 보여주는 '여사제'입니다. 그녀는 숨겨진 세력과 비밀을 드러내서, 그 지식으로 우리를 힘있게 하는 영적인 여성입니다. 이 카드의 유리한 자질은 침묵, 직감, 비축, 분별이고, 부정적인 가치는 비밀주의, 불신, 무관심, 타성입니다. 이런 후자의 자질은 활동보다 토론을 선호할지도 모르는 이들에게서 발견되는 수동적인 경향에 중점을 둡니다.

7월 30일
가시적인 존재감의 날
Tangible Presence

▶ 심리구조

7월 30일에 태어난 이들은 실로 자신의 존재감을 매우 신체적인 방식으로 느끼도록 만들어냅니다. 이들은 재력이 있는 사람일 뿐만 아니라 삶의 물질적인 측면이 작용하는 방법에 대한 감각도 또한 갖고 있습니다. 자신의 지배권이 있는 지상에 거주하는 견실하고 건장한 이들은, 자신이 자신의 영적인 면을 계발해야 한다는 점에서 자신을 확신시키기 힘겨울지도 모릅니다. 지금 여기에, 즉 상황에 응하는 에너지에 얽매이는 이들은 내면성찰 혹은 철학적인 거리두기에 전문인 것은 아닙니다.

가장 자주 이들은 자신의 생각과 창조성을 매우 강력한 또/혹은 심미적인 태도로 표현합니다. 하지만 인생 후반부에 이들은 형이상학적인 질문을 숙고하는 데 자주 마음을 더 엽니다. 그 이유 중 하나는 죽음이라는 주제가 이들이 감당하기에 극도로 어렵다는 점입니다. 한편으로 이들은 자신의 실존에 대한 완전한 종말을 믿기 힘들어함을 알아차리고, 다른 한편으로는 불멸의 영혼에 대한 신념을 갖고 있기가 똑같이 어렵다는 점을 알아차립니다. 종교와 철학에 대한 이해관계는 자주 토성의 둘째 귀환 후에(56세 즈음) 이들에게 표면화되면서, 이들의 삶에 완전히 새로운 차원을 열어줄 것입니다. 그때까지 이들은 극도로 실용적이고 세속에 얽매이는 코스를 계속할 것입니다.

사랑이라는 주제도 또한 이들에게 아플지도 모릅니다. 이들 중 다수는 '순수한' 사랑을 신체적인 욕구 및 욕망과 조화시키기 어려움을 알아차리고, 그 귀결로 자신의 느낌에 대해 특이하고 이상하며 엉뚱한 표현을 탐구합니다. 만족을 주는 '정상적'이고 직설적인 사랑 관계를 찾아내는 데 겪는 이들의 어려움은, 자신을 위태로운 국면 속으로 이끌면서, 강력한 공상의 삶도 또한 일깨울지도 모릅니다. 불운하게도 이들 중 일부는 진정한 사랑은 손이 닿지 않는, 즉 성취하는 데 불가능하다는 사실에 체념하게 됩니다. 그런 인정으로 하여금 자신의 일반적인 전망을 냉소적인 배역으로 채색하도록 허용하는 이들은, 자신의 개인적인 계발이 저지될 수 있습니다.

모든 종류의 신체 활동은 이들에게 이해관계를 제시합니다. 이들 중 심지어 더 섬세하고 덜 강건한 사람은 대체로 스포츠, 인체, 미인대회 및 모델업계, 그리고 인간 형식에 대한 모든 유형의 미화에 두드러진 이해관계를 표출합니다. 이런 이해관계는 고도로 미적이고 예술적이거나, 아니면 단지 평범하고 천박할 수 있습니다.

이들은 비합리적인 두려움과 공포증에 대처하기가 극도로 어려움을 알아차리고, 예기치 않게 표면화되는 무서움에 당황하게 될 수 있습니다. 이들이 자신을 의탁하기 위해 이전에 정신적인 혹은 영적인 훈련을 갖고 있지 않은 한, 이들은 자주 그런 불안에 대처하기 위한 준비를 갖추지 못합니다. 하지만 그런 비합리적인 경험은 이들 주위의 분명해지는 물리적인 세상의 대상들 배후에 놓여 있는 것에 관한 이들의 호기심을 자극할 수 있습니다. 이것은 다만 이들이 영적인 문제에 대한 이해관계를 계발하려는 이들의 욕구에 자극제일 수 있습니다. 도전 지향적인 이들은 실상의 개인적인 성장으로 이어질 수 있는 자신의 두려움을 극복하고 싶고, 자신의 약점을 정복하고 싶을 것입니다. 이들은 자신이 무엇보다 더 싫어하는 동떨어진 느낌

대신 삶에 대한 더 깊은 이해심를 탐구할지도 모릅니다.

▶ 일간 특성
강점; 굳건한, 심미적인, 결단적인
약점; 공포증이 있는, 억눌려진, 세속에 얽매이는

▶ 명상
천체(天體, 하늘의 몸)

▶ 조언
물질세상 너머를 알아보려고 노력하라.
당신의 정신적인 재능을 계발하라.
당신을 변화시킬 수 있는 더 깊은 감정적인 접속 및 새로운 경험에 당신 자신의 마음을 열라.
형이상학적인 주제에 대한 이해관계를 키워라.

▶ 건강
이들은 대개 자신의 몸이 함께하는 선-생각을 보여주고, 자신의 몸을 과시하고 아니면 이목을 의식하며, 몸을 감추려고 최선을 다합니다. 이들 중 신체적으로 억눌려진 일부는 건강염려증의 경향을 구현할지도 모릅니다. 부모로서 이들은 감정적인, 직감적인, 정신적인 자질을 등한시하면서, 삶의 신체적인 측면에 과한 중점을 둘지도 모릅니다. 자신만의 연령대 집단과 상호작용할 시, 마치 만약 이들이 부정적인 느낌을 방출한다면 통제력을 잃어버릴 것을 두려워하는 것처럼, 이상하게도 이들은 억압된 공격성으로 상당한 고통을 받을지도 모릅니다. 말할 필요도 없이 정기적인 운동과 다양한 심미적이고 성적인 형식의 표현이 이들에게 중요합니다. 마사지, 지압요법, 요가, 음악, 조각 등 표현의 모든 촉감적인 형식이 취미로 제시됩니다. 과식은 이들에게 문제로 판명될지도 모릅니다. 과잉 단백질과 설탕에 대한 갈망은 주기적으로 탐닉될지도 모르지만, 지속해서 통제되어야 합니다.

▶ 수비학
30일에 태어난 사람은 숫자 3(3+0=3) 및 목성에 통치됩니다. 숫자 3에 통치되는 사람이 자주 자신의 분야에서 높은 위치에 오르려고 탐구하므로, 7월 30일에 태어난 이들은 당연히 재정적인 및 물질적인 성공 쪽으로 내몰릴지도 모릅니다. 숫자 3에 통치되는 사람은 자신의 독립을 사랑하고, 결단적인 경향이 있습니다. 목성은 태양(사자자리의 통치자)에서 파생된 생명력과 용기 덕에 강화된 낙관적이고 확장적인 사회적 전망을 이들에게 빌려줍니다. 불운하게도 이들은 자신의 미래에 관해 가당찮게 낙관적인데, 실패를 감당하거나 혹은 심지어 인정하는 채비조차도 갖추고 있지 않을지도 모릅니다.

▶ 원형
세 번째 메이저 카드는 창조적인 지성을 대변하는 '여황제'입니다. 그녀는 완벽한 여성형, 즉 실현된 우리의 꿈이자 체화된 우리의 희망과 열망이라는 최고의 여성성인 대지의 양육자입니다. 이 카드는 매혹, 우아함, 조건 없는 사랑이라는 긍정적인 특성을 전해주고, 완벽하지 못함에 대한 불관용뿐만 아니라 허영심과 꾸며냄이라는 부정적인 측면도 또한 전해줍니다.

7월 31일
인간적인 초상의 날
The Human Portrait

▶ 심리구조

7월 31일에 태어난 이들은 인간 존재가 된다는 것이 무엇을 의미하는지에 대한 특별한 이해관계를 취합니다. 인간의 천성이 관련되는 철학적이고 도덕적인 의문들은 사람들의 특이하고 비정상적인 측면이 관련된 특별한 곳에 이들을 몰두시킵니다. 그 귀결로 인류의 행동이 관련되는 어떤 질문도 이들에게 제한되지 않고, 어떤 주제도 검토하고 토론하는 데 좀처럼 너무 혼란스럽지 않을 것입니다. 순교자, '성인과 다른 고도로 영적인 인물' 및 그들의 친절하고 용기 있는 활동이 이들을 매료시키듯이 박해, 투옥, 압제, 고문에 관한 이야기들도 이들에 대한 홀림을 담고 있을지도 모릅니다. 이것은 이들이 인류에 대한 자신의 이해관계를 오직 예외적인 사람들에게만 비축한다는 점을 암시하지 않고, 반대로 이들은 사람들의 일상생활, 관습, 습관에도 또한 몰두하게 됩니다.

이들은 자신이 터득했던 것을 공유하고 전달하려는 대단한 욕구를 갖고 있습니다. 이들 중 더 내향성의 인격은 자신의 인상을 서면(일기, 편지, 수필)이나 미술, 특히 소묘와 그림으로 자주 기록하고, 외향성의 인격은 직접적인 사회적 상호작용을 통해 자신의 이바지를 만들어내기를 바랄지도 모릅니다. 어느 경우든 이들에게 결부된 두드러지게 서술적인 재능이나 시각적인 재능이 현존합니다. 내향성의 유형과 외향성의 유형 양쪽 모두 이상적인 남성이나 여성, 이상적인 사회에 대한 자신의 관념을 장려하는 데 자주 이해관계를 표출합니다.

이들 중 대다수는 자신으로 하여금 항상 자신의 가족과 친구의 마음에 들게 만들어내는 것은 아닐지도 모르는 자신의 작업을 다른 무엇보다도 우선시합니다. 가족 구성원으로서 이들은 드물지 않게 논쟁의 주제와 비판의 대상이 됩니다. 정확하게 이런 이유로 이들 중 일부는 심지어 혼자서 살기로까지 선택할지도 모르는데, 이것은 마치 이들이 인류 일반에 너무 많이 개입해서 개인적인 상호작용을 위한 시간을 지대하게 갖고 있지 않은 것과 같습니다.

이들은 대체로 실용적이고 실상화된 전망을 갖고 있지만, 때때로 비관적인 쪽으로 향하는 경향이 있을지도 모릅니다. 만약 자신의 주위 삶에 대한 이들의 평가가 지나치게 부정적이 되고 안으로 전환된다면, 그것은 진정한 불행을 만들어낼 수 있습니다. 따라서 이들의 실상주의는 소중하고 건전할 수 있지만, 절대 파괴적인 부정성이 되지 말아야만 합니다. 이들은 자신의 당면한 주위 세상이 자신의 노력을 통해 대단히 개선될 수 있고, 더 보편적인 사회 이슈에 대한 자신의 투신이 덜 유용할지도 모른다는 점을 자기 자신에게 상기시켜야만 합니다. 어쩌면 매일의 친절함을 실천하는 것이야말로 이들이 그렇게 대단히 찬양하는 이상적인 인간 존재가 되는 가장 좋은 [준칙을 제정할] 기회를 자기 자신에게 성립시킵니다.

▶ 일간 특성
강점; 관찰력이 뛰어난, 표현적인, 시각적인
약점; 초조해하는, 방해받는, 고립된

▶ 명상
모든 [인류를 사랑한다는] 말은 거짓말입니다.

▶ 조언
비관주의가 당신의 삶과 작업에서 중심적인 위치를 차지하게 하지 마라.
당신의 실상주의가 불행을 위한 처방전이 되지 않도록 하라.
당신의 지식을 공유하고 당신의 주위 사람들에게 통찰력을 가져다주라.

▶ 건강
이들은 자신의 건강을 등한시하는 것에 주의해야만 합니다. 이들은 타인들의 복지나 지적인 관심사에 너무 얽매여서, 균형 잡힌 식단, 건강한 수면 패턴 그리고 건설적인 신체 운동의 중요성에 관해 잊어버릴지도 모릅니다. 곡류, 신선한 과일, 채소의 비율이 높은 잘 균형 잡힌 식단 및 적당하나 정기적인 단백질 섭취가 제안됩니다. 만약 이들이 잠자리에 들 때 '자신의 장막을 명료하게' 할 능력이 없다면 끝없는 되새김은 불면증을 유발할지도 모릅니다. 그런 패턴에서 이들을 꺼내는 데 도움을 주는 독서, 명상 아니면 어쩌면 섹스나 대화 같은 어떤 건강한 추구는 모두 좋은 발상입니다. 인간의 행동 및 상호작용에 갖는 앞서 언급된 이해관계는, 팀 스포츠로 하여금 이들 중 다수에게 매력적이도록 만들어주지만, 전문적인 체육인이 아닌 한에서 이들은 자신의 관여를 적당한 수준으로 유지해야 합니다.

▶ 수비학
31일에 태어난 사람은 숫자 4(3+1=4)와 31 그리고 천왕성에 통치됩니다. 오직 7개 달만이 31일을 갖고 있으므로, 31일은 생일에 대해선 흔치 않은 숫자이고, 31일에 태어난 이들은 타인들이 이해하기가 자주 까다롭습니다. 숫자 4에 통치되는 사람은 또한 고집적이고, 다소 논쟁적일 수도 있습니다. 비록 이들이 강압적인 이미지를 제시할지도 모르지만, 이들은 사실상 감정적인 상처와 거절에 매우 취약합니다. 천왕성은 태양(사자자리의 통치자)의 강한 영향력과 뜨거운 에너지에 의해 7월 31일에 태어난 이들에게 고조된 자질인, 폭발성과 가변성을 예시해줍니다.

▶ 원형
네 번째 메이저 카드는 자신이 지닌 권력의 일차적인 원천인 지혜를 통해 구체적이고 세속적인 것들을 다스리는 '황제'입니다. 황제는 안정되고 현명한데, 그의 권위라는 세력은 의심받을 수 없습니다. 이 카드의 긍정적인 연관성은 강한 의지력과 확고부동한 에너지이고, 부정적인 예시는 완고함, 압제, 심지어 잔인성까지 포함합니다.

8월 1일
독창적인 스타일의 날
Original Style

▶ 심리구조

8월 1일에 태어난 지배적인 이들은 고도로 개인적일 뿐만 아니라, 어떤 장애물이 있을지라도 타인들을 자신의 관점 쪽으로 설득하는 데 결단적입니다. 자신이 하는 것에서 자신이 최고라고 아는 데 만족하지 않는 이들은 자신의 작업에 의한 질을 통해서 아니면 자신 인격의 순수한 설득력을 통해서 타인들에게 이런 깨달음을 강요해야만 합니다. 이들은 그 과정 중에 많은 퇴보, 좌절감, 실망감이라는 고통을 겪을지도 모르지만, 좀처럼 자신의 노력을 포기하지 않습니다.

이들은 인생에서 자신의 특정 사명을 즐겁고 열정적으로 따르면서 개혁운동가라는 인상을 줄 수 있습니다. 하지만 진지하고, 심지어 극기까지 하는 외관 뒤에, 이들은 놀랄 만큼 계발된 유머 감각을 갖고 있습니다. 그런 유머는 종종 어두운 면에 연결되어 있고, 고도로 빈정대거나 비웃는 어조를 띨 수 있습니다. 이들은 무서운 정확도의 가시돋힌 말로 겨냥하는 데 유능하지만, 자신의 내면 대화 속에서 자기 자신에 향해서도 똑같이 무자비할지도 모릅니다.

이들은 잘 지내기에 가장 편한 사람은 아닙니다. 이들이 용인하는 유일한 보스는 이들 자신이므로, 이들은 대체로 윗사람과 함께 작업해야만 하는 직무에 적합하지 않습니다. 이들 중 대다수는 기저에 놓인 열등감으로 고통받는, 예외적인 사람으로 가족이나 작업장, 예술계 내에서 리더의 역할에 편안해합니다. 그런 이들에게는 특히 삶이 어려운데, 이들은 '우두머리'가 되는 것에 적격하지 않고, '용기 있는 사람'이 되는 것에 불만족하기 때문입니다.

이들은 자주 소용돌이치는 논쟁 세계의 중심에 휘말립니다. 자신이 무엇을 하든 간에 이들은 타인들의 이해관계를 불러일으키고 때로는 적대감을 자극하는 것으로 보입니다. 이들이 말로 자기 자신을 방어하는 데 고도로 능숙하므로, 이들을 향해 유도되는 부정성을 다루는 것은 실로 제2의 천성이 될 수 있습니다. 하지만 이들은 종종 보호막 뒤로 물러나서 세상이 간섭하지 않게 되기를 선호합니다. 어쩌면 외부인들이 절대 볼 수 없는 이들의 외딴 은신처는 이들에게 생명처럼 중요하고, 결국 이들이 있기에 가장 마음이 드는 곳입니다.

이들은 자신의 분명해지는 자급자족에도 불구하고, 적어도 일부 필수품이나 품위물 및 안정된 본거지에 대해선 타인들에게 예외 없이 의존하게 됩니다. 하지만 이들이 어떤 개인적인 관계에서도 베풀 능력이 있는 것은, 자신만의 작업과 사적인 세계가 함께하는 자신의 선-생각에 의해 제한될지도 모릅니다. 오직 많은 우여곡절에 대해 준비된 친구와 동무만이 이들에게 관여하게 되어야 합니다.

이들의 가장 대단한 강점 중 하나는, 자신이 살아가는 세상을 '베일이나 환상 없이 수정처럼 투명한 방식으로' 바라보는 이들의 수용력입니다. 이들 자신은 온갖 종류의 상징, 미스터리, 역설을 창조하는 데 마스터일지도 모르지만, 자신만의 명료한 비전은 상황의 근본적인 본질에 대해 좀처럼 시야를 잃어버리지 않습니다.

▶ 일간 특성
강점; 강력한, 실상화된, 예지적인
약점; 까다로운, 고립되는

▶ 명상
어떤 사람은 소망하고, 어떤 사람은 찬양합니다.

▶ 조언
당신 주위 사람들의 느낌에 대해 주의하려고 노력하라, 당신 자신을 그들에게서 단절시키지 마라.
일상의 일을 돌보려고 당신의 개혁운동에서 휴식시간을 취하라.
당신의 격렬함이 빚어낼지도 모르는 적의에 주의하라.
필요할 때 타협하는 법을 체득하라.

▶ 건강
이들은 자신의 건강에 관해 일종의 교만이나 혹은 심지어 오만함을 갖고 있을지도 모릅니다. 그 귀결로 이들이 예상치 못한 질병으로 고통받는 것은 특이하지 않습니다. 이들은 심장을 정기적으로 검진하는 시점을 만들어내고, 등 통증에 대처할 때 좋은 체형교정사와 상담해야 합니다. 등 아래쪽의 불편함이나 중압감은 스트레스에 관련될지도 모르므로, 책상에 얽매여 일하는 사람은 자세를 알아채고 휴식 기간을 가져서 스트레칭을 해야 합니다. 삶 일반에 대한 이들의 권위주의적인 태도 탓에, 이들 중 일부는 자기 자신을 자신만의 건강에 대한 권위자로도 또한 간주하면서, 가족과 의사 모두의 충고를 무시할지도 모릅니다. 이들의 건강 선택을 동요시키고 싶은 사람들은 이들에게 단호한 조치를 취해야 합니다.

▶ 수비학
1일에 태어난 사람은 숫자 1 및 태양에 통치됩니다. 1일에 태어난 사람은 첫째가 되는 것을 좋아합니다. 숫자 1에 통치되는 사람은 고집적이고, 정상에 오르기를 열망합니다. 8월 1일에 태어난 이들은 자신의 권력을 향한 부추김에 자기 자신을 잃어버리고, 성취를 위한 이들의 추진력에 자신의 주위 온갖 사람이 빠져버리게 하는 것을 주의해야 합니다. 폭발해서 사라지도록 허용되는 것보다 오히려 꾸준히 흐르도록 유지되어야 하는, (사자자리에 대한 태양의 통치력에 의해 이들에게서 더 강하게 만들어진) 격렬함 및 창조적인 에너지, 불기운을 태양은 전해줍니다.

▶ 원형
첫 번째 메이저 카드는 마법뿐만 아니라 지성, 의사소통, 정보를 상징하는 '마법사'입니다. 그의 머리 위의 무한대라는 상징은 일부 타로 종류에서는 모자의 형식을 취하고, 다른 종류에서는 후광의 형식을 취합니다. 많은 해석이 도출될 수 있는데, 그중 하나는 마법사가 순환적이고 끝나지 않는 삶의 천성을 알아보고, 이런 이해심에 의해 힘있게 된다는 것입니다. 이 첫째 카드가 제안하는 긍정적인 특성은 외교적인 기술과 빈틈없는 기민함을 포함하지만, 부정적인 특성은 양심의 가책 결여와 기회주의입니다. 자신의 카리스마적인 자질을 도덕적인 목적에 사용하든, 아니면 부도덕한 목적에 사용하든 간에 선택은 이들에게 달려있습니다.

8월 2일
다재다능한 서명의 날
The Versatile Signature

▶ 심리구조

8월 2일에 태어난 이들은 다층적인 영역에서 운영하고, 동시에 자신이 하는 온갖 것에 틀림없는 개인적인 인상을 주는 능력이 있습니다. 따라서 비록 이들이 궤도에서 벗어났고, 혹은 입증된 자신의 성공을 포기했으며, 새로운 비실상화된 유혹에 굴복했던 것처럼 타인들에게 자주 보일지라도, 이들은 자신의 본질적인 정체성을 희생시키지 않고 되풀이해서 자신의 가장 최근 노력을 승리로 만들어내는 자신의 능력을 보여줍니다. 카멜레온처럼 이들은 여전히 자기 자신이면서 동시에 변화를 끌어안습니다.

한동안 타인들의 믿음을 몹시 시험하는 일은, 아니면 심지어 그 믿음조차도 잃어버리는 이런 일은 자주 이들에게 문제입니다. 투사인 이들은 대중의 의견이 자신을 흔들어서 위험을 내포하는 것을 혹은 있을 법하지 않은 것을 시도하도록 내버려두는 것은 아닙니다. 이들과 함께 살거나 함께 작업하는 타인들은 어쩌면 수년 후 이들이 하는 것에서 지혜를 알아보기 시작하고, 이들을 더 존중할 뿐만 아니라 겉모습에 상관없이 이들이 내어놓는 발상의 실용성을 믿기 시작할 것입니다.

이들은 가장 민감한 영혼에서 가장 둔감한 영혼까지 온갖 사람을 겪습니다. 대체로 이들은 자신의 행로에서 쓰러뜨려진 사람들에 대해 느끼는 공감을 갖고 있든 없든 간에, 곧장 앞으로 가던 방향을 계속합니다. 하지만 진정한 불도저, 즉 자신의 비전에서 고도로 이상주의적인 이들은 멈춰지기가 힘듭니다. 권력과 돈이 이들에게 엄청난 유혹이지만, 이들은 대체로 그 권력과 돈을 수단 자체가 되는 것보다 목적을 위한 수단으로 어떻게든 활용합니다.

이들의 개인적인 취향과 생활방식은 가장 자주 고도로 비관습적이고, 이들은 지기의 압력으로 하여금 이들에게 순응하는 것을 강요하도록 허용하지 않습니다. 이들 중 더 민감한 사람은 타인들의 비판과 판단에 가혹한 상처를 입을지도 모르지만, 대개 그 상처를 보여주지 않을 것입니다. 자기 자신과 타인들의 느낌을 향한 특정 무자비함이 이들을 특징짓습니다. 따라서 민감한 영혼으로 인생을 시작하는 이들은 결국 감정이 무감각한 캐릭터가 되어버릴 수 있고, 부드러움과 연약함 일반에 대한 이들의 동감은 증가하는 이런 강인함에 반비례하여 점점 약해집니다.

이들이 표출하는 신임은 자신이 할 수 있는 것과 할 수 없는 것을 정확하게 아는 기반 위에 구축되고, 자신의 장래성에 대한 그런 실상적인 평가는 대개 이들의 성공을 보장합니다. 이들은 프로젝트의 온갖 측면을 항상 스스로 행하는 것을 선호하면서, 누구에게서 도움받는 것도 또한 싫어할지도 모릅니다. 하지만 이것은 물질적으로도 영적으로도 이들을 방해할 수 있습니다. 늦든 빠르든 이들은 책임과 의무를 공유하는 것, 즉 본질적으로 깊은 수준에서 신뢰하는 것의 가치를 배워야만 합니다. 이들의 격정은 사랑 문제가 관련된 곳에서 제법 고조되는 경향이 있고, 이들은 자신의 높은 요구를 일정 기간에 걸쳐서 견뎌낼 수 있는 동무를 찾아내는 데 어려움을 보유할 수 있습니다. 따라서 이들의 행로가 당연히 피해자들로 어수선해질지도 모르고, 이들 자신은 도중의 경험들에 의해 다소 닦여질지도 모릅니다.

▶ 일간 특성
강점; 다재다능한, 잘 적응하는, 결단적인
약점; 받아들이지 않는, 단절된, 무책임한

▶ 명상
전쟁은 사회적으로 수용되지 않을 때, 쓸모없게 될 것입니다.

▶ 조언
당신의 민감한 면을 잃지 말라, 그면은 인간성에 대한 당신의 연관성이다.
당신의 이상주의를 유지하되 타인들의 바램도 또한 존중하라.
당신의 가족과 자녀의 욕구를 기억해내라.
타인의 도움을 받아들이는 법을 체득하라.

▶ 건강
(특히 더 감정을 잘 드러내지 않는 유형인) 이들은 자신의 심장과 순환기 계통을 지나치게 압박하는 것을 주의해야만 합니다. 이들이 자신의 작업과 생활방식에서 느긋해질 능력이 없다면, 고혈압은 고령에 특히 이들 중 남성에게 동반되는 어려움일지도 모릅니다. 한 가지 제안은 이들이 자신의 삶을 위한 편안하고 안정된 토대를 구축하는 데 돈, 에너지, 시간을 투자하면서 안전한 본거지를 계발하는 것입니다. 이들은 자신의 식단과 운동 패턴을 전통적인 지혜에 더 긴밀히 연결되도록 노력해야 합니다. 이것은 이들의 역동적인 삶에 최소한 몇 년을 보태줄 것입니다.

▶ 수비학
2일에 태어난 사람은 숫자 2 및 달에 통치됩니다. 숫자 2에 통치되는 사람은 대체로 자신을 리더보다 좋은 협업자와 동반자로 만들어내지만, 이것이 8월 2일에 태어난 이들에게 그리 유효한 것은 아닙니다. 하지만 타인들과 작업하는 이들의 능력은 이들의 성숙함 및 영적인 진화 모두에 대한 어떤 척도인 것으로 판명될지도 모릅니다. 태양이 사자자리를 통치하므로, 이들은 신체적인 인내력의 제한을 넘어 정신적으로 밀어붙이는 것에 대해 경고해주는 달-태양의 연관성 아래 놓이게 됩니다. 달은 이들의 성격 중 단지 민감한 유형에서만 확실해지는 강하게 반사적이고 수동적인 경향을 제안합니다. 만일 이들이 둘째 자녀라면, 그/그녀는 나이가 많은 형제자매에 호응하여 반사적이고 수동적인 역할을 강요받을지도 모르므로, 위에서 언급된 달과 숫자 2의 자질은 훨씬 더 영향을 끼칠지도 모릅니다.

▶ 원형
두 번째 메이저 카드는 자신의 왕좌에 앉아 침착함과 뚫지 못함을 보여주는 '여사제'입니다. 그녀는 숨겨진 세력과 비밀을 드러내서, 그 지식으로 우리를 힘있게 하는 영적인 여성입니다. 이 카드의 유리한 자질은 침묵, 직감, 비축, 분별이고, 부정적인 가치는 비밀주의, 불신, 무관심, 타성입니다. (이 마지막 특성은 이들 중 둔감한 유형에서 확실합니다.)

8월 3일
위태로운 원정의 날
The Dangerous Quest

▶ 심리구조

8월 3일에 태어난 이들은 이런저런 형식의 위태로운 것에 끌려듭니다. 이들의 원정은 대개 자기 자신을 손해의 길에 처하게 하거나 타인들을 손해에서 구출하는 것을 수반합니다. 이들의 목표는 또한 위험과 상관없이 진실을 자신이 알아보는 그대로 드러내는 것일지도 모릅니다. 너무 자주 이들에게 가장 중요한 것에 속하는 것은 진실보다 위험 그 자체입니다. 이들은 자신의 활동을 통해 타인들을 위태롭게 하는 것을 주의해야만 합니다.

평범한 경험을 싫어하는 이들은 자주 집에서 멀리 떨어져서 흥분을 탐구합니다. 이들 중 일부는 실로 땅끝까지 모험하지만, 그 외 사람은 자신의 편안한 의자의 안락함에서 상상의 스릴을 소환합니다. 이들 중 덜 고도로 진화된 사람은 타인들에 의해 빚어지는 흥분에 촉발되고, 대리만족하는 삶을 삽니다. 이들 중 더 고도로 진화된 사람은 직접 체험으로 흥분을 산출하거나 경험할 뿐만 아니라 흥분을 창조적인 혹은 전문적인 작업도 또한 합니다.

이들은 자신이 부상을 입을 대단한 위험에 처할지도 모릅니다. 대개 걱정하는 가족이나 친구의 아무리 많은 설득도, 갈등과 위험에 대한 이들의 홀림에서 이들을 단념시킬 수 없습니다. 이들 중 일부는 대담한 묘기를 최고 등급을 위한 시험으로 바라보고, 그 시험에서 받는 낙제 등급은 파괴와 다름없습니다. 그 외 사람은 불안정성에 중독되어 마치 그 불안정성이 음식이었던 것처럼 위험을 먹습니다. 어쩌면 대의명분을 위해 싸우거나 이상을 옹호하는 사람이 만류되기가 가장 어렵습니다. 이 경우 비록 이들의 연기적인 천성이 더 실용적일 가능성이, 필요하다면 심지어 냉혈하기까지 할 가능성이 있더라도, 이들의 연기는 낭만적이거나 이상주의적인 배역을 떠맡습니다.

구출이라는 관념은, 어쩌면 누군가를 신체적으로 구출하거나 보호하려는 이들의 바람에서, 아니면 심리적으로나 영적으로 그들을 더 안전하고 건전한 곳으로 데려오는 것에서 구현되는 중심적인 홀림도 또한 이들 중 일부를 위해 담고 있습니다. 오르페우스에 의한 에우리디체 구출이나 우간다 엔테베에 대한 이스라엘의 습격은 이들의 상상력을 사로잡을 수 있는 종류의 이야기입니다. 숭배받는 부모의 역할이든, 빛나는 갑옷을 입은 기사의 역할이든, 잔 다르크 순교자의 역할이든 간에 자기 자신을 영웅이나 여걸로 인식하는 것은 이들에게 중요합니다.

이들은 자신의 에고에 대한 통제권을 잃는 것을 주의해야만 합니다. 게다가 이들은 자신만의 감정이나 욕망으로 타인들에게 오인된 투자를 할지도 모르는데, 이를테면 이들이 구하기를 바라는 사람들은 실상 이들에 의해 구원받는 것에 대한 이해관계를 거의 갖고 있지 않을지도 모릅니다. 최종적인 위험은 오직 복용량을 올려야만 약물의 최고치를 얻듯이, 판돈을 몇 번이고 계속 올리지 않는 한, 모험에 대한 이들의 스릴이 사라지리라는 점입니다. 따라서 흥분에 대한 이들의 끈덕진 탐색이라는 중독 천성은, 분명히 모든 경우는 아니나 다수의 경우에 놀랄 만큼 명료해집니다. 연출해내는 목적에 그런 대담함을 활용할 능력이 있는 것은, 이들의 성숙함 및 진화적인 성장의 어떤 척도일 것입니다.

▶ 일간 특성
강점; 용기있는, 이상적인, 결단적인
약점; 무모한, 자기 파괴적인, 예고적인

▶ 명상
호랑이처럼 인간종의 암컷도 또한 유능한 사냥꾼입니다.

▶ 조언
그 불쌍한 희생자가 실상적으로 구출되고 싶은지 아닌지를 세심하게 탐사하라.
타당한 이유 없이 당신 자신과 타인들을 위험에 처하게 하지 않도록 주의하라.
당신의 인생을 한가하고 흥미진진한 공상 속에서 꿈꾸듯 보내지 마라.
균형 있고 결단적인 강인함이라는 이상을 탐구하라.

▶ 건강
이들에게는 다층적인 종류의 사고와 신체적인 부상을 경험할 명백한 위험이 현존합니다. 이들 중 다수는 자신만의 안전에 대한 관심사의 비참한 부족을 보여주고, 빈번하게 근육 긴장, 자상이나 타박상, 심지어 골절상으로 고통받습니다. 전형적인 사자자리 사람의 심장 질환은 이들에게는 좀처럼 문제가 되지 않으나 등 쪽의 근육, 뼈, 인대에 대한 질환이 문제가 됩니다. 이들의 모험심은 모든 종류의 뜨겁고, 맵고, 이국적인 음식으로 이들을 이끕니다. 요리사로서 이들은 상상력과 감식안을 표출하지만, 어쩌면 영양적인 균형과 열량 함량에 약간 더 주목해봐야 할 것입니다.

▶ 수비학
3일에 태어난 사람은 숫자 3 및 목성에 통치됩니다. 숫자 3에 통치되는 사람은 대체로 자신의 특정 분야에서 최고 위치에 오르려고 탐구하고, 8월 3일에 태어난 불같은 사자자리에서 더욱 강화된 자질인 독립에 대한 사랑을 갖고 있습니다. 이들에게 (사자자리의 통치자인 태양이 추가된 에너지를 주는) 낙관적이고 확장적인 사회적 전망을 빌려주는 목성은 위에서 언급된 자기-신임과 긍정적인 지향을 예고해줍니다.

▶ 원형
세 번째 메이저 카드는 창조적인 지성을 상징하는 '여황제'입니다. 그녀는 완벽한 여성형, 즉 실현된 우리의 꿈이자 체화된 우리의 희망과 열망이라는 최고의 여성성인 대지의 양육자입니다. 그녀의 확고부동한 자질은 이들이 안정성의 긍정적인 본보기의 역할을 해야 합니다. 이 카드는 매혹, 우아함 및 조건 없는 사랑이라는 긍정적인 특성을 대변하고, 완벽하지 못함에 대한 불관용뿐만 아니라 허영심과 꾸며냄이라는 부정적인 특성을 대변합니다.

8월 4일
유도등의 날
The Guiding Light

▶ 심리구조

8월 4일에 태어난 이들은 자신이 어떤 사회 집단이나 정치운동, 가족, 사업에 속하든 간에 자주 그곳에서 유도등입니다. 항상 리더가 되기에 적격인 것은 아니지만, 그럼에도 이들은 주요한 위치를 차지해야만 하는데, 실로 자신에게 결부된 모든 이에게 자신의 영향력을 느끼도록, 또 자신의 철학을 알도록 만들어냅니다. 자주 이들은 자신의 외부적인 겉모습이나 생활방식에서 그룹의 열망을 완벽하게 대변하고 그룹의 이상을 체화할지도 모르므로, 대부분 상징적인 역할로 자신의 그룹에 유용하게 됩니다.

자신만의 길을 갈 능력이 되는 것은, 들뜨고 활동적인 이들에게 중요합니다. 저항을 맞닥뜨릴 때 너무 자주 이들은 성급하고 다소 화를 잘 냅니다. 기존에 확립된 체제에 항거하는 성향뿐만 아니라 이런 성급한 특징 탓에, 물론 혁명과 활동도 또한 그룹의 사업이 아닌 한, 이들은 단지 한시적으로 여전히 그룹의 중심일 수 있습니다. 강한 마음을 먹고 강한 의지를 간직한 이들은 자유롭게 자신이 바라는 대로 말하고 행동하는 위치에 자기 자신을 확립하기 위해서 최선을 다합니다.

빠르고 영리한 이들은 어른으로 자신에게 잘 봉사하는 '처벌과 비난을 피하는 능숙함'을 어쩌면 어린 시절부터 계발해왔습니다. 들키지 않는 것이야말로 어떤 의미에서 자신의 빛을 잃어버리지 않도록 막아주는 '이들 삶의 항상적인 테마'가 되는 것으로 판명될지도 모릅니다. 자유롭게 빛을 내서 자신의 발상과 이상을 자신의 주위 사람들에게 발산하는 것은, 이들에게 최고 중요한 것에 속합니다. 이들은 자신에게 가장 가까운 사람들에게 무시당할 시 더 대단한 아픔이라는 고통을 겪을 수 있습니다.

이들은 자신이 어떤 인상의 효과를 주려고 노력하고 있는가에 따라 터무니없는 옷부터 고도로 보수적인 복장에 이르기까지 어떤 외투로도 입혀질 수 있는 자신의 신체적인 존재감을 통해 영향력을 행사하는 것을 자주 탐구합니다. 자신의 주위환경을 판정하는 데 능란한 이들은 충동적인 것까지는 아니더라도 결단적인 정신 상태를 갖고 있으므로, 자신의 주위에서 어떤 것도 놓치지 않게 되고, 대체로 그 환경에 빠르게 반응합니다. 하지만 자기 자신을 끄떡없다고 떠올리는 이들의 성향은 자신을 부서지기 쉽고 위험한 국면으로 이끌 수 있습니다.

이들이 소중한 균형을 유지할 수 있다면, 이들은 만만찮은 결단적인 강인함을 갖고 있습니다. 하지만 중심에서 벗어나면 이들은 대개 자기 자신뿐만 아니라 자신이 봉사하는 이상에도 또한 대단한 해를 유발할 수 있습니다. 너무 많은 사람이 이들에게 의존하고 있을지도 모르므로, 이들은 [제대로 된] 책임을 지는 양식으로 활동하는 것을 기억해내야만 합니다.

시간이 지남에 따라 이들은 자신의 반항심을 더 건설적인 방향으로 전환하는 법을 체득할 수 있습니다. 이들 자신이 나이가 들수록 이들은 젊었을 때 지녔던 것보다 연장자에 대한 존경심을 조금 더 습득할 가능성이 있습니다. 연공서열의 시작을 침착하고 우아하게 받아들이는 법을 체득하는 것은, 어쩌면 이들이 터득하려는 가장 도전적인 공부입니다. 이들 중 다수는 단지 나이가 들면서 더 깊어지는 자연 및 대자연에 대한 뚜렷한 사랑을 표출합니다.

▶ 일간 특성
강점; 영리한, 빠른, 손에 잡히지 않는
약점; 의식하지 못하는, 성급한, 비외교적인

▶ 명상
나이를 먹는 것을 받아들이고 심지어 그것을 즐기는 것조차도 삶의 대단한 예술 중 하나입니다.

▶ 조언
당신의 [제대로 된] 책임을 기억해내라.
당신의 권위[심지어 세상, 신]에 대한 반감을 진정시키고, 당신의 상급자를 대할 때 더 수완적이 되라.
당신의 [방종에 가까운] 자유가 항상 가장 가치 있는 일은 아니다.
수용, 집중[일치], 자각을 배우라.

▶ 건강
이들 중 다수는 모든 종류의 경고를 귀담아듣지 않습니다. 이것은 자주 권위에 대한 이들의 불신이나 반감 때문입니다. 이런 이유로 이들은 혼자서 건강을 지켜야만 합니다. 불운하게도, 이들은 자신의 건강을 보호하는 데 욕구되는 몸에 대한 매일의 유지관리에 대해 이해관계를 거의 표출하지 않을지도 모릅니다. 하지만 만약 이들이 더 효과적으로 기능하기를 바란다면, 균형 잡힌 식단을 유지하는 것 및 정기적인 수면과 운동을 유지하는 것은 자신을 순조롭게 진행되도록 하는 데 충분할지도 모릅니다.

▶ 수비학
4일에 태어난 사람은 숫자 4 및 천왕성에 통치됩니다. 숫자 4에 통치되는 사람은 까다롭고 논쟁적인 경향이 있고, 이런 특성은 8월 4일에 태어난 이들 중 충동적인 사람에게서 확대될 수 있습니다. 숫자 4의 대다수 사람처럼 이들도 대개 돈보다 이상에 더 관련됩니다. 천왕성은 갑작스러운 가변성과 예견되지 않는 활동을 예시해줍니다. 뜨거운 자질이 태양(사자자리의 통치자인)의 강한 영향력 및 천왕성에 대한 태양의 활달한 효력에 의해 이들에게 강조되므로, 당연히 이들은 자신의 폭발적인 느낌을 주의해야만 합니다.

▶ 원형
네 번째 메이저 카드는 자신이 지닌 권력의 일차적인 원천인 지혜를 통해 구체적이고 세속적인 것들을 다스리는 '황제'입니다. 황제는 안정되고 현명한데, 그의 권위라는 세력은 의심받을 수 없습니다. 이 카드의 긍정적인 연관성은 강한 의지력과 확고부동한 에너지이고, 비호의적인 특성은 이들이 타인들에게서 경멸하는 바로 완고함, 압제, 심지어 잔인성까지 포함합니다.

8월 5일
결심한 평정의 날
Resolute Composure

▶ 심리구조

8월 5일에 태어난 이들은 자신의 결정을 대단한 결의, 확고부동함, 결단으로 끝까지 해낼 능력이 있습니다. 비록 이들이 감정적인 천성의 사람에 속할지도 모르지만, 이들은 자신의 느낌에 대해 주목할만하게 마스터한 모습을 표출하고, 자연스럽고 여유로운 양식으로 자신의 목적을 달성합니다.

그러나 비록 이들이 시원하고 흔들림 없는 외관을 유지하지만, 이들이 그렇게 하는 것은 보이는 것만큼 쉽지 않은데, 실로 그것은 화산 위에 앉아 있는 것과 약간 비슷할 수 있습니다. 이들 중 대다수는 자신의 성공 수준이 자신의 정신적인 에너지를 통제하고 유도해서 안정된 상태에 머무르는 자신의 능력에 정비례한다는 점을 어느 시점에 발견합니다.

비록 이들 중 대다수가 정신을 지향할지라도, 재능을 타고난 이들에게 부여된 엄청난 신체적인 기량을 부인하는 어떤 것도 현존하지 않습니다. 하지만 그런 천성적인 이점은 이들의 의지력이 부족하면 낭비되거나 오용될지도 모릅니다. 이들에게 매우 자주 동반하는 폭력을 향한 성향은, 특히 이들 중 남성의 경우 창조적인 노력으로 승화되어야만 합니다.

사실 이들의 일반적인 공격성은 어릴 적 모든 종류의 경쟁적인 스포츠와 신체적인 활동으로 유도되어야 합니다. 체스, 비디오, 카드, 단어 게임은 이들의 대결적인 경향을 위한 배출구 역할을 할지도 모릅니다. 이들이 화가 나서 폭발할 때, 지켜보는 것이 전혀 유쾌하지 않고, 이들이 폭발하는 분노의 표적이 되는 것은 더욱더 나쁩니다. 하지만 이들 중 더 고도로 진화된 사람은 대개 자신의 분노가 가하는 신체적이자 심리적인 피해를 알아채게 되고, 자신이 타인들에게 더 많은 배려를 보여주기 시작하는 30대나 40대에 더 높은 의식 상태로 진화합니다. 특히 우정과 연애에서 이들은 사랑받는 사람과 진정으로 배려하는 방식으로 관계하는 방법을 체득하기까지 수년 동안 고통을 겪을지도 모릅니다.

이들은 빠르게 활동할 자유를, 즉 제약 없이 결정을 실행할 자유를 욕구합니다. 그러므로 이들은 심지어 회사나 집단의 설정 환경에까지 독립성과 개별적인 주도권의 어떤 척도를 항상 유지해야만 합니다. 이것은 이들이 함께 작업하는 것에 비협조적이거나 어려워한다는 점을 암시하는 것이 아니고, 이들이 공통선을 위해 앞장설 때, 즉 공통선에 탁월하고 공통선을 위해 애쓸 때 가장 행복한 것은 당연합니다.

신사숙녀적임과 친절은 역동적인 이들에게 결국 매우 중요한 것으로 판명됩니다. 어쩌면 자신이 젊었을 때 중요한 인물의 배려와 관대함에 감동받은 이들은 그런 사람을 너무 찬양해서, 그를 존중하고 아니면 심지어 본뜨기까지 하려고 탐구할 것입니다. 일찍이 이들은 대개 격렬한 욕망과 격정이 선-생각되지만, 시간이 지나면서 애정의 중요성을 깨닫고 그 애정을 공개적으로 부끄러워하지 않고 표현하기 시작하게 됩니다. 다듬어지지 않아 항상 약간 거칠기는 하지만, 이들은 나이가 들수록 상당히 원숙해질 것이고, 성미가 고약한 이들은 꽤 사랑스러워질지도 모릅니다.

▶ 일간 특성
강점; 유도되는, 당당한, 흔들림 없는
약점; 대결적인, 억눌려진, 지나치게 비언어적인

▶ 명상
비록 100만 마일 떨어져 있지만, 태양은 바로 우리의 피부에 맞닿습니다.

▶ 조언
사람에 대한 당신의 지식과 이해심를 증진시키고, 애정과 친절을 중시하게 되라.
당신 자신과 타인에 대해 당신이 만들어내는 요구를 조금 느슨하게 하라.
당신의 느낌을 사회적으로 수용되는 건설적인 방식으로 표현하는 법을 체득하라.

▶ 건강
일반적으로 말해서, 이들은 자신의 몸을 좋은 형태로 유지하는 것의 중요성을 알아봅니다. 하지만 이들 중 일부는 자기 내면의 건전함을 개선하는 것보다 강인함이나 아름다움을 증대하는 데 더 관심을 둡니다. 흡연, 음주 및 강박적인 식사는 이들에게 가장 흔한 함정이고, 이들은 자신의 감정에 대해 통제력을 행사하는 것처럼 이런 악습에 대해서도 통제력을 행사하려고 노력해야만 합니다. 이들은 먹는 것에 대한 자신의 사랑을 굽히지 않고 더 건강한 음식 선택을 만들어낼 능력이 있어야 합니다. 요리를 배우는 것은 대단히 도움됩니다. 신체 운동의 대다수 형식은 이들에게 매력적이고, 경쟁적인 스포츠는 공격적인 경향을 위한 뛰어난 배출구를 제공할지도 모릅니다.

▶ 수비학
5일에 태어난 사람은 숫자 5 및 수성에 통치됩니다. 수성은 생각과 변화의 빠름을 대변하므로, (이미 태양의 사자자리 통치력을 통해 태양의 뜨거운 충동에 영향을 받는) 8월 5일에 태어난 이들은 특히 자신이 젊을 때, 경솔한 결정을 만들어내고, 대단히 주기적으로 마음을 바꿀 가능성이 있는 자기 자신을 알아차릴지도 모릅니다. 숫자 5에 통치되는 사람은 삶에서 어떤 역경이나 함정을 맞닥뜨리든지 간에 대개 빠르게 회복됩니다. 태양의 영향력은 이런 회복 능력을 증가시킵니다.

▶ 원형
다섯 번째 메이저 카드는 인간의 이해심과 신념을 상징하는 신성한 신비에 관한 해석자인 '사제'입니다. 그의 지식은 난해하고, 그는 보이지 않는 만사만물에 대한 권위를 갖고 있습니다. 이 카드가 수여하는 호의적인 특성은 자기-보증성과 통찰력이고, 비호의적인 특성은 이들이 타인들에 대해 더 수용적일 필요성에 다시 중점을 두는 설교하기, 호언장담, 독단주의를 포함합니다.

8월 6일
유일무이 해프닝의 날
Unique Happenings

▶ 심리구조

8월 6일에 태어난 이들은 경험에 대한 꽂힘을 갖고 있습니다. 이들은 특히 매우 독특하거나 특별한 종류의 해프닝, 어쩌면 평생 한 번 일어나는 해프닝에, 그 중 일부는 불가능해 보이는 해프닝, 즉 불가해하거나 신성한 원천의 해프닝에 끌려듭니다. 이들은 어쩌면 이런 경험을 스스로 산출하거나 단순히 그 경험에 우연히 등장하고, 그 경험에 직접 참여하거나 단지 그 경험에 관해 읽고 쓸지도 모르는데, 어떤 경우든 자석처럼 이들을 끌어들이는 것은 바로 경험 자체에 대한 정신적인 혹은 신체적인 접속, 즉 오랫동안 잊혀진 어떤 것이거나 혹은 심지어 이전에 알려지기조차 않은 어떤 것에 대한 개인적인 발견입니다.

평범한 삶은 이들에 대한 대단한 홀림을 담고 있지 않고, 이들은 일상적인 것에 빨리 지루해하게 됩니다. 이들이 평범한 직업에 묶이거나 수준 미달의 가족 국면에 묶이는 경우, 짜릿한 쾌감을 얻기 위해 공상의 세계로 후퇴할 위험이 현존합니다. 수년간의 깊은 좌절과 불안을 겪은 후 이들이 마침내 자신의 안정을 뒤로 하고, 새로운 지평에 대한 탐색에 착수하기로 결정할 좋은 기회도 또한 현존합니다. 그런 급격한 변화를 만든 후, 이들은 결국 자신이 정착된 삶에 절대 적합하지 않았음을 깨달을지도 모릅니다. 이들 중 일부는 자신이 그 발견을 더 일찍 만들어내지 못했다는 쓴맛의 어떤 척도를 느낄지도 모릅니다.

이들 중 오직 가장 성공적이고 고도로 진화된 사람만이 독특하고 유별난 것에 대한 자신의 사랑을 안정된 일상생활에 어떻게든 통합합니다. 그렇게 하는 이들은 대개 이들 자신이 창조적이거나 흔하지 않은 출현과 직접적으로 관련된 업무를 즐깁니다. 이들은 심지어 평범한 것에서 공상적인 것을 드러내고, 그런 독특한 통찰력을 타인들과 공유하는 천재성조차 갖고 있을지도 모릅니다.

세속적인 경험의 한계를 초월하는 것(아니면 적어도 그 한계를 확장해가는 것)이 이들에게 그 통합의 중추적인 중요성을 쥐고 있기 때문에, 이들은 삶에 다소 격렬한 접근법을 표출할지도 모릅니다. 물론 이들의 동반자가 이들이 추구하는 것에 대한 이해관계의 일부 척도를 공유하지 않는 한, 실로 이들이 선택하는 생활방식은 동료가 받아들이기 어려울지도 모릅니다. 이들은 자신의 동무, 가족, 혹은 친구들이 감당하기에는 너무 빠른 방식으로 발생하는 변화도 또한 겪어갈지도 모릅니다.

이들은 사랑과 모든 종류의 심미적이며 성적인 표현을 위한 대단한 욕구를 갖고 있습니다. 그러나 이들은 자신의 완벽한 동무나 이상적인 관계를 위한 탐색에서 깊은 실망이라는 고통을 겪을지도 모릅니다. 이들은 자신만의 방식에서 충실한 친구이자 부모입니다. 하지만 비록 이들이 자신의 책임을 매우 진지하게 받아들일지라도, 이들은 자주 사랑받는 사람이 만족하도록, 게다가 이들의 생활방식에 대한 그 사람의 요구 탓에 책임을 다해낼 능력이 없습니다.

▶ 일간 특성
강점; 호기심을 자극하는, 낭만적인, 독창적인
약점; 환멸을 느끼는, 무모한, 반사회적인

▶ 명상
일어나는 것은 바로 예상치 못한 것입니다.

▶ 조언
당신이 타협을 위한 욕구에 직면할 것이라는 사실을 인정하라.
사랑과 애정을 얻기 위해서, 당신은 새로운 경험에 대한 갈망의 일부를 포기해야 할지도 모른다.
타인의 관점으로 상황을 보기 위한 수용력을 계발하라.

▶ 건강
고도로 유별난 것에 대한 이들의 끌어들임 때문에, 누군가의 건강을 지킬 수 있는 평범한 일상의 활동에 대해 이들이 관찰하는 것에 관한 한, 자신의 가족이 절망하게 될지도 모릅니다. 하지만 역설적이게도, 이들은 맛있고 정기적인 식사, 심미적인 마사지, 좋은 섹스에 빈번히 참여하고, 걷기 조깅 수영 같은 주기적인 운동에 빈번히 참여하여 이득을 얻습니다. 물론 이들에게 있어 비결은 지루해지지 않고 그런 건강한 활동을 유지하는 것입니다. (파격적이고 어쩌면 위험한 경험에 대한 이들의 취향을 고려하면) 대개 건강한 체질과 놀랄 만큼 사고에 대한 성공적인 회피로 축복받은 이들은, 자신의 루틴을 주기적으로 깨뜨려서 벗어나고 모든 종류의 무모한 폭식에서 떠나려고 욕구할지도 모릅니다.

▶ 수비학
6일에 태어난 사람은 숫자 6 및 금성에 통치됩니다. 숫자 6에 통치되는 사람은 사랑과 찬양을 끌어들일 시 자석 같기 때문에, 또 금성은 사회적인 상호작용에 강하게 연계되므로, 8월 6일에 태어난 이들은 대개 고도로 사회적인 설정 환경에서 작업합니다. 하지만 이들의 '무관심'이나 '미몽에서 깨어남' 덕에 대단히 많은 사람이 어쩌면 뒤처진 그들의 삶을 잘 통과해갈 수 있습니다. 그러므로 안정된 사회생활은 이들에게 가장 자주 부인됩니다. 사랑은 숫자 6에 통치되는 사람의 삶에서 자주 지배적인 테마가 됩니다. (확실히 로맨스가 모든 측면에서 이들의 삶에 중한 모습으로 나타나고) 금성과 태양(사자자리의 통치자)이 조합된 영향력은 이들에게 매혹과 성적인 매력을 부여해줍니다.

▶ 원형
사랑을 상징하는 '연인'인 여섯 번째 메이저 카드는 남성성과 여성성이라는 양극성의 통합을 통해 인간성의 모든 것을 하나로 묶는 최종 지점에 중점을 둡니다. 이 카드가 좋은 면에서는 높은 도덕적인, 미적인, 신체적인 차원의 애정과 욕망을 예시하고, 나쁜 면에서는 충족되지 않은 욕망, 감상성, 우유부단함을 위한 성벽을 예시합니다.

8월 7일
이중적인 요원의 날
Double Agent

▶ 심리구조

8월 7일에 태어난 이들은 모든 유형의 '비밀주의' 및 '비밀리에 행해지는 사건'에 대한, 저항하지 못하는 끌어들임을 갖고 있습니다. 대체로 이들은 자신만의 행동에서 다소 은밀하지만, 미스터리나 첩보물, 퍼즐 등에 두드러진 이해관계를 표출할지도 모릅니다. 이들 중 학문이나 과학을 더 지향하는 사람은 외국어를 마스터하는 것을, 또는 역사를 파고드는 것을, 자연의 비밀을 풀어내는 것을 바랄지도 모릅니다. 이들은 이전에 알려지지 않은 일부 토막 정보를 발견하고, 어쩌면 그 정보를 가까운 친구나 동료에게 드러낼 때 가장 행복합니다. 어떤 면에서 이들은 진실을 캐내서 그 진실을 이해관계를 제시하는 용도에, 때로는 유익한 용도에 투입하는 수사관과 같습니다.

이들은 진실을 들춰내는 것에 의해 적대감을 자극하거나 자신을 적으로 만들어내는 것을 주의하고, 특히 이들의 공개에 의해 상처받거나 위태로워지는 사람을 주의해야만 합니다. 이들은 의도가 선하지만 때로는 자신의 활동에 의한 귀결을 예견하는 데 실패하므로, 이들은 자신이 찾아낸 것을 철저히 조사하고, 따라서 남의 말에 좌우되지 않으면서 진술의 타당성을 결정적으로 확립하는 데도 또한 고심해야만 합니다.

이들 중 다수는 자신의 숨겨진 자기를, 즉 자신만의 사생활에 관한 자세한 지식을 드러내려는 소망을 갖고 있지만, 드러내는 것이 두려워서 여전히 은둔하게 됩니다. 때때로 이들은 자신이 자신 있게 털어놓을 수 있는 매우 특별한 친구나 가족 구성원을 한 사람만 갖고 있고, 심지어 배우자만큼 가까운 누군가조차도 이들과 평생을 살지만, 이들이 거하는 비밀세계를 여전히 알아채지 못할 수 있습니다. 어쩌면 이것은 이들이 두 가지 이상의 역할을 연기하는 데 자주 전문가이기 때문입니다. 이들이 겉으론 가장 관습적이고 강직한 시민이며 실로 모범적인 배우자나 부모로서 기능하는 것처럼 보일 수 있고, 동시에 아무도 모르는 숨겨진 삶을 영위할 수도 있습니다. 이들 중 일부는 그런 삶에서 일종의 균형을 찾아내고, 어쩌면 이들이 죽은 뒤 발견되기 전에는 오랫동안 감쪽같이 그 균형 속에 살아갑니다.

이들은 자주 의심이 자기 자신에서 멀어지게 유도하려고 유머를 사용해서 잠재적으로 위험한 국면을 가볍게 만들어내는 데 매우 능합니다. 불운하게도 습관이라는 세력 탓에 이들은 사소한 것도 또한 숨기거나, 아니면 참으로 필요하지 않을 때 진실을 과장할지도 모릅니다. 이들 중 일부에게는 심지어 솔직한 답을 주거나 사실을 간결히 관련짓는 것조차 어려워질지도 모릅니다. 남을 기쁘게 하려는 욕망이 붙어가는 이들의 꾸며낸 이야기 속에 윤색도 또한 스며들지도 모릅니다. 남을 기쁘게 하려는 이 특성은 작업장이나 사회 전반 사람에게 어울리는 데 필사적이고, 무엇보다도 이들이 하는 것에 대해 환영받는 데 필사적인 이들의 삶을 지배하게 될지도 모릅니다.

▶ 일간 특성
강점; 영리한, 익살맞은, 사회적으로 능숙한
약점; 캐내기를 좋아하는, 자해하는, 은둔적인

▶ 명상
전화는 현대 인류가 소통하지 못하는 무능의 궁극적인 상징이 되었습니다.

▶ 조언
당신의 탐사 재능을 건설적인 방법으로 사용하는 데 투입하라.
당신의 공상은 다만 사적인 만족 그 이상의 것에 적용될지도 모른다.
당신과 가까운 사람들에게 공정하고 정직하려고 노력하고, 더욱더 중요하게도 여전히 자기 자신에게 참되라.

▶ 건강
이들의 가장 도드라진 건강상의 위험은 심리적인 영역에 놓여 있습니다. 이들 중 일부는 너무 쉽게 실상에서 동떨어지고, 따라서 극도로 불안정한 행동을 과시합니다. 타인들은 이들의 삶에 균형을 가져다주려고 애쓰지만, 그런 애씀이 이들 자신으로 하여금 엄청난 스트레스를 받게 합니다. 이들 중 대다수가 테라피나 상담에서 이득을 얻을 수 있다는 점은 사실입니다. 효과적인 처치는 이들로 하여금 객관적인 지침 아래에서 이들만의 행동을 검토하게 할 뿐만 아니라, 엄격한 비밀 유지 조건 아래에서 이들 자신을 드러낼 기회도 또한 이들에게 베풀 것입니다. 이들 중 대다수의 신체적인 건강은 이들의 정신 상태에 중하게 의존하므로, 심혼의 건강을 돌보는 것은 이들의 신체적인 겉모습에 대한 관심사보다 우선시되어야 합니다. 정기적으로 균형 잡힌 식사와 적당한 운동이 권장됩니다.

▶ 수비학
7일에 태어난 사람은 숫자 7 및 해왕성에 통치됩니다. 해왕성은 비전, 꿈, 심령현상을 통치하는 물같은 행성이기 때문에, 8월 7일에 태어난 이들은 불안정성에 취약할지도 모릅니다. 태양(사자자리의 통치자)의 효력과 조합될 때, 이런 해왕성적인 영향력은 불규칙한 행동, 즉 비실상화된 계획이나 기대 심지어 불미스러운 등장 배역까지 연관된 쪽으로 이들을 만들어갈지도 모릅니다. 숫자 7에 통제되는 사람은 전형적으로 변화와 여행을 즐기는데, 이것은 흥분에 대한 이들의 애호와 잘 합치합니다.

▶ 원형
일곱 번째 메이저 카드는 세상을 누비는 의기양양한 인물을 보여주면서, 역동적인 방식으로 자신의 신체적인 존재감을 구현하는 '전차'입니다. 그 카드는 올바른 행로가 아무리 좁고 위태롭더라도 [그 행로를] 계속해야 한다는 의미로 해석될지도 모릅니다. 이 카드의 좋은 면은 성공, 재능, 효율성을 배치해주고, 나쁜 면은 독재적인 태도와 서툰 방향 감각을 제안합니다.

8월 8일
역할 연기자의 날
The Roleplayers

▶ 심리구조

8월 8일에 태어난 이들은 자신의 삶에서 수많은 다양한 역할을 연기하려는 강한 욕망을 구현합니다. 이것은 이들이 한 경력에서 다른 경력으로 건너뛰면서, 쉽게 방침을 전환하는 변덕스러운 사람임을 의미한다고 해석되지 말아야 합니다. 각각의 변화, 각각의 새로운 역할은 성공이 보증될 정도로 공들여 연구됩니다. 대개 전문가적인 인정에 대한 강한 욕망을 갖고 있는 이들은 자신의 경력 선택이 고도로 비실상적이었던 것이, 즉 자신의 캐릭터에 형편없이 적합했던 것이 아니라면, 성공하는 좋은 기회에 서게 됩니다.

이들이 특히 나중의 유리한 시점에, 즉 그 이후 변화한 후에 삶을 돌아볼 때, 주어진 역할을 얼마나 완전히 단지 연기해왔을 뿐임을 깨닫는 것은 타인들에게 심지어 이들 자신에게조차도 당연히 놀라울지도 모릅니다. 그러나 이들이 고도로 실상적이고 책임감이 있으므로, 이들은 대체로 오직 이전의 역할이 완전히 끝났거나 만족되었다고 느낄 때만 새로운 역할로 옮겨갑니다. 작업하는 여성으로 탈바꿈하는 어머니들, 심지어 성공적일 때도 회사나 업무를 바꾸는 남성들, 자신이 어느 가족 구성원과 함께 시간을 보내는지에 따라 다른 두 사람인 것처럼 보이는 자녀들은, 모두 이들에게서 발견된 적응력의 전형적인 모델입니다. 만약 이들이 실연해보이는 사람 또는 창조적인 예술가라면, 이들은 대체로 표현에 대한 폭넓고 다양한 스타일과 태세에 관여될 것입니다.

이들 중 특정 노력에서 실패한 사람은 여전히 기죽지 않고, 가장 자주 다음번 직무를 그냥 포착해서 그 직무로 옮겨가거나 일시 등한시했을지도 모르는 경력으로 되돌아갑니다. 하지만 이들 중 고도로 계발된 대다수는 변화와 다양한 이해관계에 대한 욕망으로 하여금 자신의 에너지를 낭비하도록 허용하지 않는데, 그러므로 이들은 자신이 한 서약의 본질이 위태로워진다고 느끼면 하나 이상의 프로젝트에 동시에 몰두하는 것을 꺼리게 됩니다. 하나에 몰두하는 방식처럼 이들은 자신을 충실한 동무, 동업자, 부모, 친구로 만들어냅니다.

대개 이들이 잘못된 방향으로 향하거나 궤도에서 벗어날 때, 이들은 도움되는 (이런 완고하게 결단적인 사람에게는 다소 주목할만한) 조언에 여전히 개방적이고, 따라서 그럴 때 이들의 가장 가까운 친구와 연애 상대는 이들에게 매우 소중합니다. 하지만 결국 모든 합리적인 관점을 따져본 후, 이들은 대체로 독립적이고 다소 고착된 결정을 만들어냅니다.

자기 자신의 행복을 유지하기 위해 이들은 자신의 일상생활에 모든 종류의 다양성을 도입해야 합니다. 하지만 이들의 에고는 지속해서 통제되어야만 하고, 이들의 목표는 실상적이어야 합니다. 안전에 대한 건전한 소망은 이들의 경력과 생활방식의 안정감에 이바지할 것입니다.

▶ 일간 특성
강점; 다재다능한, 다양한 재능이 있는, 책임감 있는
약점; 예고적인, 지나치게 내몰리는, 알아채지 못하는

▶ 명상
우리는 언제 진정으로 우리 자신일까요?

▶ 조언
당신의 활동적인 삶에서 휴식시간을 갖고, 자신의 묵상적인 면을 계발시키라.
당신의 가족과 함께 느긋해지라.
당신의 목표를 실상화된 목표로 만들되, 절대로 갇히지 마라.
여전히 적응을 잘하고 유연해지라.

▶ 건강
식단, 운동, 수면, 섹스 활동의 안정된 패턴은 이들이 안정된 상태를 지속시키는 데 몹시 중요합니다. 몸을 통해서 자기 자신을 표현하려는 이들의 욕구는, '경쟁적인 스포츠' 혹은 '조깅이나 체조 같은 성취 지향적인 활동'으로 하여금 고도로 매력적이도록 만들어 냅니다. 애정과 심미적인 표현은 성적인 충족에 필수인 상관관계일 것입니다. 체중에 의한 문제들은 대개 곡물, 신선한 채소, 과일에 중점을 두는 식단을 통해서 감당될 수 있습니다. 휴가, 소풍, 휴일, 캠핑 등 가족 구성원이 포함되는 모든 야외 활동이 권장됩니다. 무엇보다도, 최소한 소수의 가까운 친구들이나 가족 구성원과 애정을 나누는 것이야말로 이들의 심리적인 건강을 보존하기 위해 생명처럼 중요합니다.

▶ 수비학
8일에 태어난 사람은 숫자 8 및 토성에 통치됩니다. 토성이 책임 및 '제한, 경계심, 숙명론의 의식'을 배치해주므로, 8월 8일에 태어난 이들의 보수적인 면은 강조됩니다. 숫자 8에 통치되는 사람은 비록 중년에 업무를 중대하게 변경할 욕구뿐만 아니라 그 경력 내에서 역할 변경에 대한 유혹도 또한 강할지라도, 자신의 경력을 조심스럽게 계발하는 경향이 있습니다. 토성에 태양(사자자리의 통치자)이 추가한 영향력은 이들에게 격렬한 자질을 주지만, 반드시 깊은 자기-신임으로 뒷받침되는 자질인 것은 아닙니다.

▶ 원형
여덟 번째 메이저 카드는 사나운 사자를 길들이는 우아한 여왕을 그려내는 '강인함이나 용기'입니다. 여왕은 반항적인 에너지를 마스터할 수 있는 여성 마법사를 상징하고, 신체적인 강인함뿐만 아니라 도덕적인 강인함을 표징합니다. 이 카드의 긍정적인 속성은 카리스마와 성공하려는 결단을 포함하고, 부정적인 자질은 무사안일과 권력남용을 포함합니다.

8월 9일
심리적인 지렛대의 날
Psychological Leverage

▶ 심리구조

8월 9일에 태어난 이들은 자신에게 의지하는 사람들을 위한 '기댈 수 있는 사람'이 될 수 있습니다. 뛰어난 팀 협동자인 이들은 자신이 관여하는 어떤 그룹의 노력에도 정의[규정]를 내립니다. 비록 확실히 리더의 위치에 의해 만족하게 되지만, 이들은 반드시 공동선을 희생시켜서 자신의 에고를 탐닉하는 것은 아닙니다. 투사인 이들은 대개 자신이 잘 이해하는 심리를 갖고 있는 보통 사람의 편을 듭니다.

이들은 무엇이 타인으로 하여금 작동하게 만들어내는지 알고 있고, 인간 캐릭터의 연구자인 이들은 사람들을 판정하는 데 능숙할 뿐만 아니라 그들에게 접근하는 방법도 또한 알고 있고, 필요할 때 국면에 관련된 모든 이에게 최선인 것을 그들에게 확신시킵니다. 따라서 이들은 타인들이 그들의 삶을 즐기는 최선의 방법, 그들이 욕구하는 것을 얻을 수 있는 방법, 그들이 정치적으로 혹은 사회적으로 나아갈 수 있는 최선의 방법에 관해 많은 발상을 갖고 있습니다. 그러므로 이들은 때때로 너무 통제적이고 지배적일 뿐만 아니라 또한 너무 관대하게 조언할 수도 있습니다. 이들은 타인들이 그들 자신에게 가장 좋은 것을 결정하도록 더 많이 허용해야만 합니다.

이들은 타인들을 포섭할 능력이 있는 좋은 설득자일 뿐만 아니라, 자신의 충고를 따르거나 자기편이 되는 사람들에 대한 책임의 대단한 척도를 느낍니다. 타인들에 대한 이런 책무는 이들의 영향력이 재정, 도덕, 레크리에이션, 교육 등을 낳게 되는 삶의 거의 모든 영역으로 확장될 수 있습니다.

교육은 특히 학습 방도 및 그 방도가 향상되거나 개선될지도 모르는 방법에 대해 곰곰이 생각하는, 이들 중 다수의 이해관계를 끕니다. 다시 말하자면 이들은 어쩌면 자신만의 뜻대로 하도록 방임되기를 선호하는 사람들의 삶에 간섭하는 것을 피해야만 합니다. 자신의 잘 계발된 의견과 강압적인 인격을 지닌 이들은, 심지어 가볍게 자신에게 접하러 온 사람들에게 과한 영향력을 자주 행사합니다.

이들은 자신이 일단 프로젝트에 착수하면 좀처럼 포기하거나 패배를 시인하지 않습니다. 이들은 대개 일찍이 자신의 주요 이해관계 영역을 찾아내서 대단한 끈기로 그 분야를 고수합니다. 이들 중 대다수는 자신을 헌신적인 부모와 가족 구성원으로 만들어내지만, 만약 죽음이나 상황에 의해서 재혼을 강요받는다면, 자신의 사랑을 두 번째로 다시 비축 없이 줄 것입니다.

가끔 이들은 요청이나 소견에 자신이 귀 기울이기 전에 무엇이 최선인지 자신이 안다고 생각할지도 모른다는 점에서 이들이 사랑하는 사람들의 욕구에 둔감해지는 데 유능합니다. 이들이 궤도에서 벗어날 때 자신에게 경고할 수 있는 믿음직한 친구를 갖는 것은 이들에게 매우 중요합니다. 이들은 영향력이 강력하기 때문에, 자신의 행동이나 생각에서 잘못된 진로에 들어서거나 실수를 만들어낼 때, 여러 사람을 데려가는 경향이 있습니다.

▶ 일간 특성
강점; 구조화된, 이타적인, 심사숙고하는
약점; 당연하게 여기는, 권위주의적인, 재촉하는

▶ 명상
어떤 사람은 잠자면서도 자신의 가장 좋은 작업을 합니다.

▶ 조언
당신이 타인들의 진정한 복지를 위한 것이라고 믿는 바가 항상 최선의 결과를 위한 것은 아니다.
통제하고 상처를 입히는 당신의 말의 힘을 기억해내라, 그러므로 타인들의 삶에 과한 영향력을 끼치는 것을 주의하라.
조심스럽게 귀 기울이는 법을 체득하라.

▶ 건강
이들이 단체적인 노력에 매우 자주 관여하므로, 이들은 대체로 정기적인 습관에 도움되는 구조적인 삶을 영위합니다. 이들 중 다수는 불운하게도 자신만의 웰빙을 위해 이해관계와 관심사를 보여주는 것보다 타인의 건강을 위해 이해관계와 관심사를 더 많이 보여줍니다. 만약 단지 자신에게 조언일 필수적인 영양소, 운동, 정기적인 휴식이 관련되는 것에 이들이 귀를 기울인다면, 여전히 극도로 건강하게 될 것입니다. 하지만 이들은 자신만의 신체단련을 무시하기 때문에, 자기 자신을 더 잘 보살피기 위해 자신의 동무, 가족 또는 친구들에 의해 주기적으로 상기되어야만 합니다.

▶ 수비학
9일에 태어난 사람은 숫자 9 및 화성에 통치됩니다. 숫자 9는 (이를테면 5+9=14, 4+1=5처럼 9를 더한 어떤 숫자도 그 숫자가 되고, 9×5=45, 4+5=9처럼 9를 곱한 어떤 숫자도 9가 되므로) 다른 숫자에 대한 영향이 강력하고, 8월 9일에 태어난 이들도 비슷하게 자신의 주위 사람들에게 영향을 끼칠 능력이 있습니다. 강압적이고 공격적인 화성은 (사자자리의 통치자인 태양의 뜨거운 영향력에 의해 이들에게 강화된) 남성적인 에너지를 체화해주고, 따라서 이들 중 여성은 때때로 좀 너무 진취적인 것으로 보이고, 남성은 지나치게 공격적인 것으로 보일지도 모릅니다.

▶ 원형
아홉 번째 메이저 카드는 대개 등불과 지팡이를 들고서 걷는 '은둔자'이고, 그는 명상, 고립, 침묵을 대변합니다. 그 카드는 확고해진 지혜와 궁극적인 단련을 암시합니다. 은둔자는 양심을 사용하여 타인들로 하여금 그들만의 행로를 유지하게 해주는 임무 감독관입니다. 이 카드의 긍정적인 면은 집요함, 목적, 심오함, 집중력이고, 부정적인 의미는 교조주의, 불관용, 불신, 만류를 포함합니다. 이들은 세상에서 물러나는 것의 가치 및 자신의 가치에 대해 주기적으로 검토하는 것의 가치를 은둔자에게서 배워야 합니다.

8월 10일
비단결 같은 목소리의 날
The Velvet Voice

▶ 심리구조

8월 10일에 태어난 이들은 자신의 이미지를 주위 세계에 강압적으로 투사합니다. 이들의 것은 말 그대로 들려야만 하는 목소리입니다. 이들이 표현하는 태세가 자주 이들이 진술하는 내용과 똑같은 중요성을 띤다는 점은 주목할만합니다. 따라서 스타일과 기법 문제는 이들이 소통할 시 도드라진 모습으로 나타납니다.

이들은 자신의 생동성과 좋은 유머 덕에 타인들에게 자주 발굴됩니다. 이들에게 변덕스러운 어떤 것도 현존하지 않는다는 점에서 고도로 믿음직하지만, 이들은 사람들을 기분 좋게 만들어내는 대단한 수용력을 갖고 있고, 따라서 자신을 뛰어난 엔터테이너로 만들어냅니다. 이들이 환영받는 느낌이 들 때, 자신이 사랑받는 사람뿐만 아니라 일상에서 교제하는 많은 사람에게도 자기 자신을 선뜻 내놓는 이들의 능력은 무한한 것으로 보입니다. 하지만 심지어 주는 것조차도 이들의 성격을 활짝 꽃피우기 위해 완료되어야 하는, 어렵지만 중요한 자기성찰적인 작업을 회피하는 현실도피가 될 수 있습니다.

이들 중 더 고도로 진화된 사람은 혼자 보내는 시간의 가치를, 즉 자주 자신의 30대 후반에서 40대 초반에 등장하는 깨달음을 알아보게 됩니다. 자기 자신을 알아가기 시작하는 것은 중요한 우선순위가 될 수 있고, 이들은 자주 인생의 이 시점이 되어서야 다가오는 도전을 만나기 위한 철저한 대비를 만들어내는 수용력을 계발합니다. 그런 실용적인 계획 세우기는 이들로 하여금 자기 자신의 도를 넘지 않게 하고, 비실상화된 기대로 하여금 이들의 사고방식을 지배하도록 허용하지 않게 할 것입니다.

이들의 언어적인 재능을 표출할 수 있는 직업이 이들에게 가장 적합합니다. 만약 이들이 회사 내에서 작업한다면, 이들의 직무는 고객에 접하고 아니면 협업자와 갖는 상호작용을 포함하며, 책상 뒤에서 너무 많은 시간을 보내지 않는 것이 더 나을 것입니다. 상거래에서든 가정에서든 간에 타인들에게서 항상적인 피드백을 받는 것은, 특히 이들이 그런 비판을 건설적으로 사용할 수 있다면, 자신의 성장에 대단히 중요한 것에 속하게 될 것입니다. 자신의 작업이 지속적으로 가치 판별되는 미디어 지향적인 경력이나 사업은 이런 기준에 적합합니다. 하지만 이들에게 야심적이 되는 경향이 있기 때문에, 이들은 사회적인 사다리를 올라갈 때 엘리트주의에 주의해야만 합니다.

이들은 감정적으로 접근되기가 때때로 어렵습니다. 비록 이들 중 다수는 청중에 대한 강한 욕구를 갖고 있지만, 개인적인 수준에서 쉽게 마음을 열지 않습니다. 따라서 이들은 자신의 공적인 생활에서 자신이 어떻게 대우받는지에 너무 많은 중점을 두게 될지도 모릅니다. 이들은 자신의 작업이 환영받지 못할 때 대단한 고통을 겪습니다. 반복되는 거절은 이들의 노력을 단지 평가절하시키는 냉소적인 태도로 이어질 수 있습니다. 그러므로 이들이 자신으로 하여금 타인들의 승인에 덜 의존하게 만들어줄 자기 자신에 관한 강인함과 확신을 계발시키는 것뿐만 아니라, 신뢰와 공유에 대한 자신의 수용력을 심화시키는 것도 또한 중요합니다.

대체로 이들은 돈보다 자신이 잘한 직무에서 얻는 만족감에 대해 더 마음씁니다. 그런 태도의 덕성은 분명해지지만, 단점은 이들이 자신의 작업에 대한 적합한 보상을 요구하지 않을지도 모른다는 점입니다.

▶ 일간 특성
강점; 매력적인, 재미있는, 목소리가 유혹적인
약점; 궁핍한, 자기 신뢰가 부족한

▶ 명상
텔레비전은 시청자들에게 겨냥된 총입니다.

▶ 조언
외부적인 가치에 대한 당신의 집착을 의심하라.
당신이 타인들의 의견과 인정에 너무 의존하지 않도록 자기-신임을 계발하라.
자각, 수용, 이기적이지 않은 사랑과 조건 없는 베풂을 키우라.

▶ 건강
이들은 '자신이 어떻게 보이는지'에 대해 너무 많은 중점을 둘지도 모릅니다. 그 귀결로 이들은 내부의 건강을 희생시켜서 체격, 치아, 머리카락, 피부를 돌볼 수 있습니다. 전형적으로 이들은 사실상 최고의 형태는 못되고 있으면서 [겉모습은] 매우 좋게 보일 수 있습니다. 물론 이들은 자신의 목소리(성대와 후두)를 각별하게 보살펴야 합니다. 이들은 심장, 척추, 순환기 계통 및 신경계 일반의 모든 불필요한 스트레스를 또한 피해야만 합니다. 게다가 이들은 사교적인 음주를 유념하고, 흡연은 지속해서 통제해야 합니다. 마지막으로 이들은 이를테면 테니스, 롤러스케이트, 스키 등 일부 형식의 운동에서 자신의 사교적인 본능을 작업하도록 놓아야 합니다. 인생 후반부에 이들은 과체중과 식물인간적인 상태가 되는 것을 주의해야만 합니다.

▶ 수비학
10일에 태어난 사람은 숫자 1(1+0=10) 및 태양에 통치됩니다. 숫자 1에 통치되는 사람은 일반적으로 잘 규정된 견해를 갖고 있고, 정상에 오르기를 열망합니다. 8월 10일에 태어난 이들은 물론 이런 길에서 도가 넘치는 것, 자신의 권력을 향하라는 몰아댐에 압도되는 것, 지나친 주목을 요구하는 것, 자신의 엄청난 에너지로 누구든 압도하는 것을 주의해야만 합니다. 통제 불능 상태로 타오르는 것을 허용하기보다는 꾸준히 흐르도록 유지되어야 하는 강한 창조 에너지와 불기운을 태양(사자자리의 지배자)은 상징적인 표현 속에 운반해줍니다.

▶ 원형
열 번째 메이저 카드는 운명의 반전을 암시해 변화 외에는 영구적인 어떤 것도 현존하지 않음을 제안하는 '운명의 수레바퀴'입니다. 숫자 1과 10이 통치하는 이들은 기회를 붙잡는 것에 집중하는데, 실로 바른 순간에 활동하는 것이 이들의 성공에 열쇠입니다. 다시 말하지만, '운명의 수레바퀴'는 인생에서 어떤 성공도 어떤 실패도 영구적이지 않음을 가르쳐줍니다.

8월 11일
유효성의 날
Validation

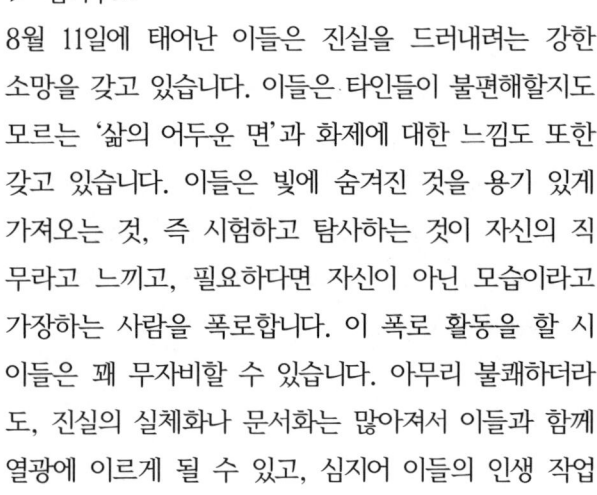

▶ 심리구조

8월 11일에 태어난 이들은 진실을 드러내려는 강한 소망을 갖고 있습니다. 이들은 타인들이 불편해할지도 모르는 '삶의 어두운 면'과 화제에 대한 느낌도 또한 갖고 있습니다. 이들은 빛에 숨겨진 것을 용기 있게 가져오는 것, 즉 시험하고 탐사하는 것이 자신의 직무라고 느끼고, 필요하다면 자신이 아닌 모습이라고 가장하는 사람을 폭로합니다. 이 폭로 활동을 할 시 이들은 꽤 무자비할 수 있습니다. 아무리 불쾌하더라도, 진실의 실체화나 문서화는 많아져서 이들과 함께 열광에 이르게 될 수 있고, 심지어 이들의 인생 작업까지 될 수 있습니다.

이들 중 더 고도로 진화된 사람은 그런 불쾌한 주제를 긍정적인 또 창의적인 양식으로 다루면서, 타인들을 깨우쳐주고 가르칠 수 있습니다. 이들 중 덜 고도로 진화된 사람은 그런 불쾌한 진실을 자기 자신에게 체화하게 되고, 반사회적인 활동으로 내몰리게 될지도 모릅니다. 하지만 후자의 사람은 자신이 행해온 것을 알아채게 되고, 그것을 논평하며, 실존의 더 높은 차원으로 나아가려고 탐구하는 것을 통해 자신의 의식 수준을 높일지도 모릅니다. 이런 점에서 이들은 한 생애 속에서 대단히 개인적으로 진화하는 변화를 겪어갈 기회를 갖고 있습니다.

인간 천성에 대한 미묘한 이해심을 소유한 이들은 어리석은 짓을 하기가 어렵습니다. 만약 이들이 금전 지향적이라면, 현명하게 투자할 것입니다. 하지만 이들이 지나치게 신뢰하지 않으므로, 이들은 자신의 감정적인 삶에 다가가기가 매우 까다로울지도 모릅니다. 그리고 이들은 공유와 수용이 자신으로 하여금 매우 도가 지나치게 하리라고 반드시 믿는 것도 아닙니다. 이들 중 다수는 자신이 선택한 행로를 따라 방해받지 않고 여행하기 위해 자기 자신을 정서에 끄떡없도록 의도해서 만들어갑니다.

이들이 자신의 도전적인 견해 및 때로는 방해하는 견해, 특이한 행동을 위한 청중을 갖고 있는 것은 극도로 중요합니다. 이들이 알고 있는 것은 과시되어야, 즉 대중에게 표출되도록 놓여져야 합니다. 만약 이들이 비평가라면 이들의 관점은 발행되고 검토되어야만 하고, 만약 체육인이라면 이들의 기술이나 강인함의 위업은 이들이 찬양받든 아니든 최소한 인정받아야만 합니다. 이들은 존중을 탐구하지만, 타인의 승인을 위해 살지 않습니다. 사실 이들이 자주 제기하는 반대나 적대감은 오직 이들에게 강장제의 역할을 하고, 이들의 생명력 및 성공에 대한 결의를 강화해줍니다. 하지만 이들은 부정성과 파괴성이 삶을 통해 자신을 따라올 정도로 매우 많은 반대를 일으키는 것을 주의해야만 합니다.

일단 이들이 가능하면 바른 때, 가장 생산적인 방식으로 자신의 통찰력을 제시하는 법을 체득하면, 이들은 고도로 성공적일 수 있습니다. 가족 국면에서 이들은 곤란의 중심에 있는 것을 주의해야만 합니다. 천성적인 촉매인 이들은 자기 자신을 알아차리게 되는 사회적인 분야가 어디든지, 논쟁을 일으키는 경향이 있습니다. 폭력, 불화, 싸움, 고군분투는 이들을 중심으로 소용돌이치는 것으로 보입니다. 하지만 이들 중 더 고도로 진화된 사람은 자신의 개인 생활을 방해하지 않도록 유지하면서 자신의 대화, 작업 또는 창의적인 프로젝트에 그런 야생적인 에너지를 어떻게든 통합합니다. 나이가 드는 것이, 희망하건대 더 현명해지는 것이야말로 대체로 이들의 반항적인 면을 진정시켜줍니다.

▶ 일간 특성
강점; 진실을 탐구하는, 강력한, 통찰적인
약점; 우울한, 방해하는, 상처주는

▶ 명상
왜 광인이 그렇게 자주 지각력이 있습니까?

▶ 조언
당신의 본능과 충동을 지속해서 통제 아래에 두라. 진실은 가르칠 수 있지만, 상처도 또한 줄 수 있다. 당신의 성공은 당신의 외교적인 기술과 정비례할지도 모른다는 점을 기억해내라.
당신의 다정하고 수용적인 면을 키우고, 개인적인 친절이라는 작은 활동의 중요성을 기억해내라.

▶ 건강
이들의 신체적인 천성 및 갈등에 대한 이들의 끌어들임 때문에, 이들은 온갖 유형의 사고 위험에 처할 수 있고, 자기 자신뿐만 아니라 타인들을 해치게 되는 것에 주의하려고 욕구합니다. 육류와 유제품에 기반을 둔 강한 '양(陽)'의 식단은 절제되어야 하고, 어쩌면 가능할 때마다 곡물로 대체되어야 합니다. 이들 중 고도로 단정짓는 사람은 심리적인 불안정의 위험에 직면하기 때문에, 삶의 어두운 면을 피해야만 합니다. 이들 중 지나치게 수동적인 사람은 빠르든 늦든 자신의 더 대결적인 면을 직시하고 그 면에 대처해야 하는데, 자신 삶의 갈등은 억눌려진 공격성의 산물일지도 모릅니다. 비록 개인의 표현적인 삶에서 확실히 중요한 부분이지만, 이들 중 대다수에게 성적이고 관능적인 활동은 자제력에 의해 가장 잘 인도되고 다른 활동들에 대한 비례가 가장 잘 유지됩니다.

▶ 수비학
11일에 태어난 사람은 숫자 2(1+1=2)와 11 그리고 달에 통치됩니다. 숫자 2에 통치되는 사람은 자신을 리더보다 좋은 협업자와 동반자로 대체로 만들어가고, 이는 8월 11일에 태어난 이들이 타인들과 건설적으로 관계를 맺는 데 도움 되는 자산입니다. 달의 반사적인 특성과 조합된 태양(사자자리의 통치자)의 강압적이고 밝게 비추는 에너지는 이들에게 대단한 통찰력을 부여해줄 수 있습니다. 숫자 11은 동시성, 쌍둥이 또는 다른 이중성에 대해 가능한 이해관계뿐만 아니라 (강건한 태양의 영향으로 강화된) 물리적인 차원에 뿌리내리는 것도 또한 전해줍니다.

▶ 원형
11번째 메이저 카드는 한 손에 저울을 들고, 다른 손에 검을 들고 의자에 차분히 앉아 있는 여인인 '정의'입니다. 그녀는 우리에게 우주의 질서를 상기시켜주고, 우리가 자신의 행로를 계속하는 한 우리의 삶에 균형과 조화가 유지되리라는 점을 상기시켜줍니다. 이 카드의 긍정적인 측면은 통합, 공정, 정직, 단련이고, 부정적인 측면은 낮은 주도권, 비인격성, 혁신의 두려움, 불만입니다.

8월 12일
관습의 날
Convention

▶ 심리구조

8월 12일에 태어난 이들은 전통을 지키는 사람이고, 자신의 특정한 전문 부분에서 자기 자신을 주장하는 데 열중합니다. 자신의 기예를 마스터하는 데 필수적인 오래된 지혜, 법칙, 기법을 보존하는 임무가 바로 이들의 것입니다. 이들 중 고도로 성공적인 사람은 자신과 필적할 사람을 거의 인정하지 않고, 지금까지 자신에게 알려지지 않은 새로운 정보를 여전히 갈망하며, 그런 지식을 습득하기 위해 곤란과 비용을 아끼지 않을 것입니다. 이들에게 '지식이 권력이다'는 점이 이들의 태도와 생활방식에서 명료하게 입증됩니다.

이들은 시대를 초월한 규칙과 법칙에 내재된 힘도 또한 알아챕니다. 하지만 이들 중 단지 덜 고도로 계발된 유형만이 맹목적으로 전통을 따르기를 완고하게 고집합니다. 더 고도로 진화된 사람은 전통과 문화를 발판으로 새로운 길을 개척하고 혁신하며 기법적인 개선을 만들어내고, 대체로 자기 자신이나 자신과 가까운 사람들을 진보시킵니다. 이들에게 전통은 살아 있는 독립체입니다. 그 독립체는 이들 안에 그리고 이들의 작업 안에 살아 있습니다. 그러나 이들이 관습을 체화하더라도, 이들은 보수적이거나 반동적이라고 추정되지 말아야만 합니다. 이들은 역사, 의례, 가족 배경, 문화적인 전통을 이해하는 것이, 사람들이 자유롭게 선택하게 해준다는 점, 즉 바람직한 것을 지키되 그렇지 않은 것을 버리게 해준다는 점 알고 있습니다. 무지는 사람에게 실수를 반복할 운명을 맞이하게 합니다.

이들은 자주 열광적인 진행속도로 살아갑니다. 위태로운 국면에 틀림없이 끌려드는 이들의 에너지는 쉽게 균형을 잃어버릴 수 있습니다. 따라서 이들은 건강이 몰락될 위험을, 또 타인들 특히 동무, 가족, 친구를 지쳐버리게 할 위험이 있습니다. 이들의 동료는 이들의 가정된 무오류성에 분개하기 시작할지도 모르고, 실로 이들은 모든 종류의 질투와 반감을 자극하는 데 유능하며, 심지어는 속물이나 폭군으로 간주될지도 모릅니다.

자신만의 힘에 대해 더 깊이 이해하고 자신의 지배적인 태도를 때로는 편협한 태도를 완화하면, 이들은 자신의 작업에서 훨씬 더 성공적일 수 있습니다. 자신의 성격에 있는 압제적인 경향이 약화될 시, 이들은 타인들에게 더 건전한 존중을 빚어내게 되고, 원망을 줄이게 됩니다. 이들 중 다수가 덜 냉담해지고 사람들에게 관심사인 가치의 계급의식을 줄이는 것이야말로 더 높은 영적인 가치와 진정한 인간성을 향한 이들의 진화에 중대한 진전이 될 것입니다. 특히 판별 항목은 이들에 의해 세심하게 검토되어야 하고, 새로운 빛에서 주기적으로 재정의되거나 완전히 폐기되어야만 합니다.

▶ 일간 특성
강점; 지식적인, 충실한, 진지한
약점; 압제적인, 거만한

▶ 명상
어쩌면 어떤 우연한 사고도 현존하지 않습니다.

▶ 조언
이따금 당신의 상아탑에서 내려와 당신의 동료 인간 존재와 약간 섞이라.
공유하고 받아들이는 법을 체득하고, 가장 중요하게는 느긋해지며, 웃고, 재미있게 보내는 법을 체득하라.
당신이 하는 반대의 강인함을 알아채라.

▶ 건강
이들은 가족 구성원, 특히 자신의 자녀와 겪는 심리적인 갈등을 주의해야만 합니다. 만약 이들이 엄격한 권위주의자의 역할을 연기한다면, 이들은 확실히 자신의 자녀가 자신에게 맞서서 반항하는 것을 기대할 수 있거나, 심지어 더 나쁘게도 영적으로 압도하는 것에 자녀가 복종하는 것을 볼 수 있습니다. 만약 이들이 자신의 동료에게 복종을 요구하면, 단지 (수년일지라도) 한정된 기간에는 복종을 얻는 데 성공할 것이지만, 결국 이들은 억눌려진 공격성, 즉 자신에 맞서 터져나오는 좌절감을 품은 공격성의 열기를 느낄 것입니다. 그 귀결로 이들이 수용, 이해심 및 무엇보다도 느긋해지는 방법이라는 공부를 터득하는 것은, 자신 및 자신의 주위 사람들의 건강함에 필수적입니다. 즐겁게 지내는 것은 다양한 식단과 짝지워진 이들에게 최고의 명약인데, 모든 종류의 가족 모임이나 사교적인 모임은 그런 기회를 베풀어줄 수 있습니다.

▶ 수비학
12일에 태어난 사람은 숫자 3(1+2=3) 및 목성에 통치됩니다. 숫자 3에 통치되는 사람은 자주 자신의 분야 내에서 최고 위치에 오르려고 탐구하고, 8월 12일에 태어난 이들도 예외가 아닙니다. 숫자 3에 통치되는 사람은 불같은 사자자리에서 강화되는 자질인 독립성도 또한 사랑합니다. 목성은 (사자자리의 통치자인 태양의 영향력에 의해 이들에게 높아진) 낙관적이고 확장적인 사회적 전망을 빌려주고, 그러므로 이들의 자기-신임과 긍정적인 지향을 증가시켜줍니다.

▶ 원형
12번째 메이저 카드는 자신의 묶인 발로 거꾸로 매달려 있는 '매달린 사람'입니다. 비록 그런 처지가 무력해 보이지만, 그럼에도 '매달린 사람'은 영적으로 강력하고 깊이 심사숙고합니다. 이 카드의 긍정적인 속성은 단순히 인간이 되는 것뿐만 아니라 한계를 알아보고 극복하는 것이고, 부정적인 측면은 영적인 근시안과 한정성입니다.

8월 13일
오랜 역경의 날
Long Odds

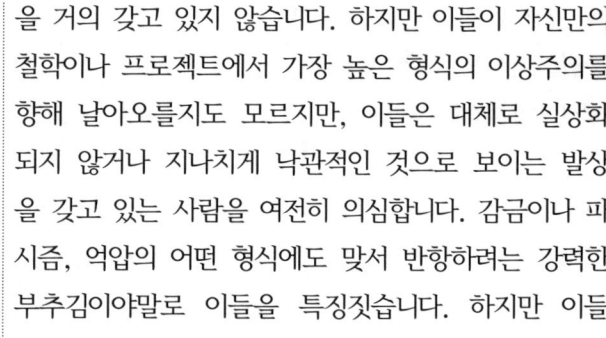

▶ 심리구조

8월 13일에 태어난 이들은 숫자 '13' 그 자체가 정상적으로는 불길하지 않지만, 자신의 삶에서 여러 번 정상에 올라 그곳에 머무르기 위해 싸움할 시 외견상 넘어서기 힘든 역경에 직면해야 합니다. 욕망하던 위치를 획득하고, 혹은 개인적인 목표에 도달하려고 고군분투하며, 충족시키는 관계를 탐색하는 것은 이들에게 평생의 도전입니다. 유별나게 태어났든, 환경을 통해 유별나게 만들어졌든 간에 이들은 고도로 독특한 성격과 인생관을 갖고 있습니다.

누군가는 이들이 때때로 어려움이나 도전의 압도적인 무게 탓에 우울하리라고 생각할지도 모릅니다. 하지만 비록 당연히 이들이 이따금 꽤 깊은 우울증으로 고통받을 수 있고, 삶에 맞아 넘어지는 느낌이 들 수 있지만, 이들은 세상에 대해 기쁨조적인 북돋아주는 습성을 더 자주 유지합니다. 이들은 비판에 고도로 민감하고, 자기 자신에게서 최악을 떠올리기 쉬우며, 그럼에도 어떤 불안감도 자신의 마음속에 간직해서, 어떻게든 여전히 우호적이고 개방적이며 무엇보다도 활동적일지도 모릅니다. 하지만 사람들은 이들과 쉽게 친해질 수 있다고 생각하는 실수를 만들어내지 말아야 하는데, 이들은 자신이 대체로 자신의 사생활 안으로 어떤 사람을 허용하기 전에 몇 달 혹은 심지어 몇 년까지 그 사람을 알아가야 합니다.

독특한 사람, 심지어 이상하기까지 한 사람인 이들은 유별난 천성의 타인들에게도 또한 끌리고, 반대로 예의범절을 따지거나 고도로 관습적인 사람과도 공통점을 거의 갖고 있지 않습니다. 하지만 이들이 자신만의 철학이나 프로젝트에서 가장 높은 형식의 이상주의를 향해 날아오를지도 모르지만, 이들은 대체로 실상화되지 않거나 지나치게 낙관적인 것으로 보이는 발상을 갖고 있는 사람을 여전히 의심합니다. 감금이나 파시즘, 억압의 어떤 형식에도 맞서 반항하려는 강력한 부추김이야말로 이들을 특징짓습니다. 하지만 이들 자신은 리더십의 잠재력을 갖고 있으므로, 자신만의 권위주의적인 경향을 지속해서 점검해야만 합니다.

이들 중 다수는 죽음이나 부상을 무릅쓰는 것에 관한 너무 많은 위험이 아니라, 대단한 역경을 극복해내는 것에 관한 매우 많은 위험에 대한 끌어들임을 갖고 있습니다. 이들이 추구하는 바는 '불가능을 성취하는 것'이고, 심지어 이들 중 소심한 사람조차도 대체로 안전이나 보안이 보증되는 도전 없는 삶을 거절합니다. 아무튼, 사고나 불운에서 어떻게든 여전히 보호받았던 이들은 어느 날 대단한 위험을 무릅써서 자신의 주위 사람들을 놀라게 하는 데 실로 꽤 유능합니다.

긴 호흡이라는 강점을 갖고 있는 모든 이들은 자신이 원하는 것을 기꺼이 기다리고, 가장 자주 타격할 바른 순간을 압니다. 불운하게도 아이러니한 불행이 이들의 발자취를 따라다니는 것으로 보이므로, 이들이 성취하거나 획득하는 것이 항상 영속하는 가치에 속하는 것은 아닙니다. 자신이 얼마나 별난지를 알아보고 쾌감을 느끼는 이들은, 심지어 사회적인 안정이나 수용을 성취하는 것조차도 고민할 가능성이 없지만, 자신만의 낯선 행로를 따라 삶을 뚫어나가는 것을 선호합니다. 그러나 자신의 모든 시련과 고난을 통해 그것을 통과해 가도록 바로 그만큼의 행운이 이들에게 미소짓는 것으로 보이고, 이들은 가장 예상치 못한 순간에 도움받을 수 있습니다.

▶ 일간 특성
강점; 불굴의, 활기찬, 용기 있는
약점; 변덕스러운, 지나치게 민감한, 불안해하는

▶ 명상
당신이 할 수 있는 한 그 행로를 계속 가십시오. 오직 그 행로만이 당신의 행로입니다.

▶ 조언
당신이 갖고 있는 것으로 최선을 다하고, 세상으로 하여금 당신을 넘어뜨리도록 절대 허용하지 마라.
취향이 맞고 마음이 통하는 타인들을 찾아내라.
분노와 압제적인 경향을 주의하라.
여전히 마음을 열고 신뢰하도록 노력하라, 당신만의 사적인 세계로 너무 많이 후퇴하지 마라.

▶ 건강
대개 이들은 식단요법, 운동요법, 건강요법에 관한 문제에서 자신만의 강한 선호를 갖고 있습니다. 하지만 수면 습관에 관련해 이들 중 대다수는 대체로 관습적인 지혜에 유의하고, 거의 매일 밤 7~8시간의 수면을 취하려 노력합니다. (이들 중 다수에게 자신의 꿈 생활과 무의식은 최고로 중요하며 이들은 그것을 지키기 위해 무엇이든 할 것입니다) 활동적이든 비활동적이든 간에, 이들은 대체로 건강 문제에 관해 관련되지 않습니다. 일차적으로 이들이 오랜 역경에 대결한 경험을 갖고 있기 때문에, 만일 신체적인 장애를 극복하기 위해 도전받거나 수술에서 희박한 가능성에 직면한다면, 이들은 대다수 사람보다 훨씬 더 이겨낼 가능성에 섭니다.

▶ 수비학
13일에 태어난 사람은 숫자 4(3+1=4)와 불규칙하고 비관습적인 행동을 자주 예시해주는 천왕성에 통치됩니다. 숫자 4에 통치되는 사람은 자주 다른 사람들과는 꽤 다른 시각에서 상황을 바라보므로, 까다롭거나 논쟁적인 경향이 있습니다. 숫자 4는 전통적으로 반란, 색다른 믿음 및 '규칙을 바꾸려는 욕망'을 대변하기 때문에, 8월 13일에 태어난 이들은 앞서 말한 모든 행동을 할 시 보강받습니다. 이 뜨거운 자질은 태양의 강한 영향력과 천왕성에 대한 태양의 활달한 효력에 의해 이들에게 강조됩니다. 비록 많은 사람이 숫자 13을 불운하다고 여기지만, 오히려 숫자 13은 그 힘을 현명하게 사용하거나 자기-파괴의 위험을 감수한 것에 대한 책임감을 정말 운반해주는 강력한 숫자입니다.

▶ 원형
13번째 메이저 카드는 타로에서 가장 오해를 받는 카드인 '죽음'인데, 죽음이라는 것은 문자 그대로 받아들여지는 경우가 좀처럼 없지만, 변태하는 식으로 한계를 넘어서 성장하기 위해 과거를 놓아버리는 것을 암시합니다. 이 카드와 숫자 4는 모두 이들이 만류, 환멸, 비관, 침울함에 대해 경계해야만 함을 제안합니다.

8월 14일
유한한 거울의 날
The Mortal Mirror

▶ 심리구조

8월 14일에 태어난 이들은 인간 조건에 대한 거울을 들고 있고, 대체로 두 유형 중 하나입니다. 첫째 유형은 사실상 자기 세대의 특징, 즉 그 세대의 스타일, 철학, 강점, 약점을 체화하고, 대개 자신이 대변하는 것에 대해 특히 알아채지 못하거나, 그것을 논평하는 것에 관심을 두지 않습니다. 둘째 유형은 자신의 세상이 자신만의 사적인 동아리이든 사회 전반이든 간에 그 세상의 기이한 부분을 벌거벗기기 위해 탐구하면서, 논평하고 분석하는 사람으로 구성됩니다.

반성과 드러냄의 테마는 이들의 삶을 관통합니다. 이들은 자주 리더의 역할을 맡지만, 거의 항상 (반드시 공식적인 교습자인 것은 아니지만, 어쩌면 본보기나 경험의 공유를 통한 교사인) 안내자나 교사의 역할을 맡습니다. 대개 이들은 타인들을 통치하거나 지배하고 명령하는 것에 거의 또는 전혀 이해관계를 갖고 있지 않습니다. 하지만 역설적으로, 이들 중 예외적인 사람은 자신의 부문을 지배하게 될 수 있고, 그러므로 리더로 여겨집니다. 이들 중 더 고도로 진화된 사람이 고민하도록 내몰리는 두 영역은 '개인적인 통합의 영역'과 '개인적인 필사의 영역'이고, 그뿐만 아니라 이것은 모든 인간 경험의 덧없는 속성입니다.

자신의 주위 삶에 대한 분석가인 이들은 대개 자신의 발상을 전달할 시 유머의 중요성을 이해하고, 인간의 사회생활에서 어리석고 아이러니하며 어색한 측면은 이들의 침투하는 시선에서 벗어나지 못합니다. (이들의 가족이나 친구, 대중, 협력자, 직원인) 사람들에게 거울을 들 시, 이들은 타인들로 하여금 그들의 실상 모습을 보도록 해줍니다. 때때로 그런 이들은 주목을 끌거나 자신의 요점을 내보여주기 위해 과장과 괴이함을 사용합니다. 타인들은 기쁨이나 웃음, 혐오감으로 이들의 불손한 언행에 반응할지도 모르지만, 통찰하게 해주는 어떤 것이 표현되었다는 점을 필연적으로 알아차립니다. 이들도 또한 자신이 말한 바에 비추어 자기 자신을 숙고해보고, 그 말이 맞는지를 알아보도록 재촉받을지도 모릅니다.

인간 조건의 논평자가 아니라 체화자인 이들은 자신의 속내를 매우 많이 타인에게 드러냅니다. 이들은 자신의 결함이나 문제를 실상 숨길 수 없습니다. 그러나 이들의 고군분투가 아프도록 확실하지만, 이들은 어쩌면 많은 타인들이 체험하고 있는 것의 대변자입니다. 따라서 이들은 자신에게 공감하는 사람들에게서 동감을 얻을 뿐만 아니라 이들이 답해주리라고 기대하는 사람들에게서 찬양도 또한 축적합니다. 이들 중 이런 유형의 사람은 자기-자각이 부족할지도 모르지만, 그럼에도 이들은 자기 세대의 관심사와 접촉하고 있습니다.

이들은 자주 자신의 동무가 이들이 알아보는 것이 천성적으로 어려운 이들만의 내면 자기의 거울이 되는 관계에 끌려듭니다. 이들이 사랑하는 대상인 이런 아니무스나 아니마 모습은 자주 자신만의 가장 좋은 특성이고 가장 나쁜 특성에 의한 투사이고, 어떤 경우에는 극단적인 성격이며, 그 성격에는 하나 또는 두 가지의 특징이 지배적입니다.

▶ 일간 특성
강점; 관찰력이 예리한, 정직한, 익살맞은
약점; 자기를 못 알아채는, 현실 도피적인, 방해하는

▶ 명상
당신이 다음번에 무엇을 할지 알고 싶다면, 그냥 당신 주위를 둘러보세요. 그 단서는 그곳에 있습니다.

▶ 조언
거울을 당신 자신에게 돌리고, 인간의 조건에 대한 당신의 이해심을 자신만의 삶에 적용하라.
당신의 개인적인 과정을 판별하고 정기적으로 감시하라.
당신의 자발성을 잃지 말고, 그러나 그 자발성을 절제하라.
당신이 원한다면, 당신은 당신 자신을 변화시킬 수 있다.

▶ 건강
이들은 스스로 건강한 삶의 패턴을 형태화하도록 돕기 위해 그 시대와 인간의 활동에 대한 자신의 지식을 활용해야 합니다. 자주 불균형한 절제식, 담배 또는 마약류 남용으로 인한 심장과 순환기 계통의 질환은 훌륭한 의사나 자연치유사와 작업하는 것을 통해 대처될 수 있습니다. 적당한 운동은 재구축 프로그램 일부인데, 걷기 조깅 가벼운 에어로빅 수영은 시작에 좋습니다. (알레르기가 없는) 통밀, '옥수수 또는 현미', '유제품과 육류 소비의 제한', '신선한 정원 채소의 증가'에 중점을 두면서, 음식에 대한 건전한 식욕은 한도 내에서 지켜져야만 합니다.

▶ 수비학
14일에 태어난 사람은 숫자 5(1+4=5) 및 수성에 통치됩니다. 여기서 (사자자리의 통치자인 태양의 영향력이 별도의 정신적인 끌어올림을 주는) 합리적이고 분석적이려고 논평하는 유형인 이들의 성향이 보강됩니다. 가변적인 행동과 충동적인 활동을 위한 욕구도 또한 숫자 5에 통치되는 사람에게서 관찰될지도 모릅니다. 8월 14일에 태어난 이들은 이런 충동적인 느낌을 마스터하는 법을 체득해야만 하지만, 동시에 점진적인 변화가 이들의 대의와 이들에게 의존하는 사람들의 대의를 진전시킬 때 (갑작스럽거나 급격한 변화보다) 점진적인 변화에 개방적이어야만 합니다. 다행히도 숫자 5는 삶의 역경에서 빨리 회복할 수 있는 회복이 빠른 캐릭터를 증정해줍니다.

▶ 원형
14번째 메이저 카드는 '극기'입니다. 보이는 모습은 우리를 보호해주고, 우리를 안정된 상태로 지속시켜주는 수호천사입니다. 그 카드는 에고적인 과도함의 모든 형식에 대해 경계합니다. 긍정적으로 보면, '극기'는 새로운 진실이 터득되어서 누군가의 삶에 편입되도록 하기 위해 걱정을 수정합니다. '극기'가 수동성과 비효율이라는 부정적인 특성을 예시할지도 모르기 때문에, 이들은 유행에 저항하고, 가능하다면 자신만의 스타일, 기법, 사유체계를 확립하려고 노력하며, 확신을 갖고 그것을 고수해야만 합니다.

8월 15일
왕명의 날
Royal Command

▶ 심리구조

8월 15일에 태어난 지휘하는 인물은 타고난 지도자입니다. 이들의 확장적인 접근법, 즉 왕 같은 접근법은 인색함이나 이기심, 평범함을 용인하지 않는 생활방식의 전조입니다. 쪼잔한 세부사항에 지나치게 관련되지 않으면서, 그 대신 넓은 노선인 큰 쇼에 대한 집중을 선택합니다. 세상에 왕 같은 고귀한 얼굴을 제시하는 것은 이들에게 필수적이고, 이들은 자신의 존엄을 보존하기 위해 필요한 바를 할 것입니다. 이들은 자주 가족이나 비즈니스, 사회 집단의 우두머리에서 발견될 수 있고, 자신이 권력의 자리에 있을 때 실로 가장 편안합니다.

이들에게 가까운 사람들에게는 이들의 제국적인 천성이 너무나 자주 분명할지라도, 이들 중 다수는 그 천성에 대해 알아채지 못합니다. 이들 중 여성은 숭배받고 받들어져야만 합니다. 이들의 집은 자신의 궁전이고, 이들의 남편은 왕이며, 이들의 자녀는 왕자와 공주입니다. 이들 중 남성은 타인들을 재정적인, 사회적인 또는 가족적인 수준에서 명령하는 것을 탐구하고, 그런 이유로 의문의 여지 없이 복종을 받아야만 합니다. 이들 중 상당히 적확한 친절과 수용, 애정과 따뜻함을 표출하는 인격을 갖춘 사람은 실로 흔치 않고, 고도로 진화된 영혼입니다. 하지만 대다수의 경우 마지막에 언급된 이런 자질은 기본적으로 이들의 캐릭터가 아니라, 키워지고 장려되어야만 합니다.

이것은 이들이 선천적으로 무자비하거나 불친절하다는 말이 아닙니다. 이들의 강력하고 황금빛 사자 같은 에너지가, 배나 조개껍데기에게 허가를 청하지 않는 강력한 파도처럼 압도하면서 앞에 있는 온갖 것을 휩쓸어버릴 뿐입니다. 자신의 잉여 에너지를 통제아래 둔 이들은 세세한 분별력과 주목에 대한 예술적인 경지를 계발하는 것이야말로 대단한 도전입니다. 이들은 개인적인 수준에서 만나는 각각의 사람들에 대처하는 법, 즉 귀 기울이고, 공감하며, 그들의 관점을 이해하려고 노력하는 법도 또한 체득해야만 합니다.

이들이 자기 자신과 타인에게 두는 과중한 기대도 또한 문제가 될지도 모릅니다. 이들의 자녀는 의식적으로든 무의식적으로든 성공에 대한 대단한 압력을 느낄 수 있고, 동무들은 혹독한 기준의 중압감에 못이겨 잘 굴복할 수 있습니다.

이들은 자신의 강한 에고를 집단의 이해관계에 종속시키면서 실상적인 협동작업을 배워야만 합니다. 이들의 독립적이고 자유분방한 스타일을 구속하는 어떤 것도 대체로 완강한 저항을 만나기 때문에, 타인들은 이들에게 수완과 돌봄으로 호소해야만 합니다. 이들은 속이 자주 꽤 부드럽고 감상적이면서, 모든 종류의 찬양과 애정을 사랑합니다. 누군가가 이들의 좋은 면에 대해 계속 말할 수 있다면, 이들 속에 거주하는 폭군을 절대 볼 수 없을지도 모릅니다. 대체로 '사자'나 '암사자'는 감정적으로 잘 대접받을 때 행복합니다.

▶ 일간 특성
강점; 지휘하는, 결단적인, 확장적인
약점; 지나치게 공격적인, 둔감한

▶ 명상
사랑은 법의 준엄함에 대한 수용을 포함합니다.

▶ 조언
당신의 위치가 온갖 줄에서 첫째가 될 수 없다. 당신의 동료 인간 존재와 협력하는 법을 체득하라. 통제하고 흠모받으려는 지나친 욕구를 주의하라. 사람들이 자신의 느낌을 설명하려고 노력할 때 그들이 하는 말에 세심하게 귀 기울이라.

▶ 건강
이들이 세상을 향해 표출하는 확장적인 태도는 자주 풍성한 취향의 모든 종류를 포함합니다. 이것은 식습관이 어떤 한도도 모를 때 건강 문제를 유발할 수 있습니다. 비만뿐만 아니라 심혈관 질환은 맛있는 설탕과 지방이 과다하게 풍부한 식단에서 비롯될 수 있습니다. (건강에 좋은 음식 선택을 통해) 즐거움을 제거하지 않으면서 그런 풍부한 식단의 해로운 요소들을 제한하기 위한 노력이 만들어져야 합니다. 승마에서부터 경쟁적인 스포츠 또는 본격적인 에어로빅에 이르기까지 정기적이고 꽤 활기찬 운동이 권장됩니다. (물론 비활동적인 사람들은 무리하지 않고 점차 그런 수준으로 운동을 해야 합니다) 지속적인 성관계는 대단한 플러스가 됩니다. 삶에 대한 격정이 있지만, 이들이 길고 행복한 삶을 살기 위해서는 자신의 사자 같은 본능이 전반적으로 좀 길들여져야만 합니다.

▶ 수비학
15일에 태어난 사람은 숫자 6(1+5=6) 및 금성에 통치됩니다. 숫자 6에 통치되는 사람은 리더십을 제공하는 위에서 언급된 이들의 수용력을 보완해주는 카리스마적인 경향이 있고, 심지어 타인들에게 숭배할 마음마저 불어넣습니다. 사자자리는 태양에 의해 통치되므로, 8월 15일에 태어난 이들은 사회적으로 공격적이고 사랑의 문제에서 공격적인 태양-금성 유형이 되는 경향이 있습니다.

▶ 원형
15번째 메이저 카드인 '악마'는 성적인 끌어들임, 불합리성, 격정이 관련된 곳에서 역동적으로 작용하는 두려움/욕망을 예시합니다. '악마'는 물질적인 편안함과 돈에 대한 우리의 필요성을 통해 우리를 노예로 삼고, 안전을 붙잡는 우리의 기반 천성을 대변하며, 우리의 남성적/여성적인 천성에 실존해서 화해되지 않는 차이를 통해 우리를 통제합니다. 이 카드의 긍정적인 면은 모두 성적인 끌어들임이고, 격정적인 욕망의 표현입니다. 그러나 그 카드는 비록 우리가 몸에 속박되어 있을지라도, 우리의 영(靈)은 자유롭게 날아오름을 우리에게 상기시켜줍니다.

8월 16일
고전압의 날
High Voltage

▶ 심리구조

8월 16일에 태어난 이들은 자신의 뜻대로 하는 방법을 아는, 완전히 체현된 관능주의자입니다. 하지만 이들이 하는 온갖 것에는 자신이 교제하는 대다수 사람에게 이들이 사랑받게 하는 정제된 감각, 스타일 감각, 자석처럼 고도로 매력적인 감각이 현존합니다. 비록 신선하고 건전한 얼굴인 것처럼 보일지라도, 이들은 성적인 표현뿐만 아니라 다층적인 심미성의 형식을 향해 주목할 만한 이해관계 및/아니면 몰아댐을 예외 없이 갖고 있습니다.

이들 성격의 명령하는 측면도 또한 두드러지는데, 이것 때문에 이들은 반대하는 관점을 용인하는 데 대단한 어려움을 보유할 수 있습니다. 실로 이들은 극복해서 승리하는 것을 탐구할 것이고, 특정 극단적인 경우 이들이 경쟁상대나 적으로 바라보는 사람들을 파괴해버릴 것입니다. 자신의 영향권 속에 힘을 축적하려는, 이들 속에 있는 몰아댐은 특히 현저합니다.

이들은 자신이 그 영향권에서 [그것을 깨고] 나갈 때, 출구를 [위한 건수를] 실상적으로 얻어내게 됩니다. 침묵 속에서 고통받는 것이 이들에게는 견뎌낼 수 없는 것이므로, 터무니없는 것은 이들에게 천성적으로 떠오르는 어떤 것이고, 이들의 유별난 행동은 청중을 요구합니다. 이들은 때때로 자신이 경험하고 있는 것을 공유할 수 있는 전체 군중 앞에 자기 자신을 전시하고 싶어합니다.

이들은 자주 과민하고 전기적으로 신경질적인 유형입니다. 비록 이들이 타인의 불친절에 의해 상처받을 수 있지만, 이들은 사실상 어떤 종류의 정신적·물리적인 공격에도 버텨낼 수 있는 매우 단단한 핵심을 갖고 있습니다. 이들은 또한 파괴하기 위해 자신의 마음을 설정한다면 타인들에게 꽤 파괴적일 수도 있고, 일부 경우에는 복수가 이들의 동기를 강력하게 붙잡을 수도 있습니다. 유혹적이고 자석 같은 이들은 또한 자신의 애정을 확장하고 나중에 거둠으로써 끔찍한 힘도 휘두를 수 있습니다. 만약 이들이 부정적인 행로로 충분히 멀리 내려간다면, 이들은 자신의 파괴력을 결국 불가피하게 자기 자신에게로도 또한 돌리게 될 것입니다. 이들이 끊임없이 증가하는 스릴을 탐색하는 것은, 자신의 성격을 왜곡하거나 극단으로 데려갈 수 있습니다.

이들에게 대단한 위험은 이들이 단순한 쾌감 그리고 심지어 관습적인 기미가 있는 어떤 것도 즐기는 수용력을 잃어버릴 것이라는 점입니다. 이런 점에서 이들은 가족이나 친구들에게서 점점 더 동떨어지는 자기 자신을 알아차릴지도 모릅니다. 이들의 반권위주의적이고 때로는 비사교적으로 행동함에도 불구하고, 이들 중 대다수는 대개 자신의 재능이 자신이 활동하는 사회나 동아리에서의 실상적인 필요에 봉사하게 되는 사회의 틈새를 찾아냅니다. 하지만 이들이 이끄는 것에는 관심을 둘지라도, 통치하는 것에는 좀처럼 관심을 두지 않습니다. 리더로서 이들은 흠모받을 수 있고, 심지어 숭배받을 수도 있습니다. 통치자로서 이들은 그룹 사람들을 책임지는 데 최고의 선택이 거의 아닐 것입니다. 유혹과 선동은 지배나 통제보다 더 이들의 전공입니다.

▶ 일간 특성
강점; 유혹적인, 전기적인, 목표 지향적인
약점; 파괴적인, 반항적인, 과도한

▶ 명상
섹스에 민감한 이들에게 침실의 언어는 좀처럼 거짓말하지 않습니다.

▶ 조언
관습적인 인간적 장치를 가동하는 것이 필요할 때 당신의 전압을 전환하는 법을 체득하라.
상대를 위해 그 상대를 태워버리지 않도록 노력하라.
당신의 적들에게 조금 더 친절해지라. 당신도 또한 적을 욕구할지도 모른다.
당신 내면의 영적인 삶에 조금 더 많은 에너지를 투입하라.

▶ 건강
이들은 모든 형식의 강박적인 행동을 하기 쉽습니다. 그 귀결로 이들은 '음식과 음료', '섹스와 사랑관계' 또는 스릴 탐구하기에 중독되는 것을 주의해야만 합니다. 이들의 심리적인 안정성은 이들의 극도의 민감성과 고압 에너지로 인해 서서히 잠식될 수 있습니다. 이들은 포괄적인 건전한 생활방식이나 루틴을 지키는 것이 몹시 어렵습니다. 하지만 만약 이들이 몇몇 건강한 습관을 자신의 일상적인 요법, 즉 이를테면 자연적인 음식이나 즐거운 운동 일부로 만들어낼 수 있다면, 그것은 올바른 방향으로 나아가는 한 걸음일 것입니다. 나이는 이들이 더 건강한 선택을 만들어내도록 도울 수 있지만, 장수 자체를 위한 장수는 이들의 우선순위 목록에서 높지 않습니다.

▶ 수비학
16일에 태어난 사람은 숫자 7(1+6=7) 및 해왕성에 통치됩니다. 숫자 7에 지배되는 이들은 자신의 발상을 항상 끝까지 해내는 것은 아니고, 실상에서 쉽게 동떨어지게 될 수 있습니다. 해왕성은 꿈, 공상 및 종교적인 느낌의 행성입니다. 영감과 고도로 낭만적인 자질이 8월 16일에 태어난 이들에게 해왕성과 태양(사자자리의 통치자)의 연관성을 통해 부여됩니다. 숫자 7에 지배되는 이들은 때때로 돈이 관련된 소문에 경계심을 던져버리고, 가족을 재정적으로 난처한 채로 내버려둘 수 있습니다. 따라서 좋은 회계사나 회계 담당자는 이들에게 소중합니다.

▶ 원형
16번째 메이저 카드는 어떤 버전에선 왕이 벼락을 맞은 탑에서 떨어지는 것을 보여주고, 이 탑을 건설한 사람이 머리에 타격을 입고서 죽고 있는 것을 보여주는 '탑'입니다. '탑'은 물리적인 구조의 무상성뿐만 아니라 우리 삶에서 주어지는 관계나 소명의 무상성도 또한 상징합니다. 작업된 변화는 자주 갑작스럽고 신속할 수 있습니다. 그 카드의 긍정적인 요소는 재앙을 극복해 그 도전에 직면하는 것을 포함합니다. 하지만 '탑'은 부당하게 높은 자리에 오르는 것, 누군가가 조작한 손길에 파괴될 위험을 무릅쓰는 것에 대해서도 또한 경계하는데, 후자의 지적을 이들은 존중해야 합니다.

8월 17일
폭발적인 힘의 날
Explosive Power

▶ 심리구조

8월 17일에 태어난 이들은 강력하고 폭발적인 사람입니다. 고전압을 갖고 있는 이들은 8월 16일 태어난 사람들과 공통점을 많이 갖고 있지만, 그들과는 달리 쇼를 운영하는 것에 매우 얽매입니다. 통치하려는 이들의 몰아댐은 이들의 역동적인 에너지에 뿌리내린 잘 확립된 세속성이라는 받침대를 갖고 있습니다. 이들 중 대다수 남성과 여성은 부모로서 활동하든 교사로서 활동하든 군인으로서 활동하든 혹은 심지어 친구로서 활동하든 간에 가슴속에서는 자신의 통치권에 대한 어떤 도전도 참아내지 못하는 지배적인 권위주의자입니다. 실로 이들은 자신의 통제하는 천성이 타인들이 감당하기에 너무 힘겹게 될 때, 자주 곤란한 상황에 처하게 됩니다.

역설적으로 이들은 매우 조용하고 심지어 단독적인 기질 및 자신의 사생활을 보호하려는 강한 욕망을 표출할 수 있습니다. 자신의 작업이나 사회적인 관여 바깥에서, 이들은 혼자 남겨지는 것을 선호합니다. 이들이 때로는 어쩌면 '파티의 인생'일 정도로 매우 외향적일지라도, 이들은 거의 이유 없는 과시주의자가 아니므로 자신의 에너지를 거대한 표출에 낭비하지 않는 것을 선호합니다. 이들은 특정한 정제됨과 매혹을 갖고 다니지만, 또한 찬양자들에게 거리를 둘 정도로 험상궂을 수도 있습니다.

이들에게 가장 대단한 도전 중 하나는, 번갈아 적대적이 되거나 방어적이 되는 성향이 붙어가는 자신의 논쟁적인 면을 통제하는 것입니다. 만약 자유로운 통치가 허용된다면, 그런 부추김은 적을 만들어낼 뿐만 아니라 친구와 가족을 멀어지게도 또한 만들어내면서 이들에게 심각한 어려움을 창조할 수 있습니다. 이들을 사랑하고 이해하는 사람들은 이 길들지 않은 에너지에 대처하고 폭발적인 말과 행동을 쉽사리 용서하려고 노력할 것입니다. 그러나 이들이 타인들의 관용을 도가 넘치게 밀어붙일지도 모르는 지점에 도달합니다.

심리적으로 이들 중 다수는 어린 시절부터 이어진 숨겨진 불안감과 억눌려진 열등감 탓에 밀어붙이는 행동을 과시합니다. 전형적으로 이들은 자신이 번갈아서 증오했다가 흠모했던 자신의 (자주 같은 성별의) 부모 중 한 명과 심각한 문제를 경험했습니다. 게다가 이들은 실상적으로 자기 자신을 알기 위한 아픔을 겪지 않았을지도 모르고, 따라서 불운을 맞닥뜨릴 때 경험에서 배우기보다는 좌절감을 곱씹거나 점차 좌절하게 될지도 모릅니다. 어쩌면 심리 상담은 자기 자신을 더 잘 이해하려는 이들을 도울 수 있습니다.

자신의 깊은 천성과 세련된 사고 패턴 덕에, 다재다능한 이들은 자신의 에너지를 제대로 다룰 수 있다면, 많은 영역에서 제안할 지대한 것을 갖고 있게 됩니다. 비록 이들은 좀처럼 악의적인 의도로 거의 활동하지 않지만, 자신의 통제를 넘어선 세력에, 즉 자신 속에 틀어막혀져 있던 세력에 자주 내몰릴 수 있습니다. 다층적인 형식의 정신 단련은 이들이 이런 '허리케인' 에너지를 관리하도록, 즉 조기 경고 싸인을 감시해서 폭풍우가 계발되기 전에 바람을 잠잠하게 하는 법을 체득하도록 도울 수 있습니다.

▶ 일간 특성
강점; 다재다능한, 강인한, 현실에 기반하는
약점; 폭풍우치는, 적대적인, 냉담한

▶ 명상
코를 만지는 것은 'no'를 의미합니다.

▶ 조언
적절한 때에 당신의 격렬함을 절제하라.
당신의 동기를 검토하기 위해 휴식시간을 사용하라, 당신 자신을 더 잘 알게 되라.
일상생활에서 당신 자신을 관찰하고, 파괴적인 기질에 대한 조기 경고 싸인을 알아보는 법을 체득하라.
상황을 가볍게 유지하도록 노력하라.

▶ 건강
이들에게 가장 대단한 건강상의 위험은 억압된 공격성에 의해 초래되는 병입니다. 만약 문젯거리가 자신을 갉아먹도록 이들이 허용한다면, 그리고 단지 기질이 뒤틀릴 때만 그런 걱정을 표현하도록 허용한다면, 이들은 위와 장내 궤양, 고혈압 그리고 모든 종류의 악성종양에 걸릴 위험에 처할 것입니다. 이들의 사교적인 천성을 장려하는 것, 즉 활달하고 자유롭게 흐르는 양식으로 작업하고 생활하는 것은, 이들의 건강에 놀랄만한 일을 할 것입니다. 이들을 세상에 공개하는 모든 노력, 즉 모든 종류의 단체 운동, 단체 식사 및 사교활동이 권장됩니다. (자주 안쪽으로 내몰리는 분노인) 모든 형식의 우울증은 가능한 한 빨리 처치되어야 합니다.

▶ 수비학
17일에 태어난 사람은 숫자 8(1+7=8) 및 토성에 통치됩니다. 토성은 8월 17일에 태어난 이들로 하여금 자기 자신과 타인들에게 가혹해지게 만들어내는 경향이 있는 진지한 측면을 운반해줍니다. 태양(사자자리의 통치자)과 토성이 조합된 영향력은 극도로 책임지는 성격을 예시해줄지도 모르지만, 이들은 또한 낙담하기 쉽습니다. 숫자 8은 물질세계와 영적세계 사이의 갈등을 운반해주는데, 숫자 8에 통치되는 사람은 자주 외롭고, 자기 자신을 탐닉하는 경향이 있습니다.

▶ 원형
17번째 메이저 카드는 별 아래 벌거벗은 아름다운 소녀가 한 항아리로 메마른 대지에 신선한 물을 쏟아붓고, 다른 항아리로 연못의 고인 물을 되살리는 모습을 보여주는 '별'입니다. 그녀는 세속적인 삶의 영광을 대변하지만, 그 삶에 대한 물질적인 노예화도 또한 대변합니다. 그녀 머리 위의 별들은 영적인 세계가 있음을 영원히 상기시켜줍니다. 따라서 타로는 이들이 삶의 더 높은 목표를 절대 잊지 말라고 상기시켜줍니다.

8월 18일
인내력의 날
Endurance

▶ 심리구조

8월 18일에 태어난 이들은 정면으로 맞이해서 극복해야만 하는 엄청난 도전에 직면합니다. 삶에서 이들의 성공이나 행복이 아무리 대단하더라도, 심각한 어려움은 마치 이들의 기개를 시험해보려는 것처럼 계속해서 발생합니다. 감정적으로 깊은 이들은 대다수 타인보다 더 심오한 수준에서 슬픔과 역경을 경험합니다. 하지만 이것은 좀처럼 이들을 불행하게 만들어내지 않는데, 이들이 오직 인생 경험을 시도해보는 것을 통해서만 의미 있는 존재 상태에 도달할 수 있다는 점을 알기 때문입니다.

아무리 많은 토론이나 TV, 예술, 음악, 문학일지라도 경험적인 맞닥뜨림을 대신하는 어떤 실상적인 대안이 현존한다는 점을 이들에게 확신시킬 수 없습니다. 자신의 개인적인 삶의 비전을 구현하기 위한 이들의 싸움은 힘겨운 임무일지도 모르지만, 이들에게는 어떤 다른 방도도 갖고 있지 않을 것입니다.

이들 중 다수는 반쯤 숨겨진 괴물처럼 잠재의식 속에 도사리고 있는 남모르는 두려움에, 심지어 공포증에까지 위협받습니다. 이들이 정보업이든, 연예계든, 제조업이든, 서비스업이든 간에 어떤 사회적인 신분에 있는 자기 자신을 알아차릴지라도, 그런 용을 맞닥뜨리는 이들은 그 용을 죽이도록 내몰릴 것입니다.

이들이 맞닥뜨리는 도전들은 드물지 않게 자신의 동무나 가까운 친구라는 결과로 다가오는데, 그 친구는 때때로 성격이나 직업 때문에 그 도전이라는 문제들을 끌어들입니다. 이들은 타인이 책임을 맞이해서 다 해내도록 원조하는 조력자, 안내자, 조언자로서 매우 귀중할 수 있습니다.

이들은 리더로도 또한 잘 기능하고, 대체로 더 대단한 도전을 더 대단한 성공을 위한 기회로 봅니다. 하지만 이런 도전이나 갈등 중 하나는 이들의 삶에서 중심적인 위치를 자주 떠맡고, 오래 영속하는 반대자 어쩌면 비협조적인 반대자가 됩니다.

그럼에도 이들은 인내합니다. 비록 이들의 전투가 길어지고 책임도 증가하지만, 사실 이들은 매우 긴 삶을 영위할 수 있고, 일종의 '받을 자격이 있는 행복'을 찾아낼 수 있습니다. 이들은 '불평자'도 아니고, '고통 겪기 전문가'도 아닙니다. 이들은 각각의 도전을 당당히 맞이하려고, 즉 각각의 문제가 발생되는 대로 대처하려고 노력합니다. 이들의 세계관은 '세상이 살기가 여유로운 곳은 아니지만, 그럼에도 이들은 분발해서 최선을 다할 것이다'입니다. 낙관적인 것도 아니고 비관적이거나 확장적인 제한적인 것도 아닌 이들은 국면을 사실 그대로 보고 당면한 상황에 대해 최선을 만들어내려는 실상주의자입니다. 심지어 삶이 미소라기보다 생존일 때조차도, 이들은 장기간에 걸쳐 그 상황 속에 있으리라는 한 가지는 확실합니다.

▶ 일간 특성
강점; 잘 적응하는, 참아내는, 속 깊은
약점; 고군분투하는, 강박적인, 대결적인

▶ 명상
가장 어려운 길이 항상 최선인 것은 아닙니다.

▶ 조언
아픔이 항상 필요한 것은 아니다, 극복하는 것이 인생에서 나아가는 유일한 길인 것은 아니다.
지나치게 자신에게만 몰입하지 마라.
세상으로 나올 때 당신 자신을 즐겨라.
느긋해지고 휴식을 취하는 법을 체득하라.

▶ 건강
일반적으로 말해서, 이들은 자신의 건강함을 유지하는 것에 꽤 수용적인데, 경험에 대한 자신의 높은 존중 때문에 이들은 책의 지식보다 친구와 가족의 개인적인 소견에 더 마음을 열 것입니다. 하지만 이들의 바쁜 일정은 대개 건강을 유지 관리하기 위한 시간을 거의 인정하지 않습니다. 이들은 자기 자신을 너무 심하게 밀어붙이고 너무 많은 도전을 맞닥뜨리기 때문에, 이들의 일정에는 매일의 휴식과 느긋함이라는 정기적인 기간이 엄격하고 세심하게 프로그램되어야 합니다. 이들이 자신의 엔진을 증기로 가득 찬 상태로 장기간에 걸쳐 작동하는 것을 지속하려면 정기적인 수면 패턴도 또한 필수적입니다. 휴가는 사치품이 아니라 필수품입니다. 육류와 설탕에 중점을 두지 않는 균형 잡힌 식단을 지키는 것 또 곡물과 채소를 위해 깊게 선택하는 것은 이들이 코스를 유지하는 데 도움될 것입니다.

▶ 수비학
18일에 태어난 사람은 숫자 9(1+8=9) 및 화성에 통치됩니다. 사자자리는 태양에 통치되므로, 8월 18일에 태어난 이들은 화성-태양의 조합에서 엄청난 에너지를 받지만, 감정적으로 지나치게 반응하고, 경솔하게 활동하며, 실패한 대의를 포기하기를 거부하는 성향을 갖고 있습니다. 감정적인 폭발을 주의해야 하는 이들은 자신의 다투는 경향성이 적을 만들어낼 수 있으므로, 가능할 때마다 짜증을 피하려고 노력해야 합니다. 급변하는 면을 통제하고 상상적인 자질을 활용하는 이들의 능력이야말로 삶에서 이들의 성공을 크게 결정해줍니다. 숫자 9의 에너지, 야망 및 지배적인 측면은 만일 잘 유도된다면 일정 정도의 성공을 확실히 해줍니다.

▶ 원형
18번째 메이저 카드는 꿈, 감정 및 무의식의 세계를 일차적으로 대변하는 '달(月)'입니다. 긍정적인 속성은 민감성, 공감 및 감정적인 이해심을 포함합니다. 부정적인 성질은 감정적인 우유부단함, 수동성 및 에고의 부족을 포함합니다.

8월 19일
거창한 놀람의 날
Startling Surprises

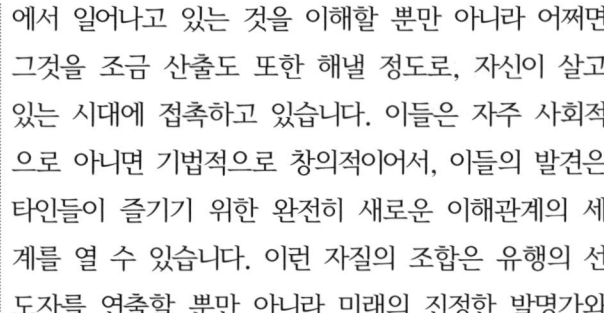

▶ 심리구조

8월 19일에 태어난 이들은 자주 자기 자신에 관한 정보뿐만 아니라 타인들에 관한 정보도 또한 은폐하는 것과 드러내는 것 모두에 관련한 삶의 테마에 얽매입니다. 때때로 이 정보는 개인적이 아니라 과학적이나 철학적인, 자연적인 이해관계라는 객관적인 영역의 관심사입니다. 이들은 일정 기간 어떤 것을 조용하게 유지한 후에, 자주 거대한 방식으로 그것을 드러낼 것입니다.

이들은 어떤 것으로 정확히 규정되기가 까다로울 수 있습니다. 누군가가 이들을 파악했던 것으로 보이는 바로 그때, 이들은 자신에게 설정된 척도를 회피합니다. 따라서 이들은 신뢰하지 못하거나 믿을 가치가 없다는 평판 탓에 불공정하게 고통을 받을지도 모릅니다. 이들을 이해하는 열쇠는 이들이 왜 어떤 경우에는 모호함을 유지하고, 어떤 경우에는 타인에게 완전히 자기 자신을 드러내려는 욕구를 그렇게 대단히 갖고 있는지에 놓여 있습니다. 대단한 야심을 지닌 이들은 자신의 경력을 천천히 그리고 확실하게 쌓아갈 뿐만 아니라 자신을 무너뜨릴 수 있는 약점이나 무분별함의 어떤 흔적도 감추려 조심합니다. 그런 이미지를 유지하기 위한 고군분투는 사실 사적인 고군분투이지만, 그 고군분투는 이들을 사회의 깊은 곳에서 높은 곳으로 운반해 줄 수 있습니다.

이들은 타인들에 관한 비밀을 자신의 유리함을 위해 어떻게 사용하는지, 언제 그것을 드러내는지, 언제 숨겨두는지도 또한 알고 있습니다. 이들은 자신의 주위에서 일어나고 있는 것을 이해할 뿐만 아니라 어쩌면 그것을 조금 산출도 또한 해낼 정도로, 자신이 살고 있는 시대에 접촉하고 있습니다. 이들은 자주 사회적으로 아니면 기법적으로 창의적이어서, 이들의 발견은 타인들이 즐기기 위한 완전히 새로운 이해관계의 세계를 열 수 있습니다. 이런 자질의 조합은 유행의 선도자를 연출할 뿐만 아니라 미래의 진정한 발명가와 설계자를 연출할지도 모릅니다.

이들 중 더 진화된 사람은 진실을 매우 높게 평가합니다. 하지만 이들은 어쩌면 자신의 주위 사람들이 그 진실을 듣거나 감당할 준비가 되어 있지 않다고 믿습니다. 그래서 이들은 때로는 몇 년 동안 그 진실을 자신의 마음속에 간직합니다. 이들은 자신이 말하려고 지닌 것에 대해서 사람들이 준비가 되었다고 느낄 때, 자주 고도로 직접적인 양식으로 그 진실을 말합니다. 이들의 청취자들은 왜 이들이 그렇게 오랫동안 침묵을 지켰는지 이해하기 어려울지도 모릅니다.

기저에 놓인 어떤 복합적인 열등감도 이들로 하여금 조심하도록 만들어내지 않는다는 점을 기억해내는 것이 중요합니다. 이들은 자신의 가치를 꽤 잘 알고 있고 엄청난 자기-신임을 갖고 있지만, 준비될 때까지 움직이기를 꺼립니다. 따라서 이들은 어쩌면 심지어 자신이 다층적인 적의와 상처를 보살펴주는 곳인 사적인 꿈의 세계 속에까지 살아가면서, 기회를 미루고 놓쳐버릴 위험이 있습니다.

협업자들, 협력자들, 심지어 친구들조차도 자주 이들의 화창한 외관을 솔직하고 개방적인 성격으로 착각하고, 이들의 캐릭터와 능력에 대해 모든 종류의 추측을 만들어냅니다. 그러나 비관습적인 이들은 비록 자신에 대한 타인의 발상에 순응하거나 기대에 직접적으로 부응한 적이 있다고 해도 좀처럼 순응하거나 부응하지 않을 것이고, 그래서 복잡함이 이들의 인격이고 이들의 간접적인 운영 태세입니다.

▶ 일간 특성
강점; 참아내는, 자신만만한, 영향력 있는
약점; 지나치게 자신하는, 비밀적인

▶ 명상
아이가 배가 고플 때 [즉시] 먹여야만 합니다.

▶ 조언
[진실해지기를] 미루지 마라.
왜 그렇게 많이 숨기는가? 더 마음을 열고 공유하는 법을 체득하라.
오직 당신만이 진실에 대한 구실[핑계]을 갖고 있는가? 너무 그럴듯한 것처럼 보이는 것을 주의하라.
중심에 머물러라, 옆길로 새게 되지 마라.

▶ 건강
이들은 가족 주치의의 정기검진을 표준적인 관행으로 만들어야 합니다. 만약 이들이 구조화된 방문 계획을 갖고 있지 않다면, 이들은 꺼리는 경향이 있어서 작은 불편사항들이 만성적인 불편사항이 되게 합니다. 자신의 사적인 천성 탓에 이들은 자기 자신에 대한 정보를 낯선 사람과 공유하는 것도 또한 바라지 않을 수 있기 때문에, 자신이 신뢰할 수 있는 의사와의 관계를 계발하는 것이 중요합니다. 이들은 식단이나 운동에 엄격한 건강 요법에 따를 준비가 되기 전, 때때로 한바탕 병치레합니다. 하지만 이들의 신체적인 천성 때문에 조깅이나 수영 같은 체육이 권장됩니다. 이들은 기본적이고 가벼운 식단이 가장 좋지만, 그 식단은 이들이 이해관계를 유지하기 위한 약간의 심미적인 호소를 갖고 있어야 할지도 모릅니다. 모든 유형의 장 질환에 맞서 예방조치가 취해져야 합니다.

▶ 수비학
19일에 태어난 사람은 숫자 1(1+9=10, 1+0=1) 및 태양에 통치됩니다. 이들이 태양과 수성 양쪽의 영향력을 강하게 받는 사자자리-처녀자리 중첩의 첫날인 8월 19일에 태어나는 사실 때문에, 정신 수준에서 성공하기 위한 강한 공세가 이들의 삶에 필연적으로 현존할 것입니다. 숫자 1에 통치되어 첫째가 되는 것을 좋아하는 사람은 야심적이고, 구속을 싫어하는 경향이 있습니다.

▶ 원형
19번째 메이저 카드는 '태양'입니다. 그 태양은 모든 메이저 카드 중 가장 호의적인 카드로 여겨질 수 있고, 지식, 생명력, 행운을 상징합니다. 하지만 이 카드는 자만심, 허영심, 거짓된 겉모습이라는 부정적인 특성을 제안합니다. 이들은 자신의 실상적인 의도와 목적을 숨기는 데 매우 능숙하므로, 오해받고 아니면 더 나쁘게는 불신당하는 것을 주의해야만 합니다.

8월 20일
수수께끼 같은 비밀의 날
The Cryptic Secret

▶ 심리구조

8월 20일에 태어난 이들은 비밀에 부쳐온 자신의 과거 해프닝에 의해 자신의 삶 대다수가 유도되고, 심지어 지배조차 받을 수 있습니다. 이들 중 더 용기 있는 사람은 수년간 이 개인적인 신비에 대담하게 직면해서 그 신비를 해결하기 위해 작업함으로써 그것을 해결해야 할 것입니다. 하지만 이들 중 다수는 자신의 가장 가까운 믿을만한 벗을 제외하고, 아무도 이들에 관한 진실을 알아차리지 못할 정도로 투신적입니다. 이들이 세상에서 어떤 성공을 성취하더라도 이들은 자주 매우 외로운 사람입니다.

때때로 그 비밀의 천성은 심지어 이들에게조차도 의식적인 수준에서 알려지지 않습니다. 비록 방해하는 어떤 것이 일어났다는 점을 이들이 알아볼지라도, 이들은 그것이 무엇이었는지 항상 정확히 알아보는 것은 아닙니다. 그런 경우, 이들 기억의 내면 오지를 탐색하는 것은 이들로 하여금 감정적인 짐에서 벗어나 강하고 자급자족하는 사람으로 만들어내는 데 필수적입니다.

이것은 이들이 생동적이 될 수 없고 재미를 사랑할 수 없다고 말하는 것은 아닙니다. 그러나 그럼에도 심지어 이들이 가장 기쁨의 순간조차도 이들을 둘러싸고 있는 심사숙고의 아우라가 현존합니다. 삶이 개인을 위해 예비해둘 수 있는 어려움을 알아채는 이들은 인간의 감정을 가볍게 다룰 사람이 아닙니다.

이들의 상상력이 매우 강력하기 때문에, 이들은 그 상상력을 건설적으로 활용해야 하고, 아니면 그것에 의해 압도될 위험을 감수해야만 합니다. 이들 성격의 이런 측면은 너무 복잡해서 이들이 그 측면을 타인들과 공유하기가 까다로울 수 있습니다. 하지만 이들이 맞닥뜨리는 환타지는 항상 꿈과 공상의 형태로 도착하는 것이 아니라, 사실상 특이하고 때로는 어둡고 심지어 파괴적이기까지 한 개인들 속에서 인간의 형식을 취할지도 모릅니다.

사실 이들은 자신이 고통에 대해 표출하는 굉장한 공감과 자비심 덕에 궁핍하거나 피해입은 사람들에게 자주 발굴됩니다. 이들 중 다수는 자신의 개인적인 두려움뿐만 아니라 타인들에 의해 제시된 두려움에도 또한 완전히 맞서왔고 극복해왔다는 점에서 평균적인 사람보다 더 강인합니다.

이들은 말 그대로 자기 자신을 잊어버릴 수 있는 황홀한 상태에 특히 끌려듭니다. 자연적으로 유발되든, 인위적으로 유발되든 간에 희열 상태는 이들 중 다수가 어느 시점에 탐험하기를 바랄 중요한 것입니다. 만약 그 기쁨의 경험이 한도 내에서 지켜지고, 현실도피보다 감정을 표현하는 수단이라면, 그 경험이 꽤 의미있고 건전할지도 모르지만, 격렬한 장기간의 경험이 더 위태롭고 쇠약하게 하는 측면은 인정되어야 합니다. 이들은 그 희열 상태에 대한 원정에 착수함으로써 자신의 친구나 사랑받는 사람을 참여하는 위치에 처하게 하고 아니면 배제되는 위치에 처하게 할 수 있다는 점도 또한 알아야만 합니다.

대체로 조용하고 부드러운 말투인 이들은 자기 자신에게 과한 주목을 끌어당기지 않는 것을 선호합니다. 하지만 친우와 함께하고, 또 자신이 신뢰감과 따뜻함을 느끼는 국면 속에 있을 때, 이들은 매우 자연스럽게 되고, 심지어 거리끼지 않게조차도 될 수 있습니다.

▶ 일간 특성
강점; 상상적인, 공감적인, 용기 있는
약점; 곤란해지는, 외로운, 현실 도피적인

▶ 명상
현재는 우리가 살고 있는 곳이고 우리가 갖고 있는 모든 것이지만, 우리는 그 현재를 작고 덧없는 것으로 알고 있습니다.

▶ 조언
일단 인정받거나 이해받으면, 과거는 더 잘 잊힐지도 모르니, 놓아줘라.
너무 많이 상황을 곱씹지 마라, 오늘은 새로운 시작이 될 수 있다.
적극적으로 기쁨을 탐구하라.
현존하는 정말 가장 좋은 것을 당신 자신에게 허용하라.

▶ 건강
이들은 모든 종류의 섹스, 음식, 사랑 중독뿐만 아니라 약물류도 또한 특히 단속해야만 합니다. 삶의 아픔(혹은 지루함)에서 도피하려는 이들의 욕구는 자신을 잘못된 방향으로 이끌 수 있습니다. 따라서 이들이 건전함을 유지하는 것은 자기-통제의 문제입니다. 하지만 자신의 에너지가 높을 때 이들은 걷기나 수영 같은 활동을 자연스럽게 발굴해내기 때문에, 운동은 대개 이들에게 어떤 어려움도 제시하지 않습니다. 이들은 복부 장기, 특히 간과 신장에 문제가 있는지 예의 주시해야 하고, 매년 정기적으로 건강진단을 받아야만 합니다.

▶ 수비학
20일에 태어난 사람은 숫자 2(2+0=2) 및 달에 통치됩니다. 숫자 2에 통치되는 사람은 신사숙녀적이고 상상적인 경향이 있고, 타인들이 비판하거나 주목하지 않는 것에 쉽게 상처받습니다. 이들은 또한 쉽게 성내고, (사자자리의 통치자인 태양의 뜨거운 영향력에 의해 강조되어) 쉽게 화를 낼지도 모릅니다. 달의 영향력 아래에 있는 이들은 인상에 좌우되고, 대체로 이들의 생각은 자신의 느낌에 통치됩니다. 사자자리 영향력은 8월 20일에 태어난 이들에게 신체적인 힘을 빌려줍니다. 하지만 사자자리-처녀자리 중첩은 뒤따르는 별자리인 처녀자리가 수성에 통치되므로, 강한 정신적인 영향력도 또한 운반해줍니다.

▶ 원형
20번째 메이저 카드는 물질적인 고려사항을 뒤로하고, 더 높은 영성을 탐구하도록 사람들을 부추기는 (이들에게는 자신의 과거를 다루는 것을 의미할지도 모르는) '심판이나 일깨움'을 보여줍니다. 나팔을 부는 천사를 그려내는 그 카드는 책무라는 새로운 날이 밝아지고 있음을 암시합니다. 이것은 우리로 하여금 자신의 에고를 넘어가게 해주고, 무한을 엿보게 해주는 카드입니다. 위험은 그 나팔소리가 단지 우쭐댐과 도취를, 즉 가장 저급한 본능이 관련된 것을 즐길 시의 균형상실과 방종을 미리 알려줄 뿐이라는 점입니다.

8월 21일
눈에 띄는 이의 날
The Standout

▶ 심리구조

8월 21일에 태어난 이들은 세상의 정밀 검증에서 자기 자신을 보호하기 위해 승산이 없는 전투에서 싸웁니다. 매우 사적인 사람인 이들은 혼자 남겨지고 싶지만, 그런 사치가 좀처럼 허용되지 않습니다. 이들 중 다수는 자신이 절대적으로 신뢰하는 사람을 제외한 어떤 사람들에게도 자신의 더 깊은 느낌, 생각, 발상을 은폐하는 것이 천성적임을 알아차립니다. 전문적으로 실연해보이는 자가 아닌 이들이 전시되는 것이야말로 몹시 불편할지도 모르지만, 이들이 숨으려고 노력할수록 더 많은 주목 아래 놓이게 되는 것으로 보입니다. 따라서 '숨으려는 부추김' 및 '세상이 끊임없이 이들에게 자기 자신을 보여주라고 압박하는 요구'라는 두 가지 상반되는 세력이 이들의 삶 속에서 전쟁 중입니다.

때때로 이들의 바로 그 신체적인 꾸며냄과 캐릭터는 이들이 관심을 끄는 것을 회피하기가 불가능하게 만들어냅니다. 그러나 만약 이들이 자신의 운명을 받아들이고 자신이 사는 사회에서 올바른 입지를 취할 수 있다면, 결국 과한 아픔이나 난처한 상황이 없이도 단지 필요한 만큼만 자신의 사생활을 공유하는 법을 체득하게 될 것입니다. 이들은 자연스럽지 않은 외향성의 페르소나도 또한 계발하려는 욕구를 덜 느낄 것입니다. 반면에 이들이 세상의 요구에서 달아날 때, 이들이 탐구하는 위안은 어쩌면 이들에게 손실이 되고, 이들의 가족에게도 또한 손실되는 온갖 종류의 과도한 관계 속에, 심지어 기묘하기까지 한 관계 속에 있을지도 모릅니다.

만일 이들 자신이 단지 덜 유별난 사람이라면, 즉 덜 논쟁적인 이슈와 경력에 관여할 뿐이라면, 이들은 자신 삶의 공적인 측면과 사적인 측면 사이에서 더 적은 갈등을 느끼게 될지도 모릅니다. 이들이 좀처럼 첫 단계를 내딛거나 첫마디를 꺼내지 않으므로, 다소 틀어박히는 사람이라는 인상을 자주 주는 이들은 실로 관계를 맺기가 그리 쉽지 않은데, 더욱이 이들은 남을 기쁘게 하려고 비상한 노력을 하지 않고, 그러므로 냉담하다는 인상을 줄 수 있습니다. 이런 행동의 이유는 이들이 여전히 매이지 않기를, 어쩌면 심지어 관여하지 않는 것조차도 자주 더 선호하기 때문입니다. 하지만 이들 중 다수가 세상에 제시하는 이해하기 힘든 처신은, 만일 알려지면 더 외향성의 영혼이라는 찬양을 불러올지도 모르는 발상과 실상적인 성격을 갖춘 꽤 비범한 개성을 대개 숨겨버립니다.

이들은, 특히 이들 중 여성은 가족에서 잘 기능합니다. 이들 중 남녀 모두는 안정이라는 반석일 수 있지만, 자신의 존재감이 느껴지고 자신의 견해가 알려지도록 만들어내는 것을, 아니면 심지어 자신의 독립을 주장하는 활동이 혼란을 야기할 때에도 그것을 주장하는 것을 주저하지 않을 것입니다. 이들 중 일부가 타인들을 위해 자신의 욕구를 억압할지도 모르지만, 이들은 그 욕구를 억압하도록 자신에게 강요하는 누구든지 절대 용인하지 않을 것입니다. 이들은 압제, 거짓된 세련됨 또는 사회적인 아첨을 경멸합니다. 거의 속지 않고 쉽게 돈을 뜯기는 것은 아니지만, 그럼에도 이들은 너무 심하게 혹은 너무 빠르게 밀어붙여지지 않는다면 극도로 베풉니다.

관능적이고 성적인 표현이 이들에게 중요하지만, 이들은 자주 자기 자신이 강력하게 매력적이고 유혹적이므로 지나친 행동을 주의해야만 합니다. 이들의 감성적이고 영적인 욕구에 관해서 말하자면, 가족과 사회적인 작업은 이들에게 그 욕구에 대한 충족을 찾아내도록 도와줍니다.

▶ 일간 특성
강점; 침착한, 후원적인, 보호하는
약점; 과잉보호하는, 틀어박히는, 애매한

▶ 명상
음악에서 두 목소리는 동시에 발생하므로, 그것들 사이에 [선택의] 여지를 창조합니다.

▶ 조언
[자비를 베푸는] 사회적인 욕구로 당신의 평화를 만들어내도록 노력하고, 당신의 공생활과 사생활 사이의 균형을 찾아내라.
더 신뢰하고, 더 마음을 열어라.
타인에 대해 너무 빨리 판단을 내리지 마라.
당신이 당신 자신을 입증해야만 한다는 느낌을 주의하라.

▶ 건강
대개 이들은 자신 가족의 건강함에 대단히 유익한 보호적이고 양육하는 천성을 구현합니다. 하지만 만약 이들이 자신과 자신이 사랑받는 사람들의 웰빙에 대해 과도한 관심사를 보여준다면, 이들은 과도한 스트레스로 고통을 받을 수 있습니다. 그러므로 이들은 위궤양과 십이지장궤양 둘 다 주의해야만 합니다. 다행히도 이들은 대개 정기검진과 특정 질병 모두에 대해 내과의사와 치과의사를 만나는 것에 관해 좋은 분별력을 표출합니다. 이들은 처음에는 동종요법 치료요법에 대해 의심할지 모르지만, 그 요법은 이들이 즉각 거절하지 않을 만큼 충분히 실용적이고, 만약 실제로 그 요법이 효과 있다면 이들은 그것을 채택할 것입니다.

▶ 수비학
21일에 태어난 사람은 숫자 3(2+1=3)과 21 그리고 목성에 통치됩니다. 숫자 3에 통치되는 사람은 대체로 야심적이고, 심지어는 독재적입니다. (사자자리를 통치하는 태양의 북돋아주는 측면과 짝지어진) 목성의 낙관적이고 확장적인 영향력이 균형을 이루는 좋은 효과를 갖고 있을지라도, 때때로 반대를 표현하는 수단으로 침묵을 사용함으로써 너무 강력하게 지배하는 것을 조심해야만 합니다. 하지만 일반적으로 숫자 3이 통치하고 특히 8월 21일에 태어난 이들은 타인들에게 적대감이나 질투를 자극하는 경향이 있기 때문에, 자신을 적으로 만들어내는 것에 대해 경계해야 합니다. 자주 숫자 21은 신체적인 아름다움과 연관성을 갖고 있습니다.

▶ 원형
21번째 메이저 카드는 에너지를 주는 봉을 손에 들고 달리는 여신을 그려내는 '세계'입니다. 세상이라는 고개를 넘어가서, 그 진실을 표출하는 그녀는 무한한 힘을 갖고 있습니다. 이 카드는 세속적인 수준에서 도달할 수 있는 모든 것을 상징합니다. 비록 보상과 통합이 보증될지라도, 전통적으로 그 카드는 산만함과 자기연민이라는 부정적인 특성뿐만 아니라 기념비적인 장애 및 운명의 퇴보도 또한 예시할 수 있습니다. 그 카드는 건설적인 양식으로 세상에 자신의 길을 만들어가는, 이들의 일차적인 임무를 드러냅니다.

8월 22일
노련한 경험의 날
Seasoned Experience

▶ 심리구조

8월 22일에 태어난 이들이 아무리 멀리 상상적이고 공상적이며 창조적인 추적을 추구한다 하더라도, 이들은 가장 흔한 임무와 일상활동에서 선별했던 경험이라는 기반에서 절대 동떨어지지 않습니다. 자신의 뿌리를 잊지 않는 이들은 자신만의 능력에 관련해서 극도로 실상적입니다. 그 귀결로 가식을 경멸하는 이들은 교만이나 과신을 통해 자기 자신이나 타인들을 위험에 빠뜨리는 사람들을 연민합니다. 이들은 자신이 신체적인 차원에 머무르든, 추상적인 개념과 세련된 지식을 다루든 간에 세상에 대한 안전한 지식과 그 지식이 작용하는 방법에 기반을 두고서 논리적으로 진행합니다.

모든 종류의 수집가들이 8월 22일에 태어난다는 점은 놀랍지 않은데, 이들은 자주 일상적인 대상의 진가에 대한 두드러진 알아봄을 보여주고, 이들의 훈련된 눈은 타인들이 간과할지도 모르는 잘 만들어진 기능적인 아이템에서 아름다움을 알아봅니다.

이들 중 대다수는 자신의 잘 정돈된 계획을 망치는 것이 두려워 서두르기를 원하지 않으면서 극도로 참아냅니다. 이들은 대체로 자신의 미래를 구상하거나, 혹은 자신의 기술을 연마하고, 수년 동안 사적으로 이론을 세운 다음, 적합한 순간에 대단한 결단력을 갖고 또 그 결정에 뒤이은 수년의 준비를 갖추고서 활동합니다. 대단한 독창성은 (그러나 항상 최고 수준의 전문성은) 자주 이들이 하는 바를 특징짓습니다.

이들은 자신의 발상을 실행하는 데 두려움이 없습니다. 자신의 천성적인 재능이 대단하든 소박하든, 이들은 그 재능을 최대한 활용합니다. 이런 점에서 이들은 '천재는 1%의 영감과 99%의 땀'이라는 것을 알고 좀처럼 타인들을 질투하지 않습니다. 또한, 이들은 자신의 능력을 의심하거나 의문을 제기하는 사람들에 의해 균형을 잃지도 않는데, 대체로 이들의 반응은 좋은 직무를 행하는 것으로 구성되고, 또 그 결과가 이들 자신을 대변하도록 허용하는 것으로 구성됩니다.

이들은 자신의 친구, 가족, 협력자, 협업자에게 매우 충직합니다. 하지만 극도로 의지적인 이들은 좌지우지되거나 왕따당하는 것도 또한 거부할 수 있습니다. 이들은 솔직하고 강인하며 거침없이 말하는 외부를 표출하면서도, 타인이 자신의 민감한 내부에 접근하는 것을 좀처럼 허용하지 않습니다.

발견을 만들어내고, 신비를 풀며, 비밀을 캐내는 것은 많아져서 이들 중 호기심이 많은 유형과 함께 열광에 이르게 될 수 있습니다. 이들 중 다수는 고대에도 또한 홀리게 됩니다. 이들에게 역사는 다만 탐험되기를 기다릴 뿐인 방대한 미지의 모험입니다. 하지만 이들이 취미나 이해관계에 대해 극단을 달릴 때, 이들은 친구와 가족을 등한시하는 위험에 처할지도 모릅니다.

이들은 자신을 신 같은 지위로 끌어올리는 자신의 성향도 또한 주의해야만 합니다. 이들은 무오류성 의식을 떠받치기보다 자신의 실수를 시인하고, 자신의 실책을 인정하며, 자신의 동기를 검토함으로써 어쩌면 더 많은 이익을 얻을 것입니다. 이들 중 가장 고도로 진화된 사람은 리더쉽 역할뿐만 아니라 협업자, 참여자, 동반자로도 또한 잘 기능하고, 권위주의자를 향한 부추김을 완화시키는 데 유능합니다.

▶ 일간 특성
강점; 상상적인, 참아내는, 경험적인
약점; 위압적인, 예고적인, 완강한

▶ 명상
우리는 인과성을 가정하지만, 가장 자주 우리가 두 사건에 관해 실상 말할 수 있는 것은 한 사건이 다른 사건을 뒤따른다는 점입니다.

▶ 조언
여전히 조언과 소견에 마음을 열라.
당신이 사랑받는 사람이나 협력자를 압도하지 마라.
당신의 인간적인 약점을 인정하면 타인들이 당신을 더 좋아하게 될 것이고, 당신은 항상 그런 강인한 외모를 보여야 하는 것은 아니다.

▶ 건강
이들은 모든 유형의 경험에 홀리게 되고, 그런 이유로 모험을 위한 원정에서 자기 자신을 위험에 노출시킬지도 모릅니다. 그러므로 이들은 모든 종류의 사고에 주의해야 합니다. 게다가 이들은 음식에 대한 사랑을 대단히 갖고 있고, 대체로 '풍성함 지향'과 '폭넓은 미각'을 표출합니다. 이들 중 자신의 식단에서 육류, 지방, 설탕 섭취를 확실히 파악하면서 곡물, 신선한 과일, 채소에 중점을 두려는 의지력을 갖고 있는 사람은 더 생명적이라고 느낄 것입니다. 이들에게는 신체 운동이 가장 우선시되어야 하지만, 가장 자주 그렇지 않습니다. 그러므로 이들은 걷기, 수영, 조깅 등 어느 것이든 자신에게 가장 적합한 것을 자신이 찾아낼 수 있도록, 집 밖으로 나가 다층적인 운동의 형식을 경험하기 위한 의식적인 노력을 만들어내야만 합니다.

▶ 수비학
22일에 태어난 사람은 숫자 4(2+2=4)와 22 그리고 불규칙하면서도 (사자자리의 통치자인 태양의 영향력이 이들에게 늘려준) 폭발적인 에너지를 운반해주는 천왕성에 통치됩니다. 숫자 4에 통치되는 사람은 고도로 개별적입니다. 이들은 대단한 보증을 갖고서 소수자의 관점을 매우 자주 취하기 때문에, 적대감을 자극하는 이들은 자신을 적으로 만들어낼 수 있습니다. 숫자 22는 쌍수이므로, 매달 22일에 태어난 사람은 쌍둥이, 동시성 및 모든 종류의 이중성에 홀리게 될지도 모릅니다.

▶ 원형
22번째 메이저 카드는 몇몇 버전에서는 절벽의 가장자리를 부주의하게 걸어가는 모습을 보여주는 '바보'입니다. 일부 해석은 이성을 포기한 어리석은 사람으로 그이를 묘사하고, 다른 해석은 물질적인 고려사항에서 벗어난 고도로 영적인 존재로 묘사합니다. 긍정적인 의미는 저항을 단념해서 본능을 자유롭게 따르는 것을 포함하고, 부정적인 측면은 어리석은 활동, 충동성, 소멸입니다. 고도로 진화한 '바보'는 삶의 행로를 따라갔고, 그 교훈을 체험했으며, 자신만의 비전과 하나가 되었습니다.

8월 23일
생동적인 정밀함의 날
Lively Precision

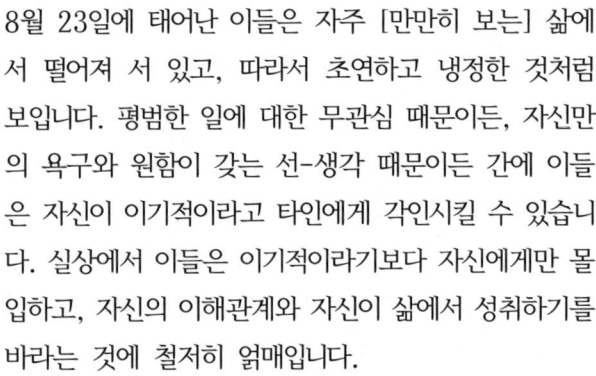

▶ 심리구조

8월 23일에 태어난 이들은 자주 [만만히 보는] 삶에서 떨어져 서 있고, 따라서 초연하고 냉정한 것처럼 보입니다. 평범한 일에 대한 무관심 때문이든, 자신만의 욕구와 원함이 갖는 선-생각 때문이든 간에 이들은 자신이 이기적이라고 타인에게 각인시킬 수 있습니다. 실상에서 이들은 이기적이라기보다 자신에게만 몰입하고, 자신의 이해관계와 자신이 삶에서 성취하기를 바라는 것에 철저히 얽매입니다.

이들 중 다수는 돈을 만들어내고, 물질적인 소유물을 축적하는 데 능숙합니다. 하지만 결국 이들에게 더 중요한 것은 그것들을 이들의 주위로 이끌거나 유도하려는 이들의 욕구입니다. 이들은 자신의 목표에 완전히 집중해서 축약적으로 몰아대는 격렬한 인격이 되는 경향이 있습니다. 이들이 자신의 목적을 성취하기 위해 고용하는 수단은, 가장 자주 직선적인 것이고 무뚝뚝하게 효과적인 것입니다. 이들의 길을 가로막는 대다수 사람은 뒤로 물러서지만, 물론 모두가 물러서는 것은 아니라서, 이들은 강력한 적대감을 자극할 수 있습니다.

하지만 이것은 이들이 필연적으로 외향적인 인격이라는 점을 의미하는 것은 아닙니다. 반대로, 이들은 많은 시간 동안 자신의 작업과 프로젝트에 혼자 남겨지는 것을 선호합니다. 비록 대인관계와 직무에서 이들은 자율성을 요구하고 다소 자신의 욕구를 충족시키는 데 공격적이지만, 이들의 태도는 이들 자신이 침해받지 않는 한 대체로 '각자의 방식을 서로 존중하기'입니다.

기법적인 기술은 자주 이들에게 부여됩니다. 상황이 작동하는 방법을 발견해내는 요령을 갖고 있는 이들은 자주 이런저런 집안 잔손질을 잘 보고, 대체로 자신이 어떤 직종을 선택하든지 간에 전문지식과 매체의 지휘권을 가져옵니다. 이들은 자신이 아주 밀접하게 관여하는 물질 세상에 자신의 예리한 정신력을 집중할 능력이 있습니다. 하지만 이들은 사물과 사람 둘 다에 관해 다소 소유적인 경향이 있고, 그러므로 덜 통제하는 법을 체득해야만 합니다. 친절과 사랑을 표현하려는 이들의 욕구는 특히 이들이 대다수 국면에서 도움되는 것을 즐기므로, 이들은 이타적인 활동에서 준비된 배출구를 찾아냅니다.

대결적인 특색뿐만 아니라 엄청난 에너지의 저장고를 갖고 있는 이들은 좀처럼 대립에서 퇴각하지 않을 것입니다. 자주 이들은 자기 자신을 약자나 소외계층의 옹호자로 보지만, (그런 보호 행동이 정당한 이유가 되지 못할 때) 그 보호 행동에 너무 열성적으로 관여하게 되지 말아야만 합니다.

희망하건대 청소년기에, 이들이 자신의 에너지를 통제해서 건설적으로 전환하는 법을 체득하는 것이 필수적입니다. 어쩌면 이들의 고도로 경쟁적이고 공격적인 부추김은, 스포츠 활동과 모든 유형의 운동에서 잘 승화될 수 있습니다. 흥분에 대한 사랑은, 이들의 더 야생적인 면을 끄집어내는 자유분방한 유형이든, 느긋한 시간을 보유할 수 있는 견실한 사람이든 간에 흥미진진한 사람들과 어울리도록 이들을 이끌지도 모릅니다.

▶ 일간 특성

강점; 격렬한, 준비된, 기법적인

약점; 자신에게만 몰입하는, 초연한, 감정적으로 봉쇄된

▶ 명상

진정으로 야심적인 사람의 가장 대단한 성취는 단순한 친절일지도 모릅니다.

▶ 조언

타인들의 느낌에 대해 민감함을 유지하도록 노력하라. 하지만 더 중요한 것은, 더 깊은 수준에서 당신만의 욕구에 접촉하라.
여전히 거리끼지 않으면서도 지속해서 공격적인 부추김을 통제 아래에 두라.
조건없이 베풀려고 의식적인 노력을 만들어내라.
물질적인 관심사에 당신 자신을 잃지 마라.

▶ 건강

이들은 다층적인 심리적 질환이 생기기 쉬운데, 가장 흔한 것은 감정적인 금지입니다. 너무 자주 이들의 느낌은 급작스러운 태도로 전달되고, 아니면 극단적인 경우 이들은 껍데기 속으로 움츠러 들어가 아픔에 무감각해질 수 있습니다. 이들 중 이런 질환으로 고통을 겪고 있는 사람에게는 심리 상담이 강하게 권장됩니다. 식단이 관련된 한, 이들은 자주 설탕을 갈망하나 초과 설탕을 감당할 능력이 없을지도 모르고, 잠재적인 식품 알레르기가 붙어가는 이런 민감성을 명심해야 합니다. 앞서 언급된 것처럼, 경쟁이 승리의 스릴을 경험할 수 있는 기회를 제공할 뿐만 아니라 패배에서 우아함을 내보여줄 기회를 제공하는 힘차고 정기적인 신체 운동, 특히 경쟁적인 스포츠는 격렬한 이들에게 고도로 권장됩니다.

▶ 수비학

23일에 태어난 사람은 숫자 23(2+3=5)과 5 그리고 수성에 통치됩니다. 처녀자리가 수성에 통치되므로, 수성은 이들에게서 고조된 자질인 생각과 변화의 바름을 대변합니다. 중첩의 사자자리 측면에 의한 태양의 영향력은 여기에서 공격성을 예시해줄지도 모릅니다. 숫자 5에 통치되는 사람은 인생에서 어떤 역경이나 함정을 맞닥뜨리든 간에 대개 빨리 회복됩니다. 숫자 23은 해프닝에 결부되고, 8월 23일에 태어난 이들을 위해 이것은 앞에서 언급된 흥미로운 사람과 경험을 위한 원정을 강화해줍니다.

▶ 원형

다섯 번째 메이저 카드는 인간의 이해심과 신념을 상징하는 신성한 신비에 관한 해석자인 '사제'입니다. 그의 지식은 난해하고, 그는 보이지 않는 만사만물에 대한 권위를 갖고 있습니다. 이 카드가 수여하는 호의적인 특성은 자기-보증성과 통찰력이고, 비호의적인 특성은 이들이 타인들의 관심사와 생각을 더 알아채야 할 욕구에 중점을 두는 설교하기, 호언장담, 독단주의를 포함합니다.

8월 24일
기민한 검토의 날
Astute Examination

▶ 심리구조

8월 24일에 태어난 이들은 자신의 관심을 사로잡는 신비를 풀어내려는 부추김을 갖고 있습니다. 인간 지식의 모든 어둡거나 오해받고, 모르는 영역이 이들을 끌어들입니다. 단지 인간의 조건을 배우는 학생만이 아닌 이들은, 철학적이든 과학적이든 물질적이든 이론적이든 간에 객관적인 지식 그 자체를 자주 추구합니다. 이들로 하여금 인생관을 만들어내고 자신의 세상을 풍요롭게 하도록 도울 수 있는 정보와 세부사항에 대한 이들의 끝없는 원정이야말로 이들을 온갖 곳에 데려갑니다.

복잡성을 해명하는 것은 이들에게 자연스럽게 다가오는 중요한 것입니다. 모든 유형의 퍼즐, 역설, 수수께끼는 이들의 특기입니다. 이들 자신이 때때로 따라가기 어렵다는 말이야말로 절제된 표현입니다. 이들은 생각의 미로, 즉 복잡한 발상의 미궁 속에서 사라진 것이나 다름없을 수 있습니다. 그러나 이들은 정확하게 밝혀지거나 이해되기 어려울지도 모르지만, 이들 자신은 좀처럼 길을 잃었다고 느끼지 않습니다.

불운하게도 이들은 자신이 사실 조사나 창조의 영역인 자신의 작업에 대한 요구만큼이나 복잡하다는 점을 자주 알아채지 못하고, 대체로 자기 자신을 단순하고 직접적인 것으로 봅니다. 이것은 이들에게 친밀하게 관여하는 사람에게 문제를 창조할 수 있습니다. 이들의 가족 구성원, 친구, 연인은 이들의 동기, 진짜 감정, 욕구를 헤아리는 데 자주 난감함을 느낄지도 모릅니다. 하지만 이들은 이슈를 난해하게 하거나 질문을 회피하면서 혼돈을 준다고 비난받을 때, 당혹감과 부인으로 자주 반응하게 됩니다.

진실을 밝혀내기 위해 이들은 책과 인간 캐릭터를 파고들 뿐만 아니라 말 그대로 땅을 파헤치고, 숲을 들여다보며, 하늘을 탐색하고, 깊은 바다를 측량해서 자연의 경이로움도 또한 탐험할 가능성이 있습니다. 휴가 때, 이들 중 대다수는 자신에게 완전히 새로운 뭔가를 탐험하는 것보다 더 좋아하는 것이 없습니다. 이들의 취미 및 어쩌면 이들의 경력은 발견을 위한 이런 욕망을 반영합니다.

이들은 자녀의 계발에 보여주는 이해관계가 매우 대단해서, 자신을 좋은 부모로 만들어갈 수 있습니다. 하지만 이들은 온갖 사람이 욕구하는 프라이버시와 생활 공간을 감안해보려는 노력을 만들어내야만 합니다. 이것은 이들이 자신 자녀의 행동을 지나치게 분석하고, 어쩌면 자신의 삶을 지나치게 구조화하려는 자신의 성향을 억제해야만 함을 의미합니다.

이들은 자신만의 삶을 가능한 한 많이 단순화하는 것, 또 자신이 발견할 뿐만 아니라 너무 자주 스스로 창조도 또한 하는 끝없는 복잡성의 많은 부분을 피하는 편이 온당할 것입니다. 이들은 자신의 주위 삶에 간섭을 최소로 유발하기 위한 노력도 또한 만들어내야만 하는데, 만약 이들이 때때로 친구들과 사랑받는 사람들을 그들 뜻대로 하도록 내버려두는 것을 기억해내다면, 이들의 관계는 두드러지게 개선될 것입니다.

▶ 일간 특성
강점; 관찰력이 예리한, 탐사력이 뛰어난, 철저한
약점; 지나치게 분석적인, 질식시키는, 애매한

▶ 명상
일부 가장 훌륭한 댄서와 음악가는 동물 왕국의 구성원입니다.

▶ 조언
사소한 일로 그런 연출을 만들어내지 마라.
이따금 상황으로 하여금 자체의 코스를 진행하도록 허용하라.
당신의 관찰이 항상 환영받는 것은 아니다.
타인들의 바램을 존중하면서 당신의 가슴을 더 자주 따르라.
어떤 비밀은 드러내지 않은 채로 남겨두는 편이 더 좋다.

▶ 건강
이들 중 일부는 순한 아니면 상당히 진행된 건강염려증을 갖고 있고, 자신의 몸 구조와 심혼에 대한 온갖 세부사항에 지나치게 주의를 기울이는 학생이 되는 성향이 있습니다. 이들의 자기-감시는 너무 관여하고 엄밀해서, 이들은 걱정하게 되고, 심지어 이들이 관찰하는 작은 변화에조차도 공포에 사로잡히며, 따라서 과잉반응하게 될지도 모릅니다. 이들이 자신의 동무나 가족의 건강에 대해 같은 수준의 강박적인 관심사를 적용할 때, 사랑받는 사람이 견뎌내기가 어려울 수 있습니다. 이들은 건강 문제에 관해 느긋하고 여유로워지는 법을 체득하는 것이 필수적입니다. 식단이 관련된 한, 이들은 음식을 선택할 시 순전한 즐거움이 권장되는 소수입니다. 이런 선택이야말로 이들이 자기 자신으로 하여금 자신이 먹고 있는 것의 진가를 단순히 알아보고 그것을 즐기게 허용하는 것이 더 중요하기 때문에, 무엇을 먹는 것이 최선인지에 관해 끝없이 되새기는 것보다 확실히 더 좋습니다. 이들은 마침맞은 휴식과 느긋함을 확실히 하기 위해 넉넉하게 잠을 자고, 심지어 매일 낮잠조차도 자야 합니다. 오직 가벼운 신체 운동만이 권장됩니다.

▶ 수비학
24일에 태어난 사람은 숫자 6(2+4=6) 및 금성에 통치됩니다. 숫자 6에 통치되는 사람이 사랑과 찬양을 끌어들일 시 자석 같기 때문에, 또 금성이 사회적인 상호작용과 강하게 연결되어 있으므로, 8월 24일에 태어난 이들이 흥미진진한 낭만적이고 성적인 경험에 빠져버리는 것은 바로 유혹일 것입니다. 물론 (처녀자리의 영향력이 여기서 강하게 느껴지는) 수성이 이들의 지배적인 통치자이므로, 이들 자신은 이런 경험에 감정적으로 직접 빠져들지 않지만, 그 대신 관찰자의 역할을 할지도 모릅니다.

▶ 원형
여섯 번째 메이저 카드는 남성성과 여성성이라는 양극성의 통합을 통해 인간성의 모든 것을 하나로 묶는 사랑을 상징하는 '연인'입니다. 이 카드가 좋은 면에서는 높은 도덕적인, 미적인, 신체적인 차원의 애정과 욕망을 예시하고, 나쁜 면에서는 충족되지 않은 욕망, 감상성, 우유부단함을 예시합니다.

8월 25일
뻔뻔한 외향성사람의 날
The Unabashed Extrovert

▶ 심리구조

8월 25일에 태어난 이들은 공개적으로든 사적으로든 간에 타인들에게 자기 자신을 드러내려는 압도적인 욕망을 갖고 있습니다. 이들은 상당 기간 비밀을 갖고 다니는 데 유능하지만, 결국 어느 날 공개적으로 그 비밀을 들춰내거나 혹은 심지어 내세우기까지 할 뿐입니다. 이들 중 대다수가 모든 유형의 천성적인 과시주의자이지만, 이들은 고도로 사적인 사람의 역할이 자신에게 적합할 때 그 역할을 해낼 수 있습니다.

비록 이들이 대체로 적극적이고 지성적인 마음이라는 복을 받지만, 격렬히 신체적인 이들은 성적으로 또 감정적으로 매우 앞서 있다는 점이 타인들에게 전혀 뜻밖의 사실일지도 모릅니다. 이들은 자신의 바램을 극적인 방식으로 알려지도록 만들어내는 것을 두려워하지 않고, 특히 남성에 관해 그녀의 마음을 꾸며냈던 이들 중 여성은 쉽게 부인되지 않거나 마음이 바뀌지 않습니다. 이들 중 남녀 모두는 동무를 얻기 위해 미모든, 두뇌든, 성격이든 간에 자신의 가장 좋은 특색을 사용하는 방법을 알고 있습니다.

하지만 때때로 이들의 배경, 즉 지성적이거나 사회적인 훈련이 관련되는 숨겨진 열등 콤플렉스 탓에, 이들 중 특정 사람은 정신 분야에서 자신의 상상되는 부족을 꾸며내기 위해 일종의 과도한 보상적인 몸짓으로 자신의 신체적인 힘이나 매력적인 힘에 지나치게 중점을 둘 것입니다. 이런 이유로 꽃뱀과 제비는 이들에게 드물지 않습니다.

하지만 사실 이들의 실상적인 강인함이 가장 자주 정신 분야에 놓여 있고, 이들은 그 점을 더 일찍 깨달을수록 더 좋습니다. 신체적인 문제를 향한 이들의 지향을 줄이는 것은, 더 정확한 자기-이미지뿐만 아니라 더 실상적인 경력에 대한 선택도 또한 허용합니다. 그러나 정신적인 것과 물질적인 것 사이의 갈등은 이들의 삶에서 중심적으로 되풀이되는 문제라고 언급될지도 모릅니다. 이를테면 이들은 지력을 감소시키는 아름다움 및 아름다움을 감소시키는 지력에 관련된 일반적인 고정 관념 때문에, 획득하기가 가장 어려운 찬양의 일종인 신체적인 속성과 지성적인 속성 양쪽에서 찬양받으려는 강한 욕망을 표출합니다.

이들은 자신이 찬양하는 사람들을 끌어들이기 위해 자신의 매혹을 사용하는 데 유능하지만, 이들이 자신의 행로를 더 멀리 나아가기를 바란다면 타인들의 인정에 좌우되지 않는 자기-가치감을 키울 필요가 있습니다. 그렇게 하지 않으면 이들은 끝없는 연애사 및 불안정한 관계, 모든 유형의 감정적인 변이로 시달릴지도 모릅니다.

이들은 자신의 실상적인 재능을 발견하고, 그 재능을 계발하며, 필요할 때 홀로서기 위한 용기를 갖고 있어야만 합니다. 사랑에 빠지는 것이 자기-파괴적인 패턴이 되었다면, 이들은 다음번 경우를 자신이 자기 자신을 어떻게 속이고 있는지를 깨닫는 기회로 활용해야만 합니다.

▶ 일간 특성
강점; 현란한, 성적인, 활달한
약점; 궁핍한, 불안한

▶ 명상
반복적으로 사랑에 빠지는 것은, 자기 자신을 사랑하지 못하는 개인적인 무능의 표현일 수 있습니다.

▶ 조언
당신은 소중한 사람이다.
타인의 인정을 얻거나 끌어들이는 데 매우 많은 노력을 들이지 마라.
당신 자신을 더 잘 알게 되라.
당신은 당신 자신을 좋아하는가? 그렇지 않다면 그렇게 하는 것에 공들이라.

▶ 건강
고도로 외향성의 천성 때문에 이들 중 일부는 성적인 문란함을 통해 폭력을 끌어들이거나 질병에 걸리는 것을 주의해야만 합니다. 이들은 자신의 건강뿐만 아니라 가족의 웰빙에도 또한 붙어다니는, 자신의 활동에 의한 귀결을 따져보는 것이 중요합니다. 이들 중 자신의 두뇌와 의지력을 자신에게 유리하도록 사용할 수 있는 사람은 건전한 생활방식 속에서 분별을 알아볼 것이지만, 그렇지 못한 사람은 신체적으로도 정신적으로도 고통을 겪을 것입니다. 이들은 자주 자신의 몸무게 곤란을 갖고 있으므로, 동물성 지방과 육류를 제한하는 식단의 채택이 권장됩니다. 정기적으로 적당한 신체 운동이 강하게 권장됩니다. 한 동반자와 갖는 정기적인 섹스는 극도로 유익할지도 모릅니다.

▶ 수비학
25일에 태어난 사람은 숫자 7(2+5=7)과 25 그리고 해왕성에 통치됩니다. 태양(사자자리의 통치자)과 수성(처녀자리의 통치자)의 영향력은 사자자리-처녀자리 중첩(8월 19일~25일) 마지막 날에 여전히 작용합니다. 태양-해왕성의 연관성은 이들이 낭만적인 환상에 빠져들 뿐만 아니라 정신적으로 혼란해지기 쉬울지도 모른다는 점을 제안합니다. 수성-해왕성의 연관성은 화려함과 선정주의를 예시해주고, 이는 역동적이거나 매혹적인 성격 쪽으로 이들을 만들어갈 수 있지만, 파괴로도 또한 이어질 수 있습니다. 숫자 7에 통치되는 사람은 대체로 변화와 여행을 즐기지만, 숫자 25는 위험과도 또한 연관성을 갖고 있고, 그래서 이들은 잠재적인 사고가 있을 법한 곳에서 방심하지 말아야만 합니다.

▶ 원형
일곱 번째 메이저 카드는 세상을 누비는 의기양양한 인물을 보여주면서, 역동적인 방식으로 자신의 신체적인 존재감을 구현하는 '전차'입니다. 그 카드는 올바른 행로가 아무리 좁고 위태롭더라도 [그 행로를] 계속해야 한다는 의미로 해석될지도 모릅니다. 이 카드의 좋은 면은 성공, 재능, 효율성을 배치해주고, 나쁜 면은 독재적인 태도와 서툰 방향 감각을 제안합니다.

8월 26일
후원하는 동반자의 날
The Supportive Partner

▶ 심리구조

8월 26일에 태어난 이들은 사업적인 행사나 가족적인 행사, 사회적인 행사에서 가장 두드러진 위치를 좀처럼 차지하지 않고, 대체로 공동의 목표를 향해 타인들이 붙어가는 작업을 선호합니다. 더 구체적으로 보면, 이들 중 다수는 더 강력하거나 외향적인 사람, 즉 어쩌면 주목을 축적하는 형제자매나 동무, 친구와 감정적으로 얽매입니다. 이런 이유로 이들 중 일부는 인정받기 위해 고군분투해야 합니다. 이들이 속으로는 자신만의 가치를 알지만, 세상이 항상 그 가치를 빨리 알아보는 것은 아닙니다. 이들이 후원하는 역할에 여전히 만족한다면, 즉 자신이 이끌 때를 기다릴 정도로 참아낸다면, 이들은 행복하게 되고 부지런하게 될 것이고, 참아내지 않으면 이들은 좌절하게 되고 비생산적이 될지도 모릅니다.

혼자서 작업하는 이들은 타인들에게 외롭고 고립된 것처럼 보일지도 모릅니다. 이들 중 일부가 자기-연민의 느낌에 소유되어 부정과 거절의 모든 형식에 극도로 민감해지는 것은 사실입니다. 하지만 만약 이 단독자가 강한 의지를 갖고 있다면, 이들은 자신의 것에 수년 동안 매달릴 것이고, 자신이 어떤 대단한 보상을 받든 아니든 간에 불평하지 않는 한결같은 방식으로 꾸준히 일할 것입니다.

이들은 아이들의 삶에 구조와 조직이 중요함을 이해하므로, 대체로 자신을 뛰어난 부모로 만들어냅니다. 야심이 거의 없는 이들은 대개 자신이 자식에게 만들어내는 요구에서는 제법 느긋하지만, 만약 자신만의 경력에 대한 재능이나 알아봄이 부족한 탓에 좌절하게 된다면, 이들은 자신의 꿈이라는 짐을 '더 재능을 타고난 자신의 자녀'에게 떠넘기고 그들을 너무 세게 밀어붙이는 것을 주의해야만 합니다.

이들 중 다수는 무대 뒤에서 작업하는 것을 즐기고, 예외적인 경우 잘 알려진 사람이나 집단의 배후에서 움직이는 세력일 수 있습니다. 팀 협동자만이 아닌 이들은 여전히 눈에 띄지 않는 익명에 사실상 만족을 얻고, 주목의 부족으로 안달하는 것보다 자신이 보기에 많은 에고의 간섭 없이 자신의 작업을 해내는 자유를 사실상 만끽할지도 모릅니다. 그렇게 투신하는 사람은 대개 자신의 무게에 해당하는 금만큼의 가치가 가족이나 사업에 있습니다.

하지만 빠르든 늦든 (자주 50대나 60대에) 이들은 멈춰서 '이봐, 나를 위해선 무엇이 있지?' 또는 '세상에! 내 인생에 무슨 일이 일어났지?'라고 물어볼지도 모릅니다. 그때 이들은 이타적인 활동을 포기하고, 완전히 새로운 행로를 만들어내는 데 꽤 유능합니다. 비록 이것이 이들에게 의존했던, 즉 어쩌면 이들을 당연시했던 사람들에게 충격으로 다가올 수 있지만, 이들 중 그런 행로를 만들어내는 사람은 변화를 만들어낼 때 거의 또는 전혀 죄책감을 겪지 않으면서, 새롭게 찾아낸 자유를 누릴 자격이 자신에게 있다고 아마도 느낄 것입니다.

▶ 일간 특성
강점; 자족하는, 수용하는, 협력적인
약점; 수동적인, 억눌려진, 스스로 제물이 되는

▶ 명상
같은 공간에서 벌어지는 그림 속의 두 형태는 그것들 사이에 시간을, 즉 일종의 리듬감 있는 사건을 창조합니다.

▶ 조언
때때로 너무 수용적인 것은 좋지 않다.
당신 자신을 옹호하는 법을 체득하라, 당신이 하는 작업에 대한 보상으로 권리를 요구하는 데 더 강력해져라.
타인들을 통해서 살지 말고, 가끔은 당신 자신이 앞장서라.

▶ 건강
이들은 질병의 신체적인 증상을 무시하는 것을 주의해야만 합니다. 비록 이들이 대체로 현명한 선택을 만들어내기 위해 시간을 들이는 심사숙고하는 사람일지도 모르지만, 건강 문제나 의사에 대한 두려움이 의사나 치료사를 찾는 것을 막을지도 모릅니다. 이들은 자신의 가족과 친구의 건강에 대단히 주의를 기울이지만, 자신의 건강을 무시하는 데도 또한 꽤 유능합니다. 관찰력 있고 도움되는 가족 구성원이나 동료는 이들의 증상에 대한 위험을 이들에게 경고하는 데 소중할 수 있습니다. 이들의 천성적으로 질서 있는 경향은 이들이 건강하고 정기적인 수면 패턴, 식습관 및 운동 루틴을 갖고 있을 가능성을 만들어냅니다. 요리사이자 먹는 사람인 이들은 단조롭거나 상상력이 부족한 요리에 만족하기보다 새롭고 흥미진진한 음식으로 실험하면서, 자신의 요리 지평을 넓히려는 노력을 만들어야 합니다.

▶ 수비학
26일에 태어난 사람은 숫자 8(2+6=8) 및 토성에 통치됩니다. 토성은 책임에 대한 강한 느낌을 운반해주고, 그 책임에 동반된 경계심, 제한, 숙명론을 향한 경향성을 운반해주므로, 이들이 후원하는 역할을 유지하는 성향은 향상됩니다. 숫자 8에 통치되는 사람은 대체로 자신의 삶을 더디고 조심스럽게 구축해가고, 이것은 8월 26일에 태어난 이들의 경력과 재정 모두에서 적용됩니다. 비록 이들의 가슴이 따뜻할지도 모르지만, 토성적이고 수성(처녀자리의 통치자)적인 영향력은 차갑거나 거리를 두는 외관 쪽으로 이들을 만들어낼지도 모릅니다.

▶ 원형
여덟 번째 메이저 카드는 사나운 사자를 길들이는 우아한 여왕을 그려내는 '강인함이나 용기'입니다. 여왕은 반항적인 에너지를 마스터할 수 있는 여성 마법사를 상징하고, 신체적인 강인함뿐만 아니라 도덕적인 강인함을 표징합니다. 이 카드의 긍정적인 속성은 카리스마와 성공하려는 결단을 포함하고, 부정적인 자질은 무사안일과 권력남용을 포함합니다.

8월 27일
사회적인 이상의 날
Social Ideals

▶ 심리구조

8월 27일에 태어난 이들은 자신의 신분이 무엇이든 간에 대개 보통 사람, 약자, 억압받는 사람과 동일시하는 경향이 있습니다. 이들은 이 세상의 부조리함을 뼈저리게 알아챕니다. 그러므로 일상생활에 관련하여 이들은 삶이 어떻게 개선될 수 있는지를 항상적으로 자문하고 있습니다. 하지만 비록 이들이 이상을 옹호하는 것은 이기적이 아닐지도 모르지만, 이들 중 대다수는 자신이 양육하거나 방어해주는 사람들에게서 받는 찬양에 혹은 심지어 아첨에까지 개인적인 이해관계를 정말 갖고 있습니다.

이들은 '자신을 위한 원칙을 중시하는 지성적이고 발상적인 사람'부터 '자신의 주위 삶에 가시적인 방식으로 충격을 주는 것에 초점을 두는 더 실용적인 유형의 사람'까지 망라합니다. 이 두 유형 모두에게 관심사인 것은 바로 이들에게 물질적이자 영적인 '인간 천성과 인간 욕구'입니다. 두 유형 모두 세상의 결점에 직면할 시, 이들이 점차 좌절감을 품게 되거나 부정적이 될지도 모른다는 같은 위험도 또한 모습을 드러냅니다.

이들 중 다수는 자신이 자신의 가족이나 사회 집단의 웰빙에 절대 필요한 사람임을 느끼려고 욕구합니다. 이들은 자신이 없어도 상황이 순조롭게 진행되리라는 생각을 실로 견뎌낼 수 없습니다. 하지만 이들 중 더 고도로 진화된 사람은 자신의 도움에 대한 보답이 있다 해도 보상을 거의 요청하지 않으면서, 언제든 조건 없이 베푸는 것에 대한 더 대단한 수용력을 점차 계발합니다.

이들의 삶에 대한 사회적인 관여가 너무 기본적이어서 이들이 고립된 경력을 진전시키는 데 또는 권력 자체를 위해 권력을 쌓는 데, 부를 축적하는 데 자기 자신을 헌신할 때 이들은 좀처럼 성공하지 못합니다. 과도한 권력을 향하라는 몰아댐은 대개 이들을 몰락으로 이끌고, 이들의 책략 및 계획에 대한 좌절감으로 이끕니다. 자신의 숙명이 자신의 동료 인간 존재의 숙명에 얼마나 밀접하게 단단히 묶여졌는지를 이들이 깨닫고, 자신의 주목할만한 사회적인 기술을 사용하도록 놓는 것이야말로 필수적입니다.

이들 중 젊을 시 세상의 힘겨운 실상에 직면하고, 따라서 자신의 이상주의적인 천성을 억제하고 심지어 근절하는 유형조차도 현존합니다. 실로 아무도 그런 이들이 이상주의자임을 모를 수 있습니다. 그러나 비록 이들이 세상의 친절에 관한 어떤 환상도 갖고 있지 않고, 실로 인간 천성에 관해 꽤 냉소적일지도 모르지만, 이들은 대개 '궐기하는 사람'이 되는 개별적인 관념을 간직하고, 여전히 실용적인 방식으로 타인들의 웰빙에 이바지할 수 있습니다.

이들은 엄청난 영적인 진화와 성장의 약속을 붙잡지만, 에고의 유혹에 굴복할 위험도 동등하게 붙잡습니다. 선택은 명료하게 이들에게 놓여 있습니다. 소위 사실 비관론적인 실상주의자로서 우울증과 부정적인 사고방식이 되기 쉬운 이들은, 자신의 가족과 친구들의 공익(공공의 선)을 돕기 위해 자신의 소매를 걷어붙이고 협력하는 편이 온당할 것입니다. 이들이 자신의 인간적인 잠재력을 실현하도록 공동체의 향상을 위해 작업하는 클럽, 사회 집단 또는 기관에 가입하는 것이야말로 이들에게 강하게 권고됩니다.

▶ 일간 특성
강점; 사회적으로 알아채는, 보살피는, 이상적인
약점; 지나치게 관여하는, 우울한, 스트레스받기 쉬운

▶ 명상
온갖 것이 연관되어 있습니다.

▶ 조언
당신의 개인적인 문제에 젖어있지 마라.
만약 당신이 타인들을 돕고 있지 않다면, 즉시 시작하라.
이런 노력에서 당신이 받는 에너지는 당신의 길을 밝혀주고, 세상에서 당신의 자리를 당신이 찾아내도록 도와줄 것이다.
고착된 이상으로 하여금 당신의 사고방식과 창조성을 제한하도록 허용하지 마라.

▶ 건강
이들은 자주 자신만의 신체적인 건강이나 겉모습에 완전히 관심을 두지 않습니다. 심지어 더 나쁘게도 이들 중 다수는 타인들을 위해 행해진 과도한 작업을 통해 자기 자신이 지치게 됩니다. 이를테면 이들의 자녀가 성장해 부모로서 이들이 더는 욕구 되지 않는다고 느낄 때처럼, 만약 이들이 인정받지 못한다고 느낀다면, 이들은 다소 갑작스럽게 등장할 수 있는 우울증에 주의해야만 합니다. 이들에게 건강함은 이들 내면의 영적인 또 종교적인 가치들의 안정성에 직접 관련이 있지만, 물론 건전한 절제식의 습관, 수면의 습관, 운동의 습관을 유지하는 자신의 능력에도 또한 관련이 있습니다. 우울증의 시기에 술을 피하는 것이 이들에게 중요합니다.

▶ 수비학
27일에 태어난 사람은 숫자 9(2+7=9) 및 화성에 통치됩니다. 숫자 9는 (이를테면 5+9=14, 4+1=5처럼 9를 더한 어떤 숫자도 그 숫자가 되고, 9×5=45, 4+5=9처럼 9를 곱한 어떤 숫자도 9가 되므로) 다른 숫자에 대한 영향이 강력하고, 8월 27일에 태어난 이들도 비슷하게 자신의 주위 사람들에게 영향을 끼칠 능력이 있습니다. 강압적이고 공격적인 화성은 남성적인 에너지를 체화해주고, 따라서 이들 중 여성은 여성의 역할과 행동에 관련한 전통적인 발상을 갖고 있는 사람들에게 진취적으로 보일지도 모릅니다. 수성(처녀자리의 통치자)과 화성이 조합된 영향력은 통찰력을 부여해주지만, 급격하고 논쟁적인 경향도 또한 부여해줍니다.

▶ 원형
아홉 번째 메이저 카드는 대개 등불과 지팡이를 들고서 걷는 '은둔자'이고, 그는 명상, 고립, 침묵을 대변합니다. 그 카드는 확고해진 지혜와 궁극적인 단련을 암시합니다. 은둔자는 양심을 사용하여 타인들로 하여금 그들의 행로를 유지하게 해주는 임무 감독관입니다. 이 카드의 긍정적인 면은 집요함, 목적, 심오함, 집중력이고, 부정적인 의미는 교조주의, 불관용, 불신, 만류를 포함합니다. 이들은 자신의 가치와 이상을 검토하기 위한 목적으로 세상에서 주기적으로 물러나는 것의 중요성을 은둔자에게서 배워야 합니다.

8월 28일
언어의 날
Language

▶ 심리구조

8월 28일에 태어난 이들은 언어의 사용에 마스터한 사람입니다. 정상적으로 언어라는 단어는 쓰이고 말해지는 단어의 사용을 가리키는데, 실로 이들 중 다수는 그런 점을 충분히 잘합니다. 그러나 더 커다란 의미로 보면, 여기서 의도된 의미는 일종의 기법적인 솜씨인 기예의 언어이고, 이들 중 말을 덜 지향하는 사람은 대개 자신이 직종에서 마스터하는 것의 기법적인 측면을 마지막 세부사항에 이르기까지 마스터합니다. 게다가 이들은 설득적이므로, 타인들로 하여금 이들이 말하는 것에 관해 생각하게 하고, 이들이 하는 것을 찬양하게 하며, 어쩌면 이들에게 동의하게 하는 방법을 알고 있습니다.

이들은 대체로 자신을 좋은 토론자로 만들어냅니다. 이들은 개념을 추리하는 것뿐만 아니라 개념을 조작하는 데도 또한 능숙합니다. 이들의 논거는 모순을 거의 허용하지 않는 물샐틈이 없는 시스템에 비교될지도 모릅니다. 하지만 대개 과장된 언어나 기법 자체를 위한 기법을 피하는 이들은 자신이 가치가 있다고 간주하는 대의나 발상을 위한 봉사에 '기법적으로 마스터한 것'을 들여놓지 않는 한, 그런 마스터는 쓸모없다고 간주합니다. 따라서 이들이 마음속에 갖고 있는 것은 대체로 자신의 생각을 명확히 하고, 어쩌면 자신의 관점으로 타인들을 포섭하기 위해 자신의 미사여구식 기술을 사용하는 것입니다.

이들은 자신의 깊고 폭넓은 지식과 발상이라는 설득력으로 조용히 타인들을 압도할 수 있습니다. 이들은 또한 다량의 사실로 자신이 말하는 것을 쉽사리 뒷받침할 수 있습니다. 하지만 너무 자주 이들은 자신이 하고 있는 것의 옳음에 대해 너무 확신해서 자신의 청중을 오판하고, 그들의 욕구와 욕망을 오판하는데, 따라서 가족, 친구, 일반 대중은 토론할 때 오직 나중에 이들의 마음을 바꾸기 위해, 아니면 더 나쁘게는 단지 그 문제에 대해 완전히 잊어버리기 위해 이들에게 동의해줄지도 모릅니다.

이들 중 어쩌면 가정 교육이나 경력을 너무 일찍 선택한 탓에 자신의 지적인 능력을 발견하거나 계발하지 못했던 사람은, 독서나 학교 공부를 통해서 단어와 발상에 대한 자신의 재능을 알아채게 될 수 있습니다. 이들 중 다수는 외국어에도 또한 소질을 갖고 있습니다.

이들은 자신을 뛰어난 조언자, 성직자, 사회복지사, 정치인 등으로 만들어내므로, 가족과 친구가 조언을 구하러 오는 것은 지극히 당연합니다. 그러므로 이들의 사회적인 또는 가족적인, 시민적인 책임은 매우 높고, 영향력 있는 의견을 가져와서 타인들의 문제에 적용할 시 그 책임은 대단히 유념되어야만 합니다. 반면에, 이들 중 비양심적인 사람은 자신을 뛰어난 예술적인 사기꾼, 거짓말쟁이, 협잡꾼으로 만들어내고, 똑같이 파괴적인 방식으로 설득적일지도 모릅니다.

이들은 타인들뿐만 아니라 자기 자신에게도 또한 자신의 조언을 적용하는 것이 중요합니다. 하지만 이들은 경직되고 수용하지 않는 믿음 체계 탓에 특정한 즐거움과 만족의 형식을 비난하면서 금욕적이 되는 것을 주의해야만 합니다. 이들은 유연성을 키우고, 타인의 느낌에 대한 관심을 키워야 합니다.

▶ 일간 특성
강점; 설득적인, 표명하는, 지적인
약점; 완강한, 금욕적인, 수용하지 않는

▶ 명상
비트겐슈타인의 첫 문장 '세상은 일어나는 온갖 것이다'는 시작의 역할을 합니다.

▶ 조언
당신의 답이 유일한 정답이라고 항상 너무 확신하지 말라, 다른 관점에 귀를 기울이는 법을 체득하라.
큰 그림은 놓치고 있으면서, 당신 주위의 사람들을 끝없는 사실과 사례에 빠져버리게 하는 것을 피하라.
곧고 참된 행로를 계속 가라.

▶ 건강
이들은 대체로 건강에 관한 많은 이론을 갖고 있습니다. 이런 이유로 이들은 조언받거나 유도되기가 힘겨울 수 있지만, 자주 가족과 친구에게 지식의 토대 역할을 합니다. 만약 이들이 음식과 음식 준비에 대한 이해관계를 취한다면, 요리와 음식 선택은 대체로 근원적이고 근거가 충분한 영양적인 방침에 기반을 두게 되므로, 이들과 함께 사는 사람들은 이익을 거둬들일 것입니다. 특히 되새김과 보행 사이의 잘 알려진 연관성 때문에 오래 걷기가 이들에게 강하게 권장됩니다. 정기적인 관능적이고 성적인 즐거움은 이들에게 크게 도움될 것이며, 금욕적인 경향을 점검하게 할 것입니다.

▶ 수비학
28일에 태어난 사람은 숫자 1(2+8=10, 1+0=1) 및 태양에 통치됩니다. 숫자 1에 통치되는 사람은 첫째가 되는 것을 좋아하고, 고집적이며, 정상에 오르기를 열망합니다. 태양은 통제에서 벗어나 산발적으로 타오르게 허용되기보다 꾸준히 흐르도록 유지되어야 하는 강한 창조적인 에너지와 불기운을 상징합니다. 8월 28일에 태어난 이들은 이미 강하게 지배적인 유형이 되는 경향이 있기에, 태양과 수성(처녀자리의 통치자)이 조합된 영향력은 이들의 권력을 향하라는 몰아댐에 압도되는 것, 또 앞서 언급된 것처럼 자기 생각과 의견의 에너지 속에 자신의 주위 누구든 빠지게 하는 것으로 이어질 수 있습니다.

▶ 원형
첫 번째 메이저 카드는 마법뿐만 아니라 지성, 소통, 정보를 상징하는 '마법사'입니다. 그의 머리 위의 무한대라는 상징은 일부 타로 종류에서는 모자의 형식을 취하고, 다른 종류에서는 후광의 형식을 취합니다. 많은 해석이 도출될지도 모르는데, 그중 하나는 마법사가 순환적이고 끝나지 않는 삶의 천성을 알아보고, 이런 이해심에 의해 힘있게 된다는 것입니다. 이 첫째 카드가 제안하는 긍정적인 특성은 외교적인 기술과 빈틈없는 기민함을 포함하지만, 부정적인 특성은 양심의 가책 결여와 기회주의입니다. 자신의 영향력을 도덕적인 목적에 사용하든, 아니면 부도덕한 목적에 사용하든 간에 선택은 이들에게 달려있습니다.

8월 29일
구조화하는 활동의 날
Structured Action

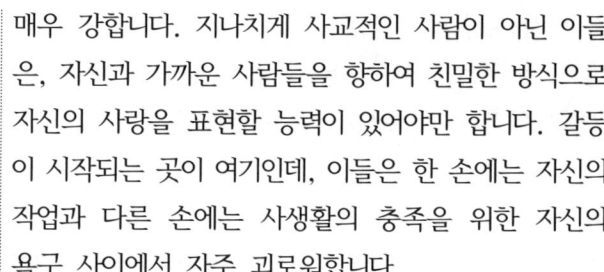

▶ 심리구조

8월 29일에 태어난 이들은 무엇보다도 혼란을 싫어하고, 그러므로 자신의 작업에 구조와 명확성을 가져오려고 탐구합니다. 이것은 이들이 경직되거나 단조롭다는 점을 암시하는 것이 절대 아닙니다. 반대로 이들은 활동하도록 내몰리고, 게다가 대단한 야심을 갖고 있을지도 모르지만, 어떻게든 질서 있고 체계화된 방식으로 자기 자신을 표현합니다.

즉흥 대처는 이들의 삶에서 반복되는 테마입니다. 이것은 이들이 무엇을 할지 좀처럼 난감해하지 않을 뿐만 아니라, 바로 현장에서 새로운 해결책을 생각해냄으로써 문제 국면에서 벗어날 자신의 방식을 찾아낼 거라는 점을 의미합니다. 이 점에서 이들은 항상 더 효율적이거나 고상한 혹은 일관된 기능을 탐색하는 긍정적인 사상가와 행동가입니다.

하지만 이들은 자신의 느낌을 확실히 파악하지 못하는데, 이들 중 매우 감정적인 다수는 자신의 사생활을 거의 따로 유지할 수 없습니다. 전형적으로 이들은 자신의 (자주 고도로 성공적인) 공적생활과 자신의 (대개 격동적인) 사적생활을 분리하기 위해 강한 노력을 만들어내지만, 불가피하게 때때로 통제력을 잃고 감정이 흘러넘치게 허용하면서, 자신에게 끝없는 곤란을 일으킵니다.

누군가는 단지 이들이 자신의 작업에 집중하고, 이들의 사생활을 내버려두어야 한다고 생각할지도 모르겠지만, 가족, 친구, 다정한 동무에 대한 이들의 욕구는 매우 강합니다. 지나치게 사교적인 사람이 아닌 이들은, 자신과 가까운 사람들을 향하여 친밀한 방식으로 자신의 사랑을 표현할 능력이 있어야만 합니다. 갈등이 시작되는 곳이 여기인데, 이들은 한 손에는 자신의 작업과 다른 손에는 사생활의 충족을 위한 자신의 욕구 사이에서 자주 괴로워합니다.

이들에게 관여하는 사람 혹은 이들과 결혼한 사람에게 생기는 하나의 큰 문제는 이들의 주목을 사로잡기가 때때로 어렵다는 점입니다. 실로 이들의 동무 중 다수가 외로움의 느낌이 듭니다. 이들에게 다가가기를 바라는 사람에게는 직접적인 감정적인 호소가 가장 효과적일지도 모릅니다. 매우 신체적인 이들은 모든 형태의 신체적인 표현이 이들에게 중요하듯이, 이들의 성생활도 대개 극도로 중요합니다. 이들의 급변하는 감정 때문에 이들은 자신을 흥미진진한 동반자로 만들어내지만, 좀처럼 가장 신뢰할만한 동반자가 아닙니다.

이들은 삶의 엄청난 중압감 아래에서 항상 잘 버텨내는 것은 아닙니다. 이들은 술이나 다층적인 유형의 약물에서 도피처를 탐구하기 쉽습니다. 이들 중 그 외 사람은 기묘한 습관과 공상으로 후퇴하거나, 아니면 자신의 좌절감에 대한 배출구로 일종의 이상한 사람들과 어울릴지도 모릅니다. 이들 중 공적인 요구와 사적인 요구로 분열된 일부는 자신의 삶에서 점점 더 커지는 역할에 열중하는 해결책이 아닌, 이런 '제3의 길'을 택할 수 있습니다. 이 코스는 결국 비극과 해체로 이어집니다. 하지만 만약 이들이 자신의 격렬한 공적생활과 사적생활을 관리하고, 자신의 상호적인 특징과 배타적인 특징을 모두 창조적인 방식으로 다룬다면, 이들은 성공적인 인간 존재가 될 것입니다. 즉흥성과 적응성이 열쇠입니다.

▶ 일간 특성
강점; 잘 적응하는, 상상적인, 구조적인
약점; 현실 도피적인, 궁핍한, 불안정한

▶ 명상
이미 언급된 것처럼, '우리는 적을 만났고, 그 적은 우리다.'

▶ 조언
가벼워지고 기운내서, 당신 자신을 알게 되고 좋아하게 되라.
흐름에 맡겨라.
공적인 생활에서 사적인 생활로 쉽게 전환하도록 만들어내는 법을 체득하고, 당신 자신에게 불가능한 요구를 만들어내는 것을 피하라.
당신이 사랑하는 사람들과 빈번한 휴가를 가져라.

▶ 건강
이들 중 다수는 중독적인 물질을 통해 이들로 하여금 스트레스에서 현실도피를 탐구하기 쉽도록 만들어주는 민감한 신경계를 갖고 있습니다. 섹스와 사랑 중독은 또한 위험을 나타낼지도 모르는데, 왜냐하면 그 중독은 한동안 감정적인 평화를 제공하지만, 당연히 감정적인 붕괴로 이어질 수 있기 때문입니다. 만약 이들이 자신의 작업과 감정적인 삶의 혼란에서 벗어나 질서를 만들어내는 쪽으로 자신의 지성을 적용할 수 있다면, 이들은 행복하고 번영할 것입니다. 그렇지 않다면, 예의 주시하세요! 이들에게 혼돈된 개인 생활보다 더 짜증 나게 하는 것은 아무것도 없지만, 그것 역시 모두 자신의 숙명입니다. 이들은 부정적으로 비평하거나 자신의 문제에서 도피하려고 시도하기보다, 자신만의 생활방식을 받아들이고 흐름에 따라가는 법을 체득해야만 합니다. 건강하고 다양하며 맛있는 식단은 행복감과 안정감을 유지하는 데 매우 유용할 수 있고, 어쩌면 잠재적인 중독에 맞서는 가장 효과적인 방어책일 수 있습니다.

▶ 수비학
29일에 태어난 사람은 숫자 2(2+9=11, 1+1=2) 및 달에 통치됩니다. 숫자 2에 통치되는 사람은 자신을 리더보다 좋은 협업자와 동반자로 자주 만들어내므로, 이런 자질은 8월 29일에 태어난 이들의 특정한 집단 지향적인 가치에 적합할 것입니다. 하지만 그 가치는 개별적인 주도권과 활동에 제동장치로도 또한 작용하여 좌절감을 연출할지도 모릅니다. 이것은 강하게 반사적이고 수동적인 효력을 지닌 달에 의해 그리고 상황에 관해 너무 많이 되새기는 성향을 전해주는 수성(처녀자리의 통치자)에 의해 더욱 강화될지도 모릅니다.

▶ 원형
두 번째 메이저 카드는 자신의 왕좌에 앉아 침착함과 뚫지 못함을 보여주는 '여사제'입니다. 그녀는 숨겨진 세력과 비밀을 드러내서, 그 지식으로 우리를 힘있게 하는 영적인 여성입니다. 이 카드의 유리한 자질은 침묵, 직감, 비축, 분별이고, 부정적인 가치는 비밀주의, 불신, 무관심, 타성입니다.

8월 30일
반석의 날
The Rock

▶ 심리구조

8월 30일에 태어난 극도로 유능한 사람은 자신의 강점이 관련된 한, 바위처럼 견실합니다. 특히 돈을 잘 다루는 이들은 대개 금융을 다루는 것을 즐기고, 회사나 개인, 가족의 펀드를 성공적으로 관리하는 것을 대단한 자랑으로 여깁니다. 이들의 관심 분야가 무엇이든 간에, 이들 중 대다수는 자신의 작업에서 가시적인 결과를 탐구하고, 투기적이거나 비실상화된 영역으로 모험하지 않는 것을 선호합니다. 대체로 이들의 집은 잘 정돈되어 편안하고, 물질적인 필요와 욕구를 충족시키기 위해 세심하게 안배되어 있습니다.

이들 중 대다수는 대다수 어떤 국면도 감당하는, 때로는 지나치게 감당하는 자신의 능력을 자신합니다. 하지만 이들의 안정감 때문에 자신에게 의존하게 되는 사람들을 끌어들이는 것은, 이들이 견뎌낼 엄청난 짐인 것으로 판명될지도 모릅니다. 실로 대단한 책임을 짊어질 능력이 있는 이들조차 어느 날 자신의 한계에 이를 것입니다. 만약 이들이 의존자에게서 자기 자신을 멀리하려는 욕구를 느낀다면, 이들은 아마도 죄의식의 일부 척도를 경험할 것입니다. 그러므로 이런 이들은 비록 추종자들 탓에 우쭐해할지라도, 결국 그들을 격려했던 것을 후회할 것입니다. 만약 이들이 자신이 행한 것 그리고 그렇게 행한 자신의 진정한 동기를 알아채게 된다면, 이들은 자신의 개인적인 성장에서 한 걸음 전진했을 것입니다.

이들의 대단한 신망과 태연자약함은 이들의 자녀와 동무에게 반드시 가장 좋은 것은 아닙니다. 모든 종류의 열등감은 이들과 가까운 사람들에게, 특히 삶의 물질적인 영역에 구현될 수 있습니다. 이들 중 조직적인 기술을 지닌 부모의 존재감은 다소 숨막히게 할 수 있고, 이들의 자녀에게 우유부단함을 조장할 수 있습니다. 그러므로 이들 중 부모는 자신의 자녀가 집안에서 증가하지만, 무너지지 않을 책임을 떠맡는다는 점을 확실히 해야만 합니다.

이들은 자신의 자녀와 동무들의 능력을 향상시켜서 그들을 더 자급자족하는 사람으로 만들어내는 것을 향한 목적으로 그들에게 이들의 기술을 가르치기 위해 노력해야 합니다. 비록 이들이 자주 집안에 엄격한 규칙을 설정하기를 바라지만, 이들은 지나치게 권위적이거나 완강하고 수용하지 않으며 불공정한 어떤 성향과도 싸워야 합니다.

이들은 때때로 지나치게 물질주의적이라는 비난을 타인들에게 받을지도 모릅니다. 하지만 사실 이들의 마음에 드는 것은 정신적인 조직과 작업 체계이지 재산에 대한 꽂힘이 아닙니다. 심지어 이들 중 돈에 관련되지 않은 사람들조차도 대체로 집안일부터 대규모 프로젝트까지 온갖 것을 조직하고 유도하는 데 더 유능합니다. 실용주의적인 이들은 실로 가시적인 결과가 목표일 때 주위에 둘 사람입니다.

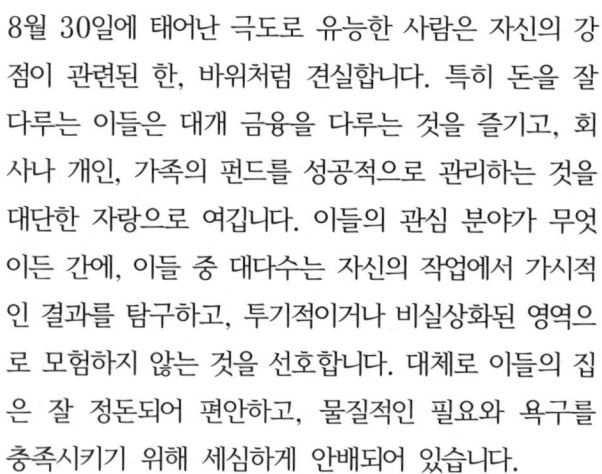

▶ 일간 특성
강점; 재정적으로 기민한, 조직적인, 신뢰할만한
약점; 권위주의적인, 완강한

▶ 명상
유일한 규칙은 예외가 있다는 것입니다.

▶ 조언
타인들에게 의존성을 조장하는 것을 주의하라, 당신의 자녀가 자급자족하도록 가르쳐라.
규칙에 관한 한 유연해지라, 당신이 당신 환경의 온갖 측면을 통제해야 한다고 느끼지 마라.
당신의 영적인 면을 키우고, 이 세상이 제안하려고 갖고 있는 것 너머를 보라.

▶ 건강
이들은 물질적인 쾌락에 관한 한, 모든 유형의 지나침에 주의해야만 합니다. 너무 자주 이들은 세상을 감각에 대한 자신만의 사적인 놀이터로 보고, 그러므로 먹는 것, 마시는 것, 레크리에이션에 관한 한 과도하게 행합니다. 이들은 지방 또는 설탕, 육류 섭취의 과잉 탐닉을 주의해야만 하는데, 어쩌면 육류와 유제품의 영역을 첫째로 축소해야 하고, 다음으로 설탕과 탄수화물의 과잉을 통제해야 합니다. 체중 문제에 더하여 이들은 담배와 술 중독이 되기 쉬운데, 이것은 쇠약해지고 (특히 간, 위, 식도, 심장과 폐의 질환 등) 만성적인 신체적인 질병이 발생하기 전에 대처되어야만 합니다. 이들 중 진지한 체육인을 제외한 사람 모두에게는 단지 적당한 신체 운동만 추천됩니다.

▶ 수비학
30일에 태어난 사람은 숫자 3(3+0=3) 및 목성에 통치되고, 이 목성은 이들에게 낙관적이고 확장적인 사회적 전망을 빌려줍니다. 숫자 3에 통치되는 사람은 대체로 자신의 분야에서 최고 위치에 오르려고 탐구하므로, 8월 30일에 태어난 이들은 (처녀자리의 통치자인 수성의 영향력이 부여해준 재정적인 기민함에 도움받는) 물질적인 성공을 위해 탐색할 시 위를 향해 자주 내몰릴 것입니다. 숫자 3에 통치되는 사람은 자신의 독립을 사랑하고, 그 독립은 더 스트레스가 많은 삶을 만들어내지만, 물론 결단적인 활동을 위한 더 많은 도전과 기회도 또한 제시합니다.

▶ 원형
세 번째 메이저 카드는 창조적인 지성을 대변하는 '여황제'입니다. 그녀는 완벽한 여성형, 즉 실현된 우리의 꿈이자 체화된 우리의 희망과 열망이라는 최고의 여성성인 대지의 양육자입니다. 그녀의 확고부동한 자질은 이들의 엄청난 안정을 반영합니다. 이 카드는 매혹, 우아함, 조건 없는 사랑이라는 긍정적인 특성을 대변하고, 완벽하지 못함에 대한 불관용뿐만 아니라 허영심과 꾸며냄이라는 부정적인 특성도 또한 대변합니다.

8월 31일
대중적인 겉모습의 날
The Public Appearance

▶ 심리구조

8월 31일에 태어난 이들 자신은 대중의 이목을 끄는 것에 또/혹은 타인들이 사회에 그들의 길을 만들어내도록 돕는 것에 매우 많이 관련됩니다. 이들은 대개 자신의 주위에서 일어나는 사건에 깊이 관여하는 자기 자신을 알아차리는 사람입니다. 이들은 필연적으로 삶의 주된 흐름에 끌려들 뿐만 아니라, 때로는 조용한 방법으로 자신의 주위 사람들의 눈에 띌 숙명입니다. 이들 중 일부는 흥겹게 하고 있고, 단순히 이들 주위에 있는 것이 재미있습니다. 그 외 사람은 더 진지하고, 자신의 주위 사람들(특히 아이들)의 운명을 개선하는 데 관련됩니다.

이들 중 더 흥겹게 하는 유형은 실연해보이고, 자신의 가족과 친구들의 영을 북돋우는 것을 사랑합니다. 더 진지한 유형은 본보기를 통해서든, 원칙 또/혹은 지식을 적극적으로 장려하는 것에 의해서든 간에 타인들을 교육하는 데 더 관심을 둡니다. 이들이 자기 자신을 사교적으로 표현하는 방법에 상관없이 이들은 자신의 노력을 통해 상황의 일반적인 상태를 개선하려고 노력하면서, 자신의 동료 인간 존재들에게 봉사하는 작업에서 가장 자주 발견됩니다.

이들은 무엇이 타인들을 움직이게 만들어내는지 알고 있습니다. 부모로서든 실연자로서든 상사로서든 교사로서든 간에 이들은 심리적으로 기민하고, 타인들의 생각과 기분을 이해하며 그것에 영향을 줄 능력이 있고, 어쩌면 그들을 깨우쳐줍니다. 하지만 어떤 시점에서 이들은 타인들의 주목을 끄는 것에 대한 의존성을 구축해오지 않았는지를 자기 자신에게 질문해야 할 것입니다. 중년(천왕성과 토성의 반대쪽에 오는 42세 즈음)의 위기를 맞는 시점에 자주 이들은 자신만의 개인적인 계발에 조금 더 관심을 두게 되기로, 즉 안으로 전환해서 자신의 사회적인 선-생각을 일부 제한하기로 결정할지도 모릅니다.

이들은 자신에 관해 대다수 사람이 좋아하는 매력적인 분위기를 갖고 있습니다. 이들은 타인을 자신에게 변함없이 끌어들이는 일종의 조용하고 견실한 매혹을 갖고 있습니다. 그러므로 비록 이들이 좋은 팀 구성원이지만, 이들의 운명은 자주 리더가 되는 것입니다. 이런 리더의 위치는 이들의 유명한 두 가지 재능인 조직적인 기술과 의사결정 능력에 적합하지만, 반면에 자신의 성격에는 스트레스일지도 모릅니다. 대체로 이들은 과시에 대해 혐오감을 표출합니다.

가식적이고 위선적인 행동이 관련된 한, 사실 이들은 날카롭게 비판적입니다. 이들의 발언과 논평은 강한 아이러니이고 아니면 심지어 신랄한 어조조차도 보유할 수 있고, 이들의 가시 돋친 말은 깊이 침투합니다. 이들은 조금 더 수완적이 되고, 자신의 언어에 더 대단한 수준의 자제력을 발휘하는 법을 체득해야 할지도 모릅니다.

대체로 이들은 세상에서 자신의 길을 찾아내는 어려움을 갖고 있지 않습니다. 하지만 이들의 대단한 고군분투는 자신의 '공적인 서약' 및 '사적인 바램과 욕구'를 조화시키기일 것입니다. 이들이 도피하기 위한 피난처를 갖는 것, 즉 대중의 시선에서 떨어져서 하는 아끼는 취미활동이나 남모르는 역할을 갖는 것은, 자주 이들의 심리적인 웰빙에 필수적입니다. 공적인 관심사와 사적인 관심사 양쪽에 부응하려고 욕구하는 것의 밀당 효과는 실로 생활방식에서 흥미로운 배치의 원인이 될 수 있습니다.

▶ 일간 특성
강점; 역동적인, 영향력 있는, 재미있는
약점; 기진맥진한, 사회적으로 의존적인, 신랄한

▶ 명상
당신은 도시 쥐와 시골 쥐의 이야기를 알고 있나요?

▶ 조언
내면 지침을 탐구하라.
당신 자신 혼자서 더 많은 시간을 보내고, 인정이나 주목에 대한 욕구를 줄이라.
재미와 책임 사이에서 좋은 균형을 찾아내라.
당신이 타인의 진가를 알아보는 것을 키우라.

▶ 건강
이들은 자신의 소화 체계, 특히 위, 장, 간, 췌장의 문제에 주의해야만 합니다. 당뇨병 같은 식단 관련 질병이 생기기 쉬운 이들은 자신의 격렬한 공적인 생활에서 비롯될 수 있는 위궤양과 십이지장 궤양도 또한 경계해야만 합니다. 이들은 자신의 영적인 면이 그 자체를 표현할 기회를 얻는 사생활에서 이득을 얻을 것이므로, 요가와 명상은 특히 이들에게 권장됩니다. 정기적인 휴가도 또한 강하게 권장됩니다. 의사나 영양학 조언자에 의해 특별한 식단이 요구될지도 모릅니다. 매일의 걷기는 신체적으로도 정신적으로도 놀라운 효과를 보여줄 것입니다.

▶ 수비학
31일에 태어난 사람은 숫자 4(3+1=4)와 31 그리고 천왕성에 통치됩니다. 오직 7개 달만이 31일을 갖고 있으므로, 31일은 생일에 대해선 약간 흔치 않은 숫자이고, 이들도 자주 흔치 않게 유별나고 헤아려지기가 힘겹습니다. 숫자 4에 통치되는 사람은 상황을 타인들과 매우 자주 다르게 바라보므로, 까다롭거나 논쟁적일 수 있습니다. 이들은 거절도 또한 매우 힘겹게 받아들입니다. 빠르고 폭발적인 천왕성의 충동은 갑작스러운 기분 변화에 반영될지도 모릅니다. 이 자질은 처녀자리의 통치자인 수성의 가변적인 특성과 소통 문제에서 천왕성과의 밀접한 연관성에 의해 8월 31일에 태어난 이들에게 강조됩니다.

▶ 원형
네 번째 메이저 카드는 자신이 지닌 권력의 일차적인 원천인 지혜를 통해 구체적이고 세속적인 것들을 다스리는 '황제'입니다. 황제는 안정되고 현명한데, 그의 권위라는 세력은 의심받을 수 없습니다. 이 카드의 긍정적인 연관성은 강한 의지력과 확고부동한 에너지이고, 비호의적인 자질은 완고함, 압제, 심지어 잔인성까지 포함합니다.

9월 1일

간단명료의 날
No Nonsense

▶ 심리구조

9월 1일에 태어난 이들은 강인하고, 자신을 위해 예비된 어려운 숙명을 감당할 능력을 갖고 있습니다. 삶에 대해 직선적이고 직접적인 접근법을 갖춘 이들은 실리적이고 실용적이지만 매혹적인 경향이 있습니다. 이들은 자주 꽤 화려한 공상을 갖고 있지만, 그런 꿈을 실용적인 수준으로 낮춰주는 요령을 내보여주고, 이것은 자신의 발상에 좋은 금전적인 보답을 이들에게 얻게 해줄 수 있습니다.

이들은 자신의 작업에 관한 한 전혀 빈둥거리지 않습니다. 이들은 자신이 하는 것을 경시하거나 자신의 노력을 약화시키는 어떤 시도에도 분개합니다. 하지만 이들은 건설적인 비판에 귀 기울이는 데 유능한데, 즉 자신이 어떤 것을 더 나아지게 할 수 있는 방법을 아는 것에 항상 관심을 두고, 조금 완벽주의적이므로 개선을 위한 소견에 개방적입니다.

비록 이들이 정신적인 것을 지향할지라도, 매우 신체적인 면도 또한 갖고 있습니다. 환영받기와 촉발되기 양쪽을 통해 이들의 신체적인 욕구가 충족되지 않는다면, 이들은 불행하게 되고 좌절감을 품게 될 것입니다. 대결적인 유형인 이들은 행동으로 말을 뒷받침할 준비가 되어 있고, 대체로 싸움에서 움츠러들지 않습니다. 따라서 이들은 자신의 직접적인 맹공격에 대해 다소 너무 민감할지도 모르는 사람들을 제압하지 않도록 조심해야만 합니다.

이들은 자립하려는 사람의 욕구를 너무 확신해서, 자신의 자녀나 사랑받는 사람에게 무술이나 자기-방어의 다른 형식을 배우도록 격려할지도 모릅니다. 자신 삶의 모든 측면에서 이들은 정신적인 것과 물질적인 것의 만남을 탐구합니다. 이를테면 만약 이들은 파티나 소풍을 계획한다면, 소매를 걷어올리고 손수 요리하거나 청소하기를 좋아합니다. 비록 사업에서 이들이 발상이나 시스템을 생각해낼지라도, 그것을 이행하고 또한 유지하지 않는 한, 이들은 행복하지 않을 것입니다. 이들이 무엇을 창조하든, 그것의 물리적인 구현은 이들이 개인적으로 관여해야만 하는 중요한 것입니다.

물론 이들에게 성적인 만족이 중요하지만, 이들은 자신의 몸만큼 자신이 흥미롭다고 적어도 알아차리는 마음을 갖춘 동반자를 요구합니다. 이들은 이 주제에 대해 자신이 하는 방식으로 모든 사람이 생각하지 않는다는 점을 배워야만 하는데, 타인들은 정신적인 활동과 신체적인 활동 사이의 명료한 구분을 유지하는 것이 더 편안함을 알아차릴지도 모릅니다. 이 차이는 사랑하는 동반자에게 오해를 유발할 수 있습니다. 게다가 이들은 자신의 경력에 관해 조금 덜 진지해지는 법을 체득하고, 다만 재미있게 보내는 것을 주말이나 휴가 기간으로 제한하지 말아야 하는 법을 체득해야 합니다.

이들은 많은 갈등이 자신의 길에 다가옴을 알아차릴 것입니다. 이들은 생존자이지만, 자신의 한계도 역시 갖고 있습니다. 그러므로 이들은 어떤 경우에 운을 과신하지 말아야 하고, 오히려 손실을 포함해서 자신이 갖고 있는 것에 만족하며, 바른 순간에 멈춰야 합니다. 이들은 재앙을 피하기 위해 행운의 여신이 돌리는 운명의 수레바퀴에서 벗어나는 법을 체득해야만 합니다. 절대로 포기하지 않으려는 이들의 성향이 너무 강하기 때문에, 이들은 이 공부를 힘겨운 방식으로 터득해야 할지도 모릅니다.

▶ 일간 특성
강점; 양심적인, 신체적인, 두려움 없는
약점; 고집적인, 암울한, 양보하지 않는

▶ 명상
일어난 것에 대한 수용은 진실을 발견하는 데 필수적입니다.

▶ 조언
언제 그만둘지, 언제 떠날지, 심지어 언제 도망칠지까지 체득하라.
당신은 자신이 생각하는 것만큼 꽤 강력하지 않을지도 모른다.
조언을 내놓을 시 [눈높이를 맞추도록] 방어적이 되라.
덜 진지한 측면을 키우도록 노력하라.
적극적으로 타인들을 발굴하고, 그이에게서 배우라.

▶ 건강
이들의 건강은 자신의 삶을 정기적인 작업 습관 중심으로 구성할 때 꽃피웁니다. 제때 식사하는 것 및 정기적인 시간을 지키는 것, 일관되게 운동하는 것이 이들에게 적합합니다. 이들의 신체적인 욕구는 침대 안팎에서 모두 충족되어야만 합니다. 스포츠 활동이 관련된 한, 이들은 대개 고도로 경쟁적이고, 그래서 테니스, 스쿼시, 핸드볼 같은 일대일 스포츠가 이들에게 매력적일지도 모릅니다. 이들은 대개 자신이 먹는 것에 관해 까다롭고, 그래서 자신만의 요리 재능을 계발해야 하고, 아니면 음식의 맛에도 겉모습에도 모두 깐깐한 누군가의 식탁에서 정기적으로 먹어야 합니다.

▶ 수비학
1일에 태어난 사람은 숫자 1 및 태양에 통치됩니다. 1일에 태어난 이들은 자주 첫째가 되는 것을 좋아합니다. 대체로 숫자 1에 통치되는 사람은 고도로 개별적이며 고집적이고, 정상에 오르기를 열망하며, 이것은 9월 1일에 태어난 이들에게 특히 해당합니다. 물론 이들은 이런 길에서 도가 지나치는 것, 야심에 압도되는 것 또는 이들의 풍부한 에너지에 이들 자신의 주위 온갖 사람이 빠져버리게 하는 것을 주의해야만 합니다. 태양은 통제에서 벗어나 타오르도록 허용되는 것보다 꾸준히 흐르도록 유지되어야 하는 창조적인 에너지와 불기운을 상징하는데, 수성(처녀자리의 통치자)과 조합된 태양은 정신적인 총명함을 연출할 수 있습니다.

▶ 원형
첫 번째 메이저 카드는 마법뿐만 아니라 지성, 의사소통, 정보를 상징하는 '마법사'입니다. 그의 머리 위의 무한대라는 상징은 일부 타로 종류에서는 모자의 형식을 취하고, 다른 종류에서는 후광의 형식을 취합니다. 많은 해석들이 도출될 수 있는데, 그중 하나는 마법사가 순환적이고 끝나지 않는 삶의 천성을 알아보고, 이런 이해심에 의해 힘있게 된다는 것입니다. 이 첫째 카드가 제안하는 긍정적인 특성은 외교적인 기술과 빈틈없는 기민함을 포함하지만, 부정적인 특성은 양심의 가책 결여와 기회주의입니다.

9월 2일
사업적인 태도의 날
Businesslike Attitude

▶ 심리구조

9월 2일에 태어난 이들은 허식을 굉장히 좋아하는 것은 아닙니다. 이들은 위조를 싫어하고, 모든 형식의 꾸밈을 경멸합니다. 이들은 자신의 작업이나 행동에 대한 변명을 좀처럼 만들어내지 않을 것입니다. 이들은 자신의 활동으로 하여금 자기 자신을 대변하게 하는 것을 선호하면서, 자신의 동기에 대한 분석적인 해명을 탐사할 시간도 또한 거의 갖고 있지 않습니다. 이들은 단지 그 직무를 계속하고 싶어하고, 실로 일벌레가 될 수 있습니다.

불운하게도 실패하거나 몰락한 경우 이들은 자신에게 일어난 상황에 대처하거나 코스를 바꾸기 위한 내면 자원을 갖고 있지 않을지도 모릅니다. 이들은 자신이 과하게 비난받는 대상일 때 폭발적으로 반응하는 경향도 또한 있습니다. 이런 약점 때문에 이들은 대체로 자신이 존중하는 의견을 갖춘, 신뢰받는 협력자나 가족 구성원에게 중하게 의존하게 됩니다.

이들 중 대다수는 무던한 외관을 제시하고, 자기 자신에게 주목을 끌어당기기 위해 애써 힘든 길을 가는 것은 아닙니다. 만일 이들은 절제하는 재능이라는 복을 받는다면, 대체로 위험 요소가 적은 검증된 경력의 행로를 선택하게 됩니다. 이들 중 더 유별난 사람은 어느 정도의 위험과 흥분을 탐구할지도 모르지만, 대개 다만 편승하기 위해 붙어가기보다는 그 위험과 흥분을 스스로 산출하기를 더 선호합니다.

이들의 세계관은 평등주의적인 경향이 있고, 이들은 대개 보통 사람들의 권리를 빠르게 옹호해줄 수 있습니다. 자신의 의견을 제시할 때, 이들은 모두에게 이해되려고, 또 어떤 가식의 기색도 피하려고 선명하게 말합니다. 마찬가지로 이들은 에고 중심성, 괴상함 혹은 타인들에 대한 말이나 생각에서 벌어지는 불필요한 난해함을 싫어합니다. 하지만 이들은 진정 도움이 필요하거나 불운이나 재난에 시달리는 사람들에게 대단한 동감을 정말로 표출합니다. 불운하게도 이들 자신은 나중에 갑자기 성질을 내고 화를 분출할 수 있는 두려움과 불안감을 억압하면서, 자신이 실제로 도움이 필요할 때 도움을 탐구하는 것을 거부할지도 모릅니다.

이들은 비록 관리할 만큼 돈을 갖고 있지 않을지라도, 돈과 재정을 특히 자신만의 돈과 재정을 감당하는 데 대개 능숙합니다. 물질을 지향하는 이들 중 다수는 또한 강한 형이하학적인 유형입니다. 이들은 대상과 재료의 유용성과 아름다움의 가치를 알아보고 그 가치에 따라 그것들을 감당해가면서, 그 유용성과 아름다움에 맞춰집니다. 사랑 문제에서 자신이 원하는 것에 관해 꽤 각별할 수 있는 이들은 자신의 기대를 위태롭게 하기보다 하찮은 대상에 안주하기로 선택할 수 있습니다. 이들이 동무와 연인에게 다소 요구한다고 말하는 것은, 당연히 절제된 표현일지도 모릅니다.

이들은 자기 자신이 어떤 사회적인 신분에 있는지를 알아차릴 시, 명예에 대해 어지간히 고착된 규범에 따라 처신할 것입니다. 거래가 성사되어 언약이 맺어질 때, 이들에게는 약속을 망설이고 혹은 외면하며, 깨어버릴 여지가 전혀 현존하지 않습니다. 이런 점에서 이들은 비록 이들의 엄격함 및 그 엄격함에 동반된 동감의 부족이나 뉘앙스의 부족이 때때로 타인들에게 접근하지 말라고 경고해줄 수 있지만, 거래하기에는 좋은 사람입니다. 이들은 마음을 가볍게 유지하고, 재미있게 보내며, 인생을 즐기는 것을 잊어버리지 말아야 합니다.

▶ 일간 특성
강점; 공정한, 정직한, 가식적이지 않은
약점; 양보하지 않는, 시무룩한, 폭발적인

▶ 명상
우리의 세상은 많은 세상 중 하나일 뿐입니다.

▶ 조언
당신의 느낌을 균형 잡는 법을 체득하라.
차선에 만족하지 마라.
당신은 자신이 할 수 있다고 믿으면, 서둘러서 진행하라.
하지만 영감을 감안해보고, 작업만을 위해서 작업하지 마라.
타인들과 [진정한] 정을 나누라.

▶ 건강
이들은 너무 자주 죽을 정도로 자기 자신에게 일을 시키고, 지나치게 스트레스를 받습니다. 이들은 일종의 내면의 부정성에 주의하고, 불평에 관련된 질환에 주의해야만 합니다. 특히 이들의 위와 장이 취약하므로, 이들은 궤양과 위산과다에 대해서 경계해야 합니다. 어떻게든 이들은 감정적인 폭발과 억압된 공격성 사이에서 중도를 찾아내야만 합니다. 건강한 식단은 안정시키는 주요 요소입니다. 이들은 자신의 특정한 욕구에 바른 메뉴를 제안할 수 있는 요리 전문가나 영양사의 조언을 탐구해야 하는데, 요리에 대한 이해관계는 그런 계획을 실현할 시 대단히 유익한 것에 속합니다. 정기적이고 어지간히 힘든 신체 운동이 권장됩니다.

▶ 수비학
2일에 태어난 사람은 숫자 2 및 달에 통치됩니다. 숫자 2에 통치되는 사람은 자주 자신을 리더보다 좋은 협업자와 동반자로 만들어내는데, 이런 영향력은 9월 2일에 태어난 이들이 직무나 관계에 순응하는 데 지원될지도 모릅니다. 하지만 그 영향력은 좌절감을 연출하면서, 개별적인 주도권과 활동에 제동장치로도 또한 작용할지도 모릅니다. 강하게 반사적이고 수동적인 경향이 있는 달에 의해 그리고 되새김과 언어적인 불편도 또한 촉진하는 수성(처녀자리의 통치자)에 의해 이 좌절감은 더욱 강화됩니다. 숫자 2에 통치되는 이들 중 둘째 자녀로 태어난 사람은, 특별히 이들이 나이가 많은 형제자매와 공생 관계 속에 자랐다면, 특히 후원하는 동반자가 될지도 모릅니다.

▶ 원형
두 번째 메이저 카드는 자신의 왕좌에 앉아 침착함과 뚫지 못함을 보여주는 '여사제'입니다. 그녀는 숨겨진 세력과 비밀을 드러내서, 그녀에게 유의하는 이들을 그 지식으로 힘있게 하는 영적인 여성입니다. 이 카드의 유리한 자질은 침묵, 직감, 비축, 분별이고, 부정적인 가치는 비밀주의, 불신, 무관심, 타성입니다.

9월 3일
틀을 깨는 자의 날
The Mold Breakers

▶ 심리구조

9월 3일에 태어난 이들은 보이는 모습과 항상 같은 것은 아닙니다. 타인들이 너무 자주 이들의 천성과 잠재력을 잘못 해석하는 탓에, 이들은 비록 항상 마음에 들지 않는 역할인 것은 아닐지라도, 정확히 자신이 원하는 쪽도 또한 아닌 역할을 삶에서 하도록 강요받을지도 모릅니다. 비록 이들이 대체로 다재다능하지만, 이들의 속성 중 하나는 자주 나머지 속성을 희생시켜서 환영받습니다. 이들 중 여성의 신체적인 아름다움이 적절한 실례인데, 멋진 외모 탓에 이들의 다른 훌륭한 자질들은 인정되지 못하게 될지도 모릅니다. 이들 중 남성은 만만한 호구로 타인들에 의해 오인되는 경향, 즉 경력에 의해 혹은 가족의 지위에 의해 불공정하게 당하는 경향이 있습니다.

비록 이들이 타인들에게 조용하고 다루기 쉽다는 인상을 줄 수 있지만, 이들을 이용하려고 노력한 적이 있던 누구도 그 결과를 잊어버리지 못할 것입니다. 이들은 아첨과 착취의 모든 형식에서 자신을 막아주는 강철 같은 갑옷을 갖고 있습니다. 이들이 신사숙녀적이고, 심지어 조금 부드럽기까지 한 것처럼 보일지도 모르지만, 이들은 명예롭고 공정하게 대우받기를 고집할 것이고, 자신을 차별하려는 노력에 활기차게 저항할 것입니다. 이들의 작업이 자주 예지적인 천성에 속하기 때문에, 이들 중 예외적인 사람은 방식이 자신의 시대를 훨씬 앞설 수 있고, 비록 타인들이 때때로 이들의 방도를 승인하는 것이 느리더라도 이들은 이해해야만 합니다. 틀을 깨는 사람인 이들 중 대다수는 다행히도 자신의 작업에 대한 가치를 신임할 뿐만 아니라 대단한 참을성도 또한 표출합니다. 따라서 이들은 자신의 노력을 계속하는 동안 인정받지 못한 채 수년을 인내할 준비가 잘 되어 있습니다. 하지만 만약 이들이 자신의 목표가 무엇이고 자신이 어떻게 그곳에 도달하려고 하는지 타인들에게 매일의 언어로 설명하는 데 시간을 갖는다면, 더 넓은 '받아들임'을 향한 이들의 행로는 조금 더 원활하게 만들어질 수 있습니다.

모든 역량을 갖춘 이들은 활동과 논쟁에 자연히 끌려듭니다. 이들은 특히 자신이 오해받는다고 느낄 때 자신이 운영해야만 하는 시스템에 대해 자주 꽤 반항적입니다. 북돋아주는 이들의 낙관주의도 이들의 기질적인 천성도 통제되어야 합니다. 감정적인 일관성과 강한 의지력을 계발하는 것이야말로 이들의 인생에서 성공하기 위해 필수적입니다.

사랑과 우정이라는 문제에 관련해 이들은 두드러지게 극기적인 태도를 자주 표출합니다. 여기서 이들은 두 가지 위험을 무릅쓰는데, 첫째는 '자신이 신경쓰지 않는다'는 인상을 가까운 사람들에게 주는 것이고, 둘째는 결단적인 활동이 욕구될 때 미루는 것입니다. 너무 수용적이 됨으로써 이들은 낭만적인 일에 자기 자신을 굽혀버릴지도 모르고, 특정 중요한 삶의 선택들이 슬그머니 지나가버리게 할지도 모릅니다.

이들에게 가장 대단한 도전은 타인들에게 더 마음을 열고, 대담하게 자기 의심에 직면하는 것에 있습니다. 이들은 자신이 자기 자신을 향한 비판으로 인식하는 것에 관해 방어적이 되는 것보다 '자신의 높은 도덕적인 규범과 정의감'을 '도움이 필요한 사람들을 옹호해서 작업하는 데' 두어야 합니다. 만약 이들이 자기 자신에게서 최고의 것을 발견해서 키울 수 있고, 그 최고의 것에 대한 눈치를 채도록 외교적이되 확고히 세상에 고집한다면, 이들은 자신의 참신한 발상과 노력이 더 잘 수용될 능력이 있을 것입니다.

▶ 일간 특성
강점; 재능이 다양한, 사회적으로 능숙한, 참아내는
약점; 미루는, 지나치게 극기하거나 양보하는

▶ 명상
타인들이 당신에게 하는 말을 듣지만, 여전히 당신만의 내면 목소리에 발맞추라.

▶ 조언
당신이 실상 하고 싶은 것을 하도록 적극적으로 탐구하라.
당신의 자기-신임과 단정짓기를 계발하라.
실패하는 것을 두려워하지 마라.
당신이 하는 것 주위로 너무 많은 신비를 키우지 않도록 노력하라. 당신의 방도와 동기를 타인들에게 설명하는 시간을 가지라.

▶ 건강
이들은 비활동적이 되는 것을 주의해야만 합니다. 일단 자신이 선택한 분야에서 확실히 자리를 잡으면, 이들은 눌러앉게 되는 성향을 갖고 있고, 이것은 당뇨병, 심혈관 질환, 쓸개 질환의 문제를 초래할 수 있습니다. 따라서 이들은 자신의 지방과 설탕 섭취를 가혹하게 제한하면서 동시에 자기 자신에게 정기적인 운동 프로그램을 실시해야 합니다. 이들 중 비활동이 문제 되지 않고 체육 쪽으로 더 경도되는 사람은 특히 담배와 술을 피하면서 충분한 수면과 휴식을 취하도록 노력해야 합니다. 심리적인 건강을 지키려는 이들은 수용되거나 호감받고, 사랑받게 하기 위해 자신이 타인들을 기쁘게 하려는 충동에 저항하는 삶을, 또 실상적으로 즐기는 삶을 자기 자신에게 허용해야만 합니다. 이런 점에서 긍정적인 자기-이미지를 계발하는 것 및 그 계발에 동반된 자기-우대는 매우 중요합니다.

▶ 수비학
3일에 태어난 사람은 숫자 3 및 목성에 통치됩니다. 숫자 3에 통치되는 사람은 대체로 자신의 분야에서 최고 위치에 오르려고 탐구합니다. 숫자 3의 사람은 자신의 독립성도 또한 사랑하고, 그래서 특히 9월 3일에 태어난 이들은 자신이 연기하고 싶지 않을 배역을 타인들을 위해 연기하지 않도록 해야만 합니다. 목성은 이들에게 낙관적이고 확장적인 사회적 전망을 빌려주고, 수성(처녀자리의 통치자)과 조합되어 명예와 존엄성을 부여해줍니다.

▶ 원형
세 번째 메이저 카드는 창조적인 지성을 상징하는 '여황제'입니다. 그녀는 완벽한 여성형, 즉 우리의 꿈, 희망, 열망을 체화한 극도의 여성성인 대지의 양육자입니다. 그녀의 확고부동한 자질은 이들을 위한 안정의 긍정적인 본보기 역할을 해야 합니다. 이 카드는 매혹, 우아함 및 조건 없는 사랑이라는 긍정적인 특성도 대변하지만, 완벽하지 못함에 대한 불관용뿐만 아니라 허영심과 꾸며냄이라는 부정적인 특성도 또한 대변합니다.

9월 4일
구축자의 날
The Builder

▶ **심리구조**

9월 4일에 태어난 이들의 삶에서 지배적인 테마는 구축입니다. 자신의 경력이나 가족 국면, 사회동아리가 무엇이든 간에, 이들은 구조, 형식, 조직 및 그것이 작동하도록 만들어내기 위해 상황을 조합해내는 문제에 얽매입니다. 비록 이들 중 다수가 기법적인 능력을 소유하고 있을지라도, 이들이 빛을 발하는 곳은 바로 구상하는 것과 계획하는 것에 더 있습니다. 이를테면 물질적인 또는 이론적인 조건에서 제품을 생산하거나 서비스를 제공하는 시스템을 구축하는 것이 이들의 특기입니다. 극단적으로 실용적인 이들은 방도의 진정한 척도가 결과에 있다고 믿습니다.

시스템이 기능하는 방법에 대한 자신의 이해심 덕에, 이들은 비판하고 분석하며 때로는 구조물이 언제 어디에서 작동하지 않는지를 보여주기 위해 그 구조물들을 분해해서 해체합니다. 이들 중 사회를 개선하려는 욕망을 갖고 있지 않은, 덜 고도로 진화된 사람은 기득권이 작업하는 방법에 대한 이들의 지식은 대체로 철저하므로 자신을 지능범[탁월한 범죄자]으로, 아니면 적어도 그 시스템을 우회[악용]하는 방법을 아는 사람으로 만들어버릴 수 있습니다.

이들은 먼 길로 돌아가는 것을 좋아하지 않습니다. 효율성에 가장 관련되는 이들이 사업에서 산물이나 서비스를 제공한다면, 이들의 고객들은 대개 치른 돈만큼 대가를 얻게 됩니다. 이들은 손해를 보고 운영되던 기업을 재앙 외에 다른 것으로 볼 수 없었을 것이므로, 성공적이고 번영하는 효율성에 관련되는 인생일반이 이들에게 중요합니다.

이들이 구축하고 있는 것은 때때로 경력이나 가족입니다. 천천히 조심스럽게 벽돌 쌓듯이 이들 자신을 확립해가는 것이야말로 대개 이들의 진행 방식입니다.

이들의 삶에서 또 다른 중요한 테마는 봉사입니다. 이들 중 가장 덜 고도로 진화된 사람만이 일차적으로 개인적인 이익에 관심을 둡니다. 이들 중 대다수는 자신의 작업이 더 대단한 '선'에 이바지하는 것으로 바라보고 싶어합니다.

이들은 새로운 것을 위한 길을 닦기 위해 오래된 것은 치워져야만 한다고 믿는데, 만약 견고하지 않은 토대에 기반을 둔 구조물에 직면한다면, 이들의 충동은 대체로 그 구조에 단지 덧대고 붙이는 것이 아니라 완전히 파괴해서 재건하는 것입니다. 타인들은 아무리 썩어버릴지라도 상황을 내버려두는 것을 선호하는 이런 태도에 대한 이해심이 그리 없을지도 모릅니다. 그러나 나쁜 치아, 나쁜 친구, 나쁜 결혼, 나쁜 건물, 나쁜 발상, 나쁜 차들은 이들의 손에서 모두 결국 같은 숙명을 겪게 될 것인데, 실로 이들은 인간의 몸이든 가족이든 회사든 간에 전체 유기체에 대해 자신이 건강하지 않다고 여기는 것을 부정하는 데 무자비합니다.

▶ 일간 특성
강점; 체계적인, 유능한, 건설적인
약점; 완강한, 요구가 많은, 지나치게 엄밀한

▶ 명상
심지어 토끼조차도 발목을 삘 수 있습니다.

▶ 조언
상황이 '도덕적으로 건전한 목적'을 위해 작업하는 방법에 대해 당신의 지식을 가동하도록 노력하라. 당신의 봉사하기 위한 소망을 따르지만, 자신만의 욕구를 등한시하지 마라.
여전히 높은 기준을 유지하면서도 당신이 할 수 있는 곳에서 당신의 요구를 완화시키라.

▶ 건강
이들은 정신적인 중압감의 모든 형식을 줄이도록 노력해야만 합니다. 이들은 너무 자주 너무 열심히 작업하고 너무 많은 책임을 떠맡기 때문에, 자신이 조심하지 않으면 붕괴로 향할지도 모릅니다. 정기적인 휴가, 일정 계획, 근무 시간 제한, 짧은 휴식 기간 갖기 등이 예방책으로 제안됩니다. 이들은 때때로 자신의 날카로운 비판적인 천성 탓에 자신의 주위 사람들을 미치도록 몰아대는데, 그래서 이들은 또한 이런 점에서 느슨해지는 것을 체득하는 것이 더 낫습니다. 자기 자신을 활동하도록 뿌리내리게 하는 것, 즉 같은 값이면 더 평안하고 창조적인 활동이 고도로 권장됩니다. 이를테면 음식과 요리에 대한 이해관계는 이들에게 놀라운 일을 할 것입니다. 이 경우, 이들은 건강에 좋은 음식과 특별한 식단에 대해 걱정하지 않고, 즐기고 실험하도록 자기 자신에게 자유재량을 허용해야 합니다. 정기적인 수면은 이들의 정신적인 안정에 필수적입니다.

▶ 수비학
4일에 태어난 사람은 숫자 4 및 천왕성에 통치됩니다. 숫자 4에 통치되는 사람은 매우 자주 다른 사람들과는 다르게 상황을 바라보므로, 까다롭고 논쟁적인 경향이 있습니다. 실로 이런 특성은 오해받거나 거절되는 자기 자신을 알아차리고, 대체로 그런 거절을 매우 힘겹게 받아들일지도 모르는 9월 4일에 태어난 이들에게서 확대될 수 있습니다. 천왕성의 영향력은 빠르고 폭발적인 기분의 변화에 이바지합니다. 처녀자리의 통치자인 수성의 강한 영향력에 의해 신속하고 변통적인 자질이 이들에게 강조되는데, 수성-천왕성의 연관성은 상황을 빠르게 이해하는 능력을 여기에서 가리켜줍니다.

▶ 원형
네 번째 메이저 카드는 자신이 갖고 있는 권력의 일차적인 원천인 지혜를 통해 세속적인 것들을 다스리는 '황제'입니다. 황제는 안정되고 현명한데, 그의 권위라는 세력은 의심받을 수 없습니다. 이 카드의 긍정적인 연관성은 강한 의지력과 확고부동한 에너지이고, 비호의적인 특성은 완고함, 압제, 심지어 잔인성까지 포함합니다.

9월 5일

공상속의 군주의 날
The Fanciful Sovereign

▶ 심리구조

9월 5일에 태어난 이들은 자신의 활동적이고 기민한 마음을 사용하여 가장 상상적이고 로맨틱한 계획을 꿈꾸는 것을 좋아합니다. 이들은 실로 그런 이상적인 관념을 실상적인 것으로 만들어내는 데 매우 능숙하지만, 불운하게도 자신의 성공 정도에 관해 고도로 비실상화될 수 있습니다. 과도한 자부심이나 방종을 갖기 쉬운 이들은 실상에서 동떨어지고, 이 때문에 이들이 병폐를 가장 예상하지 못했을 때 모든 종류의 병폐에 시달릴지도 모릅니다.

이들 중 일부의 삶에서 되풀이되는 테마는 자기-패배적인 패턴 속에 이들 자신에게 불리하게 작용하는 테마입니다. 이들은 실상 자신의 당당한 에고에 사로잡혀 자신이 행하고 있는 것에 파묻혀 살아갈 수 있습니다. 그 귀결로 이들은 타인들이 이들에게서 '무엇을 떠올리는지'에 대한 시야를 잃어버릴 뿐만 아니라 자신의 가슴속에 또 잠재의식 속에 사실상 '무엇이 진행되고 있는지'에 대한 시선도 또한 놓쳐버릴지도 모릅니다.

반면에 이들은 모든 종류의 놀라운 공상을 하는 데 유능합니다. 비록 이들의 개인 생활이 일부 사람에게는 꽤 평범한 것처럼 보일지도 모르지만, 이들이 자신을 둘러싸고 있는 것, 즉 이들의 창조물이나 획득물은 정말로 자주 놀랍습니다. 그래서 이들은 동화 속 궁전의 왕이나 여왕처럼 느낄 수 있습니다. 이들이 창조하는 이 마법의 세상은 이들에게 가장 깊은 의미를 점유할 수 있는데, 불운하게도 이들의 개인적인 인간 가치는 등한시될 수 있습니다. 때때로 특히 이들 자신이 아닌 이들의 낭만적인 이미지에서 벗어나면, 누구도 '이들이 실상 무엇과 같은지'를 모르는 것처럼 보일지도 모릅니다.

만약 이들이 자신의 심리적인 및 영적인 진화를 더 진행하려면, 명백히 욕구되는 점은 이들이 '공상과 실상 사이를 구별'하는 것입니다. 이들은 자기 자신에게 더 많은 시간을 투자하고, 자신 삶의 상태에 온건한 생각을 부여하는 편이 온당할 것입니다. 몹시 아프게도 이들은 자신의 옷[정체성]을 벗겨내고, 더 실상적인 에고를 시초부터 다시 구축해야 할지도 모릅니다.

이들은 흥겹게 하고 즐겁게 하는 친구로 자신을 만들어낼 수 있습니다. 비록 이들이 진지한 면도 또한 갖고 있더라도, 재미있게 보내는 것이 이들에게 중요해서, 이들은 자신의 눈을 반짝이며 온갖 것을 하는 경향이 있습니다. 이들은 가장 자주 베풀고 배려하는 천성에 속하지만, 때로는 경고 없이 자신의 애정을 철회할 수 있습니다. 따라서 이들의 동기는 쉽게 오해받을 수 있습니다. 이들에 대한 한 가지 비판은 이들이 자신의 매력적인 힘 때문에 정해진 시간에 오직 특정 사람들하고만 어울리는 것입니다. 실상, 오직 이들 중 가장 덜 고도로 진화된 사람만이 매우 피상적이거나 계산적이고, 이들 중 대다수는 두드러지게 순결하고 아이 같으며, 그러므로 이들에게 마음쓰며 진정한 우정을 제안하는 느낌이 드는 사람들에게 자연히 끌리게 됩니다.

▶ 일간 특성
강점; 상상적인, 로맨틱한, 재미있는
약점; 자기-파괴적인, 알아채지 못하는, 과도한

▶ 명상
잠자는 이에게 깨어있는 삶은 꿈입니다.

▶ 조언
당신의 낭만적인 반짝임을 잃지 말고, 계속해서 실상을 단단히 붙잡아라.
당신이 법망을 영원히 빠져나갈 수 없고, 빠르든 늦든 응보가 돌아올 것이다.
당신 자신을 더 잘 알게 되고, 자기 자신을 더 좋아하게 되라.

▶ 건강
이들은 신체적으로나 정신적으로 자신을 서서히 잠식하는 것을 피해야만 합니다. 이들은 그런 자기-파괴적인 패턴을 알아보거나 인정하기 어려우므로 가족, 친구 혹은 심리상담가가 실상적인 조언을 제안하는 것이 중대할 수 있습니다. 언제나 제시되는 위험은 이들이 어떤 일이든 교묘히 피할 수 있다는 오인된 관념을 계발한다는 점입니다. 인정하건대 오랫동안 자신의 건강을 남용하는 이들 중 일부 사람의 수용력은 놀랍지만, 이들은 결국 몸이 버텨낼 수 있는 것에는 한계가 현존한다는 점을 체득하게 될 것입니다. (최소한 1년에 한 번의) 정기적인 신체검사가 권장됩니다. 식단이 관련된 한, 광범위하고 잘 균형 잡힌 음식 선택이 제안됩니다.

▶ 수비학
5일에 태어난 사람은 숫자 5 및 수성에 통치됩니다. 수성은 생각과 변화의 빠름을 대변하므로, (수성이 통치하는 처녀자리를 갖고 있는) 9월 5일에 태어난 이들은 정신적으로 과잉반응할 뿐만 아니라 대단히 주기적으로 자신의 마음과 물질적인 주위환경도 또한 바꿀 가능성이 있는 자기 자신을 알아차릴지도 모릅니다. 이들은 자신의 자연스러움을 향상해주지만, 타인들을 산만한 쪽으로 몰아댈 수 있는 자질인 자신의 충동적인 천성을 다스려야만 합니다. 반면에, 숫자 5에 통치되는 사람이 전통적으로 삶에서 받는 역경은 이들에 대한 영속하는 효과를 거의 갖고 있지 않으므로, 이들은 빠르게 회복됩니다.

▶ 원형
다섯 번째 메이저 카드는 인간의 이해심과 신념을 상징하는 신성한 신비에 관한 해석자인 '사제'입니다. 그의 지식은 난해하고, 그는 보이지 않는 만사만물에 대한 권위를 갖고 있습니다. 이 카드가 수여하는 호의적인 특성은 자기-보증성과 통찰력이고, 비호의적인 특성은 설교하기, 호언장담, 독단주의를 포함합니다.

9월 6일
예견되지 않는 숙명의 날
Unpredictable Fate

▶ 심리구조

9월 6일에 태어난 이들은 우연이라는 숨겨진 작동방식에 극도로 취약합니다. 이들의 삶은 타인들보다 좋든 나쁘든 간에 숙명의 손에 의해 인도되는 것으로 보입니다. 이들 중 다수에게 삶이 외관상 아무런 이유 없이 여하튼 놀라운 결과가 나올 때, 예상대로 진행되고 있을지도 모릅니다.

이들이 자신의 인생 코스를 유도하고 어떤 의미에서 그 코스를 제한하려고 시도할 때, 상황은 다만 이들에게 불리하게 작용하는 것으로 자주 보입니다. 이들은 온갖 우발 사건에 대비하면서 고도로 상세한 계획을 만들어내지만, 여전히 사건들이 전혀 자신이 예상했던 대로 펼쳐지지 않고 있음을 알아차릴 수 있습니다. 이와 같은 경험은 몹시 시험받는 것일 수도 있고, 이들 중 덜 강인한 영혼을 깊게 좌절시킬 수도 있습니다.

때때로 이들은 타인들에게 약간 근시안적이라는 인상을 줍니다. 이들이 '순간의 기회에' 및 '그 순간의 당면한 성공이나 부족'에 너무 관여하는 것으로 보여서, 타인들은 이들이 미래를 위해 또 어쩌면 더 시험받는 때를 준비하는 데 충분한 에너지를 들이지 않는다고 느낄지도 모릅니다. 이런 인식은 이들이 아마 경험을 통해 현재에 집중하고, 한 번에 한 단계씩 내딛으며, 삶의 리듬을 타는 법을 체득했으므로, 대부분 불공정합니다.

비록 이들의 삶이 꽤 평탄하지 않을지도 모르지만, 이들 자신은 두드러지게 항상적이고 충실합니다. 친구와 가족은 이들에게 극도로 중요하고, 이들과 '삶의 더 비정한 면' 사이를 보호하는 완충의 역할을 할 수 있습니다. (이들이 보기에) 배신이 이들과 가까운 누군가의 손에 의해 올 때, 그 배신은 특히 파괴적일 수 있습니다.

이들 중 대다수는 세상에 매력적인 것처럼 보이는 것에 관련되고, 자신의 멋진 외모를 자랑으로 여깁니다. 이들은 낭만적인 사랑뿐만 아니라 아름다움도 고도로 중시하고, 이들 중 일부는 이런 것이 세상의 신랄한 공격에서 자신을 막아줄 수 있다고 오인되게 믿을지도 모릅니다. 이들 중 이것이 사실이 아님을 발견한 사람은 사랑과 삶 일반에 관해 훨씬 더 철학적이 됩니다.

자주 이들은 숙명의 작동방식이 장악하는 것으로 보이는 30대 초반까지는 무사태평한 잔잔한 삶을 어지간히 영위할 것입니다. 하지만 일단 예상치 못한 사건들이 이들의 삶을 형태화하기 시작하면, 이들 중 다수는 스스로 점차 꽤 숙명론적이 될 수 있습니다. 어쩌면 수년 동안 숙명에 대항해왔던 이들은 마침내 태도를 바꿔서 그 숙명론을 완전히 가슴속으로 받아들일지도 모릅니다. 그렇게 함으로써, 이들은 좋든 나쁘든 숙명에 다시 권능을 줍니다. 특히 온갖 종류의 자기 충족적인 예언을 하기 쉬운 이들은 자신만의 삶뿐만 아니라 타인들의 삶 전반에도 또한 자신이 끼치는 말의 힘을 알아채야만 합니다.

▶ 일간 특성
강점; 받아들이는, 동감하는, 세련된
약점; 자신에게만 몰입하는, 억눌려진, 숙명론적인

▶ 명상
생각하는 것과 말하는 것은 강력한 예언적인 활동입니다.

▶ 조언
숙명과 함께 작업하는 법을 체득하라.
숙명은 당신의 적도 친구도 아니지만, 받아들여지는 길벗이 될 수 있다.
주도권을 잡는 것을 두려워하지 마라.
당신이 아끼는 환상 중 일부를 견고하게 구축하고, 일부는 놓아버리라.
당신이 불행해지기 쉬운 사람이라고 믿지 마라.

▶ 건강
이들은 자신의 건강을 당연시하지 말아야 하고, 자신의 신체적인 강인함에 관해 지나치게 자신하게 되지 말아야만 합니다. 억눌려진 감정은 특히 이들의 복부 장기에 나쁜 효과를 보유할 수 있고, 따라서 정기검진은 좋은 발상입니다. 하지만 가장 중요한 것은 이들이 세상에 대한 실상적인 관점을 기반으로 하는 긍정적인 마음의 틀을 계발하는 것입니다. 이것은 부모에 의해 응석받이가 되는 것을 혹은 어린 시절에 충족되는 온갖 욕구를 갖지 않는 것을 확실히 선호하지 않는 하나의 탄생입니다. 이들은 일찍이 자신의 욕구와 원함을 충족시키기 위해 싸워야 한다면, 심리적으로 더 강해지고 질병에 덜 걸릴 것입니다. 음식 및 삶 일반 양쪽을 위해 활기찬 운동과 건강한 식욕은 젊은 나이에 계발되어야 하고, 이들이 여전히 생명적이고자 한다면, 그 식욕은 인생 후반부까지 계속되어야 합니다.

▶ 수비학
6일에 태어난 사람은 숫자 6 및 금성에 통치됩니다. 숫자 6에 통치되는 사람이 사랑과 찬양을 끌어들일 시 자석 같기 때문에, 또 금성이 사회적인 상호작용에 강하게 연계되므로, 9월 6일에 태어난 이들이 욕구하는 프라이버시와 은거를 얻는 것은 때때로 이들에게 고군분투일 수 있습니다. 금성에 대한 수성(처녀자리의 통치자)의 영향력은 이들에 의해 표출된 아름다움에 대한 좋은 취향과 이상주의, 사랑에 중점을 둡니다. 확실히 이들에게 해당하는 사랑은 숫자 6에 통치되는 사람의 삶에서 지배적인 테마가 자주 됩니다.

▶ 원형
사랑을 상징하는 '연인'인 여섯 번째 메이저 카드는 남성성과 여성성이라는 양극성의 통합을 통해 인간성의 모든 것을 하나로 묶는 최종 지점에 중점을 둡니다. 이 카드가 좋은 면에서는 높은 도덕적인, 미적인, 신체적인 차원의 애정과 욕망을 예시하고, 나쁜 면에서는 충족되지 않은 욕망, 감상성, 우유부단함을 위한 성벽을 예시합니다.

9월 7일
성공적인 탐구자의 날
Success Seekers

▶ 심리구조

9월 7일에 태어난 이들에 관해 그리고 이들의 끝없는 개인적인 성공 추구에 관해 소설은 쓰일 수 있습니다. 이들이 도중에 장애물을 맞닥뜨린다는 것은 실로 절제된 표현입니다. 인생길은 대체로 길며 어려움은 여러 겹이고 위태롭지만, 이런 결단적인 사람은 자신이 하려고 착수했던 것을 성취할 때까지, 설사 그것을 달성하는 것이 숨을 끊어지게 할지라도 포기하지 않을 것입니다.

세상이 이들을 이해하거나 알아보는 것이 빠르지 않지만, '자신의 의지력에 의한 순전한 세력' 혹은 '자신의 발상에 의한 상상적인 창조적 공세'를 통해 결국 이들은 사람들을 자신에게 포섭합니다. 정말 이상하게도, 어쩌면 어린 나이에 자신의 분야에서 더 쉽게 정상에 오르는 이들은 성공을 위해 고군분투하려는 자신의 욕구가 거부되는 느낌이 들지도 모릅니다. 이들 중 일부는 심지어 자신이 달성했던 온갖 것조차도 포기해버리고, 자신의 가족과 친구들이 경악할지라도 또 다른 추구를 처음부터 다시 시작할 수 있습니다.

왜냐하면, 이들의 마음을 사로잡는 것은 바로 목적으로서 성공이 아니라 성공을 성취하기 위한 전투이기 때문입니다. 이들은 자신의 계획을 따르는 것에 관한 한, 또 필요하다면 자신의 상대편이나 경쟁자, 비방자들을 타격하여 굴복시키는 것에 관한 한, 일관된 마음을 갖고 있습니다. 소멸시키려는 이들의 바램도 너무 현저하고, 자비를 베풀려는 이들의 경향성도 의심스럽기 때문에, 이들은 가장 기쁘게 하는 적으로 자신을 만들어내는 것은 아닙니다. 반면에 이들은 적어도 자신의 마음에 들려고 하는 사람들에게는 자신을 뛰어난 협업자와 친구로 만들어냅니다. 그렇게 하는 것은 공유된 대의명분이나 원칙의 세트에 대해 여전히 충직하기를 요구할지도 모릅니다.

기법적인 영역이나 고도로 전문적인 영역에서 작업하는 이들은 자신의 물질 전반에 걸쳐 완전히 마스터하게 될 때까지 쉬지 않을 것입니다. 이들은 자신의 작업에서 대단한 성실성을 과시합니다. 이끌어감이나 통치하는 것에 관여하는 이들은, 누가 대장인지 목표가 무엇인지에 관해 추호도 의심 없이 자신의 부하들이나 추종자, 직원들을 화합하고 매끄럽게 동작하는 단위로 융합시킬 것입니다. 가장으로서 이들은 대체로 자신의 자녀와 동무에게 지시와 영감을 제공하지만, 어떤 반항도 용인하지 않습니다. 실상적인 문제는 이들의 자녀가 청소년기에 도달했을 때 발생할 수 있습니다. 역설은 비록 이들은 자신의 자녀를 개체가 되어 스스로 생각하도록 훈련시킬지라도, 결과로 생기는 불가피한 마찰에 대한 취향을 거의 갖고 있지 않을지도 모른다는 점입니다.

이들은 자신이 조금 진정해서, 타인들과 책임감을 공유하고 팀과 어울리는 법을 체득한다면 훨씬 더 성공적일 것입니다. 이들이 우월적인 지위를 얻거나 잃는 것에 관해 덜 관련될수록, 이들은 더 잘하게 될 것이고, 그 귀결로 자신이 대표하는 그룹은 더 잘 하게 될 것입니다. 이들이 때로는 나이가 들면서 원숙해지지만 좀처럼 자신의 우월한 경쟁력을 잃지 않습니다. 어쩌면 이들에게 이상적인 삶은 자신의 바로 마지막 해에 성공을 성취하는 것일 것입니다. 그러나 만약 이들은 자신의 꿈이 위태로워진다고 느낀다면, 아니면 더 나쁘게는 실현되지 못한다고 느낀다면, 무엇도 그 무엇도 이들에게 마음의 평화를 가져다주지 못할 것입니다.

▶ 일간 특성
강점; 근면한, 목표 지향적인, 결단적인
약점; 과하게 경쟁적인, 둔감한, 용납하지 않는

▶ 명상
온갖 사건은 두 번 일어납니다.

▶ 조언
받아들이는 법을 당신의 가슴 속에서 찾아내라.
돈키호테처럼 풍차를 향해 달려드는 것이, 삶에 현존하는 전부는 아니다.
당신 자신을 즐기는 법을 체득하고, 그다음 타인들에게 그 선물을 전달하라.
당신 자신과 당신에게 가깝고 소중한 사람들에게 너무 혹독하게 되지 마라.
완강한 태도는 반란의 씨앗을 심는다.

▶ 건강
이들은 건강을 등한시하는 경향이 있어서 정기적인 신체검진을 받아야 합니다. 대체로 이들은 음식에 대한 강한 취향을 갖고 있기 때문에 가능한 한 일찍이 스스로 요리하는 법을 체득하는 것이 가장 좋습니다. 운동은 이들의 삶에서 최우선 순위를 차지하지 않지만, 팀 스포츠에의 도전은 신체적인 배출구를 제시합니다. 이들은 자주 자신의 행복을 유지하기 위해 적극적인 성생활을 욕구하는 관능주의자입니다.

▶ 수비학
7일에 태어난 사람은 숫자 7 및 해왕성에 통치됩니다. 해왕성이 비전, 꿈, 심령현상을 통치하는 물같은 행성이기 때문에, 9월 7일에 태어난 이들은 이런 불안정한 영향력에 마음을 열 것입니다. 수성(수성에 통치되는 처녀자리)적인 특성과 조합된 이 해왕성의 면은 선정주의를 향한 성향을 예시해줍니다. 그러므로 이들은 뿌리내리는 데 도움되지 않는 모든 심령 활동 및 오컬트 활동에 주의해야 합니다. 숫자 7에 통치되는 사람은 전통적으로 변화와 여행을 좋아하는데, 이것은 흥분을 위한 이들의 욕구와 호응합니다.

▶ 원형
일곱 번째 메이저 카드는 세상을 누비는 의기양양한 인물을 보여주면서, 역동적인 방식으로 자신의 신체적인 존재감을 구현하는 '전차'입니다. 그 카드는 올바른 길이 아무리 좁고 위태롭더라도 [그 행로를] 계속해야 한다는 의미로 해석될 수 있습니다. 이 카드의 좋은 면은 성공, 재능, 효율성을 배치해주고, 나쁜 면은 독재적인 태도와 서툰 방향 감각을 제안합니다.

9월 8일
헷갈리게 하는 순수주의자의 날
The Puzzling Purist

▶ 심리구조

9월 8일에 태어나 수수께끼 같은 이들은 절대 파악되기가 쉽지 않습니다. 이들이 자신만의 마음에서는 가게를 정화하고, 상황을 바로잡으며, 대체로 자신의 가족이나 사회, 국가 집단의 운명을 개선하는 데 관심을 둡니다. 하지만 만약 이들이 잘못된 길로 탈선한다면, 또 탈선할 때, 이들은 자신이 합리적이거나 책임지고 활동하고 있다는 절대적인 믿음을 유지할 가능성이 있습니다. 이들의 노력이 결국 좋은 것으로 드러나든 나쁜 것으로 드러나든 간에, 이들이 자신의 환경에 대단한 충격을 준다는 점을 부인하는 어떤 것도 현존하지 않습니다.

이들은 자신이 비밀적이 되는 경향이 전혀 없음에도 타인들에 의해 자주 비밀적이라고 오해받습니다. 하지만 이들은 자신이 하는 역할을 통해 생활방식이나 집단의 대변자가 되고, 아니면 심지어 상징조차도 또한 될 수 있습니다. 이들은 인생이라는 무대의 최고 연기자이지만, 즉 다양한 역을 연기하는 데 유능하지만, 마르쿠스 아우렐리우스가 명상록에서 조언했듯이, 대개 바로 하나의 역을 매우 잘 연기하는 것에 만족합니다.

이들 중 대다수는 세상을 흑과 백의 관점으로 보고, 그런 이유로 선과 악의 세력에 고도로 종속됩니다. 이들이 선택받는 역할은 자주 가족이나 국가, 정당, 교회의 적에 맞서는 신념의 보호자 역입니다. 이들 자신이 주요 적인 것으로 판명될 수 있다는 점이 얼마나 아이러니합니까! 그러므로 이들이 믿는 만큼 자신이 순수한지를 알아보기 위해 자신의 가치를 검토하는 데 이들이 시간을 들이는 것이야말로 극도로 중요합니다. 이들의 활동에서 뿌리 천성을 알도록, 또 이들의 행동에 의한 작용을 여전히 고도로 알아채도록 대단한 책임이 이들에게 양도됩니다.

이들은 자신의 마스터한 역할연기와 유머감각을 통해 타인들을 통제할 능력이 자주 있지만, 자신의 비중있는 진지함을 통해서도 또한 그렇게 합니다. 실로 이들은 누구에게도 좀처럼 가볍게 취급받지 않습니다. 이들 중 다수는 대단한 존경을 얻고, 선택된 소수는 숭배할 마음을 불어넣지만, 그 외 사람은 두려움을 심습니다. 부모나 동무, 연인으로 이들을 삼는 것은 본질적으로 꽤 도전적인 제의일지도 모릅니다. 이들은 믿지 못할 정도로 요구가 많고, 완강하며, 심지어는 압제적일 수도 있지만, 동시에 후원적이고 믿음직할 수도 있습니다. 헷갈리게 하는 모순덩어리인 이들은 적어도 자신에게 관련된 사람들을 호리고 있을 것입니다.

이들은 자신의 집단이 공적이든 사적이든 간에 바로 우두머리에 있는 것을 대체로 좋아합니다. 특히 정치가 이들에게 끌어들임을 유지할지도 모르고, 비록 이들이 사회적으로 활동적인 지도자의 역할을 취하지 않더라도, 이들은 대개 자신의 시대에서 중대한 이슈에 대한 두드러진 이해관계를 갖고 있습니다. 이런 주제에 대한 이들의 견해는 특히 관대하지 않을지도 모릅니다. 가장 자주 이들은 현상 유지를 옹호하는 것에 동의하고, (자신이 보기에) 모든 신중하지 못하거나 서서히 잠식하는 변화의 형식에 반대합니다. 이들은 그 자체로 사이좋게 지내기에 만만한 사람이 아닙니다. 하지만 이들은 타인들의 의견에 의존하지 않지만, 자신만의 코스를 확고히 고수하면서, 자신이 모두를 위해 최선인 것을 한다는 점을 자신의 가슴속에서는 알고 있습니다.

▶ 일간 특성
강점; 진지한, 역동적인, 실연해보이는
약점; 양보하지 않는, 권위주의적인, 오도된

▶ 명상
나는 누군가가 '삶은 대다수 회색 지대다'고 말하는 것을 들었습니다.

▶ 조언
당신의 발상은 타인들이 받아들이기 항상 쉬운 것은 아니다.
타인을 너무 심하게 밀어붙이지 말고, 타인이 숨을 좀 쉬게 하라.
당신 자신이 되려고 애써라.
위압적이거나 둔감해지는 성향을 주의하라.

▶ 건강
이들 중 대다수는 일반적으로 설득되기 힘들고, 자신의 건강을 보살피는 것에 관해서도 역시 고착된 발상을 갖고 있을지도 모릅니다. 이런 이유로, 이들은 자신이 무슨 실수를 만들었는지를 자기 자신을 위해 배워야 할지도 모르고, 창조한 것에 자신이 책임이 있는 어떤 질병이든 맞닥뜨릴지도 모릅니다. 비록 이들은 자신의 주위 사람들의 생각을 정화하는 것을 옳다고 믿지만, 자신만의 식단과 생활방식에 같은 기준을 반드시 적용하는 것은 아닙니다. 이들은 이미 스트레스, 심혈관 문제, 및 식이요법 관련 증상이 생기기 쉬우므로, 이들의 식단에서 해로운 물질을 제거하는 것에 대한 중요성은 아무리 강조해도 지나치지 않습니다. 성적인 분야에서 절제를 탐구하는 것과 감정적인 분야에서 따뜻하고 사랑스러운 관계를 탐구하는 것은 또한 최고로 중요합니다.

▶ 수비학
8일에 태어난 사람은 숫자 8 및 토성에 통치됩니다. 토성이 책임 및 '제한, 경계심, 숙명론의 의식'을 배치해주므로, 9월 8일에 태어난 이들의 보수적인 경향이 강조됩니다. 토성-수성(처녀자리의 통치자)의 연관성은 여기서 말하기와 생각의 진지한 힘을 부여해줍니다. 숫자 8에 통치되는 사람은 대체로 자신의 삶과 경력을 더디고 조심스럽게 구축해갑니다. 비록 이들의 가슴이 꽤 자주 따뜻할지라도, 숫자 8의 토성적인 영향력은 험상궂거나 쌀쌀맞은 외관 쪽으로 자주 만들어갑니다.

▶ 원형
여덟 번째 메이저 카드는 사나운 사자를 길들이는 우아한 여왕을 그려내는 '강인함이나 용기'입니다. 여왕은 반항적인 에너지를 마스터할 수 있는 여성 마법사를 상징하고, 신체적인 강인함뿐만 아니라 도덕적인 강인함을 표징합니다. 이 카드의 긍정적인 속성은 카리스마와 성공하려는 결단을 포함하고, 부정적인 자질은 무사안일과 권력남용을 포함합니다.

9월 9일
까다로운 요구의 날
Difficult Demand

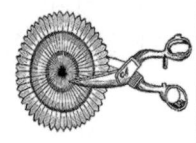

▶ 심리구조

9월 9일에 태어난 이들은 모든 종류의 요구가 많은 국면에, 즉 대개 숙명이 연출해낸 것보다 자신만의 난해한 천성이 연출해낸 더 많은 것에 반복해서 직면합니다. 만약 이들이 예외 없이 가장 어려운 길을 취하지 않고, 또 가장 저항이 적은 행로를 더 자주 취하는 법을 체득할 수 있다면, 이들은 훨씬 더 평화롭지만 어쩌면 덜 다사다난한 삶을 영위할 것입니다.

이들이 도전에 끌려든다는 어떤 의심도 현존하지 않습니다. 쉽게 지루해하는 이들은 그냥 편히 앉아서 해마다 똑같이 보상받기로 (혹은 보상받지 못하기로) 예견되는 상황을 겪는 것이 견딜 수 없음을 알아차립니다. 그 귀결로 이들은 자신이 관여하게 될 복잡한 사람들, 장소들, 상황들을 의식해서든 무의식에서든 살펴봅니다. 그런 욕망은 내부적인 갈망에서, 즉 이들이 아무리 성공적이었거나 운이 좋았을지라도 어쩐지 놓쳐버린 중요한 것이 현존한다는 느낌에서 커져갈지도 모릅니다. 실로 이들 중 다수는 이 놓쳐버린 요소를 어린 시절부터 탐색하려는 욕구를 느껴왔습니다.

이들 자신으로 하여금 (결국 자주 이들에게 부모의 역할을 하게 되는) 성별이 다른 특정 구성원에게 매우 매력적이게 만들어내는 것은 바로 이런 감정적인 복잡성입니다. 그러나 비록 이들은 그런 양육하는 형식이라는 사랑을 욕구할지라도, 여전히 독립적이고 의지적입니다. 일단 이들이 무언가를 하는 것을 확신하게 되었다면, 이들에게 그것을 하지 않도록 설득하기가 매우 어렵습니다. 하지만 내면성찰적인 이들은 자신만의 개인적인 과정에 얽매이게 되므로, 비록 자신이 실수를 만들었거나 잘못된 행로를 선택했던 때를 깨닫는 데 시간이 좀 걸릴지라도, 대개 그랬던 때를 깨닫게 될 것입니다. 하지만 이들의 약점 중 하나는 자신의 개인적인 문제를 확대하는 경향이 있고, 엉뚱한 곳에서 너무 손쉽게 도움을 탐구할지도 모른다는 점입니다.

이들은 매우 사적인 사람일 수 있지만, 대개 이들의 업무나 주된 이해관계는 이들이 사회와 교제하게 해줍니다. 이들은 대중의 취향이 무엇인지를, 또 그 취향이 어떻게 충족되는지를 감지하는 것 심지어 규정하는 것조차도 매우 능숙합니다. 여기서 이들은 우월한 수준에서 거래하든, 심지어 엘리트주의 수준에서까지 거래하든, 가장 낮은 공통분모에 맞춰주든, 아니면 어쩌면 적절한 지점을 찾아내든 간에 결정해야 할 것입니다. 여하튼 이들은 그 과정에서 많은 돈을 만들어내는 데 꽤 유능합니다.

이들 중 다수에게 삶은 자신의 두려움과 불안감에 대한 항상적인 전투일 수 있습니다. 정말 이상하게도, 그런 두려움은 놀랄 만큼 성공적이도록 이들을 몰아댈 수 있습니다. 이것은 도전이 이들에게 그런 강력한 촉발 효과를 갖고 있는 또 다른 이유입니다. 공포의 대상에 이끌리는 인격처럼 이들도 자신의 두려움을 극복해내는 만족감을 경험하기 위해 자주 자기 자신을 위험한 처지에 두어야 합니다. 하지만 이들은 자신의 주위 사람들이 쉽게 이해하거나 묵인되지 않는 자기-파괴적인 행동 쪽으로 자신을 부추길 수 있는 자신의 야생적인 면을 확실히 파악해야만 합니다.

▶ 일간 특성
강점; 분별력 있는, 도전 지향적인, 내면성찰적인
약점; 두려워하는, 불안한, 궁핍한

▶ 명상
짜증은 당신이 자기 자신에게 하는 어떤 것입니다.

▶ 조언
당신의 자기-신임을 구축하는 것은 큰 아이템이다. 성찰을 감안해보라. 그다음 당신의 실상적인 능력을 찾아내고, 그 능력에 따라 결단적으로 활동하라. 걱정과 두려움은 당신이 내버려두면 당신을 먹어치울 것이다. 당신만이 자기 자신을 붙들어 둡니다.
기쁘게 지내고 절대 절망하지 마라.

▶ 건강
이들은 소화관에 문제가 생기기 쉽습니다. 민감하고 쉽게 성질나는 이들은 스트레스의 낮은 문턱을 갖고 있고, 방해받을 때 위산과다의 형식으로 쉽게 자신의 위장에 화풀이할 수 있습니다. 이들 중 일부에게 식습관은 (감정적으로 뒤틀릴 때) 음식을 부인하는 것에서 (우울할 때) 폭식으로 널뜁니다. 이들은 자신 식생활의 균형을 잡는 법과 새로운 취향을 키우는 법도 또한 체득해야만 합니다. 이들은 진지한 체육인이 아니라면 경쟁적인 유형이 아닌 신체 운동에 정기적으로 참여하도록 자기 자신에게 강요해야 합니다. 잠을 잘 자려면, 이들은 침대, 침실, 수면 조건을 극도로 바람직하고 편안해지도록 만들어내는 데 약간의 생각, 자원, 에너지를 들여야 합니다.

▶ 수비학
9일에 태어난 사람은 숫자 9 및 화성에 통치됩니다. 숫자 9는 (이를테면 5+9=14, 4+1=5처럼 9를 더한 어떤 숫자도 그 숫자가 되고, 9×5=45, 4+5=9처럼 9를 곱한 어떤 숫자도 9가 되므로) 다른 숫자에 대한 영향이 강력하고, 9월 9일에 태어난 이들도 비슷하게 자신의 주위 사람들에게 영향을 끼칠 능력이 있습니다. 강압적이고 공격적인 화성은 남성적인 에너지를 체화해주지만, 수성에 통치되는 처녀자리를 위한 이 두 행성의 조합은 지나치게 논쟁적이거나 비판적인 성격으로 귀결될 수 있습니다.

▶ 원형
아홉 번째 메이저 카드는 대개 등불과 지팡이를 들고 걷는 것으로 그려지는 '은둔자'이고, 그는 명상, 고립, 침묵을 대변합니다. 그 카드는 확고해진 지혜와 궁극적인 단련도 또한 암시합니다. 은둔자는 양심에 동기를 부여해 타인들로 하여금 그들의 행로로 나아가게 해주는 임무 감독관입니다. 이 카드의 긍정적인 측면은 집요함, 목적, 심오함, 집중력이고, 부정적인 자질은 교조주의, 불관용, 불신, 만류를 포함합니다. 이들은 아마도 세상에서 물러나는 은둔자의 극단적인 방식을 피해야 하지만, 어쩌면 그의 긍정적인 자기 검토를 본받아야 합니다.

9월 10일
사적인 목표의 날
Private Goals

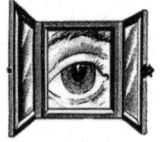

▶ 심리구조

9월 10일에 태어난 이들은 전통과 기원에 얽매이고, 실용적이고 주목할만한 태도로 이들 자신이 전통에 들어맞는 곳을 규정하고 있습니다. 이들은 가장 자주 행복하고 어쩌면 조용한 삶을 영위하지만, 사적인 야심을 마음에 품는 사람입니다. 자신이 하는 것에는 탁월하지만 자기 자신에게 과한 주목을 끌어당기지 않는 것이 이들의 스타일입니다. 비록 고도로 투신적일지라도, 이들은 자신의 경력을 핑계로 아무리 바빠도 자신의 가족을 위한 시간을 찾아낼 수 있고, 작업과 가정의 책임 사이에서 실로 균형을 맞추는 것이야말로 중대한 선-생각일 수 있습니다.

이들은 만약 성년기에 자신의 격정에 어울리는 활동을 청년기에 발견한다면 운이 좋습니다. 더 자주 이들은 삶의 바다에 표류하도록 발탁하는 자기 자신을 알아차리고, 그 후에야 [제대로 된] 직업을 선택하며, 영혼의 동무를 찾아내고, 자신의 캐릭터, 욕구, 원함에 적합한 가족 구조를 구축합니다. 좀처럼 자기 자신을 과소평가하지 않는 매우 실용적인 이들은, 고도로 균형 잡히고 바람직하게 안정된 사람으로 세상에 나타납니다. 모든 것을 한방에 갖고 있는 것으로 보이는 이들은, 장래의 어떤 동반자에게든 대단한 평화와 안전을 실로 제안할 수 있습니다.

하지만 이들은 남모르는 내면 삶을 영위하고, 자신의 격정은 그리 통제되지 않습니다. 이들은 모든 움직임을 계산하는 사람이 아니라, 오히려 주기적으로 자신의 주위 사건에 휩쓸려가는 사람입니다. 유별나고 흥미로운 사람들에게 끌려드는 이들은, 지속해서 자신이 살아있다고 느끼기 위해 지대한 촉발을 요구합니다. 이들은 비록 자주 보수적인 천성 속에 있을지라도, 색다르고 유별나게 되고자 하는 자신만의 욕구를 반영하는 가장 이상한 친구, 동반자, 동무에게 자연히 끌려듭니다. 이따금 이들도 또한 고도로 유별난 삶을 영위하려고 시도할 것이지만, 만약 자신이 그렇게 하려고 시도하면 심리적인 스트레스로 고통받을 수 있습니다.

그리고 스트레스를 감당하는 것은 이들에게 그리 쉽지 않습니다. 이들이 면밀히 조사되고 있는 요구가 많은 위치로 떠밀릴 때, 이들은 불안감을 경험할 수 있습니다. 이들은 성공을 확보하기 위해 무대 뒤에서 작업하면서, 주목의 초점이 되는 더 유별난 인격의 동무가 되기를 자주 선호합니다. 하지만 빠르든 늦든 이들은 자기 자신만의 삶에 집중해야만 한다는 점, 그리고 자신만의 두 발로 설 수 있을[자립할] 뿐만 아니라 자신의 회사나 가족, 동무가 아닌 자기 자신을 가장 중요한 독립체로서 규정할 정도로 용감해져야 한다는 점을 깨달을지도 모릅니다.

이들은 자기 자신으로 하여금 정체되도록 허용하지 말아야만 하고, 자신이 계발하고 성장할 수 있는 영역 내에 도달해서 더 흥미로운 영역을 늘 찾아내야 합니다. 만약 이들이 자신의 내면 삶에서 행복을 찾아낼 수 있다면, 자신의 주위 불안을 감당하도록 더 잘 갖춰질 것입니다. 세속적인 성공을 성취하는 것이 이들에게 좀처럼 본질적인 답이 아닌데, 이들은 더 이해하기 어렵고 심오한 어떤 것을 대개 탐색하고 있습니다.

▶ 일간 특성
강점; 유능한, 실용적인, 신뢰할만한
약점; 좌절감을 품는, 초조해하는, 흥분하기 쉬운

▶ 명상
의식은 자기 자신을 이해하는 데 유능한 유일한 인간의 재능입니다.

▶ 조언
당신 자신에 대해, 즉 당신의 욕구뿐만 아니라 당신의 원함에 대해 더 많이 주목해보라.
당신만의 행로를 따르고, 당신이 받아온 재능을 최대한으로 계발하라.
타인과 당신 자신을 너무 비정하게 판단하지 마라.
미래를 위한 더 넓은 가능성을 포함하도록 당신의 지평을 넓혀라.

▶ 건강
대개 이들은 자신에 관한 건강함에 대한 분별력을 갖고 다니지만, 그럼에도 남모르는 걱정과 경증질병을 숨길지도 모릅니다. 가장 자주 이들의 질환은 신경질적이거나 심리적인 천성에 속하고, 아니면 강한 심리적인 근거를 갖고 있습니다. 이들은 심지어 중압감 아래조차도 흔들림 없는 자신의 삶을 영위하는 한, 건강함 속에 있는 경향일 것입니다. 그러나 상황이 무너지기 시작하고 작동하는 데 실패하면, 이전에 숨겨진 온갖 종류의 어려움이 갑자기 등장할 수 있습니다. 단련시키는 운동 프로그램은 이들이 유지하기 힘겨울지도 모르지만, 그럼에도 이들은 시도해야 합니다. 이들은 체계화되어 균형 잡힌 식사를 하기 위한 시간도 또한 갖도록 해야 하고, 자신의 수면이 방해받지 않도록 조처해야 합니다.

▶ 수비학
10일에 태어난 사람은 숫자 1(1+0=1) 및 태양에 통치됩니다. 숫자 1에 통치되는 사람은 대체로 자신이 하는 것에서 첫째가 되는 것을 좋아합니다. 태양은 따뜻하고 잘 계발된 에고라는 이득 및 뚜렷하게 인간적이고 긍정적인 삶을 지향하는 이득을 부여해주는 경향이 있습니다. 처녀자리의 통치자인 수성의 영향력 때문에, 이들에게 소통과 신속한 정신 활동이 향상됩니다. 숫자 1에 통치되는 사람은 대다수 주제에 관해 개별적이고 명확하게 규정된 견해를 갖고 있고, 9월 10일에 태어난 이들은 사실 비판적이고 의심할 뿐만 아니라 극도로 완고할 수도 있습니다.

▶ 원형
열 번째 메이저 카드는 운명의 긍정적인 반전과 부정적인 반전을 모두 암시해 변화 외에는 영구적인 어떤 것도 현존하지 않음을 제안하는 '운명의 수레바퀴'입니다. 숫자 1과 10이 통치하는 이들은 기회를 붙잡는 것에 집중하는데, 실로 바른 순간에 활동하는 것이 이들의 성공에 열쇠입니다. 다시 말하지만, '운명의 수레바퀴'는 인생에서 어떤 성공도 어떤 실패도 영구적이지 않음을 가르쳐줍니다.

9월 11일
극적인 선택의 날
Dramatic Choice

▶ 심리구조

9월 11일에 태어난 이들의 삶은 자신이 만들어내도록 강요되는, 생명적이고 극적인 특정한 결정을 중심으로 대개 돌아갑니다. 이 결정은 이들이 아직 꽤 어릴 때, 어쩌면 16살 이전에 이들에게 떠맡겨질지도 모릅니다. 나중에 이들의 경력이나 사생활이 순조롭게 진행되고 있는 것으로 보일 때, 즉 이들이 자신의 행로에 잘 확립될 때, 이들은 자주 예상하지 못한 갈림길에 반복적으로 직면하게 될 것입니다. 자유에 대한 사회의 한계 속에서 효과적인 선택을 가져오는 힘이야말로 개인의 가장 대단한 권리일지도 모릅니다. 이 사실은 이들이 만들어내는 선택을 통해 대단한 권력을 행사하는 방법을 아는 이들에게 전혀 주목받지 못합니다.

이들이 타인들을 놀라게 하는 것을 즐긴다는 점을 부인하는 어떤 것도 현존하지 않습니다. 이들은 대담하게 위험을 무릅쓰는 것을 자랑으로 여기고, 나중에 자신의 위업을 상술하는 것도 또한 즐깁니다. 지루하고 속물적이며 평범한 온갖 것은, 생각과 행동에서 이들에게 거절당합니다. 하지만 동시에 이들은 따뜻하고 사랑스러운 가족 국면에서만 발견될 수 있는 일종의 안정에 대한 엄청난 욕구를 갖고 있습니다. 그 귀결로 '이들이 자신의 모습이라고 생각하기를 좋아하는 (고도로 비관습적인) 것'과 '아마 너무나도 자주 (고도로 관습적이) 될지도 모르는 자신의 모습' 사이에는 갈등이 현존합니다.

이 마지막 관점에서 이들은 극도로 도덕적이고 판단적일 수 있습니다. 역설적이게도, 이들은 한편으로는 자유로운 사랑을, 다른 한편으로는 동반자에 대한 절대적인 충성을 신봉할 수 있는데, 둘 사이에는 실상적인 모순이 없다고 봅니다. 이들은 다른 측면에서는 여전히 꽤 정숙한 체하는 동안, 대중 앞에서는 자신의 신체적인 특성도 또한 과시하는 것을 즐길지도 모릅니다. 성적인 해방은 이들의 삶에서 중요한 테마입니다.

정치적으로, 이들은 여성들과 소수 집단뿐만 아니라 모든 억압된 민족의 해방을 믿을 가능성이 있습니다. 이들은 대중을 향하는 권력자나 정치인에 의한 어떤 종류의 생색내는 태도를 경멸하고, 보살핌이나 감정의 모든 거짓된 과시에 분개합니다. 무엇보다도 이들은 속물근성을 싫어합니다. 이들에게 인간의 느낌은 신성하고, 절대 장난치거나 이용당해서는 안 됩니다.

하지만 이들 자신은 타인들에게 감정적으로 영향을 주는 데 꽤 능숙할 수 있고, 이런 점에서 당연히 배후 조종한다는 비난을 받을 수 있습니다. 확실히 이들은 어떤 수단을 써서라도 자신만의 방식을 얻기 위한 방법을 알고 있습니다. 대개 이들은 사실 그대로 자신의 대표적인 특징이 될 수 있는 논리적이고 직선적인 방법으로 자신의 사례를 제시하기 위해 예리한 재치를 사용합니다. 조직적인 재능을 갖춘 뛰어난 경영자인 이들은 몇마디 말로 자신의 하급자나 협업자에게 요구되는 것이 무엇인지를 충분히 명료하게 만들어낼 능력이 있습니다.

이들은 자녀에 대한 대단한 사랑을 갖고 있고, 자신을 (가족 부양에 대한 자신의 욕구에 동반하는) 뛰어난 부모로 만들어갈 수 있습니다. 하지만 이들이 때로는 자신의 판단에 너무 비판적이고 가혹하며, 다른 때는 너무 묵인하고 방임적인 이런 비일관성을 피해야만 합니다. 이들은 자기 자신으로 하여금 타인들의 느낌에 부주의하게 허용할 때 자신에게 최악입니다. 무엇보다도 이들은 자신의 감정 기복을 장악하기 위해 노력해야만 합니다.

▶ 일간 특성
강점; 자유분방한, 양육하는, 극적인
약점; 쉽게 지루해하는, 배후조종하는, 함부로 판단하는

▶ 명상
아플 때까지 웃고, 웃을 때까지 우십시오.

▶ 조언
당신 자신과 당신의 믿음을 너무 진지하게 취하지 마라.
더 용납하게 되라.
타인들로 하여금 그들이 하는 방식으로 활동하도록 만들어내는 것을 이해하려고 노력하라.
비밀적이 되는 것은 필요하지 않을지도 모른다.
당신의 타고난 재능을 계발하라.
과감히 실패를 무릅쓰라.

▶ 건강
이들은 특히 식사와 소화에 어려움이 생기기 쉽습니다. 이들 중 일부는 위와 장의 어려움을 피하고자 어떤 것이 최선의 식단인지를 파악하는 데 지대한 시간을 바칩니다. 식성이 까다로운 사람이지만, 그럼에도 이들은 자신이 좋아하는 음식을 마음껏 먹을 수 있습니다. 이런 점에서 이들은 설탕과 술을 각별히 유념해야만 합니다. 이들은 심리학적으로 양육하려는 엄청난 욕구를 갖고 있어서, 자주 애완동물이나 다른 친근한 동물을 향한 모든 종류의 사랑을 표현하는 것이 이들의 정신적인 웰빙에 대단히 중요할 것입니다. 운동은 이들에게 성미에 맞지 않을 수 있지만, 이들은 자신의 건강을 위해 운동의 중요성을 상기해야만 합니다. 더 좌식의 생활방식 쪽으로 이끌리는 것은 쇠약해지는 것으로 판명될지도 모릅니다.

▶ 수비학
11일에 태어난 사람은 숫자 2(1+1=2)와 11 그리고 달에 통치됩니다. 숫자 2에 통치되는 사람은 자신을 리더보다 좋은 협업자와 동반자로 자주 만들어내므로, 이것은 앞서 언급된 9월 11일의 질서 있고 관습적인 측면을 보완해줍니다. 달과 수성(처녀자리의 통치자)의 영향력은 상상적이고 재치 있는 자질을 더욱 향상해주고, 달은 강하게 반사적이고 수동적인 경향도 또한 전달해줄지도 모릅니다. 숫자 11은 (처녀자리의 정신적인 집중 및 세속성이 붙어가는) 신체적인 차원을 위한 느낌을 빌려줍니다.

▶ 원형
11번째 메이저 카드는 한 손에 저울을 들고, 다른 손에 검을 들고 의자에 차분히 앉아 있는 여인인 '정의'입니다. 그녀는 우리에게 우주의 질서를 상기시켜주고, 우리가 자신의 행로를 계속하는 한 우리의 삶에 균형과 조화가 유지되리라는 점을 상기시켜줍니다. 이 카드의 긍정적인 측면은 통합, 공정, 정직, 단련이고, 부정적인 측면은 낮은 주도권, 비인격성, 혁신의 두려움, 불만입니다.

9월 12일
두려움 없는 운동가의 날
The Fearless Crusader

심리구조

9월 12일에 태어난 이들은 쓰이고 말해진 단어 모두 문자 그대로의 의미에 관련됩니다. 이들은 단어뿐만 아니라 다층적인 유형의 언어와 소통에도 또한 관심을 둡니다. 이들은 주의를 기울이는 청중을 갖는 것을 대단히 즐긴다고 말할 수 있습니다. 이것은 이들이 자제력의 중요성을 이해하므로, 특히 심정을 토로하는 유형이라는 점을 시사하는 것은 아닙니다. 실로 이들 중 대다수는 사실상 조용하고 사적인 사람입니다. 명시적으로 활동적이고 열심히 일하는 이들은 자신이 매우 고도로 중시하는 말 대신, 자신의 활동으로 하여금 자신을 대변하게 하기를 때때로 선호합니다.

윤리적인 이슈는 이들에게 가장 대단히 중요하고, 이들 중 공적이거나 관리의 경력을 갖고 있는 사람은 조직이나 사회 집단의 활동을 정화하는 데뿐만 아니라, 비록 비관습적일지라도 그 집단을 어떻게든 원활하고 효율적인 방식으로 계속 운영하는 데도 또한 유능합니다. 진실이 결국 승리하리라고 확신하는, 모든 유형의 도전과 어려움에 이들은 필요하다면 두려움이 없이 용감히 맞설 것입니다. 이들에게 진실이 신입니다. 하지만 이들은 어떤 식으로도 꿈같은 이상주의자가 아니라 오히려 강인한 비판적인 사상가입니다. 이들에게 어떤 것을 믿도록 만들어내기가 매우 어렵습니다. 극도로 정직한 이들은 뇌물과 위세에도 또한 고도로 저항합니다. 이들은 대다수 언쟁에서 여전히 객관적이기를 선호하지만, 자신의 격정이 선동될 때 정의롭다고 자신이 믿는 편에 운명을 던질 것입니다.

이들은 연락되기가 항상 쉬운 것은 아닙니다. 이들은 작업장과 집 모두에서 자신과 말이 통하기 힘들어지도록 만들어내는 모든 종류의 방어 메커니즘으로 자기 자신을 둘러싸면서 숨어버리는 경향이 있습니다. 하지만 이들은 자신이 집중을 위해 고립을 욕구하므로 이런 경향이 필요하고, 자신의 정신적인 균형을 유지하는 것이 이들에게 최고로 중요한 것에 속한다고 느낄지도 모릅니다. 이들은 프라이버시에 대한 자신의 욕구가 위태로워진다면, 스트레스받고 심지어 몰락에까지 직면하기 쉬울 수 있습니다.

비록 자신의 생각과 프로젝트가 확장적일지라도 이들은 맹목적인 낙관주의자가 되기에는 너무 실용적이고 실상적입니다. 과욕의 모든 형식인 히스테리적인 행동과 허풍을 경멸하는 이들에게 퍼진 강하게 조정된 특색이, 심지어 냉소적인 특색까지 현존합니다. 이들은 사람들이 자기 자신을 자연스럽게 드러내고, 단순히 사실 그대로를 말해야 한다고 믿습니다. 반면에 이들은 자신만의 언어에 상당히 적확한 반어법과 담백한 유머로 흥을 돋우는 것을 사랑합니다. 이들은 특히 범죄적인 지하세계와 더 높은 정치 사회적인 계층에서 모든 종류의 적으로 자신을 만들어내는 것을 조심해야만 합니다.

이들이 성공하기 위한 열쇠는 자신의 정신적인 면과 신체적인 면의 균형을 맞추는 자신의 능력, 그리고 자신의 신경질적이고 비판적인 에너지를 활용하는 자신의 능력, 꼭 필요한 휴식기간을 위해 자신의 활동적인 삶에서 주기적으로 어떻게든 물러나는 자신의 능력에 놓여 있습니다. 가까운 친구, 가족 및 영구적인 연인을 포함해 의미있는 사생활을 구조화하는 것은, 이런 동적인 사람들에게 어렵지만, 도전적인 임무일 것입니다. 만약 세상이 제안하는 행복이 자신의 것이 되려면, 이들은 의미있게 나누고 타협하는 방법을 체득해야만 합니다.

▶ 일간 특성
강점; 고결한, 재치 있는, 두려움 없는
약점; 메마른, 냉소적인, 마음이 닫힌

▶ 명상
내면세계와 외부 세상 사이의 채널은 여전히 개방적일 수 있습니다.

▶ 조언
당신 자신을 위해 품위 있는 개인 생활을 계발시키도록 노력하라.
만약 당신이 더 오래 살고 싶다면 일 중독성 경향을 절제하라.
당신이 지킬 수 없는 약속을 만들어내거나 당신의 힘에 겨운 일을 하려고 하지 마라.
단지 당신이 사랑받는 사람들에 대한 배려만을 위해서라도 당신의 건강을 지켜보라.

▶ 건강
이들은 자신의 심혈관계와 소화기관을 포함하여 스트레스에 관련된 문제가 생기기 쉬우므로, 흡연과 심한 음주는 가능하면 피하거나 제거되어야 합니다. 모든 종류의 뜨겁고 매운 음식은 엄격하게 절제해서 먹어야 하고, 때때로 자극적이지 않은 식단, 어쩌면 자연식이나 채식이 도움될지도 모릅니다. 이들에게는 신체 운동이 좀처럼 인기 있는 아이템이 아니므로, 최소한의 요구 사항으로 매일 산책하는 것이 권장됩니다. 쇠약하게 하는 좌식의 직무는 결국 이들에게 만성적인 신체적인 경증질병을 연출할 수 있다는 점이 주목되어야만 합니다. 친밀함과 인간적인 따뜻함은, 이들이 너무나 절실히 욕구하는 느긋해짐과 잠자는 것을 돕는데 생명처럼 중요합니다.

▶ 수비학
12일에 태어난 사람은 숫자 3(2+1=3) 및 확장적인 행성인 목성에 통치됩니다. 숫자 3에 통치되는 사람은 빈번히 자신의 분야에서 최고 위치에 오릅니다. 이들은 또한 독재적일 수 있고, 이들 중 더 지배적인 인격은 이것을 주의해야만 합니다. 숫자 3에 통치되는 사람은 독립적이 되는 것을 좋아하고, 그래서 9월 12일에 태어난 이들은 더 대단한 자유를 위해 권위의 위치를 내어놓도록 부추기는 느낌이 들지도 모릅니다. 이들은 타인들을 유도하는 것에도 또한 다만 질릴 수 있습니다. 숫자 3의 목성적인 자질은 이들에게 이들의 전망과 노력에 고도로 긍정적이고, 확장적이며, 낙관적인 태도를 빌려주고, 수성(처녀자리의 통치자)과 조합할 시 통합과 명예를 부여해줍니다.

▶ 원형
12번째 메이저 카드는 자신의 묶인 발로 거꾸로 매달려 있는 '매달린 사람'입니다. 비록 그런 처지가 무력해 보이지만, 그럼에도 '매달린 사람'은 영적으로 강력하고 깊이 심사숙고합니다. 이 카드의 긍정적인 속성은 단순히 인간이 되는 것뿐만 아니라 한계를 알아보고 극복하는 것이고, 부정적인 측면은 영적인 근시안과 한정성입니다.

9월 13일
격정적인 돌봄의 날
Passionate Care

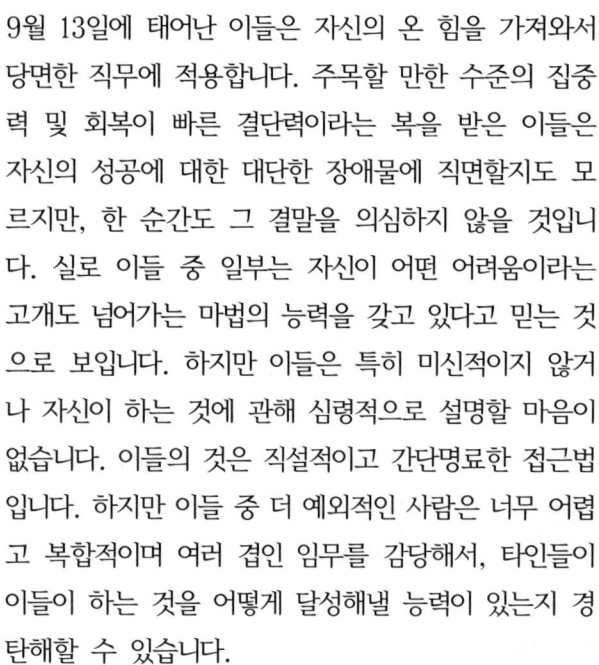

▶ 심리구조

9월 13일에 태어난 이들은 자신의 온 힘을 가져와서 당면한 직무에 적용합니다. 주목할 만한 수준의 집중력 및 회복이 빠른 결단력이라는 복을 받은 이들은 자신의 성공에 대한 대단한 장애물에 직면할지도 모르지만, 한 순간도 그 결말을 의심하지 않을 것입니다. 실로 이들 중 일부는 자신이 어떤 어려움이라는 고개도 넘어가는 마법의 능력을 갖고 있다고 믿는 것으로 보입니다. 하지만 이들은 특히 미신적이지 않거나 자신이 하는 것에 관해 심령적으로 설명할 마음이 없습니다. 이들의 것은 직설적이고 간단명료한 접근법입니다. 하지만 이들 중 더 예외적인 사람은 너무 어렵고 복합적이며 여러 겹인 임무를 감당해서, 타인들이 이들이 하는 것을 어떻게 달성해낼 능력이 있는지 경탄해할 수 있습니다.

이들은 자주 특정 발상과 대의를 강하게 후원하지만, 자신이 궤도에서 약간 벗어났다는 점을 나중에 깨닫습니다. 하지만 이들의 진심과 투신 덕에, 이들은 타인들에게, 심지어 이들을 열렬히 반대하고 이들이 하고 있는 것이 해롭다고 느끼는 사람들에게조차도 존중을 얻어냅니다. 이들은 자신 삶의 특정 시점에 극적으로 방향을 바꾸어서 새로운 지평을 향해 단번에 출발할지도 모릅니다. 하지만 일단 이 행로에 올라서면 이들은 쓰린 (또는 행복한) 것이 끝날 때까지 그 행로를 계속할 것입니다. 비록 과도하게 내는 성질을 유발하고 싶지 않은 이들이 당분간 외교를 위해 제자리걸음을 할지도 모르지만, 이들이 어떤 것에 관해 일단 마음을 만들어냈다면, 누구도 이들을 만류할 수 없습니다.

이들은 자신만의 가족이나 사업 집단 속에서 꽤 압제적이고 완강할 수 있습니다. 대체로 이들은 다른 어떤 것보다도 자신의 경력이나 작업 그룹의 이해관계를 우선시합니다. 그 귀결로 이들의 가족은 주목의 부족으로 고통을 겪을지도 모릅니다. 이들이 무책임한 것은 아니지만(꽤 책임지는 것이 참이지만), 가족과 친구들이 물리적으로 괜찮거나 적어도 기능할 능력이 있다는 점을 자신이 아는 한, 이들은 자신만의 길을 가는 것에 거리낌이 없을 것입니다.

이들은 자기 자신 속의 특정 무자비한 특색을 주의해야만 합니다. 이것은 이들이 이면의 동기를 숨기는 것, 공정하지 않은 행동에 참여하는 것, 아니면 심지어 지나치게 경쟁하는 것까지 유죄임을 시사하는 것은 아닙니다. 이들이 자신의 프로젝트, 자신의 비전 및 자신이 비범한 수준으로 하고 있는 것에 대한 자신의 공헌에 의해 자신이 휩쓸릴 수 있고, 또 가책이 거의 혹은 전혀 없이 타협하기 위한 결정을 만들어내거나 다른 관여를 완전히 밀어낼 수 있다는 점은 당연합니다.

비록 이들이 의지와 정신 집중의 영역에서 고도로 계발되어 있지만, 이들은 만족되어야만 하는 격렬한 신체적인 몰아댐도 또한 갖고 있습니다. 이들은 이들의 모든 기벽이 붙어가는, 이들을 완전히 수용하는 데 유능한, 이해심 있는 동무나 동반자와 자신의 삶을 공유하려는 대단한 생물학적인 욕구를 갖고 있습니다. 이들은 이런 타인에게 잘 봉사하는 데도 또한 유능하지만, 헌신과 자신만의 개인적인 욕구 사이에서 찢어질지도 모릅니다. 별거나 이혼, 동무의 죽음 후, 예외 없이 이들(특히 여성들)은 대단한 에너지를 갖고 혼자서 독립할 것이지만, 자신의 원래 동반자와 공유하는 작업도 또한 계속할지도 모릅니다.

▶ 일간 특성
강점; 격렬한, 헌신적인, 참아내는
약점; 궤도에서 벗어난, 마음이 무뎌진, 못 알아채는

▶ 명상
달리는 것은 땅에 장단을 맞추는 발이 동반되는 일종의 멜로디 비행입니다.

▶ 조언
당신의 주위 사람들의 욕구에 민감해져라.
당신의 영적인 자기를 등한시하지 말고, 당신의 감정적인 면을 억압되도록 허용하지 마라.
어려운 행로를 선택하려는 당신의 성향과 싸우라.
어느 정도의 타협을 기대하지만, 궁극적인 목표가 관련된 곳은 타협을 기대하지 마라.

▶ 건강
이들은 대체로 높은 에너지, 추진력 및 건강함이라는 복을 받을 것입니다. 이들은 마음이 욕구하지 않고 몸이 사용할 수 없는 것은 무엇이든지 간단히 태워 없애버리는 경향이 있습니다. 하지만 심지어 이런 강력한 사람들조차 병에 걸릴 수 있습니다. 이들은 특히 당뇨병이나 암 같은 자신이 유발한 특성뿐만 아니라 유전적인 특성을 갖고 있는 스트레스 관련 경증 증상과 질병에 주의해야만 합니다. 이들은 모든 종류의 발암 물질을 피하고 음식, 각성제 및 자신의 환경에 관한 한, 가능한 한 명료하고 단출한 생활방식을 유지하는 편이 온당할 것입니다. 만약 이들이 완전히 느긋해지고, 취미를 추구하며, 어쩌면 친구 및 가족과 함께 운동할 수 있다면, 이들의 수명은 연장될 것입니다. 그렇지 않으면 이들은 자신의 작업에 대한 격렬한 집중력과 투신 탓에 간단히 소진될지도 모릅니다.

▶ 수비학
13일에 태어난 사람은 숫자 4(1+3=4)와 13 그리고 불규칙하고 폭발적인 영향력을 갖고 있는 천왕성에 통치됩니다. 이들이 대개 공상이나 아니면 실상에서 그런 원대한 활동에 관여하므로, 이들은 자신의 논리적인 행성인 수성(처녀자리)의 본능을 사용하면서, 이들 자신의 천왕성적인 부분을 통제 아래 유지하는 법을 체득해야 합니다. 천왕성은 9월 13일에 태어난 이들의 다소 극단적인 행동을 보강해주면서, 변화와 비관습적인 행동에도 또한 관련됩니다. 비록 많은 사람이 숫자 13을 불운하다고 여기지만, 오히려 숫자 13은 그 힘을 현명하게 사용하거나 자기-파괴의 위험을 감수한 것에 대한 책임감을 정말 운반해주는 강력한 숫자입니다.

▶ 원형
13번째 메이저 카드는 타로에서 가장 오해를 받는 카드인 '죽음'인데, 죽음이라는 것은 문자 그대로 받아들여지는 경우가 좀처럼 없지만, 변태하는 식으로 한계를 넘어서 성장하기 위해 과거를 놓아버리는 것을 암시합니다. 이 카드와 숫자 4는 모두 이들이 만류, 환멸, 비관, 침울함에 대해 경계해야만 함을 제안합니다.

9월 14일

지각력 있는 비판의 날
The Perceptive Critic

▶ **심리구조**

9월 14일에 태어난 이들은 자신이 사는 사회에 매우 많이 관련됩니다. 자신의 나라 및 시대의 옹호자이자 비평가인 이들은 자신이 보기에 인간의 조건을 개량할 수 있는 중요한 프로젝트에 지적으로 관여하게 될 뿐만 아니라 적극적으로 관여하게 되는 것도 또한 필요하다고 느낄지도 모릅니다. 이들의 역할은 진실에 대한 사람들의 눈을 열어주는 것이고, 이런 측면에서 그들에게 봉사하는 것입니다.

이들 중 보이는 것을 지향하는 사람은 자신이 보는 것을 쉽게 이해되는 용어로 묘사할 능력이 있습니다. 타인의 작업을 판별할 때, 이들의 기본적인 전제는 '세상에서 가장 큰 방은 개선을 위한 여지이다'는 점입니다. 따라서 이들은 특정 측면이 개량될지도 모르는 방법에 대해 구체적인 소견을 만들어내는 것에 관해 부끄러워하지 않습니다. 하지만 때때로 이들은 다소 가르치려 들고, 자신만의 관점에 상충되는 관점에 폐쇄적일 수 있습니다.

가족 구성원으로서 이들은 대체로 충실하고 의무를 다하지만, 또한 일상생활을 평가할 시 고도로 비판적입니다. 이들에게는 실연해보이는 것이 중요하고, 세상의 모든 말하기가 집안 문제를 효율적인 방식으로 보살피려는 기본적인 욕구를 대신해주지 않을 것입니다. 이런 점에서 이들은 대개 동거하는 사람이 적극적인 역할을 맡기를 고집할 것이고, 혼자서 그 모든 역할을 함으로써 자기 자신을 좀처럼 희생시키지 않을 것입니다. 이들의 문제는 즉시 행해져야 할 것을 알아보는 이들은 타인들이 똑같이 빨리 활동하지 않는다면 자주 점차 조급해진다는 점입니다.

효율성은 이들에게 중요한 아이템입니다. 이들은 혼돈과 방치에 대한 혐오를 갖고 있고, 그 혐오는 적어도 이들의 사고방식 속에 있는 혼란을 치워버리고 미진한 부분을 정리하도록 이들에게 강제합니다. 만일 이들이 정신적인 선-생각 때문에 자신의 주위 상황을 얼마간 슬쩍 넘겨버리더라도, 이들은 반드시 그 상황을 적절한 순서로 보살핍니다. 일정, 계획 및 '약속시간을 지키는 것에 대한 고집'은 대개 이들을 특징짓습니다.

이들은 대다수 온갖 주제에 대해 의견을 갖고 있는 것으로 보입니다. 하지만 대개 진지하게 토론할 시, 이들은 자신의 논평을 자신이 가장 잘 아는 것에, 특히 자신의 전문 영역 안에 제한할 정도로 현명합니다. 따라서 이들은 자신이 사실상 알고 있는 것보다 훨씬 더 많이 알고 있는 체하는 피상적이고 말 많은 유형을 경멸하고, 그런 사람들을 향해 꽤 적대적일 수 있습니다. 사실 이들의 일반적인 지적 공격성은 문제를 자신에게 때때로 창조하고, 타인들에게 창조할 수 있습니다.

물리적으로 편안함을 사랑하는 이들은 정기적인 일상의 습관에 매우 많이 속박될 수 있습니다. 이들은 강한 세속적인 평형력으로 자신의 정신적인 지향에 균형을 잡으려고 욕구하면서, 음식 섹스 잠을 막대하게 즐깁니다. 자기 자신을 부정하고, 그다음에 [자포자기식으로] 폭식하는 것보다 심미적인 삶에 정기적으로 참가하는 것에 의해, 이들은 자신의 원대한 프로젝트를 완성하는 데 매우 필수인 장기간의 규칙적인 작업이라는 안정성을 보장하게 됩니다.

▶ 일간 특성
강점; 관찰력이 예리한, 효과적인, 효율적인
약점; 비판적인, 까다로운, 조급해하는

▶ 명상
오이디푸스는 눈이 멀었을 때 시력을 잃었지만, 동시에 통찰력을 얻었습니다.

▶ 조언
때때로 당신의 의견을 당신 자신만 간직하라. 그 의견이 항상 인정받는 것은 아니다.
무대 뒤에서 작업하는 법을 체득하라.
당신이 타인들을 밀어붙일 때 원망을 불러오는 것에 주의하라. 상황이 그 자체만의 좋을 때 일어나도록 내버려두라.
아무도 지식을 독점하지 못한다.

▶ 건강
이들은 자신의 몸을 보살피고 싶을 만큼 그 몸에 관해 대개 마음씁니다. 자신의 식단을 조절하는 것 및 운동에서 마사지까지 신체적으로 활동하는 것에 개방적일 이들은 그 개방성에 동반된 심미적인 즐거움 및 제공된 웰빙 감각이 현존하는 한 그렇습니다. 팀 스포츠나 테니스, 스쿼시 같은 경쟁적인 일대일 활동이 여기서 특히 권고됩니다. 정신을 지향하는 이들에게는 정기적으로 넉넉하게 수면을 취하는 것이 필수적이지만, 다층적인 종류의 섹스와 관능적인 접촉에 대한 이들의 욕구도 또한 무시되지 말아야 합니다. 사랑을 받고서 표현할 능력이 있는 것은, 이들의 정신적인 기관을 안정된 상태로 지속시키는 데 놀라운 역할을 할 것입니다. 이들은 요리 영역에서 뛰어날 가능성이 있으므로, 요리하도록 또 음식에 대한 이해관계를 취하도록 부추겨집니다.

▶ 수비학
14일에 태어난 사람은 숫자 5(1+4=5) 및 수성에 통치됩니다. 처녀자리도 또한 수성에 통치되므로, 수성은 9월 14일에 태어난 이들의 고조된 자질인, 생각과 변화의 빠름을 대변합니다. 그 귀결로 이들은 특별히 너무 지적으로 요구가 많은 것을 주의해야 하고, 화제와 방향을 바꿀 시 자신만큼 타인들도 빠르기를 기대하는 것을 주의해야 합니다. 숫자 5에 통치되는 사람이 삶에서 어떤 역경이나 함정을 맞닥뜨리든지 이들은 대개 빨리 회복됩니다.

▶ 원형
14번째 메이저 카드는 '극기'입니다. 보이는 모습은 우리를 보호해주고, 우리를 안정된 상태로 지속시켜주는 수호천사입니다. 그 카드는 에고적인 과도함의 모든 형식에 대해 경계합니다. 긍정적으로 보면, '극기'는 새로운 진실이 터득되어서 누군가의 삶에 편입되도록 하기 위해 격정을 수정합니다. '극기'가 수동성과 비효율이라는 부정적인 특성을 예시할지도 모르기 때문에, 이들은 유행에 저항하고, 가능하다면 자신만의 스타일, 기법, 사유체계를 확립하려고 노력하며, 확신을 갖고 그것을 고수해야만 합니다.

9월 15일
마스터하기의 날
Mastery

▶ 심리구조

9월 15일에 태어난 이들은 소박하든 확장적이든 간에 세상에서 자기 자신을 위한 영역을 개척한 다음, 그 가능성을 최대한 탐험하는 경향이 있습니다. 이들은 전문화되고 철저하며, 동시에 중대한 노선과 큰 그림을 알아채는 비범한 능력을 갖고 있습니다. 전문가의 역할을 수행하든, 예술가의 역할을 수행하든, 부모의 역할을 수행하든, 블루칼라의 역할을 수행하든 간에 이들은 스트레스를 받거나 내몰리지 않고 자신이 하는 것에 대한 마스터를 탐구합니다. 실로 이들의 '마스터하기'는 처녀자리에 매우 자주 결부된 일종의 양보하지 않는 완벽주의라기보다 일종의 상냥하고 유연한 통제력입니다.

이들은 자신의 청소년기에 그리고 심지어 30살가량까지 수줍어하고 내성적인 사람인 것처럼 보일지도 모르지만, 그 기간이 끝난 후에는 예의 주시하라! 이들은 결국에는 드러날 숨겨진 야심을 자주 갖고 있습니다. 시간은 대개 이들의 편인데, 이는 이들이 수년을 기다리면서 어느 날 큰 움직임을 보이려고 참을성 있게 자신의 재능을 연마하거나, 정보를 수집하고, 자신의 발상을 계발할 수 있기 때문입니다.

비록 이들이 삶의 충만함을 가슴으로 즐기는 끓어오르는 성격에 자주 소유당하지만, 그럼에도 비밀주의는 이들의 특징입니다. 특정 시점에 이들은 친척, 지기, 심지어 자신의 동무에게조차도 자신이 하는 것을 숨기기를 바라고, 다른 때는 그것을 친밀하고 뻔뻔하게 공유할지도 모릅니다. 가장 자주 이런 비밀주의는 타인들의 눈에 특정 이미지를 유지하는 것과 연관되어 있습니다. 이를테면 이들이 감정적인 상처나 부상을 갖고 다닐 때, 이들은 그것이 자신의 사회적인 상호작용에 영향을 주게 하기보다는 사적으로 그것에 대해 공들이기를 바랄지도 모릅니다.

이들 중 대다수는 돈을 벌려는, 자주 많은 돈을 벌려는 명료한 욕망을 표출합니다. 하지만 목적으로 부(富)라는 것은 이들에게 동기를 주는 무엇이 아니라, 그 부에 결부된 성공에 대한 인정입니다. 이들은 대체로 자신의 노력에 대한 보상을 받고 자신이 마땅히 받아야 할 것을 지불받기를 바라는 것에 관해 개의치 않습니다. 삶에 대한 충만함, 지위에 대한 존중 및 '사회에서 자유롭게 기능하려는 능력'은 이들의 삶에서 중심까지는 아니더라도 중요한 위치를 차지합니다.

물질주의는 형식의 다층성 면에서 명료하게 이들에게 대단히 매력적입니다. 이들 중 더 고도로 진화된 사람은 단순히 인간적이고 친절함을 유지하는 것에 의해, 또 자신이 충분함을 갖고 있는 때를 알아보는 것에 의해 세속적인 것과 영적인 것의 효과적인 결혼을 가져다줄 능력이 있습니다. 결국, 균형을 잡고 의미 있는 삶을 살기 위해 이들은 일부 방어태세를 벗어버리고, 자신의 이상주의적인 면을 보존하고 키우며, 영적인 영향력이 있는 사람에게 여전히 마음을 열려고 욕구할지도 모릅니다. 이들 중 성장하는 데 실패한 사람은 사치, 안락함, '식욕, 성욕이라는 신체적인 쾌락'에 점점 더 끌려들게 되지만, 더 원칙적인 사람은 여전히 생산적이고 충족감을 알아차릴 가능성이 있습니다.

▶ 일간 특성
강점; 확장적인, 동기가 부여되는
약점; 물질주의적인, 지나치게 야심적인

▶ 명상
당신 자신을 위해 가장 좋은 것을 원하는 용기를 갖고 있으십시오.

▶ 조언
당신의 주요 윤리적인 구조물을 온전하게 유지하라, 그 구조물이 없다면 당신은 바람에 날려가는 나뭇잎이다.
당신의 참을성과 기다리는 능력은 당신으로 하여금 기나긴 여정을 걷게 할 것이다.
금전적인 보상을 [받기] 위해 타협하기를 거부하라.
당신의 신체적인 욕망을 장악하라, 주객[본말]이 전도되지 않게 하라.

▶ 건강
이들은 삶에 대한 이들의 욕구가 너무 대단해서, 자신의 몸무게에 관해 특히 주의해야 합니다. 체중 증가가 붙어가는, 심혈관계와 소화기 계통뿐만 아니라 췌장과 쓸개에도 반갑지 않은 스트레스가 올 수 있습니다. 재앙을 피하기 위해 지방과 순수 설탕 섭취는 제한되어야만 하고, 술과 약물에 대한 어떠한 과잉 탐닉도 즉시 줄여야 합니다. 일반적으로 이들은 관능적인 촉발에 대한 지나친 욕망을 다스리려고 노력해야 합니다. 이들의 에너지는 에어로빅, 조깅 및 요구가 많은 경쟁적인 스포츠를 포함하는 활기찬 신체 운동에 쓰이기 좋습니다.

▶ 수비학
15일에 태어난 사람은 숫자 6(1+5=6) 및 금성에 통치됩니다. 숫자 6에 통치되는 사람은 카리스마적인 경향이 있고 심지어 타인들에게 숭배할 마음마저 불어넣습니다. 게다가 금성이 모든 것에 아름다움과 조화에 대한 사랑을 빌려주므로, 9월 15일에 태어난 이들은 일이 적합하게 펼쳐지지 않을 때, 난처하게 되고 당황하게 될지도 모릅니다. 수성(처녀자리의 통치자)과 금성의 연관성은 좋은 취향과 미적인 부추김을 빌려주지만, 속물주의와 엘리트주의의 위험도 또한 제시합니다.

▶ 원형
15번째 메이저 카드인 '악마'는 성적인 끌어들임, 불합리성, 격정이 관련된 곳에서 역동적으로 작용하는 두려움/욕망을 예시합니다. '악마'는 물질적인 편안함과 돈에 대한 우리의 필요성을 통해 우리를 노예로 삼고, 안전을 붙잡는 우리의 기반 천성을 대변하며, 우리의 남성적/여성적인 천성에 실존해서 화해되지 않는 차이를 통해 우리를 통제합니다. 이 카드의 긍정적인 면은 모두 성적인 끌어들임이고, 격정적인 욕망의 표현입니다. 그러나 그 카드는 비록 우리가 몸에 속박되어 있을지라도, 우리의 영(靈)은 자유롭게 날아오름을 우리에게 상기시켜줍니다.

9월 16일
활기찬 에너지의 날
Spirited Energies

▶ 심리구조

9월 16일에 태어난 이들은 패배나 경계선을 인정하지 않는 불굴의 영을 표출합니다. 어떤 주어진 영역에서도 이미 이루어진 것을 추월해서 넘어서려는 이들의 열망은 대단합니다. 하지만 이들은 에고주의자나 무모한 명성 사냥꾼이 아니라, 자신의 기예에 대한 기법적인 세부사항을 마스터할 정도로 참아냅니다. 이들의 감정적인 에너지는 매우 강하고, 이들이 자기 자신을 표현하는 것은 바로 가슴에서 우러나오는 것입니다. 하지만 이들은 심지어 자신이 존중을 갖기 전에 멈춰 기다리기까지 해야만 하는 특정 경계선을 넘어버리는 것을 주의해야만 합니다.

이들은 [비난을 무릅쓰면서] 솔직하게 말하는 것을 두려워하지 않습니다. 포화 아래에서 취하는 이들의 용맹함과 확고부동함은 걸출한 자질입니다. 그러나 이들이 대립에서 좀처럼 퇴각하지 않기 때문에, 이들은 자주 자신이 속한 사회의 당국이나 권력에 상충할지도 모릅니다. 게다가 천성적으로 위험을 무릅쓰는 사람인 이들은 스릴 자체를 위해 순수하게 스릴을 탐구하려는 유혹에 굴복하는 것을 주의해야만 합니다. 어느 시점에서 이들은 자신의 반항심을 조금 억제해야 할지도 모릅니다.

이들의 스타일을 구속하는 것은 실수일 수 있습니다. 이들의 영은 매우 역동적이어서 억압받지 않을 것입니다. 어린 시절 이들을 단련시키는 것, 즉 그 아이의 영을 꺾으려고 시도하는 것은 성공하지 못할 것이고, 관련된 모두에게 가장 확실하게 나쁜 귀결을 가져올 것입니다. 오히려, 이해심 있는 부모는 이 영을 그 자신만의 추동력에 대한 창조적인 방향으로 움직이도록 양육하고 인도해야 합니다. '지시와 조언', '강요하기와 이끌기', '만들어내기와 허용해주기', '말해주기와 제안하기' 등의 사이에서 항상 신중한 선이 그어져야만 합니다.

이들은 삶에 대한 열의로 가득 차 있습니다. 이들의 경쟁적인 천성은 현저하지만, 이들의 타고난 공정성은 대개 공정하지 않은 거래나 '어떤 대가를 치르더라도 승리'라는 태도를 배제합니다. 하지만 협력이 이들의 강점이 아니어서, 이들은 대체로 좋은 팀 협동자가 되는 방법을 체득해야 합니다. 시간이 지나면서 경험은 대개 이 협력이라는 점에서 이들에게 많은 것을 가르쳐주고, 따라서 이들은 실상적인 리더의 자질을 계발합니다. 성숙해진 후 자신의 지식을 자신하게 되는 이들은 대단한 열의로 그 지식을 타인들에게 전달하므로, 뛰어난 교사가 될지도 모릅니다. 하지만 이들은 자신의 학생에 대한 더 대단한 개인적인 이해관계를 취해야 하고, 그들의 느낌에 더 민감해져야 할지도 모릅니다.

이들 중 일부에게 꿈과 공상에 휩쓸리는 것은 문제가 될 수 있지만, 이들 중 대다수는 바램과 정신적인 요술을 가시적인 결과로 구현합니다. 실로 자신이 하고 있는 것을 유효하게 하려는 이들의 추진력은 두드러지게 강하고, 이들은 자신의 작업에 대한 존중을 요구하는 경향이 있습니다.

▶ 일간 특성
강점; 가슴이 넓은, 용기있는, 정직한
약점; 자극중심적인, 반항적인, 파괴적인

▶ 명상
용이 항상 죽어야 하는 것은 아닙니다. 때로는 용과 친구가 될 수 있습니다.

▶ 조언
당신의 엄청난 에너지를 올바른 방향으로 인도하는 법을 체득하라.
지속해서 목표를 지켜보라.
이해하지 못하는 사람들에게 설명하려고 노력하라.
너무 자주 극단적이거나 재앙을 자초하려고 하지 마라, 삶의 더 평범한 측면들과 여전히 접촉하라.

▶ 건강
이들은 사고, 특히 스포츠 부상, 자동차 사고, 등반 사고, 수영 사고, 비행 사고에 주의해야만 합니다. 한계를 알아보는 것이 중요 아이템입니다. 이들의 확장적인 천성 때문에 이들은 여전히 심리적인, 감정적인, 영적인 균형을 잡는 것이 가장 중요합니다. 이들의 식단은 이런 균형을 반영해야 하고, 곡물 채소 과일 육류 유제품의 비율이 맞추어져야 합니다. 채식 식단뿐만 아니라 자연식 식단도 또한 탐사될 수 있습니다. 지나치게 양(陽)적인 (고기 같은) 음식과 음(陰)적인 (설탕 같은) 음식은 조정되어야 합니다. 강한 성적인 몰아댐이 이들에게 대개 동반하고, 이 몰아댐은 과도하게 초과하지 않으면서 충족되어야 합니다.

▶ 수비학
16일에 태어난 사람은 숫자 7(1+6=7) 그리고 꿈과 공상이라는 물같은 행성인 해왕성에 통치됩니다. 숫자 7에 통치되는 사람은 때때로 자신의 발상을 끝까지 해내는 데 실패하고, 실상에서 쉽게 동떨어질 수 있습니다. 9월 16일에 태어난 이들은 (처녀자리에 대한 수성의 통치에 의해 강조되는) 모든 종류의 프로젝트를 생각해내는 성향을 갖고 있으므로, 이들은 자신의 계획을 실현할 정도로 단련되어야만 합니다. 숫자 7에 통치되는 사람은 재정적인 소문에 경계심을 던져버리고, 가족들을 재정적으로 난처한 채로 내버려둘 수 있습니다. 따라서 좋은 회계사나 회계담당자는 이들에게 매우 소중합니다.

▶ 원형
16번째 메이저 카드는 어떤 버전에선 왕이 벼락을 맞은 탑에서 떨어지는 것을 보여주고, 이 탑을 건설한 사람이 머리에 타격을 입고서 죽고 있는 것을 보여주는 '탑'입니다. '탑'은 물리적인 구조의 무상성뿐만 아니라 우리 삶에서 주어지는 관계나 소명의 무상성도 또한 상징합니다. 그 카드의 긍정적인 요소는 재앙을 극복해 그 도전에 직면하는 것을 포함합니다. 반대로, '탑'은 부당하게 높은 자리에 오르는 것, 누군가가 조작한 손길에 파괴될 위험을 무릅쓰는 것, 특히 이들에게는 적절한 공상적인 기획이라는 유혹에 굴복하는 것에 대해 경계합니다.

9월 17일
참아냄의 날
Perseverance

▶ 심리구조

9월 17일 태어난 이들은 창조적이든 아니든 간에 목표를 성취할 시 참아내는 것으로 유명합니다. 비록 (참는 방식을 좋아하는 것으로 보이는) 이들에게 수년이 걸릴지도 모르지만, 이들은 경력을 구축해서 상당한 위상에 도달하는 데 유능할 뿐만 아니라, 한동안 어떻게든 그 정상에 머무는 데도 또한 유능합니다. 이들은 설득되기가 어렵고, 또 억눌러지기가 훨씬 더 어려운 거물입니다. 일단 이들의 코스가 목표를 향해 설정되면, 아무리 보잘것없거나 높을지라도 이들은 실제로 제지되지 않습니다. 비록 이들은 매우 열의적일 수 있을지라도, 대다수의 경우 높은 진지함과 공헌은 이들이 하는 온갖 것을 실용적으로 물들입니다.

장애물에 직면해서 그 장애물을 극복하는 것은 이들에게 당연한 코스입니다. 이들은 번개 같은 일격으로 맞상대를 격파하지 않고, 오히려 사정없이 가하는 압력으로 반대자를 약화시키는 전형적인 사람입니다. 이와 똑같은 압력 아래에서도 매우 잘 운용하는 이들 자신은 비판적인 국면에서 좀처럼 신경과민이 되기 쉽지 않거나 자기-신임이 치명적으로 부족해지기가 쉽지 않습니다. 이들은 결국 어렵고 시험받는 시기에 실연해보이도록 의지될 수 있게 됩니다.

비록 이들이 창조적일 수 있지만, 이들 중 대다수는 신체적으로 강인하고, 감탄할 정도로 완고하며, 좌뇌로 논리적으로 생각하는 사람인데, 그 귀결로 자신의 생각들을 체계화하는 이들은 만약 A가 참이라면 B는 필연적으로 따라야만 한다고 추론합니다. 이들은 정의를 위한 강한 느낌 및 언쟁에 대한 공정한 해결법을 갖고 있고, 공정하게 대우받기를 주장할 뿐만 아니라 자신의 업적을 인정받는 것도 또한 고집할 것입니다. 놀랄 것도 없이 이들은 자신을 뛰어난 변호사나 중재자로 만들어낼 수 있습니다.

이들은 비록 자신이 실존 체제를 개선하려는 점진적인 변화를 위해 작업할지도 모르지만, 대체로 현상 유지를 선호합니다. 심지어 이들 중 가장 급진적인 사람조차도 결국 기득권에서 자신의 입지를 찾아낼 것입니다. 어쩌면 이런 점은 '구조', '융통성 없는 표현' 및 '무질서와 무권위에 대한 반감'에 따른 이들의 느낌 때문입니다. 이들은 생명체와 민속 전통의 보존을 중시하는 환경보호론자의 편에서 자주 발견될 수 있습니다.

자신의 보수주의에도 불구하고 이들은 자신을 동료들에게서 구별하도록 설정해주는 이상한 유머 감각을 갖고 있습니다. 이들은 기이한 방식으로 가장 평범한 일을 하는 데 유능합니다. 대개 이들은 보이는 것만큼 진지하지 않고, 느긋한 단체에 있다면 많이 재미있을 수 있습니다. 하지만 이들은 자발적으로 자기 자신의 이런 측면을 드러내지 않고, 그래서 특히 이들과 함께 작업하는 사람들은 그 면을 절대 보지 못할 수 있습니다.

이들은 타인들에게 인상을 주기 위해 혹은 충격을 주기 위해, 타인들을 끌어들이기 위해 애써 힘든 길을 좀처럼 가지 않습니다. 고도로 자족적인 이들은 예측불허의 인간적인 즉흥성과 느낌에 자신을 취약하게 해버릴 수도 있는 일종의 아첨이나 감싸주기를 거의 갖고 있지 않습니다. 이들에게 감정은 심각한 대상이고, 주저함 없이 바로 표현되는 것이 아니고, 그러므로 이들이 '나는 당신을 사랑합니다'고 말할 때 그 말은 일부 싸인을 운반해줍니다.

▶ 일간 특성
강점; 끈덕진, 끈기 있는 기죽지 않는
약점; 보수적인, 고착된, 과중한

▶ 명상
손은 지도이고, 가슴은 안내인입니다.

▶ 조언
타인을 판단하는 것은 당신의 가장 나쁜 습관일지도 모르는데, 더 흔쾌히 받아들이려고 노력하라.
재미있게 보내기 위한 시간을 만들어내되, 엉뚱함과 우스꽝스러움은 두려워할 아무것도 없다.
방해되지 않게 비켜서서 타인들로 하여금 겪어내게 하라.

▶ 건강
이들은 자주 살이 찌는 성향을 갖고 있기 때문에, 좌식 직업을 갖고 있든 역동적인 직업을 갖고 있든 간에 꽤 몹시 힘든 신체 운동에 참여해야 합니다. 특히 이들이 심혈관 질환을 피하고 싶다면, 지방과 과도한 단백질을 축소하는 것은 이들의 건강에 생명적입니다. 이들은 영구적인 사랑 관계에서 자신의 성적인 욕구를 충족시킬 때 가장 잘합니다. 가능하면 언제든지 이들은 신체적이고 감정적인 대립을 피해야 합니다.

▶ 수비학
17일에 태어난 사람은 숫자 8(1+7=8) 및 토성에 통치됩니다. 토성은 제한과 한정의 강한 느낌을 운반해주고, 판단적인 측면을 예시해주는 경향도 또한 있습니다. 숫자 8은 물질세계와 영적세계 사이의 갈등을 제안하는데, 숫자 8에 통치되는 사람은 외로울 수 있고, 또한 극단적으로 탐닉하기 쉽습니다. 토성과 수성(처녀자리의 통치자)이 조합된 영향력은 9월 17일에 태어난 이들의 진지한 면에 중점을 둡니다.

▶ 원형
17번째 메이저 카드는 별 아래 벌거벗은 아름다운 소녀가 한 항아리로 메마른 대지에 신선한 물을 쏟아붓고, 다른 항아리로 연못의 고인 물을 되살리는 모습을 보여주는 '별'입니다. 그녀는 세속적인 삶의 영광을 대변하지만, 그 삶에 대한 물질적인 노예화도 또한 대변합니다. 그녀 머리 위의 별들은 영적인 세계가 있음을 영원히 상기시켜줍니다. 그래서 이들은 항상 과도한 신체 중심주의(땅 싸인의 처녀자리)를 주의해야 하고, 삶의 더 높은 목표를 절대 잊지 말아야 합니다. 타인들을 향해 친절을 키우는 것은 이런 점에서 중요한 교훈입니다.

9월 18일
내부적인 신비의 날
Internal Mystery

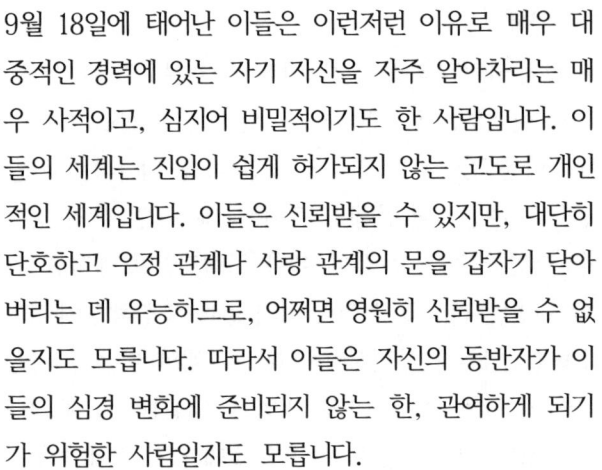

▶ 심리구조

9월 18일에 태어난 이들은 이런저런 이유로 매우 대중적인 경력에 있는 자기 자신을 자주 알아차리는 매우 사적이고, 심지어 비밀적이기도 한 사람입니다. 이들의 세계는 진입이 쉽게 허가되지 않는 고도로 개인적인 세계입니다. 이들은 신뢰받을 수 있지만, 대단히 단호하고 우정 관계나 사랑 관계의 문을 갑자기 닫아버리는 데 유능하므로, 어쩌면 영원히 신뢰받을 수 없을지도 모릅니다. 따라서 이들은 자신의 동반자가 이들의 심경 변화에 준비되지 않는 한, 관여하게 되기가 위험한 사람일지도 모릅니다.

이들은 엄청난 성공에 도달하는 데 유능하지만, 똑같이 반복되는 실패와 선명한 불운 탓에 괴롭힘도 받을 수 있습니다. 아름다움이라는 테마는 이들의 삶에서 중심입니다. 이들은 불화, 폭력 혹은 쓰린 경쟁의 어떤 종류에도 고도로 민감하고, 이런 것을 오히려 피해버릴 것입니다. 사실 많은 스트레스를 감당하는 데 유능하지 못한 이들은, 자주 눈길을 끌거나 매력적인 자신의 겉모습에도 불구하고 최고 수준의 자기-신임이라는 복도 또한 받지 못할 수 있습니다.

하지만 복잡한 문제에 직면할 때, 이들은 기본적으로 상황을 파악하기를 즐기므로 그런 도전에 잘 대응합니다. 이들은 그 복잡한 문제를 실상적으로 정말 이해하기를 원하고, 그 문제를 이해하기 위해 사적으로 자신의 내부적인 탐사를 수행할 수 있을 정도로, 자주 자기 자신을 세상에서 격리하거나 고립시킵니다. 심사숙고하고, 되새기며, 깊이있는 사람인 이들은 삶을 매우 진지하게, 어쩌면 너무 진지하게 받아들입니다.

이들 중 대다수는 개인적인 계발에서 실현되든, 미적인 표현에서 실현되든, 사회적인 상호작용에서 실현되든 간에 숭배나 믿음에 특별한 관계를 갖고 있습니다. 자신의 헌신적인 천성 때문에 이들은 자신만의 에고를 가라앉히는 것뿐만 아니라 중단되지 않는 집중과 주목도 또한 요구하는 연구와 생활방식이 온당합니다. 자신의 정서에 대한 억제는 감정적인 어려움을 창조할 수 있지만, 이들로 하여금 고도로 매력적이게 만들어내는, 자신에 관한 신비한 분위기도 또한 연출할지도 모릅니다. 누구든 이들에게 접근할 때와 이들을 홀로 남겨둘 때를 알아야만 합니다. 대다수 타인보다 오히려 이들과 관계할 시 성공은, 이런 타이밍에 민감한 동무의 능력에 좌우될 것입니다.

이들은 자주 지리적으로 아니면 감정적으로 자신이 원래 살던 집에서 멀리 떨어져서 발견되고, 이들 중 일부는 자신의 과거를 상기하지 않기를 선호합니다. 일반적으로 이들은 지나간 것을 뒤로하고, 이미 결말 지어진 이슈나 실패된 관계를 좀처럼 재개하지 않습니다.

▶ 일간 특성
강점; 심사숙고하는, 진지한, 미적인
약점; 고립되는, 곤란해지는, 부정적인

▶ 명상
우주에는 온갖 것이 살아있습니다.

▶ 조언
더 참아내는 법을 체득하라.
충돌이 때로는 필요하다.
당신의 몸이 당신에게 말하고 있는 바를 이해하려고 노력하되, 신체적인 증상을 무시하지 마라.
당신의 신비적인 천성이 빛을 차단하고 있을지도 모른다.
[너무 진지해지기보다] 밝아지라.

▶ 건강
이들은 때때로 심각한 사고나 수술에서 비롯되는 만성적인 질병이 생기기 쉬울 수 있습니다. 취약한 영역은 복강, 생식기관, 신장, 부신 등을 포함합니다. 자신이 건강문제로 시달릴 때, 이들은 꽤 냉철해져서 건강문제와 함께 살아가는 법을 체득할 수 있습니다. 하지만 이들은 긍정적이고 테라피적인 방식으로 부작용과 대결하는 데 더 적극적이 되어야 합니다. 음식과 섹스 둘 모두에 관계된 갈망은 과잉 탐닉을 의미하든 과소 탐닉을 의미하든 신경증에 대한 표현이 되지 말아야만 합니다. 이들은 자신의 에너지가 균형을 잃을 때 특히 자기 자신에게 파괴적일 수 있고, 그러므로 침술, 지압술, 요가에서 이득을 얻을지도 모릅니다.

▶ 수비학
18일에 태어난 사람은 숫자 9(1+8=9) 및 화성에 통치됩니다. 화성이 수성(처녀자리의 통치자)의 영향력과 조합할 때, 이 조합은 빠른 마음뿐만 아니라 외교적이지 않고 심지어 수완조차도 없는 성향도 또한 부여해줍니다. 9월 18일에 태어난 이들은 폭발하는 기질을 조심하고, 타인을 느닷없이 거절하는 것도 또한 조심해야 합니다. 이런 충동을 통제하고, 긍정적인 화성-수성(에너지적-정신적)의 자질을 활용하는 이들의 능력은 오직 긍정적인 결과만을 낳을 수 있습니다. 숫자 9는 이들에게 생존 기술도 또한 빌려줍니다.

▶ 원형
18번째 메이저 카드는 일차적으로 꿈, 감정, 무의식의 세계를 나타내는 달입니다. 긍정적인 속성에는 민감성, 공감, 감정적인 이해가 포함됩니다. 부정적인 특성에는 감정적인 우유부단함, 수동성, 자아 결핍이 포함됩니다.

9월 19일
멋진 겉모습의 날
Fine Appearance

▶ 심리구조

9월 19일에 태어난 이들은 사물의 겉모습에 매우 많이 관련됩니다. 이들에게는 자신만의 물질적인 겉모습뿐만 아니라 자신의 집과 주위환경, 가족의 겉모습도 또한 중요합니다. 자신의 재정적인 신분과 상관없이 이들은 대개 자신의 주위 온갖 사람을 원만하게 운영되는 하나의 단위로 조직할 능력이 있는, 매우 질서 있고 심지어 강박적이기도 한 인격입니다.

이들은 다양한 형식으로 아름다움에 홀리게 되지만, 특히 심미적인 물질적 아름다움에 매료됩니다. 자신만의 옷과 차림새는 가장 자주 깔끔하고, 만약 이들이 방치해버리거나 헝클어진 것처럼 보이려고 선택한다면, 이들은 마치 의복을 입는 것처럼 그 모습이 타인들에게 끼치는 충격을 완전히 자각하면서 그렇게 합니다. 이들은 옷과 취향에서 일반적으로 자신이 속한 사회의 가치를 채택하지만, 만약 주목을 끌기를 바라면 이들은 더 두드러진 모습으로 차려입는 데도 또한 유능합니다. 하지만 이들의 겉모습이 아무리 파격적이든, 혹은 그 모습이 용인된 규범에 어떤 어긋남이 있든 간에, 취향에 대한 자각은 항상 존재합니다.

이들 중 피상적이라고 분류되는 일부는 자신이 외적인 겉모습에 관련되는 만큼 마땅히 피상적이라고 분류될지도 모릅니다. 하지만 이들 중 더 고도로 진화된 사람은 외모에 관련되는 바로 그만큼 내적인 아름다움, 즉 영적인 아름다움에도 관련됩니다. 이들 중 대다수는 '세속적인 쾌감을 쉽게 즐기는 것'과 '더 오래 영속하나 더 얻기 어려운 삶의 성취' 사이에서 괴로워하는, 중간 어딘가에 있는 자기 자신을 알아차립니다.

이들이 가장 중요한 것을 고수하면서, 자기 자신으로 하여금 인생이라는 지나가는 쇼의 진가를 알아볼 수 있도록 허용하는 것이야말로 열쇠입니다. 이것을 할 능력이 있는 이들은 그 과정에서 자기 자신을 잃어버림이 없이 자신의 매력적인 힘, 스타일 감각, 물질적인 소유물에서 즐거움을 얻을 수 있습니다. 반면에, 이들 중 이런 중심적인 이슈를 풀어낼 수 없는 사람은 자신의 삶에 대한 불만족이 점차 커져서, 이들이 한때 매우 매력적임을 알아차렸던 아름다움의 구현에 덜 반해버릴지도 모릅니다. 자기 계발이라는 진화적인 사다리를 올라가기 위해서, 이들은 소유물, 고상한 주위환경, 심지어 이들 자신이 세심히 공들여서 만들어낸 이미지조차도 거절하는 형국을 겪어나갈지도 모릅니다.

'경제적인 빈곤' 및/혹은 '생계유지를 위한 매일의 전투'를 경험해온 이들은 대체로 보잘것없는 출발을 뒤로 하고 사회적인 사다리를 밟아 오르려는 대단한 결단을 표출합니다. 그렇게 함으로써 이들은 자주 그 과정에서 자기 자신을 탈바꿈시킵니다. 실로 이들 중 조용하거나 틀어박히고, 물욕이 없는 사람은 몇 년 안에 성공적이고, 공격적이며, 자신하는 사회적인 존재로 꽃을 피울 수 있습니다. 하지만 이들은 자신이 지금까지 전진하면서 자신의 과거에서 동떨어지고, 한때 자신에게 그토록 소중한 사람들을 잊어버리는 것을 주의해야만 합니다. 자신의 뿌리와 의미 있는 교제를 유지하는 것은, 이들의 심리적인 웰빙에 중요합니다.

▶ 일간 특성
강점; 세련된, 고상한, 조직적인
약점; 유행을 쫓는, 강박적인, 물질주의적인

▶ 명상
좀 더 깊게 파라.

▶ 조언
당신 자신에게 참되라.
당신의 뿌리를 잊지 마라.
모든 물질적인 집착의 형식에 주의하라.
영적인 목표를 탐구하고, 그 목표에 도달했다고 해서 그것을 저버리지 마라.
충직과 감정적인 깊이를 키우라.

▶ 건강
이들은 대체로 자신의 피부, 머리카락 및 신체적인 청결에 주의를 기울입니다. 만약 이들은 자신이 최상의 모습으로 보이기를 바란다면, 자신의 피부에 탄력 있는 겉모습을 주기 위해 비누나 화장품이 엄격하게 알레르기를 일으키지 않는 것 및 건강한 지방을 충분히 섭취하는 것이 중요합니다. 게다가 필요하다면, 손톱, 치아, 머리카락을 위해 철분뿐만 아니라 레시틴, 보충 칼슘, 셀레늄이 권장됩니다. 따라서 포괄적인 풍부한 식단이 권장되지만, 지방과 단백질은 허용 가능한 수준에서 점검되어야 합니다. 스트레스를 피하는 것이 피로가 풀린 겉모습을 위해 필수적인 것처럼, 규칙적인 충분한 숙면도 필수적입니다.

▶ 수비학
19일에 태어난 사람은 숫자 1(1+9=10, 1+0=1) 및 태양에 통치됩니다. 숫자 1에 통치되어 첫째가 되는 것을 좋아하는 사람은 야심적이고, 구속을 싫어하는 경향이 있습니다. 이들이 수성과 금성 양쪽의 영향력을 받는 처녀자리-천칭자리 중첩의 첫날인 9월 19일에 태어나는 사실 때문에, 세상을 밝게 빛내주고, 이들의 정신적인 에너지를 활용하여 아름다운 상황을 연출해내는 강한 공세가 이들의 삶에 필연적으로 현존합니다.

▶ 원형
19번째 메이저 카드는 '태양'입니다. 그 태양은 모든 메이저 카드 중 가장 호의적인 카드로 여겨질 수 있고, 지식, 생명력, 행운을 상징합니다. 하지만 이 카드는 자만심, 허영심, 거짓된 겉모습이라는 부정적인 특성을 제안합니다. 앞에서 언급되듯이, 이들은 겉모습에 고도로 관련되므로, 어떤 종류의 피상성과 허위를 피해야만 합니다.

9월 20일
관리자의 날
The Managers

▶ 심리구조

9월 20일에 태어난 이들은 거의 모든 국면을 관리하는 자신의 능력을 확신합니다. 이들은 자신 그룹의 이해관계에 대단히 관련되고, 자신이 관여하는 프로젝트의 조화로운 운영을 확실히 하기 위해 가능한 모든 수단을 동원할 것입니다. 이들 중 일부 여성들에게 이것은 가족에 대한 투신과 가정에 대한 중시를 의미할 수 있고, 그 외의 여성들에게는 자신의 사회조직이나 사업조직의 응집력을 의미할 수 있습니다. 이들 중 남성들에게 이것은 이들이 부하보다 길벗으로 더 떠올리기를 좋아하는 자신의 가족에 대한 지침을 의미하고, 이들이 직장에서 사업 협력자와 친구들에게 제안할 수 있는 조언을 의미할지도 모릅니다.

이들은 재정적으로 바싹 다잡아 운영해가는 것이 많은 이득을 보장할 수 있다는 점을 알고 있고, 그 귀결로 돈을 버는 것뿐만 아니라 (특히 이들이 자주 다른 무엇보다 소중히 여기는 자신 집의 아름다움에 관한 한) 좋은 제품을 구매하고 기민하게 투자하는 것에도 능숙해지는 경향이 있습니다.

상황이 잘못될 때, 이들은 바로잡거나 치료할 수 있는 자신의 수용력에 대해 대단한 신념을 갖고 있습니다. 이들에게 치유라는 것은 기도부터 전통 예술과 마사지에 이르기까지 다양한 수단을 사용해서, 다툼을 수습하는 것부터 사랑받는 사람이 잘 지내도록 사실상 돕는 것까지 어떤 것이든 의미할지도 모릅니다. 이런 점에서 이들은 무모하게 덤비지 않도록 조심하고, 자신의 권능이 실제의 자신보다 더 대단하다고 믿게 되지 않도록 조심해야만 하고, 그런 믿음은 자기 자신뿐만 아니라 가까운 사람들에게도 위험한 귀결을 보유할 수 있습니다.

이들은 대개 건전한 판단력을 표출하지만, 어떤 주어진 국면의 진실을 알아보기 위한 자신의 능력이 관련되는, 지나친 자신감 혹은 맹목성도 또한 피해야만 합니다. 중대한 점은 이들이 실수를 만들었다는 점을 인정하는 데 유능한지, 또 실수해오면서 자신의 방도와 관점을 바로잡는 데 유능한지 여부입니다. 이들 중 자신의 실책(자주 큰 실책)을 통해 배워서 새롭게 시작할 수 있는 사람은 위상이 엄청나게 성장할 것입니다. 이들 중 그렇게 할 수 없는 사람은, 자신만이 만들어낸 것의 대다수를 알아채지 못하는 반복되는 어려움에 맞닥뜨릴 운명이지만, 자신의 판단에 대한 건전성에 관해 변함없이 확신합니다. 심지어 그런 이들조차도 언젠가는 자신이 거짓된 실존, 즉 환상을 살아왔다는 점을 인정해야 할 것입니다.

이들은 특히 사랑 문제에 관한 한, 자신의 감정으로 하여금 주체할 수 없도록 자주 허용합니다. 타자에 대한 격정에 사로잡힌 이들은 경계심을 던져버려서, 결국 관여하는 모두에게 대단한 슬픔을 유발할 수 있습니다. 하지만 이들이 참을성과 자제력 모두를 발휘할 능력이 있다면, 이들은 보상받을 가능성이 훨씬 더 있습니다. 이들에게 가장 좋은 동무는 비슷한 이해관계를 공유하고, 어쩌면 심지어 노력의 분야조차도 같은 사람들입니다. 이들이 자신의 동무들과 함께 작업 동반자가 되어 벤처 사업이나 연구 프로젝트, 예술적인 노력에서 그들과 함께 성공을 성취하는 것은 전혀 드물지 않습니다.

▶ 일간 특성
강점; 조직적인, 기민한, 관찰력이 예리한
약점; 지나치게 자신하는, 지나치게 감정적인, 과장된

▶ 명상
자기 자신이 살아있음을 눈치채십시오.

▶ 조언
당신만의 실수에서 [수모라 생각하지 말고] 배워라.
당신의 방도가 작동하든 아니든 그 결과를 검토하고, 그 방도를 세밀하게 점검하라.
필요한 경우 주저하지 말고 코스를 바꾸라.
당신의 감정을 조금 더 방어적으로 유지해서 참을성의 가치를 배우라.

▶ 건강
이들은 대체로 자신 몸의 신체적인 상태뿐만 아니라 자신의 상대적인 아름다움에 대해서도 알아챕니다. 그 귀결로 이들은 자신의 건강 및 멋진 외모를 유지하는 것일 시 신체 운동과 식단의 중요성을 기억해내려고 욕구하지 않습니다. 하지만 이들은 매력적인 외관이라는 외적인 목표에 지나치게 초점을 맞추는 것에 주의해야만 합니다. 이런 점에서 이들은 유행하는 식단 및 활기차되 위험한 형식의 과도한 운동에 너무 열광하면서, 심지어 때때로 자신의 건강조차도 위태롭게 할지도 모릅니다. 이들은 특히 호르몬 불균형이 관련된 모든 감정적인 경증질병에 주의해야만 합니다.

▶ 수비학
20일에 태어난 사람은 숫자 2(2+0=2) 및 달에 통치됩니다. 숫자 2에 통치되는 사람은 보통 신사숙녀적이고 상상적이며, 타인들이 비판하거나 주목하지 않는 것에 쉽게 상처받습니다. 숫자 2에 통치되는 사람은 인상에 좌우되고 감정적이지만, 9월 20일에 태어난 이들은 (수성에 통치되는) 처녀자리이기 때문에, 이따금 자신의 정신력에 너무 많은 신념을 둘 수 있습니다. 하지만 처녀자리-천칭자리의 중첩이 (접근하는 천칭자리가 금성에 통치되므로) 강한 사회적인 영향력과 사랑의 영향력을 운반해주고, 따라서 지나친 정신 지향은 본질적으로 이들의 캐릭터에 대한 마침맞은 표현이 아닙니다.

▶ 원형
20번째 메이저 카드는 물질적인 측면을 뒤로하고, 더 높은 영성을 탐구하도록 부추기는 '심판이나 일깨움'입니다. 이 메시지는 이들에게 심미적인 아름다움과 물질적인 편안함을 넘어서 보는 도전을 상징할지도 모릅니다. 그 카드는 어쩌면 더 대단한 목적을 우리에게 명하는 팡파르인 나팔을 부는 천사를 보여줍니다. 이것은 새로운 날이 밝아지고 있을 뿐만 아니라 어느 날 응보가 현존하리라는 점도 또한 암시하면서, 종말 및 그것에 대해 준비하는 우리의 필요성을 상기시켜줍니다. 이 카드가 표현한 경고, 특히 이들에게 해당하는 경고는 과신하는 것 및 흥분해서 비실상적이 되는 것입니다.

9월 21일
최신의 취향의 날
Current Taste

▶ 심리구조

9월 21일에 태어난 이들은 자신만의 동아리 속에 자신을 설정할 시 아니면 자신을 관찰할 시, 그 시대의 우세한 사회적인 취향에 매우 많이 관련됩니다. 이들 중 대다수는 자신의 사고방식이, 옷차림이, 집을 지키는 방식이, 심지어 자신이 운전하는 차조차도 극도로 최신식이라고 (아니면 적어도 [그렇게] 되고 싶은 강한 욕망을 갖고 있다고) 말할 수 있습니다. 그 귀결로 만약 이들의 재정적인 주위 여건이 그런 동시대의 생활방식을 허용해주지 않는다면, 이들은 점차 다소 불행해질 수 있습니다.

자주 재정적으로 성공적이려는 이들의 욕망은 그런 최신식에 대한 욕구에 의해 동기가 부여됩니다. 하지만 이런 외부적인 것이 전혀 선-생각되는 것이 아니라, 오직 지적으로 최신식의 것에 또 진보된 전망을 갖는 것에만 관련되는 이들의 더 작은 그룹이 현존한다는 점은 언급되어야만 합니다. 도시의 번잡함에서 떨어져 있는 자연스러운 생활방식이 이런 진보된 유형의 사람들에게는 대단한 중요성을 띠게 될지도 모릅니다.

현대(modern, 최신)라는 단어는 이들에게 자신의 시대에 발맞추는 감각에도 적용되고, 진보적이 되는 것에도 적용될 수 있습니다. 대체로 현대 건축, 새로운 발상, 유행하는 패션 및 과학의 진보에 끌리는 이들은 대단한 이해관계를 갖고 최신 모델의 도구, 기계 또는 장치의 출현을 기다릴지도 모릅니다. 이런 이해관계를 갖는 이유는 혁신에 대한 홀림 및 타인들에게 최신식으로 보이려는 바램 때문일 뿐만 아니라, 또한 그런 계발이 이들의 삶을 더 좋게 해서 자신으로 하여금 더 효율적으로 작업하게 해줄 수 있다는 실상적인 지식 때문이기도 합니다.

이들은 (자녀, 예술 작품, 사업, 건축물 같은) 물리적인 형식이든 (개념, 시스템, 계획, 발명 등) 더 추상적인 성질이든 간에 자신의 창조물을 대단한 자랑으로 여깁니다. 이들에게 이상적인 업무는 이들로 하여금 새로운 발상을 꿈꾸도록 허용해주고, 그 발상을 실용적으로 적용해서 끝까지 해낼 수 있도록 해주는 업무일 수 있습니다. 이들 중 대다수는 고상해지고 찬양받는 것을 탐구하고, 이들 중 일부는 심지어 숭배받는 것까지 탐구합니다. 아름다움에 대한 이들의 느낌은 자신에게 중요하고, 미적인 취향의 문제는 대개 높은 우선순위가 주어집니다.

이들은 미스터리, 낯선 사람들, 긴장감 및 심지어 위험과 폭력에 대해서조차도 부인되지 않는 홀림을 갖고 있습니다. 물론 이런 이해관계는 비록 이들이 '촉발하는 꿈'과 '공상의 삶' 쪽으로 자신을 만들어갈 수 있을지라도, 이들은 매우 파괴적인 성격도 또한 연출할 수 있기 때문에, 창조적으로 전환되어야 하고, 한도 내에서 지켜져야 합니다. 미에 대한 이들의 발상은 유별난 욕망에 의해 매우 잘 가미되고, 아니면 심지어 특징지어지기까지 할 수 있고, 실로 균형, 조화, 비례의 기능보다 다소 야생적이고 비대칭적이며 도발적인 어떤 것의 기능일지도 모릅니다. 이들은 평범한 장소를 유별난 분위기로 물들이고, 평범한 주제를 더 흥미로운 것으로 만들어내는 방식을 정말 갖고 있습니다. 하지만 이들은 그 자체를 위한 자극중심주의는 피하고 모든 형식의 피상성에 주의해야 합니다.

▶ 일간 특성
강점; 진보적인, 세련된, 미적인
약점; 물질주의적인, 자극중심적인, 변덕스러운

▶ 명상
아름다움은 항상 당신이 탐색해야만 하는 어떤 것은 아닙니다.

▶ 조언
속에서 당신의 진정한 가치를 찾아내라.
가장 최신이고 가장 대단한 데 휩쓸리게 되지 마라.
하나의 행로를 계속 가도록 노력하라.
만약 당신이 바란다면 당신의 차이점을 내세우는 자유를 느껴라, 그러나 그것에 사로잡히지 마라. 당신의 주위 사람이 어떻게 생각하는지는 별로 중요하지 않다.

▶ 건강
이들은 시대에 발맞추기를 원할 것입니다. 우리가 사는 시대는 매우 건강 지향적이기 때문에, 확립된 규범과 진보된 규범 양쪽에 맞도록 식단과 운동 프로그램을 짜는 데 개방적인 이들은 열망할 것입니다. 따라서 이들은 에어로빅, 콜리네틱스, 요가, 태극권 및 다른 형식의 신체 단련뿐만 아니라 자연식, 채식, 과일 및 체중 감량 식단에 관심을 둘지도 모릅니다. 이들은 자기 자신에게 부적합한 요법을 강요하는 것에 주의해야 하고, 대신 자신의 웰빙에 가장 적합한 식단과 운동 계획을 발견하기 위한 노력을 만들어내야 합니다. 이들은 정기적으로 자신의 진행 상황을 감시하기 위해 가족 주치의나 건강 고문과 상의해서, 자신이 잘못된 방향으로 향하지 않는지를 확인하는 것이 필수적입니다.

▶ 수비학
21일에 태어난 사람은 숫자 3(2+1=3)과 21 그리고 확장적인 행성인 목성에 통치됩니다. 목성의 낙관적인 영향력 탓에 9월 21일에 태어난 이들은 자신의 돈을 너무 쉽게 다룰지도 모르고, 이것은 일확천금의 책략 탓에 빚이나, 대출, 손실로 이어질 수 있습니다. 숫자 3에 통치되는 사람은 자주 야심적이고, 때로는 독재적입니다. 이들은 또한 자신의 성격을 지배하는 사회적인 천성을 특히 마음 써야만 합니다. 숫자 3과 21에 통치되는 사람은 때때로 타인들에게 질투심을 자극할 수 있고, 그러므로 자신의 환경에서 발생하고 있을지도 모르는 어떤 감정적인 정태에도 맞춰지게 이들의 안테나를 유지해야 합니다.

▶ 원형
21번째 메이저 카드는 에너지를 주는 봉을 손에 들고 달리는 여신을 그려내는 '세계'입니다. 세상이라는 고개를 넘어가서, 그 진실을 표출하는 그녀는 무한한 힘을 갖고 있습니다. 이 카드는 세속적인 차원에서 도달할 수 있는 모든 것을 상징합니다. 비록 보상과 통합이 보증될지라도, 전통적으로 그 카드는 산만함과 자기연민이라는 부정적인 특성뿐만 아니라 기념비적인 장애 및 운명의 퇴보도 또한 예시할 수 있습니다. 그 카드는 건설적인 방식으로 세상에 자신의 길을 만들어내는, 이들의 일차적인 임무를 드러냅니다.

9월 22일
들뜨는 추진력의 날
Restless Drive

▶ 심리구조

9월 22일에 태어난 이들은 모든 종류의 새로운 프로젝트를 시작하려는 들뜨는 추진력을 갖고 있습니다. 대개 이들은 자신이 공들이고 있는 프로젝트를 완성시키지만, 쉬지 않고 즉시 새 프로젝트에 착수합니다. 이들은 여러 프로젝트를 동시에 감당하는 데도 또한 유능합니다. 이들은 지루함의 낮은 문턱을 갖고 있고, 그 귀결로 도전적인 사람과 국면을 요구하게 됩니다. 이들이 한 때는 외향적이고 역동적인 유형일 수 있고, 또 다른 때는 단독적이고 가까워지기 어려울 수 있습니다. 어느 경우든 이들의 강한 캐릭터는 틀림없습니다.

자주 이들은 공격 자세와 방어 자세 사이에서 오락가락합니다. 어떤 의미에서 좋은 공격은 최고의 방어이고 좋은 방어는 최고의 공격이므로, 그런 자세는 같은 것일지도 모릅니다. 넓은 사회적인 맥락에서든, 개인적인 수준이든 간에 이들이 가장 자주 관련되는 이슈와 발상은, 일반적으로 권력을 위임하고 행사하는 것에 붙어다니는 문제인 공정성과 평등을 포함합니다. 자신의 논거를 앞에 내놓을 시, 이들은 매우 아이러니하고, 재치있으며, 완전히 익살맞을 수 있습니다. 하지만 이들의 유머는 걸핏하면 엇박자가 나고, 비웃으며, 어쩌면 심지어 섬뜩하기까지 하므로, 온갖 사람을 위한 것은 아닙니다.

이들은 방해하는 안정감의 부족을 표출할 수 있습니다. 비록 이들이 꽤 존중할 만한 직종에 관여할지도 모르지만, 사람들은 그 직종 자체가 존중할만하다는, 즉 이들이 일반적으로 하는 어떤 작업이라도 이들의 삶이 매우 절실히 욕구하는 일관성을 빌려준다는 발상을 자주 갖게 됩니다. 이들의 들뜨는 천성이 이들을 기득권에 충돌시킬 때, 이들은 위험에 처할 수 있습니다. 스스로 생각하는 이들은 자신에게 '무엇을 할지를' 말하려고 시도하는 타인들, 특히 지성이 더 낮은 사람들을 용인하지 않을 것입니다. 따라서 이들은 적들을 자극하지 않고, 자신의 동료에게 적대감을 사지 않도록 조심해야만 합니다.

이들이 험상궂은 외관 아래 따뜻한 가슴을 숨길 수 있지만, 대체로 자신이 깊이 신뢰하고 소중하게 여기는 사람들에게만 마음을 터놓을 것입니다. 하지만 설령 그렇더라도 주로 이들의 지향이 고도로 실상적이고 삶의 아이러니가 이들에게 너무 눈에 보이기 때문에, 이들은 줄곧 개방적이 되는 것이 어려움을 알아차릴지도 모릅니다. 실로 이들은 문자적으로도 비유적으로도 통찰력과 '비전의 명확성'을 갖고 다닙니다. 캐릭터를 뛰어나게 판단하는 이들은 사람들을 매우 빨리 판정하는 데 유능합니다. 이들은 자신의 내면 성소에 들어오도록 허용하는 극소수 친구를 대개 평생 동안 가장 높이 중시합니다. 예외적인 경우, 부모 중 한 명 혹은 심지어 둘 모두 이 범주에 속할 가능성이 꽤 있습니다.

이들은 자주 자신의 주위 사람에게 자신이 깨달은 것보다 더 대단한 효과를 보유할 수 있고, 실로 높은 정도의 충격적인 가치를 새겨줄 수 있습니다. 이들이 자주 방해하는 충격을 주기 때문에, 이들은 타인들, 즉 친구들과 적들 모두에 대한 자신의 효과를 더 잘 알아채도록 탐구해야 합니다. 삶이라는 전투에서 진정한 전사인 이들은 자신의 군비와 방어수단을 분별력 있고 효과적으로 사용하면서 그것들의 질을 세밀하게 점검해야만 하며, 인간적인 가치의 일상적인 세상에서 자기 자신을 고립시키고 소외시키지 않도록 해야만 합니다.

▶ 일간 특성
강점; 개인적인, 지각력 있는, 잘 유도되는
약점; 신랄한, 어두운, 방어적인

▶ 명상
붓다는 단지 나무 밑에 앉아 온 세상이 그에게 오게 했습니다.

▶ 조언
당신 자신보다 더 마음을 열고 남을 잘 믿는 사람들을 경멸하지 마라.
당신만의 순결한 천성에 접촉하라.
한 가지 종류의 전망에 당신 자신을 가두지 않으려고 노력하라.
당신 자신에게 꿈꾸고 재충전할 시간을 주라.

▶ 건강
이들은 고립의 우울한 효과에 주의해야만 합니다. 이들은 나쁜 분위기라는 형식으로든, 물리적인 폭력이라는 형식으로든 간에 타인들의 반감을 끌어들이는 것도 또한 피해야 합니다. 자신의 들뜨는 천성 탓에, 이들은 사고를 당하기 쉽고, 자신도 모르게 자기 자신과 타인들에게 모든 종류의 가벼운 상처를 입힐지도 모릅니다. 역설적으로 이들은 치유의 재능도 또한 표출할지도 모릅니다. 음식에 대한 이들의 취향은 이국적인 경향이기에, 이들은 맵거나, 특이하거나, 풍미 있는 음식이 자신의 몸에 끼치는 효과에 주의를 기울여야만 합니다. 만약 이들이 균형 잡힌 메뉴로 먹을 수 있다면, 들뜨고 어쩌면 파괴적인 충동을 통제하는 데 도움될 것입니다. 이들에게는 단지 가볍거나 적당한 운동만 권장됩니다.

▶ 수비학
22일에 태어난 사람은 숫자 4(2+2=4)와 22 그리고 불규칙하면서도 폭발적인 천왕성에 통치됩니다. 숫자 4는 전형적으로 반란, 색다른 믿음, '규칙을 바꾸려는 소망'을 대변합니다. 숫자 4에 통솔되는 사람은 매우 자주 반대하는 관점을 취하고, 두드러지게 자기-보증적이기 때문에, 때때로 적대감을 자극하는 이들은 자신을 적으로, 자주 남모르는 적으로 만들어냅니다. 이것은 특별히 9월 22일에 태어난 이들에게 해당할 수 있습니다. 숫자 22는 쌍수이므로, 매달 22일에 태어난 사람은 쌍둥이, 동시성, 대칭성 또는 흉내에 홀리게 될지도 모릅니다.

▶ 원형
22번째 메이저 카드는 몇몇 버전에서는 절벽의 가장자리를 부주의하게 걸어가는 모습을 보여주는 '바보'입니다. 일부 해석은 이성을 포기한 어리석은 사람으로 그이를 묘사하고, 다른 해석은 물질적인 고려사항에서 벗어난 고도로 영적인 존재로 묘사합니다. 긍정적인 의미는 저항을 단념해서 본능을 자유롭게 따르는 것을 포함하고, 부정적인 측면은 어리석은 활동, 충동성, 소멸입니다. 고도로 진화한 '바보'는 삶의 행로를 따라갔고, 그 교훈을 체험했으며, 자신만의 비전과 하나가 되었습니다.

9월 23일

뚫어냄의 날
The Breakthrough

▶ 심리구조

9월 23일에 태어난 이들의 삶에서 반복되는 테마는 한정을 뚫어내는 것입니다. 확장적인 이들이 물리적인 어려움이나 아니면 형식적인 어려움에 고군분투해왔고 또 그 어려움을 극복해낼 때까지, 이들은 자신의 인격을 자유롭게 계발하고 펼쳐내지 못합니다. 이런 고군분투는 대개 극도로 격렬하고, 사실 심지어 연속적으로 뚫어낸 후조차도 계속됩니다. 실로 이들에게 삶이란 것은 각자 충족되고 정복되어야만 하는 연쇄적으로 계속되는 도전들입니다. 이런 점에서 이들은 당연히 영적인 전사로 묘사될지도 모릅니다.

이들 중 더 고도로 진화된 사람은 이들이 단지 역경을 극복하기만 하더라도, 역경을 극복하기 위한 결단의 살아있는 상징으로서 자신 주위의 모든 사람에게 이득을 주기 위해 자신이 고군분투한 결실을 사용하게 됩니다. 이들 중 덜 고도로 진화된 사람은 자신이 많은 곤란을 일으키는 데 성공하지만, 반드시 긍정적인 결과를 낳는 것이 아닌 (자주 이들의 실체적인 에고에 의한 결과인) 개인적인 갈등이라는 수렁에 빠져버릴지도 모릅니다. 이들이 인생의 분쟁에서 잠시 은퇴하고, 자신의 정신을 똑바로 차리며, 가치 있는 대의를 위한 봉사에 자신의 상당한 에너지를 쏟는 것이 유리할 것입니다.

이들은 산을 움직이는 데 유능합니다. 하지만 이들은 가장 미미한 에너지도 소환할 수 없는 것으로 보이는, 우울증이나 낮은 에너지 시기로 가라앉는 때가 현존합니다. 확실히 어떤 게으름이나 느슨함도 이들에게 전혀 현존하지 않고, 다만 열의를 가장할 수 없는 이들이 영감받는 느낌이 들지 않을 때, 조잡한 작업을 연출하는 것보다 오히려 아무것도 하지 않는 것이 더 나을 뿐입니다.

이들은 온갖 종류의 해프닝에 끌려듭니다. 이들이 정신을 지향하든, 감정을 지향하든, 물질을 지향하든 간에 활동하는 사람인 이들에게 단어는 단지 목적을 위한 수단일 뿐입니다. 물론 이들 중 대다수는 특히 언어적이지 않고, 때로는 어떤 말도 전혀 없이 말하려고 갖고 있는 것을 직접적으로 전해줍니다. 말하기라는 선물을 정말 소유한 이들의 스타일은 과도한 장황함을 거의 전해주지 않으면서, 고상하게 단순하고 정확하며 경제적입니다.

비록 이들 중 다수가 첫 만남에서 험상궂거나 냉담한 것처럼 보일지라도, 이들은 극도로 유혹적이고 매혹적일 수 있습니다. 하지만 타인들은 이들의 매혹이 특히 섹스 차원에서 개인적으로 연관되기 위한 초대라고 생각하는 착각을 만들어내지 말아야 합니다. 대다수의 경우 이들은 자신의 작업을 첫째로, 쾌감을 둘째로 놓습니다. 이들이 어떤 이미지든 투사할 수 있음에도, 이들의 실상적인 친구들은 매우 적고, 이들은 잡담을 중시하지 않습니다. 접근을 강행하는 것보다 자주 멀리서 이들을 찬양하는 것이 더 낫습니다. 반면에 이들 자신은 깊은 감정적인 수준에서 자기 자신을 고립시키는 것을 조심하고, 개인적인 문제를 배제하고 보편적인 관심사 혹은 세속적인 관심사에 집중하는 것을 조심해야 합니다. 이런 점에서 이들은 숲을 위해 나무를 등한시하고 있을지도 모릅니다.

▶ 일간 특성
강점; 창조적인, 모험심이 강한, 흥미진진한
약점; 곤란해지는, 우울한, 중독적인

▶ 명상
대체로 우리가 좋게 느끼고 있을 때, 자신에게 무엇이 잘못인지 파악하지 못합니다.

▶ 조언
당신의 휴식시간을 활용하도록 만들어내는 것이 가장 중요할 것이다.
휴식기간 동안 당신은 무엇이 효과가 있는지와 무엇이 당신을 저지하는지에 대해 접촉할 수 있다.
당신 자신을 위해 사전에 인생의 전투를 준비하라, 대비하는 것이 열쇠이다.

▶ 건강
이들은 일반적으로 술 소비와 (니코틴과 카페인을 포함한) 약물의 복용에 매우 조심해야만 합니다. 이들은 특히 우울증에 빠진 동안 술을 마시기 쉽습니다. 건강한 습관이 점진적으로 도입되어야 하지만, 식단에 대한 극적인 개선은 즉각적인 결과도 또한 연출할 수 있습니다. 자연식, 채식, 달걀과 유제품, 과일 식단 및 단식은 짧거나 연장된 동안 도움될 수 있습니다. 이들에게 신체 운동은 식욕을 촉발하고 순환을 개선합니다. 이들은 식이요법이나 신체적인 남용으로 인한 간, 신장, 위 및 장 손상을 주의해야만 합니다.

▶ 수비학
23일에 태어난 사람은 숫자 23(2+3=5)과 5 그리고 수성에 통치됩니다. 수성은 소통, 변화, 생각의 빠름을 대변합니다. 추분점의 중첩은 수성(처녀자리)과 금성(천칭자리) 양쪽의 영향력을 받기 때문에, 9월 23일에 태어난 이들에게 창조력, 이상주의, 매혹은 강화됩니다. 하지만 숫자 5에 통치되는 다수처럼, 이들도 자신이 정신적으로 과잉반응할 뿐만 아니라 대단히 주기적으로 자신의 마음과 물질적인 주위환경도 또한 바꿀 가능성이 있음을 알아차릴지도 모릅니다. 숫자 5의 사람이 인생에서 받는 어떤 역경이든 일반적으로 이들에게 영속하는 효과를 거의 갖고 있지 않고, 이들은 빨리 회복됩니다. 숫자 23은 해프닝에 결부되고, 이들을 위해 이것은 이들의 적극적인 면을 더욱 강화해줍니다.

▶ 원형
다섯 번째 메이저 카드는 인간의 이해심과 신념을 상징하는 신성한 신비에 관한 해석자인 '사제'입니다. 그의 지식은 난해하고, 그는 보이지 않는 만사만물에 대한 권위를 갖고 있습니다. 이 카드가 수여하는 호의적인 특성은 자기-보증성과 통찰력이고, 비호의적인 특성은 설교하기, 호언장담, 독단주의를 포함합니다.

9월 24일

방랑자의 날
The Wanderer

▶ 심리구조

9월 24일 태어난 이들은 천성적으로 방랑자이고, 그러므로 여행하는 것을 사랑하거나 아니면 어떤 식으로든 여행하도록 내몰리게 됩니다. 이들의 삶에서 방랑이나 여행이라는 이 테마는 대개 실상적인 형식을 취하지만, 또한 정신적인 모험과 감정적인 모험에 대한 은유일 수도 있습니다. 실로 여기서 사실적인 것과 비유적인 것은 상호 배타적이지 않습니다. 신체적으로도 심리적으로도 방랑하는 독서, 생각하기, 꿈꾸기, 여행하기 등 이런 것들이 이들의 이해관계를 끄는 활동의 종류입니다.

이들 중 일부는 젊었을 때 여행을 하고, 나중에는 정착된 실존인 것처럼 보이는 것에 자기 자신을 헌신합니다. 이들 중 그 외 사람은 중년에 매우 열중하게 되고, 길을 떠나라는 부름을 따르기 위해 온갖 것을 내려놓는 데 유능합니다. 비록 이들이 정착하는 것을 가장 원한다고 생각할지도 모르지만, 이들 중 대다수는 절대 완전히 정착하지 못합니다. 자주 이들은 이번 것이 마침내 자신이 오랫동안 머물고 싶은 곳이라고 생각할 때마다 다음번 장소, 사람 혹은 프로젝트로 이동합니다. 이들 중 더 알아채는 사람은 대개 자신에게 실상적인 영구성은 현존하지 않고, 자신의 방랑은 아직 한동안 계속될 예정이라는 점을 깨닫게 됩니다.

이들 중 가장 행복한 사람은 자신이 비교적 영구적인 생활 국면을 확립하지만, 자신이 할 수 있을 때마다 작은 여행을 만들어내면서 자기 자신과 일종의 타협을 할지도 모릅니다. 이런 이들은 심지어 속박될 때조차도, 독서, 영화, TV 및 풍부한 판타지 생활에서도 또한 자신의 들뜸을 위한 배출구를 찾아냅니다.

관계와 가족사 속에서 이들은 타인들을 기쁘게 하기가 당연히 어려울지도 모릅니다. 이들은 함께 사는 것이 절대 원만하지 않은 사람이고, 자기 자신에게 많은 시간을 요구합니다. 이들의 동무는 변화와 다층성을 위한 이들의 욕구, 또 이들의 자주 공개적인 바람기와 모든 종류의 성적인 끌어들임에 대한 이해심이 있어야만 합니다. 연애와 섹스 영역에 관련해 이들은 자신의 일상 속까지는 아니더라도 자신의 독서와 정신적인 상상 속에서 성적인 표현의 고도로 특이한 형식을 발굴해낼 수 있습니다. 실로 이들은 평범한 활동이나 보통 사람들에게 연애와 섹스 문제에 대한 이해관계를 거의 갖고 있지 않습니다.

이들은 명료하게 더 대단한 안정감에 대한 욕구를 갖고 있습니다. 이들은 자신을 깊은 곳으로 밀어떨어뜨릴 수 있는 지나치게 격렬한 감정적인 촉발과 정신적인 촉발을 주의해야만 합니다. 이들의 마음이 너무 적극적이고 이들의 취향이 너무 특이해서 이들은 어떤 종류의 평범한 생활방식도 받아들이는 데 실상적인 어려움을 갖고 있다는 점이 바로 문제입니다. 이들 중 일부는 엉뚱한 생각을 하고 있는 멍한 사람일 수 있고, 그 외 사람은 놀랍게도 기법적인 영역에 함께할 수 있습니다. 이들은 자주 이 두 경우의 조합입니다. 비록 이들이 일부 사람에게는 별종으로 알려질지도 모르지만, 그럼에도 이들은 자신의 가슴이 친절한 충직한 친구로 자신을 만들어갑니다. 이들은 자신의 즐거움에 대한 감각을 가져와서 대다수 어떤 국면에도 또한 적용하고, 타인들로 하여금 그들 자신을 즐기도록 허용합니다.

▶ 일간 특성
강점; 상상적인, 자유분방한, 베푸는
약점; 신경질적인, 정착되지 못한, 신경과민한

▶ 명상
집은 마음의 상태일 수 있습니다.

▶ 조언
당신의 활동을 일관성 있게 하라.
당신의 정착되지 못한 삶은 잠깐 매혹적일지도 모르지만 지루함을 기를 수 있다.
어쩌면 당신에게 더 많이 의존하고 싶어하는 사람들이 현존한다.
당신의 재능을 사용하는 것을 두려워하지 마라.
한 가지 일을 고수하고 처음부터 끝까지 해봐라.

▶ 건강
이들은 자신 삶의 다층적인 지점에서 다소 심각한 심리적인 질환을 경험할 수 있습니다. 이러한 이유로 이들은 어떤 형식의 테라피나 상담을 늦기 전에 더 일찍 시작하는 것이 권장됩니다. 이들은 자신의 특이한 무의식적인 과정에 대한 통찰력을 얻고 자신의 들뜸과 지나치게 활동적인 상상력을 다루는 법을 체득하면서, 이 과정에서 엄청난 이득을 얻을지도 모릅니다. 약물치료는 도움 될지도 모르지만, 짧은 기간만 사용되어야 합니다. 이들은 약물류에 의존하게 되기보다 (그런데 술은 매우 엄격히 피해야 하며) 더 건강한 생활방식을 탐구하는 것에, 즉 어쩌면 심지어 더 건강한 환경으로 이동해 갈 만큼 멀리까지 나아가는 것에 적극적으로 공들여야 합니다. 정원 가꾸는 것, 또 자신만의 음식을 상승시키는 것, 신선하게 자란 과일과 채소에 동의하여 자신의 식단을 바꿔서 방부제가 가득하고 포장된 음식을 차단하는 것이 강하게 권장됩니다. 이들 중 대다수에게는 오직 적당한 운동만이 제안됩니다.

▶ 수비학
24일에 태어난 사람은 숫자 6(2+4=6) 및 금성에 통치됩니다. 숫자 6에 통치되는 사람은 사랑과 찬양을 끌어들일 시 자석 같기 때문에, 또 금성은 사회적인 상호작용과 강하게 연결되어 있으므로, 이들이 흥미진진한 낭만적인 경험에 빠져버리는 것은 바로 유혹일 수 있습니다. 사실 금성이 이들의 별자리인 천칭자리의 통치자이므로, 이들은 특별히 그렇게 열광하기가 쉽습니다. 사랑은 자주 숫자 6에 통치되는 사람의 삶에서 지배적인 테마가 되고, 이것은 또한 특히 9월 24일에 태어난 이들에게 해당합니다.

▶ 원형
사랑을 상징하는 '연인'인 여섯 번째 메이저 카드는 남성성과 여성성이라는 양극성의 통합을 통해 인간성의 모든 것을 하나로 묶는 최종 지점에 중점을 둡니다. 이 카드가 좋은 면에서는 높은 도덕적인, 미적인, 신체적인 차원의 애정과 욕망을 예시하고, 나쁜 면에서는 충족되지 않은 욕망, 감상성, 우유부단함을 예시합니다.

9월 25일
공생하는 풍자가의 날
The Symbiotic Satirist

▶ 심리구조

9월 25일에 태어난 이들은 자신의 사회와 기이한 관계 속에서 살아갑니다. 한편으로 이들은 자신의 생계를 위해, 결국 자신의 성공을 위해 사회에 의존하고 있습니다. 다른 한편으로 이들은 사회에 대해 공개적으로 자주 비판하고, 아이러니하게 사회의 결함을 폭로하는 데 유능합니다. 그렇게 해서 사실상 이들은 자신 주위의 사회적인 조직이 어떻게 개선되고 강화될 수 있는지를 보여줄지도 모릅니다. 따라서 이들의 분명해지는 부정성이나 철저한 탐사 판별은 긍정적인 결과로 이어질 수 있습니다.

아주 묘하게도 이들은 자신의 지역 영역의 바깥에서 자신의 출신 지역의 살아있는 상징으로 여겨질지도 모르고, 그래서 타인들의 마음속에서 그 출신지와 밀접하게 동일시됩니다. 하지만 아무도 이들보다 이웃, 마을, 도시, 도 또는 나라에 대해 더 예리하게 알아채고 더 비판적이지 않을 것입니다. 그러면 이들의 고향과 갖는 이들의 관계는 흥미롭게도 양측 모두에 유리할 수도 있고, 동시에 불리할 수도 있는 일종의 공유하는 공생 관계입니다.

이들은 또한 자신의 가족이나 사회 동아리를 고도로 대변할 수 있습니다. 게다가 이들은 자신의 회사나 지기의 가치와 열망을 체화할지도 모르지만, 그럼에도 비판적이고 의문을 제기하는 자신의 태도 탓에 가까이 어울리지 않을 가능성이 있습니다.

이들은 개인적인 관계에서 마음을 열고 자신의 감정을 솔직하게 표현하는 데 자주 어려움을 갖고 있습니다. 이들은 또한 첫 만남에서 냉정하고 거리를 두는 것처럼 보일 수도 있습니다. 하지만 이들은 애정에 대한 엄청난 욕구를 정말로 갖고 있고, 이것은 단지 감정적인 상처라는 내력이 세상에 대해 이들의 마음을 조금 닫아버리게 했다는 점일지도 모릅니다. 실로 감정적으로 고립된 삶을 사는 것 및/또는 자신의 경력이 요구하는 사교적인 교제에서 멀어져 꽤 내향성이 되는 것은 이들의 특징일 수 있습니다.

이들은 상상적이지만 동시에 매우 정확하고 엄밀합니다. 완벽주의자인 이들은 대체로 실수를 잡아내고 약점을 보완하기 위해 반복해서 자신의 작업을 검토합니다. 이들이 타인들에게 만들어내는 요구는 이들이 자기 자신에게 청하는 것과 다르지 않습니다. 매우 흥미롭게도 비록 이들이 매우 자주 자신의 사회 집단에 대한 비판을 탐닉할지라도, 외부인이 그 집단에 대해 비판하는 것에는 잘 반응하지 않고, 사실 때때로 방어적이 되는 이들은 기이하게도 맹목적인 국수주의자가 될 수 있습니다.

자주 이들은 자신이 이제껏 개인과 관계를 형성할 수 있었던 것보다 사회 및/또는 사회동아리, 경력에서 더 깊은 관계를 형성할 능력이 있습니다. 그 귀결로 감정적인 수준에서 개인적으로 이들에게 관여하는 사람들은, 마치 그들이 일원이 절대 될 수 없는, 이미 언급된 중요한 것이 현존하는 것처럼 느낄지도 모릅니다. 이들은 자신의 자녀가 이런 점에서 박탈감을 느끼면서 자라지 않도록 특히 주의해야만 합니다.

▶ 일간 특성
강점; 열심히 일하는, 목표 지향적인, 결단적인
약점; 마음이 닫힌, 둔감한, 용납하지 않는

▶ 명상
사람들은 장부에 돈 그 이상의 것을 숨깁니다.

▶ 조언
당신의 날카롭거나 비판적인 성향은 당신을 곤란에 처하게 할 수 있다.
언어가 주먹보다 더 심하게 해칠 수 있다는 점을 기억해내라.
당신이 느끼고 있는 것에 관해 마음을 열도록 노력하라.
당신 자신을 [감정적인] 삶에서 단절시키지 마라.

▶ 건강
이들은 운동하도록 자기 자신을 밀어붙여야만 합니다. 이들 중 체육 쪽으로 덜 경도된 사람은 이런 점에서 게으른 경향이 있고, 운동장이나 훈련실에 가기가 어려울지도 모릅니다. 이들에게 뛰어난 운동 형식은, 이들이 자신의 마음으로 하여금 자유롭게 배회하게 하고 자신의 계획을 형태화하면서 매일 장거리를 걷는 것입니다. 식단이 관련된 한, 이들 중 다수는 표준적인 식사에 만족하지만, 자신의 평소 식사가 다른 영양소를 희생시켜서 특정 단백질이나 지방, 탄수화물을 지나치게 중점을 둔다면, 더 균형 잡힌 식단으로 먹으려는 노력을 만들어내야 합니다. 만약 자신의 작업이 좌식이라면, 이들은 아래쪽 허리 문제를 주의해야만 합니다. 이들은 자신의 신장을 활발하게 유지하고 방광이나 비뇨기의 감염을 피하기 위해, 매일 약 1~2리터의 음료(되도록이면 물)를 마시도록 노력을 만들어내야 하고, 술을 피해야 합니다.

▶ 수비학
25일에 태어난 사람은 숫자 7(2+5=7) 및 해왕성에 통치됩니다. 해왕성과 금성(천칭자리의 통치자) 사이의 연관성은 예술적이고 우아하며 에테르적인 성격을 연출할 수 있습니다. 하지만 눈길이 마주치는 것보다 더 많은 선물이 현존합니다. 해왕성-금성의 연관성도 또한 이들이 약물 복용에, 특히 술에 빠지도록 유혹할 수 있습니다. 숫자 7에 통치되는 사람 중 대다수는 변화와 여행을 즐기지만, 9월 25일에 태어난 이들은 대체로 집에 더 가까이 머무르기를 선호하는데, 따라서 이들의 생활방식을 향한 이중적인 느낌은 그 결과일 수 있습니다.

▶ 원형
일곱 번째 메이저 카드는 세상을 누비는 의기양양한 인물을 보여주면서, 역동적인 방식으로 자신의 신체적인 존재감을 구현하는 '전차'입니다. 그 카드는 올바른 행로가 아무리 좁고 위태롭더라도 계속되어야만 한다는 의미로 해석될지도 모릅니다. 이 카드의 좋은 면은 성공, 재능, 효율성을 배치해주고, 나쁜 면은 독재적인 태도와 서툰 방향 감각을 제안합니다.

9월 26일
참아내는 연습의 날
Patient Practice

▶ 심리구조

9월 26일에 태어난 이들은 무엇인가를 바르게 하려면 오직 단 하나의 방식만, 즉 그 무엇인가를 반복해서 하는 방식만 현존한다고 알고 있는 완벽주의자입니다. 카네기 홀에서 연주할 수 있는 길을 물어보면 '연습해!'라고 대답했던 사람처럼, 이들도 실로 연습이 완벽하게 만들어준다고 믿는 사람입니다. 항상 자신의 기예에 대한 예술성을 완벽하게 하려고 애쓰면서, 기법을 지향하는 고도로 비판적인 이들은 자신의 목표를 달성하는 방법을 알고 있지만, 타인들을 계율에 의해 가르치는 것까지는 아니더라도 본보기에 의해 가르치는 재능도 또한 갖고 있습니다. 이들은 자신을 찬양하는 사람들에게 엄청난 영감을 주는 이가 될 수 있습니다.

또한 이런 태도는 이들의 작업에서 멈추지 않습니다. 이들은 자신의 사생활에서 강박적이거나 집요하고, 아니면 둘 다인 경향이 있습니다. 이것은 마치 이들이 매일의 활동을 적합하게 감당하지 않으면 하늘이 무너지리라고 두려워하는 것처럼, 집에서도 일부 다소 신경질적인 행동으로 이어질 수 있습니다. 따라서 이들은 가족, 친구 그리고 결국 자기 자신이 절대적으로 비참해지도록 만들어낼 위험이 있습니다. 두말할 필요도 없이 이들은 매우 시험받는 보스나 감독관도 또한 될 수 있습니다.

특징상 이들은 논리에 자신의 신념을 두고, 일상생활에 그 논리를 적용하는 것을 중시합니다. 이들은 또한 자신의 분야에 합리적인 원칙을 적용하는 것을 통해 해결될 수 없는 기법적인 문제가 거의 없다고 느낍니다. 하지만 역설적으로 이들 자신만의 행동은 극도로 의지적이고 비합리적일 수 있습니다. 따라서 이들은 복잡한 인격이 되는 경향이, 즉 다소 헤아려지기가 까다로운 경향이 있습니다.

꽤 자주 이들은 자신의 마음속에 간직하는 둘째 업무나 부업, 취미를 갖고 있고, 아니면 심지어 셋째의 것까지 갖고 있습니다. 이런 추구는 대다수 사람들이 이들에게 갖고 있는 이미지와 꽤 어긋날 수 있습니다. 실로 숨겨지고 남모르는 활동은 이들 중 일부에 대한 홀림을 담고 있고, 이들은 자신 삶의 일부를 비밀로 유지하는 것을 즐길 수 있습니다.

이들은 격렬하고, 잘 유도되며, 심하게 몰아댑니다. 이들은 이상주의적일지도 모르지만, 실용적인 고려사항에서 멀리 벗어나는 경우는 좀처럼 없고, 비록 이들이 이론화하는 것을 즐기지만, 이들에게 관심사인 것은 바로 발상에 대한 최후의 성공과 실패입니다.

이들 중 대다수는 놀라운 유머 감각을 갖고 있지만, 그 유머는 미묘한 아이러니 탓에 간과될 수 있습니다. 하지만 좀처럼 주목받지 못하는 이들의 신랄한 비판은 이들이 조심하지 않으면 자신을 적으로 만들어낼 수 있습니다. 하지만 이들 중 더 고도로 진화된 사람은 자신의 영향력을 강하게 느껴지도록 만들어내는데, 그 영향력은 이들을 넘어 멀리 퍼져나가는 연못의 잔물결처럼 반향을 불러올 수 있고, 심지어 이들만의 생애 이후에도 잘 살아남을 수 있습니다. 개인적으로 심지어 이들을 그리 좋아하지 않는 사람들조차도 대개 이들 작업의 총명함과 철저함을 인정할 것입니다.

▶ 일간 특성
강점; 기법적인, 영향력 있는, 끈덕진
약점; 강박적인, 집요한, 비밀적인

▶ 명상
우리가 떠받드는 교사도 역시 오도(誤導)할 수 있습니다.

▶ 조언
당신의 격렬함을 조금 느슨하게 하라. 그 격렬함은 실상 타인들로 하여금 불신하게 만들어낼 수 있다.
교사이자 학생이 되라.
때로는 실수가 필요하다, 완벽은 최고의 목표가 아닐지도 모른다.
더 느긋한 면을 계발하라.
이따금 당신 자신으로 하여금 하는 일 없이 지내도록 허용하라.

▶ 건강
이들은 모든 유형의 내부적인 질환을 조심해야만 합니다. 니코틴과 카페인은 만일 애용한다고 하더라도 오직 적당히 탐닉되어야 하지만, 불운하게도 담배를 피우고 커피를 마시는 것은 이들이 특히 쉽게 하는 단지 일종의 강박적인 행동이 되어버리는 경향이 있습니다. 이들은 스트레스를 잘 감당하는 것으로 보이지만, 사실 그 스트레스를 내면화할 때는 결국 몸적인 심리적인 해를 유발하게 됩니다. 앞에서 설명한 신경질적인 행동 대부분은 두려움과 불안감을 완화시키기 위해 채택됩니다. 정기적으로 주는 적확한 따뜻함과 애정은 어쩌면 안정을 위한 가장 좋은 의술이지만, 심리상담도 또한 도움될지도 모릅니다. 이들은 균형 잡힌 식사를 추구하기 위해 결단적인 노력을 만들어내야 합니다. 어떤 경우에, 특히 40세 이상의 사람들에게 엄격한 채식 메뉴가 채택될지도 모릅니다. 정제당은 가능한 한 피해야 합니다.

▶ 수비학
26일에 태어난 사람은 숫자 8(2+6=8) 및 토성에 통치됩니다. 토성은 제한, 경계심, 숙명론의 의식 및 책임감을 배치해주므로, 이들의 전통적인 천성이 강조됩니다. 숫자 8에 통치되는 사람은 대체로 자신의 경력을 더디고 조심스럽게 구축해가고, 9월 26일에 태어난 이들에게 이것은 재정과 개별적인 사건에도 또한 해당합니다. 비록 금성(천칭자리의 통치자)의 영향력에 격려받는 이들의 가슴이 사실상 꽤 따뜻할지도 모르지만, 숫자 8에 통치되는 사람의 토성적인 영향력은 이들에게 차갑거나 거리를 두는 외모를 자주 빌려줍니다.

▶ 원형
여덟 번째 메이저 카드는 사나운 사자를 길들이는 우아한 여왕을 그려내는 '강인함이나 용기'입니다. 여왕은 반항적인 에너지를 마스터할 수 있는 여성 마법사를 상징하고, 신체적인 강인함뿐만 아니라 도덕적인 강인함을 표징합니다. 이 카드의 긍정적인 속성은 카리스마와 성공하려는 결단을 포함하고, 부정적인 자질은 무사안일과 권력남용을 포함합니다.

9월 27일
애매모호한 영웅의 날
The Ambiguous Hero

▶ 심리구조

9월 27일에 태어난 이들은 헷갈리게 하고 역설적인 삶의 천성에 얽매입니다. 언뜻 보면 이들은 외향적이고, 대체로 충분히 정상적인 것으로 보이겠지만, 누군가가 이들의 인격을 더 깊이 파고들수록 이들의 더 숨겨진 기벽을 들춰내게 됩니다.

이들은 대개 실상의 조건에서 혹은 타인들의 눈에는 매우 잘 기능하지만, 그럼에도 의심이나 불안감에 시달릴지도 모릅니다. 어쩌면 이것은 이들이 자기 자신에게 너무 많은 것을 기대한 결과로 오고, 자신이 완벽을 위해 원정할 시 (영웅이나 순교자의 역을 연기하는 성향을 갖고 있는) 이들은 자신이 설정했던 터무니없이 높은 목표에 완전히 합당하게 살지 못하는 자신의 무능에 점차 우울해질지도 모릅니다. 만약 이들이 자신의 기준을 조금 낮출 수 있다면, 아니면 자신의 인간적인 실패를 더 받아들일 수 있다면, 이들은 실로 훨씬 더 행복할 것이지만, 어쩌면 또한 덜 예외적이 될 것입니다.

실패와 성공은 이들의 삶에서 항상적이고 번갈아 나타나는 테마입니다. 실패에 대한 이들의 두려움 및 자신의 타고난 능력에 대한 깊은 수준의 불안감 탓에 이들은 성공하도록 내몰립니다. 불운하게도 이들은 성공을 욕망하거나 성공이 자신에게 적합하리라고 믿기 때문이 아니라, 자기 자신에게 다른 선택권을 허용하지 않기 때문에 성공하도록 내몰립니다. 비록 이런 점이 당연히 야심적인 것처럼 보일지도 모르지만, 이런 이유로 이들을 야심적이라고 부르는 것은 조금도 적합하지 않을 것입니다.

비슷하게 이들은 고립에 대한 사랑이나 냉랭함 때문이 아니라, 단순히 자신의 삶이나 작업이 취하는 방향이 자신에게 다른 선택권을 남기지 않는 탓에 자주 감정적으로 닫힌 삶을 삽니다. 고도로 민감한 이들은 평화 속에서 작업하고 자신의 기술을 연마하는 것보다 더 좋아하는 것은 없겠지만, 더 힘겹고 덜 용납하는 영혼들로 채워진 사회 계층 속에 있는 자기 자신을 자주 알아차리게 됩니다.

그 귀결로 이들은 자신 성공의 정도에 상관없이 자신이 선택했던 자신의 경력과 방향을 향한 애매모호한 느낌을 보유할 수 있습니다. 슬럼프와 우울증은 전혀 드물지 않습니다. 이 기간에 이들은 자신이 어떻게 중시되는지를 자신에게 상기시켜주고, 이들 자신과 이들이 평화에 더 있도록 이들을 돕는 좋은 친구나 가족 구성원, 상담가의 후원을 욕구할지도 모릅니다.

이들은 대체로 대단한 다재다능함을 소유하고 있고, 자신의 작업 및 자신이 관련된 추구의 모든 측면을 탐험하기를 즐깁니다. 이들 자신은 천성적으로 고도로 정견적이고, 환영받기를 좋아합니다. 고된 작업자인 이들은 압박감 아래 잘 운영하고, 대개 업종적인 냉정함이라는 커다란 척도를 소유하고 있습니다. 이들이 자신의 업종적인 삶에서 끝도 없이 실습하는 이런 거리두기는, 자신의 사생활에 너무 자주 방해됩니다. 따라서 이들은 자신의 경력이 자신의 천성을 어떻게 형태화하고 있는지 검토하는 편이 온당할 것입니다.

▶ 일간 특성
강점; 강력하게 추진하는, 성공적인, 시원한
약점; 지나치게 민감한, 불안한, 틀어박히는

▶ 명상
나바호족의 담요는 전통적으로 완벽하지 못함을 포함합니다.

▶ 조언
당신의 껍질 속으로 너무 많이 물러나지 않도록 노력하고, 더 신뢰하고 받아들이는 법을 체득하라.
당신의 타고난 능력에 신념을 갖고 있으라.
우리는 모두 실수를 만들어내는데, 그것이 바로 우리가 인간인 까닭이다.
무엇을 두려워하는가? 당신이 행복을 견뎌낼 수 있다면, 행복도 또한 심지어 당신에게조차도 역시 덕이 된다.

▶ 건강
이들은 대개 운동, 식이요법, 건강이라는 관심사에 대한 적극적인 이해관계를 취하고, 그러므로 제안 그대로 채택하지는 않더라도 자신의 건강을 개선하기 위한 소견에는 개방적입니다. 에어로빅부터 경쟁 스포츠, 무술이나 요가에 이르기까지 활동의 넓은 다층성이 이들에게 호소할지도 모릅니다. 이런 활동에서 갖는 약간의 동지애는 지대하게 도움됩니다. 수영과 걷기도 또한 적극 권장됩니다. 이들은 대체로 생식기관과 배설기관뿐만 아니라 신장에 관련된 모든 종류의 내부적인 질환을 조심해야만 합니다.

▶ 수비학
27일에 태어난 사람은 숫자 9(2+7=9) 및 화성에 통치됩니다. 숫자 9는 (이를테면 5+9=14, 4+1=5처럼 9를 더한 어떤 숫자도 그 숫자가 되고, 9×5=45, 4+5=9처럼 9를 곱한 어떤 숫자도 9가 되므로) 다른 숫자에 대한 영향이 강력하고, 9월 27일에 태어난 이들이 자신의 주위 사람들에게 영향을 끼치는 능력도 비슷하게 향상됩니다. 강압적이고 공격적인 화성은 남성적인 에너지를 체화해주지만, 이 에너지는 천칭자리가 부여해준 더 사회적이고 수용적인 금성 에너지에 의해 상쇄됩니다. 따라서 이들의 남성적인 면과 여성적인 면은 꽤 잘 균형을 이룰 수 있습니다. 그런 조합은 성적인 호소라는 큰 척도도 또한 빌려줍니다.

▶ 원형
아홉 번째 메이저 카드는 대개 등불과 지팡이를 들고 걷는 것으로 그려지는 '은둔자'이고, 그는 명상, 고립, 침묵을 대변합니다. 그 카드는 확고해진 지혜와 궁극적인 단련도 또한 암시합니다. 은둔자는 양심에 동기를 부여해 타인들로 하여금 그들의 행로로 나아가게 해주는 임무 감독관입니다. 이 카드의 긍정적인 측면은 집요함, 목적, 심오함, 집중력이고, 부정적인 자질은 교조주의, 불관용, 불신, 만류를 포함합니다. 이들은 은둔자의 고립주의적인 경향도 또한 주의해야 합니다.

9월 28일
가슴을 앓게 하는 자의 날
The Heartbreakers

▶ 심리구조

9월 28일에 태어난 이들은 자신이 소망하는 사람의 애정을 얻고 유지하는 데 고도로 유능합니다. 이는 반드시 이들이 타인들보다 신체적으로 더 아름답다는 점을 의미하는 것이 아니라, 차가운 가슴을 녹이고 누군가의 피를 돌게 할 수 있는 일종의 유혹적인 매혹을 갖고 있다는 점을 의미합니다. 때때로 이들은 극도로 화가 나고 혼란스러울 수 있지만, 이것도 또한 이들을 촉발해주는 힘 중 일부입니다.

이들은 타인을 기쁘게 해주는 자신의 능력에 걸맞은 아픔도 겪게 하는 재능을 표출합니다. 이들이 가져오는 효과적인 것은 이들이 처한 기분에, 즉 때때로 이들의 업무나 일차적인 이해관계에 좌우됩니다. 공정하게 말하자면, 이들의 채점표는 이들이 관여하는 사람들만큼은 적어도 고통을 겪는다는 점을 대개 보여줍니다. 이런 점에서 이들은 [상대방을] 무장해제시킬 정도로 단순하고 인간적인 것처럼 보일 수 있습니다.

이들은 젊은 시절 적어도 수년간 자주 많은 연인을 갖고 있고, 그 연인 중 누구에게도 좀처럼 완전히 만족하지 못합니다. '이들을 기쁘게 하기가 까다롭다'는 말은 정확히 참인 것은 아니고 오히려 '장기적으로 이들이 쉽게 지루해하는 경향이 있거나 개인적인 차이로 하여금 자신의 신경과민에 거슬리게 허용한다'는 것입니다. 이들이 적어도 거대한 책략의 관점에서 천성적으로 계산하는 사람이 아닌 것은 다행이고, 그렇지 않으면 이들은 꽤 치명적일 것입니다. 사랑, 유혹, 섹스 자체를 위해 (대개 그 순서로) 그것에 얽매이는 이들의 동기가 좀처럼 음흉하지 않고, 비록 이들은 의식하든 의식하지 못하든 간에 타인들을 쉽게 이용할 수 있지만, 그렇게 하는 것을 자기 자신에게 좀처럼 허락하지 않습니다.

파괴는 낭만적인 가슴앓이부터 신체적인 두근거림에 이르게 하는 지적인 두뇌 타격까지 망라하면서, 이들의 삶에서 중요한 테마일 수 있습니다. 다시 말하면 이것은 가학적인 의도를 전혀 암시하지 않습니다. 이들이 다양한 무기의 배치로 달성한 것은, 단순히 이들의 역할이 타인들의 방어를 무너뜨리는 것으로 보일 뿐입니다. 이들은 흔들리지 않는 상대를 자신이 맞닥뜨릴 때에야 저항할 수 없는 세력인 자신의 임자를 만나게 될지도 모릅니다.

그러나 모든 유형의 도전 쪽으로 끌려드는 이들은, 강력한 적수가 참여되지 않는 한, 고군분투를 심지어 자신의 시간을 들일 가치가 있는 것으로도 여기지 않습니다. 강인함뿐만 아니라 미도 또한 사랑하는 이들은, 고도로 관능적인 사람이나 예술, 자연현상에 직면될 때 속수무책입니다. 심지어 미를 숭배한다는 말까지 들을지도 모르는 이들은, 이런 점에서 자신이 사랑하는 대상이나 아니면 심지어 자기 자신조차도 신 같은 위치로 끌어올리는 것을 주의해야만 합니다.

비록 이들이 가족생활에 여하튼 적합한 것처럼 들리지 않지만, 이들은 자신을 믿음직한 가족 구성원으로 만들어낼 수 있습니다. 극도로 충직한 이들은 어려움에 처한 친구를 비록 저버린 적이 있다고 해도 좀처럼 저버리지 않습니다. 하지만 이들을 감수해주거나 이들에게 관여하는 사람은 이들의 약점뿐만 아니라 특정 매력적인 힘도 또한 이해해야만 합니다. 자주 이들은 많은 의지력을 갖고 있지 않는데, 자신의 격정[적인 대상]과 직면할 경우 이들은 바람에 날리는 나뭇잎과 같습니다. 그럼에도 이들이 죄를 지을 때는 대개 자신이 하고 있는 것에 대해 완전히 자각한 경우입니다.

▶ 일간 특성
강점; 낭만적인, 세련된, 자석 같은
약점; 파괴적인, 안일한, 과도한

▶ 명상
니체는 사랑의 활동이 선악을 초월하여 일어난다고 말하기를 좋아했습니다.

▶ 조언
당신 삶의 어느 시점에 당신은 당신의 활동이 관련되는 힘겨운 결정을 만들어내야 할 것이다.
미루고 싶은 충동과 싸우라, 아픔은 인생 후반기보다 초반기에 선택을 만듦으로써 최소화될 수 있다.
당신의 진행 상황을 주기적으로 평가하라.

▶ 건강
이들은 좋게 보이기를 원할 것입니다. 하지만 이들의 격정은 자신의 건강을 서서히 잠식하는 경향일지도 모릅니다. 그러므로 이들은 풍미있고 미적으로 아름답거나 이국적인 음식에 대한 갈망이 강하기 때문에, 이들에게 어려울 수 있는 한도에서 자신의 식단을 지키기 위한 노력을 만들어내야 합니다. 음주와 흡연은 이들 중 다수에게 너무 자연스럽게 다가오고, 이것은 장기적으로 이들의 건강에 대단한 피해를 유발할 수 있습니다. 이들 중 여성에게는 모든 종류의 피임 방도가 용의주도하게 사용되어야 합니다. 남녀 모두 성병에 특히 주의해야만 합니다.

▶ 수비학
28일에 태어난 사람은 숫자 1(2+8=10, 1+0=1) 및 태양에 통치됩니다. 숫자 1에 통치되는 사람은 전형적으로 개별적이고, 고도로 고집적이며, 정상에 오르기를 열망합니다. 9월 28일에 태어난 이들은 (자신의 별자리인 천칭자리에 대한 금성의 통치에 의해 강조되는) 낭만적인 유형이 되는 경향이 있기에, 자신의 매혹과 유혹 성향 탓에 자신 삶의 목적이 산만해지는 것을 주의해야 합니다. 태양은 통제에서 벗어나 산발적으로 타오르게 허용되기보다 꾸준히 흐르도록 유지되는 것이 가장 좋은, 강한 창조적인 에너지와 불기운을 상징합니다.

▶ 원형
첫 번째 메이저 카드는 마법뿐만 아니라 지성, 소통, 정보를 상징하는 '마법사'입니다. 그의 머리 위의 무한대라는 상징은 일부 타로 종류에서는 모자의 형식을 취하고, 다른 종류에서는 후광의 형식을 취합니다. 많은 해석이 도출될지도 모르는데, 그중 하나는 마법사가 순환적이고 끝나지 않는 삶의 천성을 알아보고, 이런 이해심에 의해 힘있게 된다는 것입니다. 이 첫째 카드가 제안하는 긍정적인 특성은 외교적인 기술과 빈틈없는 기민함을 포함하지만, 부정적인 특성은 양심의 가책 결여와 기회주의입니다. 정직, 친절, 자제력으로 자신의 유혹적인 역량을 발휘하든 아니든 간에 선택은 이들에게 달려있습니다.

9월 29일
충전된 반응로의 날
The Charged Reactor

▶ 심리구조

9월 29일에 태어난 이들은 자신의 삶에서 안정을 유지하기 위해 계속되는 전투에서 싸웁니다. 때때로 이들은 자신이 우주의 주인이라고 느낄 수도 있고, 어떤 때는 전혀 가치가 없다고 느낄 수도 있습니다. 이들의 기분과 자기-이미지의 이런 널뛰기는 가장 자주 기저에 놓인 자기-신임 부족 탓입니다. 이들 중 다수는 한동안 안정을 찾아낼 수 있는 가족 국면 쪽으로 자연히 끌리지만, 결국에는 더 고립된 실존으로 때때로 옮겨갑니다.

이들은 대체로 고도로 매력적이고 유능합니다. 하지만 이들이 어디를 가든지, 무엇을 하든지 간에, 불확실성과 불안정성이 이들을 중심으로 소용돌이칩니다. (이를테면 이들은 바른 경력에 아니면 동반자에 오랫동안 머무는 데 대단한 어려움을 갖고 있을지도 모릅니다.) 자주 이들은 그 자체는 고요할지라도 맹렬함과 소란으로 둘러싸여 있는 태풍의 눈과 같습니다. 이들은 세상에 냉담한 것처럼 보일 수 있지만, 그럼에도 강한 반응으로 타인들을 좋게도 나쁘게도 자극합니다. 이들은 자신에게 닥칠 수 있는 사고와 적대감을 주의해야만 합니다. 이 위험을 제대로 다루려면, 이들은 빠르든 늦든 그런 불안을 불러오는 것이 바로 자신만의 억눌려진 감정일지도 모른다는 사실을 직시해야만 합니다. 따라서 자기 이해는 이들이 삶에서 가능한 한 일찍이 키워야 할 중요한 필수품입니다.

이들이 조직이나 회사, 가족 국면에 전심으로 헌신할 때, 이들은 집단 노력의 성공에 매우 귀중할 수 있습니다. 이들은 활동을 구조화하고 편성하기를 의미할 뿐만 아니라 신중하고 선견지명이 있는 방식으로 재정을 감당하기를 의미하는 것에도 또한 관리하는 재능을 갖고 있습니다.

하지만 이들은 매우 격렬한 행동과 매우 느긋한 행동 사이를 계속 오갈 수 있습니다. 이들은 자신의 절실한 욕구가 그동안 줄곧 자신의 재능과 성격을 진정 외향성의 방식으로 세상에 나오게 하고 드러내는 것일 때도 또한, 조용하고 무던한 것처럼 보일지도 모릅니다. 이들의 에너지가 단지 잘 유도될 수 있기만 하더라도, 그 에너지를 깊은 수준에서 풀어내는 것은 사실 화려한 개인적인 역동성 및 보상받는 재정적인 노력 쪽으로 이들을 만들어갈 수 있습니다.

이들은 상황이 어떻게 작용하는지에 대한 기법적인 이해관계를 자주 구현합니다. 이들의 실용적인 능력은 매우 높지만, 이들은 대개 프로젝트를 시작하거나 완성하기 위한 평정심에 이르는 데 어려움을 갖고 있는 것으로 보입니다. 그 능력을 발휘할 경우는 이것이 어떤 것을 시작하기 전에 광범위한 계획을 만들어내려는 이들의 욕구 덕이고, 어려움을 겪는 경우는 작은 세부사항의 이행에서 그 계획을 엮어내는 이들의 격렬한 완벽주의 탓입니다. 타인들은 그런 천성적인 재능을 타고나고 고도로 유능한 이들이 어찌해서든 자신의 참된 목표에서 옆길로 새게 되고, 성공으로 하여금 자신을 피하도록 허용하는 점에 자주 깜짝 놀라 이상하게 여깁니다. 하지만 만약 유별난 이들이 좌초되거나 옆길로 새게 되는 것 없이 자신의 경력에 대한 통치를 확고하게 틀어쥘 수 있다면, 이들은 실로 특별하게 성취하는 데 유능합니다.

▶ 일간 특성
정로(正路); 기법적인, 격렬한, 유능한
오로(誤路); 강박적인, 불안한, 고립된

▶ 명상
당신은 태풍의 중심에 살 때 무엇이 보이나요?

▶ 조언
앉아서 (몇 년이 걸리더라도) 당신 자신을 파악해내라.
당신의 상당한 재능을 선한 용도에 투입하라.
자기-신임을 얻으라.
당신의 삶을 조직화하되, 당신의 자발성을 유지하라.
내부적인 장벽과 장애물을 허물어버려라.

▶ 건강
이들이 '자기 내면성찰'과 '자기-지식'의 과정을 시작하기 전까지 모든 종류의 우연한 사고는 이들에게 항상 현존하는 위험입니다. 이들은 깊은 수준에서 더 신뢰하는 법과 감정적으로 마음을 터놓는 법을 체득해야만 합니다. 드물지 않게 이들은 이상한 식습관을 구현합니다. 자주 극단적인 이들의 식단은 인체에 무엇이 좋은지에 관해 자신이 갖고 있는 어떤 강한 취향에, 아니면 어떤 강한 발상에 기반을 둡니다. 이들은 채소, 곡물, 과일, 유제품 및 생선으로 구성된 더 균형 잡힌 단순한 식단으로 먹는 것, 그리고 어떤 종류의 극단적인 메뉴도 멀리하는 것이 유익할 것입니다. 대개 신체 운동, 춤, 섹스를 좋아하기 때문에, 이들은 활동을 유지하도록 상기될 필요는 없을 것입니다.

▶ 수비학
29일에 태어난 사람은 숫자 2(2+9=11, 1+1=2) 및 달에 통치됩니다. 숫자 2에 통치되는 사람은 자신을 리더보다 좋은 협업자와 동반자로 자주 만들어내므로, 9월 29일에 태어난 이들 중 더 내향성의 사람은 자신의 가족이나 작업 집단의 이상을 체화해줌으로써 자신의 행로를 찾아낼지도 모릅니다. 하지만 타인들과 이어지려는 부추김은 개별적인 주도권과 활동에 제동장치로도 또한 작용하여 좌절감을 연출할지도 모릅니다. 이것은 강하게 반사적이고 수동적인 경향을 갖고 있는 달에 의해 더욱 강화될지도 모릅니다. 부차적인 숫자 11(2+9=11)는 (금성이 통치하는 천칭자리의 심미적인 경향을 보완해주는) 신체적인 차원에 중점을 줍니다.

▶ 원형
두 번째 메이저 카드는 그녀의 왕좌에 앉아 차분함과 뚫지 못함을 보여주는 '여사제'입니다. 그녀는 숨겨진 힘과 비밀을 드러내어, 그녀에게 유의하는 이들을 그 지식으로 힘있게 하는 영적인 여성입니다. 이 카드의 유리한 자질은 침묵, 직감, 비축, 분별력이고, 부정적인 가치는 비밀주의, 불신, 무관심, 타성입니다.

9월 30일
뚜렷한 진실의 날
Glaring Truth

▶ 심리구조

9월 30일에 태어난 이들은 진실을 캐내어 그 진실을 밝혀내는 데 능숙합니다. 이들의 완벽주의자 천성은 이들의 작업 습관에서 구현됩니다. 자신의 입을 열기 전에 실상적으로 복습하고 예습하는 사람인 이들은 비록 충동적일 수 있지만, 대개 자신의 의견을 뒷받침할 일부 과중한 공격수단을 갖고 있습니다. 진실을 밝혀낼 시 이들 중 일부는 자신이 드러내고 있는 내용이 아무리 부정적일지라도, 자기 자신이 대의를 대변하는 것으로 바라보고, 그런 이유로 이들은 이상주의자입니다.

이들은 신체적인 것까지는 아니더라도 자신의 성격적인 것에서 고도로 매력적입니다. 이들의 겉모습은 복장, 말솜씨, 처신이 관련된 한, 대중 앞에 있을 시 이들에게 중요합니다. 어쩌면 이것은 이들이 자신이 끄떡없는 것처럼 보이고 싶기 때문인데, 자신이 드러내기를 바라지 않는 자기 자신에 관한 일부 진실을 은폐하고 있는 것은 자주 사실입니다.

대다수의 경우 이들은 교육받거나 학문적으로 훈련받은 사람이 아니라 오히려 경험이라는 힘겨운 공부를 통해서 체득해온 사람입니다. 이들은 철저한 연구라는 자신만의 형식을 통해 학자의 지위를 차지할 수 있고, 자신의 분야에서 전문가로 평가받게 될 수 있습니다. 이들은 자신이 말하는 바를 뒷받침하기 위해 그런 인상적인 지식의 체계를 축적할 능력이 있으므로, 이들의 논거에 동의하지 않기가 대개 매우 어렵습니다.

관습적이든 비관습적이든 간에 이들은 자주 자신의 겉모습을 주목을 끌기 위해 사용하므로, 대중적인 이미지를 표현하고 가족과 친구들의 주목을 붙드는 데 능란할 수 있습니다. 인간의 조건에 고도로 맞춰지는 이들은 사람들 및 그들의 동기를 매우 잘 이해합니다. 이들은 이런 측면에서 배후조종적이 되는 것을 주의해야만 하고, 자신만의 목적을 진전시키려 타인을 이용하는 것을 주의해야만 합니다.

이들이 자신의 믿음으로 볼 시 어떤 식으로든 진실을 굽혀버리는 사람들을 점차 지나치게 고발하거나 비판하게 되고, 옳은 손가락질을 하는 것을 좋아하게 될 가능성이 확실히 현존합니다. 고발하는 천사가 되려는 이런 성향은 손에서 실상 벗어나게 되고, 심지어 타인들로 하여금 이들의 존재감에 본능적으로 방어적인 자세를 채택하게까지 만들어낼 수 있습니다. 따라서 이들은 더 수용하고 덜 비난하는 데 공들여야만 합니다.

반면에 대개 자기 자신을 방어하는 데 꽤 유능한 이들은 비록 민감할지라도 (자신의 타고난 자기-신임 때문에) 많은 공격을 경시해버릴 수 있습니다. 이들은 자신이 하는 것에 관해서 대부분 독학하고 '역경의 학교'를 졸업했으므로, 항상 자신을 보호해줄 필수적인 강인함을 갖고 있습니다. 하지만 이들은 자신이 너무 공격적이 될 때 필연적으로 사람들을 쫓아버리므로, 공격보다 오히려 방어에서 이런 강인함을 표출함으로써 타인들에게 여전히 동감적이 되려고 노력해야 합니다. 이들은 대체로 돈에 밝아서, 자신의 재정적인 안정성을 보장해주는 기민한 투자를 만들어낼 수 있습니다.

▶ 일간 특성
강점; 호기심이 강한, 지식적인, 인상적인
약점; 비판적인, 비난적인, 독선적인

▶ 명상
우리는 각자 자신만의 행로에서 자신만의 진실에 직면합니다.

▶ 조언
당신의 인상적인 지식과 논거에도 불구하고 당신이 항상 옳은 것은 아니다.
배후조종적인 경향을 알아차리게 되라.
타인을 을러대지 말고, 당신의 생각에 더 개방적이고 수용적이 되라.
[타인을 비판하기 전에] 자신의 처신을 먼저 잘하라.

▶ 건강
자신의 신체적인 겉모습이 이들에게 중요하므로, 이들은 비록 슬기롭게 먹고 운동하는 쪽으로 자연스럽게 경도되는 것이 아닐지도 모르지만, 대개 그렇게 되도록 설득될 수 있습니다. 사실, 이들은 대개 술 소비, 흡연, 커피 마시기 또는 단것 탐닉을 피하려는 대단한 노력을 만들어내야만 합니다. 이들은 자신만의 개인적인 건강을 개선하는 방법을 탐사하는 것에 대한 자신의 사랑을 적용하도록 격려됩니다. 이들은 즐거움과 건강 양쪽을 위한 신선한 음식의 가치를 직접 체득할지도 모르는 부엌에서 자주 대단한 재능을 보여줍니다.

▶ 수비학
30일에 태어난 사람은 숫자 3(3+0=3) 및 목성에 통치됩니다. 숫자 3에 통치되는 사람은 자주 자신의 분야에서 최고 위치에 오르고, 9월 30일에 태어난 이들은 독립뿐만 아니라 재정적인 및 물질적인 성공을 위해 추구할 시 정상 쪽으로 당연히 내몰릴 것입니다. 목성은 이들에게 낙관적이고 확장적인 사회적 전망을 빌려주고, 금성(천칭자리의 통치자)의 영향력과 조합하여 이들의 이상주의를 강조해줍니다.

▶ 원형
세 번째 메이저 카드는 창조적인 지성을 상징하는 '여황제'입니다. 그녀는 완벽한 여성형, 즉 우리의 꿈, 희망, 열망을 체화한 극도의 여성성인 대지의 양육자입니다. 이 카드는 매혹, 우아함 및 조건 없는 사랑이라는 긍정적인 특성도 대변하지만, 완벽하지 못함에 대한 불관용뿐만 아니라 허영심과 꾸며냄이라는 부정적인 특성도 또한 대변합니다.

10월 1일
강한 자의 날
The Top Dog

▶ 심리구조

10월 1일에 태어난 이들은 대다수 사람보다 더 자주 자신의 업종이나 사회 동아리, 가족 구조에서 최고의 자리에 오르게 될 가능성이 있습니다. 이는 대체로 이들이 밀어붙이거나 공격적인 능력보다 인생에 대한 원대한 전망으로 기능하고 유지하는 능력 덕택입니다. 이들은 많은 야심을 갖고 있지 않을지도 모르므로, 타인들은 본능적으로 이들의 예외적인 능력을 알아보는 것으로 보이고, 이런 능력은 때때로 딜레마를 제기할 수 있습니다. 실로 정상에서 기능하는 것은 이들이 대다수 심리적으로 감당하기가 어려움을 알아차리는 엄청난 중압감을 자신에게 줄 수 있습니다.

이들이 맞닥뜨리는 문제들은 대개 이들의 경력에 집중됩니다. 이를테면 이들이 높은 사회적인 위치에 도달하기 위한 고군분투에 수년이 걸릴 수 있지만, 결국 그 위치가 자신이 기대했던 것이 꽤 아니라는 점을 알아차릴 뿐입니다. 그 이유 중 일부는 이들이 자신의 성공에 충분한 기쁨을 누리지 못할 수도 있는 매우 진지한 사람인 경향이 있기 때문입니다. 실로 이들은 자신이 해결할 수 없는 자신의 작업에 의해 제시된 문제들에 시달릴 수 있는데, 이것은 상황을 그냥 내버려 두기가 힘듦을 알아차리는 이들의 완벽주의 경향에 의해 특히 도움되지 않습니다. 하지만 개인적인 계발에서 이들 중 다수는 자신이 맞닥뜨리는 어려움들을 통해 배워서 결국 진보하는 두드러진 능력을 내보여 줍니다.

자신의 대인관계가 관련된 한, 이들은 자주 이들만의 높은 개인적인 목표를 갖고 있지 않은 사람들을 제외해버리고, 고도로 유능하고 결단적인 사람에게 관여하는 것을 대개 발굴해냅니다. 틀림없이 이들은 자기 자신을 더 진전시키려는 자신의 욕구를 도와주면서 이해할 수 있는 동무를 선택할 것입니다. 그런 사람의 감정적인 후원이야말로 대체로 이들의 노력이 성공하는 데 중대합니다.

대체로 매우 특이한 이들은 자신만의 남다른 방식으로 운영하는 방법을 단지 알고 있을 뿐입니다. 하지만 이들이 노력한 결과는 자주 가장 인상적이기 때문에, 이들은 진지하게 받아들여지고 결국 심지어 찬양자들에 의해 모방되기까지 할 것입니다. 독특한 이들이 작업하는 것이 보일 때, 아니면 어쩌면 지기나 협업자와 함께 찍은 사진에서 보일 때, 이들은 자주 상황에 맞지 않거나 기이하게 보일 것입니다. 이들은 변칙적인 방도 및 작업하는 철학 양쪽 탓에 자신의 업종에서 실로 이례적인 구성원입니다. 이들이 중요한 연합 및 회사 정치를 배제하고 자신의 작업에 집중한다면, 이들은 자신이 몹시 불편하게도 항상적인 비판 아래 놓이게 될지도 모릅니다.

이들 중 대다수는 자신이 알고 있는 것을 정규 학교 교육이 아니라 경험에서 배웁니다. 이들의 전문성은 흠잡을 데가 없고, 이들은 대체로 세련되고 자신만만하며 정직하고 무엇보다도 당당한 것처럼 보입니다. 이들은 비록 수년이 걸릴지라도 타인들의 사랑과 존중을 대체로 쟁취합니다. 이들이 더 이상 주위에 있지 않을 때 사람들은 이들을 대단히 아쉬워하고, 이들은 이전에 이들을 덜 생각했던 바로 그 사람들에게서 애틋하게 회자됩니다.

▶ 일간 특성
강점; 독특한, 투신하는, 당당한
약점; 위기를 부르는, 우유부단한, 냉담한

▶ 명상
두 당사자가 나쁜 국면에 빠져있고, 한 쪽이 생각하거나 결정하는 데 무능할 때, 다른 쪽은 양쪽 모두를 위해 결정해야만 합니다.

▶ 조언
당신의 삶으로 노력에 대한 일관성을 더 가져와라.
당신의 일부 두려움과 관심사를 없애라.
자기 충족적인 예언을 주의하라.
책임을 위임하는 법을 체득하라.

▶ 건강
더 실용적인 유형이든, 더 영적인 유형이든 간에 이들은 대체로 건강이 관련되는 문제를 알아챌 것입니다. 만약 이들의 완벽주의적인 면이 자신의 상태를 개선하거나 유지하는 것에 초점을 맞춘다면, 이들은 자기 자신을 나무랄 데 없이 돌볼 것입니다. 그렇지 않다면, 이들은 건강을 완전히 무시하는 데 꽤 유능합니다. 이들은 나쁜 식단이나 약물류를 통해 자신의 신장이나 다른 내부적인 장기들을 해치는 것을 특별히 주의해야만 합니다. 이런 이유로 지방, 동물성 단백질, 술 및 설탕이 합리적으로 낮은 균형 잡힌 식단은, 영양 곡류, 저지방 요구르트, 신선한 채소 및 다른 건강식품으로 점차 보완되어야 합니다.

▶ 수비학
1일에 태어난 사람은 숫자 1 및 태양에 통치됩니다. 1일에 태어난 사람은 첫째가 되는 것을 좋아합니다. 숫자 1에 통치되는 사람은 전형적으로 개별적이고, 고도로 고집적이며, 정상에 오르기를 열망합니다. 10월 1일에 태어난 이들은 삶에서 자신의 역할에 관해 뒤섞인 느낌이 있을지도 모르지만, 대개 좌절이나 혼란과 관계없이 꿋꿋이 버텨내는 지구력과 집중력을 갖고 있습니다. 태양은 통제를 벗어나 산발적으로 타오르게 허용되는 것보다 꾸준히 흐르도록 유지되는 것이 가장 좋은, 강한 창조적인 에너지와 불기운을 상징합니다. 금성(천칭자리의 통치자)과 태양의 조합은 이들에게 낭만적이고 이상주의적인 아우라를 빌려줍니다.

▶ 원형
첫 번째 메이저 카드는 마법뿐만 아니라 지성, 의사소통, 정보를 상징하는 '마법사'입니다. 그의 머리 위의 무한대라는 상징은 일부 타로 종류에서는 모자의 형식을 취하고, 다른 종류에서는 후광의 형식을 취합니다. 많은 해석들이 도출될 수 있는데, 그중 하나는 마법사가 순환적이고 끝나지 않는 삶의 천성을 알아보고, 이런 이해심에 의해 힘있게 된다는 것입니다. 이 첫째 카드가 제안하는 긍정적인 특성은 외교적인 기술과 빈틈없는 기민함을 포함하지만, 부정적인 특성은 양심의 가책 결여와 기회주의입니다. 피상성과 환상에 안주하든, 아니면 더 가치 있는 목적을 위해 애쓰든 간에 선택은 이들에게 달려있습니다.

10월 2일
언어적인 명민함의 날
Verbal Acuity

▶ 심리구조

10월 2일에 태어난 이들은 에둘러 말하지 않습니다. 이들은 대개 자신의 의견에 매우 솔직하고, 주어진 주제에 대한 자신의 입장을 표현하는 것에 관해서라면 좀처럼 의심을 많이 남기지 않습니다. 하지만 사람들은 이들의 비축에 그리고 간결하고 신랄하며 재치 있는 발언의 틀을 짓는 이들의 기술에 대체로 더 깊은 인상을 받습니다. 이들은 자신이 어떻게 느끼는지를 사람들로 하여금 알게 하려면 화를 내지 않아도 되고 아니면 심지어 감정적으로 성질조차도 나지 않아도 됩니다.

이들은 자신의 발언이 너무 날카롭거나 신랄해질 위험이 있습니다. 그 귀결로 이들을 잘 알지 못하고, 이들의 말을 너무 문자 그대로 혹은 개인적으로 받아들이는 사람들에게 이들은 적대감을 자극할 수 있습니다. 자주 이들은 자신의 논평이 민감한 사람과 신경이 예민한 사람에게 얼마나 파괴적일 수 있는지를 완전히 알아채지 못합니다. 때때로 이들은 말과 행동 모두에서 꽤 무자비하다는 비난을 받을 수 있습니다.

이들의 사고방식과 행동에는 부인되지 않는 사회적인 및/혹은 정치적인 공세가 현존합니다. 이들 중 대다수는 사회의 작동방식에 관심을 두고, 사람들의 관점을 이해하는 것과 배후조종하는 것 모두에 매우 능숙합니다. 이들은 대개 어려운 국면을 자신만의 유리한 점으로 전환할 수 있고, 아니면 자신을 방해하는 사람들을 흔들어댈 수 있습니다.

이들은 타인들에게 깊은 인상을 주는 매혹이나 원초적인 힘이 기저에 흐르는 어떤 우아함을 갖고 있습니다. 이들은 특히 생존 문제에 관한 한, 속이 매우 강인하기 때문에, 유약한 사람으로 오인되지 말아야 합니다. 이들의 공격력은 회복이 빠른 방어력에 똑같이 걸맞고, 그러므로 이들은 누구나 갖고 있는 유익한 적으로 자신을 만들어내는 것은 아닙니다.

이들이 어떤 때는 지나치게 수줍어하고, 다른 때는 지나치게 단정짓는 공격성에 문제를 때때로 보유할 수 있습니다. 젊은 시절 폭력에 관한 강한 감정도 또한 갖고 있는 이들은 폭력에 몹시 불안해하고 아니면 폭력을 탐닉하기 쉬울지도 모릅니다. 이런 점에서 이들은 덜 사로잡히는 법 및 내면의 침착과 평정을 키우는 법을 체득해야만 합니다. 타인들이 싫어하지 않는 방식으로 반대, 부정성, 공격성, 야심을 이들이 표현하거나, 숨은 동기에 관한 의심을 남기지 않는 것이야말로 대단히 중요한 것에 속합니다.

이들은 입가에 미소 짓고, 눈을 반짝이는 기색이 자주 발견될 수 있습니다. 이들은 흥겹게 하거나 대접받는 것 외에 더 좋아하는 것은 없습니다. 이들의 자주 퉁명스러운 재치, 즉 비웃는 재치의 우스꽝스러운 찌르기는 확실하고, 이들의 농담에 대한 표적이 이들 자신이 아니라 타인들이라는 점은 당연할지도 모릅니다. 실로 이들은 웃음이 자신에게 향해질 때 오히려 신경이 예민하게 되고, 이런 측면에서 유머를 향한 이중 잣대를 갖고 있습니다.

이들에게 있는 극도의 민감성은 자주 험상궂은 외관에 의해, 아니면 가볍게 놀이하는 외관에 의해 가려지거나 무장됩니다. 이 두 가지 변장은 이들이 자신의 내면 자기에서 멀어지도록 주목을 돌리기 위해 재치나 거리감, 공격성을 사용하는 데 매우 능숙하므로, 자신의 진짜 천성을 당연히 숨길지도 모릅니다. 오직 이들과 매우 가까운 사람들만이 이들의 감정적인 취약성을 언젠가 알아볼지도 모릅니다.

▶ 일간 특성
강점; 재치있는, 매혹적인, 매력적인
약점; 신랄한, 억눌려진, 두려워하는

▶ 명상
침묵은 무기로서 강력한 것이 아니라 마음을 조용하게 하고, '자기'에 도달하는 수단으로서 말보다 더 강력할 수 있습니다.

▶ 조언
당신의 공공연한 가면 뒤로 숨지 마라.
타인들로 하여금 당신을 당신의 실상적인 모습으로 보게 하라.
두려움을 줄이고, 자기-신임을 키우기 위해 작업하라.
부정성을 표현할 시 바른 균형잡기를 찾아내라.
당신의 짖는 소리는 실로 물어버리는 것일지도 모른다.
타인들로 하여금 당신의 삶으로 들어오게 하라.

▶ 건강
이들은 공격적인 충동의 억제와 부상에 대한 두려움 탓에 개인적으로 아니면 우발적으로 폭력을 끌어들이지 않도록 조심해야만 합니다. 만약 이들이 더 공격적인 유형에 속한다면, 이들은 타인들을 해치는 것도 또한 주의해야만 합니다. 심리 상담은 '무엇이 이들로 하여금 움직이도록 만들어내는지' 또 '어떻게 이들이 자신의 행동과 태도를 교정할 수 있는지'를 발견하도록 이들을 돕는 것에 유익한 것으로 판명될지도 모릅니다. 이들은 등과 복부 장기가 관련된 우발사고를 특히 주의해야만 합니다. 무엇보다도 이들은 자기 자신이 끄떡없다고 믿지 말아야만 합니다. 정착된 신체적인 습관, 균형 잡힌 식단, 가볍거나 적당한 운동은 이들을 정렬상태로 유지하는 데 도움될 것입니다. 이들은 이 영역 중 어떤 것에도 도가 지나치는 것을 피해야 합니다.

▶ 수비학
2일에 태어난 사람은 숫자 2 및 달에 통치됩니다. 숫자 2에 통치되는 사람은 자주 자신을 리더보다 좋은 협업자와 동반자로 만들어내는데, 10월 2일에 태어난 이들에게 직무와 관계에서 더 쉽게 들어맞을지도 모릅니다. 하지만 숫자 2의 영향력은 자신만의 방식으로 상황에 응해야만 하는 이들에게 좌절감을 연출하면서, 개별적인 주도권과 활동에 제동장치로도 또한 작용할지도 모릅니다. 그 방식은 강하게 반사적이고 수동적인 경향을 갖고 있는 달에 의해 더욱 난해해집니다. 좋은 면에서 천칭자리의 금성 자질은 이들의 물어버리는 성격을 부드럽게 할 수 있는 우아함과 매혹을 여기서 빌려줍니다.

▶ 원형
두 번째 메이저 카드는 자신의 왕좌에 앉아 침착함과 뚫지 못함을 보여주는 '여사제'입니다. 그녀는 숨겨진 세력과 비밀을 드러내서, 그녀에게 유의하는 이들을 그 지식으로 힘있게 하는 영적인 여성입니다. 이 카드의 유리한 자질은 침묵, 직감, 비축, 분별이고, 부정적인 가치는 비밀주의, 불신, 무관심, 타성을 포함합니다.

10월 3일

유행의 선도자의 날

The Trendsetters

▶ 심리구조

10월 3일에 태어난 이들은 자신 주위에서 계발되는 사회적인 동향을 향해 곤두선 안테나를 갖고 있습니다. 이들은 유행을 따르는 데 능숙할 뿐만 아니라 어쩌면 적어도 자신의 사회 동아리 내에서 패션을 선도하는 데도 또한 능숙합니다. 발상뿐만 아니라 최신의 옷, 집, 자동차를 갖고 있는 것이 매우 행복한 이들은, 그 단어의 온갖 의미에서 최신이기를 바랍니다. 하지만 이들은 전통에 대한 감각 그리고 자신이 어느 부분에서 전통에 맞는지에 대한 감각도 또한 갖고 있는데, 그 감각은 이들의 성공을 위한 받침대입니다.

확장적인 이들은 불공정하게 당하기를 좋아하는 것은 아닙니다. 이들은 자신의 주위 온갖 것에 관심을 두고, 두 가지 이상의 분야에서 꽤 전문가가 될 수 있습니다. 이들은 자신의 영으로 하여금 날아오르게 하는 사람입니다. 이들은 우쭐대는 사람이지만 비판적으로 우쭐대고, 자신이 경험의 다층성에 개방적일지도 모르지만 강한 호감과 비호감을 구현합니다.

이들은 자신이 할 수 있는 가장 최고가 되기를 원하면서, 자신의 주요 직종을 매우 진지하게 택합니다. 이들 중 예외적인 능력이나 권위의 위치에 있는 사람은 이들을 일종의 귀감으로, 즉 이상적인 대표자로 보는 자신의 협업자나 동료에 의해 우상화될 수 있습니다. 하지만 일에 대해 격렬하고 심하게 몰아대는 접근법은 이들로 하여금 소진이 가능한 대상으로도 또한 만들어낼 수 있습니다.

자신이 사회에 끼어드는 모습과 어떤 특정 순간에 연기하고 있는 역할을 대개 꽤 알아차리는 이들에 관한 역할 연기자의 어떤 것이 항상 현존합니다. 과시하기 쉬운 이들은 자신이 어떤 모임에서든 주목받는 중심에 있을 때 가장 행복합니다. 이들이 주목받지 못하고 넘어가기가 극도로 어렵고, 비록 이들이 오랜 기간을 혼자 보낼 수 있을지라도, 이들은 주기적으로 등장해서 '자신이 누구인지'를 인정받으려고 욕구합니다.

이들은 자신의 가족이나 사회 집단에서 자신이 진행 속도를 설정해야 한다고 자주 느낍니다. 이들은 가만히 앉아서 상황으로 하여금 자체의 코스대로 진행하도록 하는 것에 좀처럼 만족하지 않지만, 관심사의 주제가 아무리 평범하거나 일상적일지라도 스스로 가담해야 합니다. 개인적인 취향은 이들에게 대단한 자부심의 문제이고, 그러므로 나쁜 취향으로 비난받는 것은 진정한 모욕입니다.

이들은 내향성사람과 외향성사람의 기이한 혼합입니다. 이들은 자주 타인들의 내면 작동방식을 꿰뚫어보는 통찰력을 내보여주지만, 자기 자신에 관해 알고 있는 것을 드러내기를 꺼릴지도 모릅니다. 이들 중 대다수는 작은 집단의 사람들과 시간을 보내는 것을 선호하고, 결국 단지 한두 명의 친우하고만 자신의 삶을 공유할 수 있습니다. 이들은 가족이나 자녀를 위해 시간을 허용하고 싶지 않을지도 모르지만, 그럼에도 자신을 좋은 부모로 만들어낼 수 있습니다.

이들은 개인적인 관계를 서서히 잠식할 뿐만 아니라 특히 자신의 자손에게도 나쁜 효과를 보유할 수 있는 피상성, 속물근성 혹은 지위에 휘말리지 않도록 조심해야만 합니다. 이들 중 일부는 자신의 경력을 진전시키기 위해 우정을 키우는 것으로, 그리고 올바른 사람들에게 친근하게 굴고 싶어하는 것으로 어쩌면 비난받을 수 있습니다.

▶ 일간 특성
강점; 사회적으로 알아채는, 최신인, 격렬한
약점; 산만한, 가식적인, 과시주의자적인

▶ 명상
옷의 의도는 숨기려는 것입니까, 아니면 드러내려는 것입니까?

▶ 조언
시대를 따라잡기 위해 서두를 시 당신의 영적인 계발을 등한시하지 마라.
당신[만]의 삶을 당신이 살 수 있는 그런 변치 않는 원칙을 탐구하고, 당신의 [안테나에 집중하기보다] 개인적인 계발에 더 집중하라.
유혹받게 되어 행로를 벗어나지 마라.
반짝이는 것이 모두 금은 아니다.

▶ 건강
이들은 자신 삶의 다층적인 시기에, 파티 공연이나 외식 증후군으로 고통받을지도 모릅니다. 술, 커피, 담배는 그 사용의 사교적인 천성 때문에 세심하게 지켜봐져야 할 것입니다. 이들에게 식단은 너무 자주 유용성의 대상이고, 이들은 자신의 식사를 돌아다니면서 먹거나 빠른 일상생활 사이에 끼워넣습니다. 그러므로 이들은 자신의 속도를 조금 늦추고 자신의 시간을 안배하여 적합한 식사나 정기적인 운동을 감안하는 것이 유익할 것입니다.

▶ 수비학
3일에 태어난 사람은 숫자 3 및 목성에 통치됩니다. 숫자 3에 통치되는 사람은 자신의 분야에서 최고 위치에 자주 오르고, 자신의 독립성을 고도로 중시합니다. 천칭자리의 금성 에너지와 짝지어진 목성은 10월 3일에 태어난 이들에게 낙관적이고 확장적인 사회적 전망을 빌려줍니다.

▶ 원형
세 번째 메이저 카드는 창조적인 지성을 상징하는 '여황제'입니다. 그녀는 완벽한 여성형, 즉 우리의 꿈, 희망, 열망을 체화한 극도의 여성성인 대지의 양육자입니다. 이 카드는 매혹, 우아함 및 조건 없는 사랑이라는 긍정적인 특성도 대변하지만, 완벽하지 못함에 대한 불관용뿐만 아니라 허영심과 꾸며냄이라는 부정적인 특성도 또한 대변합니다. 그녀의 확고부동한 자질은 시대 정신에 따라 아주 많이 전환할지도 모르는 이들을 위한 긍정적인 본보기의 역할을 해야 합니다.

10월 4일
교정되기 어려운 이의 날
The Incorrigibles

▶ 심리구조

10월 4일에 태어난 이들은 대다수 사람과는 달리 단순히 자신의 삶을 살고, 자신이 바라는 방식으로 행동합니다. 이들은 자주 동의적이고 매혹적인 페르소나를 제시하지만, 완벽하지 못한 세상과 협상한 산물인 내면의 강인함을 갖고 있습니다. 이들이 자신의 아이러니한 관점, 예리한 관찰력, 날카로운 유머감각을 이끌어내는 곳은 바로 이 실상적이고 생존적인 마음가짐의 핵심입니다.

이들은 상황이 순조롭게 진행되기를 좋아하지만, 이들 자신이 선택한 방향으로 상황이 순조롭게 흘러가기를 바라는 것에는 어떤 의심도 현존하지 않습니다. 이들은 자신이 권한을 행사하는 것처럼 보이지 않고도 보스가 될 수 있을 정도로 미묘한 방식으로 권한을 행사할 능력이 있습니다. 이런 것은 매우 느긋한 이들이 상당한 시간 동안에는 사람들을 수용하는 것처럼 보일 수 있지만, 자신의 권위가 관련된 곳에서는 언제나 양보하지 않는다는 점에서 사실 꽤 기만적인 자질입니다. 그럼에도 타인들은 느긋한 이들의 매혹을 유쾌하고 진정시키는 것으로 알아차립니다.

이들은 기이한 세계관까지는 아니더라도 독특한 세계관을 갖고 있습니다. 하지만 이들이 타인들과 자신의 발상을 공유할 때, 이들은 종종 자신의 별스러움 덕에 받아들여지고, 환영받으며, 심지어 사랑까지 받습니다. 어쩌면 이것은 이들 자신이 사람들과 즐겁게 지내고, 사회가 제안하려고 갖고 있는 온갖 것에 자유롭게 참여하기 때문입니다. 이런 의미에서 이들은 깊게 인간적인 사람이고, 자신의 동료들과 강한 유대감을 갖고 있습니다. 비록 이들은 상류층에서 움직이거나 성공이라는 희박한 공기를 마실지라도, 좀처럼 속물적이지 않을 것입니다.

위험은 이들에게 대단한 끌어들임을 유지합니다. 하지만 이들은 다수 사람이 그 위험을 바라보는 (즉, 생명을 위협하고 부정적인) 것처럼 위험을 바라보지 않습니다. 이들에게 위험한 국면은 종종 이들의 부주의를 통해 위험해질 운명으로 만들어집니다. 물론 위험이 수반되지만, 이들은 대다수의 경우 등산이든, 스쿠버 다이빙이든, 행글라이딩이든 간에 간단히 필요한 훈련과 예방 조치를 취하고, 단호히 목적을 추구하는데, 대개 결과가 좋습니다.

이들은 자신의 가족을 자랑으로 여깁니다. 이들 자신이 자녀를 갖고 있지 않더라도, 이들은 대개 누군가의 마음에 드는 이모나 삼촌, 헌신적인 남편이나 아내입니다. 이들은 사회적으로 매우 능숙합니다. 하지만 이들의 고립이 자기가 부과한 것인 한, 이 능숙함은 혼자 있는 것을 싫어한다는 의미가 아닙니다. 이점은 이들이 혼자 작업할 시 두드러진 집중력을 표출하는 것에서 증명됩니다. 이들 중 다수가 갖고 있는 하나의 어려움은, 야심이 부족한 이들이 즐겁고 편안하며 여유로운 상황을 갖고 있기를 좋아한다는 점입니다. 실로 이들은 좋은 취향을 갖고 있고, 아름다운 것들로 자기 자신을 둘러싸는 것을 사랑합니다. 만약 이들은 세상에서 선두로 나서는 데 필수인 긴장이 부족하다면, 더 대단히 노력할 마음을 불어넣어줄 촉발을 욕구할지도 모릅니다. '개인적인 불리한 조건' 또는 장애물, 작업장에서 받는 거절, 압제적인 권위적 인물은 모두 이들의 싸우는 본능을 끌어내는 역할을 할 수 있습니다.

▶ 일간 특성
강점; 세련된, 사교성이 능숙한, 유머러스한
약점; 안일한, 고집불통인, 무모한

▶ 명상
당신은 지구가 도는 것을 느낄 수 있나요? 당신은 별들의 노래를 들을 수 있나요?

▶ 조언
자기-만족적이 되는 것을 주의하라.
당신 자신의 목표를 설정하고, 그 목표에 도달하기 위한 시간표를 설정하라.
영적인 문제를 돌보라.
당신 자신을 개선시키기 위해 당신 혼자만의 시간을 활용하라.
갇히게 되지 마라.

▶ 건강
이들은 자신이 조심할지라도 모든 종류의 우발적인 부상을 당할 대상입니다. 이것은 자기 자신을 위험한 국면에 두려는 이들의 경향 탓에 특히 해당됩니다. 이들은 등과 내부 장기의 추락이나 타격, 우발적인 중압감을 주의해야만 합니다. 섹스는 이들에게 대개 미묘한 문제이고, 이런 측면에서 이들은 꽤 쉽게 균형을 잃어버릴 수 있고, 따라서 자신의 감정적인 상태를 혼란스럽게 하며, 아마 자신의 건강에 영향을 끼칩니다. 끝으로 삶을 충분히 즐기려는 이들의 욕구에는 담배, 커피 및/또는 술을 너무 자주 포함하는데, 이런 것들은 통제되어야 하거나 가능하면 가혹하게 제한되어야 합니다.

▶ 수비학
4일에 태어난 사람은 숫자 4 및 천왕성에 통치됩니다. 숫자 4에 통치되는 사람은 상황에 응하는 자신만의 자주 남다른 방식을 갖고 있는데, 천왕성은 10월 4일에 태어난 이들의 성격에서 확대될 수 있는 특성인, 갑작스러운 가변성 및 예견되지 않는 활동을 예시해줍니다. 숫자 4에 통치되는 사람은 대체로 돈에 지나치게 관련되지 않고, 이것은 발상과 원리에 더 집중하는 이들에게 유효합니다. 천왕성과 금성(천칭자리의 통치자)의 영향력 때문에, 신경질적인 자질 및 섹스에 대한 중점이 이들에게서 현저합니다.

▶ 원형
네 번째 메이저 카드는 자신이 갖고 있는 권력의 일차적인 원천인 지혜를 통해 세속적인 것들을 다스리는 '황제'입니다. 황제는 안정되고 현명한데, 그의 권위라는 세력은 의심받을 수 없습니다. 이 카드의 긍정적인 연관성은 강한 의지력과 확고부동한 에너지이고, 부정적인 예시는 완고함, 압제, 심지어 잔인성까지 포함합니다.

10월 5일
정의로운 대의의 날
The Just Cause

▶ 심리구조

10월 5일에 태어난 이들의 삶에서 정의는 중대한 테마입니다. 대체로 진실을 알아보므로 그 진실을 지켜내는 이들은 먼저 불공정이나 부패, 억압을 폭로하고, 그다음 그것을 반대하기 위해 자신이 할 수 있는 것을 할 것입니다. 하지만 이것에 만족하지 않는 이들은 자주 친구나 가족 구성원, 동료를 설득하여 국면이 바로잡히도록 도울 것입니다. 이들은 똑같은 결단으로 개인적인 수준이나 사회의 가장 높은 계층에서 작업하는 것이 발견될 수 있습니다.

같은 태도로 이들은 자기 자신에 대한 공정한 대우도 고집하고, 자신의 존엄성에 대한 모욕을 용인하지 않을 것입니다. 공정한 행동이라는 개념이 이들의 말과 생각에서 실로 너무 중심적인 입지를 차지해서, 이들은 때때로 자신만의 개인적인 진보를 위해 정의라는 대의명분을 이용한다고 비난받을지도 모릅니다. 이것이 참일지도 모르고 아닐지도 모르나 공정하게 보면, 이들은 대체로 대의를 첫째로 떠올리고, 자신만의 바램을 둘째로 떠올립니다.

이들은 자신의 이상과 타인들의 웰빙을 돕기 위해서 자신에게 가장 즐거운 것을 포기하면서, 심지어 자기희생과 자기 부인을 통해서까지 이런 방향으로 도가 지나칠 수 있습니다. 빠르든 늦든 이들의 개인적인 욕구와 원함이 그것들 자체를 주장할 것이고, 이들이 자신의 위치에서 물러나거나 자신이 떠맡는 책임을 과감하게 줄이도록 강요받아서, 이들에게 점점 의존하게 되었던 사람들의 발을 묶을지도 모르기 때문에, 이들은 그런[도가 지나친] 행동을 절제해야만 합니다.

이들은 가슴속에서 생명을 지향하고, 재미를 사랑합니다. 건전한 방식 속에 기능할 때, 이들은 팀을 이끌거나 팀에 이바지함으로써 엄청난 개인적인 만족감을 어떻게든 얻게 됩니다. 이들을 위한 궁극적인 쾌감은 자신의 작업에서 득을 본 사람들의 표정에 있는 감사이고, 이런 점에서 이들은 다른 누구만큼 어쩌면 심지어는 더 상호의존적입니다. 따라서 비록 이들이 강하고 독립적인 유형인 것처럼 보일지도 모르지만, 이들은 사실 다소 궁핍하고, 환영을 갈망합니다. 이들의 전망과 작업에 생명 같은 것은 바로 인간성의 요소이므로, 이들은 대체로 사람들을 직접적으로 포함하지 않는 대의에 거의 이해관계를 보여주지 않습니다.

인간적인 활동에 자기를 푹 담그려는 자신의 욕구에도 불구하고, 이들은 자신의 환경과 좀처럼 융합되지 않습니다. 자주 이들은 객관적으로 완전히 들어맞지 않는 것으로 보이는, 즉 잘못된 유니폼을 입어야 하는 사람처럼 보이는 위치를 차지할 것입니다. 하지만 이들은 자신의 사회적인 본능이 매우 강력해서 고도로 성공적일 때, 자신이 연기하는 역할에 대한 대중적인 이미지를 사실상 재규정할지도 모릅니다. 심지어 이들 중 단지 소박한 정도로 성공한 사람조차도 눈살을 조금 찌푸리지만, 그 직무를 마무리되게 하는 독특한 방식 속에 기능하는 경향이 있습니다.

이들은 자신의 성격이 중심적인 초점이 되어서 결국 자신의 이상 및 원래의 목적을 대체하는 에고적인 판죽걸기를 하지 않도록 매우 조심해야만 합니다. 타인들에 대한 이들의 비판과 판단도 또한, 특히 이들이 현장에 등장하기 전에 진행되었던 것에 대한 이들의 비판과 판단은 손에서 벗어나도록 허용될 수 없습니다. 그러므로 이들은 자신이 경멸하는 것을 반대할 시 자신의 원칙을 형성해야만 할 뿐만 아니라 자신이 되기를 바라는 대로 삶에 대한 건설적인 비전도 또한 빚어내야 합니다.

▶ 일간 특성
강점; 정의로운, 생명 지향적인, 사회적인
약점; 선-생각되는, 고민하는, 초조해하는

▶ 명상
우리는 신을 위해 작업합니다. 그녀는 단호한 보스이고, 급여가 항상 그렇게 좋은 것은 아니지만, 보답은 있습니다.

▶ 조언
너무 당신 자신에게 휩쓸리게 되지 마라.
빈번히 영적인 조언에 맞추는 것, 또 그런 조언을 요청하는 것을 기억해내라.
당신의 일상적인 작은 임무들을 마음에 간직하라.
당신이 먼 산을 보다가 당신 발 앞의 돌에 걸려 넘어지지 마라.

▶ 건강
이들은 자신의 건강을 등한시하는 것을 주의해야만 합니다. 가족 주치의에게 받는 정기검진이 권장됩니다. 대의에 자기 자신을 희생시키거나 타인을 위해 살려는 이들의 성향은 처음에 이들의 신체적인 건강에 충격을 줄지도 모르지만, 장기적으로는 개인적인 욕구에 대한 억압 탓에 심리적인 좌절감도 또한 유발할 수 있습니다. 술과 커피를 마시는 것뿐만 아니라 흡연 같은 사교 지향에 대한 의존 상태는, 신체적인 문제를 유발한다면 지속해서 통제되거나 심지어 결국 제거까지 되어야만 합니다. 팀 스포츠와 걷기가 운동을 위해 권장됩니다.

▶ 수비학
5일에 태어난 사람은 숫자 5 그리고 생각과 변화의 빠름을 대변하는 신속한 행성인 수성에 통치됩니다. 금성이 천칭자리를 통치하므로, 수성-금성 연관성은 10월 5일에 태어난 이들에게 매혹적이고 사회적인 끌어당김을 빌려주지만, 엘리트주의와 기회주의를 향한 성향도 또한 빌려줍니다. 수성의 영향력 덕에, 이들은 특정 사회 활동에 대한 관여를 대단히 정기적으로 바꾸고 싶을지도 모릅니다. 숫자 5에 통치되는 사람은 어떤 타격이나 함정을 맞닥뜨리든지 간에 대개 빠르게 회복되고, 이들의 경우 이 회복은 이들이 가끔 삶에서 거절당할 때 새로운 친구들과 연인들을 발견하는 것을 의미할지도 모릅니다.

▶ 원형
다섯 번째 메이저 카드는 인간의 이해심과 신념을 상징하는 신성한 신비에 관한 해석자인 '사제'입니다. 그의 지식은 난해하고, 그는 보이지 않는 만사만물에 대한 권위를 갖고 있습니다. 이 카드가 수여하는 호의적인 특성은 자기-보증성과 통찰력이고, 비호의적인 특성은 설교하기, 호언장담, 독단주의를 포함합니다.

10월 6일
좋은 삶의 날
The Good Life

▶ 심리구조

10월 6일에 태어난 이들은 대체로 자신의 계율을 통해서 아니면 자신의 행동을 통해서 자신의 주위 삶을 개선하려는 소망을 갖고 있습니다. 하지만 이들이 이바지하는 것은 대개 일상적인 작업 수준이 아니고, 이들이 보기에 자신은 공공의 봉사자가 아닙니다. 이들이 이바지하는 동기는 바로 자신이 하는 것에 대한 더 많은 즐거움, 재미에 대한 더 많은 사랑, 삶의 질 및 그 질의 기준이 개선되어야 한다는 더 많은 소망입니다.

이들은 가장 충만하게 살고 싶어 합니다. 이들에게 삶은 모험이고, 평범한 단조로움은 이들의 적입니다. 따라서 이들은 그런 일상적인 임무를 단순화하려고 노력하는데, 그 임무는 이들에게 필요할지라도 귀찮은 에너지 사용일지도 모릅니다. 이렇게 하면, 더 많은 시간을 레크리에이션에 쓸 수 있고, 흥미진진한 노력에 몰두할 수 있습니다. 이들은 자극중심적이 되고, 경험에서 더욱더 많은 스릴을 요구할 위험이 있습니다.

이들 중 여성은 사랑을 위해 모든 것을 줄 것입니다. 이 여성들은 결혼이나 어떤 다른 사회 제도로 하여금 자신 및 자신의 낭만적인 이상 사이에 끼어들게 하지 않을 것입니다. 이런 점에서 이들은 비도덕적이고, 꽤 뻔뻔스러울 정도로 거리끼지 않은 방식으로 자신의 느낌을 내세울 수 있습니다. 이들 중 남자는 연애 문제에 덜 낭만적이고, 모험, 탐험 및 신체적인 위험이라는 로맨스에 더 끌립니다.

이들이 가장 자주 친구로서 고도로 소중하게 여겨지는 것은 이들의 후원하는 자질이나 충직 때문이 아니라 이들이 주위에 있으면 재미있기 때문입니다. 이들은 어떤 사교적인 모임에도 부담을 덜어주는 기운을 전해줄 능력이 있고, 자기 자신이 바로 주목받는 중심에 있는 것을 선호합니다. 이들은 흠모에 아주 기뻐하고, 청중들의 에너지를 흡수합니다.

비록 이들은 자신의 친구와 가족, 동료들을 즐겁게 하는 부인되지 않는 재능을 갖고 있고, 자신의 밝고 긍정적인 지향은 대체로 타인들에게 강장제 역할을 할지라도, 시간이 얼마 지나면 이런 영향은 진부해질 수 있고, 심지어 우울해질 수조차 있습니다. 때때로 이들은 삶의 진지함과 더 깊은 의미를 부정하려는 어떤 충동을 실연해보이고 있는 것으로 보입니다. 이들 중 덜 고도로 진화된 사람은 흥미거리와 일종의 극단적인 낙천가 태도에 너무 휩쓸리게 되어서, 자신이 이 세상에서 갖고 있는 것을 잃어버리게 하는 위험이 있을 수 있습니다.

하지만 이들 중 대다수는 합리적으로 낙관적입니다. 비록 이들은 기쁨조적인 전망을 갖고 있을지라도, 이들로 하여금 자신이 하는 것의 귀결 및 성공할 가망을 따져보도록 허용해주는, 이들의 캐릭터 기저에 흐르는 단단한 면이 현존합니다. 실로, 이들 중 일부는 자신만의 방식을 갖는 것에 관련해서 무자비한 특색에 이르게 되는 많아지는 무엇을 갖고 있습니다.

이들은 현대적인 편의의 효율성을 좋아하지만, 동시에 자신의 이해관계와 멋에서는 전통주의자입니다. 실로 이들은 고상하고 즐거운 생활방식을 어떻게 조합하는지 알고 있습니다. 하지만 이들은 편안함이나 사치에 너무 집착이 커지는 것을 주의해야만 합니다.

▶ 일간 특성
강점; 낙관적인, 모험적인, 쾌활한
약점; 자기에만 몰두하는, 자극중심적인

▶ 명상
인생의 기쁨을 충분히 맛보려면, 고통도 역시 겪었어야만 합니다.

▶ 조언
당신의 어두운 면을 알아봐야 하고, 역시 그 면을 알기 위해 다가가야 한다.
슬퍼하기를 두려워하지 마라.
끝없는 낙관주의는 우울한 경험일 수 있고, 철저히 우울하게 할 수 있다.
매일의 실존에서 사소한 점을 간과하지 마라, 그것도 역시 중요하다.

▶ 건강
이들은 모든 형식의 과도함에 주의해야만 합니다. 비록 재미를 느끼는 것이 자신의 심혼에 긍정적인 효과를 보유할 수 있을지라도, 이들은 폭식에 너무 열광하면서 대체로 자신의 신체적인 건강을 등한시하는 경향이 있습니다. 스릴과 위험에 끌릴 시 이들은 나방과 양초 같을지도 모릅니다. 또한, 자신의 근심 없는 태도 탓에, 이들은 자신의 삶에서 비극이 일어날 때 비극을 맞이할 수 있거나 깊은 차원에서 매우 욕구되는 자비와 동감을 타인들에게 줄 수 있는 내면의 비축이 부족할 수 있습니다.

▶ 수비학
6일에 태어난 사람은 숫자 6 및 금성에 통치됩니다. 10월 6일에 태어난 이들의 별자리인 천칭자리에 대한 금성의 통치 때문에, 두 배로 예고되는 낭만적인 사랑은 자주 숫자 6에 통치되는 사람의 삶에서 지배적인 테마가 됩니다. 숫자 6에 통치되는 사람은 동감과 찬양을 모두 끌어들일 시 자석 같기 때문에, 또 금성(천칭자리의 통치자)은 사회적인 상호작용에 강하게 연계되므로, 자기 자신을 단련해서 이들이 욕구하는 프라이버시와 은거를 얻는 것은 자주 이들에게 고군분투일 것입니다.

▶ 원형
사랑을 상징하는 '연인'인 여섯 번째 메이저 카드는 남성성과 여성성이라는 양극성의 통합을 통해 인간성의 모든 것을 하나로 묶는 최종 지점을 강조합니다. 이 카드가 좋은 면에서는 높은 도덕적인, 미적인, 신체적인 차원의 애정과 욕망을 예시하고, 나쁜 면에서는 충족되지 않은 욕망, 감상성, 우유부단함을 위한 성벽을 제안합니다.

10월 7일

반항의 날
Defiance

▶ 심리구조

10월 7일에 태어난 이들은 빠르든 늦든 간에 자신의 삶에서 표면화하는 강한 반항적인 특색을 갖고 있습니다. 이들은 자신만의 믿음 체계를 강하게 확신하는데, 그 체계가 종종 사회 도덕관과 직접적인 충돌 속에 있거나 그 체계 속에서 이들이 살아갑니다. 항의하는 이들의 욕구는 자신이 보기에 긍정적으로 상황을 바꾸려는 바램이 자주 동반됩니다. 그 귀결로 이들은 그런 효과적인 변화를 가져오기 위한 권위를 자신에게 주는 지휘하는 위치에 도달하기 위해 자주 탐구합니다. 사실 이들이 개인적인 이유로는 좀처럼 야심적이지 않고, 이들은 오히려 자신의 사회적인 이상을 진전시킬 힘을 획득하고 싶어합니다.

이들의 (대항하고 반대하며 항의하는 등) 비판적인 천성은 자주 이들의 매혹적인 태도 때문에 첫 만남에서 항상 즉각적으로 확실한 것은 아닙니다. 이들은 자신만의 개인적인 드라마의 중심에서 사는 것으로 보일지도 모릅니다. 하지만 단기간에 이들의 날카롭고 통찰적인 견해는 분명해지게 됩니다.

대개 이들은 자신이 생각하는 것을 직설적으로 말하면서 어떤 주제도 에둘러 말하지 않지만, 자주 다량의 적확한 유머와 어느 정도의 수완이 있습니다. 이들은 인간 마음의 작동방식에 대한 좋은 통찰력을 갖고 있고, 그러므로 주어진 어떤 순간에도 자신이 상대하고 있는 사람들의 개인 심리를 빨리 판정합니다. 가장 자주 이들은 자신의 행동을 정당화하려고 노력하는 데 시간을 낭비하지 않고, 자신이 가장 적절하다고 보는 대로 단순히 추진해서 활동합니다.

따라서 이들은 마음가짐이 매우 강합니다. 이들이 조직 일부가 될 때는 문제가 발생할 수 있습니다. 비록 그 그룹은 일반적으로 이들 자신이 후원하는 이상을 체화할지도 모르지만, 그럼에도 이들은 자신이 그 조직 내에서 해야만 할 역할을 규정해야만 합니다. 이들만의 원칙과 정치가 진화 과정에 있을 수 있으므로, 리더십, 협력, 충직이 관련되는 질문은 꽤 무시하기 힘든 관심사가 될 수 있습니다.

이들의 캐릭터에 있는 또 다른 갈등은 도덕적인 행동과 비도덕적인 행동 사이에 있습니다. 이들이 죄를 지을 때 대개 자신이 행하고 있는 것에 대해 완전한 의식을 갖고 죄를 짓기 때문에 이들은 비도덕적인 사람이 아닙니다. 그러나 변화하는 도덕관의 세계에 있을 시 이들은 자기 자신이 그르거나 옳다고 여기는 것에 대해 항상 확고한 발상을 갖고 있는 것은 아닐지도 모릅니다. 그러므로 이들은 나중에 상대방의 관점을 더 잘 이해하게 될지도 모르므로, 현상유지의 옹호자를 비난하면서, 자신의 반항심을 미화하지 않도록 해야만 합니다.

이들은 당연히 자신이 오직 혼자 남아 있기를 바란다고 말할지도 모릅니다. 하지만 이들이 자기 자신을 단독적이라고 보는 한 그리고 어쩌면 단독적이기를 바라는 한, 이들은 자신의 동료 인간 존재와 되풀이해서 함께하도록 던져지는 것이 숙명인 것으로 보입니다. 그러나 이들이 자주 타인들에게 독불장군으로 여겨지는 탓에, 이들은 사회에서 더 관습적인 사람들에 의해 불공정하게 제외될지도 모릅니다. 그러므로 이들은 자신이 존중하는 사람뿐만 아니라 따뜻함과 친밀함을 공유할 수 있는 사람을 적극적으로 발굴함으로써 사교적인 교제의 기반을 넓히려고 노력해야만 합니다.

▶ 일간 특성
강점; 헌신적인, 이상주의적인, 매혹적인
약점; 곤란해지는, 비실상화된, 고립된

▶ 명상
깨어있을 때 아기처럼 때때로 의식적인 마음을 잠들게 해야만 합니다.

▶ 조언
당신의 부모와 갖는 당신의 관계를 개선하면서 권위 문제를 대처하라.
당신의 신뢰를 받을 만한 사람들을 더 신뢰하라.
당신 자신을 옹호해서, 마구 취급받는 사람[축구공]이 되지 마라.
반면에 당신의 반항심을 지속해서 통제하라.
균형이 열쇠이다.

▶ 건강
이들은 장기간에 걸쳐 하루하루 잘 기능하는 것에 어려움을 갖고 있을지도 모릅니다. 이것은 결국 불안과 우울증을 연출할 수 있는 좌절감이나 숨겨진 분노 탓일 수 있습니다. 이들은 위협받는다고 느끼는 것과 예방적인 공격으로 몰아세우는 것, 즉 일종의 '상대가 나를 잡기 전에 상대를 잡으라'라는 태도를 특히 조심해야만 합니다. 식단과 수면의 안정된 패턴은 물론 진정시키는 효과를 보유할 수 있고, 최우선 순위로 삼아야 합니다. 이들은 한편으로 붉은 육류 같은 과도한 양(陽)의 음식을, 다른 한편으로 설탕 같은 과도한 음(陰)의 음식도 또한 피해야 합니다. 적당한 신체 운동이 권장됩니다.

▶ 수비학
7일에 태어난 사람은 숫자 7 그리고 물같은 해왕성에 통치됩니다. 해왕성이 비전, 꿈, 심령현상을 통치하기 때문에, 10월 7일에 태어난 이들은 이런 불안정한 영향을 받기 쉽습니다. 금성(천칭자리의 통치자)의 에너지와 조합된 해왕성 경향은 이들로 하여금 자석 같게 만들어줄 수 있지만, 고도로 인상에 좌우되게도 또한 만들어내고, 가능하다면 실상에서 약간 동떨어지게 만들어낼 수도 있습니다. 그러므로 이들은 대다수 심령 활동과 오컬트 활동을 단속해야 합니다. 숫자 7에 통치되는 사람은 전형적으로 변화와 여행을 즐기는데, 이것은 공상을 실현하려는 이들의 욕망을 보완해줍니다.

▶ 원형
일곱 번째 메이저 카드는 세상을 누비는 의기양양한 인물을 그려내면서, 역동적인 방식으로 자신의 신체적인 존재감을 구현하는 '전차'입니다. 그 카드는 올바른 행로가 아무리 좁고 위태롭더라도 [그 행로를] 계속해야 한다는 의미로 해석될지도 모릅니다. 이 카드의 좋은 면은 성공, 재능, 효율성을 배치해주고, 나쁜 면은 독재적인 태도와 서툰 방향 감각을 제안합니다.

10월 8일

높은 로맨스의 날
High Romance

▶ 심리구조

10월 8일에 태어난 이들에게 삶은 멋진 낭만적인 모험입니다. 이들은 사랑을 위해 모든 것을 주면서, 그 사랑을 높은 차원으로 끌어올리거나, 아니면 그 사랑을 받아들이지 않을 것입니다. 그러나 이들의 낭만적인 느낌이 적용되는 곳은 사랑의 영역만은 아닙니다. 이들의 영혼은 자연의 경이로움부터 외계의 신비까지, 바다의 움직임부터 지구의 자전까지 날아오를 수 있습니다. 이들은 자주 잘 계발된 지성도 또한 갖고 있고, 특히 인간 심리에 대한 이들의 인식은 날카롭습니다. 하지만 이들 중 다수는 자신만의 성격에 대한 통찰력을 거의 갖고 있지 않습니다. 이들이 보기에 자신은 단순히 사업에 종사하고, 자신이 해야 할 것에 효율적으로 활동하고 있는 반면, 타인들은 이들의 비범하고 별스러운 거동에 놀라 휘둥그레진 눈으로 쳐다봅니다.

이들의 가족이나 사회 집단 속에서 이들은 대개 자유로운 영(靈)입니다. 이런 이유 탓에 특히 그들 자신을 고도로 실용적이라고 떠올리는 사람들에 의해 이들의 상식과 판단이 항상 신뢰받는 것은 아닙니다. 하지만 이들은 돈을 잘 다루고, 가족을 꾸릴 능력이 있으며, 자신의 의무를 다해내는 데 어느 정도까지는 책임지고 양심적입니다! 왜냐하면, 이들이 다른 세계로 휩쓸려 저 너머의 세계로 항해해서 떠나버릴 위험이 항상 제시되기 때문입니다. 삶에 대한 이들의 경험적인 태도는 제한과 경계선을 거의 알아보지 못하고, 그러므로 이들은 흥분에 대한 갈증 속에서 순전한 선정주의에 휘말릴 수 있습니다.

이들이 특히 감정적인 분야에서 모든 종류의 곤란에 자기 자신이 빠져버릴 수 있다는 점은 놀랍지 않습니다. 이들의 관계는 복잡할 뿐만 아니라 또한 이따금 위험하기도 합니다. 이들은 이상하고 때로는 의심스러운 모든 태도의 캐릭터에 관여하게 되는 습관을 갖고 있지만, 역설적으로 너무 친절하고 자신에게 전혀 들어맞지 않는 것으로 판명되는 사람들에게도 또한 관여하게 되는 습관을 갖고 있습니다. 특이한 사람들 및 숙명적인 심지어 기묘하기까지 한 주위 여건에 대한 이들의 이해관계는, 이들을 이기적인 목적으로 이용하려고 시도하는 사람들의 먹이로 자신을 만들어냅니다.

하지만 총명한 나비 같은 이들은 어쩐 일인지 항상 자신의 예비 포획자에게서 어떻게든 벗어나서, 또 다른 아름다운 꽃으로 날아갑니다. 이들은 특히 사랑받는 사람과 갖는 이별에 의해 초래된 슬픔과 아픔을 느끼면서, 자신의 경험에 깊게 영향을 받지만, 어쩌면 상황의 본질이라는 빗장을 열어서, 그 상황에 직면하고 (혹은 직면하도록 강요받고) 더 지혜로운 개인으로 등장하는 자신의 능력 덕분에도 또한 파괴될 수 없습니다. 따라서 이들은 지대하게 읽고 생각할지도 (그리고 자주 행할지도) 모르지만, 결국 이들의 지혜는 자신이 다른 어떤 것보다 더 고도로 평가하는 삶의 경험에서 유래됩니다.

이들은 절대 자신의 기원에 대한 감각을 잃어버리지 말아야 합니다. 이들에게는 권력에 취한 수행자가 될 분명한 위험, 즉 오직 불행으로 이어지는 권위에 휩쓸리거나, 아니면 사회적인 사다리를 오르도록 유혹받는 분명한 위험이 현존합니다. 이들의 행복과 안정은 자신의 참 자기를 여전히 중심에 두는 이들의 능력에 정비례합니다. 이들이 맞닥뜨리는 것이 용이든 괴물이든 간에 극복되어야 하고, 아니면 어쩌면 길벗과 안내자로 탈바꿈되어야 할 것입니다.

▶ 일간 특성
강점; 상상적인, 낭만적인, 유능한
약점; 변덕이 심한, 감정적으로 불안정한, 동력을 흡수하는

▶ 명상
점성학은 우주의 심리학입니다.

▶ 조언
당신의 행로를 유지하고 꾸준하게 앞으로 나아가라. 산만함을 다루는 법을 체득하라, 옆길로 새지 마라. 타인뿐만 아니라 당신 자신을 돕기 위해 당신의 지혜를 활용하라.
경험을 바탕으로 살아갈 뿐만 아니라 경험에서도 또한 배우라, 갇혀버리는 것을 주의하라.

▶ 건강
이들은 특히 자신의 감정적인 경험에 관련하여 자신의 신체적인 건강에 문제가 있지만, 자신의 심리적인 건강의 문제만큼 많이 갖고 있지는 않을 것입니다. 특히 우울증이 생기기 쉬운 이들은 슬픔을 무시하려고 시도하고, 아니면 반대로 슬픔으로 하여금 자신의 인생을 지배하도록 허용하면서, 슬픔에 대처하기가 어려움을 알아차립니다. 이들은 감정적으로 극도로 복잡하고, 그러므로 심리 상담이 자신으로 하여금 정상 궤도를 유지하도록 하는 데 도움될 수 있다는 점을 알아차릴지도 모릅니다. 이들에게는 미학적인 형식의 신체 운동, 특히 춤이 권장됩니다. 이들은 극단적이거나 특이한 식단에 너무 많은 신념을 두지 말고, 대신에 곡물, 빵, 찌개, 뿌리채소 같은 토속적인 음식에 자기 자신을 뿌리내려야 합니다.

▶ 수비학
8일에 태어난 사람은 숫자 8 및 토성에 통치됩니다. 토성이 '책임이라는 강한 느낌' 및 '그 느낌에 동반된 경계심, 제한, 숙명론을 향한 성향'을 운반해주므로, 토성과 금성(천칭자리의 통치자)이 조합된 영향력은 10월 8일에 태어난 이들의 관계를 향한 더 어둡고, 더 우울하며 불만족한 느낌을 촉발할 수 있습니다. 숫자 8에 통치되는 사람은 대체로 자신의 삶과 경력을 더디고 조심스럽게 구축해갑니다. 비록 숫자 8에 통치되는 사람은 가장 자주 자신의 가슴이 꽤 따뜻할지라도, 냉정하거나 거리를 두는 외관을 제시할 수 있습니다. 때때로 토성-금성의 연관성은 어린 시절 성별이 다른 부모에 의한 어려움을 예시해줄 수 있습니다.

▶ 원형
여덟 번째 메이저 카드는 사나운 사자를 길들이는 우아한 여왕을 그려내는 '강인함이나 용기'입니다. 여왕은 반항적인 에너지를 마스터할 수 있는 여성 마법사를 상징하고, 신체적인 강인함뿐만 아니라 도덕적인 강인함을 표징합니다. 이 카드의 긍정적인 속성은 카리스마와 성공하려는 결단을 포함하고, 부정적인 자질은 무사안일과 권력남용을 포함합니다.

10월 9일

침투하는 응시의 날
The Penetrating Gaze

▶ 심리구조

10월 9일에 태어난 이들은 정확하고 비판적인 눈으로 자신의 주위 사람의 삶과 사건을 들여다볼 능력을 갖고 있습니다. 하지만 매우 대단한 인간적인 자질의 진가를 알아보는 이들은 두뇌적인 사람이기보다 가슴이 일차적인 사람입니다. 이들 자신은 자신이 만나는 사람들에게 강한 끌어당김을 발휘하면서, 극도로 매력적일 수 있습니다. 타인들에 관한 이들의 직감은 자주 정말 옳지만, 직감이 이들 자신에 관한 것이라면 특히 감정적인 맞닥뜨림에서 자신의 균형을 잃어버릴 때, 이들은 큰 맹점을 갖고 있을지도 모릅니다.

어떤 의미에서는 온갖 것이 이들의 관점에 열려 있으므로 자신의 주위 삶에 대한 이들의 평가는 기민합니다. 하지만 언급됐듯이, 이들은 타인들에게는 명백한 것을 알아보지 못하고, 자신만의 개인적인 관여에 관해 매우 비실상적일 수 있습니다. 이 비실상적인 측면에서 이들은 한 특정인에 대한 자신의 감정에 마음을 빼앗기고, 혼란스럽게 되며, 상처받고 혹은 휩쓸리게 되기 쉽습니다.

나중에 이들은 그 사람을 위해 결정하는 것이 전혀 옳지 않았다는 점을, 또 이들에게 허가된 사랑이나 애정의 대가로 이들 자신의 일부 매우 귀중한 부분을 희생시켜왔다는 점을 발견하기 위해 깨어날지도 모릅니다. 이들은 낭만적인 문제뿐만 아니라 삶의 다른 영역에서도 또한 일종의 영혼을 파는 계약을 하는 자기 자신을 알아챌 수 있는데, 그 영역에서 이들은 자신의 개인적인 통제의 어떤 척도를 (어쩌면 권력을 약속하는 루시퍼라는 악마가 아니라 물질적인 편안함을 약속하는 아라만[암흑과 악의 신]에게) 넘겨줍니다.

비록 이들은 고도로 민감하고 대개 예술적인 잠재력을 소유하고 있지만, 이들의 신체적인 면을 부인하는 것은 현존하지 않습니다. 성적인 끌어들임은 이들의 삶에서 중요한 테마이고, 때로는 이들의 종교적이거나 영적인 면을 보완해주고, 다른 때는 그 측면에 반하여 작동합니다. 이들은 실로 다재다능하고, 이들 캐릭터의 다양한 측면, 즉 정신적인 (예리한 관찰), 언어적인 (명료한 말하기), 영적인 (헌신적인 믿음) 및 물리적인 (자석 같거나 섹시하며 스포츠적인 존재감) 측면은 때때로 이들을 다른 방향으로 이끌 수 있고, 어떻게든 서로 조화를 이루어야만 합니다. 이들 중 문제를 더 난해하게 하는 남성은 강하게 계발된 (민감하고, 수용적이며, 여성적인 자기인) 아니마[anima]를 갖고 있고, 그런 여성은 강한 (외향적이고, 공격적이며, 남성적인 자기인) 아니무스[animus]를 갖고 있습니다.

이들은 인간 심리에 대한 자신의 지식이 활용되도록 만들어낼 수 있는 직업에서 자주 발견됩니다. 이들은 타인들을 그들의 완전한 잠재력으로 이끄는 것에, 또 목표에 도달할지도 모르는 방법을 보여주는 것에 대단한 재능을 갖고 있습니다. 자신이 봉사하는 사람에게 극도로 고무적이고 긍정적인 이들은, 그에 필적하는 기술로 자신만의 코스를 항해하는 법을 체득해야만 합니다. 이들은 자신이 조언이나 도움을 청하는 것도 또한 부끄러워하지 말아야만 합니다. 자신의 행동이 관련되는 이들의 맹점은, 참을성과 내면 작업으로 극복될 수 있습니다. 무엇보다도 이들은 치유되지 않은 심리적인 상처와 영적인 상처를 갖고 다니는 것을 주의하고, 또 일반적으로 미루는 것을, 즉 자신의 내면 목소리에 귀를 기울이지 않으면서, 주위 여건이 결단적인 활동을 부르짖을 때야 그런 활동을 취하는 것을 주의해야 합니다.

▶ 일간 특성
강점; 다재다능한, 관찰력이 예리한, 영감을 주는
약점; 망쳐지는, 근시안적인, 안일한

▶ 명상
나는 배가 얼어붙은 강물을 천천히 헤치며 나아가는 것을 보았고, 동시에 한 친구가 "사랑은 얼음을 깨뜨린다."고 말했다.

▶ 조언
당신의 의지력을 계발하라.
남을 기쁘게 하려고 너무 초조해하지 마라.
당신의 곁눈가리개를 벗어버리고 조금 힘겨운 선택을 만들어내라.
절대 당신의 영혼을 팔거나 당신 자신에게 가장 소중한 것을 던져버리지 마라, 당신은 자신의 꿈을 지켜낼 때, 가장 행복할 것이다.

▶ 건강
이들은 자신이 기대한 대로 상황이 진행되지 않을 때 우울증, 분노, 당혹감에 주의해야만 합니다. 이들은 그들만의 이기적인 목적을 위해 이들을 이용하려는 강력한 인물들에 대처할 시, 때로는 강인해지고 심지어 무자비해지는 법까지 체득해야 합니다. 이들은 상황이 순조롭게 진행되기를 좋아하면서, 조화를 위해 자신의 참된 느낌과 바램을 너무 자주 희생시킬 것입니다. 긍정적인 영적, 종교적, 자기주장적인 훈련은 이들 중 일부에게 도움 될 수 있습니다. 이들은 식단과 운동 문제에서 자신의 본능을 따라야 합니다. 항우울제와 (상급 및 하급) 진정제는 모두 극도의 주의를 기울여 사용되어야 하고, 모든 형식의 약물 중독은 세심하게 경계되어야 합니다.

▶ 수비학
9일에 태어난 사람은 숫자 9 및 화성에 통치됩니다. 숫자 9는 (이를테면 5+9=14, 4+1=5처럼 9를 더한 어떤 숫자도 그 숫자가 되고, 9×5=45, 4+5=9처럼 9를 곱한 어떤 숫자도 9가 되므로) 다른 숫자에 대한 영향이 강력하고, 10월 9일에 태어난 이들도 비슷하게 영향을 끼칩니다. 강압적이고 공격적인 화성은 남성적인 에너지를 체화해주지만, 금성(천칭자리)에 통치되는 이들을 위한 역동적인 여성적 천성이라는 선물도 또한 현존합니다. 이런 금성-화성의 연관성은 자석 같은 성적인 끌어들임을 고전적으로 증정해줍니다.

▶ 원형
아홉 번째 메이저 카드는 대개 등불과 지팡이를 들고서 걷는 '은둔자'이고, 그는 명상, 고립, 침묵을 대변합니다. 그 카드는 확고해진 지혜와 궁극적인 단련을 암시합니다. 은둔자는 양심을 사용하여 타인들이 그들의 행로를 유지하게 해주는 임무 감독관입니다. 이 카드의 긍정적인 면은 집요함, 목적, 심오함, 집중력이고, 부정적인 의미는 교조주의, 불관용, 불신, 만류를 포함합니다. 이들은 어쩌면 긍정적인 자기 검토를 위해 은둔자의 능력을 본받을 수 있습니다.

10월 10일
신중한 경제의 날
Prudent Economy

▶ 심리구조

10월 10일에 태어난 이들은 자신의 금융 거래와 사업 관계 일반에서 용의주도한 경향이 있습니다. 이들은 대개 돈과 투자를 감당하는 데 능숙합니다. 이들에게 돈은 자신의 작업에 대한 보상일 뿐만 아니라 이들이 견실한 배를 조종하고 있다는 예시이기도 합니다. 고도로 기민하고 분석적인 이들은 자기 자신이 해마다 자신의 사업이나 가족, 조직의 원활한 운영을 확실히 하는 데 유능함을 입증합니다. 이들의 관리 문제에 대한 판단은 신뢰받고, 유지관리가 이들에게 일종의 신이므로, 이들은 대개 고도로 신뢰할만합니다.

이들은 노력이 실패하고 있을 때 요청할 사람입니다. 참을성 있으나 시간을 낭비하지 않는 이들은, 상황을 정리해서 다시 그 상황을 진행시킬 수 있습니다. 이들은 문제에 집중해서 그 문제를 (자주 과감한 방식으로) 바로잡을 능력이 있을 뿐만 아니라, 그런 어려움이 반복되지 않는다는 점을 확실히 하기 위해 타인들과 작업하는 데도 또한 유능합니다. 긍정적인 사상가인 이들은 낭비, 오용 및 모든 종류의 부정적인 생각뿐만 아니라 활동도 또한 경멸합니다. 하지만 이들은 열정적인 열의를 표출하는 의미에서 운동가가 아니라, 특히 인생의 사업에 관련한 이들의 전망에서는 오히려 더 온건합니다.

사생활의 면에서 이들은 두 가지 유형에 속할 수 있습니다. 첫째 유형은 아무리 유혹적일지라도 모든 종류의 혼란스럽거나 위험한 관여를 피하려고 극도로 조심하면서, 자신의 사업 감각을 비춰주는 감정적인 천성을 갖고 있습니다. 더 내향성인 이 유형은 감정을 산만하거나 더 나쁜 것으로 간주하면서, 사람들이 아니라 기본적으로 프로젝트, 작업, 사업에 관심을 둡니다. 둘째 유형은 애정에 관대해서 부주의하고, 때로는 감정적으로 방탕하며, 혹은 심지어 문란하기까지 합니다. 외향성이고 격렬한 이 유형은 또한 극도로 상상적이고 낭만적일 수 있습니다.

이들은 집을 효율적일 뿐만 아니라 편안한 곳으로 만들어내는 것을 사랑합니다. 자신의 수단이 아무리 보잘것없을지라도 이들은 자신이 살아갈 아름다운 환경을 창조하기 위해 비록 소박하나 애쓸 것입니다. 부자이든 가난하든 간에 이들은 모두 본질적인 것, 즉 인생의 단순한 쾌락에 대한 신봉자입니다. 이들은 먼저 할 일을 우선시하는 경향을 좋아하고, 이런 점에서 논리적인 사상가입니다. 이들은 에너지를 낭비하는 사람이 아니고, 이들 중 예술가는 자신이 윤색하는 것만큼 자신이 벗겨내는 것으로 많이 알려질 것입니다.

이들 중 가장 성공적인 사람은 자신의 돈이 살아있게 하고, 자신의 자원이 흐르게 하는 방법을 아는 사람입니다. 가장 덜 성공적인 사람, 그리고 자주 가장 불행한 사람은 인색해서 자신이 갖고 있는 것을 잃어버리는 것이 두려울 수 있습니다. 이들은 소비하는 것이 저축하는 것만큼 중요하다는 점을 배우고, 건전한 현금 흐름이 더 생명적이고 더 흥미로운 삶 쪽으로 상황을 만들어간다는 점을 배워야만 합니다. 이 진실은 이들의 감정적인 삶에도 역시 적용됩니다. 실로 이들은 자신의 감정에 더 대단한 재량을 허용하고, 연인과 친구들에 대한 자신의 신뢰를 깊어지게 할 때 더 잘합니다. 삶의 모든 측면에서 주기와 받기 사이의 균형은 아마도 이들이 터득할 수 있는 가장 중요한 공부입니다.

▶ 일간 특성
강점; 선택적인, 통찰적인, 정확한
약점; 지나치게 조심하는, 두려워하는, 마음이 닫힌

▶ 명상
어떤 사람들은 결혼이 다른 결혼에서 자신을 보호할 수 있는 유일한 것이기 때문에 결혼하기를 좋아합니다.

▶ 조언
돈이나 시간, 노력을 들이는 것을 두려워하지 마라.
때때로 그것[돈, 시간, 노력]을 나눠주라.
크게 생각하고, 당신의 가슴을 열라.
당신의 예술적인 면을 계발하고, 당신의 상상력을 자유롭게 하라.
긴장을 풀어라.

▶ 건강
이들은 검소함으로 하여금 자신의 건강 욕구를 방해하도록 허용하지 말아야만 합니다. 이들은 깨끗한 음식, 영양 보충제, 헬스클럽, 운동 기구 등에 돈을 쓰는 것이 어쩌면 언제든지 자신이 만들어낼 수 있는 최고의 투자라고 자주 확신해야 할 것입니다. 자신의 식욕이 관련된 한, 이들은 항상 가장 건강한 다층성에 속하는 것은 아닌 대체로 매우 강한 호감과 비호감을 갖고 있습니다. 이들은 신선한 과일과 채소가 자신의 매일 메뉴에서 도드라진 자리를 차지함을 보는 편이 온당할 것입니다. 음식에서 특이한 것에 대한 이들의 관심집중 때문에, 특히 이국적인 요리에 관하여 요리 기술을 키우는 것이 조언됩니다.

▶ 수비학
10일에 태어난 사람은 숫자 1(1+0=1) 및 태양에 통치됩니다. 숫자 1에 통치되는 사람은 대체로 자신이 하는 것에서 첫째가 되는 것을 좋아합니다. 태양은 따뜻하고 잘 계발된 에고라는 이득 및 뚜렷하게 인간적이고 긍정적인 삶을 지향하는 이득을 부여해주는 경향이 있습니다. 천칭자리의 통치자인 금성의 영향력 덕에, 이들은 자신의 사회적인 거래에서 따뜻하고 개방적일 수 있을 때, 가장 좋은 상태에 있을 것입니다. 숫자 1에 통치되는 사람은 대다수 주제에 관해 개별적이고 명확하게 규정된 견해를 갖고 있고, 때로는 완고할 수 있으며, 10월 10일에 태어난 이들도 예외가 아닙니다. 야심이야말로 성공을 향한 이들의 몰아댐을 보강해주는 숫자 1에 통치되는 사람의 특성입니다.

▶ 원형
열 번째 메이저 카드는 운명의 긍정적인 반전과 부정적인 반전을 모두 암시해 변화 외에는 영구적인 어떤 것도 현존하지 않음을 제안하는 '운명의 수레바퀴'입니다. 숫자 1과 10이 통치하는 이들은 기회를 붙잡는 것에 집중하는데, 실로 바른 순간에 활동하는 것이 이들의 성공에 열쇠입니다. 다시 말하지만, '운명의 수레바퀴'는 인생에서 어떤 성공도 어떤 실패도 영구적이지 않음을 가르쳐줍니다.

10월 11일
우아한 여유로움의 날
Gracious Ease

▶ 심리구조

10월 11일에 태어난 이들은 흥분 같은 생생한 상상력을 갖고 있고, 일어나고 있는 일의 중심에 있고 싶으며, 자신이 중요한 사회적인 역할을 해야만 한다고 느낍니다. 하지만 이들의 심미적이고 쾌락을 사랑하는 천성은 자주 이들을 가로막습니다. 이들에게 경력이야말로 어려움이 풍부한 영역이므로, 세상에서 자신에게 적합한 장소를 찾아내는 것이 이들에게 최고로 중요하고, 또 당연히 그래야 합니다. 사실 이들은 자신이 가장 적합한 업무를 찾아낼 때까지 정기적으로 직무를 바꿔야 할지도 모릅니다.

이들이 고립된 생활방식을 고도로 싫어하기 때문에, 경력에 상관없이 이들을 위한 최종 결론은 사회적인 관여입니다. 이들이 집단이나 개인의 대변자 역할을 잘 실연해보일 정도로, 이들의 숙명은 이들의 동료 인간 존재들의 사회적인 관여와 매우 밀접하게 묶여 있을지도 모릅니다.

이들은 너무 친절하고 태평할 수 있습니다. 이들이 경력적으로 우유부단한 이유, 즉 우연히 잇달아 오는 것이 무엇이든 안주하려는 이들의 성향에 대한 이유 중 일부는, 이들이 격렬하면서 유도된 (또는 그런 문제에 대해서는 이기적인) 야심을 '아주 많이' 갖고 있는 것은 아니기 때문입니다. 이들이 난해함을 즐기지 않는 탓에, 이들은 자기 자신에게 도전을 제시하지 않기로 선택할지도 모릅니다. 기본적으로 편안하고 행복한 것은, 즉 '자신의 경력, 애정 생활, 가족 문제 및 느긋함의 형식'과 [자신만의] 즐거움의 사이에 자신의 주목을 쉽게 나눠주는 생활방식을 계발하는 것이야말로 충분한 충족입니다.

이들은 타인들과 함께 작업하고, 팀의 일부가 되는 것을 즐깁니다. 이들의 호감가는 성격은 이들이 한 사회나 작업 계층에서 다음 계층으로 자유롭게 이동하는 것이 가능하도록 만들어줍니다. 이들은 사회의 최고 수준이든 최저 수준이든 편안하게 느끼는 방식을 갖고 있고, 재산이나 교육에서 유리함을 지녀왔던 이들은 좀처럼 고상한 체하거나 엘리트주의자인 것처럼 보이지 않습니다.

이들은 '자신이 원하는 것을 알고 원하는 것을 얻기 위해 해야 할 것을 정말 하려는, 더 격렬하고 더 유도되는 유형의 사람에 의해 강요받거나 배후조종받는 것'을 자기 자신으로 하여금 허용하지 말아야만 합니다. 인정하건대, 이들은 무단 침해를 당할 때도 대체로 친구들에게 심지어 지인들에게조차도 둘째(혹은 셋째) 기회를 줄 것입니다. 이들은 어쩌면 기회를 주는 이런 점에서 자신의 동기를 검토해야 할 것인데, 만약 이들이 강자의 위치에서 기회를 준다면 이런 수용적인 행동은 건전할 뿐만 아니라 영적인 계발의 예시일지도 모르지만, 반면에 만약 마조히즘적인 부추김의 작용이 현존한다면 변화가 만들어져야 합니다.

이들은 자신이 갖고 있는 것에 참으로 만족할 때, 대다수 사람에게 알려지지 않은 일종의 '지복'을 경험합니다. 그러나 수용에 큰 문제를 갖지 않는 것이, 이들의 영적인 삶이라는 다른 영역도 그렇게 잘 계발되어 있다는 점을 보장하는 것은 아닙니다. 그러므로 이들은 자기 이해심과 개인적인 진화에 욕구되는 에너지를 소환해야만 하고, 그렇게 하지 않으면 틀림없이 정체될 것입니다.

▶ 일간 특성
강점; 매혹적인, 수용적인, 안전한
약점; 안일한, 수동적인, 갇혀버린

▶ 명상
텔레비전은 텔레파시를 위한 전자적인 시도입니다.

▶ 조언
자기만족을 주의하고, 당신 자신을 조금 더 밀어붙여라.
문제를 피하는 것이 도전을 피하는 것을 의미하지 말아야 한다.
매일 당신 자신을 개선하기 위해 탐구하라.
욕망은 삶의 일부이다.
별에서 당신의 눈을 떼지 말고 당신의 발은 땅을 딛고 있으라.

▶ 건강
이들은 주로 좌식 생활로 인해 [몸의] 쇠약해짐 혹은 식단 관련 [소화기관의] 질병으로 고통받기 쉽습니다. 이들은 오랫동안 앉아 있다면 등과 신장을 보살펴야만 하고, 매일 신선한 물을 넉넉하게 마시기 위한 노력을 만들어내야만 합니다. 이들은 과식, 담배, 술, 카페인 중독을 주의해야 할 것입니다. 침대와 식탁의 즐거움은 이들에게 중요하지만, 이들은 초과 비용을 기억해내야만 합니다. 활기차지만 적합하게 실연되는 신체 운동은 건강상의 유익함뿐만 아니라 경각심과 의지력, 추진력의 강화에 도움되기 때문에 강력히 권장됩니다.

▶ 수비학
11일에 태어난 사람은 숫자 2(1+1=2)와 11 그리고 달에 의해 지배됩니다. 숫자 2에 통치되는 사람은 자주 리더보다 좋은 동료와 파트너가 되므로, 10월 11일에 태어난 이들의 사회적인 재능은 가족과 그룹의 노력에서 표현될 가능성이 있습니다. 이들의 고도로 상상적이고 우아한 면이 달과 금성(천칭자리의 통치자)의 영향력에 의해 강화되지만, 이들은 허영심, 수동성 및 안일한 행동을 경계해야만 합니다. 숫자 11은 대칭성 및 다층적인 종류의 이중성에 대해 가능한 이해관계뿐만 아니라 (금성 덕에 이상화되거나 심미적인 아름다움을 위해 이들에게 끌어들이는) 신체적인 차원을 위한 느낌도 또한 빌려줍니다.

▶ 원형
11번째 메이저 카드는 한 손에 저울을 들고, 다른 손에 검을 들고 의자에 차분히 앉아 있는 여인인 '정의'입니다. 그녀는 우리에게 우주의 질서를 상기시켜주고, 우리가 자신의 행로를 계속하는 한 우리의 삶에 균형과 조화가 유지되리라는 점을 상기시켜줍니다. 이 카드의 긍정적인 측면은 통합, 공정, 정직, 단련이고, 부정적인 측면은 낮은 주도권, 비인격성, 혁신의 두려움, 불만입니다.

10월 12일
거대한 몸짓의 날
The Grand Gesture

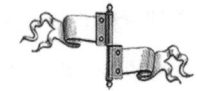

▶ 심리구조

10월 12일에 태어난 이들은 주목받는 중심이 되기를 좋아하는 지배적인 사람입니다. 이들의 기술은 고도로 계발되어 있고, 이들은 평범하든 엘리트이든 간에 설정 환경의 다층성에 잘 섞여 듭니다. 이들은 자신이 수행한 작업의 질을 자랑으로 여기므로, 사회적인 신분에 상관없이 자신의 주위 최고 지성들에게 환영받기를 바랍니다.

재정에 대한 이들의 본능은 뛰어나고, 어려움을 맞닥뜨리는 가족이나 친구와 돈을 나누려는 이들의 성향은 사랑받게 하는 자질입니다. 비열함과 쪼잔함을 싫어하는 이들은 어찌해서든 생색내지 않는 참으로 거대한 몸짓을 만들어내면서, 시간이나 재원을 직접적인 방식으로 선뜻 내놓는 것을 선호합니다. 따라서 이들은 자기 자신이 타인들에게서 쉽게 받기가 어려움을 알아차릴지도 모르지만, 자신이 주기로 선택한 것을 타인들이 받아들이기가 쉽도록 만들어냅니다. 여유로운 태도로 주고받는 법을 삶에서 가능한 한 일찍 체득하는 것이 이들에게 중요합니다.

비록 이들은 전통을 강하게 중시하지만, 누구도 이들을 생각, 말, 행동에서 보수적이라고 부르지 않을 것입니다. 외향성 인간인 이들은 해학적인 재치라는 복을 받고, 자신이 탐닉하는 데 주저하지 않는 현란한 특색을 갖고 있습니다. 이런 충동은 성적인 탈선부터 사회적인 비관행까지 삶의 어떤 영역에서도 표현될 수 있습니다. 이들에게 세상이라는 무대는 단순히 이들만의 개인적인 드라마가 상연되기 위한 곳입니다. 하지만 이들은 이것을 아주 자연스러운 양식으로 어떻게든 해내고, 자신이 단지 주목을 끌어들이기 위해 속임수를 창조하고 있다는 인상을 좀처럼 주지 않습니다.

반면에, 이들은 자신의 활동이 타인들의 삶에 끼치는 귀결에 대한 무시를 통해서 자신에게 몰락을 가져오는 교만을 주의해야만 합니다. 비록 이들이 법과 사회적인 전통에 관련해서 일반적으로 잘 알고 있지만, 이들은 특히 자신의 사생활에서 규칙들 위에 자기 자신을 둘 수 있다고 믿는 것을 가끔 좋아할지도 모릅니다.

참으로 이들은 베푸는 것과 이기적인 자질의 기이한 뒤섞임이 될 수 있습니다. 자신 '만'의 원함과 욕구를 진전시키거나 장려하는 이들의 성향은, 실로 이들의 동반자에게 원망을 불러올 수 있습니다. 사랑 문제에서 이들은 약간 '위험'합니다. 자신의 관계에서 상황이 잘못될 때, 이들은 회복력을 내보여주고, 비록 관여하는 다른 사람에게 영속하는 상처가 반드시 해당하는 것은 아닐지도 모르지만, 이들은 대개 그 상처에서 어떻게든 도피해버립니다.

자신의 높은 수준의 자격과 사회적인 전문지식 덕에, 이들은 자신의 동료, 친구, 가족들에게 든든한 바위가 될 수 있습니다. 하지만 타인들의 '더' 깊은 욕구에 마음쓰고, 반응하면서 책임들을 다해내는 것이야말로 여전히 이들의 가장 대단한 도전입니다.

▶ 일간 특성
강점; 사회적으로 기민한, 관대한, 믿음직한
약점; 예고적인, 과시적인

▶ 명상
당신이 없이 살기에 가장 어려운 단 하나의 것은 무엇입니까?

▶ 조언
[당신이] 타인들에 대한 느낌을 저축한다는 점을 기억해내라.
당신과 가까운 사람들의 욕구에 대해 마음 쓰라.
조건 없는 사랑은 열망할 가치가 있는 목표이다.

▶ 건강
이들은 자신의 건강을 당연시하는 것을 주의해야만 합니다. 정기검진은 필수조건이므로, 신뢰받는 가족 주치의가 자신의 건강을 감시하도록 허용해야 합니다. 이들은 대개 인생에서 좋은 상황들을 좋아하기 때문에, 이들의 식단은 가장 건강한 선택이 아닌 풍미 있고 맛있는 음식들 쪽으로 약간 기울지도 모릅니다. 걷기 같은 가벼운 형식에서부터 수영이나 테니스 같은 더 활달한 활동에 이르기까지, 가능하면 매일같이 적당한 운동이 강하게 권장됩니다. 이들 남녀 모두 등, 신장, 대장 계통의 문제에 대해, 그리고 여성은 난소와 방광 문제에 대해 주의해야만 합니다.

▶ 수비학
12일에 태어난 사람은 숫자 3(2+1=3) 및 확장적인 행성인 목성에 통치됩니다. 숫자 3에 통치되는 사람은 자주 야심적이고 때로는 독재적입니다. 그러므로 특히 10월 12일에 태어난 이들은 너무 위압적이거나 공격적이 되지 않도록 노력해야만 합니다. 숫자 3에 통치되는 사람은 또한 독립적인 것을 좋아해서 이들 중 일부는 프리랜서가 되기 위해 안정적인 직무의 안전을 포기할 욕구를 느낄지도 모릅니다. 숫자 3의 목성적인 자질은 이들에게 고도로 긍정적이고 낙관적인 태도를 부여해주고, 금성(천칭자리의 통치자)과 조합할 시 일부 이상주의를 부여해줍니다.

▶ 원형
12번째 메이저 카드는 자신의 묶인 발로 거꾸로 매달려 있는 '매달린 사람'입니다. 비록 그런 처지가 무력해 보이지만, 그럼에도 '매달린 사람'은 영적으로 강력하고 깊이 심사숙고합니다. 이 카드의 긍정적인 속성은 단순히 인간이 되는 것뿐만 아니라 한계를 알아보고 극복하는 것이고, 부정적인 측면은 영적인 근시안과 한정성입니다.

10월 13일
강인한 녀석의 날
The Tough Cookie

▶ 심리구조

10월 13일에 태어난 이들은 자신의 직종적인 삶에 관한 한 빈둥거리지 않습니다. 이들은 자신의 경력을 매우 진지하게 받아들이고, 결과를 내어놓는 자신의 능력을 자랑으로 여깁니다. 극단적으로 강인한 이들은 위험한 적이고, 순전한 배짱과 인내를 통해서 저항을 극복할 수용력을 갖고 있습니다. 인간 존재는 이것저것 더 따지지 말고 단호히 목적을 추구해야 한다고 이들은 믿습니다.

하지만 불운하게도 이들은 경직되어 용납하지 않을 수 있습니다. 이들은 확장되는 주기로 행복해지기가 어려움을 알아차리고, 자신 주위에서 진행하는 많은 것에 날카롭게 비판적입니다. 느긋해지려는 대단한 욕구를 갖고 있지만, 때때로 느긋해지는 것이 거의 불가능함을 알아차리는 이들은 비록 고도로 재능이 있을지라도 삶을 단순화하는 데 어려움을 갖고 있습니다. 그러므로 이들이 개인적인 인간관계에서 드물지 않게 문제를 맞닥뜨리는데, 이들 자신이 너무 들뜰 때 이들은 타인들을 기쁘게 하기가 어렵습니다.

역설적으로 이들은 상냥하고, 자신에게 가까운 사람들에게 베푸는 것으로 알려져 있습니다. 공정하게 말하자면, 이들은 타인들보다 자기 자신에게 더 단호하지만, 누구나 그 점을 알아보는 데 유능한 것은 아닙니다. 이들이 (실로) 완벽주의자라는 점이 매우 많은 것이 아니라, 앞서 언급된 이들의 비판적인 태도가 이들로 하여금 함께 살고 함께 작업하기가 어렵도록 만들어낼 수 있다는 점이 매우 많다는 것입니다. 감사하게도, 이들이 연출한 것은 대개 결과가 관련되는 한, 흠잡히기가 어려운 그런 반박할 수 없는 높은 품질에 속합니다.

이들은 필요할 때 매우 파악되기 어려울 수 있습니다. 정보나 적절한 지식을 이끌어내기 위해 이들을 활용하기를 바라는 사람들은, 그들이 인터뷰나 대화를 한 후, 이들이 귀중한 것을 거의 배우지 못해왔고, 혹시라도 배웠던 것이 있다면 이들이 움켜쥐고 있었던 것은 단지 사기극에 불과했다는 점을 알아차릴지도 모릅니다. 그러나 비록 [이들의] 파악되기 어려움, 거리감, 용의주도함이 확실히 이들로 하여금 덜 속고 덜 취약하게 만들어줄지라도, 이들은 자신이 신뢰할 만한 사람에게 조금 더 마음을 여는 것을 고려했을지도 모릅니다.

이들은 자주 기능적인 능력이라는 복을 받습니다. 그런 매체를 마스터한 이들은 경력적인 상황에 거의 문제를 갖고 있지 않은 것으로 보이겠지만, 거절당하거나 무시당했을 때 난처하게 되고 당황하게 될 수 있습니다. 이들은 패배를 떨쳐버리는 것 혹은 심지어 패배를 인정하는 것조차도 가장 어렵습니다. 하지만 이들은 특히 자신이 가장 대단히 성공하던 시기에는 배척하던 내면성찰을 통해 자기 자신을 직면하도록 강요받을 때, 어쩌면 오직 그런 대립적이고 외견상 부정적인 경험을 통해서만 더욱 성장할 수 있습니다.

이들은 먼저 자기 자신을 이해하게 되고, 그다음 자신의 주위 사람들과 공통된 인간적인 유대를 구축해가기를 진행시키는 것이 중대합니다. 긴장을 풀고, 재미있게 놀며, 상황을 덜 진지하게 받아들이는 법을 체득하는 것이 도움될 것입니다. 자신의 추진력, 투신 및 예외적인 능력을 고려할 때, 이들은 이런 방식으로 계발할 수 있다면, 성공할 수밖에 없습니다.

▶ 일간 특성
강점; 격렬한, 성공 지향적인, 전문가적인
약점; 지나치게 긴장하는, 요구가 많은, 비판적인

▶ 명상
활동이 영향을 끼칠 수 있는 만큼 반사적인 생각도 당신 주위에서 일어나는 것에 영향을 보유할 수 있습니다.

▶ 조언
당신은 느긋해지는 법을 체득해야만 한다.
절대적으로 아무것도 하지 않는 곳에서 빈번히 휴가를 갖거나 적어도 그곳에서 휴식 기간을 취하라.
만족을 너무 두려워하지 마라.
실수를 받아들이고, 당신이 알아차릴 때는 비난하지 않도록 하라.
취약함은 행복으로 이어질 수 있다.

▶ 건강
느긋함은 이들의 절실한 욕구이고, 이들의 가장 커다란 건강 문제는 대체로 스트레스에 관련되어, 이런 점에서 이들이 자신을 돕기 위해 너무 자주 약물류에 의탁한다는 사실은 큰 문제가 되는 것으로 판명될 수 있습니다. 이렇게 [자신을] 심하게 몰아대는 사람은 자신의 긴장을 풀어버리기 위해서, 휴식시간을 갖거나 자기 자신에 대해 더 잘 알아가는 것 보다, 담배를 피우거나 술을 마시거나 약물을 투여하는 것이 더 쉬움을 자주 알아차립니다. 물론 이것은 장기적으로 효과가 없고, 의존성이나 중독에 대한 관심사가 더해지면서 심리적인 불안을 더욱 복잡하게 합니다. 이들 중 곤란함을 느끼는 사람에게, 즉 자기-지식에 전문이 아닌 다수에게 몇몇 종류의 상담이나 테라피가 강하게 권장됩니다. 명상과 요가도 또한 강하게 권장됩니다.

▶ 수비학
13일에 태어난 사람은 숫자 4(1+3=4)와 13 그리고 불규칙하면서도 폭발적인 천왕성에 통치됩니다. 10월 13일에 태어난 이들은 대개 원대한 사회 활동과 경력 활동에 관여하므로, 이들은 자신의 이 천왕성적인 부분을 통제 아래 유지하는 법을 체득해야만 합니다. 천왕성과 금성(천칭자리의 통치자) 사이의 연관성은 정착되지 못한 애정 생활을, 아니면 어쩌면 이상하고 비관습적인 관계라는 성벽을 예시해줄지도 모릅니다. 비록 많은 사람이 숫자 13을 불운하다고 여기지만, 오히려 숫자 13은 그 힘을 현명하게 사용하거나 아니면 자기-파괴의 위험을 감수한 것에 대한 책임감을 정말 운반해주는 강력한 숫자입니다. 숫자 4는 전형적으로 반란, 색다른 믿음, '규칙을 바꾸려는 욕망'을 대변하고, 이 모든 것은 이들에게 당연히 적용될지도 모릅니다.

▶ 원형
13번째 메이저 카드는 타로에서 가장 오해를 받는 카드인 '죽음'인데, 죽음이라는 것은 문자 그대로 받아들여지는 경우가 좀처럼 없지만, 변태하는 식으로 한계를 넘어서 성장하기 위해 과거를 놓아버리는 것을 암시합니다. 이 카드와 숫자 4는 모두 이들이 만류, 환멸, 비관, 침울함에 대해 경계해야만 함을 제안합니다.

10월 14일

절제의 날
Moderation

▶ 심리구조

10월 14일에 태어난 이들의 삶에서 절제라는 것은 되풀이되는 테마입니다. 이것은 이들이 지루한 사람이고 아니면 심지어 보수적이기까지 한 사람임을 말하는 것이 아니라, 과도한 행동이라는 함정들 사이의 행로를 찾는 것이 실로 대단한 도전임을 말하는 것입니다. 이들이 바르고 한정된 길에서 멀리 벗어날 때, 이들은 가장 자주 재앙을 자초하게 됩니다. 하지만 바로 이런 실수를 통해 이들은 성장하고 미래에 상황을 자신에게 유리해지도록 전환하는 법을 체득합니다. 어떤 의미에서 이들이 속박 속에 있기에, 이들은 절제된 생활이 가장 적당하지만, 모든 상황에서 정교하게 균형을 잡고 절제한다면, 삶이 제안하려고 갖고 있는 실패와 감정적인 저하[울증]뿐만 아니라 일부 황홀한 고점[조증]도 또한 자기 자신에게 허용하지 않을 수 있습니다.

이들 중 더 고도로 진화된 사람은 지대한 평정과 비축을 표출합니다. 이들이 하는 온갖 것에 시간을 들이는 것이 이들에게 극도로 중요하고, 따라서 이들은 서두르는 것을 싫어합니다. 언어 솜씨는 좀처럼 이들의 특기가 아니므로, 이들은 바로 시각적인 이미지에 대한 사용을 통해서, 즉 쓰인 말, 음악 아니면 어쩌면 리더십과 개인적인 실례를 통해서 자기 자신을 표현할지도 모릅니다. 지식의 전달, 즉 타인의 작업에 대한 비평 및 삶 일반에 대한 논평은 이들의 고도로 계발된 정신적인 면을 위한 중요한 배출구입니다.

이들은 자주 신체를 덜 지향하고, 이들의 신체적인 천성이나 재능은 잠재하거나 적어도 첫인상을 거의 만들어내지 않을지도 모릅니다. 깨어난 성욕을 발견하는 것 혹은 자녀를 갖고 있는 것, 심각한 사고나 질병으로 고통받는 것, 스포츠와의 사랑에 빠지는 것이야말로 이 정신적인 사람들을 일종의 제2 생애라는 이들의 몸으로 끌어내릴 수 있습니다.

이들은 막후 실력자로 무대 뒤에서 더 자주 작업하면서 주도권을 쥐는 경향이 있지만, 좀처럼 공격적이거나 명시적인 방식인 것은 아닙니다. 이들은 신체적인 대상과 물질적인 관심사에 지나치게 집착하지 않지만, 이들의 집 자체는 자주 이들에게 작업장으로서 두 배로 매우 중요합니다. 자신의 개인 생활에서 이들은 일부일처제 관계에 꽤 만족할 수 있지만, (특히 여성의 경우) 더 지배적인 성격에 의한 고립과 종속이라는 쌍둥이 함정에 주의해야 합니다.

이들은 자신의 가족, 친구, 동료 그리고 사회 집단의 삶에 대단한 안정을 빌려주는 데 유능합니다. 이들은 삶이라는 무대에서 쇼 일부가 되는 것을 즐기지만, 스타보다는 관리자로서 더 자주 기능합니다.

앞서 언급된 것처럼 이들이 다소 정태적인 인격일 수 있지만, 여행이라는 테마가 매우 자주 이들의 삶에서 도드라진 모습으로 나타난다는 점은 흥미로운 역설입니다. 이들은 자신이 자란 곳에서 성년기를 보내는 경우는 정말 좀처럼 없습니다. 이들 중 더 고도로 진화된 사람에게 삶이란 여행은 신체적인 이동을 의미할 뿐만 아니라 영적인 자유를 상징합니다. 이들의 안정되고 균형 잡힌 특성 때문에, 이들 중 다수는 안일해지고 침체되는 경향이 있습니다. 이들은 바쁘게 지내기 위해 노력해야만 하고, 반드시 달성되어야 하는 높은 기준과 월별 또는 연도별 목표를 자기 자신에게 설정해야만 합니다.

▶ 일간 특성
강점; 잘 조정되는, 합리적인, 침착한
약점; 지나치게 조심하는, 거리끼는, 갇혀버린

▶ 명상
계란은 가장 완벽하게 포장된 산물입니다.

▶ 조언
연출하기 위해 당신 자신을 조금 밀어붙여라.
그토록 좋은 물건을 너무 오래 숨기지 말라, 세상 전반과 공유하라.
타인들을 놀라게 하는 기쁨을 누려라.
과감히 실패를 무릅쓰라.

▶ 건강
이들은 좌식 또는 지나치게 정태적인 생활방식 탓에 발생할 수 있는 모든 질환을 주의해야만 합니다. 체중 문제 및/또는 잠재되거나 굴종하는 성격의 억눌려진 좌절감에 의한 우울증, 신체 운동 부족은 건강상의 질환으로 이어질 수 있습니다. 이들은 자신을 뛰어난 요리사로 만들어낼 수 있고, 심지어 부엌을 자신의 창조성을 표현하는 완벽한 무대로 사용하기조차도 하는데, 창조성 발휘를 통해 친밀하기 쉬운 곳인 그 부엌이 자주 자신의 쌓아두는 성격에 적합하기 때문입니다. 하지만 이들은 절제를 지키도록 조심해야만 하고, 살이 찌게 하고, 풍미 있으며, 매운 음식에 너무 열광하지 않도록 조심해야만 합니다. 매일 걷는 것이 고도로 권장됩니다.

▶ 수비학
14일에 태어난 사람은 숫자 5(1+4=5) 그리고 신속한 행성인 수성에 통치됩니다. 수성의 영향력은 위에서 언급된 10월 14일에 태어난 이들의 강하게 계발된 정신적인 능력을 예고해줍니다. 그 정신적인 능력에 동반된 영향력, 즉 수성과 조합된 금성(천칭자리의 통치자)의 영향력은 매혹뿐만 아니라 강한 심미적인 재능도 또한 부여해줍니다. 코스에서 정말 벗어난 이들을 위해 숫자 5는 삶의 역경에서 빨리 회복할 수 있는 회복이 빠른 캐릭터를 예시해줍니다.

▶ 원형
14번째 메이저 카드는 앞에서 누군가의 삶에 관련해 논의한 균형과 절제라는 테마에 중점을 두는 '극기'입니다. 보이는 모습은 우리를 보호해주고, 우리를 안정된 상태로 지속시켜주는 수호천사입니다. 이런 모습은 이들을 위한 모델의 역할을 할 수 있습니다. 그 카드는 에고적인 과도함의 모든 형식에 대해 경계합니다. 긍정적으로 보면, '극기'는 새로운 진실이 터득되어서 누군가의 삶에 편입되게 하려고 격정을 수정합니다. '극기'가 수동성과 비효율이라는 부정적인 특성을 예시할지도 모르기 때문에, 이들은 유행에 저항하고, 스타일과 기법, 사유체계가 관련된 이들만의 방식을 만들어내기 위해 노력해야만 합니다.

10월 15일
세상의 무대의 날
The World's Stage

▶ **심리구조**

10월 15일에 태어난 이들은 자신이 있는 분야가 가족이든 사회 동아리든 조직이든 간에 자신의 주권에 대한 권리를 주장합니다. 이들은 삶이라는 대단한 드라마에서 지배적인 역할자일 수 있지만, 자신이 선택한 분야에서 논평자와 권위자로도 또한 중요한 역할을 할지도 모릅니다. 이들은 직접적으로 아니면 자신의 작업을 통해서 타인들에게 강한 개인적인 끌어당김을 발휘하는 데 유능합니다. 이들에게 넋을 잃은 사람은 이들이 말하려고 갖고 있는 것이 무엇이든 간절히 듣고 싶을 것입니다. 이것은 타인들을 잘못된 길로 이끌지 않도록, 즉 이기적인 목적을 위해 권력을 남용하지 않도록 이들에게 대단한 책임을 둡니다.

이들이 필연적으로 발휘하는 리더십은 특이한 종류에 속합니다. 세상의 어떤 의미에서도 개혁운동가가 거의 아닌 이들은 운영의 세부사항을 집행하기보다 주어진 국면을 평가하거나 자신만의 본보기를 통해 내보여줌으로써 이바지를 만들어낼 가능성이 더 있습니다. 이들 중 일부가 자신을 좋은 동반자나 협업자로 정말 만들어내지만, 이들은 특별히 자유로이 혼자서 움직이고 탐험하며 발견해야만 하므로, 종종 홀로 작업하거나 팀의 자율적인 구성원으로서 작업하는 것을 선호합니다.

이들은 타인들을 자극하거나 선동하는 데 유능한, 매우 논쟁적인 인물일 수 있습니다. 이것은 주로 이들이 자주 자신의 마음을 공개적으로 심지어 무뚝뚝하게까지 말함으로써 주목을 끌어들이기 때문입니다. 이들은 비록 지엽적일지라도 이들을 알고 있는 사람들에게서 적대감과 부정적인 진동을 끌어들이는 것을 주의해야만 합니다. 이 부정성의 누적은 이들을 엄청난 스트레스 아래 놓을 수 있고, 어쩌면 몰락의 위험을 초래할지도 모릅니다. 사회적인 존재로서 이들은 매우 오래 혼자 있는 것을 좋아하지 않아서, 자신이 사회에서 달아나거나 숨도록 밀어붙여지는 것은 추방하거나 유배하는 세력에 의한 것으로 느낄 수 있습니다.

이들의 터무니없는 면은 이들에게 자극중심주의자, 주목을 끄는 돼지, 홍보 사냥개 또는 예고주의자라는 다층적인 타이틀을 얻게 할지도 모릅니다. 하지만 이들 중 더 고도로 진화된 사람의 재능이 매우 대단하고 이들의 지식이 매우 넓어서 이들은 그런 부담에서 벗어날 수도 있고, 아니면 그 부담을 경멸할 수도 있습니다. 덜 고도로 진화된 사람은 피상적이고 궁핍한 것처럼 보일지도 모릅니다.

심지어 이들은 자신의 지기, 친구, 협력자에게서 대단한 존중을 받았을 때조차, 여전히 과시하라고 유혹받을지도 모릅니다. 그 대신 이들은 세상에서 극적으로 가식적인 모든 자세보다 더 많은 주목을 자신에게 보장해주고, 더군다나 자신을 더 좋아하게 만들어줄 침착하고 무던한 분위기를 키워야 합니다. 유혹적인 힘에 대한 수용법을 체득해서 타인들에게 관계하는 최상의 방식을 찾아내는 것은, 이들의 성공을 위한 받침대입니다. 하지만 과신, 교만, '행운을 당연시하는 것' 및 '대체로 자기 자신을 이 땅의 법 위에 올려놓는 것' 중 어떤 것도 이들의 몰락으로 이어질 수 있기 때문에, 이들은 항상적으로 이것에 대해 경계해야만 합니다.

▶ 일간 특성
강점; 자석 같은, 지식적인, 도발적인
약점; 과시적인, 균형을 잃은, 지나치게 자신하는

▶ 명상
숙련된 탐정이 되려면 좋은 범죄적인 마음을 갖고 있어야만 합니다.

▶ 조언
좀 진정시키라.
당신의 담대한 활동은 부정적인 반응 쪽으로 자신을 만들어갈 수 있다.
타인들, 특히 적들이 하는 말에 귀 귀울여라.
당신은 자신이 바라는 대로 항상 할 수 있는 것은 아니다.
타협은 제자리를 갖고 있다. [타협해야 할 때가 따로 있다.]

▶ 건강
자신의 업무가 주로 좌식업무라면 이들은 허리에 문제가 생기기 쉬울지도 모릅니다. 이들은 과식, 폭음(에 의한 간, 신장), 스트레스(에 의한 부신), 설탕 과잉(에 의한 췌장), 표백된 흰 밀가루(에 의한 대장)를 통해 자신의 내부적인 장기에 대한 반복적인 공격을 피해야만 합니다. 스트레스로 인한 이들의 심혼에 대한 위험은 [내부장기에 대한 위험과] 동일하게 대단한데, 때로는 타인들의 반감을 자극한 후에 경험합니다. (만약 이들이 끊임없는 준비 상태에 있어야만 한다면, 심지어 가장 결연한 전사들도 결국 항상적인 압력에 의해 약화됩니다) 그러므로 이들은 더 오랜 기간동안 혼자 있는 법, 그리고 느긋해짐 이외에는 거의 아무것도 하지 않는 정기적으로 예정된 휴가를 갖는 법을 체득해야만 합니다. 식단, 신체 운동, 성적인 표현, 심리적인 상태에 대한 균형은 이들을 위한 표어입니다.

▶ 수비학
15일에 태어난 사람은 숫자 6(1+5=6) 및 금성에 통치됩니다. 숫자 6에 통치되는 사람은 타인들을 자신에게 끌어들이는 경향이 있고, 때로는 심지어 숭배할 마음마저 불어넣습니다. 게다가 금성이 아름다움과 조화에 대한 사랑을 빌려주므로, 10월 15일에 태어난 이들은 상황이 이들을 위해 바르게 나아가지 않을 때, 난처하게 되고 당황하게 될지도 모릅니다. '사회적인 이해관계로 구현되는 이들의 금성적인 자질' 및 '아름다움, 편안함, 관능성에 대한 사랑'은 천칭자리와 숫자 6에 대한 금성의 겹친 통치 덕에 강하게 확대됩니다.

▶ 원형
15번째 메이저 카드인 '악마'는 성적인 끌어들임, 불합리성, 격정이 관련된 곳에서 역동적으로 작용하는 두려움/욕망을 예시합니다. '악마'는 물질적인 편안함과 돈에 대한 우리의 필요성을 통해 우리를 노예로 삼고, 안전을 붙잡는 우리의 기반 천성을 대변하며, 우리의 남성적/여성적인 천성에 실존해서 화해되지 않는 차이를 통해 우리를 통제합니다. 이 카드의 긍정적인 면은 모두 성적인 끌어들임이고, 격정적인 욕망의 표현입니다. 그러나 그 카드는 비록 우리가 몸에 속박되어 있을지라도, 우리의 영(靈)은 자유롭게 날아오름을 우리에게 상기시켜줍니다.

10월 16일
본질적인 판단의 날
Essential Judgment

▶ 심리구조

10월 16일 태어난 이들의 삶에서 판단이라는 테마는 중추적인 초점입니다. 이들은 직종적인 결정이든 아니면 개인적인 결정이든 심사숙고하는 것이 자주 발견됩니다. 어떤 국면을 판정해서 그 국면의 본질을 파악할 능력이 있는 것은, 이들에게 자연스럽게 다가오는 것으로 보입니다. 이들은 '선입견적인 발상이나 편견을 갖고 있다'는 의미에서, 혹은 '자신의 개인적인 도덕에 대한 준수를 요구한다'는 의미에서, '비수용적이거나 폐쇄적이다'는 의미에서 지나치게 '판단적인' 사람이 아닙니다. 반면에 대체로 이들은 꽤 자율적이고, 모든 종류의 새로운 발상과 토론에 덕이 될 수 있습니다. 자신의 주위 상황에 대한 이들의 판단은 객관적인 판별에, 즉 누군가나 어떤 것의 가치나 효용을 실상의 관점에서 평가할 능력이 있는 것에 가깝습니다.

이들은 선한 오래된 공통감에 높은 가치를 둡니다. 하지만 이들은 자신이 주위의 삶을 초현실주의적인 견지에서 바라볼지도 모르는 매우 상상적인 면도 또한 갖고 있습니다. 실상주의와 상상력의 이런 흥미로운 조합은 이들에 대한 뚜렷한 검증 표식 중 하나입니다. 이를테면 한 국면의 진실을 지적할 시, 이들은 날카롭게 통찰하는 데 유능하지만, 자신의 의견을 표현하는 것에 관한 한, 이들은 비유법, 유추법, 풍자법을 사용하는 데 매우 능숙할 수 있습니다.

이들 중 대다수는 자신이 공언한 대로 살려고 시도합니다. 따라서 이들의 믿음 체계는 이들에게 중요하고, 그 체계의 기본 공리는 잘 규정되어야만 합니다. 이들은 말과 행동이 다른 누군가를 또는 종교를 도덕적인 나약함과 영적인 빈곤을 위한 갑옷으로 써먹는 누군가를 맞닥뜨릴 때 매우 무정할 수 있습니다. 논리적이고 직접적인 구두 표현이나 서면 표현은 이들 중 대다수 사람의 경력에서 주축입니다.

이들은 다소 이상한 행동을 탐닉할 뿐만 아니라 어쩌면 충동적인 태도로도 또한 활동하고 반응하면서 자신의 사생활에서는 그처럼 이성적으로 활동하지 않을지도 모릅니다. 이들 중 다수는 오직 자신이 강요받는 한에서만 자기 자신을 규정하는 쪽으로 경도되고, 이런 점에서 자신을 까다롭고 다소 예견되지 않는 동반자로 만들어갈 수 있습니다.

이들은 자신이 살고 있는 사회 시스템을 번갈아 옹호하고 비난할 가능성이 있습니다. 비난의 면에서 이들은 배은망덕하거나 안목이 없는 것으로 보일 수 있지만, 사실 다른 누구보다 오히려 그들이 자신의 가족, 회사, 도시 등을 비판하는 내용을 귀담아 들을지도 모릅니다. 이들은 개인적인 차원에서 판단이나 결정을 내리도록 청해질 때, 자신의 판별이 부정적이면 대체로 외교적이 됩니다. 이들은 만약 요청받으면 그 의견을 공적으로 공유하게 될지도 모르지만, 항상 대단한 열의를 갖고 있는 것은 아닙니다.

매우 자주 이들은 자신이 마음을 꾸며내는 동안 방관하고 아니면 심지어 그 부문을 떠나는 것까지 선택하며, 어떤 이슈를 고려할 때 난처해지거나 고민되는 것을 깊이 원망합니다. 이들은 자신의 버튼이 너무 쉽게 눌러지지 않는 법을 체득하고, 반응적이 되거나 방어적이 되며, 비밀적이 되는 것을 피해야만 합니다. 비판적인 규정과 분별력을 위한 이들의 천재성은 외부의 대상과 사람들을 위해 비축될 뿐만 아니라, 이따금 자기 자신에게도 또한 향해야 합니다.

▶ 일간 특성
강점; 분별력 있는, 실용적인, 공정한
약점; 까칠한, 방어적인, 까다로운

▶ 명상
사람들이 하는 말 때문이 아니라, 다리처럼 당신이 붕괴의 두려움 없이 위험을 무릅쓰고 나갈 수 있기 때문에 누군가를 신뢰하라.

▶ 조언
당신 자신을 시험해보라.
무엇이 실상적으로 작동하는지 파악하고 나머지는 버리라.
당신 자신에게 형태와 규정을 부여하라.
사람들을 자기 뜻대로 하도록 내버려두는 것을 기억해내라.
이성의 이름으로 그들이 욕구하는 것을 그들에게서 빼앗지 마라.

▶ 건강
이들은 자신의 신경계와 내부적인 장기(특별히 간)에 처참한 효과를 보유할 수 있는 중독적인 경향에, 특히 술에 주의해야만 합니다. 이들은 일벌레가 될 수 있기에, 더 많이 자기 자신을 즐기는 법도 체득하고, 자신의 작업에서 벗어나 정기적인 휴식시간을 얻는 법도 또한 체득해야 합니다. 이들은 대체로 좋은 분별력을 과시하기 때문에, 균형 잡힌 식단, 정기적인 수면 및 운동을 위한 욕구를 쉽게 확신하게 됩니다. 만약 이들이 실상으로 (에어로빅, 무술, 요가 같은) 신체적인 단련이나 (채식, 자연식 또는 다른 제한적인 식단이라는) 절제식의 방도를 믿게 된다면, 이들은 대체로 그것을 고수합니다.

▶ 수비학
16일에 태어난 사람은 숫자 7(1+6=7) 및 해왕성에 통치됩니다. 해왕성은 꿈, 공상 및 종교적인 느낌의 행성입니다. 해왕성의 영향력과 조합한 이들의 별자리(금성에 통치되는 천칭자리)의 금성적인 측면은 10월 16일에 태어난 이들에게 다른 세계적인 매혹을 빌려줄 수 있지만, 천칭자리의 상징(저울)은 더 균형 잡힌 판단 및 더 심사숙고하며 저울질된 판단에 대한 초대입니다.

▶ 원형
16번째 메이저 카드는 어떤 버전에선 왕이 벼락을 맞은 탑에서 떨어지는 것을 보여주고, 이 탑을 건설한 사람이 머리에 타격을 입고서 죽고 있는 것을 보여주는 '탑'입니다. '탑'은 물리적인 구조의 무상성뿐만 아니라 우리 삶에서 주어지는 관계나 소명의 무상성도 또한 상징합니다. 긍정적으로 이 카드는 특히 이들에게 해당하는 타인들의 실책에서 배우는 것을 표상할 수 있습니다. 그 카드의 긍정적인 요소는 재앙을 극복해 그 도전에 직면하는 것을 포함하지만, '탑'은 부당하게 높은 자리에 오르는 것, 누군가가 조작한 손길에 파괴될 위험을 무릅쓰는 것, 공상적인 기획이라는 유혹에 굴복하는 것에 대해 경계합니다.

10월 17일
위태로운 균형의 날
Precarious Balance

▶ 심리구조

10월 17일에 태어난 이들은 고양이처럼 대개 궁지에서 어떻게든 벗어납니다. 이들이 어떤 어려움이나 위험에 직면하든, 유지하기 위해 애쓰는 것은 무엇보다도 자신의 균형입니다. 이것은 이들이 운에 맡기기를 사랑하는 것이 사실이 아니라면, 단순한 문제일지도 모릅니다. 불안정성이 이들의 가장 나쁜 적일지도 모르지만, 그것은 이들이 유발한 다층성에 가장 자주 속합니다.

이들에게는 두 가지 뚜렷한 유형이 현존하는데, 한 쪽은 태평하게 지내는 것처럼 보이는 조용하고 외견상 안정된 유형이고, 다른 쪽은 위험을 감수하지 않는 삶이 단조롭고 싫증나는 저돌적인 유형입니다. 저돌적인 유형 중 일부 사람은 오랜 역경을 이기는 데 요구되는 기술에 이끌려 생명을 위협하는 위험에 놓이는 것을 아무것도 아닌 것으로 생각할지도 모릅니다. 그럼에도 이들 중 덜 극단적인 사람은 판돈으로 돈을 걸든 재산을 걸든, 혹은 심지어 사랑까지 거는 일종의 도박꾼일 것입니다. 이들 중 더 안정된 사람은 상당히 정착된 삶을 즐길지도 모르지만, 더 면밀한 검토는 이들이 불확실성의 요소를 자신에게 가져다주는 고도로 예술적인 혹은 신경질적인, 유별난 사람들에게 자주 끌린다는 점이 분명해지게 만들어줍니다. 이들 중 관찰자로서 더 안정된 유형 및 참여자로서 위험을 무릅쓰는 유형 모두는, 드라마와 생동적인 사건을 사랑합니다.

이들은 자신의 방식을 바꾸기가 힘겨움을 알아차립니다. 마치 이들이 평범한 인간 경험의 법칙 위에 자기 자신을 두는 것처럼 이들은 자주 교만의 희생양이 됩니다. 안타깝게도 이들은 정말 실수를 만들어내고, 재정이나 신체적인 건강 측면에서 큰 비용이 드는 큰 실수를 만들어냅니다. 하지만 회복이 빠른 이들은 아무리 중대할지라도 퇴보나 사고에서 회복할 수 있다고 자신하면서 계속 나아갑니다. 이런 점에서 이들은 숙명을 마치 오랜 세월을 함께한 연인이나, 적어도 오랜 친구처럼 대합니다. 어쩌면 이들은 이런 위험한 게임을 할 속셈이지만, 특히 모든 자기 기만의 형식에 주의해야만 합니다.

이들 중 대다수는 자기 자신과 자신의 재능을 규정할 때 꽤 자제되지 않는데, 따라서 이들 중 예술가는 타인들의 발상을 자신의 작업에 통합하여, 그 발상을 자신만의 것으로 만들어낼 수 있습니다. 오래되거나 유서 깊은 테마를 취해서 재작업하는 데 마스터인 이들은 전통주의자이고, 이들의 생각이 아무리 현대적이거나 진보적이더라도 삶에 대한 이들의 기본적인 접근법에서 여전히 보수적입니다. 경험에 기반을 둔 경계심, 제한, 상세한 연구는 이들이 매우 대범한 방식으로 겉보기에 위험한 그런 모험을 감수할 능력을 줍니다.

반면에, 이들은 대체로 자신의 동료, 친구, 가족에게 신중하고 배려하는 태도로 활동하지만, 물러서지 않습니다! 이들의 기질은 자신의 권위가 위협받거나 자신의 의도가 의심받을 때 폭발할 수 있습니다. 이들은 자신의 판단이 뛰어나다고 느끼고, 대다수의 경우 잘할지도 모르지만, 자신이 잘못된 방향으로 향할 때 알아차리는 데 실패할지도 모릅니다. 이들 중 일부에게는 더 깊은 자기-지식이, 즉 어쩌면 영성에 대한 더 진지한 추구가 요구되고, 피상적인 흥분과 반짝임에 묶인 가치관을 버리는 것이 요구됩니다.

▶ 일간 특성
강점; 자신만만한, 회복이 빠른, 대담한
약점; 지나치게 자신하는, 무모한, 완고한

▶ 명상
온갖 것은, 심지어 공짜로 주어지는 것조차도 빠르든 늦든 댓가를 치루어야 합니다.

▶ 조언
당신 자신을 너무 심하게 밀어붙이지 마라.
반면에, 잘난 체하기와 자기만족을 주의하라.
이따금 굴복하고 당신의 실수를 인정하는 것을 두려워하지 마라.
당신의 이미지가 당신에게 그렇게 중요합니까?

▶ 건강
이들 중 다수에게 명백한 건강상의 위험 요소는 위험에 대한 끌어들임과 건강에 대한 두려움의 부족입니다. 사고가 진행되는 것에 관한 한, 위험에 처하는 것은 대다수 이들의 등과 내부적인 장기입니다. 이들 중 일부에게 성병은 주의 깊은 예방 조치가 요구되는 위협입니다. 이들은 부엌에서 자신의 화려함을 표현하는 것을 즐기므로, 요리의 예술을 키우는 것은 대개 이들의 성미에 맞습니다. 여기에는 특히 걷기, 수영, 그 외 충격이 적은 활동 같은 단지 적합한 운동만이 권장됩니다.

▶ 수비학
17일에 태어난 사람은 숫자 8(1+7=8) 및 토성에 통치됩니다. 토성은 제한과 한정의 강한 느낌을 운반해주고, 10월 17일에 태어난 이들의 위에서 언급된 독선적인 성향을 보강해주는 판단적인 측면도 또한 예시해줍니다. 토성과 금성(천칭자리의 통치자) 사이의 연관성은 이들의 성격 중 더 어둡고 불만족한 측면을 촉발하면서, 이들의 사생활에 있는 모든 종류의 난해함으로 이어질 수 있습니다. 숫자 8은 또한 물질세계와 영적세계 사이의 갈등을 유지하는데, 숫자 8에 통치되는 사람은 외로울 수 있고, 때때로 극단적으로 탐닉하기 쉽습니다.

▶ 원형
17번째 메이저 카드는 별 아래 벌거벗은 아름다운 소녀가 한 항아리로 메마른 대지에 신선한 물을 쏟아붓고, 다른 항아리로 연못의 고인 물을 되살리는 모습을 보여주는 '별'입니다. 그녀는 세속적인 삶의 영광을 대변하지만, 그 삶에 대한 물질적인 노예화도 또한 대변합니다. 그녀 머리 위의 별들은 영적인 세계가 있음을 영원히 상기시켜줍니다. 그래서 이들은 항상 지나친 욕심, 즉 돈과 권력에 대한 꽂힘을 주의해야 하고, 무엇보다 삶의 더 높은 목표를 절대 잊지 말아야 합니다.

10월 18일
개인적인 리더쉽의 날
Personal Leadership

▶ 심리구조

10월 18일에 태어난 이들은 자주 인생의 대단한 드라마에서 중요하고 활동적인 역할을 할 운명입니다. 하지만 이들은 자신 가족의 관심사든, 기업의 관심사든, 사회 동아리의 관심사든 간에 연기자에 적격일 뿐만 아니라, 자신의 주위에서 일어나는 것에 대한 강력한 감독자로도 또한 기능할지도 모릅니다. 이들은 자신의 길을 정상을 향해 밀어붙이는 것에 관해 부끄러워하지 않지만, 비록 우두머리가 되려는 이들의 욕망이 대단할지라도, 필요하다면 [눈에 띄지 않도록] 저자세를 유지할 수 있습니다.

하지만 이들은 삶에 많은 다른 이해관계를 갖고 있기 때문에, 거의 전형적인 리더가 아닙니다. 이를테면 이들이 회사의 수장이라면, 이들은 자신이 여전히 더 대단한 격정을 갖고 있는 노력에 자기 자신이 헌신할 수 있을 때, 몰래 떠날지도 모릅니다. 관리직에 발탁된 이들 중 다수는 자신이 이전에 지녔던 일차적인 이해관계로 돌아갈 수 있는 날을 고대합니다. 이들이 떠날 때, 사람들은 이들의 성실성 및 의심할 여지없는 명예와 정직함으로 이들을 아쉬워할 가능성이 있습니다.

이들 중 덜 강력한 사람은 재능, 연줄 혹은 순전한 운 덕에 명성이나 행운의 후보인 자기 자신도 또한 알아차릴 수 있지만, 높은 위치에 있는 것에는 전혀 편하지 않습니다. 이들은 자신에게 놓인 과중한 책임에 대처하려고 시도하므로, 압도되는 느낌부터 완전한 신경쇠약까지 어떤 것으로든 고통받을 수 있습니다. 마침내 이들은 자기 자신으로 하여금 덜한 역할에 적응시키고, 아니면 스트레스에 희생될 위험을 감수하게 해야만 합니다.

이들은 활동이 있는 곳, 즉 상황의 바람직한 바로 그 중심에 있기를 좋아합니다. 그러나 이들 중 심지어 더 화려한 유형조차도 자신에 관해 내면 성찰적인 분위기를 갖고 다닙니다. 비록 이들이 리더의 역할로 기능할 수 있더라도, 이들은 자신을 너무 심하거나 멀리까지 밀어붙이지 말아야 하는데, 이들의 일차적인 이해관계는 이들만의 작업과 사적인 이해관계이고, 이들은 불행해지지 않고도 단지 그 작업과 이해관계에서 오랫동안 떠날 능력이 있을 것입니다.

이들은 타인들과 재미있게 보내는 것을 사랑하지만, 사회성이 높지 않는 탓에 자신이 때때로 어울리기가 어려움을 알아차릴지도 모릅니다. 이들은 가족이나 사회 집단의 계획에 포함되기를 좋아하고, 만약 배제된다면 제법 성질날 수 있지만, 이들은 자기 자신과 타인들 속에 있는 자기 연민을 경멸하기 때문에, 자신의 감정적인 상처를 먼저 드러내지 않습니다. 전형적으로 이들은 신발을 잃어버린 신데렐라처럼 침울하게 서성거리기보다 차라리 자신의 작업과 개인적인 추구로 돌아가고 싶을 것입니다.

비록 이들은 그런 자급자족이 찬양받을 만하지만, 타인들의 의도를 잘못 해석하지 않도록, 또 사실 상황이 바로잡힐 수도 있을 때 소통을 끊어버리지 않도록 조심해야 합니다. 지속해서 대화를 열어두고 있음으로써, 이들은 모든 것을 아는 체하거나 냉담하고 잘난체하는 유형인 것처럼 보이는 것도 또한 피할 수 있게 됩니다. 이들은 자신의 존엄과 겸손함 모두를 항상 유지해야 하고, 우월적인 태도나 지나치게 자신하는 태도를 자기 자신에게 절대로 허용하지 말아야 합니다.

▶ 일간 특성
강점; 영감을 주는, 상상적인, 솔직담백한
약점; 지나치게 긴장하는, 냉담한, 고민하는

▶ 명상
언제든지 당신은 자신이 전혀 예상하지 못한 것에 청해질지도 모릅니다.

▶ 조언
타인들에게뿐만 아니라 당신 자신에게도 'NO'라고 말하는 법을 체득하라.
연출하는 것은 단지 삶의 한 측면일 뿐이다.
이따금 당신 자신을 제멋대로 하게 놔두라, 그리고 당신이 할 수 있을 때 미심쩍은 점에 대해 당신 자신에게 믿음을 주라.

▶ 건강
이들은 너무 많은 책임에 의해 자기 자신을 지치게 하는 것 및 스트레스를 받는 것을 피해야만 합니다. 이들에게는 자신의 한계에 도달했다고 느낄 때 'NO'라고 말하는 법을 체득하는 것이 매우 중요합니다. 이 한계를 정의하는 것, 즉 이들이 감당할 수 있는 것과 감당할 수 없는 것을 인정하는 것이 열쇠입니다. 정기적인 수면과 정기적인 식사 습관은 감정적인 안정에 고도로 유익합니다. 이들은 자신의 식단이 균형 잡히고 다양한 곡물과 신선한 채소를 포함한다는 점을 확실히 해야 합니다. 카페인과 니코틴 같은 각성제는 가능하면 제한되어야 합니다. 혼수상태, 마취, 우울증을 연출하는 약물류 및 술은 반드시 최고로 주의해서 취급되어야만 합니다. 정기적인 운동을 위한 시간을 내야 하고, 물리치료, 마사지, 요가는 등의 중간 및 아래쪽 통증 및 아픔을 제거하면서 느긋함을 지원하기 때문에 특히 권장됩니다.

▶ 수비학
18일에 태어난 사람은 숫자 9(1+8=9) 및 화성에 통치됩니다. 숫자 9는 (이를테면 5+9=14, 4+1=5처럼 9를 더한 어떤 숫자도 그 숫자가 되고, 9×5=45, 4+5=9처럼 9를 곱한 어떤 숫자도 9가 되므로) 다른 숫자에 대한 영향이 강력하고, 10월 18일에 태어난 이들도 비슷하게 자신의 주위 사람들에게 강한 영향을 발휘할 능력이 있습니다. 하지만 그런 강한 화성 에너지는 더 평온한 금성(천칭자리의 통치자)의 기질에 상충할 수 있습니다. 금성과 화성의 조합은 만약 이들이 좌절감을 품으면, 이들에게 (또 이들에게 결부된 타인들에게) 위험을 제시할지도 모르는 고도로 자석같고 성적인 지향을 연출해냅니다.

▶ 원형
18번째 메이저 카드는 일차적으로 꿈, 감정, 무의식의 세계를 나타내는 달입니다. 긍정적인 속성에는 민감성, 공감, 감정적인 이해가 포함됩니다. 부정적인 특성에는 감정적인 우유부단함, 수동성, 자아 결핍이 포함됩니다.

10월 19일
투사하는 이의 날
The Projector

▶ 심리구조

10월 19일에 태어난 이들은 자신의 주위환경에 생동성을 가져오는 독립적이고, 활기차며, 거침없이 말하는 사람입니다. 하지만 이들은 자신이 삶에 접근할 시 고도로 고집적이고 완고합니다. 자신의 논박적인 천성 탓에 이들은 경쟁에 참여하는 것을 사랑할 뿐만 아니라, 불운하게도 자신이 가는 곳 어디에도 또한 불화와 갈등을 가져올지도 모릅니다. 이들의 삶에서 항상적인 테마는 숨겨진 진실을 드러내는 것이고, 그러므로 이들은 숨은 동기 및 미묘한 감정적인 배후조종, 침묵을 통한 처벌에 대한 대단한 혐오감을 갖고 있습니다.

이들은 화가 나면 폭발하는 경향이 있지만, 폭풍이 지나간 후에는 대체로 적의를 품지 않고 화해에 마음을 엽니다. 어쩌면 이들의 도발적인 천성 뒤에서 몰아대는 세력은, 위에서 언급된 것처럼 상황에 빛을 가져오려는 이들의 소망이고, 아니면 더 좋게는 이들이 이해관계의 대상에 진실의 빛을 비추려는 이들의 소망입니다.

이들 중 덜 고도로 진화된 사람은 자기 자신에 관한 진실이 폭로되는 것을 몹시 두려워할 수 있습니다. 이런 측면에서 이들은 대중의 정밀 검증에서 숨으려는 강박충동 탓에 점차 매우 방어적이 되고 심지어 편집증적까지 될 수 있습니다. 하지만 이들은 이런 방어벽을 점차 떨어뜨림으로써 자기 자신을 계발할 때에야, 마치 고소공포증이 있는 사람이 마침내 최고봉에 어떻게든 오르듯이 비로소 개인적인 승리의 순간에 두려움이나 수치심이 없이 완전히 드러내게 되는 것을 견뎌낼 수 있습니다. 이런 점에서 수줍음이나 내향성을 극복한 이들의 승리는 보통 사람들보다 훨씬 더 대단할 것입니다.

이들의 또 다른 가능성은 시야에서 사라지고, 자신의 기술과 이들 자신을 향상시키며, 그다음 이전보다 더 성공적인 상태로 다시 등장하는 것입니다. 여기의 유일한 위험은 은폐하는 동안 이들이 침체되거나, 사실 자신이 전혀 다시 등장하지 못할 생활방식이나 가족국면에 관여하게 될지도 모른다는 점입니다.

이들이 대체로 자신을 좋은 친구이자 충실한 가족 구성원으로 만들어내지만, 이들은 자유분방하기 때문에 자신을 얽매려는 시도에 분개할지도 모릅니다. 실로 이들은 자기 자신을 헌신하도록 밀어붙여지면 반항적이 될 수 있고, 가까운 사람에게도 또한 극도로 비판적이 될 수 있습니다. 이들의 의견이 대단한 무게가 실리므로, 때로는 이들의 비정한 말은 이들이 상상하는 것보다 훨씬 더 깊은 상처를 입힙니다.

이들은 특히 자신의 동기와 활동에 관련한 자신의 방어적인 반응을 허물어뜨리기 위한 노력을 만들어내야만 합니다. 이들은 이들이 사랑받는 사람에 대한 소유욕을 피해야, 이를테면 자신의 지위가 '좋은 친구'가 되는 것뿐만 아니라 '가장 친한 친구'가 되는 것도 또한 요구하는 것을 피해야만 합니다. 때때로 이차적인 위치나 조연의 역할을 받아들이는 것, 심지어 그 위치나 역할을 즐기게 되는 것조차도 이들의 영적인 계발에서 대단한 발걸음입니다.

▶ 일간 특성
강점; 끈덕진, 독립적인, 생동적인
약점; 논쟁적인, 방해하는, 소유적인

▶ 명상
동굴에서 사슬에 묶인 사람에게 비친 벽의 그림자는 실상입니다.

▶ 조언
침묵의 가치를 배우라.
이따금 당신의 활동으로 하여금 당신 자신을 대변하게 하라.
독립적이 되려는 당신의 욕망 및 동지애를 위한 당신의 욕구 사이의 균형을 잡으라.
사람들이 항상 당신을 용서할 것이라고 가정하지 마라.

▶ 건강
이들은 자신의 경쟁적인 천성 탓에 부상을 입는 것에 관해 주의해야만 합니다. 이들의 논박성은 타인들의 적대감을 자극할 수 있는데, 그 호전성은 결국 이들에게 신체적인 면뿐만 아니라 심리적인 면에서도 또한 위험한 것으로 판명될지도 모릅니다. 이들은 매우 요동치는 사람, 즉 불쾌한 표정이나 불친절한 말 때문에 쉽게 방해받는 사람입니다. 신경질적인 짜증에 대한 이들의 낮은 문턱은 이들로 하여금 자신의 주위 상황에 민감하게 반응하도록 유발하고, 따라서 알레르기가 문제가 되는 것으로 판명될지도 모릅니다. 이들의 식단은 특히 유제품과 지방, 단것에 관련하여 세심하게 통제되어야 합니다. 경쟁 지향적이고 심지어 접촉까지 하는 스포츠는 이들에게 매력적일지도 모르지만, 이들 중 이제 젊지 않은 사람에게 걷기와 수영이 더 적절합니다. 이들 중 여성은 방광염, 남성은 전립선 문제를 주의해야만 합니다.

▶ 수비학
19일에 태어난 사람은 숫자 1(1+9=10, 1+0=1) 및 태양에 통치됩니다. 이들이 금성과 명왕성 양쪽의 영향력을 강하게 받는 천칭자리-전갈자리 중첩의 첫날인 10월 19일에 태어나기 때문에, 관계에서 소유적이 되고 통제적이 되는 성향뿐만 아니라 강한 성적인 역동성도 또한 이들의 삶에 필연적으로 현존합니다. 숫자 1에 통치되는 사람은 야심적이고, 구속을 싫어하며, 첫째 자리를 요구하는 경향이 있습니다.

▶ 원형
19번째 메이저 카드는 '태양'입니다. 그 태양은 모든 메이저 카드 중 가장 호의적인 카드로 여겨질 수 있어서, 지식, 생명력, 행운을 상징합니다. 이들의 숫자와 타로 카드 덕에, 이들은 강한 '태양'의 영향력을 부여받습니다. 하지만 이런 힘을 오용하는 것은 처참한 효과를 가져올 수 있음은 주목되어야만 합니다. 이들은 이미 관계의 통제적인 측면에 너무 사로잡혀 있으므로, 모든 유형의 거짓된 가치, 쉬운 약속, 피상성을 조장하는 것을 주의해야만 합니다.

10월 20일

유행의 날
Vogue

▶ 심리구조

10월 20일에 태어난 이들은 언제든지 무엇이 들어오고 무엇이 나가는지 매우 의식합니다. 자주 이들의 영향력은 대단히 커서 이들 자신은 심지어 특정한 사회적인 동향까지 규정할 수 있지만, 그만큼 자주 우세한 사회적인 기준이나 유행에 상충하는 자기 자신을 알아차릴지도 모릅니다. 자신의 사회적인 환경에 수용될 뿐만 아니라 영향도 또한 끼치려는 이들의 추진력은 매우 강합니다. 그러므로 이 경기장에서 거절은 이들에게 심한 타격을 주는데, 퇴보나 어려움, 지연은 이들의 영을 위축시킬 수 있습니다.

이들은 자주 자신의 경력이 돈벌이고, 자신의 '취미'가 자신의 창조적인 에너지를 투자하는 곳이 되는 일종의 이중적인 삶을 영위합니다. 이들의 가슴은 이들을 자신의 본업이 아닌 낭만적인 곳으로 데려가므로, 이들이 그 본업을 매우 냉대하는 것은 전혀 드물지 않습니다. 어쩌면 이것은 본질적으로 이들이 성공하는 주된 이유 중 하나인데, 객관성과 거리갖기가 이들에게 유리하게 작용하는 것으로 보입니다.

이들은 대체로 물질 세상에서 잘합니다. 이들은 자신이 돈과 재정에 사로잡히게 될 수 있을 정도로, 그것에 좋은 느낌을 갖고 있습니다. 이들은 또한 극도로 유능한 관리자이기도 합니다. 역설적으로 이들은 신체적인 질병에 취약합니다. 따라서 이들 중 다수의 좋지 않은 건강이야말로 자신이 기능하는 것을 어렵게 만들어냄으로써 자신의 물질적인 계획을 서서히 잠식합니다. 가시적인 관심사의 무게가 이들의 삶에서 반복되는 테마가 될 수 있는 것으로 보입니다.

이들은 매우 고집불통입니다. 일단 이들이 어떤 것에 관해 자신의 마음을 꾸며내면, 끝까지 해내지 못하도록 이들을 멈추는 것은 어렵습니다. 실수를 인정하는 법을 체득하는 것은 이들의 개인적인 진화에서 극도로 중요한 단계입니다. 다행히도 이들의 (감정적인 통제가 동반된) 합리적인 수용력은 고도로 계발되어 있고, 따라서 이들은 이성을 통해 호소될 수 있습니다. 만약 누군가가 이들에게 무언가를 하기 위한 더 나은 방식을 보여줄 수 있고, 실상적으로 그 방식을 내보여준다면, 그다음 이들은 (비록 아마도 당장은 아니지만) 결국 그 방식을 채택하게 될 것입니다.

개인적인 겉모습은 이들에게 많이 중요합니다. 패션, 스타일, 디자인의 문제는 이들의 눈에 피상적이거나 진부한 것이 아니라 개별성의 표현입니다. 자신의 직종이 이런 영역을 직접적으로 포함하든 아니든 간에, 이들은 자신이 타인들에게 만들어내는 인상을 고도로 알아챕니다. 실로 이들은 자신의 가족과 사업 협력자, 사회 동아리에 지울 수 없는 발자취를 남깁니다.

▶ 일간 특성
강점; 열의적인, 논리적인, 실무적인
약점; 완고한, 통제적인, 과도한

▶ 명상
마음을 조용히 하는 법을 체득하는 것은 깨우침의 첫걸음입니다.

▶ 조언
당신 자신을 뿌리내리라.
기본적인 관심사에 접촉하며 지내고, 당신의 건강을 위태롭게 하지 마라.
당신의 환경에 호응하는 당신의 역할을 규정하고 명확하게 하라.
휩쓸리게 되는 것은 당신에게 친구를 잃게 할 수 있다.

▶ 건강
이들은 단순히 신체적인 기능장애를 돌보거나 감수해야만 하는 특이한 형이하학적인 문제를 때때로 갖고 있습니다. 이들은 자신의 주위환경에 너무 민감해서 면역 결핍을 포함한 모든 종류의 알레르기, 천식, 관절염 및 관련된 질환을 계발시킬 수 있습니다. 이를테면 유제품 및 알레르기 물질에 의한 점액분비 과다를 없애기 위한 점액 없는 식단을 따르면서, 이들이 무엇을 먹는지를 검토해서 욕구되는 변화를 만들어내는 것은 이들에게 엄청나게 도움될 수 있습니다. 활기찬 신체 운동은 몸에서 독을 배출하는 역할을 할 수 있지만, 이들 중 일부는 음식 방부제와 첨가물을 여전히 혹독하게 피해야만 합니다. (이를테면 섹스하기, 아이 갖기 같은) 생물학적인 형식의 신체적인 표현은 이들을 뿌리내리는 데 지대한 일을 하고, 이들을 안정된 상태로 지속시켜줄 수 있습니다.

▶ 수비학
20일에 태어난 사람은 숫자 2(2+0=2)와 20 그리고 달에 통치됩니다. 숫자 2에 통치되는 사람은 인상에 좌우되고 상상적인 경향이 있으며, 타인들이 비판하거나 주목하지 않는 것에 쉽게 상처받습니다. 이들은 또한 쉽게 성내고, 짜증의 낮은 문턱을 갖고 있을지도 모릅니다. 달, 금성(천칭자리의 통치자), 명왕성(전갈자리의 통치자)이 조합된 영향력 아래 10월 20일에 태어난 이들은 부와 심미적인 쾌감에 강력하게 끌립니다.

▶ 원형
20번째 메이저 카드는 물질적인 고려사항을 뒤로하고, 특히 이들에게 관련된 이미지인 더 높은 영성을 탐구하도록 우리를 부추기는 '심판이나 일깨움'을 보여줍니다. 나팔을 부는 천사를 그려내는 그 카드는 책무라는 새로운 날이 밝아지고 있음을 암시합니다. 이것은 우리로 하여금 자신의 에고를 넘어가고, 어쩌면 무한을 엿보도록 도전시키는 카드입니다. 위험은 단지 이들 중 일부가 가장 저급한 본능이 관련된 것을 즐길 시의 우쭐댐, 도취, 방종을 미리 알려주는 팡파르를 들을 뿐일지도 모른다는 점입니다.

10월 21일

특이성의 날
Singularity

▶ 심리구조

10월 21일 태어난 이들은 성격과 관점에서 자신의 주위 사람들과 뚜렷하게 다르다는 점은 의심의 여지가 없습니다. 비록 이들이 사회나 직종적인 국면에서 매혹적이고 호소력이 있을 수 있을지라도, 이들은 자주 자신의 개인사가 관련된 곳에서는 더 도전적인 인간종, 심지어 까다롭기까지 한 인간종입니다. 실로 고도로 복잡한 이들의 관계는 이들의 비판적이고 때때로 논박적인 천성에 의해 더 여유롭게 만들어지지 않습니다. 비록 이들이 조화와 평온을 대단히 중시하고, 주위환경을 기쁘게 하는 것을 자주 고집할지라도, 사소한 일들은 이들을 고민하게 할 수 있고, 사랑받는 사람의 실패는 실상적으로 이들을 성가시게 할 수 있습니다.

이들은 무엇보다 정신적인 것을 지향합니다. 하지만 이들은 자신을 곤란에 빠뜨릴 수 있는 강한 감정적인 몰아댐을 갖고 있습니다. 이들의 강한 추리하는 재능 그리고 빈번한 격동적인 애정 생활 사이에는 일종의 미지의 넓은 영역이 현존한다고 언급될 수 있습니다.

자신의 부모나 사회, 사회동아리의 부정적인 가치에서 벗어나는 것은 이들에게 선-생각일 수 있습니다. 자신이 믿지 않는 것을 거부하는 데 평생을 보낸 후, 이들은 일종의 불교적인 거리두기에 도달할지도 모릅니다. 하지만 이들의 개인 생활에서, 심지어 관계가 작동되지 않을 때조차도, 집착을 깨뜨리는 것이 이들에게 훨씬 더 어려워서, 이들은 자신의 애정 생활에 대한 장단점을 따져보면서 몇 년을 보낼지도 모릅니다.

토론과 말하기는 대개 이들의 특기입니다. 이들은 말하는 것을 사랑하고 말하는 것에 능숙합니다. 자신의 직종적인 삶에서 이들은 많은 감동을 주고, 더 많은 사람에게 영속하는 각인을 남기는 데 유능합니다. 매우 흥미롭게도 이들은 자주 자신이 작업하고 있는 마법에 대해 거의 생각하지 않아서, 심지어 몇 년 후조차도 이들이 했던 멋진 어떤 것을 타인들이 기억해낼 때, 이들은 충격을 받을 수 있습니다. 이들은 웃고 재미있게 보내기를 즐기지만, 기본적으로 진지한 사람이고 어떤 경우에는 심지어 비극적이기까지 한 사람입니다. 삶이라는 연극 무대에서 흥겹게 하고 연기하는 이들의 대단한 수용력은, 이들로 하여금 어떤 사회 집단에게도 인기가 높게 만들어줍니다.

부모로서 이들은 대개 '자신의 관점에서 자신이 보수적이다'라는 점을 어떤 의미에서든 암시하지 않고, '자신이 전통에 대한 느낌을 정말 갖고 있다'는 점을 시사하면서, 적합한 행동에 관한 매우 명료한 발상을 갖고 있습니다. 가족생활에서 이들은 자주 너무 강하고 심지어 지배적이기도 한 것처럼 보여서, 타인들은 이들이 고도로 성질내거나 무너질 때까지 이들이 욕구하는 감정적인 후원을 주지 않을 것입니다. 이들은 그 시점 이전에 자신의 동무나 자녀에게 도움을 요청하고 받아들이는 법을 체득해야만 합니다.

이들은 인상적이어서 존중을 명령하는, 고도로 알아채는 지향을 갖고 있습니다. 하지만 이들은 완전히 느긋해지기가 어렵거나 불가능함을 알아차리는 지나치게 의식적인 존재가 되는 것을 통해 불리한 면이라는 고통을 겪을 수 있습니다. 이들이 자신의 활동적인 마음을 조용하게 하거나 자신의 내면 장막을 명료하게 하는 것은 쉽지 않습니다. 비록 이들은 모든 유형의 매력적이고 급변하는 인격에 끌려들 수 있을지라도, 자신의 대단한 욕구는 자신의 길들여진 생활과 경력 양쪽에 대한 안정을 위해 있습니다.

▶ 일간 특성
강점; 영감을 주는, 매력적인, 언어적인
약점; 자기-파괴하는, 중독적인, 논쟁적인

▶ 명상
죽음은 다시 돌아오는 기회로 여겨질 수 있습니다.

▶ 조언
자신의 영혼을 조용하게 하라.
뛰어들기보다는 때때로 물러서서 타인들을 평화롭게 놔두라.
가능하면 덜 비판적이 되라.
수용을 체득하고 사랑의 힘을 기억해내라.
당신의 재능을 세상과 공유하라.

▶ 건강
이들은 정신적인 분야와 신체적인 분야 모두에서 중독성 경향을 주의해야만 합니다. 이들은 고도로 의식을 지향하기 때문에, 마취제나 마약을 통해 (자주 자신이 유발한) 걱정, 스트레스, 두통 혹은 다층적인 신체적 아픔과 고통의 완화를 탐구하려는 욕구를 느낄지도 모릅니다. 식단이 관련된 한, 곡물은 물론 신선한 과일과 채소의 비율이 높은 정기적이고 절제된 식단이 도움될 것입니다. 정신적인 [동력인] 모터가 속도를 늦추기를 거부하기 때문에 불면증이 문제가 될 수 있지만, 마약은 답이 아닙니다. 심리 상담은 대단히 도움될지도 모르지만, 더욱더 중요한 것은 다정하고 항상적인 평생 동반자의 사랑과 이해입니다.

▶ 수비학
21일에 태어난 사람은 숫자 3(2+1=3)과 21 그리고 확장적인 행성인 목성에 통치됩니다. 숫자 3에 통치되는 사람은 자주 야심적이고, 때로는 독재적입니다. 그러므로 이들은 너무 강력하게 지배적이 되지 않도록 해야만 합니다. 일반적으로 숫자 3에 통치되는 사람, 특히 10월 21일에 태어난 이들은 부정적인 느낌, 특히 자신의 주위 사람들에게 질투심을 자극할지도 모릅니다. 숫자 21은 또한 특히 여성을 위한 신체적인 아름다움과 연관을 갖고 있습니다. 목성, 금성(천칭자리의 통치자), 명왕성(전갈자리의 통치자)이 복합된 영향력은 이들의 연애사에 과도하고 심지어 재앙까지 가져올 수 있습니다.

▶ 원형
21번째 메이저 카드는 에너지를 주는 봉을 손에 들고 달리는 여신을 그려내는 '세계'입니다. 세상이라는 고개를 넘어가서, 그 진실을 표출하는 그녀는 무한한 힘을 갖고 있습니다. 이 카드는 세속적인 차원에서 도달할 수 있는 모든 것을 상징합니다. 비록 보상과 통합이 보증될지라도, 전통적으로 그 카드는 산만함과 자기연민이라는 부정적인 특성뿐만 아니라 기념비적인 장애 및 운명의 퇴보도 또한 예시할 수 있습니다. 그 카드는 건설적인 방식으로 세상에 자신의 길을 만들어내는, 이들 삶의 일차적인 도전을 드러냅니다.

10월 22일

꾀어내기의 날

Allure

▶ 심리구조

10월 22일 태어난 이들 삶의 거의 온갖 측면에 미혹, 끌어들임, 끌어당김, 유혹이 관련된 테마가 관통합니다. 비록 이들이 대개 끌어들이기를 행하는 사람이지만, 타인에 대한 자신의 욕망에도 또한 휩쓸려버릴 수 있습니다. 어느 경우든 이들이 로맨틱한 국면에 들어갈 때, 피하기 어려운 위기가 자주 발생합니다. 이것은 관련된 제삼자에게 특히 어려울 수 있고, 따라서 이들은 엄청난 원망과 질투심을 불러일으키는 데 유능합니다.

감정적으로 강력한 이들의 존재감은 대체로 현상 유지를 뒤흔듭니다. 이들은 대개 자신의 감정을 매우 잘 조절하고, 따라서 이들이 선택한다면, 대단한 평정과 재주로써 타인들의 느낌을 배후조종할 능력이 있습니다. 이들이 관계에서 위험한 고객이라고 말하는 것은 절제된 표현일 것입니다.

이들 중 일부에게는 야생성 속에 숨은 저의가 무던하거나 시원한 외관 아래에 은폐되어 있을지도 모르지만, 이런 잠재된 느낌은 가까운 친구들을 제외하고는 어떤 사람 앞에도 좀처럼 드러나지 않습니다. 이들은 감정을 표출하는 것에 전문이 아니라, 오히려 타인들 속에 이들을 떠올리게 하는 능력을 갖고 있습니다. 이들의 투사력은 대단하므로, 심지어 이들이 방에 막 들어가서 모임의 에너지를 바꿔버리는 것조차도 가능합니다. 물론 이들은 그런 힘을 행사할 시 그 에너지가 타인들을 위해서 방어적이 될 뿐만 아니라, 부메랑 효과를 일으켜서 결국 자기 자신도 또한 해치는 탓에 극도로 방어적이 되어야만 합니다.

이들의 '상처 주는 수용력'은 이들의 '상처 받는 취약성'을 대체로 능가합니다. 이들은 항상 공격적이거나 방어적인 행동이 아니라 때로는 사실상 타인보다 더 사려 깊거나, 품위 있거나, 보살피는 것을 통해 자기 자신을 보호하는 방식을 갖고 있습니다. 따라서 만약 관계가 끝난다면, 이들은 절실히 그리운 사람이 될 뿐만 아니라, 해방된 양심을 갖는 사람도 또한 될 것입니다.

이들 중 대다수는 확연히 반항적인 특색을 갖고 있습니다. 그러나 이들의 반항이 완전히 표현되었다면, 대개는 젊은 시절에 (특히 40대 초반에) 이들은 보수적인 사회적 틈새에 편안하게 자리잡은 자기 자신을 나중에 알아차릴 수 있습니다. 어쩌면 이들은 어떻게 자신이 그곳에 도달했는지 경이로워 할 것입니다.

이들은 자신의 유혹적인 진동을 비껴가거나 무시할 능력이 있는 매우 균형 잡힌 사람들 속에서 자신의 임자를 만날 것입니다. 그런 사람 앞에서 이들은 예외 없이 무릎을 꿇고 어쩌면 감정적으로 복종할 것입니다. 이들이 터득해야 할 중요한 공부는, 결국 개방적이고 조건 없는 사랑 속에서 행복을 찾아내도록 자기 자신과 타인들 속에서 유혹적인 힘을 감당하는 법입니다.

▶ 일간 특성
강점; 자석 같은, 매혹적인, 흥미진진한
약점; 파괴적인, 마음이 어지러운, 통제하는

▶ 명상
마법적인 또 심령적인 배후조종은 '잠재적으로' 위험한 실행이고, 진정한 영성에 별 관계를 갖고 있지 않습니다.

▶ 조언
당신의 투사력을 남용하지 마라.
친절과 배려로써 활동하라.
당신의 실상적인 느낌을 보여, 당신이 항상 국면을 통제해야 하는 것은 아니다.

▶ 건강
이들은 대체로 자신의 신체적인 겉모습에 관련됩니다. 그러므로 이들은 체중 문제를 피하고 피부를 지속적으로 건강하게 보이도록 자신의 식단에 어느 정도 신경써야 합니다. 이들은 또한 내부적인 복부 장기, 면역 체계, 순환기 계통에 관련하여 약간 취약한데, 감염병은 기민하게 치료되어야 합니다. 신체적으로 적극적인 이들은 대개 신진대사율이 높아서 운동 부족은 대단한 염려가 아닐 수 있습니다. 그럼에도 이들은 운동 능력을 유지하기 위해서 정기적으로 이들의 근력을 시험하고 근육을 늘려주어야 합니다. 대체로 좋은 음식과 음료에 끌리는 이들은 동물성 지방과 설탕을 과다 섭취하는 것을 주의해야만 하고, 술이 위, 간, 신장에 미치는 해로운 효과를 마음에 담아둬야 합니다.

▶ 수비학
22일에 태어난 사람은 숫자 4(2+2=4)와 22 그리고 불규칙하면서도 폭발적인 천왕성에 통치됩니다. 금성(천칭자리의 통치자)과 명왕성(전갈자리의 통치자)이 추가한 영향력은 이들이 관계에, 특히 성적인 관계에 가져오는 유혹적으로 자석 같은 자질을 예고해줍니다. 숫자 4는 전형적으로 반란, 색다른 믿음, '규칙을 바꾸려는 소망'을 대변하고, 이것은 특히 10월 22일에 태어난 이들에게 해당합니다. 숫자 22는 쌍수이므로, 매달 22일에 태어난 사람은 쌍둥이, 동시성, 대칭성 또는 흉내에 홀리게 될지도 모릅니다.

▶ 원형
22번째 메이저 카드는 몇몇 버전에서는 절벽의 가장자리를 부주의하게 걸어가는 모습을 보여주는 '바보'입니다. 일부 해석은 이성을 포기한 어리석은 사람으로 그이를 묘사하고, 다른 해석은 물질적인 고려사항에서 벗어난 고도로 영적인 존재로 묘사합니다. 긍정적인 의미는 저항을 단념해서 본능을 자유롭게 따르는 것을 포함하고, 부정적인 측면은 어리석은 활동, 충동성, 소멸입니다. 고도로 진화한 '바보'는 삶의 행로를 따라갔고, 그 교훈을 체험했으며, 자신만의 비전과 하나가 되었습니다.

10월 23일
상충하는 카르마의 날
Conflicting Karma

▶ 심리구조

10월 23일에 태어난 이들은 인생의 모든 측면에서 좀처럼 안정을 성취할 능력이 없습니다. 이들이 자신 에너지의 균형을 잡으려고 아무리 열심히 노력하더라도, 어떤 정해진 때에 정상이 아닐 하나의 중대한 영역이 항상 있는 것으로 보입니다. 이들이 가는 곳마다 어떻게든 논쟁이 이들을 따라다니는 것으로 보입니다. 진실을 말하자면 이들은 정말 쉽게 지루해해서, 자주 흥분거리를 엿봅니다. 그러므로 타인들에게 중하게 스트레스를 주거나 까다로운 것처럼 보이는 것이 사실상 이들에게는 즐거울지도 모릅니다.

이들 중 대다수는 계획을 세우는 데 그리 열중하지 않습니다. 이들은 즉흥 실행에 재능을 갖고 있고, 그러므로 국면이 발생함에 따라 대처하는 경향이 있습니다. 비슷하게 이들은 다소 충동적이고, 이들이 기회를 알아볼 때는 주저하지 않고 단호히 그 기회를 노립니다.

이들은 자신의 주위 상황을 감당하고 있는 방식을 향한 부정적인 혹은 비판적인 느낌을 갖고 있을 때, 자신의 반대하는 관점을 무뚝뚝하게 표현할 가능성이 있습니다. 이들이 애매함과 비위 맞추려는 말을 싫어하기 때문에, 이들의 단어는 때때로 타인들을 불쾌하게 할 수 있습니다. 자신의 사회 동아리나 작업 환경, 문화적인 환경에 따라 이들은 더 품위 있는 유형에 의해 거칠거나 세련되지 않은 유형으로 고정될 가능성이 있습니다.

이들은 집단을 설립하거나 이미 실존하는 집단의 지휘를 떠맡는 데 부인되지 않는 재능을 갖고 있습니다. 자신의 카리스마와 잘 계발된 유머감각 덕에 이들은 실로 인기 있는 인물이 될 수 있습니다. 하지만 이들은 자신의 지위를 그만둘 때가 왔을 때, 그 지위를 놓아버리는 데 대단한 어려움을 갖고 있을 것입니다. 같은 태도로 이들은 개인적인 관계에서 소유욕, 질투 및 주장하는 행동을 하기 쉽습니다. 권력 그 자체를 위한 권력을 포기하고 조건 없는 사랑이라는 이상을 탐구하는 공부는, 이들의 삶이 진보하면서 이들에게 더욱더 의미 있게 되어야 합니다.

(자주 구조하게 되는 영웅의 역할을 떠맡는) 이들은 모험과 도전에 자석처럼 끌려들기 때문에, 흥미진진한 국면의 한복판에 있는 자기 자신을 빈번히 알아차리게 됩니다. 심지어 이들 중 가장 침착하고 또 가장 두려움이 없는 사람조차도 자신을 중심으로 일어나는 갑작스러운 불안정을, 심지어 재앙까지 주의해야 합니다. 모든 유형의 우발사고는 이들에게 흔히 있는 일이고, 그래서 이들 중 성공하는 사람은 대개 비상국면을 감당하는 데 고도로 능숙합니다.

불안정뿐만 아니라 변화를 위한 성벽이 있는 이들은 정태적으로 생활하기보다 적극적으로 생활하기 때문에, 현세에서 성장하고 개선할 기회가 대단합니다. 개인적인 및 영적인 차원에서 이들은 이번 생에서 엄청난 진보를 만들어내는 데 유능합니다. 그렇지 않다면 이들은 하나의 촉발하는 경험에서 또 다른 그런 경험으로 옮겨다니는 자극중심주의자가 될지도 모릅니다. 균형을 유지하는 것, 혹은 방향 바꾸기를 거부하거나 옆길로 새기를 거부하는 것, 그리고 대체로 자기 자신 속의 평화를 찾아내는 것이야말로 이들의 디딤돌입니다.

▶ 일간 특성
강점; 활달한, 빠른, 격정적인
약점; 비외교적인, 소유적인, 흥분하기 쉬운

▶ 명상
어떤 곳은 [일정한] 계절을 갖고 있고 어떤 곳은 [불특정한] 기후뿐인데, 사람들도 그렇습니다.

▶ 조언
안정, 평화 그리고 조화를 탐구하라.
통제에 지나치게 중점을 두지 마라.
당신의 개입이 없어도 때때로 상황이 바로 잡힐 수 있다.
당신의 적수들에게 심지어 때로는 적들에게도 귀를 기울이고, 그들에게서 배우라.
승산이 없는 국면에서는 손을 떼라.

▶ 건강
이들은 모든 종류의 우발사고에 주의해야만 합니다. 또한, 자기 자신과 타인의 부상을 피하려면 이들의 기질이 조절되어야 할지도 모릅니다. 공격성의 억압이 해답이 아니라 어쩌면 치료를 통해 그 공격성에 대해 작업하는 것이 해답입니다. 억눌려진 감정은 또한 심장과 내부적인 복부장기에 파괴적인 신체적 효과도 줄 수 있습니다. 자신의 생활방식에서 평화적인 추구를 키우는 것, 즉 정원 가꾸기 및 (심지어 아파트 난간에도) 자신만의 음식을 기르는 것, 요리 기술을 배우거나 개선하는 것 그리고 자연과 소통하는 것은 모두 이들에게 고도로 유익합니다. 음악 듣기나 춤추기를 만들어내는 것뿐만 아니라 활기찬 매일의 운동도 또한 추천됩니다.

▶ 수비학
23일에 태어난 사람은 숫자 23(2+3=5)과 5 그리고 신속한 행성인 수성에 통치됩니다. 수성은 생각과 변화의 빠름을 대변하므로, 이들은 정신적으로 과잉반응할 뿐만 아니라 대단히 주기적으로 자신의 마음과 물질적인 주위환경도 또한 바꿀 가능성이 있는 자기 자신을 알아차릴지도 모릅니다. 수성, 금성(천칭자리의 통치자), 명왕성(전갈자리의 통치자)의 조합은 이들이 사랑 관계와 사회적인 국면 양쪽에서 자기 자신을 곤경에 처하게 하는 이들의 성벽을 더해줄 수 있습니다. 숫자 23은 해프닝에 결부되고, 10월 23일에 태어난 이들을 위해 이것은 유별나고 스릴 있는 경험을 위한 이들의 원정을 촉발할지도 모릅니다.

▶ 원형
다섯 번째 메이저 카드는 인간의 이해심과 신념을 상징하는 신성한 신비에 관한 해석자인 '사제'입니다. 그의 지식은 난해하고, 그는 보이지 않는 만사만물에 대한 권위를 갖고 있습니다. 이 카드가 수여하는 호의적인 특성은 자기-보증성과 통찰력이고, 비호의적인 특성은 설교하기, 호언장담, 독단주의를 포함합니다.

10월 24일
자극적인 세부사항의 날
Sensational Detail

▶ 심리구조

10월 24일에 태어난 이들은 자신의 삶에서 두 가지 중대한 테마를 갖고 있는데, 하나는 극적인 드러냄과 발견의 테마고, 다른 하나는 세부사항에 공들이는 주목의 테마입니다. 이들이 차갑고 분석적인 유형이 거의 아니므로, 이들은 대체로 자기 자신 및 자신의 발견을 자주 세상에 흥미진진하고 심지어 현란한 태도로까지 드러내려는 욕구를 느낍니다. 하지만 이들 중 대다수는 과시주의자가 아니고, 오히려 어떻게든 자신의 작업을 매우 진지하게 특히 기법적인 관점에서 받아들이는 장인이자 전문가입니다. 이들이 자신을 지켜보거나 귀 기울이는 사람들에게 작용하는 영향력은, 이들이 바라는 대로 충격을 주도록 계산됩니다. 이들의 재능 중 적지 않은 것은 사람들로 하여금 그들 및 '그들이 무엇을 하는지'에 이해관계를 갖도록 원조해주는 개인적인 끌어당김입니다.

이들은 자신의 가족생활이나 사회 동아리를 지배하는 고도로 통제하는 인격일 수 있습니다. 비록 이들은 대개 말할 어떤 것을 갖고 있는 강한 단정적인 유형일지라도, 때로는 침묵을 통해 여전히 더욱더 말할 수 있습니다. 실로 이들은 자신이 하는 것의 품질에 신빙성을 부여하기 위해 어떤 추가적인 홍보를 욕구하지 않고도, 그 품질이 '자신이 하는 것' 자체를 대변한다고 자주 느낍니다.

완벽주의자인 이들은 자신의 작품과 창조물에서 가장 미세한 요소들을 알아챕니다. 이들이 부모라면, 자녀의 삶 중 온갖 측면에 관련될 것이고, 친구와 연인으로서 이들은 극도로 주의를 기울입니다. 자기 자신을 매우 설득력있게 표현하는 이들의 능력은 대개 수년간 공들인 연구와 경험에 기반을 두고 있기 때문에, 사실상 드라마와 세부사항이라는 이중적인 테마는 이들의 삶에 밀접하게 관련됩니다. 이들은 자신이 거의 또는 전혀 알지 못하는 문제에 대해 좀처럼 논평하거나 활동하지 않을 것입니다. 그러므로 위조를 경멸하는 이들은 가식과 미심쩍은 정보를 멀리서도 알아보는 데 유능합니다.

불운하게도, 이들은 함께 살고 함께 작업하는 것이 매우 까다로울 수 있습니다. 이들에게 가까운 사람들은 이들이 경력에 몰두하는 것에 대한 이해심이 있어야 하고, 그 몰두를 개인적인 거절로 착각하지 말아야만 합니다. 하지만 이들이 누군가에게 완전히 미칠 정도로 빠진다면, 이들은 다른 모든 사람을 배제하고 그 사람에게 고착되는 것에 유능하고, 물론 이것은 정확히 상반된 문제를 창조합니다.

이들은 타인들에게 원망과 분노를 자극하고 불만이나 노골적인 반란을 양성할 정도까지 자신의 주위환경을 지배하지 않도록 노력해야만 합니다. 만약 이들이 자신의 개인적인 계발에서 더 멀리 진보하기를 바란다면, 질투와 소유에 대한 충동을 줄이는 것도 또한 필수일지도 모릅니다. 이들은 인간적인 영역의 세부사항에 대한 고도로 비판적인 주목이 자신의 주위 사람들을 너무 많은 압박과 정밀 검증 아래 둘 수 있다는 점을, 또 재미있게 보내는 것이 스트레스에 대한 대단한 해소 수단이라는 점 또한 알아보아야 합니다.

▶ 일간 특성
강점; 자석 같은, 완벽주의적인, 극적인
약점; 질투하는, 소유권을 주장하는, 지나치게 긴장하는

▶ 명상
인생 자체는 단지 연쇄적인 환상일지도 모르는데, 우리에게 가장 즐거운 것을 가져다주는 환상을 '왜' 골라내지 않습니까?

▶ 조언
가끔 상황을 내버려두는 법을 체득하라.
당신이 온갖 것을 이해해야 하는 것은 아니고, 더 나쁘게는 모든 것을 통제하려고 시도할 필요도 없다.
질투가 삶의 한가지 방식이 된다면 질투는 쉽게 줄어들지 않는다.
때때로 당신은 당신이 하는 온갖 것을 드러냄으로써 당신의 힘을 감소시킨다.

▶ 건강
이들은 자기 자신 및 자신과 가까운 사람들 모두에게 스트레스에 관련된 모든 종류의 질환을 빚어낼 수 있습니다. 주기적인 휴가 일정을 잡는 방법 및 자신의 경력 생활에서 휴식시간을 갖는 방법, 대체로 작업과 가정생활을 구분하도록 만들어내는 방법을 찾아내는 것은 이들의 좋은 정신 건강을 위해 필수적입니다. 신체적인 이들은 감정적으로 소유욕과 질투 같은 모든 종류의 성적인 과도함을 주의해야만 합니다. 중독성의 경향은 특히 작업, 섹스, 사랑의 영역에서 표면화될지도 모릅니다. 이들은 수면 공간을 편안하고 매력적으로 만들어내서 야행성에 따른 불안에서 자기 자신을 보호해야 합니다. 음식 면에서, 이들은 한정할 만한 것을 거의 직면하지 않지만, 자신의 몸매 유지뿐만 아니라 등과 내부적인 장기를 보호하기 위해 매일의 꽤 몹시 힘든 신체 운동을 등한시하지 말아야만 합니다.

▶ 수비학
24일에 태어난 사람은 숫자 6(2+4=6) 및 금성에 통치됩니다. 숫자 6에 통치되는 사람이 사랑과 찬양을 끌어들일 시 자석 같기 때문에, 또 금성이 사회적인 상호작용과 강하게 연결되어 있으므로, 10월 24일에 태어난 이들이 흥미진진한 낭만적이고 성적인 경험에 빠져버리는 것은 바로 유혹일 것입니다. 이것은 천칭자리와 전갈자리의 중첩에 가까운 이들의 별자리가 각각 금성과 명왕성에 의해 통치된다는 사실에 의해 신랄하게 강조됩니다. 사랑은 자주 숫자 6으로 통치되는 이들의 삶에서 지배적인 테마가 됩니다.

▶ 원형
사랑을 상징하는 '연인'인 여섯 번째 메이저 카드는 남성성과 여성성이라는 양극성의 통합을 통해 인간성의 모든 것을 하나로 묶는 최종 지점에 중점을 둡니다. 이 카드가 좋은 면에서는 높은 도덕적인, 미적인, 신체적인 차원의 애정과 욕망을 예시하고, 나쁜 면에서는 충족되지 않은 욕망, 감상성, 우유부단함을 위한 성벽을 제안합니다.

10월 25일
실체적인 형식의 날
Substantive Form

▶ 심리구조

10월 25일에 태어난 이들은 자신의 발상에 형식을 부여해야만 합니다. 비록 이들이 극도로 상상적인 사람일 수 있을지라도, 이들의 꿈과 비전이 물리적인 실상에서 실체화될 수 없는 한, 그 꿈과 비전은 이들에게는 아무런 의미가 없습니다. 이들은 대체로 견고하고 세속적인 외관을 세상에 제시하면서, 비록 자주 조용할지라도 가족과 친구들에게 안심이 되는 후원을 보내줄 것입니다. 이들은 자신의 동료나 학생, 직원들이 실망할 두려움 없이 의지할 수 있는 바위의 역할을 합니다.

이들 중 더 고도로 진화된 사람은 신체적인 자아를 계발하는 것에 만족하는 것이 아니라, 형식과 구조에 대한 자신의 실체적인 느낌을 보편화하고 싶어 합니다. 이들 모두에게 주어진 대단한 기회와 도전은 이들의 공상에 형식을 부여하고, 이들의 타고난 물질성을 생산적인 작업으로 전환하는 것입니다. 그 귀결로 이들은 예술, 정치, 문학, 도시 계획, 생태학 또는 이들의 견고하고 실체적인 천성이 가시적인 결과를 연출할 수 있는 한 무리의 다른 영역에 대한 이해관계를 취해야 합니다. 하지만 결국 이들은 더 추상적이거나 이론적인 영역에도 또한 도달하는 진정으로 독창적인 창조성을 표현하면서 훨씬 더 진보하게 될지도 모릅니다. 이 모든 과정에서 이들은 통제에서 벗어나 파괴적이거나 부도덕한 활동으로 전환되는 권력을 향한 부추김을 주의해야만 합니다.

이들은 상황에 대한 혼돈을 싫어하고, 통제를 좋아합니다. 이들은 자신이 괴상하거나 난해하며 모호하다고 바라보는 사람들에 대해 꽤 편협할지도 모르고, 그런 사람들에게 꽤 가혹할 수 있습니다. 이들은 자신이 바위처럼 견고한 성격을 구축할 때까지 어떤 일이 있어도 꿋꿋이 버텨내고 자기 자신을 거듭해서 무자비하게 담금질하면서, 20대에 자신만의 불확실성을 극복하기 위해 빈번히 싸울 것입니다. 하지만 그렇게 함으로써 이들은 일정 정도의 민감성을 잘라내야 할지도 모릅니다. 이들은 자신보다 덜 성숙하다고 인식되는 사람들에 대해 너무 비판적이라는 점을 주의해야 할 것입니다.

이들에게 주어지는 대단한 도전은 자신의 인격에 대한 가장 기본적인 물리적 구현에 갇히지 않는 것이고, 아니면 자신의 영적인 진화에서 더 나아가는 어떤 단계에서도 갇히지 않는 것입니다. 습관, 반복, 편안함 그리고 재정적인 안전은 이들로 하여금 자신의 이상과 목표를 저버리고 향락에 빠지거나 빈둥거리려는 욕망에 굴복한 채 용인되는 수준에서 그만두고 쉬도록 유혹할 것입니다.

또 다른 위험은 이들이 젊을 때 물리적인 영역에서 높은 수준의 성취에 도달할 것이고, 나이가 들면서 이 힘이 빠져나가기 시작할 때 자기 자신이 무엇을 할지 모르리라는 점입니다. [졸업해서] 더 높은 단계로 나아가기 위해 기회가 실존하는 곳이 정확하게 바로 여기이지만, 이들은 그렇게 하기까지 수년 동안 자주 고군분투할 것입니다. 이들은 엄청나게 자급자족하지만, 필요한 경우 도움을 요청하는 법을 체득해야만 하고, 때때로 타인들에게 지배적인 역할을 맡을 기회를 주어야만 합니다.

▶ 일간 특성
강점; 신체적인, 실체적인, 믿음직한
약점; 위압적인, 불관용적인, 안일한

▶ 명상
당신의 가슴을 열어서 햇빛이 들어오게 하라.

▶ 조언
상황을 방치해두는 당신의 성향을 주의하라.
갇혀버리지 마라.
당신의 목표를 시야에 머물게 하고, 당신의 이상을 절대로 내어놓지 마라.
당신을 비평하는 사람을 이해하도록 노력하라.
인연을 끊거나 당신 자신을 궁지에 몰아넣지 마라.

▶ 건강
이들은 건강에 대한 나쁜 증상과 일반적인 징후를 자주 무시하고, 따라서 만성적인 상태가 도래하도록 허용함으로써 자기 자신에게 불리하게 합니다. 자기 자신을 치유하는 자신의 능력에 대한 이들의 신념이 모든 경우에 옳다고 증명되는 것은 아닐지도 모릅니다. 그러므로 더 심각한 불편사항들이 발생할 때, 이들은 의사에게 보이는 것을 미루지 말아야 합니다. 하지만 이들 중 대다수는 자신의 식단에 관해 슬기롭게 먹는 것을 사랑하고, 모든 종류의 요리에 적극적인 이해관계를 취합니다. 긴 산책, 가벼운 조깅, 수영을 매일 아니면 일주일에 몇 번 하는 것이 권장되는데, [운동에] 마침맞은 체력이 구축되지 않은 상태로 지나치게 몹시 힘든 운동은 좋은 발상이 아닙니다. 대체로 이들은 많은 수면과 주기적인 성적인 만족이 욕구됩니다. 이들이 다정하고, 호응하며, 이해심 있는 삶의 동반자를 더 일찍 찾아낼수록 더 좋습니다. 나이가 들면서 위태로운 감정적이고 신체적인 맞닥뜨림을 향한 몰아댐은 진정되고, 결국 단계적으로 중단되어야 합니다.

▶ 수비학
25일에 태어난 사람은 숫자 7(2+5=7) 그리고 물같은 행성인 해왕성에 통치됩니다. 해왕성과 금성(천칭자리의 통치자) 사이의 연관성은 이들의 성격에 우아함과 상상력을 빌려줄 수 있지만, 전갈자리의 통치자인 명왕성의 영향력은 이 조합에 세속적인 힘을 가져다줍니다. 숫자 7에 통치되는 사람은 전형적으로 변화와 여행을 즐기지만, 10월 25일에 태어난 이들 중 다수는 여전히 집에 더 가까워지기를 선호하는데, 특히 긴 출퇴근이나 의무적인 출장이 필요하다면, 이 영역에 갈등이 발생할 수 있습니다.

▶ 원형
일곱 번째 메이저 카드는 세상을 누비는 의기양양한 인물을 그려내면서, 역동적인 방식으로 자신의 신체적인 존재감을 구현하는 '전차'입니다. 그 카드는 올바른 행로가 아무리 좁고 위태롭더라도 [그 행로를] 계속해야 한다는 의미로 해석될지도 모릅니다. 이 카드의 좋은 면은 성공, 재능, 효율성을 배치해주고, 나쁜 면은 독재적인 태도와 서툰 방향 감각을 제안합니다.

10월 26일
조직적인 응집력의 날
Organizational Cohesion

▶ 심리구조

10월 26일에 태어난 이들은 클럽이든 체육팀이든 교회단체든 비즈니스든 아니면 심지어 더 커다란 정치단위이든 간에 모든 종류의 조직을 개혁하고 재조직하며 운영해가는 데 재능을 갖고 있습니다. 대개 리더십 역할이나 적어도 중요한 조언자의 위치를 맡는 이들은, 원활하게 작동하는 단위 개체를 함께 결합시키는 요령을 갖고 있습니다.

비록 혼자서 활동하는 데 꽤 유능할지라도, 이들은 동료와 협업자와 함께 프로젝트에 몰두할 때 실상적으로 빛납니다. 대개 이들은 여전히 그룹의 이익을 다른 무엇보다도 우선시하면서 그런 어떤 노력에도 자신의 개인적인 발자취를 남길 수 있는 방식을 찾아냅니다. 하지만 이들은 자신의 사적인 목표나 욕망을 희생시키는 것을 좋아하지 않고, 그러므로 자신만의 개인적인 성공이 집단의 운명과 밀접하게 얽혀 있는 국면을 탐구할지도 모릅니다.

이들은 권력이 무엇인지, 그 권력이 사회에서 어떻게 작동하는지 알고 있습니다. 돈에 밝은 이들은 자주 자신의 조직과 공생하는 관계를 통해 자신의 재정적인 위치를 더 좋게 하는 법을 탐구합니다. 경영자의 위치에 있다면, 이들은 대체로 현명하게 투자하고 저축하는 전략을 표출합니다. 이들이 자신 집단의 장기적인 가망을 위태롭게 하는 어떤 것도 좀처럼 하지 않을 것이고, 만약 자신에게 대단한 희생이 요구된다면, 이들은 자신이 그 대의를 충분히 믿는다면 그 희생까지 할 준비가 되어 있습니다.

매우 격렬한 사람인 이들은 타인들에게 두려움이 없는 듯한 인상을 줄 수 있습니다. 이들은 때로 또한 무모할 수도 있지만, 대개 이들의 감정과 행동은 고도로 통제되고 유도됩니다. 이들 중 일부는 심지어 자기-통제력을 신 같은 위치로까지 끌어올려서, 감정이나 약점의 공개적인 표출에 대해 어쩌면 마음이 무뎌져서 다소 동조하지 않게 됩니다. 사실 이들이 다른 방향으로 간다면 자신을 위해 훨씬 더 좋은데, 끄떡없는 입지는 결국 방해인 것으로 판명될 것이고, 점진적으로 폐지되어야 합니다. 진정한 존중은 [스스로] 얻어야 하지 타인들에게 강요해서 얻을 수 없다는 점을 경험이 이들에게 가르쳐주어야 합니다. 불운하게도 때때로 두려움이 [이들에게] 요구될 수 있어서, 이들 중 덜 고도로 계발된 사람은 자신이 이끌어내는 두려움이 존중이 아니라는 사실을 인정하지 않을지도 모릅니다.

이들은 계획가이면서 또한 실천가이기도 합니다. 이들 중 권위의 위치에 있는 사람은 비록 대단한 적대감을 자극하더라도 주저하지 않고 구조조정하거나, 단위개체를 위에서 아래까지 재조직합니다. 이들은 자신의 방도가 효율성 쪽으로 작동한다는 점을 꽤 실용적으로 보여줄 능력이 있습니다. 이들이 인간적인 용어로 그 혜택을 설명하기가 더 어려울지도 모릅니다. 이들을 부모로 둔 자녀는 부모가 기대하는 것에 관해 모르는 상태는 좀처럼 갖고 있지 않을 것입니다. 반면에 이들이 자녀라면 자신의 부모에게 강한 지도력을 기대할 것이고, 자신이 받는 지침 속에 있는 어떤 우유부단이나 불확실성에 대해서도 분개하게 될지도 모릅니다.

책임감은 이들의 삶에서 중요한 테마이고, 이들은 대체로 자신만의 확고하게 확립된 원칙을 고수합니다.

하지만 이들은 권력을 향한 부추김에 굴복하고, 따라서 자신의 도덕적인 중심과 동떨어지는 것을 주의해야만 합니다.

▶ 일간 특성
강점; 그룹을 의식하는, 재정적으로 기민한, 조직적인
약점; 시큰둥한, 억압적인, 경직된

▶ 명상
성격의 그림자 면은 아주 오랫동안 오직 무시되기만 할 수 있을 뿐입니다.

▶ 조언
방탕과 금욕 사이의 중용을 찾아내라.
타인들과 당신 자신에게 너무 많은 것을 기대하지 마라, 더 많은 것도 아닌 딱 그만큼만 가능하다.
당신이 되고자 바라는 사람에 대한 명료한 비전을 당신 앞에 계속 간직하고, 그 이미지에서 너무 멀리 벗어나지 마라.

▶ 건강
이들은 풍미있는 음식에 대한 과잉 탐닉을 통해, 아니면 먹는 것을 향한 지나치게 경직된 스파르타식 태도를 통해 자신의 소화기 계통을 남용하는 것을 조심해야만 합니다. 이들은 자신의 식단에서 곡물, 가볍게 조리된 신선한 채소, 그리고 소화와 배출을 지원하기 위해 강한 섬유소의 다른 공급원을 마침맞게 먹는지를 확인하면서, 절제력과 다층성을 탐구해야 합니다. 적어도 1리터(어쩌면 심지어 약 2리터까지)의 신선한 물을 매일 섭취해야 하고, 커피의 섭취는 최소한도로 유지되어야 합니다. 에너지 과잉은 활기찬 신체 운동으로 유도될 수 있고, 공격적인 충동은 팀 스포츠나 무술로 해소될 수 있습니다.

▶ 수비학
26일에 태어난 사람은 숫자 8(2+6=8) 및 토성에 통치됩니다. 토성은 책임에 대한 강한 느낌 및 그 느낌에 동반된 (전갈자리의 통치자인 명왕성에 의해 강조되는 특성인) 경계심, 제한, 숙명론을 향한 성향을 운반해주므로, 10월 26일에 태어난 이들의 보수적이고 숙명적인 경향은 보강됩니다. 진지함, 통제의 욕망 및 권력을 향한 부추김은 모두 토성-명왕성의 연관성에 의해 강화됩니다. 숫자 8에 통치되는 사람은 대체로 자신의 삶과 경력을 더디고 조심스럽게 구축해갑니다. 비록 가장 자주 이들의 가슴이 꽤 따뜻할지도 모르지만, 숫자 8에 통치되는 사람은 냉정하거나 거리를 두는 외관을 제시할 수 있습니다.

▶ 원형
여덟 번째 메이저 카드는 사나운 사자를 길들이는 우아한 여왕을 그려내는 '강인함이나 용기'입니다. 여왕은 반항적인 에너지를 마스터할 수 있는 여성 마법사를 상징하고, 신체적인 강인함뿐만 아니라 도덕적인 강인함을 표징합니다. 이 카드의 긍정적인 속성은 카리스마와 성공하려는 결단을 포함하고, 부정적인 자질은 무사안일과 권력남용을 포함합니다.

10월 27일

충동의 날
Impulse

▶ 심리구조

10월 27일에 태어난 강압적인 이들은 역동적이고 충동적인 성격을 갖고 있습니다. 이들의 불같은 느낌은 재미를 사랑하는 영(靈)의 화창한 선의부터 어두운 격정의 음울한 격렬함까지 폭넓은 감정 범위 내에서 표현될 수 있습니다. 놀랄 것도 없이 이들은 기분이 널뛰기하는 데 대단히 유능합니다. 만약 이들의 감정적인 천성이 부정적으로 전환하도록 허용된다면, 가장 자주 이들만의 삶과 작업에 대단한 파괴를 유발할 수 있기 때문에, 이들이 그 천성을 유도하는 법을 체득하는 것은 극도로 중요합니다.

이들 중 어두운 면이 우세한 내향성의 사람은 자주 현실도피, 우울증, 자기-파괴적인 충동이 생기기 쉬운데, 이 우울증과 충동은 너무 빨리 가시화될 수 있고, 따라서 사랑받는 사람들이 이것을 예방해주기 어려운 탓에 특히 위험합니다. 이들 중 더 화창한 유형, 즉 외향성의 사람은 에너지를 밖으로 유도하여 자신의 환경을 건설적으로 개선할 뿐만 아니라 친구와 협력자를 계발시키고 격려합니다. 하지만 두 유형 모두 비록 산발적일지라도 자신의 작업에 활기를 불어넣는 대단히 창조적인 에너지를 갖고 있습니다.

이들 중 다수가 바위처럼 견고한 믿음성의 인상을 주기를 바라기 때문에, 이들은 자신만의 민감성을 무시하는 경향이 있습니다. 이들의 인상적인 외관은 놀라울 정도로 부서지기 쉬운 심혼을 당연히 숨길지도 모릅니다. 여기의 위험은 이들이 자신의 한계 너머로 자기 자신을 밀어붙일 것이고, 몰락이라는 고통을 겪기를 감행할 것이라는 점입니다.

이들은 친구와 가족이 주는 승인과 애정 어린 후원에 대한 대단한 욕구를 표출합니다. 타인들의 헌신이 이들에게 최고로 중요한 것에 속한다고 언급될 수 있을 것입니다. 하지만 이들은 자신과 가까운 사람들의 느낌도 또한 능숙하게 배후조종할 수 있고, 강력한 감정적인 충동을 밖으로 투사하는 데 그리고 승인을 보류하는 데 모두 유능합니다.

이들은 다만 자신의 존재감으로든, 힐끗 보는 것으로든, 심지어 자신의 생각으로든 간에 '감정적인 충격 파동'과 '진동 상태의 변화'를 유발할 수 있는 류의 사람입니다. 이들은 한편으로 소유욕과 질투를, 다른 한편으로 등한시하는 거리두기를 특히 조심해야만 합니다. 이들 중 다수가 타인들에게 어떻게 충격을 주는지 알아채지 못한 채 거의 전적으로 무의식적인 수준에서 [파동과 변화 유발 능력을] 운용하기 때문에, 이들이 얼마나 영향력이 있고 강력할 수 있는지 알아보는 것은 중대합니다. 이것은 이들이 책임을 갖고 있거나 상호 의존하는 사람들인 자녀나 동무, 부모, 친한 친구, 동료, 직원에 대해서는 특히 참입니다.

▶ 일간 특성
강점; 살아있는, 활달한, 강력한
약점; 우울한, 질투하는, 자기-파괴적인

▶ 명상
인간의 영(靈)은 어떤 한도도 모릅니다.

▶ 조언
사람들을 근본적으로 친절과 배려를 통해 목적으로 대하라.
타인들이 당신에게 하는 말에 세심하게 귀 기울이라.
작업하고 있지 않을 때 당신의 에너지를 건설적으로 유도하는 방식을 찾아내라.

▶ 건강
이들은 자신을 고갈되게 할 수 있는 대단히 충동적인 에너지를 소비합니다. 이들은 질병 같은 부정적인 경험을 포함하여, 격렬하거나 역동적인 경험에서 회복하기 위해 오랜 기간이 욕구될지도 모릅니다. 특히 이들을 위한 신체적인 싸인과 증상은 무시되지 않고, 유의되고, 진단받으며, 기민하게 치료되어야 합니다. 만약 이들이 과도한 거절로, (특히 어릴 적에) 사랑받던 사람에 대한 아픈 상실 또는 폭풍우 같은 연애사로 고통받았다면, 이들은 우울증이 생기기 쉽습니다. 이들은 휴식 동안 바쁘게 지내야 하고, 객관적인 목표의 달성에 호의적인 활기찬 신체 운동이 권장되지만, 대체로 경쟁적인 스포츠는 피해야 합니다.

▶ 수비학
27일에 태어난 사람은 숫자 9(2+7=9) 및 화성에 통치됩니다. 숫자 9는 (이를테면 5+9=14, 4+1=5처럼 9를 더한 어떤 숫자도 그 숫자가 되고, 9×5=45, 4+5=9처럼 9를 곱한 어떤 숫자도 9가 되므로) 다른 숫자에 대한 영향이 강력하고, 위에서 언급된 것처럼 이들도 비슷하게 영향을 끼칩니다. 강압적이고 공격적인 화성의 에너지는 화성과 명왕성이 전갈자리의 공동 통치자이기 때문에, 10월 27일에 태어난 이들에게 두 배로 격렬합니다. 따라서 이들은 특히 돈, 섹스, 권력의 영역에서 저항할 수도 피할 수도 없는 어두운 명왕성의 자질뿐만 아니라, 공격적이고 역동적이며 충동적인 행동이라는 고조된 화성의 특징도 또한 운반해줍니다.

▶ 원형
아홉 번째 메이저 카드는 대개 등불과 지팡이를 들고 걷는 것으로 그려지는 '은둔자'이고, 그는 명상, 고립, 침묵을 대변합니다. 그 카드는 확고해진 지혜와 궁극적인 단련도 또한 암시합니다. 은둔자는 양심에 의한 동기를 부여해 타인들로 하여금 그들의 행로로 나아가게 해주는 임무 감독관입니다. 이 카드의 긍정적인 면은 집요함, 목적, 심오함, 집중력이고, 부정적인 자질은 교조주의, 불관용, 불신, 만류를 포함합니다.

10월 28일

연구의 날
Research

▶ 심리구조

10월 28일에 태어난 이들은 잘 준비되는 것이 옳다고 믿습니다. 이들은 정해진 주제를 발언하기 전 혹은 자기 자신으로 하여금 자신의 시간, 돈, 에너지를 경력이나 사업에 투자하도록 허용하기 전에, 대체로 관련된 복잡성을 파악하려는 노력을 만들어냅니다. 게다가 일단 이들이 떠맡은 일이 궤도에 오르면, 연구는 계속해서 이들이 그 일을 떠맡도록 원조해줍니다. '복습하고 예습하기'는 준비되지 않아서 붙들리는 난처한 상황을 무엇보다도 싫어하는 이들 중 다수에게 일종의 강박충동입니다. 이들의 노력은 이들이 마감 시간을 맞추고, 제시간에 도착하며, 자신의 작업에서 통제와 질서를 유지하는 것 전반에 대한 불안감을 경험하는 신경증의 극단으로 치달을 수 있습니다.

이들은 타인을 판단하거나 친우에게 요구를 제기할 때, 자신만의 기준을 적용한다면, 곤란에 부딪칠지도 모릅니다. 이들 자신 및 자신의 작은 기벽에 관한 비웃음과 농담을 수용하는 법을 체득하는 것은, 자신의 건전함을 유지하는 데 중요할 것입니다. 이들 중 대다수는 자신의 경력과 사생활 사이에 어떤 구별도 만들어내지 않지만, 이들 중 일부는 반대의 극단으로 치달아서 집에서 훨씬 더 느긋하거나 혹은 심지어 방치하는 태도까지 채택합니다. 어쩌면 후자의 유형이 결국 더 행복하지만, 확실히 두 유형 모두 이들과 함께 사는 사람들의 이해심을 요구합니다.

현상의 이면에 무엇이 있는지를 알아보는 것, 즉 상황이 작동하는 방법을 체득하는 것은 이들에게 극도로 중요합니다. 이런 점에서 이들의 전망은 실로 매우 진지한 경향이 있습니다. 자신이 보기에 이들은 항상 자신의 동료 인간 존재를 개량하기 위해 작업하고 있습니다. 하지만 역설적으로 이들은 실상 집단의 사람들을 위해 개량할 그만큼 보살피는 것이 아니고, 군중에게 혐오감을 갖고 있을지도 모릅니다.

이들은 개인적인 관계와 우정에서 매우 높은 기준을 요구하지만, 타인들로 하여금 상호작용의 조건을 형태화할 기회를 허용할 정도로 민감해야만 합니다. 이런 측면에서 이들은 자신만의 자녀에게 너무 엄정하고, 가르치려 드는 것에 대해서도 또한 주의해야만 합니다.

진실을 폭로하는 것이 이들의 삶에서 되풀이되는 또 중심적인 테마입니다. 그 귀결로 이들은 빈정대고 신랄해질 (따라서 인기가 없어질) 위험을 감수할지도 모릅니다. 이들은 자신이 환영받지 못하는 곳에선 캐내거나 참견하는 것을 피해야만 하고, 만약 이들이 외교술을 키우려고 의식적인 노력을 만들어내고, 더 친절하고 배려하는 태도 속에서 문제를 사람들의 주목으로 가져오는 법을 체득한다면, 대단한 이득을 얻을 것입니다.

대체로 돈을 잘 다루는 이들은 자기 자신을 위한 안전한 재정적인 기반을 구축하는 데 열중합니다. 이들은 투자 방법과 저축 방법 모두에 정통합니다. 이들이 보듯이, 권력의 축적은 자신의 작업을 진전시키고 자신의 가족, 사회 집단에 아니면 어쩌면 인류 전반에 이득을 주기 위해서만 이들에게 중요합니다. 하지만 이들은 경직되게 행사하고 통제하는 태도를 통해 타인과 자기 자신의 자발성을 제한하는 것을 주의해야만 합니다.

▶ 일간 특성
강점; 호기심이 강한, 철저한, 호기심을 자극하는
약점; 캐내기를 좋아하는, 요구가 많은, 신랄한

▶ 명상
상황으로 하여금 독립해서 벌어지도록 언제 놓아줄지를 또 언제 허용할지를 터득하는 것은 실로 실용적인 예술입니다.

▶ 조언
당신의 천성 중 더 신사숙녀적인 측면을 키우라.
때로는 원인을 연구해야 하는 것 없이도, 상황이 다가오는 대로 상황을 받아들이라.
너무 요구가 많게 되지 말고, 너무 비판적이 되지 마라.
자발적인 표현을 감안해보라.
걱정과 두려움이 진짜 적이다.

▶ 건강
이들 중 대다수는 자주 자신의 건강에 적극적으로 이해관계를 취하고, 대체로 질병의 증상에 유의합니다. 하지만 이들은 이런 점에서 너무 열광하는 것과 질병에 사로잡히게 되는 것을 주의해야만 합니다. 이들이 터득해야 할 중요한 공부는 몸이 몸 자체를 치유하는 경향이 있다는 점입니다. 따라서 이들은 사소한 질병에 대해 진지한 치료법을 탐구하지 말아야 합니다. (치료용 약물의 복용에 관해 확실히 파악하려는 것은, 병에 대한 저항력을 유지하는 데 중대할지도 모릅니다.) 뛰어난 요리사가 되는 데 욕구되는, 세부사항에 대한 참을성과 주목을 갖고 있는 이들에게 요리 기술을 배우거나 계발하는 것이 권장됩니다. 걷기나 수영, 자전거 타기 같은 적당한 일상적인 운동이 제안됩니다.

▶ 수비학
28일에 태어난 사람은 숫자 1(2+8=10, 1+0=1) 및 태양에 통치됩니다. 숫자 1에 통치되는 사람은 전형적으로 개별적이고, 고도로 고집적이며, 정상에 오르기를 열망합니다. 위에서 언급된 것처럼 10월 28일에 태어난 이들은 강한 지배적인 유형이 되는 경향이 있기에, 자신의 권력을 향하라는 몰아댐에 압도되는 것을 조심해야만 합니다. 태양은 통제에서 벗어나 산발적으로 타오르게 허용되기보다 꾸준히 흐르도록 유지되는 것이 가장 좋은, 강한 창조적인 에너지와 불기운을 상징합니다. 전갈자리의 통치자인 명왕성과 태양의 조합은 전갈자리 성격 중 어두운 측면을 ('화창하게' 만들어) 가벼워져서 기운내게 해주는 경향이 있지만, 이들의 인생행로에 깊이와 진지한 목적도 또한 줍니다.

▶ 원형
첫 번째 메이저 카드는 마법뿐만 아니라 지성, 소통, 정보를 상징하는 '마법사'입니다. 그의 머리 위의 무한대라는 상징은 일부 타로 종류에서는 모자의 형식을 취하고, 다른 종류에서는 후광의 형식을 취합니다. 많은 해석이 도출될지도 모르는데, 그중 하나는 마법사가 순환적이고 끝나지 않는 삶의 천성을 알아보고, 이런 이해심에 의해 힘있게 된다는 것입니다. 이 첫째 카드가 제안하는 긍정적인 특성은 외교적인 기술과 빈틈없는 기민함을 포함하지만, 부정적인 특성은 양심의 가책 결여와 기회주의입니다.

10월 29일
새로운 발상의 날
New Ideas

▶ 심리구조

10월 29일에 태어난 이들은 대체로 삶에서 갖는 자신의 신분에 상관없이 자신의 작업에 새로운 접근법을 과시하거나 신선한 발상을 가져옵니다. 어떤 것을 하기 위한 더 좋은 방식을 빨리 붙잡는 것은, 이들에게 천성적으로 다가오는 것으로 보입니다. 지식인이든, 사무직이든, 육체노동자든 간에 이들은 특히 자신이 개인적으로 시스템을 도입했을 때 그 시스템 내에서 논리적이 되고, 잘 작업하는 경향이 있습니다. 종종 이들은 계획을 세심히 심사숙고하고, 고려하며, 필요하면 심지어 또다시 고려해봅니다. 준비를 갖추기 위한 이런 애호는 이들의 의젓한 자질에 조합되어 이들의 성공 수준에 대단한 원인이 됩니다.

정치에 대한 이해관계는 그 이해관계에 이들이 속한 가족의 작동방식이든, 사회 집단의 작동방식이든, 국가의 작동방식이든 간에 대개 이들 중 남녀 모두를 특징짓습니다. 따라서 이들은 의식적인 혹은 무의식적인 수준에서 권력의 본질 및 그 권력이 자기 자신과 타인들에 의해 행사되는 방법에 관련됩니다. 매혹적인 이들은 고도로 설득적인 유형이 되는 경향이 자주 있습니다. 이들은 개인적인 차원에서 자신에게 감정적으로 관여하는 사람에게 강한 통제력을 발휘할 능력이 있습니다. 이런 측면에서 이들은 사랑받는 사람의 삶에 가당찮은 영향을 끼칠 위험뿐만 아니라, 자신의 지배하는 역할에 의존한다는 의미에서 그 역할에 묶이게 되는 위험에도 또한 주의해야 합니다.

이들은 자기 자신을 알아차리는 국면을 배후조종하기 위해 섹스나 돈, 권력을 사용하는 법에 관한 중요한 것을 알고 있습니다. 이들은 강력한 첫인상을 만들어 내는 방법 및 자신이 원하는 것을 얻는 방법을 본능적으로 이해합니다. 자신의 핵심 가치를 따르고 그런 재능을 행사할 시 자신의 목적을 따르는 이들은, 술수를 부리거나 돈을 목적으로 삼으려고 욕구하지 않지만, 사실상 외교적이거나 수완적이고 정치적이라고 더 잘 묘사될지도 모릅니다. 타인에게 인상을 주고 영향을 끼치는 힘을 갖는 것이 물론 비인간성 혹은 맹목적인 야심에 대한 먹이로 전락할 위험을 증가시킨다는 점은 당연합니다.

자신의 분야에서 전문가인, 즉 예외적인 능력을 소유한 이들은 자기 자신을 의심할 여지없는 권위자로 자처하는 것을 피할 때 더 잘하게 됩니다. 그런 자처하는 행태는 결국 동료나 아랫사람에게 단지 원망과 반란을 양성할 뿐입니다. 게다가 만약 이들이 너무 자주 논리의 벽 뒤로 도피한다면, 이들은 감정적인 욕구를 등한시하고 멀어지고, 끄떡없거나 냉담해지게 되어버릴 위험이 있습니다. 이들은 비밀적인 경향이 있기 때문에, 타인들은 이들의 동기 혹은 의도의 정직함을 완전히 이해하지 못할 수 있고, 따라서 조금 더 개방적이 되고 조금 더 포괄적이 되는 것이 이들에게 득이 될지도 모릅니다.

이들은 자신의 가족과 친구를 매우 보살피고 배려할 수 있습니다. 대개 이들의 태도는 고도로 보호적이고, 이들의 가족적인 책임감은 꼼꼼하게 이행됩니다. 하지만 이들은 자신의 가족을 세상에서 고립시키거나, '사랑받는 사람에 대한 자비와 보살핌' 그리고 '타인들에 대한 더 적은 자비와 보살핌'이라는 두 가지 대우에 대한 기준을 행사하는 것을 주의해야만 합니다.

▶ 일간 특성
강점; 설득적인, 철저한, 영향력이 있는
약점; 사로잡힌, 마음이 닫힌, 비밀적인

▶ 명상
개별인의 사적인 믿음의 신성함은 존중되어야 합니다.

▶ 조언
욕망의 일부 측면을 포기하는 것은 반가운 구원일지도 모른다.
진정한 공유의 가치를 체득하라.
타인에게 귀 기울이고, 또한 그들의 바램을 따르라.
이 순간에 마음을 열어라.
숨는 것은 시간 낭비일지도 모른다.

▶ 건강
이들은 자주 건강 관리의 새로운 계발과 개선에 관심을 둡니다. 하지만 이들은 어떠한 희생을 치르더라도 유행하거나 미심쩍은 치료법을 피해야만 하는데, 그런 것들이 지대한 시간과 돈을 낭비할 수 있고 자신과 가족들에게 순전히 해로움이 입증될 수 있기 때문입니다. 시도해봐서 참된 의학적인 처치술을 고수하는 것은 이들에게 나쁜 생각이 아닙니다. 식단이 관련된 한, 이들은 모든 종류의 맛있고 이국적인 음식들을 실험하고, 자신이 적당하다고 보는 대로 자신의 미각을 넓히는 것이 당연할지도 모릅니다. (물론 더 진지한 아마추어나 프로 체육인은 제외하고) 비경쟁적인 천성의 적합한 운동만이 권장됩니다.

▶ 수비학
29일에 태어난 사람은 숫자 2(2+9=11, 1+1=2) 및 달에 통치됩니다. 숫자 2에 통치되는 사람은 자신을 리더보다 좋은 협업자와 동반자로 자주 만들어내므로, 이것은 10월 29일에 태어난 이들 중 더 내향성의 사람이 자신의 가족이나 작업 집단의 이상을 체화해주는 것에 관한 자신의 방식을 찾아내도록 도와줄지도 모릅니다. 하지만 이것은 개별적인 주도권과 활동에 제동장치로도 또한 작용해서 좌절감을 연출할지도 모릅니다. 이것은 달의 강한 반사적인 영향력에 의해 더욱 강화될지도 모릅니다. 달-명왕성의 강한 연관성은 인간 천성의 어두운 면에 대한 특별한 통찰력을 이들에게 부여해줍니다. 부차적인 숫자 11(2+9=11)은 쌍둥이, 동시성, 흉내 또는 다른 이중성에 대해 가능한 이해관계뿐만 아니라 (명왕성이 통치하는 전갈자리의 성적인 천성에 중점을 두는) 물리적인 차원에 강조를 빌려줍니다.

▶ 원형
두 번째 메이저 카드는 그녀의 왕좌에 앉아 차분함과 뚫지 못함을 보여주는 '여사제'입니다. 그녀는 숨겨진 힘과 비밀을 드러내서, 그녀에게 유의하는 이들을 그 지식으로 힘있게 하는 영적인 여성입니다. 이 카드의 유리한 자질은 침묵, 직감, 비축, 분별이고, 부정적인 가치는 비밀주의, 불신, 무관심, 타성을 포함합니다.

10월 30일

감시인의 날
The Overseer

▶ 심리구조

10월 30일 태어난 이들은 기회가 주어지면, 대체로 타인들을 유도하는 재능을 갖고 있는 좋은 관리자로 자신을 만들어냅니다. 대개 다재다능한 이들은 자신이 노력할 한 분야에 대한 특별한 능력을 가져와서 '전통적으로 무관한 다른 부문'에 적용할 수 있습니다. 이들은 자신의 전문 지식 외에도, 예외 없이 사람들을 프로젝트에 끌어당겨서 그들에게 지속해서 관심을 두게 하고 동기를 부여하는 능력을 갖고 있습니다. 정말 이상하게도, 이들 중 다수는 자신의 경력 요건을 충족시키려고 혹은 심지어 새로운 삶까지 시작하려고 해외[oversea]로 여행하고, 따라서 이날의 이름[oversee]에 이중적인 의미를 부여합니다.

이들이 자신의 인생에서 10대 후반과 20대 후반, 40대 초반의 세 가지 중대한 시기를 순조롭게 항해해야만 하므로, 바다를 횡단하는 이들의 이미지는 실로 이들에게 적절한 비유입니다. 고비마다 이들은 미지의 바다라는 힘겨운 도전에 직면합니다. 자신이 있는 곳에 머무르기로 결정해서 이들이 이런 도전을 피한다면, 이들은 여전히 충족되지 않은 자신의 바람 때문에 좌절감 속에서 삶을 살아가는 자기 자신을 알아차릴 수 있습니다. 반면에 이들이 실행하기로 결단한다면, 이들은 불확실한 동안 고난과 불안정으로 고통을 겪어야 할지도 모릅니다. 비록 위험을 무릅쓰는 이들의 결정을 타인들이 용감하다고 바라볼지도 모르지만, 사실 이들 중 다수는 자신의 꿈을 따르는 것 외에는 선택권을 갖고 있지 않다고 느낍니다.

이들 자신이 자주 프로젝트를 시작할지라도, 이들은 타인의 작업 방식이나 시스템에 맞춰주는 데도 또한 유능합니다. 이들은 지시적이면서도 수용적인 드문 수용력을 소유합니다. 따라서 이들은 자신을 훌륭한 추장만이 아니라 훌륭한 용사로도 또한 만들어낼 수 있고, 좋은 요리사만이 아니라 좋은 조수로도 또한 만들어낼 수 있습니다. 이들은 유지관리 임무에 잘 적응하고, 그러므로 발생하는 문제에도 불구하고 프로젝트를 (자신만의 것이든 타인의 것이든 간에) 지속해서 운영할 능력이 있습니다. 이들은 자신의 권위를 효과적으로 주장하는 방식을 갖고 있습니다. 이것은 이들이 자신의 가족이나 사회 동아리, 직장에서 때때로 원망을 불러오지 않는다는 점이 아니라, 그럼에도 이들은 화를 달래서 그 직무를 계속하도록 누구든지 설득할 능력이 있다는 점을 말합니다.

앞서 언급된 것처럼, 비록 이들은 새로운 기회가 모습을 드러낼 때, 그런 기회라는 도전을 받아들이는 것을 싫어하지 않지만, 그럼에도 지금 여기에 너무 주의를 기울여서, 자신의 경력을 진전시키거나 자신의 세계를 넓힐 가능성을 놓쳐버릴 수 있습니다. 이들은 넓게 생각할 공간을, 즉 다른 면에서 자신의 삶을 바라보는 데 필수인 거리 갖기와 객관성을 자신이 자기 자신에게 줄 때 더 잘하게 됩니다. 너무 자주 이들은 자신의 더 커다란 계획을 하는 데 시간이 흘러가고 있는 동안 내내 책임들을 다해내는 것이 선-생각됩니다.

이들은 세속적인 관심사의 성공을 향해 자신의 에너지를 밖으로 유도해야 할 뿐만 아니라 또한 자신의 개인적인 욕구와 원함에 더 많이 주목해봐야만 합니다. 이들은 더 커다란 사회 집단이나 대의명분을 위해서 자신만의 영적인 계발을 희생시키는 것을 주의해야만 하는데, 개인으로서 성장하기 위해 자기 자신에게 시간을 허용하는 것도 똑같이 중요합니다.

▶ 일간 특성
강점; 조직적인, 자신하는, 주의를 기울이는
약점; 자기를 등한시하는, 좌절감을 품는, 선-생각되는

▶ 명상
죽음은 단지 다른 세상으로 건너가는 것일 뿐입니다.

▶ 조언
나무 때문에 숲을 놓치지 마라, 더 큰 그림을 마음에 담아두라.
당신 자신에게 더 많은 시간과 에너지를 쓰라.
타인의 의견과 소견에 여전히 마음을 열라.

▶ 건강
이들은 자주 자신만의 건강에 관련되는 것보다 가족 구성원, 직원, 협업자들의 건강에 더 관련됩니다. 이들은 자신의 재능을 자신만의 몸에 적용하는 법을 체득해야만 합니다. 이들의 식습관과 수면 습관을 조절하는 것은 첫 번째 좋은 단계입니다. (영양뿐만 아니라 적합한 장의 소화력을 확실하게 해주는) 대량의 채소와 곡물에 확고한 근거를 두는 균형 잡힌 식단을 지속하는 것은 이들의 건강에 특히 중요합니다. 매일 (최대 약 2리터까지) 적정량의 순수한 물을 마시는 것도 또한 보증되도록 유념해야 합니다. 커피와 홍차 섭취는 제한해야 하지만 약초차 사용은 고도로 권장됩니다. 경쟁적인 단체 스포츠에 특별한 재능을 보여줄지도 모르는 이들에게 활기찬 운동은 적합한 것으로 보입니다.

▶ 수비학
30일에 태어난 사람은 숫자 3(3+0=3) 및 목성에 통치됩니다. 숫자 3에 통치되는 사람 중 다수는 고도로 야심적이고 심지어는 독재적이지만, 이것은 대체로 재정적인 및 물질적인 성공을 탐구하기 위해 절제되고 건전한 방식으로 동기가 부여되는 10월 30일에 태어난 이들에게 덜 해당하는 것으로 보입니다. 하지만 이들 자신을 주장하려는 이들의 부추김은 명왕성(전갈자리의 통치자)의 강력한 영향력에 의해 예고됩니다. 전형적으로 숫자 3에 결부된 독립에 대한 사랑은 집단에 매우 자주 신세를 진 10월 30일에 태어난 이들에게 때로는 문제가 될 수 있습니다.

▶ 원형
세 번째 메이저 카드는 창조적인 지성을 상징하는 '여황제'입니다. 그녀는 완벽한 여성형, 즉 우리의 꿈, 희망, 열망을 체화한 극도의 여성성인 대지의 양육자입니다. 이 카드는 매혹, 우아함 및 조건 없는 사랑이라는 긍정적인 특성도 대변하지만, 완벽하지 못함에 대한 불관용뿐만 아니라 허영심과 꾸며냄이라는 부정적인 특성도 또한 대변합니다.

10월 31일
주의를 기울임의 날
Attentiveness

▶ 심리구조

10월 31일에 태어난 이들은 꼼꼼한 관찰자이자 세부사항의 실행자임을 자랑으로 여깁니다. 이들의 에너지를 모두 집중시키는 능력은 자신의 길을 가로막는 장애물을 이들로 하여금 뚫고나가게 하고, 이 레이저 같은 격렬함은 이들을 만만찮은 적으로도 또한 만들어냅니다. 하지만 이들은 일반적으로 지나치게 공격적인 것은 아닙니다. 이들은 사실 자신의 딱딱한 면을 위장하는, 상냥하고 심지어 신사숙녀적인 외관까지 표출할 수 있습니다. 개인적인 관계에서 이들은 보살피고 보호적입니다.

그러나 이들은 남녀를 막론하고 일종의 전사 같은 정신적인 작동법을 이면에 갖고 있고, 그 방식은 가끔 이들을 많은 곤란에 빠뜨릴 수 있습니다. 때때로 곤란이 발생한 후에 마치 그 곤란이 이들이 추구했던 바로 그 곤란인 것으로 보일 것이지만, 이들의 관점에서는 자신이 추구했던 것이 아닙니다. 이들이 관련된 한, 이들은 오직 도발받을 때만 공격합니다. 사실상 단정짓기에 대한 문제를 이들이 갖고 있을지도 모르는데, 왜냐하면 이런 종류의 전면적인 반응이 부족한 탓에, 이들은 지나치게 부응하는 태도로 행동할 수 있기 때문입니다. 다시 말해 너무 친절한 이들은 자신이 실망했거나 환영받지 못했을 때 나중에 자주 그 반응에 후회하게 됩니다. 이것은 결국 안쪽으로 내몰린 분노일 뿐인 실상적인 우울증으로 이어질 수 있습니다.

대결은 물리적이든 정신적이든 간에 이들에게 되풀이되는 테마입니다. 전사의 정신상태는 대단한 역경이라는 도전을 즐기는 상태, 즉 자제심을 발휘하는 데 유능하고, (음식, 음료수, 잠의 부족을 포함해) 고통을 겪어내는 데 유능하며, 아픔을 견뎌내는 데 유능한 상태입니다. 이들은 자주 자신이 편안함과 사치품을 멀리하는 것을 자랑으로 여기고, 즉각 일어나는 어떤 놀랍거나 위험한 국면을 감당하는 자신의 능력에 자부심을 느낍니다. 따라서 정신 훈련은 이들의 성격을 계발하는 데 열쇠입니다.

이들은 쉽게 물러서지 않습니다. 이들은 거짓과 불안을 캐내는 데 능숙한 예리하고 비판적인 마음을 갖고 있습니다. '탐정 작업'을 사랑하는 이들은 자주 범죄 행위와 대담한 위업 양쪽 모두에 적극적인 이해관계를 취합니다. 계산된 위험이 이들을 끌어들일지도 모르지만, 이들은 절대 무모하고 저돌적인 사람이 아닙니다. 그럼에도 이들은 사고를 당하기 쉽고, 자신 삶의 특정 중대한 시점에 다소 불운할 수 있는데, 이 불운을 이들은 처음에 매우 힘겹게 받아들입니다. 하지만 이들은 그런 역경에 직면해서 자신의 운을 전환하기 위해 노력할 시 결단적이고, 자주 그렇게 하는 데 성공합니다.

이들은 사소한 상황으로 하여금 자신을 짜증나게 하도록, 즉 자신의 [감정적인] 버튼을 누르도록 허용하지 말아야만 합니다. 이들의 힘에 대한 열쇠는 집중력입니다. 만약 이 집중력이 깨지면 이들은 혼란스러워지고, 그러므로 극단적인 국면에 취약해질지도 모릅니다. 이들은 이상이나 사람을 믿을 때, 항상 자신의 모든 것을 주려고 애쓸 것입니다. 하지만 이들은 거절과 감정적인 실망에 대처하는 법을 체득해야만 합니다. 자신의 작업 윤리에서 양보다는 질이 중심이므로, 이들은 때때로 추진력과 야망의 부족이 동반된 수동성의 인상을 줄지도 모릅니다. 이것은 일차적으로 과도한 주목을 끌어들이는 것에 대한 이들의 자제력과 무관심의 의식 때문입니다.

▶ 일간 특성
강점; 보살피는, 관찰력이 예리한, 굽히지 않는
약점; 자기를 비하하는, 쉽게 짜증내는, 원망하는

▶ 명상
가장 대단한 전투는 자기 자신의 속에서 일어납니다.

▶ 조언
당신 자신을 조금 더 밀어붙여라, 성취는 중요한 것이다.
누군가를 안으로 들이도록 당신의 경계를 풀어야 한다.
덜 의심하고, 더 신뢰하라. 그리고 덜 비판적이고 덜 논쟁적이 되도록 노력하라.
외교력을 키워라.
자기-보증이 열쇠이다.

▶ 건강
이들은 만약 자신이 여전히 기민하고, 위에서 언급한 것처럼 기능할 능력이 있기를 바란다면, 자신의 건강에 특히 유념해야만 합니다. 넉넉하게 수면을 취하는 것과 잘 먹는 것은 자신이 좋은 형태를 견지하는 열쇠입니다. 이들은 (요리 노하우를 이미 알고 있지 못하다면) 스스로 요리하는 법 및 육류 섭취를 제한하면서 채소와 곡물 위주로 짜인 식단으로 조정하는 법을 체득해야 합니다. 이들의 천성은 활기찬 운동을 요구하는데, 만약 이들이 운동하지 못한다면 이들은 해로운 스트레스를 쌓아 올릴 위험이 있습니다. 경쟁적인 스포츠와 체조는 이들의 욕구를 채워줄지도 모르지만, 이들 중 일부는 심지어 더 나아가서 권투 또는 주짓수, 가라테, 쿵후, 검도 같은 대결적인 활동에까지 가담하기를 바랄지도 모릅니다. 태극권은 우아함과 참을성, 통제력을 계발시키기 위해 권장됩니다. 성적으로 이들은 많은 활동을 욕구하지만, 자신의 선택성 때문에 이들은 단지 몇 명의 동반자들로만 자기 자신을 제한할지도 모릅니다.

▶ 수비학
31일에 태어난 사람은 숫자 4(3+1=4)와 31 그리고 천왕성에 통치됩니다. 오직 7개 달만이 31일을 갖고 있으므로, 31일은 생일에 대해선 덜 흔한 숫자이고, 31일에 태어난 이들은 헤아려지기가 자주 까다롭습니다. 숫자 4에 통치되는 사람은 완고하거나 논쟁적일 수 있고, 자주 상황을 다른 사람들과는 다르게 바라봅니다. 천왕성은 숫자 4에 통치되는 사람의 기분 변화가 빠르고 폭발적이 되게 만들어냅니다. 이 자질은 10월 31일에 태어난 이들로 하여금 갑작스럽고 암암리에 대결적이 되게 만들어낼 수 있는 명왕성(전갈자리의 통치자)과 화성(전갈자리의 공동 통치자)의 두 겹 영향력에 의해 이들에게 강조됩니다.

▶ 원형
네 번째 메이저 카드는 자신이 갖고 있는 권력의 일차적인 원천인 지혜를 통해 세속적인 것들을 다스리는 '황제'입니다. 황제는 안정되고 현명한데, 그의 권위라는 세력은 의심받을 수 없습니다. 이 카드의 긍정적인 연관성은 강한 의지력과 확고부동한 에너지이고, 부정적인 예시는 완고함, 압제, 심지어 잔인성까지 포함합니다.

11월 1일

맹공격의 날
Onslaught

▶ 심리구조

11월 1일에 태어난 적극적인 이들은 자신이 관여하는 노력들에 자신의 온전한 에너지를 줍니다. 이들에게 작동하는 위험에 대한 부인되지 않는 끌어들임이 현존합니다. 이들이 그 위험을 발굴해내는 경향이 있을 뿐만 아니라, 그 위험은 또한 이들의 뒤에 다가와서 자주 불시에 이들의 허를 찌를 수도 있습니다. 이들에게는 자신의 직종에 대한 흥분이 전제조건입니다. 만약 이들이 촉발되지 않는 직무에서 예상보다 길어질 정도의 시간을 보낸다면, 이들은 정체되거나 위축될 가능성이 있습니다. 이들이 촉발에 대한 이런 욕구를 채워줄 좋은 방식을 찾아낼 때까지, 이들의 삶은 여전히 충족되지 않습니다.

이런 성격의 공격적인 요소는 쉬운 표현을 찾아냅니다. 이들이 대개 직선적이고 속임수 없는 양식으로 자기 자신을 제시하므로, 일반적으로 타인들은 이들의 강력한 태도에 불쾌하지 않습니다. 정직 일반이 이들에게 자연스럽게 다가오지만, 이들은 매우 복잡한 은밀한 활동을 숨기는 데도 또한 유능합니다. 그러므로 이들은 바깥세상에 기꺼이 자기 자신에 대한 지대한 것을 보여주지만, 절대로 온갖 것을 보여주는 것은 아닙니다.

이들이 엄청난 자기-신임을 표출하지만, 이들의 위험에 대한 무시는 물리적으로도 심리적으로도 이들을 해로운 길에 처하게 할 수 있습니다. 자신의 적수를 과소평가하는 이들은 자신에게 더 방어적이 되라고 경고하는 사람을 마구 무시하는 성향도 또한 갖고 있습니다. 이들은 맞상대를 판정할 시 더 실상적이 되는 법을 체득해야만 할 뿐만 아니라, 삶 일반을 더 냉정하고 객관적인 눈으로 보도록 노력해야 합니다. 희망하건대, 이들은 자신의 삶에서 타인들의 충고에 귀를 기울이고, 그 충고를 가슴에 새기는 것을 일찌감치 시작해야 합니다.

이들은 자신이 선택한 노력 분야에서 공격 태세에 있을 때 가장 행복합니다. 공격이 서류작업 더미에 달려드는 것이든, 기관에 달려드는 것이든, 게임이나 스포츠에서 자신의 상대방에게 달려드는 것이든, 사랑의 대상을 쟁취하는 것이든 간에 이들은 멈춰지기가 어렵습니다. 이들의 작동 태세는 대체로 신중한 조사나 제한된 공격보다 더 전격적인 공세의 천성에 있습니다. 자신이 하는 것에 대해 총력을 기울이는 이들의 천성은, 이들을 무시할 수 없는 세력으로 만들어주지만, 동시에 경쟁적인 국면에서는 반격을 응징할 여지가 있는 이들만의 방어수단을 남겨줄지도 모릅니다.

이들은 대개 사람들뿐만 아니라 기법적인 문제에 대한 뛰어난 통찰력을 심지어 기발한 통찰력까지 갖고 있지만, 자기 자신에 대한 통찰력을 좀처럼 갖고 있지 않습니다. 이들은 자신 천성의 더 깊은 측면을 알기 위해 상당한 정도의 시간을 들이려고 욕구할지도 모릅니다. 게다가 이들은 위에서 언급된 대로 더 방어적이거나 보호적이기를 지향하는 것에서 이득을 얻을 수 있습니다. 선하고 건전한 상식을 키우는 것이 이들의 행로에서는 이들에게 오랜 기간이 걸릴 것입니다.

▶ 일간 특성
강점; 활달한, 자신만만한, 확장적인
약점; 파괴적인, 혼돈되는, 들뜨는

▶ 명상
태풍의 가장 고요한 부분은 태풍의 중심입니다.

▶ 조언
상식은 당신의 절실한 욕구이다.
일상생활에서 당신 자신을 보호하는 법을 체득하라.
여전히 선봉에 집중하되 당신의 후방도 잊지 마라.
당신 자신을 더 잘 알게 되라.

▶ 건강
놀랄 것도 없이, 이들은 사고를 당하기 쉽습니다. 자기 자신을 보살필 시, 이들은 매일 운동하는 좋은 분별력을 유지해야만 합니다. 이런 강력하게 추진하는 사람에게는 경쟁적인 게임 및 스포츠가 붙어가는 활기찬 신체 운동이 고도로 권장됩니다. 무술은 어쩌면 이들에게 매력적일 수 있지만, 이들은 용의주도하고 자제하면서 연습해야 합니다. 식단이 관련된 한, 이들은 대개 오히려 까다롭지 않고, 자신의 식습관을 단련하는 것에 실로 저항할지도 모릅니다. 술 소비는 엄격히 제한되어야 합니다.

▶ 수비학
1일에 태어난 사람은 숫자 1 및 태양에 통치됩니다. 1일에 태어난 사람은 첫째가 되는 것을 좋아합니다. 숫자 1에 통치되는 사람은 전형적으로 개별적이고, 고도로 고집적이며, 정상에 오르기를 열망합니다. 11월 1일에 태어난 이들은 대개 꿋꿋이 버텨내는 지구력과 집중력을 갖고 있지만, 좌절감을 경험할 수 있습니다. 태양은 통제를 벗어나 산발적으로 타오르게 허용되는 것보다 꾸준히 흐르도록 유지되는 것이 가장 좋은, 강한 창조적인 에너지와 불기운을 상징합니다. 명왕성 및 화성(전갈자리의 통치자이자 공동 통치자)과 짝지어진 태양의 영향력은 이들로 하여금 경솔해지게 해서 이들 자신과 다른 사람들에게 고도로 파괴적이 되도록 이끌 수 있습니다.

▶ 원형
첫 번째 메이저 카드는 마법뿐만 아니라 지성, 의사소통, 정보를 상징하는 '마법사'입니다. 그의 머리 위의 무한대라는 상징은 일부 타로 종류에서는 모자의 형식을 취하고, 다른 종류에서는 후광의 형식을 취합니다. 많은 해석이 도출될 수 있는데, 그중 하나는 마법사가 순환적이고 끝나지 않는 삶의 천성을 알아보고, 이런 이해심에 의해 힘있게 된다는 것입니다. 이 첫째 카드가 제안하는 긍정적인 특성은 외교적인 기술과 빈틈없는 기민함을 포함하지만, 부정적인 특성은 양심의 가책 결여와 기회주의입니다. 피상성과 파괴적인 충동에 얽매이든, 아니면 더 깊은 개인적인 목표뿐만 아니라 사회에 대한 더 원대한 영향력을 계발하든 간에 선택은 이들에게 달려있습니다.

11월 2일
탈바꿈의 날
Transformation

▶ 심리구조

11월 2일에 태어난 이들은 대개 어떤 종류의 탈바꿈을 한다고 바쁩니다. 이들이 가져오는 효과적인 변화는 자기 자신 및 자신의 주위환경 양쪽에 있습니다. 이들은 단지 자신의 존재감만으로도 삶이라는 무대에서 맡은 드라마의 배역을 좋은 쪽으로든 나쁜 쪽으로든 바꿔주는 등장 배역입니다. 이들 중 더 계발된 사람은 어떻게 자신이 주위환경에 충격을 주는지 매우 잘 알아채고 있지만, 덜 계발된 사람은 자신을 무의식적인 도구로 사용하면서 자주 경고를 받는 결과가 주어지도록 이들을 통해 활동하고 있는 것으로 보이는 비인격적인 세력에 자주 휘둘립니다.

그러므로 이들은 자신의 탈바꿈시키는 힘에 대한 더 대단한 자각을 계발하고, 자신을 도덕적인 방향으로 인도해야만 합니다. 자신의 가족과 친구들을 향한 이들의 책임은 이런 측면에서 대단합니다. 이를테면 민감한 사람은 이들의 의견, 활동 심지어 무언의 바람에까지 강력한 영향을 받을 수 있습니다. 이들은 때때로 자신이 개선이 필요한 것으로 보는 그런 국면도 또한 바꾸기를 바라지만, 사실 전혀 환영받지 못하는 영역에 참견하고 있을지도 모릅니다. 이들이 멀리서 현명하게 기다리며 참을성 있게 인도하는 능력이 자신의 동무나 자녀에게 가장 좋은 이해관계인 것처럼, 이들이 자신의 영향력에 관련한 자제력을 발휘하는 수용력도 이들의 영적인 계발의 예시입니다.

이들이 작업한 탈바꿈은 실로 매우 멀리 갈 수 있는데, 사업 조직 혹은 사회 종교 단체의 구조 방향 목적은 이들의 지배 아래 놓일 수 있습니다. 하지만 만약 이들이 자기 자신을 탈바꿈시키는 최종 도전에 개인적으로 실패한다면, 그 지배는 모두 헛수고가 될지도 모릅니다.

이들은 대체로 (토성이 첫째로 귀환하는) 28세 즈음, (천왕성과 토성이 맞은편에 오는) 44세 즈음, (토성 둘째로 귀환하는) 56세 즈음 갈림길에 도착하는데, 이때 이들은 자신의 인생 코스를 과감하게 새롭게 해야만 합니다. 만약 이들이 자신의 욕구를 알아채게 되고, 그 욕구를 실현하기 위해 늘 더 결단적이 되면서, 효과적인 내부의 변화를 가져올 능력이 있다면, 이들이 자신의 행로에서 성공할 가능성은 실로 대단합니다. 만약 이들이 필요한 변화를 자신의 내면 속에서 달성할 능력이 없다면, 이들은 정체되기 시작하면서, 결국 점점 좌절하게 되고, 분노하게 되며, 우울하게 될 것입니다.

이들은 자주 돈, 섹스, 권력이 관련되는 문제에 얽매입니다. 이들은 그런 이해관계가 자신의 본질적인 성격을 장악하지 못하도록 조심해야만 합니다. 오히려 이들은 가능한 한, 상황을 가볍게 유지하고, 자신의 삶에서 놀이와 재미의 감각을 유지해야 합니다. 만약 이들이 가시적이고 인간적인 관심사를 위한 봉사에 자신의 권력을 주장한다면, 이들은 자신의 주위 삶에 대단한 이바지를 만들어낼 수 있습니다.

▶ 일간 특성
강점; 영향력 있는, 강력한, 잘 적응하는
약점; 질식시키는, 배후조종하는, 과중한

▶ 명상
물주전자는 새로 채우기 전에 비워져야만 합니다.

▶ 조언
변화가 항상 좋은 것은 아니고 혹은 항상 욕망된 것은 아니다.
성급하게 활동하지 말고, 바른 때를 찾아내라.
타인들의 바람에 세심하게 귀 기울이라.
얻기 위해 포기하는 법을 체득하라.

▶ 건강
이들은 자신의 많은 신체적인 문제나 질병의 과정에 영향을 끼칠 힘을 갖고 있습니다. 이런 이유로 이들은 자기 자신을 이해하기 위한 도구뿐만 아니라, 자신의 내부적인 신체적 과정에 영향을 끼치기 위한 도구로도 내면성찰을 활용해야만 합니다. 모든 제거 과정 및 정화에 참여하는 과정은 이들에게 특히 민감하고 위험합니다. 여기의 거의 모든 성적인 문제는, 배움과 참아내는 실습에 의해 탈바꿈될 수 있는 강한 심리적인 구성 요소를 갖고 있습니다. 경직된 식단은 피해야 하고, 이국적이고 창의적인 조합을 실험함으로써 미각을 넓히려는 시도가 만들어져야 합니다. 체중 증가나 감소는 대개 이들의 문제로 빠르든 늦든 표면화됩니다. 이런 이유로, 적절한 운동 형식을 찾아내는 것은 대단히 중요합니다.

▶ 수비학
2일에 태어난 사람은 숫자 2 및 달에 통치됩니다. 숫자 2에 통치되는 사람은 자주 자신을 좋은 협업자와 동반자로 만들어냅니다. 하지만 달의 영향력은 좌절감을 연출하면서, 개별적인 주도권과 활동에 제동장치로도 또한 작용할 수 있습니다. 이 좌절감은 강하게 반사적이고 수동적인 경향을 갖고 있는 달에 의해 증가합니다. 전갈자리의 명왕성 자질과 조합되는 달은 타인들의 삶에 깊은 영향을 끼칠 수 있는, 강력하게 통제하고 배후조종하는 감정 상태를 연출할 수 있습니다.

▶ 원형
두 번째 메이저 카드는 자신의 왕좌에 앉아 침착함과 뚫지 못함을 보여주는 '여사제'입니다. 그녀는 숨겨진 세력과 비밀을 드러내서, 그녀에게 유의하는 이들을 그 지식으로 힘있게 하는 영적인 여성입니다. 이 카드의 유리한 자질은 침묵, 직감, 비축, 분별이고, 부정적인 가치는 비밀주의, 불신, 무관심, 타성을 포함합니다.

11월 3일
긴 호흡의 날
The Long Breath

▶ 심리구조

11월 3일에 태어난 이들은 무슨 일이 있어도 꿋꿋이 버텨내는 지구력과 인내력을 갖고 있는 투사입니다. 이들은 타인들과 사실상 경합하는 것까지는 아니더라도 자신만의 사적인 성취와 목표를 위해 애쓰면서, 고도로 경쟁적입니다. 자신의 위치나 입지를 더 낮게 하려는 발상은 이들에게 자연스럽게 일어납니다. 압박이 있으면 이들은 자주 타인들이 분명히 감지할 수 있는 폭발력을 비록 비축하기는 하지만, 대개 냉정하게 됩니다. 이들의 반대자에게는 좋은 징조가 아닌, 시험받는 국면에서 특정한 침착함이 이들에게 강림합니다. 적에 대한 공격을 실행할 시, 이들 중 남녀 모두는 모두 꽤 무자비할 수 있습니다.

이들은 기다리는 방법을 알고 있습니다. 자신이 하는 어떤 것이든 서두르기를 좋아하지 않는 이들은 대체로 시간이 자기편이라고 믿습니다. 이들은 자신이 미루고 있는 인상을 타인들에게 줄지도 모르지만, 활동할 정확한 순간에는 여전히 집중합니다. 그러므로 이들은 충동적이거나 서두르는 술책 탓에 패배할 위험이 좀처럼 없습니다. 이들의 방책은 여전히 자신의 반대자를 틀림없이 깜짝 놀라게 할 수 있지만, 아마도 충동이나 직감보다는 꼼꼼한 계산 때문일 것입니다.

이들은 실로 지는 것을 좋아하지 않습니다. 인생에서 이기려는 이들의 열광은 이들이 불운에 직면할 때 이들에게 비싼 대가를 치르게 할 수 있습니다. 감정적인 혹은 재정적인 불운의 연속은 사실 이들의 도덕적인 비축을 상쇄시켜서, 우울한 느낌으로 또 극단적인 경우 자살 충동의 느낌으로 이어질 수 있습니다. 따라서 이들은 승자일 뿐만 아니라 고통도 또한 받는 자이고, 실제로 자신의 고통 속으로 파고들며, 입을 다물고, 눈이 퀭한 모습으로 그 고통에 관해 타인들이 알게 할 수 있습니다. 반면에 (대개 상황이 자신에게 잘 진행되고 있는 덕에) 기분이 좋을 때, 이들은 극도로 흥겨워질 수 있습니다. 이런 고조된 상태에서 이들은 심지어 조증(躁症)에까지 빠져버릴 수 있습니다.

이들의 정신적인 또 물리적인 계발이 뛰어난 것처럼 이들의 집중력도 대개 뛰어나지만, 이들의 느낌을 표현하는 것은 자주 봉쇄됩니다. 이들은 개인적인 대다수 검토에 저항하면서, 자신의 내면 생각과 감정에 대한 어떤 탐사에도 반하여 벽을 쌓을지도 모릅니다. 하지만 타인들을 향해 꽤 동감적이고 공감적인 이들은 그들의 문제를 쉽사리 이해할 수 있습니다. 이처럼 매우 깊이 있는 사람임에도 이들은 자신만의 심연을 헤아릴 가능성이 없습니다.

이들은 자신의 신체적인 존재감과 지적인 전투 방책뿐만 아니라 자신의 풍자적이고 빈정대는 취향 탓에, 자신을 나쁜 적으로 만들어냅니다. 이들은 반대자를 언어적으로 조각내어 찢어버리는 데 꽤 유능합니다. 이들은 자신의 공격적인 면을 진정시켜 자신의 감정을 더 조화로움 속에 표현하고, 흐르는 태도로 표현하는 법을 체득해야만 합니다. 자신만의 불관용에 싸우는 것뿐만 아니라 더 용납하고, 더 받아들이며, 더 마음을 여는 법을 체득하는 것이야말로 이들의 개인적이고 영적인 계발에 중대합니다.

▶ 일간 특성
강점; 끈덕진, 집중적인, 의기양양한
약점; 고통받는, 미루는, 우울한

▶ 명상
우아한 패배는 중요한 승리가 될 수 있습니다.

▶ 조언
놓아주는 방법을 체득하라.
고통받는 것과 원망은 당신이 내버려두면 줄어들 수 있다.
당신의 열의에 관해 더 실상화되라.
나태함을 주의하라.
쾌락에 대한 당신의 즐거움은 진정되어야 할지도 모른다.

▶ 건강
이들은 고통을 겪는 성향을 또 어떤 대가를 치르더라도 자신의 감정을 통제하려는 성향을 주의해야만 합니다. 이런 행동은 모든 종류의 심리적인 또 물리적인 문제로 이어질 수 있습니다. 우울증과 자기-파괴적인 충동은 심리적인 위협입니다. 신체적인 면에서 복부 장기는 (특히 배설 기관은) 극단적인 경우 악성종양, 신장결석 또는 궤양 상태를 의미할 수 있는 부정적인 영향을 끼칠지도 모릅니다. 이들 중 대다수는 먹는 것을 사랑하고, 자신이 신체적인 증상이라는 고통을 겪기 전까지는 자신의 높은 지방, 술 및 단백질 섭취에 관해 마침맞게 관심을 두지 않을지도 모릅니다. 그러므로 이들의 식습관은 어떤 식으로든 조정되어야 할 것이고, 아니면 이들은 자신의 방종과 건강하고 적확한 운동 사이의 균형을 잡아야만 합니다.

▶ 수비학
3일에 태어난 사람은 숫자 3 및 목성에 통치됩니다. 숫자 3에 통치되는 사람은 자신의 분야에서 최고 위치에 오르려고 노력하고, 11월 3일에 태어난 이들도 예외가 아닙니다. 목성 에너지가 명왕성(전갈자리의 통치자) 및 화성(전갈자리의 공동 통치자) 에너지와 짝짓는 것은 이들의 공격적인 열광적 에너지가 처참한 귀결이 주어지도록 통제에서 벗어나 헛도는 성벽을 갖고 있고, 아니면 어쩌면 안쪽 아래로 몰아넣어지는 성벽을 갖고 있다는 신호를 보내줄 수 있습니다. 숫자 3에 통치되는 사람은 자신의 독립을 사랑하고, 그러므로 자기 자신을 위해 작업할 때 혹은 높은 수준의 자율성이 있는 위치에서 작업할 때 가장 행복합니다.

▶ 원형
세 번째 메이저 카드는 창조적인 지성을 상징하는 '여황제'입니다. 그녀는 완벽한 여성형, 즉 우리의 꿈, 희망, 열망을 체화한 극도의 여성성인 대지의 양육자입니다. 이 카드는 매혹, 우아함 및 조건 없는 사랑이라는 긍정적인 특성도 대변하지만, 완벽하지 못함에 대한 불관용뿐만 아니라 허영심과 꾸며냄이라는 부정적인 특성도 또한 대변합니다.

11월 4일
선동가의 날
The Provocateur

▶ 심리구조

11월 4일에 태어난 이들은 논란을 불러일으키는 요령을 갖고 있습니다. 말과 행동 둘 다에서 고도로 촉발하는 이들은 가족과 사회 동아리에서는 지배적이고 중시되는 구성원이 되는 경향이 있습니다.

비록 이들 중 다수가 보수적이고 어쩌면 거의 무색한 겉모습을 취하지만, 이들의 성격에 대한 매혹과 풍요가 대화에서 분명하게 됩니다. 첫 만남에서 이들은 대개 생동적이되 진심이라는 인상을 만들어내고, 자신이 정말 얼마나 도발적일 수 있는지를 곧바로 보여주지 않을지도 모릅니다. 사실 누군가가 이들을 오래 알수록 이들은 풍파를 일으키는 재주뿐만 아니라 개인적인 교제에서 가장 두꺼운 갑옷을 뚫어버리는 재주도 또한 갖고 있음을 더 많이 알아보게 됩니다.

방어를 무너뜨리는 데 마스터인 이들은 대개 유약한 지점이나 취약한 지점이 어디인지를 정확히 알고 있습니다. 일단 이들이 착수하고 나면, 실로 이들은 이들 자신을 포함한 누구든 멈추기가 매우 어려울 수 있습니다. 자신의 한계를 알아보는 것, 자신의 에너지를 조절하는 것, 자신의 목표가 더욱 실상화 되는 것, 무엇보다도 여전히 자신의 전망이 건설적이 되는 것이야말로 이들이 마음에 담아둘 정도로 중요합니다.

이들은 어떤 때는 담백하고 절제되며, 다른 때는 전염되어 심지어 들뜨게까지 하는 훌륭한 유머 감각을 갖고 있습니다. 이들로 하여금 인종이나 계급, 종교의 차이를 빨리 좁혀주게 하는 것은 바로 매우 인간적이고 긍정적인 속성입니다. 농담과 약간의 웃음을 통해, 이들은 사람들을 여유롭게 하고, 불편한 국면의 어색한 분위기를 반전시킬 수 있습니다. 반면에 우울증은 이들의 캐릭터와 매우 이질적이고, 그러므로 이들은 타인들의 부정성을 이해하는 데 지대한 곤란을 갖고 있습니다. 문제는 이들이 자신만의 국면에서 얼마나 심각한 일이 벌어졌는지 알아보는 데 때때로 실패하고, 실제로 전망이 암울할 때도 여전히 가당찮게 낙관할 수 있다는 점입니다.

이들은 설득을 위한 재능을 갖고 있을 뿐만 아니라, 비판을 무시하거나 자신의 방식으로 유도해서 교묘하게 빗나가게 하는 데 능숙한, 고도로 자석 같은 인격입니다. 마음속에서 이들은 빠르든 늦든 타인들을 자신의 관점으로 포섭할 것입니다. 하지만 특별히 이들의 관점이 꽤 극단적이고, 발표가 도발적이며 심지어 혼란스럽게까지 할 수 있으므로, 결국 이들은 자신에 대한 청중의 수용성을 오판할 수 있습니다. 따라서 이들은 혼돈된 국면을 창조함으로써 자신만의 영향력을 약화시킬지도 모릅니다.

이들은 대접받는 것을 사랑하지만, 대개 적어도 자신이 받는 만큼 베푸는 것으로 호의에 보답합니다. 사실 이들은 지나치게 베풀 수 있고, 타인들은 이들을 이용하거나 너무 많이 기대하게 될지도 모릅니다. 이들 중 일부에 대한 타인들의 기대가, 심지어 이들이 소유한 외견상 무한한 에너지에 대한 기대조차도 얼마 후 견디지 못할 정도로 과중해질 수 있습니다.

특히 이들 중 여성은 잘못된 남성에게 관여하게 되는 것을 주의해야만 합니다. 이들 중 남성은 감정적으로 꼭 필요한, 어쩌면 자신과 가까운 사람들에게 너무 많이 절대 필요한 사람이 되는 경향이 있고, 따라서 의존성을 조장하는 것을 주의해야만 합니다.

▶ 일간 특성
강점; 자석 같은, 관여해주는, 매혹적인
약점; 참견하는, 비실상화된

▶ 명상
신념은 때때로 활동보다 더 강력합니다.

▶ 조언
삶을 향해 더 중립적인 자세를 채택하라.
조용히 작업하고 지속해서 당신의 감정을 통제하라.
당신이 시간이 지나도 지속할 수 있는 것보다 더 많이 베풀지 마라.
당신이 타인들에게 만들어내는 요구도 또한 주의하라.
지속해서 당신의 유머감각이 활동적이게 하라.

▶ 건강
이들은 자기 자신에게 광범위한 에너지를 끌어들일 시, 자신의 심리적인 및 물리적인 비축에 지장을 줄 수 있습니다. 그러므로 이들에게는 자신의 책임을 제한하고, 정기적으로 조용한 집이나 휴양 은신처로 도피하는 것이 중요합니다. 이들은 자주 타인들의 관심사에 얽매이기 때문에 나쁜 건강의 증상을 무시하는 경향이 있습니다. 이들은 전염병에서 자기 자신을 보호하기 위해 최소한 기본적인 예방조치를 취해야만 합니다. 이들 중 다수의 음식에 대한 격정이 갈망과 폭식으로 이어질 수 있기 때문에, 이런 이들이 자신의 식단을 단련하는 것은 어렵습니다. 이들 중 여성에게 체중 조절은 특히 문제입니다. 해결책 대부분은 운동입니다.

▶ 수비학
4일에 태어난 사람은 숫자 4 및 천왕성에 통치됩니다. 숫자 4에 통치되는 사람은 상황에 응하는 자신만의 자주 남다른 방식을 갖고 있는데, 천왕성은 11월 4일에 태어난 이들에게서 확대될 수 있는 특성인, 갑작스러운 가변성과 예견되지 않는 활동을 예시해줍니다. 대체로 숫자 4에 통치되는 사람은 돈에 지나치게 관련되지 않고, 이상에 초점을 맞추는 이들도 예외가 아닙니다. 숫자 4에 통치되는 사람은 특히 자신이 매우 힘겹게 택하는 자신의 그룹에 거절될 때, 심리적인 상처에 취약합니다. 전갈자리의 지배자인 천왕성과 명왕성의 연관성은 역동적인 성적 끌어당김을 예시해줍니다.

▶ 원형
네 번째 메이저 카드는 자신이 갖고 있는 권력의 일차적인 원천인 지혜를 통해 세속적인 것들을 다스리는 '황제'입니다. 황제는 안정되고 현명한데, 그의 권위라는 세력은 의심받을 수 없습니다. 이 카드의 긍정적인 연관성은 강한 의지력과 확고부동한 에너지이고, 부정적인 예시는 완고함, 압제, 심지어 잔인성까지 포함합니다.

11월 5일

실상의 날
Actuality

▶ 심리구조

11월 5일에 태어난 이들은 무엇보다도 실상주의자입니다. 이들은 자신이 삶을 살아가는 방식에서 상황에 대한 현재 상태의 본보기가 되도록 내몰릴 뿐만 아니라, 자신이 진실을 알아보므로 그 진실도 또한 말하도록 내몰립니다. 그러면 이들은 사람들이 시대를 알고 싶다면 지켜볼 사람입니다. 이들은 자신의 가족이나 업무, 사회동아리, 종교집단의 캐릭터의 상징적인 면에서 고도로 대표적입니다.

이들은 자주 신화의 가면을 벗겨내서, 그 '신화가 무엇이다'라는 거짓말과 반쪽 진실을 폭로하고 싶어합니다. 그렇게 함으로써 이들은 용감하고 (예외적인 경우 대단한 불리함에 맞서 기꺼이 전투하며) 어쩌면 반항적이지만, 타인들의 연못을 뒤적거리는 참견꾼으로서 악명이 높아지는 것도 또한 주의해야만 합니다. 그러나 비록 이들 중 일부는 실로 인기가 없을 수 있지만, 결국 다수를 포섭할지도 모릅니다. 대다수 사람은 이들이 평지풍파를 일으킬까 두려워서 그냥 내버려두기를 선호하지만, 이것은 이들이 견딜 수 없는 태도입니다.

이들 중 덜 고도로 진화된 사람은 정반대로 자신이 드러나는 것을 깊이 두려워하는 자기 자신 혹은 자신의 세계에 관한 진실을 은폐하는 것을 바라는 비밀적인 사람이 될 수 있습니다. 이들은 어쩌면 자기 자신이나 타인들에게 심각한 해를 끼치면서, 국면을 감춰두기 위해 어떤 일도 불사할 것입니다. 만약 이들이 자신의 비밀주의가 개인적인 계발을 억제하고 있고, 자신의 두려움과 불안감을 포기하는 것이 '사실상' 자신에게 유리함을 어찌해서든 깨닫게 될 수 있다면, 이들은 변화하도록 유발될 수 있습니다.

이들은 어떤 명분이나 이미지, 단체에 매우 밀접하게 결부될 시 자신의 개인적인 정체성을 잃어버리는 것을 주의해야만 합니다. 이들은 자신의 주위 사람들에 의해 제한된 역할에 갇혀버린 후 자신의 개별성을 규정하기 위해 고군분투하려고 욕구할지도 모릅니다. 이런 욕구는 이들이 주목에 대해 환영적이고, 자신의 지위를 잃는 것도 또한 두려워하기 때문에, 이들이 해내기가 쉽지 않을지도 모릅니다. 신비를 풀고, 인간의 퍼즐을 파악하며, 대체로 진실을 드러내는 격정 속에 너무 자주 있는 이들은 자주 모든 것 중 가장 대단한 수수께끼인 자기 자신을 어떻게든 등한시합니다.

'실상'은 이들의 성격에서 중요 부분입니다. 이들은 시사 정보를 계속 접하기를 좋아하고, 대개 라디오와 TV 뉴스의 소비자일 뿐만 아니라 신문 잡지 책의 열렬한 독자입니다. 어느 날 세상에 무슨 일이 일어나고 있는지 모르는 것은, 이들 중 일부에게는 '사실상' 아픔입니다. 그러나 자기 자신이 알아차리는 자신의 사회적인 수준이 어떻든 간에, 이들은 자기 자신이 뉴스를 만들어내는 것을 좋아합니다. 어떻게 해서든 보람을 느끼려는 이들은 일어나고 있는 사건에 접속되어 있어야 합니다. 하지만 삶의 어느 시점에 이들은 더 많은 시간을 혼자 보내기를 바라고, [집단이 아니라] 개인적인 주도권에 자기 자신을 헌신할지도 모릅니다.

▶ 일간 특성
강점; 지식적인, 최신인, 실상화된
약점; 까다로운, 자기를 알아채지 못하는

▶ 명상
비워진 마음은 진실을 알아볼 준비가 더 됩니다.

▶ 조언
타인들 주위에 당신의 삶을 너무 많이 구축하지 마라. 당신만의 내면 욕구를 보살피라.
자기-지식을 위해 애쓰고, 개인적인 성장과 변화에 여전히 마음을 열라.

▶ 건강
이들은 심리적인 균형을 유지하기 위해 애써야 합니다. 이들이 자신의 주위환경에 봉사하게, 또 불운하게 휘둘리게도 또한 자기 자신을 놓는 경향은 불안감을 연출할 수 있습니다. 혼자의 시간은 아니면 어쩌면 테라피는 자기-발견의 과정을 원조해줄 것입니다. 이들은 대개 건강의 가장 최신 연구 동향을 잘 알아채고 있지만, 새로운 유행에서 다른 유행으로 이리저리 옮겨다니는 것보다 자신의 개인적인 욕구에 맞는 슬기로운 코스를 추구해야 합니다. 전통적인 약초요법, 식이요법, 비타민요법, 치료요법이 대개 이들에게 가장 효과가 좋습니다. 이를테면 곡물, 신선한 대량의 채소, 잘 관리된 단백질 섭취에 강하게 중점을 둔 간단하고 균형 잡힌 식단은 이들이 코스를 유지하게 할 것입니다. 단지 (매일 걷기, 수영 등) 적당한 운동만 권장됩니다.

▶ 수비학
5일에 태어난 사람은 숫자 5 그리고 생각과 변화의 빠름을 대변하는 신속한 행성인 수성에 통치됩니다. 명왕성이 전갈자리를 통치하므로, 11월 5일에 태어난 이들은 자신의 생각에 심오함을 빌려주고, 자신의 호기심을 격렬하게 할 수 있는 수성-명왕성의 연관성에 영향을 받습니다. 하지만 이 연관성은 적대감을 도발하고, 남모르는 적을 만들어낼 수 있습니다. 숫자 5에 통치되는 사람은 어떤 타격이나 함정을 맞닥뜨리든지 간에 대개 빠르게 회복됩니다.

▶ 원형
다섯 번째 메이저 카드는 인간의 이해심과 신념을 상징하는 신성한 신비에 관한 해석자인 '사제'입니다. 그의 지식은 난해하고, 그는 보이지 않는 만사만물에 대한 권위를 갖고 있습니다. 이 카드가 수여하는 호의적인 특성은 자기-보증성과 통찰력이고, 비호의적인 특성은 설교하기, 호언장담, 독단주의를 포함합니다. 따라서 이들은 지나치게 위압적이거나 '모든 것을 아는 체하는' 태도를 통해 타인들의 적대감과 심지어 반항심까지 자극하는 것을 피해야만 합니다.

11월 6일
깨우는 활력의 날
Rousing Vigor

▶ 심리구조

11월 6일에 태어난 이들의 일깨워주는 에너지는 심지어 가장 무기력한 영혼조차도 촉발할 수 있습니다. 이들은 대체로 천성적으로 활력을 북돋아주는 인격이고, 아니면 자기 자신과 타인들을 위해 촉발하고 열의적인 환경을 창조하는 것에 관여합니다. 어쨌든 이들은 확실히 피가 흐르게 합니다.

이들의 열의가 그렇게 전염되는 하나의 이유는, 그 열의가 표면적인 다층성에 속한 것이 아니라 깊은 곳에서 솟아난다는 점 덕입니다. 기법, 사실, 자기-보증, 확신에 잘 뿌리내린 이들은 이 세상에서 성공을 성취할 자신의 가능성뿐만 아니라 자신의 능력에 대한 심오한 믿음도 또한 표출합니다.

물론 한 가지 위험은 이들이 점차 지나치게 자신하게 되고, 과거의 성공을 근거로 미래의 가망을 잘못 계산할지도 모른다는 점입니다. 실로 비록 미래를 위해 구축하는 것이 건전할지라도, 인생은 절대 급격한 성공이라는 직선적인 상승의 행로가 아니라, 계곡과 봉우리 모두를 갖고 있는 구불구불한 길입니다. 그러므로 이들은 특히 세월이 흐를수록 자신의 한계에 관해 여전히 실상적이고, 자신이 연출한 것의 품질을 계속해서 보장할 수 있는 엄정하게 객관적이고 비판적인 감각을 키우려고 욕구합니다.

즐겁게 하는, 어쩌면 흥겹게 하는 이들의 수용력을 부인하는 어떤 것도 현존하지 않습니다. 하지만 누구든지 이들의 직접적이고, 강력하며, 비타협적인 천성을 환영하지 않습니다. 정말 이상하게도, 이들의 과잉 에너지는 때때로 타인들을, 특히 더 '실상화된' 유형의 사람들을 우울하게 하는 효과를 보유할 수 있습니다. 이것은 이들이 이해하기가 쉽지 않을지도 모릅니다.

이들은 거절에 관한 한 그렇게 강인하지 않기 때문에, 패배와 실망을 감당할 방식을 찾아내야만 합니다. 이들은 이들의 견해를 공유하지 않는 사람들과 갖는 상호작용에서도 또한 더 대단한 이득을 얻을 수 있습니다. 이들의 영적인 훈련 일부는 이들의 에너지가 용솟음치는 흐름보다 중단되지 않는 흐름 속에 나온다는 점을 확실히 하면서, 자신의 균형, 침착, 비축을 유지해가는 법을 체득하는 데 놓여 있습니다.

이들 중 더 고도로 진화된 사람은 대개 너무 과중하거나 진지하게 되는 것에서 자신을 구하고, 자신과 타인들 사이에 다리 역할을 하는 훌륭한 유머 감각을 갖고 있습니다. 하지만 이들의 유머는 두드러지게 아이러니하고 풍자적인 멋을 갖고 있기 때문에, 이들은 공격적이 되지 않도록 조심해야만 합니다. 이들 중 신체적인 것을 지향하는 일부는 사실상 자신의 주위 사람들에게 폐부를 찌르는 충격을 갖고 있습니다. 이들의 정서는 관능적이기보다 더 성적이고, 심미적이기보다 더 체육적이며, 진정시키기보다 도발적인 경향이 있습니다.

이들은 타인들을 향해 거울을 드는 방식을 갖고 있고, 특히 친구들과 가족은 그들이 보는 것을 항상 좋아하는 것은 아닐지도 모릅니다. 이들은 왜곡된 유리가 아니라 실제를 반사해주는 표면이 되는 것에 관련한 책임을 갖고 있습니다. 하지만 이들은 때때로 진실은 입밖에 내지 않은 채로 내버려두는 것이 더 좋다는 점을 마음에 담아둬야 합니다.

▶ 일간 특성
강점; 활달한, 촉발하는, 낙관적인
약점; 지나치게 자신하는, 둔감한, 지나치게 신체적인

▶ 명상
우리에게는 보기 위해 눈이, 듣기 위해 귀가 주어지지만, 마음에는 무엇이 요구됩니까?

▶ 조언
타인에 대한 당신의 효과를 알아채라, 여전히 당신이 되면서 당신의 에너지를 완화하는 방식을 찾아내라.
타인들이 당신 속의 빛을 볼 수 있도록 당신 자신을 덜 모호하게 하고 더 투명하게 하라.
실망감을 감당하는 방법을 체득하라.

▶ 건강
이들은 건강이 관련된 한, 자신만의 낙관주의로 인한 희생자가 되지 않도록 조심해야만 합니다. 이들의 체중, 식습관, 운동에 대한 객관적인 감시에 덧붙여서 정기검진이 권장됩니다. 경쟁적이고 인내력 있는 스포츠, 복잡한 요가, 그리고 무술을 포함한 활기찬 운동은 이들에 의해 잘 지속됩니다. 춤도 또한 고도로 권장됩니다. 이들은 고섬유질의 식단에 의해 지원을 받을 수 있는 소화기능과 배설기능에 대해 각별한 주목을 기울여야 합니다.

▶ 수비학
6일에 태어난 사람은 숫자 6 및 금성에 통치됩니다.
숫자 6에 통치되는 사람은 동감과 찬양을 모두 끌어들일 시 자석 같고, 금성에 대한 명왕성(전갈자리의 통치자)과 화성(전갈자리의 공동 통치자)의 영향력은 이런 매력적인 힘에 확연히 성적인 지향을 부여해줍니다. 사랑은 숫자 6에 통치되는 사람의 삶에서 지배적인 테마가 자주 됩니다.

▶ 원형
사랑을 상징하는 '연인'인 여섯 번째 메이저 카드는 남성성과 여성성이라는 양극성의 통합을 통해 인간성의 모든 것을 하나로 묶는 최종 지점을 강조합니다. 이 카드가 좋은 면에서는 높은 도덕적인, 미적인, 신체적인 차원의 애정과 욕망을 예시하고, 나쁜 면에서는 충족되지 않은 욕망, 감상성, 우유부단함을 위한 성벽을 제안합니다. 전갈자리가 확연히 섹스를 지향하기 때문에 이들은 자신의 격정으로 하여금 자신의 삶을 지배하도록 하는 것을 주의해야만 합니다.

11월 7일

발견의 날
Discovery

▶ 심리구조

11월 7일에 태어난 이들은 대개 기꺼이 새로운 모험을 하려고 합니다. 하지만 그 모험은 이들이 관련된 한, 다만 재미만을 위한 것은 아닙니다. 탐험하고 탐사해서 결국 발견하려는 욕망은 이들 삶의 주요 추진력입니다. 이들은 소박한 개인적인 수준에서든, 거대한 규모에서든 간에 타협하지 않고 자신의 모든 에너지를 쏟을 것입니다.

이들은 특히 자신의 기예나 업무의 기법을 터득하는 것에 관한 한 자신의 주위 온갖 것에 관해 호기심이 많습니다. 이들은 자신이 때로는 해당 주제에 대해 교습을 받지 않거나 책을 읽지 않고도 만사만물이 작동하는 방법을 파악하기 위해 만사만물을 분해해서 다시 조립하는 것을 사랑합니다. 이런 측면에서 이들은 자신이 하는 것을 개선시키고, 결국 완벽하게 하기 위해 언제나 작업하는 평생의 학생입니다. 그러나 비록 이들이 실험과 시행착오의 방도에 대해 마음을 열더라도, 이들의 기준은 매우 높을 수 있고, 노력이 절대로 100% 완성되지 않는 한, 이들은 (자신의 작업이든 타인의 작업이든 간에) 그 노력에 대한 자신의 완전한 승인 도장을 좀처럼 주지 않습니다. 이런 이유로 이들은 매우 까다로운 임무 감독관일 수 있습니다.

하지만 이들은 재미있게 보내기를 정말 좋아하고, 실로 흥겹게 하고 매혹적일 수 있습니다. 불운하게도 이들은 자신이 오직 아주 적은 사람들에게만 진정한 애정을 주기 때문에 때때로 의도적이든 아니든 타인들을 그릇되게 이끌 수 있습니다. 이들의 우정을 유혹하는 것으로 착각하는 어떤 사람에게도 화가 있을 것입니다! 특히 이들 중 여성은 과감히 말하기가 위험한 과거에 관련해 자기 자신의 주위에 지워지지 않는 경계선을 자주 그어버립니다. 가슴을 앓게 하는 자인 이들과 사랑에 빠지는 것은 모험적인 문제입니다. 이들 중 남녀 모두는 모두 감정적인 문제에 무자비해지는 데 유능하고, 권력 게임으로 위협이나 도전을 받았을 때 자신의 느낌을 단절시키는 데 유능합니다. 하지만 정직하고 공개적으로 접근하는 사람들에게 이들은 저항을 거의 갖고 있지 않고, 사실 꽤 신사숙녀적이고 다정합니다.

이들은 도전 지향적입니다. 그러므로 이들은 정규적인 직무, 정체된 가정생활 혹은 불필요한 사회적인 루틴 속에 갇힐 때 고통을 겪기 쉽습니다. 이들 문제의 커다란 척도는 지루함에서 빠져나와서 고군분투하려는 욕구에 의해 스스로 창조됩니다. 그러므로 이들은 정신적으로 그리고 영적으로 자신을 진화시킬 개인적인 목표인 자기 자신을 위한 목표를 설정하는 법을 체득해야 하고, 외부적인 산만함을 인정하지 않고서 자신에게 공들이는 자기 단련을 갖는 법을 체득해야 합니다.

일찍이 이들의 바깥을 향하는 방침 탓에 자주 무시되는 자기-발견은 35세 이후 이들의 시간에서 더 대단한 부분을 차지해야 합니다. 하지만 한 가지 문제는 이들이 나이가 들수록 나태해지고, 위험할 정도로 안일해지는 성향을 갖고 있는 것입니다. 이런 점에서 가장 대단한 위험은 이들의 자기-신임이 줄어들기 시작할지도 모른다는 점이고, 이들이 자기 자신과 자신의 능력에 대해 부정적인 생각을 갖기 시작하리라는 점입니다. 따라서 이들은 무의식적으로 자신에게 가장 나쁜 적이 될지도 모릅니다. 이들은 자신의 영을 깨어 있도록 하고, 영 안에서 세상과 자신의 위치를 계속해서 긍정적으로 바라보는 점이야말로 대다수 사람과 함께 하는 것보다 중대합니다.

▶ 일간 특성
강점; 호기심이 많은, 모험적인, 기법적인
약점; 들뜨는, 까다로운, 상처주는

▶ 명상
자기 자신에 관한 예측적인 진술, 이른바 자기 충족 예언은 사실 실현되는 경향이 있습니다.

▶ 조언
당신 자신을 더 좋게[긍정적으로] 생각해내라.
당신 자신으로 하여금 무기력해지도록 허용하지 마라.
개인적인 목표를 설정하고, 그 목표를 활동적으로 추구하라.
감정적으로 해로운 국면을 피하고, 성적인 충동을 지속적으로 통제하라.

▶ 건강
이들은 소화기관, 배출기관, 생식기관의 모든 질병에 주의해야만 합니다. 이들 중 여성은 피임기구나 피임약의 부작용을 세심하게 감시해야 합니다. 이들 중 남성은 만성 요도 및 전립선 증상에 주목해봐야만 합니다. 이들은 음식에 대한 대단한 사랑을 갖고 있고, 드물지 않게 뛰어난 요리사, 와인 전문가 등이 됩니다. 이들의 호기심은 이들에게 언제나 새로운 요리 조합을 발견하도록 재촉하지만, 이들은 특히 나이가 들면서 체중 문제와 술 중독을 피하기 위해 유념해야만 합니다. 이들 중 대다수는 섹스를 즐기며 신체 운동도 또한 즐기므로, 대체로 밖으로 나가서 걷거나 자전거 타기가 격려되지 않아도 됩니다.

▶ 수비학
7일에 태어난 사람은 숫자 7 그리고 환영, 꿈, 심령현상의 행성인 물같은 해왕성에 통치됩니다. 실로 11월 7일에 태어난 이들은 이런 불안정한 영향을 받기 쉽습니다. 해왕성-명왕성(전갈자리의 통치자)의 연관성은 이들이 아이로서 배웠던 종교와 가족의 가치를 흡수해도 될 뿐만 아니라 탈바꿈시켜도 되고, 이들만의 개별적인 삶의 철학도 또한 창조해도 됨을 예시해줍니다. 하지만 이들은 자신의 꿈을 따라갈 시 실상에서 동떨어지는 것을 주의해야만 하고, 모든 미심쩍은 심령 활동 및 오컬트 활동을 피해야만 합니다. 숫자 7에 통치되는 사람은 전통적으로 변화와 여행을 좋아하는데, 이것은 탐험과 발견을 위한 이들의 욕구와 잘 합치합니다.

▶ 원형
일곱 번째 메이저 카드는 세상을 누비는 의기양양한 인물을 그려내면서, 역동적인 방식으로 자신의 신체적인 존재감을 구현하는 '전차'입니다. 그 카드는 올바른 행로가 아무리 좁고 위태롭더라도 계속되어야만 한다는 의미로 해석될지도 모릅니다. 이 카드의 좋은 면은 성공, 재능, 효율성을 배치해주고, 나쁜 면은 독재적인 태도와 서툰 방향 감각을 제안합니다.

11월 8일
경계선의 날
Borderline

▶ 심리구조

11월 8일에 태어난 이들은 타인들이 미심쩍거나 의문스럽고, 그늘진다고 간주할 인간 경험의 영역에 자주 끌려듭니다. 이들은 다만 바르고 좁은 길을 걸어가는 데 적격이 아닐 뿐입니다. 비록 이들이 '정상적인' 정서나 겉모습을 제시할지라도, 얼마 후 사람들은 이들의 취향과 이해관계가 꽤 수상하고, 어쩌면 심지어 기묘한 점까지 발견하게 됩니다. 이들은 인간 경험의 한계를 탐험하고, 지속해서 그 한계를 넓혀가는 것에 관련됩니다. 세상에 대한 이들의 생활방식이나 지향은 세심하게 통제된 변수 속에서 살기를 선호하는 사람들을 실로 혼란스럽게 하는 것으로 판명될 수 있습니다.

이들 중 대다수는 열광에 이르게 될 수 있는 많지는 투신 속에 자신의 업무와 이해관계를 추구합니다. 이들의 집중력이 대개 대단하지만, 이들이 자신의 격렬함을 진정시켜서 느긋해지는 법을 체득하지 않는 한, 이들은 친구·연인·가족뿐만 아니라 자기 자신도 또한 미쳐버리게 몰아댈 수 있습니다. 실로 이들은 더 자주 단순한 즐거움을 탐닉해야 하고, 자신이 삶에서 빚어내는 복잡성 일부를 줄여야 합니다.

이들은 대개 돈을 잘 다루고, 금융계에서 대단히 성공하는 데 유능합니다. 지나치게 낙관적이지 않는 이들은 이론이나 책략을 제시받을 때, '나에게 그걸 증명해보라'는 태도 중 한 종류를 전형적으로 표출하지만, 동시에 눈과 귀를 열어두고서 이치에 맞는 발상이라면 충분히 고려해볼 것입니다. 하지만 이들 중 일부에게는 권력을 향한 부추김에 굴복해버리는 성향이 현존하고, 그러므로 건전한 사회관계와 가족관계는 대체할 수 없는 안정시키는 영향력입니다.

이들은 자기 자신 속의 어둡고 음험한 세력에 저항해야만 하고, 비슷하게 '사회적으로 바람직하지 못한' 혹은 범죄적인 지하세계와 접속하는 것도 제한해야만 합니다. 미심쩍은 세금 책략도 또 도박과 마약 사용도 피하는 것이 가장 좋습니다. 반대로 더 보수적인 틀의 사업 동반자나 사랑 동반자는 이들의 더 실용적인 또 긍정적인 면을 이끌어내는 것으로 보입니다. 이들은 자주 인간실존의 어두운 부분을 다루는 책을 읽고 영화를 봄으로써 자신의 음험한 천성을 충족시킬 수 있습니다.

반면에 주기적으로 표면화되는 방해하는 요인들을 억압하거나 무시하는 것은 단지 좌절감과 불행, 심지어 폭력의 발발(勃發)로도 이어지므로, 어느 순간에 이들은 자신만의 개인적인 악령들과 직면하는 것이 필수입니다. 다층적인 형식의 자기 분석과 심리 상담이 악령과 직면하는 측면에 도움될지도 도움되지 않을지도 모르지만, 경험을 함께 공유하기 위한 가까운 친구를 갖는 것이 이들에게는 필수적입니다. 마지막으로 이들은 자신만의 진지한 구석진 곳에 살려고 세상과 자기 자신을 단절시키지도 않고, 또 자신의 개인적인 관심사에 손실이 되도록 세속적인 활동에 자기 자신을 내던져버리지도 않으면서, 자신의 내면 삶과 주위부 삶 사이의 연관성을 명확히 하기 위해 애써야만 합니다.

▶ 일간 특성
강점; 깊은, 진지한, 성공 지향적인
약점; 중독적인, 곤란해지는, 방해하는

▶ 명상
어둠 속에서는 곤히 잠들지만, 빛 속에서는 깨어나십시오.

▶ 조언
평범한 것을 즉각 묵살하지 말라, 일상생활에서 많은 것이 체득될 수 있다.
당신의 '그림자 자기'를 친구로 만들어라.
자비로워지고 투명해지라.
삶으로 하여금 한꺼번에 몰려오게 하라.

▶ 건강
이들의 건강에 대한 가장 대단한 위협은 심리적인 영역에 있습니다. 방어선을 구축하고 한계를 설정하는 방법을 체득하는 것은 이들에게 중요합니다. 반면에 이들은 심리적인 고립을 피해야만 하고, 자신의 그림자적인 면을 틀어막지 말아야만 합니다. 유능하고 보살피는 심리적인 테라피는 이들에게 유익한 것으로 판명될 수 있습니다. 만약 이들이 정신과 의사를 만난다는 발상이 너무 위협적이라고 생각한다면, 이들은 치료에 관해 확립된 작품들을 읽는 것, 또는 토의 그룹이나 후원 그룹에 참석하는 것, 개인 성장 프로그램을 탐사하는 것을, 아니면 어쩌면 자기 검토를 통해 성장하는 것을 선택할지도 모릅니다. 하지만 대다수의 경우 좋은 교사 혹은 안내자는 이들의 연구와 진화에 필수적입니다. 여기에는 심미적인 활동이 장려됩니다. 요가는 신체 운동으로 특히 권장됩니다.

▶ 수비학
8일에 태어난 사람은 숫자 8 및 토성에 통치됩니다. 토성이 '책임이라는 강한 느낌' 및 '그 느낌에 동반된 경계심과 제한을 향한 성향'을 운반해주므로, 토성과 명왕성(결사반대적인 치명적 세력인 전갈자리의 통치자) 사이의 연관성은 관계에서 이들의 천성 중 더 어두운 측면을 촉발할 수 있고, 근본적인 성격 변화에도 또한 동기를 부여할 수 있습니다. 숫자 8에 통치되는 사람은 대체로 자신의 삶과 경력을 더디고 조심스럽게 구축해갑니다. 비록 이들의 가슴이 따뜻할지도 모르지만, 이들은 냉정하거나 거리를 두는 외관을 제시할 수 있습니다.

▶ 원형
여덟 번째 메이저 카드는 사나운 사자를 길들이는 우아한 여왕을 그려내는 '강인함이나 용기'입니다. 여왕은 반항적인 에너지를 마스터할 수 있는 여성 마법사를 상징하고, 신체적인 강인함뿐만 아니라 도덕적인 강인함을 표징합니다. 이 카드의 긍정적인 속성은 카리스마와 성공하려는 결단을 포함하고, 부정적인 자질은 무사안일과 권력남용을 포함합니다.

11월 9일
세속적인 유혹의 날
Earthly Temptation

▶ 심리구조

11월 9일에 태어난 이들은 '지금 여기', 즉 '모든 유형의 세속적인 쾌감'에 자기 자신을 완전히 내맡기려는 엄청난 유혹에 직면하고, 체험에 의한 최고를 끊임없이 탐색하는 것에 자기 자신을 잠기게 하려는 엄청난 유혹에 직면합니다. 이들은 자주 자신이 바로 지금 하고 있는 것에 대한 흥분에 완전히 휘말리고, 따라서 자신의 몰아댐 배후에서 작동할지도 모르는 어둠의 세력에 대해 완전히 알아채는 것은 아닙니다. 이들이 자신의 엄청난 재능과 에너지를 건설적이고 생산적인 방식으로 유도하는 방법을 체득하는 것이 잠재적으로 보상받는 엄청난 도전인 것처럼, 자기 자신[속의 어둠의 세력]을 똑바로 쳐다보는 것도 그런 도전입니다.

유혹 자체는 이들의 삶에서 중대한 테마로 모습을 나타내고, 그 유혹이라는 테마에 상응하는 '가정 교육 : 성인 경험', '사회적인 도덕 : 개인적인 도덕' 등이 포함되는, 그 테마가 붙어가는 도덕적인 딜레마의 모습으로 나타납니다. 대개 이들의 윤리적인 본능이 잘 계발되어 있어서, 자신이 죄를 지을 때 이들은 자신이 무엇을 하고 있는지 충분히 알아채게 됩니다. 그럼에도 이들 중 일부는 오직 위험하거나 그늘지며 노골적인 불법 활동에 몰두할 때만, 자신이 정신적인 만족감이든 신체적인 만족감이든 간에 찾아낼 능력이 있는 어떤 지점에 도달할지도 모릅니다.

이런 복잡한 사람의 삶에 중심이 되는 매우 긍정적인 테마는 발견의 기쁨입니다. 이들은 자기 자신과 삶 자체에 관한 중요한 깨달음을 만들어온 자신의 격렬한 경험에서 자주 탈피해갑니다. 나이가 들면서 더 철학적으로 성장하는 이들은 자신의 활동을 평가하고 미래를 위해 신중한 선택을 만들어낼 수 있는, 묵상적인 상태나 명상적인 상태로 물러나는 데 유능합니다. 심지어 커다란 척도의 지혜를 습득한 후에도, 여전히 이들은 자신의 방향을 숙고하기 위한 치열한 전투를 좀처럼 멈추지 않는데, 이들에게 그런 작업은 나중에, 되도록 평온 속에 완료되어야 합니다.

이들은 [사회의 틀] 가장자리 가까이 살고, 그러므로 이들 자신을 보호하는 법을 체득해야만 합니다. 게다가 이들은 자신의 동료 인간 존재에 대한 존중을 유지하는 것이 중요하고, 자신의 관계에서 돈이 목적이 되는 것을 주의하는 것이 중요합니다. 이들은 거절에 고도로 민감하므로, 사적인 적의와 두려움을 마음에 품으면서 자기 자신 속으로 후퇴할 위험에도, 심지어 극단적인 경우 어두운 공상의 세계에 살게 될 위험에도 또한 직면합니다.

이들 중 더 고도로 진화된 사람은 삶과 우주가 작업하는 방법에 대한 통찰력을 얻기 위해 자신의 어두운 면과의 심오한 관계를 활용하고, 똑같이 중요하게 이러한 통찰력을 타인들과 공유하는 법을 체득합니다. 지하세계에서 올라오는 오르페우스처럼 이들은 절대 뒤돌아보지 말고 빛을 향해 앞으로 또 위로 항상적으로 움직여 가야만 합니다. 가장 대단한 위험은 이들이 (특히 신체적인-물질적인 영역에) 갇혀버리게 될 것이고, 이런 이유로 이들은 비록 세속적일지라도 높은 도덕적이고 윤리적인 목표를 자기 자신에게 설정해야 합니다.

▶ 일간 특성
강점; 물리적인, 끈덕진, 개방적인
약점; 충동적인, 곤란해지는, 물질적으로 갇혀버린

▶ 명상
유혹에 굴복하는 활동은 많은 강력한 도전들을 이어지게 합니다.

▶ 조언
당신의 영적인 면을 키워라.
떠다니는 법을 체득하라.
당신의 쾌감을 단지 즐기지만 말고 그 효과를 알아채라.
때때로 한 걸음 물러나서, 살고 있는 당신 자신을 관찰하라.
당신의 내면 목소리에 유의하고, 당신의 더 높은 자기를 따르라.

▶ 건강
이들은 어느 시점에 자신의 내부적인 감정적 기복에 대처해야 할 것입니다. [감정적인] 부침은 균형 잡힌 식단과 넉넉한 운동으로 고르게 될 수 있는데, 어쩌면 요가와 명상을 실행하는 것도 또한 유익한 것으로 입증될 수 있습니다. 음식 면에서 (특히 육류인) 양(陽)의 음식을 줄이고, 더 채식 식단의 방향으로 나아갈 필요가 있을지도 모릅니다. (체조, 암벽등반, 서핑 등의) 객관적인 목표의 개량을 선호하는 활기찬 활동은 이들의 투박한 식욕을 충족시킬지도 모릅니다. 넉넉한 수면은 중요하지만, 깨어있는 세상에서 도피할 수단으로 남용되지 말아야 합니다.

▶ 수비학
9일에 태어난 사람은 숫자 9 및 화성에 통치됩니다. 숫자 9는 (이를테면 5+9=14, 4+1=5처럼 9를 더한 어떤 숫자도 그 숫자가 되고, 9×5=45, 4+5=9처럼 9를 곱한 어떤 숫자도 9가 되므로) 다른 숫자에 대한 영향이 강력하고, 11월 9일에 태어난 이들이 타인들에게 영향을 끼치는 능력도 비슷하게 향상됩니다. 강압적이고 공격적인 화성은 남성적인 에너지를 체화해주고, 또한 화성이 이들의 별자리인 전갈자리의 공동 통치자이므로, 이 체화는 이들(중 남녀 모두)에게 두 배로 적용됩니다. 명왕성(전갈자리의 주요 통치자)과 조합될 때, 무자비함과 맹목적인 야심에 대한 화성의 잠재력이 높아지지만, 그래서 의미 있고 깊게 변형시키는 변화에 대한 잠재력도 또한 높아집니다.

▶ 원형
아홉 번째 메이저 카드는 대개 등불과 지팡이를 들고서 걷는 '은둔자'이고, 그는 명상, 고립, 침묵을 대변합니다. 그 카드는 확고해진 지혜와 궁극적인 단련을 암시합니다. 은둔자는 양심에 의해 동기를 부여해 타인들로 하여금 그들의 행로로 나아가게 해주는 임무 감독관입니다. 이 카드의 긍정적인 면은 집요함, 목적, 심오함, 집중력이고, 부정적인 자질은 교조주의, 불관용, 불신, 만류를 포함합니다. 이들은 은둔자처럼 세상에서 너무 틀어박히게 되는 것을 주의해야만 하지만, 어쩌면 그의 긍정적인 내면성찰에서 배울 수 있습니다.

11월 10일

변태의 날
Metamorphosis

▶ 심리구조

11월 10일에 태어난 이들은 '자기 자신' 및 '자신이 작업하는 재료나 연출' 양쪽에 있을 법한 가장 심오한 변화에 얽매입니다. 이들의 개인적인 탈바꿈은 마지막 단계에서 실상적인 고군분투나 씨름에 자주 관여하면서, 때때로 극도로 느린 것으로 보일지도 모르고, 꽤 아플 수 있습니다. 보잘것없는 애벌레처럼 이들은 자신이 어느 날 나비로 등장할 수 있기 전 꽤 오랜 기간, 심지어 수년 동안이나 개인적인 '고치' 속에 자기 자신을 세상에서 격리시키려고 욕구할지도 모릅니다. 올챙이처럼 처음에 이들은 자신이 될 '권능이 부여된 존재'를 거의 닮지 않을지도 모릅니다.

자주 이들은 매우 항상적이고 변함없다는 인상을 역설적으로 줍니다. 하지만 만약 누군가가 시계의 분침을 아니면 심지어 시침까지 지켜보듯이 이들을 지켜본다면, 거의 지각되지 않으나 확실한 진행이 사실 일어나고 있습니다. 이들은 자신이 작업할 때도 또한 끊임없이 탐색하고 있으면서, 보잘것없는 재료를 완성된 산물로, 즉 에너지를 서비스로 마술처럼 탈바꿈시킵니다. 이들 중 대다수는 '상황이 작동되는 방법에 대한 본능적인 지식' 및 '찬양할만한 참을성', '자신의 매체를 기법적으로 마스터한 모습'을 표출합니다.

반면에 비록 이들이 자석 같고 매력적인 사람일 수 있지만, 대개 일반적인 사람들에게 관심사인 이해심이 부족해서 사교적이 되지 못하는 이들은 자기가 선-생각될지도 모릅니다. 이들 중 사교적인 인맥의 중요성을 깨닫고, 필요할 때 적합한 사람에게 의존하는 것의 중요성을 깨닫는 사람은 고도로 성공적일 것입니다. 이들 중 세상 속의 자신의 경력이나 입지를 계발하는 것을 배제하고 자신만의 성장에 지나치게 관련된 사람은, 삶이 끊임없는 고군분투임을 알아차릴지도 모릅니다. '당신이 무엇을 아는지가 아니라 누구를 아는지가 중요하다.'는 문구는 다소 돈이 목적이거나 조잡하게 들릴지도 모르지만, 확실히 한톨의 진실 그 이상의 것을 담고 있습니다.

자신의 삶에서 어느 시점에, 이들은 아마도 쉽게 만족하지 못하는 지나치게 비판적이고 격렬한 천성을 갖고 있는 것에 대해 비난을 받을 것입니다. 이들의 특징적인 높은 진지함과 색다른 습관도 또한 일부 사람을 [의도치 않게] 화나게 할 수 있습니다. 친구, 가족, 연인이 해를 거듭하여 이들의 곁을 지키려면 극도로 충실하고 믿어주어야 할 것은 참입니다.

위험을 무릅쓰고 세상에 나설 때 이들의 자기-신임이 항상 가장 높은 것은 아니지만, 심지어 우울해질 때조차도 이들은 자신만의 가치에 대한 자부심과 믿음을 유지합니다. 비록 이들의 개인적인 내부 공간을 타인들은 바깥에선 어두운 것으로 바라볼 수 있지만, 이들 자신은 그 공간을 잘 알고 있고 그 안에서 살아가는 것을 편안하게 느낍니다. 이들은 이 내면세계를 맹인처럼 철저히 탐험했고, 그러므로 자신의 능력과 한계에 대한 실상적인 개념을 갖고 있습니다. 놀랍지 않게 이들은 좀처럼 도를 넘지 않지만, 반면에 결국 충분히 멀리 도달하지 못할지도 모릅니다. 따라서 자기-지식은 대개 이 홀리도록 난해한 사람들의 십자가이자 구원입니다.

▶ 일간 특성
강점; 창조적인, 자기-보증적인, 매력적인
약점; 무기력한, 괴팍한, 되풀이하는

▶ 명상
식물은 언제나 매우 느리지만 가차없이 태양을 향합니다.

▶ 조언
당신이 타인들에게 창조하는 어려움에 민감하라.
당신 자신의 틀을 깨버리고, [그 방법을] 세상에 공유하라.
빛나는 것을 두려워하지 마라.
감정적인 수문을 더 자주 열고, 당신 자신으로 하여금 더 신뢰받도록 허용하라.
당신의 생활방식에 유연성을 계발하라.

▶ 건강
이들은 급성보다 만성적인 신체적 문제가 생기기 쉽습니다. 대개 이들에게 무엇이 잘못이든 이들이 수년간 그 잘못에 고통받았고 그것과 살았으므로, 놀랍지 않습니다. 자신의 느낌을 내면화하는 것에 대한 이들의 애호는 심리적인 영역에 위협이 될 수 있고, 그 내면화가 내장의 문제로 귀결될 수 있는 신체 영역에서 위협이 될 수 있습니다. 보살핌의 전문가와 갖는 심리적인 작업은 대체로 도움되며 절대로 필요한 것으로 입증될지도 모릅니다. 대개 먹는 것을 사랑하는 이들은 음식에 밝습니다. 부엌은 이들이 [자신과 타인들을] 탈바꿈시키는 경이가 일어나기 위한 실로 완벽한 곳입니다. 하지만 [상대의] 천성에 대한 이들의 접근이나 촉발하는 연습이 특별히 제한된다면, 이들은 요리에 대한 자신의 상상력과 심미적인 환영받기를 한계 내로 유지해야만 합니다.

▶ 수비학
10일에 태어난 사람은 숫자 1(1+0=1) 및 태양에 통치됩니다. 숫자 1의 사람은 대체로 자신이 하는 것에서 첫째가 되기를 좋아합니다. 태양은 뚜렷하게 인간적이고 긍정적인 삶을 지향하는 따뜻하고 잘 계발된 에고를 부여해주는 경향이 있지만, 전갈자리의 통치자인 명왕성의 어두운 영향력 때문에, 이런 화창한 자질은 당연히 이들에게 잠재될지도 모릅니다. 숫자 1에 통치되는 사람은 대다수 주제에 관해 고도로 개별적인 견해를 갖고 있고, 사실 완고할 수 있으며, 전형적으로 성공의 열쇠로 기회를 잡는 것에 의존하지만, 11월 10일에 태어난 이들은 그런 결정에 고뇌할 수 있습니다.

▶ 원형
열 번째 메이저 카드는 운명의 긍정적인 반전과 부정적인 반전을 모두 암시해 변화 외에는 영구적인 어떤 것도 현존하지 않음을 가르쳐주는 '운명의 수레바퀴'입니다. '운명의 수레바퀴'는 인생에서 어떤 성공도 어떤 실패도 영구적이지 않음을 가르쳐줍니다.

11월 11일
언더그라운드의 날
The Underground

▶ 심리구조

11월 11일에 태어난 복잡한 이들은 자신의 격동적이고 곤란하며 비밀적인 천성뿐만 아니라 자신의 깊이도 또한 위장하는, 밝은 외관을 심지어 기쁨조적인 외관까지 자주 제시합니다. 자신의 환경을 통제하는 데 강력한 이들은, 자신에게 중요한 사람이나 물질적인 대상, 활동이 무엇이든 자신의 소유적인 주장을 걸어둡니다. 자신의 어두운 면에 대한 이들의 접속은 역설적으로 이들의 유머에 연료를 공급해서, (대다수 선한 희극이 그렇듯이) 재미난 감각을 산출하는 데 필요한 것을 이들에게 줍니다. 이들은 자기 자신이 가족 행사나 나들이에서 바로 그 중심에 위치하는 것을 가장 좋아하는 가족적인 천성의 사람이고, 보금자리의 보호자이며, 부양자입니다. 대개 이들은 자기 자신이 있음을 알아차리는 어떤 직종의 조직에든 사회의 집단에든 구조화하는 법을 빌려주는, 조직을 위한 재능을 갖고 있습니다.

신체적으로 자석 같은 이들은 자신의 매력적인 힘을 활용해내는 방법을 충분히 잘 알고 있습니다. 하지만 이들이 다른 마법적인 인물에게 자신이 홀려버리는 것에서 이들의 자석 같은 천성의 대조적인 면이 보입니다. 이들 중 남녀 모두 자신의 인격 속에 잘 계발된 균형 잡힌 남성성과 여성성을 대체로 갖고 있습니다. 이런 이유로 이들은 대개 남녀 모두를 똑같이 친구로 잘 만들어냅니다. 하지만 이들 중 남자는 자신의 마초적인 경향을 조심해야 하고, 여성은 번갈아 '지나치게 통제하는 것'과 '지나치게 통제되는 것'을 조심해야만 합니다.

이들은 가장 유혹적인 설득적 방식으로 자신의 의견을 진술할 능력이 있습니다. 이들은 때때로 공격적인 방책과 수동적인 방책 사이를 번갈아가며 매우 효과적으로 구사하면서, 본능적으로 자신의 뜻대로 하는 방법을 알고 있습니다. 이들은 자신 에너지의 속도를 제어하고, 앉아서 기다리는 능력도 또한 있습니다.

불운하게도, 긴급한 결정이 만들어져야 할 때 기다림은 이들에게 미루는 것을 의미할지도 모릅니다. 이들은 곱씹는 성향도 또한 두드러지는데, 그 성향은 비활동과 우울증으로 이어질 수 있습니다. 이들의 문제 중 일부는 이들의 내면 자기와 외부 자아 사이에 때때로 전쟁이 벌어지고 있는 것으로 보인다는 점입니다. 친구들은 이들의 타고난 재능과 야망, 경력이 단지 남용과 등한시로 서서히 사라지는 것으로 보임에 따라 놀라움으로 쳐다볼지도 모릅니다. 이들이 자주 외견상 대단한 업적을 남길 운명인 것으로 보이는 사람이지만, 그 대신 일차적으로 잠행하는 두려움 및 안전에 대한 격렬한 욕구 탓에 무명으로 잊혀집니다.

이런 이유로 이들은 자기 자신을 앞으로 나아가게 하기 위해 자신의 의지력 및 '형식과 구조에 대한 감각'을 계발해야만 합니다. 방향 없이 보내는 시간의 기간이 늘어나는 것은 불가피하게 좌절감 및 억눌려져서 화산처럼 폭발하는 분노로 귀결되고, 이 분노는 거의 언제라도 이들에게 가장 소중한 사람의 면전에서 폭발할 수 있습니다. 하지만 동일한 이들이 전체적인 목적에 대한 의미를 감지할 때, 이들은 일시적인 퇴보와 실망감을 감당할 수 있고, 이들의 기질은 좀처럼 고개를 들지 않게 됩니다.

▶ 일간 특성
강점; 설득력 있는, 다채로운, 활달한
약점; 소유적인, 곤란해지는, 마법에 묶인

▶ 명상
맹목적인 흠모와 충성은 영성적인 것에서 어떤 실상적인 위치도 갖고 있지 않습니다.

▶ 조언
이따금 당신만의 바램을 잊어버리라.
조건없이 베풀지만, 마구 취급받는 사람(축구공)이 되지 마라.
당신의 재능을 표현하라. 그렇게 함으로써 좌절감을 피하라.
당신이 필요한 것은 요구하지만, 숙명이 내어놓은 것은 쾌히 받아들이라.

▶ 건강
이들은 매우 많이 신체적인 면에서 살고, 자신의 몸에 사로잡히게 되는 데 유능합니다. 비록 이들이 언젠가는 그 처치법에 대해 무엇이 잘못되었는지 알아챌지도 모르지만, 때때로 이들은 자신과 자신의 가족을 위한 처치술에 너무 열광합니다. 게다가 자신이 타인들의 영향 아래로 전락하는 성향이 있어서, 이들은 의사나 최신의 치료법 및 처치술에 너무 많은 신념을 갖는 것을 주의해야만 합니다. 실례로 에어로빅, 춤, 달리기, 체조 등의 활기찬 운동이 여기서 권장되지만, 경쟁적인 스포츠는 좋은 발상이 아닐지도 모릅니다. 이들은 커피, 담배, 술 및 모든 각성제에 자연히 끌리는 것으로 보이기 때문에 그것들에 대한 욕망을 억제하는 것이 중요합니다.

▶ 수비학
11일에 태어난 사람은 숫자 2(1+1=2)와 11 그리고 달에 통치됩니다. 숫자 2에 통치되는 사람은 자신을 리더보다 좋은 협업자와 동반자로 자주 만들어갑니다. 상상적이고 우아한 자질이 달의 영향력에 의해 강화되고, 명왕성(전갈자리의 통치자)과 화성(전갈자리의 공동 통치자)은 모두 힘과 세력을 공급합니다. 하지만 이 명왕성과 화성은 11월 11일에 태어난 이들의 폭발적인 분노와 잠재하는 배후조종 경향도 또한 강조해줍니다. 숫자 11은 동시성, 쌍둥이, 대칭성, 거울 이미지 등 다층적인 종류의 이중성에 대해 가능한 이해관계뿐만 아니라 (이들에게는 명왕성의 영향력에 의한 성욕인) 신체적인 차원을 위한 느낌을 빌려줍니다.

▶ 원형
11번째 메이저 카드는 한 손에 저울을 들고, 다른 손에 검을 들고 의자에 차분히 앉아 있는 여인인 '정의'입니다. 그녀는 우리에게 우주의 질서를 상기시켜주고, 우리가 자신의 행로를 계속하는 한 우리의 삶에 균형과 조화가 유지되리라는 점을 상기시켜줍니다. 이 카드의 긍정적인 측면은 통합, 공정, 정직, 단련이고, 부정적인 측면은 낮은 주도권, 비인격성, 혁신의 두려움, 불만입니다.

11월 12일
관능적인 카리스마의 날
Sensual Charisma

▶ 심리구조

11월 12일에 태어난 이들의 삶에서 중심 테마는 '관능성' 및 '자석 같은 끌어들임'인데, 그 관능성은 이들만의 신체적인 꾸며냄에서 표현되고 혹은 연출하는 것에 이들이 관여하는 작업에서 표현되고, 그 끌어당김은 가족생활에서, 비밀적인 사랑관계에서, 아니면 이들의 경력이나 사회 동아리에서 내보여집니다.

예외적이거나 고도로 재능 있는 이들은 에고의 몰아댐을 오용하는 것에 관해 극도로 주의해야만 합니다. 일상적인 국면에서 '기적'을 작업해내는 이들의 수용력은 이들에게 아첨을 얻게 하고, 어떤 경우에 찬양자들의 눈에는 이들을 신 같은 위치에 놓습니다. 이런 숭배는 이들에게 소시오패스의 경향을 조장할 수 있습니다. 반면에 이들 중 모든 능력에서 도덕적으로 진화된 사람은, 자신의 주위 사람들에게 아름다움과 깨우침을 가져다주는 것에 대한 봉사에 자신의 힘을 사용할 수 있습니다. 이들 중 대다수는 자신의 페르소나를 단일한 우아함으로 물들이는 자신의 작업에 대한 성실과 헌신을 갖고 있습니다. 이들 중 공직 경력을 갖고 있는 사람은 고도로 긍정적인 정치 세력이 될지도 모릅니다.

한쪽의 빛나는 자질과 다른 쪽의 어두운 특징 사이의 갈등은 이들에게 자주 작용하고 있고, 사실 양쪽이 이들의 삶을 통해 얽혀 있을지도 모릅니다. 하지만 이들이 유망하게 빛나는 청년기에서 어두운 성년기로 두드러진 쇠퇴를 보여주는 것도 또한 가능합니다. 이들은 자신의 야생적인 에너지를 제대로 다룰 시 대단한 개인적인 도전에 직면하는데, 그 도전은 자기 자신을 더 잘 아는 것을 수반하고, 어쩌면 어떤 종류의 가치 있는 대의에 자기 자신을 투신하는 것을 수반합니다.

아름다움이 멋진 아이에서 발견되든, 예술에서 발견되든, 가정환경에서 발견되든, 신체 형식에서 발견되든, 바로 노골적인 관능성에서 발견되든 간에 모든 형식의 아름다움에 대한 창조나 알아봄은 이들의 최우선적인 이해관계입니다. 하지만 아름다움을 향한 이런 충동의 이면에는 더욱더 기본적인 어떤 것이 있고, 그것은 이들을 매우 저항하지 못하게 몰고가는, 자석처럼 끌어들이는 것 자체의 세력입니다. 세상에 투영되어 나와서 즉시 이들의 천국과 지옥이 되어버리는 심미적인 이미지를 비인격적인 어둠의 세력이 재작업하고 빚어내는 곳은, 바로 이들의 영혼에게는 붉게 달궈진 용광로 속인 셈입니다.

그러므로 이들에게 삶은 항상 여유로운 것은 아닙니다. 비극과 불행은, 이들이 며칠, 몇 주 또는 심지어 몇 년간이나 황홀한 행복과 짜릿한 경험 사이에서 수수께끼처럼 이들을 괴롭힐 수 있습니다. 다시 말하자면, 이들이 자신의 삶에 균형을 잡고 자신의 힘을 장악하는 열쇠는 바로 자기-지식입니다. 만일 단지 이들이 자신의 주위에 물질화하는 것이 얼마나 완전히 자신만의 캐릭터에 의한 연출인지를 알아보고, 도덕적인 책임을 자인하며, 윤리적인 방식으로 자신의 삶을 틀어줄 수만 있다면, 이들은 예외 없이 자신의 길에 오는 것으로 보이는 부정적인 에너지에 대처할 능력이 있게 될 것입니다. 그렇지 않으면, 이들은 자신의 통제를 넘어선 세력에 의해 대부분 휘둘리게 될 것입니다.

▶ 일간 특성
강점; 자석 같은, 유혹적인, 매력적인
약점; 과중한, 중독적인, 곤란해지는

▶ 명상
지식에 대한 갈증은 물에 대한 갈증처럼 해소되어야만 합니다.

▶ 조언
당신의 개인적인 도덕성을 강화하는 데 집중하라.
타인을 향한 친절과 배려의 단순한 가치를 키워라.
당신 내면의 고군분투를 해결하라.
당신의 의지를 뒷받침하기 위해 자기-지식을 사용하라.

▶ 건강
이들은 부정적인 에너지를 끌어들이는 것뿐만 아니라 표현하는 것에 관해서도 주의해야만 합니다. 이들의 자석 같은 자질은 너무 강해서, 자신의 건강에 불리하게 영향을 끼치면서 자신이 원하지 않는 모든 종류의 영향을 끌어들일 수 있습니다. 이들의 심리적인 투사도 또한 강력해서, 세상에 물질화될 때 이들에게 출몰하기 위해 되돌아올 수 있습니다. 이들의 건강 상태는 자신이 해로운 행동과 습관을 극복하려고 의지력을 발휘하는 수용력에 정비례합니다. 모든 약, 특히 중독시키는 약은 경계심을 갖고 보아야 합니다. 이들은 자신의 이데올로기에 쓰여있는 열정이 대체로 긍정적인 영향이 아니므로, 종교적인 광신에 주의해야 합니다. 하지만 종교와 기도는 이들에게 대단한 중요성을 떠맡을지도 모르고, 자신의 건강에 대단히 유익할지도 모릅니다.

▶ 수비학
12일에 태어난 사람은 숫자 3(2+1=3) 및 확장적인 행성인 목성에 통치됩니다. 숫자 3에 통치되는 사람은 자신의 특정 분야에서 최고 위치에 오르려고 탐구합니다. 이들은 자신이 알아채야 할 중대한 것인 독재적인 경향도 또한 있습니다. 숫자 3에 통치되는 사람은 자신의 독립성을 중시하고, 그래서 11월 12일에 태어난 이들 중 일부는 프리랜서가 되거나 자신의 사업을 시작하기 위해 안정적인 직무의 안전을 포기할 욕구를 다만 질릴 수 느낄지도 모릅니다. 목성적인 영향력은 이들이 자신 자신과 자신의 위치를 더 개선하도록 촉진하지만, 명왕성(전갈자리의 통치자)의 영향력은 불운하게도 돈, 섹스, 권력에 대한 갈망을 창조할지도 모릅니다.

▶ 원형
12번째 메이저 카드는 자신의 묶인 발로 거꾸로 매달려 있는 '매달린 사람'입니다. 비록 그런 처지가 무력해 보이지만, 그럼에도 '매달린 사람'은 영적으로 강력하고 깊이 심사숙고합니다. 이 카드의 긍정적인 속성은 단순히 인간이 되는 것뿐만 아니라 한계를 알아보고 극복하는 것이고, 부정적인 측면은 영적인 근시안과 한정성입니다.

11월 13일

논평가의 날
The Commentator

▶ 심리구조

11월 13일에 태어난 이들은 대체로 자신의 시대에 대해 논평할 때, 지각적이고 통찰적입니다. 어떤 신분의 삶을 사는지에 상관없이, 이들은 자신 주위에서 일어나고 있는 것에 관해 주목을 끄는 진술을 자주 만들어냅니다. 온갖 것이 이들의 이해관계를 끌지만, 특히 사회적이거나 정치적인 성향의 문제입니다. 이들이 자신의 지식을 읽는 신문에서 선별하든, 보는 TV에서 선별하든, 공부한 역사학이나 사회학 책에서 선별하든 간에 이들은 경우에 따라 상황이 작용하거나 작용하지 않는 방법에 관해 강한 의견을 갖고 있는 경향이 있습니다.

이들 중 다수에게 문제는 이들이 자기 계발과 이해심에 관해서 동등한 에너지를 자기 자신에게 투입하지 않는다는 점입니다. 이들의 이해관계가 너무 외적으로 지향해서, 이들은 피상적일 위험에 처합니다. 이들을 아는 사람들은 이들이 외향적이고 흥겹게 하나 동시에 깊이 뿌리내려지지 못함을 알아차릴지도 모릅니다. 하지만 이들 중 더 고도로 진화된 사람은 자신만의 내적인 과정과 자신의 주위 세상 사이에 반야[paññā 생생한 생명 같은 연결고리]를 형성하면서, 자신의 이해관계에 대해 배우고 내면화하려는 노력을 만들어내게 됩니다. 이런 이들은 완전히 깨달은 사람으로서 자신의 대의를 진전시킬 수 있도록 강력한 장비를 갖춥니다.

이들이 세상에 대한 한편의 합리적(인 무신론자)이고 상식적(인 불가지론자인) 이해 및 다른 한편의 전통적인 종교적 신념으로 나뉘는 자기 자신을 자주 알아차립니다. 비록 자주 이들이 초년에서 중년까지 엄격한 합리주의자이지만, 이들은 어느 순간에 영적인 또는 종교적인 믿음 체계로 강력한 전환을 겪어갈지도 모릅니다. 이런 전환 과정을 겪어갈 때, 이들은 논리나 이성을 버리는 것이 필요하다고 느끼지 않고, 오히려 자신의 믿음을 위한 새로운 후원을 언제나 찾아낼 시 그 논리나 이성이 자신에게 작용하도록 만들어낼지도 모릅니다. 이들 중 그런 사람은 대체로 맹목적으로 믿는 광신자가 아니라, 자신의 주위 세계를 신의 영이 살아있는 증거로 보고, 자연과 실존의 경이로움으로 보는 데 기반을 두는 신념을 갖춘 낙관주의자입니다.

그럼에도 이들은 자신의 관점을 격정적으로 확신합니다. 이들이 비록 불의의 모든 형식에 반대하지만, 이들 자신은 자신의 의견을 독단적이거나 권위주의적인 방식으로 표현할지도 모릅니다. 따라서 반대하는 쪽에 터놓고 귀를 기울이기 위한 노력을 만들어내고, 언급되는 것에 자신이 동의하든 아니든 자신에게 유용한 것으로 받아들이기 위한 의식적인 노력을 이들이 만들어내는 것은 중요합니다.

무엇보다도 이들은 실상주의자이고, 그러므로 대다수의 경우 잘못된 책략과 미심쩍은 논거에 면역이 됩니다. 이들은 회사든 협회든 조합이든 클럽이든 간에 자신이 충직할 가치가 없다고 여기는 어떤 시스템에 대해서도 강하게 반응합니다. 이들이 거침없이 말하고, 이런 점에서 심지어 논쟁까지 할 수 있기 때문에, 이들은 강력한 사람을 적대하는 성향을 혹은 자신을 적으로 만들어내는 성향을 주의해야 합니다. 말 그대로든 비유든 간에 이들이 아무리 고향에서 멀리 떨어져 있는 자기 자신을 알아차리더라도, 자신의 뿌리를 절대 잊지 않는 것도 또 겸손함과 순박함을 키우는 것도 이들에게 열쇠입니다.

▶ 일간 특성
강점; 관여해주는, 지식적인, 영적인
약점; 참견하는, 혼란스럽게 하는, 반항적인

▶ 명상
새들은 날고, 물고기는 헤엄치며, 인간들은…

▶ 조언
당신 자신에게 공들이라.
당신의 중심을 찾아내고, 그다음 세상과 유대를 구축해가라.
당신이 타인들에게 주는 효과를 여전히 알아채라.
깊은 수준에서 귀 기울이는 법을 체득하라.
당신의 관여에 마음써라.

▶ 건강
이들은 신경질적인 에너지의 반복적인 소비를 통해 자기 자신을 쇠약하게 하는 것을 주의해야만 합니다. 자기 자신을 심리적으로 안정된 상태로 지속시키는 것은, 자신이 후퇴해서 자신의 행동을 통일할 수 있게 하려면 내부적으로도 외부적으로도 고요한 장소를 어떻게든 찾아낼 때만 오직 가능합니다. 이들 중 다수는 영적인 훈련, 요가, 명상 과정, 태극권 또는 자신의 삶의 어느 시점에 확립된 종교적인 실행에서 이득을 얻을 수 있습니다. 이들에게는 단지 적당한 운동만이 권장되고, 고도로 경쟁적인 활동은 대다수의 경우 의욕이 꺾입니다. 절제식은 거의 한정되지 않고, 많은 요리법과 특이한 음식을 망라하는 고도로 다양한 식단이 권장됩니다.

▶ 수비학
13일에 태어난 사람은 숫자 4(1+3=4)와 13 그리고 불규칙하면서도 폭발적인 천왕성에 통치됩니다. 천왕성과 명왕성(전갈자리의 통치자) 사이의 연관성은 타인들의 삶에서 혼란스럽게 하는 역할을 연기하는 이들의 부분에 대한 성향을 예시해주고, 이들만의 삶에서 격한 변화를 겪어가는 성벽을 예시해줍니다. 비록 많은 사람이 숫자 13을 불운하다고 여기지만, 오히려 숫자 13은 그 힘을 현명하게 사용하거나 자기-파괴의 위험을 감수한 것에 대한 책임감을 정말 운반해주는 강력한 숫자입니다. 숫자 4는 전통적으로 반란, 색다른 믿음, '규칙을 바꾸려는 욕망'을 대변하면서, 위에서 언급된 11월 13일에 태어난 이들의 그런 자질을 예고해줍니다.

▶ 원형
13번째 메이저 카드는 타로에서 가장 오해를 받는 카드인 '죽음'인데, 죽음이라는 것은 문자 그대로 받아들여지는 경우가 좀처럼 없지만, 변태하는 식으로 한계를 넘어서 성장하기 위해 과거를 놓아버리는 것을 암시합니다. 타로 카드(죽음), 명왕성(저승의 신)의 행성 영향력, 숫자 4라는 싸인의 의미로 보면, 이들은 깊은 수준의 침울함과 감정적인 상처에 취약할 수 있습니다.

11월 14일
탐사관의 날
The Investigator

▶ 심리구조

11월 14일에 태어난 이들은 자신의 환경을 최근의 세부사항까지 탐험하려는 부추김을 구현합니다. 비록 이들은 자신의 주위환경 일반에 관해 격렬하게 호기심이 많을지라도, 자신의 이해관계에는 고도로 선택적이고 잘 규정된 관점을 갖고 있습니다. 보수적이든 진보적이든 간에 사회적인 책임에 대한 이들의 발상은 대개 자기 자신과 타인에게 완벽하게 명료하고, 천성적으로 도덕적입니다.

이들은 자주 타인의 삶을 인도하는 데 관여됩니다. 이들은 개선이 요구되는 영역을 쉽사리 알아보고, 실로 이들이 목표로 정한 이런 결함은 객관성이 부족할지도 모르지만, 그럼에도 이들은 자신이 자신만의 주관적인 관점으로 운영하고 있고, 자신이 투입한 조언이 항상 환영받는 것은 아님을 기억해내야만 합니다. 이들은 특히 자신의 사랑 관계가 관련된 곳에서 말을 삼가야 할지도 모릅니다. 이들은 주어진 국면에서 강점과 약점을 알아보는 것도 또한 너무 재빨라서, 타인들로 하여금 그것을 혼자 힘으로 발견할 기회를 허용하지 않을지도 모릅니다.

자신의 업적이나 능력에 대한 불필요한 칭찬의 욕구를 거의 갖고 있지 않은 것이 이들의 강점입니다. 이들 중 남녀 모두 대의에 자기 자신을 종속시키는 데 유능하고, 에고의 딴죽걸기를 피하는 데 유능합니다. 그런 자기-신뢰 덕택에 이들은 숨은 동기를 품은 사람과 아첨꾼을 손쉽게 알아볼 수 있습니다.

이들 중 더 고도로 진화된 사람은 자신이 예술가든, 과학자든, 제조업자든, 사업가든, 서비스 제공에 관여하든 간에, 자신의 연구 대상을 상세한 정밀함으로 탐사하고 시험하며 검토하면서, 자신이 종사하는 어떤 프로젝트도 항상 복습하고 예습합니다. 이들은 자신만의 이론을 시험해보고 작동하지 않는 산물이나 요소를 폐기하는 데 무자비할 뿐만 아니라 정직합니다. 따라서 이들의 객관성은 잘 보존됩니다.

이들에게 외부적인 세상에 관련해 고도로 관찰력이 있듯이, 이들은 자기 자신과 타인들의 감정적인 상태와 영적인 상태를 포함한 내면의 진실을 인식하는 더 대단한 능력도 계발해야 합니다. 이해심이라는 이런 감각은 이들의 경력과 작업에 충격을 주는 인간적이고 사회적인 문제를 다룰 때, 이들로 하여금 더 효과적인 실력자로 만들어줄 수 있습니다. 이들이 자신의 목표를 실현할 시 자기 자신의 많은 것을 투자하면서 자신의 노력을 반드시 완수해내기 때문에, 이들은 착수할 때부터 적합한 코스도 또한 확실히 도표로 계획해야만 합니다.

이들이 친구, 가족, 사회 일반에 대한 자신의 통합을 강화시키는 것이야말로 명령입니다. 매우 대단히 해내는 이들은 자신의 짐을 가볍게 하고, 자신의 성공을 확실하게 하는 더 확고한 목적의식을 즐깁니다. 이들은 자주 꽤 야심적이고 강력한 사람이므로, 합의를 탐구해서 자신의 타협하는 능력을 키우려고 욕구하게 됩니다. 이들은 중도를 찾아내서 어쩌면 자신의 더 극단적인 경향을 절제함으로써, 고도로 효과적이 될 수 있고, 결국 더 영속하는 결과를 성취할 수 있습니다.

▶ 일간 특성
강점; 관여해주는, 철저한, 관찰력이 예리한
약점; 통제하는, 지나치게 비판적인, 참견하는

▶ 명상
바로 당신 앞에 있는 것을 먼저 알아보라.

▶ 조언
당신의 도덕적이고 비판적인 경향에 대한 통제를 '유지하라'.
타인들을 평화롭게 두고 그들의 가치를 존중하는 법을 체득하라.
온갖 것이 당신의 정밀 검증에 덕이 되는 것은 아니고, 그래서 프라이버시를 관찰해보라.

▶ 건강
이들은 모든 종류의 실상의 또는 상상의 질병에 사로잡히게 되는 것을 주의해야 합니다. 이들 중 병에 관한 한 쓸데없이 걱정하는 경향이 있는 일부는 많은 의학적인 조언을 너무 자주 탐구할지도 모릅니다. 몸의 치유 능력과 자연적인 치료법에 대한 더 대단한 신념을 계발하는 것이 중요합니다. 만약 이들이 식단과 요리에 대한 적극적인 이해관계를 취한다면, 이들은 음식을 최고로 잘 만들어낼 수 있습니다. 하지만 과도한 관심사는 체중에 관해 신경과민이 되도록 허용되지 말아야만 하고, 성적인 활동과 체육적인 활동은 자기가 부과한 건강에 좋은 한도 범위 내에서 유지되어야 합니다.

▶ 수비학
14일에 태어난 사람은 숫자 5(1+4=5) 그리고 신속한 행성인 수성에 통치됩니다. 이 고도로 활동적인 행성의 영향력 덕에 강력한 지성과 정신적인 끈기가 11월 14일에 태어난 이들에게 수여됩니다. 그 끈기에 동반된 명왕성(전갈자리의 어두운 통치자)의 영향력은 이들의 호기심을 강화해주고, 어쩌면 숨겨진 비밀을 파내려는 욕망을 강화해줍니다. 재난이라는 고통을 겪는 이들을 위해 숫자 5는 삶의 역경에서 받는 영구적인 피해에 저항하는 회복이 빠른 캐릭터를 증정해줍니다.

▶ 원형
14번째 메이저 카드는 균형과 절제의 필요성을 강조하는 '극기'입니다. 그려지는 인물은 우리를 보호해주고, 우리를 안정된 상태로 지속시켜주는 수호천사입니다. 긍정적으로 보면, '극기'는 새로운 진실이 터득되어서 누군가의 삶에 편입되도록 하기 위해 격정을 수정합니다. (따라서 이런 모습은 이들을 위한 모델의 역할을 할 수 있습니다.) 그 카드는 에고적인 과도함의 모든 형식에 대해 경계합니다. '극기' 카드의 부정적인 예시가 바로 시대의 분위기와 유행하는 패션에 너무 쉽게 변화하는 성향이기 때문에, 이들은 가능하다면 자신만의 스타일, 기법, 사유체계를 확립하려고 노력해야 하고, 확신을 갖고 그 방법들을 고수해야 합니다.

11월 15일
맞닥뜨림의 날
Encounter

▶ 심리구조

11월 15일에 태어난 이들은 자주 도전적인 인생 경험 및 전혀 만난 적이 없었던 사람들과 갖는 격렬한 맞닥뜨림에 반복해서 직면합니다. 따라서 준비되는 것은 예상하지 못한 주위 여건을 위한 일반적인 준비이든, 예정된 이벤트를 위한 의식적인 계획이든 간에 이들에게는 대단한 아이템입니다.

이들은 편안함이나 편의를 위해 도전을 회피하거나 불협화음에서 물러서는 경우가 좀처럼 없기 때문에, 대립하는 유형으로 알려져 있을지도 모릅니다. 이들은 자기 자신을 옹호할 준비가 되어 있고, 게다가 자신의 보호를 욕구하는 사람들에 대한 굳센 옹호자입니다. 하지만 이들은 단지 자신의 존엄을 위태롭게 할 뿐인 무의미한 논쟁이나 승산이 없는 국면에서도 또한 기꺼이 물러납니다. 이들의 실상적인 강인함은 보복의 위협이라는 이들의 가장 유력한 무기를 갖춘 방어에 놓여 있습니다. 타인들은 이들을 말벌의 집처럼 방해받지 않게 내버려두는 편이 더 낫다는 점을 본능적으로 느낍니다.

이들 중 대다수는 대단한 참을성을 표출할 수 있습니다. 이들은 행동할 바른 순간을 기다리는 것의 중요성을 알아보고, 좀처럼 오산하지 않습니다. 마치 이들이 실책의 결과로 자신의 전 인생이 무너져내리게 될 수 있다고 믿는 것처럼 활동하므로 타인들에게 이들은 지나치게 엄숙하고 신중한 것으로 보일지도 모릅니다. 이들이 실상화에 의해 두려운 것이 무엇인지 본능적으로 알기 때문에, 실로 두려움은 이들의 신중함에 중요한 역할을 합니다. 놀랄 것도 없이, 이들은 사랑 관계에서 자신을 위험한 동반자로 만들어낼 수 있습니다. 이들은 매혹이나 세련미가 거의 부족하지 않고, 이런 속성은 누구든 언제나 의심할 것보다도 더 격해지는 내부를 숨겨줍니다. 이들의 캐릭터에서 이 격해지는 면은 갑자기 또 불시에 드러나서 대단한 경종을 울릴지도 모릅니다. 하지만 그면은 이들의 감정 영역에 흥분과 열기도 또한 빌려줍니다.

이들은 계시에 대한 느낌을 갖고 있습니다. 이들은 최악의 상황을 예상하거나, 아니면 적어도 최악의 상황이 어떤 것일 수 있는지에 대한 좋은 발상을 갖고 있습니다. 모든 종류의 폭발은 이들의 삶에서 반복되는 것으로 보이고, 이들 자신도 불규칙한 행동으로 비난을 받을 수 있습니다. 어쩌면 단순히 이들이 움직여야 할 때, 타인들은 길을 비켜줘야만 할 뿐입니다. 놀랄만한 속도와 비밀을 갖고 있는 이들은 밤도깨비처럼 나타나고 사라지는 데 유능합니다. 안전을 중시하는 사람은 사랑 관계를 위해 운에 맡기고 그런 사람을 선택할지도 모르지만, 흥분을 좋아하는 사람은 자신의 동무를 찾아냈을지도 모릅니다.

이들은 자주 고결한 행동에 대한 이슈를 만들어냅니다. 하지만 이들이 달리 행동하려는 유혹은 압도적일 수 있습니다. 그 귀결로 정직과 [마음과 말의 일치인] 성실이라는 한 쌍의 이슈는 이들의 삶에서 강하게 모습으로 나타나고, 오직 이들만이 싸울 수 있는 내부의 전투를 일으킵니다. 하지만 죄책감은 이들에게 특별히 곤란을 일으키지 않고, 오히려 만일의 사태에 적합하게 대비하지 않았던 것이 이들을 훨씬 더 고민하게 합니다.

▶ 일간 특성
강점; 잘 조정되는, 정의로운, 용기있는
약점; 급변하는, 사고를 당하기 쉬운

▶ 명상
움직이지 않는 것이 가장 도전적인 자세일 수 있습니다.

▶ 조언
심리적인 훈련이 당신에게 중요하다.
당신의 공격적인 충동이나 두려움을 새로운 방향으로 돌리라.
그렇게 쉽게 위협받게 되지 않도록 노력하라.
더 자기-보증적이 되라.
신사숙녀적임과 친절함은 강인함의 예시일지도 모른다.

▶ 건강
이들은 자신의 감정적인 자세를 재고해야 할지도 모릅니다. 대립을 도발하거나 (심지어 무언의) 보복을 위협함으로써 이들은 자기 자신을 엄청난 스트레스 아래 둘 수 있습니다. 이들은 사고와 폭력을 당하기 쉬울지도 모르기 때문에, 신체적으로 움직일 때 대다수 사람보다 더 많이 유념해야 할 뿐만 아니라, 그런 사건을 일으키는 자신의 구성 요소가 무엇인지도 또한 숙고해야 합니다. 식단이 관련된 한, 붉은 육류를 지대하게 먹는 것은 좋은 발상이 아니고, 설탕 섭취는 지속해서 합리적인 한도 범위 내에서 해야 합니다. 쌀, 밀(파스타), 옥수수 같은 곡물에 중점을 두어야 하고, 빵, 채소 수프, 찌개 같은 따뜻한 음식도 마찬가지로 권장됩니다. 활기찬 운동은 과도한 에너지와 공격성을 해소하는 데 도움될 수 있지만, 경쟁적인 스포츠와 무술에 대해서 신경을 써야 합니다.

▶ 수비학
15일에 태어난 사람은 숫자 6(1+5=6) 및 금성에 통치됩니다. 숫자 6에 통치되는 사람은 찬양을 끌어들이는 경향이 있고, 심지어 숭배할 마음마저 불어넣을 수 있습니다. 하지만 11월 15일에 태어난 이들에게 금성과 명왕성(전갈자리의 통치자)의 이중적인 영향력은 비록 흥분되고 유혹적일지라도, 모든 종류의 위험하고 방해하는 요소들을 이들의 애정 생활에 연출할 수 있습니다. 이런 측면에서 이들은 중독되는 (특히 성적으로 중독되는) 경향을 주의해야 합니다.

▶ 원형
15번째 메이저 카드인 '악마'는 성적인 끌어들임, 불합리성, 격정이 관련된 곳에서 역동적으로 작용하는 두려움/욕망을 예시합니다. '악마'는 물질적인 편안함과 돈에 대한 우리의 필요성을 통해 우리를 노예로 삼고, 안전을 붙잡는 우리의 기본 천성을 대변하며, 우리의 남성적/여성적인 천성에 실존해서 화해되지 않는 차이를 통해 우리를 통제합니다. 이 카드의 긍정적인 면은 모두 성적인 끌어들임이고, 격정적인 욕망의 표현입니다. 그러나 그 카드는 비록 우리가 몸에 속박되어 있을지라도, 우리의 영은 자유롭게 날아오름을 우리에게 상기시켜줍니다. 이들은 자신이 감당할 수 없는 신체적인 도전을 불러내는 것을 주의해야만 합니다.

11월 16일
보스의 날
The Boss

▶ 심리구조

11월 16일에 태어난 이들 남녀 모두는 권위에 대한 자연스러운 느낌과 그 권위를 휘두르는 방법을 갖고 있습니다. 이들 중 다수는 가족에서든, 작업에서든 간에 좋은 감독이나 관리자라는 평판을 갖고 있습니다. 이들은 자신이 속한 사회 집단과 팀에서도 또한 조언하거나 코칭하는 수용력에서 잘 기능합니다. 이들은 반감이나 반란을 일으키지 않을 정도로 현명하고, 대체로 그룹의 최고 이해관계를 마음에 두고 결정을 만들어내므로, 이들의 명령은 좀처럼 의심받지 않습니다.

하지만 어린이나 청소년으로서 반항적이고 아니면 심지어 파괴적이기까지 한 이들은 30대 초반이 되어서야 비로소 더 성숙한 단계로 등장할지도 모릅니다. 다행히도 이들 중 대다수는 자신만의 행동을 검토함으로써 자기 자신뿐만 아니라 타인들의 동기, 욕구, 관심사에 대한 통찰력도 또한 얻을 수 있습니다.

매우 많이 개인적인 이들은 자신의 사회 동아리나 가족, 지기에 의해 지나치게 영향을 받지 않습니다. 도움이나 양육, 후원을 받아들이기가 이들에게 어려울 수 있습니다. 하지만 이들은 자주 무엇보다도 자신으로 하여금 타인들의 국면에 공감하게 해주는, 즉 그 타인들의 입장이 되어봄으로써 상대가 느끼고 있는 것을 진정으로 이해하게 해주는 활동적인 상상력을 갖고 있습니다.

이들 중 가장 성공적인 사람은 직무를 완수하고 주어진 분야에서 자신만의 우월적인 지위를 확립하기 위한 요령을 갖고 있지만, 자신이 사람들을 잘 대우하는 방법을 알고 있고, 폭 넓은 인생의 경험을 갖고 있는 덕에 자신을 고도로 협력적인 팀원으로도 또한 만들어낼 수 있습니다. 타인들이 이들의 외적인 매혹 배후에 있는 근성과 결의를 감지하고, 이 때문에 이들에 대해 불필요하게 반대하거나 맞서기 전에 재고할 수 있다는 점은 해롭지 않습니다. 반면에 이들은 경쟁을 즐기고, 따라서 자신의 수준에 맞는 사람을 위한 뛰어난 맞수로 자신을 만들어냅니다.

이들은 자기 자신에게 '꼭 맞는 짝'을 찾아내는 것에도 또한 매우 관련됩니다. 사랑과 사업 모두에서 인생의 동반자를 선택하는 것은 이들에게 최고로 중요합니다. 꽤 자주 이들은 '꼭 맞는 사람'이 자신의 삶으로 들어오고 나서야 비로소 자신의 경력을 더 진전시킬 능력이 있게 됩니다. 불운하게도 사랑이 관련된 한, '꼭 맞는 사람'을 찾기 전에 이미 상당히 엎질러진 물일지도 모르고, 이들은 수년간 감정적으로 고군분투할지도 모릅니다. 실로 불행한 연애사, 깨진 결혼, 성적인 좌절감은 이들 삶의 전체 풍경에 산재해 있을 수 있습니다. 이들 중 '꼭 맞는 사람'을 전혀 알아차리지 못한 사람은 결국 다소 단독적인 실존으로 이어질 수 있고, 천성이 독립적일지라도 감정적인 후원을 받기 위해 자신의 가족과 평생의 친구에게 중하게 의존하게 될지도 모릅니다. 고맙게도 이들은 같은 범주에 속한 타인들에게도 또한 덕이 됩니다.

▶ 일간 특성
강점; 권위있는, 효과적인, 이해심이 있는
약점; 자신에게만 몰입하는, 불안정한, 고립된

▶ 명상
우월적인 지위는 상대적입니다.

▶ 조언
항상 타인의 이해관계를 마음에 두고 있으라.
책임지고 활동하며, 당신의 권위를 현명하게 행사하라.
권력을 향한 부추김에 굴복하지 마라.
[상대를 물먹이려는] 고의적인 방해를 예의 주의하라, 하지만 피해망상적이 되지는 마라.
여전히 침착해질 뿐만 아니라 기민해지라.

▶ 건강
이들은 좌식 질환, 특히 허리 문제와 변비, 그리고 살이 찌는 성향을 조심해야만 합니다. 그러므로 매일 주어진 시간 동안 엄격한 요법을 따르는 것이 이들의 건강함에 필수적입니다. 이들은 특히 버터나 크림이 너무 많이 든 풍미있는 음식의 과식을 주의해야만 합니다. 이들의 소화기 계통 및 간과 췌장에 과도한 압박을 주면, 이들의 40대에 (지방으로 인한) 담낭, (술로 인한) 간경화, (설탕으로 인한) 당뇨병 문제로 이어질 수 있습니다. 어떤 경우에 약초차와 (약초) 달인 물을 활용하면 이들에게 대단히 유익할 수 있습니다.

▶ 수비학
16일에 태어난 사람은 숫자 7(1+6=7) 및 해왕성에 통치됩니다. 숫자 7에 통치되는 사람은 자주 자신의 발상을 끝까지 해내는 데 실패하고, 실상에서 쉽게 동떨어질 수 있다는 사실에도 불구하고 그런 문제는 단지 11월 16일에 태어난 이들 중 덜 성숙하거나 진화되지 않은 사람에게 있을 뿐입니다. 이들의 별자리(명왕성에 통치되는 전갈자리)에서 명왕성의 측면은 대개 객관적인 실상, 특히 재정적인 실상에 대한 확고한 파악을 확실히 해줍니다. 하지만 이들 중 덜 진화된 사람은 재정적인 소문에 대한 경계심을 내던져버리고, 가족들을 재정적으로 난처한 채로 내버려두는, 숫자 7에 통치되는 많은 이들의 성향을 따를지도 모릅니다.

▶ 원형
16번째 메이저 카드는 어떤 버전에선 왕이 벼락을 맞은 탑에서 떨어지는 것을 보여주고, 이 탑을 건설한 사람이 머리에 타격을 입고서 죽고 있는 것을 보여주는 '탑'입니다. '탑'은 물리적인 구조의 무상성뿐만 아니라 우리 삶에서 주어지는 관계나 소명의 무상성도 또한 상징합니다. 작업된 변화는 갑작스럽고 신속할지도 모릅니다. 그 카드의 긍정적인 요소는 재앙을 극복해 그 도전에 직면하는 것을 포함하지만, '탑'은 부당하게 높은 자리에 오르는 것, 누군가가 조작한 손길에 파괴될 위험을 무릅쓰는 것, 공상적인 기획이라는 유혹에 굴복하는 것에 대해 경계합니다. 타로는 미심쩍은 노력을 주의하라고 이들에게 상기시켜줍니다.

11월 17일
중재자의 날
The Bridge

▶ 심리구조

11월 17일에 태어난 이들은 대립하는 관점들이든, 사람들이든, 발상들이든, 이해관계들이든 간에 그것들 사이에 연결고리를 확립하는, 분쟁을 이어주는 다리와 같습니다. 이들의 삶은 여러 길이 만나는 교차로에 비유될 수 있으므로, 이들은 자주 이끄는 역할을 하고, 상황을 결합시키는 시멘트처럼 활동합니다. 가족, 사회, 직종의 생활에서 이들은 집단이 원활하게 운영되도록 관리하는 방법에 대한 좋은 발상을 갖고 있습니다.

어쩌면 이들은 자주 둘 이상의 뚜렷한 중압감이 섞인 자신만의 문화적인 혹은 유전적인 지어냄 덕에 상황을 결합시키는 법을 체득합니다. 따라서 이들은 변함없이 적대하는 것으로 보이는 다른 문화나 계급, 정치적인 독립체가 사실 하나로 묶일 수 있다는 살아있는 증거입니다. 무엇보다도 이들은 말다툼, 딴지걸기, 분열적인 방책 및 모든 형식의 차별을 싫어합니다.

이들 중 더 고도로 진화된 여성은 고도로 인습에 얽매이지 않는 경향이 있고, 자신의 독립적인 위치를 어떤 것과도 거래하지 않을 것입니다. 이들 중 제한적인 서비스 역할로 밀려난 여성은 자신의 위치를 재판별해서 가능한 한, 옮겨가려고 욕구할지도 모릅니다. 이들 중 남성은 자신의 의견이 관련된 곳에서 오히려 지배적이 되거나 공격적이 되는 경향이 있지만, 타협의 중요성에 대한 이해심을 갖고 있습니다. 특별히 인생 후반부에 이들은 대개 후대에 눈을 돌려서 자기 자신을 자신의 유산에 참여시킬 것입니다.

이들은 필연적으로 고도로 야심적인 것은 아니지만, 일단 자신이 중요한 위치를 차지하면 그곳에 머무르면서 자신을 몰아내려는 모든 노력에 저항하는 경향이 있습니다. 타인들을 이끌도록 혹은 궁핍한 사람을 방어하도록 요청받을 때, 이들은 필요하다면 높은 곳에 올라가 신을 상대로 전투할 것입니다. 하지만 이들은 타인들의 관심사를 감당하는 것에서 유래된 만족감에 너무 의존하게 되지 않도록 조심해야만 하고, 그렇지 않으면 자신이 무시당하거나 더는 욕구되지 않을 때 확실히 고통을 겪을 것입니다.

이들은 자신의 유연성을 때때로 금지할 수 있는 강한 도덕적인 믿음의 체계를 갖고 있습니다. 이들은 개인적인 차원에서 감정적으로 개방하는 데도 또한 문제를 보유할 수 있습니다. 이들 중 다수는 역경과 압력에 직면해서 침착함을 유지하는 자신의 객관성 및 능력을 자랑으로 여깁니다. 그렇게 하기 위해 이들은 방해하는 영향력을 차단하는 것에 대한 단련을 마스터합니다. 따라서 이들은 냉담한 것처럼 보이고, 자신의 동료 인간 존재에게서 고립시킬지도 모릅니다.

이들은 물질세계를 향해 고도로 지향하고, 그러므로 자기 자신을 취약한 재정적인 위치에 좀처럼 내버려두지 않습니다. 이들의 집은 견실하고 편안하며 깔끔한 경향이 있습니다. 실로 운에 '아주 많은' 것을 맡기지 않[으나 행운이 따르]는 이들은 지나치게 통제하려는 자신의 성향을 알아채야만 합니다.

▶ 일간 특성
강점; 중재하는, 도움되는, 책임감 있는
약점; 지나치게 도덕적인, 냉담한, 통제하는

▶ 명상
신이 선택한 사람은 오직 전체 인류일 수 있습니다.

▶ 조언
당신의 가슴을 열어두도록 노력하라, 감정적으로 당신 자신의 마음을 닫아버리는 것을 주의하라.
기꺼이 맨앞에 서고 뒷담화를 피하라.
당신의 동기를 명료하게 유지하라.

▶ 건강
이들은 특별히 골격계와 중추의 손상이나 변형이 관련되는 (특히 인생 후반부에) 자신의 자세에 마음을 써야만 합니다. 물리치료, 척주지압처치술, 마사지, 침술이 매우 도움이 될 수 있습니다. 이들은 통증에 대해 다소 극기하는 경향이 있고, 그러므로 만성적인 경증 질병을 무시할지도 모릅니다. 이런 이유로 이들은 빈혈의 가능성에 대한 혈액 검사를 포함한 정기적인 신체검진을 허용해야 합니다. 또한, 이들은 (십이지장 궤양의 상태로) 위쪽 창자나 (궤양성 장염, 만성 장염의 상태로) 대장에 구현되는 내면화된 걱정으로 고통받을 수 있습니다. 지나치게 맵거나 이국적인 음식은 이런 질환을 악화시킬 수 있으므로, 이들은 이에 관련한 절제식에 주의를 기울여야 합니다. 이들이 강한 체육적인 성향을 갖고 있지 않은 한, 이들에게는 오직 제한적인 운동만이 권장되고, 그다음 특별히 인생 후반부에 돌봄이 행사되어야 합니다.

▶ 수비학
17일에 태어난 사람은 숫자 8(1+7=8) 및 토성에 통치됩니다. 토성은 11월 17일에 태어난 이들이 자기-정당성에 희생될지도 모르는 위험을 증가시키는 고도로 판단적인 측면뿐만 아니라 제한과 한정의 강한 느낌도 또한 운반해줍니다. 토성과 명왕성(전갈자리의 통치자) 사이의 연관성은 이들의 인격 중 지배적이고 과중하며 차갑고 억압적인 면에 중점을 둘 수 있습니다. 숫자 8은 물질세계와 영적세계 사이의 갈등을 운반해주는데, 숫자 8에 통치되는 사람은 외로울 수 있고, 극단적으로 탐닉하기 쉽습니다.

▶ 원형
17번째 메이저 카드는 별 아래 벌거벗은 아름다운 소녀가 한 항아리로 메마른 대지에 신선한 물을 쏟아붓고, 다른 항아리로 연못의 고인 물을 되살리는 모습을 보여주는 '별'입니다. 그녀는 세속적인 삶의 영광을 대변하지만, 그 삶에 대한 물질적인 노예화도 또한 대변합니다. 그녀 머리 위의 별들은 영적인 세계가 있음을 영원히 상기시켜줍니다. 그래서 이들은 항상 지나친 욕심, 즉 돈과 권력에 대한 열망을 주의해야 하고, 무엇보다 삶의 더 높은 목표를 절대 잊지 말아야 합니다.

11월 18일
기질의 날
Temperament

▶ 심리구조

11월 18일 태어나 고도로 활기찬 이들은 대개 마음과 몸 모두에서 극도로 활동적입니다. 비록 이들은 자신이 바랄 때마다 바깥쪽에 냉정하고 차분하며 침착한 것처럼 보일 수 있을지라도, 이들의 주요 특징 중 하나는 자신의 감정적인 불안정성입니다. 이런 면에서 이들은 자신 속의 끓는 가마솥을 세상에 드러내기를 바라지 않으므로, 자기-통제에 마스터이고, 실로 마스터이어야만 합니다. 가장 좋은 경우의 시나리오는 이들이 창조적으로 자신의 강한 감정적인 에너지를 곧바로 자신의 작업으로 전환하는 데 유능해지는 것입니다.

이들은 자신이 주목받는 중심일 때, 고도로 사회적이고 가장 행복하게 됩니다. 자주 야심적인 이들은 어쩌면 삶에서 이끄는 역할에 적임입니다. 이들의 야심은 대체로 이들이 대변하게 되고 혹은 인격화하게 되는 사회 집단의 이름에서 구현됩니다. 자신의 재능이 놀랍든 소박하든 간에 이들은 자신의 재능을 자신만의 방식으로 드러내기를 선호합니다. 따라서 이들은 자신이 준비된 느낌이 들기 전에는 성공을 탐구하라는 압력에 저항합니다. 사실 자신이 준비된 때인지 아닌지가 바로 이들이 타인들뿐만 아니라 자기 자신의 속에서 논쟁하는 문제일지도 모릅니다.

이들은 많은 사람이 의무적인 전념이나 여러 시간의 노력을 통해 성취할 수 있는 것보다 직감, 민감성, 비전에 의해 더 많은 것을 성취할 수 있으므로, 근면은 자주 이들의 가장 강한 면이 아닙니다. 이들의 심미적인 면도 또한 다양하고 풍부하게 감정적인 면만큼 강하게 계발되지 않습니다. 이들은 이해관계와 탐사를 초대하는 사람의 류인데, 지속하는 놀라움이 이들 내면의 카멜레온 같은 비틀기와 전환에 의해 제공되므로, 대개 누군가가 더 많이 파헤칠수록, 더 많이 찾아내게 됩니다. 이런 식으로 이들은 사람들이 자신에게 홀리게 되도록 조성합니다.

주목을 욕구하는 이들은 주목을 얻을 때까지 쉬지 않을 것입니다. 이런 측면에서 이들은 궁핍하고, 그러므로 어느 정도의 불안감을 구현하지만, 사실 흥미롭고 생산적이 됨으로써 자신이 요구하는 주목을 정당화할 능력이 있을지도 모릅니다. 이들의 연출은 가시적이지만, 종종 흥겹게 하는 영역, 서비스 영역 혹은 단순히 긍정적인 에너지를 구현하는 영역에 놓여 있을지도 모릅니다. 이런 에너지를 구현할 시 이들은 햇빛과 웃음을 타인들의 삶에 가져오는 친구와 가족 구성원으로서 인기가 고도로 높습니다. 매혹적인 이들은 (비록 명백히 또한 이기적이거나 폭풍우치고 시무룩하며 예견되지 않지만) 자신이 가담하는 어떤 사건에든 생명을 줍니다.

이들은 역할을 맡는 것에 아주 능숙하므로, 때로는 피상적이거나 무책임하다고 비난받습니다. 면밀히 검토해보면 이런 부담은 대체로 불공정한 것으로 판명됩니다. 하지만 주목에 대한 이들의 욕구가 너무 대단해서, 주목을 탐색할 때 이들이 자신의 이상을 굽혀버리는 것을 실로 주의해야만 합니다.

▶ 일간 특성
강점; 직감적인, 감성적인, 사회적인
약점; 궁핍한, 시무룩한, 폭풍우치는

▶ 명상
삶의 모든 것은 공상일지도 모르므로, 자신이 골라낸 역할에 편안해지고, 그 역할을 잘 해내십시오.

▶ 조언
당신 자신을 깊은 수준에서 맞닥뜨리라.
삶의 흐름을 따라가라.
[담마를] 더듬으면서 나아가라.
싸인이 나타나기를 기다리라.
당신의 직감을 의심하지 말고, 타인들에 대한 당신의 효과를 조심하라.

▶ 건강
이들은 자신의 기질적인 천성과 감정적인 불안정성을 관리해야 할 것입니다. 이들은 자신의 느낌에 휘둘리거나 자신을 주위에 내던져서 결국 자기 자신과 타인에게 손실이 되지 않도록 자기 자신을 잘 알게 되는 것이 생명처럼 중요합니다. 그 귀결로 심리적인 혹은 영적인 연구의 어떤 형식이 고도로 권장됩니다. 정기적인 적절한 운동 패턴은 단련과 의지력을 쌓아올리기 위한 수단으로 제안됩니다. 식단이 관련된 한, 곡물과 신선한 채소에 중점을 두는 것, 또 설탕·카페인·술에 대한 갈망을 부인하는 것은 이들을 안정된 상태로 지속시켜줄 수 있습니다. 붉은 육류는 오직 절제해서 먹어야 합니다. 만약 이들이 설탕·카페인·술을 관리할 수 있다면, 이들은 신체의 정화 과정을 지원하기 위해 매일 적어도 약 2리터의 신선하고 순수한 물을 마셔야 합니다.

▶ 수비학
18일에 태어난 사람은 숫자 9(1+8=9) 및 화성에 통치됩니다. 화성과 명왕성(전갈자리의 공동 통치자)이 조합된 영향력은 매력적이고 자석 같은 강력한 힘을 이들에게 빌려줍니다. 이런 에너지는 폭력적이고 파괴적인 행동으로 구현되도록 허용되지 말아야만 합니다. 숫자 9는 고도로 영향을 끼치는 숫자이고, 11월 18에 태어난 이들의 경력적인 노력에 대단한 힘을 부여해줍니다. 타인들에 대한 이들의 영향력이 매우 대단할 수 있으므로, 이들에게는 대단한 책임이 요구됩니다.

▶ 원형
18번째 메이저 카드는 일차적으로 꿈, 감정 및 무의식의 세계를 대변하는 '달(月)'입니다. 긍정적인 속성은 민감성, 공감 및 감정적인 이해심을 포함합니다. 부정적인 자질은 감정적인 우유부단함, 수동성 및 에고의 부족을 포함합니다.

11월 19일
개혁가의 날
The Reformer

▶ 심리구조

11월 19일에 태어나 혁명 정신으로 가득한 이들은 대체로 변화의 출발점부터 고조됩니다. 하지만 이들이 단순히 반항하는 것은 충분치 않습니다. 개혁가인 이들은 옛것을 대신할 새로운 어떤 것을 세심하게 공들여 조심해서 만들어내고, 더 나아가 그 새로운 것에 이바지해야만 합니다. 따라서 이들은 진보주의와 보수주의, 비권위[anarchy]와 기득권의 흥미로운 혼합입니다. 통제의 테마 아니면 심지어 억압의 테마까지 이들이 그런 세력에 반항하고 있든, 이들 자신이 그 세력을 행사하고 있든 간에 이들의 삶에서 도드라진 모습으로 나타날 수 있습니다.

이들은 권력의 통합이나 관리가 가족에 있든, 사회집단에 있든, 경력에 있든 간에 자주 그것에 얽매입니다. 이들은 권력이 어떻게 위임되어야 하는지 그리고 어떤 목적을 향해 나아가야 하는지에 관해 극도로 진지합니다. 이들은 각양각색의 수준에서 자신의 방도에 동의하지 않는 사람들과 갈등하는 상태가 될 가능성이 꽤 있지만, 자신이 적합하게 활동하고 있다는 점에 관해 이들의 마음에는 의심이 거의 현존하지 않거나 어떤 의심도 현존하지 않습니다. 실로 이들은 말과 철학적인 원리로 자신이 하고 있는 일을 정당화하는 '니체 콤플렉스'를 상당히 갖고 있고, 따라서 우세한 사회적인 가치에서 동떨어질 위험이 있을지도 모릅니다. 그러므로 이들은 살아가는 자기 자신을 관찰해야만 하고, 타인들의 비판에 여전히 마음을 열어야만 합니다.

이들의 자기-신임은 가장 자주 하늘 높이 솟구치지만, 이것은 강점뿐만 아니라 약점도 또한 될 수 있습니다. 이들 중 다수는 자신이 숙명을 시험해보거나 숙명의 경고를 무시할 때, 한 번 이상 일종의 비극적인 교만의 먹이로 전락하게 되고, 자신의 전 인생이 무너져내리는 것을 유발할 위험이 있습니다. 이들은 대체로 자유 의지 특히 자신만이 갖고 있는 의지의 강인함에 대한 신봉자이지만, 한정과 경계심에 대한 공부도 또한 터득해야만 합니다.

이들은 자주 대의명분에 의한 개혁운동가나 옹호자의 역할을 떠맡습니다. 이들의 정치와 원칙은 대개 일반인의 후원을 받지만, 이들은 뚜렷하게 엘리트주의적인 취향을 보유할 수 있습니다. 이들은 자신의 주위 사람들에게 지혜와 정보를 제공할 때 잘 기능하고, 가끔 이들의 논박적이고 심지어 호전적이기까지 한 태도 덕에, 사람들에게서 최고의 것을 이끌어낼 뿐만 아니라 그 국면의 진실도 또한 이끌어내는 경향이 있습니다. 이들의 책에는 진실 및 진실의 전파보다 더 높은 가치는 현존하지 않습니다.

이들은 매우 많이 이 세상에 속해 있습니다. 이들은 극도로 신체적이고, 심미적이며, 가족을 사랑하고, 최신식의 사람입니다. 이들이 사건의 현재 상태에 좀처럼 무지하지 않습니다. 하지만 이들은 자극중심주의자가 되고, 최신의 열풍이나 패션에 휩쓸리는 것을 주의해야만 합니다. 만일 이들이 영속하는 존재감을 유지하기를 바란다면, 전통적인 가치관에 여전히 뿌리내리는 것이, 또 꾸준하고 견고하며 신경질적이지 않은 태도로 자신의 영향력을 행사하는 것이 중요합니다.

▶ 일간 특성
강점; 동시대적인, 설득적인, 건설적인
약점; 선-생각되는, 지나치게 자신하는, 저항하는

▶ 명상
침묵 속에서야 진실은 마침내 말할 수 있습니다.

▶ 조언
침묵의 가치를 배우라.
당신의 반항심을 진정시켜라.
당신 자신 인생의 도전에 세심하게 대비하고 당신의 충동성을 제어하라.
당신 자신을 신이나 인류의 법 위에 두지 마라.

▶ 건강
이들은 자신이 가장 자신하는 느낌이 드는 바로 그때, 갑작스러운 사고에 처하게 되는 것을 극도로 조심해야만 합니다. 이들이 국면을 더 실상적인 방식으로 판별하는 법을 체득하는 것은, 이들의 [감정의] 기복을 안정시켜줄 것이고, 갑작스러운 참사의 위험도 또한 줄여줄 것입니다. 이들 중 다수는 내면 성찰이나 심리적인 작업에 대해 대단한 저항감을 표출하지만, 빠르든 늦든 어떤 형식의 자율적인 학습이 고려되어야 합니다. 이들은 자신이 원할 때 자신이 원하는 것을 먹는 경향이 있지만, 만약 이들이 자신의 식단에 더 많이 주목해보고 어쩌면 식단의 주제에 대한 몇몇 확립된 작품을 읽는다면, 이들의 건강은 틀림없이 개선될 것입니다. 활동적인 이들에게는 활기찬 운동이, 특히 달리기나 조깅, 에어로빅, 테니스, 라켓볼 및 다른 경쟁적인 일대일 스포츠가 권장됩니다.

▶ 수비학
19일에 태어난 사람은 숫자 1(1+9=10, 1+0=1) 및 태양에 통치됩니다. 이들이 목성(궁수자리)뿐만 아니라 명왕성과 화성(전갈자리)의 영향력을 강하게 받는 (혁명이 테마인) 전갈자리-궁수자리 중첩의 첫날인 11월 19일에 태어나는 사실 때문에, 야심적이고, 생각과 계획이 확장적이며, 공격적으로 (심지어 무자비하게까지) 성공을 지향하는 성향뿐만 아니라 역동적인, 창조적인 혹은 잠재적으로 파괴적인 에너지의 강력한 구현도 또한 이들의 삶에 현존할 것입니다. 숫자 1에 통치되는 사람은 구속을 싫어하고, 대다수 일에서 첫째가 되기를 즐기는 경향이 있습니다.

▶ 원형
19번째 메이저 카드는 '태양'입니다. 강력한 카드인 태양은 모든 메이저 카드 중 가장 호의적인 것으로 여겨질 수 있고, 지식, 생명력, 행운을 상징합니다. 하지만 이런 힘을 오용하는 것은 처참한 효과를 가져올 수 있음은 주목되어야만 합니다. 지나치게 자신만만해지는 것의 위험은 이미 위에서 주목되었는데, 이들은 이런 점에서 각별하게 유념해야만 합니다.

11월 20일

혼란자의 날
The Scrambler

▶ 심리구조

11월 20일에 태어난 이들은 타고난 투사이고, 따라서 모든 종류의 고군분투에 관여하는 자기 자신을 알아차리는 경향이 있습니다. 자주 논쟁적인 이들의 발상과 성격은 예외 없이 토론과 정밀 검증의 초점이 됩니다. 이들은 가족, 회사, 사회 동아리에 사실 극도로 충직하지만, 반항적인 정서도 또한 표출할지도 모릅니다. 이들이 적대감을 자극하는 것은 대체로 이들의 견해 중 극단적인 천성 및 그 견해를 표현하는 이들의 강압적인 태도 탓입니다. 이들은 좀처럼 자신이 쓰는 미사여구의 수준을 낮추지 않을 것입니다. 실로 이들은 태도를 전환하기보다 차라리 싸울 것입니다.

이들은 신랄하게 빈정댈 수 있지만, 또한 극도로 익살맞을 수도 있습니다. 이들은 사람들의 약점을 탐사하는 요령을 갖고 있고, 거드름을 피우거나 거만한 사람을 놀려주는 것을 사랑합니다. 때때로 이들은 누군가의 잘난 체하는 태도를 버리게 할 때보다 만족한 적이 절대로 없는 것으로 보입니다.

전체적으로 이들은 고도로 실용적입니다. 특히 이들 중 여성은 첫 만남에서 괴상한 인상을 만들어낼 수 있지만, 사실 이것은 자신의 캐릭터에 대한 내용보다는 성격의 과시적인 요소 탓이 더 많은데, 이들은 대개 상황을 통제 아래 잘 갖고 있습니다. 이들 중 남녀 모두 흥분하기 쉬운 천성을 갖고 있지만, 이들이 반복해서 좌절될 때 발작하는 데 꽤 유능합니다. 따라서 정신적인 훈련은 이들의 성공에 생명 같은데, 그 성공은 자신의 감정적인 급변하는 면을 통제하는 법을 체득하고, 자신의 분노에 대한 원인과 그 분노에 대처하는 방법을 찾아내는 것입니다.

이들은 자주 반사회적인 활동, 불법 실행 및 여러 유형의 불법을 넘나드는 사업 운영에 이해관계를 표출합니다. 자신의 삶에서 어느 시점에 이들 자신은 그런 활동에 가담하라고 유혹받을지도 모르지만, 종종 학습과 방향 전환에 대한 자신의 관여로 현명하게 제한합니다. 어쩌면 이것은 이들이 대체로 자기 자신을 (가장 순수한 형식에서) 법의 옹호자로 보고, 자신만의 도덕적인 기준을 엄격히 고수하기 때문입니다.

이들에게는 외모와 영 둘 다에서 자신을 젊게 유지시켜주는 아이 같은 면, 즉 나이를 거역하는 일종의 무시간적인 자질 같은 면이 현존합니다. 같은 태도로 이들은 자신의 자녀를 다루는 방식을 갖고 있고, 가정생활은 극도로 활동적일 수 있습니다. 이들은 자주 찬양받을 만한 삶으로 향하는 진지함을 내보여주기 때문에, 자신을 (일종의 개혁운동가로서 이들을 우러러볼지도 모르는) 젊은이들을 위한 훌륭한 역할 모델로 만들어냅니다. 하지만 자신의 목표를 열정적으로 추구하는 이들은, 사랑받는 사람의 느낌을 멀어지게 할지도 모르는 것도 또한 가능합니다. 따라서 이들은 자신의 작업이나 이상에 대한 단련되지 못한 열의로 가족의 화합을 위태롭게 하는 것을 주의해야만 합니다.

▶ 일간 특성
강점; 활동적인, 단편적인, 이상적인
약점; 급변하는, 지나치게 열정적인, 강박적인

▶ 명상
일상생활의 단순한 실상도 높은 이상 세계[신명계]에 중요한 연관성을 갖고 있습니다.

▶ 조언
당신의 에너지와 혀를 제대로 다루라.
실행보다 실행 취소가 더 어렵다.
자기-통제력이 열쇠이다.
당신 분노의 근거를 이해하라.
당신 자신을 비웃는 법도 역시 체득하라.
가능한 한에서 논쟁, 적대감, 대립을 피하도록 노력하라.

▶ 건강
이들은 자신의 극단적인 견해와 수그러들 줄 모르는 에너지 탓에 타인들에게서 부정적인 진동을 자주 끌어들입니다. 느긋해지고, 때로는 휴식하는 법을 체득하는 것은 필수적입니다. 매우 활동적인 형식의 신체 운동으로 이들의 에너지를 풀어내는 것은 도움될 수 있습니다. 에어로빅 및 체조뿐만 아니라 (장거리) 달리기, 수영, 모든 종류의 경쟁 스포츠 등이 특히 권장됩니다. 식단에서는 국과 찌개, 뿌리채소 등 따뜻한 음식이 권장됩니다. 이들의 격동적인 삶에서 평화를 찾아내려면, 차분하고 양육하는 동반자와 애틋하고 안정된 관계를 형성하는 것이 절대적인 필수품입니다.

▶ 수비학
20일에 태어난 사람은 숫자 2(2+0=2) 및 달에 통치됩니다. 숫자 2에 통치되는 사람은 신사숙녀적이고 상상적인 경향이 있으며, 타인들이 비판하거나 주목하지 않는 것에 쉽게 상처받습니다. 이들은 또한 쉽게 성내고, 짜증의 낮은 문턱을 과시할지도 모릅니다. 전갈자리-궁수자리 중첩(혁명의 테마)에서 태어난 11월 20일에 태어난 이들은 특히 타인들이 이들을 이해하지 못하거나 이들의 진가를 알아보지 못할 때, ('전갈자리의 공동 통치자인 명왕성과 화성' 및 '궁수자리의 통치자인 목성'의 달에 대한 영향력에 의해 더욱 강조되는) 감정적인 불안정과 분노가 생기기 쉽습니다.

▶ 원형
20번째 메이저 카드는 물질적인 고려사항을 뒤로하고, 특히 이들에게 관련된 이미지인 더 높은 영성을 탐구하도록 사람들을 부추기는 '심판이나 일깨움'을 보여줍니다. 나팔을 부는 천사를 그려내는 그 카드는 책무라는 새로운 날이 밝아지고 있음을 암시합니다. 이것은 우리로 하여금 자신의 에고를 넘어가게 제안하고, 무한을 엿보게 해주는 카드입니다. 위험은 그 나팔소리가 단지 우쭐댐과 도취를, 즉 가장 저급한 본능이 관련된 것을 즐길 시의 균형상실과 방종을 이들 중 일부에게 미리 알려줄 뿐이라는 점입니다.

11월 21일

고상함의 날
Elegance

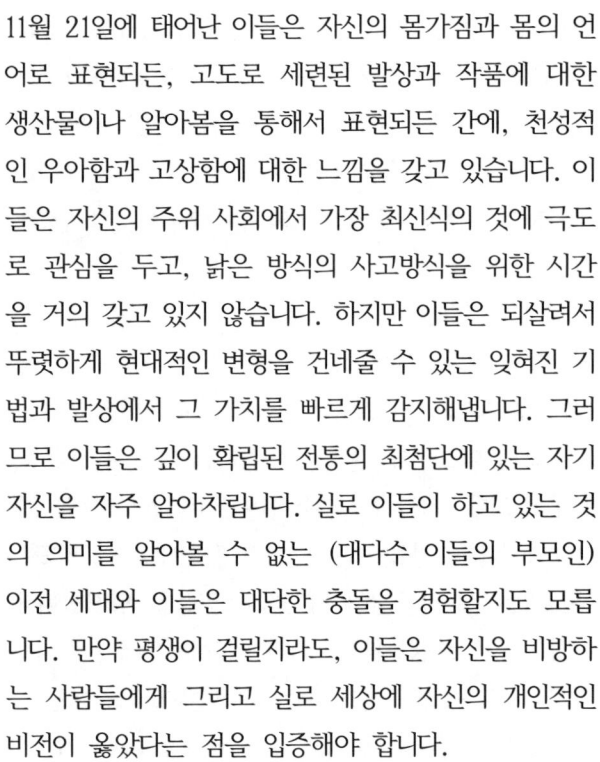

▶ 심리구조

11월 21일에 태어난 이들은 자신의 몸가짐과 몸의 언어로 표현되든, 고도로 세련된 발상과 작품에 대한 생산물이나 알아봄을 통해서 표현되든 간에, 천성적인 우아함과 고상함에 대한 느낌을 갖고 있습니다. 이들은 자신의 주위 사회에서 가장 최신식의 것에 극도로 관심을 두고, 낡은 방식의 사고방식을 위한 시간을 거의 갖고 있지 않습니다. 하지만 이들은 되살려서 뚜렷하게 현대적인 변형을 건네줄 수 있는 잊혀진 기법과 발상에서 그 가치를 빠르게 감지해냅니다. 그러므로 이들은 깊이 확립된 전통의 최첨단에 있는 자기 자신을 자주 알아차립니다. 실로 이들이 하고 있는 것의 의미를 알아볼 수 없는 (대다수 이들의 부모인) 이전 세대와 이들은 대단한 충돌을 경험할지도 모릅니다. 만약 평생이 걸릴지라도, 이들은 자신을 비방하는 사람들에게 그리고 실로 세상에 자신의 개인적인 비전이 옳았다는 점을 입증해야 합니다.

일찍이 이들은 자주 해로운 판단 실수를 만들어냅니다. 특히 이들의 첫 28년 동안, 이들은 자기-파괴적인 반항심과 방향의 결여 그리고 (자신이 주위에서 보는 친구나 동료와 비교해) 목적의 일반적인 불확실성을 표출할 수 있습니다. 하지만 이들은 자신 속에 강한 자부심과 정체성을 갖고 다니고, 항상 자신의 실수에서 배웁니다. 하지만 한 가지 위험은, 이들이 삶에서 받는 타격을 통해 마음이 무뎌질 수 있다는 점입니다. 이들 중 물질적으로 고상한 사람은 바깥으로는 점차 더 시원해지고 더 산뜻해지지만, 실제로는 감정적으로 [누구도] 뚫지 못하게 되고, 반면에 이들 중 정신적으로 고상한 유형은 실용적인 의미에서 작동하는 발상에만 관련되면서 점점 더 돈이 목적이 될지도 모릅니다.

두 유형은 패배나 실패로 이어질 수 있는 어떤 약점도 겉모습에서 아니면 방도에서 뿌리를 뽑아버리는 경향이 있습니다. 문제는 이들이 상처를 받지 않는 방법에 관해 더 많이 배우면서 자신의 오두방정, 창조적인 감식안 및 아이 같은 놀이에 대한 감각을 일부 잃어버릴지도 모른다는 점입니다. 그러므로 이들은 완벽과 성공을 위해 원정할 시 우연한 해프닝과 재미에 대해 자기 자신의 마음을 닫아버리는 것을, 즉 더 단순한 과거를 잊어버리는 것을 주의해야만 합니다.

이들은 세상의 작동방식에 밀접하게 관여하고, 그래서 깊은 수준의 자기 자신에 대한 실상적인 연구를 등한시할지도 모릅니다. 이들은 40대 초반(중년기)에 이 세상에 대한 자신의 관계가 무엇인지 아는 것이 중요합니다. 이것은 투명성을 계발하는 것을, 즉 두려움과 경직된 자세에서 자기 자신을 자유롭게 하는 것을 수반합니다. 만약 이들이 신체적으로 혹은 정신적으로 완벽한 외부 요새를 수년에 걸쳐 힘들게 구축했다면, 이들은 아이처럼 되고 연약해지는 법을 다시 체득해야 할지도 모릅니다. 오직 이런 방식으로만 이들은 영속하는 성공과 행복을 위한 자신의 최고 희망인, 자신의 주위 세계에 발맞추는 내면 존재를 가져올 능력이 있을 것입니다.

▶ 일간 특성
강점; 상상적인, 세련된, 섹시한
약점; 감정적으로 불안정한, 자기-파괴적인, 마음이 닫힌

▶ 명상
몸은 내적인 및 외적인 투사에 사용될지도 모르는 프리즘입니다.

▶ 조언
당신 자신을 드러내라, [겉으로] 시원시원해지는 것에 영속하는 미덕은 거의 현존하지 않는다.
당신 자신에게 가장 최고로 창조적인 것을 제공하라.
자기 연민은 독이다.

▶ 건강
이들은 자신의 주위환경에 민감하고, 그러므로 알레르기로 고통받을지도 모릅니다. 게다가 이들은 감정적으로 불안정하고, 짜증의 낮은 문턱을 갖고 있습니다. 이들은 자신이 욕구하는 주목을 끌지 못할 때, 우울하게 되고, 자해하게 되며, 좌절하게 될 수 있으므로, 가족과 친구들은 때때로 이들의 정신 건강에 대해 걱정해야 할지도 모릅니다. 일요일 산책부터 수영, 팀 스포츠까지 더 사교적이고 공공적인 천성의 운동을 하는 것은 장기적으로 이들에게 도움이 될 것입니다. (정기적으로) 성적인 만족은 이들에게 극도로 중요하지만, 특히 고정적인 동반자가 없는 사람에게는 성적으로 전염되는 질병에 관련하여 유념해야 합니다. 이들 중 여성은 정기적으로 산부인과 검사를 받아야 하고, 남성들은 나이가 들면서 주기적으로 전립선 검진을 받는 것이 조언됩니다.

▶ 수비학
21일에 태어난 사람은 숫자 3(2+1=3)과 21 그리고 확장적인 행성인 목성에 통치됩니다. 숫자 3에 통치되는 사람은 야심적이고, 때로는 독재적입니다. 숫자 21은 자주 신체적인 아름다움을 예시해주고, 이것은 11월 21일 여성에게 특히 유효할지도 모릅니다. 목성(궁수자리와 숫자 3의 통치자)의 겹친 영향력은 세상을 향한 확장적인 태도로 이끌지만, 명왕성(전갈자리의 통치자)의 영향력은 이들의 에너지에 어둡고 격정적인 자질을 빌려줍니다.

▶ 원형
21번째 메이저 카드는 에너지를 주는 봉을 손에 들고 달리는 여신을 그려내는 '세계'입니다. 세상이라는 고개를 넘어가서, 그 진실을 표출하는 그녀는 무한한 힘을 갖고 있습니다. 이 카드는 세속적인 차원에서 도달할 수 있는 모든 것을 상징합니다. 비록 보상과 통합이 보증될지라도, 전통적으로 그 카드는 산만함과 자기연민이라는 부정적인 특성뿐만 아니라 기념비적인 장애 및 운명의 퇴보도 또한 예시할 수 있습니다.

11월 22일
해방자의 날
The Liberator

▶ 심리구조

11월 22일에 태어난 이들 삶의 지배적인 테마는 해방입니다. 이들 중 여성은 자주 공정한 대우와 자율성을 요구하는 것에 목소리를 높이고, 어떤 대가를 치르더라도 자기 계발의 난관을 극복해낼 것입니다. 만약 어느 시점에 마침맞은 용기와 의지력이 부족하다면, 이들은 실로 한동안 좌절되는 느낌이 들지도 모르지만, 자유로워지려는 이들의 욕망은 빠르든 늦든 그 표현을 찾아냅니다. 이들 중 남자도 또한 영의 자유를 표출하지만, 높은 위치를 확보하면 자신이 이전에 반대했던 바로 그 압제자로 변절하는 것을 주의해야만 합니다.

이들은 타인들이 이들에게서 떠올리는 것에 대한 불안감이 없는 참신성을 과시합니다. 이들은 대체로 생활방식, 패션, 취향에 관련한 자신만의 규칙을 거리낌없이 만들어내고, 더 중요하게도 중요한 문제가 관련된 곳에서 이들은 자신만의 도덕적인 나침반이 가리키는 방향을 따릅니다.

이들은 자신만의 자유뿐만 아니라 타인들의 자유에도 또한 이해관계를 취합니다. 하지만 가정생활과 사회생활에서 권위나 불공정한 한정에 대한 이들의 도전은 때때로 마찰을 창조할 수 있습니다. 가정이든 작업이든 사교행사든 간에 모든 국면에서 이들은 더 수완적이 되고 어쩌면 조금 덜 도발적이 되려고 노력해야 합니다. 실로 계획을 망치는 이들의 성향은 이들에게 '말썽꾼'이라는 평판을 얻게 하고, 실상적인 변화를 확보할 시 아마 이들의 영향력을 위태롭게 할 수 있습니다. 그러므로 이들은 때때로 자신의 참된 의도를 숨겨야 하고, 더 교묘한 수단으로 자신의 목적을 추구해야 할지도 모릅니다.

이들 중 자신의 열망을 실현할 정도로 운이 좋은 사람은 좀처럼 자신의 성취에 안주하지 않습니다. 이들은 자신의 위치를 확보하는 것뿐만 아니라 자신의 협력자들과 동료들의 운명을 개선하는 데 열중합니다. 노동자의 권리, 승진, 혜택, 교육기회는 이들에게 관심사의 문제입니다.

부모로서 이들은 자신 자녀에 대한 복지와 계발에 대단한 이해관계를 보여주고, 때로는 지나치게 이해관계를 보여줍니다. 부모로서 이들 중 일부는 자신만의 혁명적인 믿음을 저버리면서, 자신의 자녀가 특정한 이념을 엄격히 고수하기를 고집합니다. 그 외 사람은 자신의 자녀가 자유사상가가 되어 자녀만의 주도권을 바탕으로 활동하기를 격려하지만, 그럼에도 현실적인 고려와 환경의 한계 탓에 이들의 접근법은 불만과 반란을 낳습니다. 그러므로 이들의 관심사와 주목에도 불구하고, 부모로서 이들은 가정에서 곤란한 상태에 들어가는 것으로 보입니다.

도전에 대한 이들의 욕구 때문에, 이들 중 성공적인 사람은 위치에 의한 변함없는 요구에 점차 불만족할 수 있고, 정해진 역할에 갇혀 있는 느낌이 들게 될 수 있습니다. 자주 이들은 개별자로서 자신의 입지를 확보하기 위해 싸우고 있었던 옛날을 그리워합니다. 이들에게 핵심은 과거를 황금빛으로 물들이고 현재의 관심사를 등한시하는 것보다 자신에게 가치 있는 목표를 계속해서 설정하는 것입니다.

▶ 일간 특성
강점; 자유를 사랑하는, 흥미진진한, 지칠 줄 모르는
약점; 억압적인, 곤란해지는, 지나치게 도발적인

▶ 명상
새장에 너무 오래 갇혀 있던 새는 놓아줄 때 날기를 바라지 않을지도 모릅니다.

▶ 조언
당신의 목적을 성취하기 위해 무대 뒤에서 조용히 작업하는 법을 체득하라.
부모로서 당신의 자녀에게 과중한 기대를 두는 것을 피하라.
당신만의 개인적인 문제와 자기 성장을 돌보라, 믿거나 말거나 세상은 잠깐 당신 없이도 꾸려나갈 수 있다.

▶ 건강
이들은 강력한 반대를 불러오고, 자신을 적으로 만들어내는 것에 관해 주의해야만 합니다. 자기 자신과 다른 생명체들을 제약에서 자유롭게 하려는 이들의 욕구는 자신의 젊은 시절에 흥분을 빌려주지만, 세월이 흐를수록 진부해질지도 모릅니다. 이들에게 대단한 도전은 불가피한 통증 및 아픔과 함께하는 자신의 노년을 우아하게 받아들이는 것입니다. 이들에게는 단지 가볍거나 적당한 운동만 권장되고, 노년기를 숨기기 위한 (수술이나 그 밖의 방법인) 모든 극단적인 노력은 의욕이 꺾입니다. 적당한 한도 내에서 비타민과 동종요법 치료제의 섭취는 제안됩니다.

▶ 수비학
22일에 태어난 사람은 숫자 4(2+2=4)와 22 그리고 불규칙하면서도 폭발적인 천왕성에 통치됩니다. 명왕성(전갈자리의 통치자)과 목성(궁수자리의 통치자)이 추가한 영향력은 11월 22일에 태어난 이들의 강력한 반항적인 경향뿐만 아니라 이들의 권위주의와 이상주의적인 독단주의도 또한 예고해줍니다. 숫자 4는 전형적으로 반란, 색다른 믿음, '규칙을 바꾸려는 소망'을 대변하고, 이것은 특히 11월 22일에 태어난 이들에게 모두 해당합니다. 숫자 22는 쌍수이므로, 매달 22일에 태어난 사람은 쌍둥이, 동시성, 대칭성 등 다층적인 종류의 이중성에 대한 이해관계를 구현할지도 모릅니다.

▶ 원형
22번째 메이저 카드는 몇몇 버전에서는 절벽의 가장자리를 부주의하게 걸어가는 모습을 보여주는 '바보'입니다. 일부 해석은 이성을 포기한 어리석은 사람으로 그이를 묘사하고, 다른 해석은 물질적인 고려사항에서 벗어난 고도로 영적인 존재로 묘사합니다. 긍정적인 의미는 저항을 단념해서 본능을 자유롭게 따르는 것을 포함하고, 부정적인 측면은 어리석은 활동, 충동성, 소멸입니다. 고도로 진화한 '바보'는 삶의 행로를 따라갔고, 그 교훈을 체험했으며, 자신만의 비전과 하나가 되었습니다.

11월 23일

불명예의 날
Irreverence

▶ 심리구조

11월 23일에 태어난 이들은 권위와 억압의 모든 명시적인 형식에 자신의 불쾌감을 보여주는 데 빠릅니다. 이들은 단순히 자신이 믿어야 하기 때문에, 무언가를 믿는 사람이 아닙니다. 이것이 이들이 신념이나 준수에 무능하다고 말하는 것이 아니라, 그것이 이들에게 정당화되고 가치가 입증되어야만 합니다. 만약 이들은 자신에게 떠맡겨진 규칙에 대한 존중이 부족하면, 자신이 느끼는 방식을 완벽히 명료하게 만들어내는 침묵으로든 아니면 몇 마디 선택적인 말로든, 아니면 신체적인 몸짓으로든 간에 반응할지도 모릅니다.

이들이 대립에서 비록 퇴각한 적이 있다고 해도 좀처럼 퇴각하지 않고, 이들의 가장 큰 문제 중 하나는 사실상 논쟁과 싸움을 도발하는 성향입니다. 이들은 고통받기가 어려움을 알아차리는 사람들이 이들 주위에 있을 때 대결적인 천성을 표출하고, 그래서 이들이 좋아하거나 사랑하거나 적어도 존중하는 사람과 동행하지 않는 한, 혼자 있는 것이 자주 가장 좋습니다.

이들은 각자의 방식을 서로 존중하는 것을 믿지만, 만약 자신이 도발받는다면 이들의 반응은 신속하고 가혹할 수 있습니다. 이들은 대개 특정 민감한 이슈들에 관해 신경이 예민하고, 이 이슈는 불운하게도 타인들이 눌러버리는 버튼이 될 수 있습니다. 따라서 이들의 영적인 훈련의 일부는 도발에 더 저항하는 방법을 체득하는 데, 즉 완전히 새로운 버튼의 세트로 덮어버리는 데 놓여 있습니다.

이들 중 대다수는 성장하는 동안에 적어도 자신의 부모 중 한 명과 마찰하는 커다란 척도를 경험합니다. 이런 반항적인 어린 시절의 패턴은 대개 성년기에도 여전히 이들과 그대로 함께하고, 이들이 마침내 갈등을 피하려고 자기 자신을 다시 프로그램하는 데 성공할 수 있을 때까지, 이들에게 심지어 40대와 50대까지 몇십 년이 걸릴지도 모릅니다. 이들이 화해하지 않았거나 충분히 환영받지 못했던 부모의 죽음은 파괴적일 수 있습니다. 그러므로 이들 중 부모와 해결되지 않은 갈등이 있는 사람에게는 현재[지금]와 같은 어떤 시간[기회]도 현존하지 않습니다.

이들은 대개 준비된 위트와 뛰어난 유머 감각을 갖고 있습니다. 만약 이 코믹 감각이 이들의 삶에서 제자리를 찾아내지 못했다면 그것은 계발되어야 하는데, 왜냐하면 이 코믹감각은 잠재적으로 폭발적인 많은 국면을 진정시킬 수 있기 때문입니다. 이들이 자기 자신을 비웃는 법도 또한 체득했을 때, 이들은 진화의 행로로 훨씬 진보했을 것입니다. 각양각색 형식의 영성은 대개 30대의 이들에게 등장하는 테마이지만, 앞으로 10년이나 20년간 꽃이 피지 않을지도 모릅니다. 생각, 의식, 이해심의 더 깊은 형식과 명상을 통해, 이들은 자신의 인격 중 더 부정적인 측면에서 자기 자신을 결국 해방시켜줄 수 있습니다. 불명예의 사람인 이들은 역설적으로 고도로 안정되고 심지어 믿을만한 인물로까지 계발되기 위한 대단한 잠재력을 보여줍니다.

이들이 작업 생활과 가족생활에 확립되는 것은 이들의 계발에 필수적입니다. 사업 문제나 가족 문제를 중심으로 전개하는 일상적인 구조를 설정하는 것이, 이들의 더 야생적인 본능을 정착시키고 진정시켜줍니다. 하지만 이들은 더 높은 목표를 향해 옮겨갈 때 자신의 들뜸을 활용해야 하고, 그렇지 않으면 이들은 갇히고 정체될지도 모릅니다.

▶ 일간 특성
강점; 개성적인, 자유분방한, 유머러스한
약점; 대결적인, 고립된, 충동적인

▶ 명상
불명예는 불명예 자체를 '너무 심각하게' 붙잡지 말아야 합니다.

▶ 조언
[눈치가 빠른] 당신의 반응을 제대로 다루라.
타인들이 당신의 [감정적인] 버튼을 누르지 못하게 하라.
객관성을 계발하라. 뒤로 물러서서 당신 자신을 관찰하라.
요람에서 무덤까지 성장하기를 절대 멈추지 마라.

▶ 건강
이들은 신경질적일 수 있고 고립과 거절을 느끼기 쉬울 수 있습니다. 정신적으로 또 감정적으로 안정된 상태를 지속시키는 것이야말로 이들에게는 요구가 많으나 보람되게도 또한 해주는 도전입니다. 이들은 비판이 환영받든 아니든 이들의 길에 다가올 것이기 때문에, 가능하면 비판에 여전히 마음을 열려고 노력해야만 합니다. 이들이 자기 자신에게 뿌리내려서 자신의 삶을 위한 철학적인 혹은 종교적인, 정신적인 기반을 궁극적으로 탐구하지 않는 한, 이들의 정신 건강은 위태로울 수 있습니다. 대체로 이들은 물질에 대한 감각이 좋고 식탁과 침대의 즐거움에 대한 좋은 느낌을 갖고 있습니다. 만약 이들이 풍미있고 기름진 음식에 대한 갈망에 굴복한다면, 이들의 식단은 엉망이 될 수 있습니다. 비록 이들이 운동을 자신의 삶 속에 정기적으로 프로그램하기가 어려울 수 있지만, 이들은 할 수 있을 때마다 무리하지 않고 운동해야 합니다.

▶ 수비학
23일에 태어난 사람은 숫자 23(2+3=5)과 5 그리고 신속한 행성인 수성에 통치됩니다. 수성은 생각과 변화의 빠름을 대변하므로, 숫자 5에 통치되는 사람은 정신적으로 과잉반응할 뿐만 아니라 대단히 주기적으로 자신의 마음과 물리적인 주위환경도 또한 바꿀 가능성이 있는 자기 자신을 알아차릴지도 모릅니다. 수성, 명왕성(전갈자리의 통치자), 목성(궁수자리의 통치자)의 조합은 단지 이런 경향을 예고해줄 뿐이고, 이들은 돈으로 오산하는 것을 조심해야만 합니다. 하지만 숫자 5에 통치되는 사람은 인생에서 맞닥뜨리는 어떤 힘든 역경이나 함정을 겪을지라도, 대개 빨리 회복됩니다. 숫자 23은 해프닝에 결부되고, 11월 23일에 태어난 이들을 위해 이것은 흥미롭거나 유별난 경험을 위한 욕망을 예시해줄지도 모릅니다.

▶ 원형
다섯 번째 메이저 카드는 인간의 이해심과 신념을 상징하는 신성한 신비에 관한 해석자인 '사제'입니다. 그의 지식은 난해하고, 그는 보이지 않는 만사만물에 대한 권위를 갖고 있습니다. 이 카드가 수여하는 호의적인 특성은 자기-보증성과 통찰력이고, 비호의적인 특성은 설교하기, 호언장담, 독단주의를 포함합니다.

11월 24일
논박적인 연회의 날
Contentious Conviviality

▶ 심리구조

11월 24일에 태어난 이들은 자신의 노력에 대해 환영받으려는 격렬한 욕구를 갖고 있는 활달한 사교적인 존재입니다. 이것은 이들이 혼자서 상당한 시간을 보낸다는 점을 말하는 것이 아니라, 다만 이들의 삶을 힐끗 보는 것만으로도 이들의 친구와 지인들이 이들에게 얼마나 특별한지를 보여줄 것입니다. 이들 자신은 실로 자신을 매우 충직한 친구로도 또 매우 나쁜 적으로도 만들어냅니다.

고도로 논박적인 이들의 천성은 이들을 언쟁과 난관에 빠뜨릴 수 있지만, 성공을 향한 이들의 추진력도 또한 부채질할 수 있습니다. 이들은 문제를 피하려는 사람이 아니고, 비록 필요할 때 타인들을 진정시키는 데 유능하지만, 어떤 국면의 진실을 당당하게 직면하는 것을 선호합니다. 토론에 대한 이들의 사랑은 대개 중요한 사회적이고 철학적인 배출구 역할을 합니다. 이들은 생각을 도발하는 화제에 대해 열띤 토의에 참전할 때 더 행복합니다.

자주 신체적인 또는 심리적인 근거를 갖는 개인적인 별스러움 때문에, 이들은 자신이 타인들과 다른 틀에서 발탁된다는 뚜렷한 느낌을 일찍이 갖고 있습니다. 이것은 이들도 대다수 사람처럼 집단의 일원으로 매우 많이 수용되고 싶으므로, 이들에게 기쁘게 하는 느낌이 아닐지도 모릅니다. 정상임을 느끼려는 원정은 실로 이들의 가장 높은 우선순위 중 하나가 될 수 있고, 어울리려는 이런 욕망은 이들로 하여금 부정적인 영향에 최고로 취약하게 만들어냅니다.

이들이 아무리 속편한 실존을 바라더라도, 이들은 내부적인 도전 및 외부적인 도전에 시달리게 될 것입니다. 이것이 재미있게 보내려는 욕망을 부채질하거나 반면에 고립되어 피난처를 탐구하는 성향을 부채질하고, 아니면 어쩌면 이런 욕망과 성향의 두 가지 도피 사이를 오락가락하도록 자주 부채질합니다. 하지만 자신에게 자기-가치와 소속의 느낌을 주면서, 또 자신이 결국 다른 누군가와 그리 다르지 않을지도 모름을 자신에게 확신시키면서, 더 심오한 수준에서 자신을 인간 존재로 유효하게 해주는 것은 바로 이들의 의미있는 사회적인 관계의 성공입니다.

이들은 생동적이고 재미있는, 즉 자신의 주위 삶에 참여할시 도움되고 지각력이 있으며 대체로 긍정적입니다. 드물지 않게 이들은 유쾌한 만찬부터 생동적인 파티까지 망라하는 사교적인 행사에서 자신을 보호해주고, 자신의 진가를 알아주는 한 무리의 친구들로 (혹은 최소한 결속된 집단으로) 자기 자신을 둘러쌀 것입니다. 친구들과 함께 먹고 마시는 것이야말로 이들의 가장 주된 기쁨 중 하나입니다.

사실 그대로 자기 자신을 받아들이게 (그리고 그렇게 하는 것을 통해 현실도피하려는 욕구에서 벗어나게) 되는 이들은 안정되고 생산적인 삶을 구축할 수 있습니다. 게다가 이들은 자기 자신과 타인들 사이의 차이점이야말로 강인함이고, 또 그것이 자신이 경력적으로 훨씬 더 대단한 이바지를 만들어낼 수 있는 독특한 역할로 자신을 발탁하도록 돕는다는 점을 알아차릴지도 모릅니다.

▶ 일간 특성
강점; 충직한, 활기찬, 참여하는
약점; 현실 회피적인, 고립된, 논쟁적인

▶ 명상
영은 우주의 음식과 음료입니다.

▶ 조언
당신의 삶을 균형잡도록 노력하라.
당신 자신에게 더 책임감 있고, 자신에게 최선인 것을 깨달으라.
당신의 문제에서 도망치지 마라.
만약 당신이 정상적이지 않다면, 그것을 받아들이고 즐기라.

▶ 건강
이들은 자기 자신을 즐기는 것을 사랑하고, 그러므로 훌륭한 요리사나 요리 감식가가 되는 것은 이들에게 대단한 쾌락을 줄 수 있습니다. 하지만 이들은 (일반적으로 중독이 문제가 될 수 있는) 술이나 살찌는 음식의 파도에 휩쓸리지 않도록 노력해야만 하고, 그렇지 않으면 이들의 심혈관계와 소화기 계통은 직접적으로 고통받을 것입니다. 이들은 자주 신체적인 복합운동을 할 의향이 있으므로, 특히 테니스, 에어로빅 및 팀 스포츠가 관여하는 모든 종류의 활기찬 활동을 발굴해내야 합니다. 이들의 정신 건강 상태는 이들이 자신 문제의 근원을 얻기 위해 무언가를 하지 않는 한, 주기적으로 불안과 우울증을 반영할 수 있습니다.

▶ 수비학
24일에 태어난 사람은 숫자 6(2+4=6) 및 금성에 통치됩니다. 숫자 6에 통치되는 사람이 사랑과 찬양을 끌어들일 시 자석 같기 때문에, 또 금성이 사회적인 상호작용에 강하게 연계되므로, 11월 24일에 태어난 이들 중 일부 사람이 쾌감에 대한 추구에 빠져버리는 것은 바로 대단한 유혹입니다. 금성의 영향력이 전갈자리의 통치자인 명왕성의 영향력 및 궁수자리의 통치자인 목성의 영향력과 짝지어지므로, 중독과 공상을 지향하는 상태를 향한 성향이 여기서 예시됩니다. 사랑은 자주 숫자 6에 통치되는 사람의 삶에서 지배적인 테마가 됩니다.

▶ 원형
사랑을 상징하는 '연인'인 여섯 번째 메이저 카드는 남성성과 여성성이라는 양극성의 통합을 통해 인간성의 모든 것을 하나로 묶는 최종 지점에 중점을 둡니다. 이 카드가 좋은 면에서는 높은 도덕적인, 미적인, 신체적인 차원의 애정과 욕망을 예시하고, 나쁜 면에서는 충족되지 않은 욕망, 감상성, 우유부단함을 예시합니다.

11월 25일

지속적인 노력의 날
Sustained Effort

▶ 심리구조

11월 25일에 태어난 이들은 긴 여정을 위해 자신의 에너지를 절약하는 방법을 알고 있습니다. 하지만 이것은 이들이 상황이 발생하기를 기다린다는 점이 아니라, 이들이 상황을 발생하게 만든다는 점을 암시합니다! 역동적이고 생산적인 이들은 자신에게 존엄을 빌려주는 쌓아두는 면도 또한 자신의 성격에 갖고 있습니다. 일상의 업무에서 아무리 활달하더라도 일대일 관계에서 이들은 민감하고 심사숙고하며 심지어 조용한 성격까지 드러냅니다. 이들이 표출하는 풍부한 에너지에 관해 혼돈된 어떤 것도 현존하지 않고, 비록 그 에너지는 역동적이나 고르고 부드럽게 흐릅니다.

이들은 작업하는 것과 혼자 있는 것 양쪽을 자주 선호하지만, 이들의 삶에서 틀림없는 테마는 다른 강력한 개별성에 대한 (대개 [사랑의 형식으로서] 탄생이나 결혼, 계승을 통한) 집착입니다. 한동안 이들은 그 개별성에 의해 가려질 수 있지만, 빠르든 늦든 그 개별성을 혼자서 만들어내기 위해 벗어날 것입니다. 그 관계는 조화롭고 공생적인 방식으로 여러 해 동안 지속될 수 있지만, 자주 죽음이나 이혼, 노골적인 반란을 통해 이들은 자신만의 권리 속에서 권력으로 등장하고, 분리와 뚜렷한 인정을 요구합니다. 그런 국면은 이들이 어린 시절에 자주 한 명 이상의 로맨틱한 인물에 대한 찬양을 포함하는 꿈과 공상 때문에 생깁니다.

이들이 유능하고 재능있는 개별성을 깊게 찬양한다는 점은 놀랍지 않은데, 성취는 이들을 위한 신입니다. 이들은 자신에게 주어진 분야에서 대단한 성공을 실현하도록 내몰리고, 성공하는 데 실패한다면, 이들은 몰락과 깊은 우울증이라는 고통을 겪을 수 있습니다. 또 다른 위험은 이들이 너무 열심히 또 효과적으로 작업할 수 있어서, 자기 자신으로 하여금 자신에게 의존하는 사람들에게 절대 필요하도록 만들어내고, 그러므로 다른 노력으로 옮겨가거나 생활방식에서 유연해지거나 혹은 심지어 은퇴하는 것조차 힘듦을 알아차린다는 점입니다. 대개 집에서 갖는 한 가지 이상의 취미가 단지 이들의 정규적인 직무를 대체하기 위해 기다리고 있는 것이고, 특히 인생 후반부에 이들은 묵상과 영적인 연구의 삶으로 은신하기를 바랄지도 모릅니다.

가장 자주 이들은 경력에서 첫째로 탁월함을 두고, 둘째로 권력을 두며, 셋째로 돈을 둡니다. 하지만 이들은 또한 기부하고 있고, 자신의 행운을 (물론 자신만의 방식으로) 주저하지 않고 나눕니다. 실로 이들은 대개 잘 일으켜 세운 가족의 형식이든, 부와 재산의 형식이든, 예술이나 과학에 대한 이바지의 형식이든 간에 훌륭한 유산을 남겨줍니다.

고도로 도덕적인 감각이 이들의 성격으로 구축되어 있습니다. 때때로 옳고 그름에 대한 이들의 체계화된 발상 때문에, 이들은 타인들에게 자신의 가치 체계를 강요하는 것을 피해야 합니다. 이들이 점차 지나치게 경직되고 권위주의적이 되는 것도 또한 마음 써야만 합니다. 모든 유형의 기대는 이들에게 어려움을 창조할 수 있습니다. 그러므로 사람과 상황에 관해 모든 관련된 것을 정태적인 자세와 관계로 가둬버리는 융통성 없는 의견을 형성하지 않으려고 저항하는 것이야말로 이들의 장기적인 이해관계입니다.

▶ 일간 특성
강점; 항상적인, 빈틈없는, 성취하는
약점; 함부로 판단하는, 경직된, 권위주의적인

▶ 명상
두 겹의 원리는 하나의 노력에 가담한 두 사람에게 두 배 이상의 훨씬 더 많은 에너지를 부여해줍니다.

▶ 조언
비판적이 되고 비난하게 되는 것을 주의하라.
독자적으로 당신 자신을 확립하라, 해로운 집착과 공상을 피하라.
당신의 강박상태를 느슨하게 하고, 더 이야기하기 좋아하는 것을 목표로 하라.

▶ 건강
이들은 대개 삶을 향해 고도로 항상적이고 긍정적인 태도를 표출합니다. 하지만 이들은 자신의 에너지를 소비하는 방법을 조심해야만 하고, 부러움이나 욕망을 통해 눈길을 끄는 태도로 자신에게 달라붙기를 바라는 사람들을 주의해야 합니다. 따라서 이들은 약간 더 방어적이 되어야 할지도 모르고, 거절하는 법을 체득해야 할지도 모릅니다. 이들은 나이가 들면서 자신의 다리 문제를 각별하게 보살펴야 하고, 정맥류 및 유사한 것 같은 순환기 문제를 예의 주시해야 합니다. 이들은 주위 여건 탓에 과식하는 경향 또는 먹는 것을 완전히 잊어버리는 경향이 있으므로, 식습관에 더 주목해봐야 합니다. (단백질 요구 사항은 유제품 및/또는 육류, 가금류 또는 생선을 통해 충족되어야 할지도 모르지만) 신선한 채소에 중점을 두는 정기적으로 예정된 식사가 권장됩니다. 운동이나 운동 부족은 이런 활동적인 사람들에게 좀처럼 문제를 나타내지 않습니다.

▶ 수비학
25일에 태어난 사람은 숫자 7(2+5=7) 그리고 물같은 행성인 해왕성에 통치됩니다. 해왕성과 목성(궁수자리의 통치자) 사이의 연관성은 상속된 선물과 높은 이상주의, 자비심을 신호로 알려줄 수 있지만, 반면에 모든 종류의 비실상적이고 그릇되게 이끄는 비전도 또한 지적해줄 수 있습니다. 숫자 7에 통치되는 사람은 전통적으로 변화와 여행을 좋아합니다.

▶ 원형
일곱 번째 메이저 카드는 세상을 누비는 의기양양한 인물을 보여주면서, 역동적인 방식으로 자신의 신체적인 존재감을 구현하는 '전차'입니다. 그 카드는 올바른 행로가 아무리 좁고 위태롭더라도 [그 행로를] 계속해야 한다는 의미로 해석될지도 모릅니다. 이 카드의 좋은 면은 성공, 재능, 효율성을 배치해주고, 나쁜 면은 독재적인 태도와 서툰 방향 감각을 제안합니다.

11월 26일
변별적인 태도의 날
Distinctive Manner

▶ 심리구조

11월 26일에 태어난 이들은 대다수 상황에 응할 때 남다른 변별적인 태도를 표출합니다. 기준의 틀에서 거의 벗어나지 않는 이들은 자신의 동료 인간 존재에게 거리를 둡니다. 이들의 발상은 철학적이고 확장적인 쪽으로 향하는 경향이 있지만, 동시에 두드러지게 실용적이고 세상 물정에 밝은 특색을 구현합니다.

업적과 성취에 고도로 집중함에도 이들은 자신만의 창조적인 작업이나 개인적인 계발을 세상이 제안하려고 갖고 있는 모든 명예와 보상보다 더 중요한 것으로 간주합니다. 이들 중 일부는 심지어 생활하는 것 자체를 창조적인 노력으로까지 바라보게 되고, 따라서 매일의 풍부한 경험을 깊이 중시합니다. 하지만 동시에 이들의 마음은 가장 공상적이고 낭만적인 발상과 함께 날아오릅니다.

이들이 자신의 성격에서 실용적인 면과 상상적인 면 중 하나를 포기하는 것은 불가능하므로, 두 면에 대한 종합을 시도해야만 합니다. 이런 외견상 모순은 수년 동안 이들이 갖고 있는 에너지의 대단한 부분을 차지할 수 있지만, 만약 이들이 이런 모순된 면을 조화시킬 방식을 찾아낼 수 있다면, 성취하는 데 유능한 이들의 업적에는 어떤 끝도 현존하지 않습니다.

이런 종합의 열쇠는 대개 삶의 경험이지만, 이 종합이 일어날 때까지 이들은 기본적으로 논리적이고 실용적인 노력부터 더 공상적인 노력까지 몇 년에 한 번씩 이리저리 널뛰는 자기 자신을 알아차릴지도 모릅니다.

성공의 어떤 척도는 두 영역 중 하나에서 달성될지도 모르지만, 이들의 잠재력 일부가 낭비되고 있다는 막연하게 만족하지 못하는 느낌은 끈질기게 존속할 것입니다.

일차적으로 이들의 개인주의 및 자유에 대한 사랑이 영구적인 동무에 대한 이들의 욕구를 자주 능가하는 탓에, 연인과 갖는 관계는 이들에게 문젯거리가 될 수 있습니다. 이들 중 다수는 번갈아 열렬하고 냉정한, 즉 영속하는 공헌을 만들어낼 능력이 없거나 기꺼이 만들어내지 않습니다. 대개 연인보다 동성의 친구를 더 고도로 중시하는 이들은 동성의 친구에게 더 충실할 뿐만 아니라 그들과 더 대단하게 친밀해지는 데도 또한 유능합니다. 하지만 결국 이들 자신은 대개 관계에서 때때로 다가오는 거절을 이들이 감지하고 충동적으로 활동하는, 일종의 '선제 타격'하는 정신상태에 의해 거절하는 사람입니다. 따라서 이들은 자신이 관여하는 사람들에게 위험한 사람일 수 있습니다.

말할 필요도 없이, 이들은 결혼이나 '자녀를 책임지는 것'에 관해 마음이 내키지 않을 수 있습니다. 이들 중 독신으로 지내기로 선택한 사람은 혼자서 삶을 겪어가면서 때때로 불행할지도 모르지만, 독신이 불변의 영구적인 국면에 묶이게 되는 것보다 낫다고 느낍니다. 이들 중 독신 유형은 자신의 개별성을 내세우는 것을 좋아하고, 사회적인 도덕관이 너무 억압적이 될 때는 그 개별성을 내세우기가 어려움을 알아차립니다. 하지만 동시에 이들 중 대다수는 감정적으로 헌신적이든 아니든 간에 일단 자신이 실상적으로 하고 싶은 것이 무엇인지 파악하고, 자신의 인격에서 이질적인 요소들을 통합하면, 사회에서 잘 활약하게 됩니다.

▶ 일간 특성
강점; 호기심을 자극하는, 자유분방한, 독특한
약점; 곤란해지는, 우유부단한, 일관성이 없는

▶ 명상
호흡의 리듬은 생명을 위한 항상적인 반주(伴奏)입니다.

▶ 조언
타인들과 잘 지내기 위한 노력을 만들어내라.
당신은 당신이 생각하는 것보다 더 평범할지도 모른다.
당신의 가슴을 따르라, 당신의 사랑을 주는 것을 두려워하지 마라.

▶ 건강
이들은 대개 신체적으로 그리고/또는 정신적으로 매우 활달합니다. 이들 중 더 정신적인 유형은 자신의 몸에 공들여야 할지도 모르고, 그 공들이기를 잊어버리고 등한시하는 경향이 있습니다. 이들 중 더 신체적인 유형은 대개 체육적인 경기나 섹스의 경기에서 몸을 혹사하고, 자주 대담하고 위험한 착취에 끌려듭니다. 신체적인 유형은 아래쪽 등과 다리의 부상에 특히 주의해야만 합니다. 심리학적으로 이들은 자기 자신을 너무 많이 고립시키지 않도록 해야만 하고, 자신의 남다름이나 예외적인 자질이 자신을 정상적인 사회 생활에 부적합하게 만든다고 느끼는 것을 피해야 합니다. 이들은 표준적인 요리에 싫증을 내면서 나쁜 식습관에 빠져드는 경향이 있으므로, 자신의 요리 생활을 흥미롭고 다양하게 유지하기 위한 노력을 만들어내야 합니다.

▶ 수비학
26일에 태어난 사람은 '숫자 8(2+6=8)' 및 '책임에 대한 강한 느낌 및 그 느낌에 동반된 경계심, 제한, 숙명론을 향한 성향을 운반해주는 토성'에 통치됩니다. 하지만 (궁수자리를 통치하는 팽창과 낙관주의의 행성인) 목성의 효력도 또한 느끼는 이들에게 이런 대조적인 영향력 사이에서 불가피한 갈등이 일어납니다. 그 귀결로 11월 26일에 태어난 이들은 번갈아 희망적이고 비관적일지도 모릅니다. 숫자 8에 통치되는 사람은 자신의 삶과 경력을 더디고 조심스럽게 자주 구축합니다. 비록 이들의 가슴이 사실상 꽤 따뜻할지도 모르지만, 숫자 8에 통치되는 사람의 토성적인 영향력은 자주 이들에게 차갑거나 거리를 두는 외관을 과시하게 합니다.

▶ 원형
여덟 번째 메이저 카드는 사나운 사자를 길들이는 우아한 여왕을 그려내는 '강인함이나 용기'입니다. 여왕은 반항적인 에너지를 마스터할 수 있는 여성 마법사를 상징하고, 신체적인 강인함뿐만 아니라 도덕적인 강인함을 표징합니다. 이 카드의 긍정적인 속성은 카리스마와 성공하려는 결단을 포함하고, 부정적인 자질은 무사안일과 권력남용을 포함합니다.

11월 27일
감전되는 흥분의 날
Electrifying Excitement

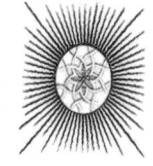

▶ 심리구조

11월 27일에 태어난 이들은 흥분을 산출하거나 아니면 흥분되는 국면에 끌려들고, 혹은 양쪽 다입니다. 이들은 빨리 움직이고, 전기적인 자질이 이들의 노력에 스며드는 것으로 보입니다. 이들은 극도로 충동적일 수 있고, 자신이 바른 코스로 나아가고 있는지 자문하기 위해 좀처럼 멈추지 않습니다. 자주 이들의 직감이 정확하지만, 이들은 많은 심각한 곤경에도 또한 빠르게 빠져버릴 수 있습니다.

내부적으로도 외부적으로도 항상적이고 빠르게 움직이고 있는 것으로 보이는 이들은 자신이 신경질적인 유형이라고 타인들에게 자주 각인시킵니다. 이들은 마감일을 맞추기 위해 엄청난 에너지를 발휘하는 데 유능하고, 그러므로 작업팀에 뛰어난 증원 인력입니다. 비록 비권위주의적인 유형인 이들이 자신에게 놓인 한정에 대해 반항하는 경향이 있고, 타인들을 단련시켜야만 하는 자신의 역할에 마찬가지로 불편할지라도, 이들은 기법적으로도 감정적으로도 자신의 협업자들이 욕구하는 것에 대한 본능적인 느낌도 또한 갖고 있고, 이런 이유로 자신을 뛰어난 보스로 만들어갑니다. 활동에 대한 절대적인 자유는 이들의 일차적인 필요조건이고, 오직 이것을 이해하는 사람들만이 이들과 조화롭게 살아갈 능력이 있습니다.

이들 중 '완강한 생활방식'이나 '경직된 도덕적인 동반자'에 묶여 있는 어떤 사람에게도 좌절감은 확실합니다. 그런 좌절감은 조급함과 기질의 발작으로 갑자기 분출될 수 있습니다. 분노는 명시적으로 표현되든, 안쪽 아래로 두들겨 넣어지든 간에 이들에게 자주 심각한 문제입니다. 그렇게 넣어지는 경우, 그런 감정은 우울증과 낮은 자기-우대의 느낌으로 쉽게 변질될 수 있습니다.

이들의 최고치는 [구름 위에 들뜬] 성층권이고, 최저치는 파국입니다. 하지만 대개 이들은 '순환적으로' 오락가락하지 않지만, 즉 좋거나 나쁜 기간이 '한동안' 지속하지만, 이들이 명백히 '오랫동안' 작동하고 있지 않은 국면에 머무르는 것은 매우 어렵고, 감사하게도 이들의 들뜬 기간은 '더 오래' 지속되는 것으로 보입니다.

이들은 아이와 동물을 사랑하고 자신의 집을 편안하고 안전하게 만들어내기를 사랑하므로, 가족 국면에서 놀랍도록 잘 할 수 있습니다. 불운하게도 이들은 있을 것 같지 않은 조합인 '이런 안정성' 및 '배회도 또한 하는 자유'를 모두 갖고 있을 때 가장 행복합니다. 이들의 비권위주의적인 태도 덕에, 이들은 자신의 자녀를 친구나 형제자매처럼 대하는 데 더 편안함을 느낄지도 모릅니다. 이것은 강한 아버지상이나 어머니상에 대한 욕구를 느껴서 다른 곳에서 찾아봐야 하는 자녀들에게 실상적인 문제를 유발할 수 있습니다.

폭력은 이들 중 다수의 삶에서 도드라진 모습으로 나타나는 테마입니다. 이들 자신은 폭력적이 되기 쉽고, 아니면 자신의 주위환경에 불가해하게 폭력을 불러들입니다. 자신의 에너지를 안정시키고, 뒤틀림과 격변에 대처하며, 거친 파도를 진정시키는 법을 체득하는 것은 이들에게 대단한 영적인 도전입니다. 이들의 개인적인 진화는 대개 이런 에너지를 이해하고 전환하는 이들의 수용력에 직접적으로 비례하여 성장할 것입니다.

▶ 일간 특성
강점; 빠른, 직감적인, 흔쾌히 하는
약점; 경솔한, 반항적인, 좌절감을 품는

▶ 명상
잘 훈련된 말이 반드시 야생마보다 덜 흥분하는 것은 아닙니다.

▶ 조언
당신 안의 폭풍을 통제하고 그 힘을 건설적으로 인도하라.
당신 자신을 조금 더 잘 이해하도록 노력하라.
도움이나 용서를 요청하는 것을 두려워하지 마라.

▶ 건강
이들은 매우 자주 흥미진진한 경험에 관여하기 때문에, 신경계와 근육 체계는 주기적으로 지나치게 스트레스받고 과로하게 될지도 모릅니다. 심지어 이들의 외견상 무한한 에너지조차도 결국 파탄의 지점에 도달합니다. 따라서 특히 나이가 들면서 스스로 속도를 조절하는 것이 매우 중대합니다. 안정되고 이해심이 많은 동무를 찾아내는 것은 대단히 도움될 수 있지만, 앞서 언급된 것처럼 이들의 특징적인 성격은 어려운 쪽으로 이들을 만들어갑니다. 느긋한 환경에서 차분하게 식사하는 것, 정기적인 수면 습관을 유지하는 것, 따뜻함과 애정을 즐기는 것은 시간이 지나면서 이들에게 놀라운 일을 할 것입니다. (뿌리채소, 빵, 현미 및 기타 곡물, 파스타, 세심하게 선택된 육류 또는 닭의) 토속적인 음식들은 이들을 지속적으로 뿌리내리도록 도움을 줄 수 있습니다.

▶ 수비학
27일에 태어난 사람은 숫자 9(2+7=9) 및 화성에 통치됩니다. 숫자 9는 (이를테면 5+9=14, 4+1=5처럼 9를 더한 어떤 숫자도 그 숫자가 되고, 9×5=45, 4+5=9처럼 9를 곱한 어떤 숫자도 9가 되므로) 다른 숫자에 대한 영향이 강력하고, 11월 27일에 태어난 이들도 비슷하게 영향을 끼칩니다. 강압적이고 공격적인 화성 에너지는 이들에게 단지 궁수자리의 통치자인 확장적인 행성인 목성의 효력을 통해서 취급범위가 넓어질 뿐입니다. 이들은 (이 화성-목성의 조합이 이들에게 부여한) 실상적인 불기운, 열의, 에너지를 갖고 있습니다.

▶ 원형
아홉 번째 메이저 카드는 대개 등불과 지팡이를 들고 걷는 것으로 그려지는 '은둔자'이고, 그는 명상, 고립, 침묵을 대변합니다. 그 카드는 확고해진 지혜와 궁극적인 단련도 또한 암시합니다. 은둔자는 양심에 의한 동기를 부여해 타인들로 하여금 그들의 행로로 나아가게 해주는 임무 감독관입니다. 이 카드는 이들이 계발하려고 욕구할지도 모르는 특징에 대한 길을 지적해줍니다. 이 카드의 긍정적인 면은 집요함, 목적, 심오함, 집중력이고, 부정적인 자질은 교조주의, 불관용, 불신, 만류를 포함합니다.

11월 28일
고독한 늑대의 날
The Lone Wolf

▶ 심리구조

11월 28일에 태어난 고도로 격렬한 이들은 자신만의 코스를 추구해야만 합니다. 살아있는 역설인 이들은 공격성과 민감성을 독특하게 조합해서 가족과 친구들을 놀라게 하는 것을 절대로 그만두지 않는 복잡한 사람입니다. 이들의 이데올로기는 이들에게 매우 중요하지만, 당황하게 하는 방식에서, 즉 아이러니와 높은 진지함이라는 미궁을 통해 이르게 하는 그 이데올로기 자체의 복잡한 뒤얽힘에서 바뀔 수 있습니다. 이를테면 이들이 보수적인지 진보적인지, 우파인지 좌파인지, 사회질서의 옹호자인지 무권위적인 저항세력인지 결단되기가 어려울지도 모릅니다. 그런 용어는 결국 이들의 사고 패턴을 참조하는 데 의미를 거의 갖고 있지 않고, 그 패턴은 이들만의 용어로 이해되어야만 합니다.

이들은 타인들에게 신체적인 유형인 것처럼 보이지만, 이들의 일차적인 공세는 정신적이고, 심지어 지적이기까지 합니다. 자신의 사회적인 신분이나 직업이 무엇이든 간에, 이들은 이미 만들어진 어떤 신조나 믿음 체계에도 복종하기를 거부하면서 자주 자신의 사례를 주장하는 것이 발견될 수 있습니다. 이들은 기본적으로 독학하는 사유가이고, 이들 중 다수에게 학교는 가장 좋게 봐도 골칫거리며, 가장 나쁘게 보면 감금입니다. 이들은 자신이 절대적인 진술 및 모든 유형의 일반화에 저항하기 때문에 상반된 관점을 취하는 것에 강력한 애호를 갖고 있습니다.

신랄한 유머를 즐기는 이들은 재치와 아이러니를 자신의 반대자에 대한 강력한 무기로 사용하고, 자신만의 견해를 명확히해서 그 견해에 형태를 부여하기 위한 수단으로도 또한 사용할 것입니다. 하지만 이들은 솔직담백한 진지함이라는 인상을 가장 자주 만들어냅니다. 이들은 대개 자신만의 개인적인 대혼란에 감정적으로 휘말립니다. 낭만적인 관계는 빈번하게 표면화될지도 모르지만, 이들은 이 영역에서 안정성을 유지하는 데 막대한 어려움을 갖고 있습니다.

반면에 이들의 우정은 대개 바위처럼 견고하고, 고도로 의미가 있습니다. 자신만의 길을 가고 자신만의 일을 하는 이들에게 관여하는 사람은 까다롭고, 미치게 하며, 고집적이고, 모순적인 경험을 절대 잊지 못할 것입니다. 이를테면 이들은 가장 관대한 사람에 속할 수 있지만, 어떤 때는 가장 이기적일 수 있습니다. 이들의 선함과 참된 천성은 자주 비판적이고 분석적인 어른의 마음보다 동물과 어린아이에 의해 순전히 직감적인 수준에서 더 쉽게 이해됩니다. 자연세계와 동물세계에 대한 사랑은, 실망스럽고 불확실한 인간 경험에서 항상적으로 도피하는 이들의 유일한 곳이면서, 사실 이들에게 신성합니다.

어쩌면 이들의 가장 대단한 문제는 자기 자신을 이해하게 되는 것이고, 자신의 복잡하고 까다로운 인격을 바로잡을 능력이 있는 것입니다. 대개 이들로 하여금 더 객관적인 빛으로 자기 자신을 바라보지 못하게 방해하는 것은 바로 들끓는 감정입니다. 이들 중 다수는 과도한 자기-관여로 보이는 것에서 도피하기 위해 자신의 작업을 이용합니다. 인식의 네 가지 중대한 재능인 지성, 감성, 직감, 감각이 관련되는 거대한 노력이, 이들에게 균형을 가져오기 위해서 만들어져야만 합니다. 그제야 이들은 자신의 개인적인 계발 속에 진보하게 되고, 자신의 주위 사회에 대한 수용법을 체득할 수 있습니다.

▶ 일간 특성
강점; 심오한, 천성적인, 감정적으로 민감한
약점; 반박적인, 혼란스러운, 독단적인

▶ 명상
아이와 연장자는 신과 가장 가깝습니다.

▶ 조언
당신의 신체적인 에너지를 위한 배출구를 찾아내라.
당신 자신을 더 잘 이해하도록 노력하라.
당신이 타인의 발상에 적용하는 것처럼 같은 기준을 당신 자신만의 발상에도 적용하라.
먼저 내부적인 질서를 안배함으로써 당신의 삶을 바로 잡으라.

▶ 건강
이들은 안전한 가정의 평화와 평온을 욕구합니다. 어쩌면 이들의 주위환경에 있는 혹은 식물과 애완동물에 의해 공급되는 자연에 접속하는 것도 또한 이들에게 대단히 중요한 일에 속합니다. 채식 식단이 이들에게 적합할지도 모르지만, 심지어 육류를 먹는 사람들 조차도 신선한 채소, 빵 및 유제품에 대해 중점을 증가함으로써 이득을 얻을 것입니다. 술을 포함해 마약으로 도피하는 모든 것은 단속하는 눈으로 살펴져야만 합니다. 이들은 기관지 질환을 주의해야만 하고, 특히 흡연자는 심지어 금연이라는 조언을 매번 똑같이 들을지라도 정기적인 폐 검사를 받아야 합니다. 여기서 신체적인 움직임에 대한 사랑은 모든 종류의 스포츠와 신체 훈련에 대한 자연스러운 이해관계를 창조합니다.

▶ 수비학
28일에 태어난 사람은 숫자 1(2+8=10, 1+0=1) 및 태양에 통치됩니다. 숫자 1에 통치되는 사람은 고도로 개별적이고, 규정된 관점이 있으며, 정상에 오르기를 열망합니다. 11월 28일에 태어난 이들은 지배적인 유형이 되는 경향이 있기에, 자신의 권력을 향하라는 몰아댐에 압도되는 것을 조심해야만 합니다. 태양은 통제에서 벗어나 산발적으로 타오르게 허용되기보다 꾸준히 흐르도록 유지되어야 하는 강한 창조적인 에너지와 불기운을 운반해줍니다. 궁수자리의 통치자인 목성과 태양의 조합은 관대함, 행운 및 확장적인 (때로는 비실상적인) 태도를 빌려줍니다.

▶ 원형
첫 번째 메이저 카드는 마법뿐만 아니라 지성, 소통, 정보를 상징하는 '마법사'입니다. 그의 머리 위의 무한대라는 상징은 일부 타로 종류에서는 모자의 형식을 취하고, 다른 종류에서는 후광의 형식을 취합니다. 많은 해석이 도출될지도 모르는데, 그중 하나는 마법사가 순환적이고 끝나지 않는 삶의 천성을 알아보고, 이런 이해심에 의해 힘있게 된다는 것입니다. 이 첫째 카드가 제안하는 긍정적인 특성은 외교적인 기술과 빈틈없는 기민함을 포함하지만, 부정적인 특성은 양심의 가책 결여와 기회주의입니다.

11월 29일

선동가의 날
The Instigator

▶ 심리구조

11월 29일에 태어난 이들은 타인들로 하여금 때로는 생각하도록 도발하고, 때로는 갈등하도록 도발하는 요령을 갖고 있습니다. 이들은 풍파를 일으키는 것을 좋아하고, 이들의 존재감만으로도 대개 현상 유지에 일부 변화를 이끌어냅니다. 때때로 말썽꾼으로 낙인이 찍히는 이들은 타인들이 이들에게서 떠올리는 것에 지나치게 관련되지 않습니다.

이들은 감정적인 버튼을 누르는 방법을 알고 있습니다. 이들은 신랄한 논평 혹은 치켜올린 눈썹, 말하는 침묵으로 대단한 이득을 얻을 수 있습니다. 사실 이들은 자기 자신을 진실의 파수꾼으로 간주할지도 모르고, 뻔뻔하게 진실에서 벗어나는 누구든지 비통할지어다! 이들은 정확히 어디를 언제 타격하는지를 알고 있으므로, 그런 위반자를 처벌하는 이들의 수용력은 무서울 수 있습니다. 하지만 이들은 단지 처벌이 가학으로 변질되지 않고, 그 처벌의 기저에 놓인 성실을 잃지 않도록 주의해야만 합니다.

이들은 사회 및 정치제도의 안정에 그다지 이바지하지 않을지도 모르지만, 확실히 자신을 정직하고 긴장하는 상태로 유지합니다. 개인 생활에서 꿋꿋이 버텨내는 경향이 있는 이들은 사실상 자신의 가족과 친구들에게 장기적인 안전을 제공할 수 있습니다. 이들은 마치 정지한 태풍, 즉 주위를 소용돌이치지만 반드시 당장 떠나는 것은 아닌 태풍과 다소 같습니다. 그 태풍의 눈에 과감히 들어온 사람들은, 자신이 해로운 바깥쪽의 영향에서 보호받을 것이라고 확신할 수 있습니다.

보통 이들의 불안정한 감정과 정착되지 못한 느낌에서 가장 고통받는 사람은 바로 그런 이들 자신입니다. 이들은 타인들에게 곤란을 유발하지만, 타인들의 '손톱 밑의 가시'가 무엇과 같을지 상상하는 것이 어려울지도 모릅니다. 이들 자신에게 불편해지는 또 이들만의 내부적인 과정에 휘둘리는 느낌은, 더 지각력 있는 사람들이 이들에게서 볼 수 있는 느낌입니다.

야심과 추진력이 관련된 한, 이들은 대개 일상적인 문제와 이들 자신의 개인적인 문제로 너무 바빠서 세상을 극복할 생각을 하지 못합니다. 사회적으로 그리고 경력의 쪽에서 이들은 자주 특정 수준에 도달해서 그곳에 머무릅니다. 하지만 공격에서 살아남는 자신의 재능을 통해 이들은 꽤 오랫동안 계속 자신의 도발적인 영향력을 행사할 능력이 있을지도 모릅니다.

만약 이들이 높은 자리에서 쫓겨날 위험이 현존한다면, 그 위험은 논쟁 문제로 이들과 씨름하는 것에 점차 싫증 난 동료에게서 올 가능성이 가장 높습니다. 같은 것이 인내하는 동무와 친구에게도 해당될지도 모르는데, 그들은 이들의 논박성이 없다면 (비록 더 지루할지라도) 삶이 훨씬 더 단순해질 것이라는 모습을 결국 나타냅니다. 만약 이들이 더 행복한 삶을 갖고 있기를 바란다면, 이들은 조금 덜 도발적이 되는 법을 체득하고, 때로는 상황이 자체만의 코스로 흘러가도록 허용해야만 합니다.

▶ 일간 특성
강점; 도발적인, 역동적인, 영향력이 있는
약점; 곤란해지는, 방해하는, 스트레스받는

▶ 명상
감정은 호흡과 함께 진정될 수 있습니다.

▶ 조언
때로는 당신의 판단과 도덕적인 판별을 비축하는 것이 좋은 발상일지도 모른다.
당신 자신을 침착하게 하라.
당신의 의견을 표현하지 않으면서 조용히 옆으로 비켜서서 관찰하는 법을 체득하라.
환경을 긍정적인 방식으로 변화시킬 수 있는 당신의 수용력을 활용하게 만들어라.

▶ 건강
이들은 무엇보다도 자기 자신을 결국 혼란스럽게 하는 것을 주의해야만 합니다. 이들은 불안 및 그 불안에 따른 우울증을 통해서 신경계를 혹사할 수 있습니다. 안정된 심리 상태를 유지하는 것은 아마도 이들의 가장 대단히 건전한 도전입니다. 특히 이들의 (내분비선, 갑상선, 성적) 호르몬 체계가 엉망이 된다면, 이들은 신체적인 불균형이라는 고통도 또한 겪을지도 모릅니다. 요리에 대한 이해관계와 음식을 향한 건강한 태도(붉은 육류에 중점을 두지 않을 뿐만 아니라 과도한 설탕과 지방 유제품도 또한 멀리하면서, 신선한 과일, 채소, 곡물을 강조하는 것)는 이들에게 엄청나게 도움될 것입니다. 오히려 몹시 힘든 신체 운동과 활발한 성생활은 격동적인 에너지를 전환하고 뿌리내리는 데 좋을 수 있습니다.

▶ 수비학
29일에 태어난 사람은 숫자 2(2+9=11, 1+1=2) 및 달에 통치됩니다. 숫자 2에 통치되는 사람은 리더보다 자주 좋은 협업자이자 동반자이므로, 이 자질은 11월 29일에 태어난 이들 중 더 까다로운 사람이 자신의 가족이나 작업 집단의 이상을 체화해주는 것에 관해 도와줍니다. 하지만 그 자질은 이들의 개별적인 주도권과 행동에 제동장치로도 또한 작용해 좌절감을 연출할지도 모릅니다. 이것은 달의 강한 반사적이고 수동적인 경향에 의해 예고될지도 모릅니다. 달과 목성(궁수자리의 통치자) 사이의 연관성은 강한 캐릭터를 전달해주고, 타인들을 판단할 뿐만 아니라 이들의 동기도 또한 드러내는 성향을 전달해줄 수 있습니다. 부차적인 숫자 11(2+9=11)은 모든 종류의 쌍둥이, 대칭성, 이중성에 대해 가능한 이해관계뿐만 아니라 신체적인 차원을 위한 느낌도 또한 빌려줍니다.

▶ 원형
두 번째 메이저 카드는 자신의 왕좌에 앉아 침착함과 뚫지 못함을 보여주는 '여사제'입니다. 그녀는 숨겨진 세력과 비밀을 드러내서, 그 지식으로 우리를 힘있게 하는 영적인 여성입니다. 이 카드의 유리한 자질은 침묵, 직감, 비축, 분별이고, 부정적인 가치는 비밀주의, 불신, 무관심, 타성입니다.

11월 30일
조정된 공격의 날
Measured Attack

▶ 심리구조

11월 30일에 태어난 이들은 자신이 극복하기를 바라는 어떤 도전이라도 언제 그리고 어떻게 공격할지를 아는 본능을 갖고 있습니다. 서두르지 않는 이들의 접근법은 대개 계산적이고, 조심스러우며, 효과적입니다. 이들은 고도로 직감적이고, 자신을 가로막거나 방해할 사람들에게 놀라운 카드를 꺼내드는 데 유능합니다. 성찰해보면 이들의 맞수, 반대자, 경쟁자는 이들의 손에 의해 얼마나 많은 자신의 예습과 준비가 무산되었는지를 깨닫게 될지도 모릅니다.

사람들은 이들이 작업하는 방법을 지켜봄으로써 이들에 관해 지대한 것을 배울 수 있습니다. 의뢰인의 줄을 세우거나, 구상을 준비하고, 누군가의 애정을 얻으려 발언을 만들어낼 시, 이들은 거의 모든 사태에 대비할 수 있도록 거듭해서 많은 시나리오를 연습합니다. 이런 준비하는 초기 단계 후, 이들은 용의주도하게 또 대개 '희생자'의 완전한 동의를 얻어 만남의 시간과 장소를 설정할 것입니다. 마침내 이들은 상대를 무너뜨리려고 기회를 노립니다. 이들이 입는 옷, 말하는 법, 타이밍 등 모든 것이 아름답게 구성됩니다. 결과적으로 이들은 정상적으로 거부되기가 매우 어렵습니다. 하지만 이들이 아무리 설득적일지라도 모두가 이들에게 휘둘리는 것은 아니기에, 이들도 역시 자신의 패배를 인정하고, 감당하며, 받아들이는 법을 체득해야만 합니다.

이들은 자신이 갖고 있는 것을 최고로 활용하는 방식도 또한 갖고 있습니다. 이들이 소유한 재능이 무엇이든 에너지 낭비가 거의 없이 최대로 밀어붙여집니다. 이들 중 대다수는 유머감각도 또한 뛰어나게 갖고 있고, 심각한 문제를 (항상 미소와 함께) 맞춤식 형식으로 제시하는 요령을 갖고 있습니다. 이들의 유머는 미묘하지만, 전면적인 박장대소로도, 게다가 시끌벅적한 웃음으로도 또한 확장될 수 있습니다. 뛰어난 흉내쟁이인 이들은 타인들이 그 의도를 거의 놓칠지도 모르는 미묘한 방식으로 풍자를 사용합니다. 이들의 유머는 실로 생각을 도발하는 다층성에 속합니다.

이들의 상냥한 태도에도 불구하고, 이들은 공격받을 때 매우 방어적이 됩니다. 이들은 사람들이 말하는 것에 과민 반응을 보이지 않는 법이나, 자신의 기저에 놓인 불안감을 그리 쉽사리 드러내지 않는 법을 체득해야만 합니다. 극도로 신경이 예민한 이들은 비웃음 받는 것을 달갑게 받아들이지 않습니다. 직접적인 공격은 대체로 처음에는 단단한 방어벽을 만나고, 뒤에는 실제로 상처를 줄 조정된 보복을 만납니다. 이들의 기다리는 성향 탓에, 이들은 불만을 마음에 품고, 자기 느낌을 억누르며, 일반적으로 자신의 좌절감을 안으로 몰아넣는 것을 주의해야만 합니다. 이들이 자신을 향한 부정성을 증오하지 않고 침착, 은혜로 감당하는 것은 이들 중 더 고도로 진화된 사람의 발자취입니다.

이들은 자주 아이 같은 천성을 표출하고, 따라서 꾸밈없는 제안과 소견은 이들을 감동시킬 가능성이 가장 있습니다. 사실 이들은 세상의 모든 위협이나 교활한 논리적인 논거에 완고하게 저항하지만, 개방성과 단순한 정직성을 거부하기가 힘겨움을 알아차립니다.

▶ 일간 특성
강점; 철저한, 익살맞은, 역동적인
약점; 격해지기 쉬운(얇은 피부), 반응적인

▶ 명상
항상 더 잘 아는 사람은 자주 전혀 모르는 사람입니다.

▶ 조언
당신 자신으로 하여금 즉흥적으로 하게 허용하라, 긴장을 풀라.
당신의 통제력은 감탄할만 하지만, 자발성도 마찬가지이다.
당신의 기벽과 잘못을 비웃으라.
여전히 아이 같으라.

▶ 건강
이들은 세심하게 마련된 자신의 계획이 풀리지 않을 때 또는 거절이나 퇴보로 고통을 겪을 때 우울증에 주의해야만 합니다. 자신의 엄청난 자기-신임 탓에, 이들은 패배에 직면했을 때 자주 당혹감을 보여줍니다. 게다가 만약 이들이 에너지의 부족으로 아니면 감정적인 안정의 부족으로 고통받는다면, 이들은 꽤 겁먹을 수 있습니다. 다가오는 것을 받아들이고 쉽사리 적응하는 법을 체득하는 것은, 이들의 정신적인 웰빙에 생명적입니다. 이들은 신체적으로 음식, 성, 운동과 건강한 관계를 갖고 있는 살아있고 활달한 사람입니다. 시골이라는 설정 환경에서 자연에 접속하거나 도시에서 고양이나 개에 동지애를 갖는 것은 이들의 정신적인 또 신체적인 건강에 대단히 유익할 수 있습니다. 너무 많은 책임을 맡는 것은 자신의 신경계를 지나치게 압박할 수 있기 때문에, 과로를 주의해야 하고 진행속도를 조절하는 법을 체득해야 합니다. 타인들의 만성적인 부정성을 맞닥뜨릴 때 이들은 그것을 극복하려고 노력하면서 에너지를 낭비하기보다 자리를 비우는 편이 더 나을 것입니다.

▶ 수비학
30일에 태어난 사람은 숫자 3(3+0=3) 및 목성에 통치됩니다. 숫자 3에 통치되는 사람은 대체로 자신의 특정 분야에서 최고 위치에 오르려고 노력합니다. 목성은 궁수자리도 또한 통치하기 때문에, 이들에게 확장적이고 낙관적이며 관대한 영향력이 극대화되지만, 실로 과도한 경향도 또한 있습니다. 숫자 3에 통치되는 사람은 독립을 사랑하고, 그래서 11월 30일에 태어난 이들은 자기 자신을 위해 프리랜서나 사업을 가장 잘 할지도 모릅니다.

▶ 원형
세 번째 메이저 카드는 창조적인 지성을 상징하는 '여황제'입니다. 그녀는 완벽한 여성형, 즉 우리의 꿈, 희망, 열망을 체화한 극도의 여성성인 대지의 양육자입니다. 이 카드는 매혹, 우아함 및 조건 없는 사랑이라는 긍정적인 특성도 대변하지만, 완벽하지 못함에 대한 불관용뿐만 아니라 허영심과 꾸며냄이라는 부정적인 특성도 또한 대변합니다. 이들에게 이 카드는 자기-통제와 중심적인 행동의 메시지를 전해줍니다.

12월 1일
유쾌한 면허의 날
Mirthful License

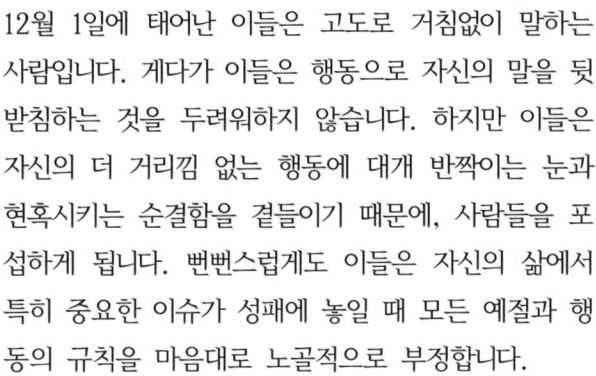

▶ 심리구조

12월 1일에 태어난 이들은 고도로 거침없이 말하는 사람입니다. 게다가 이들은 행동으로 자신의 말을 뒷받침하는 것을 두려워하지 않습니다. 하지만 이들은 자신의 더 거리낌 없는 행동에 대개 반짝이는 눈과 현혹시키는 순결함을 곁들이기 때문에, 사람들을 포섭하게 됩니다. 뻔뻔스럽게도 이들은 자신의 삶에서 특히 중요한 이슈가 성패에 놓일 때 모든 예절과 행동의 규칙을 마음대로 노골적으로 부정합니다.

사람들은 매우 자주 이들이 느끼는 방식을 너무 잘 알게 되므로, 이들은 자신이 피상적이라고 타인들에게 각인시킬 수 있습니다. 하지만 그런 점은 사실이 아닙니다. 이들의 인격은 깊고 복잡할 수 있는데, 이들의 (자주 유머인) 표현 양식이 자신의 느낌을 표면으로 전해주는 직접적인 통로일 뿐입니다. 자기 자신 및 '자신이 무엇을 하고 있는지'를 항상 완전히 알아채는 것은 아닌 이들은 자신의 통제를 넘어선 세력에 의해 내몰리는 것으로 거의 보입니다. 심지어 이들 자신조차도 때때로 자신의 안정성에 관해 의심을 갖고 있을지도 모르지만, 그럼에도 이들의 유별난 정신적인 꾸며냄은 이들에게 작용하는 것으로 보입니다.

베풀고, 관대한 이들은 재정적인 면뿐만 아니라 시간과 보살핌의 면에서도 또한 자신이 갖고 있는 것을 자신에게 가까이 있고 소중한 사람들과 나누고 싶어합니다. 이것의 문제는 이들이 자주 너무 바빠서 나눌 시간을 거의 갖고 있지 않다는 점입니다. 따라서 좌절감은 자기 자신뿐만 아니라 자신의 자녀와 다른 가족 구성원들에게서도 또한 커질지도 모릅니다. 하지만 이들은 에너지가 넘치므로, 불가능한 것을 하려고 애쓸 것이고, 모든 영역에서 가능한 한 많이 베풀려고 애쓸 것입니다.

이들은 이성에게 추파를 던집니다. 하지만 비록 이들이 자신의 매혹을 모두에게 발휘하기를 즐기지만, 매우 특별한 사람을 위해 깊은 사랑의 느낌을 비축하므로, 이 모두가 진지한 것은 아닙니다. 하지만 이들이 자주 악동 같은 어린 시절 및 폭풍우 같은 사춘기, 불안정한 초기 성년기를 겪어나가는 것은 사실입니다. 젊은 시절 현란한 행동 때문에 경험을 박탈당하거나 가혹하게 처벌받는 것은, 불가피하게 나중에 좌절의 패턴으로 귀결됩니다. 섹스를 향한 강박적인 태도는 대개 깊이 자리 잡은 불안감을 예시해줍니다.

이들은 자유로운 영(靈)입니다. 비록 이들이 회사나 여타 조직을 위해 작업하는 데 유능하지만, 적절한 때가 왔다고 자신이 느낄 때 의사결정을 만들어내고 이슈를 갈아타는 데 자신 인격의 온 세력을 발휘할 수 있다면, 이들은 더 잘합니다. 너무 오랫동안 같은 집단을 위해 작업하는 것은, 이들에게 큰 피해를 줄 수 있고 심지어 이들의 영조차도 심각하게 손상을 줄 수 있습니다. 너무 오래 우리에 갇혀 있던 동물처럼 이들은 천성적인 본능과 동떨어질지도 모릅니다.

따라서 이들이 자기 자신을 충분히 표현할 정도로 여전히 자유로운 것은 극도로 중요합니다. 반면에 이들은 사회가 자신의 더 터무니없는 행동을 항상 용인하는 것은 아님을 배워야만 합니다. 어쩌면 이들은 다만 모두가 보도록 자신의 빨래를 널어놓는 것뿐만 아니라, 좀 더 비밀적이고 외교적이 되는 편이 온당할 것입니다. 게다가 만약 자신이 진지하게 받아들여지기를 바란다면, 이들은 자신의 신용 등급에 더 마음을 써야 합니다.

▶ 일간 특성
강점; 활기찬, 외향성의, 활달한
약점; 기진맥진한, 방향이 잘못되는, 못 알아채는

▶ 명상
인생에서 가장 단순한 것이 대개 가장 중요합니다.

▶ 조언
당신의 에너지를 확실히 파악하도록 하라.
당신은 당신 자신을 이해할 때에만 자유로워질 수 있다.
지나치게 직접적인 접근법으로 타인들이 흥미를 잃는 것에 주의하라.
외교적이 되고 좀 신중해지는 법을 체득하라.
온갖 것을 다 내주지는 마라.

▶ 건강
이들은 에너지를 지쳐버리도록 소비하고서 뒤따라 고갈되지 않도록 조심해야만 합니다. 이들이 휴식하기 위해 휴식시간을 갖지 않는 한, 빠르든 늦든 탈진하는 일이 일어날 것입니다. 신경쇠약으로든 두통으로든 요통으로든 호르몬 불편사항으로든 어떤 증상의 다층성으로 구현되든 간에, 그것은 항상적인 등한시와 남용에 대해 '안 돼'라고 말하는 몸의 방식입니다. 이들 중 여성은 자주 (엉덩이와 허벅지에 확실히) 체중 증가라는 문제를 갖고 있지만, 이들 중 남성은 자주 핼쑥해지거나 혹은 심지어 수척해지기도 합니다. 어느 경우든, 균형 잡힌 건강한 식단이 열쇠입니다. 이들에게 비결은 맛있고 건강한 음식을 찾아내는 것입니다. 운동이 관련된 한, 정기적인 기간에 기반한 적절하게 몹시 힘든 루틴이 권장됩니다. 정기적인 섹스는 이들의 심리적·신체적인 건강에 중요합니다.

▶ 수비학
1일에 태어난 사람은 숫자 1 및 태양에 통치됩니다. 1일에 태어난 사람은 첫째가 되기를 좋아합니다. 이들은 전형적으로 개별적이고, 고도로 고집적이며, 정상에 오르기를 열망합니다. 태양은 통제에서 벗어나 산발적으로 타오르게 허용되는 것보다 꾸준히 흐르도록 유지되어야 하는 강한 창조적인 에너지와 불기운을 상징합니다. 이런 태양의 영향력이 목성(궁수자리의 통치자)의 영향력과 짝지어질 때, 이것은 고양감과 자기-보증이 동반되는 풍성한 생활방식을 예시해줍니다.

▶ 원형
첫 번째 메이저 카드는 마법뿐만 아니라 지성, 의사소통, 정보를 상징하는 '마법사'입니다. 그의 머리 위의 무한대라는 상징은 일부 타로 종류에서는 모자의 형식을 취하고, 다른 종류에서는 후광의 형식을 취합니다. 많은 해석이 도출될 수 있는데, 그중 하나는 마법사가 순환적이고 끝나지 않는 삶의 천성을 알아보고, 이런 이해심에 의해 힘있게 된다는 것입니다. 이 첫째 카드가 제안하는 긍정적인 특성은 외교적인 기술과 빈틈없는 기민함을 포함하지만, 부정적인 특성은 양심의 가책 결여와 기회주의입니다. 부, 명예, 인정을 얻기 위해 자신의 에너지를 사용하든, 아니면 영적인 방식뿐만 아니라 깊은 개성에 자신의 재능을 계발하든 간에 선택은 이들에게 달려있습니다.

12월 2일
과장됨의 날
Larger-than-life

▶ 심리구조

12월 2일에 태어난 이들은 엄청난 영에 마음이 팔립니다. 이들의 체격이 아무리 작을지라도, 이들은 누군가가 첫 만남에서 이들에게 기대할 수 있는 것을 훨씬 넘어 이들의 주위환경에 영향력을 발휘할 것입니다. 이들이 실상적으로 빛나는 때는 오직 활동 속에서 보일 때뿐입니다. 이들의 효과가 너무 마법적이어서 이들에게 관여하는 사람은 때때로 마치 변칙적인 주먹을 맞았던 것처럼 느낄지도 모릅니다.

이들의 판단 측면은 좋든 나쁘든 매우 확장적입니다. 어떤 면에서 이들은 정직과 통합에 대한 진정한 판단자인 예리한 판별자이지만, 다른 면에서 이들은 앙심을 품고 죄를 범한 사람들에게 자신의 자주 맹렬한 성질을 분풀이하는 데 유능합니다. 이들 중 덜 고도로 진화된 사람은 감정을 배후조종하는 것을 통해, 또 자신과 가까운 사람들에게 승인이나 충성을 요구하는 것을 통해 타인들과 자기 자신에게 대단한 정도의 피해를 줄 수 있습니다. 하지만 대체로 자신만의 정당성을 여전히 확신하는 이들은, 만일 자신이 행했거나 말했던 것이 정말 틀렸다는 점을 인정한다고 해도 오직 한참 후에야 완전히 인정할 수 있습니다.

이들은 강한 캐릭터를 표출할 뿐만 아니라 자신이 존경하는 사람 속의 그 캐릭터도 또한 실용적으로 숭배합니다. 이들은 양처럼 따를 사람이 아니지만, 그럼에도 자신의 이상에 호소하는 강력한 성격이나 대의명분에 휩쓸려갈 수 있습니다. 인류에 대한 기본적인 신념은 이들의 특징입니다. 실로 이들은 가장 저급하고 기만적인 것부터 가장 순수하고 이상화된 것에 이르기까지 인간의 변화무쌍한 감정, 활동, 생각, 느낌 전체에 홀리게 됩니다. 삶은 이들의 신이지만, 믿음과 대담한 성취로 과충전된 인생입니다. 대체로 이들은 도발받을 때 대립적이지만, 지나치게 공격적인 것은 아닙니다. 이들이 좀처럼 퇴각하지 않으므로, 굴복하기를 거부하는 것이야말로 많아져서 이들과 함께 열광에 이르게 될지도 모릅니다.

너무 자주 이들은 삶을 자신이 승리자로 등장해야만 하는 고군분투로 봅니다. 하지만 이들이 얻기 위해 싸우는 것이야말로 자신이 보기에 반드시 자신의 개인적인 복지인 것은 아니고, 특정 기본적인 인간 가치의 존속입니다. 캐릭터 및 신념이 붙어가는 통합도 또한 이들에게 높게 평가됩니다. 따라서 자신이 저급하거나 가치 없는 방식으로 활동했던 것을 알아차릴 때, 이들은 심각하게 뉘우치게 될지도 모릅니다. 죄책감은 자주 이들의 삶에서 중대한 테마의 모습으로 나타납니다.

자신의 개체주의를 계발시키고, 자신의 영적인 행로를 찾아내는 것과 따르는 것 모두 이들에게 가장 대단한 도전입니다. 자주 이들은 이 행로에서 벗어나지만, 이들의 굽히지 않는 영은 심지어 자신의 가장 시험받는 시간에조차도 절대 자신을 저버리지 않는 것으로 보입니다. 무엇이 거짓이고 무엇이 실상인지를, 즉 무엇이 환상이고 무엇이 참으로 의미가 있는지를 구별하는 법을 체득하는 것이야말로 이들의 자주 어렵고 복잡한 인생의 항상적인 선-생각입니다.

▶ 일간 특성
강점; 역동적인, 명쾌한, 인간적인
약점; 기질적인, 함부로 판단하는, 배후조종하는

▶ 명상
진정한 대단함은 가장 보잘것없는 곳에서 발견될지도 모릅니다.

▶ 조언
당신의 기질을 지켜보라.
사람들이 말하는 것에 상관없이, 이기는 것이 전부가 아니다.
실상적인 자기-보증은 환영받으려는 당신의 욕구를 최소화할 것이다.
덜 비판적이고 덜 비난하도록 노력하라.
개선하려는 사람은 먼저 약점과 결함을 인정해야만 한다.

▶ 건강
이들의 건강은 기본적으로 자기 자신에 대한 믿음에 의해 원조를 받습니다. 하지만 이들은 여전히 신뢰할 수 있는 가족 주치의에게 매년 정기검진을 받으려고 욕구합니다. 이들은 (감염, 잡다한 통증과 아픔, 두통 또는 복통의) 작은 문제를 진단하거나 치료받지 않고 너무 오래 방치하기 쉽습니다. 이들은 자신의 하부 정맥계통에 생기는 문제, 즉 인생 후반부에 정맥류로 이어질 수 있는 특별히 자신의 심혈관계와 다리 정맥의 손상을 각별하게 조심해야만 합니다. 이들은 음식 준비에 대한 이해관계를 심화시킴으로써 식욕과 식단 개선에 공들여야 합니다. 운동이 관련된 한, 적당한 활동만이 권장됩니다. 이들이 넉넉한 '꿈꾸는 시간'을 욕구하기 때문에 (필요하다면 하룻밤에 10시간 정도로 많은) 수면은 이들의 정신 건강에 특히 중요합니다.

▶ 수비학
2일에 태어난 사람은 숫자 2 및 달에 통치됩니다. 숫자 2에 통치되는 사람은 자주 자신을 리더보다 좋은 협업자와 동반자로 만들어냅니다. 하지만 달의 영향력은 특히 더 지배적인 성격의 과도한 영향력 아래 있는 사람들에게 좌절감을 연출하면서, 개별적인 주도권과 활동에 제동장치로도 또한 작용할 수 있습니다. 이 지배적인 성격은 강하게 반사적이고 수동적인 달의 경향에 의해 더욱 강화됩니다. 궁수자리의 목성 자질과 조합되는 달의 영향력은 양육하는 것 및 관대한 충동을 후원합니다. 12월 2일에 태어난 이들 중 일부 둘째 자녀는 나이가 많은 강력한 형제자매에게 자기 자신이 종속되는 개념을 형성해왔으므로, 자기 자신을 개별성으로 확립하는 데 곤란함을 보유할 수 있습니다.

▶ 원형
두 번째 메이저 카드는 자신의 왕좌에 앉아 침착함과 뚫지 못함을 보여주는 '여사제'입니다. 그녀는 숨겨진 세력과 비밀을 드러내서, 그녀에게 유의하는 이들을 그 지식으로 힘있게 하는 영적인 여성입니다. 이 카드의 유리한 자질은 침묵, 직감, 비축, 분별이고, 부정적인 가치는 비밀주의, 불신, 무관심, 타성입니다.

12월 3일
고안력의 날
Ingenuity

▶ 심리구조

12월 3일에 태어난 이들은 자신의 비전을 실현하는 길을 거의 가로막지 못하게 합니다. 자신의 계획을 실행하는 데 책략적인 이들은 자신이 가고 싶은 곳에 도착하려고 욕구하는 만큼 비밀적이고 배후조종적일 수 있습니다. 하지만 이날 자체는 대단한 개인적인 야심의 날이 아닙니다. 오히려 이들은 명성 혹은 권력 자체를 얻기보다 자신의 창조물이나 가족, 직무, 취미 자체에 더 관심을 둡니다. 일부 가족 구성원에게는 어쩌면 실망이겠지만, 이들은 자기 자신의 재정적인 성공을 만들어내는 것에 지나치게 관련되지 않을지도 모릅니다.

장인다운 재능뿐만 아니라 창조적인 재능도 이들의 유산입니다. 자주 기법을 지향하는 이들은 사실 완벽주의자의 자격을 얻을지도 모릅니다. 하지만 이들은 자신의 투신과 일심을 존중하면서, 수고스럽게도 자주 자신이 하고 있는 것에 대한 이해관계를 보여주는 동료 인간 존재들의 심금을 빈번하게 충분히 울릴 능력이 있습니다. 타인들의 항상적인 승인을 받을 욕구 없이도 꽤 계속해서 작업할 능력이 있고, 사실상 심지어 혼자 남겨지는 것조차 선호할지도 모르는 이들에게 그런 이해관계는 필수적인 것은 아닙니다.

사실 높은 수준의 프라이버시를 요구하는 이들은, 자신의 삶에서 어떤 중대한 시점에 세상에서 완전히 물러나려고 욕구할지도 모릅니다. (대개 30세 이후에 오는) 그런 기간 동안 이들은 심지어 은둔자로까지 알려지게 될지도 모릅니다. 이것은 마치 이들이 혼자 남아서 오직 일부 더 높은 원천에 접속할 능력이 있는 것에 의해서만 자신의 최대 집중력을 성취할 수 있는 것과 거의 같습니다. 실로 이들의 업적은 길잡이 역할을 했던 더 높은 힘이나 영감을 주는 세력의 혜택 없이는 때때로 설명할 수 없는 것으로 보입니다. 하지만 이것이 이들이 특히 헌신적이거나 종교적인 사람임을 말하는 것이 아니라, 반대로 이들은 고도로 합리적인 경향이 있고, 어쩌면 심지어 약간 냉소적인 경향조차도 있습니다.

이들의 한 가지 위험은 이들이 자신의 작업에 너무 휘말려서 자신의 개인적인 계발을 등한시하리라는 점입니다. 실로 (이들 자신만의 혹은 타인의) 인격은 이들에게 가장 대단한 이해관계에 속하지 않을지도 모릅니다. 기본적으로 이들은 자신이 갖고 작업하기 위한 특정 정신적인 도구, 재능 및 신체적인 능력이 자신의 마음속에 주어져왔고, 그것이 다입니다. 그러나 바라건대 빠르든 늦든 이들은 더 깊은 수준의 자기 자신을 알게 되는 것에서, 즉 자신이 자신의 작업에 주는 격렬함에 같은 수준으로 자기 자신을 탐색하고 탐사하는 것에서 그 지혜를 알아볼 것입니다. 만약 이들이 이 단계에 정말 들어간다면, 이들이 한 작업의 질은 보편적으로 더 인간적인 것이 될 수 있고, 덜 특별한 것이거나 덜 기법적인 것이 될 수 있습니다.

▶ 일간 특성
강점; 집중된, 혁신적인, 장인다운
약점; 비밀적인, 이상한, 접근하기 어려운

▶ 명상
누군가 충분히 깊게 파면, 반대쪽으로 나올지도 모릅니다.

▶ 조언
당신 자신과 당신의 개인적인 계발에 더 많은 이해관계를 보여주라.
때로는 걱정하지 말고 타인에게 책임을 위임하라.
너무 은둔적이 되는 것을 주의하라. 세상과 교제를 유지하면서 당신의 주위 사람들을 도와주라.

▶ 건강
이들은 자주 자신의 생각과 활동에 휩쓸리게 될 때 자신의 건강과 자신 가족의 건강을 등한시할 수 있습니다. 따라서 이들은 단순히 신뢰할 수 있는 의사에게 받는 정기검진 일정을 잡아야 합니다. 매우 개념 지향적인 이들은 신체적이고 정신적인 질병에 관해 생각하고 읽는 것의 효과를 알아보는 데 거의 실패하지 않지만, 단순히 정보를 얻는 것 그 이상의 것을 정말 해야만 합니다. 이들의 기법적인 지향은 식단의 문제에서 장려되어야 하는데, 즉 (이를테면 열량, 비타민 및 비교적 단백질-탄수화물-지방으로 구성된) 음식의 내용물에 대한 이해관계를 보여주는 것은 건강한 메뉴를 선택하는 데 자신에게 도움될 것입니다. 운동이 관련된 한에서 걷기나 자전거 타기, 수영 같은 적당한 신체적인 활동만 권장됩니다. 대개 이들의 감정과 성적인 선호는 격렬하게 사적인 문제인데, 이들의 소박함은 또 프라이버시에 대한 욕구는 존중되어야만 합니다.

▶ 수비학
3일에 태어난 사람은 숫자 3 및 목성에 통치됩니다. 숫자 3에 통치되는 사람은 대체로 자신의 특정 분야에서 최고 위치에 오르려고 노력하지만, 언급된 것처럼 12월 3일에 태어난 이들은 자신의 경력을 진전시키는 것보다 자신의 작업 자체에 더 대단한 이해관계를 표출합니다. 목성은 궁수자리도 또한 통치하므로, 이들의 성격과 작업 습관의 확장적이고 낙관적인 천성에 더욱더 대단한 중점을 두는 이들을 위해 부여해 줍니다. 숫자 3에 통치되는 사람은 자신의 독립성을 사랑하고, 따라서 자기 자신을 위해 사업할 시 혹은 프리랜서로 작업할 시 잘합니다.

▶ 원형
세 번째 메이저 카드는 창조적인 지성을 상징하는 '여황제'입니다. 그녀는 완벽한 여성형, 즉 우리의 꿈, 희망, 열망을 체화한 극도의 여성성인 대지의 양육자입니다. 그녀의 확고부동한 자질은 충실한 친구와 충직한 가족 구성원이 될 수 있는 이들에게 자주 본보기가 됩니다. 이 카드는 매혹, 우아함 및 조건 없는 사랑이라는 긍정적인 특성도 대변하지만, 완벽하지 못함에 대한 불관용뿐만 아니라 허영심과 꾸며냄이라는 부정적인 특성도 또한 대변합니다.

12월 4일
꿋꿋함의 날
Fortitude

▶ 심리구조

12월 4일에 태어난 이들은 단호하게 목적을 추구하는 용기를 갖고 있는, 즉 가슴과 영혼을 갖고 있는 대담하고 공격적인 사람입니다. 아픔, 갈등, 고군분투는 이들에게 낯설지 않고, 이들은 반복해서 대단히 어렵고 압도적으로 불리한 도전에 직면할지도 모릅니다. 그럼에도 이들은 타인들에게 질투심을 불러일으키지 않도록 조심하면서, 우아함과 생명력의 유별난 조합을 통해 자신의 원대한 목표를 성취할 수 있는 어지간히 좋은 기회에 섭니다. 하지만 이들 중 다수는 가장 강력한 적수들에게 두려움을 심어주는 요령을, 아니면 적어도 걱정되는 불안감을 심어주는 요령을 갖고 있습니다. 특정 무자비한 목적이 자주 이들에게 동반한다고 언급되어야만 하는데, 이들의 적들은 아마도 자비가 그들에게 베풀어진다 해도 거의 베풀어지지 않을 것을 감지합니다.

이들은 광적인 에고주의의 증상과 반사회적인 경향의 증상을 표출할 수 있지만, 다행히도 그런 부추김이 좀처럼 이들의 성격을 지배하게 되는 경우는 없습니다. 정상적으로 이들의 이상과 믿음은 여전히 타락되지 않고, 이들은 어떤 더 높은 인간적인 또는 정치적인, 예술적인 대의를 위한 봉사에 자기 자신을 자주 투신합니다. 실로 이들은 자신이 믿는 것을 위해 자신만의 편안함과 안전을 희생할 것입니다. 대개 조직을 위한 재능을 타고난 이들은 동료나 직원에게 귀 기울이는 수용력을 갖고 있지만, 여전히 도전받지 말아야만 하는 자신의 권위에 대한 심각한 위협을 용인하지 않습니다.

절대적인 힘[권력]을 (자신만의 집만큼 보잘것없든, 국가만큼 확장적이든 간에) 자신의 분야에서 확고히 하려는 유혹은 이들에게 매우 대단하고, 사실 이들은 자기 자신을 위해 점검받거나 절제되려고 욕구할지도 모릅니다. 자신이 감당할 수 있는 것보다 더 많은 책임을 이들이 떠맡을 위험도 또한 실존합니다. 이들이 타인들보다 더 자신의 한계를 아는 것은, 많은 좌절감과 수모에서 자신을 구할 수 있습니다.

대개 이들의 비판적인 재능은 고도로 계발됩니다. 이들은 사전에 형성된 발상이나 편견에 의존하지 않고 사람이나 논거를 빠르고 정확하게 판정하는 진기한 능력을 갖고 있습니다. 하지만 만약 이들이 어떤 주제에 감정적으로 관여한다면, 이들의 객관성은 흐려질 수 있습니다. 그 귀결로 이들은 자신의 공적생활과 사적생활을 구별하고 분리하려는 노력을 지속해서 만들어내야만 합니다. 이를테면 고도로 파괴적인 귀결은 사업 문제에서 자신만의 친구를 선호함으로써 비롯될 수 있습니다.

이들이 자기 천성 중 때때로 파괴적이고 자주 [보여주기 식의] 연극적인 면의 고비를 더 일찍 쥘수록 더 좋아집니다. 이것은 이들이 자신의 개인주의나 번득임을 억압해야 함을 제안하려는 것이 아니라, 자신의 활동이 주위환경에 미치는 충격을 더 잘 이해하게 됨을 제안하려는 것입니다. 나이가 들면서 점차 더 현명해지는 이들은 자신의 에너지를 더 건설적이고 생산적인 방식으로 활용하는 법을 체득하고, 이에 의해 자신의 주위 삶에 중요한 사회적인 이바지를 만들어냅니다.

▶ 일간 특성
강점; 활달한, 대담한, 저돌적인
약점; 파괴적인, 권위적인, 통제하는

▶ 명상
권력을 음미하는 것이야말로 특정한 때 누군가가 할 수 있는 가장 강력한 일일지도 모릅니다.

▶ 조언
가장 대단한 힘[권력]은 사랑의 힘이라는 점을 체득하라.
당신의 영(靈)을 높게 유지하되, 언제든 영을 유도하라.
외부적인 책임보다는 내부적인 책임을 더 떠맡으라.
타인들의 복지를 마음에 간직하라.
당신의 권위를 잃어버리는 것을 너무 두려워하지 마라.

▶ 건강
이들은 자신의 공격적인 에너지가 자기 자신 및 자신의 친구들과 가족을 위해 통제에서 벗어나지 않도록 조심해야만 합니다. 경쟁적인 팀 스포츠 및 (등산, 달리기, 수상 스포츠처럼) 인내하는 활동을 포함한 활기찬 신체 운동이, 이들의 과도한 에너지와 공격성을 해소하기 위해 권장됩니다. 명상하는 방법을, 또 매일 몇 분 동안 마음, 의지, 욕망을 침잠시키는 방법을 체득하는 것도 또한 도움될지도 모릅니다. 이들은 (곡물, 뿌리채소, 따뜻한 국, 빵이라는) 더 안정된 음식을 중심으로 구축된 식단이, 그리고 설탕, 향신료, 술에 중점을 줄이는 식단이 가장 좋을지도 모릅니다.

▶ 수비학
4일에 태어난 사람은 숫자 4 및 천왕성에 통치됩니다. 숫자 4에 통치되는 사람은 상황에 응하는 자신만의 자주 남다른 방식을 갖고 있습니다. 천왕성은 12월 4일에 태어난 이들에게서 확대될 수 있는 특성인, 갑작스러운 가변성 및 예견되지 않는 활동을 예시해 줍니다. 숫자 4에 통치되는 사람은 대체로 특히 더 젊은 시절 돈을 버는 것에 거의 관심사를 보여주지 않고, 이것은 그 관심사 대신 자주 발상에 얽매이는 이들에게 유효한 것으로 보입니다. 하지만 이들은 돈과 권력의 관계를 정말 이해합니다. 숫자 4에 통치되는 사람은 천왕성의 영향력 덕에 자신 별자리인 궁수자리에 대한 목성의 통치력에 의해 이들에게서 (물질적인 행운 및 공격성이 붙어가는) 향상된 자질인 기분 변화가 빠르고 폭발적일 수 있습니다.

▶ 원형
네 번째 메이저 카드는 자신이 갖고 있는 권력의 일차적인 원천인 지혜를 통해 세속적인 것들을 다스리는 '황제'입니다. 황제는 안정되고 현명한데, 그의 권위라는 세력은 의심받을 수 없습니다. 이 카드의 긍정적인 연관성은 강한 의지력과 확고부동한 에너지이고, 부정적인 예시는 완고함, 압제, 심지어 잔인성까지 포함합니다.

12월 5일

신임의 날
Confidence

▶ 심리구조

12월 5일에 태어난 이들은 일을 해내는 자신의 능력에 대해 엄청나게 자신합니다. 이런 신임이 때로는 정당화되고 때로는 정당화되지 않습니다. 이들이 대단히 성취하는 데 실로 유능하지만, 그 반면에 이들은 완전히 실패하는 데도 또한 유능합니다. 이들이 정말 실패할 때, 그 실패는 대개 용맹한 노력을 만들어내는 자신의 역할에 대한 어떤 실패라기보다, 장밋빛 안경을 통해서 장래성을 내다보는 비실상화된 전망 탓입니다. 따라서 이들은 성공적인 결말 쪽으로 상황을 만들어가는 것이 바로 누군가가 노력한 '질'일 뿐만 아니라, 미리 생각된 노력의 기회에 대한 계획수립과 주의깊은 평가라는 점도 또한 인정하게 되어야만 합니다.

이들은 충전되는 인격이 되기보다 생동적이고 역동적인 유형이 되는 경향이 있습니다. 이들은 어떤 주어진 시간에도 자신이 경험하고 있는 것에 자주 격렬하게 집중하는데, 자신의 주목을 아끼지 않으므로, 이들은 똑같이 그런 경험을 타인들에게 공유하기를 열망합니다. 실로 이들은 가까운 사람들이 이들의 견해를 공유하지 않거나, 이들이 하는 것을 똑같이 즐기지 않을 때 깜짝 놀랄 수 있습니다. 물론 이들은 성숙해지면서 타인의 프라이버시에 대해 더 관대해지고 존중하게 되지만, 타인과 격렬하게 공유하려는 이런 욕구는 여전합니다.

이들이 구현한 일종의 신임은 물론 많은 이득을 갖고 있습니다. 이들은 타인들을 괴롭히는 많은 걱정과 자기-의심에서 비교적 자유롭습니다. 하지만 이들은 온갖 것이 잘되고 있지 않음에도, 잘되고 있다고 너무 자주 자기 자신을 확신시키기 때문에, 실로 정말 실존하는 그런 어려움을 인정해야만 합니다. 이 어려움의 지표는 친구, 동료, 지인에게 또 심지어 맞수나 경쟁자에게까지 받는 분위기와 피드백이어야 합니다. 이들은 타인들이 말하고 생각하는 것이 설령 사실이 아닐지라도, 그 말과 생각이 암시를 갖고 있다는 점을 기본적으로 체득해야 합니다.

이들이 적극적인 유형이므로, 이들은 상황이 그 자체의 코스를 진행하도록 미루거나 내버려두는 사람이 아닙니다. 비록 그런 태도 일반은 긍정적이고, 이들의 삶을 덜 난해하게 만들어내지만, 그 태도는 내버려두는 것이 더 나은 문제를 해결하기 위해 노력하는 데도 또한 이들을 관여시킬 수 있습니다. 따라서 이들에게는 판단력과 자기-자각이 열쇠입니다. 이들이 매우 확고한 발상을, 즉 무엇이 삶에서 자신의 역할인지, 자신의 목표인지에 대한 실상화된 발상을 갖고 있는 것이 바로 명령입니다. 그런 발상을 가질 때까지 허둥대기 쉬운 이들은 자신의 낙관론에도 불구하고 점차 의욕이 꺾일 가능성이 있습니다. 사실 반복되는 실패는 쓰리지만, 이들이 경험하는 것의 기반을 형성하는 깨달음을 위한 귀중한 인도일지도 모릅니다.

이들이 불확실성의 본성을 알아보게 되고, 숙명의 힘을 인정하며, 무엇보다도 인간의 조건 속에 내재된 아이러니에 대한 느낌을 계발할 때, 이들은 자신의 미래 활동을 위한 견고하고 믿음직한 틀을 마련했을 것입니다.

▶ 일간 특성
강점; 자신하는, 대담한, 활동적인
약점; 지나치게 자신하는, 비실상화된, 못 알아채는

▶ 명상
비전의 강인함도 중요하지만, 상황을 실상적인 모습 그대로 알아보는 능력도 중요합니다.

▶ 조언
당신 자신과 당신의 주위 여건을 혹독한 눈초리로 살펴보라.
만약 아직 당신의 능력에 대한 목록을 만들어내지 않았다면, 그 목록을 만들어내라.
타인들이 당신에게 말하는 것에 주목해보라. 합리적으로 들릴 때 타인들의 충고를 이따금 따라보라.

▶ 건강
이들은 모든 종류의 사고를 조심해야만 합니다. 특히, 이들 중 더 경솔한 사람은 또다시 대담하게 숙명에 도전할지도 모릅니다. '안정된 식단'과 '명상 배우기'를 실천하는 것은 이들의 야생적인 에너지를 정렬하는 데 도움을 줄 수 있습니다. 특히 과도한 설탕과 방부제 없이 곡물과 뿌리채소를 중심으로 구축된 식단이 권장됩니다. 모든 유형의 (특히 환각제와 각성제) 약물은 피해야 합니다. 운동성이 강한 이들에게는 광범위한 신체 활동이 권장됩니다.

▶ 수비학
5일에 태어난 사람은 숫자 5 그리고 생각과 변화의 빠름을 대변하는 신속한 행성인 수성에 통치됩니다. 목성이 궁수자리를 통치하므로, 12월 5일에 태어난 이들은 낙관적으로 전망하는 설득력뿐만 아니라 통합성도 또한 빌려주는 수성-목성 연관성의 영향력 아래 놓이게 됩니다. 숫자 5에 통치되는 사람은 어떤 타격이나 함정을 맞닥뜨리든지 간에 대개 빠르게 회복하는데, 이것은 이들에게 몹시 욕구되는 재능입니다.

▶ 원형
다섯 번째 메이저 카드는 인간의 이해심과 신념을 상징하는 신성한 신비에 관한 해석자인 '사제'입니다. 그의 지식은 난해하고, 그는 보이지 않는 만사만물에 대한 권위를 갖고 있습니다. 이 카드가 수여하는 호의적인 특성은 자기-보증성과 통찰력이고, 비호의적인 특성은 설교하기, 호언장담, 독단주의를 포함합니다.

12월 6일

뽑아냄의 날
Extraction

▶ 심리구조

12월 6일에 태어난 이들은 어떤 국면에서도 최고의 것을 뽑아낼 능력이 있는 것으로 보이고, 가공되지 않는 다이아몬드에 대한 어김 없는 안목을 갖고 있습니다. 이를테면 이들은 시장에 구멍이 있다고 말하는 경제적인 유리함을 감지할지도 모르고, 아니면 회사나 개인, 발상에 숨은 잠재력이 단지 더 나은 방식으로 인도되기만 한다면, 그런 잠재력을 알아볼지도 모릅니다. 이들은 틈새의 작은 금을 밝혀내면, 주저하지 않고 단호히 그 틈을 노립니다.

이들은 대개 그 자체로 고도로 창조적인 사람이 아니라 관리자, 안배자, 재조직자이고 무엇보다도 계발자나 개선자입니다. 이들은 대체하거나 재조정이 필요한 것에 대해 예리한 감각을 갖고 있습니다. 어떤 것이든 그것의 유용성이 수명을 다하면, 이들은 좀처럼 그것을 붙잡고 있지 않을 것입니다. 하지만 비록 이것이 이들의 사업이나 경력에서 효과가 있을지라도, 이것은 이들의 개인적인 관계에서 문제를 창조할 수 있습니다. 만약 이들이 우정이나 사랑 관계가 풀리지 않는다고 느낀다면, 이들은 상황이 더 나쁘게 돌아가기 전에 그 상황을 끝내버리는 것이 가장 좋다고 생각할지도 모릅니다. 어쩌면 관계가 여전히 의미가 있거나 적어도 회복할 수 있다고 느끼는 친구나 연인은 다소 불쾌하게 실망할지도 모릅니다.

이들은 매우 실용적인데, 즉 이들은 기본적으로 단지 작동하는 것에 관심을 둘 뿐입니다. 이론은 오직 실용적인 적용을 갖고 있는 한에서만 이들에게 관심사입니다. 결국, 인생 게임에서 점수를 따고 승리하는 것이 이들에게는 높은 우선순위입니다. 이들은 [자신의] 과도한 야심, 피상적인 가치 또는 지나치게 통제적인 태도에 희생양이 되지 않도록 조심해야만 합니다.

대개 자신의 느낌을 직접적으로 그리고 신체적으로 표현하는 이들은 사랑받는 사람들의 삶에 폐부를 찌르는 충격을 줄 수 있습니다. 일반적으로 이들에게 관여하게 되는 위험은 이들이 고도로 [생존] 경쟁적이 되는 경향이 있다는 점입니다. 스파크가 날지도 모르지만, 이들의 동반자가 동등하게 경쟁적일 때 (혹은 적어도 그들만의 방식에서 힘있을 때) 가장 좋습니다. 이들이 지나치게 수동적이거나 자기 연민에 빠진 사람에게 묶여버릴 때, 그 결과는 정말 비극적이 될 수 있습니다.

이들은 상황에서 최악이 아닌 최고의 것을 뽑아내는 것에 관심을 두고, 비슷하게 사람들에게도 최고의 것을 이끌어내기를 바랍니다. 이들의 친구와 동료들이 촉발과 도전에서 이득을 얻을 수 있는 강한 마음의 사람일 때, 이들의 재능은 표현되고 성공에 도달할 수 있습니다. 하지만 이들이 덜 수용적인 환경에 있거나 개선되기를 바라지 않는 사람들 사이에 있는 자기 자신을 알아차린다면, 이들은 뒤로 물러서서 너무 많이 접촉하지 말아야 할지도 모릅니다.

말할 필요도 없이, 이들은 타인들의 약점에 대한 관용과 수용을 길러야 합니다. 실패한다면, 이들은 순전히 자기 자신을 탓해야 하기 때문에, 사실 이들의 노력은 자기 자신에게 사용되는 것이 더 좋을 것입니다. 실로 이들은 타인을 변화시키는 데 소비하는 이들의 에너지를 제한함으로써 자신만의 창의적인 천성을 해방시킬 수 있고, 자신만의 권리로 진정 독창적이 될 수 있다는 점을 알아차릴지도 모릅니다.

▶ 일간 특성
강점; 실용적인, 지각력 있는, 유능한
약점; 지나치게 관여하는, 둔감한, 위압적인

▶ 명상
우리가 만지고 볼 수 있는 것은, 다만 많은 세계 중 하나에 속할 뿐입니다.

▶ 조언
타인을 그들 자신만의 가치에 맡기는 법을 체득하라. 계획이나 실행을 '항상' 하지는 마라, 재충전을 위해 휴식시간을 취하라.
당신의 윤리를 형성해내고, 어떤 일이 있어도 그 윤리를 온전하게 유지하라.

▶ 건강
자기 프로젝트의 성공에 관해 걱정하는 이들은 자기 자신을 너무 심하게 밀어붙이는 경향이 있습니다. 스트레스를 감당하기 위해 담배와 술을 사용하는 것은 결국 순환기, 허파, 위장 문제로 이어지기 때문에 가능하면 피해야 합니다. 이들이 10대와 20대에 체육적으로 과하게 발휘한 것은, 인생 후반부에 관절에 관련된 모든 종류의 신체적인 문제로 이어질 수 있고, 특히 이들 중 남성의 경우에 나중에 지방으로 변질될지도 모르는 근육을 증가시킬 수 있습니다. 물론 이들에게는 약간의 운동이 좋은 발상이지만, 40대와 50대의 경우, 특별히 이들은 체육적인 것을 잘 고려된 한계 범위내에서 유지해야 합니다.

▶ 수비학
6일에 태어난 사람은 숫자 6 및 금성에 통치됩니다. 숫자 6에 통치되는 사람은 동감과 찬양을 모두 끌어들일 시 자석 같고, 목성(궁수자리의 통치자)의 영향력은 12월 6일에 태어난 이들에게 많은 불기운과 열의도 또한 부여해주면서, 단지 이들의 힘을 고조시킬 뿐입니다. 사랑은 숫자 6에 통치되는 사람의 삶에서 지배적인 테마가 자주 됩니다.

▶ 원형
사랑을 상징하는 '연인'인 여섯 번째 메이저 카드는 남성성과 여성성이라는 양극성의 통합을 통해 인간성의 모든 것을 하나로 묶는 최종 지점에 중점을 둡니다. 이 카드가 좋은 면에서는 높은 도덕적인, 미적인, 신체적인 차원의 애정과 욕망을 예시하고, 나쁜 면에서는 충족되지 않은 욕망, 감상성, 우유부단함을 위한 성벽을 제안합니다. 후자의 두 가지 특징이 이들에게는 문제가 되는 것처럼 보이지 않지만, 사랑 문제에서 최선인 모든 것을 해보려고 애쓰는 이들은 당연히 이 카드를 도전으로 받아들일지도 모릅니다.

12월 7일
별난 인격들의 날
Idiosyncrasy

▶ 심리구조

12월 7일에 태어난 이들은 유례가 없는 사람입니다. 이들의 대다수 인생 동안 이들은 학교에서든, 작업에서든, 집에서든 간에 자신의 주위 사람들과 어울리기가 어려움을 알아차립니다. 자주 이들은 자라면서 자기 자신을 비정상적이거나 남다른 인물로 떠올리고, 아니면 다만 선명하게 기이한 인물로 떠올립니다. 자신이 실상적으로 그렇든 그렇지 않든 간에, 그렇다고 믿는 이들은 자주 자신만의 기대에 합당하게 삽니다.

이들은 대개 좀 남다른 사람들에게도 또한 끌려듭니다. 어쨌든 이들은 각자 자신이 무엇을 할지라도 자신만의 길을 가는 용기를 갖고 있는 사람에게 존중심을 갖고 있습니다. 물론 남몰래 이들 중 다수는 전통적인 조건으로 받아들여지고 싶어하고, 때때로 다만 군중 속에 섞이는 것을 즐기고 싶어합니다. 이들은 자기 자신으로 하여금 어울리도록 강요하는 데 성공할지도 모르지만, 그 고군분투는 대개 이들의 신경계에 큰 피해를 줍니다.

청소년기와 초기 성년기에 이들은 자신이 어떤 업종이나 적성을 추구하기를 바라는지에 관해 자주 작심적이지 못합니다. 드물지 않게 이들은 자신이 최종적으로 자신에게 가장 잘 맞는 업무를 적중하기 전에, 천성적으로 매우 다른 다수의 다양한 업무들을 시도해봅니다. 대개 이들은 평생 이런 시도를 고수하지만, 그런 시도에 반드시 만족하는 것은 아닙니다. 이들이 만족할 만한 사회적인 역할을 채택하는 것이 매우 어려운 이유 중 일부는, 이들이 사회 자체에 관해 이중적이기 때문입니다. 이들이 가장 하기를 좋아하는 것, 즉 이들에게 실상적으로 자연스럽게 오는 것은, 항상 돈벌이가 되는 것도 또한 아닙니다. 그 귀결로 이들은 많은 걱정과 좌절감이라는 고통을 겪을 수 있고, 어쩌면 결국 자신이 실패했다고 믿게 됩니다.

이들은 실상 많은 휴식시간을 내고, 자기 자신에게 너무 많은 요구를 놓지 않으려고 욕구합니다. 어릴 때, 이들의 엄청난 재능은 충족되기 어려운 높은 기대를 일으키고, 따라서 이들은 자신의 민감한 천성을 실망이나 거절에서 지켜내기 위해 자기 자신의 주위에 껍질을 형성하도록 강요받아서 반항적이고, 신경질적이며, 고립되게 될지도 모릅니다. 이들 중 보살필 뿐만 아니라 민감한 부모를 갖고 있을 정도로 운이 좋은 사람은, 이번 삶에서 자기 자신을 찾아낼 더욱더 좋은 가능성에 섭니다. 만약 이들의 잠재력을 알아보고 이들의 재능을 촉진해주는 사람을 이들이 만나는 데 여전히 더 운이 좋다면, 이들의 독특함은 대단한 자산이 되므로, 이들은 돋보이거나 인정받기 위해 부자연스러운 노력을 만들어내야 하는 것은 아닙니다.

하지만 이들은 특히 나이가 들면서 세상에 대항해 너무 남다르거나 격리되지 않도록 조심해야만 합니다. 몽상가나 공상가인 이들은 대다수 사람의 일상생활과는 거의 관계를 갖고 있지 않은 결국 이상한 정신상태에 살게 될 위험이 있습니다. 아무리 어려울지라도, 적어도 이들은 최소의 사교적이고 가족적인 특정 활동을 바쁘게 지속하고, 친구들과 긴밀한 접촉을 유지하며, 편지를 쓰고, 일반적인 소통을 계속해서 해야 합니다. 개인적인 관계에서 이들 자신이 주목을 끌게 하는 노력을 만들어내는 것은, 때때로 나쁜 발상이 아닐지도 모릅니다. 실로 이들은 젖을 먹는 주인공이 바로 우는 아이라는 점, 또 모든 잠행하는 형식의 자기 연민이 바로 독이라는 점을 마음에 담아둬야 합니다.

▶ 일간 특성
강점; 상상적인, 민감한, 고도로 개성적인
약점; 남다른, 신경질적인, 틀어박히는

▶ 명상
당신은 자신이 어디를 가든 당신 자신을 만날 것입니다.

▶ 조언
정기적으로 당신 자신으로 하여금 타인들과 사교적으로 교제하게 하라.
당신 자신에게 너무 많은 것을 기대하지 마라.
새장 속에 갇힌 느낌이 없이 마음이 편해지는 법을 체득하라.

▶ 건강
이들의 신경계는 극도로 민감하고, 그래서 불안에 장악당하지 않기 위해 스트레스는 지속해서 최소화해야 합니다. 모든 현실도피 지향 및 중독적인 약물류는 절대적으로 피해야 합니다. 편안하고 자연적인 아름다움이 있는 전원 지대 여행을 빈번하게 만들어내는 것은 건강에 매우 좋습니다. 따라서 전원 지역의 신선한 공기는 이들에게 운동할 마음을 불어넣지만, 도시에서 이들은 운동할 시간을 찾아낼 수 없습니다. (반드시 자신만의 자녀인 것은 아닌) 어린아이들과 어울리는 것은 대단한 기쁨을 주고 이들의 건강에도 또한 고도로 유익할 수 있습니다. 식단이 관련된 한, 이들은 즐거움에 중점을 두면서 폭넓은 범위의 취향과 식감을 탐구해야 합니다. 알레르기인 경우를 제외하고, 절제식의 한정 사항은 거의 관찰될 필요가 없습니다. (먼지든, 고양이 털이든, 비누든, 음식이든 간에) 알레르기 조건은 강한 심리적인 구성 요소를 갖고 있을지도 모릅니다. 이들이 실상적인 질병이나 상상의 질병에 관한 남모르는 걱정을 하는 어떤 주위 여건도 자신에게 허용하지 말아야 합니다.

▶ 수비학
7일에 태어난 사람은 숫자 7 및 해왕성에 통치됩니다. 해왕성은 비전, 꿈 및 심령현상을 통치하는 물같은 행성이고, 12월 7일에 태어난 이들은 이 불안정한 영향을 받기 쉬울지도 모릅니다. 목성(궁수자리의 통치자)과 해왕성의 조합은 이들에게 이상주의와 확장성을 부여하지만 순진함과 우유부단함의 위험도 또한 제시합니다. 숫자 7에 통치되는 사람은 전형적으로 변화와 여행을 즐깁니다.

▶ 원형
일곱 번째 메이저 카드는 세상을 누비는 의기양양한 인물을 보여주면서, 역동적인 방식으로 자신의 신체적인 존재감을 구현하는 '전차'입니다. 그 카드는 올바른 행로가 아무리 좁고 위태롭더라도 [그 행로를] 계속해야 한다는 의미로 해석될지도 모릅니다. 이 카드의 좋은 면은 성공, 재능, 효율성을 배치해주고, 나쁜 면은 독재적인 태도와 서툰 방향 감각을 제안합니다.

12월 8일
방종의 날
Abandon

▶ 심리구조

12월 8일에 태어난 이들은 자신의 노력에 완전히 자기 자신을 던집니다. 이것은 이들의 직종적인 삶뿐만 아니라 사생활에도 또한 적용됩니다. 친구이자 연인으로서 관계할 시, 이들은 주저함이 없이 자신의 가슴속 모든 것을 줍니다. 일단 이들은 자신의 마음을 지어내면, 완전히 헌신적이 됩니다.

이들의 서약 및 '그 서약에 동반된 책임감'의 깊이에 관련해서 이들에게 문제가 일어날 수 있습니다. 이를테면 이들이 가족의 국면이나 작업 그룹을 떠나도록 강요받는다면, 설령 주위 여건이 명료하게 이들의 통제 밖에 있었을지라도, 이들은 엄청난 죄책감이라는 고통을 겪을 수 있고, 자신에게 소중한 사람들을 떠났던 것에 대해 고뇌할 수 있습니다. 만약 이들의 관여가 조금 더 객관적일 수도 있었고, 아니면 이들이 중요한 것을 비축해둘 능력이 있었다면, 그런 고통과 고뇌를 겪지 않았을 것이지만, 안타깝게도 이런 경우는 좀처럼 없습니다. 하지만 여러 해를 걸쳐 실망감을 경험함으로써, 이들은 (희망하건대, 자신의 관대한 천성을 무뎌지게 하지 않으면서) 자신이 갖고 있는 온갖 것을 매번 주지 않는 법을 체득할지도 모릅니다.

이들은 과도한 에너지로 과하게 충전되지만, 그 에너지를 항상 잘 유도하는 것은 아닙니다. 이들이 자신에게 역력히 적혀있는 실패를 갖고 있는 프로젝트에 자주 자기 자신을 헌신하지만, 이들은 초기에 그 실패를 알아볼 수 없습니다. 게다가 이들은 특히 섹스와 사랑에 관해 고도로 파괴적인 관계에 관여하게 되는 성향을 갖고 있습니다. 이들이 그런 강박적이고 고통스러운 관여에서 회복하는 데 수년이 걸릴지도 모릅니다.

하지만 좀처럼 '정상적인' 동지애에 만족되지 않는 이들은 자신의 모든 주목과 에너지를 요구할지라도, 자신으로 하여금 (자신이 찾아낼 수 있는) 가장 흥미롭게 하고 온통 빠져들게 하는 사람을 발굴해내는 것으로 보입니다. 이들은 자신이 주고 있는 것이 절대 충분할 수 없고, 사실 훨씬 적은 것이 돌아오고 있다는 점을 깨닫는 데 시간이 좀 걸릴지도 모릅니다. 이런 측면에서 이들은 중독적인 인격입니다. 이들 중 일부가 강박적으로 내몰리는 방향은 방종 그 자체이고, 이 방종이 이들을 고민하게 하고 있는 무엇이든 (이를테면 두려움, 불안, 성격 문제를) 이들로 하여금 잊어버리게 허용해줍니다.

이들 중 더 고도로 진화된 사람은 자신의 엄청난 에너지를 자신의 작업으로 유도할 능력이 있습니다. 이들이 연출하는 것에 엄청난 에너지로 몰아대는 영 및 심지어 야생성조차도 현존할 것이지만, 이들 자신은 꽤 안정되고 사회적으로 용인되는 삶을 영위할 능력이 있을 것입니다. 그런 이들이 꿩 먹고 알 먹고 하는 것처럼 보이므로, 실로 부러운 사람입니다. 하지만 이들이 여전히 그렇게 균형을 잡기를 바란다면, 사실상 항상적으로 방심하지 않는 것을 유지해야만 합니다.

따라서 깨어있음과 자각을 키우는 것은 이들에게 생명처럼 중요합니다. 만약 이들이 일찍부터 자신의 헌신과 주목을 받을 자격이 있는 사람을 찾아낼 정도로 운이 있다면, 이들은 실로 복을 받은 것입니다. 그러나 이들은 친구, 연인, 작업 협력자가 항상 자신의 헌신과 주목의 수준을 되돌려주는 데 유능한 것은 아님을 깨달아야만 합니다. 그러므로 이들은 자신을 보전하고 보존하기 위해 실상적인 기대를 설정하고 (실로 자신의 모든 프로젝트인) 자신의 관계에서 객관성을 위해 애써야만 합니다.

▶ 일간 특성
강점; 호기심을 자극하는, 우호적인, 활달한
약점; 곤란해지는, 우유부단한, 일관성이 없는

▶ 명상
어떤 대가를 치르더라도 영혼은 자유로워져야만 합니다.

▶ 조언
당신은 자신의 영을 잃지 않고 자기 자신을 길들이는 데 성공할 수 있다.
(보상이 대단하므로) 책임지고 활동하는 것을 두려워하지 마라.
행복을 위한 최고의 기회를 당신 자신에게 허용하라.

▶ 건강
이들은 자신의 건강에 손실이 되도록 작용할 수 있는, 모든 종류의 신체적인 또 심리적인 중독에 주의해야만 합니다. (중독은 생리적인 욕구, 효과를 위한 계속적인 복용량의 증가, 그 물질을 제거할 시 금단 증상으로 특징지어집니다.) 어쩌면 뇌에서 엔도 모르핀이 분비되기 때문에, 우리 중 다수는 물질들, 경험들 및 심지어 사람들이라는 넓은 다층성에조차도 중독될 수 있습니다. 이런 위험은 대다수 사람보다 단순히 이들에게 더 대단할 뿐입니다. 그러므로 이들은 절제, 심사숙고, 자각 및 '자신의 경험을 더 냉정하게 볼 수 있는 수용력'을 키워야만 합니다.

▶ 수비학
8일에 태어난 사람은 숫자 8 및 토성에 통치됩니다. 토성이 '책임이라는 강한 느낌' 및 '그 느낌에 동반된 경계심과 제한의 의식'을 운반해주고, 목성(궁수자리의 통치자)은 확장과 낙관론 쪽에 반하는 성향을 대변하기 때문에, 12월 8일에 태어난 이들에게 엄청난 갈등이 작용할지도 모릅니다. 이들은 이 길로 끌려든 다음 먼저 보살핌과 헌신으로 책임지고 활동하는 방향에 있고, 그다음에는 절대적인 자유와 과잉의 방향에 있는 자기 자신을 알아차릴 수 있습니다. 숫자 8에 통치되는 사람이 자신의 삶과 경력을 더디고 조심스럽게 구축해가는 경향이 있지만, 위에서 언급된 것처럼 이 경향은 이들에게 맞지 않을지도 모릅니다. 비록 이들의 가슴이 가장 자주 따뜻할지라도, 숫자 8에 통치되는 사람은 냉정하거나 거리를 두는 외관을 제시할 수 있습니다.

▶ 원형
여덟 번째 메이저 카드는 사나운 사자를 길들이는 우아한 여왕을 그려내는 '강인함이나 용기'입니다. 여왕은 반항적인 에너지를 마스터할 수 있는 여성 마법사를 상징하고, 신체적인 강인함뿐만 아니라 도덕적인 강인함을 표징합니다. 이 카드의 긍정적인 속성은 카리스마와 성공하려는 결단을 포함하고, 부정적인 자질은 무사안일과 권력남용을 포함합니다.

12월 9일
현란함의 날
Flamboyance

▶ 심리구조

12월 9일에 태어난 이들은 스포트라이트를 받는 것을 사랑하는 활동적이고 상상적인 사람입니다. 이들에게 삶이라는 것은 대담한 위업과 놀라움이 포함되는 낭만적인 모험입니다. 이들은 자신이 대다수 사람보다 바로 쇼의 주인공임을, 즉 자신의 삶이라는 드라마의 중심 캐릭터임을 더 느껴야만 합니다.

아이로서 이들은 보통 고도로 적극적인 공상적 감각이 있는 조용하고, 민감한 유형입니다. 이들이 젊을 때 자신의 상상 속에서 가정하는 흥미진진하고 영웅적인 역할은 훨씬 더 외향성의 성인 페르소나의 모델이 될 수 있습니다. 성인으로서 조용한 삶을 보내는 이들의 인격은, 대개 담대하고 대담한 위업에 관해 계속해서 공상합니다. 이들은 자신이 행복해지려면 자기 자신을 외적으로 표현하려는 자신의 욕구를 (빠르든 늦든) 알아봐야 할지도 모릅니다. 따라서 수줍음과 금지를 극복하는 것은 이들의 중요한 테마입니다.

이들 중 다수는 주어진 국면에 대한 자신의 인식이 친구, 동료 및 가족의 인식과 대단히 다를 수 있는 고도로 주관적인 세계에 살고 있습니다. 예를 들어 이들이 변화에 대한 명백하고 절박한 욕구에 봉착할 때, 타인들은 현상 유지에 꽤 만족할지도 모릅니다. 이것은 앞서 언급된 것처럼 다소 타협하지 않는 성격 쪽으로 이들을 만들어가는 경향이 있는 영웅-지향 때문일지도 모릅니다.

이들은 이 세상의 용들과 전투하고 용서하지 않으면서, 자녀와 연인들에게 담대한 보호자가 될 수 있습니다. 빠르게 진화하는 주위 여건이 변화하는 욕구와 관심사 쪽으로 상황을 만들어가므로, 이들이 이 보호자 역할에 합당하게 살기가 어려울 수 있습니다. 따라서 이들이 여전히 그 보호자 역할을 하기를 바란다면, 자신에게 의존하는 사람들을 보살피는 것이 무엇을 의미하는지에 대한 이들의 발상도 똑같이 유연하고 적응적이어야만 합니다. 이것은 덜 황홀하게 또 덜 즉각적으로 만족시켜주는 자연의 책임을 떠맡는 것도 또한 의미할지도 모릅니다.

만약 이들의 공격적인 자질이 완전히 등장한다면, 그런 행동이 사랑받는 사람과 동료를 똑같이 멀어지게 할 수 있으므로, 그 자질들은 마구 날뛰도록 허용되지 말아야만 합니다. 게다가 이들은 자신의 급변하는 기질을 단속하는 법을 체득해야만 하는데, 그 기질이 분출하면 이들이 복구하기 어렵거나 불가능한 피해를 유발할 수 있습니다.

일관성과 평정심을 가져다주는 성숙함을 달성하는 것은 어쩌면 이들에게 가장 대단한 도전입니다. 도전에 맞서고 장애물을 극복하는 것은 이들의 성격에서 빼앗지 못하는 부분이지만, 상황을 가당찮게 과장하지 않고 그 주위 여건이 펼쳐지는 대로 그 여건을 받아들이면서, 여유로운 태도로 주고받는 법을 체득하는 것이야말로 이들의 개인적인 진화에 대단히 이바지할 것입니다. 나이가 들면서 더 현명한 역할로 성장함으로써, 이들은 활동적이고 패기만만한 태도뿐만 아니라, 사춘기적인 태도도 또한 일부 뒤로해야 할 것입니다. 이들은 삶에 대해 더 철학적이 되고 자신에 대해 객관적이 되면서, 타인들에게 점점 더 효과적이고 유용하게 될 것입니다.

▶ 일간 특성
강점; 낭만적인, 불같은, 활달한
약점; 방향이 잘못되는, 공상이 지배하는

▶ 명상
진정한 영웅주의는 자신만의 윤리적이고 영적인 단점을 직시할 수 있는 강인함을 가지고 있는 것에서 내보일 수 있습니다.

▶ 조언
또한, 과감히 평범해지라.
당신이 항상 스타가 될 필요는 없다.
내면 평화의 기쁨을 발견하라, 각자의 방식을 서로 존중하라.
화가 쌓이게 하지 마라. 그 화를 완화시킬 수 있는 긍정적인 방법을 찾아내라.
당신의 현실에 단단히 발을 딛고 있으라.

▶ 건강
이들 중 더 명시적인 사람은 공격적인 충동을 부드러워지도록 인도하려고 노력해야만 합니다. 이들 중 더 은밀한 유형들은 공격성을 억압하면서 로맨틱한 꿈의 세상으로 도피하는 것을 피해야만 합니다. 때때로 이런 억누름은 불가해하게 개인적인 폭력, 도벽 또는 자신의 집에 피해를 끌어들입니다. 심리적인 상담에 의해 지원을 받는 자기-발견의 과정은 두 가지 유형 모두에 극도로 도움이 될 수 있습니다. (체조, 에어로빅, 달리기의) 활기찬 신체 운동이 권장되지만, 무술과 연관해서는 유념해야만 합니다.

▶ 수비학
9일에 태어난 사람은 숫자 9 및 화성에 통치됩니다. 숫자 9는 (이를테면 5+9=14, 4+1=5처럼 9를 더한 어떤 숫자도 그 숫자가 되고, 9×5=45, 4+5=9처럼 9를 곱한 어떤 숫자도 9가 되므로) 다른 숫자에 대한 영향이 강력하고, 12월 9일에 태어난 이들도 비슷하게 영향을 끼칩니다. 강압적이고 공격적인 화성은 남성적인 에너지를 체화해주고, 이들을 위한 그런 특징들은 오직 궁수자리의 통치자인 목성의 영향력에 의해서만 강화됩니다.

▶ 원형
아홉 번째 메이저 카드는 대개 등불과 지팡이를 들고 걷는 것으로 그려지는 '은둔자'이고, 그는 명상, 고립, 침묵을 대변합니다. 은둔자는 확고해진 지혜와 궁극적인 단련도 또한 암시합니다. 그는 양심에 의한 동기를 부여해 타인들로 하여금 그들의 행로로 나아가게 해주는 임무 감독관입니다. 이 카드의 긍정적인 예시는 집요함, 목적, 심오함, 집중력이고, 부정적인 자질은 교조주의, 불관용, 불신, 만류를 포함합니다. 이들은 은둔자에게서 자기 검토와 심사숙고의 가치를 배울 수 있지만, 고립된 공상의 세계에서 사는 것을 주의해야만 합니다.

12월 10일
내면 열성의 날
Inner Fervor

▶ 심리구조

12월 10일에 태어난 이들은 자신의 느낌을 내면화하여, 자신의 가치를 소박하게 확신하는 삶을 진행해가는 경향이 있습니다. 만약 이들이 자기 자신에게 주목을 끌어당기면, 그 주목은 이들의 메시지를 강화하거나 이들의 대의명분을 진전시킬 가능성이 가장 높습니다. 자만심, 뽐냄, 오만, 에고주의는 때때로 타인들에게 봉사한다는 가장 대단한 소망을 갖춘 이들에게는 알려지지 않은 것으로 보입니다. 하지만 극도로 사적인 건이고 쉽게 공유되지 않는, 이들의 감정적인 깊이를 타인들은 좀처럼 이해하지 못합니다. 실로 자기 자신을 드러내는 활동이 대단한 신뢰를 예시해주므로, 이 활동이야말로 이들이 줄 수 있는 가장 각별한 선물입니다.

믿음은 이들의 삶에서 중요한 테마입니다. 헌신적인 유형인 이들은 캐릭터, 지혜, 도덕의 제단에서 기도하고, 인간 천성의 가장 훌륭한 특징만을 숭배합니다. 하지만 이들이 살과 피의 인간 존재가 가장 높은 이상에 좀처럼 부응하지 않는다는 점을 본능적으로 알아보기 때문에, 이들은 매우 자주 자신의 가장 대단한 이해관계를 비인간적인 대상에게 비축합니다.

동물이든, 식물이든, 손대지 않은 자연적인 설정 환경이든 간에 특히 자연은 이들에 대한 홀림을 담고 있습니다. 철학적으로 심오한 이들은 실존 문제를 숙고하는 데 대다수 사람보다 훨씬 더 많은 시간을 들입니다. 이들은 신의 법칙, 자연의 법칙, 우주의 법칙, 과학의 법칙에, 즉 만물의 배후에서 작용하는 영에 자신의 신념을 둘지도 모르지만, 대체로 자신의 신념을 대단한 어딘가에 둡니다. 실로 그런 것들이 이들에게 상호 배타적인 것은 아닙니다.

이들은 색다른 세속성의 인상을 자주 줍니다. 이들은 정말 일상생활의 쪼잔함과 고통에서 멀리 떨어진 차원에서 사는 것으로 보입니다. 이런 이유로 이들이 사회라는 세상에서 자신의 입지를 차지하는 것뿐만 아니라 이들이 자신의 풍부한 이상주의를 공유할 수 있는 동무를 찾아내는 것도 또한 어려울지도 모릅니다. 이들이 그런 사람을 정말 찾아낸다면, 그 사람은 이들의 옹호자, 보호자, 후원자 역할을 할지도 모릅니다.

이들은 협업자와 좋은 관계를 유지할 뿐만 아니라 분쟁을 극복해 머무는 요령 및 승산이 없는 갈등을 피하는 요령도 또한 갖고 있는, 동정심도 이해심도 있는 보스로 자신을 만들어내므로, 이들이 리더의 위치를 맡을 때가 바로 관련된 모두에게 가장 자주 다행입니다. 자신의 동무가 부모된 이의 책임을 분담하는 데 적극적인 역할을 떠맡게 되는 한, 이들은 훌륭하고 양육하며 관심있는 부모로도 또한 자신을 자주 만들어냅니다.

애석하게도 이들의 민감한 천성은, 권력과 친해지기 위해 자신에게 요구되는 것을 소화할 수 있는 경우가 드뭅니다. 인정하듯이 이들은 스트레스를 잘 감당하지 못할 수 있고, 그러므로 오직 자신이 평정심을 갖고 감당할 수 있으며, 결국 자신이 요구하는 일종의 편안한 생활 국면과 프라이버시를 자신에게 제공할 수 있을 때에만, 높은 권력의 역할을 맡아야 합니다.

▶ 일간 특성
강점; 내적으로 침착한, 정견적인, 영적인
약점; 불가해한, 은둔적인

▶ 명상
온갖 것에서 천성을 보라.

▶ 조언
세상에서 물러나려는 당신의 성향에 저항하라.
타인들과 갖는 유대를 유지하라.
신이나 자연뿐만 아니라 사람도 또한 믿으라.
거절당하는 것을 두려워하지 마라.
필요하다면 씨알이 먹히기 위해 싸우라.

▶ 건강
이들은 자기 자신을 감정적으로 묻어버리지 않도록 조심해야만 합니다. 이들은 항상 바깥의 사회적인 세상에 지속해서 길을 열어둬야 합니다. 이들은 만약 너무 틀어박히게 되면, 누구와도 의논하고 혹은 공유하기가 점점 더 힘겹게 되는 감정적인 어려움이라는 고통을 겪을지도 모릅니다. 소규모 동호회의 친구들을 사귀는 것 그리고 가능하다면 이해심 있는 동무는 엄청나게 도움됩니다. 한편 이들은 아무리 신뢰할 만하거나 도움되더라도 어느 한 사람에게 너무 의존적이 되지 말아야 합니다. 이들은 베풀려는 대단한 욕구를 갖고 있고, 요리, 자녀 키우기 또는 편안한 가정 만들어내기 같은 모든 양육 활동은 이들의 건강함을 지속시키는 것으로 보입니다. 특히, 음식을 나누고 신선한 음식과 맛있는 조리법을 중심으로 구축된 건강한 식단을 계발하는 것은 삶을 향한 이들의 긍정적인 지향에 중요합니다. 야외에서 걷기나 정원 가꾸기 등의 단지 가벼운 운동만 권장됩니다. 전원생활을 즐기기 위한 수단을 찾아내는 것이 특히 권장됩니다.

▶ 수비학
10일에 태어난 사람은 숫자 1(1+0=1)과 태양에 통치됩니다. 숫자 1에 통치되는 사람은 대체로 자신이 하는 것에서 첫째가 되는 것을 좋아하고, 이것은 12월 10일에 태어난 이들의 경우 자신의 사적인 욕구를 최우선으로 놓는 것을 의미할지도 모릅니다. 태양은 궁수자리의 통치자인 목성의 이상주의와 낙관주의에 의해 여기에 예고된, 뚜렷하게 인간적이고 긍정적인 삶을 지향하는 따뜻하고 잘 계발된 에고의 자질을 부여해주는 경향이 있습니다. 숫자 1에 통치되는 사람은 대다수 주제에 관해 날카롭게 규정된 견해를 갖고 있고, 12월 10일의 사람은 실로 극도로 완고할 수 있습니다. 높은 야심은 숫자 1에 통치되는 사람의 특성이지만, 12월 10일 사람의 목표는 보통 세속적인 목표보다는 개별적이고 보편적인 것 모두입니다.

▶ 원형
열 번째 메이저 카드는 운명의 긍정적인 반전과 부정적인 반전을 모두 암시해 변화 외에는 영구적인 어떤 것도 현존하지 않음을 가르쳐주는 '운명의 수레바퀴'입니다. 숫자 1과 10이 통치하는 이들은 기회를 붙잡는 것에 집중하는데, 실로 바른 순간에 활동하는 것이 이들의 성공에 열쇠입니다. 다시 말하지만, '운명의 수레바퀴'는 인생에서 어떤 성공도 어떤 실패도 영구적이지 않음을 가르쳐줍니다.

12월 11일
격렬함의 날
Intensity

▶ 심리구조

12월 11일에 태어난 이들은 기본적으로 진지한 사람, 즉 격렬하고, 심사숙고하며, 목적으로 충만한 사람입니다. 이들은 자신의 목표를 향해 극도로 잘 유도되고, 그러므로 멈추기가 어렵습니다. (반드시 말을 지향하는 것은 아닌) 이들이 깊이 정신을 지향하는 데도 불구하고, 이들은 자주 지휘하는 물리적인 존재감도 또한 갖고 있습니다. 생각과 물질성의 이런 조합은 이들을 강력한 사람으로 만들어냅니다.

이들의 역동성은 대개 이들로 하여금 어려움을 헤쳐 나가게 합니다. 하지만 만약 이들이 등한시되고 혹은 인기가 사라지며, 자신의 교사 아니면 자신의 추종자들의 후원을 잃어버리면, 이들은 엄청난 심리적인 스트레스를 경험할 수 있고, 때로는 심지어 거의 포기하거나 무너지게 되기까지 합니다. 이들은 심지어 가장 급격한 퇴보에서조차도 회복하고 재기하는 데 다행히 유능하고, 그런 후 이전보다 더욱더 회복력이 있게 됩니다. 그 회복력만큼 이들 자신에 대한 이들의 신념이 아니라, 비인격적으로 떠맡아서 자체의 생명을 갖고 있는 것으로 보이는, 이들의 굽히지 않는 에너지라는 천성이야말로 이들의 성공을 확보해줍니다.

에너지의 전달자로서 이들은 자신의 주위 사람들에 대한 엄청난 영향력을 보유할 수 있습니다. 이들의 말과 행동뿐만 아니라 심지어 이들의 생각 그 자체조차도 자신의 가족, 친구, 동료의 느낌에 영향을 줄 수 있습니다. 이들은 꽤 투명하기 때문에, 이들을 한 번 보는 것은 이들이 어떻게 느끼는지를 드러낼지도 모릅니다. 모두가 알아보도록 대개 이들의 얼굴에 공개적으로 쓰이거나 이들의 몸 언어로 표현되는 이들의 감정을 이들이 숨기는 것은 어렵습니다. 역설적으로 타인들에게 명백한 것을 이들 자신은 알아채지 못할 수도 있습니다. 이런 점에서 더 자기를 알아차리도록 이들을 도와줄 수 있고, 타인들이 이들을 어떻게 바라보는지를 이들에게 계속 일러주는 이해심 있는 동무나 친구를 갖고 있는 것은 이들에게 대단히 유익합니다.

이들은 대단한 책임이 있는 위치를 맡을 수 있지만, 공정한 중재를 요구하는 위치에는 최선의 선택이 아닙니다. 이들의 일차적인 책임은 이들의 작업과 발상에 있거나, 아니면 어쩌면 삶이 어떻게 되기를 자신이 바라는지에 대한 이들의 도덕적인 이해심과 비전에 있습니다. 옳고 그름의 문제를 매우 진지하게 받아들이는 이들은 실로 지나치다 싶을 정도로 비난하고 비판적일 수 있습니다. 그런 판단은 가혹한 면을 갖고 있고 대개 타인들의 가슴에 새겨집니다.

부모로서 이들은 자신의 자녀에게 과중한 압력을 가하지 않도록 극도로 조심해야만 합니다. 사실 세상 일반을 향한 각자의 삶을 사는 방침은, 복수하는 천사의 불타는 검을 들고 다니는 것보다 더 나을지도 모릅니다. 게다가 이들은 느긋해지고, 재미있게 보내며, 자기 자신을 즐기는 법을 체득해야만 합니다. 자주 이들의 높은 진지함은 타인들의 가슴을 가볍게 느끼지 못하도록 방해합니다. 만약 이들이 자신의 자유 시간에 더 놀이하도록 자기 자신을 허용하고, 자신의 작업을 위해 진지함을 비축할 수 있다면, 이들은 자신 삶의 질을 대단히 개선시키게 될 것입니다.

▶ 일간 특성
강점; 목적적인, 영향력이 있는
약점; 자신에게만 몰입하는, 자기를 못 알아채는

▶ 명상
생각하는 것은 그렇게 되도록 만들어낼 수 있습니다.

▶ 조언
당신이 할 수 있을 때 흐름에 어울려가고, 일어나는 것을 받아들이라.
긍정적인 지향을 유지하는 것은 당신 및 당신이 사랑하는 사람들의 조건을 향상시킬 수 있다.
웃음은 당신을 건강하게 유지시켜 준다.

▶ 건강
이들은 특별히 살이 찌는 성향을 갖고 있어서, 자신에게 신체적으로 큰 피해를 주는 좌식 업무를 주의해야만 합니다. 이런 점에서 운동과 식단 양쪽이 이들의 건강함에 결정적으로 중요합니다. 육류와 유지방, 설탕, (특히 표백되지 않은 흰 밀가루의) 과도한 탄수화물, 일반적으로 너무 풍미있는 음식은 줄이고, 그 대신에 신선한 채소, 과일 그리고 곡물로 대체되어야 합니다. 성적인 표현과 넉넉한 '꿈꾸는 시간'은 이들에게 중요합니다. 이들의 마음은 대개 생각들로 바쁘고, 이들 성격의 감정적인 면은 이들이 자기 자신에게 집중하는 것과 자기 자신을 진정시키는 것을 어렵게 만들어버릴지도 모릅니다. 이들은 더 대단한 의지력을 키워야만 하고, 성질내지 않는 법을 체득해야만 하며, 느슨해져 있어야만 합니다.

▶ 수비학
11일에 태어난 사람은 숫자 2(1+1=2)와 11 그리고 달에 통치됩니다. 숫자 2에 통치되는 사람은 자신을 리더보다 좋은 협업자와 동반자로 자주 만들어갑니다. 상상적이고 우아한 자질이 달의 영향력에 의해 강화될 것이고, 목성(궁수자리의 통치자)은 캐릭터, 이상주의 및 양육하는 자질을 빌려줍니다. 숫자 11은 동시성, 쌍둥이, 대칭성, 거울 이미지 등 다층적인 종류의 이중성에 대한 이해관계뿐만 아니라 (특히 12월 11일에 태어난 이들에게 해당하는) 신체적인 차원을 위한 느낌을 예시해줍니다.

▶ 원형
11번째 메이저 카드는 한 손에 저울을 들고, 다른 손에 검을 들고 의자에 차분히 앉아 있는 여인인 '정의'입니다. 그녀는 우리에게 우주의 질서를 상기시켜주고, 우리가 자신의 행로를 계속하는 한 우리의 삶에 균형과 조화가 유지되리라는 점을 상기시켜줍니다. 이 카드의 긍정적인 측면은 통합, 공정, 정직, 단련이고, 부정적인 측면은 낮은 주도권, 비인격성, 혁신의 두려움, 불만입니다.

12월 12일
몸 언어의 날
Body Language

▶ 심리구조

12월 12일에 태어난 이들은 자신의 신체 상태, 즉 자신이 움직이는 방식 및 일반적으로 자신의 몸으로 자신이 하는 것에 지대하게 중점을 둡니다. 이것은 이들이 정신적인 것과 영적인 것을 지향하지 않는다는 점을 시사하기 위한 의미가 절대 아니라, 단순히 몸의 태도가 이들을 홀리게 한다는 점입니다. 실로 타인들의 몸 언어를 읽는 것은 이들의 전공이 될 수 있습니다. 따라서 이들은 자신이 상호작용하는 어떤 사람의 심리적이고 감정적인 상태로 들어가는 창을 갖고 있습니다.

이들은 쇼를 상연하고, 역할을 연기하며, 일반적으로 자신의 존재감을 명시적으로 사용하는 방법을 알고 있습니다. 다시 말해 이들은 나긋나긋하고 활동적이며 건강한 유형일 가능성이 더 있기 때문에 이 방법은 어떤 과체중이나 극도로 성욕적인 속성을 시사하기 위한 의미가 아닙니다. 그러나 뚱뚱하든 날씬하든 간에 이들은 자신의 몸을 중심으로 편안하고 느긋하다는 분명한 인상을 줍니다. 이들 중 일부는 전혀 가식적인 자세 없이 심지어 자신의 존재감만을 통해서 타인들을 강제하기까지 하는 데 유능합니다. 강제의 이런 미묘한 형식은 명시적으로 위협적일 필요는 없지만, 확실히 상대방으로 하여금 이들이 그곳에 있고, 이들이 진지한 사람임을 의미한다는 점을 알도록 합니다.

이들은 자신의 키이든 근육질이든 균형 잡힌 외형이든 간에 자신의 가장 걸출한 신체적인 특징을 자신의 작업을 위해 사용합니다. 만일 자신의 외모가 현재 사회의 매력적인 힘의 규범에서 대단히 벗어난다면(즉, 이들이 과체중이거나 키가 작거나 불균형한 특색을 갖고 있다면), 이들은 이런 점을 자신의 유리함으로 작동하도록 만들어내는 방식을 찾아낼 것입니다.

아주 묘하게도, 누군가가 이들과 얼마간 함께 지내다 보면, 그/그녀의 신체적인 특징은 투명하게 속이 뻔히 보이는 분위기를 떠맡고, 그 외부적인 구조 이면에 숨은 실상의 인물이 등장합니다. 바로 그때만 누군가가 이들의 신체적인 특징이 어떻게 이들의 실상적인 인격에 대한 상징적인 겉치레의 역할을 하는지, 그리고 둘 사이의 연관성이 어떤지를 깨닫게 됩니다.

이들의 목소리도 또한 중요한 신체적인 특징으로 여겨져야만 합니다. 이들은 '자기 자신에 관한 많은 것'을 자신이 하는 말, 아니면 심지어 그 말 배후의 감정에 의해 드러내기보다, 자신의 목소리라는 자질을 통해 드러냅니다. 실로 이들은 자신의 목소리를 유혹적이거나 강압적인 태도를 통해 대단히 효과적으로 사용하는 방법을 알고 있습니다.

이들이 영적으로 성장하기를 바란다면 깊은 수준에서 자기 자신을 탐험해야만 합니다. 이들은 신체적인 특징, 외적인 겉모습, 돈, 명망 및 기타 유사 종류의 것들에 사로잡히게 되는 것을 주의해야 합니다. 또한, 이들은 물질적인 목적에 너무 집착하거나 타인의 승인에 너무 의존적이 되지 말아야만 합니다. 인생의 고난 및 그에 동반하는 유혹에 직면하여 이들의 독립성과 존엄성을 유지하는 것은, 자기 성장의 대단한 부분입니다. 종교적이든 영적이든 철학적이든 간에 비물질적인 추구가 이들에게 대단한 이익을 줄 수 있습니다.

▶ 일간 특성
강점; 신체적으로 표현하는, 태연자약한, 확장적인
약점; 물질주의적인, 집요한, 갇혀버린

▶ 명상
모든 물질은 영구성이라는 환상을 주지만, 사실 단지 에너지의 각양각색 상태를 대변하는 것일 뿐입니다.

▶ 조언
삶의 신체적인 면에 빠져버리지 마라.
당신의 영적인 면도 또한 계발시키라.
대상이나 사람에게 지나치게 집착하게 되는 것을 주의하라.
약간 더 실상적이 되도록 노력하라.

▶ 건강
이들을 위한 가장 큰 아이템 중 하나는 한계의 가치를 배우고 자신의 활동을 제한하는 방법을 발견하는 것입니다. 이들의 수면, 식사, 운동 그리고 레크리에이션 활동을 구조화하는 것은 결과적으로 자신에게 대단히 지대한 자기-가치와 안전의 느낌을 줄 수 있습니다. 자신의 식단에서 이들은 (설탕이나 카페인이 함유된 물질처럼) 자신의 신경계를 상승시키거나 흥분시키는 음식보다 (빵이나 고기, 뿌리채소처럼) 자신을 뿌리내리게 하는 음식들에 중점을 두어야 합니다. 쌀, 밀, 옥수수 같은 곡물 중심의 식단을 구축하는 것은 대개 좋은 발상입니다. 이들은 자주 활기찬 형식의 신체 운동에 자연히 끌리지만, 태극권 혹은 요가 같은 더 온화하고 우아한 활동도 또한 제안됩니다.

▶ 수비학
12일에 태어난 사람은 숫자 3(2+1=3) 및 확장적인 행성인 목성에 통치됩니다. 숫자 3에 통치되는 사람은 대체로 자신의 특정 분야에서 최고 위치에 오르려고 탐구합니다. 이들은 또한 지나치게 단정적이고 심지어는 독재적일 수도 있고, 특히 12월 12일에 태어난 이들은 이것을 주의해야 합니다. 숫자 3에 통치되는 사람은 독립적이기를 좋아하는데, 이 때문에 이들 중 일부는 프리랜서가 되기 위해 안정적인 직무의 안전을 포기하는 게 필요할지도 모릅니다. 숫자 3의 (그리고 이들을 위해 궁수자리를 통치하는) 목성적인 몰아댐은 낙관주의와 확장성의 일반적인 의미뿐만 아니라 신체적이고 심리적인 목표에 대한 원대한 추구를 예시해줍니다.

▶ 원형
12번째 메이저 카드는 자신의 묶인 발로 거꾸로 매달려 있는 '매달린 사람'입니다. 비록 그런 처지가 무력해 보이지만, 그럼에도 '매달린 사람'은 영적으로 강력하고 깊이 심사숙고합니다. 이 카드의 긍정적인 속성은 단순히 인간이 되는 것뿐만 아니라 한계를 알아보고 극복하는 것이고, 부정적인 측면은 영적인 근시안과 한정성입니다.

12월 13일
엄밀한 기예의 날
Exacting Craft

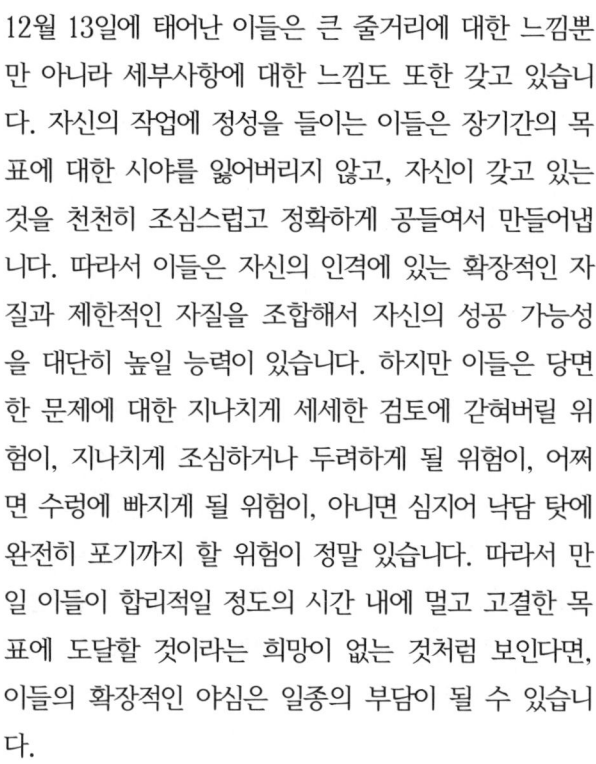

▶ 심리구조

12월 13일에 태어난 이들은 큰 줄거리에 대한 느낌뿐만 아니라 세부사항에 대한 느낌도 또한 갖고 있습니다. 자신의 작업에 정성을 들이는 이들은 장기간의 목표에 대한 시야를 잃어버리지 않고, 자신이 갖고 있는 것을 천천히 조심스럽고 정확하게 공들여서 만들어냅니다. 따라서 이들은 자신의 인격에 있는 확장적인 자질과 제한적인 자질을 조합해서 자신의 성공 가능성을 대단히 높일 능력이 있습니다. 하지만 이들은 당면한 문제에 대한 지나치게 세세한 검토에 갇혀버릴 위험이, 지나치게 조심하거나 두려하게 될 위험이, 어쩌면 수렁에 빠지게 될 위험이, 아니면 심지어 낙담 탓에 완전히 포기까지 할 위험이 정말 있습니다. 따라서 만일 이들이 합리적일 정도의 시간 내에 멀고 고결한 목표에 도달할 것이라는 희망이 없는 것처럼 보인다면, 이들의 확장적인 야심은 일종의 부담이 될 수 있습니다.

다행히도 이들은 대개 장기적으로 발을 담급니다. 비록 이들은 낙담을, 심지어 비교적 짧은 기간의 우울증까지 경험할지도 모르지만, 가치 있는 것에 속하는 실상적인 어떤 것도 하룻밤에 달성될 수 없다는 점을 알아봅니다. 사실 이들은 대개 가정된 지름길, 가속시킬 계획, 부자되는 책략 등을 고도로 의심합니다. 하지만 비록 피상적인 것을 경멸할지라도 이들은 자기 자신의 더 심오한 곳까지 뚫어내는 데 곤란을 혹은 갖고 있습니다. 때로는 개인적인 업종적 뒤얽힘이라는 거미줄에 갇히면, 이들은 더 깊이 파고들어서 자신의 삶에서 의미를 찾아내려고 욕구되는 숨 쉴 공간이 부족하게 될지도 모릅니다.

이들은 가족, 친구, 동료의 기저에 놓인 동기부여에 홀리게 되는 일종의 심리학자입니다. 이들은 자주 (자신만의 잘못과 기벽이 포함된) 인간 조건에 관련한 훌륭한 아이러니 감각을 표출하고, 모든 종류의 성격적인 겉치레와 방어 메커니즘을 꿰뚫어볼 수 있습니다. 이들은 삶 그 자체의 대단히 신비한 이야기에서 자기 자신을 탐정으로 바라볼지도 모릅니다. 타인들이 항상 이들의 지각력을 환영하는 것은 아닐지도 모르고, 실로 이들은 때때로 자신의 안테나를 줄이면서 프라이버시를 존중해주는 법을 체득해야만 합니다.

이들에게 기예의 재능은 물리적인 대상을 실제로 만들어내는 것에서 표현되기보다, 오히려 프로젝트의 개념, 계획, 우아한 실행에서 자주 표현됩니다. 이들은 자신이 '목적을 위한 수단'을 목적 그 자체로 취급하지 않으면서, 문을 여는 것을 잊어버릴 정도로 너무 오랫동안 문고리에 광을 내지 않는 한, 매우 성공적일 수 있습니다!

이들은 불운하게도 자신의 작업을 방해할 뿐만 아니라, 대인관계와 가족 관계에 어려움을 창조하는 불규칙한 경향과 개인적인 남다름을 표출할 수 있습니다. 이들은 조화를 얻기 위해 이따금 자기 자신으로 하여금 타협하도록 허용할 때 형편이 더 좋아지고, 따라서 자신이 함께 작업하거나 함께 사는 사람을 위해 상황을 더 여유롭게 만들어냅니다. 무엇보다도 이들은 너무 소동을 벌이는 것이나 요구가 많은 것을 통해 사람들의 신경을 거스르는 것을 피해야 합니다.

▶ 일간 특성
강점; 주의를 기울이는, 지각력 있는, 심사숙고하는
약점; 방해하는, 짜증나는, 소동을 벌이는

▶ 명상
만약 당신이 나무에 너무 빠져든다면, 당신은 절대 숲을 벗어날 당신의 길을 찾아내지 못할지도 모릅니다.

▶ 조언
당신만이 만들어내는 덫에 걸려들지 마라.
계속해서 나아가는 것을 기억해내라.
광내는 것은 차츰 닳아 없어져버리는 시점이 현존한다.
타인의 기벽이나 별스러움도 역시 감안해보라.
당신만이 자유를 요구하는 유일한 사람은 아니다.

▶ 건강
이들은 자신의 건강에 지나치게 관련될 수 있습니다. 이들은 '자신에게 무엇이 잘못되었는지'에 대해서뿐만 아니라 '그것을 어떻게 치료해야 하는지'에 대해서 이상한 발상을 갖고 있을지도 모릅니다. 그래서 이들은 때때로 실제로 완치하는 것보다 더 많은 곤란을 창조합니다. 최신의 전통적인 의술, 미심쩍은 뉴에이지 치료법, 및 외견상 양호한 동종요법 치료법은 신중한 눈으로 모두 검토될 필요가 있을지도 모릅니다. 어쩌면 이들을 위한 최고의 안전장치는 좋은 의사나 의료 고문입니다. 식단과 신체운동이 관련된 한, 이들은 세부사항에 대한 강박적인 주목을 주의하고, 자신의 접근법을 끊임없이 재조정하는 것을 주의해야 합니다. 시도해봐서 참된 요리법과 식단을 고수하는 것이 이들이 균형을 유지하는 최선일 것이고, 적당한 신체 운동이 격려됩니다.

▶ 수비학
13일에 태어난 사람은 숫자 4(1+3=4)와 13 그리고 불규칙하면서도 폭발적인 천왕성에 통치됩니다. 목성(궁수자리의 통치자)의 영향력에 조합된 이런 천왕성은 이들로 하여금 타인들의 느낌을 알아채지 못하게도 또 그들을 혼란스럽게도 만들어낼 수 있습니다. 목성-천왕성의 연관성 때문에, 12월 13일에 태어난 이들은 자신 삶의 핵심 지점에서 매우 정착되지 못할 시기를 경험할 수 있습니다. 비록 많은 사람이 숫자 13을 불운하다고 여기지만, 오히려 숫자 13은 그 힘을 현명하게 사용하거나 자기-파괴의 위험을 감수한 것에 대한 책임감을 운반해주는 강력한 숫자입니다. 숫자 4는 전형적으로 반란, 색다른 믿음, '규칙을 바꾸려는 욕망'을 대변합니다.

▶ 원형
13번째 메이저 카드는 타로에서 가장 오해를 받는 카드인 '죽음'인데, 죽음이라는 것은 문자 그대로 받아들여지는 경우가 좀처럼 없지만, 변태하는 식으로 한계를 넘어서 성장하기 위해 과거를 놓아버리는 것을 암시합니다. 타로 카드와 숫자 4가 모두 예시하듯이 이들은 의욕이 꺾여서 환멸을 느끼게 되는 성향과 싸워야만 합니다.

12월 14일
선택적인 과시자의 날
The Selective Exhibitionist

▶ 심리구조

12월 14일에 태어난 이들은 자주 타인들에게 과시자의 인상을 주지만, 사실 자신이 언제, 어떻게 또 어떤 주위 여건에서 자기 자신이나 자신의 작업으로 하여금 보이도록 허용하는지에 관해 고도로 선택적입니다. 실로 비록 이들이 세상의 매우 많은 주목을 끄는 드물지 않은 공인이지만, 이들은 극소수 사람만 입장이 허락되는 자신만의 사적인 세계에 거주합니다. 이것은 마치 이들이 집에서 가장 놀라운 일을 하면서 살지만, 차단막을 열어보이는 것이 자신에게 적합할 때에만 열어보이는 것과 같습니다. 따라서 이들은 사람들로 하여금 '자신이 무엇을 하고 있는지' 가장 자주 보게 하고, '자신이 무엇을 생각하고 있는지' 덜 자주 보게 하며, '자신이 실상 누구인지' 조금도 보지 못하게 합니다. 지대하게 드러내는 것으로 보이는 것이야말로 사실상 가장 사적인 것을 은폐하는 가장 좋은 방식일 수 있습니다.

이들은 자주 극도로 복잡하고 심오하며 난해한 사람입니다. 성적인 선호, 취미, 습관, 심리적인 방종을 포함한 많은 이들 삶의 영역은 오히려 유별나고 심지어 기묘하기까지 한 천성에 속합니다. 또한, 고도로 철학적이기도 한 이들은 자신의 독자적인 행동을 정당화하는 원리에 따라 운영할 수 있습니다. 이들은 가장 자주 어릴 적부터 자신이 타인들과는 같지 않음을 알아봅니다. 부모나 교사 같은 권위적인 인물들과 이들 사이에 생기는 갈등은 정상적으로 이런 다른 점을 이들에게 알아듣게 몰아갑니다. 이들은 남의 눈을 의식하게 되지만, 타인들이 나쁘거나 이상한 습관으로 여길지도 모르는 것도 또한 내세우기 쉽습니다.

부모가 이들을 일부 미리 정해진 틀에 맞추려고 노력하는 것은, 대개 불가능하고 분명히 바람직하지 않습니다. 이것은 단순히 효과가 없을 것인데, 왜냐하면 비록 그것이 처음에 성공적인 것으로 보일지라도, 부모를 향한 잠재적인 분노, 반항, 원망은 말할 것도 없고, 앞으로도 엄청난 문제를 유발할 수 있기 때문입니다. 이런 느낌도 또한 이들이 나중에 관여하는 사람에게 전달되고, 아니면 사회 전반에 전달될지도 모릅니다.

이들은 대담한 (그러나 무모하지 않은) 사람입니다. 두려움을 거의 표출하지 않는 이들은 필요할 때마다 주저하지 않고 자기 자신을 손해 보는 길에 들여놓습니다. 하지만 자신의 행동으로 타인들을 격분시키는 유혹이 매우 대단합니다. 이것이 항상 피상적이거나 미숙한 충동인 것은 아닙니다. 이들은 자신만의 본보기를 통해 현상 유지에 도전하면서, 자주 도발과 촉발을 통해 어떻게든 타인들을 가르칩니다. 따라서 이들은 자신의 가족에서든, 사회 동아리에서든, 사회 전반에서든 간에 변화시키는 촉매제일 수 있습니다.

▶ 일간 특성
강점; 독창적인, 도발적인, 대담한
약점; 과도한, 시무룩한, 고립된

▶ 명상
약간의 소동이 있으면, 지대한 작업이 달성될 수 있습니다.

▶ 조언
때로는 조용히 당신의 주장을 만들어라.
당신이 하는 것과 말하는 것을 세심하게 고려해보라.
자제하는 법을 체득하고 당신의 철학적인 면을 키우라.
중도(中道)를 선택하라.

▶ 건강
이들은 특히 사고나 폭력에 관련하여, 자신의 유별난 행동과 위험을 각오하는 것이 자신을 곤란에 빠뜨리지 않도록 조심해야만 합니다. 또한, 이들 중 다수는 아주 어린 시절부터 세상에서 오해받는다고 느끼기 때문에, 이들은 삶에서 물러나는 경향이 있을지도 모릅니다. 감정적인 아픔을 둔하게 하는 술이나 다른 마취적인 마약류의 사용은 낙담, 의존성, 중독으로 이어질지도 모른다는 점에서 위험합니다. 이들의 식단은 이국적이거나 현란하기보다 균형을 유지하는 것이 가장 좋고, 가능하면 폭식을 피해야 합니다. 단지 적당한 운동이나 가벼운 운동만 권장됩니다. 성적인 활동에 관련하여, 이들은 '극기' 카드의 메시지에 유의해야 합니다.

▶ 수비학
14일에 태어난 사람은 숫자 5(1+4=5) 및 수성에 통치됩니다. 숫자 5는 12월 14일에 태어난 이들을 위한 고조된 정신력을 예시해줍니다. 그 정신력에 동반된 목성(궁수자리의 통치자)의 영향력은 이들의 주장에 설득력과 세몰이를 빌려줍니다. 이들 중 화가 나게 되거나 균형을 잃어버린 사람을 위해, 다행히도 숫자 5는 삶의 역경에서 빨리 회복할 수 있는 회복이 빠른 캐릭터를 증정해줍니다.

▶ 원형
14번째 메이저 카드는 균형과 절제의 필요성을 예고해주는 '극기'입니다. 그려지는 인물은 우리를 보호해주고, 우리를 안정된 상태로 지속시켜주는 수호천사입니다. 긍정적으로 보면, '극기'는 새로운 진실이 터득되어서 누군가의 삶에 편입되도록 하기 위해 격정을 수정합니다. 그 카드는 에고적인 과도함의 모든 형식에 대해 경계합니다. '극기' 카드의 부정적인 예시가 바로 시대의 분위기와 유행하는 패션에 너무 쉽게 변화하는 성향이기 때문에, 이들은 가능하다면 자신만의 스타일, 기법, 사유체계를 확립하려고 노력해야 하고, 확신을 갖고 그 방법들을 고수해야 합니다.

12월 15일

확장의 날
Expansion

▶ 심리구조

12월 15일에 태어난 이들은 크게 생각합니다. 확장적인 인격인 이들은 자신의 생각으로 하여금 자유롭게 돌아다니게 하고, 때로는 심지어 야생적으로까지 돌아다니게 해서, 거의 한계를 알아보지 못합니다. 하지만 이들은 자신이 자신의 야심을 자주 실현할 수 있을 정도로 권력 및 '시스템이 작용하는 방법'에 대한 느낌을 갖고 있습니다. 이들에게 결국 가장 대단한 도전은 이들이 자신의 경력이나 사회 집단에서 일단 정상에 도달하면, 그곳에 머무르는 방법을 모를 수도 있다는 점입니다. 도덕적인 맹목성이나 과도한 낙관주의, 지나친 자부심을 통해서 이들은 은총에서 멀어질 수 있습니다. 어쩌면 이들은 자신에게 들어맞는 수준이 뭐든 그 수준에 만족하고, 자신의 한계를 받아들이며, 자신이 갖고 있는 것을 최대한 활용하는 법을 체득해야 합니다.

이들은 자신이 친구, 가족, 사회 일반에 긍정적인 충격을 주는 것을 즐길 정도로 대다수의 경우 고도로 사회적인 존재입니다. 이 영향력이 궁극적으로 긍정적인 천성에 속하는지 아닌지를 이들이 세심하게 고려하는 것은 중대합니다. 이런 점에서 이들은 (생색내지 않고) 친절할 때가, 그리고 (간섭하지 않고) 도움될 때가, (잔소리하지 않고) 보살필 때가 가장 좋은 상태입니다.

이들은 자신의 존재감이 사람들을 기분 좋게 만들어 내는 덕에 타인들에게 자주 호감을 받습니다. 이들은 고도로 환영받는 낙관주의, 여유로움, 개방성을 자신에게 가져옵니다. 이들은 자신의 찬양과 존중을 받을 자격이 있는 사람에게서 선함과 잠재력을 매우 쉽게 알아보는 덕에 정확한 호감도 또한 받습니다. 하지만 이들은 자신이 매우 잘 알지 못하는 사람들에 대한 관여를 형성할 때 여전히 실상적이어야 하고, 배후조종과 의존을 통해 자신을 이용하려는 사람들을 피해야만 합니다. 이들 중 일부에게 가장 대단히 위험한 영역은, 이들이 특히 착취에 취약한 재정적인 분야입니다.

이들은 대개 자신만의 행운을 믿는 사람입니다. 비인격적인 대다수 국면에 특정 신임을 갖고 다니는 이들은, 어떤 특별한 강인함이나 재능에 대한 믿음보다 웰빙에 대한 일반적인 의미에 더 믿음을 갖고 다닙니다. 대다수의 경우 이것은 건전하지만, 특정 국면에 대한 부정적인 가능성을 잘못 판단하도록 이들을 이끌 수 있습니다. 이들은 그런 위험에 관해 두드러지게 염려하지 않을 수 있습니다.

이들의 캐릭터에는 강하게 철학적인, 어쩌면 운명론적인 면이 현존합니다. 만약 이들이 손해볼 운명이라면, '그렇게 해야지'며 받아들이고 맙니다. 이들은 악화된 국면을 수습하려고 노력하는 것보다 그 국면에서 그냥 떠나버리는 것도 또한 자주 선호할 것입니다. 이들에게는 처음부터 다시 시작하는 것이 그곳에서 버티는 것보다 바람직할지도 모릅니다. 하지만 때때로 이들이 자신의 카드를 던져버리는 것보다 자신의 손에 쥐고 있는 것이 더 생산적이고 더 보상받는 것일지도 모릅니다. 그러므로 이들에게 중요한 도전은 자신의 노력을 제한해서 자신이 하는 것을 세련되게 하고, 품위 있게 하며, 완벽하게 하기를 고수하는 것입니다. 성공하는 대다수가 다음번 영역으로 넘어가기 전에 한 영역을 철저히 마스터한다는 점을 이들은 알아보게 되어야만 합니다.

▶ 일간 특성
강점; 기쁘게 하려는, 사회적인, 매우 환영받는
약점; 비실상화된, 통제하는, 맹목적인

▶ 명상
복숭아(Peach)는 기쁨을 가져다주고 양파는 눈물을 가져다주지만, 멋진 사람(Peach)은 함정을 지닌 사람입니다.

▶ 조언
권력 게임에 걸려들지 말고, 생색내는 태도를 갖고 있는 것을 주의하라.
처음에 확장되는 것은 대개 수축한다.
한정에 대처하는 법을 체득하라.

▶ 건강
이들은 때때로 건강 문제에 관련하여 지나치게 낙관적일 수 있고, 자신의 신체적인 능력도 또한 과대평가할지도 모릅니다. 그 귀결로 이들은 일 년 또는 반년 단위로 검진하는 좋은 의사에 의해 탐지해낼 수 있는 증상들을 간과해버릴 수 있습니다. 발생하는 (아마도 무력감이 가장 최악일) 건강 문제를 처리하기 위해 일부 종류의 영적인 또는 심리적인, 종교적인 훈련이 권장됩니다. 만약 이 훈련이 이루어지지 않는다면, 이들은 장기간의 질병이나 심각한 수술의 중압감으로 몸이 상할 위험이 있습니다. 절제식의 한정은 의학적으로 예시되지 않는 한, 대체로 이들의 관심사가 아닙니다. 운동이 관련된 한, 조깅, 수영, 테니스, 볼링 및 야외에서의 활발한 산책이 모두 권장됩니다.

▶ 수비학
15일에 태어난 사람은 숫자 6(1+5=6) 및 금성에 통치됩니다. 숫자 6에 통치되는 사람은 찬양을 끌어들이는 경향이 있고, 심지어 숭배할 마음마저 불어넣을 수 있습니다. 하지만 금성과 목성(궁수자리의 통치자)의 이중적인 영향력은 12월 15일에 태어난 이들로 하여금 사회적으로 바람직하게 만들어줄 뿐만 아니라, 기생하는 유형도 또한 더 매력적이게 만들어줍니다. 따라서 이들은 타인들이 이들에게 너무 쉽사리 의존하는 지점에 특히 유념해야만 합니다.

▶ 원형
15번째 메이저 카드인 '악마'는 성적인 끌어들임, 불합리성, 격정이 관련된 곳에서 역동적으로 작용하는 두려움/욕망을 예시합니다. '악마'는 물질적인 편안함과 돈에 대한 우리의 필요성을 통해 우리를 노예로 삼고, 안전을 붙잡는 우리의 기반 천성을 대변하며, 우리의 남성적/여성적인 천성에 실존해서 화해되지 않는 차이를 통해 우리를 통제합니다. 이 카드의 긍정적인 면은 모두 성적인 끌어들임이고, 격정적인 욕망의 표현입니다. 하지만 그 카드는 비록 우리가 몸에 속박되어 있을지라도, 우리의 영은 자유롭게 날아오름을 상기시켜주는 역할을 할 수 있습니다.

12월 16일
날아오르는 상상력의 날
Soaring Imagination

▶ 심리구조

12월 16일에 태어난 이들은 그해에 가장 상상적인 사람 중 하나입니다. 하지만 이것은 이들의 신체적인 면을 축소한 것이 아니고, 이 면은 고도로 계발되어 이들의 성격에 대한 자체의 권리도 또한 명확히 한다는 것입니다. 사실대로 말하자면, 이들 삶의 중대한 테마 중 하나는 몸이라는 신체적인 한계를 초월해서 불가능한 것을 얻으려는 것의 관심사입니다.

이들은 함께 살기가 가장 쉽지 않은 사람입니다. 모든 종류의 감정적인 문제가 대개 이들만의 복잡한 천성의 결과로 이들을 괴롭힙니다. 이들을 감수해주는 사람은 주기적인 고독을 위한 욕구일지도 모르는 이들의 적지 않은 욕구에 유별나게 이해심이 있고 민감해야만 합니다. 실로 이들 중 일부는 효과적으로 작업하기 위해 자신만의 세계에 있어야만 합니다.

따라서 이들은 사무실과 조직에서 벗어난, 즉 자신이 충족시키는 요구가 일차적으로 자신만의 것인 환경에서 가장 잘합니다. 자주 이들은 자기 자신을 알아차리도록 봉사해주는 더 높은 힘에 의해 자신이 인도받거나 아니면 심지어 교습받는 느낌까지 듭니다. 이 힘은 천성에서 사회적이거나 종교적인, 보편적일지도 모르지만, 결국 이들을 해방시켜줍니다. 이런 연관성을 통해 이들은 적어도 한동안은 자신의 세속에 얽매인 문제에서 자유로워집니다.

이들은 엄청난 에너지를 요구하는 위업에 유능합니다. 이들이 일단 영감을 주는 쪽으로 유도되지만, 실상화된 목표 쪽으로도 또한 유도된다면, 자신의 작업에서 원대한 성공을 성취하는 것에서 이들을 막을 수 있는 것은 거의 현존하지 않습니다. 하지만 쉽게 옆길로 새는 이들은 실상적이든 상상적이든 간에 이들이 항상 가장 민감한 것은 아닌 타인들의 느낌이 포함된 모든 종류의 경시, 짜증 및 (이들에게는) 사소한 문제의 먹이로 전락할 수 있습니다. 높은 영적인 차원이나 형이상학적인 구름일지도 아닐지도 모르는 곳에 사는 이들은 더 평범하고 쪼잔한 고려로 바쁜 단순한 인간들에 관련한 곤란함을 보유할 수 있습니다.

이들이 매일의 실상에 여전히 잘 뿌리내리는 것이 극도로 중요합니다. 이들 자신의 주위 삶에 대한 이해관계를 취하는 것은 이들의 인간적인 면을 위해 중요하고, 이들로 하여금 세상에 계속 접촉하도록 합니다. 따라서 이들의 동무, 친구, 자녀는 이들의 삶에서 중대한 역할을 연기합니다. 이들의 감정적인 문제를 풀어내고, 더 충분히 신뢰하고 사랑하는 법을 체득하는 것은, 오직 타인들과 갖는 상호작용 및 맞닥뜨림을 통해서만 다뤄질 수 있는 문제입니다.

번갈아 생기는 '멀어짐이나 무관심' 및 '폭발적인 반응', 우울증에 잇따른 조증(躁症)의 기간, 웃음의 높이 및 깊은 침묵의 깊이는 이들의 팔레트에서 발견되는 모든 색깔입니다. 이들 중 가장 성공적인 사람은 창조적인 작업이나 취미, 사회활동을 통해 자신의 높은 이상주의와 느낌에 대한 표현을 찾아냅니다. 따라서 이들은 공통 이해관계를 통해 자신의 동료 인간존재와 소통하고 접촉할 능력이 있습니다.

▶ 일간 특성
강점; 예지적인, 상상적인, 안내를 받는
약점; 비실용적인, 동떨어진, 곤란해지는

▶ 명상
인생의 폭풍우는 결국 사그라듭니다.

▶ 조언
지속해서 당신 자신을 뿌리내리라.
당신의 신체적인 문제를 작업[극복]해 내라.
일상생활의 문제를 정기적으로 처리하라.
타인의 느낌에 민감해지라.

▶ 건강
이들은 자주 외견상 애매하거나 숨겨진 신체적인 불편사항의 다층성으로 고통받습니다. 때때로 이런 질환은 심신양면으로 강하게 함축적인 의미를 갖고 있습니다. 소화 기관과 내부 장기에 만성적인 문제가 몇 년에 걸쳐서 발생할지도 모르지만, 어쩌면 건강한 식단, 특히 신선한 고섬유질 채소와 곡물을 강조한 식단으로 막을 수 있습니다. 정기적인 걷기, 수영, 모든 유형의 야외 활동은 자연에의 접촉을 유지하는 것뿐만 아니라 이들의 운동 욕구에도 또한 감탄할 정도로 적합합니다.

▶ 수비학
16일에 태어난 사람은 숫자 7(1+6=7) 그리고 물같은 해왕성에 통치됩니다. 숫자 7에 통치되는 사람은 때때로 자신의 발상을 끝까지 해내는 데 실패하고, 실상에서 쉽게 동떨어지게 될 수 있으며, 이것은 특히 12월 16일에 태어난 이들에게 해당합니다. 해왕성은 꿈, 공상 및 종교적인 느낌의 행성인데, 궁수자리의 목성적인 영향력과 짝지어져서 이들에게 높은 수준의 이상주의 및 신비주의와 종교에 대한 이해관계를 부여해줍니다. 이들은 재정적으로 경계심을 내던져버리고, 자신의 가족이나 사업을 난처한 채로 내버려둔다고 숫자 7에 의해 예시된 성향을 주의해야 합니다.

▶ 원형
16번째 메이저 카드는 어떤 버전에선 왕이 벼락을 맞은 탑에서 떨어지는 것을 보여주고, 이 탑을 건설한 사람이 머리에 타격을 입고서 죽고 있는 것을 보여주는 '탑'입니다. '탑'은 물리적인 구조의 무상성뿐만 아니라 우리 삶에서 주어지는 관계나 소명의 무상성도 또한 상징합니다. 작업된 변화는 갑작스럽고 신속할지도 모릅니다. 그 카드의 긍정적인 요소는 재앙을 극복해 그 도전에 직면하는 것을 포함하지만, '탑'은 부당하게 높은 자리에 오르는 것, 누군가가 조작한 손길에 파괴될 위험을 무릅쓰는 것, 공상적인 기획이라는 유혹에 굴복하는 것에 대해 경계합니다.

12월 17일
세속적인 화학적인 변화의 날
Earthy Chemistry

▶ 심리구조

12월 17일에 태어난 이들은 상황의 기저에 놓인 구조에 관련됩니다. 세속적인 사람인 이들은 매우 몸을-지향하고, 실용적인 고려사항에 속박됩니다. 삶에서 실체적이고 견고한 것은 이들에게 이해관계를 제시하지만, 변덕스럽거나 피상적이고 지나치게 공상적인 것은 이해관계를 제시하지 않습니다. 이들은 지금 여기에 살고, 자신의 주위 상황이 어떻게 작동하는지를 알고 싶어합니다. 비슷하게 이들은 자신의 활동과 자신이 연출하는 것에 근거를 두고 사람들을 판단하는 경향도 있습니다.

이들은 대개 자신의 철학적인 고찰을 자신이 보고, 만지며, 맛보고, 느끼며, 냄새 맡을 수 있는 것으로 제한합니다. 이들은 동기에 관해 더 적게 생각하고, 원인과 효과에 관해 더 많이 생각하는 실용주의자입니다. 이들에게 당면하지 않는 것은, 즉 물론 이들이 자신의 신체적인 에너지와 발상, 창조성을 돌릴 수 있는 목표를 제외하고는 거의 의미를 갖고 있지 않습니다. 당면한 문제에 집중하는 이들의 수용력 덕에, 이들은 궤도에서 벗어나지 않고도 지대하게 달성할 수 있습니다.

사회적인 또는 대인관계의 문제가 이들에게 발생하면, 그것은 자주 이들의 진지한 천성 탓입니다. 대화할 시 이들은 많은 생각을 하찮은 것으로, 훌륭한 점을 단순한 의미론으로 묵살하는 성향을 갖고 있습니다. 계층이나 의전에 대한 혐오는 몇몇 사회 동아리와 작업 환경에서 이들이 상승할 가능성을 높이는 데 별로 도움되지 않을지도 모릅니다. 그러나 이들이 자신의 업적에 대해 받는 사회적인 지위와 인정은, 이들 중 다수에게 충분합니다.

물론 이들은 물질적인 차원에, 즉 객관적인 실상에 대해 지나치게 중점을 두는 둔해진 자신의 상상력과 공상에 갇혀버리는 것을 주의해야만 합니다. 따라서 이들은 예술의 진가에 대한 깊은 알아봄으로, 특히 세속적이고 심미적인 자질을 강조해주는 그림, 조각, 춤 같은 단련으로 이어지는 우아함과 고상함에 대한 이들의 사랑을 키워야 합니다.

개인적인 수준에서 이들은 자신이 꾸며낼 시 그런 세속적이거나 심미적인 자질을 구현하는 사람들에게 저항하기가 어려움을 알아차릴 수 있고, 가능한 한 충분하고 많은 시간 동안 그들에게 관여하게 되고 싶을지도 모릅니다. 그렇게 관계할 때, 이들은 소유권을 주장하는 행동, 상호 의존, 관계 중독 그리고 어쩌면 갇혀버림에 주의해야 합니다. 일반적으로 발상이나 개인, 구조, 조직에 너무 확고하게 속박되어 있는 것은 이들을 금지할 수 있고, 개성의 계발과 성장을 지연시킬 수 있습니다. 이것은 주위 여건이 옮겨갈 때임을 알려줄 때 특히 참입니다.

▶ 일간 특성
강점; 믿음직한, 안정된, 구조화된
약점; 세속에 속박된, 소유권을 주장하는, 급작스러운

▶ 명상
인생의 춤을 출 때, 당신의 동반자에게서 당신의 눈을 떼지 마십시오.

▶ 조언
가벼워지고 기운내라.
정기적으로 외출해서 재미있게 보내라.
당신의 사회생활을 조금 계발시키고, 당신의 이해관계를 타인들과 공유할 수 있는 방법을 찾아내라.
당신이 신뢰하는 사람들이 당신의 개인적인 세계로 들어오도록 허용함으로써, 당신은 자신의 삶을 풍요롭게 해주는 다리를 건설하라.

▶ 건강
이들은 자신의 정맥, 뼈 그리고 근육이 관련된 만성적인 질병에 주의해야만 합니다. 이들의 세속적인 천성 때문에, 이들은 체중 문제를 초래하는 식단을 좋아할지도 모릅니다. 이들은 특히 육류와 지방을 줄여야 하고, 어쩌면 유제품의 섭취를 제한하는 것을 고려해야 합니다. 활기찬 천성의 신체 운동이 권장됩니다. 만약 만성적인 건강 문제가 그런 활동을 하지 못하게 한다면, 이들은 요가와 건강체조 같은 더 가벼운 형식의 운동을 시도해야 합니다. 수면과 섹스라는 침대 위의 두 가지 일차적인 쾌락에 과잉 탐닉하는 성향은 특히 그런 쾌락이 다른 영역에서 비활동을 위한 현실 도피나 핑계가 된다면, 이들 중 일부 사람에게, 자신의 정신적인 재능과 주도권을 둔하게 할 수 있습니다.

▶ 수비학
17일에 태어난 사람은 숫자 8(1+7=8) 및 토성에 통치됩니다. 숫자 8은 물질세계와 영적세계 사이의 갈등을 예시해주는데, 숫자 8에 통치되는 사람은 외로울 수 있고, 자기 자신을 탐닉하기 쉽습니다. 토성은 판단적인 측면뿐만 아니라 제한과 한정의 강한 느낌도 또한 운반해줍니다. 12월 17일에 태어난 이들에게, 이들의 목성(궁수자리의 통치자)적인 영향력은 낙관적이고 확장적인 경향이 있기에, 갈등이 일어날 수 있습니다. 토성적인 (수축하고 한정적인) 에너지와 목성적인 (확장하고 무한한) 에너지가 균형을 잡을 수 있다면, 이들은 자신이 노력하는 분야에서 오랫동안 지속할지도 모릅니다.

▶ 원형
17번째 메이저 카드는 별 아래 벌거벗은 아름다운 소녀가 한 항아리로 메마른 대지에 신선한 물을 쏟아붓고, 다른 항아리로 연못의 고인 물을 되살리는 모습을 보여주는 '별'입니다. 그녀는 세속적인 삶의 영광을 대변하지만, 그 삶에 대한 물질적인 노예화도 또한 대변합니다. 그녀 머리 위의 별들은 영적인 세계가 있음을 영원히 상기시켜줍니다. 이것은 특히 이들에게 관련된 메시지일지도 모릅니다.

12월 18일
매머드 프로젝트의 날
Mammoth Projects

▶ 심리구조

12월 18일에 태어난 이들을 위해 삶은 거대하게 기록됩니다. 거대하게 설계할 시 딜러는 원대한 조건 속에서 생각하지만, 그 세부사항을 간과하지 않습니다. 사실을 말하자면 이들의 장기적인 프로젝트는 공들여서 또 깊은 공헌으로 구축됩니다. 이들이 작업해낸 업적은 이들이 넓고 깊은 만큼 자주 멀리까지 도달합니다. 하지만 이들의 헌신에도 불구하고, 마치 양으로 연출할 시 깊이는 이들의 손에서 벗어난다고 타인들이 믿듯이, 너무 많은 시도 탓에 이들은 피상적이라고 비난받을지도 모릅니다.

이들은 장기간에 걸쳐 종사합니다. 해마다 이들은 대단한 끈덕짐으로 자신이 하고 있는 바를 고수합니다. 이런 고수함은 이들의 작업이 잘 되어 가지 않을 때 이들에게 문제를 제기할 수 있습니다. 손해 보는 제의를 포기하기를 거부하는 것은, 실상 이들의 걸림돌이 될 수 있습니다. 이런 태도는 이들의 우정이나 사랑 관계에도 역시 적용될 수 있습니다. 이것은 이들이 친구를 쉽게 포기해야 한다는 의미가 아니라, 이들은 타인들이 변화를 꺼리는 때나 변화할 수 없는 때를 알아보고, 그때에 따라 자신의 기대를 [조정해서] 맞춰야 한다는 의미입니다.

이들은 자신에게 가까운 사람들의 삶을 지배하지 않도록 조심해야만 합니다. 비록 이들이 궁핍하거나 의존적인 사람처럼 보이지 않을지라도, 이들은 타인들에게 대단한 요구를 만들어낼 수 있습니다. 자주 자기에게만 몰두하는 이들의 인격은 모든 것 중에서 가장 대단한 요구를, 즉 '고민되지 않는 여건'을 만들어냅니다.

이들은 복잡한 계획과 높은 이상이라는 희귀하고 전기로 충전된 자신만의 세계 속에 삽니다. 이들은 자유롭게 자신의 마음을 배회하게 하고, 자신의 몸을 한계까지 밀어붙여야만 합니다. 이들이 이런 밀어붙이기를 하기 위한 격려를 아니면 허락을 좀처럼 청하지 않을 것입니다. 자녀로서 이들은 안정되고 애틋한 가정환경을 제공하면서, 단순히 물러나서 이들의 뜻대로 하도록 내버려둘 수 있는 부모를 욕구합니다. 부모로서 이들 자신은 자신의 큰 [나무] 그늘 속에서 자라는 것으로 고통받을지도 모르는 자녀에게 구조뿐만 아니라 자유와 더 신사숙녀적인 지침도 또한 제공해야 함을 기억해내야만 합니다.

이들 중 덜 고도로 진화된 사람은 비실상화된 야심, 꿈, 바램, 욕망으로 자기 자신의 가슴이 찢어지게 할 수 있습니다. 이들은 자기 자신을 약간 제한해서 자신의 프로젝트 취급범위를 도달 가능한 수준으로 낮춰야 할지도 모릅니다. 이들이 가장 욕구하는 것은 편안하고 효율적인 운영 기반을 설정하는 것이고, 또 희망하건대 사랑해주는 동반자일 뿐만 아니라 이해심이 많은 친구인 동감하는 동무를 찾아내는 것입니다.

이들 중 어쩌면 자신만의 힘에 대한 두려움 탓에 아직 자신 속의 예외적인 잠재력을 발견하지 못한 사람에게는, 바로 자신의 천성과 재능에 적합한 생활방식과 작업 환경에서 자기 자신을 확립하는 것이야말로 열쇠입니다.

▶ 일간 특성
강점; 유능한, 확장적인, 끈덕진
약점; 선-생각되는, 좌절감을 품는, 완고한

▶ 명상
활동하는 것보다 '있는 것'도 또한 도전적일 수 있습니다.

▶ 조언
[자신] 속의 멈춤과 침착함을 찾아내라.
공간과 침묵은 본래 풍부하므로, 할 것이 아무것도 현존하지 않을 때 당신이 주전자를 가득 채워야 하거나 활동적이 되어야 한다고 느끼지 마라.
타인들도 역시 빛나도록 허용하라.

▶ 건강
이들은 자신의 한계를 넘어서 자기 자신을 밀어붙이지 않도록 해야만 합니다. 심지어 이런 한계가 실존함을 알아보는 것조차도 긍정적인 첫걸음일 수 있습니다. 이들은 소진되기 쉽지만, 옆길로 빠져서 실상에 거의 연결되지 않은 매우 비실상적이고 지나치게 낭만적인 세상에도 또한 살기 쉬울지도 모릅니다. 객관성에 대한 분별력을 유지하는 것이 중대합니다. 그러므로 이들은 어려운 시기를 통과하도록 자신을 돕는 동반자나 친구, 치료사, 교사, 성직자의 정직성에 중하게 의존할 수 있습니다. 신체적인 마모는 (주로 등한시의 결과로) 발생할지도 모르지만, 대개 이들의 주요 질환은 심리적입니다. 특히 안정시켜주는 곡물과 채소로 균형이 잘 잡힌 식사를 하는 것은, 또 실상을 망가뜨리거나 '마음을 확장시키는' 어떤 마약류뿐만 아니라 설탕과 술도 또한 줄이는 것은 이들의 웰빙에 필수적입니다. 빈번한 휴가, 특히 앉은 채로 마음을 느긋하게 해주는 휴가가 붙어가는, 단지 비경쟁적인 천성의 가볍거나 적당한 운동만 권고됩니다.

▶ 수비학
18일에 태어난 사람은 숫자 9(1+8=9) 및 화성에 통치됩니다. 숫자 9는 고도로 영향력이 있는 숫자이고, 12월 18일에 태어난 이들의 경력적인 노력에 대단한 힘을 빌려줍니다. 목성(궁수자리의 통치자)과 화성이 조합된 영향력은 이들이 떠맡은 일에 풍부하게 비축된 에너지를 빌려줍니다. 이들의 타인들에 대한 영향력이 너무 대단할 수 있으므로, 이런 에너지를 남용하지 못하게 하거나 이 에너지가 손에서 벗어나지 못하게 할 책임이 이들에게 요구됩니다.

▶ 원형
18번째 메이저 카드는 일차적으로 꿈, 감정 및 무의식의 세계를 대변하는 '달(月)'입니다. 긍정적인 속성은 민감성, 공감 및 감정적인 이해심을 포함합니다. 부정적인 자질은 감정적인 우유부단함, 수동성 및 에고의 부족을 포함합니다.

12월 19일
야단법석꾼의 날
The Hellraisers

▶ 심리구조

12월 19일에 태어난 이들은 주로 타협에 대한 자신의 거부뿐만 아니라 대담하면서도 동시에 참아내는 태도 덕에, 타인들에게서 반응을 이끌어내는 데 강력합니다. 이들이 자기 자신 외의 어떤 것이 되는 것은 어렵거나 불가능한데, 즉 사회를 위해 가면을 쓰는 것은 타인들이 할 어떤 것입니다. 이들의 태도는 더욱 자주 '이것이 내 방식인데, 받아들이거나 떠나라!'입니다.

이들이 어려움을 어떻게든 극복하는 방법은 꽤 놀라울 수 있습니다. 하지만 고군분투는 이들의 숙명 중 일부인 것으로 너무 많이 보여서, 이들이 도전 없이 차분한 삶을 영위하는 것은 상상되지 않습니다. 이들의 삶은 자신의 집중된 에너지를 대단한 불리함에 맞서게 해서 되풀이하여 승리해내는 일종의 지속적인 전투일 수 있습니다. 하지만 이것은 이들이 압도적인 패배도 또한 경험하지 않음을 암시하는 것은 아닙니다. 그러나 고통을 깊이 겪는 이들이 때때로 심지어 포기하는 것까지 진지하게 생각할지도 모르지만, 이들의 영은 여전히 굽히지 않습니다. 그러므로 이들의 승리는 맹목적인 영웅주의에서 태어난 것이 아니라 일종의 굳센 결단력에서 태어난 깊은 의미가 있습니다.

숙명이 이들을 위해 예비해둔 대단한 어려움에도 불구하고, 이들의 가장 심각한 대립은 깊은 개인적인 수준에서 이들 자신과 동행합니다. 이를테면 무기력 및 에너지의 부족은 이들의 영을 꺾어버리고, 줄어들기를 거부할지도 모릅니다. 아니면 반대로 폭력적인 감정이라는 폭풍이 이들을 예기치 않게 사로잡으면서, 처음에는 사적인 자리에서 구현되고, 어쩌면 나중에는 이들의 공적인 생활에서 폭발할지도 모릅니다.

이들이 어둡고 강력한 세력에 몹시 고통받고 있으므로, 그런 감정의 시기에 이들은 비난받기가 어렵습니다. 고통을 겪는 이들을 보는 것은 어떤 민감한 구경꾼들의 공감을 불러오지만, 만약 이들이 부정성을 밖으로 유도한다면, 그런 공감은 자연스럽게 줄어들지도 모릅니다. 격정적이고, 당황하게 하며, 미치게 하는 이들은 참으로 누군가의 참을성을 시험할 수 있습니다. 그러나 실로 이들이 없다면 삶은 훨씬 덜 흥미로울 것입니다.

사실, 자신만의 길을 가고 자유로운 영(靈)을 표출하는 이들을 낭만적인 인물로 보는 젊은이들에게 이들은 자주 찬양받습니다. 이들이 자신을 모방하는 젊은 사람들에게 반드시 책임이 있는 것은 아니지만, 만약 자녀와 직접적인 관계를 갖고 있다면, 이들은 자신의 더 급변하는 일부 행동을 안정시키려고 노력해야 합니다.

이들은 가벼움을 위한 대단한 욕구를 자신의 삶에 갖고 있지만, 허황되거나 거짓된 유머를 혐오합니다. 대체로 이들만의 유머 감각은 아이러니한 면을 갖고 있고, 아니면 심지어 놀려주는 자질조차도 갖고 있습니다. 이들 중 대다수는 다소 험상궂은 자세가 동반된 진지한 표정을 가장 자주 세상에 제시합니다. 이들이 이런 틀에서 탈피해서 쉽고 유창한 방식으로 충분히 표현적이 되려면, 지대한 자기 작업이 욕구될지도 모릅니다.

▶ 일간 특성
강점; 깊이 있는, 대담한, 굽히지 않는
약점; 고통받는, 불가해한, 어두운

▶ 명상
어려움은 공부이고, 장애물은 도전이며, 불가능은 초대입니다.

▶ 조언
가벼워지고 기운내라.
당신의 과중한 관심사를 타인에게 덮어씌우는 것을 피하라.
너무 많이 숨어버리지 말고, 당신이 가능한 언제든 어디서든 어울리라.
웃는 것을 기억해내라.
불행에 중독되지 마라.

▶ 건강
이들은 자신의 격동적인 감정적 에너지 탓에 심리적인 문제가 생기기 쉽습니다. 깊은 수준에서 이 감정적인 문제들의 본질을 깊이 이해하게 되는 것은 필수적이고, 이 본질을 깊이 이해하기 위해 이들은 인생의 어느 시점에 상담을 탐구하려고 욕구할지도 모릅니다. 이들은 술이나 어떤 유형의 마약류 같은 우울증에 고전적으로 동반하는 약으로 자신을 위안하는 것을 극도로 단속해야만 합니다. 이들의 기분을 긍정적으로 유지하기 위해, 활기찬 신체 운동과 흥미롭고 다양한 식단이 특히 권장됩니다. 사람들을 이해하고 받아들이는 것과 함께 영속하는 우정을 키우는 것은 자신에게 신뢰할만한 후원 시스템을 제공하는 데 중대합니다. 게다가, 균형 잡히고 공유하는 방식으로 이들을 세상 속으로 데리고 나오도록 할 수 있는 프로그램된 사교 활동도 또한 제안됩니다.

▶ 수비학
19일에 태어난 사람은 숫자 1(1+9=10, 1+0=1) 및 태양에 통치됩니다. 숫자 1에 통치되는 사람은 대개 첫째가 되는 것을 좋아하고, 야심적이며, 구속을 싫어합니다. 이들이 토성(염소자리의 통치자)뿐만 아니라 목성(궁수자리의 통치자)의 영향력을 강하게 받는 궁수자리-염소자리 중첩의 첫날인 12월 19일에 태어나기 때문에, 이들의 에너지는 집중되고, 유도되며, 격렬합니다. 목성(확장)과 토성(제한)의 상반된 에너지는 태양의 에고 에너지를 낙관적인 천성과 우울한 천성 혹은 확장적인 천성과 수축적인 천성에 번갈아서 줄 수 있습니다.

▶ 원형
19번째 메이저 카드인 '태양'은 모든 메이저 카드 중 가장 호의적인 카드로 여겨질 수 있는데, 그 태양은 지식, 생명력, 행운을 상징하고, 우대와 보상을 약속합니다. 이 카드는 명확성, 관계의 조화, 훌륭한 평판이라는 속성을 배치해주지만, 자만심, 허영심, 거짓된 겉모습의 부정적인 특성도 또한 정말 예시합니다.

12월 20일
산출자의 날
The Generator

▶ 심리구조

12월 20일에 태어난 이들은 생각, 감정 그리고 고조된 활동을 자신의 주위에 산출하기 위해 지대한 것을 합니다. 창시하려는 이들의 욕망은 대단합니다. 유지관리나 집행에 그다지 관련되지 않는 이들은, 자신이 상황을 활성화한 후에는 자신의 다음번 임무로 옮겨가는 것을 선호합니다. 하지만 이들의 작업에 대한 연속성이 현존하고, 따라서 이들은 시간이 지나면서 확립된 명성을 구축할 수 있습니다.

이들에게는 어떤 것을 하려는 충동 및 그 행위 자체가 신속한 계승에서 일어날 수 있습니다. 실로 일단 이들이 어떤 것에 관해 마음을 꾸며내었다면, 이들은 일차적으로 자신이 너무 빨리 움직이기 때문에 멈추기가 어렵습니다. 속도, 고안력, 효율성 및 우아함은 이들에게 고도로 평가되어서, 이들의 산출량은 엄청날 가능성이 있습니다. 이들 중 지적인 추구에 관여하는 사람은, 비록 자신의 방도가 단지 한 가지 분석만을 깊게 파헤치기보다 한 주제에 대해 다양한 관점으로 여러 번 달려드는 것을 수반한다는 점이 명료할지라도, 때때로 자신의 예술이나 연구들, 이론들이 관련된 곳에서 이들은 피상적이라고 비난받을 수 있습니다.

이들은 대개 자신의 심령적인 에너지를 잘 통제하고 있고, 특히 형이상학적인 유형의 체험 쪽으로 끌려듭니다. 하지만 이들은 지금 여기에 확고히 기반을 두고, 다른 세상의 경험이나 기적에 대한 검증되지 않은 이야기를 고도로 의심합니다. 이들은 권위나 풍문에 의해서 많은 것을 받아들이는 사람이 아닙니다. 이들은 자신이 근거 없는 주장이라고 느끼는 것을 공격할 시 매우 대결적일 수 있지만, 자신만의 발상과 관점을 밀어붙이는 데도 또한 극도로 공격적일 수 있습니다.

큰 줄기를 취하는 것, 즉 광대한 그림이 이들에게 중요합니다. 이들은 상황 일반에 대해 철학하기를 즐기고, 수용적인 청중에 대해 환영적입니다. 이들의 사고방식으로 타인들에게 영향을 끼치는 것은 이들에게 즐거움을 주고, 그러므로 부모나 선생님의 역할은 이들이 떠맡는 천성입니다. 이들은 너무 자주 지칠 줄 모르는 작업자인 탓에, 이들의 자녀나 학생들에게도 또한 같은 종류의 에너지 산출량과 노력을 기대하는 경향이 있습니다.

이들은 이런 점에서 개별적인 차이를 간과하지 않도록, 즉 사람들에게 주어진 에너지와 집중력이 그들에게만 달려있다고 그릇되게 가정하지 않도록 조심해야만 합니다. 이들이 자신과 똑같이 고집적인 사람에게 원치 않는 중압감과 긴장을 초래할 수 있으므로, 사실상 미리 예상된 관념과 기대 일반은 결국 이들에게 문제를 제기합니다.

이들은 타인들을 더 잘 이해하기 위해서 자신의 에너지를 약간 진정시켜야 하고, 연출하는 데 너무 고착되지 않도록 노력해야 합니다. 빠르든 늦든 이들은 더 많은 자신의 에너지를 안으로 돌려서 조용히 그리고 강력하게 자기 자신의 속에 서는 것을 바랄지도 모릅니다.

▶ 일간 특성
강점; 빠른, 추진력 있는, 생산적인
약점; 성급한, 뭐든 아는 체하는, 대결적인

▶ 명상
영이 들어올 수 있도록 '항상' 창문을 열어두라.

▶ 조언
당신이 정통하다고 항상 생각하지는 마라.
당신의 실수를 인정하는 법을 체득하라.
당신이 하는 것을 고수하고 너무 재빨리 옮겨가지 마라.
겸손함을 키워라.

▶ 건강
이들은 대체로 건강과 의술에 대해 강한 의견을 갖고 있습니다. 이들은 누군가에게 무엇이 잘못되었는지 거의 즉시 분별할 수 있다고 느낄지도 모르고, 그러므로 최선의 치료법을 제안하는 방법을 알고 있다고 느낄지도 모릅니다. 하지만 이들은 먼저 자신만의 신체 상태에 주목해보는 것이 좋겠고, 따라서 치과 의사뿐만 아니라 내과의사에게도 또한 정기검진을 받는 것이 좋습니다. 식단이 관련된 한, 이들은 자신이 먹는 것을 정당화하는 많은 규칙도 또한 보유할 수 있지만, 결국 그 최종 결론은 음식이 맛이 좋은지 아닌지이고, 또 이것을 위해 이들이 요리사로서 더 주목을 유도해야 합니다. 적당하지만 비경쟁적인 천성에 속하는 운동이 예시됩니다.

▶ 수비학
20일에 태어난 사람은 숫자 2(2+0=2) 및 달에 통치됩니다. 숫자 2에 통치되는 사람은 신사숙녀적이고 상상적인 경향이 있으며, 타인들이 비판하거나 주목하지 않는 것에 쉽게 상처받습니다. 이들은 또한 쉽게 성내고, 짜증의 낮은 문턱을 갖고 있을지도 모릅니다. 달에 통치되는 사람은 자주 인상에 좌우되고, 감정적이며, 이들의 정신적인 과정으로 하여금 자신의 느낌에 채색되도록 허용하기 쉽습니다. 궁수자리-염소자리 중첩인 12월 20일에 태어난 이들은 매우 진지하게 받아들여질 의견을 자신이 갖고 있다고 당연히 기대할지도 모르고, 기대한 대로 되지 않을 시 꽤 화를 낼 수 있습니다. 목성(궁수자리의 통치자)과 토성(염소자리의 통치자)의 영향력은 각각 이들의 생각에 철학적인 특색과 진지한 특색을 빌려줍니다.

▶ 원형
20번째 메이저 카드는 물질적인 고려사항을 뒤로하고, 더 높은 영성을 탐구하도록 사람들을 부추기는 '심판이나 일깨움'을 보여줍니다. 나팔을 부는 천사를 그려내는 그 카드는 책무라는 새로운 날이 밝아지고 있음을 암시합니다. 이것은 우리로 하여금 자신의 에고를 넘어가게 제안하고, 무한을 엿보게 해주는 카드입니다. 위험은 그 나팔소리가 단지 우쭐댐과 도취를, 즉 가장 저급한 본능이 관련된 것을 즐길 시의 균형 상실과 방종을 미리 알려줄 뿐이라는 점입니다.

12월 21일
대단한 수수께끼의 날
The Great Enigma

▶ 심리구조

12월 21일에 태어난 강력한 이들은 침묵을 자신에게 유리하게 사용하는 법에 관한 뭔가를 알고 있습니다. 언어적이든 아니든 간에 이들은 [타인이] 저항하지 못하는 방식으로 자신의 발상을 전달하기 위해 일차적으로 자신의 몸이나 존재감, 심혼을 사용합니다. 이들을 반대하는 것이 매우 어려우므로, 이들은 자신의 목적을 성취하는 쪽으로 유도됩니다.

실로 이들은 당면한 이슈를 오직 자신의 방향만으로 끌고가는 일방통행길로 만들어내기 위한 결단적인 몰아댐 속에 자신이 갖고 있는 에너지를 몽땅 쥐어짜낼 능력이 있습니다. 일단 이들이 다른 사람들로 하여금 이들의 방식대로 무언가를 하도록 강요하면, 이들은 결말을 더 잘 통제할 수 있게 됩니다.

앞서 언급된 것처럼, 이들은 침묵을 충격적인 효과로 사용할 수 있습니다. 이들은 대화나 협상의 중대한 고비에서 말하기를 거부함으로써, 길게 말했거나 혹은 심지어 길게 소리쳤을 때보다도 훨씬 더 타인을 성질나게 하거나 협박할 수 있습니다.

사람들은 때때로 그 침묵 뒤에는 금방이라도 터져나올 수 있는 사악한 성질이 있다는 발상을 얻고, 그러므로 그들은 자주 그 화산이 폭발하지 않도록 용의주도하게 이들을 대하게 됩니다. 달걀 위를 걷는 이런 느낌은 결국 이들의 동무에게 큰 피해를 줄 수 있고, 그 결과로 생긴 스트레스는 불운하게도 결별로 이어질 수 있습니다. 그 귀결로 이들은 어쩌면 상처받은 가슴의 흔적을 자신에게 남기면서, 수년에 걸쳐 자신의 대인관계를 지속하는 데 어려움을 갖고 있을지도 모릅니다.

이들은 자기 자신에 관한 질문에 대답하는 것을 특히 좋아하지 않습니다. 내면의 공상적인 생활에 관해 고도로 비밀적인 이들은 그럼에도 이런 공상을 세상에 투사해서 자신의 환경을 형태화하는 데 강력합니다. 타인을 통제하려는 이들의 욕망도 또 수용력도 모두 대단합니다. 다수 사람은 이들의 기분을 좋게 유지하기 위한, 이들이 대우받기를 바라는 대안을 너무나도 잘 알고 있으므로, 그들은 바로 그 대안의 방식으로 이들을 대합니다. 하지만 이들도 또한 자신이 사랑하는 사람들과 함께할 시 매혹적이고 관능적이며 따뜻할 수 있습니다.

이들 중 남녀 모두는 움직임과 멈춤에 대한 마스터를 통해 신체적으로 강력합니다. 게다가 이들은 대개 어린아이 및/또는 동물에 대한 지속적인 사랑을, 즉 때때로 이들의 성인 동년배들에 대한 이들의 이해관계를 무색하게 할 수 있는 사랑을 갖고 있습니다. 그런 관계에서 이들의 강한 직감적인 재능과 비언어적인 능력은 완전한 표현 범위를 찾아냅니다.

'나와 함께 하지 않는 사람은 나를 반대하는 사람이다'는 말은 너무 자주 이들의 표어입니다. 이들은 이들을 좋아하는 사람을 좋아하는 능력이 있는 법뿐만 아니라 더 용납하는 법을 체득해야만 합니다. 거절에 대한 두려움을 줄이는 것, 의심과 불안감을 완화시키는 것, 또 찬양받고 싶은 격렬한 욕망을 식히는 것은 모두 이들의 영적인 성장을 촉진하는 데 도움됩니다.

▶ 일간 특성
강점; 의지가 확고한, 물리적인, 직감적인
약점; 자신에게만 몰입하는, 제어하는

▶ 명상
정직해지는 첫째 단계는 당신 자신에게 다 털어놓는 것입니다.

▶ 조언
더 마음을 열고, 신뢰하고 공유해서 덜 비밀적인 법을 체득하라.
내면의 원망을 쌓아 올리지 마라.
당신이 투사한 공상은 위험할 수 있다.
타인에게 억지 주장하는 것을 주의하라.

▶ 건강
이들은 자신의 욕망이 좌절될 때 우울증에 주의해야 합니다. 억눌려진 분노와 원망은 통제하는 행동과 이따금 폭력적인 행동으로 귀결될 수 있습니다. 성적인 표현과 만족은 대개 이들에게 매우 중요합니다. 이 목적을 향해, 이들은 자신에게 따뜻함과 애정 모두를 제공할 뿐만 아니라 신체적으로도 또한 이들을 충족시켜줄 수 있는 애정있는 동무를 욕구합니다. 피부, 치아, 체중 증가에 관련된 문제는 대개 식이요법 불균형의 결과로 발생할 수 있습니다. 이들은 동물성 지방과 유제품 지방을 너무 많이 먹는 자신의 성향뿐만 아니라 단것에 대한 갈망도 또한 지속적으로 통제해야만 합니다. 모든 중독적인 물질, 특히 술과 항우울제의 사용은 세심하게 감시되어야 합니다. 에어로빅부터 승마까지 망라하는 활기찬 신체 운동이 권장됩니다.

▶ 수비학
21일에 태어난 사람은 숫자 3(2+1=3)과 21 그리고 확장적인 행성인 목성에 통치됩니다. 숫자 3에 통치되는 사람은 자주 야심적이고, 때로는 독재적입니다. 특히 12월 21일에 태어난 이들은 타인들을 통제도 하면서 그들에게 찬양도 받으려는 엄청난 욕구를 구현할 수 있으므로, 자신만의 배후조종적인 경향에 희생될지도 모릅니다. 숫자 21은 특히 여성을 위한 신체적인 아름다움과 강한 연관성을 갖고 있습니다. 목성(궁수자리와 숫자 3의 통치자)의 겹친 영향력은 세상을 향한 확장적인 태도로 이끌지만, 토성(염소자리의 통치자)의 영향력은 어둡고 격정적인 자질을 빌려줍니다.

▶ 원형
21번째 메이저 카드는 에너지를 주는 봉을 손에 들고 달리는 여신을 그려내는 '세계'입니다. 세상이라는 고개를 넘어가서, 그 진실을 표출하는 그녀는 무한한 힘을 갖고 있습니다. 이 카드는 세속적인 차원에서 도달할 수 있는 모든 것을 상징합니다. 비록 보상과 통합이 보증될지라도, 전통적으로 그 카드는 산만함과 자기연민이라는 부정적인 특성뿐만 아니라 기념비적인 장애 및 운명의 퇴보도 또한 예시할 수 있습니다.

12월 22일
연속성의 날
Continuity

▶ 심리구조

12월 22일에 태어난 이들은 긴 인과성의 마스터입니다. 이들의 작업 생활 혹은 가족생활에서 계승이라는 테마는 이들에게 중요합니다. 이들의 예언력은 대개 이들 자신이 과거 지나간 기록을 근거로 미래에 무엇을 하고 있을 것인지를 정확하게 예측하기 위해 비축됩니다. 이것은 이들이 코스를 바꾸는 데 무능하다는 점을 시사하는 것이 아니라, 이들이 자신의 인생이라는 정해진 기간에 자신이 원하는 바를 잘 알고 있고, 그 원함에 따라 자신의 시간과 노력을 계획한다는 점을 시사한다는 뜻입니다.

안전 지향적인 이들은 대체로 해마다 삶의 구조를 보강해가면서 천천히 그리고 확실하게 전진합니다. 이들의 주의깊은 천성 덕에 이들은 대다수 사람보다 자신이 유발한 대실패를 더 적게 경험하지만, (어쩌면 평생 한두 번 있을) 재앙이 이들을 덮치면, 그 재앙은 거센 타격을 줍니다. 하지만 자신의 상처를 회복하는 데 합당한 기간을 소비한 후, 이들은 불굴의 행로를 계속합니다. 만약 (좀처럼 없는 경우이지만) 이들이 고도로 야심적이라면, 이들이 불리한 위험을 무릅쓰는 것도 거부하고, 자신의 성실을 위태롭게 하는 것도 거부하는 탓에, 이들이 정상에 오르는 것은 괴로울 정도로 느릴 수 있습니다. 이들의 삶에 대한 이들의 접근법뿐만 아니라 이들의 작업에 내재된 것도 또한, 완성된 산물에서 쾌감을 받는 만큼 과정 자체에서도 많은 희열을 받는 장인의 중요한 것입니다.

이들은 매우 참아내는 것처럼 보이고, 그런 점이 장기적으로는 참입니다. 하지만 어떤 주어진 일상의 국면에서 이들은 사소한 상황으로 하여금 자신을 고민하게 하고, 수용하지 않고 비난하면서 점차 짜증낼 수 있습니다. 이들의 반응은 신속한 경향이 있고, 분노는 즉각적인 경향이 있습니다. 그 후 이들은 자신이 일단 자신의 반감을 표현했다면, 좀처럼 어떤 악의도 품지 않습니다. 하지만 이들은 자신의 규칙이 특히 자녀를 향한 이들의 태도 속에 다음 기회에는 쓰여 있는 대로 지켜지리라고 정말 기대합니다. 하지만 그런 활동은 가족의 원망을, 어떤 경우에는 반란을 잘 불러올 수 있으므로, 이들은 경직된 권위자가 되지 않도록 해야만 합니다.

대다수 경우 이들은 다소 진지하고 비밀적인 천성을 갖고 있지만, 이들의 유머가 빛을 발할 때 자신의 주위 사람들은 확실히 그 유머의 혜택을 누리게 될 것입니다. 실로 이들은 소수의 친한 친구나 가족 구성원의 동지애 외에 어떤 것도 즐기지 않습니다. 하지만 지대하게 홀로 있으려고 욕구하는 단독적인 사람으로서, 이들은 중앙의 무대에 나서는 것보다 자기 자신으로 물러나는 쪽을 선택할지도 모르는 사회적인 모임 전반에 그다지 편안하지 않습니다.

이들은 신랄하고 아이러니하며 풍자적인 날카로움을 보유할 수 있는 자신의 유머가 빈정대는 말이나 부정적인 폭탄으로 무뎌지지 않도록 조심해야만 합니다. 이들을 위한 중요한 임무는 재미와 진지함 사이에, 즉 사회적인 노출과 격리 사이에 균형을 잡으려고 애쓰는 것, 그리고 가능하다면 심오하고 자주 고립되는 자신의 생각과 느낌이 세상에서 표현을 찾아낼 수 있는 통로를 찾아내는 것입니다.

▶ 일간 특성
강점; 주의깊은, 준비된, 자기-보증적인
약점; 짜증내는, 고착된, 신랄한

▶ 명상
웅변은 음악적일지도 모르지만, 침묵은 마법적입니다.

▶ 조언
당신의 험상궂은 면을 부드럽게 하라.
더 마음을 열고 받아들이는 법을 체득하라.
비난하지 마라.
시시한 일을 하는 것은 고도로 치료되고 재미있을 수 있다.
사회적으로 당신 자신을 통합하라.

▶ 건강
이들은 자신만의 복잡할 뿐만 아니라 심오한 생각 및 느낌에 관련된 문제들을 보유할 수 있습니다. 나이가 들면서 이들의 심리적인 문제는 결국 특히 골격 체계나 정맥류의 경직성을 증가시키는 물리적인 곤란도 또한 구현할 수 있습니다. 특히 요가, 미용체조, 태극권 또는 통제된 노력, 경쟁적인 노력 등 유연성을 강조하는 운동은 중년기가 되어서도 계속되어야 합니다. 게다가 (비록 건강할지라도) 이들은 경직된 식단을 채택하기보다 새롭고 흥미진진한 요리 가능성을 계속해서 탐험해야 합니다. 이들의 강하게 통제된 감정은 정기적으로 성적인 표현에서 배출구를 찾아내야 합니다.

▶ 수비학
22일에 태어난 사람은 숫자 4(2+2=4)와 22 그리고 불규칙하면서도 폭발적인 천왕성에 통치됩니다. 목성(궁수자리의 통치자)과 토성(염소자리의 통치자)이 추가한 영향력은 12월 22일에 태어난 이들의 비밀적이고, 쌓아두며, 폭발적인 경향을 예고해줍니다. 숫자 4에 통치되는 이들은 상황에 대해 응하고 바라보는 자신만의 방식을 갖고 있습니다. 이들이 자기-보증을 갖고서 반대하는 관점을 매우 자주 취하기 때문에, 때때로 적대감을 자극할 수 있는 이들은 자신을 적으로 만들어낼 수 있습니다. 숫자 22는 쌍수이므로, 매달 22일에 태어난 사람은 다층적인 종류의 이중성에, 이를테면 쌍둥이, 동시성, 흉내 또는 대칭성에 관심을 둘지도 모릅니다.

▶ 원형
22번째 메이저 카드는 몇몇 버전에서는 절벽의 가장자리를 부주의하게 걸어가는 모습을 보여주는 '바보'입니다. 일부 해석은 이성을 포기한 어리석은 사람으로 그이를 묘사하고, 다른 해석은 물질적인 고려사항에서 벗어난 고도로 영적인 존재로 묘사합니다. 긍정적인 의미는 저항을 단념해서 본능을 자유롭게 따르는 것을 포함하고, 부정적인 측면은 어리석은 활동, 충동성, 소멸입니다. 고도로 진화한 '바보'는 삶의 행로를 따라갔고, 그 교훈을 체험했으며, 자신만의 비전과 하나가 되었습니다.

12월 23일

영역 개척자의 날
The Groundbreakers

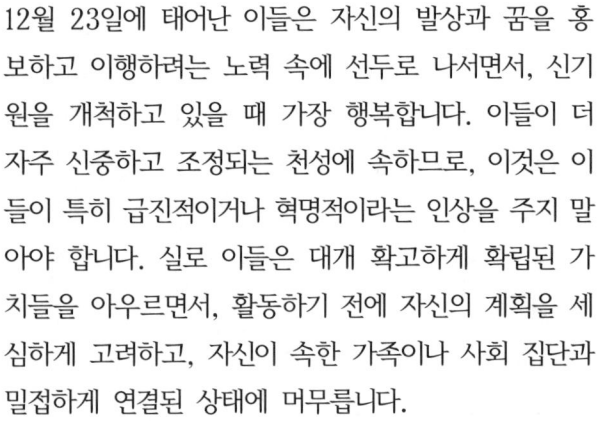

▶ 심리구조

12월 23일에 태어난 이들은 자신의 발상과 꿈을 홍보하고 이행하려는 노력 속에 선두로 나서면서, 신기원을 개척하고 있을 때 가장 행복합니다. 이들이 더 자주 신중하고 조정되는 천성에 속하므로, 이것은 이들이 특히 급진적이거나 혁명이라는 인상을 주지 말아야 합니다. 실로 이들은 대개 확고하게 확립된 가치들을 아우르면서, 활동하기 전에 자신의 계획을 세심하게 고려하고, 자신이 속한 가족이나 사회 집단과 밀접하게 연결된 상태에 머무릅니다.

자주 이 집단의 운명을 개선하는 것이 발견될 수 있는 이들은 정신적으로 빠른 덕에, 개선하는 가장 좋은 방식을 본능적으로 찾아냅니다. 이런 의미에서 미래를 들여다보는 이들은 나중에 필수인 것뿐만 아니라 나중을 위한 준비를 만들어가는 방법도 또한 내다보는 데 유능한 예언자입니다.

이들은 무시당하기를 거부합니다. 이들은 공공연한 거절을 '자신이 충분히 대응할 준비가 되어 있는 도전'으로 간주합니다. 고군분투가 이들에게 자연스럽게 다가오므로, 이들은 대체로 압박감에 굴복하는 것을 거절하게 될 것입니다. 이것은 이들이 자기-의심의 느낌에 끄떡없음을 시사해야 하는 것은 아니지만, 그런 불안감은 다만 더 높은 수준으로 자기 자신을 개선하고, 확립하도록 자신을 대개 부추겨줄 뿐입니다. 사실 이들은 자주 자기 자신에 혹은 삶 속의 자신 위치에 불편한 느낌이 듭니다. 자신의 지위에 대한 근본적인 불편은, 당연히 바라기만 하면서 아무것도 안하고 가만히 앉아 있기보다 활동적으로 자신의 꿈을 추구하도록 이들을 재촉할지도 모릅니다.

이들은 자신을 다루기가 힘겨워지도록 만들어낼 수 있는 완고한 특색에 조합된, 자신에 관한 특징적인 세속성을 갖고 있습니다. 이들은 자신의 권위가 도전받는 것을 환영하지 않고, 특히 과격하거나 급진적인 (물론 자신만의 발상보다 더 타인의) 발상을 좋아하지 않습니다. 이들 중 권력이나 영향력의 위치를 성취해낸 사람은 건전한 비판과 긍정적인 소견에 여전히 마음을 여는 것, 또 그 '비판 및 소견'을 '자신의 길을 유도하는 해로운 부정성'과 구별하는 것이 중요합니다.

특히 감정적인 종류의 이해심은 이들의 능력과 가치 목록에서 좀처럼 가장 높은 위치를 차지하지 않습니다. 비록 이들은 꽤 사랑받게 할 수 있는 소탈하거나 엉뚱한 태도에 자주 마음이 팔리지만, 사랑받게 하는 만큼 쉽게 차갑거나 동떨어진 것처럼 보일 수 있습니다. 이들 중 남성은 마초적인 태도를 취하는 것을 조심해야만 하고, 여성은 지나치게 공격적이거나 지배적이 되는 것을 조심해야만 합니다. 이들 중 남녀 모두 인생 후반부에 결국 자신의 방식에서 벗어나고 더 젊은 세대로 하여금 겪어내도록 허용하는 법을 체득해야 할 것입니다. 그러나 더 활동적인 역할로 돌아가기를 선호하는 이들 중 대다수에게 은퇴는 쉽게 받아들여지지 않습니다.

▶ 일간 특성
강점; 활동적인, 책임감 있는, 천성이 좋은
약점; 권위주의적인, 완고한

▶ 명상
간과되는 것이 때때로 축복일 수 있습니다.

▶ 조언
당신의 삶을 미시적으로 관리하지 마라, 적은 돈에 현명하나 큰돈에 어리석게 되는 것을 주의하라.
미래를 위해 너무 많은 계획을 세우는 것은, 사건의 자연스러운 흐름을 금지할 수 있다.
타인의 관점을 더 받아들이게 되는 법을 체득하라.

▶ 건강
이들은 나이가 들면서 자신의 몸을 각별하게 보살펴야 합니다. 이들은 골격뼈, 특히 등뼈의 과도한 스트레스뿐만 아니라 근육의 과다 사용으로 비롯되는 사고에도 또한 취약할 수 있습니다. 나중에 30, 40대에 자주 문제가 되기 시작하는 심각한 치아 문제를 피하려면, 어릴 때 치아를 주목해보아야 합니다. 정상적으로 고착된 식단 패턴이 중년에 이들에게 등장하고, 이 패턴에 대한 욕구는 계속되는 건강과 장수의 기회를 증가시키기 위한 (일차적으로 지방을 줄이고 신선한 음식의 소모를 늘리는) 올바른 방향으로 온화하되 확고하게 움직여야 합니다. 운동이 관련된 한, 팀 스포츠는 고도로 유익해서 중요한 사회적인 구성요소를 빌려줄 수 있지만, 대개 덜 경쟁적인 천성에 속하는 오직 적당한 신체 운동만이 권장됩니다.

▶ 수비학
23일에 태어난 사람은 숫자 23(2+3=5)과 5 그리고 수성에 통치됩니다. 수성은 생각과 변화의 빠름을 대변하므로, 비록 염소자리 통치자인 토성에 의해 이 최종 지점이 이들에게 완화되더라도, 이들은 정신적으로 과잉반응하고, 자신의 마음과 물리적인 주위환경을 대단히 규칙적으로 바꿀 가능성이 있는 자기 자신을 알아차릴지도 모릅니다. 숫자 5에 통치되는 사람이 삶에서 받는 어떤 역경이든 전형적으로 이들에게 영속하는 효과를 거의 갖고 있지 않는데, 이들은 빨리 회복됩니다. 숫자 23은 해프닝에 결부되고, 12월 23일에 태어난 이들을 위해 이것은 흥미롭고 때때로 위험한 경험을 위한 이들의 욕망을 예고해줍니다.

▶ 원형
다섯 번째 메이저 카드는 인간의 이해심과 신념을 상징하는 신성한 신비에 관한 해석자인 '사제'입니다. 그의 지식은 난해하고, 그는 보이지 않는 만사만물에 대한 권위를 갖고 있습니다. 이 카드가 수여하는 호의적인 특성은 자기-보증성과 통찰력이고, 비호의적인 특성은 설교하기, 호언장담, 독단주의를 포함합니다.

12월 24일
복합적인 감정의 날
Complex Emotions

▶ 심리구조

12월 24일에 태어난 이들은 쉬운 삶을 갖고 있는 것을 기대할 수 없습니다. 이들의 기쁨, 슬픔, 보상, 실망은 대체로 규모 면에서 자신의 주위 사람들보다 더 대단한 형편에 속하는데, 그 사람들은 실로 이들이 자기 자신으로 하여금 불필요한 고난과 스트레스를 겪게 한다고 생각할지도 모릅니다. (특히 이들 중 여성이) 감정의 관점에서 관여하고 요구가 많으며 까다로운 이들의 대인관계는, 불확실한 환경을 갖고 이미 복잡한 이들의 생활방식에 이바지할 수 있습니다.

비록 이들에게는 좀처럼 상황이 쉽게 풀리지 않지만, 이들은 어떻게 해서든 간신히 열악하게 살아가지만, 심지어 대견한 상황조차도 성취할 수 있습니다. (이들은 대개 자신의 삶에, 이를테면 질서와 정돈 같은 구조를 제공하는 데 뛰어납니다.) 이들이 갖고 있는 어떤 경력 문제든 대개 자신의 감정적인 천성에 관련이 있고, 이 천성은 이들의 상관과 동료와 함께 어려움을 창조할 수 있습니다. 이들은 사람들과 어울리고, 심지어 그들의 존경심까지 얻을 능력이 있지만, 그럼에도 숨겨진 반감을 자극하고, 강력한 적들을 맞닥뜨리는 것으로 보입니다.

타인들이 이들에 관해 싫어할지도 모르는 것은, 주어진 국면 혹은 산물을 비판하려고 바로 전면에 나서는 이들의 방식이고, 이 방식은 때때로 외교와 수완이 부족할 수 있습니다. 이들이 자기 자신을 개선하는 열쇠는 자신 삶의 특정 패턴을 알아보는 데, 즉 그 패턴을 연구해서 작동하지 않았던 활동을 반복하지 않기로 결의하는 데 놓여 있습니다. 따라서 이들은 자신의 행운을 더 좋게 하고, 자신이 천성적으로 싫어하는 혼란 속에 자기 자신을 빠뜨리는 것을 피할 능력이 있을 것입니다.

이들은 자주 심령 능력이나 직감 능력을 갖고 있고, 이들의 문제 중 일부는 이들이 심지어 타인들에게 일어나지조차도 않은 것들을 알아보고, 그것에 미리 반응할지도 모른다는 점입니다. 이 때문에 이들은 참을성을 키우는 법을 체득하고, 매우 빨리 싫증내고 짜증내게 되지 않는 법을 체득해야만 합니다.

이들은 타인을 자신에게 (자주 성적으로) 끌어들이는 자석 같은 자질을 갖고 있지만, 이들에게 끌려드는 사람은 장기적이고 건설적인 의미에서 항상 바른 사람인 것은 아닙니다. 그 귀결로 이들은 자신이 처음에 오인된 격려를 받았던 사람과의 집착을 끊는 데 나중에 곤란을 갖고 있을지도 모릅니다.

이들이 뛰어난, 기법적이고 전문적인 영역이 드물지 않게 현존합니다. 만약 이들이 지속해서 열심히 일할 수 있고, 자신이 겪기 쉬운 불안과 우울증에 대처할 수 있으며, 자신의 감정적인 삶이 자신의 작업에 너무 많이 침범하게 하지 않을 수 있고, 자기 자신과 자신의 열망에 무엇보다도 신념을 유지할 수 있다면, 이들은 자신의 부분에서 고도로 성공적일 것입니다. 반면에 만약 이들이 자신의 객관성과 자기-신임을 유지할 수 없다면, 때로는 상당 기간을 허둥댈 수 있습니다. 자기 자신의 주위에 (발생할 수 있는) 벽을 쌓지 않고, 독립성을 지켜내면서도 동시에 자신의 책임도 다해야만 합니다.

이들은 부정적인 에너지 및 혼란스러운 주위 여건을

다루는 방법을 체득해야만 합니다. 만약 이들이 삶을 향한 더 낙관적인 전망을 키워낼 수 없다면, 단순히 그 전망을 기대만 함으로써 이들은 자기 자신에게 불행을 가져올지도 모릅니다. 반면에, 만약 이들이 여전히 실상적이지만, 삶의 가능성에 마음을 열면서 여유로운 양식으로 주고받는다면, 이들은 어려움을 덜고 삶을 더 즐겁게 만들어갈 수 있습니다.

▶ 일간 특성
강점; 예지력이 있는, 유능한, 조직적인
약점; 산만한, 자해하는, 혼란스러운

▶ 명상
개가 꼬리를 흔들까요? 아니면 꼬리가 개를 흔들까요?

▶ 조언
당신의 실수를 반복하지 말고, 유해한 경험에서 배우라.
당신은 축구공이 아니므로 당신 자신을 믿고 당신의 재능과 업적에 대한 인정을 요구하라.
모든 유형의 약물 주위를 조심하라.

▶ 건강
이들은 에너지의 잘못된 종류를 끌어들이는 것에 특히 조심해야만 합니다. 이런 점에서 이들은 고도로 자기-파괴적일 수 있습니다. 심리적으로 이들의 불안정한 감정은 불안으로, 우울으로, 또 흥분하기 쉬운 경향으로 이어질 수 있습니다. 이들이 자기-신임을 계발해서 부정적인 에너지와 비건설적인 비판의 먹이로 전락하지 않는 것이야말로 중요합니다. 자주 테라피 및/또는 상담이 도움되지만, 이들은 자신의 기분을 조정하는 약물에 낡이게 되는 것을 주의해야 합니다. 활기찬 신체 운동 및 식단을 향한 긍정적인 태도는 안정성을 유지하는 데 매우 소중할 수 있습니다. 특히 사교적인 맥락에서 춤은 고도로 권장됩니다. 이들 중 대다수는 자신의 식단을 제한하기보다 많은 다양한 유형의 음식을 시도함으로써 이들의 요리 범위를 넓혀야 합니다.

▶ 수비학
24일에 태어난 사람은 숫자 6(2+4=6) 및 금성에 통치됩니다. 숫자 6에 통치되는 사람이 사랑과 찬양을 끌어들일 시 자석 같기 때문에, 또 금성이 사교적인 상호작용에 강하게 연계되므로, 12월 24일에 태어난 이들에게 토성(염소자리의 통치자)의 어두운 영향력이 없다면, 이들이 쾌감에 대한 손쉬운 추구에 빠져버리는 것은 바로 강한 유혹일 것입니다. 금성-토성의 연관성은 대인관계에서 어려움 쪽으로 이들을 만들어갈 수 있습니다. 사랑은 자주 숫자 6에 통치되는 사람의 삶에서 지배적인 테마가 됩니다.

▶ 원형
'연인'인 타로의 여섯 번째 메이저 카드는 남성성과 여성성이라는 양극성을 통합하는 최종 단계에 중점을 둡니다. 이들의 경우, 이 사랑 테마는 사소한 기조로 작성되어 중대한 실망을 연출할지도 모릅니다. 좋은 면에서 '연인' 카드는 신체적인 역량뿐만 아니라 높은 도덕적, 미적인 역량의 애정과 욕망을 예시하고, 나쁜 면에서는 불건전한 유혹, 충족되지 않은 욕망, 감상성, 우유부단함을 제안합니다.

12월 25일
초자연적인 것의 날
The Supernatural

▶ 심리구조

12월 25일에 태어난 이들은 삶의 더 비범한 면을 직접 경험하는 것을 좋아합니다. 자주 고조되거나 고귀한 상태를 향해 원정하는 이들의 이해관계를 일깨워 주는 것은 바로 평범한 관심사에서 우리를 해방시켜 주는 비범한 그것입니다. 이들은 음악과 춤 같은 예술의 형식을 통해서, 즉 종교적인 경험을 통해서 아니면 어쩌면 상상력만을 통해서 그런 상태에 도달할지도 모릅니다. 하지만 이들 중 덜 고도로 진화된 사람은 (각성제, 중독물질 혹은 선풍적인 오락 등인) 수단의 다층성을 통해 삶의 요구나 개인적인 문제에서 도피하려고 탐구할지도 모릅니다.

이들 중 다수에게 절정 체험은 공상적인 생각이나 상상력보다 성취와 구체적인 행동에 더 관련이 있습니다. 하지만 그런 업적은 여전히 공상적인 면을 갖고 있을지도 모르고, 이들은 자신의 능력과 재능을 안전지대의 바깥 가장자리까지 밀어붙일 가능성이 있습니다. 심지어 이들 중 덜 예외적인 사람조차도 자신의 경력이나 취미, 이해관계가 관련된 곳에서는 실로 기대 이상을 해내는 경향이 있습니다. 일반적으로 말하자면, 이들은 부나 권력을 축적하는 것보다 개인적인 혹은 사회적인 한계를 초월하는 것에 더 대단한 중점을 둡니다.

이들의 궁극적인 목표가 무엇이든 상관없이 이들 중 대다수는 위험을 감수하는 사람입니다. 만약 사업가라면 이들은 자신의 투자에 안주할 사람이 아니고, 예술가나 장인이라면 이들은 자신의 작업의 질에 점차 안일해질 가능성이 없으며, 가족의 구성원으로서 이들은 일상의 편안함과 관심사를 훨씬 넘어서는 집단의 이상을 위해 애쓰는 경향이 있습니다. 하지만 이들은 자신에게 의존하는 사람들의 웰빙을 위태롭게 할지도, 즉 어쩌면 자기-파괴적인 충동에 무의식적으로 굴복할지도 모르므로, 자기 자신의 도를 넘어버리는 것을 주의해야만 합니다.

이들은 도착하고 도달하며 초월하는 것에 매우 집중하는 경향이 있기 때문에, 바로 지금 이 순간에 자신의 주위에서 일어나고 있는 것에서 일부를 사실 놓치고 있을지도 모릅니다. 그러므로 이들은 그 순간을 음미하고, 약간 느긋해지며, 때로는 심지어 자신의 성취을 만끽하는 법도 체득하는 것이 중요합니다. 이런 점에서 이들은 자신의 더 놀이하는 면을 끄집어내고, 이들로 하여금 삶을 조금 덜 진지하게 받아들이도록 허용하는 친구들과 사랑받는 사람들을 갖고 있을 때, 운이 좋습니다.

상황의 상태에 대한 진가를 알아보는 것, 즉 삶을 사실 그대로 알아보는 것의 상당 부분은 반드시 (이들 자신과 타인들 양쪽에 있는) 완벽하지 못함에 대한 수용을 포함합니다. 실로 이들이 자신의 주위 평범한 세상에 대한 수용법을 체득할 수 있을 때, 이들이 도달하는 절정 체험은 더 의미가 있게 될 것이고, 이들의 업적은 더 영속할 것입니다.

▶ 일간 특성
강점; 성취 지향적인, 담대한
약점; 자극 중심적인, 들뜨는

▶ 명상
주어진 돈은 선물인데, 만약 그 돈을 갚는다면, 그것은 대출이었습니다.

▶ 조언
실상적이 되라, 그러나 당신의 경외감과 경이감을 잃지 마라.
환멸과 싸우라.
세상과 협상하고, 당신 자신과 타인들에게 상황을 조금 더 여유롭도록 만들어내는 그런 타협에 대해 마음을 열라.
[마음을] 가볍게 유지해라.

▶ 건강
앞서 언급했듯이 이들은 중독적인 물질 특히 커피, 암페타민, 술, 환각 물질 등을 중심으로 조심해야만 합니다. 이들은 이를테면 맵거나 짠 음식, 설탕 음료나 초콜릿 같은 자신을 촉발하는 음식에 또한 자연스럽게 끌리는 경향이 있습니다. 그런 음식들이 이들의 식욕을 일깨우거나 이들에게 웰빙감을 줄 때 이들은 사실 더 기분이 좋아질지도 모르지만, 장기적으로는 신선한 과일과 채소 소비를 증가시키는 것에 집중하고, 일반적으로 곡물, 저지방 유제품 중심으로 구성된 식단을 고수해야 하며, 육류나 생선 소비를 절제해야 합니다. 이들은 격렬한 운동, 즉 경쟁적이거나 팀 스포츠가 자주 적당한데, 가능하다면 그런 활동에 자신이 산발적으로 참여하기보다 자신 삶의 정기적인 일부로 만들어내야 합니다.

▶ 수비학
25일에 태어난 사람은 숫자 7(2+5=7) 그리고 신비하고 종교적인 상태를 통치하는 해왕성에 통치됩니다. 해왕성은 비전, 꿈, 심령현상을 통치하는 물같은 행성이기 때문에, 12월 25일에 태어난 이들은 불안정한 영향을 받기 쉬울 수 있습니다. 해왕성과 토성(염소자리의 통치자) 사이의 연관성은 자기-통제와 물질적인 행운을 모두 부여해줄 수 있지만, 비호의적인 면에선 혼란, 비실상적, 신체적인 질병도 또한 지적해줄 수 있습니다. 갈등은 토성(일상의 실상, 책임, 성숙)과 해왕성(환상, 형이상학적인 생각, 해체하는 유대)이라는 매우 다른 두 에너지의 존재감에 의해 예시될지도 모릅니다.

▶ 원형
일곱 번째 메이저 카드는 세상을 누비는 황제 같은 인물을 보여주면서, 역동적인 방식으로 자신의 신체적인 존재감을 구현하는 '전차'입니다. 이 카드의 여행 연상은 장거리 일일 통근부터 장거리 정기 휴가까지 망라합니다. 이 카드의 좋은 면은 성공, 재능, 효율성을 배치해주고, 나쁜 면은 독재적인 태도와 서툰 방향 감각을 제안합니다.

12월 26일
굽히지 않는 인간의 날
The Indomitable One

▶ 심리구조

12월 26일에 태어난 이들은 얻어맞아 제압되지 않을 것입니다. 드물지 않게 이들은 특히 젊은 시절에 반항적인 태도를 채택합니다. 이들은 비주류로 살거나, 아니면 적어도 동시대의 우세한 기준에 반하는 경향이 있기 때문에, 말썽꾼이라는 딱지가 붙고, 적개심과 부정적인 에너지의 어떤 척도를 끌어들일 수 있습니다. 수년에 걸쳐 이들의 전망은 대개 더 보수적이 되고 정착되며 비축되지만, 만약 이들이 여전히 충족되지 않거나 사회의 아웃사이더라면, 그렇지 않을지도 모릅니다. 이들 중 더 고도로 진화된 사람은 결국 자신이 권력 이슈에 관여하는 것을 절제하고, 더 개방적이 되고 더 수용적이 됩니다.

이들은 천성적으로 도전자입니다. 주어진 국면의 진실성이나 거짓됨은 선명한 시선에서 검토될 어떤 것이지, 무심코 퍼뜨려지거나 편의를 위해 회피될 어떤 것이 아닙니다. 이들은 타인들이 꺼리는 이슈나 실존영역에 직면할 정도로 용감합니다. 가족에서든, 사회 집단에서든, 작업 국면이든 간에 이들은 무지에 대해 거침없이 말하는 비판자로 유명하고, 아첨이나 속임수에 참을성을 거의 갖고 있지 않습니다. 가장 자주 이들의 이해관계는 초자연적이거나 형이상학적인 추구보다 일상의 문제와 지금 여기에 놓여 있습니다. 콧대가 센 실상주의자인 이들은 대개 두 발을 단단히 땅에 딛고 사는 것으로 알려져 있습니다.

해마다 비바람에 견뎌내는 돌처럼 이들도 너무 단단해질 수 있는 위험이 실존합니다. 마침내 이들은 개인적으로도 공감적인 의미에서도 느끼지 못하게 될 정도로 민감성을 잃어버릴지도 모릅니다. 그런 해프닝의 상황에 대항해 보전하기 위해 이들은 자신의 인간성을 의식해서 감안해보아야만, 즉 자신의 실수를 시인하고, 반대하는 관점을 살펴보며, 어쩌면 심지어 이따금 패배를 인정하기까지 하는 노력을 만들어내야만 합니다. 게다가 이들은 (특히 30대 후반과 40대 초반에) 새로운 경험뿐만 아니라 자신의 더 높은 열망을 따르는 것에도 여전히 마음을 여는 데 집중해야만 합니다.

이들은 상황을 끝내려고 좀처럼 서두르지 않습니다. 이들은 자신의 발상을 천천히 그리고 조심스럽게 실행하고, 대개 자기 자신의 도를 넘지 않습니다. 이들은 자신의 모든 에너지를 한 영역에 집중시키는 인상적인 능력을 갖고 있고, 이 능력은 이들로 하여금 최고의 패를 든 파괴적인 반대자와 나쁜 적으로 만들어냅니다. 하지만 이들은 대체로 지배적인 역할을 수행해야만 하므로, 사랑 관계에서 어렵고 격렬할 수 있는데, 이들에게서 이런 위치를 빼앗으려는 진지한 시도는 대개 패배에 직면하거나 결별을 유발합니다. 동무에게 부드러움, 친절 및 조건 없는 사랑을 제공하는 법을 체득하는 것은 이들이 만나는 대단한 도전입니다.

▶ 일간 특성
강점; 주의깊은, 참아내는, 체계적인
약점; 완강한, 지배하는, 권위주의적인

▶ 명상
가장 경직된 나무는 바람에 가장 먼저 부러집니다.

▶ 조언
마음을 열어두고 유연성을 유지하라.
당신이 틀렸다는 점을 인정하는 것을 두려워하지 마라.
절대적인 충성을 요구하지 마라. 그런 태도는 원망을 불러올 뿐이다.
당신의 가족과 동료들을 기억해내라.
당신의 가슴이 무뎌지게 하지 마라.

▶ 건강
이들은 배출기능과 소화기능에 문제를 보유할 수 있습니다. 만약 자신의 신진대사가 느리고, 몸의 대사 과정이 대다수 사람보다 더 오래 걸린다면, 이들은 한의사, 동종요법사 또는 영양사의 조언을 탐구하고 싶을지도 모릅니다. 이들의 식단에서 정제된 밀가루와 설탕은 대체로 가능한 한 많이 줄이는 것뿐만 아니라, 섬유질 식품을 증가시키는 것이 유익합니다. 정기적인 치과 검진은 치아 문제 및 생길지도 모르는 칼슘 부족을 막기 위한 필수조건이고, 이 칼슘 부족은 대체제와 비타민 치료법에 도움받을 수 있습니다. 이들 중 여성이 폐경기에 에스트로젠 치료법을 사용하는 것은 노년에 오는 골다공증을 예방하는 데 도움될 수 있지만, 의사에 의해 세심하게 감시되어야 합니다. 이들 중 남성은 비뇨기과 전문의와 상담하기를 바랄지도 모르는 전립선 문제가 표면화될 수 있습니다. 대체로 나이가 들수록 이들은 경직성 증가를 흔하게 맞닥뜨리므로, 특히 골격 유연성에 중점을 두는 활동이 매일 또는 주 3회 정도 적당한 운동이 권장됩니다.

▶ 수비학
26일에 태어난 사람은 '숫자 8(2+6=8)' 및 '책임에 대한 강한 느낌 및 그 느낌에 동반된 경계심, 제한, 숙명론을 향한 성향을 운반해주는 토성'에 통치됩니다. 실로 자신의 별자리(염소자리)도 또한 토성에 통치되므로, 12월 26일에 태어난 이들의 보수적이고 숙명적인 경향은 훨씬 더 현저합니다. 숫자 8에 통치되는 사람은 자주 자신의 삶과 경력을 더디고 조심스럽게 구축합니다. 비록 이들의 가슴이 사실상 꽤 따뜻할지도 모르지만, 토성적인 영향력은 차갑거나 험상궂은 외관 쪽으로 이들을 만들어갈 수 있습니다.

▶ 원형
여덟 번째 메이저 카드는 사나운 사자를 길들이는 우아한 여왕을 그려내는 '강인함이나 용기'입니다. 여왕은 반항적인 에너지를 마스터할 수 있는 여성 마법사를 상징하고, 신체적인 강인함뿐만 아니라 도덕적인 강인함을 표징합니다. 이 카드의 긍정적인 속성은 카리스마와 성공하려는 결단을 포함하고, 부정적인 자질은 무사안일과 권력남용을 포함합니다.

12월 27일
영리한 기부자의 날
The Clever Contributor

▶ 심리구조

12월 27일에 태어난 이들은 최고의 의미에서 서비스 지향적인데, 즉 가족, 친구, 공동체의 원함 및 욕구에 관련됩니다. 기법적인 기술에 마음이 팔리는 이들은 자주 자신의 재능을 좋은 용도에 놓는 방법을 알고 있고, 비록 이들이 이상주의적인 경향이 있을지라도, 자신의 주위 삶에 실용적인 이바지를 만들어냄으로써 이런 이상주의를 진정시킬 수 있습니다.

재치있는 유머를 사랑하는 이들은 대체로 천성이 좋습니다. 하지만 이들은 자신과 가까운 사람들 외의 극소수만이 은밀히 공유하는 어두운 면을 정말 갖고 있습니다. 감정에 대한 이들의 깊이는 이들로 하여금 모욕과 거절감을 예리하게 느끼게 하고, 이들은 자신의 좌절감과 공격성을 내면화하면서 수년 동안 침묵 속에서 고통받는 데 유능합니다. 이들은 자기 자신을 더 많이 표현하고, 필요하다면 조금 더 반응적이고 충동적이 되는 것을 목표로 삼아야 합니다.

이들은 대체로 공적인 삶과 사적인 삶 사이에 엄격한 분리를 유지하는데, 이것은 실로 매우 건강한 습관입니다. 이들은 집에 갈 때 기이하게도 일터를 잊어버리고, 완전히 다른 마음가짐이 자리잡을 능력이 있습니다. 이것은 자영업자이거나 집에서 일하는 사람에게도 똑같이 해당하는데, 이들이 자신의 사생활을 대단히 중시하고, 대체로 자신과 가까운 사람들을 등한시하는 사람이 아니기 때문입니다.

이들이 직면하는 가장 큰 문제 중 하나는 자기-희생입니다. 잘못에 마음이 넓을 수 있는 이들은 자신의 타고난 권리인 자기 자신을 옹호할 공격성이 부족합니다. 이들 중 더 고도로 진화된 사람은 결국 자신을 보호하는 제한을 설정하는 데 더 강력하고, 절대 속에서 원망을 기르지 않는 법을 체득합니다. 이들 중 덜 고도로 진화된 사람은 자기 자신을 탓하고, 우울증과 낮은 자기-우대로 고통받습니다. 하지만 기본적으로 이들은 모두 특정 고귀함을 갖고 다니고, 바른 윤리적인 행동을 자랑으로 여기므로, 의심과 죄책감이라는 그런 부정적인 느낌은 이들의 인격 중 바로 핵심을 공격할 수 있습니다. 외부의 부정성과 내부의 부정성 양쪽을 감당하는 방법을 체득하는 것이야말로 이들의 개인적이고 영적인 계발에 중대합니다.

타인들은 대체로 이들을 이기적이지 않거나 베푸는 사람으로 알아보기 때문에, 이들은 자신이 자신만의 길을 가기로 선택할 때 때때로 사람들을 화나게 할지도 모릅니다. 그럼에도 이들이 자기 길을 가기를 소망한다면, 이들은 자신의 독립을 고집해야 하고, 거침없이 말해서 자신의 다름을 내세울 권리를 비축해야 합니다.

신념은 이들의 삶에서 매우 중요한 요소인데, 이들은 자신을 뒷받침하기 위한 또 자신의 삶에 의미를 주기 위한 종교적인 혹은 영적인 시스템을 자주 욕구합니다. 그런 신념은 더 높은 힘에 대해서든, 더 높은 사람에 대해서든, 양쪽 다에 대해서든 간에 이들로 하여금 타인들을 더 [은혜로운 기회로] 수용하도록 만들어줍니다. 그러나 이들은 자기 자신으로 하여금 이용당하게 허용함이 없이 자신의 동의적인 태도를 유지하는 자신의 성격에서 균형을 잡아야만 합니다.

▶ 일간 특성
강점; 베푸는, 고귀한, 헌신적인
약점; 죄책감에 시달리는, 자기를 의심하는, 억눌려진

▶ 명상
웃음 그 자체는 무의미할지도 모르지만, 웃음이 영혼에 끼치는 효과는 심오합니다.

▶ 조언
당신의 우울한 경향과 싸우라.
여전히 마음을 열고, 활기차라.
당신의 활력과 낙천주의를 빼앗도록 누구에게도 허용하지 마라, 당신의 긍정적인 생각과 느낌을 지켜내라.
계속해서 베풀되, 보답으로 무언가를 요구하라.
당신만의 가치를 알아보라.

▶ 건강
이들은 지나치게 자기희생적인 천성 및 공격성을 표현하는 것에 대한 어려움 탓에 우울증과 좌절감이 포함된 감정적인 문제를 갖고 있을지도 모릅니다. 화를 안쪽으로 돌리는 것은 자주 의지의 마비로 귀결될 수 있습니다. 운동, 활기차고 다양한 식단, 애정 어린 동반자와 갖는 정기적인 성적인 표현처럼, 이들의 에너지를 지속해서 흐르게 하는 모든 활동은 이들의 정신 건강을 좋게 하기 위해 중대합니다. 이들은 동맥경화 또는 혈전증을 유발하지 않는 식단을 채택해야 합니다. (지방과 나트륨, 콜레스테롤, 설탕은 적고, 신선한 과일과 가볍게 요리된 채소가 정량으로 포함된 식단이 권장됩니다.) 특히 이들이 마침맞은 운동을 하지 않는다면, 좌식 업무는 이들의 건강에 손실이 될 수 있습니다.

▶ 수비학
27일에 태어난 사람은 숫자 9(2+7=9) 및 화성에 통치됩니다. 숫자 9는 (이를테면 5+9=14, 4+1=5처럼 9를 더한 어떤 숫자도 그 숫자가 되고, 9×5=45, 4+5=9처럼 9를 곱한 어떤 숫자도 9가 되므로) 다른 숫자에 대한 영향이 강력하고, 12월 27일에 태어난 이들도 비슷하게 영향을 끼칩니다. 화성은 강압적이고 공격적인데, 이들은 때때로 억압받고 무기력할 수 있으므로, 자신의 화성 에너지를 긍정적인 사용에 놓는 법을 체득해야만 합니다. 고전적으로 화성과 토성(염소자리의 통치자)의 회합은 너무 자기를 낮추고 온화한 성향을 예시해줍니다.

▶ 원형
아홉 번째 메이저 카드는 대개 등불과 지팡이를 들고 걷는 것으로 그려지는 '은둔자'이고, 그는 명상, 고립, 침묵을 대변합니다. 그 카드는 확고해진 지혜와 궁극적인 단련도 또한 암시합니다. 은둔자는 양심에 의한 동기를 부여해 타인들로 하여금 그들의 행로로 나아가게 해주는 임무 감독관입니다. 이 카드의 긍정적인 면은 집요함, 목적, 심오함, 집중력이고, 부정적인 자질은 교조주의, 불관용, 불신, 만류를 포함합니다. 이들은 지나치게 고립되는 것을, 즉 자신의 동료 인간 존재의 감정과는 차단된 자신만의 개인적인 세계에서 사는 것을 특히 주의해야만 합니다.

12월 28일
단순한 세련됨의 날
Simple Sophistication

▶ 심리구조

12월 28일에 태어난 이들은 자신의 노력에 견고하고 직접적인 에너지를 전달하는데, 이것을 고상한 방식으로 해낼 능력이 있습니다. 이들의 세련됨은 '자신이 누구인지' 및 '자신이 무엇을 달성할 수 있는지'에 대한 절대적인 보증에 기반을 둡니다. 자주 이들은 비록 흥미롭지 않을지라도 자신이 경력을 착수해서 결국 자신만의 가족 단위를 형성하려고 욕구하는 안정감을 자신에게 주는 어린 시절의 배경을 구축할 능력이 있습니다. 실로 이들은 좀처럼 자신의 뿌리를 잊어버리거나 혹은 뿌리를 숨기려는 노력을 만들어내지 않습니다. 이들의 세속성은 '무던한 것'이고 동시에 '힘있게 하는 것'입니다.

이들은 고되게 작업하는 사람입니다. 자신이 하는 것에 관해 진지한 이들은 하찮은 것을 추구하면서 옆길로 새는 것을 거부합니다. 비록 이들은 재미있게 보내기를 정말 좋아하지만, (대개 이들의 작업이 악화되기 시작하는 시점이 되면) 언제 선을 그어야 하는지를 알고 있습니다.

이들은 풍부한 에너지를 갖고 있지만, 최대의 효과를 얻기 위해서 대개 그 에너지를 하나의 추구에 집중해야 합니다. 이들이 한꺼번에 너무 많은 일을 벌이고, 너무 많은 프로젝트를 떠맡으려고 노력하면, 자신의 작업이 악화되는 만큼 이들도 고통을 겪게 됩니다. 이들은 과신을 특별히 주의해야만 합니다.

이들 중 다수의 또 다른 약점은 심각한 퇴보를 대처하지 못하는 무능입니다. 이들은 매우 자주 자신의 삶을 명료하게 규정된 용어로 바라보고, 모든 만일의 사태에 대비했다고 느끼기 때문에, 예상하지 못했거나 반복되는 반대가 자신의 계획에 일어날 때 당황하게 되고 낙담하게 될지도 모릅니다.

맞수나 경쟁자, 명백한 적들에 관하여 말하면, 이들은 다른 모든 것을 배제하고 이들만의 활동에 집중하면서, 자신에게 반대하는 사람의 동기를 마침맞게 고려하지 않을지도 모릅니다. 친구, 협업자, 가족구성원에 관련하여 이들은 당연히 타인의 복지를 자신의 성공 방정식으로 헤아리지만, 일부 사람이 어떤 바깥쪽의 도움도 없이 개인적으로 그들 자신만의 복지를 돌보기를 바란다는 사실을 놓쳐버릴지도 모릅니다.

이들은 자신이 더 잘 알고 있거나 모든 해답을 갖고 있다는 인상을 창조하는 것을 극도로 단속해야만 합니다. 타인들로 하여금 빛나도록 허용하는 법을 체득하는 것, 즉 실로 타인들의 전망과 의견에 대한 이해관계를 내보여주는 것이야말로 이들이 잘 사랑받는 데 중대합니다. 욕구를 보여주고 이따금 단순한 용어로 도움을 요청할 능력이 있다는 점이야말로 타인들로 하여금 실상 인간적인 방식으로 이들에게 가까워지도록 허용합니다.

따라서 이들에게 경력의 성공을 확실하게 하는 많은 것이 이들의 개인 생활에서 이들에게 불리하게 작용할지도 모릅니다. 다수의 사람이 이들의 유능하고 안정된 자질에 끌릴 것이지만, 어쩌면 잘못된 이유로 끌리고, 이들은 이들을 찬양해서 이들에게 봉사하는 동반자, 아니면 이들을 시샘해서 이들의 에너지를 고갈시키는 동반자와 함께하는 상황에 결국 처할지도 모릅니다. 그러므로 이들 중 자신이 동등한 수준에서 관계를 맺을 수 있는 동등한 동반자를 찾아내는 사람은 실로 축복받은 것입니다.

이들은 타인들처럼 환영받는 것을 좋아하고, 만약 자신의 더 나은 자질이 주목받지 못한다면 깊은 고통을 겪을 수 있습니다. 자기 자신에 관해 잘못된 발상을 놓아버림으로써 공통의 경험을 공유하고, 견실한 우정을 확립하며, 자신을 떠받드는 자리에서 조금이라도 내려오는 법을 체득하는 것이야말로 이들이 더 행복하고 더 사랑받는 느낌이 들도록 만들어내는 데 모두 이바지할 수 있습니다.

▶ 일간 특성
강점; 자기-보증적인, 세련된, 믿음직한
약점; 지나치게 자신하는, 냉담한, 외로운

▶ 명상
어떤 사람들은 웃는 법뿐만 아니라 우는 법도 또한 체득해야만 합니다.

▶ 조언
숭배받기와 우월해지기 사이에서 오가기를 피하라. 동등한 수준에서 상호작용하는 것을 목표로 하라. 시간을 내서 당신 자신을 설명하고, 설득적이 되라. 이의 제기에 귀 기울이고, 그것에 관해 뭔가를 하라.

▶ 건강
특히 이들은 만약 자신의 주위 세계에 남몰래 위협을 느낀다면, 알레르기로 고통받을지도 모릅니다. 게다가 이들은 변비 같은 제거성 질환과 정맥 순환기 문제로 고통받을 수 있습니다. 자기-통제 시도에는 신체적인 측면에서 이들에게 불리하게 작용할 수 있습니다. 이들은 자기 자신으로 하여금 어쩌면 더 자발적이도록, 심지어 어떤 경우에는 충동적이 되도록 자신을 허용해야 합니다. 모든 팀 스포츠와 경쟁적인 스포츠는, 자신으로 하여금 타인들과 더 밀접하게 접촉하도록 하여 자신의 더 공격적인 면을 발견하도록 자신에게 허용한다는 점에서 고도로 권장됩니다. 마찬가지로 이들은 음식에 관한 이해관계와 요리법을 공유해야 하고, 이국적이고 특이한 맛도 또한 포함하기 위해 자신의 더 전통적인 식단을 개방해야 합니다. 다량의 채소와 고섬유질 음식이 권장됩니다.

▶ 수비학
28일에 태어난 사람은 숫자 1(2+8=10, 1+0=1) 및 태양에 통치됩니다. 태양은 통제에서 벗어나 산발적으로 타오르게 허용되기보다 꾸준히 흐르도록 유지되어야 하는 강한 창조적인 에너지와 불기운을 상징합니다. 숫자 1에 통치되는 사람은 대체로 첫째가 되는 것을 좋아하고, 규정된 관점이 있으며, 정상에 오르기를 열망합니다. 하지만 태양과 토성(염소자리의 통치자)의 조합은 12월 28일에 태어난 이들로 하여금 (때때로 동성의 부모를) 영웅 숭배하기 쉽고, 경쟁을 단속하도록 만들어낼지도 모릅니다.

▶ 원형
첫 번째 메이저 카드는 마법뿐만 아니라 지성, 소통, 정보를 상징하는 '마법사'입니다. 그의 머리 위의 무한대라는 상징은 일부 타로 종류에서는 모자의 형식을 취하고, 다른 종류에서는 후광의 형식을 취합니다. 많은 해석이 도출될지도 모르는데, 그중 하나는 마법사가 순환적이고 끝나지 않는 삶의 천성을 알아보고, 이런 이해심에 의해 힘있게 된다는 것입니다. 이 첫째 카드가 제안하는 긍정적인 특성은 외교적인 기술과 빈틈없는 기민함을 포함하지만, 부정적인 특성은 양심의 가책 결여와 기회주의입니다.

12월 29일

걸출함의 날
Preeminence

▶ 심리구조

12월 29일에 태어난 이들은 자주 운명적으로 자신의 주위 삶에서 이끄는 역할을 합니다. 비록 이들이 보스가 되려고 욕망하지 않을지도 모르지만, 여하튼 이들은 책임의 위치를 차지하라는 숙명에 의해 선택됩니다. 이들 중 리더십 역할에 적합한 사람은 매년 꾸준한 방식으로 중역직에서 기능할 수 있습니다. 이들 중 그 역할에 적합하지 않은 사람은 어느 날 계획이 망쳐지고, 인정사정없이 실각된 자기 자신을 알아차릴지도 모릅니다.

다시 말해, 이들이 일반적으로 지나치게 야심적이 아니라 바른 때에 바른 곳에 있는 요령을 갖고 있다는 점이 강조되어야 합니다. 오직 이들만이 대답할 수 있는 질문은 이들이 자신에게 제안된 기회를 받아들이기를 바라는지 여부입니다. 그런 선택을 만들어내기 위해서 이들은 자기 자신을 더 잘 이해하고, 자신의 진정한 재능과 능력에 대한 실상적인 평가를 만들어내는 데 시간을 바쳐야 할 것입니다.

이들 중 일부는 삶에서 조연 역할을 하는 것이 더 편안하지만, 힘의 원천에 가까워지는 자기 자신을 알아차릴지도 모릅니다. 그런 이들은 작업과 사회 활동에 적합하고, 정치적으로 바른 일을 하는 능력을 갖고 있습니다. 하지만 그런 자질이 이들 중 다수에게 자연스럽게 오지 않기 때문에, 이들이 수완과 외교를 키우는 것은 중대합니다. 게다가 이들은 사실 자신이 절대 저지르지 않았던 소위 악행이라는 것이 관련되는, 타인들의 의심을 끌어들이는 것을 주의해야만 합니다. 이 영역에서 생기는 이들의 취약성은 이들만의 간과에서 유래하고 아니면 심지어 오만에서까지 유래할지도 모릅니다. 활동하기 전에 자신의 동기를 확신해야 하는 이들은, 편의주의로 하여금 자신의 코스를 유도하도록 허용하지 말아야만 합니다.

이들은 항상 주목받지 못하거나 환영받지 못하는 저자세의 유머 감각을 갖고 있습니다. 이들은 지나치게 진지한 인상을 줄지도 모르지만, 사실 가슴속에서 아이러니합니다. 소통을 위해 자신의 재능을 발휘하기로 선택할 때, 이들은 가족이든, 친구이든, 더 넓은 청취자 집단이든 간에 청중들을 매혹시켜 사로잡을 수 있습니다. 어쩌면 이들에게 지속해서 주의가 고정되도록 하는 것은 바로 이들의 신체적인 존재감이나 목소리의 울림입니다. 이들 중 다수는 두려움과 홀림의 혼합에 의해 타인들로 하여금 눈치를 채게 만들어내는, 조곤조곤하지만 강력한 공격성을 갖고 있습니다.

이들의 가장 대단한 도전은 꽤 단순히 자신의 가족, 사회 동아리 및 노력 분야에서 걸출한 자신의 위치에 [대한 기대에] 합당하게 사는 것입니다. 하지만 이들은 자신이 그런 역할에 기능할지도 모르는 방법에 대한 고정 관념에 자기 자신을 가두지 말아야만 하고, 자신이 (희망하건대 원한이나 죄의식에서 벗어나) 언젠가 자신의 책임을 내어놓기를 바랄지도 모른다는 가능성을 절대 배제하지 말아야 합니다.

▶ 일간 특성
강점; 호기심을 자극하는, 이야기하기를 좋아하는, 지휘하는
약점; 자기를 못 알아채는, 부주의한, 비외교적인

▶ 명상
리더는 대개 앞쪽으로 나서는 사람입니다.

▶ 조언
이끌 용기를 가지되, 또한 타협하는 용기와 당신의 실수를 인정하는 용기도 갖고 있어라.
그냥 물러나서 필요할 때 거듭해서 시작하라.
당신의 잠재력에 합당하게 삶으로써 당신에게 주어져 온 기회를 충족시키라.

▶ 건강
이들은 사적인 원망이나 내면화된 실패를 마음에 품기 쉬울지도 모릅니다. 그 귀결로 이들은 위안을 위해 술이나 다른 중독성이 강한 약물에 의탁하는 것을 주의해야만 합니다. 이들은 자신의 내부적인 장기와 순환기 또는 골격 시스템에 영향을 끼치며 쇠약하게 하는 만성적인 질병이 생기기 쉽습니다. 이런 질환의 첫 징후가 나타나면 이들은 신뢰되고 유능한 의사, 동종요법사, 척추지압사 또는 물리치료사에게 처치 받는 것을 탐구해야 합니다. 식단이 관련된 한, 일반적으로 이들은 기분을 좋게 만들어내고 승리 의지를 촉발하는 음식을 활용해야 합니다. 맛있는 음식에 대한 다종다양한 요리법을 체득하는 것은 이들의 웰빙 감각을 위한 놀라운 일을 할 수 있습니다. 운동이 관련된 한, 일주일에 한두 번씩 활기찬 체육적인 복합운동이 강하게 권장됩니다.

▶ 수비학
29일에 태어난 사람은 숫자 2(2+9=11, 1+1=2) 및 달에 통치됩니다. 숫자 2에 통치되는 사람은 자신을 리더보다 좋은 협업자이자 동반자로 자주 만들어가고, 그래서 12월 29일에 태어난 이들은 권위의 위치를 차지할 시 스트레스의 어떤 척도를 경험할지도 모릅니다. 비록 달의 영향력이 이들의 협력 의식과 팀 협동을 강화해줄지라도, 개별적인 주도권과 활동에 제동장치로도 또한 작용할지도 모릅니다. 부차적인 숫자 11(2+9=11)은 이중성 발생 및 반복 현상에 대해 가능한 이해관계뿐만 아니라 신체적인 차원을 위한 느낌도 또한 빌려줍니다. 달과 토성(염소자리의 통치자) 사이의 강한 연관성은 심오함뿐만 아니라 무뚝뚝함과 때로는 자기 연민도 또한 예시해줄 수 있습니다.

▶ 원형
두 번째 메이저 카드는 그녀의 왕좌에 앉아 차분함과 뚫지 못함을 보여주는 '여사제'입니다. 그녀는 숨겨진 힘과 비밀을 드러내서, 그녀에게 유의하는 이들을 그 지식으로 힘있게 하는 영적인 여성입니다. 이 카드의 유리한 자질은 침묵, 직감, 비축, 분별력이고, 부정적인 가치는 비밀주의, 불신, 무관심, 타성입니다.

12월 30일
간결한 권위의 날
Laconic Authority

▶ 심리구조

12월 30일에 태어난 이들은 아주 적은 단어로 자신의 요점을 전달할 수 있습니다. 대개 확립된 전통과 방도를 준수하는 이들은 자신의 신념을 시도해봐서 참된 것에 둡니다. 사업이나 조직을 운영할 시 극도로 소중한 사람인 이들은 모든 유형의 비효율성과 낭비를 싫어합니다. 이들은 시스템 및 작업 방도에서 결함도 또한 빨리 알아보고서, 그 결함을 제거하거나 아니면 적어도 최소화하는 데 능숙합니다.

이것은 이들이 반드시 초조해하는 사람임을, 즉 마음을 느긋하게 하는 데 문제를 갖고 있음을 의미하는 것은 아닙니다. 반대로 친구들과 함께 좋은 식사나 재미있는 저녁을 이들보다 더 즐기는 사람은 거의 없습니다. 이들이 집에 와서 자유롭게 자기 자신을 표현할 수 있는 것은, 정확하게 이들이 작업에서 지대한 것을 함께 해내는 덕입니다. 이들은 친절하고 관대하지만, 이들을 거스르거나 이들의 통치권에 반대하지 마십시오! 실로 이들 중 대다수는 오직 보스가 되어야 하는데, 다른 방도가 현존하지 않기 때문입니다. 하지만 이들은 모든 것을 알고 있다는 태도를 택하는 것을 주의하고, 타인들에게 대단한 적대감을 자극할 수 있는 고착된 원칙을 독단적으로 고수하는 것을 주의해야만 합니다.

놀랄 것도 없이, 이들 중 다수는 이들 자신이 반항적이기 때문이 아니라, 부담[책임]지는 사람들이 무능하거나 비효율적임을 알아차리기 때문에, 그 자체로 권위에 관련된 심각한 문제를 갖고 있습니다. 이들은 자신이 스스로 어떻게 이 쇼를 더 잘 운영할 능력이 있을지에 관해 자주 생각하기 시작합니다. 그러나 이들에 관한 좋은 점은 이들이 대체로 에고 만족이 아니라 건설적인 노선을 따라 생각한다는 점입니다. 이들에게 중요한 일은 권력이나 지배가 아니라 가능한 최고의 직무가 완료되는 것입니다.

이들은 혼란과 혼돈을 싫어합니다. 자주 이것은 이들로 하여금 더 엄격하고 검소한 실존을 채택하도록 이끌거나, 아니면 적어도 다른 방[주머니]에 이들의 소유물을 넣고 문을 닫아버리도록 이끕니다. 이들은 지나치게 까다롭지 않으므로, 물품의 축적을 제한하여 혼란을 덜 창조하는 쪽을 택할지도 모릅니다. 타인들은 이런 선택을 이들이 돈에 인색한 증거로 볼지도 모릅니다. 가장 자주 이 선택은 그런 증거가 아닌데, 이들은 적자가 되더라도 자신이 원하거나 욕구할 때 쓰는 방법을 알고 있기 때문입니다. 하지만 이들의 타고난 검소함은 대개 이들이 돈을 낭비하는 것을 막아주고, 가능한 최고의 거래를 하도록 이끕니다.

좌절감과 걱정은 이들을 밤에 잠들지 못하게 할 수 있습니다. 혼란스러운 국면은 이들의 평상시 과묵한 인격과 매우 잘 맞지 않는데, 이들에게 가장 적합한 것은 열심히 작업해서 주어진 문제에서 벗어나는 것입니다. 불운하게도 (이들이 보기에) 타인에 의한 무지나 실수 때문에 야기된 어려운 문제들에 맞닥뜨렸을 때, 이들은 극도로 동요될 수 있습니다. 자신만의 소중한 에너지를 낭비하지 않기 위해서, 이들은 변화시킬 수 없는 것을 받아들이고, 자신의 생각을 더 건설적인 문제로 전환하도록 단련하는 법을 배워야만 합니다.

▶ 일간 특성
강점; 고도로 유능한, 실용적인, 실상화된
약점; 위압적인, 위선적인, 마음이 닫힌

▶ 명상
인간의 조건은 당신 자신에게도 역시 적용됩니다.

▶ 조언
무뚝뚝하게 되지 말고 시간을 내어 당신 자신을 설명하라.
지나치게 경직된 규칙이나 믿음 체계를 통해 원망을 불러오는 것을 조심하라.
당신은 과거를 잊어버리도록 노력하고, 용서하는 법을 체득하라.
더 많이 받아들임으로써 당신은 많은 문제를 제거할 것이다.

▶ 건강
이들은 활동적으로 유지해야 하고, 자기 자신으로 하여금 자기 연민이나 우울증의 패턴에 빠져들게 하지 말아야 합니다. 비록 이들이 때때로 자기 자신에게 동기를 부여하는 것이 어려움을 알아차릴지라도, 이들은 자신의 삶에 정기적인 신체 운동을 프로그램하기 위한 노력을 만들어내야 합니다. 게다가 이들은 증상을 무시하거나 증상이 사라지기를 희망하기보다 자신의 가족 주치의에게 정기검진 일정을 잡아두는 것이 좋은 발상입니다. 이들은 자신에게로 향하는 '반대 및 그 반대에 동반된 부정성'을 자극할 수 있는 자신 천성의 까칠한 면을 주의해야만 합니다. 그 면의 나쁜 느낌들은 이들의 심혼을 방해하거나 자신을 싫어하는 느낌을 만들어내는 것을 통해 특히 불면증, 골격 혹은 근육 경직성, 두통 그리고 다른 스트레스가 구현되는 영역에서 자신의 건강에 똑같이 부정적인 효과를 보유할 수 있습니다.

▶ 수비학
30일에 태어난 사람은 숫자 3(3+0=3) 및 목성에 통치됩니다. 숫자 3에 통치되는 사람은 자신의 특정 분야에서 최고 위치에 오르는 경향이 있습니다. 토성이 염소자리를 통치하므로, 이들은 대개 자신의 목표를 향해 움직일 시 진지하고 조정되며 참아내는 자질을 표출합니다. 하지만 이들의 목성적인 영향력은 주어진 시간에 이들에게 가능한 것보다 더 재빨리 확장하도록 이들을 부추기면서, 좌절감을 일으킬지도 모릅니다. 숫자 3에 통치되는 사람은 특징적으로 자신의 독립을 사랑하므로, 12월 30일에 태어난 이들은 자주 자기 자신을 위해 작업하는 것을 혹은 외부적인 규칙이나 제한이 거의 없는 자율의 위치에서 작업하는 것을 가장 잘합니다.

▶ 원형
세 번째 메이저 카드는 창조적인 지성을 상징하는 '여황제'입니다. 그녀는 완벽한 여성형, 즉 우리의 꿈, 희망, 열망을 체화한 극도의 여성성인 대지의 양육자입니다. 이 카드는 매혹, 우아함 및 조건 없는 사랑이라는 긍정적인 특성도 대변하지만, 완벽하지 못함에 대한 불관용뿐만 아니라 허영심과 꾸며냄이라는 부정적인 특성도 또한 대변합니다.

12월 31일
미적인 장려의 날
Aesthetic Promotion

▶ 심리구조

12월 31일에 태어난 이들은 다양한 유형의 미적인 경험 쪽으로 끌려듭니다. 자신의 경력 속에서 이들은 자주 아름다움이나 조화를 이런저런 형식으로 장려하기 위해 작업합니다. 실로 이들 중 다수는 문학, 예술, 음악에 대한 숭배에 이르게 되는 많아지는 무엇인가를 표출합니다. 그러나 어떤 것을 아름답게 만들어내는 것은 자주 추한 것을 먼저 제거하는 것을 수반하므로, 이들은 자신의 주위 세계에서 방해하는 요소의 적합한 자리를 찾아내고, 그 요소를 폭로하며, 제거하는 데도 또한 관련될 수 있습니다.

이들은 무엇이 아름다운지 아닌지가 관련되는 타인들에게 지시하는 것을 주의해야만 합니다. 이들은 아무리 연구되더라도 자신의 의견이 그저 한 사람의 취향일 뿐임을 상기시키려고 욕구할지도 모릅니다. 하지만 이들 중 다수는 자신이 속한 사회의 욕구에 대한 확고한 감각을 갖고 있고, 어쩌면 이 욕구를 채우는 방법에 대한 좋은 발상을 갖고 있습니다. 이들은 대개 감상적이거나 보수적인 태도를 쉽게 빠지지 않는 최신의 실용주의자입니다. 어쩌면 이들은 아름다움을 장려하고 추함을 근절하는 임무의 선두에 있을 때, 가장 좋은 상태입니다. 정말로 추한 것은 이들에게 개인적인 모욕입니다.

이들은 자신이 타인에게 전달하는 자신만의 개인적인 겉모습과 이미지에 매우 많이 얽매일 수 있습니다. 그 귀결로 이들은 대개 몸을 잘 단장하고, 옷을 잘 차려 입으며, 사회나 사업 국면에서 되도록 좋은 인상을 주려고 합니다. 이들은 실용적이므로 덜 피상적인 나르시시즘인데, 첫인상이 중요한 이들은 누구든 항상 두 번째 기회를 얻는 것은 아니라는 점을 이해합니다.

조화, 안정, 아름다움은 이들이 자신의 개인적인 삶과 가족적인 삶에서 애쓰는 주요한 이상입니다. 이들은 상황이 잘 되고 있을 때 좀처럼 곤란을 유발하지 않습니다. 이들의 자기-지식은 높게 평가되고, 너무 많은 반대를 자극하지 않고 자신의 개인적인 욕구를 충족시키기 위한, 그 지식에 동반된 요령을 그 지식으로 평가합니다. 이들은 자신이 할 수 있는 것과 할 수 없는 것을 매우 잘 알고 있습니다. 이들이 자신이 마치는 데 무능한 직무를 좀처럼 맡지 않기 때문에, 이들은 자주 자신의 노력에서 성공합니다. 이들의 목표는 소박한 것일지도 모르지만, 이들은 도달할 수 있습니다.

이들 중 덜 고도로 진화된 사람은 운동가적인 태도와 자극하는 적대감, 부정적인 에너지 및 그 에너지에 동반된 실패에 휩쓸리게 되는 것을 주의해야만 합니다. 이들은 조용하고 무던한 방식으로 자신의 사업을 추진해가는 법을 체득해야만 하고, 곤란을 절반만 겪고도 같은 결과를 성취하는 법을 체득해야만 합니다. 대개 감정의 큰 표출이 이들에게 불리하게 작용하고, 이들 중 대다수는 이 사실을 알아챕니다.

이들은 이해타산에 밝고, 평지풍파를 일으키지 않는 것을 선호할 것이지만, 자신의 의견이 알려지도록 만들어내기를 강요받는다면, 인기가 없는 견해로 타인들을 놀라게 할 수 있습니다. 실로 성공은 자주 이들의 이상주의와 실용주의를 서로 균형을 맞추는 이들의 능력에 달려있습니다.

▶ 일간 특성
강점; 정견적인, 세련된, 이상적인
약점; 뭐든 아는 체하는, 고집적인, 고착된

▶ 명상
세상을 더 명료하게 보기 위해 우리는 안경을 벗으려고 욕구할지도 모릅니다.

▶ 조언
타인들에게 그들만의 취향과 의견을 허용하라.
당신의 운동가적인 태도는 사람들이 싫증날 수 있다.
주로 요청받을 때 조언을 줌으로써 대립을 피하라.
타협을 통해 조화를 보존할 수 있도록 준비하라.

▶ 건강
이들은 자신의 피부와 치아가 좋은 형태를 견지하는 것에 매우 관련될지도 모릅니다. 이를 보장하기 위해서 이들은 꼼꼼하게 개인의 위생을 관찰해야 할 뿐만 아니라 자신의 식단에서 모든 알레르기를 일으키는 물질을 제거해야만 합니다. 게다가 이들은 술, 설탕, 카페인을 섭취하는 것뿐만 아니라 특히 청소년기에 니코틴을 사용하는 것에 대해 매우 주의해야 합니다. 이들은 자신의 겉모습을 유지하는 데 가장 효과적인 비 알레르기성 비누, 크림, 샴푸의 필요성에 투자하고 싶을지도 모릅니다. 이들은 적합한 정도의 기름과 지방을 강조하면서 영양학적으로 균형 잡힌 식단이 가장 좋습니다. 아름다움을 사랑하는 이들은 부엌에 잘 적응합니다. 이들에게는 요리 실험이 고도로 권장됩니다. 적당한 운동부터 몹시 힘든 운동까지 이들의 몸매를 유지하기 위해 제안됩니다.

▶ 수비학
31일에 태어난 이들은 숫자 4(3+1=4) 및 31, 천왕성에 통치됩니다. 오직 7개 달만이 31일을 갖고 있으므로, 31일은 생일에 대해선 약간 흔치 않은 숫자이고, 31일 태어난 이들은 자주 타인들이 헤아리기가 힘겹습니다. 숫자 4에 통치되는 사람은 자신의 견해가 다른 사람들의 견해와 매우 자주 갈라지므로, 까다롭거나 논쟁적으로 보일 수 있습니다. 천왕성에 통치되는 사람은 자신의 기분 변화가 빠르고 폭발적일 수 있습니다. 하지만 12월 31일에 태어난 이들을 위해 천왕성의 자질은 토성(염소자리의 통치자)의 영향력 덕에 뿌리내리게 됩니다.

▶ 원형
네 번째 메이저 카드는 자신이 갖고 있는 권력의 일차적인 원천인 지혜를 통해 세속적인 것들을 다스리는 '황제'입니다. 황제는 안정되고 현명한데, 그의 권위라는 세력은 의심받을 수 없습니다. 이 카드의 긍정적인 연관성은 강한 의지력과 확고부동한 에너지이고, 부정적인 예시는 완고함, 압제, 심지어 잔인성까지 포함합니다.